AF889352

SSC
दिल्ली पुलिस
कांस्टेबल
(पुरुष / महिला)

कम्प्यूटर आधारित परीक्षा
2025

नवीनतम पैटर्न
पर आधारित

SSC
दिल्ली पुलिस
कांस्टेबल
(पुरुष / महिला)

कम्प्यूटर आधारित परीक्षा
2025

लेखकगण
सुशील सिंह, प्रदीप श्रीवास्तव,
दीपाली, राजीव पाण्डेय

arihant
SUCCESS AND NOTHING LESS

arihant
SUCCESS AND NOTHING LESS

अरिहन्त पब्लिकेशन्स (इण्डिया) लिमिटेड

卐 **रजि. कार्यालय**
'रामछाया' 4577/15, अग्रवाल रोड, दरिया गंज, नई दिल्ली- 110002
फोन: 011-47630600, 43518550

卐 **मुख्य कार्यालय**
कालिन्दी, टी०पी० नगर, मेरठ (यूपी)– 250002
फोन: 0121-7156203, 7156204

卐 **शाखा कार्यालय**
आगरा, अहमदाबाद, बरेली, बंगलुरु, चेन्नई, दिल्ली, गुवाहाटी, हैदराबाद, जयपुर, झाँसी, कोलकाता, लखनऊ, नागपुर तथा पुणे

卐 **मूल्य** ₹ 345.00

PO No : TXT-XX-XXXXXXX-X-XX

PUBLISHED BY ARIHANT PUBLICATIONS (INDIA) LTD.

'अरिहन्त' की पुस्तकों के बारे में अधिक जानकारी के लिए हमारी वेबसाइट **www.arihantbooks.com** पर लॉग इन करें या **info@arihantbooks.com** पर सम्पर्क करें।

विषय-सूची

करेण्ट अफेयर्स

करेण्ट अफेयर्स

राष्ट्रीय

भारत मोबिलिटी ग्लोबल एक्सपो 2025

- प्रधानमन्त्री नरेन्द्र मोदी ने 17 जनवरी, 2025 को भारत मोबिलिटी ग्लोबल एक्पो 2025 का उद्‌घाटन किया, जिसमें ऑटोमोटिव उद्योग की 'मेक इन इण्डिया, मेक फॉर द वर्ल्ड' थीम पर ध्यान केन्द्रित किया गया।
- केन्द्र सरकार ने भारत के मोबिलिटी उद्योग को बढ़ाने के लिए 'नेशनल लॉजिस्टिक्स पॉलिसी' और 'पीएम गति शक्ति' के लिए ₹ 11 लाख करोड़ आवण्टित किए हैं।
- भारत राष्ट्रीय इलेक्ट्रिक मोबिलिटी मिशन और ग्रीन हाइड्रोजन मिशन के माध्यम से ग्रीन मोबिलिटी को बढ़ावा दे रहा है।
- मारुति सुजुकी ने अपनी पहली बैटरी-इलेक्ट्रिक कार 'ई विटारा' का अनावरण किया है, जिसकी रेंज 500 किमी है और इसका उत्पादन वर्ष 2025 तक गुजरात में शुरू हो जाएगा।
- हुण्डई ने पहली घरेलू EV SUV का खुलासा किया, जिसकी शुरुआती कीमत ₹17.99 लाख है और इसमें दो बैटरी विकल्प 42 kWh और 51.4 kWh हैं।
- टाटा मोटर्स ने हाइड्रोजन और इलेक्ट्रिक वाणिज्यिक वाहनों का प्रदर्शन किया, जिनमें इंटरसिटी EV 2.0 बस और प्राइमा H.28 H2 ICE ट्रक शामिल हैं।

SVAMITVA सम्पत्ति कार्ड वितरण कार्यक्रम

- प्रधानमन्त्री नरेन्द्र मोदी ने 17 जनवरी, 2025 को 10 राज्यों और 2 केन्द्रशासित प्रदेशों के 50000 से अधिक गाँवों में इलेक्ट्रॉनिक रूप से ₹ 65 लाख सम्पत्ति कार्ड वितरित किए।
- SVAMITVA योजना ग्रामीण सम्पत्ति मालिकों को 'अधिकारों का रिकॉर्ड' प्रदान करने के लिए ड्रोन और GIS जैसी उन्नत तकनीक का उपयोग करती है। यह कार्यक्रम 10 राज्यों और 2 केन्द्रशासित प्रदेशों में फैला हुआ है, जिनमें जम्मू और कश्मीर, लद्दाख, मध्य प्रदेश, उत्तर प्रदेश आदि शामिल हैं।
- इस कार्यक्रम के अन्तर्गत जनवरी, 2025 तक ₹ 2.25 करोड़ सम्पत्ति कार्ड बनाए जाएँगे तथा ₹ 3.17 लाख गाँवों में ड्रोन सर्वेक्षण किया जाएगा। मध्य प्रदेश और उत्तर प्रदेश जैसे क्षेत्रों में कार्यक्रम 100% पूरा हो चुका है। सर्वेक्षण के अन्तर्गत 67000 वर्ग किमी ग्रामीण भूमि का अनुमानित आर्थिक मूल्य ₹ 132 लाख करोड़ है। कार्यक्रम ने बैंक ऋण तक पहुँच बढ़ाकर, महिला सम्पत्ति मालिकों को सशक्त बनाकर ग्रामीण विकास में सुधार किया।

काशी तमिल संगमम-3.0 लॉन्च

- 16 जनवरी, 2025 को केन्द्रीय शिक्षा मन्त्री धर्मेन्द्र प्रधान ने काशी तमिल संगमम-3.0 पंजीकरण पोर्टल लॉन्च किया। इस पहला का उद्देश्य तमिलनाडु व काशी के बीच सांस्कृतिक सम्बन्धों को मजबूत करना व उनकी साझा विरासत का जश्न मनाना है।
- ध्यातव्य है कि काशी तमिल संगमम-3.0 का आयोजन 15-24 फरवरी, 2025 के मध्य उत्तर प्रदेश के वाराणसी में आयोजित किया जाएगा।
- इस आयोजन में तमिलनाडु से लगभग 1000 प्रतिनिधि शामिल होंगे जिसमें छात्र, किसान, पेशेवर व महिलाएँ शामिल हैं। इस कार्यक्रम में ऋषि अगस्त्य के योगदान पर प्रदर्शनियाँ, सेमिनार, कार्यशालाएँ व पुस्तक विमोचन शामिल रहेंगे।

गंगासागर मेला, 2025

- 14-15 जनवरी, 2025 को मकर संक्रान्ति के पावन अवसर पर पश्चिम बंगाल में गंगा डेल्टा पर स्थित सागर द्वीप पर गंगासागर मेला का आयोजन किया गया। इस वर्ष यह मेला जलवायु परिवर्तन के प्रभावों का सामना कर रहा है।
- ज्ञातव्य है कि गंगासागर, पश्चिम बंगाल में गंगा नदी व बंगाल की खाड़ी के संगम को सन्दर्भित करता है। यह हिन्दू धर्म का एक पवित्र तीर्थस्थल है, जिसमें श्रद्धालु संगम पर पवित्र डुबकी लगाने हेतु एकत्रित होते हैं।
- यह मेला कुम्भ मेले के बाद विश्व का दूसरा सबसे बड़ा हिन्दू मेला है।

पुणे में सेना दिवस परेड-2025 आयोजित

- 15 जनवरी, 2025 को सेना दिवस के अवसर पर आर्मी डे परेड का आयोजन पहली बार पुणे (महाराष्ट्र) में किया गया।
- यह परेड फील्ड मार्शल के. एम. करिअप्पा के भारतीय सेना के पहले भारतीय कमाण्डर-इन-चीफ के रूप में नियुक्ति की याद में आयोजित की जाती है।
- यह कार्यक्रम परम्परागत रूप से दिल्ली में आयोजित होता है, परन्तु वर्ष 2023 से अलग-अलग शहरों में आयोजित किया जा रहा है। जिससे सशस्त्र बलों के साथ स्थानीय जुड़ाव को बढ़ावा मिलता है।
- 77वें सेना दिवस परेड समारोह की थीम (विषय)- 'समर्थ भारत, सक्षम सेना' है, जो सेना की क्षमताओं व राष्ट्र के प्रति प्रतिबद्धता को दर्शाता है।
- इस परेड का आयोजन पुणे के बॉम्बे इंजीनियरिंग ग्रुप एण्ड सेण्टर में किया गया, जिसमें विभिन्न प्रदर्शन जैसे युद्ध प्रदर्शन, मार्शल आर्ट प्रदर्शन व ड्रोन और रोबोटिक्स सहित उन्नत सैन्य उपकरणों का प्रदर्शन किया गया।

महाकुम्भ-2025 में भाषिणी प्लेटफॉर्म लॉन्च

- उत्तर प्रदेश के प्रयागराज में 13 जनवरी, से 26 फरवरी, 2025 तक होने वाले महाकुम्भ में केन्द्रीय इलेक्ट्रॉनिक्स व सूचना प्रौद्योगिकी मन्त्रालय (MeITY) ने संचार व्यवस्था को बेहतर बनाने के लिए भाषिणी प्लेटफॉर्म लॉन्च किया।
- यह पहल 11 भाषाओं में वास्तविक समय में अनुवाद और आवाज-क्षमता सहायता प्रदान करती है, जिसमें आगंतुक अपनी मूलभाषा में संवाद कर सकते हैं।
- भाषिणी प्लेटफॉर्म का मुख्य आकर्षण डिजिटल लॉस्ट एण्ड फाउण्ड सॉल्यूशन है। यह सुविधा उपयोगकर्ता को खोई वस्तु की रिपोर्ट करने या वॉयस आधारित पंजीकरण का उपयोग करके पाए गई वस्तु को पंजीकृत करने में सक्षम बनाती है।
- ज्ञातव्य है कि प्रधानमन्त्री नरेन्द्र मोदी द्वारा लॉन्च किया गया कुम्भ सहायक चैटबॉट, उन्नत एआई क्षमताओं को लिए लामा एल. एल. एम. का प्रयोग करता है। यह वॉयस सक्षम चैटबॉट उपस्थित लोगों के अनेक भाषाओं में नेविगेशन और जानकारी प्रदान करने में सहायता करता है।

निजामाबाद में राष्ट्रीय हल्दी बोर्ड की स्थापना

- 14 जनवरी, 2025 को केन्द्रीय वाणिज्य एवं उद्योग मन्त्रालय द्वारा तेलंगाना के निजामाबाद में राष्ट्रीय हल्दी बोर्ड की स्थापना की गई।
- इस बोर्ड का उद्देश्य हल्दी किसानों के कल्याण को बढ़ाना, बेहतर किस्में विकसित करना व निर्यात को बढ़ावा देना है।
- इस बोर्ड के प्रथम अध्यक्ष श्री पल्ले गंगा रेड्डी को नियुक्त किया गया है तथा इस बोर्ड में विभिन्न मन्त्रालयों, निर्यातकों व उत्पादकों के निकायों के प्रतिनिधि शामिल किए गए हैं।
- यह बोर्ड हल्दी के नए उत्पादों के अनुसन्धान व विकास को प्राथमिकता देगा, जिसमें हल्दी के मूल्य संवर्द्धन व नवीन उपयोगी की खोज करना शामिल है।
- ज्ञातव्य है कि वैश्विक हल्दी व्यापार में भारत की हिस्सेदारी 62% से अधिक है। हल्दी को 'स्वर्ण मसाला' भी कहा जाता है।

प्रयागराज महाकुम्भ, 2025 का पहला अमृत स्नान

- उत्तर प्रदेश के प्रयागराज में महाकुम्भ मेला 14 जनवरी, 2025 को पहले अमृत स्नान के साथ शुरू हुआ। शाही स्नान के नाम से जाना जाने वाला यह अनुष्ठान स्नान हिन्दू परम्पराओं में एक विशेष आयोजन है, जिसमें लाखों श्रद्धालुओं ने भाग लिया।
- महाकुम्भ में पहला अमृत स्नान विभिन्न अखाड़ों के साधुओं के लिए आरक्षित होता है, जिन्हें इस धार्मिक समागम का राजा माना जाता है।
- अमृत स्नान या शाही, कुम्भ मेले के दौरान पवित्र नदियों गंगा, यमुना, सरस्वती के संगम में डुबकी लगाने का एक अनुष्ठान है। मान्यता है कि इस अवधि के दौरान स्नान करने से मनुष्य के पाप धुल जाते हैं।
- ज्ञातव्य है कि कुम्भ मेले का आयोजन प्रति 12 वर्ष में चार पवित्र स्थानों पर किया जाता है, जिसमें प्रयागराज भी एक है। यह विश्व का सबसे बड़ा हिन्दू मेला है।

मिशन मौसम का शुभारम्भ

- 14 जनवरी, 2025 को प्रधानमन्त्री नरेन्द्र मोदी द्वारा भारत मौसम विज्ञान विभाग (IMD) की 150 वीं वर्षगाँठ के अवसर पर मिशन मौसम का शुभारम्भ किया गया।
- इस मिशन का उद्देश्य भारत की मौसम पूर्वानुमान और जलवायु लचीलापन क्षमताओं को बढ़ाना व मॉडलिंग व प्रसार क्षमताओं को उन्नत करना है।
- इस मिशन के पहले दो वर्षों के लिए ₹ 2000 करोड़ का बजट रखा गया है, जिसका लक्ष्य कृषि, विमानन रक्षा, आपदा प्रबन्धन, पर्यटन व स्वास्थ्य सहित विभिन्न क्षेत्रों को सहायता प्रदान करना है।

जम्मू-कश्मीर में जेड-मोड़ सुरंग का शुभारम्भ

- 13 जनवरी, 2025 को जम्मू-कश्मीर में बुनियादी ढाँचा परियोजना के अन्तर्गत प्रधानमन्त्री नरेन्द्र मोदी द्वारा जेड-मोड़ सुरंग का शुभारम्भ किया गया। इस सुरंग का उद्देश्य क्षेत्रीय सम्पर्क को बढ़ाना है।
- इस सुरंग की लम्बाई 6.4 किमी है तथा यह जम्मू-कश्मीर के लोकप्रिय पर्यटन स्थल सोनमर्ग को गंदेरबल जिले के कंगन शहर से जोड़ती है।
- इस सुरंग का निर्माण सर्दियों के दौरान भारी बर्फबारी व हिमस्खलन से उत्पन्न चुनौतियों के समाधान के उद्देश्य से किया गया है।

मादक पदार्थों की तस्करी व राष्ट्रीय सुरक्षा का क्षेत्रीय सम्मेलन

- 10 जनवरी, 2025 को भारत में मादक पदार्थों की तस्करी व राष्ट्रीय सुरक्षा पर केन्द्रित क्षेत्रीय सम्मेलन का आयोजन नई दिल्ली में किया गया। इस सम्मेलन की अध्यक्षता केन्द्रीय गृहमन्त्री अमित शाह ने की।
- यह पहल प्रधानमन्त्री नरेन्द्र मोदी की मादक पदार्थों के खिलाफ जीरोटॉलरेंस नीति के तहत् एक व्यापक प्रयास का हिस्सा है।
- इस सम्मेलन का उद्देश्य देश के विभिन्न राज्यों व केन्द्रशासित प्रदेशों के बीच सहयोग बढ़ाना तथा मादक पदार्थों की तस्करी से निपटने में एण्टी-नारकोटिक्स टास्क फोर्स (ANTF) की प्रभावशीलता में सुधार करना है।
- इस सम्मेलन के दौरान ड्रग डिस्पोजल पखवाड़ा 11-25 जनवरी, 2025 तक चलेगा, जिसके तहत् जब्त 44792 किग्रा नशीले पदार्थों का निपटान किया जाएगा।

उत्तर प्रदेश राज्य सरकार द्वारा 'माँ की रसोई' पहल की शुरुआत

- 10 जनवरी, 2025 को उत्तर प्रदेश के मुख्यमन्त्री योगी आदित्यनाथ ने 'माँ की रसोई' पहल का शुभारम्भ प्रयागराज के स्वरूप रानी नेहरू अस्पताल में किया।
- इस पहल के तहत् केवल ₹ 9 में जरूरतमन्द व आर्थिक रूप से कमजोर लोगों को किफायती भोजन उपलब्ध कराना है।
- यह पहल सामाजिक कल्याण के प्रति राज्य सरकार की प्रतिबद्धता के अनुरूप है।
- इस रसोई का संचालन नन्दी सेवा संस्थान द्वारा किया जाता है। यह प्रयास सामाजिक समानता और सामुदायिक समर्थन को बढ़ावा देता है।

पीएम-किसान योजना के लिए किसान पहचान पत्र अनिवार्य

- 10 जनवरी, 2025 को भारत सरकार द्वारा प्रधानमन्त्री किसान सम्मान निधि योजना के सम्बन्ध में एक नया नियम लागू किया, जिसके तहत् 1 जनवरी, 2025 से नए आवेदकों को इस कल्याणकारी कार्यक्रम के लिए पंजीकरण कराने के लिए किसान आईडी प्राप्त करनी होगी।
- इस पहल का उद्देश्य आवेदन प्रक्रिया को सुव्यवस्थित करना तथा यह सुनिश्चित करना है कि केवल पात्र किसानों को ही इसका लाभ मिले।
- ध्यातव्य है कि पीएम-किसान सम्मान योजना के तहत् किसान परिवारों को प्रतिवर्ष ₹ 6 हजार की वित्तीय सहायता प्रदान की जाती है। इस योजना की शुरुआत वर्ष 2019 को केन्द्र सरकार द्वारा की गई थी।

गुजरात का हर-घर कनेक्टिविटी कार्यक्रम

- 8 जनवरी, 2025 को गुजरात के मुख्यमन्त्री ने राज्य के डिजिटल बुनियादी ढाँचे में प्रगति की घोषणा की। इन पहलों का उद्देश्य प्रौद्योगिकी के माध्यम से जनकल्याण और जीवन की सुगमता में सुधार लाना है।
- इस पहल का उद्देश्य राज्य के ग्रामीण परिवारों हाई-स्पीड इण्टरनेट एक्सेस प्रदान करना है। इस पहल के तहत् पायलट प्रोजेक्ट के रूप में 25000 इण्टरनेट कनेक्शन प्रदान किए जाएँगे।
- इस पहल में किफायती इंटरनेट के साथ-साथ मूल्यवर्धित सेवाएँ; जैसे-वाई-फाई, केबल टेलीविजन, ओटीटी प्लेटफॉर्म व गेमिंग विकल्प भी प्रदान किए जाएँगे।

निसार मिशन-2025

- 8 जनवरी, 2025 को नासा व भारतीय अन्तरिक्ष एजेन्सी इसरो के बीच मार्च, 2025 में निसार (NISAR) मिशन के लॉन्च का लक्ष्य निर्धारित किया गया। इस मिशन का उद्देश्य पृथ्वी अवलोकन में क्रान्ति लाना है।
- इस मिशन को मार्च, 2025 में इसरो के सतीश धवन अन्तरिक्ष केन्द्र से लॉन्च किया जाएगा। यह दोहरे बैण्ड वाला रडार उपग्रह है, जो पृथ्वी की भूमि व बर्फ की सतहों की सटीकता के साथ निगरानी करेगा।
- निसार (NISAR) का पूर्णरूप NASA-ISRO सिन्थेटिक अपर्चर रडार है। यह मिशन सेण्टीमी पैमाने तक डेटा एकत्र करेगा।

अंजी खाद रेल पुल : भारत का पहला केबल स्टेड पुल

- 7 जनवरी, 2025 को जम्मू-कश्मीर के रियासी जिले में अंजी खाद रेल पुल का उद्घाटन प्रधानमन्त्री नरेन्द्र मोदी द्वारा किया गया। यह भारत का पहला केबल स्टेड रेल पुल है, जो उधमपुर-श्रीनगर बारामुल्ला रेल लिंक (USBRL) परियोजना का हिस्सा है।
- इस परियोजना का उद्देश्य क्षेत्रीय कनेक्टिविटी को बढ़ाना तथा आर्थिक विकास व पर्यटन दोनों को बढ़ावा देना है।
- इस पुल की कुल लम्बाई 725.5 मी है तथा यह पुल कटरा और रियासी को जोड़ता है। यह पुल तोरण नदी तल से 331 मी ऊपर स्थित है।

भारतीय शहरों की वायु गुणवत्ता प्रगति रिपोर्ट-2025

- 7 जनवरी, 2024 को राष्ट्रीय स्वच्छ वायु कार्यक्रम (NCAP) के तहत् वायु गुणवत्ता प्रगति रिपोर्ट-2025 जारी की गई।
- इस रिपोर्ट के तहत् वर्ष 2019 से 2024 के बीच भारतीय शहरों ने PM-2.5 प्रदूषण के स्तर को कम करने में प्रगति की है। इस रिपोर्ट के तहत् भारतीय शहरों में PM-2.5 प्रदूषण के स्तर में औसतन 27% की कमी दर्ज की गई।
- इस रिपोर्ट के अन्तर्गत वाराणसी PM- 2.5 के स्तर में 76% कमी के साथ सूची में शीर्ष स्थान पर रहा। इसके बाद मुरादाबाद (कमी-58%), कलबुर्गी (57.2%), मेरठ (57.1%) व कटनी (56.3%) का स्थान रहा।

भारत का पहला ग्रीन हाइड्रोजन हब लॉन्च

- 8 जनवरी, 2025 को आन्ध्र प्रदेश के अनकापल्ली जिले के पुदीमदका गाँव में ग्रीन हाइड्रोजन हब (GHH) परियोजना शुरू की गई।
- इस पहल का उद्देश्य भारत की पहली एकीकृत हरित हाइड्रोजन उत्पादन सुविधा स्थापित करना है।
- यह परियोजना भारत की अक्षय ऊर्जा क्षमता को बढ़ाने व वर्ष 2070 तक अपने शुद्ध शून्य लक्ष्यों को प्राप्त करने की दिशा में कार्यरत है।

- यह परियोजना लगभग 1600 एकड़ क्षेत्र में विस्तृत है, जिसकी प्रतिदिन 15000 टन ग्रीन हाइड्रोजन उत्पादन क्षमता होगी।

भारतपोल पोर्टल लॉन्च

- 6 जनवरी, 2025 को केन्द्रीय गृह मन्त्रालय द्वारा भारतपोल पोर्टल को लॉन्च किया गया। यह पोर्टल आपराधिक जाँच में अन्तर्राष्ट्रीय सहायता के लिए अनुरोधों को सरल बनाने के लिए डिजाइन किया गया है।
- इस पोर्टल को केन्द्रीय जाँच ब्यूरो (CBI) द्वारा विकसित किया गया है। इस पहल का उद्देश्य इण्टरपोल के माध्यम से अन्तर्राष्ट्रीय पुलिस सहयोग को बढ़ाना है, विशेष रूप से साइबर अपराध, मानव तस्करी से निपटने में।

प्रवासी भारतीय दिवस सम्मेलन-2025

- 18वाँ प्रवासी भारतीय दिवस (PBD) सम्मेलन 8-10 जनवरी, 2025 के मध्य ओडिशा के भुवनेश्वर में आयोजित किया गया। इस सम्मेलन का उद्घाटन प्रधानमन्त्री नरेन्द्र मोदी द्वारा किया गया।
- इस सम्मेलन में त्रिनिदाद व टौबेगो की राष्ट्रपति क्रिस्टीना कार्ला कंगालू ने मुख्य अतिथि के रूप में वर्चुअल रूप से भाग लिया।
- इस वर्ष इस दिवस की थीम ''विकसित भारत में प्रवासी भारतीयों का योगदान'' रही। इस आयोजन का उद्देश्य भारत व उसके प्रवासी समुदाय के बीच सम्बन्धों को मजबूत करना है।
- ज्ञातव्य है कि प्रवासी भारतीय दिवस प्रत्येक वर्ष 9 जनवरी को मनाया जाता है। यह दिन वर्ष 1915 में महात्मा गाँधी के दक्षिण अफ्रीका से भारत लौटने का प्रतीक है।

नया ई-नीलामी पोर्टल 'बैंकनेट' लॉन्च

- 3 जनवरी, 2025 को भारत सरकार ने 'बैंकनेट' नाम से एक नया ई-नीलामी पोर्टल लॉन्च किया। यह पोर्टल सार्वजनिक क्षेत्र के बैंकों (PSB) द्वारा नीलाम की जाने वाली सम्पत्तियों में रुचि रखने वाले खरीददारों व निवेशकों के लिए एक व्यापक मंच के रूप में कार्य करता है।
- इस पहल का उद्देश्य नीलामी प्रक्रिया को सुव्यवस्थित करना व रियल एस्टेट बाजार में पारदर्शिता बढ़ाना है।
- इस पोर्टल में स्वचालित भुगतान गेटवे व KYC उपकरण शामिल हैं, जो सुरक्षित लेन-देन को सुनिश्चित करता है।

भारत सरकार की एक राष्ट्र-एक सदस्यता पहल

- 1 जनवरी, 2025 को भारत सरकार ने वन नेशन वन सब्क्रिप्शन (ONOS) पहल की शुरुआत की। यह पहल भारत की अपनी शोध व विकास क्षमताओं को बढ़ाने की दिशा में एक कदम है।
- यह पहल विकसित भारत @2047 के व्यापक दृष्टिकोण के अनुरूप है, जिसका उद्देश्य भारत को नवाचार व शोध में वैश्विक नेता के रूप में स्थापित करना है।
- इस पहल के तहत् देश के उच्च शिक्षा संस्थानों व शोध केन्द्रों में विद्वानों के ज्ञान तक पहुँच को लोकतान्त्रिक बनाना है।

रक्षा मन्त्रालय द्वारा 2025 को 'सुधारों का वर्ष' घोषित

- 1 जनवरी, 2025 को रक्षा मन्त्रालय ने वर्ष 2025 को सुधारों का वर्ष घोषित किया। इस पहल का उद्देश्य सशस्त्र बलों का आधुनिकीकरण करना, संयुक्त अभियानों, उन्नत तकनीकों व एकीकृत सैन्य रणनीतियों पर ध्यान केन्द्रित करना है।
- इसमें सुधार के प्रमुख फोकस क्षेत्र एकीकृत थिएटर कमाण्ड की स्थापना करना, अन्तर-सेवा सहयोग को बढ़ावा देना तथा सार्वजनिक-निजी भागीदारी का समर्थन करना है।

भू-जल संसाधन मूल्यांकन रिपोर्ट-2024

- 1 जनवरी, 2025 को केन्द्रीय जलशक्ति मन्त्रालय द्वारा वर्ष 2024 के लिए गतिशील भू-जल संसाधन आकलन रिपोर्ट जारी की गई। यह रिपोर्ट हितधारकों को जलसंसाधन प्रबन्धन के बारे में सूचित निर्णय लेने हेतु महत्त्वपूर्ण डेटा प्रदान करती है।
- इस रिपोर्ट के अन्तर्गत भारत में कुल वार्षिक भू-जल पुनर्भरण 446.90 बिलियन क्यूबिक मीटर (BCM) आँका गया है। जबकि सभी क्षेत्रों में कुल वार्षिक भू-जल निष्कर्षण 245.65 बीसीएम दर्ज किया गया है तथा औसत निष्कर्षण 60.47% है।
- इस रिपोर्ट के तहत् भारत की 646 मूल्यांकन इकाइयों में से 4951 (73.4%) को 'सुरक्षित' वर्गीकृत किया गया है। जबकि 751 (11.1%) इकाइयों को अतिशोषित रूप में चिह्नित किया गया है।

पंजाब द्वारा 100% पाइप जलापूर्ति

- 27 दिसम्बर, 2024 उत्तर भारत के राज्य पंजाब सभी ग्रामीण घरों में 100% पाइप जलापूर्ति प्रदान करके देश का 5वाँ राज्य बन गया है। यह उपलब्धि केन्द्र सरकार की 'हर घर जल' योजना के अन्तर्गत आती है।
- पंजाब में वर्तमान में 15 प्रमुख नहर जल परियोजना क्रियान्वित हैं, इन परियोजनाओं का उद्देश्य राज्य के 1706 गाँवों को लाभ पहुँचाना है।
- इसके अतिरिक्त पंजाब के सभी गाँवों ने खुले में शौच से मुक्त (ODF) का दर्जा भी हासिल किया है। यह उपलब्धि स्वच्छ भारत मिशन (ग्रामीण) के तहत् हासिल की गई है।

सरकार SVAMITVA योजना के अन्तर्गत सम्पत्ति कार्ड वितरित करने की बना रही योजना

- SVAMITVA (ग्रामीण क्षेत्रों में उन्नत प्रौद्योगिकी के साथ गाँवों का सर्वेक्षण और मानचित्रण) कार्यक्रम का उद्देश्य वित्तीय समावेशन में सुधार करना और संघर्षों को कम करना है।
- प्रधानमन्त्री मोदी 26 दिसम्बर, 2024 को घोषित इस योजना के ग्रामीण जीवन पर सकारात्मक प्रभाव को प्रदर्शित करने के लिए लाभार्थियों से मिलने और 58 लाख सम्पत्ति कार्ड वितरित करने की योजना बना रहे हैं।
- अब तक 2 करोड़ से अधिक सम्पत्ति कार्ड वितरित किए जा चुके हैं, जिससे ग्रामीण परिवार अपनी सम्पत्ति को सम्पार्श्विक के रूप में उपयोग करने में सक्षम हो गए हैं।
- ड्रोन प्रौद्योगिकी का उपयोग लगभग 3.17 लाख गाँवों का सर्वेक्षण करने तथा सम्पत्ति रिकॉर्ड के लिए 1.37 लाख करोड़ वर्ग मी से अधिक आवासीय भूमि का मानचित्रण करने के लिए किया गया।
- यह कार्यक्रम सम्पत्ति कर संग्रहण को बढ़ाता है, ग्राम-स्तरीय योजना और स्थानीय सरकार को बढ़ाता है, तथा भूमि स्वामित्व में पारदर्शिता को बढ़ावा देता है।
- ड्रोन सटीकता सुनिश्चित करके और भूमि स्वामित्व पर विवादों को कम करके ग्रामीण भूमि मानचित्रण में क्रान्ति ला रहे हैं।

प्रधानमन्त्री मोदी ने केन बेतवा नदी जोड़ों परियोजना की रखी आधारशिला

- प्रधानमन्त्री मोदी ने 25 दिसम्बर, 2024 को दौधन बाँध, मध्य प्रदेश के पहले तैरते सौर ऊर्जा संयन्त्र और केन-बेतवा नदी जोड़ो परियोजना का उद्घाटन किया।
- क्षेत्र में लम्बे समय से चली आ रही सिंचाई और पेयजल की समस्याओं का विशेष रूप से केन-बेतवा नदी जोड़ो परियोजना द्वारा समाधान किया गया है। मोदी ने जल जीवन मिशन का समर्थन किया जिसका उद्देश्य सूक्ष्म सिंचाई परियोजनाओं के माध्यम से 12 करोड़ घरों को नल का जल उपलब्ध कराना है।
- स्वदेश दर्शन परियोजना मध्य प्रदेश के खजुराहो में अन्तर्राष्ट्रीय सम्मेलन केन्द्र का निर्माण कर रही है, जिसका उद्देश्य पर्यटन को बढ़ावा देना है। मोदी ने जल संसाधन प्रबन्धन के महत्त्व पर प्रकाश डाला, जिसकी शुरुआत वाजपेयी सरकार के दौरान की गई थी।
- पर्यटकों से स्थानीय वस्तुओं की माँग बढ़ने, रोजगार सृजन और मध्य प्रदेश की अर्थव्यवस्था को बढ़ावा मिलने की उम्मीद है।

देवी अहिल्याबाई होल्कर अन्तर्राष्ट्रीय हवाई अड्डा (इन्दौर) भारत का पहला शून्य-अपशिष्ट हवाई अड्डा बना

- 22 दिसम्बर, 2024 को इन्दौर के देवी अहिल्याबाई होल्कर अन्तर्राष्ट्रीय हवाई अड्डे को भारत के पहले शून्य-अपशिष्ट हवाई अड्डे के रूप में घोषित किया गया।
- इस हवाई अड्डे ने एक सम्पूर्ण अपशिष्ट प्रबन्धन प्रणाली लागू की है, जो विमानों, दुकानों, उद्यानों और शौचालयों से निकलने वाले कचरे को रीसाइकिल करेगी।
- यह पहल व्यापक अपशिष्ट प्रबन्धन, हवाई अड्डे व उसके विमानों दोनों के द्वारा उत्पन्न अपशिष्ट के पुनर्चक्रण पर केन्द्रित है।

- इसमें कचरे के प्रभावी प्रबन्धन के लिए 3 हजार स्क्वायर फुट का रीसाइक्लिंग प्लाण्ट स्थापित किया गया है।

बिहार करेगा 2025 महिला कबड्डी विश्व कप की मेजबानी

- मार्च, 2025 में बिहार महिला कबड्डी विश्व कप की मेजबानी करेगा, जो राज्य द्वारा वर्ष 2012 में आयोजित सफल उद्घाटन टूर्नामेण्ट के बाद दूसरी बार है।
- इस टूर्नामेण्ट के सभी मैच राजगीर स्पोर्ट्स अकादमी में आयोजित किए जाएँगे, जिसमें 5 हजार दर्शकों के बैठने की क्षमता है।
- इस प्रतिष्ठित टूर्नामेण्ट में 14 देशों की महिला कबड्डी टीमें भाग लेंगी, जिसमें 8 एशियाई देशों की टीमें होंगी।
- वर्ष 2025 के इस संस्करण का उद्देश्य राज्य की विरासत को आगे बढ़ाना व क्षेत्र में कबड्डी की पहचान को बढ़ाना है।

स्वतन्त्रता सैनिक सम्मान पेन्शन योजना

- 22 दिसम्बर, 2024 को भारत सरकार द्वारा स्वतन्त्रता सेनानियों के लिए पेन्शन प्रणाली में संशोधन किया।
- इस संशोधन का उद्देश्य भारत की आजादी में स्वतन्त्रता सेनानियों के योगदान का सम्मान करना व उन्हें बढ़े हुए लाभ प्रदान करना है।
- इस संशोधन के तहत् स्वतन्त्रता सेनानियों को पेन्शन के अतिरिक्त आजीवन निःशुल्क रेलवे पास तथा केन्द्र सरकार व सार्वजनिक क्षेत्र के उपक्रमों द्वारा प्रबन्धित अस्पतालों में निःशुल्क चिकित्सा सुविधाओं तक पहुँच प्रदान की गई है।

प्रधानमन्त्री नरेन्द्र मोदी को कुवैत का सर्वोच्च राष्ट्रीय सम्मान

- 22 दिसम्बर, 2024 को भारतीय प्रधानमन्त्री नरेन्द्र मोदी की खाड़ी देश कुवैत की यात्रा के दौरान उन्हें कुवैत के सर्वोच्च राष्ट्रीय सम्मान 'ऑर्डर ऑफ मुबारक अल कबीर' से सम्मानित किया गया।
- यह सम्मान उन्हें कुवैत के अमीर शेख मेशल अल-अहमद-अलजवर द्वारा प्रदान किया गया, जो दोनों राष्ट्रों के बीच मजबूत मित्रता व सद्भावना का प्रतीक है।
- ध्यातव्य है कि प्रधानमन्त्री नरेन्द्र मोदी की कुवैत यात्रा 43 वर्षों में किसी भारतीय प्रधानमन्त्री की कुवैत की पहली यात्रा रही।

यात्रा व पर्यटन विकास सूचकांक-2024 में भारत 39वें स्थान पर

- 19 दिसम्बर, 2024 को विश्व धार्मिक मंच (WEF) द्वारा जारी यात्रा व पर्यटन विकास सूचकांक में भारत 119 देशों में 34वें स्थान पर रहा, जो वर्ष 2021 में इसके पिछले 54वें स्थान से उल्लेखनीय वृद्धि को दर्शाता है।
- देश में पर्यटन को बढ़ावा देने के उद्देश्य से पर्यटन अवसंरचना विकास के लिए 'स्वदेश दर्शन' पहल की शुरुआत की है, जिसका उद्देश्य देश के प्रमुख पर्यटन स्थलों पर सुविधाओं और सेवाओं में सुधार करना है।

प्रशासन गाँव की ओर अभियान-2024

- 19-24 दिसम्बर, 2024 के मध्य केन्द्र सरकार द्वारा सम्पूर्ण भारत सुशासन सप्ताह की गतिविधियों के तहत् 'प्रशासन गाँव की ओर' अभियान चलाया गया।
- इस अभियान का उद्देश्य सेवा वितरण व विशेष रूप से ग्रामीण क्षेत्रों में सार्वजनिक शिकायतों का समाधान करना है।
- इस अभियान को 700 से अधिक जिलों में वर्चुअली लॉन्च किया गया, जिसका प्राथमिक लक्ष्य प्रभावी शासन को ग्रामीण आबादी के करीब लाना है।

मसाली : भारत का पहला सीमावर्ती सौर गाँव

- 19 दिसम्बर, 2024 को गुजरात के बनासकांठा के सुइगाम तालुका में स्थित मसाली गाँव को भारत का पहला सौर ऊर्जा संचालित सीमावर्ती गाँव घोषित किया गया।
- यह गाँव पाकिस्तानी सीमा से लगभग 40 किमी दूर स्थित है, इस गाँव में 800 व्यक्ति निवास करते हैं।
- इस गाँव में सौर ऊर्जा परियोजना की लागत ₹ 1.16 करोड़ है तथा इस पहल को गुजरात राजस्व विभाग, स्थानीय बैंकों व सौर ऊर्जा कम्पनियों के सहयोग से क्रियान्वित किया गया।

भारतजेन: भारत की पहली मल्टीमॉडल एआई पहल

- 18 दिसम्बर, 2024 का भारत सरकार द्वारा 'भारतजेन' नामक पहल की शुरुआत की गई, जिसका उद्देश्य भारत की बहुआयामी भाषाओं व संस्कृतियों के अनुरूप उन्नत एआई मॉडल विकसित करना है। जो वर्तमान डेटा स्रोतों में भारतीय भाषाओं के कम प्रतिनिधित्व को सम्बोधित करने के लिए महत्त्वपूर्ण है।
- भारतजेन ने प्राथमिक डेटा एकत्रित करने हेतु 'भारत डेटा सागर' पहल की शुरुआत की है, जो भाषाओं पर ध्यान केन्द्रित करती है जिनमें पर्याप्त प्रतिनिधित्व की कमी है।

अयोध्या राम मन्दिर को ब्रिटेन का 'स्वॉड ऑफ ऑनर' पुरस्कार

- हाल ही में उत्तर प्रदेश के अयोध्या में राम मन्दिर परियोजना को ब्रिटिश सेफ्टी काउन्सिल द्वारा प्रतिष्ठित 'स्वॉड ऑफ ऑनर' पुरस्कार प्रदान किया गया। यह पुरस्कार सुरक्षा प्रबन्धन के प्रति परियोजना की प्रतिबद्धता को दर्शाता है।
- इस पुरस्कार प्रक्रिया में सुरक्षा प्रथाओं का व्यापक ऑडिट व कड़े सुरक्षा मानकों के अनुपालन को सुनिश्चित करने के लिए ऑन-साइट मूल्यांकन शामिल है।

किसान कवच : भारत का पहला कीटनाशक रोधी बॉडीसूट

- 16 दिसम्बर, 2024 को केन्द्रीय कृषि व किसान मन्त्रालय द्वारा भारत के पहले कीटनाशक रोधी बॉडीसूट 'किसान कवच' को लॉन्च किया गया।
- इसका उद्देश्य किसानों को कीटनाशकों के दुष्प्रभावों से बचाना है। यह लॉन्च प्रधानमन्त्री नरेन्द्र मोदी की कृषि में विज्ञान व प्रौद्योगिकी को एकीकृत करने की प्रतिबद्धता के अनुरूप है।
- इस कवच को बेंगलुरु स्थित BRIC-Instem द्वारा सेवियों हेल्थ प्राइवेट लिमिटेड के सहयोग से विकसित किया गया है। यह सूट धोने योग्य व पुनः उपयोग होने वाला सूट है, जिसकी आयु 1 वर्ष तक है।

10वाँ अन्तर्राष्ट्रीय वन मेला

- 17-23 दिसम्बर, 2024 के मध्य, मध्य प्रदेश को भोपाल में 10वाँ अन्तर्राष्ट्रीय वन मेला का आयोजन किया गया।
- इस मेले में वन सम्बन्धी गतिविधियों पर ध्यान केन्द्रित किया गया तथा इसका उद्देश्य संग्राहकों, व्यापारियों व नीति-निर्माताओं सहित विभिन्न हितधारकों को जोड़ना रहा।
- इस वर्ष वन मेले की थीम है-'लघु वनोपज के माध्यम से महिला सशक्तीकरण'।
- इस मेले का उद्देश्य लैंगिक समानता को बढ़ावा देना व अर्थव्यवस्था में महिलाओं के योगदान का समर्थन करना है।

नुपी लाल स्मारक- 2024

- 13 दिसम्बर, 2024 को मणिपुर में नुपी लाल स्मारक-2024 मनाया गया, जिसमें न्याय व स्वतन्त्रता के लिए लड़ने वाली बहादुर महिलाओं को सम्मानित किया गया।
- राज्य के मुख्यमन्त्री के नेतृत्व में नुपी लाल स्मारक परिसर में इस आयोजन के महत्त्व को दर्शाया गया।
- ध्यातव्य है कि वर्ष 1904 से 1939 के नुपी लाल विद्रोह मणिपुरी इतिहास में महत्त्वपूर्ण है, क्योंकि इस विद्रोह में महिलाओं ने ब्रिटिश औपनिवेशिक अन्याय के खिलाफ उल्लेखनीय साहस का परिचय देते हुए विरोध किया था।

विश्व आयुर्वेद कांग्रेस व आरोग्य एक्सपो-2024

- 12 दिसम्बर, 2024 से उत्तराखण्ड में विश्व आयुर्वेद कांग्रेस व आरोग्य एक्सपो-2024 का आयोजन किया गया, जिसका उद्देश्य वैश्विक स्तर पर आयुर्वेद को बढ़ावा देना व आधुनिक स्वास्थ्य सेवा प्रणालियों का एकीकरण करना है।
- इस कांग्रेस में अमेरिका, ब्रिटेन, कनाडा समेत विश्व के 40-50 देशों के प्रतिनिधियों ने भाग लिया।
- वर्ष 2024 में इस आयुर्वेद कांग्रेस का विषय है-'डिजिटल स्वास्थ्य एक आयुर्वेद परिप्रेक्ष्य'।
- ध्यातव्य है कि उत्तराखण्ड इस वैश्विक आयुर्वेद कांग्रेस की मेजबानी करने वाला पहला हिमालयी राज्य बन गया है।

तमिलनाडु के अबतसहायेश्वर मन्दिर को विरसात पुनरुद्धार के लिए यूनेस्को पुरस्कार

- 10 दिसम्बर, 2024 को तमिलनाडु के तंजावुर जिले में स्थित 1300 वर्ष पुराने चोल राजवंशीय

ढाँचे अबतसहायेश्वर मन्दिर को इसके असाधारण संरक्षण प्रयासों के लिए यूनेस्को को 2023 के विशिष्ट पुरस्कार से अन्तर्राष्ट्रीय मान्यता प्राप्त हुई।

- इस मन्दिर का निर्माण चोल शासक विक्रम चोल व कुलोथुंगा चोल ने करवाया था।

भारत अन्तर्राष्ट्रीय विज्ञान महोत्सव-2024

- 30 नवम्बर-3 दिसम्बर, 2024 के मध्य भारत अन्तर्राष्ट्रीय विज्ञान महोत्सव (IISF) 2024 का आयोजन भारतीय प्रौद्योगिकी संस्थान, गुवाहाटी में किया गया।
- इस वर्ष इस महोत्सव का आयोजन वैज्ञानिक व औद्योगिक अनुसन्धान संस्थान परिषद् द्वारा किया गया।
- वर्ष 2024 के इस महोत्सव की थीम है-'भारत को विज्ञान प्रौद्योगिकी द्वारा संचालित वैश्विक विनिर्माण केन्द में बदलना'।
- इस विज्ञान महोत्सव का मुख्य आकर्षण 'चन्द्रयान : द म्यूजियम ऑफ द मून' रहा, जिसमें चन्द्रमा का एक कलात्मक मॉडल प्रदर्शित किया गया।

13वाँ राष्ट्रीय बीज सम्मेलन (NSC)

- कृषि एवं किसान कल्याण मन्त्रालय द्वारा 13वें NSC का आयोजन 28 से 30 नवम्बर, 2024 के बीच वाराणसी में किया गया।
- जहाँ वैज्ञानिकों ने कहा कि किसानों के प्रतिरोध के कारण बीज विधेयक, जिसे वर्ष 2004 में संसद में प्रस्तुत किया गया था, पारित नहीं हो सका।
- यद्यपि वर्ष 2002 की राष्ट्रीय बीज नीति को अद्यतन नहीं किया गया है, फिर भी विशेषज्ञों का मानना है कि इसे विश्वव्यापी मानकों के अनुरूप होना चाहिए।
- 13वें राष्ट्रीय बीज सम्मेलन (NSC) में उपस्थित लोगों ने नवाचार, किसान सशक्तीकरण जैसी चुनौतियों से निपटने के लिए हस्तक्षेप की आवश्यकता पर बल दिया।
- भारतीय कृषि अनुसन्धान संस्थान की पूर्व संयुक्त निदेशक मालविका ददलानी का दावा है कि भारत की बीज गुणवत्ता आश्वासन प्रणाली अपर्याप्त है।
- निजी क्षेत्र किसानों को उन्नतियाँ प्रदान करने में अच्छा है, जबकि सार्वजनिक क्षेत्र वैज्ञानिक अनुसन्धान में बेहतर है।

लेबनान में इजरायल और हिजबुल्लाह के बीच युद्ध विराम लागू

- इजरायल और हिजबुेकल्लाह ने लेबनान में युद्ध विराम पर हस्ताक्षर किए, जिससे 27 नवम्बर, 2024 को 14 माह से चल रहा संघर्ष समाप्त हो गया।
- युद्ध विराम संयुक्त राष्ट्र प्रस्ताव 1701 पर आधारित है, जिसमें हिजबुल्लाह लड़ाकों की वापसी, लेबनानी क्षेत्र से इजरायल की वापसी तथा 60 दिनों की चरणबद्ध वापसी शामिल है।
- संयुक्त राज्य अमेरिका ने युद्ध विराम कराने में महत्त्वपूर्ण भूमिका निभाई तथा राष्ट्रपति बिडेन ने इजरायल की वापसी योजना पर प्रकाश डाला।
- बेरूत के दक्षिणी उपनगरों में संघर्ष विराम से स्थानीय लोगों को राहत मिली है, जिससे यातायात में भारी कमी आई है और विस्थापित लोग अपने घरों को लौटने लगे हैं।
- युद्ध विराम दीर्घकालिक शान्ति के लिए एक महत्त्वपूर्ण अवसर प्रस्तुत करता है, लेकिन इसे कायम रखने के लिए महत्त्वपूर्ण कूटनीतिक और जमीनी प्रयासों की आवश्यकता होगी।

राष्ट्रपति द्रौपदी मुर्मू ने भारतीय संविधान का संस्कृत और मैथिली अनुवाद जारी किया

- राष्ट्रपति द्रौपदी मुर्मू ने 26 नवम्बर, 2024 को नई दिल्ली में भारतीय संविधान के संस्कृत और मैथिली अनुवाद का अनावरण किया।
- यह संविधान दिवस और संविधान अपनाने की 75वीं वर्षगाँठ का अवसर था।
- इसका आयोजन उप-राष्ट्रपति जगदीप धनखड़, प्रधानमन्त्री नरेन्द्र मोदी, लोकसभा अध्यक्ष ओम बिरला और विपक्ष के नेता राहुल गाँधी ने किया।
- हमारा संविधान, हमारा स्वाभिमान अभियान, 26 नवम्बर, 2024 को शुरू किया गया। भारतीय संविधान 26 नवम्बर, 1949 को अपनाया गया था।
- संस्कृत और मैथिली अनुवाद संवैधानिक सिद्धान्तों की गहरी समझ प्रदान करके नागरिकों को सशक्त बनाते हैं।

भारत सरकार ने अटल इनोवेशन मिशन को वर्ष 2028 तक बढ़ाया

- भारत सरकार ने अटल इनोवेशन मिशन (AIM) को 31 मार्च, 2028 तक बढ़ा दिया है तथा AIM 2.0 को 25 नवम्बर, 2024 को लॉन्च किया गया।
- इसका उद्देश्य प्रणालीगत अन्तरालों को दूर करना तथा उद्यमशीलता परिणामों में सुधार करना था।
- AIM 1.0 का ध्यान अटल टिंकरिंग लैब्स और अटल इनक्यूबेशन सेण्टर जैसे आधारभूत नवाचार प्लेटफॉर्म की स्थापना पर केन्द्रित है।
- AIM 2.0 का उद्देश्य ग्रामीण नवाचार केन्द्रों, डीपटेक रिएक्टरों और क्षेत्रीय लॉन्चपैड जैसे कार्यक्रमों के माध्यम से अन्तराल को भरना और पारिस्थितिकी तन्त्र की दक्षता को बढ़ाना है।
- AIM 2.0 का उद्देश्य स्थानीय नवाचार केन्द्रों के माध्यम से इनपुट बढ़ाना, अटल टिंकरिंग लैब्स का विस्तार करना, मानव पूँजी विकास के माध्यम से सफलता दर में सुधार करना है।

स्पेसएक्स द्वारा भारत के लिए GSAT-20 उपग्रह लॉन्च

- 19 नवम्बर, 2024 को निजी अमेरिकी अन्तरिक्ष कम्पनी स्पेसएक्स ने अमेरिका के फ्लोरिडा के केप कैनावरेल से भारत के लिए GSAT-20 उपग्रह प्रक्षेपित किया। इस प्रक्षेपण का उद्देश्य भारत द्वारा अपनी संचार क्षमताओं को बढ़ाना है।
- इस उपग्रह को भारतीय अन्तरिक्ष अनुसन्धान संगठन (इसरो) व अमेरिकी अन्तरिक्ष कम्पनी स्पेसएक्स के सहयोग से लॉन्च किया गया।
- इस उपग्रह का वजन 4700 किग्रा है तथा यह बैण्ड हाई-थ्रूपुट संचार पेलोड से लैस है। इस उपग्रह का जीवनकाल 14 वर्ष है।
- इस उपग्रह के माध्यम से भारत दूर-दराज के क्षेत्रों में इण्टरनेट की पहुँच बढाएगा तथा हवाई जहाजों के लिए उड़ान के दौरान इण्टरनेट सेवाएँ भी प्रदान करेगा।

नाइजीरिया द्वारा भारतीय प्रधानमन्त्री को सर्वोच्च नागरिक सम्मान

- 18 नवम्बर, 2024 को भारतीय प्रधानमन्त्री नरेन्द्र मोदी की पहली नाइजीरिया यात्रा के दौरान उन्हें नाइजीरिया के सर्वोच्च नागरिक सम्मान 'ग्रैण्ड कमाण्डर ऑफ ऑर्डर ऑफ द नाइजर (GCON)' से सम्मानित किया गया। यह सम्मान उन्हें नाइजीरियाई राष्ट्रपति टीनूबू द्वारा प्रदान किया गया।
- 'GCON' नाइजीरिया का सर्वोच्च नागरिक सम्मान है, यह उन व्यक्तियों को प्रदान किया जाता है, जिन्होनें देश के लिए महत्त्वपूर्ण योगदान दिया हो।
- नरेन्द्र मोदी इस पुरस्कार को प्राप्त करने वाले दूसरे विदेशी है। (प्रथम प्राप्तकर्ता-महारानी एलिजाबेथ II (1969))
- इस पुरस्कार के साथ भारतीय प्रधानमन्त्री को कुल 17 अन्तर्राष्ट्रीय सम्मान मिल चुके हैं।

ऑपरेशन द्रोणागिरी

- 15 नवम्बर, 2024 को केन्द्रीय विज्ञान व प्रौद्योगिकी विभाग ने 'ऑपरेशन द्रोणागिरी' की शुरुआत की, जो राष्ट्रीय भू-स्थानिक नीति-2022 के अनुरूप है।
- इस ऑपरेशन का उद्देश्य नागरिकों के जीवन की गुणवत्ता बढ़ाने व व्यावसायिक संचालन को सुव्यवस्थित करने हेतु भू-स्थानिक प्रौद्योगिकियों का प्रदर्शन करना है। यह ऑपरेशन मुख्यतः तीन प्रमुख क्षेत्रों पर केन्द्रित है- कृषि, आजीविका, रसद व परिवहन। यह पहल 5 राज्यों में लागू की गई है-उत्तर प्रदेश, हरियाणा, असम, आन्ध्र प्रदेश व महाराष्ट्र।

43वाँ भारतीय-अन्तर्राष्ट्रीय व्यापार मेला-2024

- 14 नवम्बर, 2024 को 43वाँ भारतीय अन्तर्राष्ट्रीय व्यापार मेला (IITF) को नई दिल्ली के भारत मण्डपम में शुरू हुआ।
- इस मेले का उद्देश्य अन्तर्राष्ट्रीय व्यापार को बढ़ावा देना व वर्ष 2047 तक भारत के आत्मनिर्भरता के दृष्टिकोण को बढ़ावा देना है। इस मेले की थीम (विषय)- 'विकसित भारत @2047' है।
- यह व्यापार मेला भारत की आर्थिक वृद्धि की महत्त्वाकांक्षा को प्रदर्शित करने पर केन्द्रित है, जो स्थानीय व्यवसायों को अन्तर्राष्ट्रीय बाजारों से जुड़ने के लिए एक मंच के रूप में कार्य करता है।

भारत-ऑस्ट्रेलिया संयुक्त सैन्य अभ्यास 'ऑस्ट्राहिंड-2024'

8-21 नवम्बर, 2024 के मध्य महाराष्ट्र के पुणे में भारत-ऑस्ट्रेलिया संयुक्त सैन्य अभ्यास 'ऑस्ट्राहिंड - 2024' का आयोजन किया गया।

- इस अभ्यास में भारतीय दल के 154 सैनिक शामिल रहे, जो मुख्यतः डोगरा रेजिमेण्ट व भारतीय वायु सेना से सम्बन्धित थे।
- ऑस्ट्रेलिया सेना के 13वीं लाइट हॉर्स रेजिमेण्ट के 120 सैनिकों ने इस अभ्यास में भाग लिया। इस अभ्यास का मुख्य उद्देश्य सैन्य सहयोग को बढ़ाना तथा आतंकवादी कार्रवाइयों के जवाबों का अभ्यास करना है।

शिल्प समागम मेला, 2024

- 5 नवम्बर, 2024 को केन्द्रीय सामाजिक न्याय व अधिकारिता मन्त्रालय द्वारा नई दिल्ली स्थित दिल्ली हॉट में शिल्प समागम मेला-2024 का शुभारम्भ किया। यह मेला 5-15 नवम्बर, 2024 तक चलेगा।
- इस कार्यक्रम का उद्देश्य भारत के विभिन्न राज्यों के पारम्परिक हस्तशिल्प को प्रदर्शित करना व बढ़ावा देना है।
- इस कार्यक्रम के दौरान केन्द्रीय मन्त्री डॉ. वीरेन्द्र कुमार द्वारा 'ट्यूलिप पहल' का शुभारम्भ किया गया जिसका अर्थ है–पारम्परिक कारीगरों का उत्थान आजीविका कार्यक्रम। ट्यूलिप पहल का उद्देश्य हाशिए पर पड़े कारीगरों को सशक्त बनाना है।

दीपम-2.0 योजना

- 1 नवम्बर, 2024 को आन्ध्र प्रदेश के मुख्यमन्त्री चन्द्रबाबू नायडू ने राज्य के श्रीकाकुलम के एडुपुरम में दीपम-2.0 योजना की शुरुआत की।
- इस पहल के तहत् महिलाओं को मुफ्त गैस सिलेण्डर दिए जाएँगे जिसका उद्देश्य स्वच्छ खाना पकाने की ऊर्जा उपलब्ध कराना व जीवन स्तर में सुधार करना है। इस योजना का मुख्य उद्देश्य महिलाओं को खाना पकाने के लिए लिक्विड पेट्रोलियम गैस (एलपीजी) तक पहुँच प्रदान करना है।

स्वावलम्बन–2024

- 29 अक्टूबर, 2024 को भारतीय नौसेना का नौसेना नवाचार व स्वदेशीकरण सेमिनार स्वावलम्बन-2024 का शुभारम्भ नई दिल्ली में हुआ। यह इस सेमिनार का तीसरा संस्करण है, जिसका उद्घाटन नौसेना प्रमुख एडमिरल दिनेश के. त्रिपाठी ने भारत मण्डपम में किया।
- इसका उद्देश्य भारतीय नौसेना में नवाचार व स्वदेशीकरण को प्रोत्साहित करना रहा।
- यह सेमिनार स्थानीय संसाधनों व प्रौद्योगिकी के माध्यम से भारत की रक्षा क्षमताओं को बढ़ाने पर केन्द्रित रहा तथा यह रक्षा बलों व निजी क्षेत्र के बीच सहयोग को प्रोत्साहित करता है।

इण्डिया मोबाइल कांग्रेस–2024

- 25 अक्टूबर, 2024 को नई दिल्ली में इण्डिया मोबाइल कांग्रेस-2024 का आयोजन किया गया। इस कार्यक्रम का विषय 'आर्टिफिशियल इण्टेलिजेन्स' (AI) था।
- इस कार्यक्रम में 120 देशों के 400 से अधिक प्रदर्शक व 900 स्टार्ट-अप सम्मिलित हुए।
- इस कार्यक्रम के दौरान स्टार्ट-अप पर चर्चा की गई तथा भारत की तकनीकी प्रगति को प्रदर्शित किया गया।

श्रमिकों के लिए ई–श्रम वन स्टॉप समाधान पहल

- 20 अक्टूबर, 2024 को भारत सरकार ने ई-श्रम वन स्टॉप सॉल्यूशन लॉन्च किया। इस पहल का उद्देश्य असंगठित श्रमिकों के लिए सरकारी योजनाओं तक पहुँच में सुधार करना है।
- इस पहल को एक व्यापक मंच के रूप में डिजाइन किया गया है, जो सामाजिक सुरक्षा व कल्याण कार्यक्रमों तक पहुँचने की प्रक्रिया को सरल बनाती है।

WHO द्वारा भारत में ट्रेकोमा को समाप्त करने की घोषणा

- 8 अक्टूबर, 2024 को विश्व स्वास्थ्य संगठन (WHO) ने भारत में सार्वजनिक स्वास्थ्य समस्या के रूप ट्रेकोमा को सफलतापूर्वक समाप्त करने की घोषणा की।
- इस योजना के बाद भारत, नेपाल व म्यांमार के बाद दक्षिण-पूर्व एशिया क्षेत्र का तीसरा देश बन गया।

केन्द्रीय मन्त्रिमण्डल द्वारा 5 भाषाओं को शास्त्रीय भाषा का दर्जा

- 5 अक्टूबर, 2024 को प्रधानमन्त्री नरेन्द्र मोदी की अध्यक्षता में केन्द्रीय मन्त्रिमण्डल ने 5 नई शास्त्रीय भाषाओं को मान्यता प्रदान की जिनमें असमिया, बंगाली, मराठी, पाली व प्राकृत हैं।
- यह निर्णय क्षेत्रीय भाषाओं को समर्थन देने व भारत की विविध भाषाई परम्पराओं का सम्मान करने हेतु सरकार की प्रतिबद्धता को दर्शाता है।
- ध्यातव्य है कि शास्त्रीय भाषाओं की अवधारणा 12 अक्टूबर, 2004 को शुरू की गई थी।

ग्लोबल हंगर इण्डेक्स-2024 में भारत का 105वाँ स्थान

- 15 अक्टूबर, 2024 को जारी ग्लोबल हंगर इण्डेक्स-2024 में भारत 27.3 अंकों के साथ 127 देशों में 105वें स्थान पर रहा। यह स्कोर भारत को भूख के गम्भीर स्तर का सामना करने वाले देशों की श्रेणी में रखता है।
- यह सूचकांक प्रत्येक वर्ष अन्तर्राष्ट्रीय खाद्य नीति अनुसन्धान संस्थान (IFPRI) द्वारा प्रकाशित किया जाता है। इस सूचकांक में बेलारुस, बोस्निया व चिली क्रमशः पहले, दूसरे व तीसरे स्थान पर रहे।

PM-RKVY और कृष्णोन्नति योजना को कैबिनेट ने दी मंजूरी

- केन्द्रीय मन्त्रिमण्डल ने 4 अक्टूबर, 2024 को भारत में दीर्घकालिक कृषि को बढ़ावा देने और खाद्य सुरक्षा हासिल करने के लिए 'प्रधानमन्त्री राष्ट्रीय कृषि विकास योजना' (PM-RKVY) और 'कृष्णोन्नति योजना' (KY) को मंजूरी दी। इन योजनाओं के लिए कुल प्रस्तावित व्यय ₹1 लाख करोड़ से अधिक है।
- जिसमें PM-RKVY के लिए ₹57000 करोड़ और कृष्णोन्नति योजना के लिए ₹44246 करोड़ आवण्टित किए गए हैं।
- कृषि एवं किसान कल्याण विभाग के प्रस्ताव का उद्देश्य इन दोनों पहलों के अन्तर्गत सभी केन्द्र प्रायोजित योजनाओं को सुचारू बनाना है।
- केन्द्रीय मन्त्री अश्विनी वैष्णव ने कहा कि इन निर्णयों का उद्देश्य किसानों की आय बढ़ाना और मध्यम वर्ग के लिए खाद्य सुरक्षा सुनिश्चित करना है।
- योजनाओं के युक्तिकरण से दोहराव को रोका जा सकेगा, अभिसरण को बढ़ावा मिलेगा, तथा राज्य सरकारों को कृषि के लिए अनुरूप रणनीतिक योजनाएँ बनाने की अनुमति मिलेगी।

स्वच्छ भारत मिशन के 10 वर्ष हुए पूर्ण

- प्रधानमन्त्री नरेन्द्र मोदी ने 2 अक्टूबर, 2024 को नई दिल्ली में स्वच्छ भारत दिवस 2024 कार्यक्रम में स्वच्छ भारत मिशन' के 10 वर्ष पूरे होने का जश्न मनाया।
- उन्होंने ₹ 9600 करोड़ से अधिक की लागत वाली कई स्वच्छता और सफाई परियोजनाओं का शुभारम्भ किया, जिनमें AMRUT, AMRUT 2.0, राष्ट्रीय स्वच्छ गंगा मिशन और GOBARdhan योजना के अन्तर्गत विभिन्न पहले शामिल हैं।
- स्वच्छता ही सेवा 2024 की थीम ''स्वभाव स्वच्छता, संस्कार स्वच्छता'' है।

तीसरा भारत बना सबसे बड़ा इथेनॉल उत्पादक और उपभोक्ता

- जैव ईंधन को बढ़ावा देने और ऊर्जा स्थिरता को बढ़ाने के उद्देश्य से किए गए महत्त्वपूर्ण नीतिगत सुधारों से प्रेरित होकर, भारत 30 सितम्बर, 2024 को वैश्विक स्तर पर इथेनॉल का तीसरा सबसे बड़ा उत्पादक और उपभोक्ता बनकर उभरा है।
- सरकार ने इथेनॉल उत्पादन को बढ़ावा देने के लिए विभिन्न कार्यक्रम शुरू किए हैं,
- जिसमें गन्ना किसानों और उत्पादकों को वित्तीय सहायता प्रदान करना भी शामिल है। ये पहल ईंधन मिश्रण के लिए इथेनॉल की उपलब्धता बढ़ाने, जीवाश्म ईंधन पर निर्भरता कम करने तथा ग्रामीण किसानों को समर्थन करने के लिए डिजाइन की गई है।

रेलवे ने की 'रेल रक्षक दल' की शुरुआत

- भारतीय रेलवे ने 29 सितम्बर, 2024 को उत्तर-पश्चिम रेलवे जोन में 'रेल रक्षक दल' की शुरुआत की।
- यह पायलट परियोजना रेल दुर्घटनाओं, पटरी से उतरने के प्रयासों और पथराव की घटनाओं की बढ़ती चिन्ताओं को सम्बोधित करती है।
- रेल रक्षक दल को दुर्घटना स्थलों पर शीघ्रता से प्रतिक्रिया करने और बचाव कार्य करने के लिए प्रशिक्षित किया जा रहा है।

- इसका मुख्य उद्देश्य आपात स्थिति के दौरान रेलवे की सहायता करना तथा आवश्यकता पड़ने पर जिला प्रशासन को सहयोग प्रदान करना है।

भारत और उज्बेकिस्तान द्वारा द्विपक्षीय निवेश सन्धि पर हस्ताक्षर

- भारत और उज्बेकिस्तान ने 27 सितम्बर, 2024 को ताशकन्द में 'द्विपक्षीय निवेश सन्धि' (BIT) पर हस्ताक्षर किए।
- इस सन्धि का उद्देश्य दोनों देशों के निवेशकों को आवश्यक सुरक्षा प्रदान करना है तथा यह सुनिश्चित करना है कि उज्बेकिस्तान में भारतीय निवेशकों और भारत में उज्बेक निवेशकों को अन्तर्राष्ट्रीय मानकों एवं प्रथाओं के अनुसार सुरक्षा प्रदान की जाए।
- BIT न्यूनतम मानक उपचार और गैर-भेदभाव की गारण्टी देकर निवेशकों का विश्वास बढ़ाता है, साथ ही विवाद समाधान के लिए एक स्वतन्त्र मध्यस्थता मंच भी उपलब्ध कराता है।

मेक इन इण्डिया के 10 वर्ष पूर्ण

- मेक इन इण्डिया पहल ने 25 सितम्बर, 2024 को अपनी 10वीं वर्षगाँठ मनाई, जिसने भारत के विनिर्माण क्षेत्र और आर्थिक विकास में महत्त्वपूर्ण प्रगति को प्रदर्शित किया।
- निवेश आकर्षित करने और नवाचार को बढ़ावा देने के लिए वर्ष 2014 में शुरू की गई इस योजना ने भारत को एक विनिर्माण केन्द्र में बदल दिया है।
- यह पहल अन्तरिक्ष, अर्द्धचालक और इलेक्ट्रिक वाहनों जैसे विविध क्षेत्रों में फैली हुई है, जिससे भारत दूसरा सबसे बड़ा मोबाइल उत्पादक बन गया है और आयात में 85% की कमी आई है।

स्वच्छ वायु सर्वेक्षण-2024

- 10 सितम्बर, 2024 को केन्द्रीय पर्यावरण मन्त्रालय ने स्वच्छ वायु अन्तर्राष्ट्रीय दिवस के अवसर पर स्वच्छ वायु सर्वेक्षण-2024 की रैंकिंग जारी की।
- इस सर्वेक्षण के अन्तर्गत भारत में वायु गुणवत्ता रैंकिंग में 10 लाख से अधिक आबादी वाले शहरों में गुजरात के सूरत को शीर्ष स्थान दिया,जबकि मध्य प्रदेश के जबलपुर को दूसरा व उत्तर प्रदेश के आगरा शहर को तीसरा स्थान मिला।
- 3 लाख से 10 लाख की आबादी वाले शहरों में फिरोजाबाद (उत्तर प्रदेश), अमरावती (महाराष्ट्र) व झाँसी (उत्तर प्रदेश) को सर्वश्रेष्ठ माना गया। इस सर्वेक्षण में 133 शहरों को शामिल किया गया था।

प्रधानमन्त्री नरेन्द्र मोदी द्वारा सेमीकॉन इण्डिया- 2024 का शुभारम्भ

- 11 सितम्बर, 2024 को प्रधानमन्त्री नरेन्द्र मोदी ने उत्तर प्रदेश के ग्रेटर नोएडा में भारत एक्सपो मार्ट में सेमीकॉन इण्डिया-2024 का उद्घाटन किया।
- 11-13 सितम्बर तक चलने वाले इस सम्मेलन में भारत की सेमीकण्डक्टर रणनीति को प्रदर्शित किया गया, जिसका उद्देश्य भारत को सेमीकण्डक्टर के लिए एक वैश्विक केन्द्र बनाना है।
- सेमीकॉन इण्डिया-2024 की थीम 'सेमीकण्डक्टर भविष्य को आकार देना' रही, इस सम्मेलन में 250 से अधिक प्रदर्शक व 150 से अधिक सेमीकण्डक्टर कम्पनियों के प्रतिनिधि शामिल हुए।

केन्द्र सरकार द्वारा पोर्ट ब्लेयर का नाम बदलकर श्री विजयापुरम् किया

- 14 सितम्बर, 2024 को केन्द्र सरकार ने केन्द्रशासित प्रदेश अण्डमान-निकोबार द्वीपसमूह की राजधानी पोर्ट ब्लेयर का नाम बदलकर 'श्री विजयापुरम्' कर दिया गया।
- यह नाम परिवर्तन देश को गुलामी के प्रतीकों से मुक्ति दिलाने के प्रधानमन्त्री के संकल्प से प्रेरित होकर किया गया है। ध्यातव्य है कि इस द्वीप का भारत की स्वाधीनता व इतिहास में अद्वितीय स्थान रहा है।

भारत सरकार द्वारा 'ऑपरेशन सद्भावना' की शुरुआत

- हाल ही में दक्षिण-पूर्व एशिया में आए तूफान 'यागी' के तहत् भारत सरकार द्वारा 17 सितम्बर, 2024 को 'ऑपरेशन सद्भावना' शुरू किया गया। यह एक मानवीय पहल है, जिसका उद्देश्य तूफान से प्रभावित देशों को सहायता प्रदान करना है।
- यह ऑपरेशन भारत की 'एक्ट ईस्ट पॉलिसी' के तहत् शुरू किया गया, जिसमें जरूरतमन्द देशों को मानवीय सहायता व आपदा राहत प्रदान करने में भारत की सक्रिय भूमिका को दर्शाया गया है।

केन्द्रीय वित्तमन्त्री द्वारा NPS वात्सल्य योजना का शुभारम्भ

- 18 सितम्बर, 2024 को केन्द्रीय वित्तमन्त्री निर्मला सीतारमण ने NPS वात्सल्य योजना की शुरुआत की। यह योजना वर्तमान राष्ट्रीय पेंशन योजना (NPS) का विस्तार है, इस योजना के तहत् माता-पिता अपने बच्चे के रिटायरमेण्ट फण्ड के लिए बचत शुरू कर सकते हैं।
- इस योजना का क्रियान्वयन व प्रबन्धन पेंशन फण्ड नियामक व विकास प्राधिकरण (PFRDA) द्वारा किया जाएगा। इस योजना के तहत् खाते में किया गया निवेश दीर्घकालिक धन सुनिश्चित करने के लिए होगा।

राज्य खाद्य सुरक्षा सूचकांक-2024

- 21 सितम्बर, 2024 को भारतीय खाद्य सुरक्षा व मानक प्राधिकरण (FSSAI) द्वारा राज्य खाद्य सुरक्षा सूचकांक-2024 जारी किया गया।
- इस सूचकांक में केरल राज्य ने शीर्ष स्थान हासिल किया जबकि तमिलनाडु, जम्मू-कश्मीर, गुजरात व नागालैण्ड क्रमशः दूसरे, तीसरे, चौथे व पाँचवें स्थान पर रहे।
- यह सूचकांक एक गतिशील मात्रात्मक व गुणात्मक बेंचमार्किंग मॉडल है, जो 5 महत्त्वपूर्ण मानदण्डों पर राज्य/केन्द्रशासित प्रदेशों के प्रदर्शन पर आधारित है, ये मापदण्ड हैं
  (i) मानव संसाधन व संस्थागत डेटा
  (ii) अनुपालन
  (iii) खाद्य परीक्षण
  (iv) प्रशिक्षण व क्षमता निर्माण
  (v) उपभोक्ता सशक्तीकरण

ग्लोबल इनोवेशन इण्डेक्स-2024 में भारत 39वें स्थान पर

- 26 सितम्बर, 2024 को जिनेवा स्थित वैश्विक बौद्धिक सम्पदा संगठन द्वारा ग्लोबल इनोवेशन इण्डेक्स-2024 जारी किया गया।
- इस सूचकांक में 133 देशों की अर्थव्यवस्था को शामिल किया गया, जिसमें स्विट्जरलैण्ड, स्वीडन, अमेरिका व सिंगापुर विश्व की शीर्ष सबसे अधिक नवाचार वाली अर्थव्यवस्थाएँ हैं।
- इस सूचकांक में भारत को 39वाँ स्थान प्राप्त हुआ है, जबकि चीन (11वाँ स्थान) शीर्ष 30 में स्थान प्राप्त करने वाली एकमात्र मध्यम आय वाली अर्थव्यवस्था है। दक्षिण व मध्य एशियाई देशों में ईरान 64वें व कजाकिस्तान 78वें स्थान पर है।

पर्यटन मन्त्रालय द्वारा पर्यटन मित्र व दीदी पहल का शुभारम्भ

- 27 सितम्बर, 2024 विश्व पर्यटन दिवस के अवसर पर केन्द्रीय पर्यटन मन्त्रालय ने 'पर्यटन मित्र' व 'पर्यटन दीदी' नामक पर्यटन पहल की शुरुआत की।
- इस पहल का उद्देश्य भारत में पर्यटकों के अनुभवों को बेहतर बनाना है।
- इस पहल के अन्तर्गत 6 पर्यटन स्थलों को पायलट प्रोजेक्ट के रूप में चुना गया है, जिसमें ओरछा (मध्य प्रदेश), गोण्डीकोटा (आन्ध्र प्रदेश), बोधगया (बिहार), आइजोल (मिजोरम), जोधपुर (राजस्थान) व श्री विजयापुरम (अण्डमान व निकोबार द्वीपसमूह) हैं।

भारत की नई एयर लाइन : 'शंख एयर'

- 30 सितम्बर, 2024 को केन्द्रीय नागरिक उड्डयन मन्त्रालय ने भारत की नवीनतम एयर लाइन 'शंख एयर' को शुरू करने की स्वीकृति प्रदान की। यह एयरलाइन वर्ष 2024 के अन्त तक शुरू की जाएगी।
- इस नवीन एयरलाइन को भारत के प्रमुख शहरों को जोड़ने हेतु डिजाइन किया गया है, जिसकी शुरुआती सेवाएँ लखनऊ, वाराणसी, गोरखपुर के लिए योजनाबद्ध हैं। इस एयरलाइन में नई पीढ़ी के बोइंग-737-800 NG विमानों के बेडे के पूर्ण-सेवा वाहक के रूप में चुना गया है।

सर्वोच्च न्यायालय के नए ध्वज और प्रतीक चिह्न का अनावरण

- राष्ट्रपति द्रौपदी मुर्मू ने 5 सितम्बर, 2024 को नई दिल्ली में जिला न्यायपालिका के राष्ट्रीय सम्मेलन में भारत के सर्वोच्च न्यायालय का नया ध्वज और प्रतीक चिह्न प्रस्तुत किया।
- ध्वज, जो मुख्य रूप से नीला है, विश्वास, ज्ञान और न्याय का प्रतिनिधित्व करता है, और इसमें महत्त्वपूर्ण प्रतीक हैं: अशोक चक्र, जो कानून के शाश्वत चक्र को दर्शाता है; सर्वोच्च न्यायालय भवन, जो न्यायिक अधिकार को दर्शाता है; भारत

का संविधान, जो राष्ट्र की कानूनी प्रणाली की नींव को दर्शाता है।

- नए प्रतीक चिह्न में देवनागरी लिपि में ''यतो धर्मस्ततो जय'' वाक्यांश शामिल है, जिसका अर्थ है ''जहाँ धर्म है, वहाँ विजय है''।

NHAI द्वारा GIS आधारित सॉफ्टवेयर पर लाइव निगरानी के लिए 100 टोल प्लाजा की पहचान

- भारतीय राष्ट्रीय राजमार्ग प्राधिकरण (NHAI) ने 2 सितम्बर, 2024 को GIS-आधारित सॉफ्टवेयर का उपयोग करके वास्तविक समय की निगरानी के लिए लगभग 100 टोल प्लाजा के चयन की घोषणा की।
- इस पहल का उद्देश्य यातायात प्रवाह में सुधार लाना और टोल प्लाजा पर भीड़भाड़ कम करना है। चयन 1033 राष्ट्रीय राजमार्ग हेल्पलाइन के माध्यम से एकत्रित भीड़भाड़ के आँकड़ों पर आधारित था।
- निगरानी प्रणाली अन्ततः चरणबद्ध तरीके से अधिक टोल प्लाजा को कवर करेगी।

23वाँ भारतीय विधि आयोग स्थापित

- राष्ट्रपति द्रौपदी मुर्मू ने 23वें भारतीय विधि आयोग की स्थापना को मंजूरी दे दी है, जो 1 सितम्बर, 2024 से 31 अगस्त, 2027 तक कार्य करेगा।
- यह निर्णय 22वें विधि आयोग का कार्यकाल समाप्त होने के बाद लिया गया है, जिसमें अध्यक्ष की अनुपस्थिति के कारण देरी हुई थी।
- 23वें विधि आयोग में एक अध्यक्ष, एक सदस्य-सचिव सहित 4 पूर्णकालिक सदस्य, 2 पदेन सदस्य जो विधि एवं विधायी विभागों के सचिव होंगे, तथा अधिकतम 5 अंशकालिक सदस्य शामिल होंगे।

3 नई वन्दे भारत लॉन्च

- प्रधानमन्त्री नरेन्द्र मोदी ने 31 अगस्त, 2024 को 3 नई वन्दे भारत ट्रेनों मेरठ-लखनऊ', मदुरै-बेंगलुरु' और चेन्नई-नागरकोइल' का वर्चुअल शुभारम्भ किया।
- उन्होंने इस बात पर प्रकाश डाला कि यह विस्तार विकसित भारत के लक्ष्य के अनुरूप है, जो देश के विकास में एक नए चरण का प्रतीक है।
- ये ट्रेनें महत्त्वपूर्ण और ऐतिहासिक शहरों को जोड़ेंगी, जैसे मदुरै को बेंगलुरु से जोड़ना।
- उन्होंने वन्दे भारत को भारतीय रेलवे का आधुनिक चेहरा बताया और कहा कि इन हाई-स्पीड ट्रेनों की माँग बढ़ रही है। अब वर्तमान में कुल 102 वन्दे भारत सेवाएँ संचालित हो रही हैं।

विज्ञान धारा योजना को मंजूरी

- केन्द्रीय मन्त्रिमण्डल ने 26 अगस्त, 2024 को वित्तीय वर्ष 2025-26 के लिए ₹ 10579.84 करोड़ के प्रस्तावित बजट के साथ 'विज्ञान धारा' नामक एक नई केन्द्रीय क्षेत्र योजना के अन्तर्गत 3 प्रमुख योजनाओं को जारी रखने को मंजूरी दी। 'विज्ञान धारा' का उद्देश्य भारत के विज्ञान, प्रौद्योगिकी और नवाचार (STI) पारिस्थितिकी तन्त्र को मजबूत करना, विज्ञान और प्रौद्योगिकी विभाग की पंचवर्षीय योजना का समर्थन करना और वर्ष 2047 तक विकसित भारत के दृष्टिकोण में योगदान देना है। इसमें 3 प्रमुख घटक शामिल हैं
  1. विज्ञान एवं प्रौद्योगिकी संस्थागत और मानव क्षमता निर्माण,
  2. अनुसन्धान एवं विकास,
  3. नवाचार प्रौद्योगिकी विकास और तैनाती।

सपनों की उड़ान ई-पत्रिका का शुभारम्भ

- केन्द्रीय मन्त्री धर्मेन्द्र प्रधान ने 23 अगस्त, 2024 को चन्द्रयान-3 की लैण्डिंग की पहली वर्षगाँठ को चिह्नित करते हुए ई-पत्रिका 'सपनों की उड़ान' का शुभारम्भ किया। NEP 2020 के अनुरूप, इस ई-पत्रिका का उद्देश्य शिक्षा को सुलभ बनाना और छात्रों को वैश्विक चुनौतियों के लिए तैयार करना है, जिसका वर्तमान विषय 'अन्तरिक्ष' है।
- यह छात्रों, शिक्षकों और अभिभावकों की विविध कविताओं, निबन्धों, कहानियों और पहेलियों को प्रस्तुत करके छात्रों में वैज्ञानिक सोच को बढ़ावा देता है।

संविधान हत्या दिवस' के रूप में मनाया जाएगा 25 जून'

- केन्द्र सरकार ने 12 जुलाई, 2024 को प्रतिवर्ष 25 जून को संविधान हत्या दिवस' के रूप में मनाने की घोषणा की। यह निर्णय वर्ष 1975 में उसी दिन पूर्व प्रधानमन्त्री इन्दिरा गाँधी द्वारा आपातकाल लगाए जाने की याद में लिया गया है।
- इस दिवस का उद्देश्य व्यक्तिगत स्वतन्त्रता को बनाए रखना और भारत के लोकतन्त्र की रक्षा करना है। 'संविधान हत्या दिवस' भारत के संविधान की अवहेलना के परिणामों की याद दिलाता है।

सर्वोच्च न्यायालय में बहु-सुविधा केन्द्र

- भारत के मुख्य न्यायाधीश (CJI) डीवाई चन्द्रचूड़ ने 11 जुलाई, 2024 को नई दिल्ली में सर्वोच्च न्यायालय में एक नए फाइलिंग काउण्टर का उद्घाटन किया।
- यह बहु-सुविधा केन्द्र सर्वोच्च न्यायालय के न्याय मिशन तक पहुँच का हिस्सा है, जिसका उद्देश्य प्रशासनिक प्रक्रियाओं को सुव्यवस्थित करने के लिए वकीलों को सभी विषय-सम्बन्धित दस्तावेजों तक केन्द्रीकृत पहुँच प्रदान करना है।

केन्द्रीय बजट 2025-26

1 फरवरी 2025 को वित्तमन्त्री निर्मला सीतारमण द्वारा केन्द्रीय बजट 2025-26 पेश किया गया।

प्रमुख बिन्दु

- देश की स्वास्थ्य सेवा प्रणाली के विकास, रखरखाव और सुधार के लिए ₹ 98,311 करोड़ का आवंटन।
- अनुपालन को सरल बनाने और मध्यम वर्ग को राहत देने के लिए नया आयकर विधेयक। विधेयक में ₹ 12 लाख (पूंजीगत लाभ को छोड़कर)।
- **किसान क्रेडिट कार्ड** ऋण सीमा बढ़ाकर ₹ 5 लाख की जाएगी।
- **जन विश्वास विधेयक 2.0** पेश किया गया, ताकि व्यावसायिक कानूनों को और अधिक गैर-अपराधी बनाया जा सके।
- परमाणु ऊर्जा मिशन के लिए ₹ 20,000 करोड़ का आवंटन।
- 1 करोड़ गिग वर्कर्स को लाभ पहुँचाने के लिए **ई-श्रम पोर्टल** का नवीनीकरण किया गया।
- पीएम गति शक्ति डेटा अब निजी क्षेत्र के लिए सुलभ है।
- टीडीएस, टीसीएस को सरल बनाया गया; किराए, एलआरएस और शिक्षा ऋण के लिए अधिक छूट।
- 50,000 **अटल टिंकरिंग लैब,** भारतीय भारत पुस्तक योजना और आईआईटी विस्तार से भारत में नवाचार को बढ़ावा मिलेगा।
- चिकित्सा पर्यटन और स्वास्थ्य सेवा के बुनियादी ढांचे को बढ़ावा देने के लिए **हील इन इंडिया** पहल।
- 1 के स्थान पर 2 स्व-कब्जे वाली संपत्तियों का मूल्य 'शून्य' हो सकता है।
- अद्यतन कर रिटर्न दाखिल करने की समय सीमा 2 वर्ष से बढ़ाकर 4 वर्ष कर दी गई है।
- एलआरएस प्रेषण पर टीसीएस की सीमा ₹ 7 लाख से बढ़ाकर ₹ 10 लाख कर दी गई है।
- किराए पर टीडीएस की सीमा ₹ 6 लाख कर दी गई है।

आर्थिक सर्वेक्षण 2024-25

- 31 जनवरी, 2025 को केन्द्रीय वित्त मन्त्री निर्मला सीतारमण ने संसद में आर्थिक सर्वेक्षण-2024-25 प्रस्तुत किया। यह आर्थिक सर्वेक्षण भारत के लक्ष्य विकसित 'भारत 2047' पर केन्द्रित है।

प्रमुख बिन्दु

- भारत का सकल घरेलू उत्पाद (GDP) वित्तीय वर्ष 2025-26 में 6.3%-6.8% के बीच बढ़ने का अनुमान है।
- वित्तीय वर्ष 2024-25 में भारत की वास्तविक जीडपी 6.4इ बढ़ने का अनुमान है, जो कृषि व सेवाओं द्वारा संचालित होगी जबकि विनिर्माण को चुनौतियों का सामना करना पड़ेगा।

क्षेत्रकवार प्रदर्शन

- **कृषि** रिकॉर्ड खरीफ उत्पादन हुआ और मजबूत ग्रामीण मांग के कारण वित्तीय वर्ष 2025 में 3.8इ की वृद्धि हुई।
- **उद्योग व विनिर्माण** वित्तीय वर्ष 2025 में 6.2इ की वृद्धि हुई परन्तु कमजोर वैश्विक मांग के कारण विनिर्माण धीमा हुआ।
- **सेवाएँ** वित्तीय वर्ष 2025 में 7.2इ की दर से सबसे तेजी से बढ़ने वाला क्षेत्र बना, जिसका नेतृत्व सूचना प्रौद्योगिकी, वित्त व अतिक्ष्य द्वारा किया गया।

- आरबीआई व आईएमएफ (IMF) के अनुसार भारत की उपभोक्त मूल्य स्फीति वित्तीय वर्ष 2026 में 4% अनुमानित है।
- भारत में बेरोजगारी दर 2017-18 के 6% की तुलना में घटकर 2023-24 में 3.2% रह जाने से भारतीय श्रम बाजार के संकेतको में सुधार हुआ है।
- भारत विश्व में **धन प्रेषण** का शीर्ष प्राप्तकर्ता बना रहा है, जिससे चालू खाता घाटे को GDP के 1.5% पर बनाए रखने में सहायता मिली।

अन्तर्राष्ट्रीय

सेवडालिंका बोस्निया के पारम्परिक प्रेम गीत यूनेस्को की सांस्कृतिक विरासत सूची में शामिल

- 30 दिसम्बर, 2024 को सेवडालिंका जो एक पारम्परिक बोस्नियाई प्रेम गीत है, इसे यूनेस्को की सांस्कृतिक विरासत सूची में शामिल किया गया है।
- इस गीत को सामान्यतः 'बाल्कन ब्लूज' के रूप में जाना जाता है। यह एक समृद्ध सांस्कृतिक इतिहास व भावात्मक गहराई को दर्शाता है।
- सेवडालिंका गीत की उत्पत्ति 16वीं शताब्दी में हुई थी। इस गीत में दक्षिण स्लाव कविता के तत्त्वों को ओटोमन साम्राज्य से प्रभावित संगीत के साथ जोड़ा गया था। इस गीत को सामान्यतः पारिवारिक समारोहों व सामुदायिक कार्यक्रमों में प्रस्तुत किया जाता है।

त्रिनिदाद व टौबेगो में आपातकाल की घोषणा

- 1 जनवरी, 2025 को त्रिनिदाद व टौबेगो सरकार ने देश में हिंसा वृद्धि के कारण आपातकाल की घोषणा की। यह घोषणा देश में हिंसा वृद्धि के कारण बढ़ती हत्याओं के कारण की गई है।
- त्रिनिदाद व टौबेगो में बढ़ती हिंसा के कारण हत्याओं में वृद्धि हुई है, जिससे वार्षिक मृत्युदर बढ़कर 623 हो गई है, जो वर्ष 2013 के बाद से सबसे अधिक है।
- इससे पूर्व त्रिनिदाद व टौबेगो में वर्ष 2014, 2011 व 2021 में भी हिंसा व सार्वजनिक स्वास्थ्य संकटों के कारण आपातकाल की घोषणा की गई थी।

न्यूयॉर्क शहर भीड़-भाड़ मूल्य निर्धारण करने का प्रथम शहर

- 6 जनवरी, 2025 को अमेरिका का न्यूयॉर्क शहर भीड़-भाड़ मूल्य निर्धारण करने वाला विश्व का प्रथम शहर बन गया।
- इस पहल का उद्देश्य शहर के धनी आबादी वाले क्षेत्रों में यातायात भीड़ को कम करना है। इसके तहत् न्यूयॉर्क के मैनहट्टन के केन्द्रीय व्यापार जिले में प्रवेश करने वाले ड्राइवरों को व्यस्त समय के दौरान $9 अमेरिकी डॉलर शुल्क देना होगा।
- इस प्रकार की पहल सिंगापुर, लन्दन, स्टॉकहोम व मिलान शहरों में भी शुरू की गई है।

इण्डोनेशिया पूर्ण सदस्य के रूप में दिवस में शामिल

- 7 जनवरी, 2025 को इण्डोनेशिया, आधिकारिक रूप से ब्रिक्स समूह का पूर्णकालिक सदस्य बन गया। इसी के साथ ब्रिक्स समूह के सदस्य देशों की संख्या 10 हो गई है।
- यह सदस्यता विकासशील देशों के साथ मजबूत साझेदारी हेतु महत्त्वपूर्ण है, जो समूह द्वारा अपने सदस्य देशों के बीच व्यापार व सहयोग को अधिक सुविधाजनक बनाने के प्रयास को दर्शाता है।
- ज्ञातव्य है कि ब्रिक्स (BRICS) विकास देशों का एक समूह है, जिसकी स्थापना वर्ष 2006 में हुई थी। यह समूह सामूहिक से लगभग 3.5 बिलियन लोगों का प्रतिनिधित्व करता है, जो वैश्विक आबादी की 45% है।

तिब्बत में 7.1 तीव्रता का भूकम्प

- 7 जनवरी, 2025 को नेपाल सीमा के पास तिब्बती क्षेत्र में 7.1 तीव्रता का भूकम्प आया। इस भूकम्प का केन्द्र तिब्बत के शिगाल्से के टिंगरी काउण्टी क्षेत्र में था।
- इस भूकम्प के झटके काठमाण्डू व कोलकाता तक महसूस किए गए। इस भूकम्प से लगभग 95 लोगों की मृत्यु हो गई तथा 130 लोग से ज्यादा व्यक्ति घायल हो गए।

विश्व का प्रथम 300 मेगावाट सम्पीडित वायु ऊर्जा भण्डारण संयन्त्र

- 14 जनवरी, 2025 को चीन के हुबेई प्रान्त के थिंगचेंग में नेंगचू-। परियोजना के तहत् विश्व की पहली 300 मेगावॉट सम्पीडित वायु ऊर्जा (CAES) संयन्त्र स्थापित किया गया।
- सम्पीडित वायु ऊर्जा भण्डारण एक ऐसी तकनीक है, जो भूमिगत गुफाओं में हवा को सम्पीडित करके अतिरिक्त ऊर्जा संग्रहीत करती है। यह तकनीक आपूर्ति व माँग को सन्तुलित करने हेतु महत्त्वपूर्ण है।
- इस संयन्त्र में 300 मेगावाट की एकल इकाई बिजली क्षमता व 1500 मेगावाट घण्टे की ऊर्जा भण्डारण क्षमता है। नेंगचू-। परियोजना से प्रतिवर्ष 5000 मिलियन किलोवाट घण्टे बिजली पैदा करने का लक्ष्य है।

विश्व रोजगार व सामाजिक परिदृश्य रिपोर्ट-2025

- 17 जनवरी, 2025 को अन्तर्राष्ट्रीय श्रम संगठन (ILO) ने वर्ष 2025 के लिए विश्व रोजगार व सामाजिक प ारिदृश्य रिपोर्ट जारी की। यह रिपोर्ट वैश्विक श्रम बाजारों में चल रहे संघर्षों को दर्शाती है।
- इस रिपोर्ट के तहत् वैश्विक स्तर पर नौकरियों का स्तर वर्ष 2024 में 402 मिलियन पहुँच गया, जिसमें 186 मिलियन बेरोजगार, 137 मिलियन अस्थायी रूप से अनुपलब्ध व 79 मिलियन हतोत्साहित कर्मचारी शामिल हैं। इस रिपोर्ट के तहत् वैश्विक बेरोजगारी दर 5% पर स्थिर रही, जबकि युवा बेरोजगारी दर 12.6% आँकी गई है।
- इस रिपोर्ट के अन्तर्गत वैश्विक आर्थिक वृद्धि दर वर्ष 2024 में धीमी होकर 3.2% हो गई तथा वर्ष 2025 में भी इसी प्रकार की वृद्धि का अनुमान है।

विश्व आर्थिक मंच सम्मेलन-2025

- 20-24 जनवरी, 2025 के मध्य विश्व आर्थिक मंच (WEF) द्वारा स्विट्जरलैण्ड के दावोस में अपनी वार्षिक बैठक का आयोजन किया।
- इस सम्मेलन में यूरोपीय आयोग की अध्यक्ष उर्सुला वॉन डेर लेयेन व चीन के उपप्रधानमन्त्री डिंग जुएक्सियांग ने भाग लिया।
- यह वैश्विक सम्मेलन वैश्विक मुद्दों पर चर्चा करने हेतु व्यापार, राजनीति व नागरिक समाज के नेताओं को एकसाथ लाता है।
- इस बैठक में लगभग 3000 प्रतिभागियों ने भाग लिया, जिसमें राजनेता, व्यापारिक नेता व पत्रकार शामिल थे।
- ज्ञातव्य है कि वैश्विक आर्थिक मंच (WEF) की स्थापना वर्ष 1971 में जर्मन प्रोफेसर क्लॉस श्वाब ने की थी। मूलतः इसे यूरोपीय प्रबन्धन फोरम कहा जाता है तथा इसका उद्देश्य यूरोपीय व्यापार प्रथाओं को बढ़ाना था।

मैया सैंडू ने मोल्दोवा के राष्ट्रपति के रूप में अपना दूसरा कार्यकाल किया शुरू

- वर्ष 2020 में हुए उपचुनाव में जीत हासिल करने वाली मैया सैंडू को नवम्बर में फिर से चुना गया और उन्होंने 24 दिसम्बर, 2024 को मोल्दोवा के राष्ट्रपति के रूप में अपना दूसरा कार्यकाल शुरू किया।
- मैया सैंडू राष्ट्रीय सुरक्षा को बढ़ाकर, आर्थिक विकास को बढ़ावा देकर और यूरोपीय एकीकरण को बढ़ाकर मोल्दोवा के विकास को बढ़ावा देने की योजना बना रही हैं। मैया सैंडू के एजेण्डे का उद्देश्य यूरोपीय संघ के सदस्य देशों के साथ सहयोग बढ़ाकर मोल्दोवा के यूरोपीय संघ के साथ सम्बन्धों को मजबूत करना है।
- मोल्दोवा रक्षा क्षमताओं को बढ़ाने और अन्तर्राष्ट्रीय सुरक्षा गठबन्धन स्थापित करने की योजनाओं के माध्यम से राष्ट्रीय सुरक्षा को प्राथमिकता दे रहा है।
- मैया सैंडू का लक्ष्य अनुकूल कारोबारी माहौल बनाकर निवेश और उद्यमशीलता को आकर्षित करना है।
- मैया सैंडू ने निवासियों को देश के विकास लक्ष्यों में सक्रिय रूप से भाग लेने के लिए प्रोत्साहित किया तथा टीम वर्क के महत्त्व पर बल दिया।

ऐसाके वालु एके टोगा के नए प्रधानमन्त्री नियुक्त

- हुआकावामेलिकु सियाओसी सोवालेनी ने 9 दिसम्बर, 2023 को इस्तीफा दे दिया और ऐसाके वालु एके को 24 दिसम्बर, 2024 को टोंगा का नया प्रधानमन्त्री नामित किया गया। वर्ष 2010 में, एके ने टोंगटापु 5 सीट के लिए एक स्वतन्त्र उम्मीदवार के रूप में 24.1% वोट जीते, जिससे उन्हें टोंगन संसद में अपनी पहली सीट मिली।

- वर्ष 2014 से 2017 तक, एके ने वित्त मन्त्री का पद सम्भाला, जिससे आर्थिक मुद्दों में उनकी दक्षता का पता चलता है। वर्ष 2013 में, एके को दक्षिणी क्वीन्सलैण्ड विश्वविद्यालय से टोंगा की सार्वजनिक क्षेत्र सेवा गुणवत्ता में Phd की उपाधि प्राप्त हुई।
- विधायी प्रणाली में प्रवेश करने से पहले वह वित्त मन्त्रालय में सचिव थे। एके ने तर्क दिया कि सरकार को आर्थिक मन्दी के दौरान सार्वजनिक धन बचाना चाहिए और उन्होंने वर्ष 2011 के संसदीय मतदान का विरोध किया।
- चूँकि टोंगा में अगला चुनाव नवम्बर, 2025 में होना है, इसलिए प्रधानमन्त्री के रूप में एके का कार्यकाल छोटा, एक वर्ष से भी कम रहने का अनुमान है।

मानव तस्करी पर वैश्विक रिपोर्ट–2024

- 12 दिसम्बर, 2024 को संयुक्त राष्ट्र मादक पदार्थ व अपराध कार्यालय (UNODC) द्वारा मानव तस्करी पर वैश्विक रिपोर्ट-2024 जारी की।
- इस रिपोर्ट के अन्तर्गत वर्ष 2019 की तुलना में वर्ष 2022 में तस्करी के शिकार लोगों की संख्या में 25% की वृद्धि हुई है, जिसका प्रमुख कारण गरीबी, संघर्ष, जलवायु सम्बन्धी मुद्दे हैं, जो शोषण के प्रति संवेदनशील को बढ़ाते हैं।
- इस रिपोर्ट के अन्तर्गत वर्ष 2022 में 61% मामलों में महिलाओं व लड़कियों की तस्करी सर्वाधिक है जबकि बाल पीड़ितों की संख्या में 31% की वृद्धि हुई।

प्रधानमन्त्री ने किया ICA ग्लोबल कोऑपरेटिव कॉन्फ्रेन्स 2024 का शुभारम्भ

- प्रधानमन्त्री 25 नवम्बर, 2024 को नई दिल्ली में ICA ग्लोबल कोऑपरेटिव कॉन्फ्रेन्स और यूनाइटेड नेशन्स इण्टरनेशनल ईयर ऑफ कोऑपरेटिव्स-2025 का शुभारम्भ करेंगे।
- ICA ग्लोबल कोऑपरेटिव कॉन्फ्रेन्स-2024, पहली बार भारत में आयोजित किया जाएगा।
- यूनाइटेड नेशन्स इण्टरनेशनल ईयर ऑफ कोऑपरेटिव्स-2025 का उद्देश्य सामाजिक समावेशन, आर्थिक सशक्तीकरण और सतत् विकास को बढ़ावा देना है।
- प्रधानमन्त्री नरेन्द्र मोदी ने भारत के सहकारिता आन्दोलन को प्रदर्शित करने वाला स्मारक डाक टिकट जारी किया, जिसमें कमल और पंचतत्त्व के घटक दर्शाए गए हैं।
- भूटान के प्रधानमन्त्री दाशो शेरिंग टोबगे और फिजी के उप-प्रधानमन्त्री मनोआ कामिकामिका उन 3000 प्रतिनिधियों में शामिल हैं, जिनका इसमें भाग लेने की उम्मीद है।
- यह आयोजन भारत के वैश्विक सहकारी नेतृत्व को मजबूत करता है, सतत् विकास लक्ष्य को प्राप्त करने में उनकी भूमिका पर बल देता है, कृषि का आधुनिकीकरण करता है तथा समुदायों को सशक्त बनाता है।

जी–20 शिखर सम्मेलन–2024

- रियो-डी-जिनेरियो में 18-19 नवम्बर, 2024 जी-20 शिखर सम्मेलन-2024 का आयोजन किया गया।
- इस शिखर सम्मेलन का आयोजन रियो-डी-जिनरियों के आधुनिक कला संग्रहालय में किया गया, जहाँ ब्राजील के राष्ट्रपति लुईस इनासियों लूला दा सिल्वा ने विश्व के शीर्ष नेताओं का स्वागत किया।
- इस सम्मेलन में व्यापार व अन्तर्राष्ट्रीय सुरक्षा तथा वैश्विक बुनियादी ढाँचा परियोजना पर चर्चा की गई।
- इसके अतिरिक्त गाजा व रूस-यूक्रेन संघर्ष पर भी चर्चा की गई।

ग्लोबल फ्रेट सम्मेलन 2024

- 18-20 नवम्बर, 2024 के मध्य दुबई में ग्लोबल फ्रेट सम्मेलन-2024 का आयोजन किया गया। यह इसका तीसरा संस्करण है, जिसमें 155 देशों के 5000 से अधिक उद्योग जगत के प्रतिनिधियो ने भाग लिया।
- इस कार्यक्रम में चार मुख्य क्षेत्रों पर चर्चा की गई, जिसमें व्यापार में एआई व ब्लॉकचेन का उपयोग शामिल है साथ ही अस्थिर वैश्विक बाजारों में नेविगेट करने की रणनीतियों पर भी चर्चा की गई।

फॉर्च्यून 100 शक्तिशाली व्यक्तियों की सूची

- प्रभावशाली अमेरिकी फॉर्च्यून पत्रिका ने 14 नवम्बर, 2024 को अपनी पहली बिजनेस में 100 सबसे शक्तिशाली लोगों की सूची जारी की है। इस सूची में टेस्ला और स्पेसएक्स के संस्थापक और मुख्य कार्यकारी अधिकारी (CEO) एलन मस्क शीर्ष पर हैं, जबकि भारत के मुकेश अम्बानी 12वें स्थान पर हैं।
- सूची में छह भारतीय मूल के अमेरिकी शामिल हैं–माइक्रोसॉफ्ट के CEO और अध्यक्ष सत्या नडेला (3), अल्फाबेट (गूगल) के CEO सुन्दर पिचाई (10), एडोब के CEO और अध्यक्ष शांतनु नारायण (52), यूट्यूब के CEO नील मोहन (69), खोसला वेंचर्स के मैनेजिंग पार्टनर और संस्थापक विनोद खोसला (74), और ELF ब्यूटी के CEO और चेयरमैन तरंग अमीन (94) स्थान पर हैं।

नवीन रामगुलाम, मॉरीशस के नए प्रधानमन्त्री

- 13 नवम्बर, 2024 को मॉरीशस में नवीन रामगुलाम ने चौथी बार प्रधानमन्त्री के रूप में शपथ ली।
- मॉरीशस मे सम्पन्न आम चुनावों में उनके गठबन्धन 'अलायंस डू चेंजमेण्ट (ADC)' ने नेशनल असेम्बली में 62 में से 60 सीटे जीती।
- नवीन रामगुलाम एक अनुभवी राजनीतिज्ञ है, उन्होंने इससे पूर्व वर्ष 1995-1996, वर्ष 2000-2005 व वर्ष 2010-2014 तक प्रधानमन्त्री के रूप में कार्य किया है।

ग्लोबल सिटी इण्डेक्स 2024 में दुबई 5वें स्थान पर

- 12 नवम्बर, 2024 को ब्राण्ड फाइनेन्स द्वारा जारी ग्लोबल सिटी इण्डेक्स-2024 में दुबई 5वें स्थान पर पहुँच गया। यह रैंक प्राप्त करने वाला वह पूर्वी एशिया का पहला शहर है।
- यह उपलब्धि उसने सिंगापुर, लॉस एंजिल्स, सिडनी, सैन फ्रांसिस्को व एम्स्टर्डम जैसे प्रमुख शहरों को पीछे छोड़ते हुए हासिल की।
- इस बढ़त का श्रेय दुबई के मजबूत आर्थिक प्रदर्शन व रणनीतिक पहल को जाता हैं।

विश्व शहरी मंच (WUF-12) 2024

- 4-8 नवम्बर, 2024 के मध्य विश्व शहरी मंच (WUF-12) का 12वाँ सत्र मिस्र के काहिरा में आयोजित किया गया।
- इस कार्यक्रम में अफ्रीका के शहरी मुद्दों पर चर्चा करने हेतु 37000 प्रतिनिधि शामिल हुए। इसके मुख्य विषयों में किफायती आवास, जलवायु लचीलापन व दीर्घकालिक शहरी विकास शामिल रहे।

16वाँ ब्रिक्स शिखर सम्मेलन-2024

- 22 अक्टूबर, 2024 को 16वाँ ब्रिक्स शिखर सम्मेलन-2024 रूस के कजान शहर में आयोजित किया गया।
- इस सम्मेलन में ब्रिक्स के 5 प्रमुख सदस्य देश हैं–ब्राजील, रूस, भारत, चीन व दक्षिण अफ्रीका के प्रतिनिधियों ने भाग लिया। इस वर्ष मिस्र, इथियोपिया, ईरान व यूएई भी नए सदस्य के रूप में शामिल हुए।
- इस शिखर सम्मेलन का मुख्य लक्ष्य सदस्य देशों के बीच आपसी सहयोग की भावना को मजबूत करना, वैश्विक विकास व सुरक्षा को बढ़ावा देना था।

NATO करेगा पूर्वी फिनलैण्ड में उत्तरी भूमि कमान की स्थापना

- NATO ने 30 सितम्बर, 2024 को घोषणा की है की वह सम्भावित संघर्षों में उत्तरी यूरोपीय भूमि संचालन का प्रबन्धन करने के लिए रूसी सीमा के पास फिनलैण्ड में वर्ष 2025 में एक नया भूमि कमान स्थापित करेगा।
- यह कमान फिनलैण्ड की सेना और NATO की अमेरिका स्थित नॉरफॉक संयुक्त बल कमान के साथ सहयोग करेगी, जिसकी शुरुआत €8.5 मिलियन के बजट से होगी। फिनलैण्ड, जो पिछले वर्ष रूस द्वारा यूक्रेन पर आक्रमण के बाद NATO में शामिल हुआ था, अपनी भूमि पर गठबन्धन की उपस्थिति के लिए तैयारी कर रहा है।
- फिनलैण्ड के रक्षा मन्त्री एण्ट्टी हक्कानेन ने मिकेली स्थित सेना मुख्यालय में मल्टी कॉर्प्स लैण्ड कम्पोनेण्ट कमाण्ड का प्रस्ताव पेश किया।
- इस कमान में कम संख्या में अन्तर्राष्ट्रीय कार्मिक शामिल होंगे तथा फिनलैण्ड की अपनी सैन्य

शक्ति को देखते हुए, इसमें बाल्टिक राज्यों की तरह कोई स्थायी बहुराष्ट्रीय बल शामिल नहीं होगा।

7वाँ ग्लोबल एयरोस्पेस समिट आयोजित

- 24-25 सितम्बर, 2024 को अबू धाबी में आयोजित सातवें ग्लोबल एयरोस्पेस समिट में एयरोस्पेस आपूर्ति शृंखला के नेताओं को AI, इलेक्ट्रिक प्रोपल्शन और हाइड्रोजन-पावरड एयरक्रॉफ्ट सहित उभरती प्रौद्योगिकियों पर चर्चा करने के लिए एकसाथ लाया गया।
- एमिरेट्स के उपाध्यक्ष रामी एल. सामरा ने विमानन क्षेत्र में दक्षता और ग्राहक सेवा को बढ़ावा देने के लिए AI की क्षमता पर प्रकाश डाला।
- शिखर सम्मेलन के प्रमुख विषयों में अन्तरिक्ष संचार, हवाई यात्रा की माँग और उन्नत हवाई गतिशीलता के साथ-साथ सुपरसोनिक यात्रा और व्यावसायिक विमानन में स्थिरता पर चर्चा शामिल थी।

इण्डस-एक्स शिखर सम्मेलन 2024 कैलिफोर्निया में सम्पन्न

- 9-10 सितम्बर, 2024 के मध्य इण्डस-एक्स शिखर सम्मेलन का तीसरा संस्करण संयुक्त राज्य अमेरिका के कैलिफोर्निया में सम्पन्न हुआ। यह सम्मेलन यूएस इण्डिया स्ट्रैटेजिक पार्टनरशिप फोरम (USISPF) व स्टैनफोर्ड यूनिवर्सिटी द्वारा संयुक्त रूप से आयोजित कार्यक्रम था।
- इस सम्मेलन के दौरान भारत व यूएसए के मध्य रक्षा नवाचार में सहयोग बढ़ाने, विभिन्न हितधारकों के बीच उद्योग तथा अनुसन्धान व निवेश सम्बन्धी साझेदारी को बढ़ाने हेतु समझौता ज्ञापन पर हस्ताक्षर किए गए।

जापान के नए प्रधानमन्त्री शिगेरू इशिबा

- 28 सितम्बर, 2024 को पूर्व रक्षा मन्त्री शिगेरू इशिबा जापान के नए प्रधानमन्त्री चुने गए। उन्होंने वर्तमान प्रधानमन्त्री फुमियो किशिदा का स्थान लिया, जो भ्रष्टाचार के आरोपों में लिप्त है।
- वर्तमान प्रधानमन्त्री शिगेरू इशिबा लिबरल डेमोक्रेटिव पार्टी (LDP) से सम्बन्धित हैं।

शीनबाम बनी मेक्सिको की पहली महिला राष्ट्रपति

- 1 अक्टूबर, 2024 को क्लाउडिया शीनबाम ने मेक्सिको की पहली महिला राष्ट्रपति के रूप में शपथ ली। शीनबाम मॉरेना पार्टी से सम्बन्धित हैं तथा राष्ट्रपति चुनाव में उन्हें 60.7% वोट मिले तथा उन्होंने अपने विपक्षी-उम्मीदवार जोचिटल गैलवेच को हराकर यह चुनाव जीता।
- ध्यातव्य है कि क्लाउडिया शीनबाम एक जलवायु कार्यकारी व मेक्सिको सिटी की पूर्व मेयर रह चुकी हैं। एक यहूदी महिला के रूप में मेक्सिको के राष्ट्रपति के रूप में शपथ लेने वाली वह पहली राष्ट्रपति हैं।

भारत से पर्यटन को बढ़ावा देने के लिए दक्षिण अफ्रीका की TTOS योजना

- दक्षिण अफ्रीका ने 3 सितम्बर, 2024 को 'विश्वसनीय टूर ऑपरेटर योजना' (TTOS) की शुरुआत की, जिसमें आरम्भ में भारत और चीन के पर्यटकों पर ध्यान केन्द्रित किया जाएगा।
- अगले वर्ष जनवरी में शुरू होने वाली इस योजना का उद्देश्य वीजा प्रणाली में सुधार करना तथा पर्यटन क्षेत्र में रोजगार को बढ़ावा देना है।
- TTOS को उन प्रमुख बाधाओं को दूर करने के लिए डिजाइन किया गया है, जो दक्षिण अफ्रीका को इन महत्त्वपूर्ण अर्थव्यवस्थाओं के पर्यटकों के लिए एक लोकप्रिय गन्तव्य बनने से रोक रही हैं।

ग्लोबल इनोवेशन इण्डेक्स 2024

- भारत ने 2 सितम्बर, 2024 को वर्ल्ड इण्टेलेक्चुअल प्रॉपर्टी ऑर्गेनाइजेशन (WIPO) द्वारा जारी ग्लोबल इनोवेशन इण्डेक्स (GII) 2023 में 132 देशों में से 40वाँ स्थान हासिल किया।
- NITI आयोग के अनुसार, पिछले एक दशक में भारत GII रैंकिंग में तेजी से आगे बढ़ा है।
- रिपोर्ट में नवाचार के क्षेत्र में भारत की महत्त्वपूर्ण प्रगति पर प्रकाश डाला गया है तथा आर्थिक विकास के सापेक्ष अपेक्षाओं से बेहतर प्रदर्शन के कारण इसे क्षेत्रीय GII अग्रणी के रूप में स्थान दिया गया है।
- भारत लगातार 13 वर्षों से नवाचार में उच्च प्रदर्शन कर रहा है।
- ग्लोबल इनोवेशन इण्डेक्स 2023, 132 अर्थव्यवस्थाओं के नवाचार प्रदर्शन का मूल्यांकन करता है और नवाचार में नवीनतम वैश्विक रुझानों को ट्रैक करता है।

धुलीखेल बना नेपाल का पहला 'स्वस्थ शहर'

- वर्ल्ड हेल्थ ऑर्गेनाइजेशन (WHO) ने 29 अगस्त, 2024 को नेपाल के कावरेपालनचोक जिले के धुलीखेल नगरपालिका को देश का पहला 'स्वस्थ शहर' और एशिया के दूसरे सबसे स्वस्थ शहर के रूप में मान्यता दी।
- वर्ष 2014 से, धुलीखेल ने यह दर्जा हासिल करने के लिए विभिन्न पहल की हैं और वर्ष 2021 से वर्ल्ड हेल्थ ऑर्गेनाइजेशन द्वारा इसकी निगरानी की जा रही है।
- नगरपालिका ने विभिन्न स्वास्थ्य संकेतकों में 65.48 अंक प्राप्त किए और WHO स्वस्थ शहर नेटवर्क में शामिल हो गया।

भारत-सिंगापुर मन्त्रिस्तरीय गोलमेज सम्मेलन

- दूसरा भारत-सिंगापुर मन्त्रिस्तरीय गोलमेज सम्मेलन 26 अगस्त, 2024 को सिंगापुर में आयोजित हुआ, जिसमें उभरते क्षेत्रों में सहयोग बढ़ाने पर ध्यान केन्द्रित किया गया।
- चर्चा में 6 प्रमुख क्षेत्र डिजिटलीकरण, कौशल विकास, स्थिरता, स्वास्थ्य सेवा, उन्नत विनिर्माण और कनेक्टिविटी शामिल थे।
- बैठक में दोनों देशों के मध्य राजनयिक सम्बन्धों की 60वीं वर्षगाँठ मनाने की योजनाओं तथा ASEAN और G20 मामलों सहित क्षेत्रीय सहयोग पर भी चर्चा हुई।
- प्रथम गोलमेज सम्मेलन में स्वास्थ्य सेवा, शिक्षा, डिजिटल सहयोग और सेमीकण्डक्टर विकास में सफल समझौता ज्ञापन पर हस्ताक्षर हुए।

विश्व के सबसे ऊँचे ताश के घर का वर्ल्ड रिकॉर्ड

- अमेरिकी वास्तुकार और कार्ड-स्टैकिंग कलाकार ब्रायन बर्ग ने 25 अगस्त, 2024 को एक नया गिनीज वर्ल्ड रिकॉर्ड हासिल किया।
- केवल 8 घण्टों में, ब्रायन बर्ग ने ताश के पत्तों का एक अद्भुत 54-स्तरीय घर बनाया, जिसके अन्तिम स्तरों के लिए उसे सीढ़ी का उपयोग करना पड़ा।
- गिनीज वर्ल्ड रिकॉर्ड्स के आधिकारिक अकाउण्ट ने इस प्रयास का एक वीडियो साझा किया है, जिसमें ब्रायन बर्ग द्वारा एक स्थिर संरचना बनाने के लिए किए गए केन्द्रित प्रयास को दिखाया गया है।

बोत्सवाना में विश्व का दूसरा सबसे बड़ा हीरा

- 2492 कैरेट का हीरा, जो अब तक खोजा गया दूसरा सबसे बड़ा हीरा है, 23 अगस्त, 2024 को लुकारा डायमण्ड द्वारा बोत्सवाना की कारोवे डायमण्ड खदान में पाया गया।
- यह हीरा ऐतिहासिक 3106 कैरेट के कलिनन हीरे के ठीक बाद आता है, जिसे एक शताब्दी से भी अधिक समय पहले दक्षिण अफ्रीका में खोजा गया था।

UN वर्ल्ड पॉपुलेशन प्रॉस्पेक्टस 2024 रिपोर्ट

- संयुक्त राष्ट्र की नवीनतम 'वर्ल्ड पॉपुलेशन प्रॉस्पेक्टस 2024' रिपोर्ट 13 जुलाई, 2024 को जारी हुई, जो भविष्य की वैश्विक जनसंख्या प्रवृत्तियों के बारे में विस्तृत जानकारी प्रदान करती है।
- अध्ययन से पता चलता है कि विश्व की जनसंख्या 2080 के दशक के मध्य तक लगभग 10.3 अरब तक पहुँच जाएगी, तथा सदी के अन्त तक धीरे-धीरे कम होती जाएगी।

पश्चिमी ग्रीनलैण्ड में नए माइक्रोकॉण्टिनेण्ट की खोज

- वैज्ञानिकों ने 12 जुलाई, 2024 को ग्रीनलैण्ड के पश्चिम में डेविस स्ट्रेट में एक छिपे हुए माइक्रोकॉण्टिनेण्ट की खोज की, जिसे डेविस स्ट्रेट प्रोटो-माइक्रोकॉण्टिनेण्ट नाम दिया गया। यह खोज उन जटिल टेक्टोनिक हलचलों को उजागर करती है, जिन्होंने समय के साथ पृथ्वी की भू-वैज्ञानिक संरचना को आकार दिया है।

- पैलियोजीन काल के दौरान निर्मित यह माइक्रोकॉण्टिनेण्ट मुख्य भूमि ग्रीनलैण्ड और बफिन द्वीप की तुलना में अधिक मोटी महाद्वीपीय परत वाला है, जो छोटी, पतली परतों से घिरा हुआ है।

वियतनाम को सबसे किफायती देश का खिताब

- इण्टरनेशन्स द्वारा 12 जुलाई, 2024 को जारी अध्ययन के अनुसार, वर्ष 2024 में वियतनाम को फिर से प्रवासियों के लिए सबसे किफायती गन्तव्य घोषित किया गया, जो लगातार चौथे वर्ष शीर्ष पर रहा।
- सर्वेक्षण में 174 क्षेत्रों के 12000 से अधिक प्रवासी शामिल थे, तथा जीवन-यापन की लागत, वित्तीय सन्तुष्टि और प्रयोज्य आय की पर्याप्तता के आधार पर गन्तव्यों को स्थान दिया गया।

ग्लोबल डेमोक्रेसी इण्डेक्स 2024 जारी

- वोरोनोई द्वारा 10 जुलाई, 2024 को जारी 'ग्लोबल डेमोक्रेसी इण्डेक्स' में भारत ने दूसरा स्थान प्राप्त किया।
- इण्डेक्स से पता चलता है कि लगभग 72% भारतीय देश में लोकतन्त्र की कार्यप्रणाली से सन्तुष्ट हैं।

शीर्ष-5 देश

रैंक	देश
1.	सिंगापुर
2.	भारत
3.	स्वीडन
4.	थाइलैण्ड
5.	ऑस्ट्रेलिया

बांग्लादेश 'कोलम्बो सुरक्षा सम्मेलन' में शामिल

- मॉरीशस द्वारा 10 जुलाई, 2024 को वर्चुअली आयोजित 8वीं उप राष्ट्रीय सुरक्षा सलाहकार स्तर की बैठक के दौरान बांग्लादेश कोलम्बो सुरक्षा सम्मेलन (CSC) का 5वाँ सदस्य बन गया।
- भारत, श्रीलंका और मालदीव्स द्वारा वर्ष 2020 में गठित CSC का उद्देश्य हिन्द महासागर में नौसैनिक सुरक्षा मुद्दों का समाधान करना है।
- बाद में मॉरीशस और बांग्लादेश भी इसमें शामिल हो गए, जिससे समूह का प्रभाव और मजबूत हुआ।

NATO शिखर सम्मेलन 2024 आयोजित

- अमेरिका राष्ट्रपति जो बिडेन ने 9-11 जुलाई, 2024 तक वाशिंगटन, DC में NATO शिखर सम्मेलन की मेजबानी की, जो गठबन्धन के लिए एक महत्त्वपूर्ण आयोजन है। नये सदस्य के रूप में स्वीडन का शामिल होना वैश्विक चुनौतियों के मध्य NATO के विस्तार और एकजुटता को दर्शाता है।
- NATO की 75वीं वर्षगाँठ के उपलक्ष्य में आयोजित इस शिखर सम्मेलन ने यूरो-अटलाण्टिक सुरक्षा और उभरते खतरों के विरुद्ध सामूहिक रक्षा में इसकी भूमिका पर बल दिया।

24वाँ SCO सम्मेलन आयोजित

- अस्ताना (कजाकिस्तान) में 4 जुलाई, 2024 को शंघाई कॉर्पोरेशन ऑर्गेनाइजेशन (SCO) के राष्ट्राध्यक्षों की 24वीं बैठक आयोजित की गई।
- बेलारूस, जो पहले पर्यवेक्षक था, को पूर्ण सदस्यता प्रदान कर दी गई, जिससे वह 10वाँ सदस्य बन गया।
- डॉ जयशंकर ने आतंकवाद के स्पष्ट विरोध पर बल दिया और सीमापार आतंकवाद के विरुद्ध निर्णायक कार्रवाई का आग्रह किया, जिसमें इसके वित्तपोषण और भर्ती से निपटने पर ध्यान केन्द्रित किया गया।

जापान ने किए जारी नए बैंक नोट

- जापान ने 3 जुलाई, 2024 को 2004 के पश्चात् पहली बार पुनः डिजाइन किए गए 10000 येन, 5000 येन और 1000 येन के अद्यतन बैंक नोट जारी करने की पहल की।
- इन नए नोटों में त्रि-आयामी होलोग्राम प्रौद्योगिकी को एकीकृत किया गया है, जो वैश्विक स्तर पर एक अग्रणी विशेषता है, जिसका उद्देश्य जालसाजी के विरुद्ध सुरक्षा को बढ़ाना है।
- बैंक ऑफ जापान ने आश्वासन दिया कि मौजूदा बैंक नोटों को नई जारी की गई मुद्रा के साथ स्वीकार किया जाता रहेगा।

खेल परिदृश्य

क्रिकेट

बॉर्डर-गावस्कर ट्रॉफी-2024-25

- 21 नवम्बर, 2024 से 5 जनवरी, 2025 तथा ऑस्ट्रेलिया में भारत-आस्ट्रेलिया के मध्य 5 टेस्ट मैचों की टेस्ट श्रृंखला आयोजित की गई।
- इस श्रृंखला को ऑस्ट्रेलिया ने भारत को 3-1 से हराकर जीता, जबकि एक टेस्ट मैच ड्रा रहा।
- इस श्रृंखला के दौरान ऑस्ट्रेलिया कप्तान पैट कमिंस व भारतीय टेस्ट कप्तान रोहित शर्मा व जसप्रीत बुमराह रहे।
- इस श्रृंखला में जसप्रीत बुमराह को प्लेयर ऑफ द सीरीज चुना गया। उन्होंने पूरी टेस्ट श्रृंखला में सर्वाधिक 32 विकेट लिए।
- भारत इस टेस्ट सीरीज हार के साथ वर्ल्ड चैम्पियनशिप-2025 से बाहर हो गया।

भारत-दक्षिण अफ्रीका T-20 श्रृंखला 2024

- 8-15 नवम्बर, 2024 के मध्य दक्षिण अफ्रीका में भारत-दक्षिण अफ्रीका के मध्य 4 मैचों की T-20 श्रृंखला का आयोजन किया गया।
- इस श्रृंखला में भारत ने अफ्रीका को 3-1 से हराकर T-20 श्रृंखला जीत ली।
- इस श्रृंखला में भारतीय क्रिकेट टीम की कप्तानी सूर्य कुमार यादव ने तथा दक्षिण अफ्रीकी टीम की कप्तानी एडेन मार्करम ने की।
- इस श्रृंखला मे भारतीय खिलाड़ी तिलक वर्मा 2 शतकों के साथ 'प्लेयर ऑफ द सीरीज' रहे तथा वरूण चक्रवर्ती को 'गेमचेंजर ऑफ द सीरीज' (टूर्नामेण्ट में 12 विकेट) प्रदान किया गया।

भारत-न्यूजीलैंड टेस्ट सीरीज

- 16 अक्टूबर से 5 नवम्बर, 2024 के मध्य भारत-न्यूजीलैण्ड के मध्य 3 टेस्ट मैचों की सीरीज का आयोजन भारत में किया गया।
- इन टेस्ट मैचों की शृंखला को न्यूजीलैण्ड ने भारत को 3-0 से हराकर जीत ली। यह न्यूजीलैण्ड क्रिकेट टीम की भारत में पहली टेस्ट सीरीज जीत है।

आईसीसी महिला T-20 विश्वकप-2024

- 20 अक्टूबर, 2024 को ICC महिला T-20 विश्वकप-2024 का खिताब न्यूजीलैण्ड ने साउथ अफ्रीका को 32 रन से हराकर जीत लिया।
- यह न्यूजीलैण्ड महिला क्रिकेट टीम का पहला विश्वकप खिताब है। इस टूर्नामेण्ट का आयोजन 3-20 अक्टूबर, 2024 के मध्य संयुक्त अरब अमीरात (UAE) में किया गया था।
- इस टूर्नामेण्ट में 12 देशों की क्रिकेट टीमों ने भाग लिया था, जिसमें कुल 23 मैच खेले गए।

दिलीप ट्रॉफी- 2024

- 22 सितम्बर, 2024 को इण्डिया 'ए' ने फाइनल मुकाबले में इण्डिया सी को 132 रन से हराकर दिलीप ट्रॉफी-2024 का खिताब जीत लिया।
- इण्डिया 'ए' की कप्तानी मयंक अग्रवाल ने की, जबकि इण्डिया 'सी' के कप्तान ऋतुराज गायकवाड़ रहे।
- इस घरेलू टूर्नामेण्ट का आयोजन 5-22 सितम्बर, 2024 के मध्य अनन्तपुर व बेंगलुरु में किया गया था।

ICC T20 वर्ल्ड कप 2024

- वेस्ट इण्डीज और USA द्वारा 1-29 जून, 2024 तक ICC मेन्स T20 वर्ल्ड कप 2024 की सह-मेजबानी की गई।
- यह ICC मेन्स T20 वर्ल्ड कप का नौवाँ संस्करण था। फाइनल मैच में, भारत ने साउथ अफ्रीका को 7 रन से हराकर अपना दूसरा T20 वर्ल्ड कप खिताब जीत लिया।
- फाइनल मैच के लिए विराट कोहली को 'प्लेयर ऑफ द मैच' घोषित किया गया। जबकि जसप्रीत बुमराह को 'प्लेयर ऑफ द टूर्नामेण्ट' पुरस्कार दिया गया।

भारत-दक्षिण अफ्रीका महिला वनडे सीरीज

भारतीय महिला टीम ने बेंगलुरु के एम. चिन्नास्वामी स्टेडियम में अन्तिम एक दिवसीय अन्तर्राष्ट्रीय मैच में 23 जून, 2024 को दक्षिण अफ्रीका की महिलाओं को 6 विकेट से हराकर श्रृंखला में 3-0 से व्यापक जीत हासिल की। स्मृति मंघाना को 'प्लेयर ऑफ द सीरीज' का पुरस्कार दिया गया।

टेनिस

एटीपी फाइनल 2024

- एटीपी फाइनल का आयोजन 10-17 नवम्बर, 2024 तक ट्यूरिन (इटली) में आयोजित किया गया था। विश्व के नम्बर 1 पुरुष टेनिस खिलाड़ी, इटली के जैनिक सिनर ने फाइनल में अमेरिका के टेलर फ्रिट्ज को सीधे सेटों में हराकर पहला एटीपी फाइनल खिताब जीता।
- एटीपी फाइनल का युगल खिताब केविन क्राविट्ज़ और टिम पुएट्ज़ की जर्मन जोड़ी ने जीता।

विम्बलडन 2024

विम्बलडन (लन्दन, इंग्लैण्ड) में 1-14 जुलाई, 2024 तक विम्बलडन चैम्पियनशिप्स 2024 आयोजित की गई। यह विम्बलडन चैम्पियनशिप्स का 137वाँ संस्करण तथा वर्ष 2024 की तीसरी ग्रैण्ड स्लैम स्पर्द्धा थी।

विजेताओं की सूची निम्नलिखित हैं

पुरुष एकल कार्लोस अल्कैराज (स्पेन)

महिला एकल बारबोरा क्रेजिकोवा (चेक रिपब्लिक)

पुरुष युगल हैरी हेलियोवारा (फिनलैण्ड)/ हेनरी पैटन (UK)

महिला युगल कैटरीना सिनियाकोवा (चेक रिपब्लिक) / टेलर टाइउनसेण्ड (USA)

मिश्रित युगल जैन जेलिंस्की (पोलैण्ड) / सिएह सू-वेई (ताइपे)

फुटबॉल

सन्तोष ट्रॉफी-2024

- 31 दिसम्बर, 2024 को तेलंगाना के हैदराबाद स्थित जीएमसी बालयोगी स्टेडियम में खेले गए फाइनल मुकाबले में पश्चिम बंगाल ने केरल को 1-0 से हराकर सन्तोष ट्रॉफी का 78वाँ संस्करण जीत लिया।
- यह पश्चिम बंगाल की 33वीं सन्तोष ट्रॉफी रही। मैच में एकमात्र गोल बंगाल के 'रॉबी हंसदा' ने किया।
- ज्ञातव्य है कि सन्तोष ट्रॉफी भारत का सर्वाधिक पुराना फुटबॉल घरेलू टूर्नामेण्ट है। इसकी शुरुआत वर्ष 1941 में हुई थी।

15वीं UEFA चैम्पियनशिप

- रियल मैड्रिड ने 3 जून, 2024 को वेम्बली स्टेडियम में एक बार फिर से इतिहास रच दिया, जब उन्होंने रिकॉर्ड 15वीं UEFA चैम्पियन्स लीग ट्रॉफी जीती।
- स्पेनिश टीम ने अपनी प्रसिद्ध दृढ़ता और शानदार बढ़त का प्रदर्शन करते हुए, बोरूसिया डॉर्टमुण्ड टीम को 2-0 से हराया।
- इस जीत के साथ रियल मैड्रिड ने 11 सत्रों में छठी बार चैम्पियन्स लीग जीती, जिससे यूरोप में उनकी सफलता का अविश्वसनीय सिलसिला जारी रहा।

हॉकी

महिला हॉकी जूनियर एशिया कप-2024

- 15 दिसम्बर, 2024 को भारत की महिला हॉकी जूनियर टीम ने ओमान के मस्कट में आयोजित महिला हॉकी जूनियर एशिया कप-2024 का खिताब जीत लिया।
- यह खिताब उन्होंने चीन को पेनाल्टी शूटआउट में 3-2 से हराकर जीता।
- यह खिताब भारतीय महिला हॉकी टीम का लगातार दूसरा खिताब है। इससे पूर्व वर्ष 2023 का जूनियर एशिया कप खिताब भी भारतीय महिला हॉकी टीम ने जीता था।

महिला हॉकी एशियाई चैम्पियन्स ट्रॉफी

- महिला हॉकी एशियाई चैम्पियन्स ट्रॉफी का आयोजन 20 नवम्बर, 2024 को राजगिरी (बिहार) में किया गया।
- भारत ने फाइनल में चीन को 1-0 से हराकर तीसरी बार खिताब जीत लिया।
- फाइनल में भारत के लिए दीपिका सहरावत ने एक मात्र गोल किया।
- वहीं जापान ने तीसरे स्थान के लिए प्लेऑफ मैच में मलेशिया को 4-1 से हराया।

स्क्वैश

एशियन डबल्स चैम्पियनशिप

- भारत के अभय सिंह ने 7 जुलाई, 2024 को मलेशिया के जोहोर में आयोजित एशियाई डबल्स स्क्वैश चैम्पियनशिप में पुरुष डबल्स और मिश्रित डबल्स दोनों वर्गों में जीत प्राप्त की।
- वेलावन सेंथिलकुमार के साथ मिलकर उन्होंने मलेशिया के ओंग साई हंग और सियाफिक कमाल को 11-4, 11-5 के स्कोर से हराकर पुरुष युगल का खिताब अपने नाम किया।

शतरंज

महिला विश्व रैपिड शतरंज चैम्पियनशिप-2024

- 29 दिसम्बर, 2024 को भारतीय शतरंज खिलाड़ी कोनेरु हम्पी ने न्यूयॉर्क में आयोजित फिडे वर्ल्ड रैपिड चैम्पियनशिप का खिताब इण्डोनेशिया की इरीन सुकन्दर को हराकर जीत लिया।
- यह उनका दूसरा वर्ल्ड रैपिड खिताब है, इससे पूर्व वर्ष 2019 में भी उन्होंने यह खिताब जीता।
- इसके अतिरिक्त भारतीय शतरंज खिलाड़ी डी. गुकेश ने शतरंज में विश्व चैम्पियन का खिताब जीता

टाटा स्टील शतरंज इण्डिया ब्लिट्ज

विश्व के नम्बर 1 शतरंज खिलाड़ी मैग्नस कार्लसन ने 17 नवम्बर, 2024 को टाटा स्टील शतरंज इण्डिया टूर्नामेण्ट में शानदार डबल पूरा किया, रैपिड इवेण्ट जीतने के कुछ ही दिनों बाद ब्लिट्ज़ खिताब भी हासिल किया।

10वाँ लियोन मास्टर्स

- विश्वनाथन आनन्द ने 3 जुलाई, 2024 को स्पेन में फाइनल में जैमे सैंटोस लतासा को 3-1 से हराकर लियोन मास्टर्स में अपना 10वाँ टाइटल प्राप्त किया।
- 5 बार के वर्ल्ड चेस चैम्पियनविश्वनाथन आनन्द ने इस जीत के साथ अन्तर्राष्ट्रीय शतरंज में अपने स्थायी प्रभुत्व का प्रदर्शन किया।
- वर्ष 1996 में लियोन मास्टर्स में अपनी पहली जीत के पश्चात् से, विश्वनाथन आनन्द ने लगातार खेल के प्रति गहरी रुचि दिखाई है, विशेष रूप से वर्ष 2023 में आयोजित होने वाले रैपिड चेस टूर्नामेण्ट में उत्कृष्ट प्रदर्शन किया है।

कुश्ती

U23 एशियन चैम्पियनशिप- 2024

- भारत ने 2 जुलाई, 2024 को जॉर्डन के अम्मान में U23 एशियन रेसलिंग चैम्पियनशिप 2024 में फ्रीस्टाइल कुश्ती में कुल 8 पदक जीतकर शीर्ष स्थान प्राप्त किया।
- भारतीय पहलवानों ने 4 स्वर्ण, 2 रजत और 2 कांस्य पदक जीते। यह प्रदर्शन इस प्रतियोगिता में भारत का सर्वश्रेष्ठ प्रदर्शन है।
- कजाकिस्तान दूसरे स्थान पर रहा और किर्गिस्तान तीसरे स्थान पर रहा।

अण्डर-17 एशियन चैम्पियनशिप

भारतीय पहलवानों ने अण्डर-17 एशियन कुश्ती चैम्पियनशिप 2024 में अपनी भागीदारी समाप्त कर ली है, जो 22-24 जून, 2024 को अम्मान, जॉर्डन में आयोजित हुई।

उन्होंने कुल 11 पदक प्राप्त करके उल्लेखनीय सफलता प्राप्त की, जिनमें 4 स्वर्ण पदक, 2 रजत पदक और 5 काँस्य पदक शामिल हैं।

तैराकी

चौथी राष्ट्रीय फिनस्किमिंग चैम्पियनशिप 2024

चौथी राष्ट्रीय फिनस्विमिंग चैम्पियनशिप 2024 का समापन 18 नवम्बर, 2024 को भारत के तैराकों के शानदार प्रदर्शन के साथ हुआ।

श्यामा प्रसाद मुखर्जी स्विमिंग पूल कॉम्प्लेक्स, नई दिल्ली में आयोजित तीन दिवसीय कार्यक्रम में 26 राज्यों और केन्द्र शासित प्रदेशों के 1500 प्रतिभागियों ने भाग लिया।

- पश्चिम बंगाल : 151 पदक (67 स्वर्ण, 43 रजत, 41 कांस्य) के साथ टीम चैंपियन बना।
- कर्नाटक : 50 पदक (17 स्वर्ण, 18 रजत, 15 कांस्य) के साथ उप-विजेता।
- उत्तराखण्ड : 21 पदक (8 स्वर्ण, 6 रजत, 7 कांस्य) के साथ तीसरा स्थान।
- हरियाणा : 21 पदक (6 स्वर्ण, 10 रजत, 5 कांस्य) के साथ चौथे स्थान पर, उत्तराखण्ड की तुलना में कम स्वर्ण पदकों के कारण निम्न स्थान पर।

पुरस्कार एवं सम्मान

राष्ट्रीय

राष्ट्रीय खेल व साहसिक पुरस्कार, 2024

- 17 जनवरी, 2025 को नई दिल्ली स्थित राष्ट्रपति भवन में अमेरिकी राष्ट्रपति द्रौपदी मुर्मू द्वारा वर्ष 2024 में राष्ट्रीय खेल व साहसिक पुरस्कार प्रदान किए गए, जिनमें मेजर ध्यान चन्द खेल रत्न पुरस्कार, 2024 अर्जुन पुरस्कार-2024, द्रोणाचार्य पुरस्कार- 2024, राष्ट्रीय खेल प्रोत्साहन पुरस्कार-2024 व मौलाना अबुल कलाम आजाद ट्रॉफी- 2024 शामिल रहे।
- वर्ष 2024 के लिए मेजर ध्यानचन्द पुरस्कार 4 खिलाड़ियों- डी. मुकेश (शतरंज), हरमनप्रीत सिंह (हॉकी), प्रवीण कुमार (पैरा एथलेटिक्स) व मनु आकर (शूटिंग) को प्रदान किया गया।
- अर्जुन पुरस्कार-2024-4 खिलाड़ियों को प्रदान किया गया, जिसमें अन्नू रानी (एथलेटिक्स), सलीमा टेटे (हॉकी), अमन सहरावत (शूटिंग) व सरबजोत सिंह (कुश्ती) प्रमुख रहे।
- द्रोणाचार्य पुरस्कार, 2024 35 व्यक्तियों सुभाष राणा (पैराशूटिंग), दीपाली देशपाण्डे (शूटिंग) व संदीप सांगवान (हॉकी), एस. मुरलीधरन (बैडमिण्टन) व अरमाण्डो एगनेलो कोलाको (फुटबॉल) को प्रदान किया।
- राष्ट्रीय खेल प्रोत्साहन पुरस्कार- 2024, फिजिकल एजुकेशन फाउण्डेशन ऑफ इण्डिया को तथा मौलाना अबुल कलाम आजाद ट्रॉफी-2024, चण्डीगढ़ यूनिवर्सिटी, लवली प्रोफेनेशन यूनिवर्सिटी व अमृतसर गुरुनानक देव यूनिवर्सिटी को प्रदान किया गया।

राष्ट्रीय पंचायत पुरस्कार–2024

- 11 दिसम्बर, 2024 को नई दिल्ली के विज्ञान भवन में राष्ट्रपति द्रौपदी मुर्मू द्वारा राष्ट्रीय पंचायतों पुरस्कार-2024 के अन्तर्गत 45 पंचायतों को सम्मानित किया गया।
- इन पुरस्कारों के तहत गरीबी उन्मूलन, स्वास्थ्य, जल संरक्षण, स्वच्छता के क्षेत्र में उपलब्धियों को मान्यता दी गई।
- महाराष्ट्र, ओडिशा व उत्तर प्रदेश की पंचायतों को शुद्ध कार्बन उत्सर्जन हेतु विशेष पंचायत पुरस्कार प्रदान किया गया जबकि अक्षय ऊर्जा अपनाने के लिए महाराष्ट्र, ओडिशा, व त्रिपुरा को ग्राम ऊर्जा स्वराज विशेष पंचायत पुरस्कार प्रदान किया गया।

दादा साहेब फाल्के अवार्ड 2024

- प्रसिद्ध भारतीय हिन्दी फिल्म अभिनेता मिथुन चक्रवर्ती को वर्ष 2024 को दादा साहेब फाल्के पुरस्कार प्रदान किया गया।
- यह पुरस्कार उन्हें फिल्मों में शानदार अभिनय के लिए प्रदान किया गया। उन्होंने बांग्ला, हिन्दी, तमिल, तेलुगू, कन्नड़ व ओडिया में 350 से ज्यादा फिल्मों में काम किया है। उन्होंने अपना फिल्मी करियर वर्ष 1976 में फिल्म 'मृगया' से शुरू किया था।
- वर्ष 1982 में आई फिल्म 'डिस्को डांसर' से उन्हें पहचान मिली, उन्हें तीन बार नेशनल फिल्म पुरस्कार भी मिल चुका है। ध्यातव्य है कि दादा साहेब फाल्के पुरस्कार की शुरुआत वर्ष 1969 में हुई थी।

डॉ. सी नारायण रेड्डी नेशनल लिटरेरी अवार्ड 2024

- प्रसिद्ध तमिल लेखिक शिवशंकरी को 6 जुलाई, 2024 को डॉ. सी नारायण रेड्डी नेशनल लिटरेरी अवार्ड प्रदान किया गया।
- यह पुरस्कार तमिल साहित्य में उनके महत्त्वपूर्ण योगदान के सम्मान में सुशीला नारायण रेड्डी ट्रस्ट द्वारा प्रदान किया गया।

स्पाइस अवार्ड्स 2024

- सोपना त्रिशूर के कलिंगल बागान के किसान सोपना कलिंगल को 4 जुलाई, 2024 को
- प्रतिष्ठित स्पाइस अवार्ड 2024 से सम्मानित किया गया।
- ICAR-भारतीय मसाला अनुसन्धान संस्थान द्वारा प्रदान किए गए इस पुरस्कार ने कृषि में व्यवसाय विविधीकरण और एकीकृत फसल प्रबन्धन में उनके असाधारण योगदान को स्वीकार किया।

हिन्दी साहित्य भारती पुरस्कार

- कृष्ण प्रकाश को 5 जून, 2024 को प्रसिद्ध वार्षिक हिंदी साहित्य भारती पुरस्कार प्रदान किया गया।
- कृष्ण प्रकाश मुम्बई पुलिस के आतंकवाद विरोधी दस्ते फोर्स वन के प्रभारी अधिकारी है। यह पुरस्कार मुम्बई में बहुसांस्कृतिक सब में राम शाश्वत श्री राम समारोह के दौरान प्रस्तुत किया गया था।

लता दीनानाथ मंगेशकर पुरस्कार

- हिन्दी फिल्म जगत के अत्यन्त सम्मानित अभिनेता अमिताभ बच्चन को प्रसिद्ध लता दीनानाथ मंगेशकर पुरस्कार देने की घोषणा 18 अप्रैल, 2024 को की गई।
- इनके अतिरिक्त यह पुरस्कार एआर रहमान, पदिमनी कोल्हापुरे, रूप कुमार राठौड़, रणदीप हुड्डा, अशोक सराफ और अतुल परचुरे को भी दिया गया। यह सम्मान मास्टर दीनानाथ मंगेशकर स्मृति प्रतिष्ठान पब्लिक चैरिटेबल ट्रस्ट और मंगेशकर परिवार द्वारा प्रदान किया जाता है।

हॉकी इण्डिया अवार्ड्स 2023

पिछले वर्ष के सर्वश्रेष्ठ भारतीय हॉकी खिलाड़ियों को सम्मानित करने के लिए, 31 मार्च, 2024 को हॉकी इण्डिया अवार्ड्स 2023 की मेजबानी नई दिल्ली में की गई।

वर्ग	विजेता
हॉकी इण्डिया लाइफटाइम अचीवमेण्ट अवार्ड	अशोक कुमार
गोलकीपर ऑफ द ईयर	पीआर श्रीजेश
डिफेण्डर ऑफ द ईयर	हरमनप्रीत सिंह
मिडफील्डर ऑफ द ईयर	हार्दिक सिंह
फॉरवर्ड ऑफ द ईयर	अभिषेक

नेशनल क्रिएटर्स अवार्ड

- प्रधानमन्त्री नरेन्द्र मोदी द्वारा 8 मार्च, 2024 को नेशनल क्रिएटर्स अवार्ड पहली बार प्रदान किए गए थे। कण्टेण्ट मेकर्स Abhi और Niu को 'द न्यू इण्डिया चैम्पियन अवार्ड' मिला।
- जबकि कीर्तिका गोविन्दस्वामी को 'बेस्ट स्टोरीटेलर अवार्ड' मिला।
- पंक्ति पाण्डे को 'ग्रीन चैम्पियन' अवार्ड मिला, जबकि जया किशोरी ने 'बेस्ट क्रिएटर फॉर सोशल चेंज' अवार्ड जीता। गायिका मैथिली ठाकुर को 'कल्चरल एम्बेसडर ऑफ द ईयर' से नामित किया गया।

अन्तर्राष्ट्रीय

प्रेसिडेन्शियल मेडल ऑफ फ्रीडम–2025

- 5 जनवरी, 2025 को अमेरिका के राष्ट्रपति जो बाइडेन ने व्हाइट हाउस में एक समारोह के दौरान 19 प्रतिष्ठित व्यक्तियों को 'प्रेसिडेन्शियल मेडल ऑफ फ्रीडम' से सम्मानित किया गया।
- इस सम्मान के लिए राजनीति, मनोरंजन व खेल सहित विभिन्न क्षेत्रों में उत्कृष्ट योगदान को मान्यता दी गई।
- इससे सम्मानित होने वालों में हिलेरी क्लिंटन, जॉर्ज सोरोस, रॉबर्ट एफ कैनेडी (मरणोपरान्त) लियोनेल मेस्सी व डेनजल वाशिंगटन जैसी हस्तियाँ शामिल रहीं।
- ज्ञातव्य है कि प्रेसिडन्शियल मेडल ऑफ फ्रीडम यूएसए का सर्वोच्च नागरिक सम्मान है, जो राष्ट्रीय हितों, विश्व शान्ति व सांस्कृतिक प्रयासों में योगदान हेतु प्रदान किया जाता है। इसकी शुरुआत वर्ष 1945 में हुई थी।

चैम्पियन ऑफ द अर्थ पुरस्कार–2024

- 11 दिसम्बर, 2024 को संयुक्त राष्ट्र ने पारिस्थितिकीविद् माधव गॉडगिल को चैम्पियन ऑफ द अर्थ पुरस्कार-2024 से सम्मानित किया, जो संयुक्त का सर्वोच्च पर्यावरण सम्मान है।
- माधव गॉडगिल को यह पुरस्कार भारत में पश्चिमी घाट को पारिस्थितिकी रूप से संवेदनशील क्षेत्र (ESA) घोषित करने की सिफारिश हेतु प्रदान किया गया। पश्चिमी घाट भारत में जैव-विविधता का एक महत्त्वपूर्ण केन्द्र है।

इन्दिरा गाँधी शान्ति पुरस्कार 2024

- वर्ष 2024 के लिए चिली की पूर्व राष्ट्रपति मिशेल बैचलेट को निरस्त्रीकरण व विकास के लिए इन्दिरा गाँधी शान्ति पुरस्कार प्रदान किया गया।
- यह पुरस्कार उन्हें इन्दिरा गाँधी मेमोरियल ट्रस्ट द्वारा मानवाधिकारों व समानता में उत्कृष्ट योगदान हेतु प्रदान किया गया।

इन्दिरा गाँधी शान्ति पुरस्कार 2023

- वर्ष 2023 के लिए शान्ति, निरस्त्रीकरण और विकास के लिए इन्दिरा गाँधी पुरस्कार विश्व प्रसिद्ध पियानोवादक और कण्डक्टर डैनियल बारेनबोइम और फिलिस्तीनी शान्ति कार्यकर्ता अली अबू अव्वाद को 19 नवम्बर, 2024 को प्रदान किया गया।
- **डैनियल बैरनबोइम** को लोगों को एक साथ लाने के लिए संगीत का उपयोग करने के लिए सम्मानित किया गया।
- अली अबू अव्वाद को उनके संगठन रूट्स के द्वारा शान्ति कार्य के लिए जाना जाता है, जो फिलिस्तीनियों और इजराइलियों के बीच संवाद को प्रोत्साहित करता है।

मिस यूनिवर्स 2024

- 73वीं मिस यूनिवर्स प्रतियोगिता का आयोजन 17 नवम्बर, 2024 को मैक्सिको सिटी में आयोजित किया गया।
- डेनमार्क की विक्टोरिया केजीर ने मिस यूनिवर्स 2024 का खिताब जीता।
- नाइजीरिया की चिडिम्मा अडेत्शिना पहली और मेक्सिको की मारिया फर्नांडा बेल्ट्रान दूसरी रनर-अप रहीं।
- भारत की तरफ से इस प्रतियोगिता में हिस्सा लेने वालीं रिया सिंह टॉप-12 से बाहर हो गई थीं। इस प्रतियोगिता में 130 प्रतिभागियों ने 125 देशों से हिस्सा लिया था।

मैन बुकर पुरस्कार 2024

- 12 नवम्बर, 2024 को ब्रिटेन की लेखिका सामन्था हार्वे को वर्ष 2024 का मैन बुकर पुरस्कार प्रदान किया गया। यह पुरस्कार उनके उपन्यास 'ऑर्बिटल' के लिए प्रदान किया गया। इस पुरस्कार के तहत् 60 हजार पाउण्ड की धनराशि प्रदान की जाती है।
- इस पुरस्कार की शुरूआत वर्ष 1969 में हुई थी तथा यह प्रत्येक वर्ष यूनाइटेड किंगडम या आयरलैण्ड में प्रकाशित अंग्रेजी भाषा के सर्वश्रेष्ठ उपन्यास को प्रदान किया जाता है।

केन्द्रीय बैंकर का पुरस्कार 2024

- भारतीय रिजर्व बैंक (RBI) के गवर्नर शक्तिकान्त दास को 27 अक्टूबर, 2024 को अमेरिका की पत्रिका 'ग्लोबल फाइनेन्स' ने साल 2024 के लिए शीर्ष केन्द्रीय बैंकर का पुरस्कार दिया है।
- उन्हें केन्द्रीय बैंक रिपोर्ट कार्ड 2024 में A+ग्रेड से सम्मानित किया गया है, जो उनका लगातार दूसरा वर्ष है। यह सम्मान वाशिंगटन, डी.सी. में एक कार्यक्रम के दौरान ग्लोबल फाइनेंस द्वारा प्रस्तुत किया गया।

नोबेल पुरस्कार 2024

नोबेल पुरस्कार 2024 की घोषणा 7 अक्टूबर से 14 अक्टूबर, 2024 तक की गई थी।

2024 नोबेल पुरस्कार विजेता

- चिकित्सा का नोबेल पुरस्कार - विक्टर एम्ब्रोस और गैरी रुवकुन
- रसायन विज्ञान का नोबेल पुरस्कार - डेविड बेकर, डेमिस हसाबिस और जॉन जम्पर
- भौतिक विज्ञान का नोबेल पुरस्कार - जेफ्री ई हिंटन और जॉन जे हॉपफील्ड
- अर्थशास्त्र का नोबेल पुरस्कार - डेरॉन ऐसमोग्लू, साइमन जॉनसन और जेम्स ए. रॉबिन्सन।
- साहित्य का नोबेल पुरस्कार - हान कांग
- शान्ति का नोबेल पुरस्कार - जापानी संगठन निहोन हिदांक्यो

PEN पिण्टर प्राइज 2024

- अरुन्धति रॉय को 28 जून, 2024 को PEN पिण्टर प्राइज 2024 दिया गया, जिसका नाम प्रसिद्ध लेखक हेरोल्ड पिण्टर के नाम पर रखा गया है।
- यह पुरस्कार असाधारण साहित्यिक योग्यता वाले लेखकों को मान्यता देता है, जो वैश्विक और स्थानीय मुद्दों की गहराई से जुड़े हुए हैं।

कॉमनवेल्थ शॉर्ट स्टोरी प्राइज 2024

- कॉमनवेल्थ शॉर्ट स्टोरी प्राइज 2024 में संजना ठाकुर 27 जून, 2024 को लन्दन में विजयी हुईं, उन्होंने 7359 से अधिक वैश्विक प्रतियोगियों को पछाड़कर £ 5000 की धनराशि जीती।
- उनकी विजयी कहानी, जिसका शीर्षक 'ऐश्वर्या राय' है, पारम्परिक दत्तक-ग्रहण कथा में एक अनूठा मोड़ प्रस्तुत करने के लिए बॉलीवुड अभिनेत्री से प्रेरणा लेती है।

ब्लू प्लैनेट प्राइज 2024

जैव-विविधता और पारिस्थितिकी तन्त्र सेवाओं पर अन्तर-सरकारी मंच (IPBES) को 21 जून, 2024 को जैव-विविधता और पारिस्थितिकी तन्त्र सेवाओं पर वैज्ञानिक अनुसन्धान और नीति-निर्माण के मध्य की दूरी को कम करने के प्रयासों के लिए ब्लू प्लैनेट प्राइज से सम्मानित किया गया।

चर्चित व्यक्तित्व

राष्ट्रीय

वी. नारायण

- 7 जनवरी, 2025 को भारत सरकार ने वी. नारायण को भारतीय अन्तरिक्ष अनुसन्धान संगठन (इसरो) का नया अध्यक्ष व अन्तरिक्ष विभाग का सचिव नियुक्त किया। वे आधिकारिक रूप से 14 जनवरी, 2025 को एस. सोमनाथ के स्थान पर पदभार ग्रहण करेंगे।
- वी. नारायण क्रायोजेनिक इंजीनियरिंग में एम.टेक. है इसके अतिरिक्त वे एयरोस्पेस इंजीरियरिंग में पीएचडी भी हैं।
- उन्होंने GSLV MK- III व चन्द्रयान मिशन सहित अनेक मिशनों में प्रणोदन प्रणाली विकसित करने में महत्त्वपूर्ण भूमिका निभाई है।

राजगोपाला चिदम्बरम्

- 4 जनवरी, 2025 को मुम्बई में राजगोपाला चिदम्बरम् का निधन हो गया। उन्हें भारत के परमाणु कार्यक्रम का वास्तुकार कहा जाता है।
- वे एक भारतीय भौतिक वैज्ञानिक थे, उन्होंने भारत के परमाणु कार्यक्रम पोखरण-I (वर्ष 1974) व पोखरण-II (वर्ष 1998) के लिए महत्त्वपूर्ण भूमिका निभाई।
- वे भारत सरकार के पहले प्रमुख वैज्ञानिक सलाहकार तथा भाभा परमाणु अनुसन्धान (BARC) के निदेशक के रूप में भी कार्यरत रहे।

डॉ. मनमोहन सिंह

- 26 जनवरी, 2024 को भारत के पूर्व प्रधानमन्त्री, पूर्व वित्तमन्त्री व आरबीआई गवर्नर डॉ. मनमोहन सिंह का नई दिल्ली में निधन हो गया।
- वे भारत के 13वें प्रधानमन्त्री थे (कार्यकाल- 2004-2014 तक)। उन्हें भारत में वित्तमन्त्री के रूप में किए गए आर्थिक सुधारों का श्रेय भी दिया जाता है। भारत सरकार द्वारा उन्हें वर्ष 1987 में पद्म विभूषण के अतिरिक्त वर्ष 1995 में इण्डियन साइंस कांग्रेस का जवाहर लाल नेहरू पुरस्कार भी प्रदान किया गया।
- उनकी प्रसिद्ध पुस्तकें-चेजिंग इण्डिया, द एक्सीडेंटल प्राइम मिनिस्टर, शैडो बैंकिंग: इकोनॉमिक्स एण्ड पॉलिसी, टू द नेशन एण्ड फॉर द नेशन आदि हैं।

वी. रामसुब्रमण्यन (नियुक्ति)

- राष्ट्रपति द्रौपदी मुर्मू ने सर्वोच्च न्यायालय के सेवानिवृत्त न्यायाधीश वी. रामसुब्रमण्यन को NHRC का अगला अध्यक्ष नामित किया है।
- NHRC में शामिल होने से पहले वह 23 सितम्बर, 2019 से 29 जून, 2023 तक सर्वोच्च न्यायालय में कार्यरत रहें। NHRC भारत में मानवाधिकारों की सुरक्षा और संवर्धन करता है, दुर्व्यवहार के आरोपों की जाँच करता है तथा सरकार को जवाबदेही बनाए रखने की सलाह देता है।
- NHRC के पूर्व प्रमुख न्यायमूर्ति अरुण कुमार मिश्रा सेवानिवृत्त हुए और इस बीच, विजया भारती सयानी 1 जून, 2023 को कार्यवाहक अध्यक्ष थीं।
- न्यायमूर्ति रामसुब्रमण्यन के साथ, डॉ. न्यायमूर्ति बिद्युत रंजन सारंगी (सेवानिवृत्त) और प्रियांक कानूनगो नए सदस्य के रूप में NHRC में शामिल हुए हैं।
- नई नियुक्तियों का उद्देश्य मानवाधिकार सम्बन्धी चिन्ताओं से सफलतापूर्वक निपटने में NHRC की क्षमता में सुधार करना है।

- न्याय और जवाबदेही सुनिश्चित करने के लिए NHRC को न्यायमूर्ति रामसुब्रमण्यन की न्यायिक पृष्ठभूमि द्वारा निर्देशित किए जाने की उम्मीद है।

डी. गुकेश

- भारत के शतरंज खिलाड़ी डी. मुकेश ने चीन के डिंग लीरने को विश्व शतरंज चैम्पियनशिप के फाइनल में हराकर ऐतिहासिक उपलब्धि हासिल की।
- वे मात्र 18 वर्ष की आयु में फिडे विश्व शतरंज चैम्पियनशिप जीतने वाले खिलाड़ी बन गए।
- वे तमिलनाडु के चेन्नई शहर के निवासी हैं।

बजरंग पुनिया

- ओलम्पिक कांस्य पदक विजेता बजरंग पुनिया को राष्ट्रीय डोपिंग रोधी एजेन्सी (NADA) ने 27 नवम्बर, 2024 को 4 वर्ष के लिए निलम्बित कर दिया है।
- राष्ट्रीय कुश्ती चयन ट्रायल 2024 के दौरान मूत्र का नमूना देने से इनकार करने के कारण उन्हें निलम्बित कर दिया गया था।
- बजरंग पुनिया द्वारा एक्सपायर हो चुकी किट और NADA में अविश्वास के कारण परीक्षण से इनकार करने को NADA द्वारा डोपिंग रोधी दायित्वों का जानबूझकर उल्लंघन माना गया।
- बजरंग पुनिया के निलम्बन से उनके करियर, प्रतिष्ठा और डोपिंग जागरूकता पर असर पड़ सकता है, जिससे भारत की डोपिंग नियन्त्रण प्रक्रियाओं में पारदर्शिता एवं विश्वास पर प्रश्न उठेंगे।

वैभव सूर्यवंशी

- 13 वर्षीय वैभव सूर्यवंशी IPL के सबसे युवा खिलाड़ी बन गए हैं, जिन्हें 25 नवम्बर, 2024 को IPL 2025 मेगा नीलामी में राजस्थान रॉयल्स ने ₹ 1.10 करोड़ में खरीदा है।
- वैभव सूर्यवंशी, एक प्रतिभाशाली क्रिकेटर, ने 4 वर्ष की आयु में अपनी यात्रा शुरू की और 9 वर्ष की आयु में समस्तीपुर अकादमी में शामिल हो गए।
- रणजी ट्रॉफी एलीट ग्रुप B में बिहार के लिए प्रथम श्रेणी में पदार्पण किया और वर्ष 1986 के बाद से सबसे कम आयु के भारतीय खिलाड़ी बन गए।
- भारत अण्डर-19 चयन, रानी ट्रॉफी उपलब्धि, वीनू मांकड़ ट्रॉफी, बिहार के लिए प्रथम श्रेणी में पदार्पण और ऑस्ट्रेलिया अण्डर-19 के विरुद्ध शतक बनाना उनकी कुछ उपलब्धियाँ हैं।

के. संजय मूर्ति

- 18 नवम्बर, 2024 को भारत की राष्ट्रपति द्रौपदी मुर्मू ने के. संजय मूर्ति को भारत का नया नियन्त्रण एवं महालेखा परीक्षक (CAG) नियुक्त किया। उन्होने गिरीश चन्द्र मूर्मू का स्थान लिया।
- के. संजय मूर्ति 1989 बैच के IAS अधिकारी है तथा आन्ध्र प्रदेश कैडर से है। इससे पूर्व वे जम्मू-कश्मीर के पहले उपराज्यपाल थे।

संजीव खन्ना

जस्टिस संजीव खन्ना ने 11 नवम्बर, 2024 को भारत के 51वें मुख्य न्यायाधीश (CJI) के रूप में शपथ ग्रहण की, उन्होंने जस्टिस डी.वाई. चन्द्रचूड़ का स्थान लिया जिनका कार्यकाल 10 नवम्बर, 2024 को समाप्त हुआ। जस्टिस खन्ना का कार्यकाल छह महीने का होगा और यह 13 मई, 2025 को समाप्त होगा।

अरविन्दर सिंह साहनी

पैट्रोलियम एवं प्राकृतिक गैस मन्त्रालय ने इण्डियन आयल कॉर्पोरेशन (IOC) के कार्यकारी निदेशक अरविन्दर सिंह साहनी को IOC का चेयरमैन नियुक्त किया है।

इनका कार्यकाल 5 वर्ष का होगा। इन्होंने श्रीकान्त माधव वैद्य का स्थान लिया है।

डॉ. सौम्या स्वामीनाथन

- डॉ. सौम्या स्वामीनाथन को 10 जुलाई, 2024 को केन्द्रीय स्वास्थ्य एवं परिवार कल्याण मन्त्रालय में राष्ट्रीय क्षय रोग उन्मूलन कार्यक्रम के लिए प्रधान सलाहकार नियुक्त किया गया।
- डॉ सौम्या स्वामीनाथन इस भूमिका में नि:शुल्क कार्य करेंगी, तथा सार्वजनिक स्वास्थ्य और भारत की तपेदिक के विरुद्ध लड़ाई के प्रति अपनी प्रतिबद्धता पर बल देंगी।

रतन टाटा

- 9 अक्टूबर, 2024 को भारत के मशहूर उद्योगपति रतन टाटा का 86 वर्ष की आयु में मुम्बई के ब्रीच कैण्डी अस्पताल में निधन हो गया।
- वे टाटा समूह के पूर्व अध्यक्ष थे तथा समूह का हिस्सा रहते हुए उन्होंने टाटा समूह को नई ऊँचाइयों पर पहुँचाया।
- भारत सकरार द्वारा उन्हें वर्ष 2000 में पद्मभूषण व वर्ष 2008 में पद्मविभूषण पुरस्कार से सम्मानित किया।

गौतम गम्भीर

- क्रिकेट सलाहकार समिति ने 9 जुलाई, 2024 को टीम इण्डिया (सीनियर पुरुष) के मुख्य कोच के रूप में गौतम गम्भीर की सिफारिश की।
- भारत के पूर्व बल्लेबाज और सफल IPL कप्तान गौतम गम्भीर ने अपना कार्यकाल 27 जुलाई, 2024 को श्रीलंका के विरुद्ध श्रृंखला के साथ शुरू किया।

गगन नारंग

- गगन नारंग को 9 जुलाई, 2024 को पेरिस ओलम्पिक 2024 में भातीय टीम का शेफ-डी-मिशन नियुक्त किया गया।
- ओलम्पिक में शेफ-डी-मिशन एक महत्त्वपूर्ण भूमिका निभाता है, वह अपने देश की टीम का अधिकारिक प्रवक्ता और प्रतिनिधि के रूप में कार्य करता है।

अन्तर्राष्ट्रीय

डोनाल्ड ट्रम्प

- 20 जनवरी, 2025 को अमेरिका के नवनिर्वाचित राष्ट्रपति डोनाल्ड ट्रम्प ने 47 वें अमेरिकी राष्ट्रपति के रूप में व्हाइट हाउस में शपथ ली। उन्होंने नवम्बर, 2024 में अमेरिकी राष्ट्रपति चुनाव में कमला हैरिस को हराकर विजय हासिल की।
- वे राजनीतिक दल 'रिपब्लिकन पार्टी' से सम्बन्धित हैं इससे पूर्व उन्होंने 2017 से 2021 तक अमेरिका के 45वें राष्ट्रपति के रूप में भी कार्य किया।
- वे एक अमेरिकी राजनीतिज्ञ, मीडिया व्यक्तित्व व व्यवसायी हैं। वे अमेरिका के सबसे अमीर राजनेता के रूप में जाने जाते हैं।

श्रीराम कृष्णनन

- 22 दिसम्बर, 2024 को अमेरिका के नवनिर्वाचित राष्ट्रपति डोनाल्ड ट्रम्प द्वारा भारतीय मूल के श्रीराम कृष्णनन को आर्टिफिशियल इण्टेलीजेन्स (AI) पर व्हाइट हाउस में वरिष्ट सलाहकार नियुक्त किया।
- श्रीराम कृष्णनन, भारत के तमिलनाडु राज्य के चेन्नई शहर के मूल निवासी हैं। उन्होंने अमेरिका कम्पनी माइक्रोसॉफ्ट में विण्डोज एज्योर के संस्थापक सदस्य के रूप में अपने कैरियर की शुरुआत की।
- वर्तमान में वह वेंचर कैपिटलिस्ट, पॉडकास्टर व एक लेखक के रूप में प्रसिद्ध है।

जिमी कार्टर

- 29 दिसम्बर, 2024 को अमेरिका के पूर्व राष्ट्रपति जिमी कार्टर का 100 वर्ष की आयु में निधन हो गया। वे अमेरिका के 39 वें राष्ट्रपति (कार्यकाल-1977-1981 तक) थे।
- उनका पूरा नाम जेम्स अर्ल कार्टर जूनियर था उन्हें विश्व शान्ति, जलवायु परिवर्तन व मानवाधिकार पर उल्लेखनीय योगदान के लिए वर्ष 2002 में नोबेल शान्ति पुरस्कार से सम्मानित किया गया था।
- इसके अतिरिक्त वे वर्ष 1978 में भारत की यात्रा करने वाले तीसरे अमेरिकन राष्ट्रपति थे।

एम्मा मैककॉन

- ऑस्ट्रेलियाई तैराक दिग्गज एम्मा मैककॉन ने 25 नवम्बर, 2024 को अपने संन्यास की घोषणा की, जिससे तीन ओलम्पिक खेलों में 14 पदकों के साथ उनका असाधारण करियर समाप्त हो गया।
- ओलम्पिक पदक विजेता, जो टोक्यो-2020 में अपने 7 स्वर्ण पदकों के लिए प्रसिद्ध है, एक ऑस्ट्रेलियाई एथलीट द्वारा जीते गए सर्वाधिक पदकों का ऑस्ट्रेलियाई रिकॉर्ड रखती है।
- एम्मा मैककॉन ने अपने करियर पर गर्व व्यक्त किया, दक्षता और मित्रता के लिए आभार व्यक्त

किया, ऑस्ट्रेलियाई ओलम्पिक समिति के अध्यक्ष इयान चेस्टरमैन ने उनकी प्रशंसा की।

- एम्मा मैककॉन की सेवानिवृत्ति से ऑस्ट्रेलियाई तैराकी में एक स्वर्णिम युग का अन्त हो गया है, जो अपने पीछे उत्कृष्टता, लचीलेपन और प्रेरणा की विरासत छोड़ गई है।

जेम्स एण्डरसन

- अनुभवी इंग्लिश तेज गेंदबाज जेम्स एण्डरसन ने 13 जुलाई, 2024 को टेस्ट क्रिकेट से संन्यास की घोषणा की, जिसके साथ ही उनके 21 वर्ष के शानदार करियर का अन्त हो गया।
- उनका अन्तिम टेस्ट मैच लन्दन के लॉर्ड्स क्रिकेट ग्राउण्ड पर हुआ, जहाँ इंग्लैण्ड ने 12 जुलाई, 2024 को वेस्ट इण्डीज पर शानदार जीत प्राप्त की।

आलिया नीलम

- न्यायमूर्ति आलिया नीलम ने 11 जुलाई, 2024 को पाकिस्तान में लाहौर हाई कोर्ट (LHC) की मुख्य न्यायाधीश के रूप में शपथ लेने वाली पहली महिला बनकर इतिहास रच दिया।
- उन्हें पंजाब के राज्यपाल सरदार सलीम हैदर खान ने शपथ दिलाई।
- समारोह में पंजाब की पहली महिला मुख्यमन्त्री मरियम नवाज भी उपस्थित थीं।

एलिसा डी आन्दा माद्राजो

- मेक्सिको की एलिसा डी आन्दा माद्रावजो ने 9 जुलाई, 2024 को जून, 2026 तक चलने वाले 2 वर्ष के कार्यकाल के लिए फाइनेन्शियल एक्शन टास्क फार्स (FATF) की अध्यक्षता सम्भाली है।
- उनकी अध्यक्षता में समावेशिता, विविधता और पारदर्शिता पर बल दिया गया है, तथा वैश्विक समुदाय के दृष्टिकोण को प्रतिबिम्बित करने के लिए FATF के प्रशासन, मानकों और हितधारकों के साथ जुड़ाव का मार्गदर्शन किया गया है।

यारोस्लावा महुचिख

- युक्रेन की यारोस्लावा महुचिख ने 7 जुलाई, 2024 को महिलाओं की सबसे ऊँची छलांग का नया वर्ल्ड रिकॉर्ड स्थापित किया, जिसने वर्ष 1987 से चले आ रहे रिकॉर्ड को तोड़ दिया।
- पेरिस डायमण्ड लीग में प्रतिस्पर्द्धा करते हुए, उन्होंने 2.10 मी की प्रभावशाली ऊँचाई प्राप्त की, जिसने बल्गेरियाई एथलीट स्टेफका कोस्टाडिनोवा द्वारा स्थापित 2.09 मी के पिछले रिकॉर्ड को तोड़ दिया।

जॉन सीना

WWE में 16 बार के चैम्पियन जॉन सीना ने 6 जुलाई, 2024 को टोरण्टो में 'मनी इन द बैंक' कार्यक्रम के दौरान पेशेवर कुश्ती से संन्यास की घोषणा की। उन्होंने बताया कि उनका अन्तिम WWE मैच अगले वर्ष लास वेगास में रेसलमेनिया 41 में होगा।

मसूद पेजेशकियान

- ईरान के सुधारवादी और पूर्व स्वास्थ्य मन्त्री मसूद पेजेशकियान ने 6 जुलाई, 2024 को अपने प्रतिद्वन्द्वी, कट्टरपन्थी इस्लामवादी विचारधारा वाले सईद जलीली को हराकर 14वें राष्ट्रपति चुनाव में जीत हासिल की।
- मसूद पेजेशकियान को कुल 30 मिलियन वोटों में से 16.3 मिलियन वोट प्राप्त हुए।

राचेल रीव्स

- लेबर पार्टी की नेता राचेल रीव्स ने उस समय इतिहास रच दिया जब उन्हें 5 जुलाई, 2024 को ब्रिटेन का नया प्रधानमन्त्री नियुक्त किया गया। वह यह प्रतिष्ठित पद सम्भालने वाली पहली महिला बनीं।
- राचेल रीव्स ने पहले विपक्ष के नेता के रूप में स्टारमर के नेतृत्व में राजकोष की छाया चांसलर के रूप में कार्य किया था।

डिक स्कोफ

- डिक स्कोफ, जो औपचारिक रुप से डच सीक्रेट सर्विस के प्रमुख थे, ने 4 जुलाई, 2024 को नए डच प्रधान मन्त्री के रूप में पदभार ग्रहण किया तथा दक्षिणपन्थी गठबन्धन सरकार का नेतृत्व किया।
- डिक स्कोफ मार्क रूटे का स्थान लिया, जो 14 वर्ष तक इस पद पर रहे।
- उन्होंने सभी डच नागरिकों के लिए शासन करने की अपनी प्रतबद्धता पर बल दिया और वाइल्डर्स से अपने स्वतन्त्रता का दावा किया।

नवीनतम कौन-क्या

राष्ट्रपति	द्रौपदी मुर्मू
उप-राष्ट्रपति	जगदीप धनखड़
प्रधानमन्त्री	नरेन्द्र मोदी

कैबिनेट मन्त्री

मन्त्री	पोर्टफोलियो
राजनाथ सिंह	रक्षा
अमित शाह	गृह; सहकारिता
नितिन जयराम गडकरी	सड़क परिवहन एवं राजमार्ग
जगत प्रकाश नड्डा	स्वास्थ्य एवं परिवार कल्याण; रसायन एवं उर्वरक
शिवराज सिंह चौहान	कृषि एवं किसान कल्याण; ग्रामीण विकास
श्रीमती निर्मला सीतारमण	वित्त; कॉर्पोरेट कार्य
डॉ. सुब्रह्मण्यम जयशंकर	विदेश
मनोहर लाल	आवासन एवं शहरी कार्य; ऊर्जा
एचडी कुमारस्वामी	भारी उद्योग; इस्पात
पीयूष गोयल	वाणिज्य एवं उद्योग
धर्मेन्द्र प्रधान	शिक्षा
जीतन राम मांझी	सूक्ष्म, लघु एवं मध्यम उद्यम
राजीव रंजन सिंह उर्फ ललन सिंह	पंचायती राज; मत्स्य पालन, पशुपालन डेयरी
सर्बानन्द सोनोवाल	पत्तन, पोत परिवहन एवं जलमार्ग
डॉ. वीरेन्द्र कुमार	सामाजिक न्याय एवं अधिकारिता
किंजरापु राममोहन नायडू	नागर विमानन
प्रल्हाद जोशी	उपभोक्ता मामले, खाद्य एवं सार्वजनिक वितरण; नवीन एवं नवीकरणीय ऊर्जा
जुएल ओराम	जनजातीय कार्य
गिरिराज सिंह	वस्त्र
अश्विनी वैष्णव	रेल; सूचना एवं प्रसारण; इलेक्ट्रॉनिक्स एवं सूचना प्रौद्योगिकी
ज्योतिरादित्य सिन्धिया	संचार; पूर्वोत्तर क्षेत्र विकास
भूपेन्द्र यादव	पर्यावरण, वन एवं जलवायु परिवर्तन
गजेन्द्र सिंह शेखावत	संस्कृति; पर्यटन
श्रीमती अन्नपूर्णा देवी	महिला एवं बाल विकास
किरेन रिजिजू	संसदीय कार्य; अल्पसंख्यक कार्य
हरदीप सिंह पुरी	पेट्रोलियम एवं प्राकृतिक गैस
डॉ. मनसुख मण्डाविया	श्रम एवं रोजगार; युवा कार्यक्रम एवं खेल
जी. किशन रेड्डी	कोयला मन्त्री; खान
चिराग पासवान	खाद्य प्रसंस्करण उद्योग
सीआर पाटिल	जल शक्ति

राज्य मन्त्री (स्वतन्त्र प्रभार)

मन्त्री	पोर्टफोलियो
राव इन्द्रजीत सिंह	सांख्यिकी एवं कार्यक्रम कार्यान्चयन (स्वतन्त्र प्रभार); योजना (स्वतन्त्र प्रभार); संस्कृति
डॉ. जितेन्द्र सिंह	विज्ञान एवं प्रौद्योगिकी (स्वतन्त्र प्रभार); पृथ्वी विज्ञान (स्वतन्त्र प्रभार); प्रधानमन्त्री कार्यालय; कार्मिक, लोक शिकायत एवं पेंशन; परमाणु ऊर्जा विभाग; अन्तरिक्ष विभाग
अर्जुन राम मेघवाल	विधि एवं न्याय (स्वतन्त्र प्रभार); संसदीय कार्य
जाधव प्रतापराव गणपतराव	आयुष (स्वतन्त्र प्रभार); स्वास्थ्य एवं परिवार कल्याण
जयन्त चौधरी	कौशल विकास और उद्यमिता (स्वतन्त्र प्रभार); शिक्षा

राज्य मन्त्री

मन्त्री	पोर्टफोलियो
जितिन प्रसाद	वाणिज्य एवं उद्योग; इलेक्ट्रॉनिक्स एवं सूचना प्रौद्योगिकी
श्रीपद येसो नाइक	विद्युत; नवीन एवं नवीकरणीय ऊर्जा

मन्त्री	पोर्टफोलियो
पंकज चौधरी	वित्त
कृष्ण पाल	सहकारिता
रामदास अठावले	सामाजिक न्याय एवं अधिकारिता
रामनाथ ठाकुर	कृषि एवं किसान कल्याण
नित्यानन्द राय	गृह
अनुप्रिया पटेल	स्वास्थ्य एवं परिवार कल्याण; रसायन एवं उर्वरक
वी. सोमन्ना	जल शक्ति; रेलवे
डॉ. चन्द्र शेखर पेम्मासानी	ग्रामीण विकास; संचार
एसपी सिंह बघेल	मत्स्य पालन, पशुपालन एवं डेयरी; पंचायती राज
सुश्री शोभा करंदलाजे	सूक्ष्म, लघु एवं मध्यम उद्यम; श्रम एवं रोजगार
कीर्तिवर्धन सिंह	पर्यावरण, वन एवं जलवायु परिवर्तन; विदेश
बीएल वर्मा	उपभोक्ता मामले, खाद्य एवं सार्वजनिक वितरण; सामाजिक न्याय एवं अधिकारिता
शान्तनु ठाकुर	पत्तन, पोत परिवहन एवं जलमार्ग
सुरेश गोपी	पेट्रोलियम एवं प्राकृतिक गैस; पर्यटन
डॉ. एल. मुरुगन	सूचना एवं प्रसारण; संसदीय कार्य
अजय टम्टा	सड़क परिवहन एवं राजमार्ग
बंदी संजय कुमार	गृह
कमलेश पासवान	ग्रामीण विकास
भागीरथ चौधरी	कृषि एवं किसान कल्याण
सतीश चन्द्र दुबे	कोयला; खान
संजय सेठ	रक्षा
रवनीत सिंह	खाद्य प्रसंस्करण उद्योग; रेलवे
दुर्गादास उइके	जनजातीय कार्य
श्रीमती रक्षा निखिल खडसे	युवा कार्यक्रम एवं खेल
सुकान्त मजूमदार	शिक्षा; उत्तर-पूर्वी क्षेत्र विकास
श्रीमती सावित्री ठाकुर	महिला एवं बाल विकास
तोखन साहू	आवासन एवं शहरी कार्य
राज भूषण चौधरी	जल शक्ति
भूपति राजू श्रीनिवास वर्मा	भारी उद्योग; इस्पात
हर्ष मल्होत्रा	कॉर्पोरेट कार्य; सड़क परिवहन एवं राजमार्ग
श्रीमती निमुबेन जयन्तीभाई बांभणिया	उपभोक्ता मामले, खाद्य एवं सार्वजनिक वितरण
मुरलीधर मोहोल	सहकारिता; नागर विमानन
जॉर्ज कुरियन	अल्पसंख्यक कार्य; मत्स्य पालन, पशुपालन एवं डेयरी
पबित्र मार्गेरिटा	विदेश; वस्त्र

भारत के राज्य एवं केन्द्रशासित प्रदेश मुख्यमन्त्री एवं राज्यपाल

नाम	राज्यपाल	मुख्यमन्त्री
आन्ध्र प्रदेश	एस. अब्दुल नजीर	एन. चन्द्रबाबू नायडू
अरुणाचल प्रदेश	केटी परनाइक	पेमा खाण्डू
असम	लक्ष्मण प्रसाद आचार्य	हिमन्त बिस्वा सरमा
उत्तर प्रदेश	आनन्दीबेन पटेल	योगी आदित्यनाथ
उत्तराखण्ड	गुरमीत सिंह	पुष्कर सिंह धामी
ओडिशा	कम्भमपति हरिबाबू	मोहन मांझी
कर्नाटक	थावरचन्द गहलोत	सिद्धारमैया
केरल	राजेन्द्र विश्वनाथ अर्लेकर	पिनाराई विजयन
गोवा	पीएस श्रीधरन पिल्लै	प्रमोद सावन्त
गुजरात	आचार्य देव व्रत	भूपेन्द्र पटेल
छत्तीसगढ़	रमन डेका	विष्णुदेव साय
झारखण्ड	सन्तोष गंगवार	हेमन्त सोरेन
तमिलनाडु	आरएन रवि	एमके स्टालिन
तेलंगाना	जिष्णु देव वर्मा	ए. रेवन्त रेड्डी
नागालैण्ड	ला गणेशन	नीपिहु रियो
पंजाब	गुलाब चन्द्र कटारिया	भगवन्त सिंह मान
पश्चिम बंगाल	सीवी आनन्द बोस	ममता बनर्जी
बिहार	मोहम्मद आरिफ खान	नीतीश कुमार
मध्य प्रदेश	मंगूभाई छगनभाई पटेल	मोहन यादव
महाराष्ट्र	सी. पी. राधा कृष्णन	देवेन्द्र फडणवीस
मणिपुर	अजय कुमार भल्ला	एन. बीरेन सिंह
मेघालय	सी. एच. विजय शंकर	कोनराड संगमा
मिजोरम	वी. के. सिंह	लालदुहोमा
राजस्थान	हरिभाऊ बागड़े	भजनलाल शर्मा
सिक्किम	ओम प्रकाश माथुर	प्रेम सिंह तमांग
हिमाचल प्रदेश	शिव प्रताप शुक्ला	सुखविन्दर सिंह
हरियाणा	बण्डारू दत्तात्रेय	नायब सिंह सैनी
त्रिपुरा	इन्द्र सेन रेड्डी नल्लू	माणिक साहा

केन्द्रशासित प्रदेश

नाम	मुख्यमन्त्री	उप-राज्यपाल/ प्रशासक
अण्डमान-निकोबार द्वीपसमूह	–	देवेन्द्र कुमार जोशी (उप-राज्यपाल)
चण्डीगढ़	–	गुलाब चन्द कटारिया (प्रशासक)
जम्मू-कश्मीर	उमर अब्दुल्ला	मनोज सिन्हा (उप-राज्यपाल)
दिल्ली	आतिशी मार्लेना	विनय के. सक्सेना (उप-राज्यपाल)
दादरा एवं नगर हवेली और दमन एवं दीव	–	प्रफुल्ल पटेल (प्रशासक)
पुदुचेरी	एन. रंगास्वामी	कुनिथिल कैलाशनाथन (उप-राज्यपाल)
लक्षद्वीप	–	प्रफुल्ल पटेल (प्रशासक)
लद्दाख	–	बीडी मिश्रा (उप-राज्यपाल)

संवैधानिक प्रमुख

पद	व्यक्तित्व
अध्यक्ष, लोकसभा	ओम बिड़ला
उप-सभापति, राज्यसभा	हरिवंश नारायण सिंह
नियन्त्रक एवं महालेखा परीक्षक	के. संजय मूर्ति
अध्यक्ष, 16वाँ वित्त आयोग	अरविन्द पनगढ़िया
अध्यक्ष, राष्ट्रीय अनुसूचित जाति आयोग	विजय सांपला
अध्यक्ष, राष्ट्रीय महिला आयोग	विजया किशोर रहाटकर
अध्यक्ष, राष्ट्रीय मानवाधिकार आयोग	रामसुब्रमण्यम
अध्यक्ष, संघ लोक सेवा आयोग	प्रीति सुदान

सशस्त्र सेनाओं के प्रमुख

पद	व्यक्तित्व
चीफ ऑफ डिफेन्स स्टाफ (CDS)	अनिल चौहान
थल सेनाध्यक्ष	उपेन्द्र द्विवेदी
नौसेनाध्यक्ष	दिनेश के. त्रिपाठी
वायु सेनाध्यक्ष	अमरप्रीत सिंह

न्यायिक प्रमुख

पद	व्यक्तित्व
सर्वोच्च न्यायालय के मुख्य न्यायाधीश	संजीव खन्ना
लोकपाल अध्यक्ष	न्यायमूर्ति ए.एम. खानविलकर
अटॉर्नी जनरल	आर. वेंकटरमणी
सॉलिसिटर जनरल	तुषार मेहता

राष्ट्रीय संस्थाओं/संगठनों के प्रमुख

पद	व्यक्तित्व
मुख्य चुनाव आयुक्त	राजीव कुमार
मुख्य सूचना आयुक्त	हीरालाल सामरिया
निदेशक, केन्द्रीय अन्वेषण ब्यूरो	प्रवीण सूद
निदेशक, इण्टेलीजेन्स ब्यूरो	तपन कुमार डेका
निदेशक, रिसर्च एण्ड एनालिसिस विंग	रवि सिन्हा
निदेशक, NTRI	अनिल धस्माना
निदेशक, राष्ट्रीय अपराध रिकॉर्ड ब्यूरो	आलोक रंजन
अध्यक्ष, राष्ट्रीय अन्वेषण अभिकरण (NIA)	सदानन्द वसंत
अध्यक्ष, रेलवे बोर्ड	सतीश कुमार
अध्यक्ष, ISRO	वी. नारायण
अध्यक्ष, परमाणु ऊर्जा नियामक बोर्ड (AERB)	डीके शुक्ला
गवर्नर, भारतीय रिजर्व बैंक	संजय मल्होत्रा
अध्यक्ष, केन्द्रीय अप्रत्यक्ष कर एवं सीमा शुल्क बोर्ड (CBIC)	संजय कुमार अग्रवाल
अध्यक्ष, केन्द्रीय प्रत्यक्ष कर बोर्ड	रवि अग्रवाल
अध्यक्ष, भारतीय प्रतिभूति एवं विनियामक बोर्ड (SEBI)	माधबी पुरी बुच
अध्यक्ष, केन्द्रीय फिल्म प्रमाणन बोर्ड (CBFC)	प्रसून जोशी

पद	व्यक्तित्व
अध्यक्ष, केन्द्रीय माध्यमिक शिक्षा बोर्ड (CBSE)	राहुल सिंह
निदेशक, राष्ट्रीय शैक्षिक अनुसन्धान और प्रशिक्षण परिषद् (NCERT)	दिनेश प्रसाद सकलानी
अध्यक्ष, विश्वविद्यालय अनुदान आयोग (UGC)	एम. जगदीश कुमार
अध्यक्ष, कर्मचारी चयन आयोग (SSC)	अमृत मोहन
उपाध्यक्ष, नीति आयोग	सुमन बेरी
चेयरमैन, भारतीय जीवन बीमा निगम (LIC)	सिद्धार्थ मोहन्ती
अध्यक्ष, राष्ट्रीय कृषि और ग्रामीण विकास बैंक (NABARD)	शाजी केवी
MD, राष्ट्रीय आवास बैंक (NHB)	मनोज मुत्तथिल अयप्पन
अध्यक्ष, ASSOCHAM	संजय नायर
अध्यक्ष, भारतीय उद्योग परिसंघ (CII)	संजीव पुरी

अन्तर्राष्ट्रीय संस्थाओं/संगठनों के प्रमुख

पद	व्यक्तित्व
महासचिव, UNO	एण्टोनियो गुटेरेस (पुर्तगाल)
महासचिव, SAARC	मो. गुलाम सरवर (बांग्लादेश)

पद	व्यक्तित्व
अध्यक्ष, संयुक्त राष्ट्र महासभा (UNGA)	फिलेमोन युंजी यांग (कैमरून) (ट्रिनीडाड एण्ड टोबैगो)
महानिदेशक, WHO	ट्रेडोस एधानॉम घेब्रेयेसस (इथियोपिया)
महानिदेशक, WTO	न्गोजी ओकोन्जो–इवेला (नाइजीरिया)
महासचिव, UNCTAD	रेबेका ग्रिनस्पैन (कोस्टा रिका)
महानिदेशक, IAEA	राफेल ग्रॉसी (अर्जेण्टीना)
महानिदेशक, UNESCO	ऑड्रे अजोले (फ्रांस)
महानिदेशक, IMF	क्रिस्टलिना जॉर्जिएवा (बुल्गारिया)
अध्यक्ष, वर्ल्ड बैंक	अजय बांगा (USA)
अध्यक्ष, NDB	मार्कोस प्राडो ट्रायजो (ब्राजील)
अध्यक्ष, ECB	क्रिस्टीन लेगार्ड (फ्रांस)
महानिदेशक, ILO	गिल्बर्ट होंग्बो (टोगो)
महानिदेशक, UNICEF	कैथरीन रसेल (USA)

सॉल्वड पेपर 20 नवम्बर, 2023 (II Shift)

दिल्ली पुलिस सिपाही भर्ती परीक्षा 2023

1. निम्नलिखित में से किसे सबसे अधिक तरल सम्पत्ति माना जाता है?
(a) सोना (b) भूमि
(c) बॉण्ड (d) मुद्रा

2. निम्न में से कौन-सा नृत्य सामान्यत: ओडिशा में किया जाता है?
(a) ग्रिडा नृत्य (b) चक्यार कुथु
(c) रासलीला (d) घुमूरा

3. किस प्रसिद्ध चीनी दार्शनिक और विद्वान ने अपनी शिक्षाओं में नैतिक मूल्यों, पारिवारिक सम्बन्धों और सामाजिक सद्भाव के महत्त्व पर बल दिया?
(a) सनत्जु (b) कन्फ्यूशियस
(c) माओ जेदाँग (d) लाओजी

4. निम्नलिखित में से कौन उदारीकरण की प्रमुख विशेषता नहीं है?
(a) सार्वजनिक क्षेत्र के उपक्रमों के इक्विटी शेयरों का हिस्सा जनता को बेचना
(b) कीमतों के निर्धारण की स्वायत्तता
(c) औद्योगिक लाइसेन्सिंग को समाप्त करना
(d) लघु उद्योग के लिए माल का अनारक्षण

5. किस ज्वार-भाटा की ऊँचाई में विभिन्नता होती है?
(a) अर्द्धदैनिक ज्वार-भाटा
(b) मिश्रित ज्वार-भाटा
(c) लघु ज्वार-भाटा
(d) दैनिक ज्वार-भाटा

6. वर्ष 1916 में कांग्रेस और मुस्लिम लीग ने ऐतिहासिक ········ पर हस्ताक्षर किए थे।
(a) लाहौर समझौते (b) लखनऊ समझौते
(c) दिल्ली समझौते (d) सूरत समझौते

7. प्लेटीहेल्मिन्थीज में पाचन तन्त्र में कितने छिद्र होते हैं?
(a) अनिश्चित (b) दो
(c) एक (d) तीन

8. आठवीं शताब्दी के मध्य में, राष्ट्रकूट प्रमुख दन्तिदुर्ग ने अपने चालुक्य अधिपति को पद से हटा दिया और ········ नामक एक अनुष्ठान किया।
(a) राजसूय यज्ञ (b) देव यज्ञ
(c) हिरण्य-गर्भयज्ञ (d) अश्वमेघ यज्ञ

9. वर्ष 2022 में आयोजित 36वें राष्ट्रीय खेलों का उद्घाटन किसने किया था?
(a) किरण रिजिजू (b) नरेन्द्र मोदी
(c) निशीथ प्रमाणिक (d) अनुराग ठाकुर

10. भारत की आकस्मिकता निधि का संचालन, ············ द्वारा किया जाता है।
(a) वित्त मन्त्री (b) राष्ट्रपति
(c) प्रधानमन्त्री (d) अध्यक्ष (स्पीकर)

11. निम्नलिखित में से कौन-सा सहकारी क्षेत्र के उद्योग का एक उदाहरण है?
(a) स्टील अथॉरिटी ऑफ इण्डिया लिमिटेड
(b) बजाज ऑटोलिमिटेड
(c) कॉपर उद्योग
(d) डाबर उद्योग

12. निम्नलिखित में से किस देश ने तीसरी नेत्रहीन क्रिकेट विश्वकप टी-20 चैम्पियनशिप जीती?
(a) श्रीलंका (b) भारत
(c) पाकिस्तान (d) बांग्लादेश

13. निम्नलिखित में से किसे 26 जनवरी, 1950 को राष्ट्रीय प्रतीक के रूप में अपनाया गया था?
(a) रामपुरवा का एकल बैल शीर्ष
(b) लौरिया नन्दनगढ़ का एकल सिंह शीर्ष
(c) रामपुरवा का एकल सिंह शीर्ष
(d) सारनाथ का सिंह शीर्ष

14. अजैविक के बारे में निम्नलिखित में से कौन-सा दावा गलत है?
(a) पारिस्थितिकी तन्त्र के अजैविक घटक कभी जीवित नहीं थे
(b) जल पारिस्थितिकी तन्त्र का एक अजैविक घटक है
(c) वे पारिस्थितिकी तन्त्र के जीवित घटक हैं
(d) वे पारिस्थितिकी तन्त्र के निर्जीव घटक हैं

15. हड़प्पा सभ्यता के दौरान कांस्य की मूर्तियाँ बनाने के लिए किस विधि का उपयोग किया जाता था?
(a) पिघली हुई मोम की ढलाई
(b) हाथी दाँत की नक्काशी
(c) पत्थर की नक्काशी
(d) लकड़ी की नक्काशी

16. पण्डित एस. बालेश भजन्त्री एक ········ कलाकार हैं।
(a) सरोद (b) शहनाई
(c) सितार (d) सन्तूर

17. भारत के राष्ट्रपति के चुनाव में विवाद याचिका निम्नलिखित से किसमें दायर की जा सकती है?
(a) भारत की सीमा के भीतर कोई भी न्यायालय
(b) केवल दिल्ली उच्च न्यायालय
(c) केवल भारत का सर्वोच्च न्यायालय
(d) दोनों, भारत का सर्वोच्च न्यायालय और किसी भी राज्य का उच्च न्यायालय

18. सम्पूर्ण ग्रामीण रोजगार योजना कब शुरू की गई थी?
(a) 2003 (b) 2001
(c) 2000 (d) 2002

19. राउरकेला इस्पात संयन्त्र को ········ के सहयोग से विकसित किया गया था।
(a) ब्रिटेन (b) फ्रांस
(c) जापान (d) जर्मनी

20. 'माई कण्ट्री माई लाइफ' भारत के निम्नलिखित में से किस पूर्व उप-प्रधानमन्त्री की आत्मकथा है?
(a) मोरारजी देसाई
(b) जगजीवन राम
(c) लालकृष्ण आडवाणी
(d) वल्लभभाई पटेल

21. कवाड़ी अट्टम भारत के निम्नलिखित में से किस राज्य का एक प्रमुख लोकनृत्य है?
(a) तमिलनाडु (b) सिक्किम
(c) केरल (d) कर्नाटक

22. मुगल अभिलेखों के अनुसार, अकबर के शासनकाल के दौरान ········ रैंक वाले 29 मनसबदार थे।
(a) 2,500 जात (b) 5,000 जात
(c) 500 जात (d) 7,000 जात

23. ······· को किसी देश में उत्पादित अन्तिम वस्तुओं और सेवाओं के मूल्य के रूप में जाना जाता है।
(a) राष्ट्रीय उत्पादकता (b) आय का वितरण
(c) प्रतिव्यक्ति आय (d) राष्ट्रीय आय

24. ब्रिटिश युग के दौरान भारतीय अर्थव्यवस्था ········· के रूप में जाना जाता था।
(a) तैयार पूँजीगत माल के लिए एक स्रोत
(b) केवल कृषि उत्पादों के लिए एक बाजार
(c) इसके कच्चे माल के स्रोत
(d) एक विकसित अर्थव्यवस्था

25. द्वितीय प्रशासनिक सुधार आयोग की कौन-सी रिपोर्ट पंचायती राज की सिफारिशों से सम्बन्धित है?
(a) तीसरी (b) छठवीं
(c) पाँचवीं (d) चौथी

26. हम्पी के विट्ठल मन्दिर में ·········· स्तम्भ हैं, जो संगीत स्वर उत्पन्न करते हैं।
(a) 75 (b) 56
(c) 49 (d) 63

27. किस भौतिक विज्ञानी को 'विकिरण परिघटना' में व्यापक शोध तथा पोलोनियम और रेडियम की खोज के लिए जाना जाता है?
(a) लाइस मिट्नर (b) रॉसलिण्ड फ्रेंकलिन
(c) हेलेन किन (d) मैरी क्यूरी

28. निम्नलिखित में से कौन-सा/से सामाजिक और आर्थिक लोकतन्त्र के आदर्शों को बढ़ावा देने के लिए है/हैं?
(a) मौलिक कर्त्तव्य
(b) एकल नागरिकता
(c) राज्य के नीति-निर्देशक सिद्धान्त
(d) सहकारी समितियाँ

29. पद्म भूषण पुरस्कार से सम्मानित कुमारी कमला ········ की प्रसिद्ध नृत्यांगना हैं।
(a) ओडिसी (b) मोहिनीअट्टम
(c) भरतनाट्यम (d) सत्रिया

30. किस घटना के बाद महात्मा गाँधी ने असहयोग आन्दोलन वापस ले लिया था?
(a) 1919 के जलियाँवाला बाग हत्याकाण्ड
(b) 1922 में चौरी-चौरा हत्याकाण्ड
(c) 1925 में चौरी-चौरा हत्याकाण्ड
(d) 1922 के जलियाँवाला बाग हत्याकाण्ड

31. भारत में वर्ष 1991 के आर्थिक सुधारों के समय वित्तमन्त्री कौन थे?
(a) श्री प्रणब मुखर्जी
(b) डॉ. मनमोहन सिंह
(c) श्री पी. चिदम्बरम
(d) श्री बिमल जालान

32. प्रारम्भिक वैदिक समाज में, परिवार के मुखिया को किस नाम से जाना जाता था?
(a) व्रजपति (b) पुरोहित
(c) पामणी (d) कुलपा

33. निम्नलिखित में से कौन-सा भोजन का एक मुख्य अकार्बनिक स्रोत है?
(a) अनाज (b) माँस
(c) जल (d) सब्जियाँ

34. बास्केटबॉल के सम्बन्ध में निम्नलिखित में से कौन-सा कथन सही है?
(a) प्रत्येक टीम 11 खिलाड़ियों से बनी होती है, जिसमें किसी भी समय केवल 7 को ही कोर्ट में जाने की अनुमति होती है।
(b) प्रत्येक टीम 11 खिलाड़ियों से बनी होती है, जिसमें किसी भी समय केवल 4 को ही कोर्ट में जाने की अनुमति होती है।
(c) प्रत्येक टीम 12 खिलाड़ियों से बनी होती है, जिसमें किसी भी समय केवल 5 को ही कोर्ट में जाने की अनुमति होती है।
(d) प्रत्येक टीम 12 खिलाड़ियों से बनी होती है, जिसमें किसी भी समय केवल 8 को ही कोर्ट में जाने की अनुमति होती है।

35. निम्नलिखित में से किस वर्ष में बाल गंगाधर तिलक ने होमलीग की स्थापना की थी?
(a) 1916 (b) 1934
(c) 1912 (d) 1924

36. वर्ष 1955 में गणतन्त्र दिवस परेड दिल्ली में निम्नलिखित में से किस स्थान पर आयोजित की गई थी?
(a) राजघाट (b) पुराना किला
(c) संसद भवन मार्ग (d) राजपथ

37. निचली अदालत या सरकारी अधिकारी को अनिवार्य या पूर्णत: कार्यालयी कर्त्तव्यों को सही ढंग से निर्वाह करने हेतु बाध्य करने के लिए निम्न में से कौन-सी रिट एक उच्च न्यायालय द्वारा जारी की जाती है?
(a) बन्दी प्रत्यक्षीकरण (b) परमादेश
(c) उत्प्रेषण-लेख (d) अधिकार पृच्छा

38. वर्ष 2022 में, अर्जुन सिंह धुर्वे को निम्नलिखित में से किस नृत्य शैली में उनके योगदान के लिए पद्म श्री पुरस्कार से सम्मानित किया गया था?
(a) कथक (b) छऊ
(c) भरतनाट्यम (d) बैगा जनजाति नृत्य

39. निम्नलिखित में से किसने तानसेन को 'मियाँ' की उपाधि दी थी?
(a) शाहजहाँ (b) बाबर
(c) अकबर (d) हुमायूँ

40. हरीकेन के बारे में निम्नलिखित में से कौन-सा कथन सत्य है?
(a) पश्चिमी प्रशान्त से सम्बन्धित
(b) हिन्द महासागर से सम्बन्धित
(c) पश्चिमी ऑस्ट्रेलिया से सम्बन्धित
(d) अटलाण्टिक से सम्बन्धित

41. कॉलेजियम प्रणाली के सम्बन्ध में निम्नलिखित में से कौन-सा कथन गलत है?
(a) इसमें मुख्य न्यायाधीश और सर्वोच्च न्यायालय के चार वरिष्ठ न्यायाधीश शामिल होते हैं।
(b) इस प्रणाली को सर्वोच्च न्यायालय के फैसले के माध्यम से विकसित किया गया था।
(c) यह न्यायाधीश की नियुक्ति और स्थानान्तरण की अनुशंसा करता है।
(d) यह प्रणाली वर्ष 2007 में शुरू हुई थी।

42. स्वर्ण सिंह समिति के सुझावों पर आधारित भारतीय संविधान में निम्नलिखित में से क्या जोड़ा गया था?
(a) राज्य के नीति-निर्देशक सिद्धान्त
(b) आपातकालीन प्रावधान
(c) मौलिक अधिकार
(d) मालिक कर्त्तव्य

43. कौन-सा संगठन राष्ट्रीय प्रतिदर्श सर्वेक्षण कार्यालय (NSSO) और अन्य स्रोतों से एकत्र आँकड़ों के आधार पर भारत में आधिकारिक निर्धनता आकलन जारी करता है?
(a) भारतीय रिजर्व बैंक (b) विश्व बैंक
(c) नीति आयोग (d) वित्त मन्त्रालय

44. पश्चिमी घाटों की सबसे ऊँची चोटी निम्नलिखित में से कौन-सी है?
(a) अनाईमुड़ी (b) डोडाबेट्टा
(c) महेन्द्रगिरि (d) जावड़ी पहाड़ियाँ

45. निम्नलिखित में से किस दिन नेताजी सुभाषचन्द्र बोस की जयन्ती मनाई जाती है?
(a) 23 जनवरी (b) 16 जनवरी
(c) 23 मार्च (d) 14 नवम्बर

46. भारत में नियोजित आर्थिक विकास की शुरुआत से पहले, वर्ष 1945 में निम्नलिखित में से कौन-सी योजना शुरू की गई थी?
(a) सर्वोदय योजना (b) जन योजना
(c) बम्बई योजना (d) गाँधीवादी योजना

47. खो-खो मैदान की माप कितनी होनी चाहिए?
(a) 27×16 मी (b) 28×15 मी
(c) 29×16 मी (d) 30×15 मी

48. फर्मों को स्वायत्तता प्रदान करने के लिए कुछ सार्वजनिक क्षेत्र की इकाइयों को विशेष दर्जा दिया गया। निम्नलिखित में से कौन-सा उनमें से एक दर्जा नहीं था?
(a) महारत्न (b) नवरत्न
(c) देवरत्न (d) मिनीरत्न

49. निम्नलिखित में से किसने 'कामायनी' की रचना की है?
(a) सुमित्रानन्दन पन्त (b) अमृता प्रीतम
(c) जयशंकर प्रसाद (d) महादेवी वर्मा

50. भारतीय कम्युनिस्ट पार्टी का गठन वर्ष 1925 में ······· में पहले पार्टी सम्मेलन में हुआ था।
(a) दिल्ली (b) मद्रास (वर्तमान चेन्नई)
(c) बॉम्बे (वर्तमान मुम्बई) (d) कानपुर

51. एक कागज को मोड़ने का क्रम और मोड़े गए कागज को काटने का ढंग नीचे दिखाया गया है। उस आकृति का चयन करें, जो कागज के खुले हुए रूप से सबसे अधिक मिलती-जुलती हो।

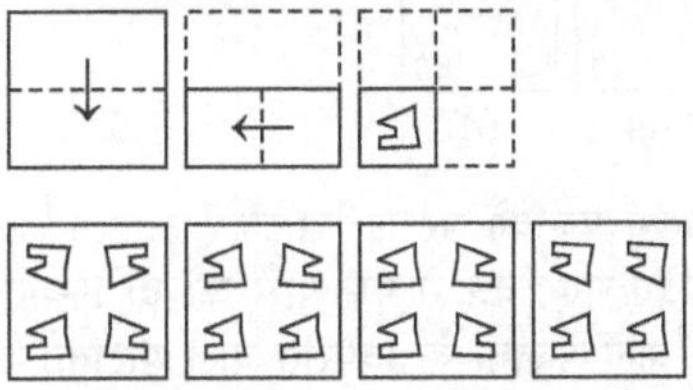

(a) (b) (c) (d)

52. उस समुच्चय का चयन करें, जिसमें संख्याएँ उसी प्रकार सम्बन्धित हैं, जिस प्रकार निम्नलिखित समुच्चयों की संख्याएँ हैं।
(**ध्यान दें** संख्याओं को उसके घटक अंकों में विभाजित किए बिना, पूर्ण संख्याओं पर ही गणितीय संक्रियाएँ की जानी चाहिए। जैसे 13–मान लीजिए 13 पर गणितीय संक्रियाएँ जैसे कि 13 में जोड़ना/घटाना/गुणा करना आदि किया जा सकता है। 13 को 1 और 3 में तोड़कर और फिर 1 और 3 पर गणितीय संक्रियाएँ करने की अनुमति नहीं है।)
(7, 16, 168)
(3, 28, 126)
(a) (8, 7, 136) (b) (6, 11, 99)
(c) (9, 17, 153) (d) (11, 18, 396)

53. दी गई आकृति के बाद चार विकल्प आकृतियाँ दी गई हैं। उस विकल्प आकृति का चयन करें, जिसमें यह आकृति अन्त: स्थापित है (अर्थात्, यह आकृति इसी रूप में समाहित है (घूर्णन की अनुमति नहीं है।)

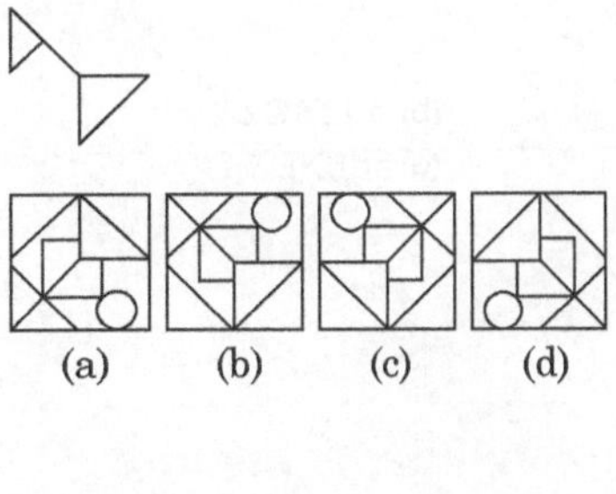

(a) (b) (c) (d)

54. नीचे दी गई आकृतियों में एक पासे पर बिन्दुओं (एक से छः बिन्दुओं) का अवलोकन कीजिए। बताइए कि चार बिन्दुओं वाले फलक के विपरीत वाले फलक पर कितने बिन्दु हैं?

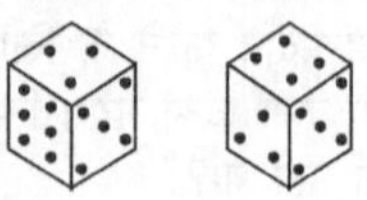

(a) तीन (b) एक (c) छः (d) दो

55. एक निश्चित कूटभाषा में, 'ORBIT' को 'SHAQN' के रूप में लिखा जाता है और 'PLANT' को 'SMZKO' के रूप में लिखा जाता है। उसी कूट भाषा में, 'PLUTO' को कैसे लिखा जाएगा?

(a) NSTKO (b) OKTSN
(c) NSTKP (d) SSTKO

56. नीचे दिए गए विकल्पों में से उस आकृति का चयन करें, जो दी गई शृंखला में प्रश्नचिह्न (?) के स्थान पर आएगी?

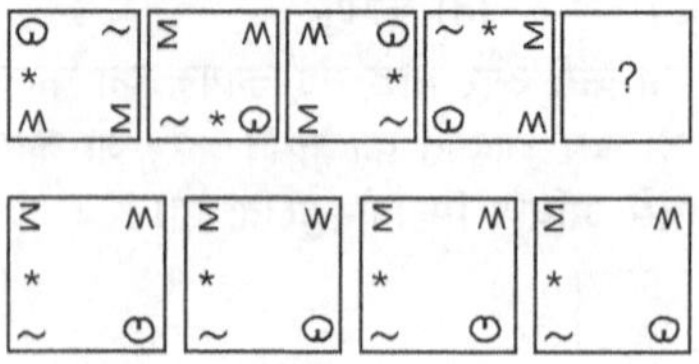

(a) (b) (c) (d)

57. एक पासे के अलग-अलग फलकों पर छः संख्याएँ 1, 2, 3, 4, 5 और 6 लिखी गई हैं। दिए गए चित्र में इस पासे की दो स्थितियाँ दर्शाई गई हैं। 5 दर्शाने वाले फलक के विपरीत वाले फलक पर कौन-सी संख्या होगी?

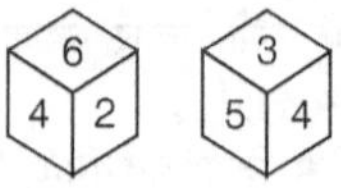

(a) 1 (b) 6
(c) 2 (d) 3

58. दिए गए समीकरण में चिह्नों * को क्रमिक रूप से बदलने और समीकरण को सन्तुलित करने के लिए निम्नलिखित विकल्पों में से गणितीय चिह्नों के सही सयोजन का चयन कीजिए।

8*1*4*2*16*2*8

(a) ×, +, ×, −, ÷, = (b) +, −, ÷, ×, ×, =
(c) =, ×, +, ×, ÷, − (d) ÷, ×, −, ÷, ×, =

59. दर्पण को नीचे दिए गए चित्र के अनुसार PQ पर रखे जाने पर दी गई आकृति का दर्पण में निर्मित सही प्रतिबिम्ब चयनित कीजिए।

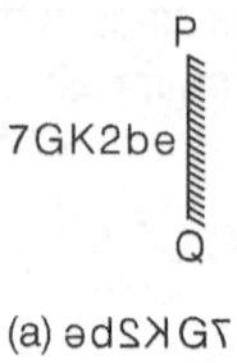

60. दिए गए कथनों और निष्कर्षों को ध्यानपूर्वक पढ़ें। यह मानते हुए कि कथनों में दी गई जानकारी सही है, भले ही वह सामान्य रूप से ज्ञात तथ्यों से भिन्न लगे, निर्णय करें कि कौन-सा/से निष्कर्ष दिए गए कथनों का तार्किक रूप से अनुसरण करता है/करते हैं?

कथन

कुछ बैकपैक, बैग हैं।
सभी बैकपैक, लगेज हैं।

निष्कर्ष

I. कुछ लगेज, बैग हैं।
II. कुछ लगेज, बैकपैक हैं।

(a) केवल निष्कर्ष II अनुसरण करता है
(b) निष्कर्ष I और II में से कोई भी अनुसरण नहीं करता है
(c) निष्कर्ष I और II दोनों अनुसरण करते हैं
(d) केवल निष्कर्ष I अनुसरण करता है

61. उस विकल्प का चयन करें, जिसमें दी गई आकृति अन्तर्निहित है (घुमाने की अनुमति नहीं है)।

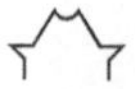

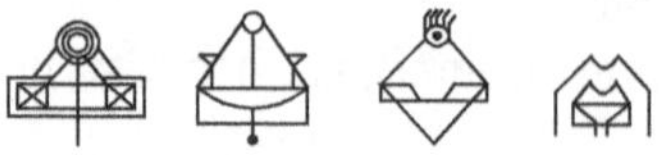

(a) (b) (c) (d)

62. उस विकल्प का चयन करें, जो पाँचवें अक्षर-समूह से उसी प्रकार सम्बन्धित है, जिस प्रकार दूसरा अक्षर-समूह, पहले अक्षर-समूह से सम्बन्धित है और चौथा अक्षर-समूह, तीसरे अक्षर-समूह से सम्बन्धित है।

BOAT : XESF : : MANY : CREQ : : TIME : ?

(a) JQMW (b) IQNY
(c) IQMX (d) JQMX

63. यदि दर्पण को नीचे दिखाए गए अनुसार MN पर रखा जाए, तो दी गई आकृति के सही दर्पण प्रतिबिम्ब का चयन कीजिए।

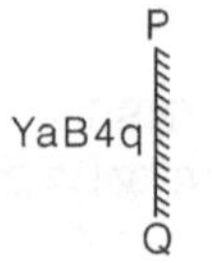

64. निम्नलिखित में से कौन-सा विकल्प दी गई शृंखला में प्रश्नवाचक चिह्न (?) को प्रतिस्थापित करेगा?

71, 213, 639, 1917, 5751, ?

(a) 11643
(b) 17253
(c) 16509
(d) 19479

65. दी गई आकृति में कितने वर्ग हैं?

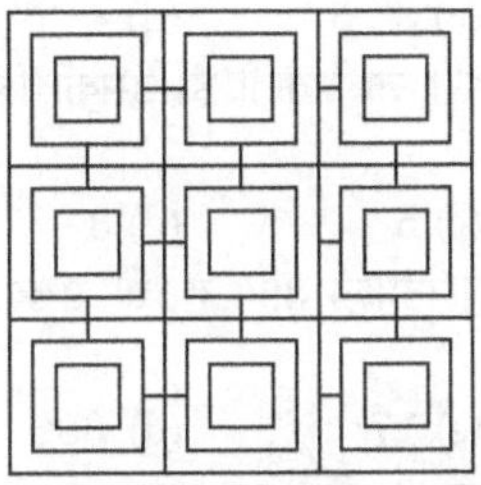

(a) 40 (b) 36
(c) 32 (d) 30

66. उस विकल्प आकृति का चयन करें, जिसमें प्रश्न आकृति छिपी/सन्निहित है। (घूर्णन की अनुमति नहीं है)

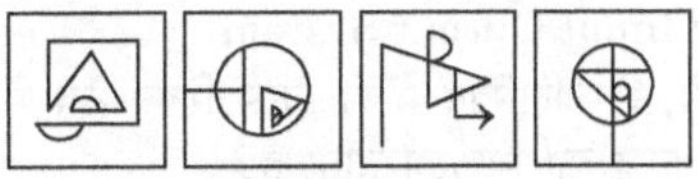

(a) (b) (c) (d)

67. वह विकल्प चुनिए, जो ऐसे अक्षरों का प्रतिनिधित्व करता हो, जिन्हें नीचे के रिक्त स्थानों में क्रमानुसार बाएँ से दाएँ रखने पर ही अक्षर-श्रृंखला पूरी होगी।

C_E_T_W_RTCW_R_CWE_ _

(a) WRCETERT (b) WRCEETRT
(c) WRCERERT (d) WRCERTRT

68. उस आकृति का चयन करें, जो निम्नलिखित आकृति श्रृंखला में प्रश्नचिह्न (?) का स्थान लेगी।

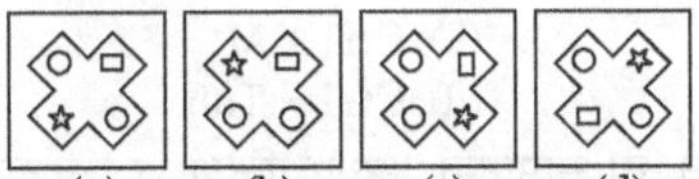

(a) (b) (c) (d)

69. उस विकल्प का चयन करें, जो चौथी संख्या से उसी प्रकार सम्बन्धित है, जिस प्रकार से पहली संख्या, दूसरी संख्या से सम्बन्धित है और पाँचवीं संख्या, छठी संख्या से सम्बन्धित है।

216 : 344 :: ? : 126 :: 27 : 65

(a) 68 (b) 66 (c) 70 (d) 64

70. उस विकल्प का चयन करें, जिसमें दी गई आकृति सन्निहित है (घुमाने की अनुमति नहीं है)।

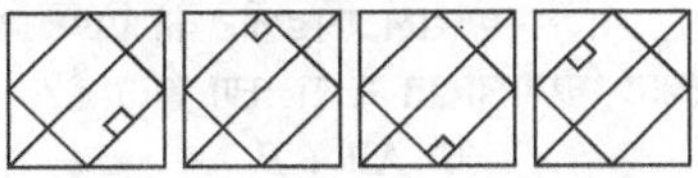

(a) (b) (c) (d)

71. निम्नलिखित समीकरण को सही बनाने के लिए किन दो चिह्नों को आपस में बदला जाना चाहिए?

$14 \times 2 \div 9 - 5 + 18 = 76$

(a) ÷ और + (b) ÷ और ×
(c) − और × (d) − और +

72. जब दर्पण को रेखा PQ पर रखा जाता है, तो दी गई आकृति का सही दर्पण प्रतिबिम्ब ज्ञात कीजिए।

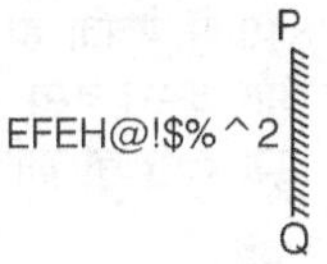

73. दर्पण को नीचे दिए गए चित्र के अनुसार PQ पर रखे जाने पर दी गई आकृति का दर्पण में निर्मित सही प्रतिबिम्ब चयनित कीजिए।

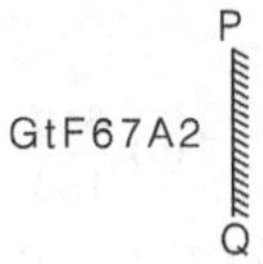

74. निम्नलिखित श्रृंखला को जारी रखने के लिए प्रश्नचिह्न (?) के स्थान पर कौन-सी आकृति आनी चाहिए?

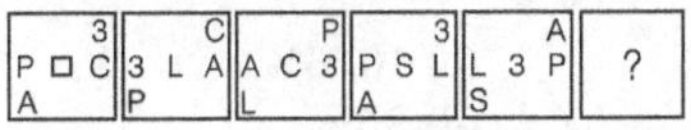

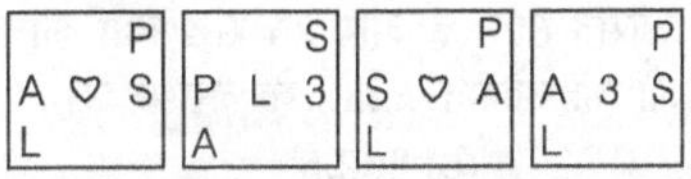

(a) (b) (c) (d)

75. छः दोस्त फरहीन, पूजा, ऋचा, सोनिका, वाणी और तान्या एक वृत्ताकार मेज के परितः केन्द्र की ओर मुख करके बैठे हैं। फरहीन, पूजा और ऋचा दोनों की निकटतम पड़ोसी है। सोनिका, पूजा के दाईं ओर दूसरे स्थान पर बैठी है। वाणी, ऋचा के बाईं ओर तीसरे स्थान पर बैठी है। तान्या, सोनिका और ऋचा दोनों की निकटतम पड़ोसी है। तान्या के बाईं ओर ठीक बगल में कौन बैठा/बैठी है?

(a) फरहीन (b) ऋचा (c) सोनिका (d) पूजा

76. R और S के बीच हुए एक चुनाव में, R, S के पक्ष में डाले गए मतों के $\frac{1}{4}$ मतों से चुनाव जीत जाता है। कोई भी अवैध मत नहीं हैं। *R* के पक्ष में कुल मतों का कितना प्रतिशत (दशमलव के दो स्थानों तक पूर्णांकित) मतदान किया गया?

(a) 55.56% (b) 60.56%
(c) 52.56% (d) 57.56%

77. चार अभाज्य संख्याएँ आरोही क्रम में लिखी गई है। प्रथम तीन संख्याओं का गुणनफल 30 है और अन्तिम तीन संख्याओं का गुणनफल 165 है। अन्तिम संख्या ज्ञात करें।

(a) 7 (b) 13 (c) 17 (d) 11

78. एक निश्चित धनराशि, चक्रवृद्धि ब्याज पर 2 वर्षों और 3 वर्षों में क्रमश: ₹ 12260 और ₹ 12873 हो जाती है। ब्याज दर ज्ञात कीजिए।
(a) 6% (b) 5% (c) 4% (d) 7%

79. एक दुकानदार अंकित मूल्य पर 10% की छूट देता है। यदि विक्रय मूल्य ₹ 6750 है, तो छूट ज्ञात करें।
(a) ₹ 800 (b) ₹ 650 (c) ₹ 700 (d) ₹ 750

80. एक दुकानदार दो वस्तुओं को प्रत्येक को ₹ 840 में बेचता है। वह पहली वस्तु पर 20% लाभ अर्जित करता है और दूसरी वस्तु पर उसे 20% की हानि होती है। उसे होने वाले शुद्ध लाभ या हानि का प्रतिशत निर्धारित कीजिए।
(a) 5% का लाभ (b) 5% की हानि
(c) 4% की हानि (d) 3% की हानि

81. निम्नलिखित को सरल कीजिए।
$$\frac{\frac{6}{7}+\frac{2}{3}}{\frac{1}{6}-\frac{3}{20}}$$
(a) $\frac{16}{630}$ (b) $\frac{80}{7}$ (c) $\frac{640}{7}$ (d) $\frac{640}{133}$

82. एक निश्चित राशि साधारण ब्याज पर 3 वर्षों में ₹ 1725 और 5 वर्षों में ₹ 1875 हो जाती है। वार्षिक ब्याज दर कितनी है?
(a) 6% (b) 7%
(c) 4% (d) 5%

83. वस्तु की कीमत ₹ 225 से बढ़कर ₹ 250 हो गई, तो बताइए कि कीमत में प्रतिशत वृद्धि कितनी है?
(a) 11.11% (b) 16.66%
(c) 13.33% (d) 9.5%

84. यदि 10 संख्याओं का औसत 625 है और 25 संख्याओं का औसत 100 है, तो 35 संख्याओं का औसत .... के बराबर है।
(a) 250 (b) 362.5
(c) 66.5 (d) 315

85. दो स्टेशन, A और B एक सीधी रेखा में 100 किमी की दूरी पर हैं। एक ट्रेन, A से 7 पूर्वाह्न पर चलना शुरू करती है और 20 किमी/घण्टा की चाल से B की ओर आगे बढ़ती है। एक अन्य ट्रेन B से सुबह 8 पूर्वाह्न पर चलना शुरू करती है और 25 किमी/घण्टा की चाल से A की ओर आगे बढ़ती है। वे किस समय एक-दूसरे से मिलेंगी?
(a) 10.47 पूर्वाह्न (b) 11.05 पूर्वाह्न
(c) 10.37 पूर्वाह्न (d) 9.47 पूर्वाह्न

86. A एक कार्य को 16 दिन में पूरा कर सकता है और B उसी कार्य को 26 दिन में पूरा कर सकता है। A और B को मिलकर इसी कार्य को पूरा करने में कितने दिन लगेंगे?
(a) $8\frac{11}{21}$ (b) $11\frac{20}{21}$
(c) $9\frac{19}{21}$ (d) $7\frac{8}{21}$

87. उस त्रिभुज का क्षेत्रफल ज्ञात करें, जिसकी भुजाएँ 6 सेमी, 8 सेमी और 10 सेमी लम्बी हैं।
(a) 12 सेमी^{2} (b) 24 सेमी^{2}
(c) 20 सेमी^{2} (d) 28 सेमी^{2}

88. निम्नलिखित में से कौन-सा सबसे बड़ा अनुपात है?
(a) 7 : 10 (b) 6 : 5 (c) 3 : 5 (d) 4 : 5

89. एक फुटबॉल में 36π सेमी^{3} हवा भरी जा सकती है। इसकी त्रिज्या (सेमी में) क्या होगी?
(a) 2 (b) 4 (c) 5 (d) 3

90. यदि दो असहभाज्य संख्याओं का गुणनफल 306 है, तो संख्याओं का ल.स. है
(a) 153 (b) 18 (c) 17 (d) 306

91. वर्ड प्रोसेसिंग सॉफ्टवेयर में मेन्यू बार के नीचे बटन या आइकन के समूह को .... कहा जाता है।
(a) टूलबार (b) मेन्यू
(c) स्टेटस बार (d) डायलॉग बॉक्स

92. NetBIOS का पूर्ण रूप क्या है?
(a) Net Binary in / Out System
(b) Networking Binary Input/Output System
(c) Network Based Input/Output System
(d) Network Basic Input/Output System

93. एमएस-एक्सेल 365 में, निम्नलिखित में से किस रिबन टैब में पंक्तियों (rows) ऐड करने का विकल्प होता है?
(a) Home → Edit (b) Home → Insert
(c) Home → File (d) Home → Format

94. विण्डोज 10 में एमएस-वर्ड 365 में, फॉण्ट-मेन्यू ड्रॉपडाउन लिस्ट में निम्नलिखित में से कौन-सा डिफॉल्ट फॉण्ट साइज नहीं हो सकता है?
(a) 13 (b) 11 (c) 10 (d) 9

95. इलेक्ट्रॉनिक मेल के प्रेषण तथा प्राप्ति हेतु सामान्यत: किस प्रौद्योगिकी का उपयोग किया जाता है?
(a) डाक सेवाओं (b) टेलीफोन
(c) इण्टरनेट और ई-मेल प्रोटोकॉल (d) फैक्स मशीन

96. एमएस-वर्ड में पैरामाफ इण्डेण्टेशन को बढ़ाने के लिए निम्नलिखित में से किस शॉर्टकट कुंजी का उपयोग जाता है?
(a) Ctrl + I (b) Ctrl + M
(c) Ctrl + L (d) Ctrl + Tab

97. निम्नलिखित में से कौन-सा सामान्यत: अयोग किया जाने वाला वर्ड प्रोसेसिंग पैकेज है?
(a) माइक्रोसॉफ्ट एक्सेल (b) एडोब फोटोशॉप
(c) गूगल क्रोम (d) माइक्रोसॉफ्ट वर्ड

98. निम्नलिखित में से कौन-सा/से इलेक्ट्रॉनिक मेल की मानक संरचना का/के भाग है/है?
(a) हेडर और बॉडी दोनों (b) केवल हेडर
(c) केवल बॉडी (d) न तो हेडर और न ही बॉडी

99. एमएस-एक्सेल 365 में, एमएस-एक्सेल में वर्कबुक को सेव करने के लिए निम्नलिखित में से किस शॉर्टकट कुँजी का उपयोग किया जाता है?
(a) F6 (b) Ctrl + A (c) Ctrl + S (d) F1

100. एमएस-एक्सेल 365 में, एमएस-एक्सेल स्प्रेडशीट को प्रिण्ट करने के लिए की-बोर्ड शॉर्टकट निम्नलिखित में से क्या होता है?
(a) Ctrl + I (b) Alt + P
(c) Alt + I (d) Ctrl + P

उत्तरमाला

1.	(d)	2.	(d)	3.	(b)	4.	(a)	5.	(b)	6.	(b)	7.	(c)	8.	(c)	9.	(b)	10.	(b)
11.	(c)	12.	(b)	13.	(d)	14.	(c)	15.	(a)	16.	(b)	17.	(c)	18.	(b)	19.	(d)	20.	(c)
21.	(a)	22.	(b)	23.	(d)	24.	(c)	25.	(b)	26.	(b)	27.	(d)	28.	(c)	29.	(c)	30.	(b)
31.	(b)	32.	(d)	33.	(c)	34.	(c)	35.	(a)	36.	(d)	37.	(b)	38.	(d)	39.	(c)	40.	(d)
41.	(d)	42.	(d)	43.	(c)	44.	(a)	45.	(a)	46.	(b)	47.	(a)	48.	(c)	49.	(c)	50.	(d)
51.	(a)	52.	(b)	53.	(b)	54.	(c)	55.	(a)	56.	(d)	57.	(b)	58.	(a)	59.	(c)	60.	(c)
61.	(b)	62.	(c)	63.	(d)	64.	(b)	65.	(c)	66.	(a)	67.	(b)	68.	(d)	69.	(d)	70.	(c)
71.	(b)	72.	(c)	73.	(d)	74.	(a)	75.	(c)	76.	(a)	77.	(d)	78.	(b)	79.	(d)	80.	(c)
81.	(c)	82.	(d)	83.	(a)	84.	(a)	85.	(d)	86.	(c)	87.	(b)	88.	(b)	89.	(d)	90.	(d)
91.	(a)	92.	(d)	93.	(b)	94.	(d)	95.	(c)	96.	(b)	97.	(d)	98.	(a)	99.	(c)	100.	(d)

संकेत एवं हल

1. (d) मुद्रा को सबसे अधिक तरल सम्पत्ति माना जाता है।
- मुद्रा वह माध्यम है, जिसे वस्तुओं और सेवाओं के विनिमय, मूल्य मापन तथा लेन-देन के लिए स्वीकार किया जाता है।
- वास्तविक मुद्रा, कागजी मुद्रा और बैंक मुद्रा में सभी मुद्रा के प्रकार हैं।
- केन्द्रीय बैंक (RBI) मुद्रा आपूर्ति को नियन्त्रित करते हैं।

2. (d) घुमूरा नृत्य सामान्यतः ओडिशा में किया जाता है।
- यह विशेष रूप से ओडिशा के कालाहाण्डी जिले में प्रचलित है। इस नृत्य को वीरता का प्रतीक माना जाता है।
- इस नृत्य की वेशभूषा और मुद्राएँ इसे आदिवासी नृत्यों से जोड़ती है।
- ग्रिडा नृत्य मध्य प्रदेश के ग्रामीण क्षेत्रों में 'रबी' फसलों की कटाई के उपलक्ष्य में किया जाने वाला एक पारम्परिक लोकनृत्य है।
- चक्यार कुयु केरल की एक प्राचीन पारम्परिक प्रदर्शन कला है। मुख्य वाद्ययन्त्र के रूप में इसमें भिझावु (एक प्रकार का ड्रम) का उपयोग किया जाता है।
- रासलीला की शुरुआत 1779 ई. में मणिपुर के महाराज भाग्यचन्द्र ने की थी। इसे यहाँ मणिपुरी नृत्य के रूप में प्रस्तुत किया जाता है। इसके अतिरिक्त उत्तर प्रदेश में भी इसे उत्साह के साथ मनाते हैं।

3. (b) चीनी दार्शनिक और विद्वान कन्फ्यूशियस ने अपनी शिक्षाओं में नैतिक मूल्यों, पारिवारिक सम्बन्धों और सामाजिक सद्भाव के महत्त्व पर बल दिया।
- इनके अनुसार सदाचार और शिष्टाचार समाज की नींव है।
- कन्फ्यूशियस (551 ई. पू.-479 ई.पू.) प्राचीन चीन के एक दार्शनिक, शिक्षक और राजनीतिक विचारक थे।

4. (a) सार्वजनिक क्षेत्र के उपक्रमों के इक्विटी शेयरों का हिस्सा जनता को बेचना निजीकरण की प्रमुख विशेषता है।
- निजीकरण में स्वामित्व या नियन्त्रण को सार्वजनिक क्षेत्र से निजी क्षेत्र से स्थानान्तरित करना शामिल है।
- इण्डियन रेलवे कैटरिंग एण्ड टूरिज्म कॉर्पोरेशन, इरकॉन इण्टरनेशनल लिमिटेड, गेल इण्डिया आदि विनिवेश के कुछ उदाहरण हैं।
- अन्य दिए गए विकल्प जैसे कीमतों के निर्धारण की स्वायत्तता, औद्योगिक लाइसेन्सिंग को समाप्त करना, लघु उद्योग के लिए माल का अनारक्षण इत्यादि उदारीकरण की प्रमुख विशेषताएँ हैं।

5. (b) मिश्रित ज्वार-भाटा की ऊँचाई में विभिन्नता होती है।
- मिश्रित ज्वार-भाटा एक प्रकार का ज्वार भाटा है, जिसमें असमान ऊँचाई, असममित अन्तराल पर निर्भर होते हैं। जिससे ज्वार-भाटा का समय पूर्वानुमानित करना चुनौतीपूर्ण हो सकता है।
- सूर्य और चन्द्रमा के गुरुत्वाकर्षण बलों के संयोजन के कारण ज्वार-भाटा की ऊँचाई और समय में असमानता उत्पन्न होती है।
- इन क्षेत्रों में नौवहन, मत्स्य पालन और तटीय संरचना की योजना बनाते समय इन असमानताओं को ध्यान में रखना आवश्यक है।

6. (b) वर्ष 1916 में कांग्रेस और मुस्लिम लीग ने ऐतिहासिक लखनऊ समझौते पर हस्ताक्षर किए थे।
- वर्ष 1916 में लखनऊ समझौते पर बातचीत करते समय बाल गंगाधर तिलक ने मुहम्मद अली जिन्ना और महात्मा गाँधी की मौजूदगी में कांग्रेस का प्रतिनिधित्व किया था।
- इस समझौते के प्रयास हेतु सरोजिनी नायडू द्वारा जिन्ना को 'हिन्दू-मुस्लिम एकता का राजदूत' उपनाम से सम्बोधित किया गया।
- लाहौर समझौता (1940) और सूरत समझौता (1907) में सम्पन्न हुआ।

7. (c) प्लेटीहेल्मिन्थीज में पाचन तन्त्र में एक छिद्र होता है।
- इन्हें चपटे कृमि (Flatworms) भी कहा जाता है।
- यह त्रिस्तरीय और द्विपार्श्वीय सममित वाले अकशेरुकी जीवों का संघ है।
- इसके उत्सर्जन तन्त्र में विशेष प्रकार की कोशिकाएँ होती हैं, जिन्हें ज्वाला कोशिकाएँ कहा जाता है जो उत्सर्जन में सहायता करती है।
- ये जीव उभयलिंगी (Hermaphroditic) होते हैं।

8. (c) आठवीं शताब्दी के मध्य में राष्ट्रकूट प्रमुख दन्तिदुर्ग ने अपने चालुक्य अधिपति को पद से हटा दिया और हिरण्य-गर्भयज्ञ नामक एक अनुष्ठान किया।
- दन्तिदुर्ग ने उज्जयिनी में हिरण्यगर्भ दान दिया था तथा उन्होंने महाराजाधिराज, परमेश्वर परमभट्टारक जैसी उपाधियाँ धारण की थी।
- दन्तिदुर्ग का उत्तराधिकारी कृष्ण प्रथम था, जिसने एलोरा के प्रसिद्ध कैलाशनाथ मन्दिर का निर्माण करवाया था।

9. (b) वर्ष 2022 में आयोजित 36वें राष्ट्रीय खेलों का उद्घाटन नरेन्द्र मोदी ने किया था।

- 36वें राष्ट्रीय खेल की मेजबानी प्रथम बार गुजरात ने की।
- इसका समापन उपराष्ट्रपति जगदीप धनखड़ द्वारा किया गया।
- राजा भलींद्र सिंह ट्रॉफी को सर्विसेज ने लगातार चौथी बार इस पर अपना कब्जा किया।
- महाराष्ट्र ने पदक तालिका में दूसरा स्थान पाकर इण्डियन ओलम्पिक एसोसिएशन की बेस्ट स्टेट ट्रॉफी उठाई।
- 39वें (2025) राष्ट्रीय खेल का आयोजन मेघालय में किया जाएगा।

10. *(b)* भारत की आकस्मिकता निधि का संचालन राष्ट्रपति द्वारा किया जाता है। भारत सरकार ने वर्ष 1950 में आकस्मिक निधि अधिनियम के तहत् इसकी स्थापना की।
- इस निधि का उल्लेख अनुच्छेद 267 में किया गया है।
- वर्तमान में इस निधि के लिए ₹ 500 करोड़ की राशि का प्रावधान है।
- 86वें संविधान संशोधन द्वारा इसे ₹ 500 करोड़ किया गया था।

11. *(c)* कॉपर उद्योग सहकारी क्षेत्र का एक उदाहरण है।
- यह उद्योग एक महत्त्वपूर्ण कृषि आधारित ग्रामीण उद्योग है, जो मुख्यतः नारियल उत्पादक राज्यों में स्थित है।
- ये पर्यावरण अनुकूल होते हैं और भारत के वन एवं पर्यावरण मन्त्रालय द्वारा 'इकोमार्क' से प्रमाणित है।
- कॉपर उद्योग मुख्यतः केरल, तमिलनाडु, कर्नाटक, आन्ध्र प्रदेश जैसे नारियल उत्पादक राज्यों में स्थित है।

12. *(b)* भारत ने तीसरी नेत्रहीन क्रिकेट विश्वकप टी-20 चैम्पियनशिप जीती।
यह टूर्नामेण्ट वर्ष 2020 में आयोजित हुआ। भारत ने बांग्लादेश को हराकर तीसरी बार यह खिताब जीता।
इससे पहले, भारत ने वर्ष 2012 और 2017 में नेत्रहीन क्रिकेट विश्वकप जीता था।

13. *(d)* सारनाथ का सिंह शीर्ष 26 जनवरी, 1950 को 'राष्ट्रीय प्रतीक' के रूप में अपनाया गया था।
- यह सिंह शीर्ष मौर्यकालीन कला का उत्कृष्ट उदाहरण है।
- इसे सम्राट अशोक ने 3वीं शताब्दी ई. पू. बनवाया था।
- इसमें चार सिंहों में से केवल तीन सिंह दिखाई देते हैं और नीचे सत्यमेव जयते लिखा होता है।

14. *(c)* वे पारिस्थितिकी तन्त्र के जीवित घटक हैं।
- अजैविक घटक वह अवयव होते हैं, जो जीवों के जीवन में प्राकृतिक पर्यावरण में होते हैं, लेकिन ये जीवित नहीं होते।
- प्रकाश एक महत्त्वपूर्ण अजैविक घटक है, जो पौधों के फोटोसिन्थेसिस के लिए आवश्यक है।
- जल, वायु मृदा अन्य अजैविक घटक हैं।
- अजैविक घटक पारिस्थितिकी तन्त्र के सन्तुलन को बनाए रखने में सहायक होते हैं।

15. *(a)* पिघली हुई मोम की ढलाई विधि का उपयोग हड़प्पा सभ्यता के दौरान कांस्य मूर्तियाँ बनाने के लिए किया जाता है। सर्वप्रथम मूर्ति की मोम से प्रतिकृति बनाई जाती थी।
मोम की प्रतिकृति को एक साँचे या मोल्ड से ढक दिया जाता था।
साँचे को गर्म किया जाता था, जिससे मोम पिघलकर बाहर या फिर साँचे में पिघला हुआ कांस्य डाला जाता था और ठण्डा किया जाता था।
हड़प्पा सभ्यता में मूर्तियाँ बनाने हेतु धातु, पत्थर, टैराकोटा जैसे कई औजारों का उपयोग होता था।
नाचती हुई लड़की, दाढ़ी वाला आदमी, मानव धड़ हड़प्पा सभ्यता की कुछ उल्लेखनीय मूर्तियाँ हैं।

16. *(b)* पण्डित एस. बालेश भजन्त्री एक शहनाई कलाकार हैं।
- इसके वादन शैली में कर्नाटक संगीत और हिन्दुस्तानी शास्त्रीय संगीत का मिश्रण मिलता है।
- इनका सम्बन्ध बनारस घराने से है।
- वर्ष 2022 में इन्हें कला क्षेत्र में पद्मश्री से सम्मानित किया गया।

17. *(c)* भारत के राष्ट्रपति के चुनाव में विवाद याचिका केवल भारत के सर्वोच्च न्यायालय में दायर की जा सकती है।
- इसके सम्बन्ध में उल्लेख संविधान के अनुच्छेद 71(1) में है।
- सर्वोच्च न्यायालय की स्थापना 28 जनवरी, 1950 को हुई थी।
- यह याचिका राष्ट्रपति और उपराष्ट्रपति चुनाव अधिनियम, 1952 के प्रावधानों के अनुसार होनी चाहिए।

18. *(b)* सम्पूर्ण ग्रामीण रोजगार योजना वर्ष 2001 में शुरू की गई थी।
- केन्द्र सरकार योजना के क्रियान्वयन की लागत का 75% और राज्य सरकार 25% प्रायोजित करती है।
- इस योजना के अन्तर्गत सभी कर्मचारियों को वेतन का 25% नकद और शेष का भुगतान सामान्यतः खाद्यान्नों के रूप में किया जाता है।
- इस योजना में प्रदान किए जाने वाले कार्यों का 30% महिला श्रमिकों के लिए आरक्षित है।

19. *(d)* राउरकेला इस्पात संयन्त्र को जर्मनी के सहयोग से विकसित किया गया था।
- इस संयन्त्र की स्थापना 3 फरवरी 1959 में की गई थी।
- यह संयन्त्र स्टील अथॉरिटी ऑफ इण्डिया (SAIL) के अधीन संचालित होता है।
- वित्त वर्ष 2024-25 की अप्रैल से जुलाई अवधि में, संयन्त्र ने 14,00,582 टन विक्रय योग्य इस्पात का उत्पादन किया, जो अब तक का सर्वश्रेष्ठ प्रदर्शन है।
- इसके अतिरिक्त वर्ष 1959 में ब्रिटेन के सहयोग से दुर्गापुर, पश्चिम बंगाल में इस्पात संयन्त्र की स्थापना की गई।

20. *(c)* 'माई कण्ट्री माई लाइफ' भारत के पूर्व उप-प्रधानमन्त्री लालकृष्ण आडवाणी की आत्मकथा है।
- इस आत्मकथा का प्रकाशन वर्ष 2008 में हुआ।
- ये वर्ष 1998 से 2004 तक सबसे लम्बे समय तक भारत के गृहमन्त्री रहे।
- वर्ष 2024 में इन्हें भारत के सबसे बड़े नागरिक पुरस्कार भारत रत्न से सम्मानित किया गया।

21. *(a)* कवाड़ी अट्टम तमिलनाडु राज्य का एक प्रमुख लोकनृत्य है।
- भक्त भगवान मुरूगम, जिन्हें सुब्रह्मण्यम या कार्तिकेय के नाम से जाना जाता है।
- यह नृत्य थाईपुसम त्योहार का एक केन्द्रीय हिस्सा है।
- केरल में ओटटम थुलाल कैकोट्टिकली तथा कर्नाटक में यक्षगान प्रमुख लोकनृत्य है।

22. *(b)* मुगल अभिलेखों के अनुसार अकबर के शासनकाल के दौरान 5000 रैंक वाले 29 मनसबदार थे।
- मनसब की प्रथा का आरम्भ सर्वप्रथम अकबर ने 1575 ई. में किया।
- मनसबदारी प्रणाली मुगल शासकों द्वारा मनसबदारों के पद और वेतन को तय करने के लिए उपयोग की जाने वाली एक श्रेणीबद्ध प्रणाली थी।
- अकबर के शासनकाल में लगभग 1800 मनसबदार थे।

23. *(d)* राष्ट्रीय आय को किसी देश में उत्पादित अन्तिम वस्तुओं और सेवाओं के मूल्य के रूप में जाना जाता है।
- भारत में राष्ट्रीय आय का अनुमान केन्द्रीय सांख्यिकी संगठन (CSO) द्वारा लगाया जाता है।
- उत्पादित विधि, आय विधि और राष्ट्रीय आय की गणना की तीन प्रमुख विधियाँ हैं।
- इसमें केवल उन वस्तुओं और सेवाओं का मूल्य शामिल किया जाता है, जो कानूनी और बाजार में बेची जाती हैं।
- स्व-उपयोग के लिए किए गए कार्य जैसे गृहिणी द्वारा किए गए घरेलू कार्य इसमें शामिल नहीं होते।

24. *(c)* ब्रिटिश युग्म के दौरान भारतीय अर्थव्यवस्था को इसके कच्चे माल के स्रोत के रूप में जाना जाता है।
- ब्रिटिश नीतियों के तहत् भारत से बड़ी मात्रा में कच्चा माल जैसे कपास, नील, जूट ब्रिटेन भेजा गया, वहाँ इनका प्रसंस्करण कर तैयार माल बनाया गया और फिर इन्हें भारतीय बाजार में बेचा गया।
- ब्रिटिश शासन के दौरान किसानों को नगदी फसलों जैसे नील, कपास, चाय की खेती के लिए प्रोत्साहित किया गया, जो ब्रिटिश उद्योगों के लिए कच्चा माल तैयार करती थी।
- ब्रिटिश निर्मित सस्ते वस्त्रों ने भारतीय बाजारों पर कब्जा कर लिया, जिससे स्थानीय कारीगर और बुनकर बेरोजगार हो गए।

25. *(b)* द्वितीय प्रशासनिक सुधार आयोग की छठवीं रिपोर्ट पंचायती राज की सिफारिशों से सम्बन्धित है।
- वर्ष 2005 में द्वितीय प्रशासनिक सुधार आयोग की स्थापना की गई थी।
- इस आयोग की अध्यक्षता वीरप्पा मोइली ने की थी। द्वितीय एआरसी ने कुल 15 भागों में अपनी रिपोर्ट प्रस्तुत की।

26. *(b)* हम्पी के विट्ठल मन्दिर में 56 स्तम्भ हैं, जो संगीत स्वर उत्पन्न करते थे।
- विजय विट्ठल मन्दिर में स्थित है तथा कर्नाटक भगवान विष्णु को समर्पित है।
- इस मन्दिर की स्थापना 15वीं शताब्दी में देवराय द्वितीय (विजयनगर शासक) के शासनकाल के दौरान की गई थी।
- इन स्तम्भों को संगीत स्तम्भ या फिर सारेगा स्तम्भ भी कहा जाता है।
- यदि कोई व्यक्ति इन स्तम्भों को धीरे से थपथपाए तो उसे संगीत के स्वर सुनाई दे सकते हैं।

27. *(d)* मैरी क्यूरी को विकिरण परिघटना में व्यापक शोध तथा पोलोनियम और रेडियम की खोज के लिए जाना जाता है।
- मैरी क्यूरी एक प्रसिद्ध भौतिक विज्ञानी और रसायन शास्त्री थीं।
- इन्होंने रेडियोधर्मिता की अवधारणा को विकसित किया।
- वह भौतिक (1903) और रसायन विज्ञान (1911) दोनों क्षेत्रों में नोबेल पुरस्कार पाने वाली पहली महिला थीं।

28. *(c)* राज्य के नीति-निर्देशक सिद्धान्त सामाजिक और आर्थिक लोकतन्त्र के आदर्शों को बढ़ावा देने के लिए हैं।
- राज्य के नीति-निर्देशक सिद्धान्तों का वर्णन संविधान के भाग-4 में अनुच्छेद 36-51 तक में किया गया है।
- इन्हें न्यायालय द्वारा लागू नहीं किया जा सकता है।
- कल्याणकारी राज्य की संकल्पना का समावेश राज्य के नीति-निर्देशक सिद्धान्तों में किया गया है।
- कल्याणकारी राज्य का उद्देश्य सामाजिक और आर्थिक प्रजातन्त्र स्थापित करना होता है।
- स्वर्ण सिंह समिति की अनुशंसा पर संविधान में 42वें संशोधन द्वारा मौलिक कर्त्तव्यों को संविधान में भाग-4 'क' में अनुच्छेद 51 'क' के अन्तर्गत रखा गया।

29. *(c)* पद्म भूषण पुरस्कार से सम्मानित कुमारी कमला प्रसिद्ध भरतनाट्यम नृत्यांगना हैं।
- इन्हें वर्ष 1970 में पद्मभूषण पुरस्कार से सम्मानित किया गया।
- ओडिसी, दिशा राज्य की शास्त्रीय नृत्य शैली है।
- मोहिनीअट्टम केरल राज्य की शास्त्रीय नृत्य शैली है।
- सत्रिया असम राज्य की शास्त्रीय नृत्य शैली है।

30. *(b)* वर्ष 1922 में चौरी-चौरा हत्याकाण्ड के बाद महात्मा गाँधी ने असहयोग आन्दोलन वापस ले लिया था।
- 4 फरवरी, 1922 को किसानों की भीड़ ने यहाँ के एक पुलिस स्टेशन में आग लगा दी, जिसके कारण 22 पुलिसकर्मियों की मृत्यु हो गई।
- इस घटना के बाद गाँधी जी ने असहयोग आन्दोलन को स्थगित कर दिया तथा बाद में वापस ले लिया।
- चौरी-चौरा उत्तर प्रदेश के गोरखपुर जिले में स्थित है।

31. *(b)* भारत में वर्ष 1991 के आर्थिक सुधारों के समय डॉ. मनमोहन सिंह वित्तमन्त्री थे।
- वर्ष 1991 के आर्थिक सुधारों का उद्देश्य देश की अर्थव्यवस्था में तेजी लाना और लोगों का भरोसा बढ़ाना था।
- इन सुधारों को एलपीजी (उदारीकरण, निजीकरण और वैश्वीकरण) के नाम से जाना जाता है।
- इन सुधारों में विदेशी व्यापार का उदारीकरण कर सुधार और विदेशी निवेश को बढ़ावा देना था।
- इन सुधारों में निजी क्षेत्र को बढ़ावा दिया और सार्वजनिक क्षेत्र को खोल दिया गया।
- लाइसेन्स राज को समाप्त किया गया और विदेशी निवेश पर लगे प्रतिबन्ध हटाए गए। आयात पर शुल्क कम किए गए।
- भारतीय अर्थव्यवस्था को वैश्विक अर्थव्यवस्था से जोड़ दिया गया।

32. *(d)* प्रारम्भिक वैदिक समाज में, परिवार के मुखिया को कुलपा के नाम से जाना जाता था।
- वैदिक परिवार पितृसत्तात्मक और संयुक्त था, जिसमें सबसे बड़ा व्यक्ति परिवार का मुखिया होता था।
- यह परिवार के कल्याण, जीवन और सम्पत्ति की देखभाल के लिए जिम्मेदार था।
- ब्रजपति गोचर भूमि का अधिकारी था।
- पुरोहित राजा के बाद महत्त्वपूर्ण पद पर रहते थे और यह राजा के मुख्य सलाहकार और आध्यात्मिक शिक्षक होते थे।
- ग्रामजी गाँव के मुखिया को कहा जाता था।

33. *(c)* जल भोजन का एक मुख्य अकार्बनिक स्रोत है।
- भोजन में पाए जाने वाले पोषक तत्त्व दो प्रकार के होते हैं- कार्बनिक और अकार्बनिक।
- कार्बनिक पोषक तत्त्व वे होते हैं, जिनमें कार्बन तत्त्व मूल रूप से पाया जाता है- जैसे कार्बोहाइड्रेट, प्रोटीन, वसा, विटामिन आदि। यह मुख्यतः अनाज, माँस, सब्जियाँ आदि से प्राप्त होते हैं।
- अकार्बनिक पोषक तत्त्व वे होते हैं, जो बिना कार्बन के होते हैं जैसे कि जल और खनिज लवण। यह शरीर के लिए आवश्यक होते हैं, परन्तु ऊर्जा प्रदान नहीं करते।

34. *(c)* बास्केटबॉल की प्रत्येक टीम 12 खिलाड़ियों से बनी होती है, जिसमें किसी भी समय केवल 5 को ही कोर्ट में जाने की अनुमति होती है।
- इस खेल का आविष्कार जेम्स स्मिथ ने 1891 ई. में अमेरिका में किया था।
- बास्केटबॉल के अन्तर्राष्ट्रीय संघ की स्थापना वर्ष 1932 में फेडरेशन

इण्टरनेशनल के बास्केटबॉल एसोसिएशन (FIBA) के नाम से हुई।
- भारत में पहली बार वर्ष 1930 में बास्केटबॉल खेला गया।

35. *(a)* वर्ष 1916 में बाल गंगाधर तिलक ने होमरूल लीग की स्थापना की।
- ऐनी बेसेण्ट और बाल गंगाधर तिलक ने भारत में होमरूल लीग आन्दोलन चलाया।
- तिलक ने अप्रैल, 1916 में 'इण्डियन होमरूल लीग' की स्थापना की, जिसका मुख्यालय पुणे में था।
- तिलक की लीग का विस्तार महाराष्ट्र (बॉम्बे को छोड़कर) कर्नाटक, बरार और मध्य प्रान्त में था।
- तिलक की लीग की 6 शाखाएँ थीं।
- ऐनी बेसेण्ट ने सितम्बर, 1916 में 'ऑल इण्डिया होमरूल लीग' की स्थापना की, जिसका मुख्यालय मद्रास था।
- इस आन्दोलन का उद्देश्य ब्रिटिश सरकार से भारत के लिए स्वशासन प्राप्त करना था।

36. *(d)* वर्ष 1955 में गणतन्त्र दिवस परेड दिल्ली में राजपथ पर आयोजित की गई थी।
- वर्ष 1950-1954 तक गणतन्त्र दिवस परेड अलग-अलग स्थानों पर आयोजित की जाती थी, जैसे- राजघाट, पुराना किला, लाल किला।
- वर्ष 1955 से इसे राजपथ (अब कर्त्तव्यपथ) पर आयोजित किया जाता है।
- इसी वर्ष पहली बार किसी विदेशी राष्ट्राध्यक्ष (पाकिस्तान के गवर्नर-जनरल मलिक गुलाम मुहम्मद) को मुख्य अतिथि के रूप में आमन्त्रित किया गया था।

37. *(b)* निचली अदालत या सरकारी अधिकारी को अनिवार्य या पूर्णतः कार्यालयी कर्त्तव्यों को सही ढंग से निर्वाह करने हेतु बाध्य करने के लिए एक उच्च न्यायालय द्वारा परमादेश रिट जारी की जाती है।
- भारतीय संविधान के अनुसार, अनुच्छेद 32 और 226 के तहत् उच्चतम न्यायालय और उच्च न्यायालयों को विभिन्न प्रकार की संवैधानिक रिटें जारी करने का अधिकार है। यह पाँच प्रकार की होती हैं।
  (i) **परमादेश** एक आदेशात्मक रिट है।
  (ii) **बन्दी प्रत्यक्षीकरण रिट** बन्दी बनाए गए व्यक्ति को निश्चित स्थान पर निश्चित समय पर उपस्थित करें।
  (iii) **प्रतिषेध रिट** इसे निम्न न्यायालयों और अर्द्ध न्यायिक न्यायाधिकरणों को जारी करते हुए आदेश दिया जाता है कि इस मामले पर अपने यहाँ कार्यवाही न करें।
  (iv) **उत्प्रेषण रिट** इसमें अधीनस्थ न्यायालय को निर्देश दिया जाता है कि लम्बित मामले के न्याय निर्णयक हेतु वरिष्ठ न्यायालय को भेजे।
  (v) **अधिकार प्रच्छा रिट** इसके माध्यम से न्यायालय आदेश के द्वारा उस व्यक्ति से पूछता है कि वह किस अधिकार से कार्य कर रहा है।

38. *(d)* वर्ष 2022 में, अर्जुन सिंह धुर्वे को बैगा जनजाति नृत्य शैली में उनके योगदान के लिए पद्म श्री पुरस्कार से सम्मानित किया गया था।
- बैगा नृत्य, बैगा जनजाति का एक पारम्परिक नृत्य रूप है।
- बैगा जनजाति मध्य प्रदेश में निवास करती है।
- इस नृत्य शैली की विशेषता इसकी अनूठी वेशभूषा, संगीत और चाल है, जो इसे समुदाय के दैनिक जीवन और संस्कृति को दर्शाती है।
- कथक उत्तर प्रदेश का शास्त्रीय नृत्य है।
- भरतनाट्यम तमिलनाडु का प्रसिद्ध शास्त्रीय नृत्य है।
- छऊ एक अर्द्धशास्त्रीय नृत्य है। यह ओडिशा, झारखण्ड और पश्चिम बंगाल में प्रचलित है।

39. *(c)* अकबर ने तानसेन को मियाँ की उपाधि दी थी।
- तानसेन का मूल नाम रामतनु पाण्डेय था अकबर से मिलने के बाद इस्लाम धर्म स्वीकार किया।
- तानसेन ने कई रागों की रचना की थी, जैसे- मुल्तानी, भैरवी, टोड़ी।
- अकबर से पूर्व यह ग्वालियर के शासक राजा मानसिंह तोमर के दरबार में थे।
- तानसेन ने स्वामी हरिदास (वृन्दावन) से शिक्षा प्राप्त की थी।

40. *(d)* हरिकेन शब्द का प्रयोग सामान्यतः पश्चिमी अटलाण्टिक महासागर में आने वाले तूफानों/चक्रवातों के लिए किया जाता है।
- हरिकेन एक उष्णकटिबन्धीय चक्रवात है।
- उष्णकटिबन्धीय चक्रवातों में हरिकेन सर्वाधिक शक्तिशाली और विकासकारी होता है।
- जब किसी तूफान की अधिकतम गति 74 किमी/घण्टा होती है, तो उसे 'हरिकेन' कहा जाता है।
- इसे सॉफिर-सिपंक्षन हरिकेन विण्ड स्केल से मापा जाता है।

41. *(d)* कॉलेजियम प्रणाली तीन, प्रमुख निर्णयों (जिन्हें तीन जजों के फैसले के रूप में जाना जाता है) के माध्यम से 1980 से 1990 के दशक में विकसित हुई।

केस	वर्ष	प्रमुख बिन्दु
पहला जज केस	1981	कार्यपालिका की न्यायाधीशों की नियुक्ति में प्रमुख भूमिका
दूसरा जज केस	1993	न्यायपालिका को अधिक शक्ति दी गई और कॉलेजियम प्रणाली की शुरुआत हुई।
तीसरा जज केस	1998	कॉलेजियम प्रणाली का विस्तार, CJI और 4 वरिष्ठ न्यायाधीश शामिल

- यह प्रणाली न्यायाधीशों की नियुक्ति और स्थानान्तरण की अनुशंसा करती है।
- यह कोई संवैधानिक या कानूनी प्रावधान नहीं है, बल्कि सर्वोच्च न्यायालय के फैसलों के माध्यम से विकसित हुई।

42. *(d)* स्वर्ण सिंह समिति के सुझावों पर आधारित भारतीय संविधान में मौलिक कर्त्तव्यों को जोड़ा गया था।
- यह 42वें संविधान संशोधन (1976) के द्वारा संविधान के भाग- 4 'क' में अनुच्छेद 51 'क' में शामिल किया गया।
- मूल रूप में मौलिक कर्त्तव्यों की संख्या 10 थी, बाद में 86वें संविधान संशोधन द्वारा एक और कर्त्तव्य जोड़ा गया। अतः वर्तमान में इनकी संख्या 11 है।
- राज्य के नीति-निर्देशक सिद्धान्तों की तरह, मौलिक कर्त्तव्यों की प्रकृति गैर-न्यायिक है।

43. *(c)* नीति आयोग राष्ट्रीय प्रतिदर्श सर्वेक्षण कार्यालय (NSSO) और अन्य स्रोतों से एकत्र आँकड़ों के आधार पर भारत में आधिकारिक निर्धनता जारी करता है।
- निर्धनता से तात्पर्य ऐसी स्थिति से है, जिसमें एक व्यक्ति अपनी मूलभूत आवश्यकताओं की पूर्ति करने में समर्थ नहीं होता है।
- भारत में निर्धनता का सर्वप्रथम आकलन दादाभाई नौरोजी ने किया था।
- नीति आयोग की स्थापना योजना आयोग के स्थान पर 1 जनवरी, 2015 को की गई।
- NSSO की स्थापना पी.सी. महालनोबिस की अध्यक्षता वाली राष्ट्रीय आय समिति की अनुशंसा पर वर्ष 1950 में की गई थी।
- RBI की स्थापना 1 अप्रैल, 1935 में की गई, इसका मुख्यालय मुम्बई में है।
- विश्व बैंक की स्थापना वर्ष 1944 में की गई, इसका मुख्यालय वॉशिंगटन, डी.सी. (अमेरिका) में है।

44. *(a)* पश्चिमी घाट की सबसे ऊँची चोटी अनाईमुड़ी है।
- यह केरल में स्थित है व इसकी ऊँचाई 2695 मी है।
- अनाईमुड़ी का शाब्दिक अर्थ 'हाथी का सिर' है।
- यह हिमालय शृंखला से बाहर देश की सबसे ऊँची चोटी है।
- डोडाबेट्टा नीलगिरि पर्वत का सबसे ऊँचा पर्वत है।
- महेन्द्रगिरि भारत ओडिशा राज्य में स्थित एक पर्वत है।
- जावड़ी पहाड़ियाँ पूर्वी घाट का एक विस्तार हैं, जो दक्षिण-पूर्वी भारत में तमिलनाडु में स्थित हैं।

45. *(a)* 23 जनवरी के दिन नेताजी सुभाषचन्द्र बोस की जयन्ती मनाई जाती है।
- नेताजी सुभाषचन्द्र बोस का जन्म 23 जनवरी, 1897 को ओडिशा के कटक में हुआ था।
- भारत सरकार द्वारा वर्ष 2021 में नेताजी के जन्म दिवस को 'पराक्रम दिवस' के रूप में मनाने की घोषणा की।
- 23 मार्च को शहीद दिवस मनाया जाता है (भगत सिंह, सुखदेव और राजगुरु की शहादत 23 मार्च, 1931)।
- 14 नवम्बर को बाल दिवस मनाया जाता है। यह भारत के पहले प्रधानमन्त्री जवाहरलाल नेहरू की जयन्ती है।

46. *(b)* भारत में नियोजित आर्थिक विकास की शुरुआत से पहले, वर्ष 1945 में जन योजना शुरू की गई।
- जन योजना का प्रारूप मार्क्सवादी नेता एम.एन. राय ने तैयार किया था।
- बॉम्बे योजना 1944 बम्बई के 8 प्रमुख उद्योगपतियों द्वारा प्रकाशित की गई थी।
- श्रीमन नारायण अग्रवाल ने वर्ष 1946 में गाँधीवादी योजना तैयार की थी।
- सर्वोदय योजना 1950 जयप्रकाश नारायण ने प्रस्तुत की थी। यह योजना गाँधीवादी योजना और विनोबा भावे के सर्वोदय विचार से प्रेरित थी।

47. *(a)* खो-खो मैदान की माप 27 × 16 मी होनी चाहिए।
- खो-खो का मैदान 27 मी लम्बा और 15 मी चौड़ा होता है।
- इस मैदान की कुल लम्बाई 29 मी एवं चौड़ाई 16 मी होती है।
- खो-खो को भारत में भारतीय खो-खो महासंघ (KKFI) द्वारा नियन्त्रित किया जाता है। इसकी स्थापना वर्ष 1955 में हुई थी।

48. *(c)* फर्मों को स्वायत्तता प्रदान करने के लिए कुछ सार्वजनिक क्षेत्र की इकाइयों को मिनीरत्न, नवरत्न और महारत्न का विशेष दर्जा दिया जाता है, देवरत्न का नहीं।
- भारत में महारत्न कम्पनियों की संख्या 14 है।
- नवरत्न कम्पनियों की संख्या 24 है।
- मिनीरत्न श्रेणी- 1, कम्पनियाँ 51।
- मिनीरत्न श्रेणी- 11, कम्पनियाँ 11।

49. *(c)* जयशंकर प्रसाद ने 'कामायनी' की रचना की।
- कामायनी छायावादी युग की सबसे महत्त्वपूर्ण कृतियों में से एक है। यह मानव जीवन के उत्थान और विकास को दर्शाता है।
- 'थामा' महादेवी वर्मा की महत्त्वपूर्ण कृति है।
- 'डेथ ऑफ सिटी, कागज तै कैनवास, कोर्टी नाम केज' अमृता प्रीतम की प्रमुख कृतियाँ हैं।
- पल्लव, चिदम्बरा सुमित्रानन्दन पन्त की महत्त्वपूर्ण कृतियाँ हैं।

50. *(d)* भारतीय कम्युनिस्ट पार्टी का गठन वर्ष 1925 में कानपुर में पहले पार्टी सम्मेलन में हुआ था।
- इसकी स्थापना एम.एन. राय द्वारा की गई थी।
- एस.वी. घाटे भारतीय कम्युनिस्ट पार्टी के पहले सचिव थे।
- कानपुर में कम्युनिस्ट सम्मेलन सत्यभक्त द्वारा बुलाया गया था।
- CPI भारत की सबसे पुरानी कम्युनिस्ट पार्टी है।

51. *(a)* कागज को खोलने पर यह उत्तर आकृति (a) की तरह दिखाई देगा।

52. *(b)* जिस प्रकार,

$(7, 16, 168) \Rightarrow (7 \times 16) \times \frac{3}{2} = 168$

और $(3, 28, 126) \Rightarrow (3 \times 28) \times \frac{3}{2} = 126$

उसी प्रकार, $(6, 11, 99) \Rightarrow (6 \times 11) \times \frac{3}{2} = 99$

53. *(b)* दी गई प्रश्न आकृति, विकल्प आकृति (b) में अन्तः स्थापित है।

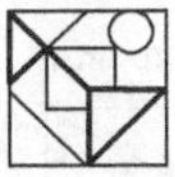

54. *(c)* दिए गए पासे की दोनों स्थितियों में बिन्दु तीन और पाँच उभयनिष्ठ हैं।

∴ चार बिन्दुओं वाले फलक के विपरीत वाले फलक पर छः बिन्दु होंगे।

55. *(a)* जिस प्रकार,

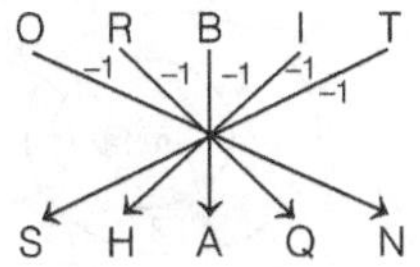

और

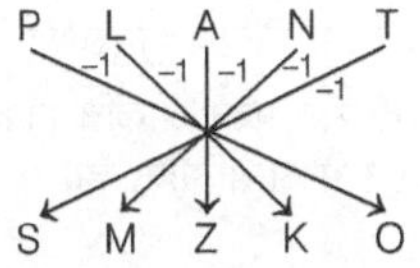

उसी प्रकार,

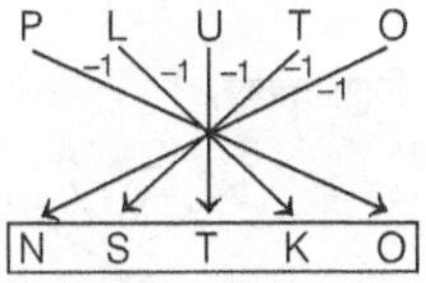

56. *(d)* दी गई आकृति शृंखला में एकान्तर क्रम में निम्न पैटर्न है,

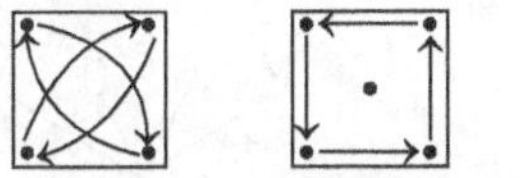

आकृति (i) से (ii) तथा (iii) से (iv) आकृति (ii) से (iii) तथा (iv) से (v)

साथ ही चिह्न '*' शृंखला की प्रत्येक अगली आकृति में एक स्थान वामावर्त दिशा में आगे बढ़ रही है। इस प्रकार शृंखला में प्रश्नचिह्न के स्थान पर विकल्प (d) की आकृति होगी।

57. *(b)* दिए गए पासे की दोनों स्थितियों में संख्या '4' उभयनिष्ठ है।

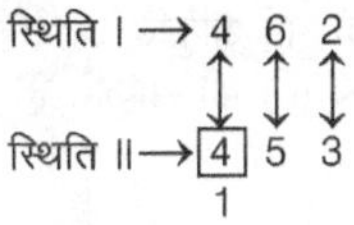

अतः 5 दर्शाने वाले फलक के विपरीत फलक पर संख्या '6' होगी।

58. *(a)* 8 * 1 * 4 * 2 * 16 * 2 * 8

विकल्प (a) के अनुसार चिह्नों को प्रतिस्थापित करने पर,

$8 \times 1 + 4 \times 2 - 16 \div 2 = 8$

$\Rightarrow \quad 8 \times 1 + 4 \times 2 - 8 = 8$

$\Rightarrow \quad 8 + 8 - 8 = 8$

$\Rightarrow \quad 16 - 8 = 8$

$\Rightarrow \quad 8 = 8$

59. *(c)* दी गई आकृति का सही दर्पण प्रतिबिम्ब विकल्प (c) की आकृति होगी।

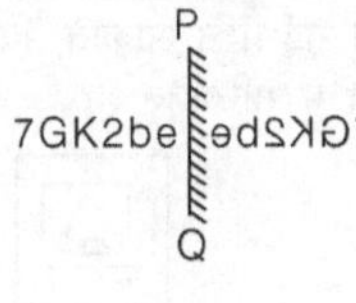

60. *(c)* कथनानुसार,

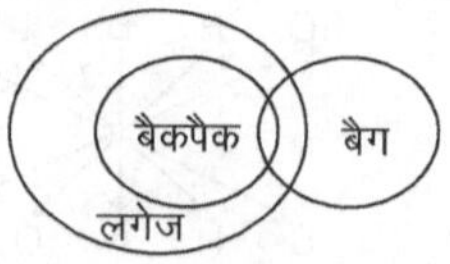

निष्कर्ष I. (✓) II. (✓)

अतः दोनों निष्कर्ष अनुसरण करते हैं।

61. *(b)* दी गई प्रश्न आकृति विकल्प (b) की आकृति में अन्तर्निहित है।

62. *(c)* जिस प्रकार,

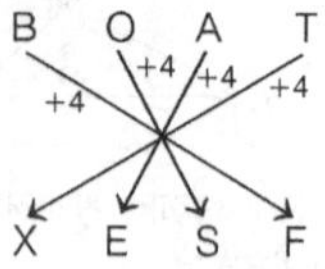

और

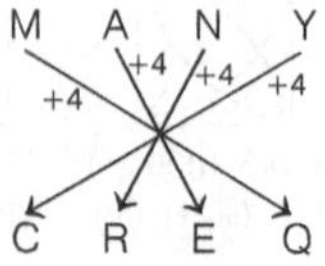

उसी प्रकार,

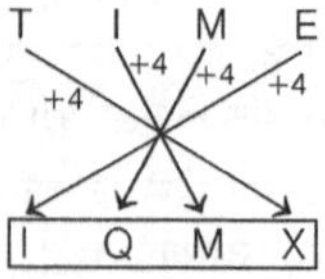

63. *(d)* दी गई आकृति का सही दर्पण प्रतिबिम्ब विकल्प (d) की आकृति है।

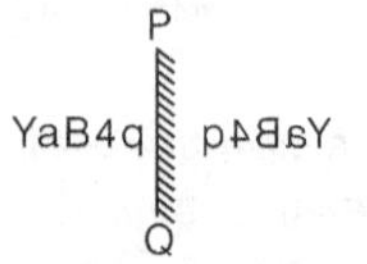

64. *(b)* दी गई शृंखला का क्रम निम्न प्रकार है,

71, 213, 639, 1917, 5751, 17253

×3 ×3 ×3 ×3 ×3

65. *(c)* कुल छोटे वर्गों की संख्या $= 3 \times 9 = 27$

चार छोटे वर्गों से बने वर्गों की संख्या = 4

और 1 सबसे बाहरी (बड़ा) वर्ग है।

∴ दी गई आकृति में कुल वर्गों की संख्या $= 27 + 4 + 1 = 32$

66. *(a)* दी गई प्रश्न आकृति, विकल्प (a) की आकृति में सन्निहित है।

67. *(b)* दी गई अक्षर-शृंखला का क्रम निम्न प्रकार है,

C W E R T/C W E R T/C W E R T/C W E R T

$\Rightarrow$ WRCEETRT

68. *(d)* दी गई आकृति शृंखला की प्रत्येक अगली आकृति 90° दक्षिणावर्त दिशा में घूम रही है। इस प्रकार शृंखला के प्रश्नचिह्न के स्थान पर विकल्प (d) की आकृति होगी।

69. *(d)* जिस प्रकार, $216 : 344 \Rightarrow 6^3 = 216$

$(6+1)^3 + 1 = 343 + 1 = 344$

और $27 : 65 \Rightarrow 3^3 = 27$

$(3+1)^3 + 1 = 64 + 1 = 65$

उसी प्रकार,

$126 \Rightarrow 126 - 1 = 125 = (5)^3 = (4+1)^3$

$\therefore \quad ? = (4)^3 = \boxed{64}$

70. *(c)* दी गई आकृति विकल्प (c) की आकृति में सन्निहित है।

71. *(b)* $14 \times 2 \div 9 - 5 + 18 = 76$

विकल्प (b) के अनुसार चिह्न '÷' और '×' को आपस में बदलने पर,

$14 \div 2 \times 9 - 5 + 18 = 76$

$\Rightarrow \quad 7 \times 9 - 5 + 18 = 76$

$\Rightarrow \quad 63 - 5 + 18 = 76$

$\Rightarrow \quad 81 - 5 = 76 \Rightarrow 76 = 76$

बायाँ पक्ष = दायाँ पक्ष

72. *(c)* दी गई आकृति का सही दर्पण प्रतिबिम्ब विकल्प (c) की आकृति है।

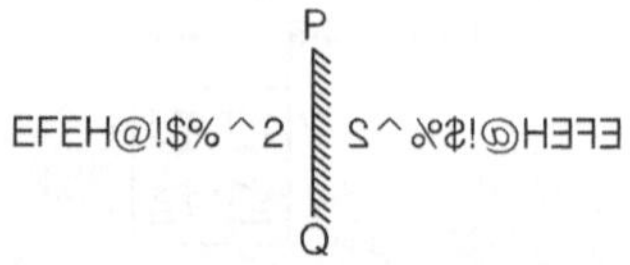

73. *(d)* दी गई आकृति का सही दर्पण प्रतिबिम्ब विकल्प (d) की आकृति है।

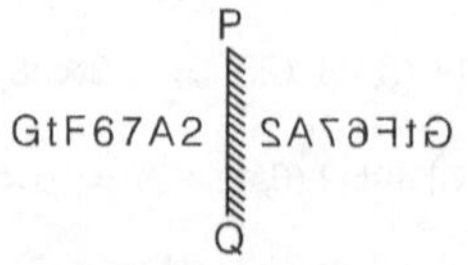

74. *(a)* दी गई शृंखला में एकान्तर क्रम में निम्न पैटर्न है,

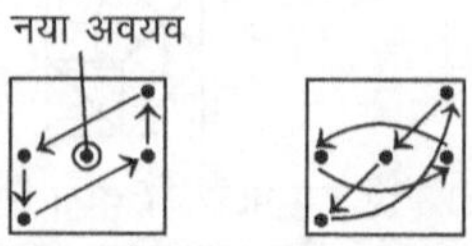

आकृति (i) से (ii) तथा (iii) से (iv) आकृति (ii) से (iii) तथा (iv) से (v)

इस प्रकार, शृंखला में प्रश्नचिह्न (?) के स्थान पर विकल्प (a) की आकृति होगी।

75. *(c)* प्रश्नानुसार,

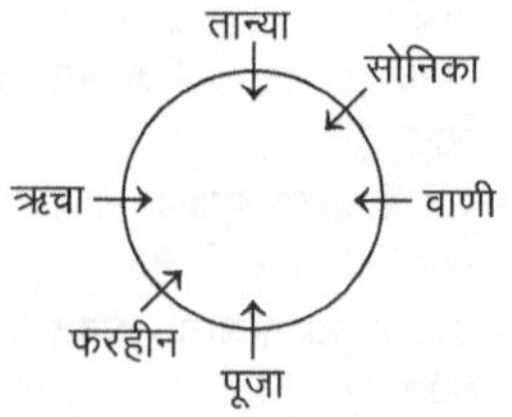

अतः तान्या के बाईं ओर ठीक बगल में सोनिका बैठी हैं।

76. *(a)* माना कुल मतों की संख्या = 100

तथा R के पक्ष में कुल मतों की संख्या $= x$

∴ S के पक्ष में कुल मतों की संख्या $= (100 - x)$

प्रश्नानुसार,

$$x - (100 - x) = \frac{1}{4}(100 - x)$$

$$\Rightarrow \quad x - 100 + x = 25 - \frac{x}{4}$$

$$\Rightarrow \quad 2x + \frac{x}{4} = 125$$

$$\Rightarrow \quad 9x = 125 \times 4$$

$$\therefore \quad x = \frac{500}{9}$$

$$\text{अभीष्ट प्रतिशत} = \frac{\frac{500}{9}}{100} \times 100 = 55.56\%$$

77. *(d)* माना चार अभाज्य संख्याएँ क्रमशः a, b, c तथा d हैं।

प्रश्नानुसार, $a \times b \times c = 30$

$\Rightarrow \quad abc = 30 \quad \ldots(i)$

पुनः $\quad b \times c \times d = 165$

$\Rightarrow \quad bcd = 165 \quad \ldots(ii)$

समी (i) ÷ (ii),

$$\frac{abc}{bcd} = \frac{30}{165} \Rightarrow \frac{a}{d} = \frac{2}{11}$$

अतः अन्तिम अभाज्य संख्या = 11

78. *(b)* ब्याज की दर $= \frac{(12873 - 12260)}{12260} \times 100$

$= \frac{613}{12260} \times 100 = 5\%$

79. *(d)* विक्रय मूल्य = ₹ 6750

छूट = 10%

अंकित मूल्य $= 6750 \times \frac{100}{(100 - 10)}$

$= 6750 \times \frac{100}{90}$

= ₹ 7500

∴ कुल छूट $= (7500 - 6750)$

= ₹ 750

80. *(c)* ∵ दोनों वस्तुओं का विक्रय मूल्य समान है।

$\therefore$ अभीष्ट हानि % $= \frac{(20)^2}{100} = \frac{400}{100} = 4\%$

81. *(c)* $\dfrac{\frac{6}{7}+\frac{2}{3}}{\frac{1}{6}-\frac{3}{20}} = \dfrac{\frac{18+14}{21}}{\frac{10-9}{60}} = \frac{32}{21} \times \frac{60}{1} = \frac{640}{7}$

82. *(d)* 2 वर्षों का साधारण ब्याज

$= (1875 - 1725) = ₹\ 150$

$\therefore$ 3 वर्षों का साधारण ब्याज

$= \frac{150}{2} \times 3 = ₹\ 225$

$\therefore$ मूल राशि $= (1725 - 225) = ₹\ 1500$

$\therefore$ दर $= \frac{\text{ब्याज} \times 100}{\text{मूलधन} \times \text{समय}} = \frac{225 \times 100}{1500 \times 3} = 5\%$

83. *(a)* अभीष्ट वृद्धि %

$= \frac{(250-225)}{225} \times 100 = \frac{25}{225} \times 100$

$= \frac{100}{9} = 11.11\%$

84. *(a)* 35 संख्याओं का औसत

$= \frac{(10 \times 625) + (25 \times 100)}{(10+25)}$

$= \frac{6250 + 2500}{35}$

$= \frac{8750}{35} = 250$

85. *(d)*

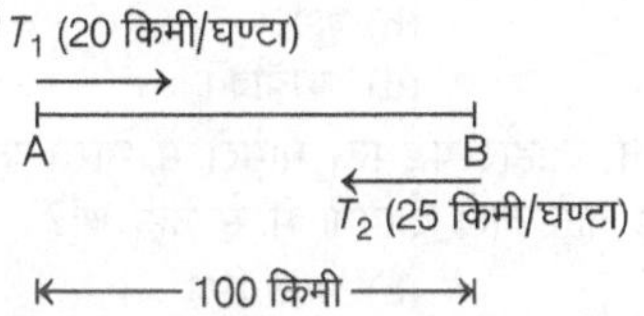

स्टेशन A से चलने वाली ट्रेन द्वारा 1 घण्टे में तय की गई दूरी $= (20 \times 1) = 20$ किमी

$\therefore$ शेष दूरी $= (100 - 20) = 80$ किमी

ट्रेनों की सापेक्षित चाल

$= (20 + 25) = 45$ किमी/घण्टा

दोनों ट्रेनों को एक -दूसरे से मिलने में लगा समय $= \frac{80}{45} = 1\frac{7}{9}$ घण्टे

$\approx$ 1 घण्टा 47 मिनट

$\therefore$ अभीष्ट समय $= 8:00 + 1:47$

$= 9:47$ पूर्वाह्न

86. *(c)*

$A \rightarrow 16$ — 13 — कुल कार्य 208 (16 और 26 का ल.स.)

$B \rightarrow 26$ — 8

$(A + B)$ का 1 दिन का कार्य

$= (13 + 8) = 21$

$\therefore (A + B)$ को पूरा कार्य करने में लगा समय $= \frac{208}{21} = 9\frac{19}{21}$ दिन

87. *(b)*

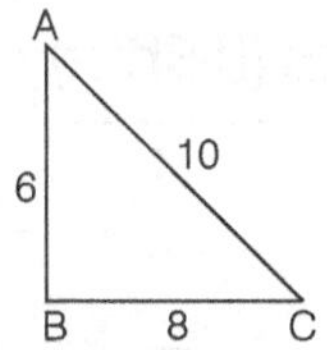

यहाँ, $AB^2 + BC^2 = AC^2$

$\therefore \Delta ABC$ एक समकोण त्रिभुज है।

$\therefore \Delta ABC$ का क्षेत्रफल $= \frac{1}{2} \times 6 \times 8$

$= 24$ सेमी^{2}

88. *(b)* $7 : 10 \Rightarrow \frac{7}{10} = 0.7$

$6 : 5 \Rightarrow \frac{6}{5} = 1.2$

$3 : 5 \Rightarrow \frac{3}{5} = 0.6$

$4 : 5 \Rightarrow \frac{4}{5} = 0.8$

अतः सबसे बड़ा अनुपात $= 6 : 5$

89. *(d)* फुटबॉल (गोले) का आयतन $= \frac{4}{3}\pi r^3$

प्रश्नानुसार,

$\frac{4}{3}\pi r^3 = 36\pi$

$\Rightarrow \quad r^3 = 27$

$\therefore \quad r = \sqrt[3]{27} = 3$ सेमी

अतः फुटबॉल की त्रिज्या = 3 सेमी

90. *(d)* दो असहभाज्य संख्या का म.स. = 1

$\therefore$ दो संख्याओं का गुणनफल

= ल.स. × म.स.

$\therefore$ संख्याओं का ल.स. $= \frac{306}{1} = 306$

91. *(a)* वर्ड प्रोसेसिंग सॉफ्टवेयर में मेन्यू बार के नीचे बटन या आइकन के समूह को टूलबार कहा जाता है। यह उपयोगकर्ताओं को विभिन्न कार्यों को जल्दी और आसानी से करने के लिए त्वरित एक्सेस प्रदान करता है; जैसे- फाइल सेव करना, टेक्स्ट फॉर्मेट करना आदि।

92. *(d)* Net BIOS का पूर्ण रूप Network Basic Input/Output System है। यह एक नेटवर्क प्रोटोकॉल है, जो कम्प्यूटर नेटवर्क में उपकरणों के बीच संचार करने के लिए उपयोग किया जाता है। यह नेटवर्क पर कम्प्यूटर को पहचानने, नामों को रिज़ॉल्व करने और डेटा ट्रांसफर करने में मदद करता है।

93. *(b)* एमएस-एक्सेल 365 में पंक्तियाँ ऐड करने का विकल्प Home टैब के Insert ग्रुप में होता है। आप जिस पंक्ति के ऊपर या नीचे नई पंक्ति जोड़ना चाहते हैं, उसे सेलेक्ट करके Home → Insert पर क्लिक कर सकते हैं, इससे आप शीट में आसानी से पंक्तियाँ या कॉलम जोड़ सकते हैं।

94. *(d)* विण्डोज 10 में एमएस-वर्ड 365 में, फॉण्ट-मेन्यू ड्रॉपडाउन लिस्ट में डिफॉल्ट फॉण्ट साइज 9 नहीं हो सकता। सामान्यतः एमएस-वर्ड में डिफॉल्ट फॉण्ट साइज 11 पिक्सल होता है और अन्य सामान्य फॉण्ट साइज जैसे 10 और 13 भी उपलब्ध होते हैं।

95. *(c)* इलेक्ट्रॉनिक मेल के प्रेषण तथा प्राप्ति हेतु सामान्यतः इण्टरनेट और ई-मेल प्रोटोकॉल का उपयोग किया जाता है। इसके लिए विभिन्न ई-मेल प्रोटोकॉल जैसे SMTP (ई-मेल भेजने के लिए) और POP3/IMAP (ई-मेल प्राप्त करने के लिए) काम करते हैं। यह प्रोटोकॉल्स ई-मेल सर्वरों के बीच डेटा का आदान-प्रदान करते हैं।

96. *(b)* एमएस-वर्ड 365 में पैराग्राफ को बढ़ाने के लिए Ctrl + M शॉर्टकट कुँजी का उपयोग किया जाता है। इस शॉर्टकट से पैराग्राफ को दाहिने ओर इण्डेण्ट किया जाता है। यह विशेष रूप से तब उपयोगी होता है, तब आप किसी दस्तावेज में संरचना और पैराग्राफ की पहचान को साफ और व्यवस्थित करना चाहते हैं।

97. *(d)* माइक्रोसॉफ्ट वर्ड सामान्यतः उपयोग किया जाने वाला एक प्रचलित वर्ड प्रोसेसिंग पैकेज है। यह वर्ड प्रोसेसिंग सॉफ्टवेयर है, जो दस्तावेज बनाने, सम्पादित करने और फॉर्मेट करने के लिए व्यापक रूप से उपयोग किया जाता है। इसे माइक्रोसॉफ्ट कम्पनी के द्वारा वर्ष 1983 में विकसित किया गया था।

98. *(a)* इलेक्ट्रॉनिक मेल (ई-मेल) की मानक संरचना में हेडर और बॉडी दोनों शामिल होते हैं। हेडर में ई-मेल से सम्बन्धित जानकारी जैसे प्रेषक, प्राप्तकर्ता, विषय और तिथि होती है, जबकि बॉडी में सन्देश का मुख्य कण्टेण्ट होता है।

99. *(c)* एमएस-एक्सेल 365 में वर्कबुक को सेव करने के लिए Crtl + S शॉर्टकट कुँजी का उपयोग किया जाता है। जब आप इस कुँजी को दबाते हैं, तो जो भी परिवर्तन आपने दस्तावेज में किए हैं, वे वर्तमान फाइल में सेव हो जाते हैं।

100. *(d)* Ctrl + P की-बोर्ड शॉर्टकट का उपयोग एमएस-एक्सेल स्प्रेडशीट को प्रिण्ट करने के लिए किया जाता है। जब आप इस शॉर्टकट को दबाते हैं, तो प्रिण्ट प्रीव्यू या प्रिण्ट डायलॉग बॉक्स खुल जाता है, जहाँ से आप प्रिण्टर, पेज सेटिंग्स, पेज रेंज और अन्य प्रिण्ट विकल्पों को कस्टमाइज कर सकते हैं और दस्तावेज को प्रिण्ट कर सकते हैं।

सॉल्वड पेपर 17 नवम्बर, 2023 (II Shift)

दिल्ली पुलिस सिपाही भर्ती परीक्षा 2023

1. भारत ने ओलम्पिक में हॉकी में अपना आखिरी स्वर्ण पदक कब जीता था?
(a) 1968 में (b) 1972 में
(c) 1980 में (d) 1976 में

2. प्राचीन भारत में, गौतमीपुत्र सातकर्णी द्वारा दक्कन में निम्नलिखित में से किस राजवंश को शक्ति प्रदान की गई थी?
(a) शक (b) सातवाहन
(c) कुषाण (d) पहलव

3. पवित्र शहर वाराणसी की पृष्ठभूमि में रचित 'काशी का अस्सी' के रचनाकार ...... हैं।
(a) काशीनाथ सिंह (b) कमलेश्वर
(c) केदारनाथ सिंह (d) अमृता प्रीतम

4. बाजार मूल्य पर शुद्ध राष्ट्रीय उत्पाद को किस प्रकार परिभाषित किया जा सकता है?
(a) बाजार मूल्य पर शुद्ध घरेलू उत्पाद और विदेश से शुद्ध आय
(b) बाजार मूल्य प्लस मूल्यह्रास में सकल राष्ट्रीय उत्पाद
(c) बाजार मूल्य माइनस मूल्यह्रास पर शुद्ध घरेलू उत्पाद
(d) विदेशों से बाजार मूल्य माइनस शुद्ध आय पर शुद्ध घरेलू उत्पाद

5. प्रसिद्ध नृत्य व्यक्तित्व राजर्षि भाग्य चन्द्र को निम्न में से किस अन्य नाम से भी जाना जाता है?
(a) निगथों चिंग-थांग खोम्बा
(b) भासा
(c) भरत मुनि
(d) रीवा प्रसाद द्विवेदी

6. विजयालय, जो उरैपुर के प्राचीन मुख्यत: चोलों के परिवार से थे, ने 9वीं शताब्दी के मध्य में मुत्तरैयार से डेल्टा पर कब्जा कर लिया और .... शहर का निर्माण किया।
(a) दारासुरम (b) कांचीपुरम
(c) वेंगी (d) तन्जावुर

7. निम्नलिखित में से कौन-सा आज्ञापत्र किसी लोकसेवक को उसके आधिकारिक कर्त्तव्यों को ठीक से करने या शक्ति का दुरुपयोग न करने का आदेश देने के लिए न्यायालय द्वारा जारी किया जाता है?
(a) परमादेश (b) अधिकार पृच्छा
(c) निषेधाज्ञा (d) बन्दी प्रत्यक्षीकरण

8. 2011 की जनगणना के अनुसार, कौन-सा भारतीय जनसांख्यिकीय समूह सामान्यत: उच्च साक्षरता दर प्रदर्शित करता है?
(a) शहरी पुरुष
(b) शहरी महिलाएँ
(c) ग्रामीण महिलाएँ
(d) ग्रामीण पुरुष

9. बेसाल्टिक मैग्मा का स्रोत कौन-सा क्षेत्र है?
(a) निचला मेण्टल (b) कोर
(c) संक्रमण क्षेत्र (d) ऊपरी मेण्टल

10. .... काल के दौरान राजाओं के पास राजधानी, महल या नियमित सेना नहीं थी, न ही वे कर एकत्र करते थे।
(a) हुना (b) शुग
(c) मौर्य (d) ऋग्वैदिक

11. निम्नलिखित में से कौन, लाहौर षड्यन्त्र मामले में भारत की ब्रिटिश सरकार द्वारा मृत्युदण्ड पाने वाले दोषियों में से नहीं था?
(a) सुखदेव थापर (b) भगत सिंह
(c) शिवराम राजगुरु (d) उधम सिंह

12. उपराष्ट्रपति पद के लिए नामांकन दाखिल करने हेतु, उम्मीदवार को कम-से-कम .... निर्वाचकों द्वारा प्रस्तावित किया जाना चाहिए।
(a) 20 (b) 25
(c) 30 (d) 40

13. भारतीय संविधान के अनुच्छेद 32 के तहत कितने रिट (Writ) प्रत्याभूत हैं?
(a) छ: (b) तीन (c) चार (d) सात

14. रेपो दर के सम्बन्ध में निम्नलिखित में से कौन-सा कथन गलत है?
(a) यह एक नीति दर है, जो केन्द्रीय बैंक की प्रमुख उधार दर है और इसका नामकरण देश दर देश भिन्न होता है।
(b) यह मूल्य स्थिरता के साथ विकास के वृद्ध आर्थिक उद्देश्यों को प्राप्त करने के लिए मौद्रिक नीति के रुख का संकेत देने वाली एकल नीति दर है।
(c) यह वह दर है, जिस पर वाणिज्यिक बैंक आरबीआई से धन उधार लेते हैं।
(d) यह वह दर है, जिस पर बैंक अपनी धनराशि आरबीआई के पास रखते हैं और सम्पार्श्विक प्राप्त करते हैं।

15. भारत में थियोसोफिकल सोसायटी के आन्दोलन को किसने लोकप्रिय बनाया?
(a) ऐनी बेसेण्ट (b) रामकृष्ण भण्डारकर
(c) केशवचन्द्र सेन (d) स्वामी विवेकानन्द

16. अलरमेल वल्ली और रुक्मिणी देवी अरुण्डेल भारतीय नृत्य की निम्नलिखित में से किस शैली से जुड़ी हैं?
(a) कथकली (b) कुचिपुड़ी
(c) कथक (d) भरतनाट्यम

17. भारतीय संविधान का निम्नलिखित में से कौन-सा भाग राज्य के नीति निर्देशक सिद्धान्तों से सम्बन्धित है?
(a) भग XX (b) भाग IV
(c) भाग XI (d) भाग XIV

18. निम्नलिखित में से कौन राजीव गाँधी खेल रत्न पुरस्कार पाने वाले पहले व्यक्ति हैं?
(a) सुनील छेत्रा (b) विराट कोहली
(c) विश्वनाथन आनन्द (d) ध्यानचन्द

19. इण्डो इस्लामिक निर्माण में ······ और चूना गारा निर्माण का एक महत्त्वपूर्ण घटक था।
(a) पत्थर (b) लकड़ी
(c) कंक्रीट (d) कीचड़

20. उस भारतीय नर्तक की पहचान करें, जिसे कुचिपुड़ी में उसके योगदान के लिए संगीत नाटक अकादमी पुरस्कार 2021 से सम्मानित किया गया।
(a) कलामंडलम गिरिजा (b) बिजय कुमार जेना
(c) भुवन कुमार (d) एन शैलजा

21. औद्योगिक उत्पादन सूचकांक (IIP) एक ऐसा सूचकांक है, जो एक नियत अवधि में अर्थव्यवस्था के विभिन्न उद्योग समूहों में विकास दर को दर्शाता है। आईआईपी (IIP) का आधार वर्ष क्या है?
(a) 2012-13 (b) 2010-11
(c) 2004-05 (d)2011-12

22. एलोरा की गुफाएँ कहाँ स्थित हैं?
(a) फतेहपुर सीकरी (b) इन्दौर
(c) दिल्ली (d) औरंगाबाद

23. कोशिका से राइबोसोम को अलग करने के लिए किस विधि का उपयोग किया जाता है?
(a) आसवन (b) क्रोमैटोग्राफी
(c) अल्ट्रासेण्ट्रीफ्यूगेशन (d) निस्पन्दन

24. निम्नलिखित भारतीय मौसमों को उनकी फसलों के साथ सही सुमेलित कीजिए

	मौसम		फसल
A.	खरीफ	1.	चारा
B.	रबी	2.	गेहूँ
C.	जायद	3.	चावल

कूट

	A	B	C		A	B	C
(a)	1	2	3	(b)	3	1	2
(c)	2	3	1	(d)	3	2	1

25. भारतीय संविधान का भाग XIX निम्नलिखित में से किससे सम्बन्धित है?
(a) आपातकालीन प्रावधान (b) विविध
(c) निर्वाचन (d) संविधान संशोधन

26. .... क्षेत्र, भारत में श्रम शक्ति का सबसे बड़ा नियोक्ता है।
(a) कुटीर उद्योग (b) कृषि
(c) लघु उद्योग (d) वित्तीय सेवा

27. भारतीय बास्केटबॉल महासंघ की स्थापना किस वर्ष हुई थी?
(a) 1947 में (b) 1950 में
(c) 1920 में (d) 1951 में

28. राज्य लोक सेवा आयोग के अध्यक्ष को निम्नलिखित में से किसके द्वारा हटाया जा सकता है?
(a) भारत के राष्ट्रपति (b) राज्य के राज्यपाल
(c) राज्य के मुख्यमन्त्री (d) भारत के प्रधानमन्त्री

29. निम्नलिखित में से किसे वर्ष 1997 में संगीत के लिए जापान आर्ट एसोसिएशन का प्रेमियम इम्पीरियल पुरस्कार मिला?
(a) उस्ताद बिस्मिल्लाह खाँ (b) उस्ताद अल्लार खाँ
(c) पण्डित शिव कुमार शर्मा (d) पण्डित रविशंकर

30. भारत की 2011 की जनगणना के अनुसार, किस केन्द्र शासित प्रदेश की साक्षरता दर सबसे कम है?
(a) लक्षद्वीप (b) दादरा और नगर हवेली
(c) अण्डमान और निकोबार (d) चण्डीगढ़

31. भारत सरकार की किस पहल का एक नया चरण 2022 में 'कचरा मुक्त शहर' बनाने की समग्र दृष्टि और मल कीचड़ प्रबन्धन सहित अपशिष्ट जल उपचार के नए घटक के साथ शुरू किया गया था?
(a) स्वच्छ भारत मिशन (शहरी) 2.0
(b) भारत में अपशिष्ट जल प्रबन्धन ढाँचा
(c) ग्रामीण खुले में शौच मुक्त पहल
(d) स्वच्छ भारत मिशन (शहरी) 3.0

32. भारत की दशकीय जनगणना, किस जनगणना अधिनियम के तहत् की जाती है?
(a) जनगणना अधिनियम, 1955
(b) जनगणना अधिनियम, 2010
(c) जनगणना अधिनियम, 1948
(d) जनगणना अधिनियम, 2001

33. किस विदेशी शक्ति ने भारतीय काली मिर्च के व्यापार को शाही एकाधिकार बना दिया?
(a) फ्रेंच (b) स्पेनिश
(c) डच (d) पुर्तगाली

34. सिक्ख धर्म के निम्नलिखित गुरुओं में से कौन अन्तिम गुरु थे?
(a) गुरु हरगोबिन्द निम्नलिखित
(b) गुरु अमर दास
(c) गुरु अंगद
(d) गुरु गोविन्द सिंह

35. नवम्बर, 2022 तक भारतीय इतिहास में निम्नलिखित में से किस अवधि में राजपथ (जिसे अब कर्त्तव्य पथ कहा जाता है) गणतन्त्र दिवस परेड नहीं किया गया था?
(a) 2000-2004 (b) 2006-2008
(c) 1990-1994 (d) 1950-1954

36. निम्नलिखित में से किसने 'एन ऑटोबायोग्राफी ऑफ एन अननोन इण्डियन' लिखी है?
(a) नीरद सी. चौधरी (b) प्रकाश टण्डन
(c) बी. आर. अम्बेडकर (d) स्वामी राम

37. वर्ष 2021-22 में, भारत से जूट का सबसे बड़ा आयातक कौन-सा देश था?
(a) जापान (b) फ्रांस
(c) यूएसए (d) इटली

38. लोकप्रिय लोकनृत्य 'लावणी' में निम्नलिखित में से किस तालवाद्य यन्त्र का प्रयोग किया जाता है?
(a) जाइलोफोन (b) ढोलक
(c) पियानो (d) स्ले घण्टी

39. निम्नलिखित में से कौन-सा त्योहार मुख्य रूप से पारसी समुदाय द्वारा मनाया जाता है?
(a) सोंगक्रान (b) जश्न-ए-मिहरागन
(c) दीपावली (d) मिलाद-उन-नबी

40. एक बैंकिंग करने वाले विद्यार्थी ने केक बेक करना शुरू किया। कुछ देर बाद उसे पता चला कि उनका केक फूल नहीं रहा है और सख्त है। ऐसा इसलिए हुआ क्योंकि वह .... घटक (ingredient) डालना भूल गया था।
(a) दूध (b) अधिक केक आटा
(c) बेकिंग पाउडर (d) वेनीला सत्व

41. निम्नलिखित में से कौन-सा राजकोषीय सुधार का घटक नहीं है?
(a) सार्वजनिक व्यय सुधार
(b) सामाजिक ऋण पर नियन्त्रण
(c) तारशन सुधार
(d) ब्याज दर में परिवर्तन

42. तालाब पारिस्थितिकी तन्त्र का सबसे गहरा, वनस्पति-रहित और दलदली क्षेत्र क्या कहलाता है?
(a) समशीतोष्ण क्षेत्र (b) उष्णकटिबन्धीय क्षेत्र
(c) लॉटिक क्षेत्र (d) गहन क्षेत्र

43. निम्नलिखित में से कौन-सी प्रायद्वीपीय नदी पश्चिम की ओर बहती है?
(a) गोदावरी (b) कृष्णा
(c) कावेरी (d) नर्मदा

44. वर्ष 2017 में निम्न में से किस देश ने अण्डर-17 फुटबॉल विश्वकप की मेजबानी की थी?
(a) थाईलैण्ड (b) भारत
(c) संयुक्त अरब अमीरात (d) संयुक्त राज्य अमेरिका

45. निम्नलिखित में से कौन-सा वनस्पति जगत का सबसे प्रमुख वनस्पति है?
(a) टेरिडोफाइट (b) एंजियोस्पर्म
(c) जिम्नोस्पर्म (d) ब्रायोफाइटा

46. निम्नलिखित में से कौन-सा वर्ष 1991 में रुपए के अवमूल्यन का भारतीय मुद्रा का अन्तर्राष्ट्रीय समायोजन करने का प्रभाव नहीं था?
(a) बढ़ गया Sports
(b) वृद्धि हुई आयात
(c) विदेशी पूँजी का प्रभाव बढ़ा था
(d) आयात में कमी

47. संविधान निर्माताओं द्वारा .... को प्रख्यापित 'पूर्ण स्वराज' घोषणा की स्मृति में प्रत्येक 26 जनवरी को गणतन्त्र दिवस मनाने का निर्णय लिया गया था।
(a) 26 जनवरी, 1931 (b) 26 जनवरी, 1932
(c) 26 जनवरी, 1929 (d) 26 जनवरी, 1930

48. 'पॉवर्टी एण्ड अन-ब्रिटिश रूल इन इण्डिया' शीर्षक पुस्तक के लेखक कौन थे?
(a) दादाभाई नौरोजी (b) सुभाषचन्द्र बोस
(c) सरदार वल्लभभाई पटेल (d) महात्मा गाँधी

49. तोताराम शर्मा, पण्डित अयोध्या प्रसाद, गोपाल दास और बाबू राम शंकर पागलदास निम्नलिखित में से किस वाद्ययन्त्र के प्रसिद्ध वादक हैं?
(a) पखावज (b) सरोद
(c) सारंगी (d) मृदंगम

50. निम्नलिखित में से किसके कारण सुनामी लहरें आती हैं?
(a) चन्द्रमा का बाहरी भाग (b) पृथ्वी का आन्तरिक भाग
(c) पृथ्वी का बाहरी भाग (d) चन्द्रमा का आन्तरिक भाग

51. विकल्पों में से उस आकृति का चयन करें, जो पैटर्न को पूरा करने के लिए नीचे दी गई आकृति में प्रश्नचिह्न (?) को प्रतिस्थापित करेगी।

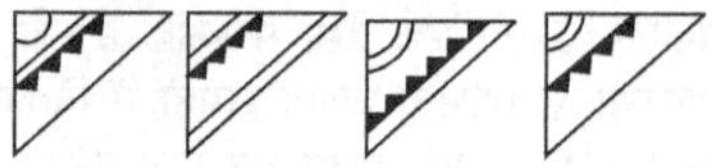

(a) (b) (c) (d)

52. एक पासे के विभिन्न फलकों पर छ: अंक 1, 2, 3, 4, 5 और 7 लिखे गए हैं। इस पासे की दो स्थितियों को आकृति में दिखाया गया है। यदि दोनों सम संख्याएँ पासे के विपरीत फलकों पर लिखी जाती हैं, तो '1' के विपरीत फलक पर संख्या ज्ञात कीजिए।

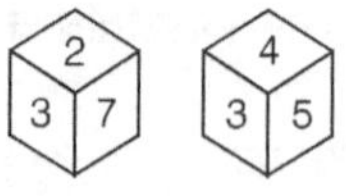

(a) 5 (b) 3
(c) 7 (d) 2

53. निम्नलिखित में से प्रत्येक प्रश्न में चार प्रश्न आकृतियाँ 1, 2, 3 और 4 तथा उनके बाद चार उत्तर आकृतियाँ दी गई हैं। उत्तर आकृतियों में से उस आकृति का चयन करें, जो चार प्रश्न आकृतियों द्वारा बनाई श्रृंखला को जारी रखेगी।

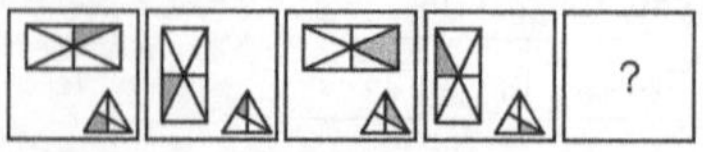

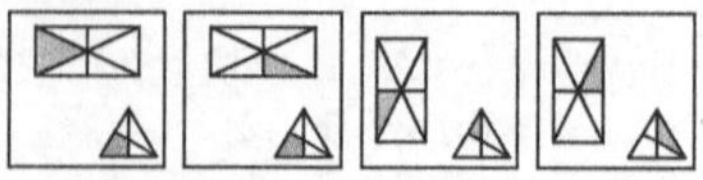

(a) (b) (c) (d)

54. निम्नलिखित में से कौन-सी विकल्प आकृति, नीचे दी गई आकृति के स्वरूप (पैटर्न) को पूरा करेगी?

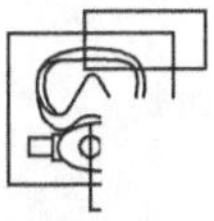

(a) (b) (c) (d)

55. दिए गए विकल्पों में से उस आकृति का चयन करें, जो पैटर्न पूरा करने के लिए नीचे दी गई आकृति में प्रश्नचिह्न (?) के स्थान पर आएगी।

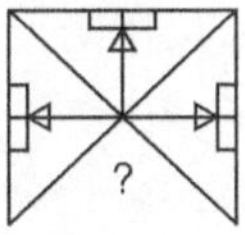

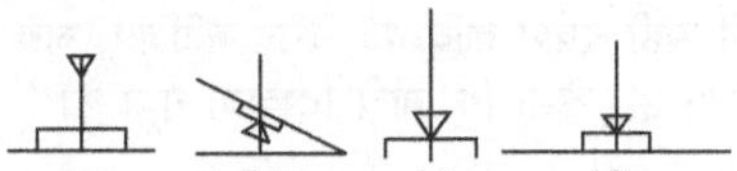

(a) (b) (c) (d)

56. उस विकल्प का चयन करें, जो पाँचवें अक्षर-समूह से उसी प्रकार सम्बन्धित है, जिस प्रकार दूसरा अक्षर-समूह, पहले अक्षर-समूह से सम्बन्धित है और चौथा अक्षर-समूह, तीसरे अक्षर-समूह से सम्बन्धित है।

GIVE : JLYH :: TAKE : WDNH :: COPY : ?

(a) ERSB (b) FRSC
(c) FRSB (d) FRRC

57. अक्षरों के उस संयोजन का चयन कीजिए, जिसे दी गई श्रृंखला के रिक्त स्थानों में क्रमिक रूप से रखने पर श्रृंखला पूरी हो जाएगी।

TP_BD_T_R_ _QT_RB_Q_PRB _ _ T_ _ BDQ

(a) PBPRDTRQDPBR (b) RQPBDPDTDQPR
(c) PBPTRQRDDPBR (d) RQPBPRDPBDTR

58. दी गई आकृति में कितने त्रिभुज हैं?

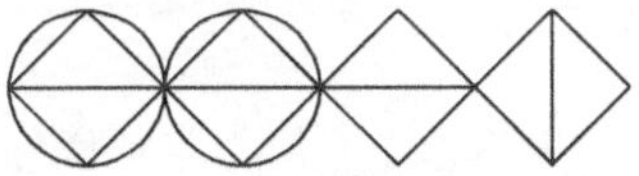

(a) 8 (b) 7 (c) 9 (d) 6

59. दिए गए कथनों और निष्कर्षों को ध्यानपूर्वक पढ़ें। यह मानते हुए कि कथनों में दी गई जानकारी सत्य है, भले ही वह सामान्य रूप से ज्ञात तथ्यों से भिन्न प्रतीत होती हों, तय करें कि दिए गए निष्कर्षों में से कौन-सा/से निष्कर्ष कथनों का तार्किक रूप से अनुसरण करता है/करते हैं?

कथन

सभी पेन, लैपटॉप हैं।

सभी लैपटॉप, कम्प्यूटर हैं।

निष्कर्ष

I. सभी पेन, कम्प्यूटर हैं।

II. सभी लैपटॉप, पेन हैं।

(a) निष्कर्ष I और II दोनों अनुसरण करते हैं
(b) केवल निष्कर्ष I अनुसरण करता है
(c) न तो निष्कर्ष I और न ही II अनुसरण करता है
(d) केवल निष्कर्ष II अनुसरण करता है

60. एक कागज को नीचे दिखाए अनुसार मोड़ा और काटा जाता है। खोलने पर यह कैसा दिखाई देगा?

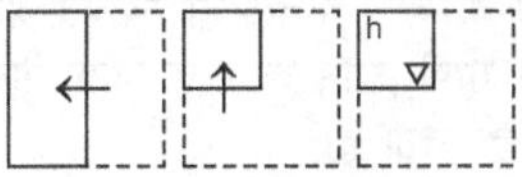

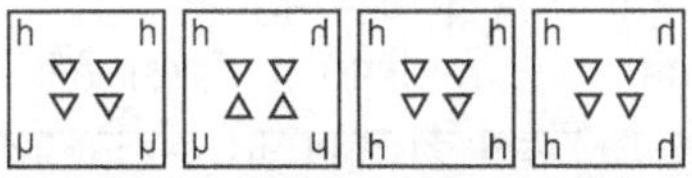

(a) (b) (c) (d)

61. दिए गए चार विकल्पों में से उस आकृति का चयन करें, जिसे आकृति (X) के रिक्त स्थान में रखने पर यह प्रतिरूप पूरा हो जाएगा।

(X)

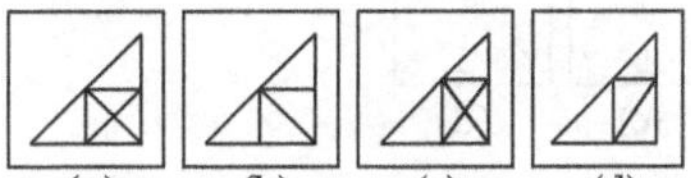

(a) (b) (c) (d)

62. उस समुच्चय का चयन कीजिए, जिसमें संख्याएँ उसी प्रकार सम्बन्धित हैं, जिस प्रकार निम्नलिखित समुच्चयों की संख्याएँ सम्बन्धित हैं। (**नोट** संख्याओं को उसके घटक अंकों में विभाजित किए बिना, पूर्ण संख्याओं पर संक्रियाएँ की जानी चाहिए। उदाहरण के लिए 13- इसमें 13 पर जोड़ने / घटाने / गुणा करने आदि जैसी संक्रियाओं को 13 में किया जा सकता है। 13 को 1 और 3 में विभाजित करने और फिर 1 और 3 पर गणितीय संक्रियाएँ करने की अनुमति नहीं है)

(4, 39), (5, 100)

(a) (6,192) (b) (3, 2)
(c) (9,684) (d) (12, 153)

63. एक घन (पासा) के छ: फलकों पर छ: अलग-अलग संख्याएँ हैं। दी गई आकृति में इस घन की तीन विभिन्न स्थितियों को दिखाया गया है। '1' के विपरीत फलक पर कौन-सी संख्या है?

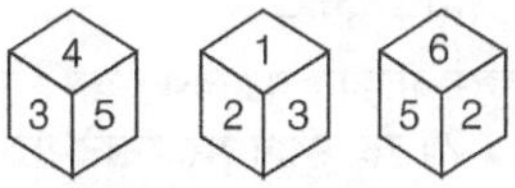

(a) 4 (b) 2
(c) 6 (d) 5

64. निम्नलिखित श्रृंखला में पैटर्न को जारी रखने के लिए किस आकृति द्वारा प्रश्नवाचक चिह्न (?) को प्रतिस्थापित किया जाना चाहिए?

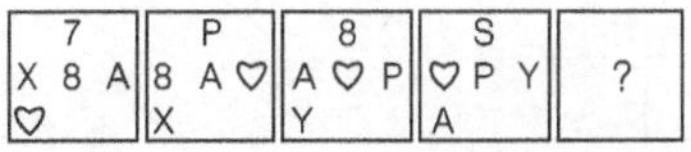

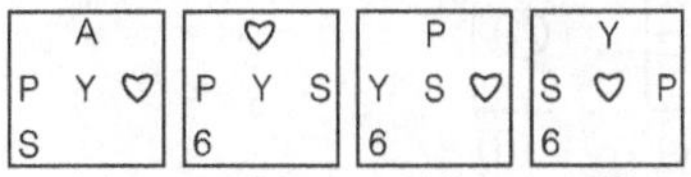

(a) (b) (c) (d)

65. छः छात्र, राम, गोपी, सीता, विमल, टोनी और जॉन, एक सीधी पंक्ति में उत्तर की ओर मुख करके बैठे हैं। सीता के बाएँ केवल दो व्यक्ति बैठे हैं। सीता और विमल के बीच केवल दो व्यक्ति बैठे हैं। राम, टोनी के ठीक दाएँ बैठा है। गोपी, जॉन के ठीक बाएँ बैठा है। जॉन, विमल के ठीक बगल में नहीं बैठा है।

पंक्ति के बाएँ सिरे से दूसरे स्थान पर कौन बैठा है?

(a) जॉन (b) राम (c) विमल (d) टोनी

66. दिए गए विकल्पों में से उस संख्या का चयन करें, जो निम्नलिखित शृंखला में प्रश्नचिह्न (?) के स्थान पर आ सकती है।

4, 10, 17, 25, ?, 44

(a) 31 (b) 33 (c) 32 (d) 34

67. निम्नलिखित शृंखला को जारी रखने के लिए प्रश्नचिह्न (?) के स्थान पर कौन-सी आकृति आनी चाहिए?

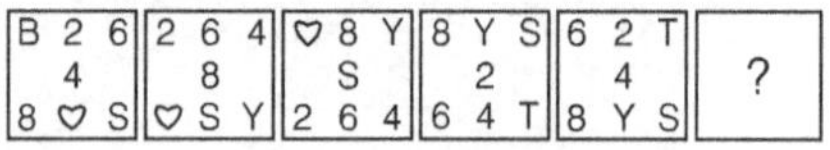

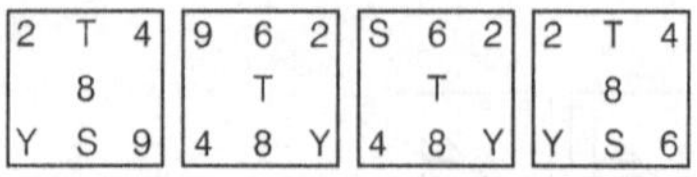

(a) (b) (c) (d)

68. एक निश्चित कूटभाषा में, 'EXIT' को 'FJYU' के रूप में लिखा जाता है और 'HIDE' को 'IEJF' के रूप में लिखा जाता है। उसी भाषा में 'GAME' को कैसे लिखा जाएगा?

(a) FNBD (b) HNBF
(c) HBNF (d) FBND

69. दिए गए समीकरण में * चिह्नों को क्रमिक रूप से बदलने और समीकरण को सन्तुलित करने के लिए निम्नलिखित विकल्पों में से गणितीय चिह्नों के सही संयोजन का चयन कीजिए।

16 * 4 * 20 * 82 * 14 * 148

(a) × ÷ + − = (b) ÷ × + = −
(c) ÷ × + − = (d) ÷ + × − =

70. निम्नलिखित समीकरण को सही बनाने के लिए किन दो चिह्नों को आपस में बदला जाना चाहिए?

$99 \div 8 + 2 - 16 \times 4 = 39$

(a) − और × (b) × और +
(c) ÷ और − (d) ÷ और +

71. दी गई विकल्प आकृतियों में से उस आकृति का चयन करें, जिसे नीचे दी गई आकृति में प्रश्नचिह्न (?) के स्थान पर रखने पर प्रतिरूप (पैटर्न) पूरा हो जाएगा।

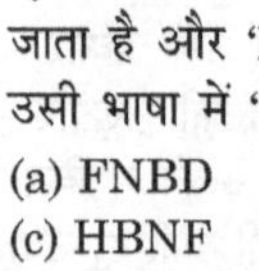

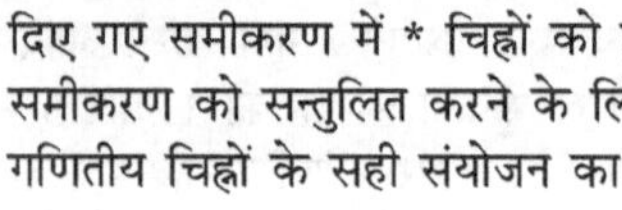

(a) (b) (c) (d)

72. उस विकल्प आकृति का चयन करें, जो नीचे दी गई आकृति में प्रश्नवाचक चिह्न (?) के स्थान पर आएगी और पैटर्न को पूरा करेगी।

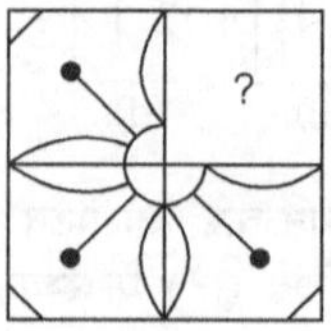

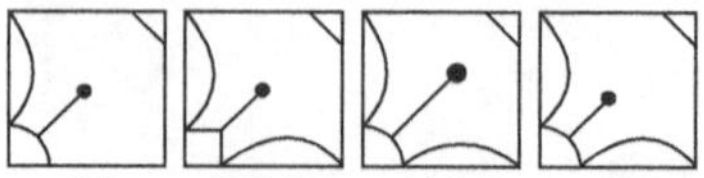

(a) (b) (c) (d)

73. दिए गए संयोजन की सही दर्पण छवि का चयन कीजिए, जब दर्पण को 'PQ' पर रखा गया हो, जैसा कि नीचे दिखाया गया है।

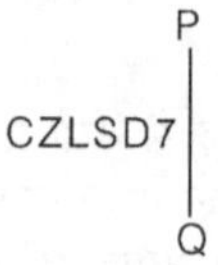

74. उस विकल्प का चयन करें, जो चौथी संख्या से उसी प्रकार सम्बन्धित है, जिस प्रकार पहली संख्या, दूसरी संख्या से सम्बन्धित है और पाँचवीं संख्या, छठी संख्या से सम्बन्धित है।

70 : 625 :: ? : 144 : 37 : 196

(a) 45 (b) 35 (c) 41 (d) 31

75. एक पासे के अलग-अलग फलकों पर छः अक्षर L, M, N, O, P और Q लिखे गए हैं। इस पासे की दो अलग-अलग स्थितियाँ चित्र में दर्शायी गई हैं। उस अक्षर का चयन करें, जो O वाले फलक के विपरीत फलक पर होगा।

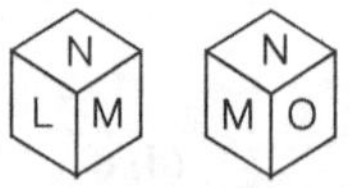

(a) N (b) P (c) L (d) O

76. एक निश्चित धनराशि पर 3 वर्ष के लिए 8% प्रति वर्ष की दर से चक्रवृद्धि ब्याज ₹ 4058 है। उसी धनराशि पर 10% प्रति वर्ष की दर से 4 वर्ष का साधारण ब्याज ज्ञात कीजिए।

(a) ₹ 6250 (b) ₹ 6052
(c) ₹ 6025 (d) ₹ 6520

77. चार संख्याओं का औसत 20 है और इन चार संख्याओं में से एक संख्या 26 है। शेष तीन संख्याओं का औसत क्या है?

(a) 17 (b) 19 (c) 16 (d) 18

78. एक शिविर में 60 विद्यार्थियों के लिए 18 दिनों के लिए खाद्य पदार्थ है। यदि शिविर में विद्यार्थियों की संख्या बढ़ाकर 72 कर दी जाए, तो वही खाद्य पदार्थ कितने दिनों में समाप्त हो जाएगा?

(a) 8 दिन (b) 18 दिन
(c) 12 दिन (d) 15 दिन

79. एक मन्दिर का शीर्ष एक खोखला अर्द्धगोलाकार गुंबद है, जिसकी आन्तरिक त्रिज्या 2 इकाई और बाह्य त्रिज्या 3 इकाई है। मन्दिर के शीर्ष को बनाने के लिए कंक्रीट की कितनी मात्रा (घन इकाई में) का उपयोग किया गया है?

(a) $\frac{17\pi}{3}$ (b) $\frac{38\pi}{3}$ (c) $\frac{19\pi}{3}$ (d) $\frac{19\pi}{6}$

80. एक पिता की आयु और उसके पुत्र की आयु का अनुपात 7 : 4 है। यदि उनकी आयु (वर्षों में) का गुणनफल 1008 है, तो 10 वर्ष बाद पिता की आयु और पुत्र की आयु का अनुपात क्या होगा?

(a)17 : 13 (b) 26 : 17
(c) 23 : 21 (d) 11 : 13

81. 15% और 20% की क्रमिक छूटों के बाद, एक वस्तु को ₹ 680 में बेचा गया। वस्तु का अंकित मूल्य क्या है?

(a) ₹ 1000 (b) ₹ 1500
(c) ₹ 3000 (d) ₹ 2000

82. यदि 8 वर्ष का साधारण ब्याज मूलधन के 40% के बराबर है, तो कितने वर्षों बाद यह मूलधन के बराबर हो जाएगा?

(a)18 (b)20
(c)25 (d)15

83. $\frac{1.75}{9}$, $\frac{5.6}{12}$ और $\frac{7}{18}$ के म.स. की गणना कीजिए।

(a) $\frac{11}{180}$ (b) $\frac{13}{180}$ (c) $\frac{17}{180}$ (d) $\frac{7}{180}$

84. 600 किमी की यात्रा में यदि 120 किमी यात्रा ट्रेन द्वारा और शेष कार द्वारा की जाती है, तो आठ घण्टे लगते हैं। यदि 200 किमी यात्रा ट्रेन द्वारा और शेष कार द्वारा तय की जाती है, तो इसमें 20 मिनट अधिक लगते हैं। ट्रेन की चाल और कार की चाल का अनुपात है

(a) 1 : 3 (b) 3 : 4
(c) 1 : 2 (d) 2 : 3

85. किरण, वरुण को 10% के लाभ पर एक वस्तु बेचती है। वरुण उस वस्तु को ₹ 1155 में अरुण को बेच देता है और 5% का लाभ अर्जित करता है। किरण ने किस मूल्य पर वस्तु खरीदी थी?

(a) ₹ 1500 (b) ₹ 2000
(c) ₹ 2500 (d) ₹ 1000

86. एक वस्तु की कीमत में 22% की वृद्धि हुई। इसके उपभोग को कितने प्रतिशत (दशमलव के दो अंकों तक सही) से कम किया जाना चाहिए, ताकि कुल व्यय समान रहे?

(a) 20.03% (b) 18.03%
(c) 21.22% (d)19.89%

87. 8 सेमी त्रिज्या वाले सीसे के एक अर्द्धगोले को 64 सेमी ऊँचाई वाले एक लम्बवृत्तीय शंकु में ढाला जाता है। शंकु के आधार की त्रिज्या ज्ञात कीजिए। (जहाँ, $\pi = \frac{22}{7}$)

(a) 4 सेमी (b) $2\sqrt{2}$ सेमी
(c) $4\sqrt{2}$ सेमी (d) 8 सेमी

88. $(2\times2\times3\times3\times5\times7\times7\times11)$, $(2\times3\times3\times5\times11)$, $(2\times3\times3\times5\times7\times11\times11)$, $(2\times3\times3\times5\times5\times11)$, $(2\times3\times5\times7\times7)$ का महत्तम समापवर्तक (HCF) ज्ञात करें।

(a) 30 (b) 66
(c) 105 (d) 42

89. एक वस्तु का विक्रय मूल्य इसके क्रय मूल्य से 15% अधिक है और इसे बेचकर दुकानदार ₹ 25 का लाभ अर्जित करता है। वस्तु का विक्रय मूल्य क्या है?

(a) ₹ 177.67 (b) ₹ 181.67
(c) ₹ 166.67 (d) ₹ 191.67

90. निम्नलिखित में से कौन-सा भिन्न सबसे छोटा है?

$\frac{17}{21}, \frac{9}{11}, \frac{16}{19}, \frac{13}{15}$

(a) $\frac{9}{11}$ (b) $\frac{17}{21}$
(c) $\frac{13}{15}$ (d) $\frac{16}{19}$

91. परस्पर जुड़े कम्प्यूटरों और उपकरणों के वैश्विक नेटवर्क को क्या कहा जाता है?

(a) मानेट (b) इण्टरनेट
(c) इण्ट्रानेट (d) एथेनेट

92. माइक्रोसॉफ्ट-वर्ड 365 डॉक्यूमेण्ट किस प्रकार प्रिण्ट किया जाता है?

(a) रेडी प्रिण्टर कमाण्ड को सेलेक्ट करके
(b) प्रिण्ट कमाण्ड को सेलेक्ट करके और फिर 'OK' को सेलेक्ट करके
(c) प्रिण्ट कमाण्ड को सेलेक्ट करके
(d) रेडी प्रिण्टर कमाण्ड को सेलेक्ट करके और फिर 'OK' को सेलेक्ट करके

93. एमएस-एक्सेल 365 में, एमएस-एक्सेल का निम्नलिखित में से कौन-सा कीबोर्ड शॉर्टकट हमें एक नई स्प्रेडशीट ओपन करने की सुविधा देगा?

(a) Alt + O (b) Shift + N
(c) Ctrl + O (d) Ctrl + N

94. एमएस-वर्ड 365 में, यदि आप किसी डॉक्यूमेण्ट के पेज 1, 3, और 5 को प्रिण्ट करना चाहते हैं, तो आपको निम्नलिखित में से किस पेज रेंज को सेलेक्ट करना चाहिए?

(a) 1, 3-5 (b) 1-3, 5
(c) 1-5 (d) 1, 3, 5

95. एमएस-वर्ड 3657 के वर्ड डॉक्यूमेण्ट में टेक्स्ट को एक स्थान से दूसरे स्थान पर ले जाने के लिए निम्न में से किसका उपयोग किया जाता है?

(a) टेक्स्ट को काटें और इच्छित स्थान पर चिपकाएँ
(b) चयनित परीक्षण की प्रतिलिपि बनाएँ
(c) चयनित टेक्स्ट का चयन करें और काटें
(d) परीक्षण को कॉपी करें और इच्छित स्थान पर पेस्ट करें

96. एमएस-एक्सेल 365 में, निम्नलिखित में से कौन-सा विकल्प माइक्रोसॉफ्ट एक्सेल में टेबल बनाने का एक लाभ नहीं है?

(a) बढ़ी हुई डेटा अखण्डता और सटीकता
(b) बेहतर कैलकुलेशन क्षमता
(c) ऑटोमेटिक फिल्टरिंग और सॉर्टिंग विकल्प
(d) उन्नत विसुअल अपील और फॉर्मेटिंग

97. MS-Excel 365 में, Microsoft Excel 365 में चयनित पंक्ति के ऊपर एक नई पंक्ति सम्मिलित करने के लिए, आपको किस कमाण्ड का उपयोग करना चाहिए?

(a) पंक्ति सम्मिलित करें (b) कॉलम हटाएँ
(c) पंक्ति हटाएँ (d) कॉलम डालें

98. टेक्स्ट को सुपरस्क्रिप्ट में बदलने के लिए निम्नलिखित में से कौन-सा ऑप्शन सही है?

(a) Ctrl + Shift + U (b) Ctrl + Shift +
(c) Shift + S (d) Ctrl + Shift + +

99. निम्नलिखित में से कौन-सा विकल्प, ई-मेल एड्रेस की सही संरचना (स्ट्रक्चर) है?

(a) name-domain.com
(b) name@domain.com
(c) name.com
(d) name@com_domain

100. एमएस-वर्ड 365 से सम्बन्धित निम्नलिखित में से कौन-सा/से कथन सही है/हैं?

A. 'सेव' आपको पहले से सेव की गई फाइल को नए कण्टेण्ट के साथ अपडेट करने की सुविधा देता है।

B. 'सेव एज' आपको एक नई फाइल या मौजूदा फाइल को उसी नाम से या अलग नाम से एक नए स्थान पर सेव करने की सुविधा देता है।

कूट

(a) केवल A (b) केवल B
(c) A और B दोनों (d) न तो A और न ही B

उत्तरमाला

1. (c)	2. (b)	3. (a)	4. (a)	5. (a)	6. (d)	7. (a)	8. (a)	9. (d)	10. (d)
11. (d)	12. (a)	13. (b)	14. (d)	15. (a)	16. (d)	17. (b)	18. (c)	19. (c)	20. (d)
21. (d)	22. (d)	23. (c)	24. (d)	25. (b)	26. (b)	27. (b)	28. (a)	29. (d)	30. (b)
31. (a)	32. (c)	33. (d)	34. (d)	35. (d)	36. (a)	37. (c)	38. (b)	39. (b)	40. (c)
41. (d)	42. (d)	43. (d)	44. (b)	45. (b)	46. (b)	47. (d)	48. (a)	49. (a)	50. (b)
51. (d)	52. (b)	53. (b)	54. (b)	55. (d)	56. (c)	57. (b)	58. (a)	59. (b)	60. (b)
61. (a)	62. (b)	63. (d)	64. (b)	65. (a)	66. (d)	67. (a)	68. (b)	69. (c)	70. (d)
71. (b)	72. (c)	73. (c)	74. (d)	75. (c)	76. (a)	77. (d)	78. (d)	79. (b)	80. (b)
81. (a)	82. (b)	83. (d)	84. (b)	85. (d)	86. (b)	87. (a)	88. (a)	89. (d)	90. (b)
91. (b)	92. (b)	93. (d)	94. (d)	95. (a)	96. (b)	97. (a)	98. (d)	99. (b)	100. (c)

संकेत एवं हल

1. *(c)* भारत ने ओलम्पिक में हॉकी में अपना आखिरी स्वर्ण पदक वर्ष 1980 में मोस्को में जीता था।

- भारत की हॉकी टीम ओलम्पिक में अब तक 1928, 1932, 1936, 1948, 1952, 1956, 1964, 1980 में 8 बार स्वर्ण पदम विजेता बनी है।
- पेरिल ओलम्पिक-2024 में भारतीय हॉकी टीम ने 8 अगस्त, 2024 को स्पेन को हराकर देश के लिए चौथा कांस्य पदक जीता।
- ओलम्पिक खेल सामान्यतः प्रत्येक चार वर्ष में आयोजित किए जाते हैं।

2. *(b)* प्राचीन भारत में, गौतमीपुत्र सातकर्णी द्वारा दक्कन में सातवाहन राजवंश को शक्ति प्रदान की गई।

- इन्हें सातवाहन राजवंश के सबसे शक्तिशाली और महत्त्वपूर्ण शासक के रूप में जाना जाता था। इन्होंने 706 ई.से 130 ई.तक शासन किया।
- गौतमीपुत्र सातकर्णी की जानकारी उसकी माँ गौतमयी बालश्री का नासिक प्रशस्ति शिलालेख से प्राप्त होती है।
- सातवाहन साम्राज्य में मुख्य रूप से वर्तमान आन्ध्र प्रदेश तेलंगाना, और महाराष्ट्र शामिल थे।

3. *(a)* वाराणसी की पृष्ठभूमि में रचित 'काशी का अस्सी' के रचनाकार काशीनाथ सिंह हैं।

- यह उपन्यास बनारस के मोहल्ला अस्सी के लोगों की जिन्दगी पर आधारित है।
- इसे हिन्दी भाषा में लिखा गया है।
- काशीनाथ सिंह बनारस हिन्दू विश्वविद्यालय के हिन्दी विभाग में प्रोफेसर के रूप में कार्यरत रहे हैं।

4. *(a)* बाजार मूल्य पर शुद्ध राष्ट्रीय उत्पाद को बाजार मूल्य पर शुद्ध घरेलू उत्पाद और विदेश से प्राप्त शुद्ध आय का वित्तीय मूल्य होता है।

- इसका उपयोग किसी देश की आर्थिक स्थिति का आकलन करने के लिए किया जाता है।
- शुद्ध राष्ट्रीय उत्पाद की गणना किसी देश के वार्षिक उत्पादन के कुल मूल्य से मूल्यह्रास घटाकर की जाती है।

5. *(a)* नृत्य व्यक्तित्व राजर्षि भाग्यचन्द्र को निगंथौ चिगं गांग खोम्बा के नाम से भी जाना जाता है।

- यह 18वीं शताब्दी के मैतेई सम्राट थे।
- रासलीला को पहली बार 1779 ई.में इन्हीं के द्वारा एक नृत्य रूप में शुरू किया गया था।
- बंगाल मिशनरियों के प्रभाव में आकर उन्होंने मणिपुर में भी संकीर्तन की परम्परा शुरू की।

6. *(d)* विद्यालय में 9 वीं शताब्दी के मध्य में मुत्तरैयार से डेल्टा पर कब्जा कर लिया गया और तन्जावुर शहर का निर्माण किया।

- तन्जावुर तंजौर चित्रकला का घर है। यहाँ वृहदेश्वर मन्दिर स्थित है।
- विजयालय ने 850 ई. में चोल साम्राज्य की स्थापना की थी।
- चोल वंश के अन्तिम शासक राजेन्द्र तृतीय थे।

7. *(a)* परमादेश आज्ञापत्र किसी लोकसेवक को उसके अधिकारिक कर्त्तव्यों को ठीक से करने या शक्ति का दुरुपयोग न करने का आदेश देने के लिए न्यायालय द्वारा जारी किया जाता है।

- यह एक न्यायिक आदेश है, जिसे उच्च न्यायालय या सर्वोच्च न्यायालय द्वारा जारी किया जाता है।
- अनुच्छेद 32 और 226 दोनों पाँच प्रकार के रिट प्रदान करते हैं। जैसे- बन्दी प्रत्यक्षीकरण, परमादेश, निषेध बन्दी प्रत्यक्षीकरण।
- भारत में एक निजी व्यक्तियों के खिलाफ एक परमादेश जारी नहीं किया जा सकता है।

8. *(a)* 2011 की जनगणना के अनुसार, शहरी पुरुष सामान्यतः उच्च साक्षरता दर प्रदर्शित करता है।

- 2011 की जनगणना के अनुसार, भारत की समग्य साक्षरता दर 74.04% है।
- वही पुरुष साक्षरता दर 82.14 % जबकि महिला साक्षरता दर 65.46 % है।
- जनगणना 2011 भारत की 15 वीं जनगणना है और आजादी के बाद 7वीं।

9. *(d)* बेसाल्टिक मैग्मा, पृथ्वी के ऊपरी मेण्टल (एस्थेनोस्फीयर) में बनता है।
- यह अल्ट्रामैफिक (पेरिडोटाइट) के पिघलने से बनना है।
- यह मैग्मा ज्वालामुखी के क्रेटर/मुँह के माध्यम से पृथ्वी की सतह पर बाहर आता है।
- इसके जमाव से बेसाल्ट चट्टानों का निर्माण होता है।

10. *(d)* ऋग्वैदिक काल (1500-1000 ई. पू.) के दौरान राजाओं के पास राजधानी महल था, नियमित सेना नहीं थी, न ही वे कर एकत्र करते थे।
- इस काल में जनजातीय व्यवस्था प्रचलित थी।
- राजा को केवल एक प्रमुख या नेता के रूप में माना जाता था।
- राजा यज्ञ और अनुष्ठानों के माध्यम से जनसमूह का मार्गदर्शन करता था।

11. *(d)* ऊधम सिंह, लाहौर षड्यन्त्र मामलों में भारत की ब्रिटिश सरकार द्वारा मृत्यु दण्ड पाने के लिए दोषियों में से नहीं था।
- सॉण्डर्स की हत्या के लिए भगत सिंह, राजगुरु और सुखदेव पर मुकदमा चलाया गया था, जिन्हें लाहौर षड्यन्त्र के मामलों के रूप में जाना जाता है।
- ऊधम सिंह एक भारतीय क्रान्तिकारी थे, जिन्होंने मार्च, 1940 माइकल ओ डायर की हत्या कर दी थी।
- जुलाई, 1940 में ऊधम सिंह को फाँसी दे दी गई।

12. *(a)* उपराष्ट्रपति पद के लिए नामांकन दाखिल करने हेतु, उम्मीदवार को कम-से-कम 20 निर्वाचकों द्वारा पुस्तावित किया जाना चाहिए।
- यह प्रावधान भारत के संविधान के अनुच्छेद 66 में किया गया है।
- उपराष्ट्रपति का चुनाव संसद के दोनों सदनों के सदस्यों से मिलकर बने निर्वाचक मण्डल के सदस्यों द्वारा आनुपातिक प्रतिनिधित्व पद्धति के अनुसार एकल संक्रमणीय मत द्वारा किया जाता है।
- यह पद, अमेरिका उपराष्ट्रपति की तर्ज पर तैयार किया जाता है।

13. *(b)* भारतीय संविधान के अनुच्छेद 32 के तहत, 5 तरह के रिट जारी किए जा सकते हैं।
- इसमें बन्दी प्रत्यक्षीकरण, परमादेश, प्रतिषेध, अधिकार पृच्छा और उत्प्रेषण रिट शामिल हैं।
- ये रिट, मौलिक अधिकारों की रक्षा करने और सार्वजनिक प्राधिकारियों को जवाबदेह बनाने में मद्द करते हैं।
- अनुच्छेद 32 द्वारा सर्वोच्च न्यायालय तथा अनुच्छेद 226 द्वारा उच्च न्यायालय जारी कर सकता है।

14. *(d)* दिए गए विकल्पों में से विकल्प (d) सही नहीं है, क्योंकि वह दर, जिस पर बैंक आरबीआई के पास अपना धन रखते हैं और सम्पार्श्विक प्राप्त करते हैं, रिवर्स रेपो रेट कहलाता है।
- वही रेपो रेट दर एक नीति दर है, जो केन्द्रीय बैंक की प्रमुख उधार दर है और इसका नामकरण देश दर देश अलग-अलग होता है।
- यह वह दर है, जिस पर वाणिज्यिक बैंक आरबीआई से धन उधार लेते हैं।

15. *(a)* भारत में थियोसोफिकल सोसायटी के आन्दोलन को ऐनी बेसेण्ट ने लोकप्रिय बनाया।
- थियोसोफिकल सोसायटी की स्थापना न्यूयॉर्क (अमेरिका) में 1875 ई. में मैडम एच. पी. ब्लावत्स्की, एक रूसी महिला और हेनरी स्टील ऑलकॉट द्वारा की गई थी।
- इसका उद्देश्य नस्ल, रंग, पथ के किसी भेद के बिना मनुष्य का सार्वजनिक भाईचारा बनाना और प्राचीन धर्मों और दर्शन के अध्ययन को बढ़ावा देना था।
- 1893 ई. में श्रीमति ऐनी बेसेण्ट भारत पहुँची और ऑलकॉट की मृत्यु के बाद सोसायटी का नेतृत्व सम्भाला।

16. *(d)* अलरमेल वल्ली और रूक्मिणी अरुण्डेल भारतीय नृत्य को भरतनाट्यम शैली से जुड़ी है।
- भरतनाट्यम तमिलनाडु राज्य का शास्त्रीय नृत्य है। भरतमुनि के नाट्यशास्त्र से जन्मी इस नृत्य शैली का विकास तंजौर में हुआ है।
- भरतनाट्यम के प्रमुख कलाकारों में पद्मा सुब्रह्मणयम यामिनी कृष्णमूर्ति, मृणालिनी साराभाई आदि शामिल हैं।

17. *(b)* भारतीय संविधान का भाग IV राज्य नीति के निर्देशक सिद्धान्तों से सम्बन्धित है।
- इसे आयरलैण्ड के संविधान से अपनाया गया है।
- यह अनुच्छेद 36 से 51 तक वर्णित है।
- इसे मूल रूप से भारत में कल्याणकारी राज्य स्थापित करने के लिए बनाया गया है।

18. *(c)* राजीव गाँधी खेल रत्न पुरस्कार पाने वाले पहले व्यक्ति शतरंज खिलाड़ी विश्वनाथन आनन्द है।
- राजीव गाँधी खेल रत्न पुरस्कार, भारत को खेलों में उपलब्धि के लिए दिया जाने वाला सर्वोच्च सम्मान है।
- यह पुरस्कार वर्ष 1991-92 में स्थापित, भारत सरकार द्वारा प्रदान किया जाता है।
- प्रधामन्त्री नरेन्द्र मोदी ने देश के सर्वोच्च खेल पुरस्कार का नाम राजीव गाँधी रत्न से बदलकर मेजर ध्यानचन्द खेल रत्न पुरस्कार कर दिया है।

19. *(c)* इण्डो इस्लामिक निर्माण में, कंक्रीट और चूना गारा निर्माण का एक महत्त्वपूर्ण घटक था।
- यह भारतीय, फारसी, तुर्की और अरबी वास्तुकला के मिश्रण से बनी है।
- इस शैली का विकास मुख्य रूप से दिल्ली सल्तनत और मुगल काल में हुआ।
- इसके प्रमुख स्थापत्य ताजमहल, कुतुबमीनार तथा लाल किला है।

20. *(d)* एन शैलजा को कुचिपुड़ी में उसके योगदान के लिए संगीत नाटक अकादमी पुरस्कार-2021 से सम्मानित किया गया।
- यह पुरस्कार संगीत, नृत्य, रंगमंच, पारम्परिक/लोक जनजातीय संगीत/ नृत्य थिएटर, कठपुतली और प्रदर्शन कला आदि में समग्य योगदान देने वाले कलाकारों को प्रदान किए जाते हैं।
- अकादमी पुरस्कार में ताम्रपत्र और अंगवस्त्रम के साथ ₹1,00,000 का नकद पुरस्कार दिया जाता है।

21. *(d)* औद्योगिक उत्पादक सूचकांक (IIP) का आधार वर्ष 2011-12 है।
- IIP की गणना और प्रकाशन केन्द्रीय सांख्यिकी संगठन (CSO)करता है।
- यह किसी विशेष वर्ष में उद्योग में भौतिक उत्पादन में पिछले साल की तुलना में बदलाव को दिखाता है।
- IIP में खनन, विनिर्माण और बिजली जैसे उद्योग को शामिल जाता है।

22. *(d)* एलोरा की गुफाएँ औरंगाबाद (महाराष्ट्र) में स्थित हैं। ये गुफाएँ हिन्दू, बौद्ध और जैन धर्म से सम्बन्धित हैं।
- प्रसिद्ध शैलकृत कैलाश मन्दिर यही पर स्थित है।
- एलोरा के सभी स्मारक (हिन्दू और बौद्ध गुफा) राष्ट्रकूट वंश के दौरान बनाए गए और यादव वंश ने कई जैन गुफाओं का निर्माण किया था।
- यह वर्ष 1983 में यूनेस्को द्वारा विश्व धरोहर स्थल में शामिल किया गया।

23. *(c)* राइबोसोम को कोशिका से अलग करने के लिए अल्ट्रासेण्ट्रीफयूगेशन विधि का उपयोग किया जाता है।

- इसमें विशाल केन्द्रापसारक बल का उपयोग करके राइबोसोम को अलग किया जाता है।
- राइबोसोम, कोशिका का एक कोशिकांग है, जो प्रोटीन और एम-आरएनए से मिलकर बना होता है।
- राइबोसोम में प्रोटीन संश्लेषण होता है।

24. *(d)* दिए गए विकल्पों में से विकल्प (d) सही सुमेलित है।
- चावल की फसल खरीफ में मौसम में की जाती है। इसे जून-जुलाई में बोया जाता है तथा अक्टूबर में काटा जाता है। इसके अतिरिक्त मक्का, बाजरा, अरहर, सोयाबीन खरीफ की फसल हैं।
- गेहूँ रबी की फसल है, जो अक्टूबर में बोई जाती है। तथा मार्च में काटी जाती है। इसके अतिरिक्त जौ, चना, सरसों, मटर रबी की फसल हैं।
- चारा एक जायद फसल है, जो अप्रैल से जून के महीने में बोई जाती है। इसमें तरबूज, खीरा, ककड़ी आदि फसलें आती हैं।

25. *(b)* भारतीय संविधान का भाग XIX विविध से सम्बन्धित है। यह राष्ट्रपति और राज्यपालों के कार्यकाल के दौरान उनके विरुद्ध कानूनी प्रतिरक्षा से जुड़ा है।
- यह देश के रूप में भारत के संविधान और राज्यों के संघ से जुड़ा कानूनों का संकलन भी है।
- इस भाग में अनुच्छेद 316 शामिल है।

26. *(b)* कृषि क्षेत्र भारत में श्रम शक्ति का सबसे बड़ा नियोक्ता है।
- आर्थिक सर्वेक्षण 2023-24 के अनुसार, भारत कृषि क्षेत्र लगभग 42.3% आबादी की जीविका प्रदान करता है।
- इसके आर्थिक सर्वेक्षण 2023-24 के अनुसार, वर्तमान मूल्यों पर देश के सकल घरेलू उत्पाद में इसकी हिस्सेदारी 18.2 % है।
- पिछले पाँच वर्षों में स्थिर मूल्यों पर इसमें 4.18 % की औसत वार्षिक वृद्धि दर दर्ज की है।

27. *(b)* भारतीय बॉस्केटबॉल महासंघ की स्थापना वर्ष 1950 में हुई थी।
- भारतीय बास्केटबॉल महासंघ भारत में बास्केटबॉल का शासी निकाय है तथा यह भारतीय ओलम्पिक संघ से सम्बद्ध है।
- पहली राष्ट्रीय बास्केटबॉल चैम्पियनशिप वर्ष 1934 में नई दिल्ली में आयोजित की गई।
- आधव अर्जुन भारतीय बास्केटबॉल महासंघ के वर्तमान (2025)अध्यक्ष हैं।

28. *(a)* राज्य लोक सेवा आयोग के अध्यक्ष को भारत के राष्ट्रपति के द्वारा हटाया जा सकता है।
- अनुच्छेद 317 (a) के अनुसार, राज्य लोक सेवा आयोग के अध्यक्ष या किसी अन्य सदस्य को राष्ट्रपति द्वारा हटाया जा सकता है।
- राज्य लोक सेवा आयोग के अध्यक्ष की नियुक्ति राज्यपाल द्वारा की जाती है।
- राष्ट्रपति, राज्य लोक सेवा आयोग के अध्यक्ष या अन्य सदस्यों को केवल दुर्व्यवहार के आधार पर पद से हटा सकते हैं।

29. *(d)* पण्डित रविशंकर को वर्ष 1997 में संगीत के लिए जापान आर्ट एसोसिएशन का प्रेमियम इम्पीरियल पुरस्कार मिला।
- पण्डित रविशंकर एक भारतीय सितार वादक और संगीतकार थे।
- इन्हें वर्ष 1999 में भारत का सर्वोच्च नागरिक सम्मान भारत रत्न पुरस्कार दिया गया।
- यह वर्ष 1968 में ग्रैमी पुरस्कार जीतने वाले पहले भारतीय थे। उन्होंने 'सर्वश्रेष्ठ चैम्बर संगीत प्रदर्शन' की श्रेणी में 'वेस्ट मीटस ईस्ट' नामक एल्बम के लिए जीता था।

30. *(b)* भारत की 2011 जनगणना के अनुसार, दादरा और नगर हवेली केन्द्रशासित प्रदेश की साक्षरता दर सबसे कम है।
- 2011 की जनगणना के अनुसार, दादरा और नगर हवेली की कुल साक्षरता 77.24% है।
- 2011 की जनगणना के अनुसार, लक्षद्वीप (92.28%) भारत में सबसे अधिक साक्षरता दर वाला केन्द्रशासित प्रदेश है।
- 2011 की जनगणना के अनुसार, भारत की कुल साक्षरता दर 74.04 % है।

31. *(a)* भारत सरकार की स्वच्छ भारत मिशन (शहरी) 2.0 का नया चरण वर्ष 2022 में 'कचरा मुक्त शहर' बनाने की सम्रग दृष्टि और मल कीचड़ प्रबन्धन सहित अपशिष्ट जल उपचार के लिए घटक के साथ शुरू किया गया था।
- स्वच्छ भारत मिशन शहरी 2.0 को 1 अक्टूबर, 2021 को पाँच वर्ष की अवधि के लिए शुरू किया गया था।
- इसका उद्देश्य 100 फीसदी स्रोत पृथक्करण, डोर-टू-डोर क्लेक्शन और वैज्ञानिक लैण्डफिल में सुरक्षित निपटान सहित कचरे के सभी अंशों के वैज्ञानिक प्रबन्धन से सभी शहरों के लिए कचरा मुक्त स्थिति प्राप्त करना है।

32. *(c)* भारत की दशकीय जनगणना, जनगणना अधिनियम, 1948 के तहत् की जाती है।
- जनगणना अधिनियम, 1948 को बनाने हेतु विधायक भारत के तत्कालीन गृहमन्त्री सरदार वल्लभभाई पटेल द्वारा पेश किया गया था।
- पहली समकालीन जनगणना ब्रिटिश शासन के तहत् 1881 ई. में भारत के जनगणना आयुक्त डब्ल्यू. सी. प्लोडेन द्वारा की गई थी।
- दशकीय जनगणना के संचालन की जिम्मेदारी गृह मन्त्रालय के भारत के महापंजीयक एवं जनगणना आयुक्त कार्यालय पर है।

33. *(d)* पुर्तगाली विदेशी शक्ति ने भारतीय काली मिर्च के व्यापार को शाही एकाधिकार बना दिया।
- विदेशी शक्तियों में पुर्तगालियों ने सबसे पहले भारत में प्रवेश किया।
- भारत में प्रथम पुर्तगाली फैक्ट्री की स्थापना 1503 ई. में कोचीन में की गई थी।
- भारत में प्रथम पुर्तगाली वायसराय के रूप में अल्मोड़ा को नियुक्त किया गया।

34. *(d)* गुरु गोविन्द सिंह सिक्ख धर्म के अन्तिम गुरु थे।
- गुरु गोविन्द सिंह सिक्ख धर्म के दसवें गुरु थे।
- इन्होंने 1699 ई. में सिक्ख योद्धा समुदाय खालसा की स्थापना की।
- इन्होंने खालसा की 5 'क' परम्परा की स्थापना की, जिसमें केश, कंघा, कड़ा, किरपान और कचेरा शामिल हैं।

35. *(d)* नवम्बर, 2022 तक, भारतीय इतिहास में वर्ष 1950-1954 की अवधि में राजपथ (जिसे अब कर्तव्य पथ कहा जाता है) गणतन्त्र दिवस परेड नहीं किया गया था।
- वर्ष 1950-1954 तक गणतन्त्र दिवस परेड का आयोजन क्रमशः इरविन स्टेडियम, किंग्सवे, लाल किला और रामलीला मैदान में हुआ था।
- राजपथ पर पहली बार वर्ष 1955 में गणतन्त्र दिवस परेड हुई थी, जिसमें पाकिस्तान के गवर्नर-जनरल मालिक मोहम्मद मुफत अतिथि थे।
- गणतन्त्र दिवस परेड 2025 में झाँकी की थीम 'स्वर्णिम भारत-विरासत और विकास' तय की गई है।

36. *(a)* नीरद. सी. चौधरी ने 'एन ऑटोबायोग्राफी ऑफ इण्डियन' लिखी है।
- नीरद सी.चौधरी ने इसे वर्ष 1951 में लिखा था।
- इसमें 1897 ई. में किशोरगंज (वर्तमान में बांग्लादेश का छोटा-सा शहर) में उसके जन्म से लेकर उसके जीवन के बारे में बताया गया था।

37. *(c)* वर्ष 2021-22 में, भारत से जूट का सबसे बड़ा आयातक संयुक्त राज्य अमेरिका (USA) था।
- अमेरिका ने वर्ष 2021-22 में 118.3 मिलियन अमेरिका डॉलर के जूट के सामान का आयात

किया था, जो पिछले वर्ष की तुलना में 26.3% अधिक था।
- भारत में वर्ष 2024 तक सबसे बड़ा जूट उत्पादक राज्य पश्चिम बंगाल था।
- भारत विश्व के कुल जूट उत्पादन में 70% का योगदान देता है।

38. *(b)* लोकप्रिय लोकनृत्य 'लावणी' में ढोलक तालवाद्य यन्त्र का प्रयोग किया जाता था।
- लावणी, महाराष्ट्र का पारम्परिक लोकनृत्य है।
- इसे नौ गज लम्बी साड़ी पहनकर किया जाता है, जिसे लुगांड़े साड़ी भी कहा जाता है।
- इससे वीरता प्रेम, भक्ति तथा धर्म जैसे विषयों पर नृत्य किया जाता है।
- इसको सबसे पहले पेशवा के दरबार में पेश किया गया था।

39. *(b)* जश्न-ए-मिहरागन त्योहार मुख्य रूप से पारसी समुदाय द्वारा मनाया जाता है।
- यह एक पारसी और इरानी है, जो मजाता और मिथरा के सम्मान में मनाया जाता है।
- जश्न-ए-मिहरागन के अवसर पर लोग नाचते-गाते और दावत का आनन्द लेते हैं।
- जश्न-ए-मिहरागन को फारसी में 'महर्गान' भी कहते हैं।

40. *(c)* एक बेकिंग करने वाले विद्यार्थी ने केक बेक करना शुरू किया। कुछ देर बाद उसे पता चला कि उसका केक फूल नहीं रहा है और सख्त है। ऐसा इसलिए हुआ क्योंकि वह बेकिंग पाउडर घटक डालना भूल गया था।
- बेकिंग पाउडर एक रासायनिक खमीर है, जिसका उपयोग बेकिंग में किया जाता है ताकि आटा फूलाकर हल्का और फूला हुआ बने।
- यह मुख्य रूप से सोडियम बाई कार्बोनेट, टार्टरिक एसिड और एक स्टेबलाइजर कॉर्नस्टाची से बना होता है।

41. *(d)* ब्याज दर में परिवर्तन राजकोषीय सुधार घटक नहीं है।
- राजकोषीय सुधार का तात्पर्य सरकार की राजस्व और व्यय नीतियों में परिवर्तन से है।
- राजकोषीय सुधार से अर्थव्यवस्था में दक्षता बढ़ती है और सामाजिक समानता और स्थिरता को बढ़ावा मिलता है।
- इसके प्रमख घटकों में कराधान नीतियों में परिवर्तन, लोक व्यय की संरचना में सुधार तथा राज्य के राजस्व में वृद्धि आदि शामिल है।

42. *(d)* तालाब पारिस्थितिकी तन्त्र का सबसे गहरा, वनस्पति रहित और दलदली क्षेत्र गहन क्षेत्र कहलाता है।
- गहन क्षेत्र, झील के गहरे पानी का वह क्षेत्र होता है, जहाँ सूर्य की रोशनी नहीं पहुँच पाती है। इसे हाइपोलियनियन भी कहा जाता है।
- इस क्षेत्र में तलहट में मुख्य रूप से गाद और कीचड़ होता है।
- इस क्षेत्र में प्रकाश-संश्लेषण की क्रिया नहीं हो सकती है।

43. *(d)* प्रायद्वीपीय नदी नर्मदा पश्चिम की ओर बहती है।
- प्रायद्वीपीय नदियों में नर्मदा तथा तापी को छोड़कर लगभग सभी नदियाँ पश्चिम से पूर्व की ओर प्रभावित होती हैं।
- पश्चिमी घाट, बंगाल की खाड़ी में गिरने वाली प्रायद्वीपीय नदियों और अरब सागर में गिरने वाली छोटी नदियों के बीच जल विभाजक का कार्य करता है।
- नर्मदा नदी का उद्गम अमरकण्टक पठार के पश्चिमी पार्श्व से लगभग 1057 मी की ऊँचाई से होता है।

44. *(b)* वर्ष 2017 में भारत ने अण्डर-17 फुटबॉल विश्वकप की मेजबानी की थी।
- वर्ष 2017 का अण्डर-17 फुटबॉल विश्वकप इंग्लैण्ड ने जीता था।
- वर्ष 2023 में इण्डोनेशिया ने अण्डर-17 फुटबॉल विश्व कप की मेजबानी की थी।
- अण्डर-17 फुटबॉल विश्वकप 2023 की विजेता टीम जर्मनी है।

45. *(b)* एंजियोस्पर्म पादप जगत की सबसे प्रमुख वनस्पति है।
- इनमें परागण मुख्य रूप से हवा, जल, कीट, पक्षियों आदि द्वारा होता है।
- इनमें द्विगुणित निषेचन पाया जाता है, जो केवल आवृतबीजियों (एंजियोस्पर्म) की विशेषता है। यह वे पौधे होते हैं, जिनके बीज फल के अन्दर सुरक्षित रहते हैं।

46. *(b)* निम्नलिखित में से आयात में वृद्धि वर्ष 1991 में रुपए के अवमूल्यन का अन्तर्राष्ट्रीय समायोजन मुद्रा के रूप में प्रभाव नहीं था।
- वर्ष 1991 में भारत ने अपने गम्भीर आर्थिक संकट के कारण रुपए का अवमूल्यन किया।
- इसका उद्देश्य भुगतान सन्तुलन की समस्या को हल करना, विदेशी मुद्रा भण्डार बढ़ाना और अन्तर्राष्ट्रीय व्यापार में प्रतिस्पर्द्धा बढ़ाना था।
- वर्ष 1991 में भारतीय रुपए का अवमूल्यन दो बार हुआ, जो 1 जुलाई से शुरू होकर 3 जुलाई को समाप्त हुआ।

47. *(d)* संविधान निर्माताओं द्वारा 26 जनवरी, 1930 को प्रख्यापित 'पूर्ण स्वराज' घोषणा की स्मृति में प्रत्येक वर्ष 26 जनवरी को गणतन्त्र दिवस मनाने का निर्णय लिया गया था।
- भारतीय राष्ट्रीय कांग्रेस ने 19 दिसम्बर, 1929 को अपने लाहौर अधिवेशन में ऐतिहासिक पूर्ण स्वराज प्रस्ताव पारित किया।
- जवाहरलल लाल नेहरू लाहौर अधिवेशन के दौरान भारतीय राष्ट्रीय कांग्रेस के अध्यक्ष थे।
- 31 दिसम्बर, 1929 की अर्द्धरात्रि को इंकलाब जिन्दाबाद के नारों के बीच रावी नदी के तट पर भारतीय स्वतन्त्रता का प्रतीक तिरंगा झण्डा फहराया गया था।

48. *(a)* पॉवर्टी एण्ड अन-ब्रिटिश रूल इन इण्डिया पुस्तक के लेखक दादाभाई नौरोजी हैं।
- यह पुस्तक वर्ष 1901 में प्रकाशित हुई थी, जिसमें 'धन की निकासी' के सिद्धान्त की अवधारणा का उल्लेख किया गया है।
- दादाभाई नौरोजी को ग्रैण्ड ओल्ड मैन और भारत के अनौपचारिक राजदूत के रूप में जाना जाता है।
- यह भारतीय राष्ट्रीय कांग्रेस के द्वितीय अध्यक्ष थे और इन्होंने 1886 ई. में कलकत्ता में आयोजित अधिवेशन की अध्यक्षता की थी।

49. *(a)* तोताराम शर्मा, पण्डित अयोध्या प्रसाद, गोपाल दास और बाबू राम शंकर पागलदास पखावज वाद्ययन्त्र प्रसिद्ध वादक हैं।
- पखावज लकड़ी, चर्मपत्र, चमड़े और काले लेप से बना एक ताल वाद्ययन्त्र है।
- गुजरात, महाराष्ट्र और बंगाल में पखावज को 'पखावज' कहते हैं।
- यह एक पारम्परिक भारतीय ताल वाद्ययन्त्र है, जो मृदंगम के समान है और इसका उपयोग सामान्यतः हिन्दुस्तानी शास्त्रीय संगीत में किया जाता है।
- मोहन श्याम शर्मा ने अपने प्रदर्शन और शिक्षण के माध्यम में पखावज को लोकप्रियता और संरक्षण में महत्त्वपूर्ण योगदान दिया है।

50. *(b)* पृथ्वी के आन्तरिक भाग के कारण सुनामी लहरें आती है।
- सुनामी समुद्र के नीचे आने वाले बड़े भूकम्पों से उत्पन्न होने वाली समुद्री लहरें हैं।
- सुनामी एक जापानी शब्द है, जिसका शाब्दिक अर्थ 'बन्दरगाह की लहर' है।
- वर्ष 2004 की सुनामी आपदा के बाद भारत अन्तर्राष्ट्रीय सुनामी चेतावनी प्रणाली में शामिल हो गया।

51. *(d)* विकल्प आकृति (d) दी गई प्रश्न आकृति के प्रतिरूप को पूरा करेगी।

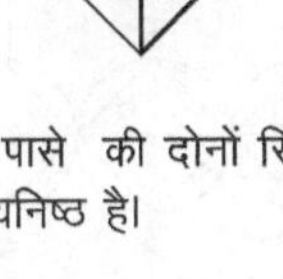

52. *(b)* दिए गए पासे की दोनों स्थितियों में अंक '3' उभयनिष्ठ है।

'3' से दक्षिणावर्त संख्याओं को लिखने पर,

स्थिति I $\rightarrow$ 3 2 7

उभयनिष्ठ $\updownarrow$ विपरीत $\updownarrow$ विपरीत $\updownarrow$

स्थिति II $\rightarrow$ 3 4 5

अतः शेष फलक '1' के विपरीत, अंक '3' होगा।

53. *(b)* दी गई आकृति शृंखला की प्रत्येक अगली आकृति में आयत 90° वामावर्त घूम रही है एवं अन्तर्निहित छायांकित भाग वामावर्त दिशा में एक स्थान आगे बढ़ रहा है तथा नीचे की ओर त्रिभुज में अन्तर्निहित छायांकित भाग दक्षिणावर्त दिशा में एक स्थान आगे बढ़ रहा है। अतः विकल्प आकृति (b), इस आकृति शृंखला को जारी रखेगी।

54. *(b)* विकल्प आकृति (b) दी गई प्रश्न आकृति के प्रतिरूप को पूरा करेगी।

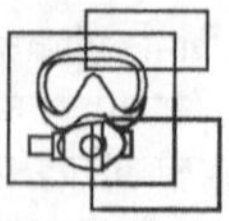

55. *(d)* विकल्प आकृति (d) दी गई प्रश्न आकृति के प्रतिरूप को पूरा करेगी।

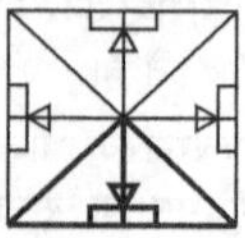

56. *(c)* जिस प्रकार,

G I V E → (+3 +3 +3 +3) → J L Y H

तथा

T A K E → (+3 +3 +3 +3) → W D N H

उसी प्रकार,

C O P Y → (+3 +3 +3 +3) → F R S B

57. *(b)* दी गई अक्षर शृंखला का क्रम निम्न प्रकार है,

TPRBDQ/TPRBDQ/TPRBD Q/TPRBDQ/TPRBDQ

⇒ RQPBDPDTDQPR

58. *(a)* दी गई आकृति में बिन्दुओं को नामांकित करने पर,

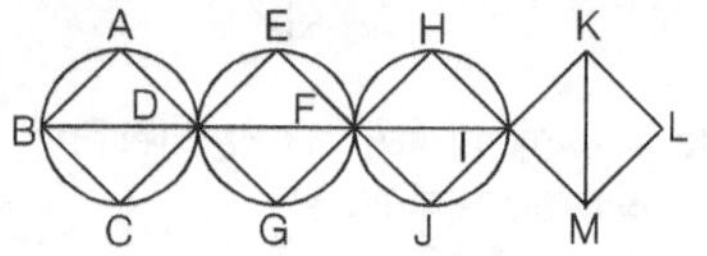

दी गई आकृति में निम्न 8 त्रिभुज हैं,

Δ ABD, Δ BDC, Δ EDF, Δ DFG, Δ HFI, Δ FIJ, Δ IKM, Δ MKL

59. *(b)* कथनानुसार,

निष्कर्ष I. (✓) II. (✗)

अतः केवल निष्कर्ष (I) अनुसरण करता है।

60. *(b)* जब कागज के टुकड़े को प्रश्न आकृतियों में दिए गए क्रमानुसार मोड़ा तथा काटा जाता है, तो खोलने पर यह विकल्प आकृति (b) जैस दिखाई देगा।

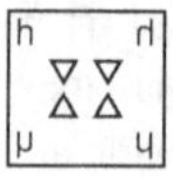

61. *(a)* विकल्प आकृति (a) दी गई प्रश्न आकृति के प्रतिरूप को पूरा करेगी।

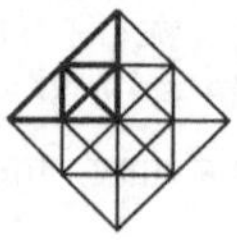

62. *(b)* जिस प्रकार, (4, 39)

$\Rightarrow \quad (4)^3 - 25 = 64 - 25 = 39$

तथा (5, 100)

$\Rightarrow \quad (5)^3 - 25 = 125 - 25 = 100$

उसी प्रकार, विकल्प (b) से,

$(3, 2) \Rightarrow (3)^3 - 25 = 27 - 25 = 2$

63. *(d)* पासे की स्थिति (I) व (II) से, दोनों स्थितियों में अंक '3' उभयनिष्ठ है। अतः अंक '3' से दक्षिणावर्त लिखने पर,

स्थिति I $\rightarrow$ 3 4 5

उभयनिष्ठ $\updownarrow$ विपरीत $\updownarrow$ विपरीत $\updownarrow$

स्थिति II $\rightarrow$ 3 2 1

अतः अंक '1' के विपरीत फलक पर अंक '5' है।

64. *(b)* दी गई आकृति शृंखला में दो एकान्तर शृंखलाओं का क्रम निम्नवत् है,

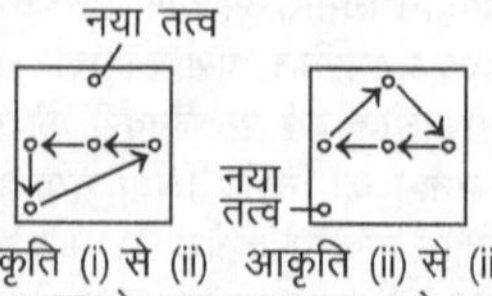

आकृति (i) से (ii) तथा (iii) से (iv) आकृति (ii) से (iii) तथा (iv) से (v)

अतः विकल्प आकृति (b), दी गई शृंखला को जारी रखेगी।

65. *(a)* प्रश्नानुसार,

(बाएँ) ↑ ↑ ↑ ↑ ↑ ↑ (दाएँ)

गोपी जॉन सीता टोनी राम विमल

अतः पंक्ति के बाएँ सिरे से दूसरे स्थान पर जॉन बैठा है।

66. *(d)* दी गई शृंखला का क्रम निम्नवत् है,

4 10 17 25 **34** 44

+6 +7 +8 +9 +10

+1 +1 +1 +1

67. *(a)* दी गई आकृति शृंखला में दो एकान्तर शृंखलाओं का क्रम निम्नवत् है,

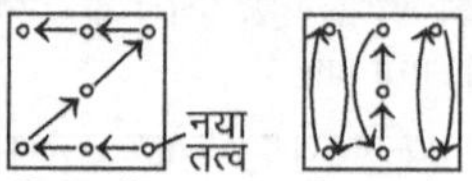

आकृति (i) से (ii) तथा (iii) से (iv) आकृति (ii) से (iii) तथा (iv) से (v)

अतः विकल्प आकृति (a), दी गई शृंखला को जारी रखेगी।

68. *(b)* जिस प्रकार,

E X I T → (+1, +1, +1, +1) → F J Y U

तथा

H I D E → (+1, +1, +1, +1) → I E J F

उसी प्रकार,

G A M E → (+1, +1, +1, +1) → H N B F

69. *(c)* दिया गया समीकरण,

16 * 4 * 20 * 82 * 14 * 148

$\Rightarrow 4 \times 20 + 82 - 14 = 148$

विकल्प (c) से,

(*) चिह्नों को क्रमिक रूप से बदलने पर,

$16 \div 4 \times 20 + 82 - 14 = 148$

$\Rightarrow \quad 80 + 82 - 14 = 148$

$\Rightarrow \quad 162 - 14 = 148$

$\Rightarrow \quad 148 = 148$

$\therefore$ बायाँ पक्ष = दायाँ पक्ष

70. *(d)* दिया गया समीकरण,

$99 \div 8 + 2 - 16 \times 4 = 39$

विकल्प (d) से,

(÷) और (+) को आपस में बदलने पर,

$99 + 8 \div 2 - 16 \times 4 = 39$

$\Rightarrow \quad 99 + 4 - 64 = 36$

$\Rightarrow \quad 103 - 64 = 39$

$\Rightarrow \quad 39 = 39$

बायाँ पक्ष = दायाँ पक्ष

71. *(b)* विकल्प आकृति (b) दी गई प्रश्न आकृति के प्रतिरूप को पूरा करेगी।

72. *(c)* विकल्प आकृति (c) दी गई प्रश्न आकृति के प्रतिरूप को पूरा करेगी।

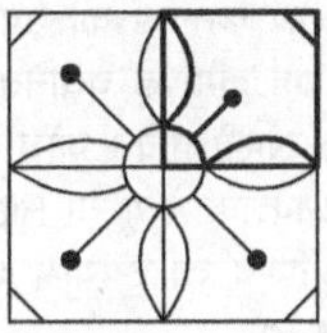

73. *(c)* दिए गए संयोजन का सही दर्पण प्रतिबिम्ब, विकल्प (c) के संयोजन जैसा दिखाई देगा।

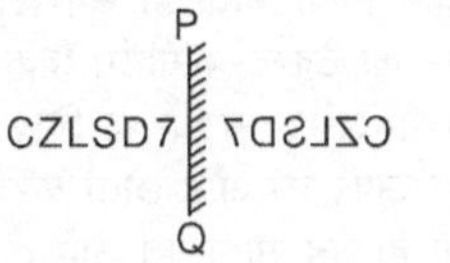

74. *(d)* जिस प्रकार,

(70 : 625)

$\sqrt{625} = 25$

$\Rightarrow \quad 25 \times 3 - 5 = 75 - 5 = 70$

तथा (37 : 196)

$\sqrt{196} = 14$

$\Rightarrow \quad 14 \times 3 - 5 = 42 - 5 = 37$

उसी प्रकार,

(? : 144)

$\sqrt{144} = 12$

$\Rightarrow \quad 12 \times 3 - 5 = 36 - 5 = 31$

$\therefore \quad ? = 31$

75. *(c)* दिए गए पासे की दोनों स्थितियों में फलक N तथा M उभयनिष्ठ है। इस स्थिति में शेष दोनों फलक एक-दूसरे के विपरीत होंगे।

अतः फलक 'O' के विपरीत फलक पर 'L' होगा।

76. *(a)* दिया है,

चक्रवृद्धि ब्याज = ₹ 4058

दर, $r = 8\%$

समय t = 3 वर्ष

$\because$ चक्रवृद्धि ब्याज = मिश्रधन − मूलधन

$$4058 = P\left[1 + \frac{r}{100}\right]^t - P$$

$$\Rightarrow \quad 4058 = P\left[\left(1 + \frac{8}{100}\right)^3 - 1\right]$$

$$\Rightarrow \quad 4058 = P\left[\left(\frac{27}{25}\right)^3 - 1\right]$$

$$\Rightarrow \quad 4058 = P\left[\frac{19683}{15625} - 1\right]$$

$$\Rightarrow \quad 4058 = P\left[\frac{19683 - 15625}{15625}\right]$$

$$\Rightarrow \quad 4058 = P \times \frac{4058}{15625}$$

$\therefore$ मूलधन, P = ₹ 15625

अब, दर = 10%

समय = 4 वर्ष

$$\therefore \text{साधारण ब्याज} = \frac{\text{मूलधन} \times \text{दर} \times \text{समय}}{100}$$

$$= \frac{15625 \times 10 \times 4}{100}$$

= ₹ 6250

77. *(d)* चार संख्याओं का योग $= 20 \times 4 = 80$

($\because$ योग = औसत × संख्या)

1 संख्या = 26

शेष 3 संख्याओं का योग = 80 − 26 = 54

अतः 3 संख्याओं का औसत $= \frac{54}{3} = 18$

78. *(d)* $M_1 \times D_1 = M_2 \times D_2$

$\Rightarrow \quad 60 \times 18 = 72 \times D_2$

$$\Rightarrow \quad D_2 = \frac{60 \times 18}{72}$$

$\therefore \quad D_2$ = 15 दिन

79. *(b)* दिया है,

आन्तरिक त्रिज्या $r = 2$ इकाई

बाह्य त्रिज्या $R = 3$ इकाई

$\therefore$ मन्दिर का शीर्ष बनाने के लिए कंक्रीट की मात्रा $= \frac{2}{3}\pi(R^3 - r^3)$

$$= \frac{2}{3}\pi(3^3 - 2^3)$$

$$= \frac{2}{3}\pi(27 - 8)$$

$$= \frac{2}{3}\pi \times 19$$

$= \frac{38}{3}\pi$ घन इकाई

80. *(b)* माना पिता व पुत्र की आयु क्रमशः $7x$ व $4x$ है।

प्रश्नानुसार,

$7x \times 4x = 1008$

$\Rightarrow \quad 28x^2 = 1008$

$$\Rightarrow \quad x^2 = \frac{1008}{28}$$

$\Rightarrow \quad x^2 = 36$

$\therefore \quad x = 6$

अतः पिता की आयु $= 7x = 7 \times 6 = 42$

व पुत्र की आयु $= 4x = 4 \times 6 = 24$

$\therefore$ 10 वर्ष बाद पिता व पुत्र की आयु का अनुपात = (42 + 10) : (24 + 10)

= 52 : 34

= 26 : 17

81. *(a)* माना अंकित मूल्य = x

प्रश्नानुसार,

$$x \times \frac{(100-15)}{100} \times \frac{(100-20)}{100} = 680$$

$$\Rightarrow \quad x \times \frac{85}{100} \times \frac{80}{100} = 680$$

$$\Rightarrow \quad x \times \frac{17}{20} \times \frac{4}{5} = 680$$

$$\Rightarrow \quad x = \frac{680 \times 20 \times 5}{17 \times 4}$$

$\therefore \quad x$ = ₹ 1000

82. *(b)* माना मूलधन = ₹ $100x$

8 वर्ष का साधारण ब्याज $= 100x \times \frac{40}{100}$

= ₹ $40x$

$\therefore$ 1 वर्ष का साधारण ब्याज $= \frac{40x}{8} = 5x$

$\therefore$ ब्याज को $100x$ होने में लगने वाला समय

$= \frac{100x}{5x}$ वर्ष

= 20 वर्ष

स्पीडी विधि

साधारण ब्याज 40% $\xrightarrow{\times 5}$ 8 वर्ष

साधारण ब्याज 100% $\xrightarrow{\times 5}$ 20 वर्ष

83. *(d)* भिन्न का म. स. $= \frac{\text{अंश का म.स.}}{\text{हर का ल. स.}}$

$\therefore \left(\frac{1.75}{9}, \frac{5.6}{12} \text{ और } \frac{7}{18}\right)$ का म. स.

$\left(\frac{175}{900}, \frac{56}{120}, \frac{7}{18}\right)$ का म. स.

$= \frac{7}{36}, \frac{7}{15}, \frac{7}{18}$ का म. स.

$$= \frac{(7, 7, 7) \text{ का म. स.}}{(36, 15, 18) \text{ का ल. स.}}$$

$$= \frac{7}{180}$$

84. *(b)* माना ट्रेन की चाल = T किमी/घण्टा

तथा कार की चाल = C किमी/घण्टा

प्रश्नानुसार,

$\frac{120}{T} + \frac{480}{C} = 8$ घण्टे ...(i)

और $\frac{200}{T} + \frac{400}{C} = \frac{25}{3}$ घण्टे ...(ii)

($\because$ 8 घण्टे 20 मिनट $= 8 + \frac{20}{60} = \frac{25}{3}$ घण्टे)

समी (i) $\times \frac{5}{3}$ - समी (ii) से,

$\frac{800}{C} - \frac{400}{C} = \frac{40}{3} - \frac{25}{3}$

$\Rightarrow \frac{400}{C} = \frac{15}{3}$

$\therefore C = \frac{400 \times 3}{15} = 80$ किमी/घण्टा

समी (i) से C का मान रखने पर

$T = 60$ किमी/घण्टा

$\therefore T : C = 60 : 80 = 3 : 4$

85. *(d)* माना किरण ने वस्तु को ₹x में खरीदा।

वरूण का क्रय मूल्य $= x \times \frac{(100+10)}{100}$

$= x \times \frac{110}{100} = \frac{11x}{10}$

प्रश्नानुसार,

$\frac{11x}{10} \times \frac{(100+5)}{100} = 1155$

$\Rightarrow 11x \times 105 = 1155 \times 10 \times 100$

$\Rightarrow x = \frac{1155 \times 10 \times 100}{11 \times 105}$

$\Rightarrow x = \frac{1155 \times 10 \times 100}{1155} = 1000$

अतः किरण के लिए वस्तु का क्रय मूल्य

$x =$ ₹ 1000

86. *(b)* उपभोग में कमी $= \frac{22}{(100+22)} \times 100\%$

$= \frac{22 \times 100}{122}\%$

$= \frac{11 \times 100}{61}\%$

$= \frac{1100}{61}\%$

$= 18.03\%$

87. *(a)* दिया है,

अर्द्धगोले की त्रिज्या $r = 8$ सेमी

शंकु की ऊँचाई $h = 64$ सेमी

माना शंकु के आधार की त्रिज्या $= R$ सेमी

प्रश्नानुसार,

अर्द्धगोले का आयतन = शंकु का आयतन

$\frac{2}{3}\pi r^3 = \frac{1}{3}\pi R^2 h$

$\Rightarrow 2 \times (8)^3 = R^2 \times 64$

$\Rightarrow 2 \times 8 \times 8 \times 8 = R^2 \times 64$

$\Rightarrow R^2 = 16$

$\Rightarrow R = \sqrt{16}$

$\therefore R = 4$ सेमी

88. *(a)* अभीष्ट म. स. $= 2 \times 3 \times 5 = 30$

89. *(d)* माना वस्तु का क्रय मूल्य = ₹ $100x$

$\therefore$ वस्तु का विक्रय मूल्य

$= 100x \times \frac{(100+15)}{100} =$ ₹ $115x$

लाभ = विक्रय मूल्य – क्रय मूल्य

$= 115x - 100x = 15x$

प्रश्नानुसार,

$15x = 25 \Rightarrow x = \frac{25}{15}$

$\therefore x = \frac{5}{3}$

$\therefore$ विक्रय मूल्य $= 115x = 115 \times \frac{5}{3}$

$= \frac{575}{3} =$ ₹ 191.67

90. *(b)* $\frac{17}{21}, \frac{9}{11}, \frac{16}{19}, \frac{13}{15}$

यहाँ, $\frac{17}{21} = 0.80$; $\frac{9}{11} = 0.81$

$\frac{16}{19} = 0.84$; $\frac{12}{15} = 0.86$

अतः सबसे छोटा भिन्न $= \frac{17}{21}$

91. *(b)* परस्पर जुड़े कम्प्यूटर और उपकरणों का वैश्विक नेटवर्क इण्टरनेट कहलाता है। इण्टरनेट एक विशाल नेटवर्क है जो लाखों कम्प्यूटरों, सर्वरों और अन्य उपकरणों को आपस में जोड़ता है, जिससे लोग डेटा का आदान-प्रदान कर सकते हैं और दुनिया भर की जानकारी तक पहुँच सकते हैं।

92. *(b)* माइक्रोसॉफ्ट-वर्ड 365 में प्रिण्ट कमाण्ड को सेलेक्ट करके और फिर 'OK' को सेलेक्ट करके डॉक्यूमेण्ट को प्रिण्ट किया जाता है। एमएस-वर्ड 365 में प्रिण्ट का ऑप्शन आपको 'File' मेन्यू में दिखाई देगा, जो Save As के ठीक नीचे होता है।

93. *(d)* Ctrl+N शॉर्टकट का उपयोग एमएस एक्सेल में एक नई स्प्रेडशीट (वर्कबुक) खोलने के लिए किया जाता है। जब आप इस शॉर्टकट को दबाते हैं, तो एक नई और खाली वर्कबुक खुल जाती है, जिससे आप नया डेटा एण्टर कर सकते हैं।

94. *(d)* एमएस-वर्ड 365 में, यदि आप किसी डॉक्यूमेण्ट में पेज 1,3 और 5 को प्रिण्ट करना चाहते हैं, तो आपको पेज रेंज 1, 3, 5 को सेलेक्ट करना चाहिए। एमएस-वर्ड में पेज रेंज के रूप में आपको उन पेजों को सेलेक्ट करना होता है, जिन्हें आप प्रिण्ट करना चाहते हैं।

95. *(a)* एमएस वर्ड 365 में टेक्स्ट को एक स्थान से दूसरे स्थान पर ले जाने के लिए 'कट' और 'पेस्ट' विकल्पों का उपयोग किया जाता है। सबसे पहले उस टेक्स्ट को चुनें जिसे आप मूव करना चाहते है और 'Cut (Ctrl+X)' पर क्लिक करे। फिर कर्सर को उस स्थान पर रखे जहाँ आप टेक्स्ट को ले जाना चाहते हैं और 'Paste (Ctrl + V)' पर क्लिक करें।

96. *(b)* माइक्रोसॉफ्ट-एक्सेल में टेबल बनाने से कैलकुलेशन क्षमता पर कोई विशेष प्रभाव नहीं पड़ता है। हालाँकि, टेबल के उपयोग से डेटा अखण्डता, सटीकता, ऑटोमेटिक फिल्टरिंग, सॉर्टिंग और उन्नत फॉर्मेटिंग जैसी सुविधाएँ मिलती हैं, जो डेटा प्रबन्धन को आसान और अधिक प्रभावी बनाती है।

97. *(a)* माइक्रोसॉफ्ट-एक्सेल में चयनित पंक्ति के ऊपर एक नई पंक्ति सम्मिलित करने के लिए 'Insert Row' कमाण्ड का उपयोग किया जाता है। यह कमाण्ड चयनित पंक्ति के ठीक ऊपर एक खाली पंक्ति जोड़ देता है। आप इसे राइट-क्लिक मेन्यू या Ribbon से 'Insert' ऑप्शन का उपयोग करके एक्सेस कर सकते हैं।

98. *(d)* टेक्स्ट को सुपरस्क्रिप्ट में बदलने के लिए Ctrl + Shift + = की-बोर्ड शॉर्टकट का उपयोग किया जाता है। सुपरस्क्रिप्ट एक प्रकार का टेक्स्ट फॉर्मेटिंग विकल्प है, जिसमें कोई भी अक्षर, संख्या या चिह्न सामान्य से थोड़ा ऊपर की ओर छोटा करके लिखा जाता है। यह सामान्यतः गणितीय समीकरणों, रासायनिक सूत्रों और अन्य वैज्ञानिक प्रतीको जैसे X^2 आदि में इस्तेमाल होता है।

99. *(b)* name@domain.com ई-मेल एड्रेस की सही संरचना (स्ट्रक्चर) है। ई-मेल एड्रेस में '@' चिह्न का उपयोग होता है, जो उपयोगकर्ता नाम और डोमेन नाम को अलग करता है। ई-मेल एड्रेस का पहला हिस्सा उपयोगकर्ता नाम (username) होता है, जो व्यक्ति या संस्था की पहचान करता है तथा दूसरा हिस्सा डोमेन नाम (Domain Name) है, जो उस सर्वर या वेबसाइट का नाम है जो ई-मेल को भेजने और प्राप्त करने के लिए जिम्मेदार है।

100. *(c)* एमएस-वर्ड 365 से सम्बन्धित दिए गए दोनों कथन सही है।

'सेव' ऑप्शन आपको पहले से सेव की गई फाइल को ओपन करते हैं। यदि आप उसमें कोई बदलाव करते हैं तो 'सेव' ऑप्शन आपको फाइल को उसी नाम से अपडेट करने की सुविधा देता है। यानी फाइल का नाम और स्थान वही रहता है, केवल कण्टेण्ट बदल जाता है जबकि 'सेव एज' ऑप्शन आपको मौजूदा फाइल को किसी नए नाम या स्थान पर सेव करने की सुविधा देता है।

सॉल्वड पेपर 27 नवम्बर, 2020 (III Shift)

दिल्ली पुलिस सिपाही
भर्ती परीक्षा 2020

1. सितम्बर, 2020 में निम्नलिखित में से किसने भारत के चुनाव आयुक्त के रूप में प्रभार ग्रहण किया है?
(a) राजीव कुमार (b) अमिताभ कान्त
(c) अरविन्द पनगढिया (d) विवेक देबरॉय

2. निम्नलिखित में से किसे 'पृथ्वी, वायुमण्डल, महासागर और ग्रह विज्ञान वर्ग में वर्ष 2020 का शान्तिस्वरूप भटनागर विज्ञान और प्रौद्योगिकी पुरस्कार दिया गया?
(a) अभीजीत मुखर्जी (b) वत्स्ला थिरुमलाई
(c) सुभदीप चटर्जी (d) सुबी जैकब जॉर्ज

3. जीका वायरस रोग मुख्य रूप से .... द्वारा संक्रमित वायरस के कारण होता है।
(a) कृंतक (रोडेण्ट) (b) कुत्ते
(c) एडीज मच्छर (d) यूरेनोटीनिया मच्छर

4. आधार दर (बेस रेट) किसी बैंक की वह न्यूनतम ब्याज दर है, जिसके नीचे उसे उधार देने की अनुमति नहीं है, हालाँकि .... की अनुमति होने पर कुछ मामलों में इसका अपवाद सम्भव हैं।
(a) उच्चतम न्यायालय (b) भारतीय रिजर्व बैंक
(c) नीति आयोग (d) सी. ए. जी. (कैग)

5. निम्नलिखित में से कौन-सी पुस्तक एम. के. गाँधी द्वारा नहीं लिखी गई है?
(a) नेचर क्योर (b) गोल्डन थ्रेसहोल्ड
(c) इण्डियन होमरूल (d) इण्डिया ऑफ माई ड्रीम्स

6. निम्नलिखित में से किसका निर्माण तुगलक काल में नहीं हुआ था?
(a) खिड़की मस्जिद (b) फिरोज शाह कोटला
(c) जामा मस्जिद (d) तुगलकाबाद

7. भूगोल में मीएन्डर की विशेषता मुख्य रूप से निम्नलिखित में से किस विकल्प से सम्बन्धित है?
(a) चट्टान (b) चोटी
(c) नदी (d) तालाब

8. 'पिट्रा-ड्यूरा' शब्द के बारे में निम्नलिखित में से कौन-सा कथन सही है?
(a) यह बागवानी की एक शैली है
(b) यह ताड़ के पत्तों पर की जाने वाली एक प्रकार की चित्रकला शैली है
(c) यह दिल्ली सुल्तानों के दरबार में बजाया जाने वाले हिन्दुस्तानी शास्त्रीय संगीत की एक विधा है।
(d) यह पत्थर की दीवारों में कीमती नगीनों और रत्नों को जड़ने की एक तकनीक है।

9. निम्नलिखित में से कौन-सा स्थान जहाँगीर की कब्र से सम्बन्धित है?
(a) आगरा (b) कराची
(c) लाहौर (d) दिल्ली

10. मोहनजोदड़ो की नृत्य करती लड़की की प्रतिमा किससे बनी थी?
(a) लोहा (b) सोना
(c) कांसा (d) चाँदी

11. निम्नलिखित में से कौन-सा युग्म सही नहीं है?
(a) पेले — ब्राजील
(b) डिएगो माराडोना — अर्जेण्टीना
(c) पाओलो रोजी — स्पेन
(d) काइलियन मबप्पे — फ्रांस

12. 11वीं पंचवर्षीय योजना वर्ष ....में समाप्त हुई थी।
(a) 2012 (b) 2013
(c) 2011 (d) 2010

13. भारत में किसी कर्मचारी के सेवानिवृत्ति लाभ और सम्बन्धित मुद्दों के सन्दर्भ में, EPFO का पूर्ण रूप क्या है?
(a) एक्सटेंसिव पेंशन फण्डिग ओम्बड्समैन
(b) एम्प्लॉइज प्रॉविडेण्ट फण्ड ऑर्गेनाइजेशन
(c) एम्प्लॉइज प्रिविलेज फाइनेंशियल ऑपरेशन
(d) एम्प्लॉइज पेंशन फिक्सेशन ऑर्गेनाइजेशन

14. भारत के संविधान का भाग ....संसद के संगठन, संरचना, अवधि, अधिकारियों, प्रक्रियाओं, विशेषाधिकारों शक्तियों आदि से सम्बन्धित हैं।
(a) VI (b) VIII (c) V (d) VII

15. निम्नलिखित में से कौन-सा युग्म सुमेलित है?
(a) चतुर्थ बौद्ध संगीति — राजगृह
(b) द्वितीय बौद्ध संगीति — विराटनगर
(c) प्रथम बौद्ध संगीति — कश्मीर
(d) तृतीय बौद्ध संगीति — पाटलिपुत्र

16. भारत का राष्ट्रीय मानवाधिकार आयोग एक स्वतन्त्र वैधानिक निकाय है, जिसकी स्थापना 12 अक्टूबर ....को हुई थी।

(a) 1996 (b) 1993 (c) 1999 (d) 2002

17. .... कम वायुमण्डलीय दबाव का एक भूमध्यरेखीय क्षेत्र है, जहाँ से पूर्वी हवाएँ परिवर्तित होती हैं?

(a) एल नीनो (b) ला नीना
(c) मोरैने (d) डोलड्रम

18. 1984 में .... के नेतृत्व में बहुजन समाज पार्टी का गठन किया गया था?

(a) अनिल अग्रवाल (b) विजय बहुगुणा
(c) मायावती (d) काशीराम

19. इण्टेसिफाइड मिशन इन्द्रधनुष (IMI) 2.0 भारत सरकार द्वारा कम .... वाले क्षेत्रों में व्याप्ति (कवरेज) में सुधार करने के लिए प्रारम्भ की गई योजना हैं।

(a) शिक्षण (b) पोषण
(c) डिजिटलीकरण (d) प्रतिरक्षण

20. अगस्त, 2020 तक प्राप्त जानकारी के अनुसार, भारत के केन्द्रशासित प्रदेशों के प्रशासन के सन्दर्भ में निम्नलिखित में से कौन-सा युग्म सही है?

(a) दिल्ली (एन. सी. टी./NCT) – प्रफुल्ल पटेल
(b) अण्डमान और निकोबार द्वीप – दिनेश्वर शर्मा
(c) लद्दाख – अनिल बैजल
(d) जम्मू-कश्मीर – मनोज सिन्हा

21. 'सामवेद' को भारतीय .... के प्राथमिक स्रोतों में से एक माना जाता है।

(a) कपड़ा अभिकल्प (b) सिक्का निर्माण
(c) औषधि (d) संगीत और कला

22. एक फोटोवोल्टाइक सेल में निम्नलिखित में से किस प्रकार की ऊर्जा विद्युत ऊर्जा में परिवर्तित हो जाती है?

(a) प्रकाश (b) चुम्बकीय
(c) रासायनिक (d) ध्वनि

23. किसी भी अन्तर्राष्ट्रीय फुटबॉल मैच में अतिरिक्त समय के लिए कुल विनियमन समय अवधि रेगुलेशन टाइम (मिनट में) कितनी होता है?

(a) 100 (b) 120
(c) 90 (d) 150

24. वास्तुकला की शर्की शैली किस आधुनिक राज्य से सम्बन्धित थी?

(a) पंजाब (b) हिमाचल प्रदेश
(c) तेलंगाना (d) उत्तर प्रदेश

25. .... के बजट भाषण में ₹ 500 करोड़ के व्यय वाली 'ऑपरेशन ग्रीन्स' की घोषणा की गई थी, जो टमाटर, प्याज और आलू (TOP) की फसलों को स्थिर करने और कीमतों में अस्थिरता के बिना पूरे देश में साल भर टी. ओ. पी. (TOP) फसलों की उपलब्धता सुनिश्चित करने के लिए की गई थी?

(a) 2020-21 (b) 2017-18
(c) 2015-16 (d) 2018-19

26. निम्नलिखित में से कौन-सा पूर्वी घाट का पर्वतीय शिखर है?

(a) देवीमाला (b) डोडाबेट्टा
(c) देवमाली (d) अन्नपूर्णा

27. थुम्बा इक्वेटोरियल रॉकेट लॉन्चिंग स्टेशन (टी. ई. आर. एल. एस/ TERLS) .... के पास स्थित हैं।

(a) श्रीहरिकोटा (b) सोमनाथ
(c) चाँदीपुर (d) तिरुवनन्तपुरम

28. भारतीय संगीत के सन्दर्भ में, निम्नलिखित में से कौन-सा एक 'राग' नहीं है?

(a) भैरवी (b) पूर्वी
(c) शृंगार (d) हिण्डोल

29. निम्नलिखित में से कौन-सा युग्म सुमेलित नहीं है?

(a) फरैजी आन्दोलन – बंगाल
(b) मोपला विद्रोह – मालाबार
(c) कूका आन्दोलन – असम
(d) पॉलीगर विद्रोह – कुर्नूल

30. भारत सरकार ने किस वर्ष में केन्द्रीय ग्रामीण स्वच्छता कार्यक्रम शुरू किया था?

(a) 1986 (b) 1992
(c) 2014 (d) 1989

31. .... समिति भारत में चुनाव सुधारों से सम्बन्धित है।

(a) इन्द्रजीत गुप्ता (b) कोठारी
(c) बलवन्तराय मेहता (d) बिमल जालान

32. 2019 तक भारतीय पुरुष क्रिकेट टीम ने एकदिवसीय विश्व कप सेमीफाइनल में कितनी बार प्रवेश किया है?

(a) छह (b) पाँच
(c) सात (d) आठ

33. नेफ्राइटिस एक चिकित्सा स्थिति है जो .... को प्रभावित करती है।

(a) वृक्क (किडनी)
(b) मांसपेशियों का जोड़ (मसल ज्वॉइण्ट्स)
(c) हृदय (हार्ट)
(d) मस्तिष्क (ब्रेन)

34. अगस्त, 2020 तक प्राप्त जानकारी के अनुसार, निम्नलिखित में से कौन राज्यसभा के लिए पदस्थ मनोनीत सदस्य नहीं है?

(a) सुब्रह्मण्यम स्वामी
(b) सोनल मानसिंह
(c) जया बच्चन
(d) रूपा गांगुली

35. ग्लूकोमीटर का उपयोग आमतौर पर .... रोगी द्वारा मॉनिटर के रूप में किया जाता है।

(a) प्रसूति (अब्स्टेट्रिक)
(b) स्नायविक
(c) यकृतशोथ-बी
(d) अल्प रक्त शर्करा (हाइपोग्लाइसीमिया)

36. प्रणब मुखर्जी जिनका अगस्त, 2020 में निधन हो गया, भारत के .... राष्ट्रपति थे।

(a) 14वें (b) 12वें
(c) 11वें (d) 13वें

37. अगस्त, 2020 तक प्राप्त जानकारी के अनुसार भारत में बैंक की चेक संख्या में .... अंक होते हैं।

(a) सात (b) पाँच
(c) छह (d) आठ

38. मुगल साम्राज्य की आर्थिक प्रणाली के सन्दर्भ में, पोलज शब्द .... को निर्दिष्ट करता है।

(a) नकद भुगतान
(b) सालाना खेती योग्य भूमि
(c) अकबर द्वारा जारी किया गया एक प्रकार का सिक्का
(d) एक तरह का कर

39. 'खादर' और 'बांगर' शब्द निम्नलिखित में से किस मृदा से सम्बन्धित हैं?

(a) कछार (एलूवियल) (b) शुष्क (एरिड)
(c) काली (ब्लैक) (d) मखरैला (लैटेराइट)

40. 'द शैडो लाइन्स' पुस्तक के लेखक हैं

(a) अमीष त्रिपाठी (b) अमिताभ घोष
(c) अरुन्धति रॉय (d) रवीश कुमार

41. ऐतिहासिक सीढ़ीदार कुआँ (बावली) अग्रसेन की बावली कहाँ पर स्थित है?

(a) चेन्नई (b) दिल्ली (c) कोलकाता (d) चण्डीगढ़

42. 1991 में शुरू किया गया व्यास सम्मान, ...में उत्कृष्ट साहित्यिक कार्य के लिए प्रदान किया जाता है।

(a) हिन्दी (b) कोंकणी (c) संस्कृत (d) राजस्थानी

43. निम्नलिखित में से कौन-सा युग्म सही नहीं है?

(a) भीमबेटका — छत्तीसगढ़
(b) हम्पी — कर्नाटक
(c) फतेहपुर सीकरी — उत्तर प्रदेश
(d) कोणार्क — ओडिशा

44. निम्नलिखित में से कौन-सी घटना 1905 के स्वदेशी आन्दोलन की महत्वपूर्ण वजह थी?

(a) बंगाल का विभाजन (b) मुस्लिम लीग का गठन
(c) भारतीय राष्ट्रीय काँग्रेस का गठन (d) रॉलेट एक्ट का पास होना

45. .... वातावरण की सापेक्ष आर्द्रता को मापने का एक उपकरण हैं।

(a) बैरोमीटर (b) हाइड्रोमीटर
(c) एनीमोमीटर (d) हाइग्रोमीटर

46. ग्लोबल इनोवेशन इण्डेक्स (वैश्विक नवाचार सूचकांक) 2020 में भारत का ....स्थान है।

(a) 52वाँ (b) 48वाँ (c) 87वाँ (d) 63वाँ

47. 11 दिसम्बर, 1901 को स्थापित (कमीशन) की गई डिगबोई तेल रिफाइनरी भारत की सबसे पुरानी कार्यरत रिफाइनरी है और दुनिया की सबसे पुरानी कार्यरत रिफाइनरियों में से एक है। यह ....में स्थित है।

(a) गुजरात (b) असम
(c) उत्तर प्रदेश (d) ओडिशा

48. YONO (यू ओनली नीड वन) ऐप एक एकीकृत डिजिटल बैंकिंग प्लैटफॉर्म है जो .... द्वारा पेश किया गया है ताकि इसके उपयोगकर्ताओं को विभिन्न प्रकार की वित्तीय सेवाओं का उपयोग करने में सक्षम बनाया जा सके।

(a) आई. सी. आई. सी. आई. (ICICI)
(b) पंजाब नेशनल बैंक (PNB)
(c) एच. डी. एफ. सी. (HDFC)
(d) भारतीय स्टेट बैंक (SBI)

49. नई दिल्ली में राष्ट्रमण्डल खेल किस वर्ष आयोजित किए गए थे?

(a) 2012 (b) 2006 (c) 2018 (d) 2010

50. सितम्बर, 2020 में, भारतीय रिजर्व बैंक ने 1 जनवरी, 2021 से चेक के लिए 'सकारात्मक भुगतान प्रणाली (पॉजिटिव पे सिस्टम) शुरू करने का निर्णय लिया, जिसके तहत ....से अधिक के भुगतान के लिए प्रमुख विवरणों की दोबारा पुष्टि करने की आवश्यकता हो सकती है।

(a) ₹ 60000 (b) ₹ 75000 (c) ₹ 55000 (d) ₹ 50000

51. निम्न श्रेणी में प्रश्नवाचक चिन्ह (?) के स्थान पर दिए गए विकल्पों में से कौन-सी संख्या आएगी?

14, 17, 68, 73, 438, ?

(a) 166 (b) 445 (c) 876 (d) 405

52. दी गई शीट को मोड़कर एक घन बनाया जाता है। इस तरह निर्मित घन में, अक्षर 'F' वाले पृष्ठ के विपरीत पृष्ठ पर कौन-सा अक्षर होगा?

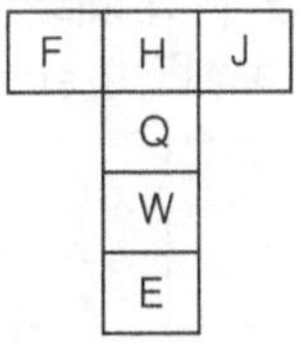

(a) W (b) Q (c) E (d) J

53. निम्न श्रेणी में प्रश्नवाचक चिन्ह (?) के स्थान पर दिए गए विकल्पों में से कौन-सी संख्या आएगी?

97, 98, 106, 133, 197, ?

(a) 406 (b) 322 (c) 267 (d) 220

54. यदि दर्पण को निम्नांकित चित्र के अनुसार 'PQ' पर रखा जाए, तो दिए गए उस संयोजन का चयन कीजिए, जिसका दर्पण में सही प्रतिबिम्ब निर्मित हो।

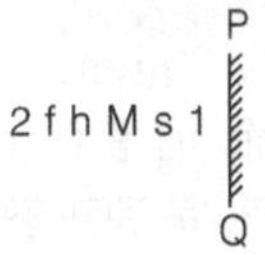

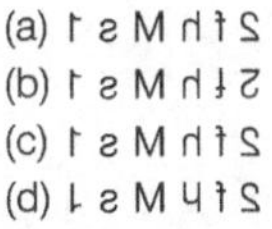

55. निम्न वेन आरेख में, 'पंचभुख' नाविकों को दर्शाता है, वृत्त महिलाओं को दर्शाता है। तथा समचतुर्भुज अशिक्षितों को दर्शाता है। दी गई संख्याएँ उस विशिष्ट वर्ग में लोगों की संख्या को दर्शाती है। ऐसी कितनी महिला नाविक है जो अशिक्षित नहीं है?

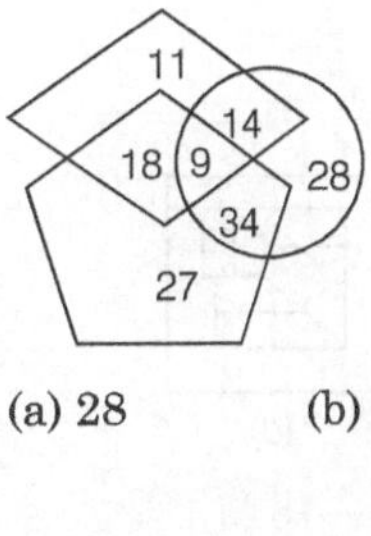

(a) 28 (b) 14 (c) 34 (d) 9

56. उस विकल्प का चयन कीजिए जो निम्नांकित आकृति शृंखला में प्रश्नवाचक चिन्ह (?) के स्थान पर आएगी।

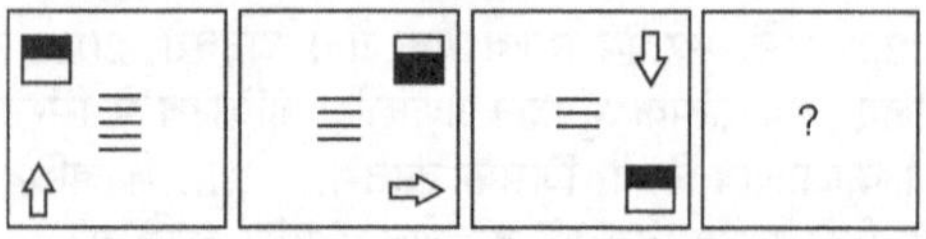

1 2 3 4

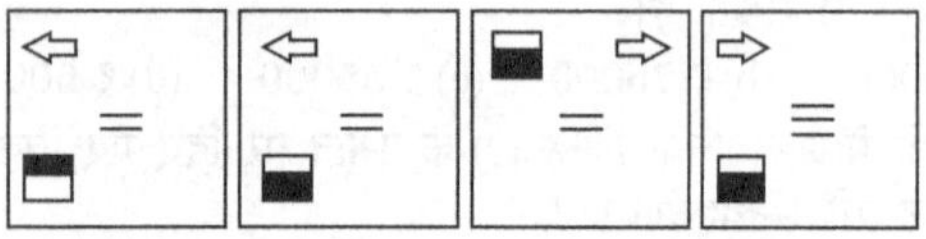

(a) (b) (c) (d)

57. दिए गए समीकरण को सन्तुलित करने के लिए किन दो चिन्हों को आपस में बदला जाना चाहिए?

$86 + 5 - 42 \div 28 \times 14 = 7$

(a) × और ÷ (b) × और + (c) ÷ और − (d) × और −

58. उस विकल्प आकृति का चयन कीजिए जिसका तीसरी आकृति से वही सम्बन्ध है, जो दूसरी आकृति का पहली आकृति से है।

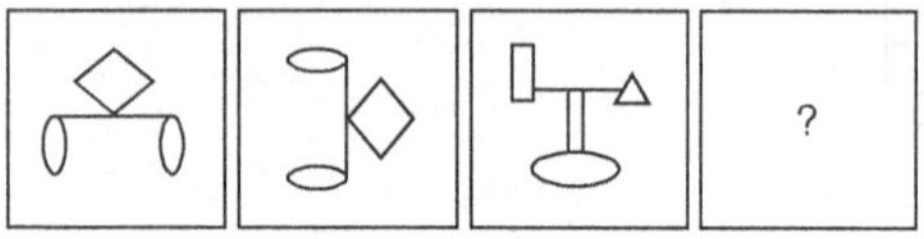

1 2 3 4

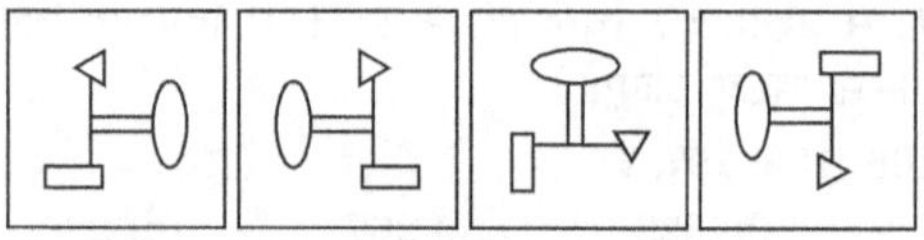

(a) (b) (c) (d)

59. उस विकल्प का चयन कीजिए जिसका तीसरी संख्या से वहीं सम्बन्ध है, जो दूसरी संख्या का पहली संख्या से है।

5573 : 20 : : 8991 : ?

(a) 52 (b) 90 (c) 27 (d) 37

60. एक ऐसे पासे की दो भिन्न-भिन्न स्थितियाँ दर्शाई गई हैं जिसके छ: पृष्ठों पर 1 से 6 तक संख्याएँ अंकित हैं। संख्या '5' वाले पृष्ठ के विपरीत पृष्ठ पर कौन-सी संख्या होगी?

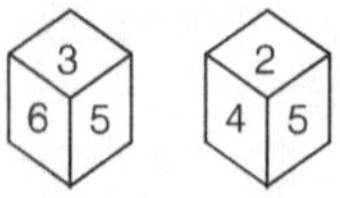

(a) 2 (b) 1 (c) 3 (d) 4

61. उस विकल्प आकृति का चयन कीजिए जो नीचे दी गई आकृति (X) में अन्तर्निहित है। (घूर्णन की अनुमति नहीं है)

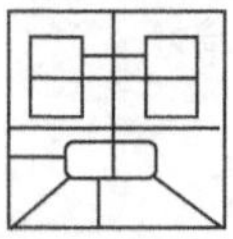

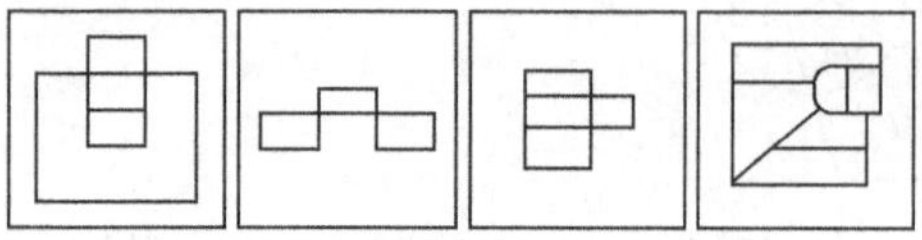

(a) (b) (c) (d)

62. निम्नांकित चार आकृतियों में से तीन में एक निश्चित प्रकार की समानता है। और एक असंगत है। उस असंगत आकृति का चयन कीजिए।

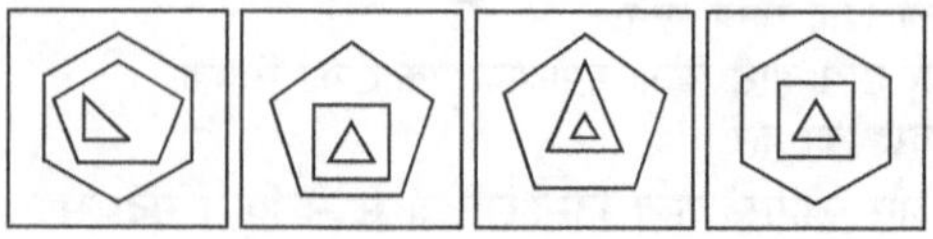

1 2 3 4

(a) 3 (b) 1
(c) 2 (d) 4

63. उस विकल्प आकृति का चयन कीजिए जो निम्नांकित आकृति शृंखला में प्रश्नवाचक चिन्ह (?) के स्थान पर आएगी।

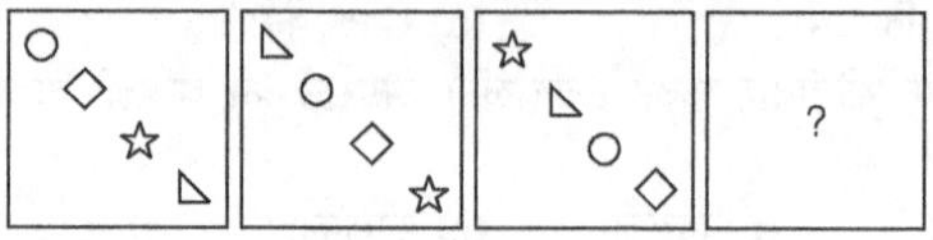

1 2 3 4

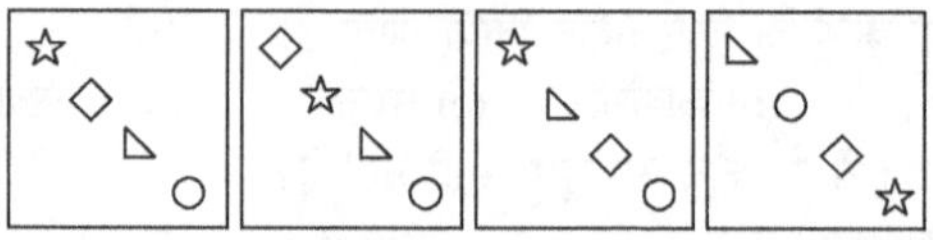

(a) (b) (c) (d)

64. निम्नांकित चार आकृतियों में से तीन में एक निश्चित प्रकार की समानता है और एक असंगत है उस असंगत आकृति का चयन कीजिए।

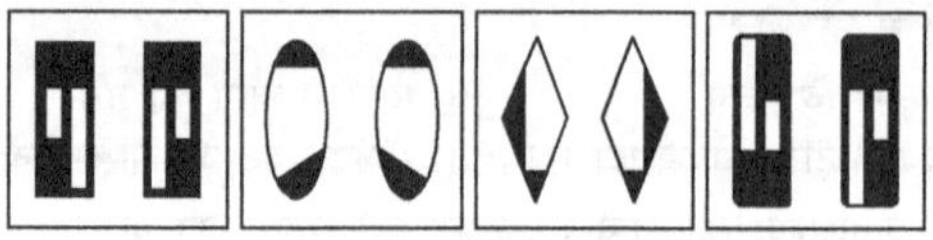

(a) (b) (c) (d)

(a) 1 (b) 3 (c) 2 (d) 4

65. उस विकल्प आकृति का चयन कीजिए जो दिए गए निम्नांकित पैटर्न को पूर्ण करेगी।

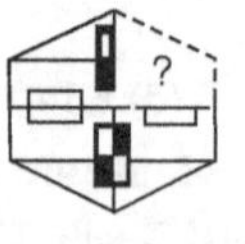

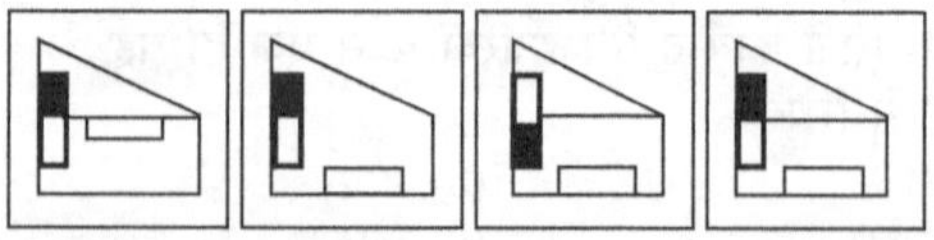

(a) (b) (c) (d)

66. उस विकल्प आकृति का चयन कीजिए जो दी गई आकृति में प्रश्नवाचक चिन्ह (?) के स्थान पर आयेगी और पैटर्न को पूर्ण करेगी।

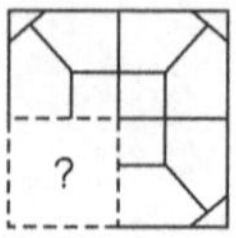

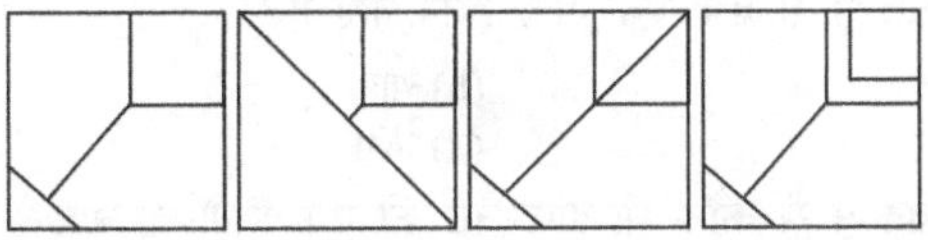
(a) (b) (c) (d)

67. उस विकल्प आकृति का चयन कीजिए जिसका तीसरी आकृति से वही सम्बन्ध है, जो दूसरी आकृति का पहली आकृति से है।

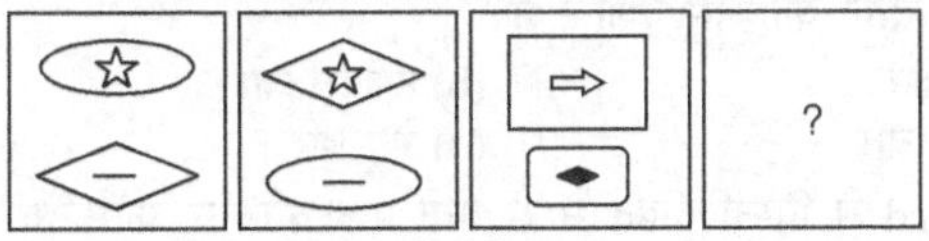
1 2 3 4

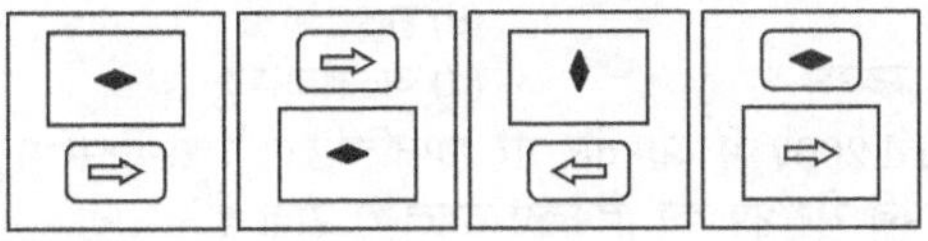
(a) (b) (c) (d)

68. रवीन्द्र अपने उस मित्र को एक वर्ष के ब्याज के रूप में ₹ 4160 का भुगतान करता है। जिससे उसने 8% वार्षिक ब्याज दर पर एक धनराशि उधार ली थी। रविन्द्र ने अपने मित्र से कितनी धनराशि उधार ली थी?

(a) ₹ 60400 (b) ₹ 50000 (c) ₹ 52000 (d) ₹ 48000

69. एक कूट भाषा में, 'DYNASTY' को 'NYDAYTS' लिखा जाता है। उसी भाषा में 'RESPOND' को क्या लिखा जाएगा?

(a) SERPDNO (b) SERQDMO
(c) SRENPOD (d) TESPDNO

70. उस विकल्प का चयन कीजिए जिसमें दी गई आकृति (X) अन्तर्निहित है। (घूर्णन की अनुमति नहीं है)

(X)

(a) (b) (c) (d)

71. एक कागज को निम्नांकित चित्र के अनुसार मोड़ा और काटा गया है। इस कागज को खोलने पर यह कैसा दिखाई देगा?

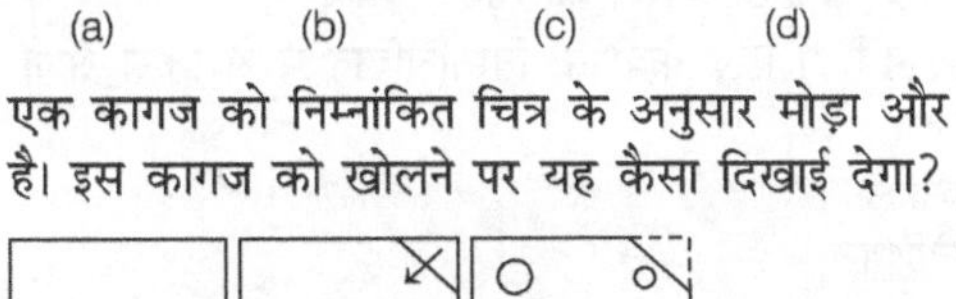

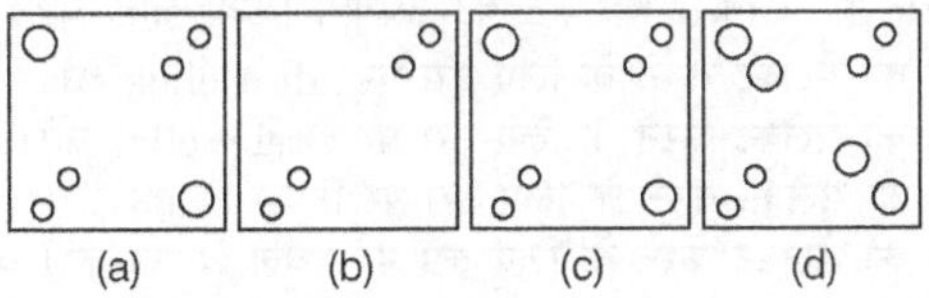
(a) (b) (c) (d)

72. उस वेन आरेख का चयन कीजिए जो निम्नांकित वर्गों के मध्य सम्बन्ध का सर्वश्रेष्ठ निरूपण करता है।
माताएँ, विक्रय प्रबन्धक, पुरुष

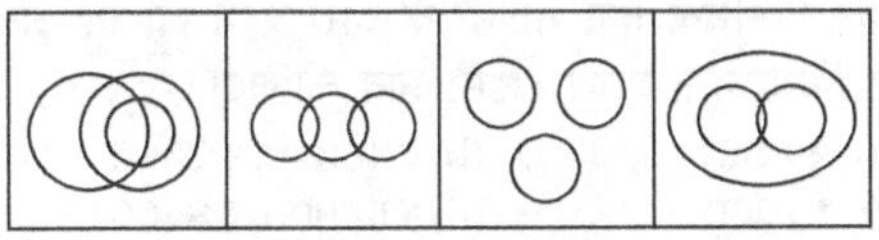
(a) (b) (c) (d)

73. उस विकल्प का चयन कीजिए जिसका तीसरे शब्द से वही सम्बन्ध है जो दूसरे शब्द का पहले शब्द से है
ब्राजील : दक्षिण अमेरिका : : श्रीलंका : ?

(a) राजधानी (b) ऑस्ट्रेलिया (c) एशिया (d) देश

74. दिए गए पैटर्न का ध्यानपूर्वक अध्ययन करें और उस संख्या का चयन करें जो इसमें प्रश्नवाचक चिन्ह (?) के स्थान पर आएगी।

25	52	40
14	16	15
92	152	?

(a) 108 (b) 125 (c) 98 (d) 139

75. निम्नांकित चार अक्षर-समूहों में से तीन के मध्य एक निश्चित प्रकार की समानता है। और एक असंगत है। उस असंगत अक्षर-समूह का चयन कीजिए।

(a) KHD (b) TQM (c) LIF (d) HEA

76. एक व्यक्ति ने अपनी यात्रा का पहला भाग 160 किमी/घण्टा और दूसरा भाग 240 किमी/घण्टा की गति से तय किया और अपने गंतव्य तक की कुल 3840 किमी की दूरी को 20 घण्टे में तय किया। दूसरे भाग की दूरी कितने घण्टे में पूरी की गई?

(a) 8 (b) 10 (c) 12 (d) 15

77. किसी वस्तु का अंकित मूल्य ₹ 5000 है। इस पर क्रमश: 15%, 10% और 18% की तीन क्रमिक छूटे दी गई हैं, तो उस वस्तु का विक्रय मूल्य (₹ मे) ज्ञात कीजिए।

(a) ₹ 3136.5 (b) ₹ 3362.75 (c) ₹ 3250 (d) ₹ 3000

78. एक आयताकार भू-खण्ड की लम्बाई उसकी चौड़ाई से 15 मी अधिक है। यदि भू-खण्ड के चारों ओर बाड़ लगाने की लागत ₹ 16.50 प्रति मी की दर से ₹ 4950 है, तो भू-खण्ड की लम्बाई (मी में) ज्ञात कीजिए।

(a) 67.5 (b) 60 (c) 82.5 (d) 75

79. एक मोटरसाइकिल की पेट्रोल से पूरी भरी टंकी 30 दिनों के लिए पर्याप्त है। यदि कोई सवार प्रतिदिन 20% ज्यादा पेट्रोल की खपत करता है, तो पेट्रोल से पूरी भरी टंकी कितने दिनों के लिए पर्याप्त होगी?

(a) 20 (b) 25 (c) 18 (d) 10

80. दो व्यक्तियों में प्रत्येक को ₹ 43892 की धनराशि का ऋण 3 वर्ष के लिए दिया गया, जिसमें एक को 30% वार्षिक साधारण ब्याज पर दूसरे को वार्षिक रूप से संयोजित होने वाली 30% वार्षिक चक्रवृद्धि ब्याज दर पर भुगतान करना था। इस 3 वर्ष की अवधि में प्राप्त चक्रवृद्धि ब्याज की तुलना में प्राप्त साधारण ब्याज कितने प्रतिशत (दशमलव के एक स्थान तक शुद्ध) कम होगा?

(a) 24.8% (b) 22.7% (c) 23.8% (d) 25.7%

81. A और B प्रत्येक ने समान धनराशि 3 वर्षों के लिए क्रमश: 5% वार्षिक साधारण ब्याज और वार्षिक रूप से संयोजित होने वाली चक्रवृद्धि ब्याज दर पर ऋण लिया। भुगतान के समय A की तुलना में B को ₹ 427 अधिक देना था। B के द्वारा ऋण ली गई धनराशि और भुगतान किया गया ब्याज (₹ में) ज्ञात कीजिए।

(a) ₹ 56000, ₹ 8827
(b) ₹ 48000, ₹ 7566
(c) ₹ 48000, ₹ 7200
(d) ₹ 56000, ₹ 8400

82. दो संख्याओं का योग 26 और उनका अन्तर 14 है। यदि बड़ी संख्या के तीन गुने को छोटी संख्या से भाग दिया जाए, तो भागफल कितना होगा?

(a) 9 (b) 11 (c) 12 (d) 10

83. A किसी काम को 45 दिनों में पूरा कर सकता है। वह 30 दिनों तक काम करता है और फिर काम छोड़ देता है। यदि B शेष काम 5 दिनों में पूरा करता है, तो B अकेले पूरे काम को कितने दिनों में पूरा कर सकता है

(a) 18 (b) 15 (c) 10 (d) 12

84. एक दुकानदार ने 1000 किग्रा चावल खरीदकर उसका एक भाग 10% के लाभ पर शेष भाग 20% की हानि पर बेच दिया। पूरे लेन-देन में उसे 11% की हानि हुई। चावल की कितनी मात्रा (किग्रा में) 20% हानि पर बेची गई?

(a) 600 (b) 500 (c) 700 (d) 300

85. निम्नलिखित में से कौन-सी भिन्न सबसे छोटी है?

$\frac{11}{12}, \frac{13}{14}, \frac{12}{13}, \frac{15}{16}, \frac{19}{20}$

(a) $\frac{19}{20}$ (b) $\frac{13}{14}$ (c) $\frac{11}{12}$ (d) $\frac{15}{16}$

86. एक विक्रेता ने दो किस्म की चाय ब्राण्ड A और ब्राण्ड B क्रय मूल्य क्रमश: ₹ 15 प्रति 100 ग्राम और ₹ 18 प्रति 100 ग्राम की दर पर खरीदी, और उनका एक निश्चित अनुपात में मिश्रण तैयार किया। बाद में उसने मिश्रण को ₹ 20 प्रति 100 ग्राम की दर पर बेचकर 20% लाभ अर्जित किया। मिश्रण में ब्राण्ड A वाली चाय और ब्राण्ड B वाली चाय का अनुपात कितना था?

(a) 1 : 2 (b) 2 : 3 (c) 4 : 5 (d) 3 : 4

87. एक घनाभाकार खुली टंकी बाहर से 1.6 मी लम्बी, 1.3 मी चौड़ी और 53 सेमी ऊँची है। इसकी क्षमता 900 लीटर और इसकी दीवारे 5 सेमी मोटी हैं। इसकी तली की मोटाई (सेमी में) ज्ञात कीजिए।

(a) 5 (b) 3 (c) 2 (d) 4

88. 2 वर्ष पूर्व, किसी परिवार के 5 सदस्यों की औसत आयु 18 वर्ष थी। परिवार में एक नए सदस्य के आ जाने से परिवार की औसत आयु अभी भी वही है। नए जुड़े सदस्य की वर्तमान आयु (वर्षों में) कितनी है।

(a) 10 (b) 5 (c) 8 (d) 6

89. यदि A की आय, B की आय से 35% अधिक हो, तो B की आय A की आय से कितने प्रतिशत (निकटतम पूर्णांक तक शुद्ध) कम है?

(a) 19% (b) 26% (c) 17% (d) 35%

90. छोटी-से-छोटी वह संख्या कौन-सी है। जिसे 12, 10 और 11 से विभाजित करने पर शेष क्रमश: 11, 9 और 10 प्राप्त होता है?

(a) 329 (b) 661 (c) 659 (d) 331

91. निम्नलिखित में से क्या एक सर्च इंजन नहीं है?

(a) आस्क
(b) याहू
(c) सफारी
(d) बिंग

92. निम्नलिखित में से कौन-सी इण्टरनेट की एक विशेषता नहीं हैं?

(a) अभिगम्यता
(b) उपयोग में आसानी
(c) संचार का लचीलापन
(d) उच्च लागत

93. MS-Excel में निम्नलिखित में से कौन-सा एप्लीकेशन और स्प्रेडशीट दोनों का नाम दर्शाता है?

(a) टूल बार
(b) टाइटल बार
(c) टास्क बार
(d) मेनू बार

94. MS-Word में निम्नलिखित में से क्या एक करेक्टर फॉर्मेटिंग विकल्प नहीं है?

(a) फॉण्ट
(b) साइज
(c) फॉण्ट स्टाइल
(d) अलाइनमेण्ट

95. MS-Word 2007 में आमतौर पर निम्नलिखित में से किस मेनू टैब के तहत पेज सेटअप का विकल्प उपलब्ध होता है?

(a) इन्सर्ट
(b) होम
(c) पेज ले-आउट
(d) रिव्यू

96. MS-Word में टेबल में कॉलम की चौड़ाई बदलने के लिए निम्नलिखित में से किसका उपयोग किया जा सकता है?

(a) टेबल प्रॉपर्टीज
(b) डिफाइन
(c) इन्सर्ट
(d) ट्रांसलेट

97. ई-मेल हेडर में पाई जाने वाली एक फील्ड 'CC' का पूर्ण रूप निम्नलिखित में से कौन-सा है?

(a) करेक्टर कॉपी
(b) कण्ट्रोल कॉपी
(c) कॉण्टिनुअस कॉपी
(d) कार्बन कॉपी

98. MS-Excel में, सेल एडिटिंग के सन्दर्भ में, निम्नलिखित में से कौन-सा कथन असत्य है?

(a) सेल सेलेक्ट करें फॉर्मूला बार पर क्लिक करें और कण्टेट को एडिड करें
(b) जहाँ कण्टेट स्थित है उस सेल पर डबल क्लिक करके सेल को एडिट करें
(c) सेल सेलेक्ट करें और सेल के कन्टेण्ट को एडिट करने के लिए की-बोर्ड पर F2 फंक्शन की (key) दबाएँ
(d) सेल सेलेक्ट करें और सेल के कन्टेण्ट को एडिट करने के लिए की-बोर्ड पर F5 फंक्शन की (key) दबाएँ

99. MS-Excel में 'LEN' फंक्शन, निम्नलिखित में से किस श्रेणी में आता है?

(a) लॉजिकल
(b) फाइनेंशियल
(c) मैथ एण्ड ट्रिग
(d) टेक्स्ट

100. MS-Word में पैराग्राफ में एक वाक्य को सेलेक्ट करने के लिए निम्नलिखित में से किस शॉर्टकट का उपयोग किया जाता है?

(a) वाक्य को सेलेक्ट करने के लिए उस पर Alt + click करें।
(b) वाक्य को सेलेक्ट करने के लिए उस पर Ctrl + click करें।
(c) वाक्य को सेलेक्ट करने के लिए उस पर ट्रिपल क्लिक करें।
(d) वाक्य को सेलेक्ट करने के लिए उस पर डबल क्लिक करें।

उत्तरमाला

1. (a)	**2.** (a)	**3.** (c)	**4.** (b)	**5.** (b)	**6.** (c)	**7.** (c)	**8.** (d)	**9.** (c)	**10.** (c)
11. (c)	**12.** (a)	**13.** (b)	**14.** (c)	**15.** (d)	**16.** (b)	**17.** (d)	**18.** (d)	**19.** (d)	**20.** (d)
21. (d)	**22.** (a)	**23.** (b)	**24.** (d)	**25.** (d)	**26.** (c)	**27.** (d)	**28.** (c)	**29.** (c)	**30.** (a)
31. (a)	**32.** (c)	**33.** (a)	**34.** (c)	**35.** (d)	**36.** (d)	**37.** (c)	**38.** (b)	**39.** (a)	**40.** (b)
41. (b)	**42.** (a)	**43.** (a)	**44.** (a)	**45.** (d)	**46.** (b)	**47.** (b)	**48.** (d)	**49.** (d)	**50.** (d)
51. (b)	**52.** (d)	**53.** (b)	**54.** (a)	**55.** (c)	**56.** (b)	**57.** (a)	**58.** (d)	**59.** (c)	**60.** (b)
61. (b)	**62.** (a)	**63.** (b)	**64.** (d)	**65.** (d)	**66.** (a)	**67.** (b)	**68.** (c)	**69.** (a)	**70.** (a)
71. (c)	**72.** (b)	**73.** (c)	**74.** (b)	**75.** (c)	**76.** (a)	**77.** (a)	**78.** (c)	**79.** (b)	**80.** (a)
81. (a)	**82.** (d)	**83.** (b)	**84.** (c)	**85.** (c)	**86.** (c)	**87.** (b)	**88.** (c)	**89.** (b)	**90.** (c)
91. (c)	**92.** (d)	**93.** (b)	**94.** (d)	**95.** (c)	**96.** (a)	**97.** (d)	**98.** (d)	**99.** (d)	**100.** (b)

संकेत एवं हल

1. *(a)* सितम्बर, 2020 में राजीव कुमार ने भारत के चुनाव आयुक्त के रूप में प्रभार ग्रहण किया है। राजीव कुमार वर्ष 1984 बैच के भारतीय प्रशासनिक सेवा के अधिकारी हैं। 15 मई, 2022 को उन्होंने भारत के 25वें मुख्य चुनाव आयुक्त के रूप में प्रभार ग्रहण किया। वह सुशील चन्द्रा की जगह लेंगे।

2. *(a)* अभीजीत मुखर्जी को पृथ्वी, वायुमण्डल, महासागर और गृह विज्ञान वर्ग में 2020 का शान्तिस्वरूप भटनागर विज्ञान प्रौद्योगिकी पुरस्कार दिया गया।

शान्तिस्वरूप भटनागर पुरस्कार विज्ञान और प्रौद्योगिकी के लिए भारत में एक विज्ञान से सम्बद्ध पुरस्कार है, जो वैज्ञानिक और औद्योगिक अनुसन्धान परिषद् (CSIR) द्वारा प्रतिवर्ष दिया जाता है।

यह पुरस्कार पहली बार वर्ष 1958 में प्रारम्भ किया गया। वर्ष 2021 में इसी श्रेणी का पुरस्कार डॉ. बिनॉय कुमार सौकिया को दिया गया।

3. *(c)* जीका वायरस रोग मुख्य रूप से एडीज मच्छर द्वारा संक्रमित वायरस के कारण होता है। यही मच्छर डेंगू चिकनगुनिया के वायरस फैलाते हैं। जीका वायरस पहली बार 1947 में खोजा गया था। इसक नाम युगाण्डा में जीका फॉरेस्ट के नाम पर रखा गया है। वर्ष 1952 में पहली बार जीका के पहले मानव मामलों का पता चला था।

4. *(b)* आधार दर (बेस रेट) किसी बैंक की वह न्यूनतम ब्याज दर है, जिसके नीचे उसे उधार देने की अनुमति नहीं है, हालाँकि भारतीय रिजर्व बैंक द्वारा अनुमति देने पर कुछ मामलों में अपवाद सम्भव है। क्रेडिट मार्केट में पारदर्शिता बढ़ाने और यह सुनिश्चित करने के लिए आधार दर तय की जाती है कि बैंक अपने ग्राहकों को फण्ड की कम लागत पास करे।

5. *(b)* गोल्डन थ्रेशहोल्ड पुस्तक सरोजिनी नायडू द्वारा लिखी गई है, न कि महात्मा गाँधी द्वारा। नेचर क्योर, इण्डियन होमरूल और इण्डिया ऑफ माई ड्रीम्स पुस्तकें महात्मा गाँधी द्वारा लिखी गई हैं।

6. *(c)* जामा मस्जिद दिल्ली में स्थित मस्जिद है। इसका निर्माण 1656 ई. में हुआ था। इस मस्जिद का निर्माण 1650 में मुगल बादशाह शाहजहाँ ने शुरू करवाया था। खिड़की मस्जिद का निर्माण फिरोजशाह तुगलक के प्रधानमन्त्री खान-ई जहानशाह ने 1380 ई. में करवाया था। फिरोजशाह कोटाला एक किला है, जिसे 1360 ई. में फिरोजशाह तुगलक ने बनवाया था। तुगलकाबाद शहर की स्थापना ग्यासुद्दीन तुगलक ने की थी। अतः जामा मस्जिद का निर्माण मुगलकाल में हुआ था, शेष तीनों का निर्माण तुगलक काल में हुआ था।

7. *(c)* भूगोल में 'मीएन्डर' की विशेषता मुख्य रूप से नदी से सम्बन्धित है। मीएन्डर एक प्रमुख प्रवाही जल (नदी) कृत अपरदनात्मक स्थलरूप हैं। मैदानी क्षेत्रों में नदी की धारा दाएँ-बाएँ होते हुए मीएन्डर (विसर्प) बनाती है। ये विसर्प अंग्रेजी के 'S' आकार में होते हैं। नदियों का ऐसा घूमना अधिक अवसादी बोझ के कारण होता है।

8. *(d)* 'पिट्रा-ड्यूरा' यह पत्थर की कीमती नगीनों और रत्नों को जोड़ने की तकनीक है। 17वीं शताब्दी में मुगल सम्राट शाहजहाँ द्वारा यह कला भारत में लाई गई थी। पिट्रा-ड्यूरा प्राचीन रोमन ओपस सेक्टाइल से विकसित हुई थी।

9. *(c)* लाहौर में शाहदरा के निकट स्थित जहाँगीर मकबरा मुगल सम्राट जहाँगीर को समर्पित है। इसे जहाँगीर की मृत्यु के 10 साल बाद उनके पुत्र शाहजहाँ ने बनवाया था। हुमायूँ का मकबरा दिल्ली में स्थित है।

10. *(c)* मोहनजोदड़ो की नृत्य करती लड़की की प्रतिमा कांस्य की बनी थी। माना जाता है, इसे 2500 ईसा पूर्व के आस-पास बनाया गया होगा। इस विश्व प्रसिद्ध प्रतिमा में एक नर्तकी को मानो खड़े होकर आराम करते दर्शाया गया है।

11. *(c)* पेले, ब्राजील के प्रसिद्ध फुटबॉल खिलाड़ी हैं। डिएगो माराडोना अर्जेंटीना के प्रसिद्ध फुटबॉल खिलाड़ी हैं एवं काइलियन मबप्पे फ्रांस के प्रसिद्ध फुटबॉल खिलाड़ी हैं तथा पाओली रोजी, इटली के प्रसिद्ध फुटबॉल खिलाड़ी हैं।

12. *(a)* 11वीं पंचवर्षीय योजना वर्ष 2012 में समाप्त हुई थी। यह योजना वर्ष 2007 में प्रारम्भ की गई थी। इसका उद्देश्य 2011-12 तक 18-23 वर्ष की आयु वर्ग के उच्च शिक्षा में नामांकन में वृद्धि करना था। इस योजना के तहत विभिन्न क्षेत्रों में सुधारों को बढ़ावा देकर सतत एवं समावेशी विकास हासिल करना था।

13. *(b)* भारत में किसी कर्मचारी के सेवानिवृत्ति लाभ और सम्बन्धित मुद्दों के सन्दर्भ में EPFO का पूर्ण रूप एम्प्लॉइज प्रॉविडेण्ट फण्ड ऑर्गेनाइजेशन है। सदस्यों और वित्तीय लेन-देन की मात्रा के मामले में यह विश्व का सबसे बड़ा संगठन है। इसका मुख्यालय दिल्ली में है।

14. *(c)* भारत के संविधान का भाग-V संसद के संगठन, संरचना, अवधि, अधिकारियों, प्रक्रियाओं, विशेषाधिकारों, शक्तियों आदि से सम्बन्धित है। भारत के संविधान में 22 भागों में निहित 395 अनुच्छेद हैं, इसमें 12 अनुसूचियाँ भी हैं।

15. *(d)* प्रथम बौद्ध संगीति, 483 ई. पूर्व. राजगृह में अजातशत्रु के शासनकाल में प्रारम्भ की गई थी, इसके अध्यक्ष महाकश्यप थे। द्वितीय बौद्ध संगीति, 383 ई. पूर्व वैशाली

में कालाशोक के शासनकाल में हुई थी, इसके अध्यक्ष सर्वकामी थे। तृतीय बौद्ध संगीति, 250 ई. पूर्व. पाटलिपुत्र में अशोक के शासनकाल में हुई थी, इसके अध्यक्ष मोगलीपुत्र तिस्स थे। चतुर्थ बौद्ध संगीति 98 ई. में कुण्डलवन में कनिष्क के शासनकाल में हुई थी, इस संगीति के अध्यक्ष वासुमित्र तथा उपाध्यक्ष अश्वघोष थे।

16. *(b)* भारत का राष्ट्रीय मानवाधिकार आयोग एक स्वतन्त्र वैधानिक निकाय है, जिसकी स्थापना 12 अक्टूबर, 1993 को हुई थी। यह आयोग देश में मानवाधिकारों का प्रहरी है। यह एक बहुसदस्यीय निकाय है। इसके प्रथम अध्यक्ष न्यायमूर्ति रंगनाथ मिश्र थे। वर्तमान अध्यक्ष न्यायमूर्ति अरुण कुमार मिश्र हैं।

17. *(d)* डोलड्रम कम वायुमण्डलीय दबाव का एक भूमध्यरेखीय क्षेत्र है, जहाँ से पूर्वी हवाएँ परिवर्तित होती है। भूमध्य रेखा के दोनों ओर 10° डिग्री अक्षांशों तक निम्न वायुदाब की पेटी होती है। यहाँ पवनें शान्त होती हैं। इसलिए इसे शान्त पेटी या डोलड्रम कहते हैं।

18. *(d)* वर्ष 1984 में काशीराम के नेतृत्व में बहुजन समाज पार्टी का गठन किया गया था। इस दल का दर्शन बाबा साहेब अम्बेडकर के मानवतावादी दर्शन व बौद्ध दर्शन से प्रेरित है। इस पार्टी का राजनीतिक प्रतीक हाथी है। मायावती वर्तमान में बहुजन समाजवादी पार्टी की राष्ट्रीय अध्यक्ष हैं। बहुजन शब्द का सबसे पहले इस्तेमाल गौतम बुद्ध ने किया था।

19. *(d)* इण्टेंसिफाइड मिशन इन्द्रधनुष (IMI) 2.0 भारत सरकार द्वारा कम प्रतिरक्षण वाले क्षेत्रों में व्याप्ति (कवरेज) में सुधार करने के लिए प्रारम्भ की गई योजना है। इसमें 27 राज्यों के कुल 272 जिलों में पूर्ण टीकाकरण कवरेज का लक्ष्य रखा गया है। इस कार्यक्रम का उद्देश्य वर्ष 2022 तक कम-से-कम 90% अखिल भारतीय टीकाकरण कवरेज के लक्ष्य को हासिल करना है।

20. *(d)* अगस्त, 2020 तक प्राप्त जानकारी के अनुसार, भारत के केन्द्रशासित प्रदेशों के प्रशासन के सन्दर्भ में जम्मू-कश्मीर के उपराज्यपाल मनोज सिन्हा हैं। वर्तमान (सितम्बर-2022) में भी मनोज सिन्हा उपराज्यपाल हैं। वर्तमान में दिल्ली के उपराज्यपाल विनय कुमार सक्सेना हैं। लद्दाख के लेफ्टिनेंट गवर्नर श्री राधा कृष्ण माथुर हैं।

21. *(d)* 'सामवेद' को भारतीय संगीत कला के प्राथमिक स्रोत में से एक माना जाता है। साम का शाब्दिक अर्थ गान है। इस वेद में मुख्यतः यज्ञों के अवसर पर गाए जाने वाले ऋचाओं (मन्त्रों) का संकलन है। इसके पाठकर्ता को सामवेद के पाठकर्ता को 'उद्‌गाता' कहते हैं।

22. *(a)* एक फोटोवोल्टाइक सेल में प्रकाश की ऊर्जा विद्युत ऊर्जा में परिवर्तित होती है। फोटोवोल्टाइक प्रभाव का व्यावसायिक रूप से बिजली उत्पादन और फोटोसेंसर के रूप में प्रयोग किया जाता है।

23. *(b)* किसी भी अन्तर्राष्ट्रीय फुटबॉल मैच में अतिरिक्त समय के लिए कुल विनियमन समय अवधि रेगुलेशन टाइम (मिनट में) 120 है। फुटबॉल में अतिरिक्त समय का विचार उन 1897 संशोधनों के साथ नियमों में जोड़ा गया था, जो कम-से-कम ब्रिटिश क्लबों और प्रतियोगिताओं के लिए एक थे। आमतौर पर फुटबॉल मैच 90 मिनट तक चलता है। इस तरह एक मैच 45-45 मिनट के दो हाफ में खेला जाता है। इन दोनों ही हाफ में कुछ एक्स्ट्रा टाइम भी मिलता है, जो रेफरी तय करता है।

24. *(d)* वास्तुकला की शर्की शैली उत्तर प्रदेश राज्य से सम्बन्धित है। जौनपुर के सुल्तानों के शर्की वंश द्वारा शर्की शैली की वास्तुकला का संरक्षण किया गया था।
यह उपमहाद्वीप में व्यापक इण्डो इस्लामिक वस्तुकला की सबसे प्रतिष्ठित और अनूठी शैली है। इस शैली के कुछ उदाहरण- जौनपुर की जामा मस्जिद, जौनपुर की अटाला मस्जिद एवं लाल दरवाजा मस्जिद हैं।

25. *(d)* 2018-19 के बजट भाषण में ₹ 500 करोड़ के व्यय वाली ऑपरेशन ग्रीन की घोषणा की गई, जो टमाटर, आलू एवं ब्याज की आपूर्ति को स्थिर करने और कीमतों में अस्थिरता के बिना पूरे देश में साल भर टी. ओ. पी. फसलों की उपलब्धता सुनिश्चित करने के लिए की गई थी। इसके तहत सरकार 22,000 कृषि बाजारों के विकास में मदद करेगी। इस योजना का उद्देश्य वर्ष 2022 तक किसानों की आय को दोगुना करना है।

26. *(c)* देवमाली, पूर्वी घाट का पर्वतीय शिखर है। यह ओडिशा राज्य में स्थित है। इसकी ऊँचाई 1672 मी है। डोडाबेट्टा तमिलनाडु की सबसे ऊँची चोटी है।

27. *(d)* थुम्बा इक्वेटोरियल रॉकेट लॉन्चिंग स्टेशन (टी. ई. आर एल. एस/TERLS) तिरुवनन्तपुरम के पास स्थित है। यह भारतीय अन्तरिक्ष अनुसन्धान संगठन द्वारा संचालित एक भारतीय लॉन्चिंग स्टेशन है। यह भूमध्य रेखा के बहुत करीब स्थित है। इसकी स्थापना वर्ष 1962 में की गई थी।

28. *(c)* 'श्रृंगार' एक राग नहीं है। श्रृंगार रस रसों में एक प्रमुख रस है। यह रति भाव को दर्शाता है। भैरवी, पूर्वी एवं हिण्डोल इत्यादि रागों के विभिन्न प्रकार हैं।

29. *(c)* कूका आन्दोलन की शुरुआत पंजाब में 1860-1870 ई. में हुई थी। वहाबी विद्रोह की भाँति कूका विद्रोह का भी आरम्भिक स्वरूप धार्मिक था, किन्तु बाद में राजनीतिक विद्रोह के रूप में परिवर्तित हो गया। कूका विद्रोह का नेतृत्व गुरु राम सिंह ने किया था। फरैजी आन्दोलन (1820-1858) के मध्य बंगाल में हुआ। मोपला विद्रोह (1921) में मालाबार के निकट प्रारम्भ हुए। पॉलीगर विद्रोह 1801 ई. में कुर्नूल में प्रारम्भ हुआ था।

30. *(a)* भारत सरकार ने ग्रामीण स्वच्छता कार्यक्रम वर्ष 1986 में शुरू किया था। यह कार्यक्रम भारत में स्वच्छता की पहली प्रमुख संरचित पहल थी।

31. *(a)* इन्द्रजीत गुप्ता समिति भारत में चुनाव सुधारों से सम्बन्धित है। इन्द्रजीत गुप्ता 1998 में गठित चुनावों के राज्य वित्त पोषण पर संसदीय समिति के अध्यक्ष थे। दिनेश गोस्वामी समिति (1990) चुनाव सुधारों से सम्बन्धित थी।

32. *(c)* 2019 तक भारतीय पुरुष क्रिकेट टीम ने एकदिवसीय विश्व कप सेमीफाइनल में 7 बार प्रवेश किया।

भारतीय पुरुष क्रिकेट टीम ने वर्ष 1983 एवं 2011 में विश्व कप जीता था।

33. *(a)* नेफ्राइटिस एक चिकित्सीय स्थिति है, जो वृक्क (किडनी) को प्रभावित करती है। यह स्थित किडनी के सामान्य कार्यों को भी प्रभावित कर देती है, जिसके कारण अनेक तरह की गम्भीर समस्याएँ हो सकती हैं। यह एक ऐसी स्थित है, जिसमें किड़नी की मुख्य यूनिट में सूजन आ जाती है।

34. *(c)* अगस्त, 2020 तक प्राप्त जानकारी के अनुसार, जया बच्चन राज्यसभा के लिए पदस्थ मनोनीत सदस्या नहीं हैं। जया बच्चन चौथी बार उच्च सदन की सदस्यता ग्रहण की।

जया बच्चन का सम्बन्ध समाजवादी पार्टी से है। सुब्रह्मण्यम स्वामी, सोनल मानसिंह एवं रूपा गांगुली राष्ट्रपति द्वारा मनोनीत सदस्या हैं।

35. *(d)* ग्लूकोमीटर का उपयोग आमतौर पर अल्प रक्त शर्करा (हाइपोग्लाइसीमिया) रोगी द्वारा मॉनीटर के रूप में किया जाता है। यह उपकरण मधुमेह के रोगियों के लिए अत्यन्त लाभदायक है।

36. *(d)* प्रणब मुखर्जी, जिनका अगस्त, 2020 में निधन हो गया, वह भारत के 13वें राष्ट्रपति थे। देश के 14वें राष्ट्रपति रामनाथ कोविन्द थे तथा 15वीं राष्ट्रपति श्रीमती द्रौपदी मुर्मू हैं। प्रणब मुखर्जी को 26 जनवरी, 2019 को भारत रत्न से सम्मानित किया गया। वह 2012 से 2017 तक देश के राष्ट्रपति रहे।

37. *(c)* अगस्त, 2020 तक प्राप्त जानकारी के अनुसार भारत में बैंक की चेक संख्या में छह अंक होते हैं। रिकॉर्ड के लिए सबसे पहले चेक नम्बर देखा जाता है। इसका अर्थ Magnetic Ink corrector recognition होता है। अगले 9 अंक माइकर कोड होते हैं, जिससे पता चलता है कि चेक किस बैंक द्वारा जारी किया गया है।

38. *(b)* मुगल साम्राज्य की आर्थिक प्रणाली के सन्दर्भ में पोलज शब्द सालाना खेती योग्य भूमि को निर्दिष्ट करता है। मुगल काल में भूमि को चार श्रेणियों में विभाजित किया गया था। पोलज, परती, चहार एवं बंजर। पोलज पूरे साम्राज्य में आदर्श और सबसे अच्छी भूमि समझी जाती थी।

39. *(a)* 'खादर' एवं 'बांगर' शब्द कछार (एलूवियल) मृदा से सम्बन्धित है। खादर नवीनतम और बाढ़ मैदानों का युवा संग्रहण खादर कहलाता है। बांगर पुरानी जलोढ़ मिट्टी वाले भाग हैं। इस मिट्टी में कंकड़ आदि मिश्रित होते हैं।

40. *(b)* 'द शैडो लाइन्स' पुस्तक के लेखक अमिताभ घोष.हैं। अमिताभ अंग्रेजी भाषा के विख्यात साहित्यकार हैं। 'द शैडो लाइन्स के लिए उन्हें वर्ष 1989 में अंग्रेजी भाषा के लिए साहित्य अकादमी पुरस्कार से सम्मानित किया गया। इस उपन्यास का अनुवाद शालिनी टोपीवाला ने वर्ष 1998 में गुजराती में किया था।

41. *(b)* ऐतिहासिक सीढ़ीदार कुआँ (बावली) अग्रसेन की बावली दिल्ली में स्थित है। दिल्ली में स्थित अग्रसेन की बावली की लम्बाई 60 मी और 15 मी ऊँची इस बावली का निर्माण लाल-बलुआ पत्थर द्वारा किया गया है।

इस बावली में नीचे अन्दर की तरफ जाने के लिए 105 सीढ़ियाँ बनी हुई हैं।

42. *(a)* वर्ष 1991 में शुरू किया गया व्यास सम्मान हिन्दी में उत्कृष्ट साहित्यिक कार्य के लिए प्रदान किया जाता है।

यह पुरस्कार ज्ञानपीठ पुरस्कार के बाद दूसरा सबसे बड़ा साहित्य सम्मान अकादमी पुरस्कार है। वर्ष 2021 का व्यास पुरस्कार महाबली नाटक के लिए असगर वजाहत को प्रदान किया गया।

43. *(a)* भीमबेटका भारत के मध्य प्रदेश प्रान्त के रायसेन जिले में स्थित एक पुरापाषाणिक आवासीय पुरास्थल है। यह आदिमानव द्वारा बनाए गए शैलचित्रों के लिए प्रसिद्ध है। इसकी खोज वर्ष 1957-1958 में विष्णु श्रीधर वाकणकर द्वारा की गई थी। वर्ष 2003 में यूनेस्को ने इसे विश्व धरोहर स्थल घोषित किया है।

44. *(a)* बंगाल का विभाजन 1905 के स्वदेशी आन्दोलन का महत्त्वपूर्ण कारण था। इस रणनीति के तहत् ब्रिटेन में बने माल का बहिष्कार करना था और भारत के लोगों के लिए रोजगार सृजन करना था। यह वर्ष 1911 तक चला था। दिल्ली दरबार (1911) में बंग-भंग रद्द कर दिया गया एवं यह आन्दोलन स्वतन्त्रता आन्दोलन में परिणत हो गया।

45. *(d)* हाइग्रोमीटर वातावरण की सापेक्ष आर्द्रता को मापने का एक उपकरण है। बैरोमीटर या वायुदाबमापी एक यन्त्र होता है, जिसके द्वारा वायुमण्डल के दबाव को मापा जाता है। इसके पाठ्यांक के अचानक गिरने से आँधी व तूफान का संकेत होता है। एनीमोमीटर हवा की गति मापने के लिए इस्तेमाल किया जाने वाला उपकरण है। हाइड्रोमीटर एक ऐसा यन्त्र है, जिसके द्वारा द्रवों एवं ठोसों का आपेक्षिक घनत्व ज्ञात किया जाता है।

46. *(b)* ग्लोबल इनोवेशन इण्डेक्स (वैश्विक नवाचार सूचकांक) 2020 में भारत का 48 वाँ स्थान था। वैश्विक नवाचार सूचकांक प्रतिवर्ष की जाने वाली रैंकिंग है, जो विश्व के विभिन्न देशों में नवाचार की क्षमता को इंगित करती है।

47. *(b)* 11 दिसम्बर, 1901 को स्थापित (कमीशन) की गई डिगबोई तेल रिफाइनरी भारत की सबसे पुरानी कार्यरत रिफाइनरी है और दुनिया की सबसे पुरानी कार्यरत रिफाइनरियों में से एक है। यह असम में स्थित है। इस रिफाइनरी को भारतीय हाइड्रो कार्बन क्षेत्र की 'गंगोत्री' कहा जाता है।

48. *(d)* YONO (यू ओनली नीड वन) ऐप एक एकीकृत बैंकिंग प्लेटफॉर्म है, जो भारतीय स्टेट बैंक द्वारा पेश किया जाता है, ताकि इसके उपयोगकर्ताओं को विभिन्न प्रकार की वित्तीय सेवाओं को करने में सक्षम बनाया जा सके। स्टेट बैंक ऑफ इण्डिया ने वर्ष 2019 में अपने मोबाइल बैंकिंग ऐप एसबीआई योनो की शुरुआत की।

49. *(d)* नई दिल्ली में राष्ट्रमण्डल खेल वर्ष 2010 में आयोजित किए गए थे। राष्ट्रमण्डल खेल 2010 के दौरान भारतीय एथलीटों ने 38 स्वर्ण, 27 रजत और 36 कांस्य पदक जीते थे। यह पहली बार था जब भारत ने इन खेलों की मेजबानी की थी। वर्ष 2022 के कॉमनवेल्थ गेम्स इंग्लैण्ड के बर्मिंघम में हुए। राष्ट्रमण्डल खेल पहली बार कनाडा के ओंटारियो प्रान्त में वर्ष 1930 में आयोजित किए गए थे।

50. *(d)* सितम्बर, 2020 में भारतीय रिजर्व बैंक ने 1 जनवरी, 2021 से चेक के लिए सकारात्मक भुगतान प्रणाली (पॉजिटिव पे सिस्टम) शुरू करने का निर्णय लिया, जिसके तहत ₹ 50,000 से अधिक के भुगतान के लिए प्रमुख विवरणों की दोबारा पुष्टि करना आवश्यक हो जाता है। यह भारतीय रिजर्व बैंक द्वारा चेक से छेड़छाड़ या परिवर्तन के रूप में चेक भुगतान के माध्यम से होने वाली धोखाधड़ी को रोकने का उपाय है।

51. *(b)* शृंखला का सही क्रम निम्न प्रकार है

14 →(+3) 17 →(×4) 68 →(+5) 73 →(×6) 438 →(+7) 445

$\therefore ? = 445$

52. *(d)* दिया है,

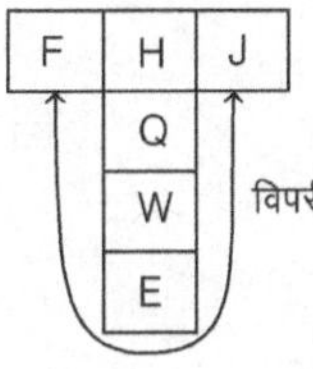

अतः अक्षर 'F' वाले पृष्ठ के विपरीत पृष्ठ पर अक्षर 'J' होगा।

53. *(b)* शृंखला का सही क्रम निम्न प्रकार है।

97 →(+1) 98 →(+8) 106 →(+27) 133 →(+64) 197 →(+125) 322

$+1 = (1)^3$, $+8 = (2)^3$, $+27 = (3)^3$, $+64 = (4)^3$, $+125 = (5)^3$

$\therefore ? = 322$

54. *(a)* विकल्प (a) में प्रदर्शित संयोजन, चित्र का सही प्रतिबिम्ब है।

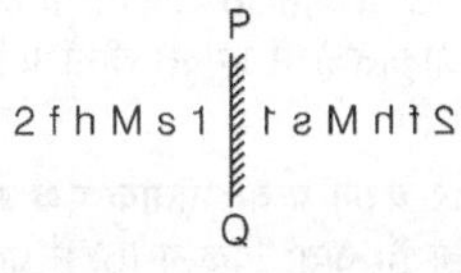

55. *(c)* दिया है,

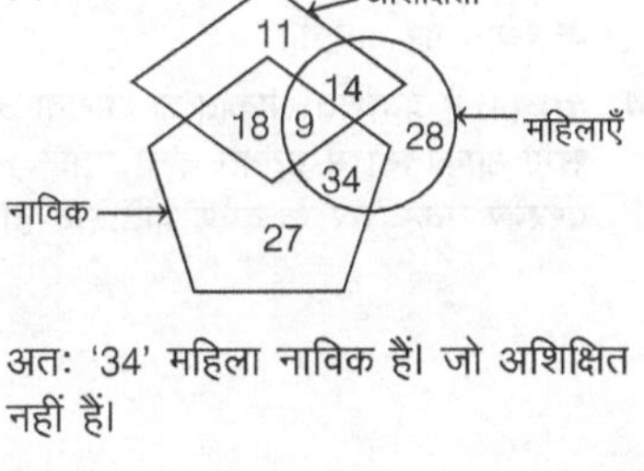

अतः '34' महिला नाविक हैं। जो अशिक्षित नहीं हैं।

56. *(b)*

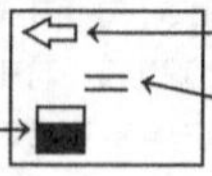

57. *(a)* दिया हैं, $86+5-42\div28\times14=7$

विकल्प (a) से, चिह्न × और ÷ परस्पर बदलने पर,

$86+5-42\times28\div14=7$

$\Rightarrow \quad 91-42\times2=7$

$\Rightarrow \quad 91-84=7$

$\Rightarrow \quad 7=7$

58. *(d)* आकृति (1) से (2) मे, प्रतीक 90° दक्षिणावर्त दिशा में घूम रहा है। आकृति (3) से विकल्प (4) में प्रदर्शित आकृति में, प्रतीक 90° दक्षिणावर्त दिशा में घूम रहा है।

59. *(c)* जिस प्रकार,

$5573:20 \Rightarrow 5+5+7+3=20$

उसी प्रकार,

$8991:? \Rightarrow 8+9+9+1=\boxed{27}$

60. *(b)* प्रश्नानुसार,

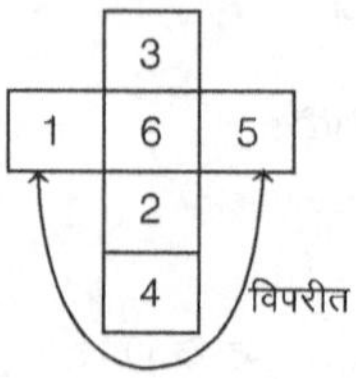

अतः संख्या '5' वाले पृष्ठ के विपरीत पृष्ठ पर संख्या '1' होगी।

61. *(b)* विकल्प (b) में प्रदर्शित आकृति, आकृति (X) में अन्तर्निहित हैं।

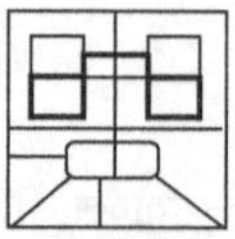

62. *(a)* आकृति (3) में प्रदर्शित आकृति के अलावा अन्य सभी आकृतियों में प्रयुक्त तीनों प्रतीक अलग-अलग हैं।

63. *(b)* चरण-दर-चरण प्रत्येक प्रतीक एक स्थान आगे बढ़ रहा हैं। अतः विकल्प (b) में प्रदर्शित आकृति, आकृति शृंखला में प्रश्नवाचक चिन्ह के स्थान पर आएगी।

64. *(d)* (4) में प्रदर्शित आकृति के अलावा अन्य सभी आकृतियों में प्रयुक्त दोनों प्रतीक परस्पर एक-दूसरे के दर्पण प्रतिबिम्ब है।

65. *(d)* विकल्प (d) में प्रदर्शित आकृति, दिए गए पैटर्न को पूर्ण करेगी।

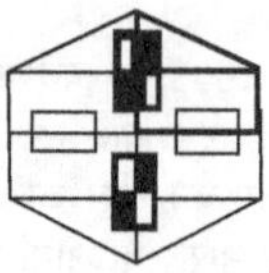

66. *(a)* विकल्प (a) में प्रदर्शित आकृति, दी गई आकृति में प्रश्नवाचक चिन्ह (?) के स्थान पर आएगी और पैटर्न को पूर्ण करेगी।

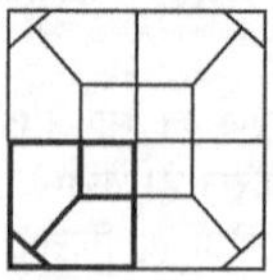

67. *(b)* आकृति (1) से (2) में, बाह्य आकृति परस्पर अपना स्थान बदल लेते हैं।

आकृति (3) से विकल्प (4) में प्रदर्शित आकृति में, बाह्य प्रतीक परस्पर अपना स्थान बदलेंगे।

68. *(c)* दिया है, साधारण ब्याज = ₹ 4160, दर = 8% वार्षिक

और समय = 1 वर्ष

$\because$ मूलधन $= \dfrac{\text{साधारण ब्याज} \times 100}{\text{दर} \times \text{समय}}$

$= \dfrac{4160\times100}{8\times1} = ₹\ 52000$

अतः रविन्द्र ने अपने मित्र से ₹ 52000 की राशि उधार ली थी।

69. *(a)* जिस प्रकार,

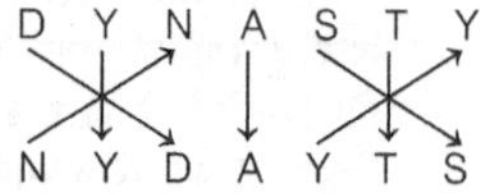

उसी प्रकार,

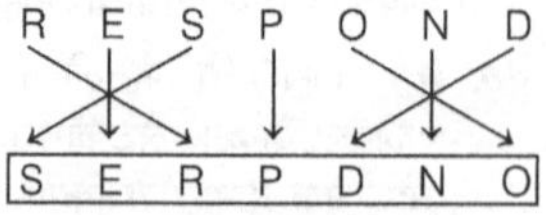

70. *(a)* विकल्प (a) में प्रदर्शित आकृति में दी गई आकृति (X) अन्तर्निहित हैं।

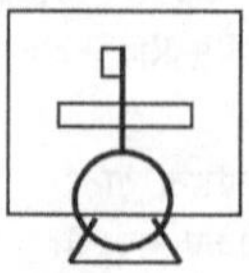

71. *(c)* एक कागज को खोलने पर यह विकल्प (c) में प्रदर्शित आकृति के समान दिखाई देगा।

72. *(b)* प्रश्नानुसार,

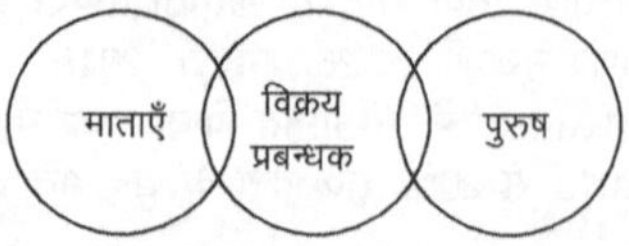

73. *(c)* जिस प्रकार, ब्राजील, दक्षिण अमेरिका महाद्वीप में अवस्थित एक देश है, उसी प्रकार, श्रीलंका, एशिया महाद्वीप में अवस्थित एक देश है।

74. *(b)* पहले स्तम्भ में,

$(25+14)\times2+14$

$=39\times2+14=78+14=92$

दूसरे स्तम्भ में,

$(52+16)\times2+16$

$=68\times2+16=136+16=152$

तीसरे स्तम्भ में,

$(40+15)\times2+15$

$=55\times2+15=110+15=\boxed{125}$

75. *(c)* पैटर्न निम्न प्रकार है

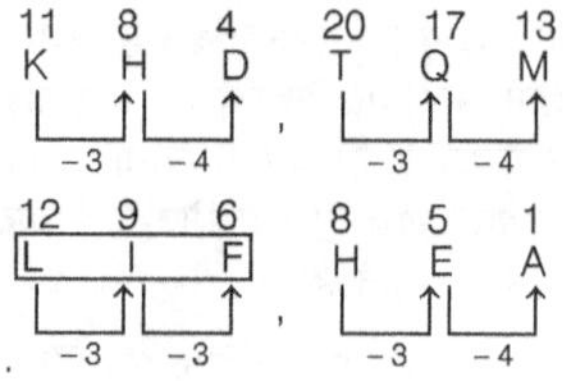

76. *(a)* माना यात्रा का पहला भाग = x किमी

दूसरा भाग = $(3840-x)$ किमी

पहला भाग तय करने में लगा समय $=\dfrac{x}{160}$

$\left[\because \text{समय} = \dfrac{\text{दूरी}}{\text{चाल}}\right]$

दूसरा भाग तय करने में लगा समय

$=\dfrac{3840-x}{240}$

प्रश्नानुसार,

$\dfrac{x}{160}+\dfrac{3840-x}{240}=20$

$\Rightarrow \dfrac{3x+7680-2x}{480}=20$

$\Rightarrow x+7680=9600 \Rightarrow x=9600-7680$

$x=1920$ किमी

$\therefore$ दूसरा भाग की दूरी तय करने में लगा

समय $=\dfrac{3840-1920}{240}=\dfrac{1920}{240}=8$ घण्टे

77. *(a)* ∵ विक्रय मूल्य = अंकित मूल्य

$\times \frac{100-d_1}{100} \times \frac{100-d_2}{100} \times \frac{100-d_3}{100}$

$= 5000 \times \frac{85}{100} \times \frac{90}{100} \times \frac{82}{100}$

= ₹ 3136.50

78. *(c)* माना भू-खण्ड की चौड़ाई = x मी

भू-खण्ड की लम्बाई = $(x + 15)$ मी

आयताकार भू-खण्ड के चारों ओर बाड़ लगाने का खर्च = भू-खण्ड का परिमाप $\times 16.50$

$\Rightarrow 4950 = 2(x + 15 + x) \times 16.50$

[आयत का परिमाप = 2 (लम्बाई + चौड़ाई)]

$\Rightarrow (2x + 15) = \frac{4950}{33}$

$\Rightarrow \quad 2x = 150 - 15$

$\Rightarrow \quad x = \frac{135}{2}$

= 67.5 मी

∴ भू-खण्ड की लम्बाई = 67.5 + 15

= 82.5

79. *(b)* माना 1 दिन के लिए पेट्रोल की खपत = x इकाई

टंकी में 30 दिनों के लिए पेट्रोल की मात्रा = $30x$

20% पेट्रोल ज्यादा खपत होने पर 1 दिन में खपत होने वाले पेट्रोल की मात्रा $= x \times \frac{120}{100}$

$= \frac{6x}{5}$

∴ टंकी का पेट्रोल पर्याप्त होगा $= \frac{30x \times 5}{6x}$

= 25 दिनों के लिए

80. *(a)* पहले व्यक्ति को प्राप्त साधारण ब्याज

$= \frac{\text{मूलधन} \times \text{दर} \times \text{समय}}{100}$

$= \frac{43892 \times 30 \times 3}{100}$

= ₹ 39502.80

दूसरे व्यक्ति को प्राप्त चक्रवृद्धि ब्याज

$= P\left(1 + \frac{r}{100}\right)^n - P$

$= 43892 \left(1 + \frac{30}{100}\right)^3 - 43892$

$= 43892 \times \left(\frac{13}{10}\right)^3 - 43892$

$= 43892 \times \frac{2197}{1000} - 43892$

= 96430.724 − 43892 = ₹ 52538.724

∴ अभीष्ट प्रतिशत

$= \frac{52538.724 - 39502.80}{52538.724} \times 100$

$= \frac{13035.924 \times 100}{52538.724}$

= 24.81%

≃ 24.8%

81. *(a)* माना A और B प्रत्येक ने ₹ x धनराशि ऋण ली।

∴ A द्वारा भुगतान किया गया साधारण ब्याज

$= \frac{x \times 5 \times 3}{100}$

$= \frac{3x}{20}$

B द्वारा भुगतान किया गया चक्रवृद्धि ब्याज

$= P\left(1 + \frac{r}{100}\right)^n - P$

$= x\left(1 + \frac{5}{100}\right)^3 - x$

$= x\left(\frac{21}{20}\right)^3 - x$

$= \frac{9261x}{8000} - x$

$= \frac{1261x}{8000}$

प्रश्नानुसार, B द्वारा भुगतान किया ब्याज − A द्वारा भुगतान किया ब्याज = 427

$\Rightarrow \frac{1261x}{8000} - \frac{3x}{20} = 427$

$\Rightarrow \frac{1261x - 1200x}{8000} = 427$

$\Rightarrow \quad 61x = 427 \times 8000$

$\Rightarrow \quad x = \frac{427 \times 8000}{61}$

= ₹ 56000

अतः B द्वारा ऋण ली गई राशि = ₹ 56000

तथा B द्वारा भुगतान किया गया ब्याज

$= \frac{1261}{8000} \times 56000$

= ₹ 8827

82. *(d)* माना बड़ी संख्या x तथा छोटी संख्या y है।

प्रश्नानुसार,

$x + y = 26$ ...(i)

तथा $x - y = 14$ ...(ii)

समी (i) और (ii) को जोड़ने पर,

$2x = 40$

$x = 20$

समी (i) में x का मान रखने पर,

$y = 26 - 20 = 6$

∴ अभीष्ट भागफल $= \frac{3x}{y} = \frac{3 \times 20}{6} = 10$

83. *(b)* A का 1 दिन का काम $= \frac{1}{45}$

A का 30 दिन का काम $= \frac{30}{45}$

$= \frac{2}{3}$

शेष काम $= 1 - \frac{2}{3} = \frac{1}{3}$

B का 1 दिन का काम $= \frac{\frac{1}{3}}{5}$

∴ B द्वारा अकेले काम पूरा करने में लगा समय $= \frac{1}{1/15} = 15$ दिनों

84. *(c)* दिया है, चावल की कुल मात्रा

= 1000 किग्रा

माना दुकानदार x किग्रा चावल 20% हानि पर बेचता हैं तथा प्रति किग्रा चावल का मूल्य ₹ 1 है।

∴ 10% लाभ पर बेचे गये चावल की मात्रा = $(100 - x)$ किग्रा

प्रश्नानुसार,

$(1000 - x) \times \frac{110}{100} + x \times \frac{80}{100}$

$= 1000 \times \frac{89}{100}$

$\left[\because \text{विक्रय मूल्य} = \text{क्रय मूल्य} \times \frac{100 + \text{लाभ\%}}{100} = \text{क्रय मूल्य} \times \frac{100 - \text{हानि\%}}{100}\right]$

$\Rightarrow 11000 - 11x + 8x = 8900$

$\Rightarrow \quad 3x = 2100$

$\Rightarrow \quad x = 700$

अतः 20% हानि पर बेचे गये चावल की मात्रा = 700 किग्रा

85. *(c)* दी गई भिन्नों को दशमलव भिन्नों के रूप में परिवर्तित करने पर,

$\frac{11}{12} = 0.916, \frac{13}{14} = 0.928$

$\frac{12}{13} = 0.923, \frac{15}{16} = 0.937$

$\frac{19}{20} = 0.95$

∴ सबसे छोटी भिन्न $= \frac{11}{12}$

86. *(c)* माना ब्राण्ड *A* तथा ब्राण्ड *B* की चाय की क्रमशः *x* तथा *y* मात्रा प्रति 100 ग्राम मिलाई जाए।

मिश्रण के नियम से,

$$15x + 18y = (x + y) \times 20 \times \frac{100}{120}$$

$$\Rightarrow 15x + 18y = (x + y) \times \frac{50}{3}$$

$$\Rightarrow 45x + 54y = 50x + 50y$$

$$\Rightarrow 5x = 4y$$

$$\Rightarrow \frac{x}{y} = \frac{4}{5}$$

$$\Rightarrow x : y = 4 : 5$$

87. *(b)* घनाभाकार खुली टंकी की बाहरी लम्बाई $l = 1.6$ मी = 160 सेमी,

बाहरी चौड़ाई, $b = 1.3$ मी = 130 सेमी

बाहरी ऊँचाई $h = 53$ सेमी

टंकी की दीवारों की मोटाई = 5 सेमी

टंकी की भीतरी लम्बाई,

$l = 160 - 5 \times 2 = 150$ सेमी

भीतरी चौड़ाई, $b = 130 - 5 \times 2 = 120$ सेमी

माना टंकी की तली की मोटाई *x* सेमी है।

∴ टंकी की भीतरी ऊँचाई

$h = (53 - x)$ सेमी

टंकी की क्षमता (आयतन) = lbh

$$\Rightarrow 900 \times 1000 = 150 \times 120 \times (53 - x)$$

[∵ 1 ली = 1000 सेमी^{3}]

$$\Rightarrow 53 - x = \frac{900 \times 1000}{150 \times 120}$$

$$\Rightarrow 53 - x = 50$$

$$\Rightarrow x = 53 - 50$$

$$\because x = 3 \text{ सेमी}$$

88. *(c)* दिया है, 2 वर्ष पूर्व 5 सदस्यों की औसत आयु = 18 वर्ष

∴ 5 सदस्यों की वर्तमान आयु

$= 18 \times 5 + 2 \times 5$

$$\left[\because \text{औसत} = \frac{\text{पदों का योग}}{\text{पदों की संख्या}}\right]$$

$= 90 + 10 = 100$ वर्ष

नए सदस्य के आ जाने से 6 सदस्यों की औसत आयु = 18 वर्ष

6 सदस्यों की वर्तमान आयु = 18×6

= 108 वर्ष

∴ नए जुड़े सदस्य की आयु = 108 − 100

= 8 वर्ष

89. *(b)* माना *B* की आय = ₹ *x*

$$\therefore A \text{ की आय} = x \times \frac{135}{100}$$

∴ *B* की आय का *A* की आय से कम प्रतिशत

$$= \frac{\frac{135x}{100} - x}{\frac{135x}{100}} \times 100$$

$$= \frac{35}{135} \times 100 = 25.925$$

$$\approx 26\%$$

90. *(c)* दी गई संख्याओं 12, 10 और 11 से छोटी-से-छोटी संख्या को विभाजित करने पर शेषफल क्रमश: 11, 9 और 10 है।

∴ अन्तर = 12 − 11 = 10 − 9

= 11 − 10 = 1

12, 10 और 11 के अभाज्य गुणनखण्ड करने पर,

$12 = 2 \times 2 \times 3$

$10 = 2 \times 5$

$11 = 1 \times 11$

12, 10 और 11 का ल. स.

$= 2 \times 2 \times 3 \times 5 \times 11 = 660$

अभीष्ट संख्या = 12, 10 और 11 का ल. स. − अन्तर

= 660 − 1 = 659

91. *(c)* सफारी सर्च इंजन नहीं है। यह एक वेब ब्राउजर है, जिसे एप्पल ने वर्ष 2003 में बनाया था। आस्क, याहू, बिंग सर्च इंजन के उदाहरण हैं। सर्च इंजन इण्टरनेट पर किसी भी विषय के बारे में सम्बन्धित जानकारियों के लिए प्रयोग होता है।

92. *(d)* इण्टरनेट नेटवर्कों का नेटवर्क है, जिसमें लाखों निजी व सार्वजनिक, लोकल से ग्लोबल स्कोप वाले नेटवर्क होते हैं। अभिगम्यता, उपयोग में आसानी तथा संचार का लचीलापन आदि इण्टरनेट की विशेषताएँ हैं।

93. *(b)* MS-Excel में विण्डो में सबसे ऊपर एक रिबन (पट्टी) होती है, जो फाइल का नाम तथा एप्लीकेशन व स्प्रेडशीट दोनों का नाम दर्शाता है। टाइटल बार के नीचे एक पट्टी होती है।

94. *(d)* अलाइनमेण्ट करेक्टर फॉर्मेटिंग का विकल्प नहीं है। MS-Word में, करेक्टर फॉर्मेटिंग एक सुविधा है, जो टेक्स्ट के एपीयरेन्स के लिए प्रयोग की जाती है। करेक्टर फॉर्मेटिंग में विभिन्न घटक होते है; जैसे- फॉण्ट, साइज, फॉण्ट स्टाइल आदि।

95. *(c)* MS-Word 2007 में पेज लेआउट टैब में थीम्स, पेज सेटअप, पेज बैकग्राउण्ड, पैराग्राफ, अरेन्ज आदि ग्रुप्स होते हैं।

96. *(a)* MS-Word में, टेबल में कॉलम की चौड़ाई बदलने के लिए टेबल प्रोपर्टीज का उपयोग किया जाता है। टेबल प्रोपर्टीज विण्डो में 5 टैब होती हैं। –Table, Row, Column, Cell, Alt Text I ये सभी टैब्स टेबल के लिए प्रयोग होती हैं।

97. *(d)* ई-मेल के माध्यम से कोई भी उपयोगकर्ता किसी भी अन्य व्यक्ति को इलेक्ट्रॉनिक रूप में सन्देश भेज सकता है तथा प्राप्त भी कर सकता है। ई-मेल हेडर में पाई जाने वाली एक फील्ड 'CC' का पूर्ण रूप कार्बन कॉपी है। 'CC' के द्वारा ई-मेल की कॉपी अर्थात् कार्बन कॉपी को अन्य रेसीपिएन्ट को भेजा जाता है तथा To : रेसीपिएण्ट को यह सूचना दे दी जाती है कि इस ई-मेल की कॉपी अन्य किन-किन व्यक्तियों को भेज दी गई है।

98. *(d)* MS-Excel के सन्दर्भ में सेल को सेलेक्ट करने के बाद, सेल के कन्टेण्ट को एडिट करने के लिए की-बोर्ड पर *F2* कुँजी दबाएँ। *F5* कुँजी का प्रयोग किसी विशेष सेल पर जाने के लिए किया जाता है।

99. *(d)* MS-Excel में LEN फंक्शन टेक्स्ट फंक्शन की श्रेणी में आता है। LEN फंक्शन का प्रयोग टेक्स्ट की लम्बाई ज्ञात करने के लिए किया जाता है।

100. *(b)* MS-Word में पैराग्राफ में एक वाक्य को सेलेक्ट करने के लिए उस पर Ctrl + क्लिक करें।

सॉल्वड पेपर 27 नवम्बर, 2020 (II Shift)

दिल्ली पुलिस सिपाही भर्ती परीक्षा 2020

1. मानवता हेतु गुलबेंकियन पुरस्कार, 2020 ……… को प्रदान किया गया था।
(a) जेमी मार्गोलिन (b) ग्रेटा थुनबर्ग
(c) मलाला युसुफजई (d) यारा शाहीदी

2. भारतीय जनगणना 2011 में जनसंख्या में हुई प्रतिशत वृद्धि 2001 की तुलना में लगभग ………% प्रदर्शित हुई थी।
(a) 11.5 (b) 23.5
(c) 17.5 (d) 5.5

3. निम्नलिखित में से कौन-सा कथन गलत है?
(a) रेतीली मृदा में पानी की रिसाव दर सबसे अधिक और चिकनी मृदा में सबसे कम होती है।
(b) चिकनी और दोमट मृदाएँ गेहूँ, चना और धान उगाने के लिए उपयुक्त होती हैं।
(c) कपास रेतीली दोमट मृदा में उगाई जाती है।
(d) दोमट मृदा का उपयोग घट, खिलौने और मूर्तियाँ बनाने के लिए किया जाता है।

4. अगस्त, 2020 में आर्थिक मामलों की मन्त्रिमण्डलीय समिति ने अक्टूबर, 2020 से प्रारम्भ विपणन वर्ष हेतु गन्ने का उचित एवं पारिश्रमिक मूल्य ……… प्रति क्विण्टल घोषित किया था।
(a) ₹ 285 (b) ₹ 255
(c) ₹ 265 (d) ₹ 275

5. तृतीयक उपभोक्ता, खाद्य श्रृंखला में ……… पोषी स्तर बनाते हैं।
(a) तीसरा (b) चौथा (c) दूसरा (d) पहला

6. भारतीय दण्ड संहिता की धारा ……… गैरकानूनी सभा हेतु दण्ड से सम्बन्धित है।
(a) 135 (b) 166 (c) 159 (d) 143

7. जून, 2020 में, अन्तर्राष्ट्रीय मुद्रा कोष (IMF) ने भारतीय अर्थव्यवस्था में ………% संकुचन का अनुमान व्यक्त किया था।
(a) 6.25 (b) 8.50
(c) 2.25 (d) 4.50

8. सोडियम कार्बोनेट का उपयोग ……… किया जाता है।
(a) अनेक रासायनिक उद्योगों में ऑक्सीकारक कर्मक के रूप में
(b) पेयजल को कीटाणुरहित बनाने के लिए
(c) जल की स्थायी कठोरता को दूर करने के लिए
(d) कपड़ा उद्योग में कपास और लिनेन के विरंजन के लिए

9. बायो-गैस के सम्बन्ध में निम्नलिखित में से कौन-सा कथन गलत है?
(a) बायो-गैस में मीथेन 1% से कम होता है।
(b) बायो-गैस बिना धुआँ उत्पन्न किए जलती है और कोई अवशेष नहीं बचता है।
(c) बायो-गैस के उत्पादन में पादप अवशेषों, वनस्पति अपशिष्ट और वाहित मल का उपयोग किया जाता है।
(d) बायो-गैस को 'गोबर-गैस के रूप में भी जाना जाता है।

10. महापद्मनन्द ने ……… साम्राज्य पर शासन किया था।
(a) अवन्ति (b) वत्स
(c) कोशल (d) मगध

11. 2020-21 के अनुसार, कृषि लागत एवं मूल्य आयोग (सीएसीपी) ……… के लिए न्यूनतम समर्थन मूल्य (एमएसपी) अनुशंसित नहीं करता।
(a) सूरजमुखी (b) अलसी
(c) मूँगफली (d) सोयाबीन

12. निम्नलिखित में से कौन-सा कथन गलत है?
(a) भारतीय रिजर्व बैंक का 1949 में राष्ट्रीयकरण किया गया।
(b) रिजर्व बैंक ने अप्रैल 1947 तक पाकिस्तान के केन्द्रीय बैंक के रूप में कार्य किया।
(c) भारतीय रिजर्व बैंक की स्थापना हिल्टन यंग आयोग की अनुशंसाओं के आधार पर की गई थी।
(d) भारतीय रिजर्व बैंक ने 1 अप्रैल, 1935 को अपना प्रचालन आरम्भ किया।

13. लार्ड वोल्डमॉर्ट ……… की पुस्तक श्रृंखला में एक काल्पनिक चरित्र है।
(a) जे. के. रोलिंग (b) रोल्ड डाहल
(c) आर. एल. स्टाइन (d) रस्किन बॉण्ड

14. ……… त्रिपुरा का एक प्रमुख पर्व है, जिसमें पालतू पशुओं और धन सम्पत्ति के देवी/देवताओं की पूजा की जाती हैं।
(a) गरिया पूजा
(b) केर पूजा
(c) खरची पूजा
(d) लम्पारा पूजा

15. निम्नलिखित में से कौन-सा मठ (Monastery) सिक्किम में स्थित नहीं हैं?
(a) इंचे (b) ताबो (c) रालोंग (d) पेमायांगत्से

16. सितम्बर, 2020 में निम्नलिखित में से कौन-सा भारतीय युद्धपोत अलंग शिप ब्रेकिंग यार्ड में विनष्टीकरण (dismantling) के लिए पहुँचा था?

(a) आईएनएस विशाल (b) आईएनएस विराट
(c) आईएनएस गोदावरी (d) आईएनएस नीलगिरि

17. भारतीय दण्ड संहिता के अन्तर्गत, यदि कोई व्यक्ति आत्महत्या करने का प्रयास करेगा, तो उसे साधारण कारावास से दण्डित किया जाएगा जिसे ……… तक बढ़ाया जा सकता है, या फिर आर्थिक दण्ड, या दोनों से दण्डित किया जाएगा।

(a) 6 महीने (b) 3 महीने
(c) 1 वर्ष (d) 3 वर्ष

18. मृदा की नमी बनाए रखने के लिए जैविक पदार्थ की एक परत से अनावृत्त भूमि को ढकने की प्रक्रिया को ……… कहा जाता है।

(a) सीढ़ीदार खेती (b) मल्चिंग
(c) समोच्च जुताई (d) अन्तर-फसल

19. बैंकिंग विनियमन अधिनियम, 1949 की धारा 25 के अन्तर्गत प्रत्येक तिमाही के अन्तिम शुक्रवार को व्यवसाय की समाप्ति पर, या शुक्रवार को सार्वजनिक अवकाश होने की स्थिति में, पूर्ववर्ती (preceding) कार्यदिवस के व्यवसाय की समाप्ति पर प्रत्येक बैंकिंग कम्पनी की भारत में परिसम्पत्तियाँ, भारत में इसकी माँग और समय देयताओं के ………से कम नहीं होनी चाहिए।

(a) 25% (b) 75%
(c) 50% (d) 10%

20. निम्नलिखित में से कौन-सा पशु, वैदिक भारत में 'अश्वमेघ' अनुष्ठान से सम्बन्धित था?

(a) हाथी (b) घोड़ा
(c) बकरा (d) बैल

21. निम्नलिखित में से कौन-सा शब्द 'गजल' के दोहों के लिए प्रयुक्त होने वाला शब्द नहीं है?

(a) महीना/ठोकरी (b) ताकत
(c) युवा/युवा (d) मिश्रा

22. निम्नलिखित में से कौन-सा शब्द नदियों से सम्बन्धित नहीं है?

(a) वितरिका (b) उत्खण्ड
(c) जलप्रपात (d) विसर्प

23. ……… राजा समुद्रगुप्त के दरबार में एक कवि और मन्त्री थे।

(a) वसुमित्र (b) हरिषेण
(c) कम्बन (d) बाणभट्ट

24. बिछुआ के पौधे की पत्तियों ……… अम्ल स्त्रावित करती हैं जिससे मार्मिक दर्द होता है।

(a) मेथेनोइक (b) एसिटिक
(c) एस्कॉर्बिक (d) ऑक्जेलिक

25. ……… एक तमिल पर्व है, जिसमें मन्दिर की मूर्तियों को एक अनुष्ठानिक स्नान कराने के लिए एक जुलूस में (शोभायात्रा द्वारा) एक जलनिकाय तक ले जाया जाता है।

(a) मासी मागम (b) वेट्टुकाड
(c) खुदो कुट (d) मोपिन

26. 'द डिसाइपल' चैतन्य तम्हाणे की ……… में एक पुरस्कार विजेता फिल्म है।

(a) मराठी (b) हिन्दी
(c) गुजराती (d) अंग्रेजी

27. आर्थिक सर्वेक्षण ………में आर्थिकी को भोजन की थाली से सम्बन्धित करने का प्रयास में "थालीनॉमिक्स" की अवधारणा प्रस्तुत की गई थी।

(a) 2019-20 (b) 2016-17
(c) 2018-19 (d) 2017-18

28. निम्नलिखित में से कौन-सा अधिनियम भारतीय न्यायालयों के न्यायाधिकार क्षेत्र से बाहर रहकर भारत में कानून की प्रक्रिया से बचने वाले अपराधियों को निरुद्ध करने के लिए उपाय प्रदान करता है?

(a) भगोड़ा आर्थिक अपराधी अधिनियम, 2018
(b) बेनामी सम्पत्ति लेन-देन अधिनियम, 1988
(c) अर्थशोधन निवारण अधिनियम, 2002
(d) काला धन (अप्रकटित विदेशी आय और आस्ति) एवं कर अधिरोपण अधिनियम, 2015

29. मुस्लिम महिला (वैवाहिक अधिकारों का संरक्षण) अधिनियम, 19 सितम्बर, ………को प्रभावी हुआ था।

(a) 2008 (b) 2018
(c) 2004 (d) 2014

30. बैंकिंग विनियमन अधिनियम 1949 की धारा ………भारत में निगमित किसी बैंकिंग कम्पनी को अपने बोर्ड में किसी ऐसे व्यक्ति को निदेशक नियुक्त करने से निषिद्ध करती है, जो किसी अन्य बैंकिंग कम्पनी का निदेशक हो।

(a) 16 (b) 18
(c) 15 (d) 17

31. काल्पनिक कस्बा 'मालगुडी' ………द्वारा लिखित कहानियों में वर्णित किया गया था।

(a) सुधा मूर्ति (b) मुन्शी प्रेमचन्द्र
(c) आर. के नारायण (d) रस्किन बॉण्ड

32. पाणिनि कौन थे?

(a) एक चिकित्सक जिन्होंने जटिल शल्यक्रिया की थी।
(b) एक विद्वान जिन्होंने संस्कृत भाषा का व्याकरण तैयार किया था।
(c) सम्राट विक्रमादित्य षष्टम के दरबार में एक कवि।
(d) एक वैदिक ऋषि जिन्होंने अथर्ववेद का अधिकांश भाग लिखा था।

33. अगस्त, 2020 में निम्नलिखित में से किस खिलाड़ी को राजीव गाँधी खेल रत्न से सम्मानित किया गया था?

(a) दीपा मलिक (b) बजरंग पूनिया
(c) मनिका बत्रा (d) विराट कोहली

34. ………अपने पिता और बड़े भाई की मृत्यु के बाद थानेसर का राजा बना था।

(a) समुद्रगुप्त (b) चन्द्रगुप्त प्रथम
(c) हर्षवर्धन (d) प्रभाकरवर्धन

35. निम्नलिखित में से कौन-सा पुरातात्विक स्थल, गुजरात राज्य के बाहर स्थित है?

(a) अमरपुरा (b) राखीगढ़ी
(c) धौलावीरा (d) रंगपुर

36. भारत की संविधान सभा में मौलिक अधिकारों, अल्पसंख्यकों एवं जनजातीय व बहिष्कृत क्षेत्रों से सम्बन्धित सलाहकार समिति के अध्यक्ष ……… थे।

(a) जवाहरलाल नेहरू
(b) बी. आर. अम्बेडकर
(c) राजेन्द्र प्रसाद
(d) वल्लभभाई पटेल

37. विश्व मौखिक स्वास्थ्य दिवस प्रतिवर्ष ········को मनाया जाता है।
(a) 6 मई (b) 18 जनवरी
(c) 20 मार्च (d) 30 जुलाई

38. अगस्त, 2020 तक की स्थिति के अनुसार, ग्राह्म रीड भारतीय पुरुषों की ········टीम के मुख्य कोच हैं।
(a) हॉकी (b) फुटबॉल
(c) बास्केटबॉल (d) क्रिकेट

39. 'दीघनिकाय' ········के प्रवचनों का एक संग्रह है।
(a) जैन (b) सिख
(c) बौद्ध (d) हिन्दू

40. केन्द्रीय बजट 2020-21 में घोषित 'किसान रेल' योजना के अन्तर्गत रेल परिवहन सेवा ········ को प्रारम्भ हुई थी।
(a) 5 जून, 2020 (b) 7 अगस्त, 2020
(c) 1 मई, 2020 (d) 3 जुलाई, 2020

41. 'प्रवासी रोजगार' ········की एक पहल है, जो नौकरी के इच्छुक लोगों को उपर्युक्त नियोक्ताओं से जोड़ने की आवश्यकता पूर्ति करती है।
(a) अक्षय कुमार (b) सोनू सूद
(c) रितेश देशमुख (d) सलमान खान

42. इनामगाँव उत्खनन स्थल ········नदी के किनारे स्थित है।
(a) माही (b) सुवर्णरेखा
(c) घोड़ (d) पेन्नार

43. अगस्त, 2020 में जर्मन फुटबॉल दिग्गज बोरुसिया डॉर्टमुण्ड के साथ निम्नलिखित में से किस फुटबॉल क्लब ने दो साल की साझेदारी गठित की हैं?
(a) ओडिशा एफसी (b) हैदराबाद एफसी
(c) जमशेदपुर एफसी (d) बेंगलुरु एफसी

44. मैदानों के विषय में निम्नलिखित में से कौन-सा गलत है?
(a) मैदान, समतल भूमि के बड़े विस्तृत भाग होते हैं।
(b) आमतौर पर, मैदान बहुत उपजाऊ होते हैं।
(c) भारतीय गंगा का मैदान, भारत का सबसे विरल जनसंख्या वाला क्षेत्र है।
(d) कुछ मैदान, नदी निक्षेपों द्वारा बनते हैं।

45. बीसीसीआई ने अगस्त 2020 में इण्डियन प्रीमियर लीग (आईपीएल) के 2020 संस्करण के शीर्षक प्रायोजक के रूप में ········की घोषणा की।
(a) ड्रीम 11 (b) वीवो
(c) बाइजूस (d) डीएफएल

46. 'वेसर' शब्द निम्नलिखित में से किससे सम्बन्धित है?
(a) लोक नृत्य (b) जनजातीय उत्सव
(c) शास्त्रीय संगीत (d) मन्दिर वास्तुकला

47. निम्नलिखित में से कौन-सा शब्द शहद के उत्पादन से जुड़ा है?
(a) सिल्विकल्चर (b) मधुमक्खी पालन
(c) बागवानी (d) रेशम उत्पादन

48. निम्नलिखित में से कौन-सी नृत्य शैली हरियाणा से सम्बन्धित है?
(a) चैती (b) वेलाकली
(c) वृन्दावनी (d) फाग

49. निम्नलिखित में से कौन सा, आर्थिक गतिविधियों के द्वितीयक क्षेत्र के अन्तर्गत आता है?
(a) बैंकिंग (b) परिवहन
(c) चीनी कारखाना (d) भण्डारण

50. कावेरी द्रोणी (बेसिन) भारतीय राज्यों तमिलनाडु, कर्नाटक और ········ में स्थित है।
(a) आन्ध्र प्रदेश (b) केरल (c) महाराष्ट्र (d) तेलंगाना

51. उस विकल्प का चयन कीजिए जिसका आकृति C से वही सम्बन्ध है, जो आकृति B का आकृति A से है

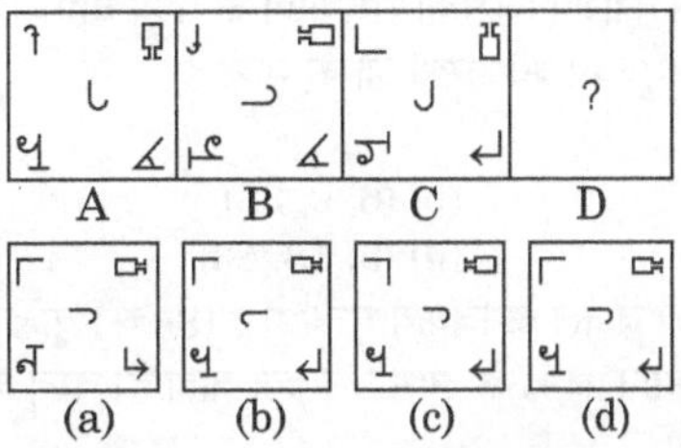

52. निम्नांकित चार आकृतियों में से तीन में एक विशिष्ट प्रकार की समानता है और एक असंगत है। उस असंगत आकृति का चयन कीजिए

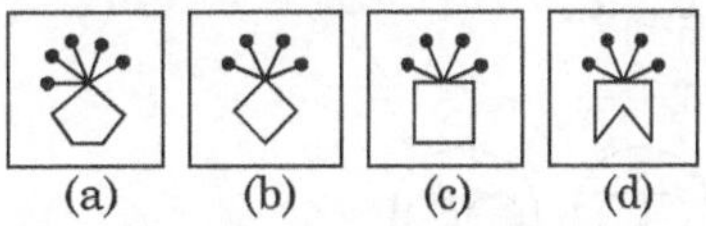

53. उस विकल्प का चयन कीजिए जिसमें दी गई आकृति अन्तर्निहित है। (घुमाने की अनुमति नहीं है)

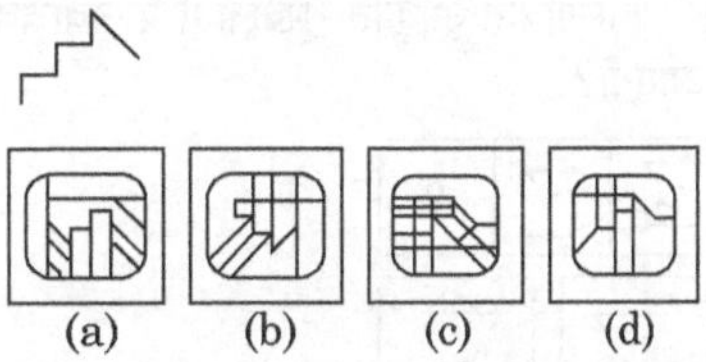

54. निम्न श्रेणी में प्रश्नवाचक चिन्ह (?) के स्थान पर, दिए गए विकल्पों में से कौन-सी संख्या आएगी?
18, 20, 25, 37, 46, 76, 89, 145, ?
(a) 162 (b) 217
(c) 126 (d) 271

55. उस विकल्प का चयन कीजिए जिसका तीसरी संख्या से वही सम्बन्ध है, जो दूसरी संख्या का पहली संख्या से है
11 : 141 :: 17 : ?
(a) 294 (b) 249
(c) 219 (d) 291

56. एक पासे की चार भिन्न-भिन्न स्थितियाँ दर्शाई गई हैं। विकल्पों में से उस प्रतीक का चयन कीजिए जो प्रतीक % वाले पृष्ठ के विपरीत पृष्ठ पर होगा

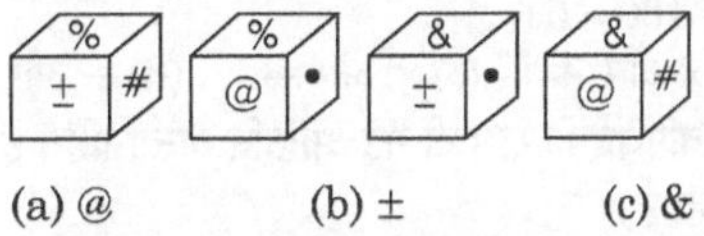

(a) @ (b) ± (c) & (d) *

57. निम्नांकित चार आकृतियों में से तीन में एक विशिष्ट प्रकार की समानता है। और एक असंगत है। उस असंगत आकृति का चयन कीजिए

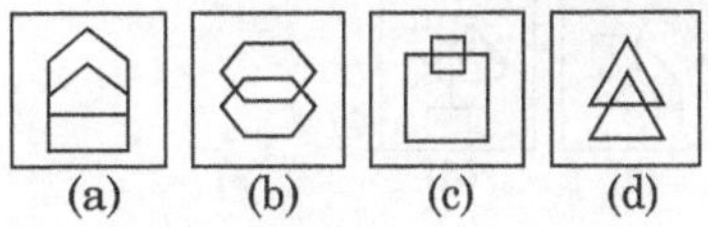

58. यदि EQUALITY को 22832631827 के रूप में और CONFIRM को 2465211894 के रूप में कूटबद्ध किया जाता है, तो RESOURCE को कैसे कूटबद्ध किया जाएगा?

(a) 922106392422 (b) 921206932242
(c) 922103629242 (d) 921206923224

59. उस समुच्चय का चयन कीजिए जिसकी संख्याओं के मध्य वही सम्बन्ध है, जो निम्न दिए गए समुच्चय की संख्याओं के मध्य है

(7, 30, 143)

(a) (8, 33, 158) (b) (6, 9, 38)
(c) (5, 6, 37) (d) (9, 18, 83)

60. जब एक सैनिटाइजर की बोतल के विक्रय मूल्य में ₹ 185 की वृद्धि हो जाती है, तो 26% की हानि 24% के लाभ में बदल जाती है। वस्तु का क्रय मूल्य ज्ञात कीजिए।

(a) ₹ 345 (b) ₹ 350 (c) ₹ 365 (d) ₹ 370

61. उस वेन आरेख का चयन कीजिए जो निम्नांकित वर्गों के मध्य सम्बन्ध का सर्वश्रेष्ठ निरूपण करता है

कॉर्नफ्लेक्स, जीरा, बैंगन

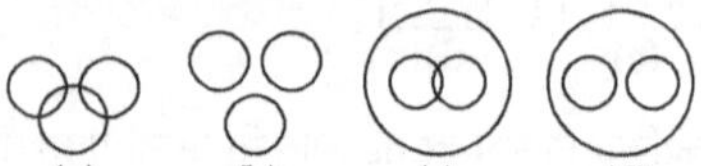

(a) (b) (c) (d)

62. कौन-सी विकल्प आकृति निम्नांकित आकृति शृंखला में प्रश्नवाचक चिन्ह (?) के स्थान पर आएगी?

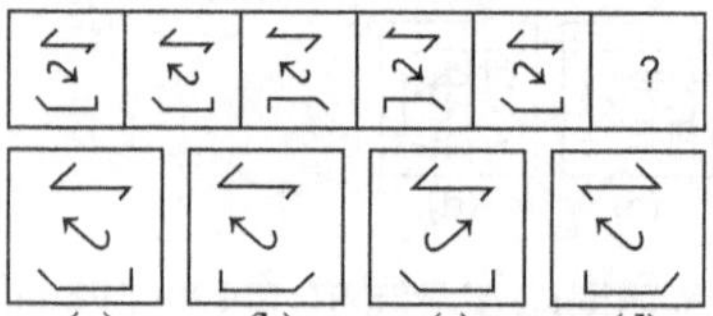

(a) (b) (c) (d)

63. कौन-सी विकल्प आकृति निम्नांकित आकृति शृंखला में प्रश्नवाचक चिन्ह (?) के स्थान पर आएगी?

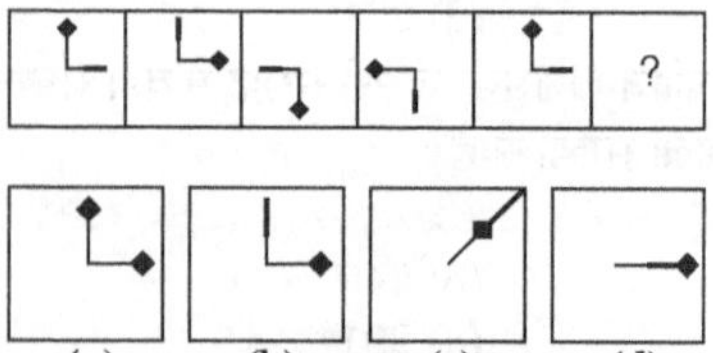

(a) (b) (c) (d)

64. दिए गए समीकरण को सन्तुष्ट करने के लिए किन दो चिन्हों को एक-दूसरे से प्रतिस्थापित किया जाना चाहिए?

$341 \div 11 - 15 \times 8 + 100 = 51$

(a) – और + (b) × और + (c) × और – (d) + और ÷

65. उस विकल्प का चयन कीजिए जिसमें दी गई आकृति अन्तर्निहित है (घुमाने की अनुमति नहीं है)

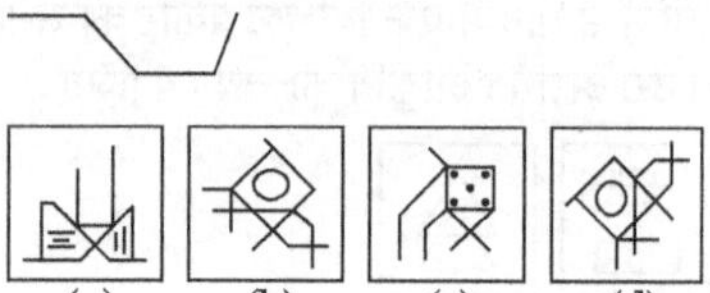

(a) (b) (c) (d)

66. उस विकल्प आकृति का चयन कीजिए जो दी गई आकृति में प्रश्नवाचक चिन्ह (?) के स्थान पर आएगी और पैटर्न को पूर्ण करेगी

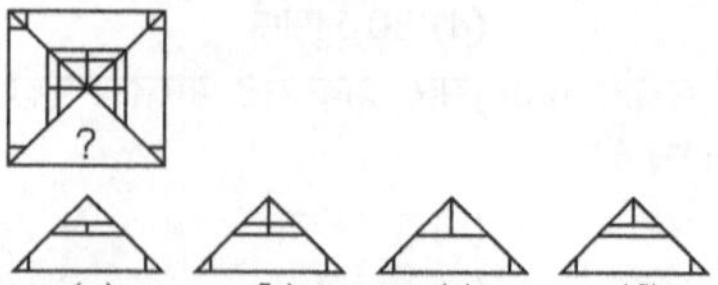

(a) (b) (c) (d)

67. उस विकल्प का चयन कीजिए जिसका तीसरे शब्द से वही सम्बन्ध है, जो दूसरे शब्द का पहले शब्द से है

स्वेटर : ऊन : : चॉक : ?

(a) सीप
(b) चूना-पत्थर
(c) प्रधूलक
(d) हेमेटाइट

68. दिए गए चार शब्दों में से तीन में एक निश्चित प्रकार की समानता है और एक असंगत है। उस असंगत विकल्प का चयन करें

(a) हिरणी
(b) मृग-छौना
(c) रानी
(d) लोमड़ी

69. 1, 2, 3, 4 में से उस बॉक्स का चयन कीजिए जो कागज की दी गई शीट से निर्मित बॉक्स के समान है

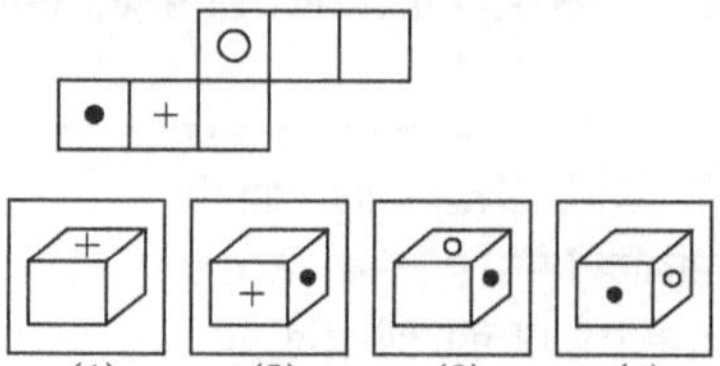

(1) (2) (3) (4)

(a) केवल 1, 2 और 3 (b) केवल 1
(c) 1, 2, 3 और 4 (d) केवल 2 और 3

70. उस विकल्प आकृति का चयन कीजिए जो दी गई आकृति में प्रश्नवाचक चिन्ह (?) के स्थान पर आएगी और पैटर्न को पूर्ण करेगी

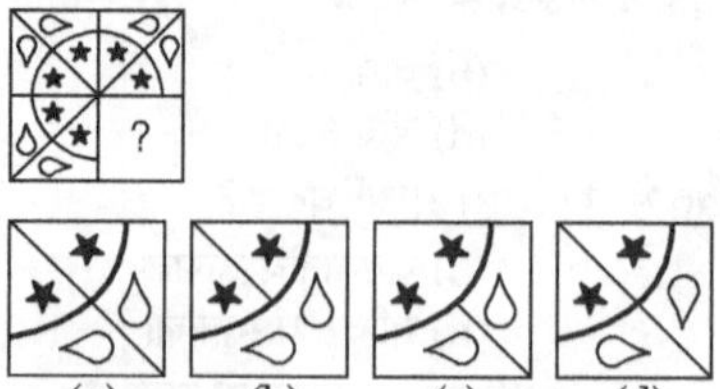

(a) (b) (c) (d)

71. यदि दर्पण को दिए गए संयोजन के दाईं ओर रखा जाए, तो दर्पण में निर्मित सही प्रतिबिम्ब का चयन कीजिए

PUBLICATION

(a) ЬՈBIΓC∀⅃IOИ
(b) ЬՈBΓIC∀⅃IOИ
(c) ИOITAƆI⅃BUꟼ
(d) ИOITAƆ⅃IBUꟼ

72. एक कागज को निम्नांकित चित्र के अनुसार मोड़ा और काटा गया है। इस कागज को खोलने पर यह कैसा दिखाई देगा?

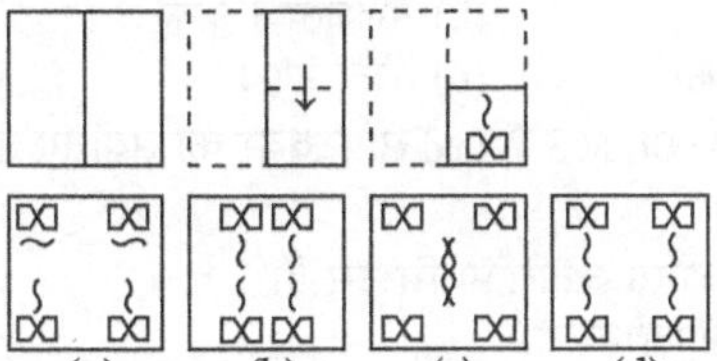

(a) (b) (c) (d)

73. निम्न श्रेणी में प्रश्नवाचक चिन्ह (?) के स्थान पर, दिए गए विकल्पों में से कौन-सी संख्या आएगी?

13, 13, 15, 27, 47, 67, 97, 153, ?

(a) 225 (b) 325 (c) 352 (d) 252

74. सामान्य रूप से ज्ञात तथ्यों पर ध्यान न देते हुए निम्नांकित कथनों को पढ़े और फिर दिए गए चार विकल्पों में से उस वेन आरेख का चयन करें जो दिए गए कथनों का सही निरूपण करता है

कथन

1. सभी फ्लास्क (F) छन्ने (S) हैं।
2. सभी छन्ने (S) कटोरे (B) हैं।

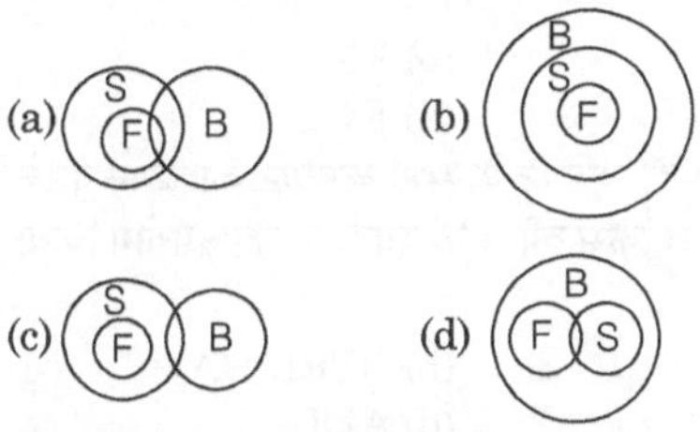

75. उस विकल्प का चयन कीजिए जिसका आकृति C से वही सम्बन्ध है, जो आकृति B का आकृति A से है

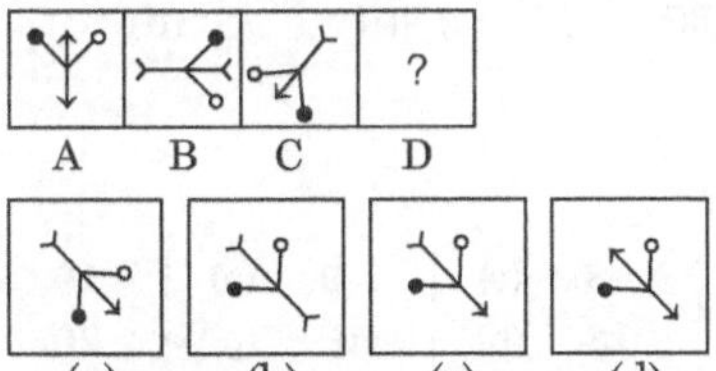

(a) (b) (c) (d)

76. उस समचतुर्भुज का क्षेत्रफल (सेमी^{2} में) कितना होगा जिसकी भुजा 10 सेमी और छोटा विकर्ण 12 सेमी है?

(a) 192 (b) 60 (c) 48 (d) 96

77. तीन वस्तुओं को प्रति वस्तु ₹200 के मूल्य में खरीदा गया। उनमें से एक को 12.5% की हानि पर बेच दिया गया। यदि अन्य दो वस्तुओं को उस मूल्य पर बेचा गया हो जिससे पूरे सौदे में 20% का लाभ हुआ है, तो दो वस्तुओं पर होने वाला लाभ प्रतिशत ज्ञात कीजिए।

(a) 35% (b) 39.75%
(c) 36.25% (d) 41.5%

78. B की तुलना में A पाँच गुना कार्यकुशल है। और इसलिए A एक कार्य को पूरा करने में B से 52 दिन कम लेता है। यदि वे दोनों एकसाथ कार्य करें, तो वह कार्य कितने दिनों में हो जाएगा?

(a) $11\frac{5}{6}$ (b) $10\frac{5}{6}$ (c) $12\frac{5}{6}$ (d) $9\frac{5}{6}$

79. वह छोटी-से-छोटी संख्या कौन-सी है, जिसे 12, 21 और 35 से विभाजित करने पर समान शेषफल 2 प्राप्त होता है?

(a) 632 (b) 844
(c) 212 (d) 422

80. एक चुनाव में, दो प्रत्याशियों के लिए 3 : 10 के अनुपात में मतदान हुआ। यदि सभी मत वैध मत हैं। और यदि विजेता प्रत्याशी को 156200 मत मिले, तो कुल कितने मत डाले गए?

(a) 356200 (b) 203060
(c) 468600 (d) 179256

81. यदि दो धनात्मक संख्याओं के वर्गों का योगफल 2426 है। और उनमें से एक संख्या का वर्गमूल 7 है, तो दूसरी संख्या ज्ञात कीजिए।

(a) 5 (b) 6
(c) 4 (d) 8

82. A ने ₹9000 की धनराशि 5% साधारण ब्याज पर 3 वर्षों के लिए उधार ली। उसने यह धनराशि 7% साधारण ब्याज पर 3 वर्षों के लिए B को उधार दे दी। उसे प्राप्त होने वाला लाभ (₹ में) ज्ञात कीजिए।

(a) 540 (b) 700
(c) 600 (d) 450

83. एक आयत की लम्बाई, एक वृत्त की त्रिज्या का $\frac{2}{5}$ है। वृत्त की त्रिज्या, एक ऐसे वर्ग की भुजा के बराबर है। जिसका क्षेत्रफल 4900 मी^{2} है। यदि आयत की चौड़ाई 20 मी है, तो उसका क्षेत्रफल (मी^{2} में) कितना है?

(a) 1400 (b) 960
(c) 400 (d) 560

84. $\dfrac{5.75 + 28 \text{ का } \frac{5}{7} - 4.5}{(15.8 - 3.4) \text{ का } \frac{3}{4} + 5 \times 2.39}$ का मान ज्ञात कीजिए।

(a) $\frac{-1}{2}$ (b) −1
(c) 0 (d) 1

85. चीनी की कीमत में प्रति किग्रा 25% की कमी होने के कारण राधा ₹1200 में 10 किग्रा अधिक चीनी खरीद सकती है। चीनी की प्रति किग्रा मूल कीमत (₹ में) ज्ञात कीजिए।

(a) 45 (b) 40
(c) 35 (d) 50

86. यदि किसी वृत्त की त्रिज्या में 10% की वृद्धि हो जाए, तो उसके क्षेत्रफल में कितने प्रतिशत की वृद्धि होगी?

(a) 25% (b) 11%
(c) 10 % (d) 21%

87. एक दुकानदार अपनी वस्तुओं पर क्रय मूल्य से 20% अधिक मूल्य अंकित करता है। वह उनमें से तीन-चौथाई वस्तुओं को अंकित मूल्य पर बेच देता है। और शेष को अंकित मूल्य पर 30% की छूट देकर बेचता है। उसका लाभ/हानि प्रतिशत ज्ञात कीजिए।

(a) 11 % लाभ (b) 11 % हानि
(c) 9 % हानि (d) 9 % लाभ

88. n संख्याओं का औसत 36 है। यदि 75% संख्याओं में से प्रत्येक में 5 की वृद्धि कर दी जाए, और शेष संख्याओं में 8 की कमी कर दी जाए, तो संख्याओं का नया औसत कितना होगा?

(a) 37 (b) 36.25
(c) 38.5 (d) 37.75

89. अर्द्धवार्षिक रूप से चक्रवृद्धि की जाने वाली 8% वार्षिक ब्याज दर पर निवेशित एक धनराशि एक वर्ष की समाप्ति पर ₹ 20280 हो जाती है। उसी धनराशि के लिए, वार्षिक रूप से चक्रवृद्धि की जाने वाली उसी ब्याज दर पर 2 वर्षों का ब्याज (₹ में) कितना हो जाएगा?
(a) 2750 (b) 3120
(c) 4000 (d) 3260

90. एक रेलगाड़ी 400 किमी की दूरी को एकसमान चाल से तय करती है। यदि उसकी चाल 10 किमी/घण्टा अधिक होती, तो उसे वही दूरी को तय करने में 2 घण्टे कम समय लगता। रेलगाड़ी की चाल (किमी/घण्टा में) कितनी है?
(a) 30 (b) 35
(c) 25 (d) 40

91. MS-Word में निम्नलिखित में से कौन-सा एक मान्य पैराग्राफ अलाइनमेण्ट नहीं है?
(a) जस्टिफाई (Justify) (b) लेफ्ट (Left)
(c) टॉप (Top) (d) राइट (Right)

92. HTTPS शब्द का क्या अर्थ (पूर्ण नाम) है?
(a) Hyper Text Transfer Protocol Secure (हाइपर टेक्स्ट ट्रांसफर प्रोटोकॉल सिक्योर)
(b) Hyper Text Translation Protocol Service (हाइपर टेक्स्ट ट्रांसलेशन प्रोटोकॉल सर्विस)
(c) Hyper Text Transfer Protocol Service (हाइपर टेक्स्ट ट्रांसफर प्रोटोकॉल सर्विस)
(d) Hyper Text Translation Protocol Secure (हाइपर टेक्स्ट ट्रांसलेशन प्रोटोकॉल सिक्योर)

93. इण्टरनेट से जुड़े प्रत्येक कम्प्यूटर में होना चाहिए
(a) LED डिस्प्ले (b) तृतीयक मैमोरी
(c) IP एड्रेस (d) स्विच

94. निम्नलिखित MS-Word फॉर्म्यूला का परिणाम क्या होगा?
(a) 0 (b) 64
(c) 16 (d) 4

95. ई-मेल आई. डी. में निम्नलिखित में किसकी गुंजाइश (मान्यता) नहीं होती है?
(a) डॉट (.) (b) संख्यात्मक अंक
(c) बड़े (कैपिटल) अक्षर (d) रिक्त स्थान

96. निम्नलिखित में से कौन-सा, MS Word सॉफ्टवेयर का सर्वोत्तम तरीके से वर्णन करता है?
(a) यह एक GUI आधारित ऑपरेटिंग सिस्टम है।
(b) यह एक सिस्टम सॉफ्टवेयर है।
(c) यह एक फार्मवेयर है।
(d) यह एक वर्ड प्रोसेसर है।

97. निम्नलिखित में से कौन-सा/से कथन सही है/हैं?
(i) MS-Word में, एक टेक्स्ट एकसाथ इटैलिक और बोल्ड दोनों नहीं हो सकता है।
(ii) MS-Word में, किसी टेक्स्ट में फॉण्ट का आकार 8 से कम नहीं हो सकता है।
(a) न तो I और न ही II (b) I और II दोनों
(c) केवल II (d) केवल I

98. MS-Excel वर्कशीट की किसी सेल को एडिट करने के लिए निम्नलिखित में से कौन-सी फंक्शन कुंजी (Key) का उपयोग किया जा सकता है?
(a) F2 (b) F5
(c) F3 (d) F4

99. MS-Word में किसी डॉक्यूमेण्ट के सभी कन्टेण्ट का चयन करने के लिए निम्नलिखित में से किस की-बोर्ड शॉर्टकट का उपयोग किया जाता है?
(a) ALT + A (b) CTRL + A
(c) CTRL + C (d) ALT + L

100. MS-Excel में, एक वर्कबुक में कम-से-कम .... वर्कशीट होनी चाहिए।
(a) एक (b) तीन (c) पाँच (d) दो

उत्तरमाला

1. (b)	**2.** (c)	**3.** (d)	**4.** (a)	**5.** (b)	**6.** (d)	**7.** (d)	**8.** (c)	**9.** (a)	**10.** (d)
11. (b)	**12.** (b)	**13.** (a)	**14.** (a)	**15.** (b)	**16.** (b)	**17.** (c)	**18.** (b)	**19.** (b)	**20.** (b)
21. (a)	**22.** (b)	**23.** (b)	**24.** (a)	**25.** (a)	**26.** (a)	**27.** (a)	**28.** (a)	**29.** (b)	**30.** (a)
31. (c)	**32.** (b)	**33.** (c)	**34.** (c)	**35.** (b)	**36.** (d)	**37.** (c)	**38.** (a)	**39.** (c)	**40.** (b)
41. (b)	**42.** (c)	**43.** (b)	**44.** (c)	**45.** (a)	**46.** (d)	**47.** (b)	**48.** (d)	**49.** (c)	**50.** (b)
51. (d)	**52.** (d)	**53.** (c)	**54.** (a)	**55.** (c)	**56.** (c)	**57.** (c)	**58.** (a)	**59.** (a)	**60.** (d)
61. (b)	**62.** (a)	**63.** (b)	**64.** (a)	**65.** (b)	**66.** (b)	**67.** (b)	**68.** (b)	**69.** (c)	**70.** (a)
71. (c)	**72.** (d)	**73.** (a)	**74.** (b)	**75.** (c)	**76.** (d)	**77.** (c)	**78.** (b)	**79.** (d)	**80.** (b)
81. (a)	**82.** (a)	**83.** (d)	**84.** (d)	**85.** (b)	**86.** (d)	**87.** (a)	**88.** (d)	**89.** (b)	**90.** (d)
91. (c)	**92.** (a)	**93.** (c)	**94.** (d)	**95.** (d)	**96.** (d)	**97.** (a)	**98.** (a)	**99.** (b)	**100.** (a)

संकेत एवं हल

1. *(b)* मानवता हेतु गुलबेंकियन पुरस्कार, 2020 ग्रेटा थुनबर्ग को प्रदान किया गया, यह एक स्वीडिश पर्यावरण कार्यकर्ता हैं। गुलबेंकियन पुरस्कार के अन्तर्गत उन्हें 1 मिलियन यूरो की राशि से सम्मानित किया गया।

यह पुरस्कार वर्ष 1956 में स्थापित किया गया था और कालैस्टे गुलबेंकियन संस्थान का एक हिस्सा है। यह पुर्तगाली संस्थान, दान, कला, शिक्षा एवं विज्ञान के प्रचार के लिए समर्पित है। मानवता के लिए पुरस्कार पाने वाले ग्रेटा थुनबर्ग पहले व्यक्ति हैं।

2. *(c)* भारतीय जनगणना 2011 में जनसंख्या वृद्धि 2001 की तुलना में लगभग 17.5% प्रदर्शित हुई। 2011 की जनगणना के अनुसार नागालैण्ड की जनसंख्या वृद्धि दर नकारात्मक रही, वर्ष 2011 में होने वाली यह जनगणना भारत की 15वीं एवं स्वतन्त्र भारत की 7वीं जनगणना थी।

3. *(d)* दिए गए कथनों में कथन (d) गलत है। यह खिलौने और मूर्तियाँ बनाने के लिए चिकनी मिट्टी (मृत्तिका) का उपयोग किया जाता है। रेतीली मिट्टी में पानी रिसाव की दर अधिक और चिकनी मृदा में सबसे कम है, क्योंकि रेतीली मिट्टी के कणों का चिकनी मिट्टी की तुलना में बड़ा होता है। चिकनी एवं दोमट मिट्टी गेहूँ, चना और धान उगाने के लिए सर्वाधिक उपयुक्त होती है।

भारत में कपास मुख्य रूप से काली मिट्टी में उगाई जाती है।

4. *(a)* अगस्त, 2020 में आर्थिक मामलों की मन्त्रिमण्डलीय समिति ने अक्टूबर, 2020 से प्रारम्भ विपणन वर्ष हेतु गन्ने का उचित एवं पारिश्रमिक मूल्य (एमआरपी) 285 रुपये प्रति क्विण्टल घोषित किया।

एमआरपी कृषि लागत और मूल्य आयोग (सीएसीपी) एक वैधानिक निकाय की सिफारिश के अनुरूप तय किया गया है, जो प्रमुख कृषि उपज के लिए मूल्य नीति पर सरकार को सलाह देता है।

5. *(b)* तृतीयक उपभोक्ता खाद्य श्रृंखला में चौथा पोषी स्तर बनाते हैं। तृतीयक उपभोक्ता या तो सर्वाहारी या मांसाहारी हो सकते हैं। वे प्राथमिक और द्वितीयक उपभोक्ता को खाते हैं एवं उत्पादकों को भी खा सकते हैं। तृतीयक उपभोक्ता के उदाहरण- साँप, बाज, मगरमच्छ आदि हैं।

6. *(d)* भारतीय दण्ड संहिता की धारा 143 'गैरकानूनी सभा हेतु दण्ड से सम्बन्धित है। धारा 143 के अनुसार यदि कोई व्यक्ति जानबूझकर किसी ऐसी गैरकानूनी सभा में शामिल होता है या बना रहता है दण्ड का प्रावधान करती है। इसके अतिरिक्त धारा 159 दंगे से, धारा 166 किसी भी व्यक्ति को चोट पहुँचाने के इरादे से कानून की अवहेलना करने वाला लोक सेवक एवं धारा 135 सिपाही, नाविक या एयरमैन के कर्त्तव्य से सम्बन्धित है।

7. *(d)* जून, 2020 में अन्तर्राष्ट्रीय मुद्रा कोष (IMF) ने भारतीय अर्थव्यवस्था में 4.50% संकुचन का अनुमान व्यक्त किया, यह एक ऐतिहासिक संकुचन था। आईएमएफ द्वारा जारी वर्ल्ड इकोनॉमिक आउटलुक के नवीनतम संस्करण में वित्त वर्ष 2022-23 में भारत के सकल घरेलू उत्पाद की वृद्धि से सम्बन्धित अपने पूर्वानुमान घटाकर 8.2% कर दिया हैं।

8. *(c)* सोडियम कार्बोनेट का उपयोग, जल की स्थायी कठोरता को दूर करने के लिए किया जाता है। ऐसा जल जिसमें साबुन के साथ झाग उत्पन्न नहीं होता, कठोर जल कहलाता है। इसलिए सोडियम कार्बोनेट को धावन सोडा (वाशिंग सोड़ा) भी कहते हैं।

9. *(a)* बायो-गैस के सम्बन्ध में कथन (a) गलत हैं। मीथेन गैस बायो-गैस का मुख्य घटक है अर्थात् बायो-गैस में मीथेन 1% से अधिक होती है। बायो-गैस ऊर्जा का एक स्त्रोत है, इसका उपयोग घरेलू एवं कृषि उद्देश्यों के लिए किया जाता है।

10. *(d)* महापद्मनन्द ने मगध साम्राज्य पर शासन किया था। महापद्मनन्द ने नन्द वंश की स्थापना की थी, इनका जन्म शिशुनाग वंश के अन्तिम राजा महानन्दी के दासी के गर्भ से हुआ था, महापद्मनन्द ने अन्तिम राजा महानन्दी की हत्या कर मगध पर अधिकार कर लिया था।

11. *(b)* कृषि लागत एवं मूल्य आयोग (सीएसीपी), अलसी के लिए न्यूनतम समर्थन मूल्य (एमएसपी) अनुशंसित नहीं करता। सीएसीपी 23 वस्तुओं के एमएसपी की सिफारिश करता है, जिनमें (7 अनाज, 5 दालें, 7 तिलहन, 4 वाणिज्यिक फसलें) 22 फसलों के लिए एमएसपी एवं गन्ने के लिए उचित और पारिश्रमिक मूल्य (एफआरपी) की सिफारिश करता है।

12. *(b)* दिए गए कथनों में कथन (b) गलत है। आरबीआई ने भारत-पाकिस्तान बँटवारे के लगभग 1 वर्ष तक (जून, 1948) तक पाकिस्तान के बैंकिंग सिस्टम को संचालित किया था।

13. *(a)* जे. के. रोलिंग की पुस्तक श्रृंखला में लार्ड वोल्डमॉर्ट एक काल्पनिक चरित्र है। लॉर्ड वोल्डमॉर्ट, टॉम मार्वोलो रिडल के लिए एक काल्पनिक गीत है, जो हैरी पोटर उपन्यास की जे. के. रोलिंग की श्रृंखला में एक काल्पनिक चरित्र और मुख्य प्रतिपक्षी है।

14. *(a)* गरिया पूजा, त्रिपुरा का एक प्रमुख पर्व है, जिसमें पालतू पशुओं और धन-सम्पत्ति के देवी/देवताओं की पूजा की जाती है। यह त्योहार चैत्र माह के अन्तिम दिन से लेकर बैशाख माह के सातवें दिन तक आयोजित किया जाता हैं। यह त्योहार मुख्य रूप से त्रिपुरी एवं रियांग जनजातियों द्वारा मनाया जाता है।

15. *(b)* ताबो मठ सिक्किम में नहीं, बल्कि हिमाचल प्रदेश के स्पीति घाटी के ताबो गाँव में स्थित है। यह तिब्बती 996 ई. पूर्व स्थापित किया गया था। इस मठ की दीवारों पर बड़ी संख्या में भित्तिचित्र मौजूद हैं। बौद्ध धर्म की कथाओं को दर्शाते हैं।

16. *(b)* दुनिया में सबसे लम्बे समय तक सेवा देने वाले युद्धपोत आईएनएस विराट को सितम्बर, 2020 में गुजरात के अलंग शिप ब्रेकिंग यार्ड में विनष्टीकरण के लिए पहुँचा दिया गया है। भारतीय नौसेना ने तीन वर्ष पहले इस युद्धपोत को सेवानिवृत्त कर दिया था।

17. *(c)* भारतीय दण्ड संहिता की धारा 309 के अन्तर्गत जो कोई व्यक्ति आत्महत्या करने का प्रयत्न करेगा और उस अपराध को करने के लिए कोई कार्य करेगा उसे एक वर्ष तक का साधारण कारावास या आर्थिक दण्ड या फिर दोनों से दण्डित किया जाएगा।

18. *(b)* मृदा की नमी बनाए रखने के लिए जैविक पदार्थ की एक परत से अनावृत्त भूमि को ढकने की प्रक्रिया को मल्चिंग कहा जाता है। मल्चिंग विधि पौधों की वृद्धि मुलायम बनी रहती है। इस विधि में खेत की मिट्टी का कटाव नहीं होता है।

19. *(b)* प्रत्येक तिमाही के अन्तिम शुक्रवार को व्यवसाय की समाप्ति पर प्रत्येक बैंकिंग कम्पनी की भारत में परिसम्पत्तियाँ, भारत में इसकी माँग और समय के 75% से कम नहीं होनी चाहिए। शुक्रवार को अवकाश की स्थिति में यह प्रक्रिया पूर्ववर्ती कार्यदिवस पर लागू होगी।

20. *(b)* घोड़ा वैदिक भारत में 'अश्वमेघ' अनुष्ठान से सम्बन्धित था। सर्वाधिक महत्त्वपूर्ण इस यज्ञ में राजा द्वारा साम्राज्य की सीमा में वृद्धि के लिए घोड़े (अश्व) को स्वतन्त्र छोड़ दिया जाता था।

21. *(a)* गजल के दोहे को निरूपित करने के लिए महीना/ठोकरी प्रयुक्त शब्द नहीं है। गजल अरबी साहित्य की एक प्रसिद्ध काव्य शैली है। गजल में माल्टा एवं मकता का होना अनिवार्य है। वसा गजल अधूरी रहती हैं।

मतला या मिसरा किसी गजल के पहले शेर को कहते हैं।

22. *(b)* उत्खण्ड शब्द नदियों से सम्बन्धित नहीं है। पृथ्वी की पपड़ी के विस्तार से उत्खण्ड (Horst) का निर्माण होता है। उठा हुआ ब्लॉक क्रस्ट का एक हिस्सा है, जो आमतौर पर स्थित रहता है। उत्खण्ड कहलाता है।

23. *(b)* हरिषेण समुद्रगुप्त के दरबारी कवि एवं मन्त्री थे। इन्होंने इलाहाबाद स्तम्भ शिलालेख की रचना की थी। शिलालेख में समुद्रगुप्त का प्रशंसा में भाषण है, जिसमें समुद्रगुप्त की विजय एवं गुप्त साम्राज्य की सीमाओं का उल्लेख हैं।

24. *(a)* बिछुआ के पौधे (Nettle Plant) की पत्तियाँ मोथेनोइक अम्ल का स्त्राव करती है, जो छूने पर दर्दनाक दंश का कारण बनती है। मेथेनोइक अम्ल को आमतौर पर फॉर्मिक अम्ल (HCOOH) कहा जाता है।

25. *(a)* मासी मागम एक तमिल पर्व है, जिसमें मन्दिर की मूर्तियों को अनुष्ठानिक स्नान के लिए ले जाया जाता है। यह त्योहार 12 वर्षों में एक बार आता है, जिसे आमतौर पर पूर्णिमा के दिन मनाया जाता है।

26. *(a)* 'द डिसाइपल' चैतन्य तम्हाणे' की एक मराठी फिल्म है। एशियाई फिल्म पुरस्कार में इसे सर्वश्रेष्ठ पटकथा के लिए सम्मानित किया गया।

27. *(a)* 2019-20 के आर्थिक सर्वेक्षण में थालीनॉमिक्स की अवधारणा प्रस्तुत की गई थी। इस आर्थिक सर्वेक्षण में थालीनॉमिक्स की चर्चा के माध्यम से बताया गया है कि महँगाई में कमी से बड़ी थाली खरीदने की क्षमता पर क्या प्रभाव हुआ है।

28. *(a)* 'भगोड़ा आर्थिक अपराधी अधिनियम 2018 कानून, अधिकारियों को गैर दोषी आधारित कुर्की और भगोड़े आर्थिक अपराधी की सम्पत्ति को जब्त करने का अधिकार देता है, जिसके खिलाफ अनुसूचित अपराध के सम्बन्ध में गिरफ्तारी वारण्ट भारत के किसी भी अदालत से जारी किया गया है।

29. *(b)* मुस्लिम महिला (वैवाहिक अधिकारों का संरक्षण) अधिनियम 19 सितम्बर, 2018 से प्रभावी हुआ। इसके अन्तर्गत तीन बार तलाक के उच्चारण द्वारा दिए गए तत्काल तलाक को अवैध घोषित करता हैं।

30. *(a)* बैंकिंग विनियमन अधिनियम 1949 की 'धारा 16' भारत में निर्गमित किसी बैंकिंग कम्पनी को अपने बोर्ड में किसी ऐसे व्यक्ति को निदेशक नियुक्त करने से निषिद्ध करती हैं, जो किसी अन्य बैंकिंग कम्पनी का निदेशक हो।

31. *(c)* काल्पनिक कस्बा 'मालगुडी डेज आर के नारायण द्वारा लिखित छोटी कहानियों का संग्रह है, जिसका प्रकाशन वर्ष 1943 में इण्डियन थॉट पब्लिकेशन द्वारा किया गया था।

32. *(b)* पणिनि एक विद्वान थे, जिनके द्वारा संस्कृत भाषा का व्याकरण तैयार किया गया था। अष्टध्यायी पाणिनि द्वारा लिखित व्याकरण से सम्बन्धित पुस्तक है।

33. *(c)* मनिका बत्रा को 2020 राजीव गाँधी खेल रत्न पुरस्कार से सम्मानित किया गया। राजीव गाँधी खेल रत्न खिलाड़ियों को उनके असाधारण प्रदर्शन के लिए दिया जाता है, अब इस पुरस्कार का नाम मेजर ध्यानचन्द्र खेल रत्न पुरस्कार कर दिया गया है।

34. *(c)* हर्षवर्धन अपने पिता एवं बड़े भाई की मृत्यु के बाद थानेसर का राजा बना। हर्षवर्धन पिता का नाम प्रभाकरवर्धन एवं भाई का नाम राज्यवर्धन था। हर्षवर्धन ने 606 ईस्वी से 647 ईस्वी तक शासन किया। हर्ष ने प्रियदर्शिका, रत्नावली एवं नागानन्द नामक पुस्तकों की रचना की।

35. *(b)* पुरातात्विक स्थल राखीगढ़ी वर्तमान हरियाणा के हिसार जिले में स्थित है। राखीगढ़ी सरस्वती तथा दषद्वती नदियों के शुष्क क्षेत्र में स्थित एक महत्त्वपूर्ण ऐतिहासिक स्थल है। अमरपुरा धौलावीरा एवं रंगपुर ये तीनों स्थल गुजरात में स्थित हैं।

36. *(d)* सरदार वल्लभभाई पटेल संविधान सभा में मौलिक अधिकारों अल्पसंख्यक एवं जनजातीय व बहिष्कृत क्षेत्रों से सम्बन्धित सलाहकार समिति के अध्यक्ष थे। संविधान सभा का गठन 1946 में किया गया, जिसने 26 नवम्बर, 1949 को संविधान को अपनाया।

37. *(c)* प्रतिवर्ष 20 मार्च को विश्व मौखिक स्वास्थ्य दिवस मनाया जाता है। विश्व मौखिक स्वास्थ्य दिवस मनाने की शुरुआत वर्ष 2013 में वर्ल्ड 'डण्टल फ्रेडरेशन' ने की थी।

38. *(a)* ग्राह्म रीड भारतीय पुरुषों के हॉकी टीम के मुख्य कोच हैं। ग्राह्म रीड एक पूर्व ऑस्ट्रेलियाई मैदानी हॉकी खिलाड़ी हैं, जो ऑस्ट्रेलियाई राष्ट्रीय टीम के लिए डिफेण्डर और मिडफील्डर के रूप में खेले।

39. *(c)* दीर्घनिकाय बौद्ध धर्म के प्रवचनों का संग्रह हैं। यह बौद्ध ग्रन्थि त्रिपिटक के सुत्तपिटक का प्रथम निकाय है। दीर्घनिकाय में कुल 34 सुत्त (सूत्र) है। यह लम्बे सुत्तों का संकलन है, इसलिए इसे दीर्घनिकाय कहा गया है।

40. *(b)* केन्द्रीय बजट 2020-21 में घोषित 'किसान रेल' योजना के अन्तर्गत प्रथम रेल परिवहन सेवा 7 अगस्त, 2020 को प्रारम्भ हुई। सब्जियों और फलों को ले जाने वाली ऐसी पहली ट्रेन महाराष्ट्र के देवलाली से बिहार के दानापुर के बीच चली।

41. *(b)* बॉलीवुड अभिनेता सोनू सूद ने 'प्रवासी रोजगार ऐप' लॉन्च किया जिससे पूरे देश के इच्छुक लोगों को उपयुक्त नियोक्ताओं से जोड़ने में सहायता हो सके।

42. *(c)* हड़प्पीय उत्खनन स्थल इनामगाँव घोड़ नदी के दाहिने पर स्थित है। इसे भीमा घाटी का क्षेत्रीय केन्द्र भी माना जाता हैं। महाराष्ट्र के इनामगाँव से गेहूँ, जौ, मसूर, बाजरा एवं तिल के अवशेष मिले हैं।

43. *(b)* हैदराबाद फुटबॉल क्लब ने अगस्त, 2020 में जर्मन फुटबॉल लीग क्लब बोरुसिया डार्टमुण्ड के साथ 2 वर्ष की साझेदारी का करार किया। ऑल इण्डिया फुटबॉल फेडरेशन का गठन वर्ष 1937 में किया गया था। भारत ने 2022 में फीफा अण्डर-17 महिला विश्व कप और एएफसी महिला एशियाई कप की मेजबानी की।

44. *(c)* दिए गए कथनों में कथन (c) गलत है। भारतीय गंगा का मैदान भारत का सबसे अधिक आबादी वाला क्षेत्र हैं। मैदान, समतल भूमि के बड़े विस्तृत भाग होते हैं, सामान्यत: यह मैदान समुद्र तल से 200 मी से अधिक ऊपर नहीं होते हैं। नदी के तलछट के कारण ये मैदान प्राकृतिक रूप से बहुत उपजाऊ होते हैं एवं कुछ मैदान नदी निक्षेपों द्वारा बनते हैं।

45. *(a)* इण्डियन प्रीमियर लीग (आईपीएल) के 2020 संस्करण का शीर्षक प्रायोजक ड्रीम-11 था। ड्रीम-11 एक भारतीय कम्पनी है, जो महाराष्ट्र में स्थित है। आईपीएल की शुरुआत वर्ष 2008 से हुई। 2022 का आईपीएल खिताब गुजरात टाइटन्स ने जीता।

46. *(d)* वेसर मन्दिर वास्तुकला से सम्बन्धित शब्द है, यह नागर और द्रविड़ शैली का मिश्रित रूप है। चालुक्यों ने वेसर शैली को प्रोत्साहन दिया था। वेसर शैली के प्रमुख मन्दिरों में ऐहोल का मन्दिर, बेलूर का द्वार समुद्र मन्दिर, सोमनाथपुरम का मन्दिर एवं एलौरा का कैलाश मन्दिर आदि प्रमुख हैं।

47. *(b)* मधुमक्खी पालन (Apiculture) शब्द शहद उत्पादन से जुड़ा है। मधुमक्खी पालन में एक विशेष रूप से डिजाइन किए गए लकड़ी के बक्से में मधुमक्खियों को वैज्ञानिक तरीके से पाला जाता है।

सिल्वीकल्चर वनों की खेती से सम्बन्धित है। हॉर्टिकल्चर फलों एवं सब्जियों की खेती से सम्बन्धित है तथा सेरीकल्चर रेशम उत्पादन से सम्बन्धित है।

48. *(d)* फाग नृत्य शैली हरियाणा से सम्बन्धित है, इसके अतिरिक्त झूमर, डफ एवं धमाल भी हरियाणा के प्रमुख नृत्य है।
चैती मुख्य रूप से उत्तर प्रदेश में गाया जाने वाला लोकगीत है।
बेलाकली केरल के नायर समुदाय का एक पारम्परिक नृत्य है।
वृदावनी सारंग, जिसे राग सारंग के नाम से जानते हैं, एक हिन्दुस्तानी शास्त्रीय राग है।

49. *(c)* चीनी कारखाना, आर्थिक गतिविधियों के द्वितीयक क्षेत्र के अन्तर्गत आता है। द्वितीयक क्षेत्र में कच्चे माल को विनिर्माण प्रक्रिया के माध्यम से तैयार माल में बदला जाता है। इस गतिविधि को औद्योगिक गतिविधि भी कहा जाता है।

50. *(b)* कावेरी द्रोणी (बेसिन) तमिलनाडु, कर्नाटक और केरल में स्थित है। कावेरी बेसिन में लाल, काली, लेटेराइट, जलोढ़ जंगली और मिश्रित प्रकार की मिट्टी पाई जाती है, परन्तु बेसिन में लाल मिट्टी की अधिकता है।

शिव समुद्रम नामक झरना कावेरी नदी पर है, जिसकी ऊँचाई 101 मी है। कावेरी नदी पर कृष्णराजसागर बाँध कर्नाटक में और मेट्टूर बाँध तमिलनाडु में है।

51. *(d)* जो सम्बन्ध आकृति (A) का (B) से है

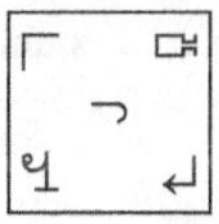

वही समान सम्बन्ध आकृति (C) का विकल्प (d) में प्रदर्शित आकृति से है।

52. *(d)* विकल्प (d) में प्रदर्शित आकृति के अलावा अन्य सभी आकृतियों में, प्रतीक (↑) और भुजाओं की संख्या समान हैं।

53. *(c)* दी गई आकृति, विकल्प (c) में प्रदर्शित आकृति में अन्तर्निहित है।

54. *(a)* शृंखला का सही क्रम निम्न प्रकार है।

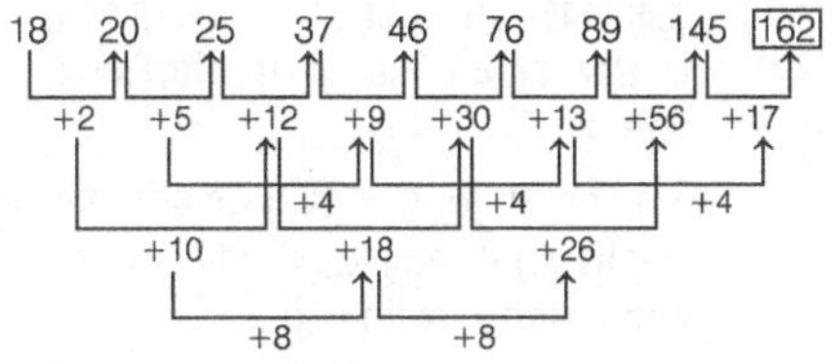

$\therefore \quad ? = 162$

55. *(c)* जिस प्रकार,

$11:141 \Rightarrow (11 \times 13) - 2 = 141$

उसी प्रकार,

$17:? \Rightarrow (17 \times 13) - 2 = 219$

56. *(c)* दिया है,

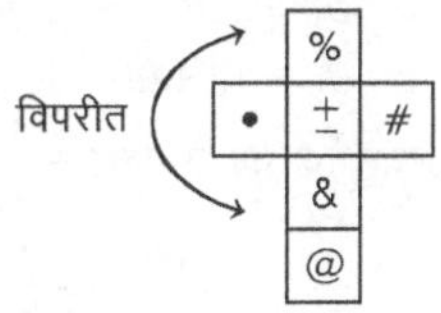

अतः प्रतीक '%' वाले पृष्ठ के विपरीत पृष्ठ पर '&' होगा।

57. *(c)* विकल्प (c) में प्रदर्शित आकृति के अलावा अन्य सभी आकृतियों में उपस्थित समान तत्वों का आकार बराबर है।

58. *(a)* जिस प्रकार,

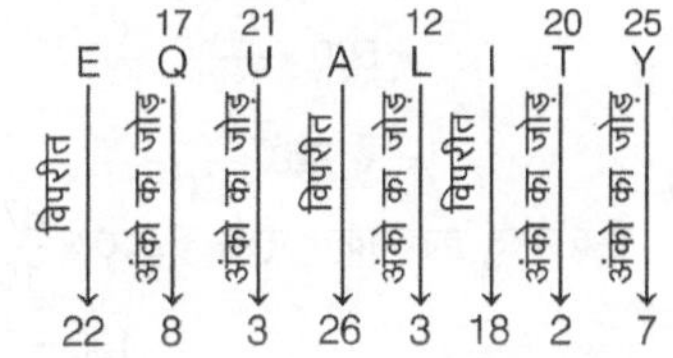

और

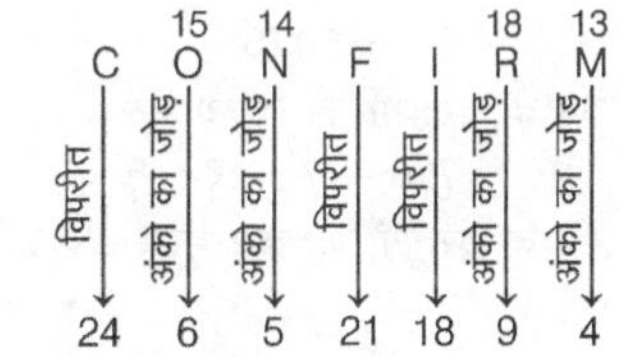

उसी प्रकार,

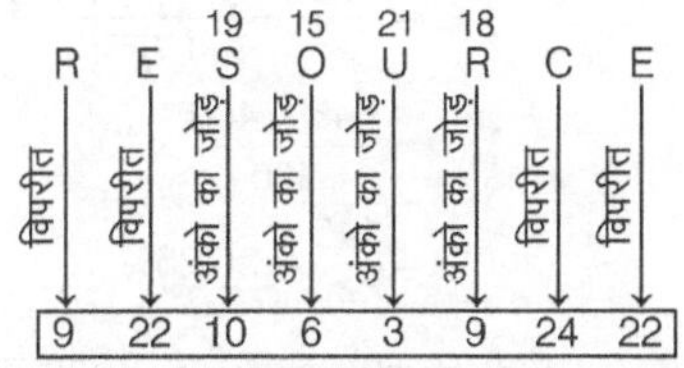

∵ प्रारम्भिक तीन स्वरों (A, E और I) के लिए विपरीत क्रमांक और शेष दो स्वरों (O और U) के लिए अंकों का जोड़ लागू है।

59. *(a)* जिस प्रकार,

$(7, 30, 143) \Rightarrow (30+7) \times 4 - (7-2)$

$= 37 \times 4 - 5 = 148 - 5 = 143$

उसी प्रकार,

$(8, 33, 158) \Rightarrow (33+8) \times 4 - 18 - 2$

$= 41 \times 4 - 6 = 164 - 6 = 158$

60. *(d)* प्रश्नानुसार,

$$\frac{\text{क्रय मूल्य} \times (100 + \text{लाभ})}{100} - \frac{\text{क्रय मूल्य} \times (100 + \text{हानि})}{100} = ₹\ 185$$

$$\Rightarrow \text{क्रय मूल्य} \times \left[\frac{(100+24)}{100} - \frac{(100-26)}{100}\right] = 185$$

$$\Rightarrow \text{क्रय मूल्य} \times \left[\frac{124-74}{100}\right] = 185$$

$$\Rightarrow \quad \text{क्रय मूल्य} = \frac{18600}{50}$$

$$\therefore \quad \text{क्रय मूल्य} = ₹\ 370$$

61. *(b)* दिया है,

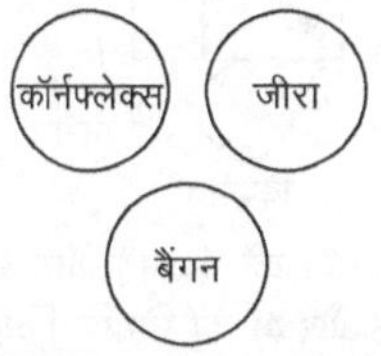

62. *(a)* आकृति '↩' क्रमागत दो चरण बाद 180° दक्षिणावर्त घूमती है।
आकृति '↘' क्रमागत दो चरण बाद 180° दक्षिणावर्त घूमती है।
आकृति '└─┘' क्रमागत दो चरण बाद 180° दक्षिणावर्त घूमती है।
अतः विकल्प (a) में प्रदर्शित आकृति, आकृति शृंखला में प्रश्नवाचक चिन्ह (?) के स्थान पर आएगी।

63. *(b)* यहाँ आकृति (↑) 90° दक्षिणावर्त दिशा में और आकृति (↓) 90° वामावर्त दिशा में घूम रही है। अतः विकल्प (b) में प्रदर्शित आकृति, आकृति शृंखला में प्रश्नवाचक चिन्ह (?) के स्थान पर आएगी।

64. *(a)* दिया है,

$341 \div 11 - 15 \times 8 + 100 = 51$

विकल्प (a) से, चिह्न − और + प्रतिस्थापित करने पर,

$341 \div 11 + 15 \times 8 - 100 = 51$

$\Rightarrow \quad 31 + 120 - 100 = 51$

$\Rightarrow \quad 31 + 20 = 51 \Rightarrow 51 = 51$

65. *(b)* दी गई आकृति, विकल्प (b) में प्रदर्शित आकृति में अन्तर्निहित है।

66. *(b)* विकल्प (b) में दी गई आकृति पैटर्न को पूर्ण करेगी।

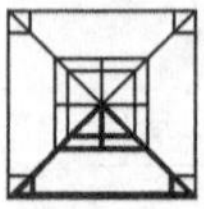

67. *(b)* जिस प्रकार, उन से स्वेटर का निर्माण होता है। उसी प्रकार, चूना-पत्थर से चॉक का निर्माण होता है।

68. *(b)* 'मृग-छौना' के अलावा अन्य सभी स्त्रीलिंग को प्रदर्शित करती हैं।

69. *(c)* दिया है,

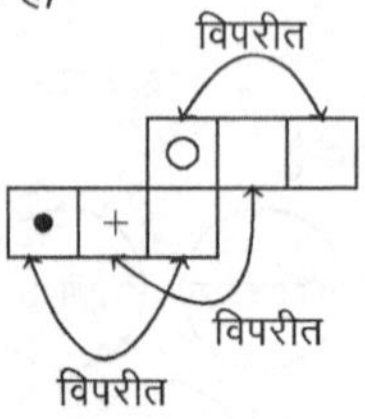

अतः कागज की दी गई शीट से सभी बॉक्सों (1, 2, 3 और 4) का निर्माण किया जा सकता है।

70. *(a)* विकल्प (a) में प्रदर्शित आकृति पैटर्न को पूर्ण करेगी।

71. *(c)* विकल्प (c) में प्रदर्शित आकृति सही प्रतिबिम्ब है।

72. *(d)* कागज को खोलने पर वह विकल्प (d) में प्रदर्शित आकृति के समान दिखाई देगा।

73. *(a)* शृंखला का सही क्रम निम्न है।

13 13 15 27 47 67 97 153 [225]

$+1^2-1$, $+2^2-2$, $+3^2+3$, $+4^2+4$, $+5^2-5$, $+6^2-6$, $+7^2+7$, $+8^2+8$

74. *(b)* कथनानुसार,

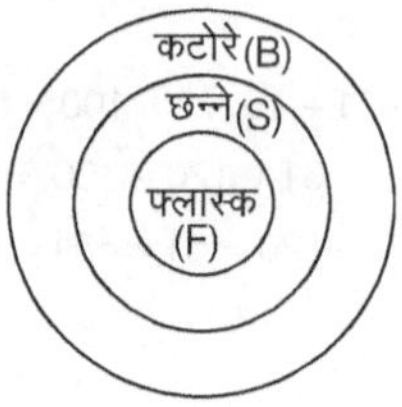

75. *(c)* आकृति (A) से (B) में, प्रतीक 90° दक्षिणावर्त घूम जाता है। और सीधी रेखा के छोर पर बने चिह्न परस्पर विपरीत हो जाते हैं।

अतः विकल्प (c) में प्रदर्शित आकृति और आकृति (C) में, आकृति (A) और (B) के समान सम्बन्ध स्थापित हैं।

76. *(d)* समचतुर्भुज की भुजा, $a = 10$ सेमी

समचतुर्भुज का छोटा विकर्ण, $d_1 = 12$ सेमी

माना बड़ा विकर्ण d_2 है,तब

$\because \quad 4a^2 = d_1^2 + d_2^2$

$\Rightarrow \quad 4 \times 100 = 144 + d_2^2$

$\Rightarrow \quad d_2^2 = 400 - 144$

$\Rightarrow \quad d_2^2 = 256$

$d_2 = 16$ सेमी

$\therefore$ समचतुर्भुज का क्षेत्रफल $= \frac{1}{2} \times d_1 \times d_2$

$= \frac{1}{2} \times 12 \times 16$

$= 96$ सेमी^{2}

77. *(c)* तीन वस्तुओं का क्रय मूल्य $= 3 \times 200$

$= ₹ 600$

तीनों वस्तुओं का विक्रय मूल्य =

क्रय मूल्य $\times \frac{100 + \text{लाभ\%}}{100}$

$= 600 \times \frac{120}{100}$

$= ₹ 720$

एक वस्तु का विक्रय मूल्य $= 200 \times \frac{87.5}{100}$

$\left[\because \text{विक्रय मूल्य} = \text{क्रय मूल्य} \times \frac{100 - \text{हानि}}{100}\right]$

$= ₹ 175$

शेष दो वस्तुओं का विक्रय मूल्य

$= 720 - 175 = ₹ 545$

शेष दो वस्तुओं का क्रय मूल्य $= 2 \times 200$

$= ₹ 400$

$\therefore$ शेष दो वस्तुओं पर लाभ प्रतिशत

$= \frac{\text{विक्रय मूल्य} - \text{क्रय मूल्य}}{\text{क्रय मूल्य}}$

$= \frac{545 - 400}{400} \times 100$

$= \frac{145}{4} = 36.25\%$

78. *(b)* माना B कार्य को x दिन में पूरा करता हैं।

$\therefore$ A द्वारा कार्य को पूरा करने में लगा समय $= \frac{x}{5}$ दिन

प्रश्नानुसार, $x - \frac{x}{5} = 52$

$\Rightarrow \quad \frac{4x}{5} = 52$

$\Rightarrow \quad x = \frac{52 \times 5}{4}$

$\Rightarrow \quad x = 65$

$\therefore$ A का 1 दिन का कार्य $= \frac{5}{x}$

$= \frac{5}{65} = \frac{1}{13}$

तथा B का 1 दिन का कार्य

$= \frac{1}{x} = \frac{1}{65}$

A और B दोनों का 1 दिन का कार्य

$= \frac{1}{13} + \frac{1}{65}$

$= \frac{5+1}{65}$

$= \frac{6}{65}$

A और B दोनों द्वारा मिलकर कार्य पूरा करने में लगा समय

$= \frac{65}{6}$

$= 10\frac{5}{6}$ दिनों

79. *(d)* 12, 21, 35 के अभाज्य गुणनखण्ड करने पर,

$12 = 2 \times 2 \times 3$

$21 = 3 \times 7$

$35 = 5 \times 7$

$\therefore$ 12, 21, 35 का ल. स.

$= 2 \times 2 \times 3 \times 5 \times 7$

$= 420$

$\therefore$ अभीष्ट संख्या

= 12, 21, 35 का ल.स. + शेषफल

$= 420 + 2$

$= 422$

80. *(b)* माना प्रत्याशियों को $3x$ और $10x$ मत मिलें।

अतः $10x$ मत पाने वाला प्रत्याशी विजेता होगा।

प्रश्नानुसार,

$10x = 156200$

$x = 15620$

कुल मत $= 3x + 10x = 13x$

$= 13 \times 15620$

$= 203060$

81. (a) माना संख्याएँ x और y हैं।

प्रश्नानुसार, $\sqrt{x} = 7$

$\Rightarrow \quad x = 49 \quad \ldots(i)$

तथा $\quad x^2 + y^2 = 2426$

$\Rightarrow (49)^2 + y^2 = 2426$

$\Rightarrow \quad y^2 = 2426 - 2401$

$\Rightarrow \quad y^2 = 25$

$\Rightarrow \quad y = 5$

अतः दूसरी संख्या = 5

82. (a) A को होने वाला लाभ

= 7 % पर साधारण ब्याज − 5% पर साधारण ब्याज

$= \frac{9000 \times 7 \times 3}{100} - \frac{9000 \times 5 \times 3}{100}$

$\left[\because \text{साधारण ब्याज} = \frac{\text{मूलधन} \times \text{दर} \times \text{समय}}{100}\right]$

$= 1890 - 1350 = ₹\ 540$

83. (d) माना वर्ग की भुजा a है।

वर्ग का क्षेत्रफल $= a^2$

$4900 = a^2$

$\Rightarrow \quad a = \sqrt{4900}$

$= 70$ मी

वृत्त की त्रिज्या = वर्ग की भुजा

$= 70$ मी

आयत की लम्बाई $= \frac{2}{5} \times$ वृत्त की त्रिज्या

$= \frac{2}{5} \times 70 = 28$ मी

आयत की चौड़ाई = 20 मी

$\therefore$ आयत का क्षेत्रफल = लम्बाई × चौड़ाई

$= 28 \times 20$

$= 560$ मी^{2}

84. (d) $\dfrac{5.75 + 28 \text{ का } \frac{5}{7} - 4.5}{(15.8 - 3.4) \text{ का } \frac{3}{4} + 5 \times 2.39}$

$= \dfrac{5.75 + 28 \times \frac{5}{7} - 4.5}{12.4 \times \frac{3}{4} + 11.95}$

$= \dfrac{5.75 + 20 - 4.5}{3.1 \times 3 + 11.95}$

$= \dfrac{25.75 - 4.5}{9.3 + 11.95}$

$= \dfrac{21.25}{21.25}$

$= 1$

85. (b) माना चीनी की मूल कीमत ₹ x प्रति किग्रा है।

$\therefore$ ₹ 1200 में खरीदी गई चीनी की मात्रा

$= \frac{1200}{x}$ किग्रा

25% कमी होने पर चीनी की कीमत

$= x \times \frac{75}{100} = \frac{3x}{4}$ प्रति किग्रा

₹ 1200 में खरीदी गई चीनी

$= \frac{1200 \times 4}{3x} = \frac{1600}{x}$ किग्रा

प्रश्नानुसार,

$\frac{1600}{x} - \frac{1200}{x} = 10$

$\Rightarrow \quad \frac{400}{x} = 10$

$\Rightarrow x = \frac{400}{10} = 40$ किग्रा

86. (d) माना वृत्त की त्रिज्या r है।

$\therefore$ वृत्त का क्षेत्रफल $A = \pi r^2$

वृत्त की नई त्रिज्या $= r \times \frac{110}{100} = \frac{11r}{10}$

वृत्त का नया क्षेत्रफल $= \pi\left(\frac{11r}{10}\right)^2$

$= \frac{121}{100}\pi r^2$

$= \frac{121A}{100}$

$\therefore \quad$ क्षेत्रफल में वृद्धि $= \dfrac{\frac{121}{100}A - A}{A} \times 100$

$= \frac{21}{100} \times 100$

$= 21\%$

वैकल्पिक विधि

यहाँ $a = 10\%$, $b = 10\%$

$\therefore$ क्षेत्रफल में वृद्धि $= a + b + \frac{a \times b}{100}$

$= 10 + 10 + \frac{10 \times 10}{100}$

$= 10 + 10 + 1$

$= 21\%$

87. (a) माना सभी वस्तुओं का क्रय मूल्य ₹ x है।

सभी वस्तुओं का अंकित मूल्य

$= x \times \frac{120}{100} = \frac{6x}{5}$

$\frac{3}{4}$ वस्तुओं का विक्रय मूल्य $= \frac{3}{4} \times \frac{6x}{5} = ₹\,\frac{9x}{10}$

शेष वस्तुओं का विक्रय मूल्य

$= \left(1 - \frac{3}{4}\right) \times \frac{6x}{5} \times \frac{70}{100}$

$= \frac{1}{4} \times \frac{6x}{5} \times \frac{70}{100}$

$= ₹\,\frac{21x}{100}$

सभी वस्तुओं का विक्रय मूल्य $= \frac{9x}{10} + \frac{21x}{100}$

$= \frac{90x + 21x}{100}$

$= ₹\,\frac{111x}{100}$

$\because$ विक्रय मूल्य > क्रय मूल्य

$\therefore$ लाभ प्रतिशत

$= \frac{\text{विक्रय मूल्य} - \text{क्रय मूल्य}}{\text{क्रय मूल्य}} \times 100$

$= \dfrac{\frac{111x}{100} - x}{x} \times 100$

$= \frac{11}{100} \times 100$

$= 11\%$

88. (d) दिया है, n संख्याओं का औसत = 36

$\therefore$ n संख्याओं का योग $= 36n$

$\left[\because \text{औसत} = \frac{\text{पदों का योग}}{\text{पदों की संख्या}}\right]$

नया औसत

$= \dfrac{36n + n \times \frac{75}{100} \times 5 - n \times \frac{25}{100} \times 8}{n}$

$= \dfrac{36n + \frac{15}{4}n - 2n}{n}$

$= 34 + \frac{15}{4}$

$= 34 + 3.75$

$= 37.75$

89. (b) माना मूलधन ₹ P है।

दर, $r = 8\%$

समय, $n = 1$ वर्ष

$\because$ ब्याज अर्द्धवार्षिक देय है, तब

दर, $\quad r = \frac{8}{2}\% = 4\%$

तथा समय, $n = 2$ छमाही

$\therefore \quad A = P\left(1 + \frac{r}{100}\right)^n$

$\Rightarrow 20280 = P\left(1 + \frac{4}{100}\right)^2$

$\Rightarrow 20280 = P \times \left(\frac{26}{25}\right)^2$

$\Rightarrow \quad P = \frac{20280 \times 625}{676} = ₹\ 18750$

अब, 2 वर्षों का चक्रवृद्धि ब्याज

$$= P\left(1+\frac{r}{100}\right)^n - P$$

$$= 18750\left(1+\frac{8}{100}\right)^2 - 18750$$

$$= 18750 \times \left(\frac{27}{25}\right)^2 - 18750$$

$$= 18750 \times \frac{729}{625} - 18750$$

$$= 21870 - 18750$$

$$= ₹\,3120$$

90. *(d)* माना रेलगाड़ी की चाल x किमी/घण्टा है।

प्रश्नानुसार,

$$\frac{400}{x} - \frac{400}{x+10} = 2$$

$$\Rightarrow \frac{400x + 4000 - 400x}{x(x+10)} = 2$$

$$\Rightarrow x^2 + 10x = 2000$$

$$\Rightarrow x^2 + 10x - 2000 = 0$$

$$\Rightarrow x^2 + 50x - 40x - 2000 = 0$$

$$\Rightarrow x(x+50) - 40(x+50) = 0$$

$$\Rightarrow (x+50)(x-40) = 0$$

$$\therefore x = 40 \quad [\because x \neq -50]$$

अतः रेलगाड़ी की चाल = 40 किमी/घण्टा

91. *(c)* पैराग्राफ अलाइनमेण्ट एक पैराग्राफ फॉर्मेटिंग एट्रीब्यूट है, जो पूरे पैराग्राफ में टेक्स्ट की एपीयरेन्स को निश्चित करता है। जस्टिफाई, लेफ्ट, राइट और सेण्टर MS-Word में पैराग्राफ एलाइनमेण्ट के लिए मान्य विकल्प है।

92. *(a)* HTTPS शब्द का पूर्ण नाम हाइपर टेक्स्ट ट्रांसफर प्रोटोकॉल सिक्योर है। यह HTTPS का सिक्योर एक्सटेंशन हैं। यह प्रोटोकॉल मुख्य रूप से वेबसाइट और वेब ब्राउजर के डाटा को ट्रांसफर करने के लिए सुरक्षा प्रदान करता है।

93. *(c)* इण्टरनेट से कनेक्ट होने के लिए प्रत्येक कम्प्यूटर के पास IP एड्रेस होना आवश्यक है। IP एड्रेस 4 नम्बर्स के सेट के रूप में एक्सप्रेश किया जाता है। उदाहरण के लिए 192.158.1.38. प्रत्येक नम्बर 0 से 255 तक की रेंज में होना चाहिए।

94. *(d)* $= 256/8/4/2$

$= 32/4/2 = 8/2 = 4$

95. *(d)* ई-मेल एड्रेस छोटे अक्षरों के रूप में होता है। ई-मेल एड्रेस में दो भाग होते हैं, जो एक प्रतीक @ द्वारा अलग होते हैं। पहला भाग यूजरनेम और दूसरा भाग डोमेन नेम। ई-मेल एड्रेस रिक्त स्थान (Space) शामिल नहीं करता है।

96. *(d)* MS-Word एक वर्ड प्रोसेसर है, जो 45 kB से कम साइज के डॉक्यूमेण्ट को बनाने, उसमें बदलाव करने, डॉक्यूमेण्ट की प्रिण्टिंग करने, उसमें एडिटिंग करने आदि कार्यों के लिए प्रयोग किए जाते हैं।

डॉक्यूमेण्ट पत्र, रिपोर्ट, पोस्टर, वेब पेज आदि हो सकते हैं।

97. *(a)* MS-Word में टेक्स्ट Ctrl + I द्वारा इटैलिक व Ctrl + B द्वारा बोल्ड हो सकता है।

MS-Word में, किसी टेक्स्ट में फॉण्ट का आकार 8 से कम भी हो सकता है।

98. *(a)* MS-Excel वर्कशीट की किसी सेल को एडिट करने के लिए F2 फंक्शन कुँजी का उपयोग किया जाता हैं। F5 शॉर्टकट कुँजी का प्रयोग किसी विशेष सेल पर जाने के लिए किया जाता है।

99. *(b)* MS-Word में किसी डॉक्यूमेण्ट के सभी कन्टेण्ट का चयन करने के लिए Ctrl + A की बोर्ड शॉर्टकट कुँजी का उपयोग किया जाता है। Ctrl + C का प्रयोग टेक्स्ट कॉपी करने के लिए किया जाता है।

100. *(a)* वर्कबुक एक डॉक्यूमेण्ट होता है, जिसमें एक या एक से अधिक वर्कशीट होती है। डिफॉल्ट रूप से एक वर्कबुक में 3 वर्कशीट होती है।

सॉल्वड पेपर्स
(2017)

सॉल्वड पेपर 6 दिसम्बर 2017 (II Shift)

दिल्ली पुलिस सिपाही भर्ती परीक्षा 2017

1. निम्नलिखित प्रश्न में दिए गए विकल्पों में से सम्बन्धित शब्द को चुनिए।

शुतुरमुर्ग : पक्षी :: मगरमच्छ : ?

(a) सरीसृप (b) कृन्तक (c) तैरना (d) जल

2. निम्नलिखित प्रश्न में दिए गए विकल्पों में से सम्बन्धित अक्षरों को चुनिए।

NOTE : QLWB :: HEAP : ?

(a) KBDM (b) LCEN
(c) EXHN (d) DGYO

3. निम्नलिखित प्रश्न में दिए गए विकल्पों में से सम्बन्धित संख्या को चुनिए।

5 : 45 : : 12 : ?

(a) 32 (b) 49 (c) 62 (d) 108

4. निम्नलिखित प्रश्न में दिए गए विकल्पों में से विषम शब्द चुनिए।

(a) कप (b) प्लेट (c) चम्मच (d) खाना

5. निम्नलिखित प्रश्न में दिए गए विकल्पों में से विषम अक्षरों को चुनिए।

(a) GNUB (b) DKRA (c) AHOV (d) FMTA

6. निम्नलिखित प्रश्न में दिए गए विकल्पों में से विषम संख्या युग्म को चुनिए।

(a) 9-72 (b) 12-132 (c) 10-90 (d) 5-30

7. निम्नलिखित प्रश्न में दिए गए विकल्पों में से विषम संख्या युग्म को चुनिए।

(a) 6-218 (b) 5-127 (c) 3-27 (d) 4-66

8. दी गई आकृति में कितने त्रिभुज हैं?

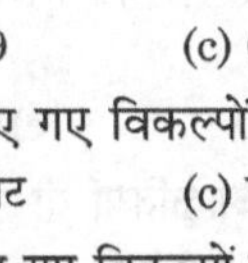

(a) 3 (b) 4 (c) 5 (d) 6

9. दी गई आकृति में कितने समान्तर चतुर्भुज हैं?

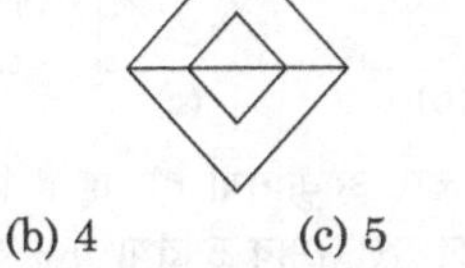

(a) 45 (b) 60 (c) 48 (d) 72

10. दी गई आकृति में कितनी सतह हैं?

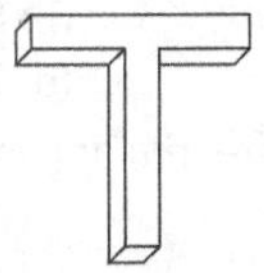

(a) 7 (b) 8 (c) 9 (d) 10

11. दी गई आकृति में, α युक्त फलक के विपरीत क्या आएगा?

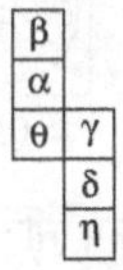

(a) η (b) δ (c) γ (d) β

12. दी गई उत्तर आकृतियों में से उस उत्तर आकृति को चुनिए जिसमें प्रश्न आकृति निहित है?

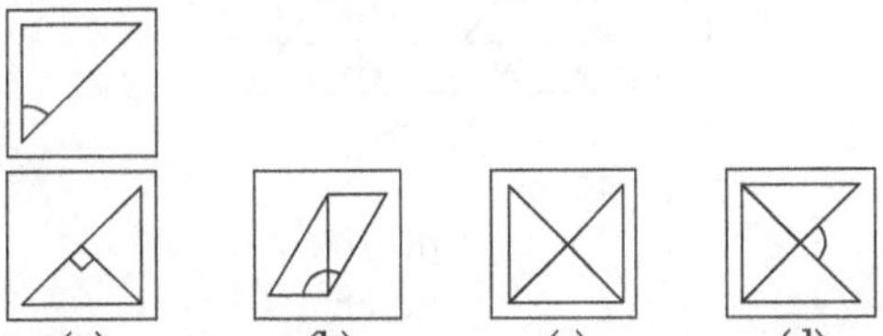

(a) (b) (c) (d)

13. नीचे प्रश्न आकृतियों में दिखाए अनुसार कागज को मोड़कर, छेदने तथा खोलने के बाद वह किस उत्तर आकृति जैसा दिखाई देगा?

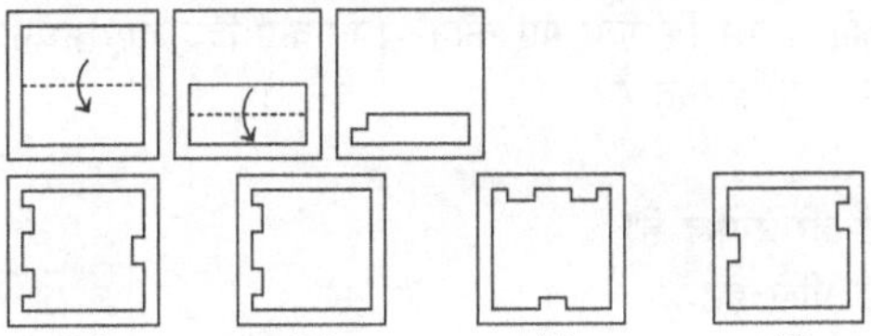

(a) (b) (c) (d)

14. यदि एक दर्पण को AB रेखा पर रखा जाए, तो दी गई उत्तर आकृतियों में से कौन-सी आकृति प्रश्न आकृति का सही दर्पण प्रतिबिम्ब होगी?

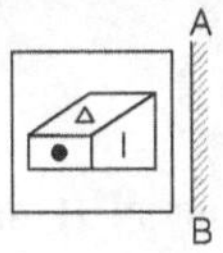

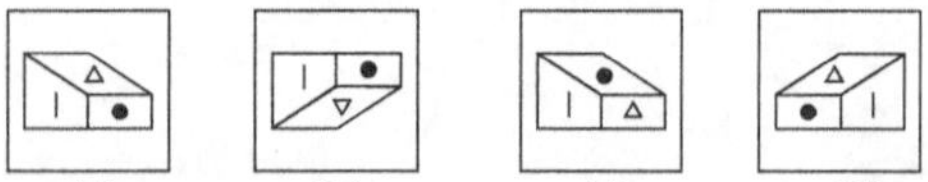

(a) (b) (c) (d)

15. निम्नलिखित प्रश्न में दिए गए विकल्पों में से प्रश्न चिह्न (?) के स्थान पर आने वाली संख्या को चुनिए।

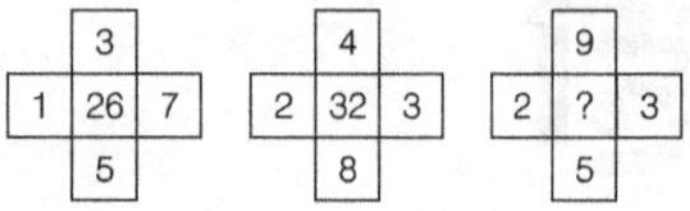

(a) 59 (b) 63
(c) 69 (d) 76

16. निम्नलिखित विकल्पों में से वह शब्द चुनिए जो दिए गए शब्द के अक्षरों का प्रयोग करके नहीं बनाया जा सकता।
RESPIRATION
(a) PIRATE (b) SINE
(c) POSTER (d) RIDER

17. वह आरेख चुनिए जो नीचे दिए गए वर्गों के बीच के सम्बन्ध का सही निरूपण करता है।
गेंद, बल्ला, दस्ताने

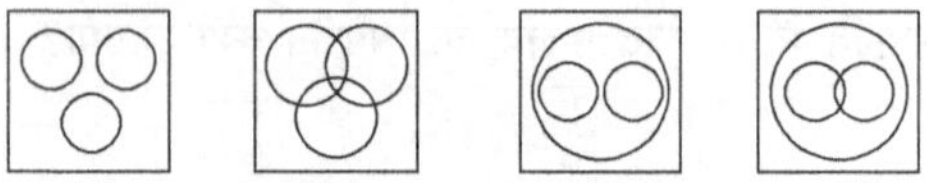

(a) (b) (c) (d)

18. दी गई आकृति में, कितने कप नीले हैं, परन्तु बोतल नहीं हैं?

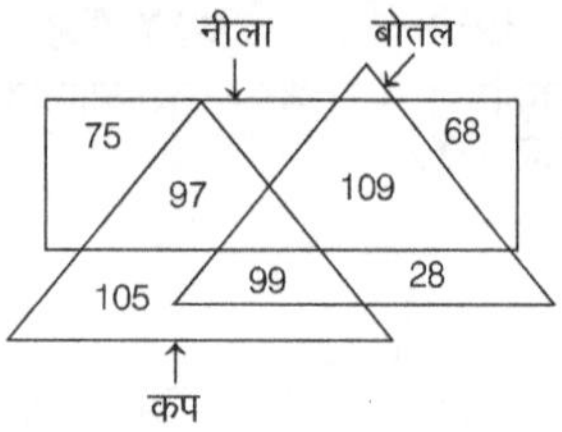

(a) 97 (b) 109
(c) 28 (d) 68

19. नीचे दिए गए प्रश्न में कुछ कथन और उनके बाद उन कथनों पर आधारित कुछ निष्कर्ष दिए गए हैं। दिए गए कथनों को सही माने, चाहे उनमें सामान्य ज्ञात तथ्यों से भिन्नता हो। सभी निष्कर्ष पढ़ें और फिर निर्धारित करें कि दिए गए कौन-से निष्कर्ष दिए गए कथनों के आधार पर युक्तिसंगत हैं?

कथन
I. कुछ हरे सफेद हैं।
II. कुछ पीले हरे हैं।

निष्कर्ष
I. कुछ सफेद पीले हैं।
II. कुछ हरे पीले हैं।
(a) केवल निष्कर्ष I सही है
(b) केवल निष्कर्ष II सही है
(c) दोनों ही निष्कर्ष सही हैं
(d) न तो निष्कर्ष I न ही निष्कर्ष II सही है

20. नीचे दिए गए प्रश्न में कुछ कथन और उनके बाद उन कथनों पर आधारित कुछ निष्कर्ष दिए गए हैं। दिए गए कथनों को सही माने, चाहे उनमें सामान्य ज्ञात तथ्यों से भिन्नता हो। सभी निष्कर्ष पढ़ें और फिर निर्धारित करें कि दिए गए कौन-से निष्कर्ष, दिए गए कथनों के आधार पर युक्तिसंगत हैं?

कथन
I. सभी मेज गाड़ियाँ हैं। II. कोई गाड़ी ट्रक नहीं है।

निष्कर्ष
I. कुछ ट्रक मेज हैं। II. सभी गाड़ियाँ मेज हैं।
(a) केवल निष्कर्ष I सही है
(b) केवल निष्कर्ष II सही है
(c) दोनों ही निष्कर्ष सही हैं
(d) न तो निष्कर्ष I न ही निष्कर्ष II सही है

21. J, T का पुत्र है। T, F की माता है। L, T का पुत्र है। L, J से किस प्रकार सम्बन्धित है?
(a) पुत्र (b) भाई (c) पिता (d) चाचा

22. एक लड़के की ओर संकेत करते हुए एक महिला ने कहा, ''वह लड़का मेरे पति की एकमात्र पुत्री की पुत्री का भाई है। ''उस महिला का पुत्र उस लड़के से किस प्रकार सम्बन्धित है?
(a) पिता (b) मामा (c) भाई (d) पुत्र

23. यदि P, Q का 200% है तथा R, Q का 400% है, तो R, P से कितने प्रतिशत अधिक है?
(a) 250 (b) 200 (c) 50 (d) 100

24. मोहन तथा राम की वर्तमान आयु का अनुपात 3 : 5 है तथा उनकी आयु के बीच का अन्तर 12 वर्ष है। राम की वर्तमान आयु (वर्षों में) क्या है?
(a) 30 (b) 20 (c) 18 (d) 32

25. दिए गए प्रश्न में, चार आकृतियाँ दी गई हैं, जिसमें से तीन किसी एक गुण के आधार पर समान हैं तथा एक सर्वप्रकार भिन्न है। भिन्न आकृति को चुनिए।

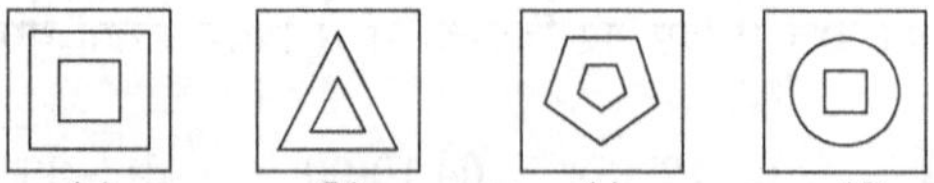

(a) (b) (c) (d)

26. दिए गए प्रश्न में चार आकृतियाँ दी गई हैं, जिसमें से तीन किसी एक गुण के आधार पर समान हैं तथा एक सर्वप्रकार भिन्न है। भिन्न आकृति को चुनिए।

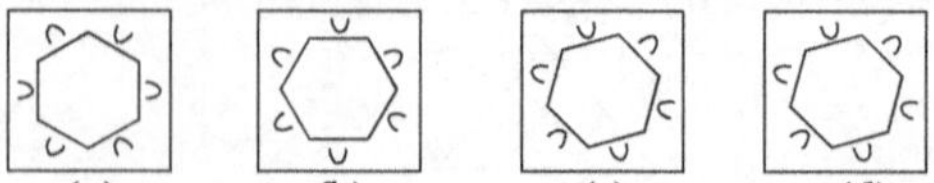

(a) (b) (c) (d)

27. दिए गए प्रश्न में, चार आकृतियाँ दी गई हैं जिनमें से तीन किसी एक गुण के आधार पर समान हैं तथा एक सर्वप्रकार भिन्न है। भिन्न आकृति को चुनिए।

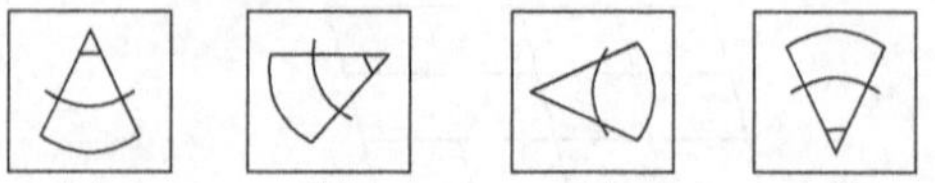

(a) (b) (c) (d)

28. निम्नलिखित प्रश्न में दिए गए विकल्पों में से लुप्त अंक ज्ञात कीजिए।
19, 21, 25, 31, 39, ?
(a) 62 (b) 53 (c) 59 (d) 49

29. निम्नलिखित प्रश्न में दिए गए विकल्पों में से लुप्त अंक ज्ञात कीजिए।
11, 9, 20, 29, 49, ?
(a) 78 (b) 82 (c) 58 (d) 62

30. निम्नलिखित प्रश्न में दिए गए विकल्पों में से प्रश्न चिह्न (?) के स्थान पर आने वाली आकृति को चुनिए।

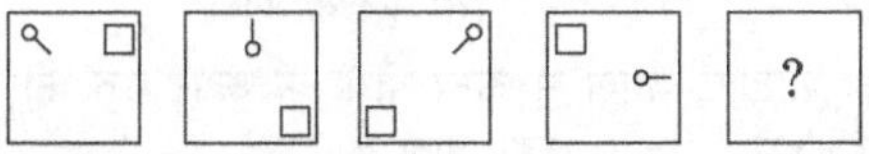

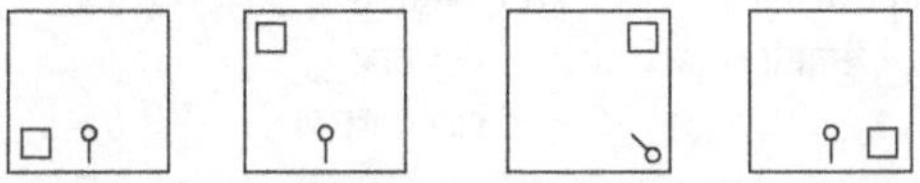

(a) (b) (c) (d)

31. निम्नलिखित प्रश्न में दिए गए विकल्पों में से प्रश्न चिह्न (?) के स्थान पर आने वाली आकृति को चुनिए।

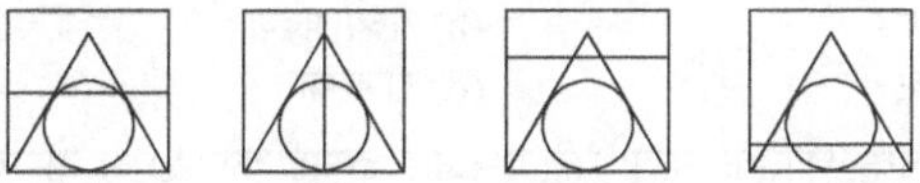

(a) (b) (c) (d)

32. निम्नलिखित प्रश्न में दिए गए विकल्पों में से प्रश्न चिह्न (?) के स्थान पर आने वाली आकृति को चुनिए।

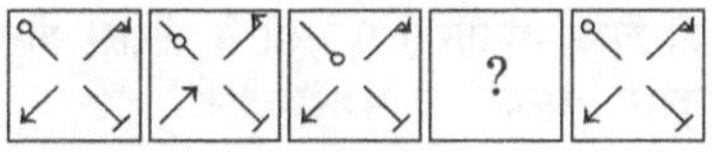

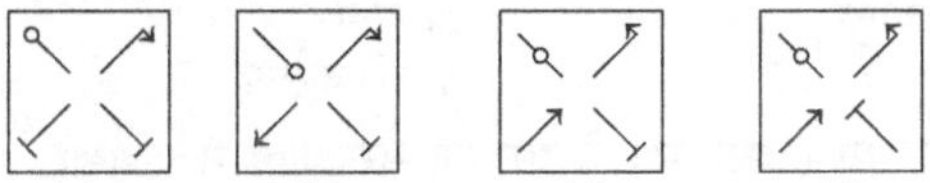

(a) (b) (c) (d)

33. एक विशिष्ट कोड भाषा में, "LEAD" को "4932" तथा "TAIL" को "5384" लिखा जाता है। इस कोड भाषा में "DATE" को किस प्रकार लिखा जाएगा?
(a) 9352 (b) 2359 (c) 5832 (d) 4893

34. एक विशिष्ट कोड भाषा में, "FUEL" को "48" तथा "LAND" को "35" लिखा जाता है। इस कोड भाषा में "TORN" को किस प्रकार लिखा जाएगा?
(a) 70 (b) 67 (c) 71 (d) 68

35. एक विशिष्ट कोड भाषा में, "GLASWOOD" को "JIDPZLRA" लिखा जाता है। इस कोड भाषा में "PROBLEMS" को किस प्रकार लिखा जाएगा?
(a) TOQXPBOO (b) SNRZOAQQ
(c) SORYOBPP (d) TNSXNAPP

36. अर्थशास्त्र में स्थिर ऊपरी लागत का क्या अर्थ होता है?
(a) उत्पादक सामग्री (इनपुट) के साथ न बदलने वाली लागत
(b) माँग के साथ न बदलने वाली लागत
(c) उत्पादन (आउटपुट) के साथ न बदलने वाली लागत
(d) आपूर्ति के साथ न बदलने वाली लागत

37. भारत की ……… क्रान्ति एक नाटकीय उदाहरण है कि कैसे बेहतर उत्पादन प्रौद्योगिकी के रूप में अधिकारों से अधिक ज्ञान का निवेश दुर्लभ भूमि संसाधनों की उत्पादकता में तेजी से वृद्धि कर सकता है।
(a) हरित (b) सूचना प्रौद्योगिकी (c) नीली (d) श्वेत

38. निम्नलिखित में से किस कार्य को राष्ट्रीय औद्योगिक संरचना में नहीं माना जाता है?
(a) कृषि उत्पादन को बेचना
(b) शिक्षा संस्थानों में कार्यचालन
(c) महिलाओं द्वारा घरेलू कार्य
(d) सूचना प्रौद्योगिकी उद्योग में कार्यचालन

39. उचित मूल्य की दुकानें निम्नलिखित में से किसका भण्डार रखती हैं?
I. खाद्यान्न II. चीनी
III. मिट्टी का तेल
(a) केवल I (b) केवल II
(c) दोनों I और II (d) सभी I, II तथा III

40. ………… एक निश्चित क्षेत्र पर कब्जा वाला एक राजनीतिक संघ है जिसमें एक संगठित सरकार होती है तथा आन्तरिक तथा विदेशी नीतियाँ बनाने का अधिकार रखता है?
(a) क्षेत्र (b) प्रान्त (c) तहसील (d) राज्य

41. एक ऐसा कदाचार है, जिसके द्वारा कोई पार्टी या उम्मीदवार अपने वोट को बढ़ाने के लिए आसक्त होता है।
(a) टर्नआउट (b) रिगिंग (c) इन्कम्बेन्सी (d) छल

42. भारतीय संविधान का कौन-सा अनुच्छेद धन विधेयक की परिभाषा देता है?
(a) अनुच्छेद 56 (b) अनुच्छेद 110
(c) अनुच्छेद 72 (d) अनुच्छेद 121

43. किस स्थिति/स्थितियों के अन्तर्गत संसद का एक सदस्य निरर्हित किया जा सकता है?
I. यदि वह भारत सरकार के अधीन लाभ का पद धारण करता है।
II. यदि किसी भी कानून द्वारा अयोग्य घोषित किया जाता है।
III. यदि वह अनुन्मुक्त दिवालिया है।
(a) केवल I (b) केवल I तथा II
(c) केवल II तथा III (d) सभी I, II तथा III

44. इलाहाबाद का पुराना नाम क्या था?
(a) बनारस (b) अवन्तिका
(c) पाटलिपुत्र (d) प्रयाग

45. दिल्ली के किस सुल्तान ने कुछ-कुछ आज की कागजी मुद्रा की तरह टोकन मुद्रा चलाई थी?
(a) अलाउद्दीन खिलजी (b) गयासुद्दीन तुगलक
(c) मुहम्मद बिन तुगलक (d) बहलोल लोधी

46. जलियाँवाला बाग नरसंहार किस शहर में हुआ था?
(a) नागपुर (b) दिल्ली (c) कलकत्ता (d) अमृतसर

47. बंगाल का विभाजन किस वर्ष रद्द कर दिया गया था?
(a) 1906 (b) 1909 (c) 1911 (d) 1913

48. मध्यकालीन भारत में 'जामदानी' बुनाई का सबसे महत्त्वपूर्ण केन्द्र कौन-सा था?
(a) ढाका, बंगाल (b) लाहौर, पंजाब
(c) मेरठ, संयुक्त प्रान्त (d) कोई विकल्प सही नहीं है

49. प्रार्थना समाज किस धर्म के अन्तर्गत एक सुधार आन्दोलन था?
(a) जैन धर्म (b) इस्लाम
(c) हिन्दू धर्म (d) बौद्ध धर्म

50. भारत की मुख्य भूमि के देशान्तर 68°7′ पूर्व तथा .... के बीच फैली हुई है।
(a) 68°7′ W (b) 37°6′ E
(c) 97°25′ E (d) 23°30′ W

51. भारत किस देश के साथ उत्तर में थल सीमा साझा नहीं करता है?
(a) चीन (b) नेपाल (c) भूटान (d) म्यांमार

52. तीस्ता तथा दिहांग नदियों के बीच स्थित हिमालय का हिस्सा, ... हिमालय के रूप में जाना जाता है।
(a) असम (b) कुमाऊँ
(c) पंजाब (d) कश्मीर तथा हिमाचल

53. उत्तरी भारत के पंजाब के मैदानों में .... का वर्चस्व है।
(a) दूनों (b) दर्रों
(c) दोआबों (d) ग्रेनाइट

54. किस भौतिक विशेषता के कारण भारत मध्य एशिया की तुलना में मृदु सर्दियों का अनुभव करता है?
(a) हिमालय पर्वत (b) प्रायद्वीपीय पठार
(c) उत्तरी मैदानों (d) तटीय मैदानों

55. बॉम्बे हाई अपनी .... धरोहर के लिए जाना जाता है
(a) कोयला (b) हीरा
(c) पेट्रोलियम (d) लोहा

56. एक विद्युत रूम हीटर की कुण्डली (कॉइल) को .... कहा जाता है?
(a) तन्तु (फिलामेण्ट) (b) पर्ण (फॉयल)
(c) एलीमेण्ट (d) स्प्रिंग

57. सारंगी (गिटार) के तार में किस प्रकार की तरंग उत्पन्न होती है?
(a) अनुदैर्ध्य (b) अनुप्रस्थ
(c) सतह (d) स्थिर

58. पारदर्शी वस्तु जिसके द्वारा हम वस्तु को ....
(a) बिल्कुल नहीं देख सकते हैं
(b) स्पष्ट रूप से देख सकते हैं
(c) देख सकते हैं, लेकिन बहुत स्पष्ट रूप से नहीं
(d) कोई विकल्प सही नहीं हैं

59. पेचिश तथा मलेरिया जैसी बीमारियाँ .... द्वारा होती हैं?
(a) विषाणु (b) जीवाणु
(c) एककोशी (प्रोटोजोआ) (d) कवक

60. ऑक्सीजन युक्त हवा को शरीर में लेने की प्रक्रिया .... कहलाती है
(a) प्रश्वसन (b) निःश्वसन (c) प्रवर्तन (d) अन्वेषण

61. सामान्यतः .... के ऑक्साइड प्रकृति में अम्लीय होते हैं।
(a) धातु (b) अधातु
(c) धातु तथा अधातु दोनों (d) न तो धातु न ही अधातु

62. वायुमण्डलीय ऑक्सीजन से सम्पर्क को रोकने के लिए फॉस्फोरस को, निम्नलिखित में से किसमें संग्रहित रखा जाता है?
(a) केरोसीन (b) पेट्रोलियम
(c) जल (d) अम्लराज (ऐक्वा रीजिया)

63. निम्नलिखित में से कौन अग्नि उत्पादन के लिए अनिवार्य आवश्यकताएँ हैं?
I. ईंधन II. वायु
III. गर्मी
(a) केवल I तथा III (b) केवल II तथा III
(c) केवल I तथा II (d) I, II तथा III

64. भौम जलस्तर के नीचे पाया जाने वाला जल .... कहलाता है।
(a) जलभृत (b) भूजल
(c) इन्फिल्ट्रेशन (d) नल का पानी

65. लम्बे पेड़ों की शाखाएँ जंगल में अन्य पौधों के ऊपर छत की तरह दिखाई देती हैं। इसे .... कहा जाता है।
(a) चन्दवा (कैनोपी) (b) ताज
(c) छाता (d) आवरण

66. प्रधानमन्त्री वय वन्दना योजना (पीएमवीवीवाई) को संचालित करने के लिए किस संस्था को एकमात्र विशेषाधिकार दिया गया है?
(a) भारतीय जीवन बीमा निगम (b) भारतीय साधारण बीमा निगम
(c) नेशनल बीमा कम्पनी लिमिटेड (d) ओरियण्टल बीमा कम्पनी लिमिटेड

67. किस राज्य सरकार ने "माझी कन्या भाग्यश्री" योजना के लिए संशोधित नीति को मंजूरी दे दी है?
(a) झारखण्ड (b) मध्य प्रदेश
(c) महाराष्ट्र (d) राजस्थान

68. किस मौलिक भौतिक मात्रा की एसआई इकाई को 2019 से प्लैंक स्थिरांक के निधि द्वारा निर्धारित नया माप मिलेगा?
(a) लम्बाई (b) समय
(c) द्रव्यमान (d) दीप्ति तीव्रता

69. 19 अक्टूबर, 2017 को किस अन्तरिक्ष एजेन्सी ने सीरीस बौना ग्रह पर डॉन अभियान के दूसरे विस्तार को मंजूरी दी हैं?
(a) स्पेस एक्स (b) नासा
(c) इसरो (d) सीएनएसए

70. किस भार वर्ग (किग्रा में) में एस सी मैरी कॉम में एशियाई मुक्केबाजी चैम्पियनशिप 2017 का स्वर्ण पदक जीता है?
(a) 56 (b) 52
(c) 48 (d) 45

71. 2017 बेल्जियम फॉर्मूला 1 ग्राण्ड प्रिक्स के विजेता कौन हैं?
(a) लुइस हैमिल्टन (b) निको रोसबर्ग
(c) सेबेस्टियन वेट्टल (d) किमी राइकोनेन

72. सितम्बर, 2017 में, भारत अपने किस पड़ोसी देश में एक महिला पुलिस प्रशिक्षण केन्द्र की सुधार में मदद करेगा?
(a) बांग्लादेश (b) भूटान
(c) म्यांमार (d) श्रीलंका

73. भारत ने अपने किस पड़ोसी देश को सुरक्षा नाम का एक प्रतिभाशाली अपतटीय गश्ती पोत भेंट किया है?
(a) मालदीव (b) बांग्लादेश
(c) म्यांमार (d) श्रीलंका

74. पूर्व केन्द्रीय मन्त्री अश्विनी कुमार को किस देश की शाही सजावट 'ऑर्डर ऑफ द राइजिंग सन' से सम्मानित किया गया था?
(a) मलेशिया (b) अफगानिस्तान
(c) जापान (d) रूस

75. डाटा लिटरेचर लाइफटाइम अचीवमेण्ट अवार्ड 2017 से किसे सम्मानित किया गया है?

(a) किरण नागरकर (b) गिरीश कर्नाड
(c) अमित चौधरी (d) नमिता गोखले

76. सार्वजनिक ऋण रजिस्ट्री पर 23 अक्टूबर, 2017 को भारतीय रिजर्व बैंक द्वारा स्थापित टास्क फोर्स के प्रमुख कौन हैं?

(a) शरद शर्मा (b) राकेश शाह
(c) वाई एम देवस्थली (d) विशाख मुल्ये

77. 2018 तक 6% विकास दर के साथ भारत कौन-से देश को एशिया के सबसे तेजी से बढ़ते तेल बाजार के रूप में पीछे छोड़ देगा?

(a) जापान (b) चीन
(c) इण्डोनेशिया (d) सिंगापुर

78. भारत-दक्षिण अफ्रीका रणनीति साझेदारी के वर्षगाँठ के दौरान 7 अक्टूबर, 2017 को डरबन में ग्रास रूट इनोवेशन पर गाँधी मण्डेला कार्यक्रम का प्रस्ताव दिया गया था

(a) 10th (b) 15th
(c) 20th (d) 25th

79. 12 सितम्बर, 2017 को केन्द्रीय मन्त्रिमण्डल ने ....के क्षेत्र में सहयोग पर भारत तथा आर्मेनिया के बीच समझौता ज्ञापन के लिए अपनी मंजूरी दी?

(a) आपदा प्रबन्धन (b) विज्ञान तथा तकनीक
(c) पर्यावरण प्रदूषण (d) संस्कृति

80. किन दो स्थानों के मध्य हिमाचल प्रदेश सरकार ने अपने आप में पहली विद्युत बस सेवा शुरू की है?

(a) कुल्लू मनाली तथा रोहतांग पास (b) पठानकोट तथा मण्डी
(c) मुबारकपुर तथा हमीरपुर (d) शिमला तथा नदौन

81. सितम्बर, 2017 में, तटीय कटाव के कारण लक्षद्वीप का कौन-सा जैव विविधता समृद्ध निर्जन द्वीप समूह लुप्त हो गया हैं?

(a) बंगाराम (b) थिनलकला
(c) एटोल (d) पराला

82. कर्नाटक के उल्लेखनीय संगीतकार डॉ. एम एस सुब्बुलक्ष्मी के 101वें जन्म समारोह पर किस मूल्य के सिक्के जारी किए गए थे?

(a) ₹ 70 तथा ₹ 50 (b) ₹ 100 तथा ₹ 10
(c) ₹ 150 तथा ₹ 200 (d) ₹ 125 तथा ₹ 175

83. 15 नवम्बर, 2017 को वित्तीय स्थिरता सलाहकार बोर्ड अन्तर्राष्ट्रीय समाशोधन बैंक के लिए किसे नियुक्त किया गया है?

(a) उर्जिल पटेल (b) राकेश मोहन
(c) नितिन देसाई (d) अमित मित्रा

84. अक्टूबर, 2017 में स्पेन के किस क्षेत्र के स्वराज्य को निलम्बित कर दिया गया था, क्योंकि क्षेत्र के नेता ने स्वतन्त्रता घोषित करने की धमकी दी थी?

(a) कैटालोनिया (b) गैलिसिया
(c) आरागॉन (d) कैंटाब्रिया

85. पाँचवाँ भारत श्रीलंका संयुक्त प्रशिक्षण अभ्यास मित्र शक्ति, 2017 हाल ही में किस शहर में आयोजित किया गया था?

(a) जालन्धर (b) पुणे
(c) कोचीन (d) वाराणसी

86. यदि x तथा y सम संख्याएँ हैं तो निम्नलिखित में से कौन-सी एक विषम संख्या है?

(a) $xy+1$ (b) $x+y+xy$
(c) $x+y+2$ (d) $3x+y$

87. प्रथम 100 पूर्ण संख्याओं में अंक 1 कितनी बार आता हैं?

(a) 18 (b) 19 (c) 20 (d) 21

88. $(0.7)^2 + (0.07)^2$ का मान क्या है?

(a) 49.49 (b) 4.949
(c) 0.4949 (d) 0.049

89. 2000 के कितने धनात्मक गुणनखण्ड हैं?

(a) 12 (b) 18 (c) 24 (d) 20

90. $\dfrac{(27)^3+(23)^3}{(27)^2-27\times 23+(23)^2}$ का मान क्या है?

(a) 50 (b) 4 (c) 30 (d) 10

91. यदि P की आय का 40%, Q की आय के 75% के बराबर है, तो Q की आय, P की आय का कितना प्रतिशत है?

(a) 61 (b) 53.33
(c) 45 (d) 48

92. A तथा B के पास $9:5$ के अनुपात में राशि हैं। यदि A, B को ₹ 10 देता हैं, तो राशि का अनुपात $1:1$ हो जायेगा। आरम्भ में, उनके पास क्रमशः कितनी राशि (₹ में) थी?

(a) 45, 25 (b) 35, 25
(c) 60, 50 (d) 70, 45

93. 43, 21, 68, 97, 39 तथा x का औसत 52 है। x का मान क्या है?

(a) 38 (b) 44
(c) 46 (d) 36

94. एक विक्रेता ने एक बैंक में कुछ राशि जमा कराई। पहले 3 वर्षों के लिए ब्याज दर 6% प्रतिवर्ष हैं, अगले 3 वर्षों के लिए ब्याज दर 3% प्रति वर्ष है तथा 6 वर्ष की अवधि के पश्चात ब्याज दर 10% प्रतिवर्ष है। 9 वर्ष के अन्त में, विक्रेता को ₹ 1650 साधारण ब्याज के रूप में प्राप्त होते हैं। उसने कितनी राशि (₹ में) जमा कराई थी?

(a) 3000 (b) 3200
(c) 2200 (d) 2460

95. चीनी के मूल्य में 20% की वृद्धि होने के कारण, एक व्यक्ति ₹120 में 3 किग्रा कम खरीद पाता हैं चीनी का बड़ा हुआ मूल्य (₹ में) क्या है?

(a) 6.66 (b) 8 (c) 10 (d) 12

96. यदि एक व्यापारी वस्तुओं के मूल्य को उनके क्रय मूल्य से 60% अधिक अंकित करता है। तथा 30% की छूट देता है, तो उसका लाभ प्रतिशत क्या है?

(a) 12 (b) 15 (c) 10 (d) 20

97. एक त्रिभुज का परिमाप 40 सेमी हैं एक भुजा 11 सेमी हैं। तथा दूसरी भुजाओं का अन्तर 3 सेमी हैं। त्रिभुज का क्षेत्रफल (सेमी^{2}) क्या है?

(a) $15\sqrt{7}$ (b) $12\sqrt{35}$
(c) $17\sqrt{5}$ (d) $6\sqrt{31}$

98. दो रेलगाड़ियाँ P तथा Q स्टेशन X तथा Y से एक-दूसरे की तरफ चलना प्रारम्भ करती हैं। रेलगाड़ियाँ मिलने के पश्चात Y तथा X स्टेशनों तक पहुँचने में क्रमश: 5 घण्टे तथा 4 घण्टे 3 मिनट का समय लेती है। यदि रेलगाड़ी P की गति 54 किमी/घण्टा हैं, तो रेलगाड़ी Q की गति (कि.मी/घण्टा में) क्या है?

(a) 60 (b) 45
(c) 64 (d) 48

99. दो लड़कों की वर्तमान आयु का अनुपात 5 : 7 हैं। 4 वर्ष पश्चात् यह अनुपात 7 : 9 हो जाएगा। वर्तमान से 14 वर्ष पश्चात् उनकी आयु का अनुपात क्या होगा?

(a) 6 : 9 (b) 5 : 8 (c) 7 : 8 (d) 6 : 7

100. C, D तथा E मिलकर एक कार्य को 12 दिन में पूरा कर सकते हैं। C की क्षमता D की दोगुनी है तथा E की क्षमता D की तिगुनी हैं। E अकेला उस कार्य को करने में कितने दिन लेगा?

(a) 24 (b) 48 (c) 36 (d) 4

उत्तरमाला

1. (a)	**2.** (a)	**3.** (d)	**4.** (d)	**5.** (b)	**6.** (d)	**7.** (c)	**8.** (b)	**9.** (b)	**10.** (d)
11. (b)	**12.** (b)	**13.** (b)	**14.** (a)	**15.** (a)	**16.** (d)	**17.** (a)	**18.** (a)	**19.** (b)	**20.** (d)
21. (b)	**22.** (b)	**23.** (d)	**24.** (a)	**25.** (d)	**26.** (b)	**27.** (c)	**28.** (d)	**29.** (a)	**30.** (c)
31. (a)	**32.** (c)	**33.** (b)	**34.** (c)	**35.** (c)	**36.** (c)	**37.** (a)	**38.** (c)	**39.** (d)	**40.** (d)
41. (b)	**42.** (b)	**43.** (d)	**44.** (d)	**45.** (c)	**46.** (d)	**47.** (c)	**48.** (a)	**49.** (c)	**50.** (c)
51. (d)	**52.** (a)	**53.** (c)	**54.** (a)	**55.** (c)	**56.** (c)	**57.** (b)	**58.** (b)	**59.** (c)	**60.** (a)
61. (b)	**62.** (c)	**63.** (d)	**64.** (b)	**65.** (a)	**66.** (a)	**67.** (c)	**68.** (c)	**69.** (b)	**70.** (c)
71. (a)	**72.** (c)	**73.** (d)	**74.** (c)	**75.** (b)	**76.** (c)	**77.** (b)	**78.** (c)	**79.** (a)	**80.** (a)
81. (d)	**82.** (b)	**83.** (a)	**84.** (a)	**85.** (b)	**86.** (a)	**87.** (d)	**88.** (c)	**89.** (d)	**90.** (a)
91. (b)	**92.** (a)	**93.** (b)	**94.** (c)	**95.** (b)	**96.** (a)	**97.** (b)	**98.** (a)	**99.** (d)	**100.** (a)

संकेत एवं हल

1. *(a)* जिस प्रकार शुतुरमुर्ग एक पक्षी है, उसी प्रकार मगरमच्छ सरीसृप (रेंगने वाला) जन्तु है।

2. *(a)* जिस प्रकार,

N O T E
+3 −3 +3 −3
Q L W B

उसी प्रकार, H E A P
+3 −3 +3 −3
K B D M

3. *(d)* जिस प्रकार, $5 \times 9 = 45$

उसी प्रकार, $12 \times 9 = \boxed{108}$

4. *(d)* खाना के अतिरिक्त अन्य सभी खाना खाने के लिए प्रयुक्त होने वाली वस्तुएँ हैं।

5. *(b)*

G N U B (+7 +7 +7) , D K R A (+7 +7 +9)

A H O V (+7 +7 +7) , F M T A (+7 +7 +7)

उपरोक्त से स्पष्ट है कि DKRA अन्य सभी से भिन्न है।

6. *(d)* जिस प्रकार, $9 \times (9-1) = 9 \times 8 = 72$

$12 \times (12-1) = 12 \times 11 = 132$

$10 \times (10-1) = 10 \times 9 = 90$

परन्तु $5 \times (5-1) = 5 \times 4 = 20 \neq 30$

7. *(c)* जिस प्रकार,

$6^3 + 2 = 216 + 2 = 218$

$5^3 + 2 = 125 + 2 = 127$

$4^3 + 2 = 64 + 2 = 66$

परन्तु $3^3 + 2 = 27 + 2 = 29 \neq 27$

8. *(b)*

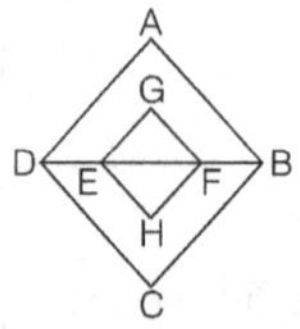

त्रिभुज है– ΔABD, ΔBCD, ΔGFE, ΔFHE

अत: कुल 4 त्रिभुज हैं।

9. *(b)* दी गई आकृति में, सबसे छोटे समान्तर चतुर्भुज $= 4 \times 3 = 12$

दो छोटे समान्तर चतुर्भुज मिलाकर बने समान्तर चतुर्भुज $= 3 \times 3 + 2 \times 4 = 17$

तीन छोटे समान्तर चतुर्भुज मिलाकर बने समान्तर चतुर्भुज $= 2 \times 3 + 1 \times 4 = 10$

चार छोटे समान्तर चतुर्भुज मिलाकर बने समान्तर चतुर्भुज $= 6 + 3 = 9$

6 छोटे समान्तर चतुर्भुज मिलाकर बने समान्तर चतुर्भुज $= 4 + 3 = 7$

8 छोटे समान्तर चतुर्भुज मिलाकर बने समान्तर चतुर्भुज $= 2$

9 छोटे समान्तर चतुर्भुज मिलाकर बने समान्तर चतुर्भुज $= 2$

सबसे बड़ा समान्तर चतुर्भुज $= 1$

$\therefore$ कुल समान्तर चतुर्भुज

$= 12 + 17 + 10 + 9 + 7 + 2 + 2 + 1 = 60$

10. *(d)* दी गई आकृति में कुल 10 सतहें हैं।

11. *(b)*

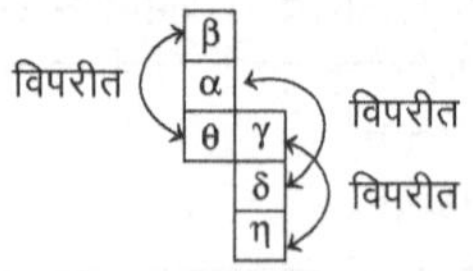

अत: α के विपरीत फलक पर δ होगा।

12. *(b)* दी गई प्रश्न आकृति उत्तर आकृति (b) में निहित है।

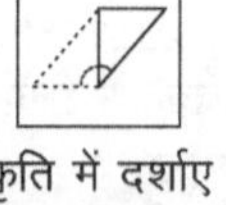

13. *(b)* प्रश्न आकृति में दर्शाए अनुसार कागज को मोड़कर छेदने तथा खोलने के बाद उत्तर आकृति (b) के समान दिखाई देगा।

14. *(a)* दी गई आकृति की सही दर्पण प्रतिबिम्ब उत्तर आकृति (a) है।

15. *(a)* जिस प्रकार, $1 \times 3 \times 7 + 5 = 26$

$2 \times 4 \times 3 + 8 = 32$

उसी प्रकार, $2 \times 9 \times 3 + 5 = \boxed{59}$

16. *(d)* RESPIRATION शब्द के अक्षरों का प्रयोग करके शब्द RIDER नहीं बनाया जा सकता है क्योंकि दिए गए शब्द में अक्षर D नहीं है।

17. *(a)* गेंद, बल्ला व दस्तानें तीनों भिन्न-भिन्न हैं।

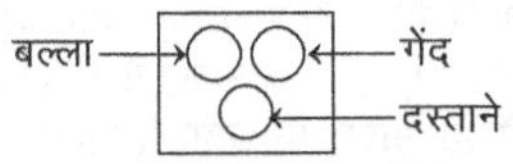

18. *(a)* दी गई आकृति में 97 कप नीले हैं परन्तु बोतल नहीं हैं।

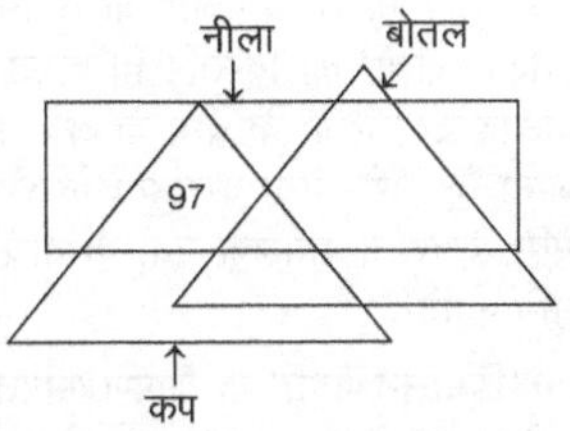

19. *(b)* कथनानुसार,

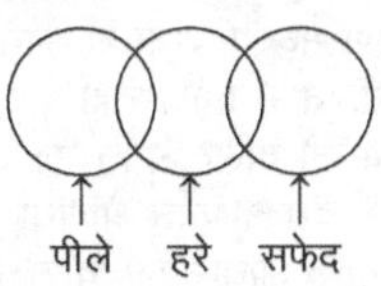

निष्कर्ष I. (✗) II. (✓)

अतः केवल निष्कर्ष II सही है।

20. *(d)* कथनानुसार,

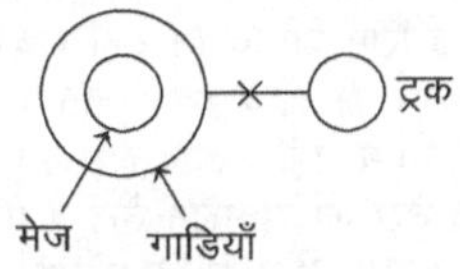

निष्कर्ष I. (✗) II. (✗)

अतः न तो निष्कर्ष I और न ही निष्कर्ष II सही है।

21. *(b)* प्रश्नानुसार,

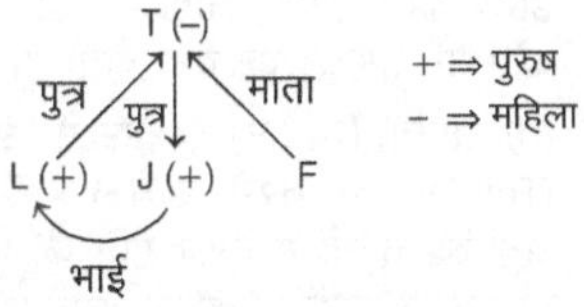

अतः L, J का भाई है।

22. *(b)* प्रश्नानुसार,

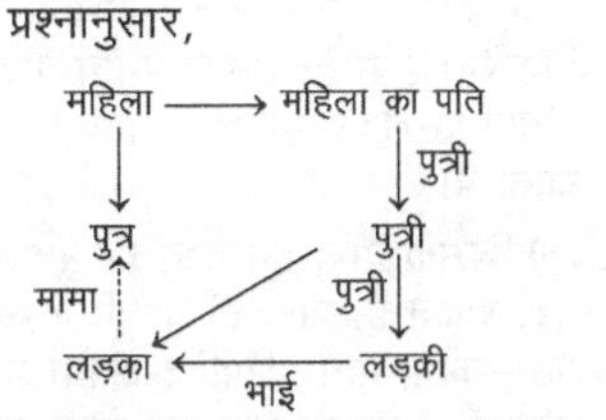

अतः महिला का पुत्र उस लड़के का मामा है।

23. *(d)* प्रश्नानुसार, $P = Q \times \frac{200}{100} = 2Q$

$$R = Q \times \frac{400}{100} = 4Q$$

$$\therefore \text{अभीष्ट प्रतिशत} = \frac{4Q - 2Q}{2Q} \times 100$$

$$= \frac{2}{2} \times 100 = 100\%$$

24. *(a)* माना मोहन की आयु $= 3x$

राम की आयु $= 5x$

प्रश्नानुसार, $5x - 3x = 12$

$$x = \frac{12}{2} = 6$$

अतः राम की आयु $= 5x = 5 \times 6$

$= 30$ वर्ष

25. *(d)* आकृति (d) के अतिरिक्त अन्य किसी भी आकृतियों में अन्तर व बाहर वाली आकृतियाँ समान हैं।

26. *(b)* आकृति (b) के अतिरिक्त अन्य सभी में बाहर दी गई छोटी U आकार की आकृति एकान्तर क्रम में बन्द व खुली है। लेकिन आकृति में 4 बन्द आकृति हैं।

27. *(c)* आकृति (c) के अतिरिक्त अन्य सभी समान है और एक-दूसरे को घुमाकर प्राप्त की जा सकती है। आकृति (c) में शीर्ष पर छोटी वक्र रेखा नहीं दी गई है।

28. *(d)* दी गई श्रृंखला है

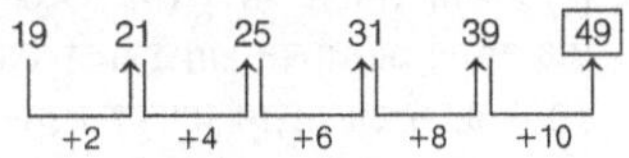

29. *(a)* दी गई श्रृंखला है

$$11 + 9 = 20$$
$$9 + 20 = 29$$
$$20 + 29 = 49$$
$$29 + 49 = \boxed{78}$$

30. *(c)* दी गई आकृति श्रृंखला के प्रत्येक पद में पिन आकृति दक्षिणावर्त दिशा में आधी भुजा के बराबर आगे बढ़ जाती है और छोटी वर्गाकार आकृति दक्षिणावर्त दिशा में एक भुजा के बराबर आगे बढ़ जाती है। इसके अतिरिक्त पिन आकृति अपने स्थान पर 135° वामावर्त घूमती है। अतः इस प्रकार प्रश्न चिह्न के स्थान पर उत्तर आकृति (c) आएगी।

31. *(a)* दी गई आकृति श्रृंखला में क्रमशः एक बार क्षैतिज रेखा और एक बार ऊर्ध्वाधर रेखा ठीक मध्य में है।

अतः श्रृंखला में प्रश्न चिह्न के स्थान पर उत्तर आकृति (a) आएगी।

32. *(c)* दी गई आकृति श्रृंखला के प्रत्येक अगले पद में तीर की दिशा विपरीत हो जाती है। तथा पिन का वृत्त क्रमशः ऊपर से नीचे और नीचे से ऊपर खिसकता है। इस प्रकार श्रृंखला में प्रश्न चिह्न के स्थान पर उत्तर आकृति (c) आएगी।

33. *(b)* जिस प्रकार,

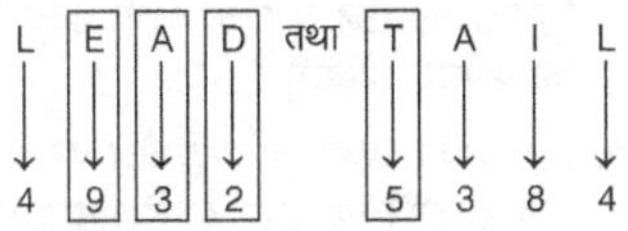

उसी प्रकार,

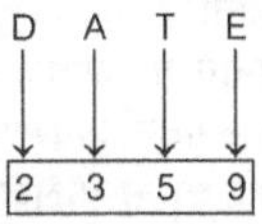

34. *(c)* जिस प्रकार,

6 21 5 12
FUEL $\Rightarrow (6 + 21 + 5 + 12) + 4 = 48$

12 1 14 4
LAND $\Rightarrow (12 + 1 + 14 + 4) + 4 = 35$

उसी प्रकार,

20 15 18 14
TORN $\Rightarrow (20 + 15 + 18 + 14) + 4 = 71$

35. *(c)* जिस प्रकार,

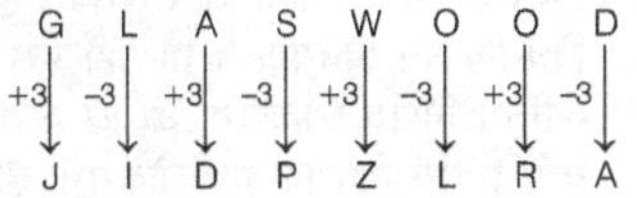

उसी प्रकार,

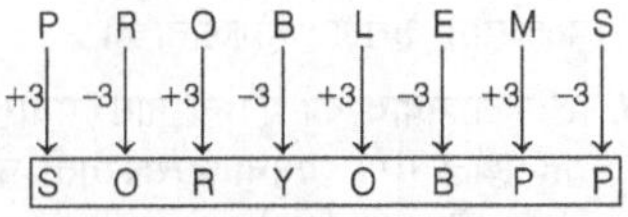

36. *(c)* अर्थशास्त्र में स्थिर ऊपरी लागत का अर्थ 'उत्पादन (आउटपुट) के साथ न बदलने वाली लागत से है।' अर्थात् उत्पादन के कम या अधिक होने पर भी लागत घटती-बढ़ती नहीं है। इसे निश्चित लागत या अवधि लागत भी कहा जाता है; जैसे–प्रशासनिक खर्च, स्टाफ का वेतन आदि।

37. *(a)* भारत की 'हरित क्रान्ति' एक नाटकीय उदाहरण है कि कैसे बेहतर उत्पादन प्रौद्योगिकियों के रूप में अधिकारों से अधिक-से-अधिक ज्ञान का निवेश दुर्लभ भूमि संसाधनों की उत्पादकता में तेजी से वृद्धि कर सकता है। भारत में हरित क्रान्ति की शुरुआत वर्ष 1966-67 में डॉ. एम. एस. स्वामीनाथन द्वारा की गई थी।

38. *(c)* 'महिलाओं द्वारा किए गए घरेलू कार्यों' को राष्ट्रीय आय की गणना में शामिल नहीं किया जाता है, जबकि कृषि उत्पादन बेचना, शिक्षा संस्थाओं का कार्यचालन तथा सूचना प्रौद्योगिकी उद्योग का क्रियान्वयन को राष्ट्रीय आय में शामिल किया जाता है। राष्ट्रीय आय से तात्पर्य किसी देश में एक वर्ष की अवधि में उत्पादित सभी वस्तुओं व सेवाओं के मौद्रिक मूल्य के योग से है, जिसे ह्रास घटाकर व विदेशी लाभ जोड़कर निकाला जाता है। वर्तमान में भारत सरकार के केन्द्रीय सांख्यिकी संगठन (CSO) द्वारा राष्ट्रीय आय की गणना की जाती है।

39. *(d)* उचित मूल्य की दुकानें खाद्यान्न, चीनी, मिट्टी का तेल व अन्य सभी खाद्य-वस्तुओं का भण्डार रखती हैं।

40. *(d)* 'राज्य' एक निश्चित क्षेत्र पर कब्जा वाला एक राजनीतिक संघ है, जिसमें एक संगठित सरकार होती है, जो आन्तरिक व विदेशी नीतियाँ बनाने का अधिकार रखती है। राज्य सरकार का गठन व्यवस्थापिका, कार्यपालिका व न्यायपालिका से मिलकर होता है। वर्तमान में भारत में 28 राज्य तथा 9 केन्द्रशासित प्रदेश हैं।

41. *(b)* 'रिगिंग' या हेराफेरी एक ऐसा कदाचार है, जिसके द्वारा कोई भी राजनैतिक दल या उम्मीदवार अपनी वोट को बढ़ाने के लिए आसक्त होता है।

42. *(b)* भारतीय संविधान का 'अनुच्छेद-110' धन विधेयक की परिभाषा से सम्बन्धित है। कोई विधेयक धन विधेयक है या नहीं इस बात का अन्तिम निर्णय लोकसभा अध्यक्ष करता है, क्योंकि धन विधेयक पर लोकसभा ही प्रभावशाली होती है। राज्यसभा में यह केवल पास होने के लिए ही जाता है।

44. *(d)* इलाहाबाद का पुराना नाम 'प्रयाग' था। यह स्थल गंगा, यमुना व सरस्वती नदी के संगम और उत्तर प्रदेश के पूर्वी भाग में स्थित है तथा हिन्दुओं का पवित्र तीर्थस्थल के रूप में भी प्रसिद्ध है। यहाँ प्रत्येक 12 वर्ष में कुम्भ मेले का तथा 6 वर्षों में अर्द्धकुम्भ मेले का आयोजन किया जाता है, जिसमें अनेकों श्रद्धालु त्रिवेणी संगम में डुबकी लगाने आते हैं। इस कारण इसे 'कुम्भनगरी' भी कहा जाता है। 15वीं सदी में मुगल सम्राट अकबर ने इस शहर का नाम प्रयाग से बदलकर इलाहाबाद कर दिया था। वर्तमान में इसका नाम बदलकर फिर से प्रयागराज (वर्ष 2018 से) कर दिया गया है।

45. *(c)* तुगलक वंश के शासक सुल्तान मुहम्मद बिन तुगलक द्वारा 'टोकन मुद्रा' चलाई गई थी, जो कागजी मुद्रा की तरह दिखती थी, इसे सांकेतिक मुद्रा भी कहा जाता था। आधुनिक सिक्के व बैंक नोट इसी सांकेतिक मुद्रा के उदाहरण हैं। मुहम्मद बिन तुगलक (1325-1351 ई.) अपनी विवादास्पद निर्णयों के लिए प्रसिद्ध था उसने अपनी राजधानी दिल्ली से देवगिरि स्थानान्तरित की तथा उसका नाम 'दौलताबाद' रखा।

46. *(d)* जलियाँवाला बाग नरसंहार 13 अप्रैल, 1919 को पंजाब के अमृतसर शहर में हुआ था। अमृतसर के जलियाँवाला बाग में आयोजित एक जनसभा पर जनरल आर. डायर द्वारा गोलियाँ चलवाई गईं। इस हत्याकाण्ड में 1000 से ज्यादा लोग मारे गए। इस हत्याकाण्ड के विरोध में गाँधी जी द्वारा 'केसर ए हिन्द' की उपाधि तथा रवीन्द्रनाथ टैगोर द्वारा 'नाइटहुड' की उपाधि त्याग दी गई।

47. *(c)* बंगाल का विभाजन ब्रिटेन के सम्राट जॉर्ज-V की भारत यात्रा के दौरान वर्ष 1911 में दिल्ली दरबार के आयोजन के दौरान रद्द किया गया। इसी समय भारत की राजधानी कलकत्ता से दिल्ली स्थानान्तरित करने की घोषणा की गई तथा वर्ष 1912 में दिल्ली भारत की राजधानी बनी।
बंगाल विभाजन लॉर्ड कर्जन के समय 16 अक्टूबर, 1905 को लागू किया गया था।

48. *(a)* मध्यकालीन भारत में 'जामदानी बुनाई' का सबसे महत्त्वपूर्ण केन्द्र ढाका (बंगाल) था। जामदानी मलमल के वस्त्रों पर की गई बुनाई है, जिसकी रूपाकृतियों में फारसी कला के तत्त्वों का समावेश है। अवध के नवाबों के शासनकाल में यह कला अपने चरमोत्कर्ष पर थी। वर्तमान में बांग्लादेश के नारायणगंज जिले में जामदानी का उत्पादन होता है। 'जामदानी बुनाई' की कला को यूनेस्को द्वारा अमूर्त सांस्कृतिक विरासत घोषित किया गया है।

49. *(c)* प्रार्थना समाज 'हिन्दू धर्म' के अन्तर्गत एक सुधार आन्दोलन था। इसकी स्थापना 1867 ई. में आत्माराम पाण्डुरंग द्वारा की गई थी। प्रार्थना समाज का उद्देश्य जाति प्रथा का विरोध, स्त्री-पुरुष विवाह की आयु में वृद्धि, विधवा विवाह तथा स्त्री शिक्षा को प्रोत्साहन देना था। केशव चन्द्र सेन, महादेव गोविन्द राणाडे तथा आर.जी. भण्डारकर इसके प्रमुख नेता थे।

50. *(c)* भारत की मुख्य भूमि 68°7′ से 97°25′ पूर्वी देशान्तर के मध्य स्थित है। इसके अलावा भारत का उत्तरी अक्षांशीय विस्तार 8°4′ से 37°6′ उत्तरी अक्षांश तक है। अर्थात् भारत उत्तरी-पूर्वी गोलार्द्ध में स्थित है। भारत का कुल क्षेत्रफल 32,87,263 वर्ग किमी है, जो विश्व के कुल क्षेत्रफल का 2.42% है।

51. *(d)* भारत म्यांमार के साथ उत्तर में थल सीमा साझा नहीं करता है। जबकि चीन, नेपाल व भूटान देश भारत की उत्तरी थल सीमा साझा करते हैं। भारत की पूर्वी सीमा पर स्थित अरुणाचल प्रदेश म्यांमार से सीमा साझा करता है। इस राज्य की सीमा पूर्व में म्यांमार से पश्चिम में भूटान से तथा उत्तर में चीन से मिलती है।

52. *(a)* तीस्ता व दिहांग नदियों के बीच स्थित हिमालय का हिस्सा 'असम' हिमालय के नाम से जाना जाता है। असम हिमालय का विस्तार भूटान की पूर्वी सीमा से पूर्व में त्संगपो नदी तक विस्तृत है। हिमालय के इस हिस्से का सर्वोच्च पर्वत नाम चाबरवा (7782 मी) है, जो अरुणाचल प्रदेश में है। अन्य महत्त्वपूर्ण चोटियाँ कांगड़ी (7538 मी) तथा जोमोलहरी (7326 मी) आदि हैं। भारत में असम हिमालय का विस्तार सिक्किम, असम व अरुणाचल प्रदेश राज्यों में है।

53. *(c)* उत्तरी भारत के पंजाब के मैदानों में 'दोआब क्षेत्रों' का विस्तार है। वास्तव में दोआब दो नदियों के बीच के क्षेत्र को कहा जाता है; जैसे–गंगा व यमुना के बीच की भूमि, व्यास व सतलज नदी के बीच की भूमि आदि।

54. *(a)* 'हिमालय पर्वत' के कारण भारत मध्य एशिया की तुलना में मृदु सर्दियों का अनुभव करता है। हिमालय पर्वत की अधिक ऊँचाई के कारण मध्य एशिया से आने वाली सर्द हवाएँ भारत में प्रवेश नहीं कर पाती हैं। हिमालय जो वलित पर्वत का उदाहरण है भारत में इसकी पर्वत श्रेणियों को प्रादेशिक विभाजन के आधार पर चार भागों– पंजाब हिमालय, कुमाऊँ हिमालय, नेपाल हिमालय, असम हिमालय में बाँटा गया है।

55. *(c)* बॉम्बे हाई भारत के पश्चिमी तट पर एक अपतटीय तेल क्षेत्र है, जो पेट्रोलियम (कच्चे तेल) के लिए प्रसिद्ध है। यहाँ कच्चे तेल या पेट्रोलियम की खोज वर्ष 1965 में हुई तथा वर्ष 1974 में यहाँ उत्पादन शुरू हुआ। इस क्षेत्र में तेल का संचालन तेल व प्राकृतिक गैस निगम (ONGC) द्वारा किया जाता है।

56. *(c)* एक विद्युत रूम हीटर की कुण्डली को एलीमेण्ट (Element) कहा जाता है। रूम हीटर का प्रयोग किसी कमरे या छोटे क्षेत्र को गर्म करने के लिए किया जाता है। रूम हीटर का एलीमेण्ट नाइक्रोम (80%) व क्रोमियम (20%) का बना होता है।

57. *(b)* सारंगी (गिटार) के तार में 'अनुप्रस्थ (Transverse) तरंगें' उत्पन्न होती हैं। अनुप्रस्थ तरंगों में तरंग गति की दिशा माध्यम के कणों के कम्पन करने की दिशा के लम्बवत् होती है। गिटार एक प्रचलित वाद्य यन्त्र है, जो मूलत: सितार वाद्य यन्त्र से ही विकसित हुआ है। इसका प्रयोग पाश्चात्य संगीत से लेकर हर तरह के संगीत में किया जाता है।

58. *(b)* जिसके द्वारा हम वस्तु को स्पष्ट रूप से देख सकते हैं, पारदर्शी वस्तुएँ कहलाती हैं; जैसे–काँच, पानी, स्पिरिट आदि। पारदर्शी वस्तुओं से प्रकाश आर-पार गुजर सकता है।

59. *(c)* पेचिश या अतिसार एवं मलेरिया जैसी बीमारियाँ एक-कोशीय या प्रोटोजोआ के कारण होती हैं। प्रोटोजोआ को जन्तु जगत में प्रोटिस्टा जगत में रखा गया है। पेचिश से सर्वाधिक प्रभावित अंग आँत्र होता है।

यह रोग *एन्ट अमीबा हिस्टोलिटिका* नामक प्रोटोजोआ के कारण होता है। इस रोग के प्रमुख लक्षण रक्त के साथ दस्तों का आना है, जबकि मलेरिया रोग *प्लाज्मोडियम* नामक प्रोटोजोआ के कारण होता है। इस रोग का प्रमुख वाहक मादा *एनाफिलीज* मच्छर है। इस रोग के प्रमुख लक्षण शरीर में कमजोरी आना व सर्दी के साथ बुखार आना आदि है। मलेरिया रोग से सर्वाधिक प्रभावित अंग आर.बी.सी. होता है।

60. *(a)* ऑक्सीजन युक्त हवा को शरीर में लेने की प्रक्रिया 'प्रश्वसन' कहलाती है। शरीर द्वारा अन्दर ली गई वायु में ऑक्सीजन की मात्रा 21%, नाइट्रोजन की मात्रा 78.09% तथा शेष मात्रा कार्बन डाइ- ऑक्साइड 0.03% की होती है।

61. *(b)* सामान्यत: अधातु के ऑक्साइड अम्लीय प्रकृति के होते हैं। अधातुएँ सामान्यत: विद्युत व ऊष्मा की कुचालक होती हैं (अपवाद-ग्रेफाइट)। आधुनिक आवर्त सारणी के अनुसार 22 तत्त्वों को अधात्वीय श्रेणी में रखा गया है, जिसमें 10 ठोस, 11 गैसें तथा 1 द्रव अवस्था में है।

62. *(c)* वायुमण्डलीय ऑक्सीजन से सम्पर्क को रोकने के लिए फॉस्फोरस (P) को जल में संग्रहित किया जाता है। यह एक अधातु है जो प्राणी व वनस्पति पदार्थों के लिए अत्यन्त आवश्यक अवयव है। यह मानव शरीर में हड्डियों में तथा डी.एन.ए. में उपस्थित रहता है। फॉस्फोरस अपरूपता प्रदर्शित करता है; जैसे–श्वेत फॉस्फोरस, लाल फॉस्फोरस व काला फॉस्फोरस इसके अवरूप हैं।

63. *(d)* ईंधन, वायु व गर्मी या उचित तापमान आग या अग्नि उत्पादन के लिए अनिवार्य आवश्यक तत्त्व हैं। इनके बिना आग जलाना सम्भव नहीं है।

64. *(b)* भौम जलस्तर के नीचे पाया जाने वाला जल 'भूजल' कहलाता है। भूजल वास्तव में मीठे पानी के स्रोत के रूप में प्राकृतिक संसाधन है। यह मृदा जल से अलग होता है; जैसे–कुओं व नलकूपों द्वारा निकला जल। सामान्यत: भूजल केवल द्रवीय अवस्था में ही पाया जाता है, लेकिन कुछ विशिष्ट जलवायवीय क्षेत्रों में यह बर्फ के रूप में भी पाया जाता है, जिसे 'पर्माफ्रास्ट' कहते हैं।

65. *(a)* जंगल में लम्बे पेड़ों की शाखाएँ जब अन्य पौधों के ऊपर छत की तरह दिखाई देती हैं तो इसे 'चन्दवा' या कैनोपी कहा जाता है। इन कैनोपिओं में अनेक प्रकार के पक्षी, मच्छरों तथा अन्य जीव-जन्तुओं का निवास स्थान होता है। अधिकतर कैनोपियाँ वर्षा वनों में पाई जाती हैं।

66. *(a)* 'प्रधानमन्त्री वय वन्दना योजना (पीएमवीवीवाई)' को संचालित करने के लिए भारतीय जीवन बीमा निगम (LIC) को विशेषाधिकार दिया गया है। यह एक वरिष्ठ नागरिकों (60 वर्ष से ऊपर) के लिए पेंशन योजना है। इस योजना की शुरुआत 4 मई, 2017 को की गई थी। इस योजना में वरिष्ठ नागरिकों के लिए निवेश की अधिकतम सीमा ₹ 15 लाख है।

67. *(c)* महाराष्ट्र राज्य सरकार ने 'मांझी कन्या भाग्यश्री' योजना के लिए संशोधित नीति को मंजूरी दी है। इस योजना का आरम्भ 1 अप्रैल, 2016 को किया गया है। इस योजना का उद्देश्य राज्य में लड़कियों के अनुपात में सुधार करना तथा महिला शिक्षा को बढ़ावा देना है।

इस योजना के अन्तर्गत राज्य के जो माता-पिता एक लड़की के जन्म के बाद 1 वर्ष के भीतर नसबन्दी करवाते हैं, तो सरकार द्वारा उनके अकाउण्ट में ₹ 50,000 की धनराशि जमा की जाएगी। संशोधित नीति के अनुसार इस योजना के लाभ के लिए परिवार की वार्षिक आय ₹ 7.5 लाख से कम होनी चाहिए।

68. *(c)* वर्ष 2019 से प्लैंक स्थिरांक की भौतिक इकाई 'द्रव्यमान' के रूप में मापी जाएगी। जर्मन वैज्ञानिक मैक्स प्लांक द्वारा किसी पिण्ड के उत्सर्जित व अवशोषित ऊर्जा के मात्रात्मक सम्बन्धों को बताया गया है। प्लैंक स्थिरांक एक भौतिक स्थिरांक है, जो यान्त्रिकी क्वाण्टम के आकार को प्रदर्शित करता है। इसे 'h' से प्रदर्शित किया जाता है। इसका मान $h = 6.6260 \times 10^{-34}$ मी^{2} किग्रा/सेकण्ड होता है।

69. *(b)* वर्ष 2017 में अमेरिकी अन्तरिक्ष एजेन्सी 'नासा' ने सीरीस बौने ग्रह पर डॉन अभियान के दूसरे विस्तार को मन्जूरी प्रदान की है। इस अभियान की शुरुआत वर्ष 2007 में की गई थी, जिसका उद्देश्य क्षुद्र ग्रह व बौने ग्रहों का अध्ययन करना था।

70. *(c)* 48 किग्रा. भार वर्ग में भारतीय महिला मुक्केबाज एम.सी. मैरीकॉम ने एशियाई मुक्केबाजी चैम्पियनशिप, 2017 में स्वर्ण पदक जीता है। इस चैम्पियनशिप का आयोजन 2-10 नवम्बर, 2017 के मध्य वियतनाम के शहर हो-ची-मिन्हा में किया गया था। इस प्रतियोगिता में भारत 1 गोल्ड, 1 सिल्वर व 5 कांस्य पदक जीतकर तीसरे स्थान पर (पहले व दूसरे पर–चीन, वियतनाम) रहा।

71. *(a)* वर्ष 2017 की बेल्जियम फॉर्मूला-1 ग्राण्ड प्रिक्स के विजेता ब्रिटिश फॉर्मूला वन रेसर 'लुइस हैमिल्टन' थे। इसके अतिरिक्त 5 बार फॉर्मूला वन वर्ल्ड चैम्पियनशिप जीतने वाले वे विश्व के दूसरे कार ड्राइवर हैं। वे वर्तमान में मैक्लेरन मर्सिडीज टीम के लिए कार रेसिंग करते हैं।

72. *(c)* वर्ष 2017 में भारत ने अपने पड़ोसी देश 'म्यांमार' में एक महिला पुलिस प्रशिक्षण केन्द्र की सुधार करने में मदद की थी।

73. *(d)* भारत ने अपने पड़ोसी देश श्रीलंका को 'सुरक्षा' नाम का एक प्रतिभाशाली अपतटीय गश्ती पोत भेंट किया है। यह श्रीलंका तटरक्षक बल का पहला अपतटीय गश्ती पोत है। इस गश्ती पोत को भारतीय तटरक्षक बल द्वारा सितम्बर, 2017 में श्रीलंकाई तटरक्षक बल को कोलम्बो बन्दरगाह पर भेंट किया गया।

74. *(c)* पूर्व केन्द्रीय मन्त्री अश्विनी कुमार को जापान देश की शाही सजावट 'आर्डर ऑफ द राइजिंग सन' से वर्ष 2017 में सम्मानित किया गया था। यह सम्मान जापान सरकार द्वारा जापान की संस्कृति, पर्यावरण संरक्षण प्रचार व अन्तर्राष्ट्रीय सम्बन्धों में उपलब्धि के लिए प्रति वर्ष किसी व्यक्ति को प्रदान किया जाता है। इस सम्मान की शुरुआत 1875 ई. में जापान के सम्राट मैजी द्वारा की गई थी। वर्ष 2020 में यह सम्मान मणिपुर के एलोपैथिक डॉक्टर थंगजाम धबली सिंह को प्रदान किया गया है।

75. *(b)* टाटा लिटरेचर लाइफटाइम एचीवमेंट अवार्ड 2017 से प्रसिद्ध भारतीय अभिनेता 'गिरीश कर्नाड' को सम्मानित किया गया है। ये एक प्रसिद्ध फिल्म निर्देशक, लेखक, नाटककार व अभिनेता थे। उन्होंने कन्नड़ व अंग्रेजी भाषा में अनेक नाटक व पुस्तकों की रचना की। उनकी साहित्यिक उपलब्धियों के लिए उन्हें पद्म भूषण (वर्ष 1992), साहित्य अकादमी (वर्ष 1994) व ज्ञानपीठ पुरस्कार (1998) से भी सम्मानित किया गया। 10 जून, 2019 को 81 वर्ष की अवस्था में बंगलुरु में उनका देहान्त हो गया।

76. *(c)* 23 अक्टूबर, 2017 को भारतीय रिजर्व बैंक द्वारा सार्वजनिक ऋण रजिस्ट्री के लिए स्थापित टास्क फोर्स (समिति) के प्रमुख 'वाई.एम. देवस्थली' हैं। इस समिति या टास्क फोर्स ने अपनी रिपोर्ट अप्रैल 2018 में रिजर्व बैंक ऑफ इण्डिया को सौंपी।

77. *(b)* वर्ष 2018 तक 6% विकास दर के साथ भारत चीन को एशिया के सबसे तेजी से उभरते तेल बाजार के रूप में पीछे छोड़ देगा। विश्व में सर्वाधिक कच्चे तेल का उत्पादन सऊदी अरब, रूस व अमेरिका द्वारा किया जाता है।

78. *(c)* भारत-दक्षिण अफ्रीका रणनीतिक साझेदारी की 20वीं वर्षगाँठ समारोह के दौरान 7 अक्टूबर, 2017 को डरबन (दक्षिण अफ्रीका) में ग्रास रूट इनोवेशन पर आधारित गाँधी-मण्डेला कार्यक्रम का आयोजन किया गया था।

79. *(a)* 12 सितम्बर, 2017 को केन्द्रीय मन्त्रिमण्डल द्वारा आपदा प्रबन्धन के क्षेत्र में सहयोग के लिए भारत व आर्मेनिया के बीच एक समझौता ज्ञापन के लिए अपनी मंजूरी प्रदान की गई।

80. *(a)* हिमाचल प्रदेश सरकार ने सितम्बर, 2017 में कुल्लू मनाली व रोहतांग दर्रे के मध्य अपनी पहली विद्युत बस सेवा शुरू की है। इस इलेक्ट्रिक बस का निर्माण गोल्डस्टोन इन्फ्राटेक लिमिटेड ने किया है तथा यह भारत की पहली इलेक्ट्रिक बस भी है। इस इलेक्ट्रिक बस का नाम 'Gold Stone eBuzz K-7' है। यह एक बार में फुल चार्ज होने पर 200 किमी. की दूरी तय करती है।

81. *(d)* सितम्बर, 2017 में तटीय कटाव के कारण केन्द्रशासित प्रदेश लक्षद्वीप का पराला निर्जन द्वीप समूह लुप्त हो गया है। यह एक जैव-विविधता समृद्ध क्षेत्र है।

82. *(b)* वर्ष 2017 में कर्नाटक की प्रसिद्ध संगीतकार डॉ. एम.एस. सुब्बालक्ष्मी के 101वें जन्म समारोह पर ₹ 100 व ₹ 10 के सिक्के जारी किए गए थे। एम.एस. सुब्बालक्ष्मी कर्नाटक संगीत की मशहूर संगीतकार थीं तथा वे तमिलनाडु के मदुरै शहर की रहने वाली थीं। वे पहली भारतीय हैं जिन्होंने संयुक्त राष्ट्र संघ की सभा में संगीत कार्यक्रम प्रस्तुत किया था। उनकी उपलब्धियों के लिए वर्ष 1988 में उन्हें भारत रत्न तथा संगीत नाटक अकादमी पुरस्कार (वर्ष 1956), पद्म विभूषण (वर्ष 1975) व संगीत कलानिधि पुरस्कार (वर्ष 1968) से सम्मानित किया गया।

83. *(a)* 15 नवम्बर, 2017 को वित्तीय स्थिरता सलाहकार बोर्ड या अन्तर्राष्ट्रीय समाशोधन बैंक ने पूर्व भारतीय रिजर्व बैंक गवर्नर उर्जित पटेल को नियुक्त किया है। डॉ. उर्जित पटेल सितम्बर, 2016 से दिसम्बर, 2018 तक भारतीय रिजर्व बैंक के गवर्नर रहे हैं। उनका जन्म 28 अक्टूबर, 1963 को नैरोबी (केन्या) में हुआ है। उनके द्वारा लिखी प्रसिद्ध पुस्तक का नाम 'ओवर ड्रॉफ्ट सेविंग द इण्डियन सेवर' है।

84. *(a)* अक्टूबर, 2017 में स्पेन के कैटालोनिया क्षेत्र के स्वराज्य को निलम्बित कर दिया गया, क्योंकि इस क्षेत्र के नेता कार्ल्स प्यूडीमोंट ने स्पेन से अलग होकर स्वतन्त्र घोषित होने की धमकी दी थी। कैटालोनिया स्पेन का दूसरा सबसे बड़ा जनसंख्या वाला क्षेत्र है यह क्षेत्र चार प्रान्तों में विभाजित है। ये क्षेत्र हैं बर्सिलोना, गिरौना, ललइडा, टैरागोना।

85. *(b)* पाँचवाँ भारत-श्रीलंका संयुक्त प्रशिक्षण अभ्यास 'मित्र शक्ति-2017' भारत के पुणे शहर में आयोजित किया गया था। इस युद्धाभ्यास का उद्देश्य संयुक्त राष्ट्र शान्ति मिशन के रूप में तैनाती के दौरान भारत व श्रीलंका की सेनाओं के बीच अन्तर सक्रियता व परिचालन क्षमता को बढ़ाना है। इस युद्धाभ्यास का आयोजन वर्ष 2012 से किया जा रहा है।

86. *(a)* x और y सम संख्याएँ हैं।

$\therefore xy + 1$ एक विषम संख्या होगी [$\because$ दो सम संख्याओं का गुणनफल सम संख्या होता है और सम संख्या + 1 = विषम संख्या]

87. *(d)* प्रथम 100 पूर्ण संख्याओं में अंक 1 की पुनरावृत्ति = 21

88. *(c)* $(0.7)^2 + (0.07)^2$

$= 0.49 + 0.0049 = 0.4949$

89. *(d)* $2000 = 2^4 \times 5^3$

$\therefore$ 2000 के धनात्मक गुणनखण्ड की संख्या

$= (4+1)(3+1) = 5 \times 4 = 20$

90. *(a)* $\dfrac{(27)^3 + (23)^3}{(27)^2 - 27 \times 23 + (23)^2}$

$= \dfrac{a^3 + b^3}{a^2 - ab + b^2}$ [माना $a = 27$ और $b = 23$]

$= \dfrac{(a+b)(a^2 - ab + b^2)}{(a^2 - ab + b^2)}$

[$\because a^3 + b^3 = (a+b)(a^2 - ab + b^2)$]

$= a + b = 27 + 23 = 50$

91. *(b)* दिया है, P की आय का 40% = Q की आय का 75%

$\Rightarrow P$ की आय $\times \dfrac{40}{100} = Q$ की आय $\times \dfrac{75}{100}$

$\Rightarrow \quad P$ की आय $= \dfrac{75}{40} \times Q$ की आय ...(i)

$\therefore$ अभीष्ट प्रतिशत $= \dfrac{Q \text{ की आय}}{P \text{ की आय}} \times 100\%$

$= \dfrac{Q \text{ की आय}}{\frac{75}{40} \times Q \text{ की आय}} \times 100\%$

[$\because$ समी (i) से]

$= \dfrac{40}{75} \times 100\% = 53.33\%$

92. *(a)* A तथा B के पास राशियाँ क्रमशः $9x$ तथा $5x$ हैं।

प्रश्नानुसार, $\dfrac{9x - 10}{5x + 10} = \dfrac{1}{1}$

$\Rightarrow \quad 9x - 10 = 5x + 10$

$\Rightarrow \quad 4x = 20$

$\Rightarrow \quad x = 5$

$\therefore$ A के पास राशि = 9×5 = ₹ 45

तथा B के पास राशि = 5×5 = ₹ 25

93. *(b)* हमें ज्ञात है कि,

औसत $= \dfrac{\text{पदों का योग}}{\text{पदों की संख्या}}$

$\Rightarrow 52 = \dfrac{43 + 21 + 68 + 97 + 39 + x}{6}$

$\Rightarrow 312 = 268 + x$

$\Rightarrow x = 312 - 268$

$= 44$

94. *(c)* माना ₹ P राशि जमा की गई।

प्रश्नानुसार,

$\dfrac{P \times 6 \times 3}{100} + \dfrac{P \times 9 \times 3}{100} + \dfrac{P \times 10 \times 3}{100} = 1650$

$\left[\because \text{साधारण ब्याज} = \dfrac{\text{मूलधन} \times \text{दर} \times \text{समय}}{100}\right]$

$\Rightarrow \quad \dfrac{75P}{100} = 1650$

$\therefore \quad P = \dfrac{1650 \times 100}{75}$

= ₹ 2200

95. *(b)* माना चीनी का प्रारम्भिक मूल्य ₹ x है।

20% वृद्धि के बाद मूल्य $= \dfrac{120}{100}x$ = ₹ $\dfrac{6}{5}x$

प्रश्नानुसार, $\dfrac{120}{x} - \dfrac{120 \times 5}{6x} = 3$

$\Rightarrow \quad \dfrac{120}{x} - \dfrac{100}{x} = 3$

$\Rightarrow \quad \dfrac{20}{x} = 3$

$\Rightarrow \quad x$ = ₹ $\dfrac{20}{3}$

$\therefore$ वृद्धि के बाद का मूल्य $= \dfrac{6}{5}x = \dfrac{6}{5} \times \dfrac{20}{3}$

= ₹ 8

96. *(a)* माना क्रय मूल्य ₹ x है।

$\therefore$ अंकित मूल्य $= \dfrac{160}{100}x$ = ₹ $\dfrac{8}{5}x$

विक्रय मूल्य = अंकित मूल्य $\times \dfrac{100 - \text{छूट}\%}{100}$

$= \dfrac{8}{5}x \times \dfrac{100 - 30}{100}$

$= \dfrac{8x}{5} \times \dfrac{70}{100}$

= ₹ $\dfrac{28x}{25}$

$\therefore$ लाभ प्रतिशत

$= \dfrac{\text{विक्रय मूल्य} - \text{क्रय मूल्य}}{\text{क्रय मूल्य}} \times 100$

$$= \frac{\frac{28}{25}x - x}{x} \times 100$$

$$= \frac{3}{25} \times 100 = 12\%$$

97. *(b)* त्रिभुज का परिमाप = 40 सेमी

$\therefore$ s = अर्द्धपरिमाप = 20

एक भुजा, $a = 11$ सेमी

$\therefore$ शेष दो भुजाओं का योग = 40 − 11

$\Rightarrow \quad b + c = 29 \quad \ldots\text{(i)}$

[जहाँ b, c शेष दो भुजाएँ हैं]

प्रश्नानुसार, $\quad b - c = 3 \quad \ldots\text{(ii)}$

समी. (i) और (ii) से,

$\therefore$ $b = 16$ और $c = 13$

$\therefore$ त्रिभुज का क्षेत्रफल

$= \sqrt{s(s-a)(s-b)(s-c)}$

$= \sqrt{20(20-11)(20-16)(20-13)}$

$= \sqrt{20 \times 9 \times 4 \times 7}$

$= 12\sqrt{35}$ सेमी^{2}

98. *(a)* माना Q की चाल x किमी/घण्टा है।

P और Q बिन्दु A पर मिलती है तब,

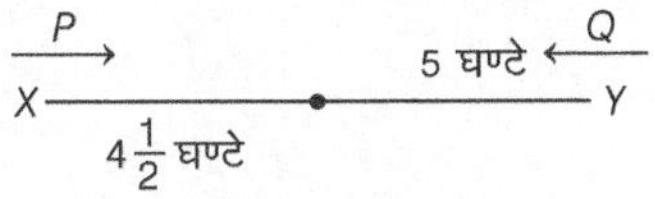

रेलगाड़ी Q की अभीष्ट चाल

$= \text{रेलगाड़ी } P \text{ की गति} \times \sqrt{\frac{\text{समय}_1}{\text{समय}_2}}$

$= 54 \times \sqrt{\frac{5}{4\frac{1}{2}}} = 54 \times \sqrt{\frac{10}{9}} = 54 \times \frac{\sqrt{10}}{3}$

$= 18\sqrt{10} = 56.92$ किमी/घण्टा

≈ 60 किमी/घण्टा

99. *(d)* माना लड़कों की वर्तमान आयु $5x$ और $7x$ है।

प्रश्नानुसार, $\frac{5x+4}{7x+4} = \frac{7}{9}$

$\Rightarrow \quad 45x + 36 = 49x + 28$

$\Rightarrow \quad 4x = 8$

$\Rightarrow \quad x = 2$

$\therefore$ 14 वर्ष बाद अनुपात $= \frac{5x+14}{7x+14}$

$= \frac{10+14}{14+14} = \frac{24}{28}$

$= \frac{6}{7} = 6:7$

100. *(a)* C, D और E का 1 दिन का कार्य $= \frac{1}{12}$

माना D का 1 दिन का कार्य $= \frac{1}{x}$, तब

प्रश्नानुसार, C का 1 दिन का कार्य $= \frac{2}{x}$

E का 1 दिन का कार्य $= \frac{3}{x}$

$\therefore \quad \frac{2}{x} + \frac{1}{x} + \frac{3}{x} = \frac{1}{12}$

$\Rightarrow \quad \frac{6}{x} = \frac{1}{12}$

$\Rightarrow \quad x = 72$

$\therefore$ E अकेला कार्य समाप्त कर लेगा

$= \frac{1}{3/x} = \frac{72}{3} = 24$

दिल्ली पुलिस सिपाही भर्ती परीक्षा 2017

1. निम्नलिखित प्रश्न में दिए गए विकल्पों में से सम्बन्धित शब्द को चुनिए।
चश्मा : देखना :: पेन्सिल : ?
(a) सीसा (b) लिखना
(c) कागज (d) गोल

2. निम्नलिखित प्रश्न में दिए गए विकल्पों में से सम्बन्धित अक्षरों को चुनिए।
FROM : MYVT : : TEAM : ?
(a) ALHT (b) BMJV
(c) DKIA (d) HVAK

3. निम्नलिखित प्रश्न में दिए गए विकल्पों में से सम्बन्धित संख्या को चुनिए।
192 : 291 : : 316 : ?
(a) 631 (b) 136 (c) 163 (d) 613

4. निम्नलिखित प्रश्न में दिए गए विकल्पों में से विषम शब्द को चुनिए।
(a) सरसों (b) गेहूँ
(c) फसल (d) चावल

5. निम्नलिखित प्रश्न में दिए गए विकल्पों में से विषम अक्षरों को चुनिए।
(a) AGMS (b) HNTZ
(c) CIOZ (d) DJPV

6. निम्नलिखित प्रश्न में दिए गए विकल्पों में से विषम संख्या युग्म को चुनिए।
(a) 9-23 (b) 2-16 (c) 4-14 (d) 11-25

7. निम्नलिखित प्रश्न में दिए गए विकल्पों में से विषम संख्या युग्म को चुनिए।
(a) 73-21 (b) 56-30 (c) 53-15 (d) 22-6

8. दी गई आकृति में कितने त्रिभुज हैं?

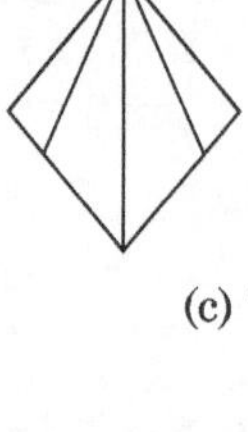

(a) 5 (b) 6 (c) 7 (d) 8

9. दी गई आकृति में कितने आयत हैं?

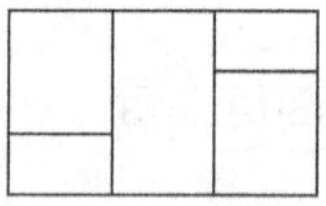

(a) 8 (b) 9 (c) 10 (d) 11

10. निम्नलिखित उत्तर आकृति में से कौन-सा घन दिए गए प्रश्न आकृति में से खुले घन से नहीं बनाया जा सकता?

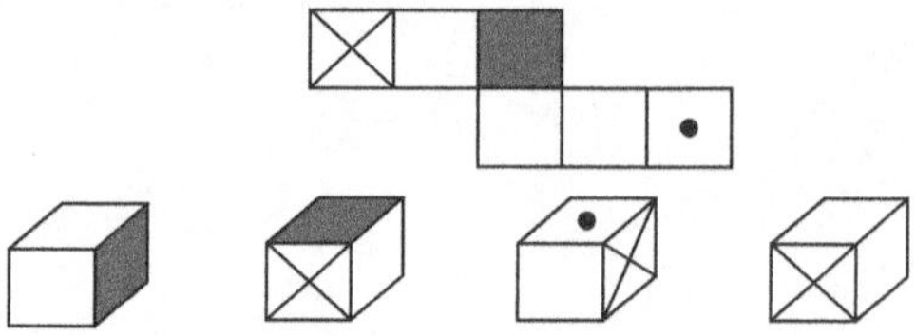

(a) (b) (c) (d)

11. नीचे एक घन की तीन अवस्थाएँ दर्शाई गई हैं। 'A' युक्त फलक के विपरीत क्या आएगा?

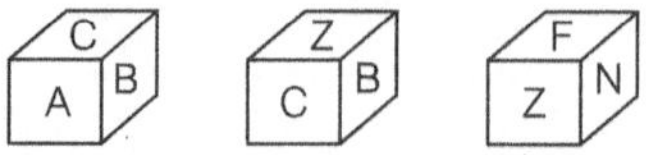

(a) F (b) Z (c) N (d) B

12. नीचे प्रश्न आकृतियों में दिखाए अनुसार कागज को मोड़कर छेदने तथा खोलने के बाद वह किस उत्तर आकृति जैसा दिखाई देगा?

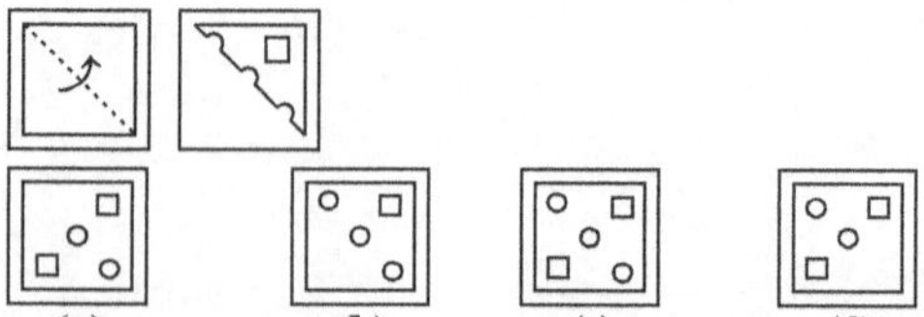

(a) (b) (c) (d)

13. दी गई उत्तर आकृतियों में से उस उत्तर आकृति को चुनिए, जिसमें प्रश्न आकृति निहित है।

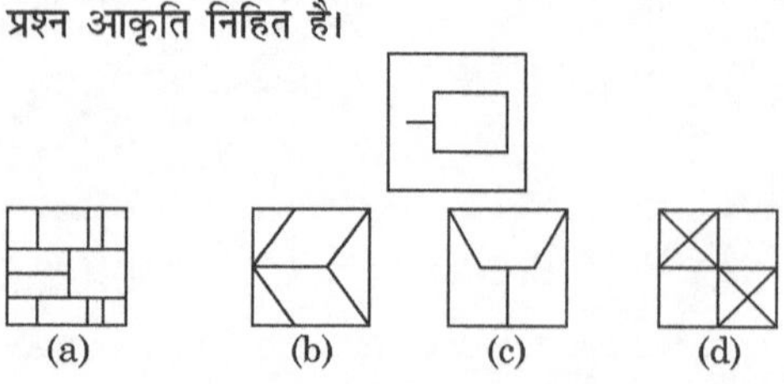

(a) (b) (c) (d)

14. यदि एक दर्पण को AB रेखा पर रखा जाए, तो दी गई उत्तर आकृतियों में से कौन-सी आकृति प्रश्न आकृति का सही दर्पण प्रतिबिम्ब होगी?

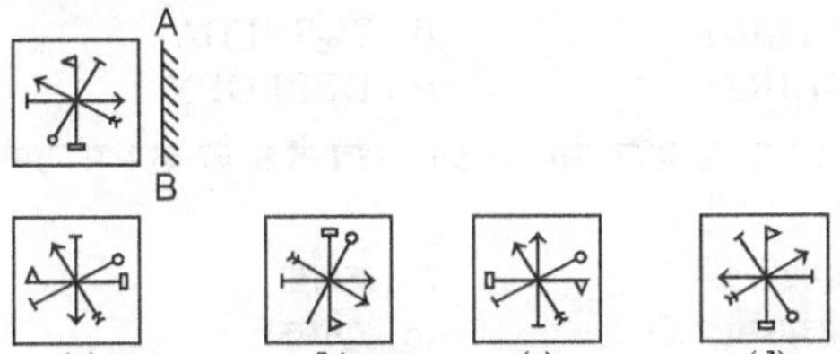

(a) (b) (c) (d)

15. निम्नलिखित प्रश्न में दिए गए विकल्पों में से प्रश्न चिह्न (?) के स्थान पर आने वाली संख्या को चुनिए।

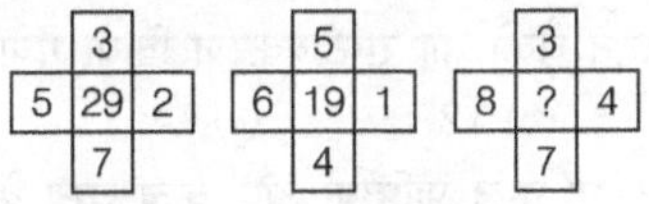

(a) 42 (b) 44
(c) 40 (d) 46

16. दी गई आकृति में, कितने थैले भूरे हैं परन्तु बड़े नहीं हैं?

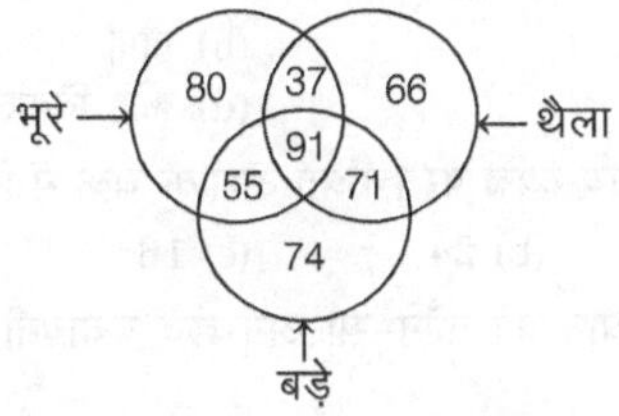

(a) 91 (b) 37 (c) 128 (d) 146

17. निम्नलिखित विकल्पों में से वह शब्द चुनिए जो दिए गए शब्द के अक्षरों का प्रयोग करके बनाया जा सकता है।

PASTURIZATION

(a) NATURE (b) POSTER
(c) START (d) STRAPED

18. वह आरेख चुनिए जो नीचे दिए गए वर्गों के बीच के सम्बन्ध का सही निरूपण करता है।

पीला, नीला, पुरुष

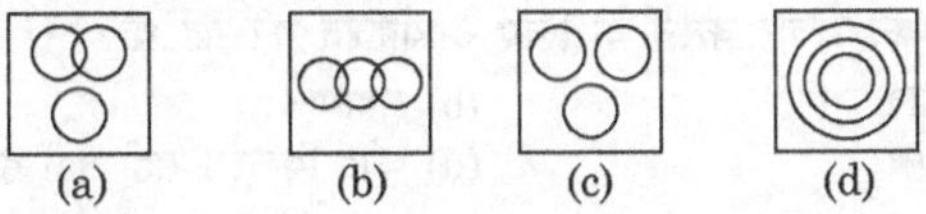

(a) (b) (c) (d)

19. नीचे दिए गए प्रश्न में कुछ कथन और उनके बाद उन कथनों पर आधारित कुछ निष्कर्ष दिए गए हैं। दिए गए कथनों को सही माने, चाहे उनमें सामान्य ज्ञात तथ्यों से भिन्नता हो। सभी निष्कर्ष पढ़ें और फिर निर्धारित करें कि दिए गए कौन-से निष्कर्ष, दिए गए कथनों के आधार पर युक्तिसंगत हैं।

कथन

I. सभी पतलून सफेद हैं।
II. सभी सफेद रंग हैं।

निष्कर्ष

I. कुछ सफेद पतलून हैं।
II. सभी रंग सफेद हैं।

(a) केवल निष्कर्ष I सही है
(b) केवल निष्कर्ष II सही है
(c) दोनों ही निष्कर्ष सही हैं
(d) न तो निष्कर्ष I न ही निष्कर्ष II सही है

20. नीचे दिए गए प्रश्न में कुछ कथन और उनके बाद उन कथनों पर आधारित कुछ निष्कर्ष दिए गए हैं। दिए गए कथनों को सही माने, चाहे उनमें सामान्य ज्ञात तथ्यों से भिन्नता हो। सभी निष्कर्ष पढ़ें और फिर निधारित करें कि दिए गए कौन-से निष्कर्ष, दिए गए कथनों के आधार पर युक्तिसंगत हैं।

कथन

I. सभी गाड़ियाँ मेजे हैं।
II. कोई गाड़ी कुर्सी नहीं है।

निष्कर्ष

I. कुछ गाड़ियाँ मेजे हैं।
II. कुछ मेजे कुर्सियाँ हैं।
III. सभी गाड़ियाँ कुर्सियाँ हैं।

(a) केवल निष्कर्ष I सही है
(b) केवल निष्कर्ष II सही है
(c) केवल निष्कर्ष II तथा III सही है
(d) कोई निष्कर्ष सही नहीं है

21. L, P की पुत्री है। P, M का भाई है। M, J की पत्नी है। M, L से किस प्रकार सम्बन्धित है?

(a) माता (b) बुआ (c) बहन (d) पत्नी

22. एक पुरुष की ओर संकेत करते हुए, एक महिला ने कहा, "वह मेरी बहन की माता के एकमात्र पुत्र का पुत्र है।" महिला का भाई उस पुरुष से किस प्रकार सम्बन्धित है?

(a) पिता (b) बहन (c) पत्नी (d) पुत्री

23. एक व्यक्ति 10 वस्तुएँ प्रति वस्तु ₹ 5 की दर से तथा 30 वस्तुएँ प्रति वस्तु ₹ 10 की दर से खरीदता है। प्रत्येक वस्तु का औसत मूल्य (₹ में) क्या होगा?

(a) 8.75 (b) 9.25 (c) 9.85 (d) 8.5

24. P एक कार्य को 7 दिनों में कर सकता है और Q उसी कार्य को 21 दिनों में कर सकता है। दोनों साथ मिलकर उसी कार्य को पूरा करने में कितने दिन लेंगे?

(a) 4.75 (b) 5.75 (c) 6 (d) 5.25

25. दिए गए प्रश्न में चार आकृतियाँ दी गई हैं, जिसमें से तीन किसी एक गुण के आधार पर समान हैं तथा एक सर्वप्रकार भिन्न है। भिन्न आकृति को चुनिए।

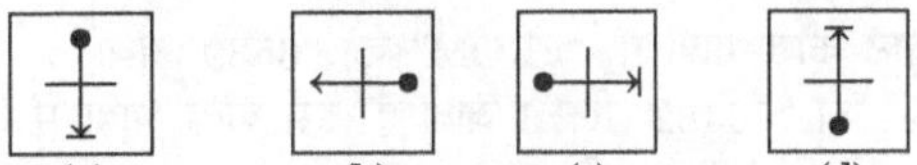

(a) (b) (c) (d)

26. दिए गए प्रश्न में चार आकृतियाँ दी गई हैं, जिसमें से तीन किसी एक गुण के आधार पर समान हैं तथा एक सर्वप्रकार भिन्न है। भिन्न आकृति को चुनिए।

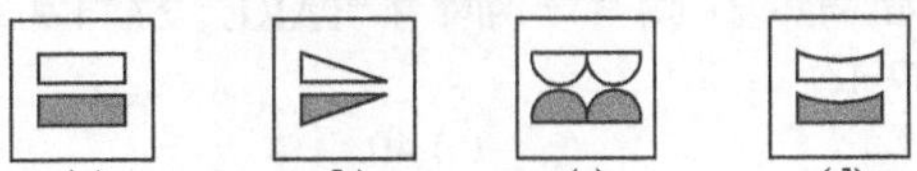

(a) (b) (c) (d)

27. दिए गए प्रश्न में, चार आकृतियाँ दी गई हैं, जिसमें से तीन किसी एक गुण के आधार पर समान हैं तथा एक सर्वप्रकार भिन्न है। भिन्न आकृति को चुनिए।

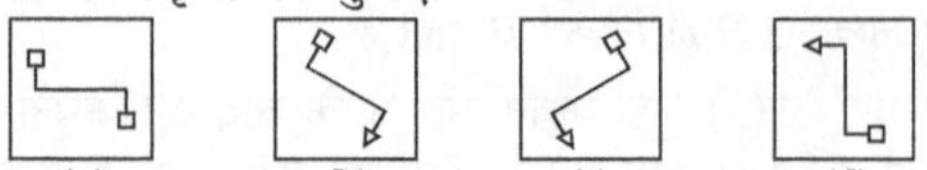

(a) (b) (c) (d)

28. निम्नलिखित प्रश्न में दिए गए विकल्पों में से लुप्त अंक ज्ञात कीजिए।
21, 24, 26, 27, 30, 32, 31, ?

(a) 42 (b) 34
(c) 33 (d) 46

29. निम्नलिखित प्रश्न में दिए गए विकल्पों में से लुप्त अंक ज्ञात कीजिए।
3, 7, 16, 32, 57, ?

(a) 68 (b) 93
(c) 82 (d) 74

30. निम्नलिखित प्रश्न में दिए गए विकल्पों में से प्रश्न चिह्न (?) के स्थान पर आने वाली आकृति को चुनिए।

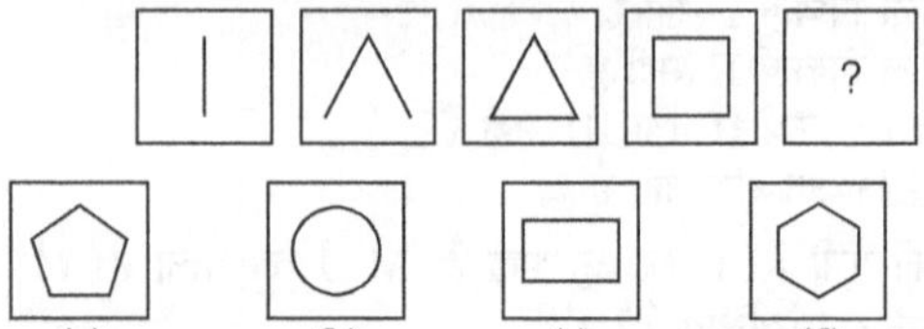

(a) (b) (c) (d)

31. निम्नलिखित प्रश्न में दिए गए विकल्पों में से प्रश्न चिह्न (?) के स्थान पर आने वाली आकृति को चुनिए।

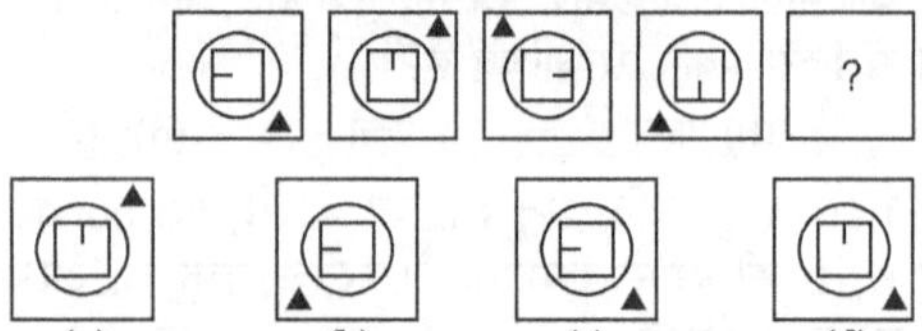

(a) (b) (c) (d)

32. निम्नलिखित प्रश्न में दिए गए विकल्पों में से प्रश्न चिह्न (?) के स्थान पर आने वाली आकृति को चुनिए।

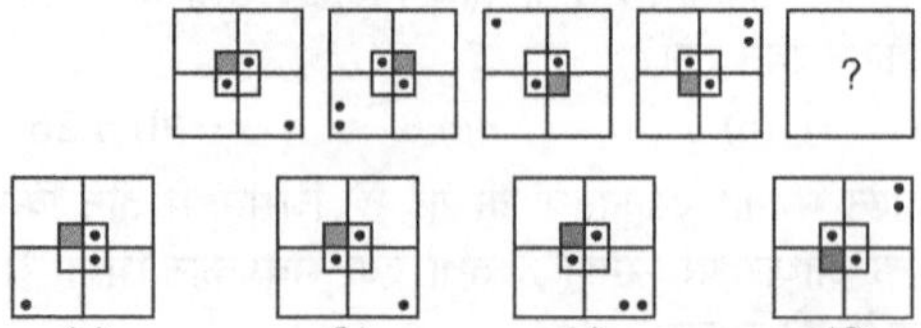

(a) (b) (c) (d)

33. एक विशिष्ट कोड भाषा में, "FROM" को "6539" तथा "NOISE" को "73482" लिखा जाता है। इस कोड भाषा में "ROSE" को किस प्रकार लिखा जाएगा?

(a) 8253 (b) 9583
(c) 7382 (d) 5382

34. एक विशिष्ट कोड भाषा में, "FILM" को "40" तथा "SHOT" को "62" लिखा जाता है। इस कोड भाषा में "TAKE" को किस प्रकार लिखा जाएगा?

(a) 37 (b) 40
(c) 41 (d) 43

35. एक विशिष्ट कोड भाषा में, "TRUNCATE" को "XQYMGZXD" लिखा जाता है। इस कोड भाषा में "APRAISE" को किस प्रकार लिखा जाएगा?

(a) EOVZMRI (b) ZQSBFDA
(c) ZVOEIRJ (d) DPRLOPN

36. निम्नलिखित में से कौन-सा संगठन विश्व बैंक के रूप में जाना जाता है?

(a) आईएमएफ (b) एडीबी
(c) आईबीआरडी (d) यूनेस्को

37. अधिक नियोजन किस अर्थव्यवस्था की एक अनिवार्य विशेषता है?

(a) समाजवादी अर्थव्यवस्था (b) पूँजीवादी अर्थव्यवस्था
(c) दोहरी अर्थव्यवस्था (d) मिश्रित अर्थव्यवस्था

38. 1969 में कितने बैंको का राष्ट्रीयकरण किया गया था?

(a) 10 (b) 12 (c) 14 (d) 16

39. इनमें से कौन-सा कुल प्राप्तियाँ और कुल व्यय के बीच अन्तर है?

(a) राजकोषीय घाटा (b) बजट घाटा
(c) राजस्व घाटा (d) पूँजीगत घाटा

40. भारतीय राज्य नागालैण्ड की आधिकारिक भाषा क्या है?

(a) अंग्रेजी (b) नागा
(c) मिईती (d) कोई विकल्प सही नहीं है

41. भारत के राष्ट्रीय ध्वज पर चित्रित अशोक चक्र में कितनी तीलियाँ हैं?

(a) 36 (b) 24 (c) 16 (d) 32

42. भारतीय संविधान का कौन-सा अनुच्छेद पंचायती राज स्थापित करता है?

(a) अनुच्छेद-38 (b) अनुच्छेद-39
(c) अनुच्छेद-40 (d) अनुच्छेद-41

43. भारत के संविधान में 'अस्पृश्यता उन्मूलन' किस अनुच्छेद में है?

(a) अनुच्छेद-14 (b) अनुच्छेद-15
(c) अनुच्छेद-16 (d) अनुच्छेद-17

44. शूरसेन महाजनपद की राजधानी कहाँ थी?

(a) विराटनगर (b) तक्षशिला
(c) काशी (d) मथुरा

45. हर्ष के शासन के दौरान, कन्नौज सभा निम्नलिखित सम्प्रदायों के सिद्धान्तों का प्रचार करने के लिए आयोजित की गई थी?

(a) हीनयान (b) महायान
(c) श्वेताम्बर (d) कोई विकल्प सही नहीं है

46. 1923 में किसके द्वारा स्वराज पार्टी की स्थापना की गई थी?

(a) अब्दुल गफ्फार खान और विट्ठलभाई पटेल
(b) गाँधीजी और जवाहरलाल नेहरू
(c) सचिन सान्याल और जोगेश चटर्जी
(d) मोतीलाल नेहरू और सी. आर. दास

47. किस वायसराय के शासनकाल के दौरान भारत के 11 राज्यों में पहली बार चुनाव कराए गए थे?

(a) लॉर्ड लिनलिथगो (b) लॉर्ड माउंटबेटन
(c) लॉर्ड कर्जन (d) लॉर्ड इरविन

48. भारत में स्तूप की सबसे बड़ी सघनता कहाँ है?

(a) हिमाचल प्रदेश (b) बिहार
(c) मध्य प्रदेश (d) उत्तर प्रदेश

49. थाईपूसम त्यौहार निम्नलिखित में से किस समुदाय के द्वारा मनाया जाता है?
(a) मलयालम (b) तेलुगू
(c) मराठी (d) तमिल

50. निम्नलिखित में से किस राज्य का सर्वाधिक क्षेत्र वनों से घिरा हुआ है?
(a) बिहार (b) कर्नाटक
(c) मध्य प्रदेश (d) केरल

51. केन नदी निम्नलिखित में से किसकी सहायक नदी है?
(a) बेतवा (b) चम्बल
(c) यमुना (d) ताप्ती

52. मणिपुर की किन राज्यों के समूह के साथ सीमाएँ जुड़ी हैं?
(a) नागालैण्ड, मिजोरम और मेघालय
(b) नागालैण्ड, मिजोरम और असम
(c) नागालैण्ड, मेघालय और सिक्किम
(d) कोई विकल्प सही नहीं है

53. हिमालय पर्वत श्रृंखला ……… का एक उदाहरण है।
(a) वलित पर्वत (b) रॉक पर्वत
(c) ब्लॉक पर्वत (d) ज्वालामुखी पर्वत

54. भारत में किस राज्य में सर्वाधिक ऊन उत्पन्न होती है?
(a) हरियाणा (b) राजस्थान
(c) मध्य प्रदेश (d) जम्मू-कश्मीर

55. निम्न में से कौन मौसम का एक तत्त्व है?
(a) पवन (b) तापमान
(c) नमी (d) सभी विकल्प सही हैं

56. भूकम्प की तीव्रता को मापने (स्केल) के लिए क्या इस्तेमाल किया जाता है?
(a) मीट्रिक पैमाने (स्केल) (b) रिक्टर पैमाने (स्केल)
(c) एपिसेंटर पैमाने (स्केल) (d) भूकम्प पैमाने (स्केल)

57. निम्नलिखित में से किसकी विशिष्ट ऊष्मा का मान सर्वाधिक होता है?
(a) एल्कोहॉल (b) मीथेन
(c) पानी (d) मिट्टी तेल

58. एक कृत्रिम उपग्रह पृथ्वी के चारों ओर वृत्तीय कक्षा में घूमता है, तो कौन-सा मात्रक नियत रहता है?
(a) रेखीय वेग (b) कोणीय गति
(c) कोणीय विस्थापन (d) कोई विकल्प सही नहीं है

59. जरादूरदृष्टि (प्रेसबायोपिया) को ठीक करने के लिए निम्नलिखित किस लेन्स का उपयोग किया जाता है?
(a) अवतल (b) उत्तल
(c) बेलनाकार (d) बायफोकल

60. निम्नलिखित में से कौन-सा रक्त प्रोटीन प्लाज्मा में पानी की मात्रा को नियन्त्रित करता है?
(a) एल्बुमिन (b) ग्लोबुलिन
(c) फिबुलिन (d) कोई विकल्प सही नहीं है

61. निम्नलिखित में से कौन कार्बन मोनोऑक्साइड और हाइड्रोजन का मिश्रण है?
(a) कोल गैस (b) निर्माता गैस
(c) जल गैस (d) गोबर गैस

62. हाइड्रोजन के स्थान पर गुब्बारे में इस्तेमाल गैस कौन-सी है?
(a) नाइट्रोजन (b) हीलियम (c) निऑन (d) आर्गन

63. निम्नलिखित में से किसके उत्सर्जन से समभारिक का निर्माण होता है?
(a) एक्स-रे (b) गामा किरण
(c) बीटा किरण (d) अल्फा किरण

64. निम्नलिखित में से सर्वाधिक जैव विविधता कहाँ पाई जाती है?
(a) उष्णकटिबन्धीय वर्षा वन (b) समशीतोष्ण वन
(c) पतझड़ी वन (d) घास भूमि

65. निम्नलिखित में से किन प्रमुख प्रजातियों को 'दचिग्राम नेशनल पार्क' में संरक्षित और उनकी देखभाल की जा रही है?
(a) कस्तूरी हिरन (b) गोल्डन ओरियल
(c) मार्टेन (d) हंगुल

66. जैव ईंधन के उत्पादन के लिए निम्न में से किस उच्च का उपयोग किया जाता है?
(a) गन्ना (b) मक्का
(c) जेट्रोफा (d) सभी विकल्प सही हैं

67. अक्टूबर, 2017 में भारत के प्रधानमंत्री ने वडनगर में किस मिशन के तीव्र संस्करण को लॉन्च किया था?
(a) स्मार्ट सिटी मिशन (b) मिशन इन्द्र
(c) मिशन इन्द्रधनुष (d) मिशन स्वर्ण ज्योति

68. भारत ने 2010-2020 को ……… दशक के रूप में घोषित किया है।
(a) आधुनिकीकरण (b) नवोन्मेष (इनोवैशन)
(c) आविष्कार (d) प्रेरणा स्त्रोत

69. भारतीय रेलवे ट्रेनों को सुरक्षित बनाने के लिए किसके साथ काम कर रहा है?
(a) डीआरडीओ (b) इसरो (c) नालसर (d) आईसीएआर

70. किसने 2017 महिला एकल राष्ट्रीय बैडमिण्टन चैम्पियनशिप जीती है?
(a) श्रेयांशी परदेशी (b) प्राजक्ता सावन्त
(c) साइना नेहवाल (d) पीवी सिन्धु

71. निम्न में से कौन-से देश ने 2019 में फीफा महिला विश्व कप के 8वें संस्करण की मेजबानी की?
(a) चिली (b) रूस (c) फ्रांस (d) जर्मनी

72. निम्नलिखित में से किस पड़ोसी देश के साथ भारत ने अक्टूबर 2017 में 'मित्र शक्ति 2017' का अभ्यास किया था?
(a) भूटान (b) नेपाल (c) श्रीलंका (d) बांग्लादेश

73. नेपाल का सबसे लोकप्रिय खेल कौन-सा है?
(a) फुटबॉल (b) क्रिकेट (c) ट्रेकिंग (d) बेसबॉल

74. मैन बुकर अन्तर्राष्ट्रीय पुरस्कार 2017 के विजेता कौन हैं?
(a) अरुन्धति राय (b) डेविड ग्रॉसमैन
(c) विक्रम सेठ (d) कोई विकल्प सही नहीं है

75. निम्न में से किसको फ्रांस के सर्वोच्च नागरिक सम्मान 'लॉयन ऑफ ऑनर' से सम्मानित किया गया?
(a) अमिताभ बच्चन (b) दिलीप कुमार
(c) शाहरुख खान (d) सौमित्र चटर्जी

76. विश्व बैंक की 'इज ऑफ डूइंग बिजनेस' सूची में भारत का रैंक 30 अंक ऊपर चढ़ा। इसका रैंक क्या है?
(a) 100वीं (b) 130वाँ (c) 125वीं (d) 155वाँ

77. बैंक ऑफ अमेरिका की रिपोर्ट के अनुसार, भारत 2028 तक किस देश को पछाड़कर विश्व की तीसरी सबसे बड़ी अर्थव्यवस्था के रूप में आगे निकल सकता है?
(a) फ्रांस (b) रूस (c) पाकिस्तान (d) जापान

78. नवम्बर, 2017 में आईएमएफ द्वारा जारी रिकॉर्ड के अनुसार, प्रति व्यक्ति जीडीपी के मामले में किस देश ने दुनिया के सबसे अमीर देश का स्थान हासिल किया?
(a) ब्रुनेई (b) कतर
(c) कुवैत (d) आयरलैण्ड

79. किस देश ने भारत के पहले निजी क्षेत्र के मिसाइल सबसिस्टम के साथ हैदराबाद के निकट विनिर्माण सुविधा में भागीदारी की है?
(a) कनाडा (b) रूस
(c) इजराइल (d) कोई विकल्प सही नहीं है

80. ओडिशा सरकार ने किस समुद्री जन्तु की रक्षा के लिए उसके पकड़ने की गतिविधियों पर 7 महीने का प्रतिबन्ध लगा दिया है?
(a) मगरमच्छ (b) कछुए
(c) शार्क (d) कोई विकल्प सही नहीं है

81. खाद्य मछली की नई प्रजातियाँ पंपा नदी से मिलीं। यह नदी किस राज्य में है?
(a) कर्नाटक (b) तमिलनाडु
(c) केरल (d) गोवा

82. अक्टूबर, 2017 में भारतीय स्टेट बैंक के अध्यक्ष के रूप में किसे नियुक्त किया गया है?
(a) अरुन्धति घोष (b) अश्विनी कुमार
(c) रजनीश कुमार (d) हशमुख अधिया

83. निम्न में से किसे मिस वर्ल्ड 2017 का ताज पहनाया गया है?
(a) स्टेफनी हिल (b) आंद्रिया मेजा
(c) मानुषी छिल्लर (d) कोई विकल्प सही नहीं है

84. निम्नलिखित में से किस शहर को यूनेस्को द्वारा 2019 के लिए "वर्ल्ड बुक कैपिटल" के रूप में नामित किया गया था?
(a) नई दिल्ली (b) शारजाह
(c) न्यूयॉर्क (d) लन्दन

85. जम्मू-कश्मीर का कौन-सा गाँव राज्य का पहला नकदी रहित बना था?
(a) लानुरा (b) पंपोर
(c) लानुरा और पंपोर दोनों (d) कोई विकल्प सही नहीं है

86. यदि x तथा y सम संख्याएँ हैं, तो निम्नलिखित में से कौन-सी एक विषम संख्या है?
(a) x^y (b) xy
(c) $x+y+xy$ (d) $x+y+1$

87. अंक 7, संख्या 0 से 108 तक कितनी बार आता है?
(a) 20 (b) 19 (c) 21 (d) 22

88. $5\frac{1}{2}+7\frac{3}{4}+8\frac{3}{8}$ का मान क्या है?
(a) 173/8 (b) 171/8 (c) 81/4 (d) 87/4

89. N के किस मान के लिए $43N$, 9 से विभाज्य है?
(a) 1 (b) 2
(c) 3 (d) 7

90. $\frac{(0.6\times0.6\times0.6)+(0.5\times0.5\times0.5)}{(0.6\times0.6)+(0.5\times0.5)-0.3}$ का मान क्या है?
(a) 0.1 (b) 1.1
(c) 0.9 (d) 1.2

91. यदि किसी संख्या के 70% में से 90 घटाया जाए, तो रिजल्ट 120 आता है। संख्या का मान क्या है?
(a) 300 (b) 150
(c) 450 (d) 270

92. पीतल में ताँबे तथा जस्ते का अनुपात 11 : 14 है। 150 किग्रा पीतल में ताँबे की मात्रा (किग्रा में) कितनी होगी?
(a) 44 (b) 84
(c) 66 (d) 78

93. प्रथम 8 सम संख्याओं का औसत क्या है?
(a) 8 (b) 9
(c) 11 (d) 12

94. एक वर्ग के क्षेत्रफल तथा उसके बाहर खींचे गए वृत्त के क्षेत्रफल का अनुपात क्या होगा?
(a) 7 : 11 (b) 14 : 11
(c) 11 : 7 (d) 11 : 14

95. यदि एक व्यापारी वस्तुओं के मूल्य को क्रय मूल्य से 20% अधिक अंकित करता है। यदि वह 20% की छूट देने के बाद वस्तु को ₹ 600 में बेचता है, तो वस्तु का अंकित मूल्य होगा?
(a) ₹ 605 (b) ₹ 625
(c) ₹ 650 (d) ₹ 695

96. चीनी के मूल्य में 20% की कमी होने के कारण एक व्यक्ति ₹ 100 में 4 किग्रा चीनी अधिक खरीद पाता है। चीनी का कम हुआ मूल्य (₹ में) क्या है?
(a) 3 (b) 3.50
(c) 4.50 (d) 5

97. P, Q और R ने मिलकर साझेदारी में एक व्यापार शुरू किया। उनकी पूँजियों का अनुपात 3 : 4 : 7 है। यदि उनका वार्षिक लाभांश ₹ 21000 है, तो R का लाभांश क्या होगा?
(a) ₹ 10000 (b) ₹ 9000
(c) ₹ 10500 (d) ₹ 11000

98. यदि A की आय का 30%, B की आय के 60% के बराबर है, तो B की आय, A की आय का कितना प्रतिशत है?
(a) 50 (b) 30
(c) 40 (d) 20

99. दो लड़कियों की वर्तमान आयु का अनुपात 3 : 4 है। 5 वर्ष पश्चात् यह अनुपात 4 : 5 हो जाएगा। वर्तमान से 7 वर्ष पश्चात् उनकी आयु का अनुपात होगा?
(a) 27 : 22 (b) 22 : 27
(c) 11 : 9 (d) 9 : 11

100. A, B और C मिलकर एक कार्य 16 दिन में पूरा करते हैं। B और C मिलकर उसी कार्य को 20 दिन में करते हैं। A अकेला इस कार्य को पूरा करने में कितने दिन लेगा?
(a) 20 (b) 40
(c) 60 (d) 80

उत्तरमाला

1. (b)	**2.** (a)	**3.** (d)	**4.** (d)	**5.** (c)	**6.** (c)	**7.** (d)	**8.** (b)	**9.** (c)	**10.** (b)
11. (b)	**12.** (c)	**13.** (a)	**14.** (d)	**15.** (b)	**16.** (b)	**17.** (c)	**18.** (c)	**19.** (a)	**20.** (a)
21. (b)	**22.** (a)	**23.** (a)	**24.** (d)	**25.** (b)	**26.** (d)	**27.** (a)	**28.** (b)	**29.** (b)	**30.** (a)
31. (c)	**32.** (b)	**33.** (d)	**34.** (a)	**35.** (a)	**36.** (c)	**37.** (a)	**38.** (c)	**39.** (b)	**40.** (a)
41. (b)	**42.** (c)	**43.** (d)	**44.** (d)	**45.** (b)	**46.** (d)	**47.** (a)	**48.** (c)	**49.** (d)	**50.** (c)
51. (c)	**52.** (b)	**53.** (a)	**54.** (b)	**55.** (d)	**56.** (b)	**57.** (c)	**58.** (b)	**59.** (d)	**60.** (a)
61. (c)	**62.** (b)	**63.** (b)	**64.** (a)	**65.** (d)	**66.** (d)	**67.** (c)	**68.** (b)	**69.** (b)	**70.** (c)
71. (c)	**72.** (c)	**73.** (*)	**74.** (b)	**75.** (d)	**76.** (a)	**77.** (d)	**78.** (b)	**79.** (c)	**80.** (b)
81. (c)	**82.** (c)	**83.** (c)	**84.** (b)	**85.** (a)	**86.** (d)	**87.** (c)	**88.** (a)	**89.** (b)	**90.** (b)
91. (a)	**92.** (c)	**93.** (b)	**94.** (a)	**95.** (b)	**96.** (d)	**97.** (c)	**98.** (a)	**99.** (b)	**100.** (d)

संकेत एवं हल

1. *(b)* जिस प्रकार, चश्मा का प्रयोग देखने के लिए होता है, उसी प्रकार, पेन्सिल का प्रयोग लिखने के लिए होता है।

2. *(a)* जिस प्रकार,

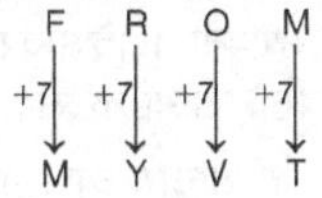

उसी प्रकार,

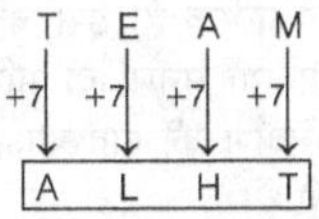

3. *(d)* जिस प्रकार, 192 $\xrightarrow[\text{क्रम}]{\text{विपरीत}}$ 291

उसी प्रकार, 316 $\xrightarrow[\text{क्रम}]{\text{विपरीत}}$ $\boxed{613}$

4. *(c)* फसल के अतिरिक्त अन्य सभी विभिन्न प्रकार की फसलें हैं।

5. *(c)*

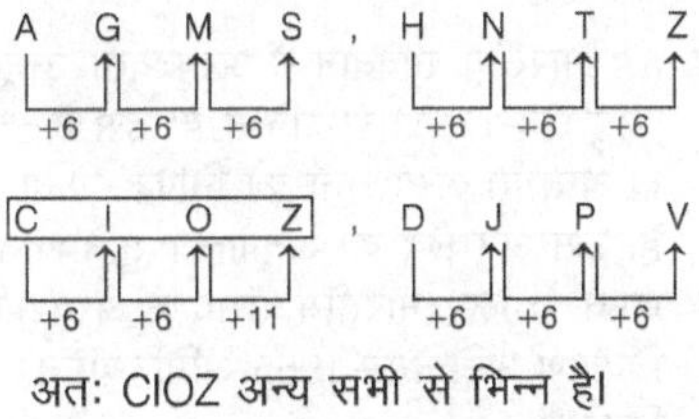

अतः CIOZ अन्य सभी से भिन्न है।

6. *(c)* जिस प्रकार, $9 + 14 = 23$

$2 + 14 = 16$

$11 + 14 = 25$

परन्तु, $4 + 14 = 18 \neq 14$

7. *(d)* जिस प्रकार,

$73 \Rightarrow 7 \times 3 = 21$

$56 \Rightarrow 5 \times 6 = 30$

$53 \Rightarrow 5 \times 3 = 15$

परन्तु, $22 \Rightarrow 2 \times 2 = 4 \neq 6$

8. *(b)*

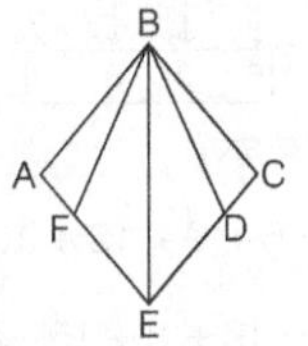

त्रिभुज हैं– ΔABF, ΔBFE, ΔBED, ΔBDC, ΔABE, ΔBEC

अतः कुल 6 त्रिभुज हैं।

9. *(c)*

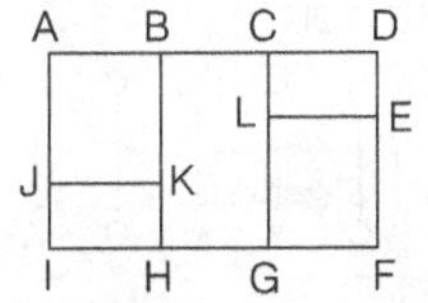

आयत हैं– ABKJ, JKHI, CDEL, LEFG, ABHI, BCGH, CDFG, ACGI, BDFH, ADFI

अतः कुल 10 आयत हैं।

10. *(b)*

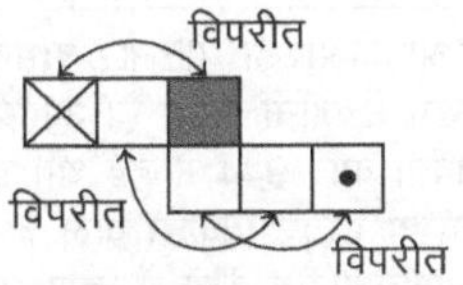

दी गई आकृति से उत्तर आकृति (b) नहीं बनाई जा सकती है

क्योंकि ☒ और ■ विपरीत फलक पर हैं।

11. *(b)* दिए गए पहले और दूसरे घन में फलक B और C उभयनिष्ठ हैं। इसलिए फलक A के विपरीत फलक Z होगी।

12. *(c)* प्रश्न आकृति में दिखाए अनुसार कागज को मोड़कर छेदने और खोलने के बाद वह उत्तर आकृति (c) के समान दिखाई देगी।

13. *(a)* दी गई प्रश्न आकृति उत्तर आकृति (a) में निहित है।

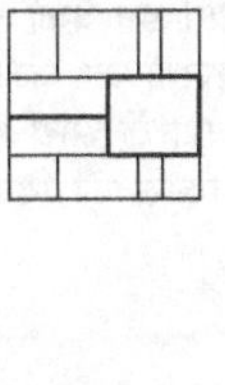

14. *(d)* दी गई प्रश्न आकृति का सही दर्पण प्रतिबिम्ब उत्तर आकृति (d) है।

15. *(b)* जिस प्रकार, $5 \times 7 - 3 \times 2 = 29$

$6 \times 4 - 5 \times 1 = 19$

उसी प्रकार, $8 \times 7 - 3 \times 4 = \boxed{44}$

16. *(b)* दी गई आकृति में 37 थैले भूरे हैं परन्तु बड़े नहीं हैं।

17. *(c)* PASTURIZATION शब्द के अक्षरों का प्रयोग करके शब्द START बनाया जा सकता है।

18. *(c)* पीला, नीला व पुरुष तीनों भिन्न हैं।

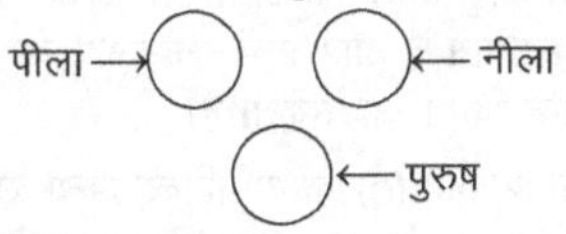

19. *(a)* कथनानुसार,

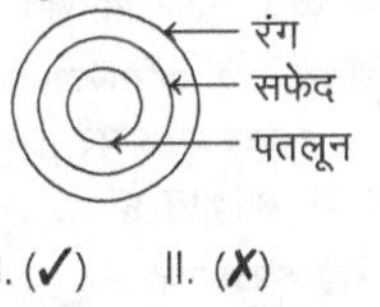

निष्कर्ष I. (✓) II. (✗)

अतः केवल निष्कर्ष I सही है।

20. *(a)* कथनानुसार,

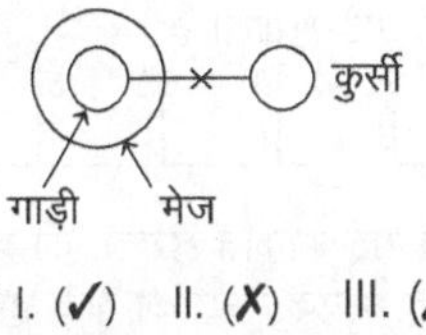

निष्कर्ष I. (✓) II. (✗) III. (✗)

अतः केवल निष्कर्ष I सही है।

21. *(b)* प्रश्नानुसार,

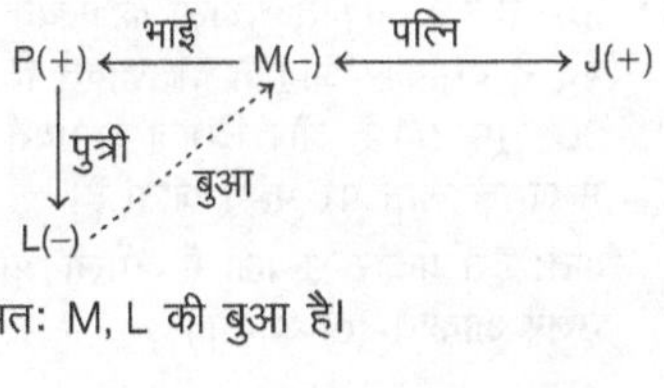

अतः M, L की बुआ है।

22. *(a)* प्रश्नानुसार,

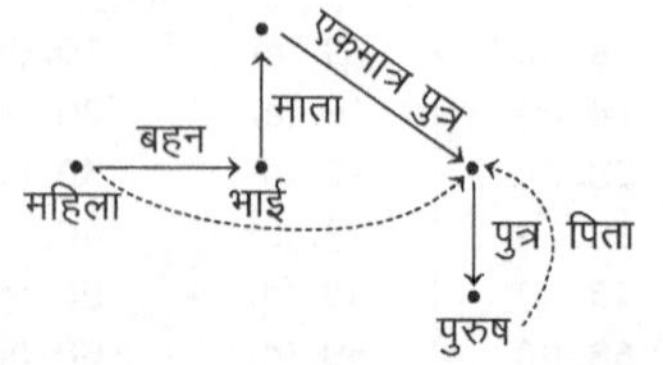

अतः महिला का भाई उस पुरुष का पिता है।

23. *(a)* पहली 10 वस्तुओं का कुल मूल्य $= 10 \times 5$

दूसरी 30 वस्तुओं का कुल मूल्य $= 30 \times 10$

$\therefore$ प्रत्येक वस्तु का औसत मूल्य

$$= \frac{10 \times 5 + 30 \times 10}{10 + 30}$$

$$= \frac{50 + 300}{40} = \frac{350}{40} = 8.75$$

24. *(d)* प्रश्नानुसार, P का 1 दिन का कार्य $= \frac{1}{7}$

Q का 1 दिन का कार्य $= \frac{1}{21}$

$\therefore$ दोनों का मिलाकर 1 दिन का कार्य

$$= \frac{1}{7} + \frac{1}{21} = \frac{4}{21}$$

अतः दोनों मिलकर कार्य पूरा कर लेंगे $= \frac{21}{4}$

$= 5.25$ दिन में

25. *(b)* आकृति (b) के अतिरिक्त अन्य सभी एकसमान हैं और इन्हें एक-दूसरे को घुमाकर प्राप्त किया जा सकता है।

26. *(d)* आकृति (d) के अतिरिक्त अन्य सभी में रिक्त आकृति और छायांकित आकृति एक-दूसरे के बिल्कुल विपरीत है।

27. *(a)* आकृति (a) के अतिरिक्त अन्य सभी आकृतियों में एक छोर पर त्रिभुज और दूसरे छोर पर वर्ग आकृति है।

28. *(b)* दी गई शृंखला है

21 → 24 → 26 → 27 → 30 → 32 → 31 → **34**

(+3, +2, +1, +3, +2, −1, +3)

29. *(b)* दी गई शृंखला है

3 → 7 → 16 → 32 → 57 → **93**

($+2^2$, $+3^2$, $+4^2$, $+5^2$, $+6^2$)

30. *(a)* दी गई आकृति शृंखला की प्रत्येक अगली आकृति में एक रेखा की वृद्धि हो रही है। इसलिए शृंखला में प्रश्न चिह्न के स्थान पर उत्तर आकृति (a) आएगी।

31. *(c)* दी गई आकृति शृंखला के प्रत्येक अगले पद में वर्गाकार आकृति दक्षिणावर्त दिशा में 90° घूम रही है और त्रिभुज वामावर्त दिशा में अगले कोने पर पहुँच जाता है।

अतः इस प्रकार शृंखला में अगली आकृति उत्तर आकृति (c) आएगी।

32. *(b)* दी गई आकृति शृंखला के प्रत्येक अगले पद में सम्पूर्ण आकृति 90° दक्षिणावर्त दिशा में घूम जाती है और एकान्तर क्रम में शीर्ष पर दिए गए बिन्दु संख्या में एक बिन्दु की वृद्धि और एक बिन्दु की कमी होती है।

अतः इस प्रकार शृंखला में प्रश्न चिह्न के स्थान पर उत्तर आकृति (b) आएगी।

33. *(d)* जिस प्रकार,

F R O M → 6 5 3 9 तथा N O I S E → 7 3 4 8 2

उसी प्रकार,

R O S E → 5 3 8 2

34. *(a)* जिस प्रकार,

F I L M (6 9 12 13) $\Rightarrow 6 + 9 + 12 + 13 = 40$

S H O T (19 8 15 20) $\Rightarrow 19 + 8 + 15 + 20 = 62$

उसी प्रकार,

T A K E (20 1 11 5) $\Rightarrow 20 + 1 + 11 + 5 =$ ☐

35. *(a)* जिस प्रकार,

T R U N C A T E → (+4, −1, +4, −1, +4, −1, +4, −1) → X Q Y M G Z X D

उसी प्रकार,

A P R A I S E → (+4, −1, +4, −1, +4, −1, +4) → E O V Z M R I

36. *(c)* 'आईबीआरडी' (IBRD) संगठन विश्व बैंक के रूप में जाना जाता है। आईबीआरडी की स्थापना वर्ष 1944 में हुई थी। इस संस्था का उद्देश्य मध्यम विकास वाले देशों और ऋणग्रस्त गरीब देशों में ऋण, गारण्टी व गैर-उधार सेवाओं के माध्यम से सतत् विकास को बढ़ावा देना है। वर्तमान में इस संगठन के सदस्य देशों की संख्या 189 हैं।

37. *(a)* आर्थिक नियोजन 'समाजवादी अर्थव्यवस्था' की एक विशेषता है। आर्थिक नियोजन की अवधारणा रूस से ली गई थी। आर्थिक नियोजन वह प्रक्रिया है, जिसमें वांछित लक्ष्यों को प्राप्त करने के लिए सीमित प्राकृतिक संसाधनों का कुशलतापूर्वक उपयोग किया जाता है।

38. *(c)* वर्ष 1969 में 14 बैंकों का राष्ट्रीयकरण किया गया था। इन बैंकों पर अधिकतर बड़े औद्योगिक घरानों का कब्जा था। इन 14 बैंकों के राष्ट्रीयकरण के साथ भारत की सामाजिक व आर्थिक विकास की दिशा उन्नत करने वाले एक नए पर्व की शुरुआत हुई। इन बैंकों के राष्ट्रीयकरण का उद्देश्य भारत समाज के गरीब, दलित वर्गों का आर्थिक व सामाजिक पुनरुत्थान व उन्हें आर्थिक रूप से सक्षम बनाना था।

39. *(b)* 'बजट घाटा', कुल प्राप्तियाँ व कुल व्यय के बीच अन्तर को कहा जाता है। इसे **घाटे का बजट** भी कहा जाता है। घाटे की वित्त व्यवस्था किसी सरकार की या किसी निजी कम्पनी या व्यक्ति की हो सकती है। बजट घाटे की वित्त व्यवस्था को विदेशी ऋण लेकर, नए नोट छापकर तथा आन्तरिक ऋण लेकर पूरा किया जाता है।

40. *(a)* भारतीय राज्य नागालैण्ड की आधिकारिक भाषा 'अंग्रेजी' है। नागालैण्ड भारत का उत्तर-पूर्वी राज्य है। इसकी राजधानी कोहिमा है। नागालैण्ड की सीमा पश्चिम में असम से, उत्तर में अरुणाचल प्रदेश से तथा पूर्व में बर्मा से व दक्षिण में मणिपुर से मिलती है। इस राज्य की स्थापना 1 दिसम्बर, 1963 को भारत के 16वें राज्य के रूप में हुई थी।

41. *(b)* भारत के राष्ट्रीय ध्वज पर चित्रित अशोक चक्र में 24 तीलियाँ हैं। यह चक्र धर्मचक्र का प्रतीक है। इस चक्र में स्थित चौबीस तीलियाँ मनुष्य के अविद्या से दुःख, दुःख से निर्वाण की अवस्थाओं की प्रतीक मानी जाती हैं।

42. *(c)* भारतीय संविधान का अनुच्छेद 40 पंचायती राज व्यवस्था को स्थापित करता है। भारत में सर्वप्रथम पंचायती राज व्यवस्था की शुरुआत 2 अक्टूबर, 1959 को राजस्थान के नागौर जिले से हुई थी। 73वें संविधान संशोधन (1993) के अन्तर्गत पंचायती राज व्यवस्था को संवैधानिक दर्जा प्रदान किया गया है।

43. *(d)* भारतीय संविधान में अस्पृश्यता उन्मूलन 'अनुच्छेद-17' से सम्बन्धित है। इस अनुच्छेद के अन्तर्गत अस्पृश्यता को निषिद्ध किया गया हैं। इस अनुच्छेद का अनुपालन सुनिश्चित करने के लिए भारतीय संसद ने अस्पृश्यता निवारण अधिनियम-1955 अधिनियमित किया है।

44. *(d)* शूरसेन महाजनपद की राजधानी 'मथुरा' थी। यह उत्तरी भारत का प्रसिद्ध महाजनपद था। इस महाजनपद का नाम सम्भवतः शत्रुघ्न द्वारा अपने पुत्र शूरसेन के नाम पर रखा गया है। बौद्ध ग्रन्थ अंगुत्तर निकाय में 16 महाजनपदों का उल्लेख किया गया है। इन महाजनपद काल में 10 गणतन्त्र भी विद्यमान थे, जिनमें लिच्छवि (वैशाली), शाक्य (कपिलवस्तु) तथा भग्ग (सुमुसुमागिरि) आदि थे।

45. *(b)* पुष्यभूति वंश के शासक सम्राट हर्षवर्धन (606-647 ई.) के शासन काल में कन्नौज में बौद्ध धर्म की शाखा 'महायान' सम्प्रदायों के सिद्धान्त को प्रचार करने के लिए 643 ई. में कन्नौज सभा का आयोजन किया गया था। इस सभा या सम्मेलन की अध्यक्षता असम के शासक भास्करवर्मन ने की थी।

46. *(d)* 1 जनवरी, 1923 को मोतीलाल नेहरू व सी. आर. दास द्वारा स्वराज पार्टी की स्थापना इलाहाबाद (प्रयागराज) में की गई थी। इस दल का प्रमुख उद्देश्य भारत में स्वशासन या स्वराज की स्थापना करना तथा भारत की स्वतन्त्रता प्राप्ति के लिए संघर्ष करना था। यह दल विधान परिषदों में भाग लेने में विश्वास करता था। नवम्बर, 1923 के चुनाव में स्वराज पार्टी को मध्य प्रान्त व बंगाल में पूर्ण बहुमत प्राप्त हुआ था।

47. *(a)* वायसराय लॉर्ड लिनलिथगो (वर्ष 1936 से 1943 तक) के शासनकाल में भारत के 11 राज्यों में प्रथम बार चुनाव कराए गए थे। इन चुनावों में काँग्रेस पार्टी ने 11 में से 6 प्रान्तों में पूर्ण बहुमत प्राप्त किया तथा बंगाल व असम में उसने गठबन्धन द्वारा सरकार बनाई। लॉर्ड लिनलिथगो के समय ही मार्च, 1940 को मुस्लिम लीग द्वारा लाहौर अधिवेशन में पाकिस्तान की माँग रखी गई। इन्हीं के समय वर्ष 1942 में क्रिप्स मिशन भारत आया।

48. *(c)* भारत में स्तूप की सबसे बड़ी सघनता 'मध्य प्रदेश' में स्थित है। इन स्तूपों में मुख्यतः मध्य प्रदेश के रायसेन जिले में स्थित साँची का स्तूप है, जिसे तीसरी शताब्दी ई.पू. में मौर्य शासक सम्राट अशोक द्वारा बनवाया गया था। इन स्तूपों में बुद्ध के जीवन से सम्बन्धित घटनाओं व जीवन शैली को दर्शाया गया है।

49. *(d)* थाईपुसम त्योहार 'तमिल समुदाय' द्वारा मनाया जाता है। यह त्यौहार तमिल कैलेण्डर के थाई महीने में पूर्णिमा के दिन मनाया जाता है, जिसे तमिल भाषा में 'पोसम' भी कहा जाता है। इस त्यौहार में भगवान शिव के बड़े पुत्र मुरुगन की पूजा की जाती है। इस दिन को बुराई पर अच्छाई की जीत के रूप में भी देखा जाता है।

50. *(c)* मध्य प्रदेश में सर्वाधिक वन क्षेत्रों का विस्तार है। वर्ष 2019 की वन रिपोर्ट के अनुसार मध्य प्रदेश में वन क्षेत्रों का विस्तार 77,842 वर्ग किमी तक विस्तृत है। इसके बाद अरुणाचल प्रदेश (66,668 वर्ग किमी) व छत्तीसगढ़ (55,611 वर्ग किमी) का स्थान आता हैं। वर्ष 2019 की वन रिपोर्ट के अनुसार भारत के कुल भौगोलिक क्षेत्रफल के 24.56% भाग पर वनों व वृक्षों का विस्तार है।

51. *(c)* केन, यमुना नदी की सहायक नदी है। इस नदी का उद्‌गम मध्य प्रदेश के कटनी जिले से होता है तथा बुन्देलखण्ड क्षेत्र से गुजरते हुए यह उत्तर प्रदेश के बाँदा जिले के निकट यमुना नदी से मिल जाती है। इस नदी की कुल लम्बाई 427 किमी है। उर्मिल व सुनार नदी इसकी प्रमुख सहायक नदियाँ हैं।

52. *(b)* मणिपुर राज्य की सीमाएँ उत्तर में नागालैण्ड से, दक्षिण में मिजोरम तथा पश्चिम में असम राज्य से मिलती हैं। मणिपुर भारत का पूर्वोत्तर राज्य है, जिसकी राजधानी इम्फाल है। इस राज्य का क्षेत्रफल 22,347 वर्ग किमी में विस्तृत है। यहाँ के मूल निवासियों को 'मेइती' कहा जाता है।

53. *(a)* हिमालय पर्वत शृंखला 'वलित पर्वत' का एक उदाहरण है। वलित पर्वतों का निर्माण पृथ्वी की आन्तरिक शक्ति से धरातल की चट्टानों के मुड़ जाने के फलस्वरूप होता है। ये लहरदार पर्वत होते हैं।
जिन पर असंख्य अपनतियाँ व अभिनतियाँ होती हैं। वलित पर्वत के अन्य उदाहरण आल्पस पर्वत, यूराल पर्वत, रॉकीज पर्वत शृंखला व एण्डीज पर्वत शृंखला आदि हैं।

54. *(b)* भारत में 'राजस्थान' राज्य में सर्वाधिक ऊन का उत्पादन होता है। राजस्थान में जयपुर, भीलवाड़ा, बीकानेर, जोधपुर आदि प्रमुख ऊन उत्पादक जिले हैं। भारत में सर्वप्रथम ऊनी वस्त्र मिल 1876 ई. में कानपुर (उप्र) में स्थापित की गई थी, परन्तु इस उद्योग का वास्तविक विकास वर्ष 1950 के बाद हुआ। राजस्थान के अतिरिक्त पंजाब, कर्नाटक, उत्तर प्रदेश व जम्मू-कश्मीर भी प्रमुख ऊन उत्पादक राज्य हैं।

55. *(d)* पवन, तापमान, नमी आदि सभी मौसम के प्रमुख तत्त्व हैं। वास्तव में मौसम से तात्पर्य वातावरण की दशा को व्यक्त करने से है। अधिकांश मौसम सम्बन्धी घटनाएँ क्षोभमण्डल (ट्रोपोस्फीयर) में होती हैं।

56. *(b)* भूकम्प की तीव्रता को मापने के लिए 'रिक्टर पैमाने' का प्रयोग किया जाता है। इस पैमाने का विकास 1930 के दशक में किया गया था। इस पैमाने पर भूकम्प से निकली भूगर्भीय ऊर्जा की मात्रा को मापन हेतु एक संख्या से दर्शाया जाता है। रिक्टर स्केल भूकम्प की तरंगों को 1 से 9 तक को मापक पैमाने के आधार पर मापता है। लघु रूप में इसे स्थानीय परिमाण (M_L) के रूप में लिखा जाता है।

57. *(c)* 'पानी' की विशिष्ट ऊष्मा का मान सर्वाधिक होता है। इसका मान 15°C पर 4180 जूल/किग्रा. केल्विन होता है। जल की विशिष्ट ऊष्मा 0°C से 4°C तक ताप बढ़ाने पर घटती है तथा इसके बाद बढ़ती है। किसी पदार्थ की विशिष्ट ऊष्मा को जूल/किग्रा केल्विन में मापा जाता है।

58. *(b)* एक कृत्रिम उपग्रह पृथ्वी के चारों ओर वृत्तीय कक्षा में घूमता है, तो उसकी 'कोणीय गति' नियत रहती है। यदि कोई वस्तु या पिण्ड किसी अक्ष के परितः घूर्णन कर रहा हो, तो उस पिण्ड के कणों के रेखीय संवेगों के आघूर्णों का योग उस पिण्ड का उस अक्ष के परितः कोणीय गति या कोणीय संवेग कहलाता है। यह एक सदिश राशि है। जिसे 'L' द्वारा व्यक्त किया जाता है।

59. *(d)* जरादूरदृष्टि रोग को दूर करने के लिए बायफोकल लेन्स का उपयोग किया जाता है। जरादूरदृष्टि रोग में व्यक्ति को न तो पास की वस्तुएँ दिखाई देती हैं और न ही दूर की वस्तुएँ। बायफोकल लेन्स में ऊपरी भाग दूर की वस्तुओं तथा निचला भाग निकट की वस्तुओं को देखने के लिए प्रयोग किया जाता है।

60. *(a)* 'एल्बुमिन' रक्त प्रोटीन प्लाज्मा में पानी की मात्रा को नियन्त्रित करता है। यह एक घुलनशील मोनोमेरिक प्रोटीन है, जो ऊतकों को स्वस्थ रखने में सहायता करता है। इसके अतिरिक्त इस प्रोटीन का उपयोग नवजात शिशुओं में हाइपर बिलिरुबिनमिया नामक रोग के उपचार में भी किया जाता है। यह प्रोटीन स्टेरॉयड, थायरॉयड हार्मोन व फैटी एसिड को कम करके रक्त की चिपचिपाहट को भी कम करता है।

61. *(c)* 'जल गैस' (Water Gas) कार्बन मानोऑक्साइड (CO) व हाइड्रोजन (H_2) गैस का मिश्रण है। इस गैस में कार्बन मोनोऑक्साइड की मात्रा 45% तथा हाइड्रोजन गैस की मात्रा 49% तक होती है। इसके अतिरिक्त कार्बन डाइ-ऑक्साइड की 4.5% मात्रा भी होती है। जल गैस का उष्मीय मान 2500 से 2800 kcal/kg होता है। इसका उपयोग हाइड्रोजन व एल्कोहॉल के निर्माण में अपचायक के रूप में होता है।

62. *(b)* हाइड्रोजन गैस के स्थान पर गुब्बारे में 'हीलियम' (He) गैस का प्रयोग किया जाता है, क्योंकि यह गैस वायु से हल्की होती है। इस गैस की खोज **पुकलैण्ड** व **लोकेयर** द्वारा की गई थी। यह एक अक्रिय गैस है, जिसे आवर्त सारणी में शून्य वर्ग में रखा गया है। इसका उपयोग मौसम सम्बन्धी अध्ययन, ठण्डी वायु वाली नाभिकीय भट्‌टी में तथा गोताखोरों द्वारा अधिकतम गहराई पर साँस लेने के लिए ऑक्सीजन के साथ किया जाता है।

63. *(b)* गामा किरणों के उत्सर्जन में समभारिक का निर्माण होता है। ये एक विद्युतचुम्बकीय विकिरण है जो परमाणु नाभिक के रेडियोएक्टिव क्षय से उत्पन्न होती है। इनकी भेदन क्षमता अल्फा व बीटा किरणों से अधिक होती है। ये किरणें गैसों को आयनीकृत कर देती हैं। इन किरणों का उपयोग संवेदक के रूप में, जीवाणुनाशक में तथा कैंसर रोग के इलाज में किया जाता है।

64. *(a)* उष्णकटिबन्धीय वर्षा वनों में सर्वाधिक जैव-विविधता पाई जाती है। इन वनों का विस्तार भूमध्य रेखा से 10° उत्तरी व 10° दक्षिणी अक्षांशों के मध्य होता है। ये वर्षा वन सर्वाधिक अमेजन बेसिन, कांगो बेसिन व इण्डोनेशिया में विस्तृत है। इन वनों में वार्षिक औसत वर्षा 200 सेमी से अधिक होती है। इन वनों में मुख्यतः महोगनी, एबोनी, रोजवुड, नारियल, ताड़ आदि हैं।

65. *(d)* 'हंगुल' हिरण की प्रजाति को जम्मू-कश्मीर स्थित दचिग्राम नेशनल पार्क में संरक्षित किया जा रहा है। हंगुल या कश्मीर हिरण मुख्यतः जम्मू-कश्मीर व हिमाचल प्रदेश में पाए जाते हैं। यह दुर्लभ प्रजाति है, जो लाल हिरण की उपजाति है। हंगुल के शरीर का रंग खाकी होता है तथा इसके सिर पर स्थित सींगों में पाँच काँटें (उपसींग) होते हैं। इनका वैज्ञानिक नाम 'सर्वस ऐलाफस हंगलू' है।

66. *(d)* जैव ईंधन के उत्पादन के लिए गन्ना, मक्का व जैट्रोफा का उपयोग किया जाता है। यह एक प्राकृतिक ईंधन है, जो सल्फर व गन्ध से पूर्णतः मुक्त है। यह जीवाश्म ईंधन; जैसे-कोयला, पेट्रोलियम आदि की तुलना में एक स्वच्छ ईंधन है। यह वातावरण से कार्बन डाइ-ऑक्साइड को अवशोषित कर पर्यावरण को स्वच्छ रखता है। इसका उपयोग खाना बनाने में, स्वचालित वाहनों में तथा विभिन्न उद्योगों में किया जाता है।

67. *(c)* अक्टूबर, 2017 में भारतीय प्रधानमन्त्री श्री नरेन्द्र मोदी ने गुजरात के वडनगर में 'मिशन इन्द्रधनुष' के त्रीव संस्करण को लॉन्च किया था। मिशन इन्द्रधनुष की शुरुआत केन्द्रीय स्वास्थ्य व परिवार कल्याण मन्त्रालय द्वारा वर्ष 2014 में की गई थी। यह एक बूस्टर टीकाकरण कार्यक्रम है, जिसमें 7 रोगों से सम्बन्धित टीकों को सम्मिलित किया गया है ये रोग– तपेदिक, पोलियो, हेपेटाइटिस बी, डिप्थीरिया, पिट्यूसिस, टिटनेस व खसरा आदि हैं। तीव्र मिशन इन्द्रधनुष के अन्तर्गत वर्ष 2020 तक टीकाकरण का लक्ष्य पूरा करना है।

68. *(b)* भारत ने वर्ष 2010-2020 को प्रगति और वैज्ञानिक सोच को बढ़ावा देने के नवोन्मेष (इनोवेशन) दशक के रूप में घोषित किया है।

69. *(b)* भारतीय रेलवे ट्रेनों को सुरक्षित बनाने के लिए इसरो (इण्डियन स्पेस रिसर्च ऑर्गनाइजेशन) के साथ काम कर रहा है। इसरो का मुख्यालय बंगलुरु (कर्नाटक) में है। इसका गठन वर्ष 1969 में भारतीय अन्तरिक्ष कार्यक्रम के अन्तर्गत किया गया था।

इस केन्द्र से उपग्रहों के निर्माण, परीक्षण व उनके डिजाइन व प्रबन्धन सम्बन्धी कार्य किए जाते हैं।

70. *(c)* वर्ष 2017 की महिला एकल राष्ट्रीय बैडमिण्टन चैम्पियनशिप 'साइना नेहवाल' द्वारा जीती गई है। इस प्रतियोगिता का आयोजन नवम्बर, 2017 में नागपुर में किया गया था। फाइनल मुकाबले में भारतीय शटलर साइना नेहवाल ने पी. वी. सिन्धु को हराकर यह प्रतियोगिता जीती। इसके अतिरिक्त 83वीं बैडमिण्टन चैम्पियनशिप 2019 का खिताब साइना नेहवाल द्वारा जीता गया है।

71. *(c)* वर्ष 2019 में फीफा महिला विश्व कप 8वें संस्करण की मेजबानी फ्रांस द्वारा की गई थी। यह पहला मौका था, जब फ्रांस ने इस टूर्नामेण्ट की मेजबानी की। इस टूर्नामेण्ट में 24 टीमों ने हिस्सा लिया। इस प्रतियोगिता का आयोजन 7 जून से 7 जुलाई के बीच किया गया। यह विश्वकप अमेरिका ने नीदरलैण्ड को 2-0 से हराकर जीता।

72. *(c)* पड़ोसी देश श्रीलंका के साथ भारत ने अक्टूबर, 2017 में 'मित्रशक्ति' युद्धाभ्यास किया था। यह एक वार्षिक सैन्य अभ्यास है, जो भारत व श्रीलंका की सेनाओं के बीच अन्तर सक्रियता व परिचालन क्षमता को बढ़ाने के लिए आयोजित किया जाता है। यह संयुक्त सैन्य अभ्यास वर्ष 2012 से लगातार आयोजित हो रहा है। वर्ष 2019 में इस सैन्य अभ्यास का आयोजन पुणे (महाराष्ट्र) में किया गया था।

73. *(*)* नेपाल का सबसे लोकप्रिय खेल वॉलीबॉल है। यह नेपाल का राष्ट्रीय खेल भी है, जिसे वर्ष 2017 में राष्ट्रीय खेल के रूप में घोषित किया गया। नेपाल एक दक्षिण एशियाई स्थलरुद्ध देश है, जो भारत के दक्षिण-पूर्व पश्चिम में स्थित है। यहाँ की राजभाषा 'नेपाली' है तथा राजधानी काठमाण्डू है। नेपाल की 85% जनसंख्या हिन्दू धर्म की अनुयायी है।

74. *(b)* मैनबुकर अन्तर्राष्ट्रीय पुरस्कार, 2017 के विजेता डेविड ग्रासमैन हैं। वे एक इजराइली लेखक हैं। जिन्हें उपन्यास 'ए हार्स बॉक्स इन टू एक बार' के लिए लन्दन स्थित प्रतिष्ठित मैन बुकर इन्टरनेशनल पुरस्कार से सम्मानित किया गया। इन पुरस्कारों की शुरुआत वर्ष 1969 में की गई थी।

75. *(d)* वर्ष 2017 में फ्रांस के सर्वोच्च नागरिक सम्मान 'लॉयन ऑफ ऑनर' से बांग्ला फिल्मों के अभिनेता 'सौमित्र चटर्जी' को सम्मानित किया गया। उनका वास्तविक नाम उत्तम कुमार है। इसके अतिरिक्त कला के क्षेत्र में उनकी उपलब्धियों के लिए वर्ष 2004 में उन्हें पद्म भूषण से भी सम्मानित किया गया।

76. *(a)* विश्व बैंक द्वारा जारी 'इज ऑफ डूइंग बिजनेस' इण्डेक्स 2017 में भारत की रैंक 100वीं है। यह एक बिजनेस सहजता सूचकांक है, जिसे डिस्टेंस टू फ्रन्टियर के आधार पर तय किया जाता है। वर्ष 2019 में जारी इस सूची में भारत का स्थान 63वाँ था। इस सूचकांक में कुल 190 देशों को शामिल किया गया था।

77. *(d)* बैंक ऑफ अमेरिका की रिपोर्ट के अनुसार, भारत वर्ष 2028 तक जापान को पछाड़कर विश्व की तीसरी सबसे बड़ी अर्थव्यवस्था बन सकता है। वर्तमान में भारत 2.94 ट्रिलियन डॉलर के साथ विश्व की पाँचवें नम्बर की सबसे बड़ी अर्थव्यवस्था है।

78. *(b)* नवम्बर, 2017 में आई.एम.एफ द्वारा जारी रैंक के अनुसार प्रतिव्यक्ति जीडीपी मामले में कतर देश ने दुनिया के सबसे अमीर देश का स्थान हासिल किया। यह अरब प्रायद्वीप में स्थित एक मुस्लिम देश है। इसकी राजधानी दोहा है। यहाँ की प्रतिव्यक्ति आय 58,867 अमेरिकी डॉलर आँकी गई है। इस देश की आधिकारिक मुद्रा रियाल है।

79. *(c)* इजराइल देश ने भारत में पहले निजी क्षेत्र के मिसाइल सबसिस्टम के साथ हैदराबाद (तेलंगाना) के निकट विनिर्माण सुविधा में भागीदारी की है।

80. *(b)* ओडिशा राज्य सरकार ने समुद्री जन्तु 'कछुओं के संरक्षण के लिए उसे अवैध रूप से पकड़ने की गतिविधियों पर 7 महीने का प्रतिबन्ध लगाया है। ओडिशा के गाहीरमाथा क्षेत्र में ओलिव रिडले समुद्री कछुए की प्रजाति पाई जाती है। यह एक संकटग्रस्त दुर्लभ प्रजाति है। यह कछुआ प्रतिवर्ष ओडिशा के समुद्री तट पर अण्डे देने के लिए आता है तथा गर्मियों में वापस लौट जाता है। यह दुनिया का दूसरा सबसे छोटा समुद्री कछुआ है।

81. *(c)* खाद्य मछली की नई प्रजातियाँ पम्पा नदी से मिली है। यह नदी 'केरल' राज्य में स्थित है। पम्पा नदी केरल राज्य की तीसरी सबसे बड़ी नदी है। इसी नदी के तट पर सबरीमाला मन्दिर स्थित है। यह पेरियार की सहायक नदी है। इस नदी का उद्गम पुलाचिमलय से होता है। इस नदी की कुल लम्बाई,176 किमी है। इसे तुंगभद्रा नदी के नाम से भी जाना जाता है।

82. *(c)* अक्टूबर, 1017 में भारतीय स्टेट बैंक के अध्यक्ष के रूप में रजनीश कुमार को नियुक्त किया गया है। उन्होंने अरुन्धति भट्टाचार्य का स्थान लिया। उनका कार्यकाल 3 वर्ष तक रहेगा। वर्तमान भारतीय स्टेट बैंक भारत का सबसे बड़ा सार्वजनिक क्षेत्र का बैंक है।

83. *(c)* वर्ष 2017 का मिस वर्ल्ड का खिताब भारत के हरियाणा राज्य की निवासी 'मानुषी छिल्लर' को प्रदान किया गया है। यह एक अन्तर्राष्ट्रीय सौन्दर्य प्रतियोगिता है, जिसका प्रतिवर्ष आयोजन किया जाता है। वर्ष 2019 का मिस वर्ल्ड का खिताब जमैका की टोनी एन सिंह को दिया गया है।

84. *(b)* संयुक्त अरब अमीरात के शहर शारजाह को यूनेस्को द्वारा वर्ष 2019 के लिए 'वर्ल्ड बुक कैपिटल' के रूप में नामित किया गया है। यूनेस्को द्वारा प्रतिवर्ष 'वर्ल्ड बुक कैपिटल' के रूप में किसी देश को नामित किया जाता है। इस संस्करण की शुरुआत वर्ष 2001 में की गई थी। वर्ष 2020 के लिए मलेशिया के 'कुआलालम्पुर' शहर को वर्ल्ड बुक कैपिटल के रूप में नामित किया गया है।

85. *(a)* जम्मू-कश्मीर केन्द्रशासित प्रदेश का पहला गाँव 'लानुरा' है, जो नकदी रहित बना। यह गाँव जम्मू-कश्मीर बडगाँव जिले में है। इस गाँव के प्रत्येक सदस्य को इलेक्ट्रॉनिक पेमेण्ट सिस्टम (EPS) को यूज करने के लिए ट्रेंड किया गया है।

86. *(d)* x तथा y सम संख्याएँ हैं।

$\therefore x+y+1$ एक विषम संख्या है। [$\because$ दो सम संख्याओं का योग सदैव सम संख्या होती है]

87. *(c)* 0 से 108 तक की वे संख्याएँ जिनमें अंक 7 आता है।

7, 17, 27, 37, 47, 57, 67, 70, 71, 72, 73, 74, 75, 76, 77, 78, 79, 87, 97, 107

$\therefore$ अंक 7 की संख्या = 21

88. *(a)* $5\frac{1}{2}+7\frac{3}{4}+8\frac{3}{8}$

$=\frac{11}{2}+\frac{31}{4}+\frac{67}{8}=\frac{44+62+67}{8}=\frac{173}{8}$

89. *(b)* संख्या $43N$ के अंकों का योग

$=4+3+N=7+N$

संख्या 9 विभाजित होगी, यदि अंकों का योग 9 से विभाजित होगा

$\therefore \quad N=2 \quad [\because 7+2=9]$

90. *(b)* $\frac{(0.6\times0.6\times0.6)+(0.5\times0.5\times0.5)}{(0.6\times0.6)+(0.5\times0.5)-0.3}$

$=\frac{a^3+b^3}{a^2+b^2-ab}$ [माना $a=0.6, b=0.5$]

$=\frac{(a+b)(a^2+b^2-ab)}{(a^2+b^2-ab)}$

$[\because a^3+b^3=(a+b)(a^2+b^2-ab)]$

$=a+b$

$=0.6+0.5=1.1$

91. *(a)* माना वह संख्या x है।

प्रश्नानुसार, x का 70% − 90 = 120

$\Rightarrow \quad x\times\frac{70}{100}=120+90$

$\Rightarrow \quad x=\frac{210\times100}{70}=300$

92. *(c)* पीतल में ताँबे और जस्ते का अनुपात $=11:14$

$\therefore$ 150 किग्रा पीतल में ताँबे की मात्रा

$=\frac{11}{11+14}\times150=66$ किग्रा

93. *(b)* प्रथम 8 सम संख्याओं का औसत

$=\frac{2+4+6+8+10+12+14+16}{8}$

$=\frac{72}{8}=9$

94. *(a)* माना वर्ग की भुजा a है।

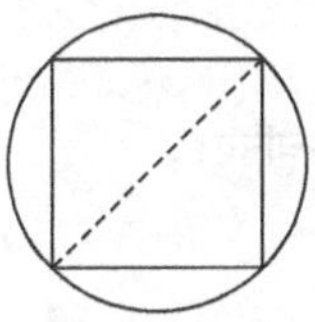

$\therefore$ वृत्त का व्यास = वर्ग का विकर्ण $=a\sqrt{2}$

$\therefore$ वृत्त की त्रिज्या, $r=\frac{a\sqrt{2}}{2}=\frac{a}{\sqrt{2}}$

$\therefore$ वर्ग का क्षेत्रफल : वृत्त का क्षेत्रफल

$=a^2:\pi\left(\frac{a}{\sqrt{2}}\right)^2$

$=a^2:\frac{22}{7}\times\frac{a^2}{2}=1:\frac{11}{7}=7:11$

95. *(b)* माना वस्तु का क्रय मूल्य ₹ x है।

$\therefore$ वस्तु का अंकित मूल्य $=x\times\frac{120}{100}=\frac{6x}{5}$

$\therefore$ विक्रय मूल्य = अंकित मूल्य $\times\frac{100-\text{छूट\%}}{100}$

$\Rightarrow \quad 600=\frac{6x}{5}\times\frac{100-20}{100}$

$\Rightarrow \quad 600=\frac{6x}{5}\times\frac{80}{100}$

$\Rightarrow \quad x=\frac{600\times5\times100}{6\times80}$

= ₹ 625

96. *(d)* माना चीनी का प्रारम्भिक मूल्य ₹ x है।

20% कमी के बाद चीनी का मूल्य

$=\frac{80}{100}x=\frac{4}{5}x$

प्रश्नानुसार, $\frac{100}{\frac{4x}{5}}-\frac{100}{x}=4$

$\Rightarrow \quad \frac{500-400}{4x}=4$

$\Rightarrow \quad x=\frac{100}{16}=\frac{25}{4}$

$\therefore \quad \frac{4}{5}x=\frac{4}{5}\times\frac{25}{4}=$ ₹ 5

97. *(c)* P, Q और R के लाभांशों का अनुपात = उनकी पूँजियों का अनुपात $=3:4:7$

$\therefore R$ का लाभांश $=\frac{7}{3+4+7}\times21000$

$=\frac{7}{14}\times21000=$ ₹ 10500

98. *(a)* प्रश्नानुसार, A की आयु का 30% = B की आयु का 60%

$\Rightarrow$ A की आय $\times\frac{30}{100}=B$ की आयु $\times\frac{60}{100}$

$\Rightarrow$ A की आय $=2\times B$ की आय ...(i)

$\therefore$ अभीष्ट प्रतिशत $=\frac{B\text{की आय}}{A\text{की आय}}\times100\%$

$=\frac{B\text{की आय}}{2\times B\text{की आय}}\times100\%$

$=50\%$

99. *(b)* माना लड़कियों की वर्तमान आयु $3x$ और $4x$ है।

प्रश्नानुसार, $\frac{3x+5}{4x+5}=\frac{4}{5}$

$\Rightarrow \quad 15x+25=16x+20$

$\Rightarrow \quad x=5$

$\therefore$ 7 वर्ष पश्चात् आयु का अनुपात

$=\frac{3x+7}{4x+7}=\frac{15+7}{20+7}$

$=\frac{22}{27}=22:27$

100. *(d)* A, B और C का 1 दिन का कार्य $=\frac{1}{16}$

B का C का 1 दिन का कार्य $=\frac{1}{20}$

$\therefore$ अकेले A का 1 दिन का कार्य $=\frac{1}{16}-\frac{1}{20}$

$=\frac{5-4}{80}=\frac{1}{80}$

$\therefore$ अकेले A कार्य पूरा करेगा $=\frac{1}{1/80}$

= 80 दिनों में

सॉल्वड पेपर 5 दिसम्बर 2017 (I Shift)

दिल्ली पुलिस सिपाही भर्ती परीक्षा 2017

1. निम्नलिखित प्रश्न में दिए गए विकल्पों में से सम्बन्धित शब्द को चुनिए—
दरवाजा : लकड़ी :: कमीज : ?
(a) कॉलर (b) बटन
(c) कफ (d) कपड़ा

2. निम्नलिखित प्रश्न में दिए गए विकल्पों में से सम्बन्धित अक्षरों को चुनिए।
BLINK : IGPIR : PINCH :: ?
(a) WDUXO (b) XDVOP
(c) VCTWP (d) WCDWO

3. निम्नलिखित प्रश्न में दिए गए विकल्पों में से सम्बन्धित संख्या को चुनिए।
4 : 64 :: 6 : ?
(a) 106 (b) 68 (c) 216 (d) 196

4. निम्नलिखित प्रश्न में दिए गए विकल्पों में से विषम शब्द को चुनिए।
(a) कार (b) साइकिल
(c) ट्रक (d) सड़क

5. निम्नलिखित प्रश्न में दिए गए विकल्पों में से विषम अक्षरों को चुनिए।
(a) FKQX (b) CHNU
(c) JOUC (d) DIOV

6. निम्नलिखित प्रश्न में दिए गए विकल्पों में से विषम संख्या युग्म को चुनिए।
(a) 14-56 (b) 12-48
(c) 8-32 (d) 6-30

7. निम्नलिखित प्रश्न में दिए गए विकल्पों में से विषम संख्या युग्म को चुनिए।
(a) 5342-16 (b) 4629-21
(c) 1965-21 (d) 5344-16

8. दी गई आकृति में कितने त्रिभुज हैं?

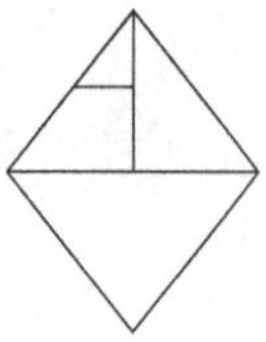

(a) 4 (b) 5 (c) 6 (d) 7

9. दी गई आकृति में कितने आयत हैं?

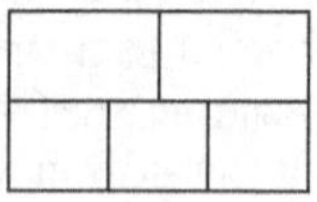

(a) 7 (b) 8 (c) 9 (d) 10

10. दी गई आकृति में, 'Z' युक्त फलक के विपरीत क्या आएगा?

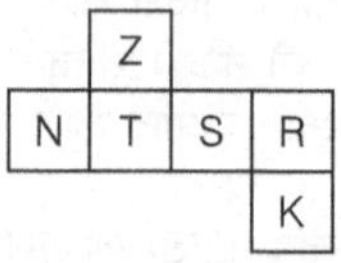

(a) N (b) S (c) K (d) R

11. दी गई आकृति में कितनी सतह हैं?

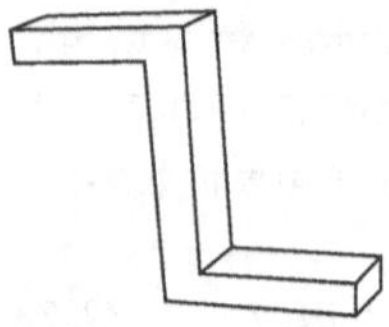

(a) 8 (b) 10 (c) 9 (d) 7

12. दी गई उत्तर आकृतियों में से उस उत्तर आकृति को चुनिए जिसमें प्रश्न आकृति निहित है।

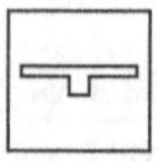

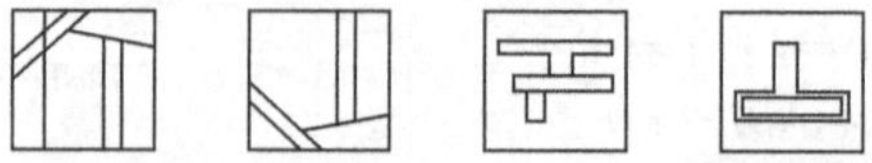

(a) (b) (c) (d)

13. नीचे की प्रश्न आकृतियों में दिखाए अनुसार कागज को मोड़कर छेदने तथा खोलने के बाद वह किस उत्तर आकृति जैसा दिखाई देगा?

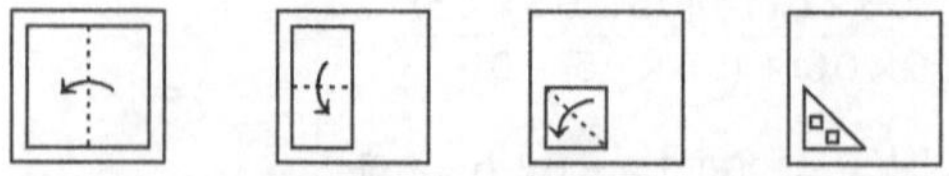

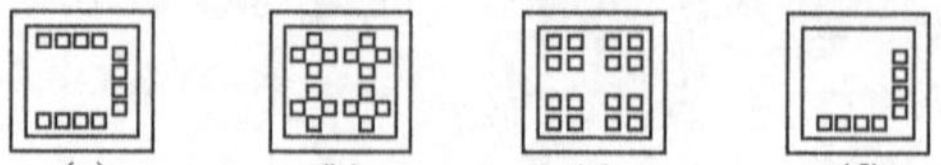

(a) (b) (c) (d)

14. यदि एक दर्पण को AB रेखा पर रखा जाए, तो दी गई उत्तर आकृतियों में से कौन-सी आकृति प्रश्न आकृति का सही दर्पण प्रतिबिम्ब होगी?

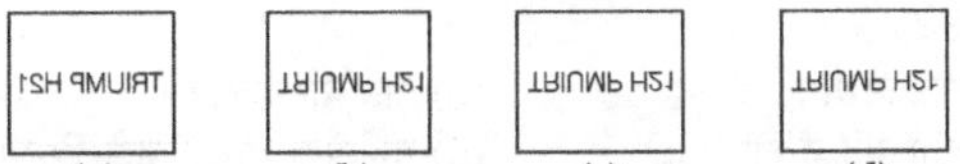

(a) (b) (c) (d)

15. निम्नलिखित विकल्पों में से वह शब्द चुनिए, जो दिए गए शब्द के अक्षरों का प्रयोग करके बनाया जा सकता है?

MOMENTARILY

(a) MOIST (b) TONER
(c) YARD (d) LAID

16. वह आरेख चुनिए, जो नीचे दिए गए वर्गों के बीच के सम्बन्ध का सही निरूपण करता हैं?

सोना, कार्बन, धातु

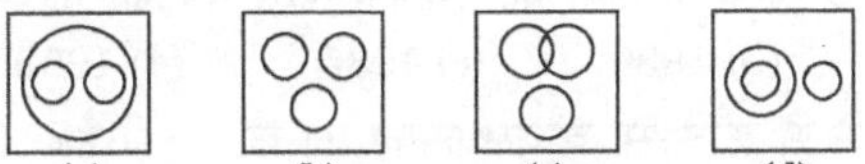

(a) (b) (c) (d)

17. दी गई आकृति में, कितने भारतीय क्रिकेटर व्यापारी नहीं हैं?

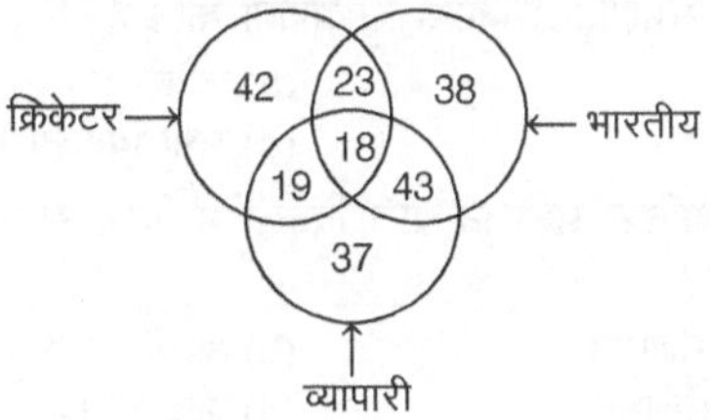

(a) 41 (b) 23 (c) 18 (d) 19

18. निम्नलिखित प्रश्न में दिए गए विकल्पों में से प्रश्न चिन्ह (?) के स्थान पर आने वाली संख्या को चुनिए—

7	8	4	88
5	11	6	121
9	7	3	?

(a) 84 (b) 88 (c) 86 (d) 80

19. नीचे दिए गए प्रश्न में कुछ कथन और उनके बाद उन कथनों पर आधारित कुछ निष्कर्ष दिए गए हैं। दिए गए कथनों को सही माने, चाहे उनमें सामान्य ज्ञात तथ्यों से भिन्नता हो। सभी निष्कर्ष पढ़ें और फिर निर्धारित करें कि दिए गए कौन-से निष्कर्ष, दिए गए कथनों के आधार पर युक्तिसंगत हैं?

कथन

I. कुछ आकृतियाँ छोटी हैं।
II. कोई छोटा लाल नहीं हैं।

निष्कर्ष

I. सभी छोटी आकृतियाँ हैं।
II. कुछ लाल छोटे हैं।

(a) केवल निष्कर्ष I सही है
(b) केवल निष्कर्ष II सही है
(c) दोनों ही निष्कर्ष सही हैं
(d) न तो निष्कर्ष I और न ही निष्कर्ष II सही है।

20. नीचे दिए गए प्रश्न में कुछ कथन और उनके बाद उन कथनों पर आधारित कुछ निष्कर्ष दिए गए हैं। दिए गए कथनों को सही माने, चाहे उनमें सामान्य ज्ञात तथ्यों से भिन्नता हो। सभी निष्कर्ष पढ़ें और फिर निर्धारित करें कि दिए गए कौन-से निष्कर्ष, दिए गए कथनों के आधार पर युक्तिसंगत है?

कथन

I. कुछ कलम गोल हैं।
II. सभी गोल काले है।

निष्कर्ष

I. सभी काले कलम हैं
II. कुछ गोल काले हैं।
III. सभी गोल कलम है

(a) केवल निष्कर्ष III सही है
(b) केवल निष्कर्ष II सही है
(c) केवल निष्कर्ष II तथा III सही हैं
(d) सभी निष्कर्ष सही हैं

21. J, P का पुत्र हैं। P, Q की बहन है। Q, M का पुत्र है। M, P से किस प्रकार सम्बन्धित है?

(a) पुत्री (b) पुत्र
(c) चाचा (d) माता अथवा पिता

22. अनिल, सुमन का पति है जोकि पंकज की पुत्री है। राहुल, सुमन का एकमात्र भाई है। अनिल, राहुल से किस प्रकार सम्बन्धित है?

(a) जीजा (b) पिता
(c) भाई (d) पुत्र

23. रोहित तथा मोहित की वर्तमान आयु क्रमश: 48 वर्ष तथा 32 वर्ष है। 12 वर्ष पूर्व रोहित तथा मोहित की आयु का अनुपात क्या था?

(a) 9 : 4 (b) 9 : 5 (c) 6 : 5 (d) 8 : 5

24. A, B तथा C एक कार्य को क्रमश: 48, 12 तथा 24 दिनों में कर सकते हैं। A, B तथा C मिलकर उस कार्य के दो तिहाई भाग को कितने दिनों में पूरा कर सकते हैं?

(a) 32/7 (b) 32/5 (c) 28/9 (d) 27/11

25. दिए गए प्रश्न में, चार आकृतियाँ दी गई हैं, जिसमें से तीन किसी एक गुण के आधार पर समान हैं तथा एक सर्वप्रकार भिन्न है। भिन्न आकृति को चुनिए।

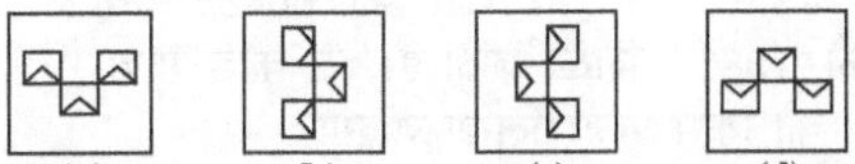

(a) (b) (c) (d)

26. दिए गए प्रश्न में, चार आकृतियाँ दी गई हैं, जिसमें से तीन किसी एक गुण के आधार पर समान हैं तथा एक सर्वप्रकार भिन्न है। भिन्न आकृति ज्ञात कीजिए।

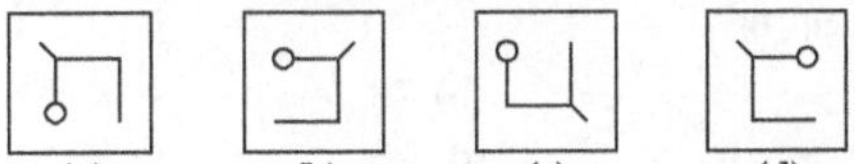

(a) (b) (c) (d)

27. दिए गए प्रश्न में चार आकृतियाँ दी गई हैं, जिसमें से तीन किसी एक गुण के आधार पर समान हैं तथा एक सर्वप्रकार भिन्न है। भिन्न आकृति को चुनिए–

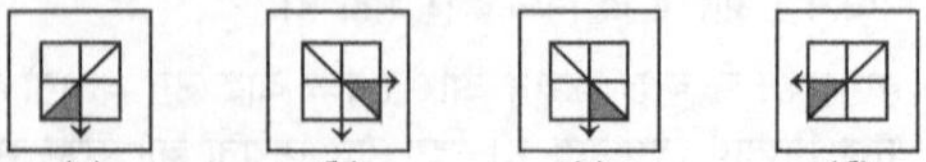

(a) (b) (c) (d)

28. निम्नलिखित प्रश्न में दिए गए विकल्पों में से लुप्त अंक ज्ञात कीजिए।

4, 6, 10, 18, 34, ?

(a) 62 (b) 66 (c) 54 (d) 78

29. निम्नलिखित प्रश्न में दिए गए विकल्पों में से लुप्त अंक ज्ञात कीजिए।

4, 9, 19, 39, ?

(a) 70 (b) 79 (c) 78 (d) 64

30. निम्नलिखित प्रश्न में दिए गए विकल्पों में से प्रश्न चिह्न (?) के स्थान पर आने वाली आकृति को चुनिए।

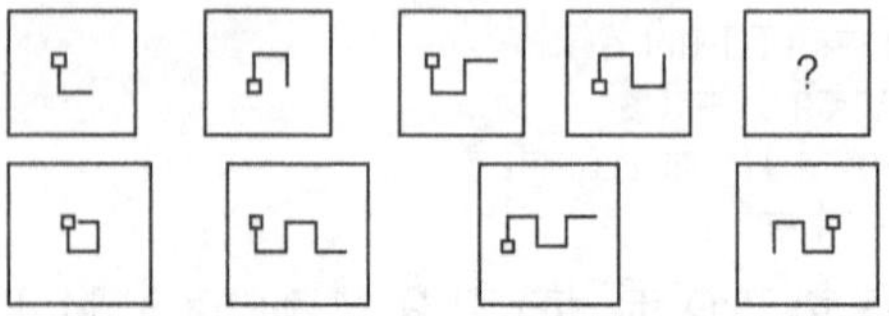

(a) (b) (c) (d)

31. निम्नलिखित प्रश्न में दिए गए विकल्पों में से प्रश्न चिह्न (?) के स्थान पर आने वाली आकृति को चुनिए।

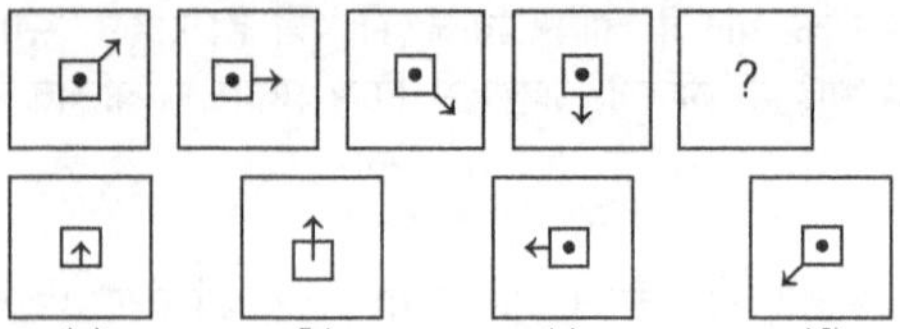

(a) (b) (c) (d)

32. निम्नलिखित प्रश्न में दिए गए विकल्पों में से प्रश्न चिन्ह (?) के स्थान पर आने वाली आकृति को चुनिए।

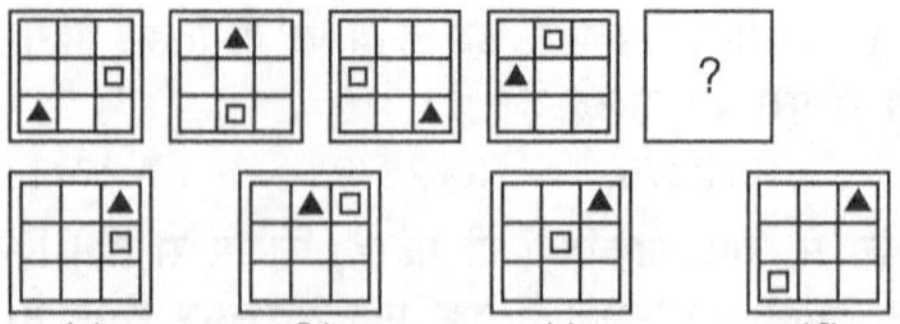

(a) (b) (c) (d)

33. एक विशिष्ट कोड भाषा में, "FLAIR" को "96432" तथा "TIGHT" को "73817" लिखा जाता है। इस कोड भाषा में "FLIGHT" को किस प्रकार लिखा जाएगा?

(a) 871635 (b) 963817
(c) 963827 (d) 986273

34. एक विशिष्ट कोड भाषा में, "FLOCK" को "47" तथा "STAIR" को "67" लिखा जाता है। इस कोड भाषा में "RUST" को किस प्रकार लिखा जाएगा?

(a) 73 (b) 76
(c) 75 (d) 78

35. एक विशिष्ट कोड भाषा में "SCIENCE" को "VZLBQZH" लिखा जाता है। इस कोड भाषा में 'FRUSTOM" को किस प्रकार लिखा जाएगा?

(a) INYPWLP (b) IQXPWLP
(c) JNYQWLQ (d) JOXPQLQ

36. निम्नलिखित में से कौन-सा अल्पाधिकार की परिभाषा के सर्वाधिक निकट है?

(a) सिगरेट उद्योग (b) नाई की दुकान
(c) वैल्डिंग की दुकान (d) गेहूँ पैदा करने वाले किसान

37. ''पूर्ण प्रतियोगिता'' की आवश्यक शर्तों में से एक ………… है।

(a) उत्पाद में विभेदन
(b) किसी एक समय में एक जैसे उत्पादों के लिए विभिन्न प्रकार के मूल्य
(c) विक्रेता अधिक लेकिन क्रेता कम
(d) किसी एक समय में एक जैसे सामानों के लिए समान मूल्य

38. कौन-सी एजेन्सी म्यूचुअल फण्ड के लिए एक विनियामक की भाँति कार्य करती है?

(a) आईआरडीए (b) सेबी (c) आरबीआई (d) डीआरआई

39. इम्पीरियल बैंक ऑफ इण्डिया की स्थापना किस वर्ष की गई थी?

(a) 1921 (b) 1930 (c) 1935 (d) 1955

40. निम्नलिखित में से कौन-सा व्यवस्थापिका का कार्य नहीं है?

(a) कानून बनाना (b) बजट बनाना
(c) बजट पारित करना (d) कार्यपालिका पर नियन्त्रण

41. सामाजिक समझौता सिद्धान्त के प्रणेता कौन हैं?

(a) हॉब्स (b) लॉक
(c) रूसो (d) सभी विकल्प सही हैं

42. किस संवैधानिक संशोधन द्वारा दिल्ली में विधानसभा की स्थापना की गई थी?

(a) 65वाँ संशोधन (b) 69वाँ संशोधन
(c) 72वाँ संशोधन (d) कोई भी विकल्प सही नहीं है

43. अनुच्छेद 368 ………… वर्णित करता है।

(a) आपातकाल की घोषणा
(b) विशेष परिस्थितियों में मौलिक अधिकार का स्थगन
(c) न्यायपालिका द्वारा रिट जारी करने की शक्ति
(d) संविधान संशोधन की संसदीय शक्ति

44. कौन-सा हड़प्पाई स्थल हरियाणा में स्थित है?

(a) धौलावीरा (b) राखीगढ़ी
(c) कालीबंगन (d) आलमगीरपुर

45. दिल्ली के हौज खास क्षेत्र में 'चोर मीनार' …… द्वारा बनवाई गई थी।

(a) अलाउद्दीन खिलजी (b) औरंगजेब
(c) फिरोजशाह तुगलक (d) हुमायूँ

46. सर्वप्रथम किस भारतीय राष्ट्रीय आन्दोलन के दौरान ''वन्दे मातरम्'' लोगों का लोकप्रिय गीत बना?

(a) खिलाफत आन्दोलन (b) भारत छोड़ो आन्दोलन
(c) असहयोग आन्दोलन (d) स्वदेशी आन्दोलन

47. निम्नलिखित में से कौन-सा एक स्थान दिल्ली सल्तनत की अल्पकालीन राजधानी थी?

(a) देवगिरि (b) अहमदाबाद
(c) जयपुर (d) कुरुक्षेत्र

48. 'अढ़ाई दिन का झोपड़ा' किस राज्य में स्थित है?
(a) उत्तर प्रदेश (b) महाराष्ट्र
(c) राजस्थान (d) मध्य प्रदेश

49. 'योशंग त्योहार' किस राज्य में मनाया जाता है?
(a) मणिपुर (b) महाराष्ट्र
(c) झारखण्ड (d) गोवा

50. कश्मीर की पूर्वी सीमा .... है।
(a) सियाचिन ग्लेशियर (b) गिलगित बलूचिस्तान
(c) कराकोरम (d) लद्दाख क्षेत्र

51. 'जलपाईगुड़ी' .... नदी के किनारे स्थित है।
(a) गंगा (b) यमुना
(c) तीस्ता (d) ब्रह्मपुत्र

52. कौन-सा भौतिक लक्षण सिन्धु और गंगा नदी की घाटियों के बीच जल-विभाजक की भाँति कार्य करता है?
(a) अरावली रिज (b) शिवालिक पहाड़ियाँ
(c) विन्ध्य श्रेणी (d) कोई विकल्प सही नहीं है

53. भारत का एकमात्र सक्रिय ज्वालामुखी 'बैरन आइलैण्ड' कहाँ स्थित है?
(a) अण्डमान द्वीपसमूह (b) निकोबार द्वीपसमूह
(c) लक्षद्वीप (d) मिनीकॉय

54. वर्तमान में विश्व के कपास निर्यातक देशों में भारत का कौन-सा स्थान है?
(a) प्रथम (b) द्वितीय (c) तृतीय (d) चतुर्थ

55. भारत का कौन-सा क्षेत्र अपनी वर्षा का अधिकांश भाग उत्तरी पूर्वी मानसून से प्राप्त करता है?
(a) केरल (b) मराठवाड़ा
(c) गंगीय पश्चिम बंगाल (d) कोरोमण्डल और रायलसीमा

56. जब एक गतिशील पिण्ड की गति दोगुनी हो जाती है, तो उसकी गतिज ऊर्जा में क्या परिवर्तन होता है?
(a) एक समान रहती है (b) चौगुनी हो जाती है
(c) तिगुनी हो जाती है (d) दोगुनी हो जाती है

57. निम्नलिखित में से किसकी विशिष्ट ऊष्मा धारिता सबसे अधिक है?
(a) जल (b) लोहे का टुकड़ा
(c) सोने का टुकड़ा (d) क्लोरोफॉर्म

58. तापमान को किसी विशिष्ट डिग्री में व्यवस्थित करने के लिए प्रयुक्त होने वाला उपकरण .... कहलाता है।
(a) थर्मोस्टेट (b) थर्मामीटर
(c) पाइरोमीटर (d) थर्मोकपल

59. मनुष्य के नाखून .... के बने होते हैं?
(a) पिगमेंट (b) इलास्टिन
(c) एल्ब्यूमिन (d) कैरोटिन

60. कौन-सी धमनी मानव शरीर में ऑक्सीजन युक्त रक्त का परिवहन नहीं करती है?
(a) कॉर्डियक ऑर्टरी (b) रेनल आर्टरी
(c) हिपैटिक आर्टरी (d) पल्मोनरी आर्टरी

61. हरे पालक में प्रचुर मात्रा में .... होता है?
(a) विटामिन A (b) विटामिन B
(c) विटामिन C (d) सभी विकल्प सही हैं

62. कौन-से हाइड्रोकार्बन एलपीजी के मुख्य पादप हैं?
(a) मीथेन और इथेन (b) प्रोपेन और ब्यूटेन
(c) पेंटेन और बेंजीन (d) केवल मीथेन

63. निम्नलिखित में से कौन गैलेना के नाम से भी जाना जाता है?
(a) लेड सल्फेट (b) लेड ऑक्साइड
(c) लेड सल्फाइड (d) कैल्शियम सल्फेट

64. निम्नलिखित में से कौन-सी एक मैंग्रोव वनस्पति है?
(a) स्प्रूस (b) मॉँस (c) राइजोफोरा (d) साइप्रस

65. वायु गुणवत्ता सूचकांक ....।
(a) वायु प्रदूषण मापक यन्त्र है
(b) वायु की गुणवत्ता दर्शाने वाला एक पैमाना है
(c) आर्द्रता स्तर मापने के लिए प्रयुक्त होता है
(d) वर्षा का अनुमान लगाने के लिए प्रयोग किया जाता है

66. निम्नलिखित में से किस पारिस्थितिक तन्त्र में अस्थिर क्षेत्र पाया जाता है?
(a) टुण्ड्रा पारिस्थितिक तन्त्र (b) वन पारिस्थितिक तन्त्र
(c) जल पारिस्थितिक तन्त्र (d) मरुभूमि पारिस्थितिक तन्त्र

67. बाल दिवस-2017 के अवसर पर किस राज्य सरकार ने बच्चों के लिए 'मुख्यमन्त्री शाला सुरक्षा योजना' शुरू की?
(a) छत्तीसगढ़ (b) उत्तर प्रदेश
(c) महाराष्ट्र (d) हिमाचल प्रदेश

68. भारत सरकार की सम्पदा (SAMPADA) योजना .... से सम्बन्धित है।
(a) ग्रामीण बैंक (b) खाद्य प्रसंस्करण
(c) बीपीएल परिवारों के लिए बीमा (d) सिंचाई क्षेत्र

69. वर्ष 2017 में, भारतीय नौसेना की सेवा में शामिल निम्नलिखित में से कौन-सी एक भारत निर्मित परमाणु पनडुब्बी है?
(a) सिन्धुराज (b) अरिदमन
(c) सागरिका (d) गोदावरी

70. डिजीलॉकर के बारे में क्या सत्य नहीं है?
(a) दस्तावेज की प्रति इलेक्ट्रॉनिक रूप में व्यक्ति के निजी कम्प्यूटर या मोबाइल फोन पर भण्डारित होती है
(b) एक जीबी का भण्डारण स्थान उपलब्ध करवाया जाता है
(c) आधार से जोड़ना अनिवार्य है
(d) सभी विकल्प सही हैं

71. 2020 ग्रीष्म ओलम्पिक की मेजबानी .... द्वारा की जाएगी।
(a) मैक्सिको (b) टोक्यो
(c) पेरिस (d) लॉस एंजेल्स

72. अण्डर-17 फीफा विश्व कप 2017 कहाँ आयोजित किया गया था?
(a) ब्राजील (b) इंग्लैण्ड (c) भारत (d) स्पेन

73. चीन ने एक रणनीतिक स्थल हम्बनटोटा बन्दरगाह में 70 प्रतिशत हिस्सा खरीदा है, यह बन्दरगाह किस देश में स्थित है?
(a) बांग्लादेश (b) म्यांमार
(c) पाकिस्तान (d) श्रीलंका

74. नेपाल और भूटान ने हाल ही में भारत की डिजिटल पेमेण्ट सर्विस का प्रयोग करने हेतु निम्नलिखित में से किस उद्यम का सहयोग माँगा?
(a) सेबी (b) केन्द्रीय वित्त मन्त्रालय
(c) एनपीसीआई (d) यूआईडीए आई

75. 47वें भारतीय अन्तर्राष्ट्रीय फिल्म महोत्सव (आईएफएफआई) में गोल्डेन पीकॉक अवार्ड किस फिल्म ने जीता?
(a) द थ्रोन (b) डॉटर
(c) मेलो मड (d) राउफ

76. निम्नलिखित में से कौन समुद्र में असाधारण वीरता के लिए आईएमओ अवार्ड से सम्मानित होने वाली विश्व की प्रथम महिला बनी?
(a) कीर्ति अय्यर (b) सुजाता मल्होत्रा
(c) अर्चना शाखी (d) राधिका मेनन

77. भारत सरकार का जीईएम पोर्टल ……… से सम्बन्धित है।
(a) टेलीमेडिसिन (b) दूरस्थ शिक्षा
(c) सार्वजनिक खरीद (d) आधार आधारित डिजिटल हस्ताक्षर

78. भारत सरकार द्वारा हाल ही में बनाए गए मुद्रा बैंक का मुख्य कार्य क्या है?
(a) मुद्रा छापना
(b) करमुक्त आय को जमा की अनुमति देना
(c) गरीबों को बीमित करना
(d) सूक्ष्म उद्योगों को ऋण व वित्त उपलब्ध कराना

79. भारत और बांग्लादेश के बीच किस नदी के जल के बँटवारे को लेकर विवाद है?
(a) कोसी (b) ब्रह्मपुत्र
(c) बागमती (d) तीस्ता

80. रियो शिखर सम्मेलन का सम्बन्ध ……… है।
(a) आर्द्र भूमि (b) ओजोन क्षीणता
(c) ग्रीनहाउस गैसें (d) जैव-विविधता पर सम्मेलन

81. नदियों में जल प्रदूषण के स्तर को ……… द्वारा मापा जाता है।
(a) क्लोरीन की विघटित मात्रा (b) ओजोन की विघटित मात्रा
(c) नाइट्रोजन की विघटित मात्रा (d) ऑक्सीजन की विघटित मात्रा

82. हग हेफनर का 91 वर्ष की अवस्था में सितम्बर, 2017 में निधन हो गया। ये ……… के संस्थापक थे।
(a) लॉरियल कॉस्मेटिक्स (b) जॉनसन एण्ड जॉनसन
(c) प्लेब्वॉय पत्रिका (d) साइंस जर्नल

83. भारत का राष्ट्रपति बनने से पहले रामनाथ कोविंद किस राज्य के राज्यपाल थे?
(a) राजस्थान (b) बिहार
(c) मध्य प्रदेश (d) उत्तर प्रदेश

84. निम्नलिखित में से कौन-सा शहर खुले में शौच से मुक्त होने वाला भारत का पहला शहर है?
(a) इन्दौर (b) विशाखापट्टनम्
(c) मैसूर (d) अमृतसर

85. निम्नलिखित में से कौन-सा राज्य 'टाइगर कॉरिडोर' में एक नहर पर पर्यावरण के अनुकूल पुल का विकास करेगा?
(a) तेलंगाना (b) आन्ध्र प्रदेश
(c) मध्य प्रदेश (d) असम

86. $\sqrt{0.0625}$ का मान क्या है?
(a) 2.5 (b) 0.5 (c) 0.25 (d) 25

87. $[(1+2+3+4+\ldots+20)/7]$ का मान क्या हैं?
(a) 30 (b) 35 (c) 40 (d) 50

88. निम्नलिखित में से कौन-सी भिन्न 2/3 से बड़ी है?
(a) 1/2 (b) 3/7 (c) 4/7 (d) 6/7

89. 2, 3, 4 तथा 6 से विभाज्य करने पर, प्रत्येक से शेषफल 1 देने वाली चार अंकों की सबसे छोटी संख्या क्या है?
(a) 1008 (b) 1005
(c) 1009 (d) 1007

90. $\frac{(3.2\times 3.2)+(2.7\times 2.7)+(3.2\times 2.7)}{(3.2\times 3.2\times 3.2)-(2.7\times 2.7\times 2.7)}$?
(a) 1 (b) 1/2 (c) 2 (d) 3/2

91. यदि एक संख्या A, दूसरी संख्या B से 30% कम हैं तथा B, 150 से 20% अधिक हैं तो A का मान क्या है?
(a) 144 (b) 156 (c) 136 (d) 126

92. यदि $a=(5/4)b$ तथा $b=(2/10)c$ हो तो $a:b:c$ क्या है?
(a) 15 : 12 : 20 (b) 1 : 1 : 2
(c) 5 : 2 : 10 (d) 5 : 4 : 20

93. 11 खिलाड़ियों तथा उसके प्रशिक्षक की औसत आयु 33 वर्ष है। पहले 5 खिलाड़ियों की औसत आयु 29 वर्ष हैं तथा शेष 6 खिलाड़ियों की औसत आयु 30 वर्ष है। प्रशिक्षक की आयु (वर्षों में) क्या है?
(a) 71 (b) 75 (c) 68 (d) 64

94. ₹ 8000 पर 2.5% प्रतिवर्ष की वार्षिक दर से 2 वर्षो के चक्रवृद्धि ब्याज तथा साधारण ब्याज में अन्तर (₹ में) क्या होगा?
(a) 12.5 (b) 7.5 (c) 10 (d) 5

95. यदि 40 कुर्सियाँ ₹ 10000 में खरीदी गई हैं, तो 60% लाभ कमाने के लिए ₹ 10000 में कितनी कुर्सियाँ बेची जानी चाहिए?
(a) 25 (b) 30 (c) 15 (d) 20

96. पीयूष अपनी वस्तु के मूल्य को उसके क्रय मूल्य से 30% अधिक अंकित करता है। यदि 20% की छूट देने के पश्चात् यह वस्तु को ₹ 38 में बेचता हैं, तो वस्तु का क्रय मूल्य (₹ में) क्या होगा?
(a) 600 (b) 700 (c) 680 (d) 750

97. एक वर्ग के क्षेत्रफल तथा उसके भीतर खींचे गए वृत्त के क्षेत्रफल का अनुपात क्या होगा?
(a) 15 : 11 (b) 14 : 11 (c) 33 : 26 (d) 25 : 22

98. एक व्यक्ति 3 किमी की चार समान दूरियाँ क्रमश: 10, 20, 30 तथा 40 किमी/घण्टा की गति से तय करता है। उसकी औसत गति (किमी/घण्टा) क्या है?
(a) 14 (b) 19.2 (c) 22.8 (d) 16.8

99. P ने एक व्यापार ₹ 80000 के साथ आरम्भ किया तथा कुछ महीने पश्चात Q, ₹ 60000 के साथ उससे जुड़ गया। यदि वर्ष के अन्त में लाभ को 2 : 1 के अनुपात में बाँटा गया, तो Q व्यापार में कितने महीने पश्चात् शामिल हुआ?
(a) 4 (b) 6 (c) 5 (d) 7

100. F तथा M मिलकर एक कार्य को 8 दिन में कर सकते हैं। F अकेला उसी कार्य को 12 दिन में कर सकता हैं। M उसी कार्य को अकेला कितने दिन में कर सकता है?
(a) 8 (b) 12 (c) 24 (d) 6

उत्तरमाला

1. (d)	**2.** (a)	**3.** (c)	**4.** (d)	**5.** (c)	**6.** (d)	**7.** (a)	**8.** (b)	**9.** (d)	**10.** (c)
11. (b)	**12.** (c)	**13.** (b)	**14.** (c)	**15.** (b)	**16.** (d)	**17.** (b)	**18.** (a)	**19.** (d)	**20.** (b)
21. (d)	**22.** (a)	**23.** (b)	**24.** (a)	**25.** (b)	**26.** (c)	**27.** (b)	**28.** (b)	**29.** (b)	**30.** (b)
31. (d)	**32.** (a)	**33.** (b)	**34.** (d)	**35.** (b)	**36.** (a)	**37.** (d)	**38.** (b)	**39.** (a)	**40.** (b)
41. (d)	**42.** (b)	**43.** (d)	**44.** (b)	**45.** (a)	**46.** (d)	**47.** (a)	**48.** (c)	**49.** (a)	**50.** (d)
51. (c)	**52.** (a)	**53.** (a)	**54.** (b)	**55.** (d)	**56.** (b)	**57.** (a)	**58.** (a)	**59.** (d)	**60.** (d)
61. (d)	**62.** (b)	**63.** (c)	**64.** (c)	**65.** (b)	**66.** (c)	**67.** (a)	**68.** (b)	**69.** (b)	**70.** (a)
71. (b)	**72.** (c)	**73.** (d)	**74.** (c)	**75.** (b)	**76.** (d)	**77.** (c)	**78.** (d)	**79.** (d)	**80.** (d)
81. (d)	**82.** (c)	**83.** (b)	**84.** (c)	**85.** (a)	**86.** (c)	**87.** (a)	**88.** (d)	**89.** (c)	**90.** (c)
91. (d)	**92.** (d)	**93.** (a)	**94.** (d)	**95.** (a)	**96.** (d)	**97.** (b)	**98.** (b)	**99.** (a)	**100.** (c)

संकेत एवं हल

1. *(d)* जिस प्रकार, दरवाजा लकड़ी से बनता है, उसी प्रकार, कमीज कपड़े से बनती है।

2. *(a)* जिस प्रकार,

B L I N K
+7 −5 +7 −5 +7
I G P I R

उसी प्रकार,

P I N C H
+7 −5 +7 −5 +7
W D U X O

3. *(c)* जिस प्रकार, $4^3 = 64$

उसी प्रकार, $6^3 = \boxed{216}$

4. *(d)* सड़क के अतिरिक्त अन्य सभी सड़क पर चलने वाले वाहन है।

5. *(c)*

F K Q X (+5 +6 +7), C H N U (+5 +6 +7)

J O U C (+5 +6 +8), D I O V (+5 +6 +7)

उपरोक्त से स्पष्ट है कि 'JOUC' अन्य सभी से भिन्न है।

6. *(d)* जिस प्रकार, $14 \times 4 = 56$

$12 \times 4 = 48$

$8 \times 4 = 32$

परन्तु, $6 \times 4 = 24 \neq 30$

उपरोक्त से स्पष्ट है कि 6 – 30 अन्य सभी से भिन्न है।

7. *(a)* जिस प्रकार,

$4629 \Rightarrow 4 + 6 + 2 + 9 = 21$

$1965 \Rightarrow 1 + 9 + 6 + 5 = 21$

$5344 \Rightarrow 5 + 3 + 4 + 4 = 16$

परन्तु, $5442 \Rightarrow 5 + 3 + 4 + 2 = 14 \neq 16$

उपरोक्त से स्पष्ट है कि 5342 – 16 अन्य सभी से भिन्न है।

8. *(b)*

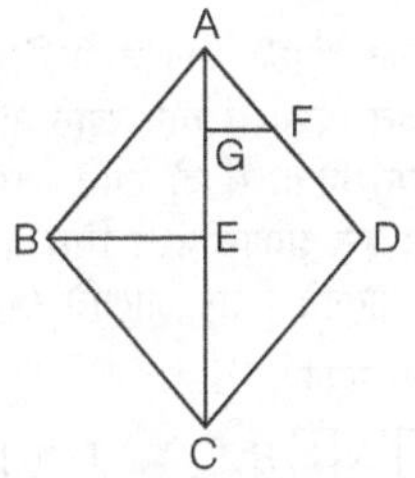

त्रिभुज है– ΔAFG, ΔABE, ΔACD, ΔABC, ΔBCE

अतः कुल त्रिभुज 5 हैं।

9. *(d)*

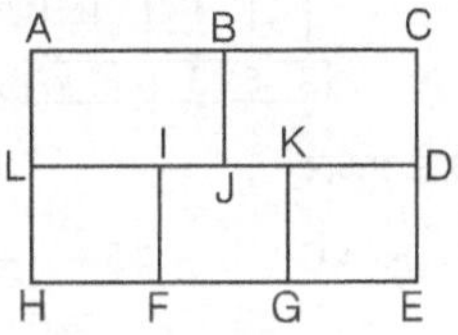

आयत = ABJL, BCDJ, LIFH, IKGF, KDEG, LKGH, IDEF, LDEH, ACDL, ACEH

अतः कुल 10 आयत हैं।

10. *(c)* दी गई आकृति में

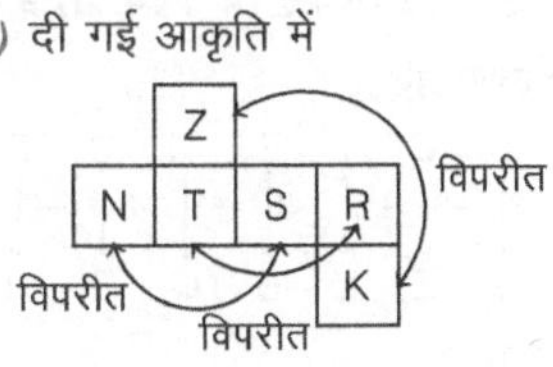

अतः Z के विपरीत K है।

11. *(b)* दी गई आकृति की कुल 10 सतह हैं।

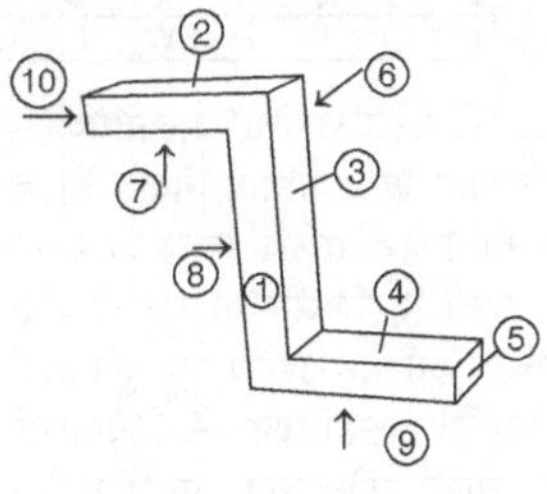

12. *(c)* दी गई प्रश्न आकृति उत्तर आकृति (c) में निहित है।

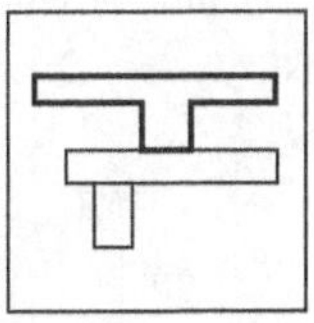

13. *(b)* प्रश्न आकृति में दिखाए अनुसार कागज को मोड़कर छेदने तथा खोलने पर वह उत्तर आकृति (b) के समान दिखाई देगी।

14. *(c)* प्रश्न आकृति का सही दर्पण प्रतिबिम्ब उत्तर आकृति (c) है।

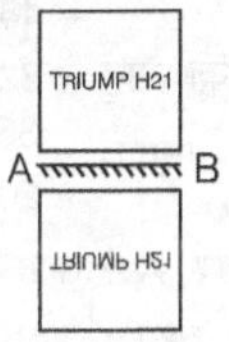

15. *(b)* MOMENTARILY के अक्षरों का प्रयोग करके शब्द TONER बनाया जा सकता है।

16. *(d)* सोना एक धातु है परन्तु कार्बन अधातु है।

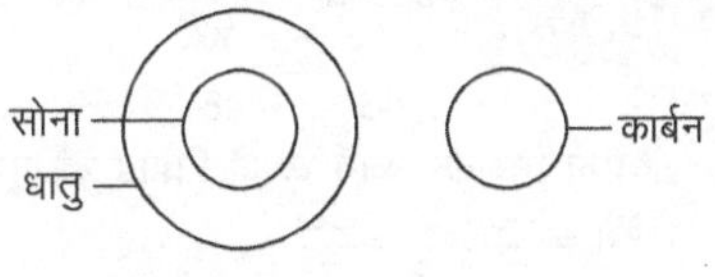

17. *(b)* दी गई आकृति में 23 भारतीय क्रिकेटर व्यापारी नहीं है।

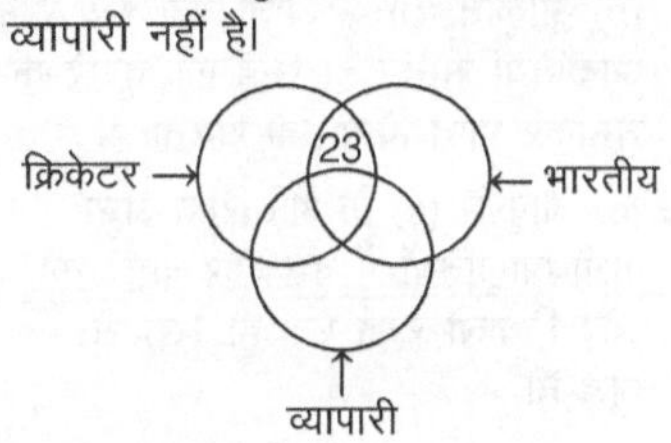

18. *(a)* जिस प्रकार,

पहली पंक्ति में, $(7 + 4) \times 8 = 88$

दूसरी पंक्ति में, $(5+6)\times 11 = 121$
उसी प्रकार,
तीसरी पंक्ति में, $(9+3)\times 7 = 84$

19. *(d)* कथनानुसार,

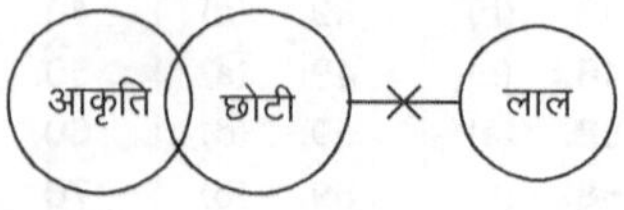

निष्कर्ष I. (✗) II. (✗)
अतः न तो निष्कर्ष I और न ही निष्कर्ष II सही है।

20. *(b)* कथनानुसार,
निष्कर्ष I. (✗) II. (✓) III. (✗)
अतः केवल निष्कर्ष II सही है।

21. *(d)* प्रश्नानुसार,
अतः M, P की माता या पिता है।

22. *(a)* प्रश्नानुसार,

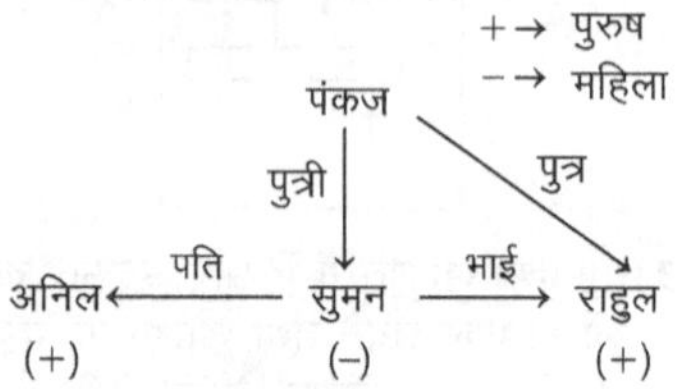

अतः अनिल, राहुल का जीजा है।

23. *(b)* 12 वर्ष पूर्व रोहित की आयु
$= 48 - 12 = 36$
तथा मोहित की आयु $= 32 - 12 = 20$
$\therefore$ अभीष्ट अनुपात $= \frac{36}{20} = \frac{9}{5}$

24. *(a)* प्रश्नानुसार, *A*,*B* तथा *C* का 1 दिन का कार्य $\frac{1}{48}, \frac{1}{12}$ तथा $\frac{1}{24}$ है।
$\therefore$ तीनों का मिलाकर 1 दिन का कार्य
$$= \frac{1}{48} + \frac{1}{12} + \frac{1}{24}$$
$$= \frac{1+4+2}{48} = \frac{7}{48}$$
$\therefore$ तीनों मिलकर कार्य के दो तिहाई को पूरा करेंगे $= \frac{48}{7}\times\frac{2}{3} = \frac{32}{7}$

25. *(b)* आकृति (b) के अतिरिक्त अन्य सभी आकृतियाँ समान हैं। उन्हें एक दूसरे को घुमाकर प्राप्त किया जा सकता है।

26. *(c)* आकृति (c) के अतिरिक्त अन्य सभी आकृतियों में वृत्त और बाहर की ओर निकली रेखा एक ही रेखा से जुड़े हैं।

27. *(b)* आकृति (b) के अतिरिक्त अन्य सभी आकृतियों में एक तीर का चिह्न है जबकि आकृति (b) में दो तीर के चिह्न हैं।

28. *(b)* दी गई शृंखला है

4 → 6 → 10 → 18 → 34 → [66]
$+2^1$, $+2^2$, $+2^3$, $+2^4$, $+2^5$

29. *(b)* दी गई शृंखला है

4 → 9 → 19 → 39 → [79]
×2+1, ×2+1, ×2+1, ×2+1

30. *(b)* प्रत्येक अगली आकृति में एक रेखा बढ़ जाती है तथा आकृति लम्बवत् रूप में पलट जाती है। इस प्रकार प्रश्न चिह्न के स्थान पर उत्तर आकृति (b) आएगी।

31. *(d)* प्रत्येक अगली आकृति में तीर का चिह्न 45° दक्षिणावर्त दिशा में घूम रहा है। इस प्रकार प्रश्न चिह्न के स्थान पर उत्तर आकृति (d) आएगी।

32. *(a)* प्रत्येक अगली आकृति में त्रिभुज दक्षिणावर्त दिशा में तीन खाने और वर्ग दक्षिणावर्त दिशा में दो खाने आगे बढ़ रहा है। अतः इस प्रकार प्रश्न चिह्न के स्थान पर अगली आकृति उत्तर आकृति (a) आएगी।

33. *(b)* जिस प्रकार,

F	L	A	I	R		T	I	G	H	T
↓	↓	↓	↓	↓	तथा	↓	↓	↓	↓	↓
9	6	4	5	2		7	3	8	1	7

उसी प्रकार,

F	L	I	G	H	T
↓	↓	↓	↓	↓	↓
9	6	3	8	1	7

34. *(d)* जिस प्रकार,
FLOCK (6 12 15 3 11) ⇒ $6 + 12 + 15 + 3 + 11 = 47$
तथा
STAIR (19 20 1 9 18) ⇒ $19 + 20 + 1 + 9 + 18 = 67$
उसी प्रकार,
RUST (18 21 19 20) ⇒ $18 + 21 + 19 + 20 = 78$

35. *(b)* जिस प्रकार,

S	C	I	E	N	C	E
+3	−3	+3	−3	+3	−3	+3
V	Z	L	B	Q	Z	H

उसी प्रकार,

F	R	U	S	T	O	M
+3	−3	+3	−3	+3	−3	+3
I	O	X	P	W	L	P

36. *(a)* 'सिगरेट उद्योग' अल्पाधिकार की परिभाषा के सर्वाधिक निकट है। वास्तव में अल्पाधिकार बाजार प्रपत्र के सम्बन्ध में ऐसी व्यवस्था है, जिसमें बाजार उत्पादन पर किसी फर्म या उद्योग का पूर्णतः नियन्त्रण होता है। अल्पाधिकार में विक्रेताओं के बीच प्रतिस्पर्द्धा अपेक्षाकृत कम कीमतों व उच्च उत्पादन के साथ होती है; जैसे–कोल्ड ड्रिंक कम्पनी, ऑटोमोबाइल कम्पनी आदि।

37. *(d)* 'किसी एक समय में एक जैसे सामानों के लिए एकसमान मूल्य पूर्ण प्रतियोगिता की आवश्यक शर्तों में से एक है।' पूर्ण प्रतियोगिता वास्तव में वह बजार है, जिसमें विक्रेताओं की संख्या की कोई सीमा नहीं होती है। पूर्ण प्रतियोगिता में कोई विक्रेता वस्तु का मूल्य स्वयं निर्धारित नहीं करता, बल्कि वस्तु का मूल्य बाजार के आधार पर निर्धारित होता है।

38. *(b)* 'सेबी' (Securities Exchange Board of India) एजेन्सी या संस्था म्यूचुअल फण्ड के लिए एक विनियामक की भाँति कार्य करती है। इसकी स्थापना 12 अप्रैल, 1988 को हुई, परन्तु इसे वैधानिक मान्यता सेबी अधिनियम, 1992 के तहत 30 जनवरी, 1992 को प्राप्त हुई। इस संस्था या एजेन्सी का मुख्यालय मुम्बई (महाराष्ट्र) में स्थित है।

39. *(a)* इम्पीरियल बैंक ऑफ इण्डिया की स्थापना 27 जनवरी, 1921 को की गई थी। यह भारतीय उपमहाद्वीप का सबसे बड़ा व पुराना वाणिज्यिक बैंक था। इसे 'प्रेसीडेंसी बैंक' के नाम से भी जाना जाता है। 'गोरेवाला समिति' की सिफारिश पर 1 जुलाई, 1955 को इम्पीरियल बैंक का राष्ट्रीयकरण कर 'स्टेट बैंक ऑफ इण्डिया' बना दिया गया।

40. *(b)* 'बजट बनाना' व्यवस्थापिका का कार्य नहीं है, जबकि कानून बनाना, बजट पारित करना तथा कार्यपालिका का नियन्त्रण व्यवस्थापिका के कार्यों के अन्तर्गत आते हैं। 'बजट बनाना' कार्यपालिका (Executive) का कार्य है। भारतीय संविधान के भाग-V में (अनुच्छेद-52 से 78 तक) संघीय कार्यपालिका का उल्लेख किया गया है।

41. *(d)* सामाजिक समझौता सिद्धान्त के प्रणेता हॉब्स, लॉक व रूसो हैं। इस सिद्धान्त के अन्तर्गत प्राकृतिक अवस्था, प्राकृतिक कानून व मानव व्यवहार के बाद सामाजिक समझौते के आधार पर राज्य की उत्पत्ति होती है। सामाजिक समझौता समाज में रहने वाले लोगों के आधार पर किया जाता है, जिसमें राज्य का दायित्व उनके प्राकृतिक अधिकारों की सुरक्षा करना होता है। इस सिद्धान्त के अन्तर्गत मानव इतिहास को दो भागों में बाँटा गया है–1. प्राकृतिक अवस्था का काल 2. नागरिक जीवन के प्रारम्भ के बाद का काल।

42. *(b)* '69वें संविधान संशोधन' (1991) के अन्तर्गत दिल्ली में विधानसभा की स्थापना की गई थी, साथ ही इस संशोधन द्वारा दिल्ली को राष्ट्रीय राजधानी क्षेत्र का दर्जा दिया गया तथा दिल्ली संघ राज्य क्षेत्र के लिए विधानसभा व मन्त्रिपरिषद् का गठन किया गया था।

43. *(d)* भारतीय संविधान में अनुच्छेद-368 संसद को संविधान के किसी भी भाग में संशोधन करने का अधिकार प्रदान करता है। भारतीय संसद राष्ट्रपति, राज्यसभा व लोकसभा से मिलकर बनती है (अनुच्छेद 79 के तहत)। इसे केन्द्रीय व्यवस्थापिका भी कहा जाता है।

44. *(b)* हड़प्पाकालीन स्थल 'राखीगढ़ी' हरियाणा के हिसार जिले में स्थित है। यह स्थल घग्घर नदी के तट पर स्थित है। इस स्थल की खोज वर्ष 1969 में सूरजभान द्वारा की गई थी। इसे पूर्व हड़प्पा सभ्यता के बस्ती स्थल के रूप में भी जाना जाता है। यह स्थल भारतीय क्षेत्रों में सिन्धु सभ्यता में धौलावीरा के बाद दूसरा विशालतम नगर है।

45. *(a)* दिल्ली के हौज खास क्षेत्र में 'चोर मीनार' का निर्माण खिलजी वंश के शासक अलाउद्दीन खिलजी (1296 से 1316 ई.) द्वारा कराया गया था। इस मीनार का निर्माण चोरी करने वालों को सजा देने के लिए किया जाता था इस मीनार में 225 से ज्यादा सुराख (छेद) हैं, जिसमें दोषियों का सिर काटकर रख दिया जाता था। यह मीनार वर्तमान में नई दिल्ली के हौज खास क्षेत्र में अरविंदो मार्ग पर स्थित है।

46. *(d)* सर्वप्रथम वर्ष 1905 में 'स्वदेशी आन्दोलन' के दौरान 'वन्दे मातरम्' गीत लोगों का लोकप्रिय गीत बना। स्वदेशी आन्दोलन भारतीय स्वतन्त्रता आन्दोलन का एक महत्त्वपूर्ण व सफल आन्दोलन था। इस आन्दोलन की शुरुआत वर्ष 1905 में बंगाल विभाजन के विरोध में हुई थी। इसका उद्देश्य विदेशी वस्तुओं का बहिष्कार व स्वदेशी वस्तुओं का अधिकाधिक इस्तेमाल करके ब्रिटिश साम्राज्य को आर्थिक हानि पहुँचाना व भारतीयों के लिए रोजगार का सृजन करना था।

47. *(a)* 'देवगिरि' दिल्ली सल्तनतकाल की अल्पकालीन राजधानी थी। सल्तनतकाल में तुगलक वंश के शासक मुहम्मद बिन तुगलक (1325-1351 ई.) ने अपनी राजधानी 1327 ई. में दिल्ली से देवगिरि स्थानान्तरित की तथा उसका नाम दौलताबाद रखा। राजधानी स्थानान्तरित करने का उद्देश्य दक्षिणी प्रान्तों पर प्रभावी नियन्त्रण स्थापित करना तथा मंगोल आक्रमण से सुरक्षा करना था, परन्तु विद्रोहों के कारण 1335 ई. में पुन: दिल्ली को राजधानी बनाया गया।

48. *(c)* 'अढ़ाई दिन का झोपड़ा' (मस्जिद) राजस्थान राज्य के अजमेर शहर में स्थित है। इस मस्जिद का निर्माण गुलाम वंश के संस्थापक कुतुबुद्दीन ऐबक द्वारा 1192 ई. में कराया गया था। यह भारत की सबसे प्राचीन इस्लामी मस्जिदों में से एक है। यह मस्जिद मूल रूप से एक संस्कृत महाविद्यालय था, जिसे मुहम्मद गौरी द्वारा मस्जिद में बदल दिया गया था। इस मस्जिद का डिजाइन अल-बकर द्वारा तैयार किया गया था। यह मस्जिद भारतीय-मुस्लिम वास्तुकला का एक अद्भुत उदाहरण मानी जाती है।

49. *(a)* 'योशंग त्योहार' मणिपुर में मनाया जाता है। यह मणिपुर के सबसे महत्त्वपूर्ण त्यौहारों में से एक है। यह त्यौहार फाल्गुन माह की पूर्णिमा से शुरू होकर पाँच दिनों तक मनाया जाता है। इस अवसर पर महिला व पुरुष द्वारा विभिन्न सांस्कृतिक प्रदर्शन प्रदर्शित किए जाते हैं। साथ ही उत्सव की भावना को बढ़ाने के लिए विभिन्न खेलों का भी आयोजन किया जाता है।

50. *(d)* कश्मीर की पूर्वी सीमा 'लद्दाख क्षेत्र' में स्थित है। लद्दाख कराकोरम व दक्षिणी हिमालय पर्वत के बीच स्थित क्षेत्र है। यह भारत की सर्वाधिक विरल जनसंख्या वाले भागों में से एक है। वर्तमान में इसे जम्मू-कश्मीर से अलग कर एक केन्द्रशासित प्रदेश (31 अक्टूबर, 2019 से) बना दिया गया है। इसकी राजधानी लेह, कारगिल है।

51. *(c)* 'जलपाईगुड़ी' तीस्ता नदी के किनारे स्थित है। यह जिला भारत में पश्चिम बंगाल राज्य में स्थित है। इस जिले की सीमा उत्तर में भूटान से तथा पूर्व में बांग्लादेश से लगती है। यह शहर एक प्रमुख पर्यटन स्थल के रूप में प्रसिद्ध है, जिसमें जुबली पार्क, टाउन क्लब स्टेडियम तथा तीस्ता पार्क आदि प्रमुख पर्यटन स्थल हैं। 'जलपाई' का शाब्दिक अर्थ 'जैतून' होता है। 90 के दशक में इस शहर में बड़ी संख्या में जैतून के वृक्ष पाए जाते थे।

52. *(a)* 'अरावली रिज' की चोटी सिन्धु व गंगा नदी की घाटियों के बीच जल-विभाजन का कार्य करती है। अरावली विश्व की प्राचीनतम पर्वत श्रृंखलाओं में से एक है। इसकी सबसे ऊँची चोटी गुरु शिखर है, जो सिरोही में स्थित है। अरावली पर्वत का पश्चिमी भाग मारवाड़ व पूर्वी भाग मेवाड़ कहलाता है। यहाँ से अनेक नदियों; जैसे—बनास, लूनी व साबरमती नदियों का उद्गम होता है।

53. *(a)* भारत का एकमात्र ज्वालामुखी 'बैरन आइलैण्ड' अण्डमान द्वीप समूह में स्थित है। यह एक सक्रिय ज्वालामुखी है। यह द्वीप 3 किमी क्षेत्र में तथा अण्डमान निकोबार के उत्तर-पूर्व में बंगाल की खाड़ी में स्थित है। बैरन द्वीप भारत ही नहीं, बल्कि दक्षिण एशिया का एकमात्र सक्रिय ज्वालामुखी है।

54. *(b)* वर्तमान में विश्व के कपास निर्यातक देशों में भारत का 'द्वितीय' स्थान है। कपास एक उष्ण कटिबन्धीय व उपोष्ण कटिबन्धीय फसल है, जो खरीफ की फसल के अन्तर्गत आती है। भारत में गुजरात, महाराष्ट्र व आन्ध्र प्रदेश प्रमुख कपास उत्पादक राज्य हैं। कपास की खेती के लिए आवश्यक तापमान 21°-30°C तथा वर्षा 50-70 सेमी वार्षिक तथा मिट्टी गहरी काली दक्कनी आवश्यक होती है। वर्तमान में भारत का कपास उत्पादन में अमेरिका तथा चीन के बाद तीसरा स्थान है।

55. *(d)* भारत का 'कोरोमण्डल व रायलसीमा' क्षेत्र अपनी वर्षा का अधिकांश भाग उत्तरी-पूर्वी मानसून से प्राप्त करता है। भारत में उत्तर-पूर्वी मानसून की उत्पत्ति पछुआ (उपोष्ण पश्चिमी) जेटस्ट्रीम के कारण होती है। शीतकाल में पछुआ जेटस्ट्रीम सम्पूर्ण पश्चिमी तथा मध्य एशिया में पूर्व दिशा में प्रवाहित होती है। भारत में शुष्क हवाएँ बंगाल की खाड़ी की ओर प्रवाहित होती हैं तथा बाद में ये हवाएँ अपने दाहिनी मुड़कर मानसून का रूप ले लेती हैं। जब यह तमिलनाडु के कोरोमण्डल तट पर पहुँचती हैं, तो बंगाल की खाड़ी से लिए गए जलवाष्प की वर्षा तमिलनाडु में करती हैं।

56. *(b)* जब एक गतिशील पिण्ड की गति दोगुनी हो जाती है तो उसकी गतिज ऊर्जा 'चौगुनी' हो जाती है। किसी वस्तु या पिण्ड में उसकी गति के कारण कार्य करने की जो क्षमता होती है, वह उस पिण्ड की गतिज ऊर्जा कहलाती है।

$$\text{गतिज ऊर्जा (K.E)} = \frac{1}{2}mv^2$$

जहाँ, m = द्रव्यमान, v = वेग

57. *(a)* 'जल' की विशिष्ट ऊष्मा धारिता सबसे अधिक होती है, जिसका मान 15°C ताप पर 4180 जूल/किग्रा. केल्विन होता है। जल की विशिष्ट ऊष्मा 0°C से 4°C तक ताप बढ़ाने पर बढ़ती है, उसके बाद घटती है। किसी पदार्थ की विशिष्ट ऊष्मा, ऊष्मा की वह धारित है, जो उस पदार्थ के एकांक द्रव्यमान में एकांक ताप वृद्धि उत्पन्न करती है। इसका मात्रक जूल/किग्रा. केल्विन होता है।

58. *(a)* तापमान को किसी विशिष्ट डिग्री में व्यवस्थित करने के लिए प्रयुक्त होने वाला उपकरण 'थर्मोस्टेट' कहलाता है। इसे 'ताप स्थायी' भी कहा जाता है। इसका उपयोग तापमान को मापने के लिए विभिन्न प्रकार के डिटेक्टर्स के रूप में किया जाता है। इसका प्रमुख कार्य तापक व शीतलक उपकरणों को आवश्यकतानुसार चालू या बन्द करना है। पहला विद्युत कक्ष थर्मोस्टेट **वारेन एस. जॉनसन** द्वारा 1883 ई. में आविष्कृत किया गया था।

59. *(d)* मनुष्य के नाखून 'कैरोटिन' के बने होते हैं। यह एक नेचुरल प्रोटीन होता है, जो नाखून तथा बालों की चमक बढ़ाने में सहायता करता है। इस प्रोटीन की कमी से नाखूनों व बालों की ग्रोथ व चमक में कमी आ जाती है। प्रोटीन युक्त खाद्य पदार्थ; जैसे-चिकन, दूध, अण्डा, दाल, बीन्स आदि के सेवन से अमीनो एसिड प्राप्त होता है, जो शरीर में कैरोटिन के उत्पादन में सहायता करता है।

60. *(d)* 'पल्मोनरी आर्टरी' मानव शरीर में ऑक्सीजन युक्त रक्त का परिवहन नहीं करती है। इसमें अशुद्ध रक्त होता है, जो हृदय के दाएँ निलय से फेफड़ों में रक्त पहुँचाती है। हृदय के दाहिने भाग में अशुद्ध रक्त या कार्बन डाइ-ऑक्साइड युक्त रक्त व बाएँ भाग में शुद्ध रक्त या ऑक्सीजन युक्त रक्त होता है।

61. *(d)* हरे पालक (Green Spinach) में प्रचुर मात्रा में विटामिन A, विटामिन B तथा विटामिन C होते हैं। इसके अतिरिक्त हरे पालक में विटामिन C तथा मैग्नीशियम, मैंगनीज (Mn) व आयरन भी होते हैं। पालक का वानस्पतिक नाम *'Spinacia oleracea'* है। यह अमरन्थेसी कुल का पौधा है, जिसकी पत्तियाँ व तने शाक् के रूप में खाए जाते हैं।

62. *(b)* 'प्रोपेन और ब्यूटेन' हाइड्रोकार्बन एल.पी.जी. के मुख्य घटक हैं, एल.पी.जी. को उच्च दाब पर द्रवित कर सिलेण्डरों में भर लिया जाता है। यह अत्यन्त ज्वलनशील होता है। अत: इसमें रिसाव का पता लगाने के लिए दुर्गन्ध युक्त सल्फर का यौगिक मिथाइल मरकैप्टन (C_2H_5SH) मिलाया जाता है, ताकि गैस के रिसाव का पता लगाया जा सके।

63. *(c)* 'लेड सल्फाइड' (PbS) को गैलेना के नाम से भी जाना जाता है। यह लेड (Pb) का प्रमुख अयस्क है। यह एक अकार्बनिक यौगिक है, जिसका द्रव्यमान 239.3 g/mol तथा गलनांक 1114°C होता है।

इसका उपयोग रबर व चाँदी उद्योग में किया जाता है।

64. *(c)* 'राइजोफोरा' एक मैंग्रोव वनस्पति है। यह एक उष्णकटिबन्धीय मैंग्रोव वनस्पति है। इन्हें सामूहिक रूप से 'True Mangroves' भी कहा जाता है। यह प्रजाति इण्टरटाइजल जोन में रहती है, जो समुद्र द्वारा प्रतिदिन जलमग्न रहती है।

65. *(b)* वायु गुणवत्ता सूचकांक 'वायु की गुणवत्ता दर्शाने वाला एक पैमाना है।' यह सूचकांक यह बताता है कि वर्तमान में वायु कितनी प्रदूषित है। इस सूचकांक में वायु की गुणवत्ता के आधार पर 6 कैटेगरी बनाई गई है; जैसे—अच्छी, सन्तोषजनक, थोड़ा प्रदूषित, खराब, बहुत-खराब व गम्भीर। भारत में राष्ट्रीय वायु गुणवत्ता सूचकांक (AQI) का, जबकि कनाडा में वायु गुणवत्ता स्वास्थ्य सूचकांक तथा सिंगापुर में प्रदूषक मानक सूचकांक का प्रयोग किया जाता है।

66. *(c)* 'जल पारिस्थितिक तन्त्र' में नितलस्थल मण्डल (अस्थिर क्षेत्र) (Benthic Zone) पाया जाता है। नितलस्थल क्षेत्र में तलीय प्राणी से लेकर समुद्र की सतह तक के प्राणी पाए जाते हैं। नितल स्थल क्षेत्र के ऊपरी भाग को वेलांचली (Littoral) कहते हैं, इस क्षेत्र में संलग्न पौधे धीमी गति से बढ़ने वाले व लचीले होते हैं; जैसे—केल्पवेड, प्लवक, तरणक (nekton) आदि। नितल स्थल क्षेत्र में सूर्य का प्रकाश नहीं पहुँच पाता है, इस क्षेत्र की मध्य गहराई में ब्लाइंड फिश व स्क्विड पाए जाते हैं।

67. *(a)* 'छत्तीसगढ़' राज्य सरकार ने वर्ष 2017 में बाल दिवस (14 नवम्बर) के अवसर पर बच्चों के लिए 'मुख्यमन्त्री शाला सुरक्षा योजना' आरम्भ की। इस योजना का उद्देश्य राज्य के शासकीय व गैर-शासकीय स्कूलों में पढ़ने वाले बच्चों को प्राकृतिक व मानव निर्मित आपदाओं से निपटने के लिए प्रशिक्षण देकर तैयार करना है, साथ ही उन्हें जागरूक भी करना है।

68. *(b)* भारत सरकार की 'सम्पदा (SAMPADA) योजना' खाद्य प्रसंस्करण (Food Processing) से सम्बन्धित है। इस योजना की शुरुआत अगस्त, 2017 में की गई थी। इस योजना का उद्देश्य कृषि का आधुनिकीकरण करना व कृषि बर्बादी को कम करना है। साथ ही मॉर्डन विनिर्माण की सहायता से कृषि में विकास को लेकर सही मैनेजमेंट व बुनियादी ढाँचे का निर्माण करना है।

69. *(b)* वर्ष 2017 में भारतीय नौसेना की सेवा में शामिल भारत निर्मित परमाणु पनडुब्बी का नाम आई.एन.ए. 'अरिदमन' है। यह अरिहन्त श्रेणी की दूसरी पनडुब्बी है। इसका निर्माण विशाखापट्टनम स्थित जहाज निर्माण केन्द्र पर एडवांस्ड टेक्नोलॉजी वेसल परियोजना के तहत किया गया है। यह भारत में निर्मित दूसरी परमाणु ऊर्जा वाली (पहली-अरिहन्त) एक बैलिस्टिक मिसाइल पनडुब्बी है।

70. *(a)* दस्तावेज की प्रति इलेक्ट्रॉनिक रूप में व्यक्ति के निजी कम्प्यूटर या मोबाइल फोन पर भण्डारित होना डिजीलॉकर के विषय में सही कथन नहीं है। डिजीलॉकर भारत सरकार के महत्त्वाकांक्षी कार्यक्रम का हिस्सा है, जिसे केन्द्रीय संचार व आई टी मन्त्रालय की शाखा इलेक्ट्रॉनिक्स व सूचना प्रौद्योगिकी विभाग द्वारा जुलाई, 2015 में शुरू किया गया था। डिजिटल लॉकर में उपयोगकर्ता अपने आवश्यक दस्तावेज; जैसे—एकेडमिक, चिकित्सकीय रिकॉर्ड, पासपोर्ट व पैनकार्ड को डिजिटल रूप में सुरक्षित रख सकते हैं।

71. *(b)* वर्ष 2020 के 36वें ग्रीष्मकालीन ओलम्पिक खेलों की मेजबानी जापान (टोक्यो) द्वारा की जाएगी। यह एक अन्तर्राष्ट्रीय बहु खेल प्रतियोगिता है, जिसे 24 जुलाई से 9 अगस्त, 2020 तक जापान की राजधानी टोक्यो में आयोजित किया जाना था, लेकिन वर्तमान कोविड-19 महामारी के कारण इन खेलों का आयोजन वर्ष 2021 में किया जाएगा।

72. *(c)* फीफा विश्व कप अण्डर-17 वर्ष 2017 का आयोजन 'भारत' में किया गया था। यह एक द्विवार्षिक अन्तर्राष्ट्रीय फुटबॉल प्रतियोगिता है, जिसमें पुरुषों की अण्डर-17 की 24 राष्ट्रीय टीमों में भाग लिया था। इस टूर्नामेंट की विजेता इंग्लैण्ड फुटबॉल टीम थी, जिसने स्पेन को 5-2 से हराकर इस खिताब को हासिल किया। यह टूर्नामेंट भारत में 6-28 अक्टूबर, 2017 के मध्य आयोजित किया गया था।

73. *(d)* चीन ने हम्बनटोटा बन्दरगाह का 70% हिस्सा खरीदा है। यह बन्दरगाह श्रीलंका के दक्षिणी प्रान्त में स्थित है। इस बन्दरगाह को श्रीलंका ने चीन को 99 वर्ष के लिए पट्टे (किराए) पर दिया है। यह बन्दरगाह दुनिया के सबसे व्यस्त बन्दरगाहों में से एक है। इस बन्दरगाह का निर्माण चाइना मर्चेन्ट पोर्ट होल्डिंग्स द्वारा किया गया है।

74. *(c)* नेपाल और भूटान ने भारत की डिजिटल पेमेण्ट सर्विस 'एन.पी.सी.आई.' (नेशनल पेमेण्ट कॉर्पोरेशन ऑफ इण्डिया) का उपयोग करने हेतु सहयोग माँगा है।

यह एक गैर-लाभकारी संस्था है, जो देश में भुगतान व निपटान प्रणाली के संचालन के रूप में कार्य करती है। इस संस्था की स्थापना वर्ष 2008 में की गई थी। इसका मुख्यालय मुम्बई में स्थित है।

75. *(b)* 47वें अन्तर्राष्ट्रीय फिल्म महोत्सव, 2017 में गोल्डेन पीकॉक अवार्ड का पुरस्कार ईरानी फिल्म 'डॉटर' को प्रदान किया गया। इस फिल्म के निर्देशक 'रेखा मिरकरीमी' हैं। वर्ष 2019 का गोल्डेन पीकॉक अवार्ड बेस्ट फिल्म के लिए फ्रेंच फिल्म 'पॉर्टिकल्स' को प्रदान किया गया है।

76. *(d)* समुद्र में असाधारण वीरता के लिए आई. एम. ओ (International Martitime Organization) अवार्ड वर्ष 2016 से सम्मानित होने वाली विश्व की प्रथम महिला 'राधिका मेनन' हैं।

वे वर्तमान में भारतीय नौसेना में कैप्टन पद पर तैनात हैं। उन्हें यह सम्मान वर्ष 2015 में बंगाल की खाड़ी में एक डूबती नाव से 7 मछुआरों की जान बचाने के लिए दिया गया है।

77. *(c)* भारत सरकार का जी. ई. एम पोर्टल (Government E-Market) 'सार्वजनिक खरीद' से सम्बन्धित है। इस पोर्टल की शुरुआत भारत सरकार द्वारा सरकारी खरीद में पारदर्शिता लाने हेतु वर्ष 2016 में की गई थी। इस पोर्टल से सरकारी अधिकारियों द्वारा दैनिक प्रयोग में आने वाली वस्तुओं व सेवाओं की खरीद की जा सकती है। भारत सरकार ने इसका उन्नत संस्करण जेम 3.0 भी लॉन्च किया है।

78. *(d)* भारत सरकार द्वारा बनाए गए मुद्रा बैंक का मुख्य कार्य 'सूक्ष्म उद्योगों को ऋण व वित्तीय सहायता उपलब्ध कराना है।' इस मुद्रा बैंक की स्थापना 8 अप्रैल, 2015 को नई दिल्ली में की गई थी। मुद्रा बैंक का पूरा नाम 'माइक्रो यूनिट्स डेवलपमेण्ट्स रिफाइनेन्स एजेन्सी' है।

इसका प्रमुख उद्देश्य युवा, शिक्षित व प्रशिक्षित उद्यमियों को वित्तीय सहायता प्रदान कर मुख्यधारा में लाना है। इसका मुख्यालय मुम्बई में स्थित है।

79. *(d)* भारत व बांग्लादेश के बीच 'तीस्ता' नदी जल बँटवारे को लेकर विवाद है। यह नदी भारत के सिक्किम राज्य से निकलकर पश्चिम बंगाल होते हुए बांग्लादेश में जमुना (ब्रह्मपुत्र) नदी में मिल जाती है।

बांग्लादेश के गठन के बाद दोनों देश के बीच नदी सम्बन्धी मुद्दो के समाधान के लिए वर्ष 1972 में संयुक्त जल आयोग का गठन किया गया।

इस आयोग की रिपोर्ट के आधार पर तीस्ता नदी का 39% पानी भारत द्वारा, 36% पानी बांग्लादेश द्वारा उपभोग किए जाने पर समझौता हुआ। शेष 25% पानी नदी में प्रवाह बनाए रखने के लिए छोड़ दिया गया, परन्तु इस समझौते के प्रावधान के तहत नदी प्रवाह के सही आँकड़े उपलब्ध न होने के कारण लागू नहीं हो पाए तब से यह नदी जल विवाद का हिस्सा है।

80. *(d)* रियो शिखर सम्मेलन का सम्बन्ध 'जैव-विविधता पर सम्मेलन' से है। इस शिखर सम्मेलन का आयोजन वर्ष 1992 में ब्राजील के रियो डी जिनेरियो में किया गया। इस सम्मेलन में 172 देशों के प्रतिनिधियों ने भाग लिया। इसे 'पृथ्वी सम्मेलन' के नाम से भी जाना जाता है।

81. *(d)* नदियों के जल प्रदूषण के स्तर को ऑक्सीजन की विघटित मात्रा के आकार पर मापा जाता है। नदियों या तालाबों में ऑक्सीजन की मात्रा बॉयोलॉजिकल ऑक्सीजन डिमाण्ड (BOD) के आधार पर ज्ञात की जाती है।

82. *(c)* हग हेफनर का सितम्बर, 2017 में 91 वर्ष की अवस्था में निधन हो गया। वे 'प्लेब्वॉय पत्रिका' के संस्थापक थे। यह एक अमेरिकी मनोरंजन पत्रिका है। इस पत्रिका की स्थापना शिकांगो में वर्ष 1953 में की गई थी। यह पत्रिका विभिन्न अभिनेता/अभिनेत्रियों व प्रसिद्ध मॉडलों को अपने कवर पेज पर प्रकाशित करने के लिए प्रसिद्ध है।

83. *(b)* भारत का राष्ट्रपति बनने से पूर्व रामनाथ कोविंद बिहार राज्य (वर्ष 2015 से 2017 तक) के राज्यपाल थे। वर्तमान में वे भारत के 14वें राष्ट्रपति (वर्ष 2017 से) हैं। वे उत्तर प्रदेश के कानपुर देहात जिले के निवासी हैं। उनका सम्बन्ध कोली अनुसूचित जाति से है। वे लगातार 12 वर्षों तक राज्यसभा के सदस्य भी रह चुके हैं। इसके अतिरिक्त वे भाजपा दलित मोर्चा तथा अखिल भारतीय कोली समाज के राष्ट्रीय अध्यक्ष भी रह चुके हैं।

84. *(c)* 'मैसूर' (कर्नाटक) शहर वर्ष 2017 में स्वच्छ भारत मिशन के अन्तर्गत खुले में शौच से मुक्त होने वाला भारत का पहला शहर है।

85. *(a)* तेलंगाना राज्य 'टाइगर कोरिडोर' में एक नहर पर पर्यावरण के अनुकूल एक पुल का निर्माण करेगा। इस पुल का निर्माण तेलंगाना के कुमरम भीम आसिफाबाद जिले से टैगोभा-अंधेरी टाइगर रिजर्व (महाराष्ट्र) के बीच किया जाएगा। इस पुल की कुल लम्बाई 72 किमी होगी।

86. *(c)* $\sqrt{0.0625} = \sqrt{\frac{625}{10000}}$

$= \sqrt{\frac{5 \times 5 \times 5 \times 5}{100 \times 100}}$

$= \frac{5 \times 5}{100} = 0.25$

87. *(a)* $(1 + 2 + 3 + 4 + \ldots + 20)/7$

$= \frac{1}{7} \times \frac{20(20+1)}{2}$

$\left[\because 1 + 2 + 3 + \ldots + n = \frac{n(n+1)}{2}\right]$

$= \frac{1}{7} \times \frac{20 \times 21}{2} = 30$

88. *(d)* दी गई भिन्न $= \frac{2}{3} = 0.666\ldots$

विकल्प (a) से, $\frac{1}{2} = 0.5,$

विकल्प (b) से, $\frac{3}{7} = 0.428$

विकल्प (c) से, $\frac{4}{7} = 0.57,$

विकल्प (d) से, $\frac{6}{7} = 0.85$

$\therefore$ भिन्न $\frac{6}{7}, \frac{2}{3}$ से बड़ी है।

89. *(c)* 2, 3, 4 तथा 6 का ल.स. = 12

चार अंकों की सबसे छोटी संख्या = 1000

चार अंकों की 12 से विभाजित होने वाली सबसे छोटी संख्या

12) 1000 (83
96
40
36
4 = शेषफल

$= 1000 + (12 - 4)$

$= 1008$

$\therefore$ अभीष्ट संख्या $= 1008 + 1 = 1009$

90. *(c)* $\frac{(3.2 \times 3.2) + (2.7 \times 2.7) + (3.2 \times 2.7)}{(3.2 \times 3.2 \times 3.2) - (2.7 \times 2.7 \times 2.7)}$

$= \frac{a^2 + b^2 + ab}{a^3 - b^3}$ [यदि $a = 3.2$, $b = 2.7$]

$= \frac{a^2 + b^2 + ab}{(a-b)(a^2 + b^2 + ab)}$

$[\because a^3 - b^3 = (a-b)(a^2 + ab + b^2)]$

$= \frac{1}{a-b}$

$= \frac{1}{3.2 - 2.7} = \frac{1}{0.5} = 2$

91. *(d)* $B = 150$ से 20% अधिक

$= 150 \times \frac{120}{100} = 180$

संख्या $A = B$ से 30% कम

$= 180 \times \frac{70}{100} = 126$

92. *(d)* $a = \frac{5}{4}b$ तथा $b = \frac{2}{10}c$

$\Rightarrow \quad c = \frac{10}{2}b = 5b$

$\therefore \quad a : b : c = \frac{5}{4}b : b : 5b = 5 : 4 : 20$

93. *(a)* 11 खिलाड़ियों तथा उनके प्रशिक्षक की कुल आयु = औसत × कुल सदस्य

$= 12 \times 33 = 396$ वर्ष

पहले 5 खिलाड़ियों की कुल आयु

$= 5 \times 29 = 145$ वर्ष

शेष 6 खिलाड़ियों की कुल आयु

$= 6 \times 30 = 180$ वर्ष

$\therefore$ प्रशिक्षक की आयु

$= 396 - (145 + 180)$

$= 396 - 325 = 71$ वर्ष

94. *(d)* दिया है,

$P = ₹\ 8000, r = 2.5\%, n = 2$ वर्ष

मूलधन P पर $r\%$ वार्षिक दर से 2 वर्षों के चक्रवृद्धि ब्याज और साधारण ब्याज का अन्तर

$$= P\left(\frac{r}{100}\right)^n$$

$$= 8000 \times \left(\frac{2.5}{100}\right)^2$$

$$= 8000 \times \frac{1}{40 \times 40} = ₹\ 5$$

95. *(a)* 1 कुर्सी का क्रय मूल्य $= \frac{10000}{40} = ₹\ 250$

60% लाभ पर, 1 कुर्सी का विक्रय मूल्य

$$= \text{क्रय मूल्य} \times \frac{100 + \text{लाभ\%}}{100}$$

$$= 250 \times \frac{160}{100} = ₹\ 400$$

$\therefore$ 10000 में बेची गई कुर्सियाँ $= \frac{10000}{400} = 25$

96. *(d)* माना वस्तु का क्रय मूल्य ₹ x है।

$\therefore$ अंकित मूल्य = क्रय मूल्य से 30% अधिक

$$= \frac{130}{100}x = ₹\ \frac{13}{10}x$$

$$\text{विक्रय मूल्य} = \text{अंकित मूल्य} \times \frac{100 - \text{छूट \%}}{100}$$

$$\Rightarrow \quad 780 = \frac{13}{10}x \times \frac{100-20}{100}$$

$$\Rightarrow \quad 780 = \frac{13x}{10} \times \frac{80}{100}$$

$$\Rightarrow \quad x = \frac{780 \times 1000}{13 \times 80} = ₹\ 750$$

97. *(b)* माना वर्ग की भुजा a है।

वृत्त का व्यास $= a$

$\therefore$ वृत्त की त्रिज्या $= \frac{a}{2}$

$\therefore$ वर्ग का क्षेत्रफल : वृत्त का क्षेत्रफल

$$= a^2 : \pi\left(\frac{a}{2}\right)^2$$

$$= a^2 : \frac{22}{7} \times \frac{a^2}{4} = 1 : \frac{11}{14} = 14 : 11$$

98. *(b)* औसत गति $= \frac{\text{कुल दूरी}}{\text{कुल समय}}$

$$= \frac{3+3+3+3}{\frac{3}{10}+\frac{3}{20}+\frac{3}{30}+\frac{3}{40}}$$

$$= \frac{12}{\frac{36+18+12+9}{120}}$$

$$= \frac{12 \times 120}{75}$$

$$= 19.2 \text{ किमी/घण्टा}$$

99. *(a)* माना Q, t महीने बाद शामिल हुआ।

P के निवेश की राशि : Q के निवेश की राशि $= P$ का लाभ : Q का लाभ

$$\Rightarrow 80000 \times 12 : 60000 \times (12 - t) = 2 : 1$$

$$\Rightarrow \quad \frac{80000 \times 12}{60000 \times (12-t)} = \frac{2}{1}$$

$$\Rightarrow \quad 12 - t = 8$$

$$\Rightarrow t = 4 \text{ महीने}$$

100. *(c)* F तथा M का 1 दिन का कार्य $= \frac{1}{8}$

F का 1 दिन का कार्य $= \frac{1}{12}$

$\therefore$ अकेले M का 1 दिन का कार्य

$$= \frac{1}{8} - \frac{1}{12} = \frac{3-2}{24}$$

$\therefore M$ अकेला कार्य कर सकता है

$$= \frac{1}{\frac{1}{24}} = 24 \text{ दिनों में}$$

दिल्ली पुलिस
कांस्टेबल

तर्कशक्ति

01 सादृश्यता या समानता
Analogy or Similarity

सादृश्यता (समानता) से आशय किन्हीं दो वस्तुओं के मध्य अन्तर्निहित गुणों, धर्म आकार आदि के आधार पर समान होना है। इस परीक्षण के अन्तर्गत ऐसे प्रश्न पूछे जाते हैं, जिनमें शब्दों/अक्षरों/अंकों के दो युग्म दिए जाते हैं। पहले युग्म में दो शब्द/अक्षर/अंक दिए गए होते हैं जिनके मध्य एक निश्चित सम्बन्ध होता है। जबकि दूसरे युग्म में केवल एक शब्द/अक्षर/अंक दिया गया होता है और दूसरे शब्द/अक्षर/अंक के स्थान पर एक प्रश्नवाचक चिह्न (?) दिया होता है। आपको पहले युग्म के शब्दों/अक्षरों/अंकों के मध्य अन्तर्निहित सम्बन्ध के आधार पर प्रश्नवाचक चिह्न के स्थान पर आने वाले शब्द/अक्षर/अंक का चुनाव दिए गए चार विकल्पों में से करना होता है।

समानता परीक्षण पर आधारित निम्न तीन प्रकार के प्रश्न पूछे जाते हैं

1. शब्द समानता   2. अक्षर समानता   3. संख्या समानता

शब्द समानता

व्यावहारिक जीवन एवं सामान्य जानकारी पर आधारित दो अर्थपूर्ण शब्दों के मध्य अन्तर्निहित आन्तरिक सम्बन्धों को समझने तथा विश्लेषण करने की योग्यता 'शब्द समानता' कहलाती है। इस प्रकार के प्रश्नों में प्रश्न दो भागों में दिया जाता है, पहले भाग में जो सम्बन्ध होता है, ठीक वैसा ही सम्बन्ध दूसरे भाग में खोजते हुए उत्तर विकल्प चुनना होता है।

उदाहरण 1 दिए गए विकल्पों में से सम्बन्धित शब्द को चुनिए।

नदी : धारा :: महासागर : ?

(a) प्रवाह   (b) तालाब   (c) बाँध   (d) समुद्र

हल *(a)* जिस प्रकार, नदी के पानी से 'धारा' उत्पन्न होती है, उसी प्रकार, महासागर के पानी से 'प्रवाह' उत्पन्न होता है।

अक्षर समानता

दो अक्षर समूहों में अंग्रेजी वर्णमाला के अक्षरों के क्रमांकिक मानों के आधार पर उनके मध्य अन्तर्निहित आन्तरिक सम्बन्धों को समझने तथा विश्लेषण करने की योग्यता 'अक्षर समानता' कहलाती है। इस प्रकार के प्रश्न सामान्यता अंग्रेजी वर्णमाला के अक्षरों पर आधारित होते हैं।

उदाहरण 2 दिए गए विकल्पों में से सम्बन्धित अक्षरों को चुनिए।

SW : TX :: HL : ?

(a) IM   (b) JK   (c) IK   (d) JM

हल *(a)* जिस प्रकार, S W → T X (S +1 → T, W +1 → X)

उसी प्रकार, H L → I M (H +1 → I, L +1 → M)

अतः दूसरे युग्म का लुप्त अक्षर समूह 'IM' होगा।

संख्या समानता

दो संख्याओं में गणितीय संक्रियाओं, सिद्धान्तों एवं नियमों के आधार पर, उनके मध्य अन्तर्निहित आन्तरिक सम्बन्धों को समझने तथा विश्लेषण करने की योग्यता 'संख्या समानता' कहलाती है। इस प्रकार के प्रश्नों में पहली दो संख्याओं के आधार पर पूछी गई संख्या निकाली जाती है।

उदाहरण 3 दिए गए विकल्पों में से सम्बन्धित संख्या को चुनिए।

$-\frac{3}{7} : \frac{7}{3} :: \frac{9}{2} : ?$

(a) $\frac{2}{9}$ (b) $-\frac{9}{2}$ (c) $\frac{7}{2}$ (d) $-\frac{2}{9}$

हल *(d)* जिस प्रकार, $-\frac{3}{7} \rightarrow \frac{7}{3}$

उसी प्रकार, $\frac{9}{2} \rightarrow \boxed{-\frac{2}{9}}$

नोट *यहाँ पर दी गई संख्या का विपरीत चिह्न के साथ व्युत्क्रम लिखा गया है।*

उदाहरण 4 विकल्पों में अंकों के चार समूह दिए गए हैं। उनमें से उन अंकों के समूह को ज्ञात कीजिए जो प्रश्न में दिए गए अंकों के समूह से अधिकतम मेल खाता हो। दिया गया समूह (6, 10, 14)

(a) (4, 16, 29)   (b) (7, 12, 22)
(c) (6, 12, 22)   (d) (5, 9, 13)

हल *(d)* जिस प्रकार, 6 → 10 → 14 (+4, +4)

उसी प्रकार, 5 → 9 → 13 (+4, +4)

अभ्यास प्रश्न

शब्द समानता

1. 'बैंक' जिस प्रकार 'धन' से सम्बन्धित है, उसी प्रकार, 'परिवहन' निम्न में से किससे सम्बन्धित है?
(a) गति (b) माल
(c) सड़क (d) ट्रैफिक

2. 'अदालत' जिस प्रकार सम्बन्धित है 'न्याय' से, उसी प्रकार, 'विद्यालय' निम्न में से किससे सम्बन्धित है?
(a) अध्यापक (b) शिक्षा
(c) छात्र (d) कक्षा

3. 'बर्तन' सम्बन्धित है 'चम्मच' से, तो 'कैलेण्डर' सम्बन्धित है
(a) समय (b) कागज
(c) छपाई (d) तारीख

निर्देश (प्र.सं. 4-12) *निम्न में से वह जोड़ा/समूह चुनिए जोकि उसी तरह का सम्बन्ध दिखाता है जैसा कि प्रत्येक जोड़े/समूह के साथ वाले जोड़े/समूह में है।*

4. नारियल : खोल :: पत्र : ?
(a) लिफाफा (b) डाक
(c) डाक टिकट (d) लैटर-बॉक्स

5. भोजन : मीनू :: पुस्तकालय : ?
(a) पुस्तकें (b) लाइब्रेरियन
(c) सारणी (d) शेल्फ

6. समारोह : थियेटर :: भोज : ?
(a) पार्टी (b) रात्रिकालीन भोजन
(c) होटल (d) दोपहर का भोजन

7. दिन : सप्ताह :: सप्ताह : ?
(a) वर्ष (b) दिन (c) महीना (d) घण्टा

8. धान : चावल :: दूध : ?
(a) दवाई (b) जहर (c) क्रीम (d) राशन

9. गज : दूरी :: घड़ी : ?
(a) लम्बाई (b) चौराहा (c) गहराई (d) समय

10. प्रतिमा : मूर्तिकार :: कपड़े : ?
(a) मैकेनिक (b) हलवाई
(c) दर्जी (d) डॉक्टर

11. पैसा : सम्पत्ति :: ?
(a) क्रूर : गुस्सा (b) करुणा : दयालुता
(c) बुद्धिमान : शिक्षा (d) अभिमान : विनम्रता

12. नियमित : यदा-कदा :: ?
(a) कभी-कभी : कभी नहीं
(b) अधिकता : कुछ
(c) सफेद : भूरा
(d) सद्भावी : सच्चा

अक्षर समानता

निर्देश (प्र.सं. 13-18) *निम्न में से पहले युग्म के पदों के बीच सम्बन्ध को ध्यान में रखते हुए दूसरे युग्म में लुप्त उसी सम्बन्ध वाले अक्षर समूह/संख्या को बताइए।*

13. CEIS : TJFD :: HKMP : ?
(a) QNLI (b) NMIQ (c) IMNQ (d) ILNQ

14. ZADC : BCFE :: RSFE : ?
(a) TUEH (b) TUHG
(c) TOHG (d) TUGH

15. QSUW : TVXZ :: DFHJ : ?
(a) GKIM (b) GIKM
(c) RTVS (d) GMIK

16. DQPVE : CROWD :: INVRF : ?
(a) HUOSE (b) UOSED
(c) HORSE (d) HOUSE

17. MLO : 121114 :: QJL : ?
(a) 192022 (b) 160911
(c) 160813 (d) 2218175

18. $\frac{E}{H} : \frac{22}{19} :: \frac{B}{I} : ?$
(a) $\frac{24}{17}$ (b) $\frac{25}{18}$ (c) $\frac{3}{7}$ (d) $\frac{17}{19}$

संख्या समानता

निर्देश (प्र.सं. 19-26) *नीचे दिए गए चिह्न (::) के बाईं ओर दी गई दो संख्याओं में कुछ सम्बन्ध है। दी गई तीसरी और चौथी संख्या में भी वही सम्बन्ध है। चौथी संख्या (?) लुप्त है, लुप्त संख्या को ज्ञात करें।*

19. 8 : 13 :: 15 : ?
(a) 20 (b) 21 (c) 19 (d) 18

20. 4 : 16 :: 5 : ?
(a) 12 (b) 25 (c) 36 (d) 40

21. 16 : 34 :: 11 : ?
(a) 88 (b) 86 (c) 24 (d) 22

22. 63 : 504 :: 53 : ?
(a) 420 (b) 421 (c) 422 (d) 424

23. 3210 : 5432 :: 6753 : ?
(a) 8975 (b) 9678 (c) 7635 (d) 5893

24. 4 : 25 :: 6 : ?
(a) 29 (b) 36 (c) 42 (d) 49

25. 5 : 250 :: 6 : ?
(a) 432 (b) 315 (c) 256 (d) 286

26. 8 : 38 :: 5 : ?
(a) 20 (b) 16 (c) 18 (d) 23

निर्देश (प्र.सं. 27-30) *निम्नलिखित प्रश्नों के उत्तर चार विकल्प समूहों के रूप में दिए गए हैं, इनमें से उस संख्या समूह को चुनिए, जो प्रश्न में दिए गए संख्या समूह से अधिकतम मेल खाता हो।*

27. (5, 9, 16)
(a) (4, 8, 16) (b) (6, 9, 12)
(c) (7, 11, 18) (d) (8, 11, 12)

28. (1, 4, 9)
(a) (42, 34, 16) (b) (16, 25, 36)
(c) (34, 24, 14) (d) (26, 32, 42)

29. (4, 8, 16)
(a) (3, 6, 12) (b) (2, 8, 10)
(c) (5, 12, 18) (d) (7, 10, 18)

30. (6, 36, 63)
(a) (7, 49, 98) (b) (8, 64, 46)
(c) (9, 84, 45) (d) (11, 11, 84)

मिश्रित प्रश्न

निर्देश (प्र. सं. 31-50) *दिए गए विकल्पों में से सम्बन्धित शब्द/अक्षर/संख्या को चुनिए।*

31. 4 : 19 = 7 : ?
(a) 52 (b) 68
(c) 28 (d) 49

32. DIMO : DMIO : : JUVR : ?
(a) JVUR (b) JUVR
(c) JRVU (d) JVRU

33. पुस्तक : पुस्तकालय : : वृक्ष : ?
(a) फर्नीचर (b) फल
(c) छाया (d) वन

34. फ्रेंच : फ्रांस : : डच : ?
(a) स्वीडन (b) नॉर्वे
(c) फिजी (d) हॉलैण्ड

35. शिक्षक : स्कूल : : नर्स : ?
(a) डॉक्टर (b) रोगी
(c) दवाई (d) अस्पताल

36. 11 : 1331 : : 9 : ?
(a) 979 (b) 991
(c) 729 (d) 879

37. खिड़की : बढ़ई : : मूर्ति : ?
(a) मूर्तिकार (b) मिस्त्री
(c) लुहार (d) सुनार

38. मनोविज्ञान : मन : : अंकगणित : ?
(a) ज्ञान (b) संख्या
(c) ऊँचाई (d) फॉर्मूला

39. बर्फ : ठण्डक : : पृथ्वी : ?
(a) वजन (b) जंगल
(c) गुरुत्वाकर्षण (d) समुद्र

40. लकड़ी : कागज : : इस्पात : ?
(a) धातु (b) कील
(c) काँच (d) लोहा

41. 7 : 28 : : 2 : ?
(a) 8 (b) 12
(c) 16 (d) 24

42. RAT : TAR : : PIT : ?
(a) BIT (b) CAT
(c) TIP (d) TOP

43. सूर्य : दिन : : चन्द्रमा : ?
(a) तारे (b) रात्रि
(c) ग्रह (d) अँधेरा

44. पुत्र : भतीजा : : पुत्री : ?
(a) भतीजी (b) भाभी
(c) बहन (d) माता

45. वलय (बाली) : कान : : ? : कलाई
(a) झुमका (b) चेन
(c) चूड़ी (कड़ा) (d) रिबन (फीता)

46. 7 : 45 : : 5 : ?
(a) 20 (b) 30
(c) 33 (d) 43

47. EFG : IJK : : MNO : ?
(a) PQR (b) OPQ
(c) QRS (d) NOP

48. आरा : बढ़ई : : कैंची : ?
(a) किसान (b) दर्जी
(c) पेन्टर (रंगसाज) (d) कलाकार

49. ACDF : MOPR : : TVWY : ?
(a) LNPR (b) FHIK
(c) STVW (d) RUWZ

50. 5 : 30 : : 7 : ?
(a) 52 (b) 50
(c) 49 (d) 56

उत्तरमाला

1	*(b)*	2	*(b)*	3	*(d)*	4	*(a)*	5	*(c)*
6	*(c)*	7	*(c)*	8	*(c)*	9	*(d)*	10	*(c)*
11	*(b)*	12	*(b)*	13	*(a)*	14	*(b)*	15	*(b)*
16	*(d)*	17	*(b)*	18	*(b)*	19	*(a)*	20	*(b)*
21	*(c)*	22	*(d)*	23	*(a)*	24	*(d)*	25	*(a)*
26	*(d)*	27	*(c)*	28	*(b)*	29	*(a)*	30	*(b)*
31	*(a)*	32	*(a)*	33	*(d)*	34	*(d)*	35	*(d)*
36	*(c)*	37	*(a)*	38	*(b)*	39	*(c)*	40	*(b)*
41	*(a)*	42	*(c)*	43	*(b)*	44	*(a)*	45	*(c)*
46	*(c)*	47	*(c)*	48	*(b)*	49	*(b)*	50	*(d)*

संकेत एवं हल

1. (b) जिस प्रकार, बैंक के द्वारा धन का लेन-देन होता है, उसी प्रकार, परिवहन के द्वारा माल का आयात-निर्यात होता है।

2. (b) जिस प्रकार, अदालत न्याय का केन्द्र है, उसी प्रकार, विद्यालय शिक्षा का केन्द्र है।

3. (d) जिस प्रकार, चम्मच बर्तन के अन्तर्गत आती है, उसी प्रकार, तारीख कैलेण्डर के अन्तर्गत आती है।

4. (a) जिस प्रकार, नारियल खोल के अन्दर रहता है, उसी प्रकार, पत्र लिफाफे के अन्दर होता है।

5. (c) जिस प्रकार, मीनू में भोजन के व्यंजनों का उल्लेख रहता है, उसी प्रकार, सारणी में पुस्तकालय की पुस्तकों का उल्लेख रहता है।

6. (c) जिस प्रकार, समारोह का आयोजन थियेटर में होता है, उसी प्रकार, भोज होटल में आयोजित होता है।

7. (c) जिस प्रकार, दिन से सप्ताह बनता है, उसी प्रकार, सप्ताह से महीना बनता है।

8. (c) जिस प्रकार, धान से चावल निकलते हैं, उसी प्रकार, दूध से क्रीम निकलती है।

9. (d) जिस प्रकार, गज दूरी बताता है, उसी प्रकार, घड़ी समय बताती है।

10. (c) जिस प्रकार, प्रतिमा मूर्तिकार बनाता है, उसी प्रकार, कपड़े दर्जी बनाता है।

11. (b) जिस प्रकार, पैसा सम्पत्ति में अन्तर्निहित है, ठीक उसी प्रकार, करुणा दयालुता में अन्तर्निहित है।

12. (b) जिस प्रकार, नियमित सम्बन्धित (विपरीत) है, यदा-कदा से। उसी प्रकार, अधिकता सम्बन्धित है कुछ से।

13. (a) जिस प्रकार,

C E I S ⟶ T J F D (+1, +1, +1, +1)

उसी प्रकार,

H K M P ⟶ QNLI (+1, +1, +1, +1)

अतः दूसरे युग्म का लुप्त अक्षर समूह QNLI होगा।

14. (b) जिस प्रकार,

Z A D C ⟶ B C F E (+2, +2, +2, +2)

उसी प्रकार,

R S F E ⟶ TUHG (+2, +2, +2, +2)

अतः दूसरे युग्म का लुप्त अक्षर समूह TUHG होगा।

15. (b) जिस प्रकार,

Q S U W ⟶ T V X Z (+3, +3, +3, +3)

उसी प्रकार,

D F H J ⟶ GIKM (+3, +3, +3, +3)

अतः दूसरे युग्म का लुप्त अक्षर समूह GIKM होगा।

16. (d) जिस प्रकार,

D Q P V E ⟶ C R O W D (−1, +1, −1, +1, −1)

उसी प्रकार,

I N V R F ⟶ HOUSE (−1, +1, −1, +1, −1)

अतः दूसरे युग्म का लुप्त अक्षर समूह HOUSE होगा।

17. (b) जिस प्रकार,

M $\xrightarrow{-1}$ L ⟶ 12
L $\xrightarrow{-1}$ K ⟶ 11 ⇒ 121114
O $\xrightarrow{-1}$ N ⟶ 14

उसी प्रकार,

Q $\xrightarrow{-1}$ P ⟶ 16
J $\xrightarrow{-1}$ I ⟶ 09 ⇒ 160911
L $\xrightarrow{-1}$ K ⟶ 11

अतः दूसरे युग्म की लुप्त संख्या 160911 होगी।

18. (b) जिस प्रकार,

E $\xrightarrow{\text{विपरीत अक्षर}}$ V ⟶ 22

$H \xrightarrow{\text{विपरीत अक्षर}} S \rightarrow 19$

$\therefore \quad \frac{E}{H} : \frac{22}{19}$

उसी प्रकार,

$B \xrightarrow{\text{विपरीत अक्षर}} Y \rightarrow 25$

$I \xrightarrow{\text{विपरीत अक्षर}} R \rightarrow 18$

$\therefore \quad \frac{B}{I} : \boxed{\frac{25}{18}}$

अतः दूसरे युग्म में लुप्त स्थान पर $\frac{25}{18}$ होगा।

19. (a) जिस प्रकार, $8 + 5 = 13$

उसी प्रकार, $15 + 5 = \boxed{20}$

20. (b) जिस प्रकार,

$4^2 = 16$

उसी प्रकार, $5^2 = \boxed{25}$

21. (c) जिस प्रकार,

$16 \Rightarrow 16 \times 2 + 2 = 34$

उसी प्रकार,

$11 \Rightarrow 11 \times 2 + 2 = \boxed{24}$

22. (d) जिस प्रकार,

$63 \Rightarrow 63 \times 8 = 504$

उसी प्रकार,

$53 \Rightarrow 53 \times 8 = \boxed{424}$

23. (a) जिस प्रकार,

$3 \Rightarrow 3 + 2 = 5$
$2 \Rightarrow 2 + 2 = 4$
$1 \Rightarrow 1 + 2 = 3$
$0 \Rightarrow 0 + 2 = 2$
$\Rightarrow \boxed{5432}$

उसी प्रकार,

$6 \Rightarrow 6 + 2 = 8$
$7 \Rightarrow 7 + 2 = 9$
$5 \Rightarrow 5 + 2 = 7$
$3 \Rightarrow 3 + 2 = 5$
$\Rightarrow \boxed{8975}$

24. (d) जिस प्रकार, $4 \Rightarrow 4 + 1 = (5)^2 = 25$

उसी प्रकार, $6 \Rightarrow 6 + 1 = (7)^2 = \boxed{49}$

25. (a) जिस प्रकार,

$5 \Rightarrow (5)^3 \Rightarrow 125 \times 2 = 250$

उसी प्रकार,

$6 \Rightarrow (6)^3 \Rightarrow 216 \times 2 = \boxed{432}$

26. (d) जिस प्रकार,

$8 \Rightarrow 8 \times 5 \Rightarrow 40 - 2 = 38$

उसी प्रकार,

$5 \Rightarrow 5 \times 5 \Rightarrow 25 - 2 = \boxed{23}$

27. (c) जिस प्रकार,

5 → 9 → 16 (+4, +7)

उसी प्रकार,

7 → 11 → $\boxed{18}$ (+4, +7)

28. (b) जिस प्रकार,

1 → 1^2, 4 → 2^2, 9 → 3^2

उसी प्रकार,

$\boxed{16 \quad 25 \quad 36}$: 16 → 4^2, 25 → 5^2, 36 → 6^2

29. (a) जिस प्रकार,

4 → 8 → 16 (×2, ×2)

उसी प्रकार,

$\boxed{3 \quad 6 \quad 12}$ (×2, ×2)

30. (b) जिस प्रकार,

6 → 36 → 63 ($(6)^2$)

उसी प्रकार,

$\boxed{8 \quad 64 \quad 46}$ ($(8)^2$)

31. (a) जिस प्रकार, 4 ⟶ 19 ($(4)^2+3$)

उसी प्रकार,

7 ⟶ $\boxed{52}$ ($(7)^2+3$)

32. (a) जिस प्रकार, D I M O (1 2 3 4) ⟶ D M I O (1 3 2 4)

उसी प्रकार,

J U V R (1 2 3 4) ⟶ $\boxed{J \; V \; U \; R}$ (1 3 2 4)

33. (d) जिस प्रकार 'पुस्तकालय' में पुस्तके होती हैं, उसी प्रकार 'वन' में वृक्ष होते हैं।

34. (d) जिस प्रकार फ्रेंच, फ्रांस की भाषा है उसी प्रकार डच, हॉलैण्ड की भाषा है।

35. (d) जिस प्रकार शिक्षक, स्कूल में कार्य करते हैं, उसी प्रकार नर्स, अस्पताल में कार्य करती हैं।

36. (c) जिस प्रकार, $(11)^3 \rightarrow 1331$

उसी प्रकार, $(9)^3 \rightarrow \boxed{729}$

37. (a) जिस प्रकार, खिड़की बढ़ई बनाता है, उसी प्रकार मूर्ति, मूर्तिकार बनाता है।

38. (b) जिस प्रकार, मनोविज्ञान के अन्तर्गत मन का अध्ययन किया जाता है, उसी प्रकार, अंकगणित के अन्तर्गत संख्याओं का अध्ययन किया जाता है।

39. (c) जिस प्रकार, बर्फ में ठण्डक होती है, उसी प्रकार पृथ्वी में गुरुत्वाकर्षण होता है।

40. (b) जिस प्रकार 'लकड़ी' से 'कागज' बनाया जाता है। ठीक उसी प्रकार 'इस्पात' से 'कील' बनाई जाती है।

41. (a) जिस प्रकार, 7 → 28 (×4)

उसी प्रकार, 2 → $\boxed{8}$ (×4)

42. (c) जिस प्रकार, R A T $\xrightarrow{\text{विपरीत क्रम}}$ T A R

उसी प्रकार, P I T $\xrightarrow{\text{विपरीत क्रम}}$ $\boxed{T \; I \; P}$

43. (b) जिस प्रकार 'सूर्य', 'दिन' में निकलता है। ठीक उसी प्रकार 'चन्द्रमा', 'रात्रि' में निकलता है।

44. (a) जिस प्रकार, 'पुत्र', 'भतीजा' से सम्बन्धित है, ठीक उसी प्रकार 'पुत्री' का सम्बन्ध 'भतीजी' से होगा।

45. (c) जिस प्रकार, वलय (बाली) 'कान' में पहनी जाती है, ठीक उसी प्रकार चूड़ी (कड़ा) 'कलाई' में पहनी जाती है।

46. (c) जिस प्रकार, $7 \times 6 = 42 + 3 = 45$

उसी प्रकार, $5 \times 6 = 30 + 3 = \boxed{33}$

47. (c) जिस प्रकार,

E F G ⟶ I J K (+1, +1, +2, +1, +1)

उसी प्रकार,

M N O ⟶ $\boxed{Q \; R \; S}$ (+1, +1, +2, +1, +1)

48. (b) जिस प्रकार, 'आरा', 'बढ़ई' का यन्त्र है, उसी प्रकार, 'कैंची', 'दर्जी' का यन्त्र है।

49. (b) जिस प्रकार,

$A \xrightarrow{+2} C \xrightarrow{+1} D \xrightarrow{+2} F \xrightarrow{+7}$
$M \xrightarrow{+2} O \xrightarrow{+1} P \xrightarrow{+2} R$
$T \xrightarrow{+2} V \xrightarrow{+1} W \xrightarrow{+2} Y \xrightarrow{+7}$

उसी प्रकार, $\boxed{F \xrightarrow{+2} H \xrightarrow{+1} I \xrightarrow{+2} K}$

50. (d) जिस प्रकार, 5 तथा $5^2 + 5 = 30$

उसी प्रकार, 7 तथा $7^2 + 7 = 56$

02 वर्गीकरण या विषमता
Classification or Differences

किन्हीं शब्दों/अक्षरों/अंकों के समूह में दिए गए तत्वों को उनके सामान्य गुणधर्म के आधार पर समूहबद्ध करते हुए उनमें से ऐसे शब्द/अक्षर/अंक को वर्गीकृत करने की प्रक्रिया, जो उस समूह में नहीं आते हैं, 'वर्गीकरण' कहलाती है। इस परीक्षण के अन्तर्गत ऐसे प्रश्न पूछे जाते हैं, जिनमें किसी विशेष गुणों के आधार पर कुछ शब्दों/अक्षरों/अंकों का एक समूह दिया जाता है, जिसमें से एक शब्द/अक्षर/अंक को छाँटना होता है, जो उस समूह में उपस्थित अन्य शब्दों/अक्षरों/अंकों के समान गुण न रखता हो।

वर्गीकरण परीक्षण से सम्बन्धित प्रायः निम्न तीन प्रकार के प्रश्न पूछे जाते हैं

1. शब्द वर्गीकरण **2.** अक्षर वर्गीकरण **3.** संख्या वर्गीकरण

शब्द वर्गीकरण

शब्द वर्गीकरण परीक्षण के अन्तर्गत चार शब्द दिए जाते हैं, जिनमें से तीन किसी विशेष गुणधर्म के आधार पर एक समूह बनाते हैं जबकि एक इस समूह से भिन्न होता है। परीक्षार्थियों को इस भिन्न शब्द को उस समूह में से छाँटना होता है।

उदाहरण 1 दिए गए विकल्पों में से विषम शब्द को चुनिए।

(a) मील (b) सेन्टीमीटर (c) लीटर (d) गज

हल *(c)* 'लीटर' के अतिरिक्त अन्य सभी से लम्बाई नापी जाती है। जबकि 'लीटर' में तरल पदार्थ को नापा जाता है। अतः लीटर अन्य सभी से भिन्न है।

अक्षर वर्गीकरण

अक्षर वर्गीकरण के अन्तर्गत चार अक्षर/अक्षर-समूह दिए जाते हैं, जिनमें से तीन अंग्रेजी वर्णमाला की स्थिति के आधार पर किसी विशिष्ट नियमानुसार एक समूह बनाते हैं जबकि एक इस समूह से भिन्न होता है।

इसी भिन्न अक्षर/अक्षर समूह को वर्गीकृत करने की योग्यता की जाँच ही इस प्रकार में की जाती है।

इस पर आधारित प्रश्नों को हल करने हेतु परीक्षार्थी को अंग्रेजी वर्णमाला में अक्षरों के क्रमांकिक मान की जानकारी होना आवश्यक है,

जो निम्नलिखित हैं

अंग्रेजी अक्षर व उनका क्रमांकिक मान

A	B	C	D	E	F	G	H	I	J	K	L	M
1	2	3	4	5	6	7	8	9	10	11	12	13
N	O	P	Q	R	S	T	U	V	W	X	Y	Z
14	15	16	17	18	19	20	21	22	23	24	25	26

उदाहरण 2 दिए गए विकल्पों में से विषम अक्षरों को चुनिए।

(b) GHI (b) XYZ (c) VUT (d) CDE

हल *(c)*

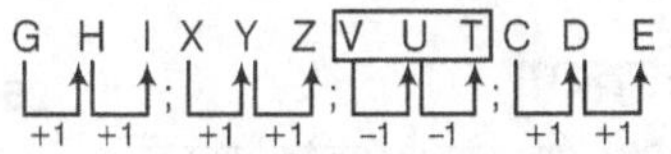

उपरोक्त से स्पष्ट है कि VUT सबसे अलग है।

संख्या वर्गीकरण

संख्या वर्गीकरण के अन्तर्गत चार संख्याएँ दी जाती हैं, जिनमें से तीन अंकगणितीय नियम एवं सिद्धान्तों के आधार पर किसी विशिष्ट नियमानुसार एक समूह बनाते हैं जबकि एक इस समूह से भिन्न होती है। इसी भिन्न संख्या को वर्गीकृत करने की योग्यता की जाँच ही इस प्रकार में की जाती है।

उदाहरण 3 दिए गए विकल्पों में से विषम संख्या को चुनिए।

(a) 43 (b) 22 (c) 13 (d) 41

हल *(b)* संख्या 22 के अतिरिक्त अन्य सभी अभाज्य संख्याएँ हैं, जबकि संख्या 22 एक सम संख्या है।

अतः संख्या 22 सबसे अलग है।

अभ्यास प्रश्न

शब्द वर्गीकरण

निर्देश (प्र.सं. 1-10) *नीचे दिए गए प्रश्नों में कुछ अर्थपूर्ण शब्द/शब्द समूह दिए गए हैं, जिनमें से तीन किसी-न-किसी प्रकार से समान हैं अर्थात् ये अपने एक समूह का निर्माण करते हैं। आप वह शब्द/शब्द समूह चुनिए, जो इस समूह में नहीं आता हो।*

1. (a) वर्ग (b) वृत्त (c) आयत (d) त्रिभुज

2. (a) सूत (b) टेरीन (c) रेशम (d) ऊन

3. (a) प्रकाश (b) तरंग (c) ऊष्मा (d) ध्वनि

4. (a) मिजोरम (b) सिक्किम (c) कोहिमा (d) मणिपुर

5. (a) भूगोल (b) भौतिकी (c) रसायन विज्ञान (d) जीव विज्ञान

6. (a) मीठा (b) कड़वा (c) नमकीन (d) स्वादहीन

7. (a) सिंह (b) कछुआ (c) बकरी (d) किन्नर

8. (a) टोली (b) समूह (c) भीड़ (d) वर्ग

9. (a) टमाटर (b) आलू (c) गाजर (d) प्याज

10. (a) मकान (b) अपार्टमेण्ट (c) भवन (d) संस्था

अक्षर वर्गीकरण

निर्देश (प्र.सं. 11-15) *नीचे दिए गए प्रत्येक प्रश्न में चार अक्षर समूह दिए गए हैं, इनमें से विषम अक्षर समूह चुनिए।*

11. (a) AEFJ (b) KOPT (c) UYZD (d) EHIL

12. (a) YB (b) XC (c) VE (d) PO

13. (a) BFJ (b) RUZ (c) GJO (d) ILQ

14. (a) GEC (b) PNL (c) VUS (d) TRP

15. (a) AEG (b) HLN (c) OSV (d) VZB

संख्या वर्गीकरण

निर्देश (प्र.सं. 16-20) *नीचे दिए गए प्रत्येक प्रश्न में चार संख्या/संख्या युग्म दिए गए हैं, इनमें से विषम संख्या/संख्या युग्म चुनिए।*

16. (a) 21 (b) 69 (c) 81 (d) 83

17. (a) 72 (b) 45 (c) 81 (d) 28

18. (a) 527 (b) 639 (c) 246 (d) 356

19. (a) 24 (b) 60 (c) 124 (d) 210

20. (a) 14, 9 (b) 17, 8 (c) 42, 3 (d) 21, 6

मिश्रित प्रश्न

निर्देश (प्र. सं. 21-34) *दिए गए विकल्पों में से विषम शब्द/अक्षर/संख्या युग्म चुनिए।*

21. (a) RN (b) JG (c) UQ (d) NJ

22. (a) एसएमएस (b) स्पीड पोस्ट (c) मनीऑर्डर (d) पत्र

23. (a) 22 (b) 18 (c) 12 (d) 15

24. (a) XWVU (b) SRQP (c) NMLK (d) EDCA

25. (a) 21-37 (b) 42-26 (c) 35-51 (d) 56-38

26. (a) गेहूँ (b) सरसों (c) जौ (d) मक्का

27. (a) बस (b) स्कूटर (c) कार (d) साइकिल

28. (a) ACE (b) GIK (c) JLM (d) SUW

29. (a) आँखें (b) नाक (c) ओंठ (d) गला

30. (a) DCB (b) NML (c) PQS (d) TSR

31. (a) 123-148 (b) 139-164 (c) 156-181 (d) 177-201

32. (a) लोहा
(b) एल्युमीनियम
(c) लकड़ी
(d) ताँबा

33. (a) KJML (b) GFIH (c) TSVU (d) ZABY

34 (a) 48 (b) 36 (c) 18 (d) 34

उत्तरमाला

1 (b)	2 (b)	3 (b)	4 (c)	5 (a)
6 (d)	7 (d)	8 (d)	9 (a)	10 (d)
11 (d)	12 (d)	13 (a)	14 (c)	15 (c)
16 (d)	17 (d)	18 (d)	19 (c)	20 (c)
21 (b)	22 (a)	23 (a)	24 (d)	25 (d)
26 (b)	27 (d)	28 (c)	29 (d)	30 (c)
31 (d)	32 (c)	33 (d)	34 (b)	

संकेत एवं हल

1. (b) वृत्त को छोड़कर, अन्य सभी में भुजाएँ होती हैं, जबकि वृत्त में कोई भुजा नहीं होती। अतः वृत्त अन्य से भिन्न है।

2. (b) टेरीन को छोड़कर, अन्य सभी प्राकृतिक रेशें हैं, जबकि टेरिन एक कृत्रिम रेशा है। अतः यह अन्य तीनों से भिन्न है।

3. (b) तरंग को छोड़कर, अन्य सभी ऊर्जा के अलग -अलग रूप हैं, जबकि तरंग में ऊर्जा नहीं होती है। अतः तरंग अन्य तीनों से भिन्न है।

4. (c) कोहिमा को छोड़कर, अन्य सभी भारत के राज्य हैं, जबकि कोहिमा नागालैण्ड राज्य की राजधानी है। अतः कोहिमा अन्य तीनों से भिन्न है।

5. (a) 'भूगोल' के अतिरिक्त अन्य सभी विशुद्ध विज्ञान विषय है, जबकि भूगोल एक कला विषय है।

6. (d) स्वादहीन को छोड़कर, अन्य सभी में किसी-न-किसी स्वाद का पता चलता है, जबकि स्वादहीन में कोई स्वाद नहीं होता है। अतः स्वादहीन अन्य तीनों से भिन्न है।

7. (d) किन्नर को छोड़कर, अन्य सभी के लिंग का पता चलता है, जबकि किन्नर के लिंग का निर्धारण नहीं होता है। अतः किन्नर अन्य सभी से भिन्न है।

8. (d) टोली, समूह, भीड़ से आदमी के झुण्ड का बोध होता है वर्ग से नहीं। अतः वर्ग अन्य तीनों से भिन्न है।

9. (a) टमाटर को छोड़कर, बाकी सभी अर्थात् आलू, गाजर और प्याज जमीन के नीचे उगते हैं, जबकि टमाटर जमीन के ऊपर उगने वाली फसल है अतः यह अन्य तीनों से भिन्न है।

10. (d) मकान, अपार्टमेण्ट तथा भवन तीनों घर को कहते हैं, जबकि संस्था का मतलब घर नहीं होता। अतः संस्था अन्य तीनों से भिन्न है।

11. (d)
A E F J (+4 +1 +4) ; K O P T (+4 +1 +4)
U Y Z D (+4 +1 +4) ; E H I L (+3 +1 +3)

अतः उपरोक्त से स्पष्ट है कि EHIL अन्य तीनों से भिन्न है।

12. (d) PO को छोड़कर अन्य सभी दोनों अक्षरों का योग 27 है, अतः विकल्प (d) अन्य तीनों से भिन्न है।

13. (a)
B F J (+4 +4) ; R U Z (+3 +5)
G J O (+3 +5) ; I L Q (+3 +5)

अतः उपरोक्त से स्पष्ट है कि BFJ अन्य तीनों से भिन्न है।

14. (c) G E C (−2, −2) ; P N L (−2, −2)

[V U S] (−1, −2) ; T R P (−2, −2)

अतः उपरोक्त से स्पष्ट है कि VUS अन्य तीनों से भिन्न है।

15. (c) A E G (+4, +2) ; H L N (+4, +2)

[O S V] (+4, +3) ; V Z B (+4, +2)

अतः उपरोक्त से स्पष्ट है कि OSV अन्य तीनों से भिन्न है।

16. (d) 83 को छोड़कर अन्य सभी संख्या किसी-न-किसी से भाज्य हैं, जबकि 83 एक अभाज्य संख्या है।

17. (d) 28 को छोड़कर अन्य सभी संख्याएँ 3 की गुणज हैं, जबकि 28, 3 का गुणज नहीं है।

18. (d) $5 + 2 = 7 \Rightarrow 527$; $6 + 3 = 9 \Rightarrow 639$

$2 + 4 = 6 \Rightarrow 246$; $3 + 5 \neq 6$

अतः उपरोक्त से स्पष्ट है कि 356 अन्य सभी से भिन्न है।

19. (c) 124 को छोड़कर, अन्य सभी संख्याएँ 3 की गुणज है, जबकि 124, 3 की गुणज नहीं है।

20. (c) विकल्प (a), (b) एवं (d) में बाईं संख्या, दाईं संख्या से विभाजित नहीं होगी, जबकि (c) की बाईं संख्या 42 दाईं संख्या 3 से विभाजित हो जाती है, अतः विकल्प (c) सभी से भिन्न है।

21. (b) R(18) → N(14) (−4) ; [J(10) → G(7)] (−3)

U(21) → Q(17) (−4) ; N(14) → J(10) (−4)

उपरोक्त से स्पष्ट है कि 'JG' अन्य सभी में भिन्न है।

22. (a) 'एसएमएस' को छोड़कर अन्य सभी डाकघर से सम्बन्धित है जबकि एसएमएस संचार का एक इलेक्ट्रिकल साधन है।

23. (a) '22' को छोड़कर अन्य सभी संख्या '3' से भाज्य हैं, जबकि संख्या 22,3 से भाज्य नहीं है।

24. (d) विकल्प (d) के अतिरिक्त अन्य सभी विकल्पों के अक्षरों में एक-एक अक्षर कम हो रहा है जबकि विकल्प (d) में एक जगह पर दो अक्षर कम हो रहे हैं। अतः यह विषम पद है।

25. (d) '56-38' को छोड़कर अन्य सभी संख्या समूहों के मध्य 16 का अन्तर है, जबकि 56-38 के मध्य 18 का अन्तर है।

26. (b) 'सरसों' को छोड़कर अन्य सभी खाद्यान्न फसलें हैं, जबकि 'सरसों' एक तिलहन की फसल है।

27. (d) 'साइकिल' को छोड़कर अन्य सभी ईंधन से चलने वाले यातायात के साधन हैं, जबकि 'साइकिल' को चलाने के लिए ईंधन की आवश्यकता नहीं होती है।

28. (c) A C E (+2, +2) ; G I K (+2, +2)

[J L M] (+2, +1) ; S U W (+2, +2)

अतः उपरोक्त से स्पष्ट है कि JLM अन्य तीन विकल्पों से भिन्न है।

29. (d) 'गला' को छोड़कर अन्य सभी मानव शरीर के बाह्य संवेदी अंग हैं, जबकि 'गला' त्वचा से ढँका हुआ आन्तरिक संवेदी अंग है।

30. (c) D C B (−1, −1) ; N M L (−1, −1)

[P Q S] (+1, +2) ; T S R (−1, −1)

अतः उपरोक्त से स्पष्ट है, कि PQS अन्य तीनों विकल्पों से भिन्न है।

31. (d) 123 ⟶ 148 (+25) ; 139 ⟶ 164 (+25)

156 ⟶ 181 (+25) ; [177 ⟶ 201] (+24)

अतः उपरोक्त से स्पष्ट है कि 177-201 अन्य तीनों विकल्पों से भिन्न है।

32. (c) 'लकड़ी' को छोड़कर अन्य सभी धातुएँ हैं।

33. (d)

K J M L (−1, +3, −1) ; G F I H (−1, +3, −1)

T S V U (−1, +3, −1) ; [Z A B Y] (+1, +1, −3)

अतः ZABY सबसे भिन्न है।

34. (b) '36' एक पूर्ण वर्ग संख्या है, जबकि अन्य कोई भी संख्या एक पूर्ण वर्ग संख्या नहीं है।

03 कोडिंग-डिकोडिंग
Coding-Decoding

किसी अर्थपूर्ण शब्द/अक्षर/वाक्य को किसी विशेष नियमानुसार सांकेतिक भाषा में लिखने की प्रक्रिया 'कोडिंग' तथा ठीक इसके विपरीत सांकेतिक भाषा में लिखे गए शब्द को वापस उसी अर्थपूर्ण शब्द/अक्षर/वाक्य में लिखने की प्रक्रिया 'डिकोडिंग' कहलाती है। इस परीक्षण पर आधारित प्रश्न सामान्यत: अंग्रेजी वर्णमाला एवं उनकी संगत संख्याओं पर आधारित होते हैं। अंग्रेजी वर्णमाला तथा संख्याओं का प्रयोग अंग्रेजी वर्णमाला में स्थित अक्षरों की स्थिति के सापेक्ष किया जाता है। अंग्रेजी वर्णमाला में A से Z तक कुल 26 अक्षर होते हैं जिनका दाईं तथा बाईं ओर से अपना एक संख्यात्मक मान होता है, *जो निम्नवत् है*

प्रारम्भ से (दाईं ओर से)

1	2	3	4	5	6	7	8	9	10	11	12	13	14	15	16	17	18	19	20	21	22	23	24	25	26
A	B	C	D	E	F	G	H	I	J	K	L	M	N	O	P	Q	R	S	T	U	V	W	X	Y	Z
26	25	24	23	22	21	20	19	18	17	16	15	14	13	12	11	10	9	8	7	6	5	4	3	2	1

अन्त से (बाईं ओर से)

कोडिंग और डिकोडिंग पर आधारित प्राय: चार प्रकार के प्रश्न पूछे जाते हैं

1. अंग्रेजी वर्णमाला के अक्षरों पर आधारित
2. संख्याओं पर आधारित
3. शब्द प्रतिस्थापन पर आधारित
4. तुलनात्मक कोडिंग पर आधारित

अंग्रेजी वर्णमाला के अक्षरों पर आधारित

इस प्रकार के प्रश्नों के अन्तर्गत अंग्रेजी वर्णमाला के अक्षरों के एक समूह को किसी विशेष नियमानुसार कोडबद्ध रूप में दिया होता है। इसी नियम का पता लगाते हुए पूछे गए अन्य अक्षर-समूह के कोडबद्ध रूप को दिए गए विकल्पों में से चुनना होता है।

उदाहरण 1 एक विशिष्ट कोड भाषा में, "NIGHT" को "ODDGM" लिखा जाता है तथा "DARK" को "GOYC" लिखा जाता है। इस कोड भाषा में "GREEN" को किस प्रकार लिखा जाएगा?

(a) IABPF (b) MCBNB
(c) OGHVL (d) FPBAI

हल (*a*) जिस प्रकार,

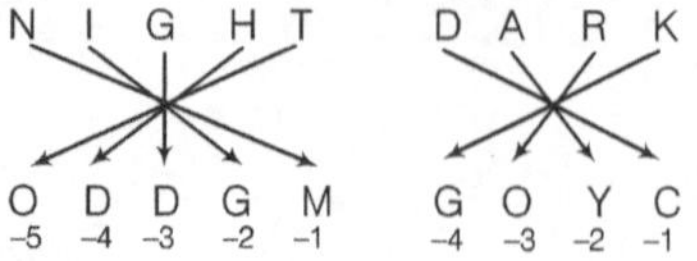

उसी प्रकार,

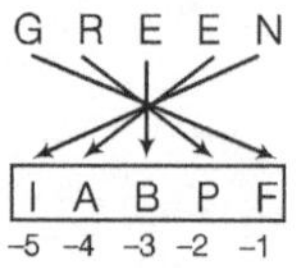

संख्याओं पर आधारित

इस प्रकार के प्रश्नों के अन्तर्गत पूछे जाने वाले प्रश्नों में अक्षरों के कोड संख्याओं के रूप में दिए जाते हैं। ये संख्याएँ अक्षरों के वर्णमाला क्रम से किसी प्रकार सम्बद्ध हो भी सकती हैं और नहीं भी हो सकती हैं। ऐसे में इसी सम्बद्ध का पता लगाते हुए पूछे गए अक्षर-समूह के लिए कोडबद्ध संख्या चुननी होती है। इसके अन्तर्गत कभी-कभी संख्याओं की कोडिंग संख्याओं के रूप में भी की जाती हैं।

उदाहरण 2 एक विशिष्ट कोड भाषा में "BAD" को "7" लिखा जाता है तथा "SAP" को "9" लिखा जाता है। इसी कोड भाषा में "BAN" को किस प्रकार लिखा जाएगा?

(a) 8 (b) 3 (c) 4 (d) 6

हल (*a*) जिस प्रकार, BAD = 2 + 1 + 4 = 7
तथा SAP = 19 + 1 + 16 = 36 = 3 + 6 = 9
उसी प्रकार, BAN = 2 + 1 + 14 = 17 = 1 + 7 = **8**

शब्द प्रतिस्थापन पर आधारित

इस प्रकार के प्रश्नों के अन्तर्गत पूछे जाने वाले प्रश्नों में किसी एक शब्द के बदले दूसरे शब्द का प्रयोग किया (संकेत के रूप में) जाता है। प्रश्न के अन्त में पूछे गए विषय का उत्तर संकेत के रूप में दिए गए शब्द के रूप में देना होता है।

उदाहरण 3 यदि 'वायु' को 'हरा' कहा जाए, 'हरे' को 'नीला' कहा जाए, 'नीले' को 'आकाश' कहा जाए, 'आकाश' को 'पीला' कहा जाए, 'पीले' को 'पानी' कहा जाए और 'पानी' को 'गुलाबी' कहा जाए, तो साफ आकाश का रंग क्या होगा?

(a) आकाश (b) पानी (c) नीला (d) पीला

हल (*a*) साफ आकाश का रंग नीला होता है। परन्तु यहाँ नीले को आकाश कहा गया है। अत: साफ आकाश का रंग आकाश होगा।

तुलनात्मक कोडिंग पर आधारित

इस प्रकार के प्रश्नों के अन्तर्गत पूछे जाने वाले प्रश्नों में किसी एक पूरे वाक्य का प्रयोग दूसरे (कूटबद्ध) वाक्य में किया जाता है। उभयनिष्ठ तत्वों की तुलना करते हुए, पूछे गए शब्द का सही कूट ज्ञात करना होता है।

उदाहरण 4 किसी कोड में '253' का अर्थ 'books are old', 546 का अर्थ 'man is old' और '378' का अर्थ 'buy good books'। इस कोड में "are" किसका अर्थ है?

(a) 6 (b) 2 (c) 4 (d) 5

हल *(b)* प्रश्नानुसार,

2 (5) [3] ⟶ [books] are (old)

(5) 4 6 ⟶ man is (old)

[3] 7 8 ⟶ buy good [books]

तुलना करने पर,

∴ are ⇒ 2

अभ्यास प्रश्न

अंग्रेजी वर्णमाला के अक्षरों पर आधारित प्रश्न

1. यदि किसी सांकेतिक भाषा में RAT को QZS लिखा जाए, तो उसी सांकेतिक भाषा में MAT को क्या लिखा जाएगा?

(a) TAM (b) SZQ (c) LZS (d) NSZ

2. यदि सांकेतिक भाषा में PQWJHT का अर्थ MOTHER होता है, तो निम्न में किसका अर्थ SISTER होगा?

(a) VKVVGT (b) VKVVHT
(c) VKUVHT (d) VKVVHH

3. किसी सांकेतिक भाषा में यदि MOTHERS को OLVEGOU लिखा जाता है, तो उसी सांकेतिक भाषा में BROUGHT को कैसे लिखा जाएगा?

(a) DOQRVEI (b) DQROVIE
(c) DOQVRIE (d) DOQRIEV

4. किसी सांकेतिक भाषा में यदि CHAIR को EJCKT लिखा जाए, तो उसी सांकेतिक भाषा में LIGHT को कैसे लिखा जाएगा?

(a) VNKIJ (b) NKIVJ
(c) NKJIV (d) NKIJV

5. किसी सांकेतिक भाषा में यदि KING को PRMT लिखा जाए, तो RAIN को किस प्रकार लिखा जाएगा?

(a) SBJM (b) IZMR (c) MJBS (d) IZRM

6. किसी सांकेतिक भाषा में RAM को scp लिखा गया है, तो उसी सांकेतिक भाषा में HRI को क्या लिखा जाएगा?

(a) isj (b) itk (c) itl (d) itm

7. निम्नलिखित कोड और की का प्रयोग करके दिए गए कोडित शब्द को विकोडित कीजिए।

कोड	R	G	K	S	N	O	E
की	t	p	n	i	e	a	b

कोडित शब्द ROSE

(a) tbip (b) taib (c) tain (d) taip

संख्याओं पर आधारित प्रश्न

8. यदि TAMILNADU को 387241859 लिखा जाए, तो DALMIA को क्या लिखा जाएगा?

(a) 548728 (b) 584728
(c) 584782 (d) 584788

9. यदि MOISTURE को 12873594 लिखा जाए, तो निम्न में से कौन-सा MUSSOORIE का सर्वाधिक उपयुक्त कोड है?

(a) 281102653 (b) 157722984
(c) 227766123 (d) 559977113

10. यदि BANARAS का कोड 7262524 लिखा जाए, तो किस शब्द का कोड 426425 होगा?

(a) SNASAR (b) SANSRA
(c) SANRAS (d) SANSAR

11. यदि किसी सांकेतिक भाषा में 442 को 224 लिखा जाए, तो उसी सांकेतिक भाषा में 664 को क्या लिखा जाएगा?

(a) 442 (b) 882
(c) 446 (d) 886

12. यदि किसी सांकेतिक भाषा में 88425 को 77647 लिखा जाए, तो उसी सांकेतिक भाषा में 82005 को क्या लिखा जाएगा?

(a) 71228 (b) 71223
(c) 71224 (d) 71227

13. यदि किसी सांकेतिक भाषा में 42167 को 60349 लिखा जाए, तो उसी सांकेतिक भाषा में 66623 को क्या लिखा जाएगा?

(a) 88605 (b) 84805
(c) 84605 (d) 84405

14. यदि C = 3 और CEP = 24 हो, तो HUX को क्या लिखा जाएगा?

(a) 63 (b) 53 (c) 50 (d) 45

15. यदि 123 को 36 तथा 225 को 81 लिखा जाए, तो 412 को क्या लिखा जाएगा?

(a) 49 (b) 81 (c) 100 (d) 121

शब्द प्रतिस्थापन पर आधारित प्रश्न

16. यदि हरा को लाल, लाल को पीला, पीला को नीला तथा नीला को नारंगी कहा जाए, तो बताएँ स्वच्छ आकाश का रंग कैसा दिखाई देता है?

(a) पीला (b) नारंगी
(c) लाल (d) हरा

17. यदि पानी को नीला, नीला को लाल, लाल को सफेद, सफेद को आकाश, आकाश को वर्षा, वर्षा को हरा, हरा को वायु तथा वायु को मेज कहा जाए, तो बताएँ निम्न में से कौन-सा दूध का रंग होगा?

(a) मेज (b) वायु
(c) वर्षा (d) आकाश

18. किसी दूसरे ग्रह पर मृदा, जल, प्रकाश, वायु और आकाश के लिए स्थानीय शब्दावली क्रमश: आकाश, प्रकाश, वायु, जल और मृदा है। यदि वहाँ किसी को प्यास लगे, तो क्या पिएँगे?

(a) आकाश (b) जल
(c) वायु (d) प्रकाश

19. यदि तारा को ग्रह, ग्रह को उपग्रह, उपग्रह को आकाशगंगा तथा आकाशगंगा को धूमकेतु कहा जाए, तो पृथ्वी किस वर्ग में होगी?

(a) आकाशगंगा (b) धूमकेतु
(c) ग्रह (d) उपग्रह

तुलनात्मक कोडिंग पर आधारित प्रश्न

20. यदि किसी सांकेतिक भाषा में, Pit Nae Tom का आशय Apple is green, Nae Ho Tap का आशय Green and white तथा Ho Tom ka का आशय Shirt is white है, तो बताएँ कि Apple का संकेत क्या है?

(a) Nae (b) Pit
(c) Tom (d) Ho

21. यदि Cpo Ki Top Ma का अर्थ Usha is playing cards, Kop Ja Ki Ma का अर्थ Asha is playing tennis और Top Sur Kop का अर्थ cards and tennis हो, तो दी गई सूचना के आधार पर बताएँ कि Asha का कोड क्या है?
(a) Kop
(b) Ki
(c) Ma
(d) Ja

22. यदि किसी सांकेतिक भाषा में 975 का अर्थ Throw away Garbage, 528 का अर्थ Give away Smoking तथा 213 का अर्थ Smoking is Harmful हो, तो बताएँ Give का संकेत क्या है?
(a) 5 (b) 2 (c) 8 (d) 9

23. यदि 256 का अर्थ 'लाल रंग चाक', 589 का अर्थ 'हरे रंग फूल' तथा 245 का अर्थ 'सफेद रंग चाक' हो, तो बताएँ सफेद को किस अंक से संकेतबद्ध किया गया है?
(a) 4 (b) 5 (c) 2 (d) 8

उत्तरमाला

1 *(c)*	2 *(b)*	3 *(d)*	4 *(d)*	5 *(d)*
6 *(c)*	7 *(b)*	8 *(b)*	9 *(b)*	10 *(d)*
11 *(c)*	12 *(d)*	13 *(b)*	14 *(b)*	15 *(a)*
16 *(b)*	17 *(d)*	18 *(d)*	19 *(d)*	20 *(b)*
21 *(d)*	22 *(c)*	23 *(a)*		

संकेत एवं हल

1. (c) जिस प्रकार, R A T ⟶ Q Z S (R −1 → Q, A −1 → Z, T −1 → S)

उसी प्रकार, M A T ⟶ LZS (M −1 → L, A −1 → Z, T −1 → S)

अतः उसी सांकेतिक भाषा में MAT को LZS लिखा जाएगा।

2. (b) जिस प्रकार,
P Q W J H T ⟶ M O T H E R (−3, −2, −3, −2, −3, −2)

उसी प्रकार,
S I S T E R ⟶ VKVVHT (+3, +2, +3, +2, +3, +2)

अतः उसी सांकेतिक भाषा में SISTER, 'VKVVHT' का अर्थ होगा।

3. (d) जिस प्रकार, M O T H E R S
+2 −3 +2 −3 +2 −3 +2
O L V E G O U

उसी प्रकार, B R O U G H T
+2 −3 +2 −3 +2 −3 +2
D O Q R I E V

अतः सही कोड DOQRIEV होगा।

4. (d) जिस प्रकार,
C H A I R ⟶ E J C K T (+2, +2, +2, +2, +2)

उसी प्रकार, L I G H T ⟶ NKIJV (+2, +2, +2, +2, +2)

अतः उसी सांकेतिक भाषा में LIGHT को NKIJV लिखा जाएगा।

5. (d) सीधे क्रम के अक्षर से विपरीत क्रम के अक्षर को लिखा गया है अर्थात्

जिस प्रकार, K I N G —विपरीत अक्षर⟶ P R M T

उसी प्रकार, R A I N —विपरीत अक्षर⟶ IZRM

6. (c) जिस प्रकार, R A M ⟶ s c p (+1, +2, +3)

उसी प्रकार, H R I ⟶ itl (+1, +2, +3)

अतः HRI को उसी सांकेतिक भाषा में itl लिखा जाएगा।

7. (b) तुलना करने पर,
R O S E
↓ ↓ ↓ ↓
t a i b

8. (b) प्रश्नानुसार,
T A M I L N A D U
↓ ↓ ↓ ↓ ↓ ↓ ↓ ↓ ↓
3 8 7 2 4 1 8 5 9

अतः DALMIA का कोड 584728 होगा।

9. (b) प्रश्नानुसार,
M O I S T U R E
↓ ↓ ↓ ↓ ↓ ↓ ↓ ↓
1 2 8 7 3 5 9 4

अतः MUSSOORIE का कोड 157722984 होगा।

10. (d) प्रश्नानुसार,
B A N A R A S
↓ ↓ ↓ ↓ ↓ ↓ ↓
7 2 6 2 5 2 4

अतः कोड 426425 से बना शब्द SANSAR है।

11. (c) जिस प्रकार,
4 4 2 ⟶ 2 2 4 (−2, −2, +2)

उसी प्रकार, 6 6 4 ⟶ 446 (−2, −2, +2)

12. (d) जिस प्रकार,
8 8 4 2 5 ⟶ 7 7 6 4 7 (−1, −1, +2, +2, +2)

उसी प्रकार,

8 2 0 0 5 ⟶ 7 1 2 2 7

−1, −1, +2, +2, +2

13. (b) जिस प्रकार,

4 2 1 6 7 ⟶ 6 0 3 4 9

+2, −2, +2, −2, +2

उसी प्रकार,

6 6 6 2 3 ⟶ 8 4 8 0 5

+2, −2, +2, −2, +2

14. (b) $C = 3$, $CEP \Rightarrow 3 + 5 + 16 = 24$

अतः $HUX \Rightarrow 8 + 21 + 24 = \boxed{53}$

15. (a) जिस प्रकार, $123 \Rightarrow (1+2+3)^2 = 36$

तथा $225 \Rightarrow (2+2+5)^2 = 81$

उसी प्रकार, $412 \Rightarrow (4+1+2)^2 = \boxed{49}$

16. (b) स्वच्छ आकाश का रंग नीला होता है और प्रश्न में नीला को नारंगी कहा गया है। अतः स्वच्छ आकाश का रंग नारंगी होगा।

17. (d) दूध का रंग सफेद होता है तथा प्रश्न में सफेद को आकाश लिखा गया है। अतः दूध का रंग आकाश होगा।

18. (d) प्यास लगने पर जल पिया जाता है। जल को स्थानीय भाषा में प्रकाश कहा गया है। अतः व्यक्ति प्यास लगने पर प्रकाश पिएगा।

19. (d) पृथ्वी, ग्रह के वर्ग में आती है। ग्रह को प्रश्न में उपग्रह कहा गया है। अतः पृथ्वी, उपग्रह के वर्ग में आएगी।

20. (b) Pit (Nae) [Tom] → Apple [is] (green)

(Nae) Ho Tap → (Green) and white

Ho [Tom] ka → Shirt [is] white

अतः उपरोक्त से स्पष्ट है, कि Apple का कोड Pit होगा।

21. (d)

[Cpo] Ki (Top) Ma ⟶ [Usha] is playing (cards)

[Kop] Ja Ki Ma ⟶ Asha is playing [tennis]

(Top) Sur [Kop] ⟶ (cards) and [tennis]

अतः उपरोक्त से स्पष्ट है, कि Asha का कोड Ja होगा।

22. (c) 9 7 (5) → Throw (away) Garbage

(5) [2] 8 → Give (away) [Smoking]

[2] 1 3 → [Smoking] is Harmful

अतः उपरोक्त से स्पष्ट है, कि Give का कोड 8 है।

23. (a) (2) [5] 6 → लाल [रंग] (चाक)

[5] 8 9 → हरे [रंग] फूल

(2) 4 [5] → सफेद [रंग] (चाक)

अतः उपरोक्त से स्पष्ट है, कि सफेद का कोड 4 होगा।

04 अक्षर श्रृंखला और अंकगणितीय संख्या
Alphabetical Series and Arithmetical Numbers

अक्षरों/संख्याओं का वह अनुक्रम जिसमें अक्षर/संख्या किसी निश्चित नियमानुसार व्यवस्थित हो, 'श्रृंखला' कहलाता है। इस परीक्षण के अन्तर्गत प्रश्नों में श्रृंखला के रूप में जो अक्षर/संख्या दी जाती है। उनमें प्रत्येक अगला अक्षर/संख्या एक निश्चित एवं क्रमबद्ध नियम से पिछले अक्षर/संख्या से जुड़ा होता है। परीक्षा में इसी नियम की पहचान करते हुए प्रश्नवाचक चिह्न (?) के स्थान पर आने वाले अक्षर/संख्या, का चुनाव करना होता है।

श्रृंखला परीक्षण पर आधारित निम्न दो प्रकार के प्रश्न पूछे जाते हैं

1. अक्षर श्रृंखला 2. संख्या श्रृंखला

अक्षर श्रृंखला

इस प्रकार के प्रश्नों में अंग्रेजी वर्णमाला के अक्षरों के क्रमांकिक मानों के आधार पर किसी विशेष नियमानुसार व्यवस्थित श्रृंखला दी जाती है, जिसे 'अक्षर-श्रृंखला' कहते हैं। दी गई श्रृंखला में परीक्षार्थियों को लुप्त/प्रश्नवाचक चिह्न (?) के स्थान पर आने वाले अक्षर/अक्षर-समूह को ज्ञात करना होता है। इसके अन्तर्गत सतत् श्रृंखला पर आधारित प्रश्न भी पूछे जाते हैं।

उदाहरण 1 नीचे दिए गए विकल्पों में से दी गई श्रृंखला में लुप्त अक्षर-समूह चुनिए।

BCD, EFG, IJK, NOP, TUV ?

(a) YZZ (b) ZZB (c) BCD (d) ABC

हल *(d)* B C D E F G I J K N O P T U V [A B C]

+1 +1 +1 +1 +1 +2 +1 +1 +3 +1 +1 +4 +1 +1 +5 +1 +1

∴ ? = ABC

उदाहरण 2 नीचे दी गई अक्षर श्रृंखला में अक्षरों का कौन-सा समूह क्रमवार रखने पर दी गई श्रृंखला को पूरा करेगा?

_ _ aba _ _ ba _ ab

(a) abbab (b) baabb (c) abbbb (d) bbaba

हल *(a)* विकल्प (a) से,

a b/ab/ab/ab/ab/ab ⇒ abbab

संख्या श्रृंखला

इस प्रकार के प्रश्नों में अंकगणितीय नियमों एवं सिद्धान्तों पर आधारित संख्याओं का एक ऐसा अनुक्रम दिया जाता है, जो किसी विशेष नियमानुसार व्यवस्थित रूप से आगे बढ़ता है। परीक्षा में इसी क्रम में आने वाली अगली संख्या/लुप्त संख्या या गलत संख्या ज्ञात करनी होती है।

उदाहरण 3 एक अनुक्रम दिया गया है, जिसमें एक संख्या लुप्त है। दिए गए विकल्पों में से वह सही विकल्प चुनिए, जो अनुक्रम को पूरा करें।

49, 64, ?, 100, 121

(a) 74 (b) 80 (c) 75 (d) 81

हल *(d)*

49	64	[81]	100	121
↓	↓	↓	↓	↓
$(7)^2$	$(8)^2$	$(9)^2$	$(10)^2$	$(11)^2$

∴ ? = 81

उदाहरण 4 दी गई श्रेणी में कौन-सी संख्या गलत है?

7, 56, 447, 3584, 27672

(a) 3584 (b) 56 (c) 7 (d) 447

हल *(d)* दी गई श्रेणी का क्रम निम्नवत् है

7 → 56 → [447] (448) → 3584 → 28672

×8 ×8 ×8 ×8

उपरोक्त से स्पष्ट है, कि दी गई श्रेणी में संख्या 447 गलत है। इसके स्थान पर 448 आना चाहिए।

अभ्यास प्रश्न

अक्षर श्रृंखला

निर्देश (प्र.सं. 1-6) *नीचे दिए गए प्रश्नों में एक अक्षर श्रृंखला दी गई है। दी गई अक्षर श्रृंखला में प्रश्नवाचक चिह्न (?) के स्थान पर क्या आएगा?*

1. A, C, F, J, O, ?
(a) P (b) Q
(c) U (d) V

2. A, D, E, H, I, L, ?
(a) MP (b) MN (c) MO (d) MQ

3. BD, FH, JL, NP, ?
(a) SV (b) SU
(c) QS (d) RT

4. CD, HI, MN, ?
(a) QS (b) RS
(c) OP (d)PQ

5. AB, EF, JK, ?
(a) PQ
(b) QR
(c) OP
(d) NO

6. NOA, PQB, RSC, ?
(a) TUD (b) DTU
(c) ENO (d) FNQ

निर्देश (प्र.सं. 7-10) *अक्षरों का कौन-सा समूह खाली स्थानों पर क्रमवार रखने से दी गई शृंखला को पूरा करेगा?*

7. l_n_mllm_n_l
(a) mnmn (b) mnnm
(c) mnmm (d) nmmn

8. _bbm_amb_m_a_bb
(a) mbabm (b) abmab
(c) mabam (d) ambbm

9. a_n_b_ _ncb_ _ ncb
(a) bcabab (b) bacbab
(c) abcbcb (d) abbbcc

10. H_JH_IJHHI_HH_JH
(a) IHJI (b) HIHI
(c) IHIJ (d) HJHJ

संख्या शृंखला

निर्देश (प्र.सं. 11-15) *नीचे दिए गए प्रश्नों में अंकों की एक शृंखला दी गई है। दी गई अंक शृंखला में प्रश्नवाचक चिह्न (?) के स्थान पर क्या आएगा?*

11. 1, 2, 2, 4, 8, ?
(a) 8 (b) 9 (c) 16 (d) 32

12. 40, 60, 47, 53, 54, ?
(a) 33 (b) 39 (c) 46 (d) 61

13. 12, 21, 23, 32, 34, ?
(a) 43 (b) 41
(c) 25 (d) 35

14. 3, 15, ?, 63, 99, 143
(a) 27 (b) 45 (c) 35 (d) 56

15. 3, 28, 4, 65, 5, 126, 6, ?
(a) 215 (b) 216
(c) 217 (d) 218

निर्देश (प्र.सं. 16-20) *निम्नलिखित संख्या शृंखलाओं में वह कौन-सी एक संख्या है, जो शृंखला में नहीं आता है?*

16. 3, 6, 10, 16, 21, 28
(a) 16 (b) 10 (c) 6 (d) 28

17. 2, 3, 5, 8, 12, 18, 23
(a) 13 (b) 15
(c) 16 (d) 18

18. 17, 23, 31, 41, 53, 69
(a) 23 (b) 31 (c) 41 (d) 69

19. 17, 19, 23, 25, 29, 37
(a) 23 (b) 37 (c) 29 (d) 25

20. 2, 21, 3, 32, 4, 41, 5, 51
(a) 21 (b) 4 (c) 32 (d) 21

मिश्रित प्रश्न

निर्देश (प्र. सं. 21-22) *एक शृंखला दी गई है जिसमें एक पद लुप्त है। दिए गए विकल्पों में से वह विकल्प चुनिए जो शृंखला को पूरा करें।*

21. BCD DBC EFG ? HIJ
(a) GEF (b) FEH (c) EGF (d) IJH

22. 0.15 0.3 ? 1.2 2.4
(a) 4.8 (b) 0.6 (c) 0.06 (d) 0.9

23. निम्न संख्या शृंखला में प्रश्नचिह्न (?) के स्थान पर क्या आएगा?
50, 65, 82, ? 122
(a) 101 (b) 97 (c) 105 (d) 100

24. जब अक्षरों के सेट को दी गई अक्षर शृंखला में रिक्तियों में रखा जाएगा, तो कौन-सा सेट उसकी पूर्ति करेगा ?
b_f_ _ _ dfg_
(a) dgggb (b) dggbg
(c) bgdgg (d) gdggb

25. दिए गए विकल्पों में से उसे चुनिए जो अनुक्रम को पूरा करेगा ।
2, 5, 9, ? 20, 27
(a) 14 (b) 16 (c) 18 (d) 24

26. निम्नलिखित संख्या अनुक्रम में ऐसे कितने 9 है, जिनके बाद में सम संख्या तथा पहले विषम संख्या हैं?
469259339467924894
(a) 4 (b) 3 (c) 2 (d) 1

27. दी गई अक्षर शृंखला के खाली स्थानों पर क्रम से रखने पर निम्नलिखित में से कौन-सा अक्षर समूह उसे पूरा करेगा ?
b_y_ _by_b_yt
(a) bgtbt (b) btbtb
(c) atbbt (d) cbbtc

28. दी गई अक्षर शृंखला के खाली स्थानों पर क्रम से रखने पर निम्नलिखित में से कौन-सा अक्षर समूह उसे पूरा करेगा?
_ _ dan_ _nda_ dand_
(a) dnadna (b) ndanda
(c) andana (d) danndn

29. दिए गए विकल्पों में से उस संख्या को चुनिए, जो अनुक्रम को पूरा करेगी।
4, 10, 22, 46, 48
(a) 56 (b) 66
(c) 76 (d) 94

30. निम्नलिखित संख्या अनुक्रम में ऐसे कितने '0' हैं, जिनके बाद में सम संख्या तथा पहले विषम संख्या है?
30250320320270405807042O8
(a) 4 (b) 3
(c) 2 (d) 1

31. निम्न अक्षरों का कौन-सा समूह, खाली स्थानों पर क्रमवार रखने से दी गई अक्षर शृंखला को पूरा करेगा ?
a_ yz_ xy_ ax_ zax_ z
(a) xayzy (b) xayyz
(c) xazyy (d) axzyy

32. नीचे एक अनुक्रम दिया गया है जिसमें एक पद लुप्त है। दिए गए विकल्पों में से वह सही विकल्प चुनें जो अनुक्रम को पूरा करें।
6, 12, 20, 30, ?
(a) 40 (b) 41
(c) 42 (d) 48

उत्तरमाला

1 (c)	2 (a)	3 (d)	4 (b)	5 (a)
6 (a)	7 (b)	8 (c)	9 (a)	10 (a)
11 (c)	12 (c)	13 (a)	14 (c)	15 (c)
16 (a)	17 (d)	18 (d)	19 (b)	20 (c)
21 (a)	22 (b)	23 (a)	24 (b)	25 (a)
26 (c)	27 (b)	28 (c)	29 (d)	30 (b)
31 (c)	32 (c)			

संकेत एवं हल

1. (c) A C F J O [U]
+2 +3 +4 +5 +6

अत: उपरोक्त अक्षर श्रृंखला में प्रश्नवाचक चिह्न (?) के स्थान पर U आएगा।

2. (a) A D E H I L [M P]
+3 +1 +3 +1 +3 +1 +3

अत: उपरोक्त अक्षर श्रृंखला में प्रश्नवाचक चिह्नों (?) के स्थान पर क्रमश: M और P आएँगे।

3. (d) B D F H J L N P [R T]
+2 +2 +2 +2 +2
+2 +2 +2 +2

अत: उपरोक्त अक्षर श्रृंखला में प्रश्नवाचक चिह्न (?) के स्थान पर क्रमश: R और T आएँगे।

4. (b) C D H I M N [R S]
+1 +1 +1 +1
+4 +4 +4

अत: उपरोक्त अक्षर श्रृंखला में प्रश्नवाचक चिह्नों (?) के स्थान पर क्रमश: R और S आएँगे।

5. (a) A B E F J K [P Q]
+1 +1 +1 +1
+3 +4 +5

अत: उपरोक्त अक्षर श्रृंखला में प्रश्नवाचक चिह्न (?) के स्थान पर क्रमश: P और Q आएँगे।

6. (a) NOA PQB RSC [TUD]
+2 +2 +2
+1 +1 +1
+2 +2 +2

अत: उपरोक्त अक्षर श्रृंखला में प्रश्नवाचक चिह्न (?) के स्थान पर क्रमश: TUD आएगा।

7. (b) l<u>m</u>n/<u>n</u>ml/lm<u>n</u>/<u>n</u>ml ⇒ mnnm
अत: रिक्त स्थानों में क्रमश: mnnm भरने पर श्रृंखला पूरी होगी।

8. (c) <u>m</u>bb/m<u>a</u>a/<u>m</u>bb/m<u>a</u>a/<u>m</u>bb ⇒ mabam
अत: रिक्त स्थानों में क्रमश: mabam भरने पर श्रृंखला पूरी होगी।

9. (a) a<u>b</u>n<u>c</u>b/<u>a</u>bncb/<u>a</u>bncb ⇒ bcabab
अत: रिक्त स्थानों में क्रमश: bcabab भरने पर श्रृंखला पूरी होगी।

10. (a) H<u>I</u>JH/HIJH/HI<u>J</u>H/H<u>I</u>JH ⇒ IHJI
अत: रिक्त स्थानों में क्रमश: IHJI भरने पर श्रृंखला पूरी होगी।

11. (c) 1 2 2 4 8 [16]
×2 ×2 ×2

अत: दी गई अंक श्रृंखला का अगला अंक 16 होगा।

12. (c) 40 60 47 53 54 [46]
+7 +7
−7 −7

अत: दी गई अंक श्रृंखला में प्रश्नवाचक चिह्न (?) के स्थान पर 46 होगा।

13. (a) 12 21 23 32 34 [43]
+9 +2 +9 +2 +9

अत: दी गई अंक श्रृंखला में प्रश्नवाचक चिह्न (?) के स्थान पर 43 होगा।

14. (c) 3 15 [35] 63 99 143
+12 +20 +28 +36 +44
+8 +8 +8 +8

अत: दी गई अंक श्रृंखला में प्रश्नवाचक चिह्न (?) के स्थान पर 35 होगा।

15. (c) 3 28 4 65 5 126 6 [217]
3^3+1 4^3+1 5^3+1 6^3+1
+1 +1 +1

अत: दी गई अंक श्रृंखला में प्रश्नवाचक चिह्न (?) के स्थान पर 217 होगा।

16. (a) 3 6 10 16 21 28
[15]
+3 +4 +5 +6 +7

अत: दी गई अंक श्रृंखला में संख्या 16 श्रृंखला में नहीं आती है।

17. (d) 2 3 5 8 12 18 23
[17]
+1 +2 +3 +4 +5 +6

अत: दी गई अंक श्रृंखला में संख्या 18 श्रृंखला में नहीं आती है।

18. (d) 17 23 31 41 53 69
[67]
+6 +8 +10 +12 +14

अत: दी गई अंक श्रृंखला में संख्या 69 श्रृंखला में नहीं आती है।

19. (b) 17 19 23 25 29 37
[31]
+2 +4 +2 +4 +2

अत: दी गई अंक श्रृंखला में संख्या 37 श्रृंखला में नहीं आती है।

20. (c) 2 21 3 32 4 41 5 51
[31]
+1 +1 +1
+10 +10 +10

अत: दी गई अंक श्रृंखला में संख्या 32 श्रृंखला में नहीं आती है।

21. (a)
2 3 4 4 2 3 5 6 7 7 5 6 8 9 10
B C D D B C E F G G E F H I J
+2 +1 +2 +1
−1 +4 −1 +4
−1 +4 −1 +4

∴ ? = GEF

22. (b) 0.15 0.3 [0.6] 1.2 2.4
+0.15 +0.3 +19 +1.2

23. (a) 50 65 82 [101] 122
+15 +17 +19 +21

अत: प्रश्नवाचक चिह्न (?) के स्थान पर 101 आएगा।

24. (b) b<u>d</u>/fg<u>g</u>/<u>b</u>d/f<u>g</u>g ⇒ dggbg
अत: विकल्प (b) का सेट श्रृंखला की पूर्ति करेगा।

25. (a) 2 5 9 [14] 20 27
+3 +4 +5 +6 +7

अत: उपरोक्त से स्पष्ट है कि संख्या 14 दिए गए अनुक्रम को पूरा करती है।

26. (c) 4692593 <u>394</u> 6 7<u>92</u> 4894

अत: उपरोक्त से स्पष्ट है कि दिए गए संख्या अनुक्रम में 2 ऐसे '9' है। जिनके बाद सम संख्या तथा पहले विषम संख्या है।

27. (b) विकल्प (b) से,
b<u>b</u>yt/<u>b</u>by<u>t</u>/b<u>b</u>y<u>t</u> ⇒ btbtb

28. (c) दी गई अक्षर श्रृंखला निम्नवत् होगी
<u>a</u> <u>n</u> d/ an <u>d</u>/ <u>a</u> nd/ a <u>n</u> d/ a nd/ <u>a</u> ⇒ andana.

29. (d) 4 10 22 46 [94]
+6 +12 +24 +48
×2 ×2 ×2

30. (b) 3<u>0</u>25<u>0</u>32<u>0</u>32<u>0</u>27<u>0</u>4<u>0</u>58<u>0</u>7<u>0</u>42<u>0</u>

अत: उपरोक्त से स्पष्ट है कि, दिए गए संख्या अनुक्रम में 3 ऐसे '0' है, जिनके बाद में सम संख्या तथा पहले विषम संख्या है।

31. (c) a <u>x</u>yz /<u>a</u>xy<u>z</u>/ax<u>y</u>z/ax<u>y</u>z ⇒ xazyy

32. (c) श्रृंखला का क्रम निम्नवत् है।

6 12 20 30 [42]
+6 +8 +10 +12
+2 +2 +2

05 शब्द निर्माण और व्यवस्थिकरण
Word Formation and Arrangement

किसी अर्थपूर्ण शब्द के अक्षरों का प्रयोग करते हुए कोई नया शब्द बनाने या कुछ अव्यवस्थित अक्षरों को किसी निश्चित क्रम में लगाकर कोई अर्थपूर्ण शब्द बनाने की प्रक्रिया 'शब्द निर्माण' तथा अंग्रेजी शब्दों को शब्दकोश के आधार पर एक व्यवस्थित क्रम में लगाने की प्रक्रिया ''अंग्रेजी शब्दों का शब्दाकोषानुसार व्यवस्थिकरण कहलाती है। इस अध्याय के प्रश्नों को पूछे जाने का मुख्य उद्देश्य अंग्रेजी शब्दकोष से सम्बन्धित ज्ञान को मोटे तौर पर परखना होता है।

शब्द निर्माण

शब्द निर्माण पर आधारित प्रायः निम्न चार प्रकार के प्रश्न पूछे जाते हैं

1. अर्थपूर्ण शब्द के अक्षरों से शब्द बनना
2. अर्थपूर्ण शब्द के अक्षरों से शब्द न बनना
3. अव्यवस्थित अक्षरों से अर्थपूर्ण शब्द निर्माण
4. दिए गए शब्दों में एक अक्षर लगाकर या हटाकर नए शब्दों का निर्माण करना

अर्थपूर्ण शब्द के अक्षरों से शब्द बनना

इस प्रकार के प्रश्नों के अन्तर्गत एक अर्थपूर्ण शब्द दिया जाता है। इसी अर्थपूर्ण शब्द के अक्षरों का प्रयोग करते हुए, दिए गए विकल्पों में से वह शब्द चुनना होता है, जो इनका प्रयोग करके बनाया जा सकता है।

उदाहरण 1 निम्नलिखित विकल्पों में से वह शब्द चुनिए जो दिए गए शब्द के अक्षरों का प्रयोग करके बनाया जा सकता है।

ESTABLISHMENT

(a) ESTEEMED (b) ESTIMATE
(c) TABULAR (d) ASTONISH

हल *(b)* शब्द 'ESTIMATE' को दिए गए शब्द के अक्षरों के प्रयोग से बनाया जा सकता है।

अर्थपूर्ण शब्द के अक्षरों से शब्द न बनना

इस प्रकार के प्रश्नों के अन्तर्गत एक अर्थपूर्ण शब्द दिया जाता है। इसी अर्थपूर्ण शब्द के अक्षरों का प्रयोग करते हुए, दिए गए विकल्पों में से वह शब्द चुनना होता है, जो इनका प्रयोग करके नहीं बनाया जा सकता है।

उदाहरण 2 निम्नलिखित विकल्पों में से वह शब्द चुनिए, जो दिए गए शब्द के अक्षरों का प्रयोग करके नहीं बनाया जा सकता।

ECCENTRICITY

(a) NIECE (b) CREATE
(c) TRINITY (d) RETICENT

हल *(b)* दिए गए ECCENTRICITY के अक्षरों के प्रयोग से शब्द CREATE नहीं बनाया जा सकता, क्योंकि दिए गए शब्द के अक्षरों में अक्षर A अनुपस्थित है।

अव्यवस्थित अक्षरों से अर्थपूर्ण शब्द निर्माण

इस प्रकार के प्रश्नों के अन्तर्गत एक अर्थविहीन शब्द दिया जाता है। परीक्षार्थी को इसी अर्थविहीन शब्द के अक्षरों का प्रयोग करते हुए, दिए गए विकल्पों में से वह अर्थगत शब्द चुनना होता है, जो इन सभी अक्षरों का प्रयोग करके बनाया जा सकता हो।

उदाहरण 3 निम्नलिखित अव्यवस्थित अक्षरों को व्यवस्थित करने पर कौन-सा अक्षर समूह एक जानवर का नाम नहीं है?

(a) LATHPEEN (b) TAR
(c) FEFEOC (d) TICRECK

हल *(c)* अव्यवस्थित शब्दों को व्यवस्थित करने पर,
LATHPEEN ⇒ ELEPHANT, TAR ⇒ RAT
FEFEOC ⇒ COF FEE,
TICRECK ⇒ CRICKET
∴ विकल्प (c) अभीष्ट उत्तर होगा।

दिए गए शब्दों में एक अक्षर लगाकर या हटाकर नए शब्दों का निर्माण करना

इस प्रकार के प्रश्नों के अन्तर्गत कुछ ऐसे शब्द दिए गए होते हैं जिन शब्दों में एक अक्षर हटाकर या लगाकर नए शब्दों का निर्माण किया जा सकता है। उत्तर के रूप में आपको वही अक्षर चुनना होता है जिसे दिए गए शब्दों में लगाकर या हटाकर नए शब्द बनते हैं।

उदाहरण 4 पूरी तरह से नए शब्द बनाने के लिए निम्नलिखित शब्दों में से कौन-सा एक अक्षर हटाया जा सकता है?

HOST POST COST LOST STOP

(a) O (b) P (c) T (d) S

हल *(d)* HOST ⇒ HOT, POST ⇒ POT
COST ⇒ COT, LOST ⇒ LOT
STOP ⇒ TOP
∴ अभीष्ट अक्षर = S

अंग्रेजी शब्दों का शब्दकोषानुसार व्यवस्थिकरण

इस प्रकार के प्रश्नों के अन्तर्गत अंग्रेजी भाषा के कुछ शब्द दिए गए होते हैं जिन्हें शब्दकोश के अनुसार व्यवस्थित करना होता है।

उदाहरण 5 निम्नलिखित शब्दों को शब्दकोश में आने वाले क्रम के अनुसार लिखें।

1. Ropped 2. Roster 3. Roasted 4. Road 5. Roller

(a) 35412 (b) 45312 (c) 34512 (d) 43512

हल *(d)* शब्दकोश के अनुसार शब्दों का सार्थक क्रम निम्नवत् होगा।
Road → Roasted → Roller → Ropped → Roster
4 3 5 1 2
⇒ 43512

अभ्यास प्रश्न

अर्थपूर्ण शब्द के अक्षरों से शब्द बनना

निर्देश (प्र.सं. 1-5) *निम्नलिखित प्रत्येक प्रश्न में बड़े अक्षरों में एक शब्द दिया गया है, जिसके पश्चात् चार शब्द उत्तर के रूप में दिए गए हैं। दिए गए अक्षरों का प्रयोग कर केवल एक ही विकल्प ऐसा है जो दिए गए शब्द से बनाया जा सकता है। उस विकल्प को ज्ञात कीजिए।*

1. REMEMBERING
(a) NEGRO (b) AGREE
(c) RAIN (d) GREEN

2. ARISTOCRATIC
(a) CREATION (b) STATIC
(c) SECRET (d) ARREST

3. CORRESPONDING
(a) DISCERN (b) RESPONSE
(c) REPENT (d) CORRECT

4. ENVIRONMENT
(a) EMINENT (b) ENTRANCE
(c) ENTERTAIN (d) MOVEMENT

5. BLANDISHMENT
(a) BOARD (b) METAL
(c) SHAPE (d) CRASH

अर्थपूर्ण शब्द के अक्षरों से शब्द न बनना

निर्देश (प्र.सं. 6-10) *नीचे दिए गए प्रश्नों में एक शब्द दिया गया है, जिसके नीचे चार उत्तर विकल्प दिए गए हैं। निम्नलिखित विकल्पों में से वह शब्द चुनिए, जो प्रश्न में दिए गए शब्द के अक्षरों से नहीं बनाया जा सकता है।*

6. FICTITIOUSLY
(a) FICTION (b) FICOUS
(c) COUSILY (d) LIOUS

7. GEOGRAPHICAL
(a) GEOGRAPH (b) GEOGRAM
(c) GRAPH (d) PHICAL

8. INVIGILATE
(a) INVITE (b) LATE
(c) VIGATE (d) NOVEL

9. LEMONADE
(a) MONAD (b) LEMON
(c) ADMON (d) ADLAMB

10. MISBEHAVIOUR
(a) HAVOUR (b) BEMIS
(c) HAVVIOUR (d) BEHAVIOUR

अव्यवस्थित अक्षरों से शब्द निर्माण

11. कुछ अक्षरों के समूह दिए गए हैं। इनमें से प्रत्येक अक्षर को एक कूट अंक दिया गया है। इन अक्षरों को इस तरह से व्यवस्थित करें कि उससे एक अर्थपूर्ण शब्द बन जाए और उससे उपलब्ध कूट को दिए हुए विकल्पों में से दर्शाएँ।

R A H K S
1 2 3 4 5

(a) 5, 1, 2, 3, 4 (b) 5, 4, 2, 1, 3
(c) 5, 3, 2, 1, 4 (d) 5, 3, 1, 2, 4

12. दिए गए शब्द में प्रत्येक अक्षर की संख्या प्रत्येक विकल्प में दी गई है सही विकल्प से चुनिए।

COMMISSION

(a) $C_1O_2M_2I_2S_2N_1$ (b) $C_1O_1M_2I_2S_2N_1$
(c) $C_2O_2M_2I_2S_2N_1$ (d) $C_1O_2M_2I_2S_2N_2$

13. नीचे दिए गए अव्यवस्थित शब्दों को अर्थपूर्ण क्रम में व्यवस्थित करने पर उसका अन्तिम अक्षर कौन-सा होगा, यदि दिया गया शब्द किसी खेल से सम्बन्धित है?

NABMODINT

(a) D (b) I (c) O (d) N

14. एक अर्थपूर्ण शब्द जिसका प्रारम्भ A से है शब्द CONTRACT के पहले, दूसरे, चौथे, पाँचवें और छठे अक्षरों से बनाया गया है बताएँ कि उस शब्द के मध्य का अक्षर कौन-सा होगा?
(a) C (b) O (c) R (d) T

15. नीचे अक्षरों का एक समूह दिया गया है, जिसे 1, 2, 3, 4, 5 तथा 6 के रूप में संख्यांकित किया गया है। उसके नीचे दी गई संख्याओं का संयोजन करते हुए चार विकल्प दिए गए हैं जिनमें कोई एक विकल्प दिए गए शब्दों के अर्थपूर्ण क्रम में व्यवस्थित करने के अनुरूप दिया गया है, उस विकल्प को ज्ञात करें।

E T C K O P
1 2 3 4 5 6

(a) 4, 1, 2, 3, 5, 6 (b) 2, 1, 6, 5, 3, 4
(c) 6, 5, 3, 4, 1, 2 (d) 3, 1, 4, 5, 6, 2

दिए गए शब्दों में एक अक्षर लगाकर/हटाकर नए शब्द का निर्माण

16. ऐसा एक अक्षर बताइए जिसे पूरी तरह से नए शब्द बनाने के लिए निम्नलिखित शब्दों के बाद लगाया जा सकता है।

HAT BAR BAT PIN BATH

(a) A (b) D
(c) B (d) E

17. उस अक्षर को पहचानिए, जिसे दिए शब्दों से हटाने पर नए शब्द बनाए जा सकते हों।

MINK, LAMP, TEAM, WARM

(a) R (b) A (c) L (d) M

अंग्रेजी शब्दों का शब्दकोशानुसार व्यवस्थिकरण

निर्देश (प्र.सं.18-21) *निम्नलिखित प्रश्नों में शब्दों को शब्दकोश के अनुसार व्यवस्थित कीजिए और उचित विकल्प को चुनिए।*

18. 1. Dissident 2. Dissolve
3. Dissent 4. Dissolute
5. Dissolution
(a) 3, 1, 4, 5, 2 (b) 3, 2, 1, 4, 5
(c) 3, 1, 4, 2, 5 (d) 3, 2, 4, 5, 1

19. 1. Tortoise 2. Toronto 3. Torped
4. Torus 5. Torsel
(a) 2, 5, 3, 1, 4 (b) 2, 5, 3, 4, 1
(c) 2, 3, 5, 1, 4 (d) 2, 3, 5, 4, 1

20. 1. Leg 2. Led 3. Leo 4. Lee 5. Lei
(a) 1, 3, 5, 2, 4
(b) 2, 3, 1, 4, 5
(c) 2, 4, 1, 5, 3
(d) 2, 4, 1, 3, 5

21. 1. Lest 2. Leek 3. Leer 4. Less
5. Lend
(a) 2, 3, 5, 4, 1
(b) 1, 2, 3, 5, 4
(c) 2, 3, 4, 5, 1
(d) 2, 3, 1, 4, 5

22. दिए गए शब्दों को अंग्रेजी शब्दकोश के अनुसार व्यवस्थित कीजिए तथा सबसे बाद में आने वाला शब्द ज्ञात कीजिए।

Leaf, Lean, Leave, Less

(a) Lean
(b) Leave
(c) Less
(d) Leaf

उत्तरमाला

1 (d)	2 (b)	3 (a)	4 (a)	5 (b)
6 (a)	7 (b)	8 (d)	9 (d)	10 (c)
11 (c)	12 (a)	13 (d)	14 (d)	15 (c)
16 (d)	17 (d)	18 (a)	19 (c)	20 (c)
21 (a)	22 (c)			

संकेत एवं हल

1. (d) दिए गए अक्षर समूह REMEMBERING से 'GREEN' शब्द ही बनाया जा सकता है अन्य नहीं।

2. (b) दिए गए अक्षर समूह 'ARISTOCRATIC' से 'STATIC' शब्द ही बनाया जा सकता है अन्य नहीं।

3. (a) दिए गए अक्षर समूह 'CORRESPONDING' से 'DISCERN' शब्द ही बनाया जा सकता है अन्य नहीं।

4. (a) दिए गए अक्षर समूह 'ENVIRONMENT' से 'EMINENT' शब्द ही बनाया जा सकता है अन्य नहीं।

5. (b) दिए गए शब्द 'BLANDISHMENT' से 'METAL' शब्द ही बनाया जा सकता है अन्य नहीं।

6. (a) FICTITIOUSLY शब्द में N नहीं है, इसलिए 'FICTION' शब्द नहीं बनाया जा सकता है।

7. (b) GEOGRAPHICAL शब्द में M नहीं है, इसलिए 'GEOGRAM' शब्द नहीं बनाया जा सकता है।

8. (d) INVIGILATE शब्द में O नहीं है, इसलिए 'NOVEL' शब्द नहीं बनाया जा सकता है।

9. (d) LEMONADE शब्द में B नहीं है, इसलिए 'ADLAMB' शब्द नहीं बनाया जा सकता है।

10. (c) MISBEHAVIOUR शब्द में केवल एक बार ही V का प्रयोग हुआ है इसलिए 'HAVVIOUR' शब्द नहीं बनाया जा सकता है।

11. (c) अक्षरों को व्यवस्थित करने पर बनने वाला अर्थपूर्ण शब्द

S	H	A	R	K
↓	↓	↓	↓	↓
5	3	2	1	4

12. (a) दिए गए शब्द में, C-1 बार, O-2 बार, M-2 बार, I-2 बार, S-2 बार और N-1 बार है।

13. (d) दिए गए अक्षरों को व्यवस्थित करने पर अर्थपूर्ण शब्द 'BADMINTON' प्राप्त होता है, जिसका अन्तिम अक्षर N है।

14. (d) COTRA → ACTOR

अत: A से प्रारम्भ करने पर सार्थक शब्द ACTOR होगा, जिसका मध्य का अक्षर T है।

15. (c) दिए गए अक्षरों को अर्थपूर्ण क्रम में करने पर 'POCKET' शब्द प्राप्त होता है। अंकों को व्यवस्थित करने पर 6, 5, 3, 4, 1, 2 प्राप्त होता है

अर्थात्	6	5	3	4	1	2
	↓	↓	↓	↓	↓	↓
	P	O	C	K	E	T

16. (d) विकल्प (d) से,

HATE ; BARE ; BATE ; PINE ; BATHE

अभीष्ट अक्षर = E

17. (d) MINK → INK

LAMP → LAP

TEAM → TEA

WARM → WAR

∴ अभीष्ट अक्षर = M

18. (a) Dissent (3) ⟶ Dissident (1) ⟶ Dissolute (4) ⟶ Dissolution (5) ⟶ Dissolve (2) ⇒ 3, 1, 4, 5, 2

19. (c) Toronto (2) → Torped (3) → Torsel (5) → Tortoise (1) → Torus (4) ⇒ 2, 3, 5, 1, 4

20. (c) Led (2) → Lee (4) → Leg (1) → Lei (5) → Leo (3) ⇒ 2, 4, 1, 5, 3

21. (a) Leek (2) → Leer (3) → Lend (5) → Less (4) → Lest (1) ⇒ 2, 3, 5, 4, 1

22. (c) दिए गए शब्दों का अंग्रेजी शब्दकोश के अनुसार क्रम निम्न है

Leaf → Lean → Leave → Less

उपरोक्त से स्पष्ट है कि सबसे बाद में आने वाला शब्द Less है।

06 दूरी अभिविन्यास
Spatial Orientation

किसी गतिमान वस्तु या व्यक्ति की दूरी अभिविन्यास मूल स्थान से वह स्थिति है, जो उसके द्वारा विभिन्न दिशाओं में चलते हुए किसी निश्चित दूरी (अन्तिम स्थान) के सापेक्ष होती है। इस परीक्षण के अन्तर्गत ऐसे प्रश्न पूछे जाते हैं, जो किसी गतिशील व्यक्ति या वस्तु के प्रारम्भिक (मूल) स्थान से उसके द्वारा तय किए गए गमन पथ के अन्तिम स्थान तक की दूरी या दिशा अथवा दोनों पर आधारित होते हैं।

दिशा

यह एक ऐसी परिकल्पना है जिसके अनुसार, सूर्योदय तथा सूर्यास्त के समय दिशाओं को निम्न रूप से निरूपित किया जाता है

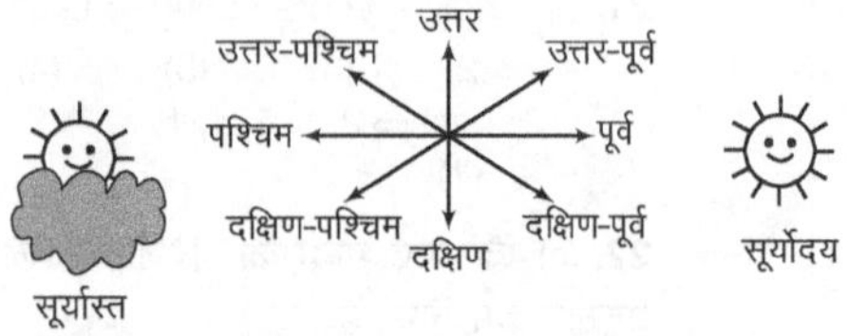

अर्थात् इस परिकल्पना के अनुसार, यदि कोई व्यक्ति प्रात: काल सूर्य की ओर मुख करके खड़ा हो, तो उसके सामने पूर्व, बाईं ओर उत्तर, दाईं ओर दक्षिण तथा ठीक उसके पीछे जहाँ सूर्यास्त होता है वह पश्चिम दिशा होगी।

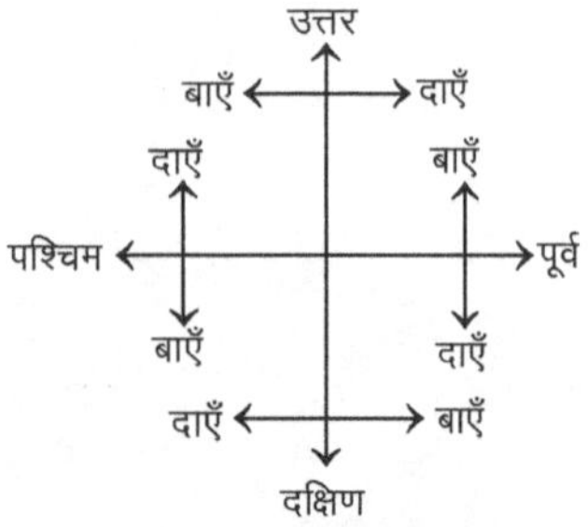

दक्षिणावर्त → दाएँ;　　वामावर्त → बाएँ

- उपरोक्त प्रदर्शित आरेख के अनुसार, यदि मध्य बिन्दु पर कोई व्यक्ति खड़ा हो, तो उसके ऊपर की ओर उत्तर, नीचे की ओर दक्षिण, दाईं ओर पूर्व एवं बाईं ओर पश्चिम दिशा होगी। इसी प्रकार, हम उत्तर एवं पश्चिम के बीच की दिशा को उत्तर-पश्चिम, दक्षिण एवं पश्चिम के बीच की दिशा को दक्षिण-पश्चिम, दक्षिण एवं पूर्व के बीच की दिशा को दक्षिण-पूर्व तथा उत्तर एवं पूर्व के बीच की दिशा को उत्तर-पूर्व मानते हैं।

दिशाओं का परिवर्तन *दिशा परिवर्तन को हम निम्नलिखित आरेखों के माध्य से भली-भाँति समझ सकते हैं*

- दक्षिणावर्त परिवर्तन

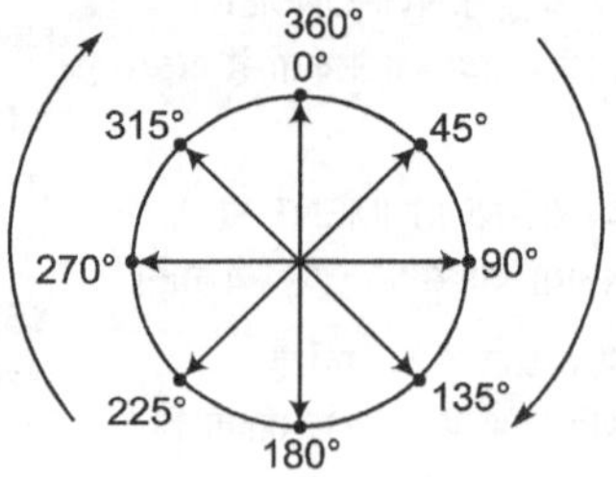

- वामावर्त परिवर्तन

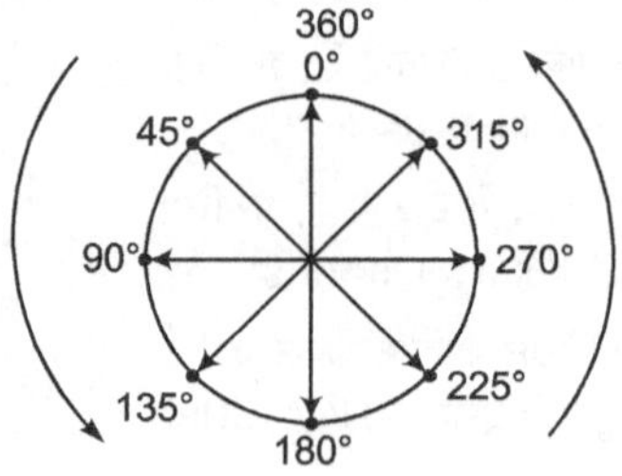

पाइथागोरस प्रमेय

जब किसी गतिमान वस्तु/व्यक्ति द्वारा तय की गई दूरी विकर्णवत् दिशा में ज्ञात करनी हो, तो यह प्रमेय अति उपयोगी सिद्ध होती है। इस प्रमेयानुसार, किसी समकोण त्रिभुज में लम्ब का वर्ग तथा आधार के वर्ग का योगफल उसके कर्ण के वर्ग के बराबर होता है। अर्थात् समकोण

ΔABC में, $AC^2 = AB^2 + BC^2$

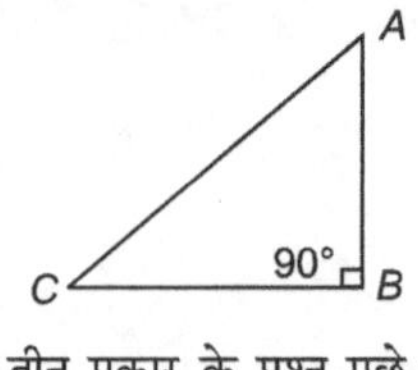

दूरी अभिविन्यास पर निम्न तीन प्रकार के प्रश्न पूछे जाते हैं

1. दिशा पर आधारित
2. दूरी पर आधारित
3. दिशा और दूरी दोनों पर आधारित

दिशा पर आधारित

इसके अन्तर्गत एक बिन्दु से अलग-अलग दूरियों एवं दिशाओं में भ्रमण करते हुए किसी निश्चित बिन्दु की उसके प्रारम्भिक स्थान से दिशा पूछी जाती है।

उदाहरण 1 प्रताप अपने विद्यालय से प्रारम्भ करके पूर्व की ओर 7 किमी जाता है। वह बाईं ओर मुड़कर 4 किमी चलता है, फिर दाईं ओर मुड़कर 2 किमी जाता है। वह फिर दाईं ओर मुड़कर 3 किमी जाता है। वह अब किस दिशा की ओर मुँह किए हुए है?

(a) दक्षिण
(b) उत्तर
(c) पूर्व
(d) पश्चिम

हल *(a)* प्रताप के चलने का क्रम निम्न है

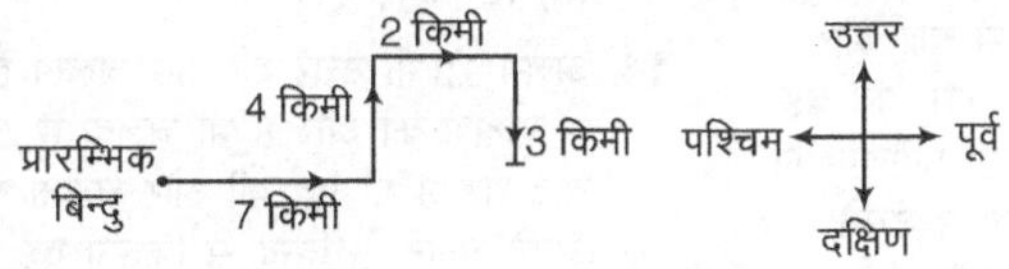

आरेख से स्पष्ट है कि वह अब दक्षिण दिशा की ओर मुँह किए है।

दूरी पर आधारित

इसके अन्तर्गत एक बिन्दु से अलग-अलग दिशाओं में भ्रमण करते हुए किसी निश्चित बिन्दु की उसके प्रारम्भिक स्थान से दूरी पूछी जाती है।

उदाहरण 2 मोहन अपने घर से पूर्व की ओर 40 मी चलता है। फिर वह दाएँ घूमता है और 30 मी चलता है अब वह अपने प्रारम्भिक स्थान से कितनी दूरी पर है?

(a) 40 मी (b) 50 मी
(c) 55 मी (d) 60 मी

हल *(b)* मोहन के चलने का क्रम निम्नवत् होगा

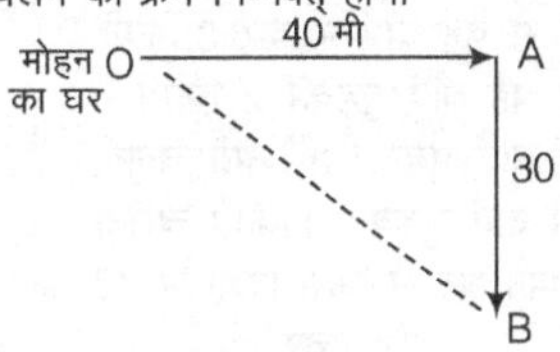

अभीष्ट दूरी (OB) $= \sqrt{(40)^2 + (30)^2}$

$= \sqrt{1600 + 900} = \sqrt{2500} = 50$ मी

दिशा और दूरी दोनों पर आधारित

इसके अन्तर्गत एक बिन्दु से अलग-अलग दिशाओं की भिन्न-भिन्न दूरियों को तय करते हुए किसी निश्चित बिन्दु की उसके प्रारम्भिक स्थान से दूरी और दिशा दोनों पूछी जाती हैं।

उदाहरण 3 एक शॉपिंग कॉम्प्लेक्स में एक महिला 150 मी पूर्व की ओर चलती है, फिर वह उत्तर की ओर मुड़ जाती है और 180 मी चलती है, फिर वह पश्चिम की ओर मुड़ जाती है और 70 मी चलती है, फिर वह अपनी बाईं ओर मुड़ जाती है और 180 मी चलती है। वह अपनी प्रारम्भिक स्थिति से अब कहाँ हैं?

(a) 80 मी पश्चिम (b) 220 मी पूर्व
(c) 80 मी पूर्व (d) 220 मी पश्चिम

हल *(c)*

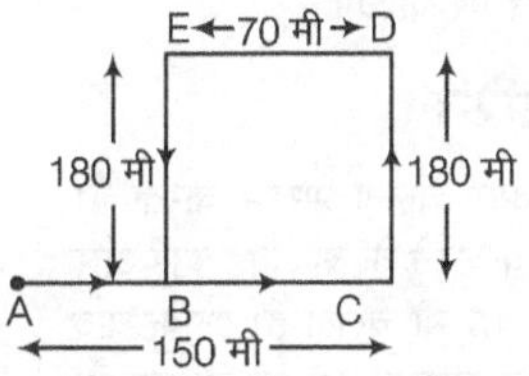

AB = 150 − 70, AB = 80 मी

अत: महिला अपनी प्रारम्भिक स्थिति से 80 मी दूर पूर्व में है।

अभ्यास प्रश्न

दिशा पर आधारित

1. एक व्यक्ति पूर्व की ओर 2 किमी चलता है, फिर वह बाएँ मुड़कर 2 किमी चलता है। वह फिर से बाएँ मुड़कर 2 किमी और चलता है। अब वह किस दिशा की ओर मुख किए हुए है?

(a) पूर्व (b) पश्चिम
(c) उत्तर (d) दक्षिण

2. राकेश 20 मी पूर्व की ओर चलकर 10 मी दक्षिण की ओर चलता है। इसके बाद 35 मी पश्चिम की ओर चलकर 5 मी उत्तर की ओर चलता है, फिर 15 मी पूर्व की ओर चलता है। अब अन्तिम बिन्दु पर, प्रारम्भिक बिन्दु से किस दिशा में है?

(a) पूर्व (b) उत्तर
(c) दक्षिण (d) पश्चिम

3. एक आदमी एक स्थान से 4 मील उत्तर दिशा में चलता है, फिर बाएँ मुड़कर 6 मील चलता है। पुन: दाएँ मुड़कर 3 मील चलता है और वहाँ से दाएँ मुड़कर 4 मील चलकर आधा घण्टा आराम करता है। आराम करने के बाद वह उसी दिशा में 2 मील फिर चलता है। इसके बाद दाएँ मुड़कर 1 मील चलता है, तब अन्तिम स्थिति में उस आदमी का मुख किस दिशा में होगा?

(a) उत्तर (b) दक्षिण
(c) दक्षिण-पूर्व (d) पश्चिम

4. जानकी अपने घर से उत्तर की ओर 2 किमी चली। वहाँ से वह दाईं ओर मुड़कर 1 किमी चली, फिर वह पुन: दाईं ओर मुड़ी और 2 किमी चली। वह किस दिशा में जा रही है?

(a) उत्तर (b) पूर्व
(c) दक्षिण (d) पश्चिम

5. मोहन A बिन्दु से दक्षिण दिशा में 1 किमी चलता है। वहाँ से वह बाएँ मुड़कर 1 किमी चलता है और पुन: बाएँ मुड़कर 1 किमी चलता है। अब उसका मुख किस दिशा की ओर है?

(a) पूर्व (b) पश्चिम
(c) उत्तर (d) दक्षिण-पश्चिम

6. जया अपने घर से पश्चिम दिशा में 5 किमी चलती है। वहाँ से वह दाएँ मुड़कर 3 किमी चलती है, फिर वह बाएँ मुड़कर 2 किमी चलती है, फिर बाएँ मुड़कर 3 किमी चलती है और अन्त में दाएँ मुड़कर 3 किमी चलती है। अब वह अपने घर से किस दिशा में है?

(a) पश्चिम (b) उत्तर
(c) दक्षिण (d) पूर्व

7. एक व्यक्ति 'A' एक बिन्दु से चलना शुरू करता है उत्तर दिशा में 2 किमी चलता है और दाएँ घूम जाता है, फिर 2 किमी चलता है। बाद में दाएँ घूम जाता है और चलता है। यह बताइए कि अब वह कौन-सी दिशा में जा रहा है?

(a) दक्षिण (b) दक्षिण-पूर्व
(c) उत्तर (d) पश्चिम

8. यदि दक्षिण-पूर्व दिशा के स्थान पर दक्षिण-पश्चिम दिशा रखी जाए, तो दिशाओं में क्या परिवर्तन होगा?

(a) पूर्व के स्थान पर पश्चिम
(b) पूर्व के स्थान पर दक्षिण
(c) पश्चिम के स्थान पर दक्षिण
(d) उत्तर के स्थान पर पश्चिम

दूरी पर आधारित

9. गौतम उत्तर की ओर चलना प्रारम्भ करता है। 40 मी की दूरी तय करने के बाद वह बाईं ओर मुड़ जाता है तथा 45 मी चलता है। इसके बाद वह पुनः बाईं ओर मुड़कर 60 मी चलता है। इसके बाद वह पुनः बाईं ओर मुड़ जाता है और 60 मी चलता है। बताइए कि वह अपने प्रारम्भिक स्थान से कितनी दूरी पर है?

(a) 18 मी (b) 25 मी
(c) 40 मी (d) 28 मी

10. पूजा दक्षिण-पूर्व की ओर 7 मी की दूरी तक चलती है। इसके बाद वह पश्चिम की ओर मुड़ जाती है और 14 मी की दूरी तय करती है। पुनः वह उत्तर-पश्चिम की ओर 7 मी की दूरी तय करती है और अन्त में पूर्व की ओर 4 मी की दूरी तय करके अपने गन्तव्य स्थान पर पहुँच जाती है। बताइए कि वह अपने प्रारम्भिक स्थान से कितनी दूरी पर है?

(a) 1 मी
(b) 5 मी
(c) 6 मी
(d) 10 मी

11. उत्तर दिशा की ओर साइकिल चलाता हुआ एक लड़का बाईं ओर मुड़ा। 1 किमी की दूरी तय करने के पश्चात् वह फिर से बाईं ओर मुड़ा और 2 किमी की दूरी तय की। अब वह अपने प्रारम्भिक स्थान से 1 किमी पश्चिम की ओर खड़ा है। बताइए कि प्रारम्भ में उसने कुल कितनी दूरी उत्तर दिशा में तय की?

(a) 5 किमी
(b) 4 किमी
(c) 8 किमी
(d) 2 किमी

12. आकाश 16 मी दक्षिण की ओर चलकर बाईं ओर मुड़ जाता है और 5 मी चलता है। इसके बाद वह उत्तर की ओर मुड़ जाता है तथा 7 मी चलता है। इसके बाद वह दाईं ओर मुड़कर 12 मी चलता है। यदि फिर वह बाईं ओर मुड़कर 9 मी चलता है, तो वह इस समय चलने के स्थान से कितना दूर है?

(a) 24 मी
(b) 17 मी
(c) 18 मी
(d) उपरोक्त में से कोई नहीं

दिशा और दूरी दोनों पर आधारित

13. राजेश अपने घर से 20 किमी उत्तर की ओर जाता है, फिर वह पश्चिम की ओर मुड़ जाता है और 12 किमी दूरी तय करता है। इसके बाद वह दक्षिण की ओर मुड़ जाता है और 5 किमी दूरी तय करता है। अन्त में वह पूर्व की ओर मुड़ जाता है और 12 किमी दूरी तय करता है। बताइए कि वह अपने घर से अभी किस दिशा में और कितनी दूरी पर है?

(a) 15 किमी, उत्तर
(b) 20 किमी, दक्षिण
(c) 12 किमी, पश्चिम
(d) 12 किमी, पूर्व

14. अजय 12 मी उत्तर की ओर चलता है। वहाँ से दक्षिण की ओर 8 मी चलता है, इसके बाद वह 3 मी पूर्व की ओर चलता है। वह अपने चलने के बिन्दु से कितना दूर एवं किस दिशा में है?

(a) 8 मी, पूर्व
(b) 3 मी, पश्चिम
(c) 5 मी, उत्तर-पूर्व
(d) 7 मी, उत्तर-पश्चिम

15. गाजियाबाद, दिल्ली से 16 किमी उत्तर में है और फरीदाबाद, दिल्ली से 40 किमी दक्षिण में। फरीदाबाद से गाजियाबाद की दूरी तथा दिशा क्या होगी?

(a) 56 किमी, दक्षिण (b) 24 किमी, दक्षिण
(c) 56 किमी, उत्तर (d) 24 किमी, उत्तर

उत्तरमाला

1 *(b)*	2 *(c)*	3 *(b)*	4 *(c)*	5 *(c)*
6 *(a)*	7 *(a)*	8 *(b)*	9 *(b)*	10 *(d)*
11 *(d)*	12 *(b)*	13 *(a)*	14 *(c)*	15 *(c)*

संकेत एवं हल

1. (b) व्यक्ति के चलने का क्रम निम्नवत् है

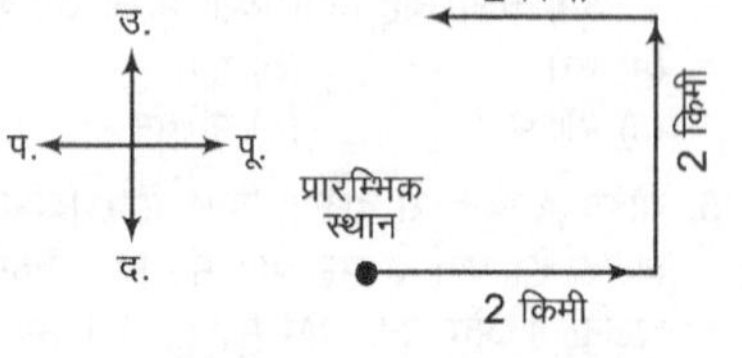

अतः व्यक्ति पश्चिम दिशा की ओर मुख किए हुए है।

2. (c) राकेश के चलने का क्रम निम्नवत् है

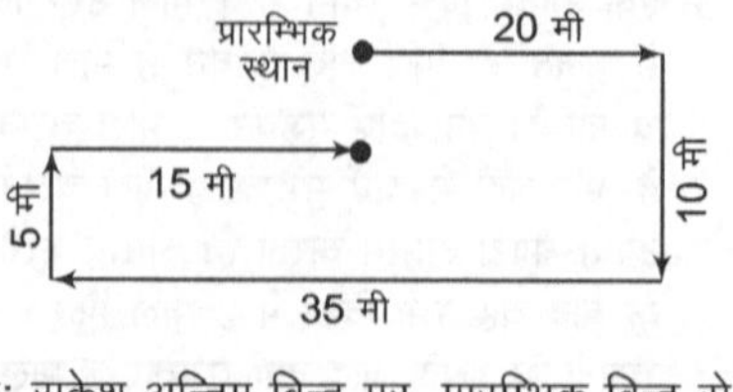

अतः राकेश अन्तिम बिन्दु पर, प्रारम्भिक बिन्दु से, दक्षिण दिशा में है।

3. (b) आदमी के चलने का क्रम निम्नवत् है

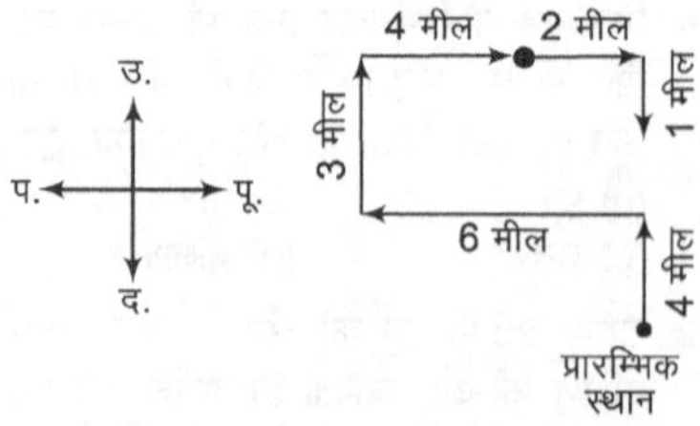

अतः अन्तिम स्थिति में उस आदमी का मुख दक्षिण दिशा की ओर होगा।

4. (c) जानकी के चलने का क्रम निम्नवत् है

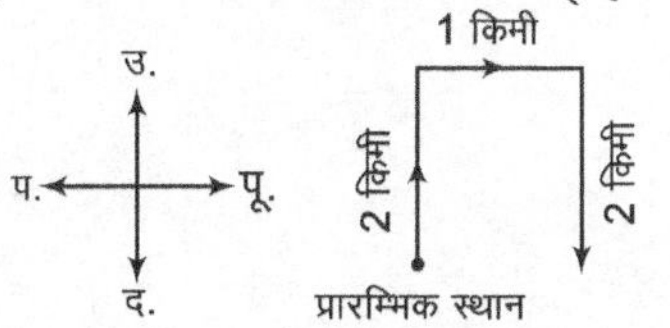

अतः जानकी दक्षिण दिशा में जा रही है।

5. (c) मोहन के चलने का क्रम निम्नवत् है

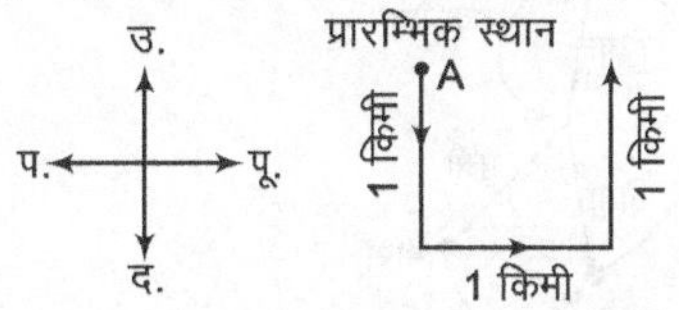

अतः मोहन का मुख उत्तर दिशा की ओर है।

6. (a) जया के चलने का क्रम निम्नवत् है

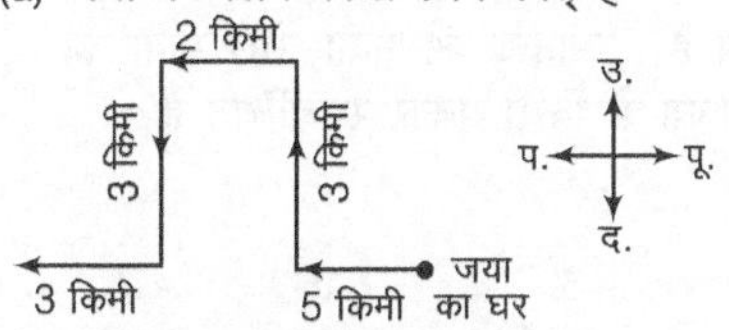

अतः जया अपने घर से पश्चिम दिशा में है।

7. (a) व्यक्ति के चलने का क्रम निम्नवत् है

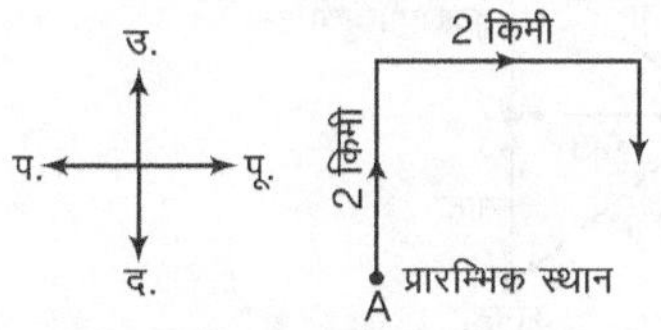

अतः व्यक्ति दक्षिण दिशा में जा रहा है।

8. (b) दिशा रखने का क्रम निम्नवत् है

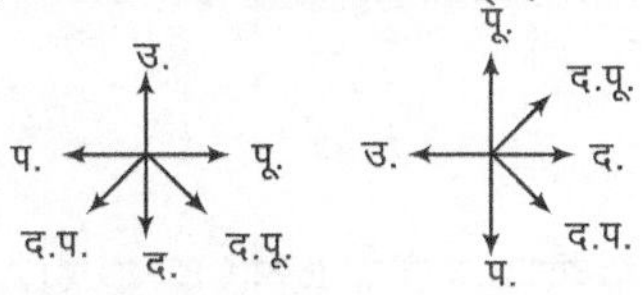

दिशाओं को 90° दक्षिणावर्त घुमाने पर दक्षिण-पूर्व के स्थान पर दक्षिण-पश्चिम तथा पूर्व के स्थान पर दक्षिण होगा।

9. (b) गौतम के चलने का क्रम निम्नवत् है

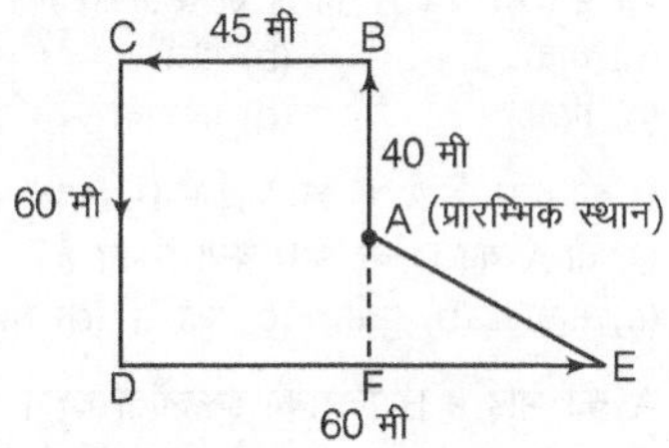

$FE = 60 - 45 = 15$ मी

$AF = 60 - 40 = 20$ मी

अतः अभीष्ट दूरी $(AE) = \sqrt{(EF)^2 + (AF)^2}$

[पाइथागोरस प्रमेय से]

$= \sqrt{(15)^2 + (20)^2}$

$= \sqrt{225 + 400}$

$= \sqrt{625} = 25$ मी

अतः गौतम अपने प्रारम्भिक स्थान से 25 मी की दूरी पर है।

10. (d) पूजा के चलने का क्रम निम्नवत् है

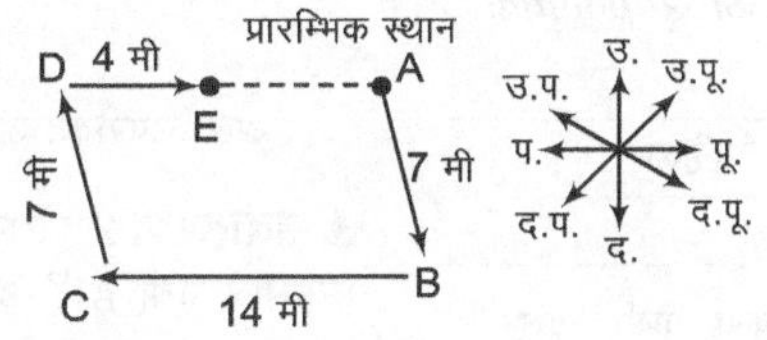

$DA = CB = 14$ मी

∴ आरेख से स्पष्ट है कि पूजा अपने गन्तव्य स्थान E पर पहुँचकर प्रारम्भिक स्थान से $DA - DE = 14 - 4 = 10$ मी की दूरी पर है।

11. (d) बालक के साइकिल चलाने का क्रम निम्नवत् है

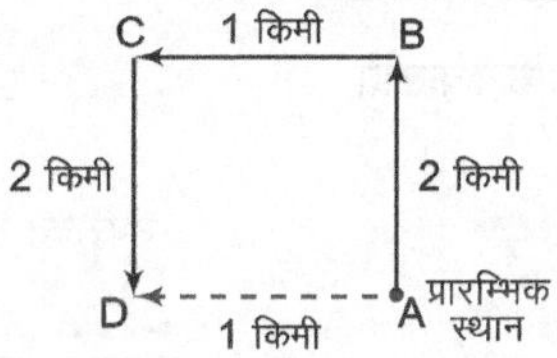

प्रारम्भ से उत्तर दिशा में तय की गई दूरी

$= 2$ किमी [$\because AB = CD$]

12. (b) आकाश के चलने का क्रम निम्नवत् है

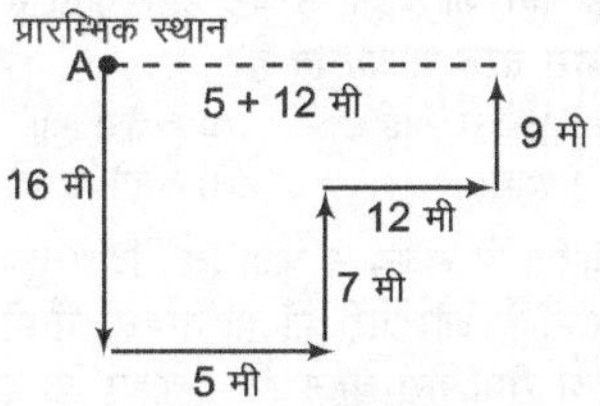

∴ चित्र से स्पष्ट है कि आकाश वर्तमान में चलने के स्थान से $(5 + 12) = 17$ मी दूर है।

13. (a) राजेश के चलने का क्रम निम्नवत् होगा

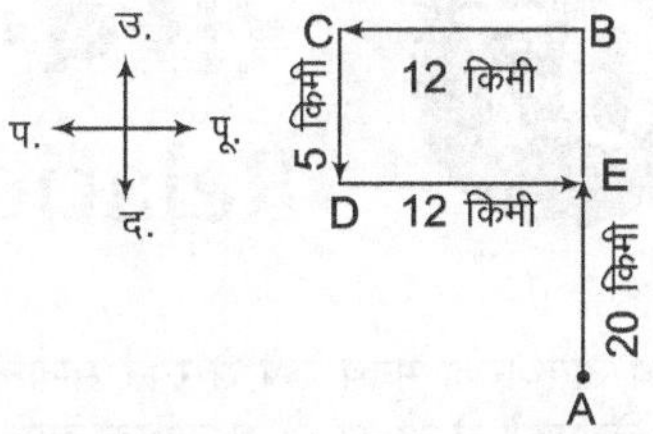

राजेश का आरम्भिक स्थान A है। [$\because BC = ED$]

अतः राजेश अपने घर से $(20 - 5) = 15$ किमी उत्तर दिशा में है।

14. (c) अजय के चलने का क्रम निम्नवत् होगा

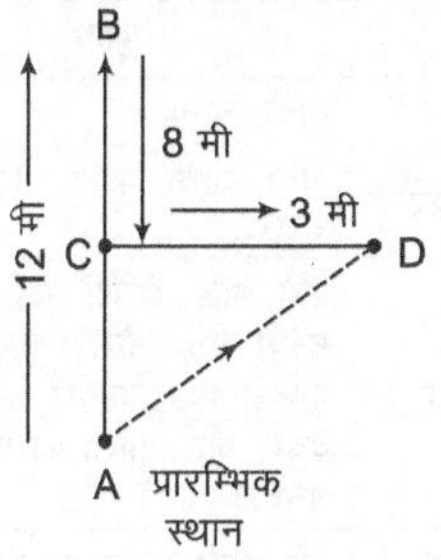

$AC = AB - BC = 12 - 8 = 4$ मी,

$BD = 3$ मी

अतः अभीष्ट दूरी $(AD) = \sqrt{(AC)^2 + (CD)^2}$

$= \sqrt{(4)^2 + (3)^2}$

$= \sqrt{25} = 5$ मी,

उत्तर-पूर्व में अजय अपने प्रारम्भिक स्थान से दूर है।

15. (c)

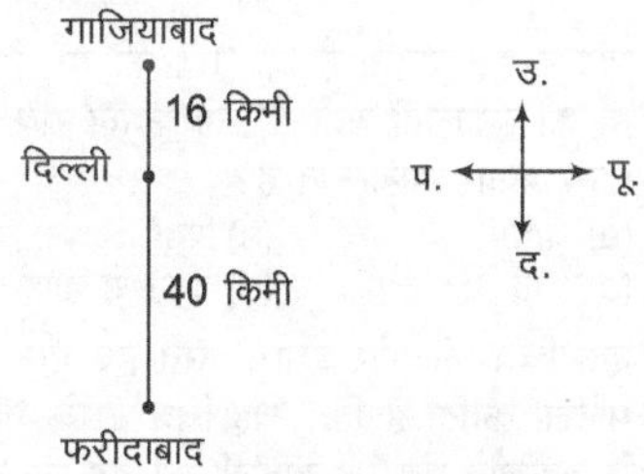

∴ फरीदाबाद से गाजियाबाद की कुल दूरी $(16 + 40) = 56$ किमी उत्तर दिशा में है।

07 सम्बन्ध अवधारणा
Relation Concept

सम्बन्ध अवधारणा मुख्य रूप से रक्त सम्बन्धों पर आधारित होती है। इस प्रकार के प्रश्नों में दो या दो से अधिक व्यक्तियों के सम्बन्ध देकर किसी व्यक्ति विशेष का सम्बन्ध अन्य किसी व्यक्ति से पूछा जाता है।

सम्बन्धों पर आधारित प्रश्नों को हल करने हेतु परीक्षार्थी को रिश्ते सम्बन्धी ज्ञान की अच्छी समझ होना अत्यन्त आवश्यक है।

नीचे दी गई सारणी को पढ़कर आप इस प्रकार के प्रश्नों को सुगमतापूर्वक हल कर सकेंगे

पीढ़ी	पुरुष	महिला
दो पीढ़ी ऊपर	दादा, नाना	दादी, नानी
एक पीढ़ी ऊपर	पिता, चाचा, फूफा, मौसा, ससुर	माँ, चाची, बुआ, मौसी, सास
स्वयं की पीढ़ी	पति, भाई, चचेरा भाई, ममेरा भाई, मौसेरा भाई, फूफेरा भाई, बहनोई, साला, देवर, जेठ, साली का पति, ननदोई	पत्नी, बहन, चचेरी बहन, ममेरी बहन, मौसेरी बहन, फूफेरी बहन, ननद, सलहज, देवरानी, जेठानी, भाभी, साली
एक पीढ़ी नीचे	पुत्र, भतीजा, भांजा, दामाद	पुत्री, भतीजी, भाँजी, पुत्रवधू
दो पीढ़ी नीचे	पोता, नाती, पोती या नतिनी का पति	पोती, नतिनी, पोता या नाती की पत्नी

उदाहरण 1 राजीव, मीरा से कहता है कि तुम मेरे दादा के इकलौते पुत्र की पुत्री हो। राजीव, मीरा से किस प्रकार सम्बन्धित है?

(a) भाई (b) पिता (c) चाचा (d) पुत्र

हल *(a)* प्रश्नानुसार,

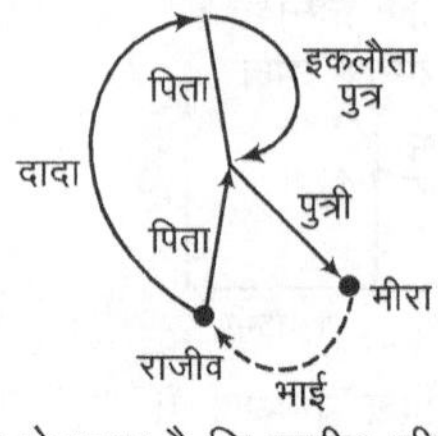

अतः उपरोक्त आरेख से स्पष्ट है कि राजीव, मीरा का भाई है।

उदाहरण 2 विजय कहता है, "आनन्द की माता, मेरी माता की एकमात्र पुत्री है।" आनन्द, विजय से किस प्रकार सम्बन्धित है?

(a) भाई

(b) पिता

(c) भाँजा

(d) दादा

हल *(c)*

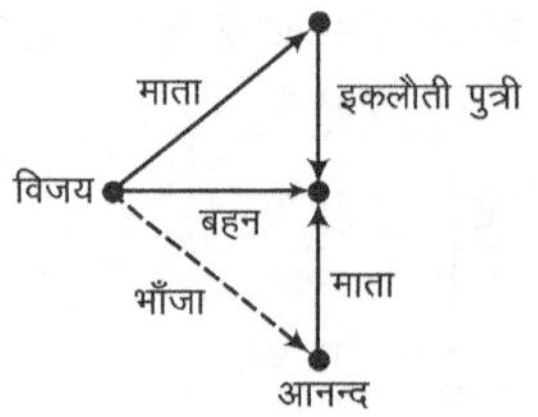

उपरोक्त से स्पष्ट है कि आनन्द, विजय का भाँजा है।

अभ्यास प्रश्न

1. यदि कमल कहता है कि 'रवि की माँ, मेरी माँ की इकलौती बेटी है', तो कमल रवि से किस प्रकार सम्बन्धित है?

(a) दादा (b) पिता
(c) भाई (d) इनमें से कोई नहीं

2. एक चित्र की ओर इशारा करते हुए एक महिला कहती है कि, 'वह चित्र उसके पिता के इकलौते पुत्र की दादीजी की बहू का है।' महिला की, चित्र वाली महिला कौन है?

(a) माँ (b) दादी (c) बुआ (d) भाभी

3. अंजली सुलोचना से कहती है कि तुम्हारी माता मेरे मामा की बहन है परन्तु वह मेरी माँ नहीं है। सुलोचना के पिता का सम्बन्ध अंजली के साथ किस प्रकार का होगा?

(a) मौसा (b) मामा
(c) चाचा (d) पिता

4. संजय ने कृति से कहा 'तुम मेरी बहन की माँ के पति की बहन के बेटे हो!' कृति संजय से किस तरह सम्बन्धित है?

(a) फुफेरा भाई (b) चचेरा भाई
(c) चाचा (d) इनमें से कोई नहीं

5. विनीत से संजय ने कहा कि 'दिया तुम्हारी मौसी है और मेरी माँ भी तुम्हारी मौसी है तथा रीमा मेरी बहन है।' बताइए कि संजय का रीमा से क्या सम्बन्ध है?

(a) मौसेरा भाई (b) ममेरा भाई
(c) फुफेरा भाई (d) चाचा

6. B, D की माँ और C, D का भाई है। H, E की बेटी है, जबकि D, E की पत्नी है, तो E का C से क्या सम्बन्ध है?

(a) ससुर (b) बहनोई
(c) चाचा (d) भाई

7. A और B बहनें हैं। R और S भाई हैं। A की बेटी R की बहन है। B का S से क्या सम्बन्ध है?

(a) माँ (b) दादी (c) बहन (d) आंटी

8. E, B की बहन है। A, C का पिता है। B, C का पुत्र है। तब A का E से क्या सम्बन्ध है?

(a) दादा (b) पौत्री
(c) पिता (d) परदादा

9. B की बहन है A, C का भाई है B, D का पुत्र है C, तो A का D के साथ क्या रिश्ता है?

(a) माता (b) पुत्री (c) पुत्र (d) चाचा

10. A का भाई है B जिसकी इकलौती बहन A, C की माता है। D, 'C' की नानी है। D के साथ A का क्या रिश्ता है?

(a) बहू (b) पुत्री (c) चाची (d) भतीजा

11. A व B बहनें हैं। C, A का भाई है। D, E का भाई है। यदि E, B की बेटी है, तो D की मौसी कौन है?
(a) E (b) C (c) A (d) B

12. यदि A बेटा है Q का, Q और Y बहनें हैं। Y की माँ Z है। P बेटा है Z का, तो निम्नलिखित में से कौन-सा कथन सही है?
(a) A का मामा P है
(b) P और Y बहनें हैं
(c) A का चाचा P है
(d) A और P चचेरे भाई-बहन हैं

13. P तथा Q भाई हैं। P, S का पिता है। R, Q का एकमात्र पुत्र है तथा वह U से विवाहित है। U, S से किस प्रकार सम्बन्धित है?
(a) भाभी (b) सास
(c) बहन (d) माता

14. प्रेमा अजय की बहन है बेनिटा अजय की माता है बेंजामिन, बेनिटा के पिता हैं। लीला बेंजामिन की माता है। प्रेमा का लीला से क्या सम्बन्ध है।
(a) पुत्रवधू (b) पुत्री
(c) पोती (d) परपोती

उत्तरमाला

1 *(d)*	2 *(a)*	3 *(a)*	4 *(a)*	5 *(a)*
6 *(b)*	7 *(d)*	8 *(a)*	9 *(b)*	10 *(b)*
11 *(c)*	12 *(a)*	13 *(a)*	14 *(d)*	

संकेत एवं हल

1. (d)

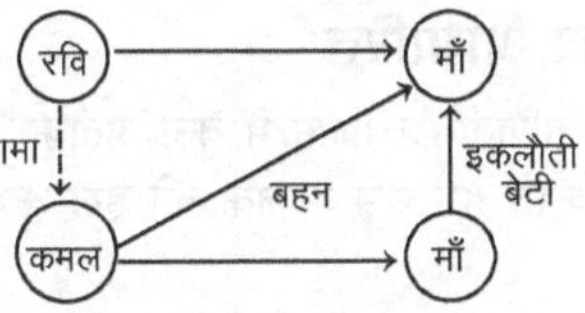

अतः कमल रवि का मामा है, चूँकि रवि की माँ, कमल की बहन है।

2. (a)

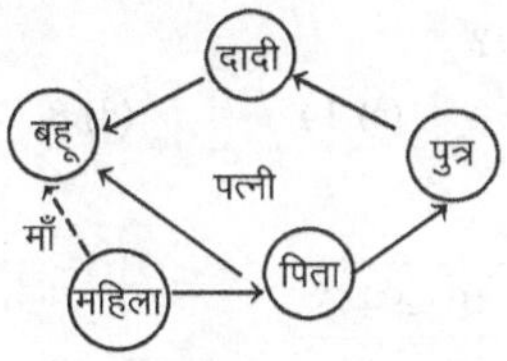

अतः चित्र वाली महिला, उस महिला की माँ है।

3. (a) प्रश्नानुसार,

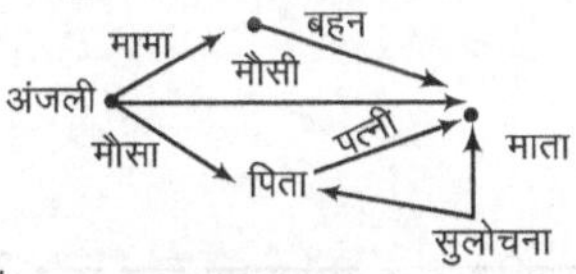

अतः उपरोक्त आरेख से स्पष्ट है कि सुलोचना के पिता, अंजली के मौसा लगेंगे।

4. (a) प्रश्नानुसार, आरेख बनाने पर,

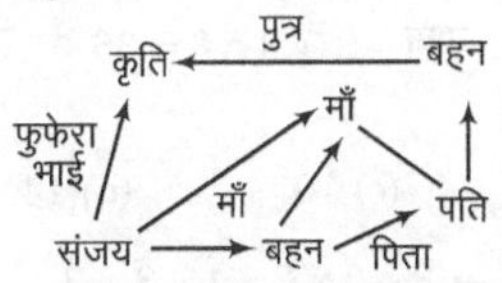

अतः कृति, संजय का फुफेरा भाई है।

5. (a) प्रश्नानुसार, आरेख बनाने पर,

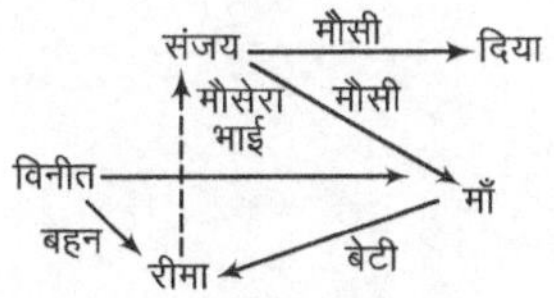

अतः संजय, रीमा का मौसेरा भाई है।

6. (b)

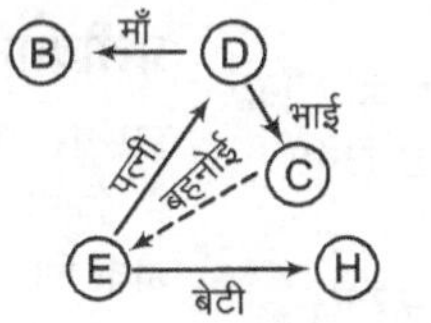

अतः उपरोक्त आरेख से स्पष्ट है कि E, C का बहनोई है।

7. (d)

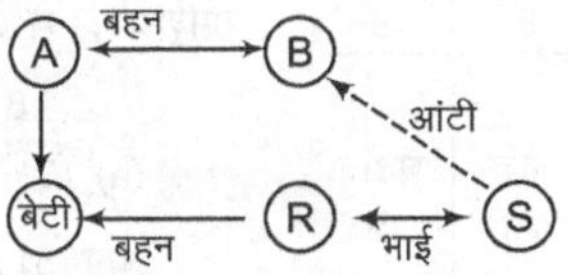

अतः उपरोक्त आरेख से स्पष्ट है कि B, S की आंटी है।

8. (a)

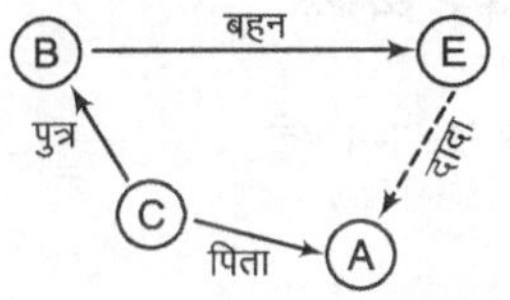

अतः उपरोक्त आरेख से स्पष्ट है कि A, E का दादा है।

9. (b)

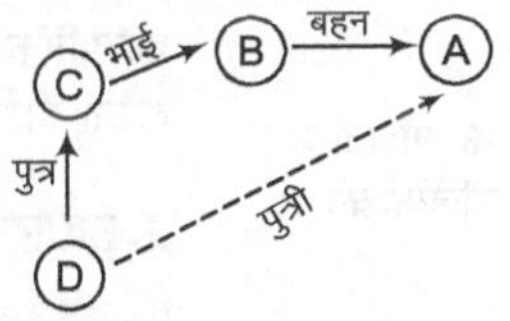

अतः उपरोक्त आरेख से स्पष्ट है कि A, D की पुत्री है।

10. (b)

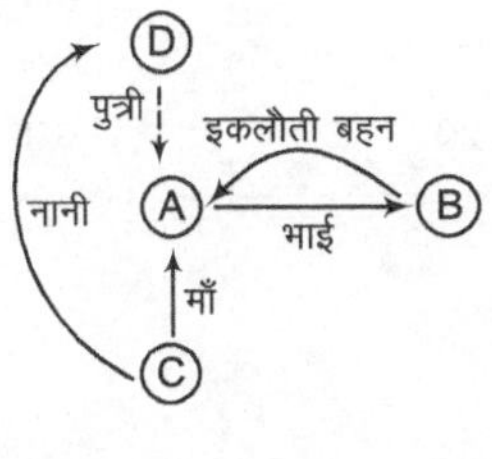

अतः उपरोक्त आरेख से स्पष्ट है कि A, D की पुत्री है।

11. (c)

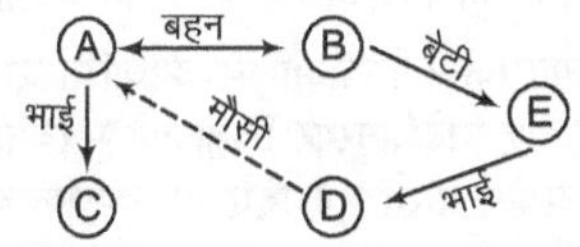

अतः उपरोक्त आरेख से स्पष्ट है कि A, D की मौसी है।

12. (a)

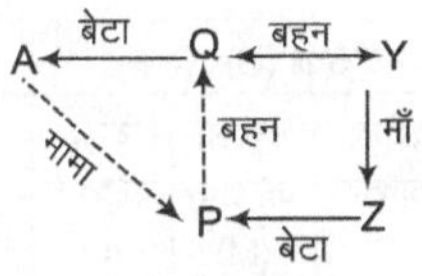

∴ उपरोक्त चित्र से स्पष्ट है कि Q, Y और P भाई-बहन हैं अतः P, Q के पुत्र A का मामा का है।

13. (a)

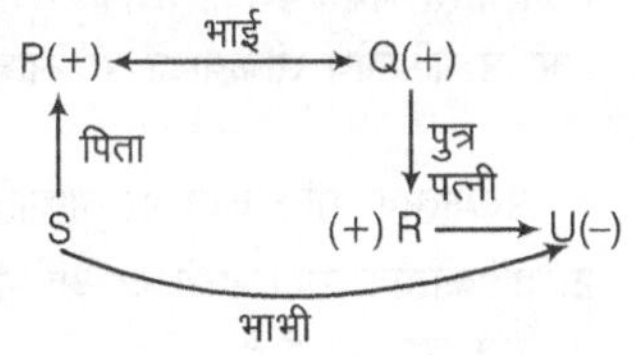

अतः U, S की भाभी है।

14. (d)

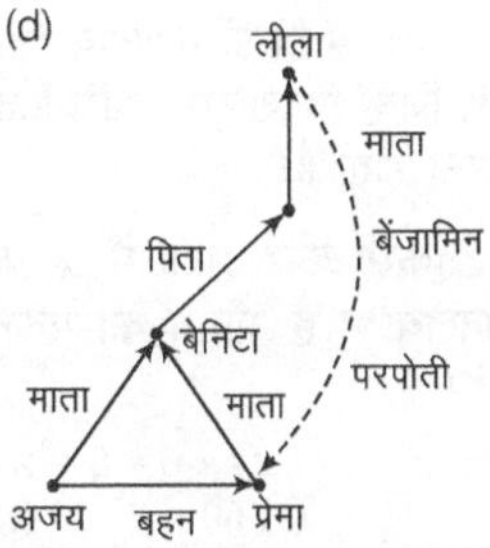

बेनिटा माता है अजय और प्रेमा की।
बेंजामिन पिता है बेनिटा के।
लीला माता है बेंजामिन की।
लीला दादी है बेनिटा की।
तब अतः प्रेमा परपोती है लीला की।

08 गणितीय संक्रियाएँ
Mathematical Operations

किसी गणितीय व्यंजक के काल्पनिक चिह्नों /प्रतीकों को प्रश्न में दिए गए निर्देशों के अनुसार विभिन्न अंकगणितीय संक्रियाओं के माध्यम से सरलीकृत करने की प्रक्रिया 'गणितीय संक्रियाएँ' कहलाती हैं। इस परीक्षण के अन्तर्गत पूछे जाने वाले प्रश्नों में किसी गणितीय व्यंजक में संख्याओं के मध्य कुछ काल्पनिक चिह्न/प्रतीक तथा इनके स्थान पर प्रयुक्त होने वाले उपयुक्त गणितीय चिह्नों के विषय में कुछ निर्देश दिए होते हैं, जिनके आधार पर व्यंजक को हल अथवा सन्तुलित करना होता है।

संख्यात्मक संक्रियाओं पर आधारित प्रश्नों को हल करने हेतु आवश्यक है कि दिए गए निर्देशानुसार चिह्नों को परिवर्तित करें तत्पश्चात् BODMAS नियम का प्रयोग करते हुए दिए गए व्यंजक का मान ज्ञात करें।

किसी व्यंजक को सरल करने के लिए निम्नलिखित क्रम में क्रिया करनी चाहिए

1	2	3	4	5	6	7	8	9
कोष्ठक (B)								
रेखा कोष्ठक (V)	छोटा कोष्ठक (S)	मंझला कोष्ठक (M)	बड़ा कोष्ठक (L)	का (O)	भाग (D)	गुणा (M)	जोड़ (A)	घटाव (S)
—	( )	{ }	[ ]	×	÷	×	+	–

'का' का सामान्य अर्थ गुणा होता है। **जैसे** 5 का $5 = 5 \times 5$, किन्तु व्यंजक को सरल करते समय इसकी गणना, गुणा से पूर्व की जाती है।

परीक्षाओं में गणितीय संक्रियाओं पर आधारित निम्न तीन प्रकार के प्रश्न पूछे जाते हैं

1. संख्यात्मक संक्रियाओं पर आधारित

2. प्रतीकात्मक संक्रियाओं पर आधारित

3. ट्रिक पर आधारित

संख्यात्मक संक्रियाओं पर आधारित

इस पर आधारित प्रश्नों में किसी गणितीय व्यंजक में कुछ भ्रामक गणितीय चिह्न दिए होते हैं, जिन्हें निर्देशानुसार परिवर्तित करते हुए उस व्यंजक को हल/सन्तुलित करना होता है।

उदाहरण 1 किसी कोड भाषा में, + का मतलब '×' है, – का मतलब '+' है, × का मतलब '÷' है और ÷ का मतलब '–' है। निम्नलिखित प्रश्न का उत्तर क्या है?

$$24 \times 6 - 8 + 2 = ?$$

(a) 25 (b) 50 (c) 40 (d) 20

हल *(d)* दी गई समीकरण, $? = 24 \times 6 - 8 + 2$

प्रश्नानुसार, चिह्न परिवर्तित करने पर समीकरण,

$? = 24 \div 6 + 8 \times 2$

$\Rightarrow \quad ? = \frac{24}{6} + 8 \times 2 \Rightarrow ? = 4 + 16$

$\therefore \quad ? = 20$

प्रतीकात्मक संक्रियाओं पर आधारित

इस पर आधारित प्रश्नों में किसी गणितीय व्यंजक में कुछ प्रतीक दिए होते हैं, जिन्हें निर्देशानुसार परिवर्तित करते हुए उस व्यंजक को हल करना होता है।

उदाहरण 2 यदि a का आशय × से हैं, b का आशय ÷ से हैं, c का आशय + से है और d का आशय – से है, तो

$$8\ a\ 3\ c\ 24\ b\ 12\ d\ 19 = ?$$

(a) 17 (b) 7 (c) 14 (d) 8

हल *(b)* प्रश्नानुसार,

$a \Rightarrow \times$	$b \Rightarrow \div$
$c \Rightarrow +$	$d \Rightarrow -$

$8 a 3 c 24 b 12 d 19 = ?$

$\Rightarrow ? = 8 \times 3 + 24 \div 12 - 19$

$\Rightarrow ? = 24 + 2 - 19 = \boxed{7}$

ट्रिक पर आधारित

इस प्रकार के प्रश्नों में ट्रिक पर आधारित कुछ समीकरण दिए जाते हैं। इसी काल्पनिक नियम को समझते हुए प्रश्न में दिए गए अपूर्ण समीकरण को पूरा करना होता है।

उदाहरण 3 यदि 3 @ 3 * 3 = 3 तथा 48 @ 4 * 3 = 36 है, तो 91 @ 13 * 2 = ?

(a) 4 (b) 8 (c) 10 (d) 14

हल *(d)* जिस प्रकार, $3 @ 3 * 3 \rightarrow 3 \div 3 \times 3 = 1 \times 3 = 3$

$48 @ 4 * 3 \rightarrow 48 \div 4 \times 3 = 12 \times 3 = 36$

उसी प्रकार, $91 @ 13 * 2 \rightarrow 91 \div 13 \times 2 = 7 \times 2 = \boxed{14}$

अभ्यास प्रश्न

संख्यात्मक संक्रियाओं पर आधारित

1. यदि '+' का अर्थ '÷', '÷' का अर्थ '–', '–' का अर्थ '×' और '×' का अर्थ '+' हो, तो $12 + 6 + 3 - 2 \times 8$ का मान होगा

(a) 8 (b) $9\frac{1}{3}$ (c) 4 (d) – 2

2. यदि '+' का अर्थ है '–', '–' का अर्थ है '×', '×' का अर्थ है '÷' और '÷' का अर्थ है '+', तो $15 \times 5 \div 10 + 5 - 3$ का मान होगा

(a) 24 (b) 0 (c) 9.5 (d) – 2

3. यदि '+' का अर्थ '×', '–' का अर्थ '÷', '÷' का अर्थ '+' और '×' का अर्थ '–' हो, तो $20 \div 40 - 4 \times 5 + 6$ का मान होगा

(a) 0 (b) 60 (c) 167 (d) 150

4. यदि '+' का अर्थ '÷', '×' का अर्थ '–', '÷' का अर्थ '×' और '–' का अर्थ '+' हो, तो निम्नलिखित व्यंजक का मान क्या होगा?

$$25 + 5 \times 10 \div 2 - 15$$

(a) 10 (b) 0 (c) 5 (d) 15

5. यदि '×' का अर्थ '÷', '–' का अर्थ '×', '÷' का अर्थ '+' और '+' का अर्थ '–' हो, तो $(3 - 15 \div 11) \times 8 + 6$ का मान होगा

(a) 1 (b) 4
(c) 0 (d) 8

6. चिह्नों के किस अदल-बदल से निम्नलिखित समीकरण सही हो जाएगी?

$$30 - 6 \div 4 + 2 \times 3 = 7$$

(a) + और × (b) – और +
(c) – और ÷ (d) + और –

7. निम्नलिखित प्रश्नों में आपको निम्नलिखित प्रतीकों के अनुसार दिए गए विकल्पों में से सही उत्तर चुनना है 12 3 4 8 = 0

(a) – + + (b) ÷ + ÷
(c) – – – (d) ÷ + –

8. गणित की एक काल्पनिक संक्रिया में '–' से भाग का अभिप्राय हो, '+' का अर्थ गुणा करना हो, '÷' का अर्थ घटाना हो और '×' का अर्थ जोड़ना हो, तो नीचे दिए गए समीकरणों में से कौन-सा सही है?

(a) $6 \div 20 \times 12 + 7 - 1 = 70$
(b) $6 + 20 - 12 \div 7 \times 1 = 62$
(c) $6 - 20 \div 12 \times 7 + 1 = 57$
(d) $6 + 20 - 12 \div 7 - 1 = 38$

प्रतीकात्मक संक्रियाओं पर आधारित

9. यदि T का अर्थ है '×', U का अर्थ है '–', V का अर्थ है '÷' और W का अर्थ है '+', तो निम्नलिखित व्यंजक का मान क्या होगा?

(50 V 2) W (28 T 4)

(a) 142 (b) 152 (c) 137 (d) 163

10. यदि □ = 12, Δ = 15, ⬠ = 6,  = 4, ○ = 3, तो प्रतीक में उत्तर लिखिए
Δ + ○ – □ = ?

(a)  (b) ⬠
(c) △ (d) ○

11. कुछ प्रतीकों को अक्षरों द्वारा नीचे दर्शाया गया है

+ – × ÷ = > <
B G E C D A F

चार विकल्पों से केवल एक अभिव्यक्ति में ही सही सम्बन्ध है। उसको पहचानिए

(a) 18F 3B 6E 8G 4E 12
(b) 18C 3G 6B 8B 4D 12
(c) 18A 3E 6B 8G 4B 12
(d) 18C 3D 6B 8C 4G 12

12. यदि A का अर्थ '×', D से अभिप्राय है '+' और G द्योतक है '–' का, तो 7A4D4A3G2 का मान ज्ञात करें

(a) 28 (b) 38
(c) 44 (d) 48

13. यदि 'a' का अर्थ है '÷', 'b' का अर्थ है '+', 'c' से अभिप्राय है '–' और 'd' द्योतित करता है '×', तो 24a6d4b9c8 = ?

(a) 2 (b) 17
(c) 34 (d) 19

14. यदि L = +, M = –, N = ×, P = ÷, तो 5 N 5 P 5 L 5 M 5 = ?

(a) 0 (b) 5
(c) 10 (d) 15

ट्रिक पर आधारित

निर्देश (प्र. सं. 15-22) *किसी प्रणाली के आधार पर कुछ समीकरण हल किए गए हैं। विकल्प के रूप में दिए गए चार उत्तरों में से प्रत्येक प्रश्न के हल न किए गए समीकरण का उचित उत्तर खोजिए।*

15. $3 + 8 - 4 = 6$, $4 + 6 - 8 = 3$, $2 + 8 - 8 = 2$, $5 + 8 - 4 = ?$

(a) 8 (b) 9
(c) 10 (d) 11

16. $8 \times 8 = 72$, $6 \times 6 = 42$, $7 \times 7 = 56$
$5 \times 5 = ?$

(a) 25 (b) 20
(c) 30 (d) 10

17. $4 \times 6 \times 2 = 351$, $3 \times 9 \times 8 = 287$, $9 \times 5 \times 6 = ?$

(a) 270 (b) 845 (c) 596 (d) 659

18. $7 \times 6 \times 9 = 976$, $5 \times 9 \times 4 = 459$, $6 \times 3 \times 8 = ?$

(a) 638 (b) 368 (c) 144 (d) 863

19. यदि $2 = 0, 3 = 3, 4 = 6, 5 = 9$ हो, तो $7 = ?$

(a) 16 (b) 12
(c) 18 (d) 15

20. $5 \times 6 \times 3 = 356$, $1 \times 0 \times 5 = 510$, $5 \times 6 \times 7 = ?$

(a) 567 (b) 657
(c) 210 (d) 756

21. $5 \times 6 \times 9 = 659$, $4 \times 7 \times 3 = 743$, $9 \times 2 \times 8 = ?$

(a) 928 (b) 298
(c) 982 (d) 829

22. $7 \times 4 \times 8 = 4498$, $3 \times 6 \times 5 = 695$, $5 \times 9 \times 4 = ?$

(a) 9254 (b) 9144
(c) 954 (d) 949

उत्तरमाला

1 *(b)*	2 *(d)*	3 *(a)*	4 *(b)*	5 *(a)*
6 *(c)*	7 *(d)*	8 *(a)*	9 *(c)*	10 *(b)*
11 *(b)*	12 *(b)*	13 *(b)*	14 *(b)*	15 *(c)*
16 *(c)*	17 *(b)*	18 *(d)*	19 *(d)*	20 *(d)*
21 *(b)*	22 *(a)*			

संकेत एवं हल

1. (b) $12 + 6 + 3 - 2 \times 8$

प्रश्नानुसार, चिह्नों को परिवर्तित करने पर,

$$= 12 \div 6 \div 3 \times 2 + 8$$
$$= 12 \times \frac{1}{6} \times \frac{1}{3} \times 2 + 8$$
$$= \frac{4}{3} + 8 = \frac{28}{3} = 9\frac{1}{3}$$

2. (d) $15 \times 5 \div 10 + 5 - 3$

प्रश्नानुसार, गणितीय चिह्न बदलने पर,

$$15 \div 5 + 10 - 5 \times 3$$
$$= 3 + 10 - 15$$
$$\therefore \quad ? = 13 - 15 = -2$$

3. (a) $20 \div 40 - 4 \times 5 + 6$

प्रश्नानुसार, चिह्नों को परिवर्तित करने पर,

$$= 20 + 40 \div 4 - 5 \times 6$$
$$= 20 + 10 - 30 = 0$$

4. (b) $25 + 5 \times 10 \div 2 - 15$

प्रश्नानुसार, चिह्नों को परिवर्तित करने पर,

$$= 25 \div 5 - 10 \times 2 + 15$$
$$= 5 - 20 + 15 = 0$$

5. (a) $(3 - 15 \div 11) \times 8 + 6$

प्रश्नानुसार, चिह्नों को परिवर्तित करने पर,

$$= (3 \times 15 + 11) \div 8 - 6$$
$$= 56 \div 8 - 6 = 7 - 6 = 1$$

6. (c) विकल्प (c) से,

$$30 \div 6 - 4 + 2 \times 3 = 7$$
$$\Rightarrow \quad 5 - 4 + 6 = 7$$
$$\Rightarrow \quad 7 = 7$$

7. (d)दिया है; 12 3 4 8 = 0

विकल्प (d) से,

$$\Rightarrow \quad 12 \div 3 + 4 - 8 = 0$$
$$\Rightarrow \quad 4 + 4 - 8 = 0$$

8. (a) विकल्प (a) से,

$$\Rightarrow \quad 6 \div 20 \times 12 + 7 - 1 = 70$$

प्रश्नानुसार, गणितीय चिह्नों को परिवर्तित करने पर,

$$6 - 20 + 12 \times 7 \div 1 = 70$$
$$\Rightarrow \quad 6 - 20 + 12 \times 7 = 70$$
$$\Rightarrow \quad 6 - 20 + 84 = 70$$
$$\Rightarrow \quad 90 - 20 = 70$$
$$\Rightarrow \quad 70 = 70$$

9. (c) प्रश्नानुसार,

T ⇒ ×	U ⇒ −
V ⇒ ÷	W ⇒ +

(50 V 2) W (28 T 4)

$$= (50 \div 2) + (28 \times 4)$$
$$= 25 + 112 = 137$$

10. (b) Δ + ◯ − □ ⇒ 15 + 3 − 12

= 18 − 12 = 6 = ⬠

11. (b) विकल्प (b) में प्रश्नानुसार चिह्नों को रखने पर,

$$18 \div 3 - 6 + 8 + 4 = 12$$
$$\Rightarrow \quad 6 - 6 + 8 + 4 = 12$$
$$\Rightarrow \quad 12 = 12$$

12. (b) 7 A 4 D 4 A 3 G 2 = ?

प्रश्नानुसार, अक्षरों को गणितीय चिह्नों में बदलने पर,

$$7 \times 4 + 4 \times 3 - 2 = ?$$
$$\therefore \quad ? = 28 + 12 - 2 = 40 - 2 = 38$$

13. (b) 24 a 6 d 4 b 9 c 8 = ?

प्रश्नानुसार, अक्षरों को गणितीय चिह्नों में बदलने पर,

$$24 \div 6 \times 4 + 9 - 8 = ?$$
$$4 \times 4 + 9 - 8 = ?$$
$$\therefore \quad ? = 16 + 9 - 8 = 25 - 8 = 17$$

14. (b) ? = 5 N 5 P 5 L 5 M 5

प्रश्नानुसार, अक्षरों को गणितीय चिह्नों में बदलने पर,

$$? = 5 \times 5 \div 5 + 5 - 5 = 5 \times 1 + 5 - 5$$
$$= 5 + 5 - 5 = 10 - 5 = 5$$

15. (c) जिस प्रकार, 3 + 8 − 4

$$\Rightarrow (3 \times 8) \div 4 = 24 \div 4 = 6;$$
$$4 + 6 - 8 \Rightarrow (4 \times 6) \div 8$$
$$= 24 \div 8 = 3$$

तथा 2 + 8 − 8

$$\Rightarrow (2 \times 8) \div 8 = 16 \div 8 = 2$$

उसी प्रकार, 5 + 8 − 4

$$\Rightarrow (5 \times 8) \div 4 = 40 \div 4 = \boxed{10}$$

अतः ? = 10

16. (c) जिस प्रकार,

$$8 \times 8 = 64 \Rightarrow 64 + 8 = 72$$
$$6 \times 6 = 36 \Rightarrow 36 + 6 = 42$$

तथा $7 \times 7 = 49 \Rightarrow 49 + 7 = 56$

उसी प्रकार, $5 \times 5 = 25 \Rightarrow 25 + 5 = \boxed{30}$

अतः $? = \boxed{30}$

17. (b) जिस प्रकार,

4 × 6 × 2 तथा 3 × 9 × 8

(प्रत्येक −1)

3 5 1 2 8 7

उसी प्रकार, 9 × 5 × 6

(प्रत्येक −1)

8 4 5

अतः ? = 845

18. (d) जिस प्रकार,

7 × 6 × 9 तथा 5 × 9 × 4

9 7 6 4 5 9

उसी प्रकार,

6 × 3 × 8

8 6 3

अतः ? = 863

19. (d) प्रश्नानुसार,

2 3 4 5 6 7

↓ ↓ ↓ ↓ ↓ ↓

0 3 6 9 12 15

+3 +3 +3 +3 +3

20. (d) जिस प्रकार,

5 × 6 × 3 = 356

तथा

1 × 0 × 5 = 510

उसी प्रकार,

5 × 6 × 7 = 756

21. (b) जिस प्रकार,

5 × 6 × 9 ⟶ 6 5 9

तथा

4 × 7 × 3 ⟶ 7 4 3

उसी प्रकार,

9 × 2 × 8 ⟶ 2 9 8

22. (a) जिस प्रकार,

7 × 4 × 8 ⟶ 4 49 8 ($(7)^2$)

तथा

3 × 6 × 5 ⟶ 6 9 5 ($(3)^2$)

उसी प्रकार,

5 × 9 × 4 ⟶ 9 25 4 ($(5)^2$)

09 अंकगणितीय तर्क
Arithmetical Reason

गणितीय तर्कशक्ति के अन्तर्गत जो प्रश्न पूछे जाते हैं, वे गणितीय नियमों पर ही आधारित होते हैं, जिनका मुख्य उद्देश्य परीक्षार्थियों की सामान्य बौद्धिक क्षमता तथा तार्किक क्षमता का आकलन करना होता है।

गणितीय तर्कशक्ति पर आधारित प्रश्नों को हल करने के लिए गणितीय योग्यता के साथ-साथ तार्किक क्षमता तथा बौद्धिक और व्यवहारिक ज्ञान की भी आवश्यकता होती है। अभ्यर्थियों की गणितीय संकल्पनाओं व नियमों की जानकारी इस प्रकार के प्रश्नों को हल करने में अहम् भूमिका निभाती है।

इस प्रकार के प्रश्नों को निम्नलिखित उदाहरणों द्वारा समझाया गया है। अतः छात्र इन उदाहरणों का ध्यानपूर्वक अध्ययन करें।

उदाहरण 1 कितनी बत्तखें कम-से-कम संख्या में फॉर्मेशन बनाकर तैर सकती हैं, यदि एक बत्तख के आगे दो बत्तखें हैं और एक बत्तख के पीछे दो बत्तखें हैं और दो बत्तखों के बीच में एक बत्तख हो?

(a) तीन (b) चार (c) पाँच (d) छः

हल *(a)* प्रश्नानुसार,

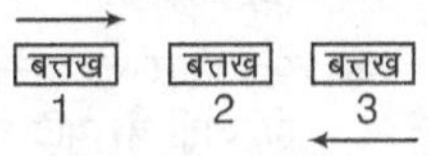

यहाँ बत्तख 1 के पीछे दो बत्तखे हैं तथा बत्तख 3 के आगे दो बत्तख हैं और बत्तख 1 व 3 के बीच में एक बत्तख (बत्तख 2) है।

उदाहरण 2 कितने समय में एक बन्दर 60 फीट लम्बे पेड़ के शीर्ष पर पहुँच जाएगा, यदि वह एक सेकण्ड में 3 फीट उछलता है और तुरन्त 2 फीट फिसल जाता है?

(a) 60 सेकण्ड (b) 50 सेकण्ड
(c) 58 सेकण्ड (d) 57 सेकण्ड

हल *(c)* पेड़ की कुल लम्बाई = 60 फीट

बन्दर पहले सेकण्ड में 3 फीट ऊपर जाता है एवं 2 फीट नीचे फिसल जाता है

अर्थात् 1 सेकण्ड में वह केवल $3-2=1$ फीट ही ऊपर चढ़ पाता है।

$\because$ बन्दर 1 फीट ऊपर चढ़ता है = 1 सेकण्ड में

$\therefore$ 57 फीट चढ़ेगा = 57 सेकण्ड में

तथा शेष 3 फीट वह अगले सेकण्ड में चढ़ेगा।

अतः बन्दर द्वारा पेड़ पर चढ़ने में लिया गया कुल समय $= 57+1=58$ सेकण्ड

उदाहरण 3 उन व्यक्तियों की संख्या कितनी है, जो कोई भी खेल नहीं खेलते?

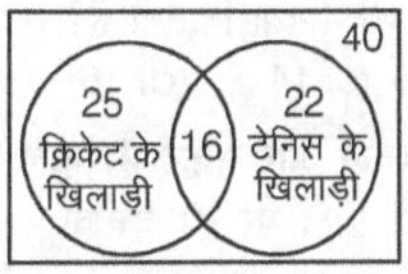

(a) 9 (b) 24 (c) 18 (d) 15

हल *(a)* कोई-न-कोई खेल खेलने वाले व्यक्तियों की संख्या

$= 25+22-16=31$

$\therefore$ कोई भी खेल न खेलने वाले व्यक्तियों की संख्या $= 40-31=9$

अभ्यास प्रश्न

1. एक परीक्षा में 5 छात्र A, B, C, D और E उपस्थित हुए। यदि C को B से 5 अंक कम मिले, D को B से 10 अंक अधिक मिले और A से 20 अंक कम मिले एवं E को B से 22 अंक अधिक मिले हों और B को कुल 40 अंक मिले हों, तो A को कितने अंक मिले?

(a) 52 (b) 60
(c) 64 (d) 70

2. 50 छात्रों की एक कक्षा में 18 ने संगीत लिया है, 26 ने कला तथा 2 ने कला और संगीत दोनों लिए हैं। कक्षा में कितने छात्रों ने न संगीत और न कला लिया है?

(a) 6 (b) 8 (c) 16 (d) 24

3. एक पिता ने अपने पुत्र के जन्म दिवस पर कुछ लड़के व लड़कियों को बुलाया। लड़कों की संख्या लड़कियों से 2 कम थी। पिता ने सभी लड़कों को ₹ 10 और सभी लड़कियों को ₹ 20 उपहारस्वरूप दिए। यदि कुल ₹ 280 खर्च हुए, तो लड़कों की संख्या बताओ।

(a) 8 (b) 10 (c) 12 (d) 14

4. किसी कक्षा की 50 लड़कियों और 70 लड़कों ने मिलकर एक संगीत कार्यक्रम का आयोजन किया। यदि 40% लड़कियों तथा 50% लड़कों ने इसमें भाग लिया, तो लगभग कितने प्रतिशत लोगों ने भाग लिया?

(a) 48% (b) 42%
(c) 44% (d) 46%

5. 60 परिवारों में से 30% परिवारों के पास अपनी-अपनी कार हैं। शेष परिवारों के 50% परिवारों के पास अपनी-अपनी मोटरसाइकिल है। शेष परिवारों में प्रत्येक के पास अपनी साइकिल है। कितने परिवारों के पास अपनी साइकिल है?

(a) 12 (b) 21 (c) 18 (d) 42

6. एक खुदरा दुकान में, 54 अलमारियाँ थीं। प्रत्येक अलमारी में 28 रैक बने थे। प्रत्येक रैक में 10 बॉक्स रखे थे। प्रत्येक बॉक्स में 4 कमीजें रखी थीं। एक दिन 500 बॉक्स बेचे गए और 250 खरीदे गए। उस दिन कितनी कमीजें थीं?

(a) 60380 (b) 59360
(c) 59580 (d) 59480

7. रमेश को कुछ आम मिले, जिनमें पके हुए आमों की संख्या, कच्चे आमों से तीन गुनी थी। यदि उसे कुल 68 आम मिले, तो उनमें से कितने कच्चे थे?
(a) 17 (b) 16 (c) 34 (d) 18

8. एक मशीन जो एक फीते को 10 मी के टुकड़ों में काटती है, उसे एक बार काटने में 6 सेकण्ड लगते हैं। उसे 3 किमी लम्बा फीता पूरी तरह से टुकड़ों में काटने में कितना समय लगेगा?
(a) 174 सेकण्ड (b) 180 सेकण्ड
(c) 1794 सेकण्ड (d) 1800 सेकण्ड

9. एक सन्तरे की कीमत ₹ 7 है और एक तरबूज की कीमत ₹ 5 है। श्याम ने दोनों फल ₹ 38 में खरीदे। उसके द्वारा खरीदे गए सन्तरों की संख्या क्या है?
(a) 2 (b) 3 (c) 4 (d) 5

10. कुछ घोड़े और उतनी ही संख्या में आदमी कहीं जा रहे हैं। आधे आदमी अपने घोड़े पर बैठे हैं, जबकि शेष आदमी अपने घोड़े का नेतृत्व करते हुए पैदल चल रहे हैं। यदि जमीन पर चल रहे पैरों की संख्या 70 हो, तो बताइए कि घोड़ों की संख्या कितनी है?
(a) 10 (b) 12 (c) 14 (d) 16

11. एक मैदान में कुछ बत्तख और बकरे हैं। कुल मिलाकर 77 सिर और 224 पैर हैं। बत्तखों की संख्या कितनी है?
(a) 42 (b) 30
(c) 32 (d) 47

12. एक ईंट के भट्टे में 100 ईंटें थी। तापन प्रक्रिया में उनमें से 1/4 दो टुकड़ों में टूट गई थी और 1/5 के तीन टुकड़े हो गए थे। कितनी पूरी (अखण्डित) ईंटें शेष बचीं?
(a) 40 (b) 45
(c) 55 (d) 56

13. तरुण की आयु एक पूर्णांक संख्या का घन है। दो वर्ष पूर्व यह एक अन्य पूर्णांक का वर्ग था। तरुण को कितने वर्ष प्रतीक्षा करनी होगी जब उसकी आयु फिर किसी पूर्णांक का घन हो जाए?
(a) 2 वर्ष (b) 10 वर्ष
(c) 37 वर्ष (d) 39 वर्ष

14. एक बन्दर 12 मी ऊँचे चिकने खम्भे पर चढ़ता है। वह पहले मिनट में 2 मी चढ़ता है और अगले मिनट में 1 मी नीचे फिसल जाता है। आगे भी इसी प्रकार का क्रम जारी रहे, तो वह कितने मिनट में खम्भे के शीर्ष पर पहुँच जाएगा?
(a) 21 (b) 15
(c) 10 (d) 20

15. दो सन्तरे, तीन केले व चार सेब की कीमत ₹ 15 है। तीन सन्तरे, दो केले व एक सेब ₹ 10 में मिलते हैं। अमित 3 सन्तरे, 3 केले व 3 सेब की कितनी कीमत चुकाएगा?
(a) ₹ 10
(b) ₹ 15
(c) ₹ 8
(d) कीमत पता नहीं की जा सकती

16. पिता अपने पुत्र से कहता है कि जब तुम पैदा हुए थे मैं तुम्हारी आयु का था। यदि पिता की आयु अब 36 वर्ष है।, 5 वर्ष पूर्व पुत्र की आयु क्या था ?
(a) 13 वर्ष (b) 15 वर्ष
(c) 17 वर्ष (d) 20 वर्ष

17. मेरी माता की आयु मुझसे दोगुनी है और वह आयु मेरे भाई से 20 वर्ष बड़ी है। जब मैं पैदा हुआ था, तब मेरा भाई 5 वर्ष का था। मेरी बहन मेरी माता से 24 वर्ष छोटी है। मेरी बहन मुझसे ………… है।
(a) 1 वर्ष छोटी (b) 2 वर्ष छोटी
(c) 1 वर्ष बड़ी (d) 2 वर्ष बड़ी

18. एक पुष्प विक्रेता के पास 133 गुलाब थे। उसने उसमें से 5/7 बेच दिए । उसके बाद कितने गुलाब शेष बचे ?
(a) 58 (b) 57 (c) 19 (d) 38

19. 20 लोगों के एक समूह में 8 लोग हिन्दी पढ़ते हैं, 11 लोग अंग्रेजी पढ़ते हैं, जबकि 5 लोग इन दोनों में से कुछ नहीं पढ़ते। उनमें से कितने लोग हिन्दी और अंग्रेजी दोनों पढ़ते हैं?
(a) 8 (b) 6
(c) 4 (d) 2

20. एक प्लेटफॉर्म पर एक 225 मी. लम्बी रेलगाड़ी 'A' रुक जाती है जिससे 375 मी. लम्बी रेलगाड़ी 'B' निकल जाए। रेलगाड़ी 'B' की गति 90 किमी/घण्टा है। रेलगाड़ी 'B' को रेलगाड़ी 'A' को पूर्ण रूप से पार करने में कितना समय लगेगा?
(a) 6.67 सेकण्ड
(b) 9 सेकण्ड
(c) 2.5 सेकण्ड
(d) 24 सेकण्ड

21. एक पुस्तक में 300 पृष्ठ हैं और प्रत्येक पृष्ठ पर 10-10 शब्दों की 20 पंक्तियाँ हैं। पुस्तक में कुल कितने शब्द है?
(a) 6000
(b) 60000
(c) 66000
(d) 600000

22. एक शहर की जनसंख्या हर 7 वर्ष में दोगुनी हो जाती हैं। यदि वर्ष 2009 में जनसंख्या 12483 थी, तो किस वर्ष तक जनसंख्या में 49932 हो जाएगी?
(a) 2016 (b) 2023
(c) 2030 (d) 2037

उत्तरमाला

1 *(d)*	2 *(b)*	3 *(a)*	4 *(d)*	5 *(b)*
6 *(d)*	7 *(a)*	8 *(c)*	9 *(c)*	10 *(c)*
11 *(a)*	12 *(c)*	13 *(c)*	14 *(a)*	15 *(b)*
16 *(a)*	17 *(c)*	18 *(d)*	19 *(c)*	20 *(d)*
21 *(b)*	22 *(b)*			

संकेत एवं हल

1. (d) प्रश्नानुसार, B = 40
∴ E = 40 + 22 = 62, D = 40 + 10 = 50
A = 50 + 20 = 70, C = 40 − 5 = 35
अतः A को मिले अंक = 70

2. (b) कुल छात्रों की संख्या = 50

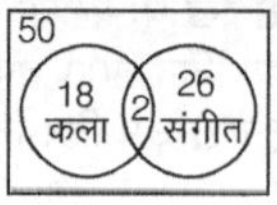

कक्षा में न तो संगीत और न ही कला लेने वाले छात्रों की संख्या = 50 − (18 + 26 − 2)
= 50 − 42 = 8

3. (a) माना लड़कों की संख्या = x
तब, लड़कियों की संख्या = $x + 2$
$\therefore x \times 10 + (x+2) \times 20 = 280$
$\Rightarrow \quad 10x + 20x + 40 = 280$
$\Rightarrow \quad 30x = 240 \Rightarrow x = 8$

4. (d) लड़कों और लड़कियों की कुल संख्या
= 50 + 70 = 120
लड़कियों की संख्या, जिन्होंने संगीत कार्यक्रम में भाग लिया, वह 40%
अर्थात् $\frac{2}{5} = 50 \times \frac{2}{5} = 20$
लड़कों की संख्या, जिन्होंने संगीत कार्यक्रम में भाग लिया वह 50% अर्थात् $\frac{1}{2} = 70 \times \frac{1}{2} = 35$

संगीत कार्यक्रम में भाग लेने वालों की कुल संख्या

$= 35 + 20 = 55$

संगीत कार्यक्रम में भाग लेने वालों का प्रतिशत

$= \frac{55}{120} \times 100\% = \frac{275}{6}$

$= 46.8\% \simeq 46\%$

5. (b) कार वाले परिवारों की संख्या

$= 60$ का $30\% = 18$

शेष परिवारों की संख्या $= 60 - 18 = 42$

$\therefore$ मोटरसाइकिल वाले परिवारों की संख्या

$= 42$ का $50\% = 21$

$\therefore$ साइकिल वाले परिवारों की संख्या

$= 42 - 21 = 21$

6. (d) कुल कमीजों की संख्या

$= 54 \times 28 \times 10 \times 4 = 60480$

बेचे गए बॉक्स $= 500$

खरीदे गए बॉक्स $= 250$

अतः 250 बॉक्स कम हुए।

$\therefore$ 250 बॉक्स में कमीजों की संख्या

$= 250 \times 4 = 1000$

अतः उस दिन कुल कमीजों की संख्या

$= 60480 - 1000 = 59480$

7. (a) माना कच्चे आमों की संख्या $= x$

तथा पके हुए आमों की संख्या $= 3x$

प्रश्नानुसार, $x + 3x = 68$

$\Rightarrow \quad 4x = 68$

$\Rightarrow \quad x = 17$

8. (c) हम जानते हैं कि, 1 किमी $= 1000$ मी

$\therefore$ मशीन को 10 मी फीता काटने में लगा समय

$= 6$ सेकण्ड

$\therefore$ 3000 मी या 3 किमी फीता काटने में लगा समय

$= \frac{3000}{10} \times 6$

$= 1800$ सेकण्ड

चूँकि जब अन्त में 20 मी फीता बचेगा, तो मशीन का इस्तेमाल एक बार ही करना होगा।

अतः अभीष्ट समय $= 1800 - 6$

$= 1794$ सेकण्ड

9. (c) 1 सन्तरे की कीमत $=$ ₹ 7

तथा 1 तरबूज की कीमत $=$ ₹ 5

$\therefore \quad$ ₹ $7 \times 4 +$ ₹ $5 \times 2 =$ ₹ 38

$\Rightarrow \quad$ ₹ 28 + ₹ 10 = ₹ 38

अतः खरीदे गए सन्तरों की संख्या 4 है।

10. (c) माना घोड़ों की संख्या $= x$

तथा पैदल चले रहें आदमियों की संख्या $= x/2$

चूँकि घोड़े के 4 पैर तथा आदमी के 2 पैर होते हैं।

प्रश्नानुसार, $\frac{x}{2} \times 2 + x \times 4 = 70$

$\Rightarrow \quad x + 4x = 70$

$\Rightarrow \quad 5x = 70$

$\therefore \quad x = 14$

अतः घोड़ों की संख्या 14 है।

11. (a) माना बत्तखों की संख्या $= x$

तथा बकरों की संख्या $= y$

चूँकि बत्तखों के दो पैर तथा बकरे के चार पैर होते हैं।

प्रश्नानुसार, $\quad x + y = 77 \quad$ ...(i)

तथा $\quad 2x + 4y = 224 \quad$ ...(ii)

समी (i) को 2 से गुणा करने पर,

$2x + 2y = 154 \quad$ ...(iii)

समी (ii) तथा (iii) को हल करने पर,

$x = 42$ तथा $y = 35$

अतः बत्तखों की संख्या $= 42$

12. (c) प्रश्नानुसार, अखण्डित ईंटों की संख्या

$= 100 - \left(100 \times \frac{1}{4} + 100 \times \frac{1}{5}\right)$

$= 100 - 45 = 55$

13. (c) माना तरुण की वर्तमान आयु 27 वर्ष है।

$\therefore$ दो वर्ष पूर्व तरुण की आयु $= 25$ वर्ष

$\therefore$ 3 से अगली संख्या 4 का घन $= 64$

$\therefore$ अभीष्ट उत्तर $= 64 - 27 = 37$ वर्ष

14. (a) खम्भे की ऊँचाई $= 12$ मी, बन्दर पहले मिनट में 2 मी ऊपर जाता है एवं दूसरे मिनट में 1 मी नीचे फिसल जाता है अर्थात् 2 मिनट में वह केवल $2 - 1 = 1$ मी ही ऊपर चढ़ पाता है।

चूँकि बन्दर 2 मिनट में 1 मी ऊपर चढ़ता है।

$\therefore$ बन्दर, $12 - 2 = 10$ मी ऊपर $10 \times 2 = 20$ मिनट में चढ़ेगा तथा शेष

2 मी वह अगले मिनट में चढ़ जाएगा।

अतः अभीष्ट समय $= 20 + 1 = 21$ मिनट

15. (b) प्रश्नानुसार,

2 सन्तरे + 3 केले + 4 सेब $= 15 \quad$ ...(i)

3 सन्तरे + 2 केले + 1 सेब $= 10 \quad$ ...(ii)

समी (i) व (ii) को जोड़ने पर,

5 सन्तरे + 5 केले + 5 सेब $= 25$

1 सन्तरा + 1 केला + 1 सेब $= 5 \quad$ ...(iii)

समी (iii) में 3 से गुणा करने पर,

3 सन्तरे + 3 केले + 3 सेब $= 15$

अतः 3 सन्तरे, 3 केले तथा 3 सेब की कीमत ₹ 15 होगी।

16 (a) माना पुत्र की वर्तमान आयु $= x$ वर्ष

तब, पुत्र के पैदा होने पर पिता की आयु $= x$ वर्ष

अतः पिता अपनु पुत्र से x वर्ष बड़ा हुआ।

अर्थात् पिता तथा पुत्र में x वर्ष का अन्तर हुआ।

$\therefore$ पुत्र की वर्तमान आयु + पिता तथा पुत्र की आयु में अन्तर = पिता की वर्तमान आयु

$\Rightarrow \quad x + x = 36$

$\Rightarrow \quad 2x = 36$

$\Rightarrow \quad x = \frac{36}{2} = 18$

$\Rightarrow \quad x = 18$ वर्ष

अतः पुत्र की वर्तमान आयु $= 18$ वर्ष

अब, पुत्र की 5 वर्ष पहले आयु

$= (18 - 5)$ वर्ष $= 13$ वर्ष

17. (c) माना मेरी आयु $= x$ वर्ष

$\therefore$ मेरे भाई की आयु $= (x + 5)$ वर्ष

$\therefore$ मेरी माता की आयु $= (x + 5 + 20)$ वर्ष

$= (x + 25)$ वर्ष

प्रश्नानुसार, $\quad 2x = x + 25$

$x = 25 =$ मेरी आयु

$\therefore$ मेरी माता की आयु $= 50$ वर्ष

$\therefore$ मेरी बहन की आयु $= 50 - 24$ वर्ष

$= 26$ वर्ष

अतः मेरी बहन मुझसे 1 वर्ष बड़ी है।

18. (d) पुष्प विक्रेता के पास बचे गुलाब

$= 133$ का $\left(1 - \frac{5}{7}\right)$

$= 133 \times \frac{2}{7} = 19 \times 2 = 38$

19. (c) यहाँ,

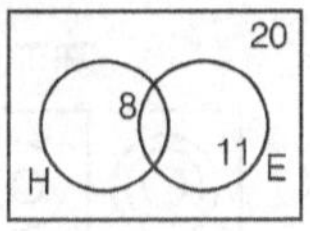

$= 8 + 11 - (20 - 5) = 19 - 15 = 4$

अतः हिन्दी व अंग्रेजी पढ़ने वालों की संख्या $= 4$

20. (d) रेलगाड़ी 'B' द्वारा चली गई कुल दूरी

$= 225 + 375 = 600$ मी.

$\because$ रेलगाड़ी 'B' की चाल $= 90$ किमी/घण्टा

$= \frac{90 \times 5}{18}$ मी/से $= 25$ मी/से

$\therefore$ रेलगाड़ी 'B' को रेलगाड़ी 'A' को पूर्ण रूप से पार करने में लगा

अभीष्ट समय $= \frac{600}{25} = 24$ सेकण्ड

21. (b) अभीष्ट शब्दों की संख्या

$= 300 \times 10 \times 20 = 60000$

22. (b) वर्ष 2016 में शहर की जनसंख्या

$= 12483 \times 2 = 24966$

वर्ष 2023 में, शहर की जनसंख्या

$= 24966 \times 2 = 49932$

10 वेन आरेख
Venn Diagram

किन्हीं दो या दो से अधिक वस्तुओं/व्यक्तियों के समुच्चयिक गुणों के आधार पर ज्यामितीय आकृतियों द्वारा उनके मध्य सम्बन्ध स्थापित करने का माध्यम 'वेन आरेख' कहलाता है। इस अध्याय के प्रश्नों का उद्देश्य परीक्षार्थियों से निश्चित वर्गों को समझने तथा उसके चित्रात्मक व्याख्या करने की क्षमता की जाँच करना होता है। प्राय: वेन आरेख से सम्बन्धित निम्न दो प्रकार के प्रश्न पूछे जाते हैं

1. आरेखों के माध्यम से दी गई वस्तुओं के समूहों को वर्गीकृत करना।
2. संख्याओं या अक्षरों के माध्यम से एक मिश्रित आरेख में किसी विशेष वर्ग को वर्गीकृत करना।

आरेखों के माध्यम से समूहों को वर्गीकृत करना

इसके अन्तर्गत पूछे जाने वाले प्रश्नों में सर्वप्रथम कुछ वस्तुओं के समूह दिए जाते हैं तथा इनके नीचे कुछ आरेख दिए होते हैं। परीक्षार्थियों को, इन आरेखों के माध्यम से उस आरेख को ज्ञात करना होता है, जो प्रश्न में दी गई वस्तुओं के समूह को पूर्ण एवं सही तौर पर वर्गीकृत करता है या उनके बीच के सम्बन्ध को निरूपित करता है।

उदाहरण 1 वह आरेख चुनिए जो नीचे दिए गए वर्गों के बीच के सम्बन्ध का सही निरूपण करता है।

सोना, गहना, चाँदी

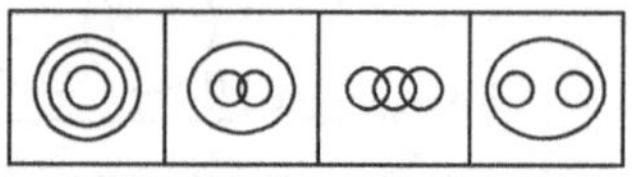

(a) (b) (c) (d)

हल *(c)* प्रश्नानुसार,

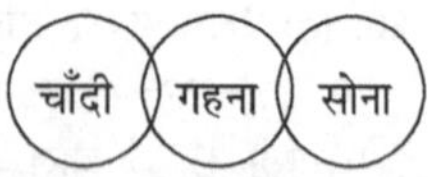

कुछ गहने सोने के और कुछ चाँदी के बने होते हैं। परन्तु चाँदी और सोना दोनो अलग-अलग धातुएँ हैं।

संख्याओं या अक्षरों के माध्यम से एक मिश्रित आरेख में किसी विशेष वर्ग को वर्गीकृत करना

इसके अन्तर्गत पूछे जाने वाले प्रश्नों में एक-दूसरे से संयुक्त कुछ आरेख दिए जाते हैं, प्रत्येक आरेख अलग-अलग वर्ग के द्योतक होते हैं। जिनमें अन्दर विभिन्न स्थानों पर भिन्न-भिन्न संख्याओं अथवा अक्षरों को निरूपित किया गया होता है। परीक्षार्थियों को उन्हीं आरेख या उसके अन्दर दी गई संख्याओं के माध्यम से किसी विशेष वर्ग में आने वाली वस्तुओं की संख्या अथवा वस्तुओं को प्रश्नानुसार ज्ञात करना होता है।

उदाहरण 2 निम्नलिखित आकृति में, वर्ग वकीलों को दर्शाता है, त्रिभुज साइकिल चालकों को दर्शाता है, वृत्त पुरुषों को दर्शाता है और आयत स्नातकोत्तर को दर्शाता है। अक्षरों का कौन-सा समूह पुरुषों को दर्शाता है, जो साइकिल चालक नहीं हैं?

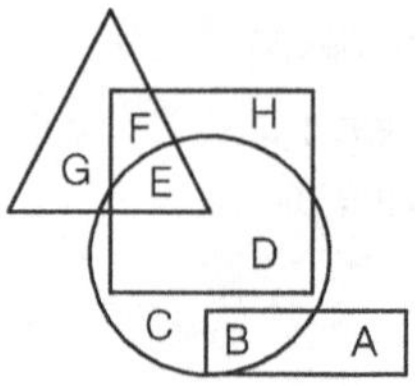

(a) B, C, D
(b) E
(c) G, F
(d) G, F, H, A

हल *(a)* अक्षर-समूह B, C तथा D ऐसे पुरुषों को दर्शाते हैं, जो कि साइकिल चालक नहीं हैं।

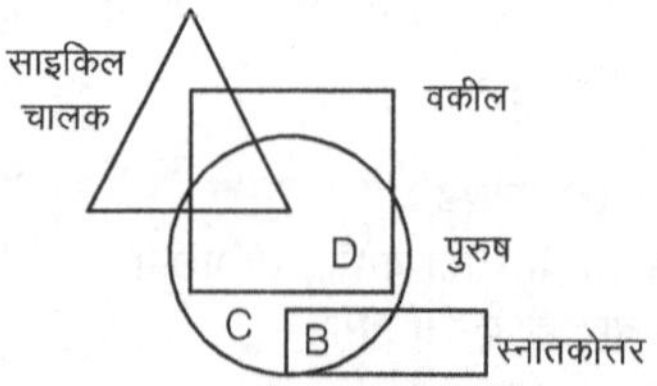

अभ्यास प्रश्न

आरेखों द्वारा दी गई वस्तुओं में समूहों को वर्गीकृत करना

1. निम्नांकित आरेखों में से किसके द्वारा स्तनधारियों, गायों और कौवों को प्रदर्शित किया गया है?

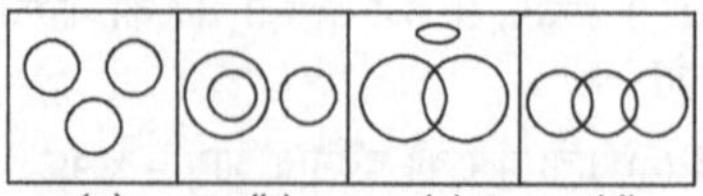

(a) (b) (c) (d)

2. निम्नलिखित आकृतियों में से कौन-सी आकृति उपाधि छात्रों, कला-स्नातक छात्रों और विज्ञान स्नातक छात्रों के सम्बन्ध को सूचित करती है?

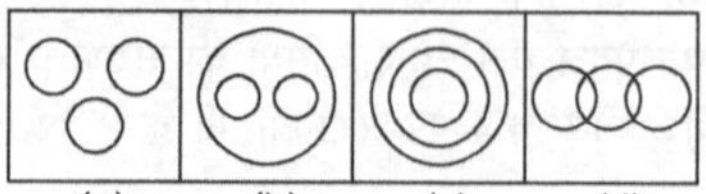

(a) (b) (c) (d)

3. निम्नलिखित में से कौन-सी आकृति काली आँखों वाले, भूरे बालों वाले तथा भारतीय प्रदर्शित करती है?

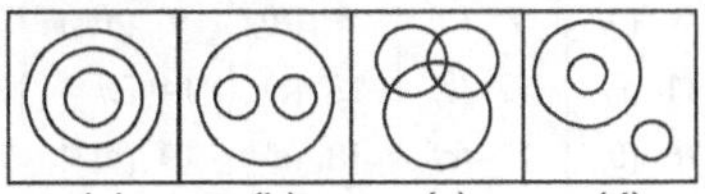

(a) (b) (c) (d)

4. निम्नांकित में किस रेखाकृति द्वारा ग्राम, जिला और राज्य को निरूपित किया गया है?

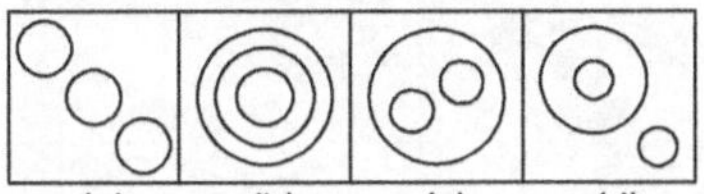

(a) (b) (c) (d)

5. निम्नलिखित में से कौन-सी आकृति वृक्ष, हाथी और पशु के सम्बन्ध को भली-भाँति दर्शाती है?

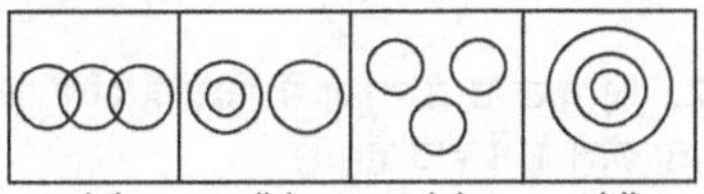

(a) (b) (c) (d)

6. निम्नलिखित में से कौन-सी आकृति पुरुषों, पिताओं तथा वकीलों के बीच सम्बन्ध दर्शाती है?

(a) (b) (c) (d)

7. नीचे दिए हुए रेखाचित्रों में से कौन-सा रेखाचित्र ऐसे छात्रों को सही प्रदर्शित करता है जो विधि और संगीत सीखते हैं, संगीत और नृत्य सीखते हैं, विधि और नृत्य सीखते हैं और जो विधि, संगीत और नृत्य तीनों सीखते हैं?

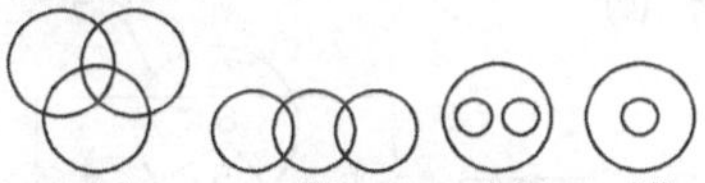

(a) (b) (c) (d)

8. नीचे दिए हुए रेखाचित्रों में से कौन-सा रेखाचित्र पति, पत्नी और परिवार के पारस्परिक सम्बन्धों को सही प्रदर्शित करता है?

(a) (b) (c) (d)

9. निम्न में से कौन-सी आकृति जीव, मनुष्य और ग्रह को प्रदर्शित करती है?

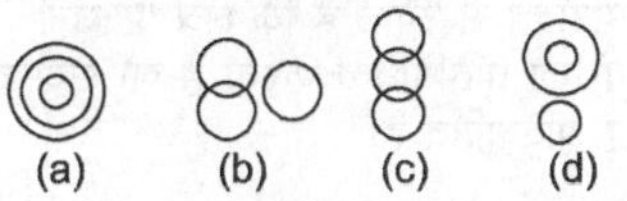

(a) (b) (c) (d)

10. निम्नलिखित आरेखों में से किसमें धूम्रपान करने वाले, वकील, धूम्रपान न करने वाले और चिड़ियाँ प्रदर्शित हैं?

(a) (b)

(c) (d)

11. कौन-सी उत्तर आकृति दूध देने वाले, बकरी, गाय, मुर्गी के बीच सही सम्बन्ध दर्शाती है?

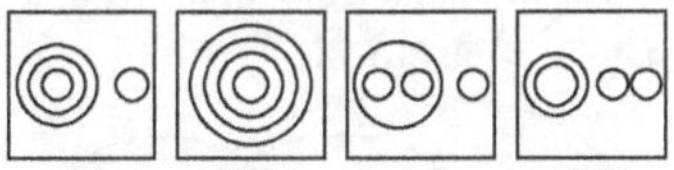

(a) (b) (c) (d)

12. निम्नलिखित में से कौन-सा आरेख छात्र, कॉलेज और स्कूल के बीच सम्बन्ध को सर्वाधिक सही दर्शाता है?

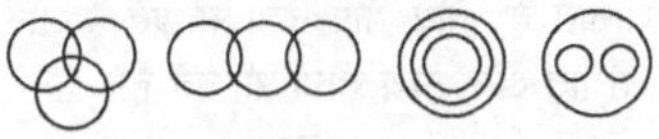

(a) (b) (c) (d)

संख्याओं या अक्षरों के माध्यम से एक मिश्रित आरेख में किसी विशेष वर्ग को वर्गीकृत करना

13. नीचे दी गई आकृति में त्रिभुज महिलाओं को दर्शाता है, आयत रोजगार में लगे हुए लोगों को दर्शाता है और वृत्त डॉक्टरों को दर्शाता है। आकृति के उस क्षेत्र का पता कीजिए जिसमें उन महिला डॉक्टरों को दर्शाया गया है, जो बेरोजगार हैं

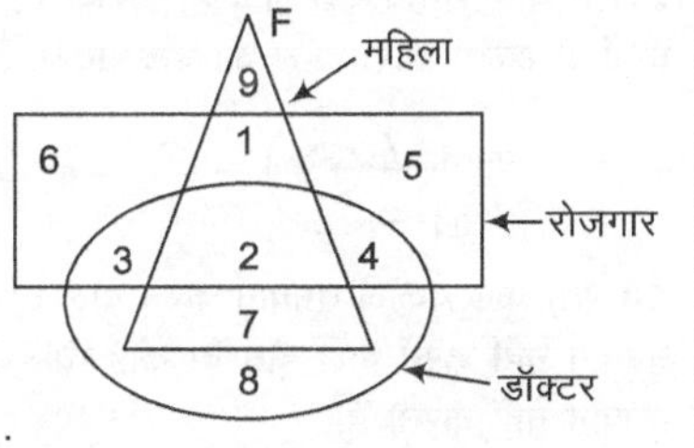

(a) 1 (b) 3
(c) 7 (d) 8

14. यदि 'वृत्त', लम्बे व्यक्तियों को, 'त्रिभुज', सैनिकों को एवं 'वर्ग', सशक्त व्यक्तियों को निरूपित करता है, तो निम्नांकित आरेख के अन्दर दी गई संख्याओं में से कौन-सी संख्या केवल 'सशक्त सैनिकों' को निरूपित करेगी?

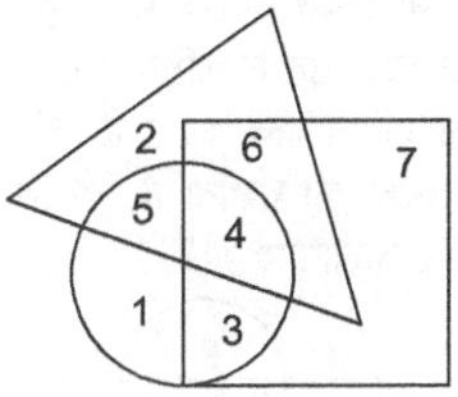

(a) 2 (b) 4
(c) 6 (d) 7

15. नीचे दिए गए चित्र में L अच्छे वक्ता को, M पोस्ट ग्रेजुएट को तथा N डॉक्टर को दर्शाता है। बताएँ कि कौन-सी संख्या उन अच्छे वक्ताओं को दर्शाती हैं, जो न तो पोस्ट ग्रेजुएट हैं और न ही डॉक्टर।

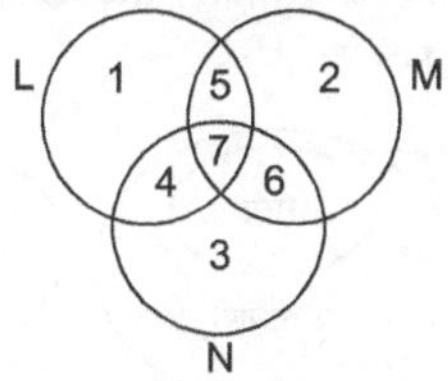

(a) 6 (b) 2
(c) 5 (d) 1

16. कक्षा IX के 60 विद्यार्थियों में से कुछ क्रिकेट बहुत पसन्द करते हैं। कुछ टेनिस और कुछ वॉलीबॉल। आरेख में दिए गए अक्षर पसन्द की ओर संकेत करते हैं। कौन-सा अक्षर यह संकेत देता है कि कुछ विद्यार्थी तीनों खेलों को पसन्द करते हैं?

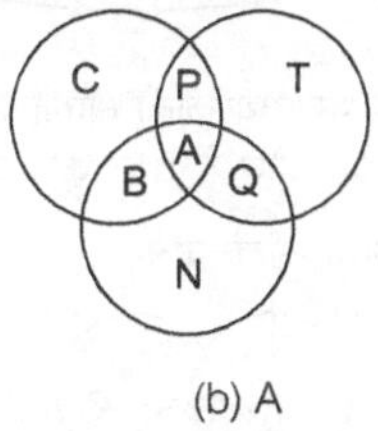

(a) Q (b) A
(c) P (d) C

17. कौन-सा उस भाग को प्रदर्शित करता है, जो केवल दफ्तर कर्मचारी तथा रंगकर्मी है?

A = दफ्तर कर्मचारी
B = रंगकर्मी
C = व्यवसायी

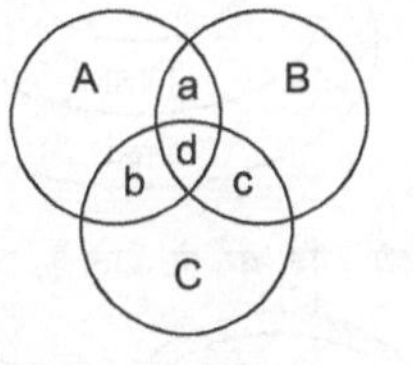

(a) c (b) d
(c) a (d) b

18. निम्नलिखित आरेख में, त्रिभुज शिक्षकों, वृत्त शिक्षकों, वृत्त विद्यार्थियों तथा आयत कलाकारों का प्रतिनिधित्व करता है। कौन-सा अंक उन शिक्षकों को दर्शाता है, जो विद्यार्थी भी हैं और कलाकार भी?

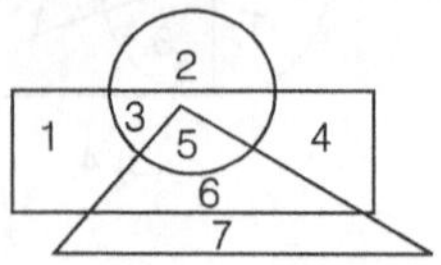

(a) 3 (b) 6 (c) 5 (d) 2

19. निम्नलिखित आरेख का अध्ययन करें और उस क्षेत्र की पहचान करें जो उन लड़कियों का प्रतिनिधित्व करता है, जो सेवारत तो हैं, किन्तु अविवाहित हैं।

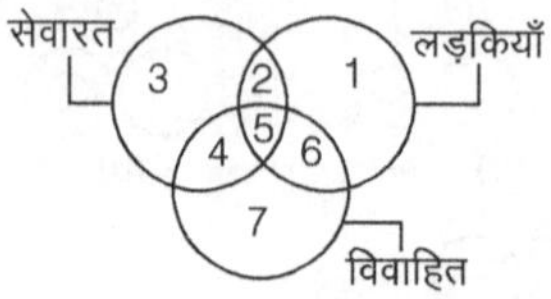

(a) 1 (b) 2 (c) 4 (d) 5

उत्तरमाला

1 (b)	2 (b)	3 (c)	4 (b)	5 (b)
6 (a)	7 (a)	8 (d)	9 (d)	10 (d)
11 (c)	12 (b)	13 (c)	14 (c)	15 (d)
16 (b)	17 (c)	18 (c)	19 (b)	

संकेत एवं हल

1. (b) गाय को स्तनधारी तथा कौवों को पक्षी वर्ग में रखा जाता है।

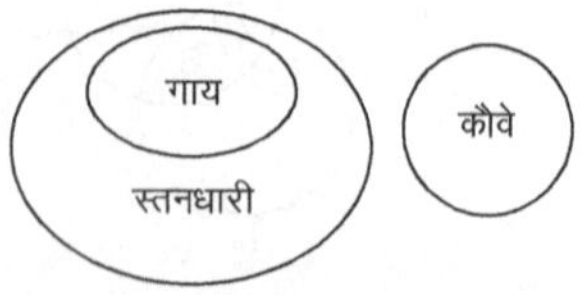

2. (b) उपाधि छात्रों में विज्ञान तथा कला स्नातक छात्र दोनों ही आते हैं।

3. (c) कुछ भारतीय काली आँखों वाले होते हैं, कुछ भूरे बालों वाले होतें हैं तथा कुछ दोनों होते हैं;

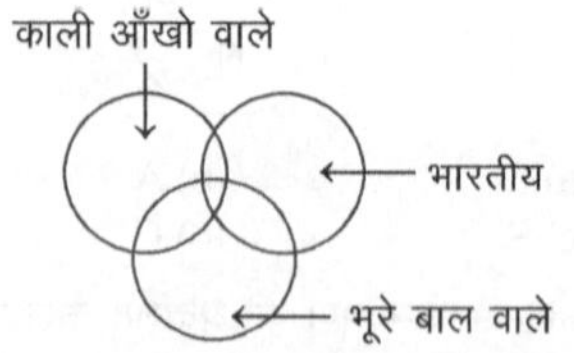

4. (b) ग्राम, जिले में तथा जिले राज्य के अन्तर्गत आते हैं।

5. (b) हाथी, पशु वर्ग में आते हैं, जबकि वृक्ष नहीं।

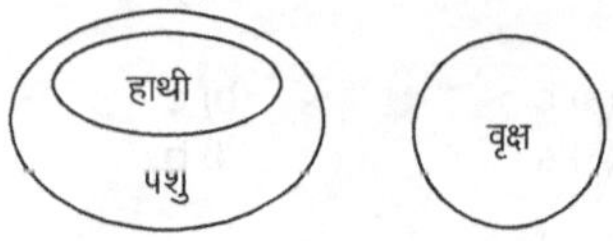

6. (a) सभी पिता, पुरुष होते हैं तथा कुछ वकील पिता व पुरुष दोनों होते हैं।

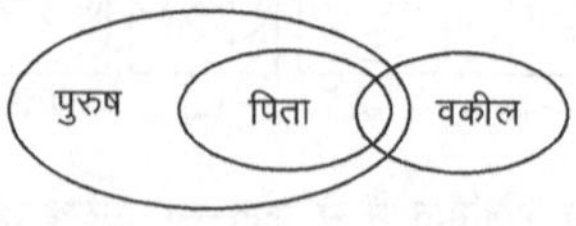

7. (a) चित्र से तीनों प्रकार की स्थितियों को दर्शाया गया है जो विधि और संगीत सीखते हैं, संगीत और नृत्य सीखते हैं, विधि और नृत्य सीखते हैं और जो विधि, संगीत और नृत्य तीनों सीखते हैं।

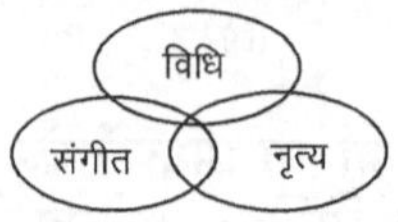

8. (d) पति, पत्नी परिवार में ही होते हैं या परिवार के ही सदस्य होते हैं।

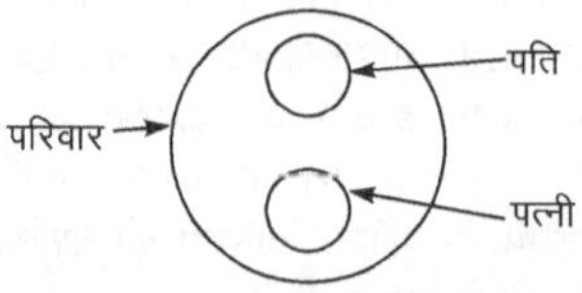

9. (d) चूँकि मनुष्य एक जीव है, जबकि ग्रह इन दोनों से अलग सौरमण्डल का एक सदस्य है।

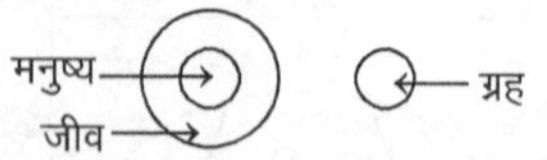

10. (d) कुछ वकील धूम्रपान करने वाले तथा कुछ धूम्रपान नहीं करने वाले होते हैं। कोई चिड़ियाँ धूम्रपान नहीं करती है।

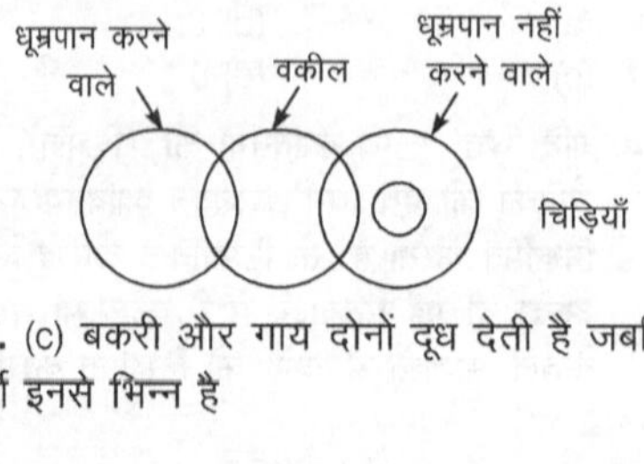

11. (c) बकरी और गाय दोनों दूध देती है जबकि मुर्गी इनसे भिन्न है

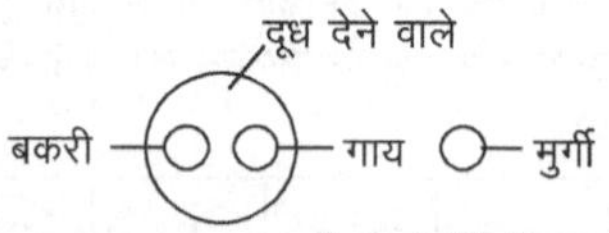

12. (b) कुछ छात्र स्कूल में पढ़ते हैं और कुछ छात्र कॉलेज में होते हैं।

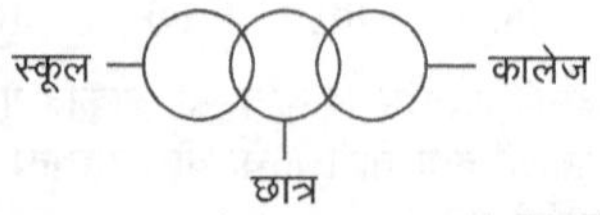

13. (c) क्षेत्र 7, उन महिला डाक्टरों को दर्शाता है जो बेरोजगार हैं।

14. (c) संख्या 6 केवल सशक्त सैनिकों को निरूपित करेगी।

15. (d) संख्या '1' अभीष्ट संख्या है।

16. (b) अक्षर A ऐसे विद्यार्थियों को दर्शाता है जो तीनों खेल पसन्द करते हैं।

17. (c) 'a' उस भाग को दर्शाता है, जो केवल दफ्तर कर्मचारी तथा रंगकर्मी है।

18. (c)

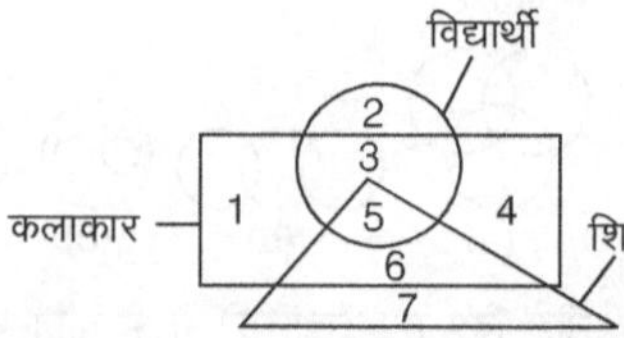

अतः उपरोक्त से स्पष्ट है कि अंक 5 उन शिक्षकों, को दर्शाता है जो विद्यार्थी भी हैं और कलाकार भी।

19. (b)

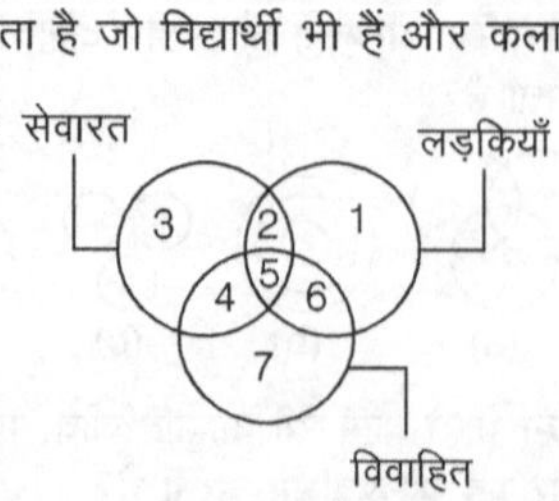

अतः उपरोक्त से स्पष्ट है कि क्षेत्र '2' उन लड़कियों का प्रतिनिधित्व करता है जो सेवारत तो हैं किन्तु अविवाहित हैं।

11 लुप्त पदों को भरना
Inserting the Missing Characters

किसी विशेष नियम के आधार पर एक या एक से अधिक ज्यामितीय आकृतियों में संस्थापित संख्याओं/अक्षरों में से किसी लुप्त संख्या/अक्षर को उत्तर विकल्पों में से छाँटना 'लुप्त पदों को भरना' कहलाता है। इसके अन्तर्गत पूछे जाने वाले प्रश्नों में दी गई ज्यामितीय आकृतियों (अधिकतर एक) के अन्दर किसी विशेष नियमानुसार कुछ संख्याएँ/अक्षर दिए जाते हैं। जिनमें से एक संख्या/अक्षर के स्थान पर प्रश्नवाचक चिह्न (?) होता है। परीक्षार्थियों को उस नियम का पता लगाकर प्रश्नवाचक चिह्न (?) के स्थान पर आने वाली संख्या/अक्षर को ज्ञात करना होता है।

इसके अन्तर्गत दो प्रकार के प्रश्न पूछे जाते हैं

1. लुप्त संख्या ज्ञात करना
2. लुप्त अक्षर या अक्षर-समूह ज्ञात करना

लुप्त संख्या ज्ञात करना

इसके अन्तर्गत पूछे जाने वाले प्रश्नों में दी गई आकृति/आकृतियों में कुछ संख्याएँ एक विशेष नियम के आधार पर संस्थापित की गई होती है। इसी नियम के आधार पर लुप्त संख्या दिए गए विकल्पों में से ज्ञात करती होती है।

उदाहरण 1 दिए गए विकल्पों में से लुप्त संख्या चुनिए।

45	11	1
12	0	1
57	11	?

(a) 0 (b) 68
(c) 2 (d) 10

हल (c) दी गई आकृति में संख्याओं को स्तम्भानुसार देखने पर,

जिस प्रकार, $45 + 12 = 57$

तथा $11 + 0 = 11$

उसी प्रकार, $1 + 1 = \boxed{2}$

लुप्त अक्षर या अक्षर-सूमह ज्ञात करना

इसके अन्तर्गत पूछे जाने वाले प्रश्नों में दी गई आकृति/आकृतियों में अंग्रेजी वर्णमाला के कुछ अक्षर एक विशेष नियम के आधार पर संस्थापित किए गए होते हैं। इसी नियम के आधार पर लुप्त अक्षर या अक्षर-समूह दिए गए विकल्पों में से ज्ञात करना होता है।

उदाहरण 2 दिए गए विकल्पों में से अक्षरों का लुप्त जोड़ा ज्ञात कीजिए।

AZ	BY	CX
DW	EV	FU
GT	?	IR

(a) HR (b) HS (c) HV (d) HU

हल (b) पहली पंक्ति में,

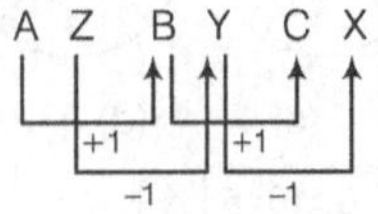

दूसरी पंक्ति में,

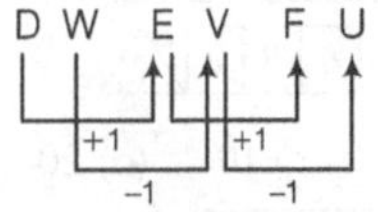

तीसरी पंक्ति में,

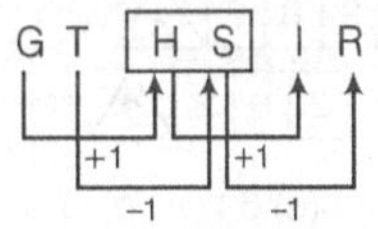

∴ ? = HS

अभ्यास प्रश्न

लुप्त संख्या ज्ञात करना

निर्देश (प्र.सं. 1-13) *निम्नलिखित प्रश्नों में कुछ संख्या/अक्षर एक विशेष नियम के अनुसार रेखाचित्रों में व्यवस्थित किए गए हैं। एक संख्या/अक्षर या अक्षर समूह का स्थान रिक्त है जिसे प्रश्नवाचक चिह्न (?) से दर्शाया गया है। चार विकल्पों में से सही विकल्प ज्ञात कीजिए।*

1.

45	11	1
5	5	1
50	16	?

(a) 0 (b) 68 (c) 2 (d) 10

2.

3	5	7
4	9	8
2	3	?
5	11	10

(a) 4 (b) 6 (c) 3 (d) 5

3.

5	7	6
7	2	3
2	3	4
24	27	?

(a) 13 (b) 25
(c) 27 (d) 36

4.

3	5	8	7
4	6	4	6
5	2	2	3
60	60	64	?

(a) 128 (b) 124 (c) 126 (d) 122

5.

24	51	67
2	4	6
5	7	5
53	211	?

(a) 135 (b) 235 (c) 347 (d) 407

6.

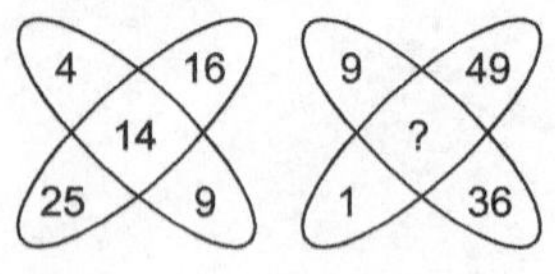

(a) 25 (b) 15
(c) 17 (d) 18

7.

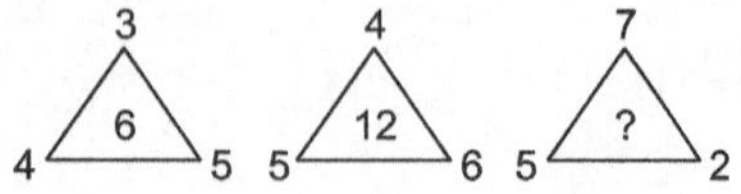

(a) 2 (b) 3 (c) 5 (d) 7

8.

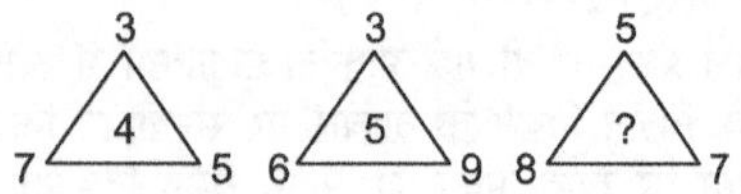

(a) 16 (b) 12 (c) 8 (d) 3

9.

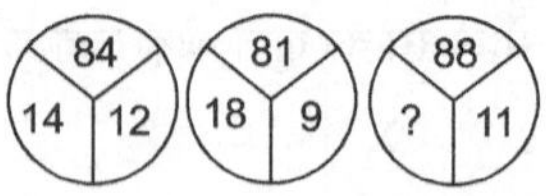

(a) 14 (b) 16 (c) 10 (d) 12

10.

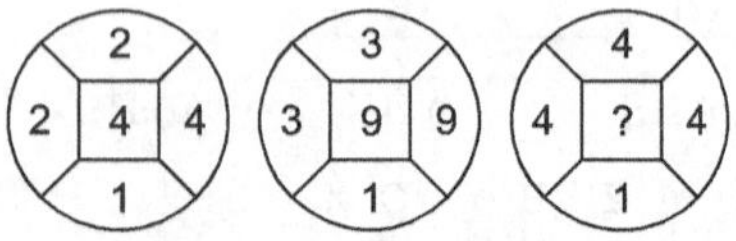

(a) 2 (b) 3 (c) 4 (d) 8

11.

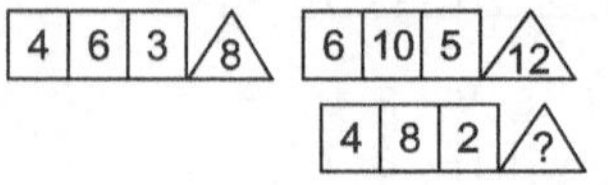

(a) 8 (b) 12 (c) 16 (d) 20

12.

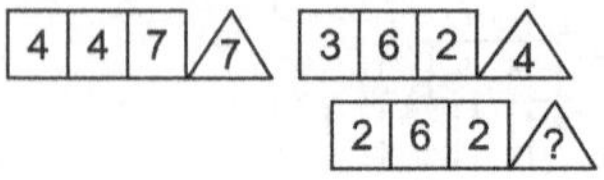

(a) 2 (b) 4 (c) 6 (d) 8

13.

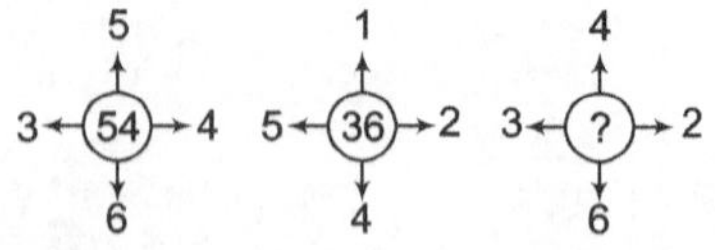

(a) 50 (b) 35 (c) 40 (d) 45

14. प्रवृत्ति को देखते हुए लुप्त संख्या ज्ञात कीजिए।

5	4	3
6	7	8
4	2	?
34	30	30

(a) 3 (b) 6 (c) 5 (d) 10

निर्देश (प्र. सं. 15) *निम्न प्रश्न में एक अनुक्रम दिया गया है, जिसमें एक पद लुप्त है। दिए गए विकल्पों में से वह सही विकल्प चुनिए जो अनुक्रम को पूरा करे।*

15.

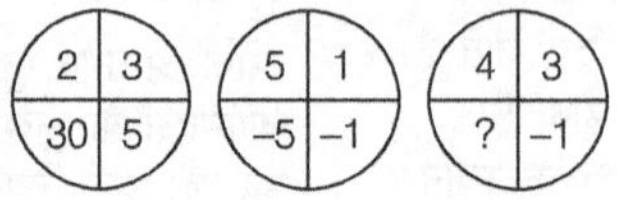

(a) 7 (b) – 12
(c) 12 (d) 9

निर्देश (प्र. सं. 16 और 17) *निम्न प्रश्नों में दिए गए विकल्पों में से लुप्त संख्या ज्ञात कीजिए।*

16.

16	12	13
32	24	26
48	?	39

(a) 28 (b) 36
(c) 42 (d) 32

17.

13	6	4
6	8	6
1	6	?

(a) 7 (b) 10
(c) 8 (d) 13

18. दिए गए विकल्पों में से लुप्त अंक ज्ञात कीजिए।

3	15	5
5	35	7
9	?	5

(a) 54 (b) 50
(c) 49 (d) 45

लुप्त अक्षर या अक्षर-समूह ज्ञात करना

निर्देश (प्र. सं. 19-23) *निम्न प्रश्नों में दिए गए विकल्पों में लुप्त अक्षर/अक्षर-समूह चुनिए।*

19.

D	H	L
I	M	Q
N	?	V

(a) R (b) S (c) Q (d) T

20.

Y	V	S
Q	N	K
T	Q	?

(a) P (b) N (c) O (d) M

21.

T	K	31
R	J	28
D	?	18

(a) R (b) B (c) N (d) O

22.

O	D	S
K	F	Q
R	E	?

(a) V (b) W
(c) U (d) Y

23.

AE	EI	IM
GK	KO	OS
MQ	QU	?

(a) UV
(b) UY
(c) YU
(d) UT

उत्तरमाला

1 *(c)*	2 *(d)*	3 *(d)*	4 *(c)*	5 *(d)*
6 *(c)*	7 *(d)*	8 *(d)*	9 *(b)*	10 *(d)*
11 *(c)*	12 *(c)*	13 *(d)*	14 *(b)*	15 *(b)*
16 *(b)*	17 *(b)*	18 *(d)*	19 *(a)*	20 *(b)*
21 *(c)*	22 *(b)*	23 *(b)*		

संकेत एवं हल

1. (c) जिस प्रकार, $45+5=50$
तथा $11+5=16$
उसी प्रकार, $1+1=\boxed{2}$

2. (d) जिस प्रकार, $3+4-5=2$
तथा $5+9-11=3$
उसी प्रकार, $7+8-10=\boxed{5}$

3. (d) जिस प्रकार, $(5+7)\times 2=24$
तथा $(7+2)\times 3=27$
उसी प्रकार, $(6+3)\times 4=\boxed{36}$

4. (c) जिस प्रकार,
$(3\times 4\times 5)=60$
तथा $(5\times 6\times 2)=60$
तथा $(8\times 4\times 2)=64$
उसी प्रकार,
$(7\times 6\times 3)=\boxed{126}$

5. (d) जिस प्रकार, $24\times 2+5=53$
तथा $51\times 4+7=211$
उसी प्रकार, $67\times 6+5=\boxed{407}$

6. (c) जिस प्रकार, $\sqrt{4}+\sqrt{16}+\sqrt{9}+\sqrt{25}$
$=2+4+3+5=14$
उसी प्रकार, $\sqrt{9}+\sqrt{49}+\sqrt{36}+\sqrt{1}$
$=3+7+6+1=\boxed{17}$

7. (d) जिस प्रकार, $\frac{3\times 4\times 5}{10}=6$
तथा $\frac{4\times 5\times 6}{10}=12$
उसी प्रकार, $\frac{7\times 5\times 2}{10}=\boxed{7}$

8. (d) जिस प्रकार, $(7+5)\div 3=4$
तथा $(6+9)\div 3=5$
उसी प्रकार, $(8+7)\div 5=3$

9. (b) जिस प्रकार, $\frac{84}{12}\times 2=14$
तथा $\frac{81}{9}\times 2=18$
उसी प्रकार, $\frac{88}{11}\times 2=\boxed{16}$

10. (d) जिस प्रकार, $\sqrt{2\times 2\times 4\times 1}=4$
तथा $\sqrt{3\times 3\times 9\times 1}=9$
उसी प्रकार, $\sqrt{4\times 4\times 4\times 1}=\boxed{8}$

11. (c) जिस प्रकार, $4\times 6\div 3=8$
तथा $6\times 10\div 5=12$
उसी प्रकार, $4\times 8\div 2=\boxed{16}$

12. (c) जिस प्रकार, $7\times 4\div 4=7$
तथा $2\times 6\div 3=4$
उसी प्रकार, $2\times 6\div 2=\boxed{6}$

13. (d) पहली आकृति में,
$(5+4+6+3)\times 3=54$
दूसरी आकृति में,
$(1+2+4+5)\times 3=36$
तीसरी आकृति में,
$(4+2+6+3)\times 3=\boxed{45}$

14. (b) जिस प्रकार, $5\times 6+4=30+=34$
तथा $4\times 7+2=28+2=30$
उसी प्रकार, $3\times 8+?=30$
$\Rightarrow \quad 24+?=30$
$\therefore \quad ?=30-24=\boxed{6}$

15. (b) जिस प्रकार, $2\times 3\times 5=30$
तथा $5\times 1\times -1=-5$
उसी प्रकार, $4\times 3\times -1=-\boxed{12}$
अतः प्रश्नवाचक चिह्न (?) के स्थान पर – 12 आएगा।

16. (b) जिस प्रकार, $16\longrightarrow 32\longrightarrow 48$ (16 $\times 2$ → 32, 16 $\times 3$ → 48)
तथा $13\longrightarrow 26\longrightarrow 39$ (13 $\times 2$ → 26, 13 $\times 3$ → 39)
उसी प्रकार, $12\longrightarrow 24\longrightarrow \boxed{36}$ (12 $\times 2$ → 24, 12 $\times 3$ → 36)
$\therefore ?=36$

17. (b) जिस प्रकार, पहले स्तम्भ में
$13+6+1=20$
तथा दूसरे स्तम्भ में
$6+8+6=20$
उसी प्रकार, तीसरे स्तम्भ में
$4+6+\boxed{10}=20$
$\therefore \quad ?=10$

18. (d) जिस प्रकार, $3\times 5=15$ (प्रथम पंक्ति में)
तथा $5\times 7=35$ (दूसरी पंक्ति में)
उसी प्रकार, $9\times 5=\boxed{45}$ (तीसरी पंक्ति में)

19. (a) प्रश्नानुसार,
पंक्ति I में, $D\xrightarrow{+4}H\xrightarrow{+4}L$
पंक्ति II में, $I\xrightarrow{+4}M\xrightarrow{+4}Q$
उसी प्रकार, पंक्ति III में,
$N\xrightarrow{+4}\boxed{R}\xrightarrow{+4}V$
अतः लुप्त पद के स्थान पर अक्षर R आएगा।

20. (b) जिस प्रकार,
पंक्ति I में,
$Y\xrightarrow{-3}V\xrightarrow{-3}S$
पंक्ति II में,
$Q\xrightarrow{-3}N\xrightarrow{-3}K$
उसी प्रकार, पंक्ति III में,
$T\xrightarrow{-3}Q\xrightarrow{-3}\boxed{N}$
अतः लुप्त पद के स्थान पर अक्षर N आएगा।

21. (c) जिस प्रकार,
पंक्ति I में,
T (20) + K (11) $\Rightarrow 20+11=31$
पंक्ति II में,
R (18) + J(10) $\Rightarrow 18+10=28$
उसी प्रकार, पंक्ति III में,
D (4) + $\boxed{N}$ (14) $\Rightarrow 4+14=18$
अतः लुप्त पद के स्थान पर अक्षर N आएगा।

22. (b) जिस प्रकार,
पंक्ति I में,
O (15) + D (4) = 15 + 4 = 19 (S)
पंक्ति II में,
K (11) + F (6) = 11 + 6 = 17 (Q)
उसी प्रकार, पंक्ति III में,
R (18) + E (5) = 18 + 5 = 23 $\boxed{W}$

23. (b) जिस प्रकार, (पहली पंक्ति में)
A E ⟶ E I ⟶ I M (+4, +0, +4, +0, +4)
तथा G K ⟶ K O ⟶ O S (+4, +0, +4, +0, +4)
उसी प्रकार,
M Q ⟶ Q U ⟶ $\boxed{U\ \ Y}$ (+4, +0, +4, +0, +4)
$\therefore \quad ?=UY$

12 घड़ी तथा कैलेण्डर
Clock and Calendar

घड़ी

घड़ी एक ऐसा यन्त्र है, जो घण्टे, मिनट तथा सेकण्ड में समय के अन्तराल को व्यक्त करता है।

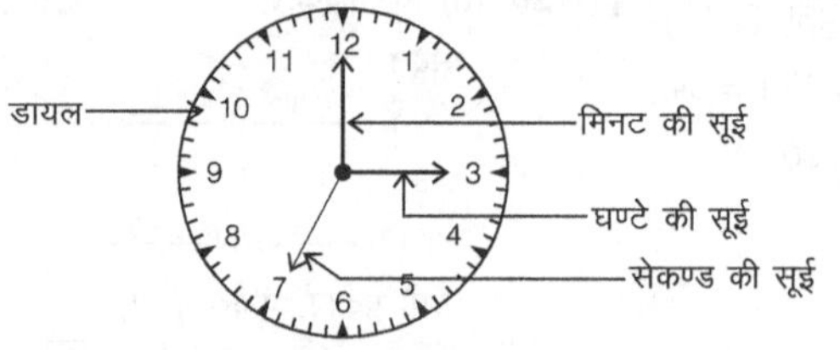

घड़ी से सम्बन्धित महत्त्वपूर्ण बिन्दु

- 60 सेकण्ड = 1 मिनट
- 60 मिनट = 1 घण्टा
- घड़ी की सुइयाँ जब अपने वृत्ताकार मार्ग पर एक पूर्ण चक्कर लगाती हैं, तब उन्हें 360° घूमना पड़ता है। एक मिनट की दूरी 6° के बराबर होती है।
- जब मिनट की सूई 60 मिनट की दूरी तय करेगी, तब घण्टे की सूई 5 मिनट की दूरी तय करेगी, जो $5 \times 6° = 30°$ के बराबर होगा।
- जब मिनट की सूई 1 मिनट की दूरी तय करेगी, तब घण्टे की सूई $\frac{30}{60} = \frac{1°}{2}$ के बराबर दूरी तय करेगी।
- प्रत्येक घण्टे में सुइयाँ एक ही दिशा में एक बार मिलती हैं, लेकिन 12 घण्टे में 11 बार तथा 24 घण्टे में 22 बार मिलती हैं।
- प्रत्येक 12 घण्टे में घड़ी की सुइयाँ 11 बार एक-दूसरे के विपरीत होंगी अर्थात् 24 घण्टे में 22 बार एक-दूसरे के विपरीत होंगी।
- प्रत्येक घण्टे में दोनों सुइयाँ दो बार रामकोण बनाती हैं, लेकिन 12 घण्टे में 22 बार तथा 24 घण्टे में 44 बार समकोण बनाती हैं।

उदाहरण 1 दिल्ली रेलवे स्टेशन से गाजियाबाद के लिए प्रत्येक 55 मिनट पर रेल चलती है। पूछताछ की खिड़की से अशोक को पता चला कि रेल 20 मिनट पहले जा चुकी है एवं अगली रेल 10 बजकर 35 मिनट पर जाएगी। अशोक पूछताछ की खिड़की से कितने बजे रेल का पता कर रहा था?

(a) 10 : 00 बजे
(b) 10 : 15 बजे
(c) 9 : 40 बजे
(d) 11 : 50 बजे

हल *(a)* ∵ अगली रेल का समय = 10:35

∴ पिछली रेल का समय = 10:35 − 0:55 मिनट = 9:40

∵ पूछताछ की खिड़की से अशोक को पता चला कि रेल 20 मिनट पहले जा चुकी है।

∴ पूछताछ की खिड़की पर पूछताछ का समय
= 9:40 + 0:20 मिनट = 10:00 बजे

उदाहरण 2 यदि किसी घड़ी में 7 बजकर 30 मिनट हो रहे हैं, तो उस वक्त घण्टे एवं मिनट की सुइयों के बीच कितने डिग्री का कोण बनेगा?

(a) 120° (b) 95° (c) 45° (d) 75°

हल *(c)* समय = 7 : 30

इस स्थिति में घण्टे और मिनट की सुइयों की स्थिति, मिनट की सूई 6 पर होगी तथा घण्टे की सूई 7 और 8 के बीच में होगी।

चूँकि घण्टे की सूई एक मिनट में $\frac{1°}{2}$ विचलित होती है।

∴ 30 मिनट में घण्टे की सूई का विचलन $= \frac{1°}{2} \times 30 = 15°$

अर्थात् घण्टे की सूई 7 से 15° आगे होगी।

∵ सुइयों की स्थिति से अंकों में अन्तर

$= (7 - 6) + 15° = (1) + 15°$ [∵ 1 का अन्तर = 30°]

$= 30° + 15° = 45°$

अतः अभीष्ट कोण = 45°

कैलेण्डर

कैलेण्डर दिन, सप्ताह, महीना एवं वर्ष के बीच पारस्परिक सम्बन्धों को प्रदर्शित करने का एक साधन है। दूसरे शब्दों में, हम कह सकते हैं कि किसी वर्ष में सन्निहित माह, सप्ताह, तिथि और दिनों को निरूपित करने वाली तालिका को कैलेण्डर कहते हैं।

कैलेण्डर से सम्बन्धित महत्त्वपूर्ण बिन्दु

- यदि कोई वर्ष 4 से पूर्णतः विभाजित हो जाता है, तो वह वर्ष 'लीप वर्ष' कहलाता है। जैसे–1988, 1992 आदि। (1 लीप वर्ष = 366 दिन)
- यदि कोई शताब्दी वर्ष 400 से पूर्णतः विभाजित हो, तो वह शताब्दी वर्ष 'लीप वर्ष' होता है। जैसे– 2000, 1600 आदि परन्तु वर्ष 1800, 1500 लीप वर्ष नही होंगे।
- साधारणतः फरवरी 28 दिन की होती है, परन्तु लीप वर्ष में फरवरी 29 दिन की होती है।
- एक वर्ष में 52 सप्ताह तथा एक दिन होते हैं तथा लीप वर्ष में 52 सप्ताह तथा दो दिन होते हैं।
- किसी शताब्दी का प्रथम दिन बुधवार, शुक्रवार या रविवार नहीं हो सकता तथा शताब्दी का अन्तिम दिन मंगलवार, बृहस्पतिवार या शनिवार नहीं हो सकता।
- साधारण वर्ष का पहला और अन्तिम दिन समान होता है।

उदाहरण 3 देव को याद है कि उसका मैरेज डे 25 जून के बाद तथा 30 जून के पहले है। उसकी पत्नी सीमा को याद है कि उसका मैरेज डे 26 जून के बाद तथा 28 जून के पहले है। आप बताइए कि ये दोनों मैरेज डे किस दिन मनाए?

(a) 26 जून (b) 27 जून (c) 28 जून (d) 29 जून

हल *(b)* देव के अनुसार मैरेज डे = 26, 27, 28, 29 जून

सीमा के अनुसार मैरेज डे = 27 जून

अतः मैरेज डे 27 जून को है।

उदाहरण 4 यदि परसों शुक्रवार था, तो आगामी परसों के बाद तीसरा दिन क्या होगा?

(a) बृहस्पतिवार (b) शुक्रवार
(c) शनिवार (d) रविवार

हल *(b)* यदि परसों शुक्रवार था, तो आज रविवार होगा और आगामी परसों अर्थात् मंगलवार के बाद तीसरा दिन शुक्रवार होगा।

उदाहरण 5 यदि 18 फरवरी, 2009 को मंगलवार था, तो 18 फरवरी, 2011 को कौन-सा दिन होगा?

(a) शुक्रवार (b) बृहस्पतिवार (c) बुधवार (d) मंगलवार

हल *(b)* चूँकि साधारण वर्ष का पहला और अन्तिम दिन समान होता है। इसलिए 17 फरवरी, 2010 का दिन मंगलवार होगा तथा इसके आगे 16 फरवरी, 2011 का दिन भी मंगलवार होगा।

अतः 18 फरवरी, 2011 का दिन = मंगलवार + 2 = बृहस्पतिवार

अभ्यास प्रश्न

घड़ी

1. अजय कार्यालय जाने के लिए बस स्टॉप के लिए नियमित दिनों की अपेक्षा 15 मिनट पहले निकल जाता है। घर से बस स्टॉप पहुँचने में 10 मिनट लगते है। वह बस स्टॉप प्रातः 8 : 40 बजे पहुँच जाता है। बताइए सामान्य दिनों में वह कितने बजे घर से निकलता था?

(a) प्रातः 8 : 30 बजे (b) प्रातः 8 : 45 बजे
(c) प्रातः 8 : 55 बजे (d) इनमें से कोई नहीं

2. बस स्टैण्ड से पटना के लिए बस हर 30 मिनट पश्चात् चलती है। पूछताछ क्लर्क ने यात्री को बताया कि बस 10 मिनट पहले चली गई है और अगली बस प्रातः 9:35 पर जाएगी। बताएँ कि पूछताछ क्लर्क ने यह जानकारी यात्री को किस समय दी?

(a) प्रातः 9 : 10 बजे (b) प्रातः 9 : 05 बजे
(c) प्रातः 8 : 55 बजे (d) प्रातः 9 : 15 बजे

3. एक कछुआ 4 घण्टे में 1 किमी चलता है। प्रत्येक किमी के बाद 20 मिनट विश्राम करता है। यह बताइए कि 3.5 किमी की दूरी तय करने में उसे कितना समय (घण्टों में) लगेगा?

(a) 14 (b) 13 (c) 15 (d) 12

4. यदि एक घड़ी की मिनट की सूई 12 पर है और घण्टे की सूई उससे उसकी चाल की दिशा में 120° का कोण बना रही है, तो घड़ी में समय होगा

(a) 4 : 00 बजे (b) 5 : 00 बजे
(c) 3 : 50 बजे (d) 4 : 30 बजे

5. 5 : 15 बजे घड़ी की सुइयाँ आपस में कितने अंश का कोण बनाती हैं?

(a) 30° (b) 60° (c) $7\frac{1°}{2}$ (d) $67\frac{1°}{2}$

6. 6 : 45 बजे घड़ी की सुइयाँ आपस में कितने अंश का कोण बनाती हैं?

(a) 45° (b) $32\frac{1°}{2}$ (c) $67\frac{1°}{2}$ (d) 90°

कैलेण्डर

7. कमला को याद है कि उसकी बहन का जन्मदिन 12 और 16 दिसम्बर के बीच में है, जबकि उमेश को याद है कि जन्मदिन 14 के बाद और 17 से पहले है। कमला की बहन का जन्मदिन किस दिन है?

(a) 15 दिसम्बर (b) 14 दिसम्बर
(c) 13 दिसम्बर (d) 16 दिसम्बर

8. संगीता को याद है कि उसके पिता का जन्मदिन निश्चित रूप से 8 दिसम्बर के बाद परन्तु 13 दिसम्बर से पहले है। उसकी बहन नताशा को याद है कि उनके पिता का जन्मदिन निश्चित रूप से 9 दिसम्बर के बाद और 14 दिसम्बर से पहले है। उनके पिता का जन्मदिन दिसम्बर की किस तारीख को है?

(a) 10 (b) 11
(c) 12 (d) आँकड़े अपर्याप्त हैं

9. निम्नलिखित में से कौन-सा दिन शताब्दी का अन्तिम दिन नहीं होगा?

(a) रविवार (b) शनिवार
(c) सोमवार बुधवार

10. किसी एक वर्ष में 25 अगस्त को अगर बृहस्पतिवार था, तो उस महीने में कितने सोमवार थे?

(a) तीन (b) चार (c) पाँच (d) छः

11. यदि बीते हुए कल के पूर्व का दिन बृहस्पतिवार था, तो रविवार को कौन-सा दिन होगा?

(a) आने वाला कल
(b) आने वाले कल के बाद का दिन
(c) आज
(d) आज के बाद के दो दिन

12. बीते हुए कल के पहले दिन रविवार था। आने वाले कल के बाद का दिन क्या है?

(a) मंगलवार (b) बुधवार
(c) बृहस्पतिवार (d) शुक्रवार

13. यदि 1 अक्टूबर को रविवार है, तो 1 नवम्बर को होगा

(a) सोमवार (b) मंगलवार
(c) बुधवार (d) बृहस्पतिवार

14. यदि आने वाले कल के बाद वाला दिन शुक्रवार है, तो बीते कल के दो दिन पूर्व सप्ताह का कौन-सा दिन था?

(a) शनिवार (b) रविवार
(c) सोमवार (d) बृहस्पतिवार

15. प्रशान्त अपनी बहन से 10 वर्ष बड़ा है। यदि वर्ष 2013 में प्रशान्त 25 वर्ष का है, तो उसका जन्म कब हुआ था?

(a) 1978 में (b) 1983 में
(c) 1988 में (d) 1993 में

16. यदि किसी माह की 30 तारीख को पाँचवाँ शनिवार है, तो उस माह का प्रथम दिन कौन-सा होगा?

(a) बृहस्पतिवार (b) शुक्रवार
(c) रविवार (d) सोमवार

17. यदि 1 जनवरी, 2012 को सोमवार था, तो 1 जनवरी, 2013 को होगा

(a) सोमवार (b) मंगलवार
(c) बुधवार (d) बृहस्पतिवार

18. यदि 1 जनवरी, 2008 को सोमवार था, तो 31 दिसम्बर, 2008 को कौन-सा दिन होगा?

(a) मंगलवार (b) सोमवार
(c) बुधवार (d) बृहस्पतिवार

उत्तरमाला

1 *(b)*	2 *(d)*	3 *(c)*	4 *(a)*	5 *(d)*
6 *(c)*	7 *(a)*	8 *(d)*	9 *(b)*	10 *(c)*
11 *(a)*	12 *(c)*	13 *(c)*	14 *(b)*	15 *(c)*
16 *(b)*	17 *(c)*	18 *(a)*		

संकेत एवं हल

1. (b) अजय द्वारा घर से निकलने का समय

$= 8:40 - 0:10 =$ प्रातः 8:30 बजे

दिया है, अजय सामान्य दिनों की अपेक्षा 15 मिनट पहले निकल जाता है इसलिए सामान्य दिनों में वह घर से $8:30 + 00:15 =$ प्रातः 8:45 पर निकल जाता है।

2. (d) बस के जाने का समय

$= 9:35 - 0.30 = 9:05$ बजे

अतः पूछताछ क्लर्क द्वारा यात्री को दी गई जानकारी का समय $= 9:05 + 0:10 = 9:15$ बजे

3. (c) 3.5 किमी चलने में कछुए को लगा समय

$= (4 + 4 + 4 + 2)$ घण्टे एवं $(20 + 20 + 20)$ मिनट

$= 14$ घण्टे 60 मिनट $= 15$ घण्टे

4. (a) हम जानते हैं कि $6° = 1$ मिनट

$\therefore \quad 120° = \frac{120°}{6°} = 20$ मिनट

$\therefore$ 12 से आगे 20 मिनट की दूरी पर 4 होगा।

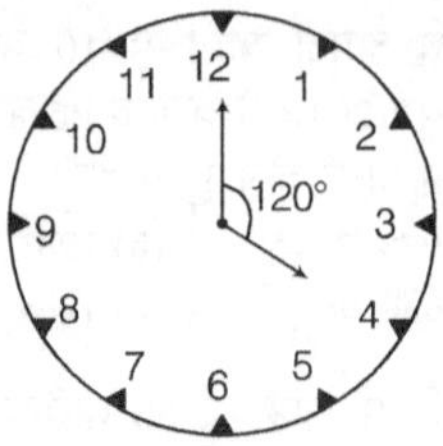

$\therefore$ घड़ी में समय $= 4:00$ बजे

5. (d) समय $\rightarrow 5:15$ बजे

घण्टे तथा मिनट की सुइयों की स्थितियाँ,

घण्टे की सूई $\rightarrow$ 5 से ऊपर

$\Rightarrow$ 5 से $7\frac{1°}{2}$ ऊपर [$\because$ 15 मिनट में घण्टे की सूई $15 \times \frac{1°}{2} = \frac{15°}{2} = 7\frac{1°}{2}$ ऊपर चली जाएगी]

मिनट की सूई $\rightarrow 15 \div 5 = 3$ पर

घण्टे तथा मिनट की सुइयों के बीच का कोण

$= (5 \sim 3) \times 30° + 7\frac{1°}{2}$

$= 2 \times 30° + \left(7\frac{1°}{2}\right)$

$= 60° + 7\frac{1°}{2} = 67\frac{1°}{2}$

अतः अभीष्ट कोण $= 67\frac{1°}{2}$

6. (c) समय $\rightarrow 6:45$ बजे

घण्टे तथा मिनट की सुइयों की स्थितियाँ,

घण्टे की सूई $\rightarrow$ 6 से ऊपर

$\Rightarrow$ 6 से $22\frac{1°}{2}$ ऊपर

[$\because$ 45 मिनट में घण्टे की सूई $45 \times \frac{1°}{2} = \frac{45}{2} = 22\frac{1°}{2}$ ऊपर चली जाएगी]

मिनट की सूई $\rightarrow 45 \div 5 = 9$ पर

घण्टे तथा मिनट की सुइयों के बीच का कोण

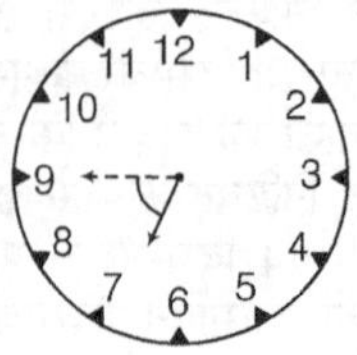

$= (6 \sim 9) \times 30° - 22\frac{1°}{2}$

$= 3 \times 30° - 22\frac{1°}{2}$

$= 90° - 22\frac{1°}{2} = 67\frac{1°}{2}$

अतः अभीष्ट कोण $= 67\frac{1°}{2}$

7. (a) कमला को याद तिथियाँ $= 13, 14, \boxed{15}$

उमेश को याद तिथियाँ $= \boxed{15}, 16$

$\therefore$ कमला की बहन का जन्मदिन 15 दिसम्बर को होगा।

8. (d) संगीता के अनुसार, पिता के जन्मदिन की तिथि = 9 या 10 या 11 या 12

नताशा के अनुसार पिता के जन्मदिन की तिथि

= 10 या 11 या 12 या 13

उपरोक्त से स्पष्ट है कि पिता का जन्मदिन किस तिथि को है इस विषय में कुछ नहीं कहा जा सकता है।

9. (b) किसी शताब्दी का अन्तिम दिन मंगलवार, बृहस्पतिवार या शनिवार नहीं हो सकता।

10. (c) 22 अगस्त का दिन = सोमवार

अन्य सोमवार होंगे = 15 अगस्त, 8 अगस्त, 1 अगस्त तथा 29 अगस्त को

$\therefore$ अभीष्ट उत्तर = 5

11. (a)

$\downarrow$ बृहस्पतिवार $\downarrow$ बीता कल $\downarrow$ वर्तमान दिन $\downarrow$ रविवार

$\therefore$ आने वाला दिन रविवार होगा।

12. (c)

रविवार $\uparrow$ बीता कल $\uparrow$ आज   बुधवार / आने वाला कल   बृहस्पतिवार $\uparrow$

अतः आने वाले कल के बाद का दिन बृहस्पतिवार होगा।

13. (c)

1	8	15	22	29
↓	↓	↓	↓	↓
रविवार	रविवार	रविवार	रविवार	रविवार

30 अक्टूबर $\rightarrow$ सोमवार, 31 अक्टूबर $\rightarrow$ मंगलवार,

अतः 1 नवम्बर को बुधवार होगा।

14. (b) $\because$ आने वाले 2 दिनों के बाद शुक्रवार है।

$\therefore$ आज का दिन = बुधवार

बीते कल का दिन = मंगलवार

अतः बीते कल के 2 दिन पूर्व का दिन – रविवार

15. (c) $\because$ 2013 में प्रशान्त की आयु = 25 वर्ष

अतः प्रशान्त का जन्म सन् 2013–25 = सन् 1988 में हुआ था।

16. (b) यदि माह का पाँचवाँ शनिवार 30 तारीख को पड़े, तो पहला शनिवार माह का $(30 - 28) = 2$ तारीख को पड़ेगा। अतः माह का पहला दिन शुक्रवार होगा।

17. (c) $\because$ 2012 एक लीप वर्ष है।

$\therefore$ 1 जनवरी, 2013 को दिन

= सोमवार +2 (अतिरिक्त दिन) = बुधवार

18. (a) चूँकि 2008 एक लीप वर्ष है। अतः 2008 का अन्तिम दिन, 2008 के 1 जनवरी वाले दिन से एक दिन बाद का होगा।

अतः 31 दिसम्बर, 2008 का दिन मंगलवार होगा।

13 विश्लेषणात्मक तर्कशक्ति
Analytical Reasoning

विश्लेषणात्मक तर्कशक्ति से तात्पर्य किसी घटना, विषय-वस्तु तथा तथ्यों को स्वीकार करने से पहले इनके गुणों और दोषों के विषय में चिन्तन करने से है। इसके अन्तर्गत किसी समस्या के समाधान हेतु दिए गए तथ्यों का भली-भाँति विश्लेषण किया जाता है।

न्याय निगमन

अनुमान पर आधारित तर्क करना अर्थात् दिए गए दो-या-दो से अधिक कथनों के आधार पर तर्कसंगत रूप से निष्कर्ष पर पहुँचना ही न्याय कहलाता है। इसके अन्तर्गत पूछे जाने वाले प्रश्नों में कुछ कथन देकर उसके नीचे दो-या-दो से अधिक निष्कर्ष दिए जाते हैं। इन्हीं कथनों को सत्य मानते हुए चाहे वे सर्वज्ञात तथ्यों एवं मान्यताओं से परे ही क्यों न हों, तर्कसंगत रूप से निष्कर्ष पर पहुँचना होता है।

न्याय निगमन पर आधारित प्रश्नों को सुगमतापूर्वक हल करने हेतु आवश्यक है कि तार्किक कथन की अवधारणा की भली-भाँति जानकारी हो, *तार्किक कथन प्राय: दो प्रकार के होते हैं*

1. सर्वव्यापी कथन
2. अंशव्यापी कथन

1. **सर्वव्यापी कथन** ऐसे कथन जिनमें सम्पूर्ण बात उद्‌देश्य के विषय में कही जाए, सर्वव्यापी कथन कहलाते हैं। *ये दो प्रकार के होते हैं*

   (i) **सर्वव्यापी सकारात्मक कथन** (A) ऐसा वाक्य जो सभी, सदा, प्रत्येक, सब, हर एक आदि शब्दों से शुरू हो, सर्वव्यापी सकारात्मक कथन कहलाता है।
   जैसे सभी वस्तुएँ निर्जीव हैं।

   (ii) **सर्वव्यापी नकारात्मक कथन** (E) ऐसा वाक्य जो कोई नहीं, एक भी नहीं आदि शब्दों से शुरू हो, सर्वव्यापी नकारात्मक कथन कहलाता है।
   जैसे कोई भी वस्तु सजीव नहीं है।

2. **अंशव्यापी कथन** ऐसे कथन जिनमें उद्‌देश्य के कुछ अंश के विषय में कहा जाए, अंशव्यापी कथन कहलाते हैं।
   ये दो प्रकार के होते हैं

   (i) **अंशव्यापी सकारात्मक** (I) ऐसा वाक्य जो कुछ, अनेक, बड़ी संख्या में, बहुत, अधिकतर आदि शब्दों से शुरू हो, अंशव्यापी सकारात्मक कथन कहलाता है।
   जैसे कुछ आदमी पॉकेटमार हैं।

   (ii) **अंशव्यापी नकारात्मक** (O) ऐसा वाक्य जिनमें 'कुछ नहीं' का प्रयोग हो अंशव्यापी नकारात्मक कथन कहलाता है।
   जैसे कुछ आदमी ईमानदार नहीं हैं।

तर्क वाक्य के प्रकार	वेन आरेख के प्रकार
सभी S, P हैं (A)	कथन के अनुसार, सभी S, P हैं। अत: S, P के अन्दर होना चाहिए अर्थात् P का आरेख S को समाहित किए होना चाहिए। 
कोई S,P नहीं है (E)	कथन के अनुसार, कोई S, P नहीं है। अत: वेन आरेख का कोई भी भाग छायांकित नहीं होगा। 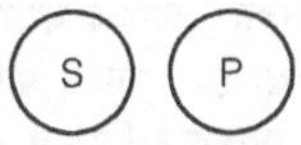
कुछ S,P हैं (I)	कुछ S, P हैं क्योंकि S का कुछ भाग P को दर्शा रहा है। (सभी P, S हैं।) 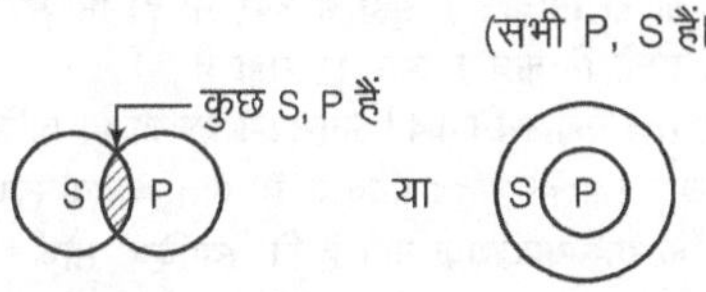
कुछ S, P नहीं हैं (O)	कुछ S, P नहीं हैं। 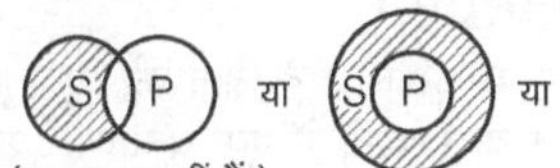 (कुछ S, P नहीं हैं।)

⤓ उदाहरण 1 प्रश्न में दो कथन दिए गए हैं जिसके आगे दो निष्कर्ष I और II निकाले गए हैं। आपको मानना है कि दोनों कथन सत्य हैं चाहे वह सामान्यत: ज्ञात तथ्यों से भिन्न प्रतीत होते हों। आपको निर्णय करना है कि दिए गए निष्कर्षों में से कौन-सा/कौन-से निश्चित रूप से कथन द्वारा सही निकाला जा सकता है/सकते हैं, यदि कोई हो?

कथन सारा गेहूँ अनाज हैं।
कुछ गेहूँ आटा हैं।

निष्कर्ष
I. कुछ अनाज आटा हैं। II. कुछ आटा गेहूँ हैं।

(a) केवल निष्कर्ष I सही है (b) केवल निष्कर्ष II सही है
(c) निष्कर्ष I और II दोनों सही हैं
(d) न तो निष्कर्ष I सही है और ना ही II

हल *(c)* कथनानुसार,

निष्कर्ष I. ✓
II. ✓

अत: उपरोक्त से स्पष्ट है कि दोनों कथन निकलते हैं।

कथन एवं निष्कर्ष

इसके अन्तर्गत पूछे जाने वाले प्रश्नों में एक या दो कथन देकर उसके नीचे कुछ निष्कर्ष दिए जाते हैं। प्रश्न में दिए गए कथन के सभी तथ्यों को ध्यान में रखते हुए तार्किक विश्लेषण एवं सर्वमान्य स्वीकार्यता के आधार पर वैध निष्कर्ष निकालना होता है।

कथन एवं निष्कर्ष पर आधारित प्रश्नों को हल करने हेतु यह आवश्यक है कि परीक्षार्थी सर्वप्रथम कथन का भली-भाँति परीक्षण करें, तत्पश्चात् ही निष्कर्ष को कथन के परिवेश से बाहर न जाते हुए निकालें।

उदाहरण 2 आपको निर्णय करना है कि दिए गए वक्तव्य में से कौन-सा निष्कर्ष निश्चित रूप से सही निकाला जा सकता है?

कथन

पौष्टिक भोजन स्वादिष्ट और स्वास्थ्य के लिए अच्छा होता है। शहद पौष्टिक है।

निष्कर्ष

I. शहद स्वास्थ्य के लिए अच्छा है।
II. स्वादिष्ट भोजन पौष्टिक होता है।

(a) केवल निष्कर्ष I सही है
(b) केवल निष्कर्ष II सही है
(c) ना तो निष्कर्ष I सही है और ना ही निष्कर्ष II सही है
(d) दोनों निष्कर्ष I और II सही हैं

हल (a) केवल निष्कर्ष I अनुसरण करता है। पौष्टिक भोजन स्वास्थ्य के लिए अच्छा होता है। शहद पौष्टिक है। अतः शहद स्वास्थ्य के लिए अच्छा है। जबकि यह आवश्यक नहीं है कि स्वादिष्ट भोजन पौष्टिक हो।

कथन एवं पूर्वानुमान

प्रत्यक्ष के आधार पर अप्रत्यक्ष के ज्ञान को 'पूर्वानुमान' कहते हैं। इसके अन्तर्गत पूछे जाने वाले प्रश्नों में एक वक्तव्य देकर उसके नीचे दो-या-दो से अधिक पूर्वानुमान दिए होते हैं। वक्तव्य के आधार पर आपको अनुमान लगाना होता है कि दिए गए अनुमानों/पूर्वानुमानों में से कौन-सा पूर्वानुमान कथन में अन्तर्निहित है।

कथन एवं पूर्वानुमान से सम्बन्धित कुछ महत्वपूर्ण तथ्य निम्नलिखित हैं

- कोई भी पूर्वानुमान कथन के आधार पर निकाला गया निष्कर्ष हो, तो वह मान्य नहीं होगा।
- यदि किसी भी पूर्वानुमान में कथन की पुनरावृत्ति हुई हो, तो वह मान्य नहीं होगा।
- यदि कोई भी पूर्वानुमान सुधार, परामर्श, सलाह, लाभदायक प्रभाव व परिणाम को प्रदर्शित करता है, तो वह पूर्वानुमान मान्य होगा।
- यदि कोई पूर्वानुमान विज्ञापन से सम्बन्धित हो, तो वह मान्य होगा।
- एक कथन के एक से अधिक पूर्वानुमान निकाले जा सकते हैं।

उदाहरण 3 इस प्रश्न में एक कथन तथा उसके पश्चात् दो पूर्वधारणाएँ I तथा II दी गई हैं। आपको दिए गए कथन को सत्य मानना है, भले ही वह सर्वज्ञात तथ्यों से भिन्न प्रतीत हो। आपको निर्णय करना है कि दिए कथन के आधार पर कौन-सी पूर्वधारणा तार्किक रूप से कथन का अनुसरण करती है।

कथन सम्मेलन में केवल अच्छे गायकों को ही निमन्त्रित किया गया है। मधुर आवाज के बिना कोई भी अच्छा गायक नहीं है।

पूर्वधारणा I सम्मेलन में आमन्त्रित सभी गायकों की आवाज मधुर है।

पूर्वधारणा II वह गायक, जिनकी आवाज मधुर नहीं है, को सम्मेलन में आमन्त्रित नहीं किया गया है।

(a) केवल पूर्वधारणा I अनुसरण करती है
(b) न तो पूर्वधारणा I और न ही II अनुसरण करती है
(c) दोनों पूर्वधारणाएँ I तथा II अनुसरण करती हैं
(d) केवल पूर्वधारणा II अनुसरण करती है

हल (c) दिए गए कथन के आधार पर कहा जा सकता है कि दोनों पूर्वधारणाएँ I तथा II अनुसरण करती हैं।

अभ्यास प्रश्न

न्याय निगमन

निर्देश (प्र.सं.1-5) *नीचे दिए गए प्रत्येक प्रश्न में दो कथन और उसके बाद दो निष्कर्ष I और II दिए गए हैं।*

उत्तर दीजिए

(a) केवल निष्कर्ष I अनुसरण करता है
(b) केवल निष्कर्ष II अनुसरण करता है
(c) या तो I या II अनुसरण करता है
(d) न तो I न ही II अनुसरण करता है

1. कथन सभी मछलियाँ पक्षी हैं।
कुछ मुर्गियाँ मछलियाँ हैं।
निष्कर्ष I कुछ मुर्गियाँ पक्षी हैं।
II कोई पक्षी मुर्गी नहीं है।

2. कथन कुछ जूते कोट हैं।
कुछ कोट बटन हैं।
निष्कर्ष I कोई बटन जूता नहीं है।
II कुछ बटन कोट हैं।

3. कथन सभी चमगादड़ लड़के हैं।
सभी लड़के दस्ताने हैं।
निष्कर्ष I कुछ दस्ताने चमगादड़ हैं।
II सभी दस्ताने लड़के हैं।

4. कथन सभी पिल्ले बाघ हैं।
सभी बिलौटे बाघ हैं।
निष्कर्ष I सभी पिल्ले बिलौटे हैं।
II कुछ बाघ पिल्ले हैं।

5. कथन कुछ डॉक्टर नर्स हैं।
सभी नर्स रोगी हैं।
निष्कर्ष I सभी डॉक्टर रोगी हैं।
II कुछ रोगी डॉक्टर हैं।

निर्देश (प्र.सं. 6-10) *नीचे दिए गए प्रत्येक प्रश्न में दो या तीन कथन और उसके बाद तीन निष्कर्ष I, II और III दिए गए हैं। आपको दिए गए दोनों/तीनों कथनों को सत्य मानकर उचित निष्कर्ष निकालना है।*

6. कथन कुछ किताबें कॉपी हैं।
सभी कॉपी पेन हैं।
निष्कर्ष I सभी कॉपी किताब हैं।
II सभी पेन कॉपी हैं।
III कुछ किताबें पेन हैं।

(a) केवल III
(b) II एवं III
(c) a व b दोनों
(d) उपरोक्त में से कोई नहीं

7. कथन सभी गिलास कप हैं।
सभी कप बर्तन हैं।
निष्कर्ष I कुछ बर्तन गिलास हैं।
II सभी बर्तन कप हैं।
III कुछ कप गिलास नहीं हैं।

(a) केवल I
(b) I एवं III
(c) केवल II
(d) ये सभी

8. कथन सभी फूल पत्ती हैं।
कुछ फूल गुलाब हैं।
निष्कर्ष I कुछ पत्ती गुलाब हैं।
II सभी गुलाब फूल हैं।
III कोई गुलाब पत्ती नहीं हैं।
(a) I एवं III (b) केवल I
(c) केवल III (d) ये सभी

9. कथन कुछ टेबलेट जग हैं।
कुछ जग मटके हैं।
सभी मटके प्लेटें हैं।
निष्कर्ष I कुछ प्लेटें जग हैं।
II कुछ मटके टेबलेट हैं।
III कुछ प्लेटें टेबलेट हैं।
(a) कोई अनुसरण नहीं करता है
(b) केवल I अनुसरण करता है
(c) केवल II अनुसरण करता है
(d) केवल III अनुसरण करता है

10. कथन सभी कुर्सियाँ रिंग हैं।
कुछ रिंग छड़ियाँ हैं।
सभी छड़ियाँ शाखाएँ हैं।
निष्कर्ष I कुछ शाखाएँ कुर्सियाँ हैं।
II कुछ शाखाएँ रिंग हैं।
III कुछ छड़ियाँ कुर्सियाँ हैं।
(a) कोई अनुसरण नहीं करता है
(b) केवल I अनुसरण करता है
(c) केवल II अनुसरण करता है
(d) केवल III अनुसरण करता है

11. दो कथन दिए गए हैं जिसके बाद दो निष्कर्ष, I और II निकाले गए हैं। आपको विचार करना है कि कथन सत्य है चाहे वह सामान्यत: ज्ञात तथ्यों से भिन्न प्रतीत होता है। आपको निर्णय करना है कि दिए गए कथन में से कौन-सा निश्चित रूप से सही निष्कर्ष निकाला जा सकता है। अपने उत्तर को निर्दिष्ट कीजिए।
कथन सभी बच्चे विद्यार्थी हैं। सभी विद्यार्थी खिलाड़ी हैं।
निष्कर्ष I. सभी क्रिकेट खिलाड़ी विद्यार्थी हैं।
II. सभी बच्चे खिलाड़ी हैं।
(a) केवल निष्कर्ष II निकलता है
(b) निष्कर्ष I और II दोनों निकलते है
(c) न तो निष्कर्ष I और न ही निष्कर्ष II निकलता है
(d) केवल निष्कर्ष I निकलता है

निर्देश *(प्र. सं. 12 और 13) दो कथनों के आगे दो निष्कर्ष I और II दिए गए हैं। आपको कथनों को सत्य मानकर विचार करना है। चाहे, वे सामान्यतः ज्ञात तथ्यों से भिन्न प्रतीत होते हों। आपको निर्णय करना है कि दिए गए निष्कर्षों में से कौन-सा, यदि कोई हो, निश्चित रूप से कथनों के आधार पर निकाला जा सकता है? अपना उत्तर निर्दिष्ट करें।*

उत्तर दीजिए
(a) केवल निष्कर्ष I निकलता है
(b) केवल निष्कर्ष II निकलता है
(c) निष्कर्ष I और II दोनों निकलते हैं
(d) न तो निष्कर्ष I न ही II निकलता है

12. कथन सभी खिलाड़ी शिक्षित हैं।
सभी शिक्षित व्यक्ति सभ्य हैं।
निष्कर्ष I. सभी खिलाड़ी सभ्य हैं।
II. सभी सभ्य व्यक्ति खिलाड़ी हैं।

13. कथन सभी जानवर कुत्ते हैं।
सभी कुत्ते पक्षी हैं।
निष्कर्ष I. सभी जानवर पक्षी हैं।
II. सभी पक्षी जानवर हैं

कथन एवं निष्कर्ष

निर्देश *(प्र.सं. 14-21) नीचे दिए गए प्रत्येक प्रश्न में पहले एक कथन दिया गया है और उसके बाद दो निष्कर्ष I और II। आपको कथन में दी गई सभी बातों को सत्य समझना है और फिर उस पर आधारित दोनों निष्कर्षों पर विचार करना है और तय करना है कि कौन-सा निष्कर्ष उस कथन के आधार पर निश्चित रूप से निकाला जा सकता है।*

उत्तर दीजिए
(a) केवल निष्कर्ष I निकलता है
(b) केवल निष्कर्ष II निकलता है
(c) न तो I और न ही II निकलता है
(d) I और II दोनों निकलते हैं

14. कथन एम. ए. (सोशल वर्क) में प्रवेश हेतु समिति उत्कृष्ट छात्रों के मामले में सामाजिक कार्य का पूर्व अनुभव होने की शर्त माफ कर सकती है।
निष्कर्ष I एम. ए. (सोशल वर्क) के कुछ छात्रों को सामाजिक कार्य का पूर्व अनुभव होगा।
II एम. ए.(सोशल वर्क) के कुछ छात्रों को सामाजिक कार्य का पूर्व अनुभव नहीं होगा।

15. कथन नैतिकता और शील की अवधारणाओं का बलिदान किए बिना इस दुनिया में रह पाना और समृद्ध होना लगभग असम्भव है।
निष्कर्ष I विश्व कुछ धारणाओं की केवल सराहना करता है, लेकिन उन्हें आत्मसात नहीं कर पाता है।
II नैतिकता और शील की अवधारणाएँ जीवन में व्यवहार्य नहीं है।

16. कथन हो सकता है कि आप अपने अधिकारी के प्रति निष्ठावान न हों, पर आप उसके प्रति निष्ठावान होने का अहसास तो करा ही सकते हैं।
निष्कर्ष I अधिकारी के प्रति निष्ठा महत्त्वपूर्ण मानी जाती है।
II कुछ लोग अपने अधिकारी को खुश करने के लिए किसी भी हद तक जा सकते हैं।

17. कथन पठन पाठन में रुचि जगाने के लिए स्कूल ने जून 2013 से यह अनिवार्य बना दिया है कि हर छात्र हर सप्ताह 2 किताबें पढ़े और पुस्तकों पर साप्ताहिक रिपोर्ट दें।
निष्कर्ष I बलपूर्वक पढ़ने में रुचि जगाई जा सकती है।
II कुछ छात्र कालान्तर में पढ़ने में रुचि विकसित कर लेंगे।

18. कथन भूतकालिक व्यवहारों से पृथक् आधुनिक मनुष्य अपनी रुचियों के आधार पर अपना भाग्य स्वयं गढ़ता है।
निष्कर्ष I पहले मनुष्य के सामने थोड़े से विकल्प ही हुआ करते थे।
II आधुनिक मनुष्य का कोई अस्तित्व नहीं है।

19. कथन स्कूल में कोई भी छात्र जो उचित ढंग से व्यवहार नहीं करता वह अपना नाम तो बदनाम करता ही है, स्कूल को भी बदनाम करता है।
निष्कर्ष I ऐसे छात्रों को स्कूल से हटा दिया जाना चाहिए।
II कठोर अनुशासन छात्रों के व्यवहार में सुधार नहीं लाता है।

20. कथन कम्प्यूटरों के आ जाने से अब हमारा संगठन व्यक्तिनिष्ठ ग्राहक सेवा पर अच्छी तरह से ध्यान दे सकेगा।
निष्कर्ष I कम्प्यूटरीकरण मात्र ही इस समय की पुकार है।
II कम्प्यूटरीकरण के बगैर व्यक्तिनिष्ठ ग्राहक सेवा सम्भव नहीं थी।

21. कथन कम्पनी X ने उत्पादन का विपणन किया है। यदि मूल्य और गुणवत्ता आपकी पहल है, तो आगे बढ़कर उसे खरीद सकते हैं।
निष्कर्ष I उत्पादन व गुणवत्ता अच्छी होनी चाहिए।
II उत्पादन का मूल्य तर्कसंगत होना चाहिए।

निर्देश *(प्र. सं. 22) नीचे एक कथन दिया गया है, जिसके आगे तीन निष्कर्ष I, II और III निकाले गए हैं। आपको विचार करना है कि कथन सत्य है चाहे वह सामान्यतः ज्ञात तथ्यों से भिन्न प्रतीत होता हो। आपको निर्णय करना है कि दिए गए निष्कर्षों में से कौन-सा निष्कर्ष दिए गए कथन पर निश्चित रूप से सही लागू होता है।*

22. कथन हास्य (कॉमिक) पुस्तकों में चित्र होते हैं।

निष्कर्ष I. सभी पुस्तकों में चित्र होते हैं।

II. पुस्तकों में चित्र हो भी सकते हैं या नहीं भी हो सकते हैं।

III. हास्य पुस्तकों से भिन्न पुस्तकों में चित्र नहीं होते।

(a) केवल निष्कर्ष I निकलता है।
(b) केवल निष्कर्ष II निकलता है।
(c) निष्कर्ष I और II दोनों निकलते हैं
(d) कोई भी निष्कर्ष नहीं निकलता

कथन एवं पूर्वानुमान

निर्देश (प्र.सं. 23-30) *निम्नलिखित प्रश्नों में एक कथन दिया गया है, जिसके आगे दो पूर्वानुमान I और II निकाले गए हैं। आपको विचार करना है कि कथन सत्य है चाहे वह सामान्यतया ज्ञात तथ्यों से भिन्न प्रतीत होता हो। आपको निर्णय करना है कि दिए गए पूर्वानुमानों में से कौन-सा निश्चित रूप से कथन में अन्तर्निहित है। अपने उत्तर को निर्दिष्ट कीजिए।*

उत्तर दीजिए

(a) केवल I अन्तर्निहित है
(b) केवल II अन्तर्निहित है
(c) I व II दोनों ही अन्तर्निहित हैं
(d) न तो I और न ही II अन्तर्निहित है

23. कथन अयोध्या का विवाद 350 वर्षीय पृष्ठभूमि वाला है जो अल्पकाल में हल नहीं हो सकता।

पूर्वानुमान

I. अयोध्या के विषय में कुछ समस्याएँ हैं।

II. समस्या के हल में लम्बा समय लगेगा।

24. कथन मैं जब भी परेशानी में होता हूँ, प्रभु का स्मरण करता हूँ।

पूर्वानुमान

I. प्रार्थना से समस्याएँ हल हो सकती हैं।

II. मनुष्य का परम कर्त्तव्य, प्रभु की प्रार्थना है।

25. कथन किसी शिक्षित व्यक्ति के जीवन-मूल्य, अशिक्षित व्यक्ति से भिन्न होंगे।

पूर्वानुमान

I. शिक्षा का प्रभाव किसी व्यक्ति के जीवन मूल्यों पर पड़ता है।

II. एक अशिक्षित व्यक्ति के कोई मूल्य नहीं होंगे।

26. कथन भारत में निर्वाह व्यय में वृद्धि हुई है।

पूर्वानुमान

I. पिछले कुछ समय में आवश्यक वस्तुओं के मूल्यों में वृद्धि हुई है।

II. बहुत-सी आराम की वस्तुएँ अब देश में अधिक मात्रा में उपलब्ध हैं।

27. कथन वर्तमान आर्थिक कठिनाई के समय में, शिक्षा तथा छोटे परिवार का आदर्श ही राष्ट्र को उन्नति दिला सकते हैं।

पूर्वानुमान

I. शिक्षा एवं छोटे परिवार के आदर्श प्रत्यक्ष रूप से राष्ट्र की उन्नति के साथ जुड़े हुए हैं।

II. बड़े परिवारों के लिए शिक्षा का खर्चा उठाना कठिन है।

28. कथन विवाह दर लगातार गिरते जाने का कारण है अपनी अलग पहचान बनाए रखने वालों की संख्या बढ़ती जा रही है।

पूर्वानुमान

I. शादी होने पर व्यक्ति की निजी पहचान खत्म हो जाती है।

II. विवाहित व्यक्ति उतने सन्तुष्ट नहीं होते जितने कि अविवाहित।

29. कथन यदि सरकार ही भ्रष्टाचार को समाप्त करने के लिए कार्यवाही करेगी तभी हमारा देश समृद्धि की ओर बढ़ेगा।

पूर्वानुमान

I. सरकार भ्रष्ट लोगों के विरुद्ध कड़ी कार्यवाही कर सकती है।

II. भ्रष्टाचार देश को समृद्धि की ओर बढ़ने में बाधा डालता है।

30. कथन यदि अभियन्ता बनना सरल है, तो मैं अभियन्ता नहीं बनना चाहता।

पूर्वानुमान

I. व्यक्ति की अभिलाषा एक व्यवसायी बनने की होती है।

II. व्यक्ति की इच्छा कठिन लक्ष्य को प्राप्त करने की होती है।

उत्तरमाला

1	*(a)*	2	*(b)*	3	*(a)*	4	*(b)*	5	*(b)*
6	*(a)*	7	*(a)*	8	*(b)*	9	*(b)*	10	*(c)*
11	*(a)*	12	*(a)*	13	*(a)*	14	*(d)*	15	*(b)*
16	*(a)*	17	*(c)*	18	*(c)*	19	*(c)*	20	*(c)*
21	*(d)*	22	*(b)*	23	*(c)*	24	*(d)*	25	*(a)*
26	*(c)*	27	*(a)*	28	*(a)*	29	*(c)*	30	*(b)*

संकेत एवं हल

1. (a)

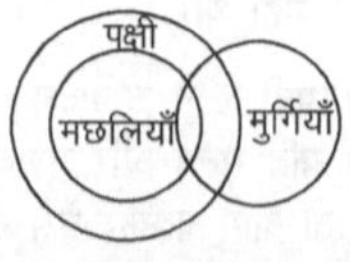

अतः केवल निष्कर्ष I अनुसरण करता है।

2. (b)

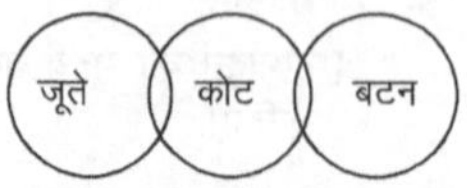

अतः केवल निष्कर्ष II अनुसरण करता है।

3. (a)

अतः केवल निष्कर्ष I अनुसरण करता है।

4. (b)

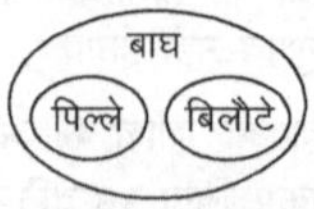

अतः केवल निष्कर्ष II अनुसरण करता है।

5. (b)

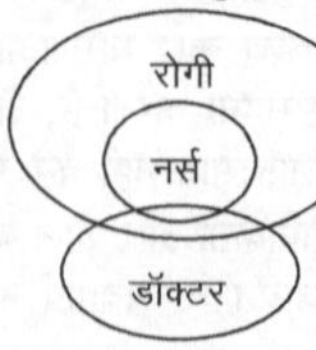

अतः केवल निष्कर्ष II अनुसरण करता है।

6. (a)

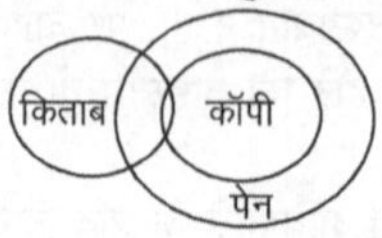

अतः केवल निष्कर्ष III अनुसरण करता है।

7. (a)

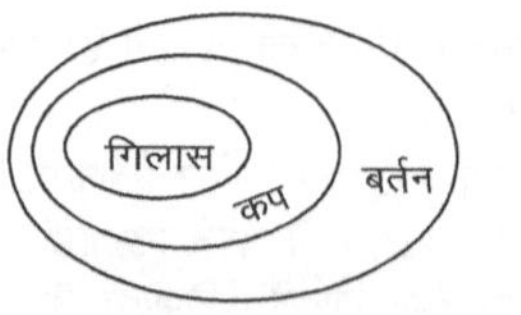

अतः केवल निष्कर्ष I अनुसरण करता है।

8. (b)

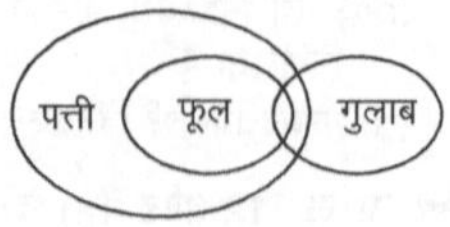

अतः केवल निष्कर्ष I अनुसरण करता है।

9. (b)

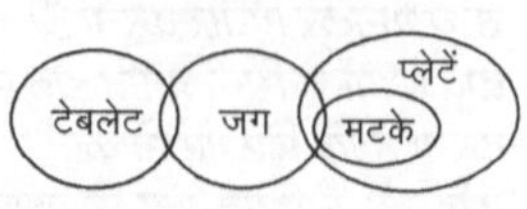

अतः केवल निष्कर्ष I अनुसरण करता है।

10. (c)

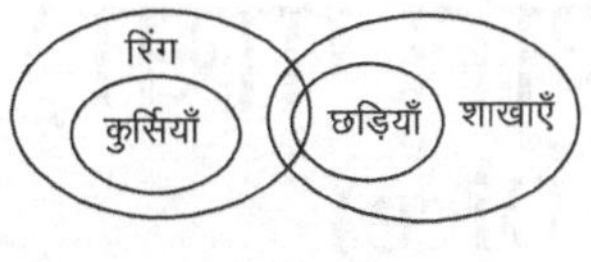

अतः केवल निष्कर्ष II अनुसरण करता है।

11. (a) कथनानुसार,

निष्कर्ष I. × II. ✓

उपरोक्त से स्पष्ट है कि केवल निष्कर्ष II निकलता है।

12. (a) कथनानुसार,

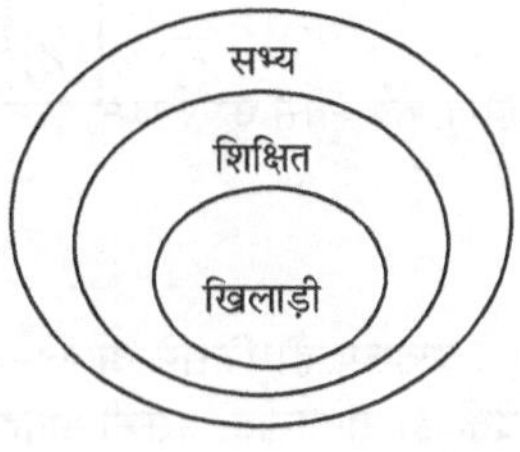

निष्कर्ष I. ✓ II. ×

अतः उपरोक्त से स्पष्ट है कि केवल निष्कर्ष I निकलता है।

13. (a) कथनानुसार,

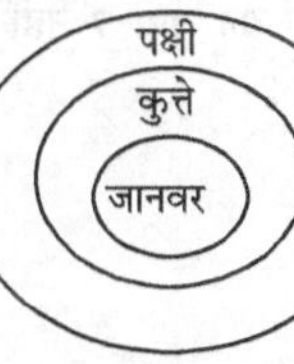

निष्कर्ष I. ✓ II. ×

अतः उपरोक्त से स्पष्ट है कि केवल निष्कर्ष I निकलता है।

14. (d) कथन से यह स्पष्ट है कि सामाजिक कार्य का अनुभव होने की शर्त को माफ किया जा सकता है अतः कुछ छात्रों को सामाजिक कार्य का अनुभव होगा जबकि कुछ को नहीं।

अतः निष्कर्ष I और II दोनों निकलते हैं।

15. (b) कथन से यह बात झलकती है कि नैतिकता और शील की अवधारणाएँ जीवन में व्यवहार्य नहीं हैं और इसलिए इन्हें छोड़कर ही समृद्ध हुआ जा सकता है तथा इस दुनिया में रहा जा सकता है, जबकि कथन से निष्कर्ष I नहीं निकलता है।

16. (a) कथन से यह स्पष्ट है कि अधिकारी के प्रति निष्ठा महत्त्वपूर्ण मानी जाती है, अतः केवल निष्कर्ष I निकलता है।

17. (c) कथन से न तो यह पता चलता है कि बलपूर्वक पढ़ाई की रुचि जगाई जा सकती है और न ही यह कि कुछ छात्र कालान्तर में पढ़ने में रुचि विकसित कर लेंगे, न तो I और न ही II निकालता है।

18. (c) निष्कर्ष I के बारे में कथन से नहीं कहा जा सकता है क्योंकि कथन में इच्छा की बात कही गई है न कि विकल्पों की। निष्कर्ष II भी कथन से सम्बन्धित नहीं है।

19. (c) कथन से न ही यह निष्कर्ष निकाला जा सकता है कि उचित ढंग से व्यवहार न करने वाले छात्रों को हटा दिया जाना चाहिए और न ही यह कि कठोर अनुशासन छात्रों के व्यवहार में सुधार नहीं लाता है।

20. (c) कथनानुसार, न तो निष्कर्ष I न ही निष्कर्ष II निकाला जा सकता है।

21. (d) कथन में मूल्य और गुणवत्ता दोनों को महत्त्वपूर्ण बताया गया है। अतः कथन से दोनों निष्कर्ष निकलेंगे।

22. (b) कथनानुसार, केवल निष्कर्ष II निकलता है।

23. (c) दिए गए कथन में दोनों पूर्वानुमान अन्तर्निहित हैं। चूँकि विवाद 350 वर्ष लम्बा है अतः यह समस्याएँ ऐसी हैं जिनका हल लम्बें समय में होगा।

24. (d) समस्याएँ प्रयास करने से हल होती हैं न कि प्रार्थना मात्र से एवं प्रभु प्रार्थना मानव का परम पुनीत कर्त्तव्य अवश्य है परन्तु यह दिए गए कथन में अन्तर्निहित नहीं है अतः न पूर्वानुमान I और न ही II प्रदत्त कथन में अन्तर्निहित है।

25. (a) शिक्षा का प्रभाव व्यक्ति के जीवन मूल्यों पर अवश्य पड़ता है परन्तु अशिक्षित व्यक्ति के कोई जीवन मूल्य नहीं होंगे ऐसा कहना अनुचित है एवं प्रदत्त कथन से साम्य स्थापित कर पाने में असमर्थ है अतः प्रदत्त कथन में मात्र पूर्वानुमान I अन्तर्निहित है।

26. (c) निर्वाह व्यय से यहाँ तात्पर्य किसी व्यक्ति द्वारा स्वयं पर जीवन निर्वाह हेतु किए गए औसत व्यय से है। निर्वाह व्यय की वृद्धि में मूल्य वृद्धि एवं वस्तुओं की सहज उपलब्धता दोनों महत्त्वपूर्ण भूमिका निभाते हैं अतः प्रदत्त कथन में पूर्वानुमान I एवं II दोनों ही अन्तर्निहित हैं।

27. (a) पूर्वानुमान I से प्रदत्त कथन स्पष्ट परिलक्षित हो रहा है परन्तु पूर्वानुमान II की विषयवस्तु का प्रतिबिम्ब प्रदत्त कथन में स्पष्ट रूप से नहीं हो रहा है।

28. (a) विवाह पश्चात् व्यक्ति की निजी पहचान समाप्त हो जाती है ऐसा प्रदत्त कथन में स्पष्ट रूप से उल्लिखित है परन्तु विवाहित या अविवाहित व्यक्ति से सन्तुष्टि के सन्दर्भ में कथन में जानकारी का अभाव है। अतः मात्र पूर्वानुमान I ही प्रदत्त कथन में अन्तर्निहित है।

29. (c) स्पष्टतः दोनों पूर्वानुमान कथन में निहित हैं। भ्रष्ट लोगों के विरुद्ध सरकार ही कार्यवाही कर सकती है। भ्रष्टाचार से प्रगति बाधित होती है।

30. (b) सरल होने के कारण अभियन्ता बनने की अनिच्छा व्यक्ति के कठिन लक्ष्य को प्राप्त करने की इच्छा का परिचायक है अतः पूर्वानुमान II कथन में अन्तर्निहित है।

14 स्थान दृश्यावलोकन (घन और पासा)
Spatial Visualization (Cube and Dice)

किसी त्रिविमीय आकृति के प्रत्येक फलक का विश्लेषण कर उसके विशिष्ट लक्षणों को पहचानने की योग्यता 'स्थान दृश्यावलोकन' कहलाती है। स्थान दृश्यावलोकन के अन्तर्गत पासा तथा घन पर आधारित प्रश्न पूछे जाते है। इस परीक्षण के अन्तर्गत किसी पासे के विपरीत फलक या पासे के प्रसार रूप या किसी घन को रंगीन कर उसकी विभिन्न सतहों पर आधारित प्रश्न पूछे जाते हैं।

स्थान दृश्यावलोकन पर आधारित प्राय: दो प्रकार के प्रश्न पूछे जाते हैं

1. घन पर आधारित
2. पासे पर आधरित

घन पर आधारित

घन एक त्रिविमीय आकृति है, जिसमें छ: सतहें, आठ शीर्ष तथा बारह कोरे होती हैं। **जैसे** ABCDEFGH एक घन है।

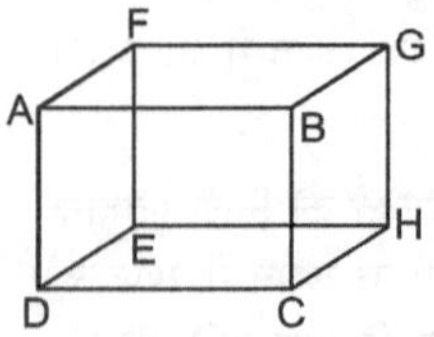

(i) A B C D ⟵ सामने की सतह ⎤ विपरीत
(ii) E F G H ⟵ पीछे की सतह ⎦

(iii) A B G F ⟵ ऊपर की सतह ⎤ विपरीत
(iv) D C H E ⟵ नीचे की सतह ⎦

(v) A D E F ⟵ बाईं सतह ⎤ विपरीत
(vi) B C H G ⟵ दाईं सतह ⎦

घन के आस-पास की सतहें आसन्न तथा आमने-सामने की सतहें सम्मुख सतह कहलाती हैं। इस पर आधारित प्रश्नों में एक या एक से अधिक रंगों से रंगा हुआ घन दिया जाता है, जिसे बराबर आयतन के छोटे-छोटे भाग में विभाजित कर, रंगीन घनों की संख्या पर आधारित प्रश्न पूछे जाते हैं। घन पर आधारित प्रश्न प्राय: किसी बड़े रंगीन घन के टुकड़ों पर आधारित होते हैं, *जिन्हें सुगमतापूर्वक हल करने हेतु निम्नलिखित जानकारी आवश्यक हैं*

किसी रंगीन घन को छोटे घनों में तोड़ने पर, $n = \frac{\text{बड़े घन की भुजा}}{\text{छोटे घन की भुजा}}$

कुल घनों की संख्या = n^3

रंगहीन फलक वाले घनों की संख्या = $(n-2)^3$

एक रंगीन फलक वाले घनों की संख्या = $(n-2)^2 \times 6$

दो रंगीन फलक वाले घनों की संख्या = $(n-2) \times 12$

तीन रंगीन फलक वाले घनों की संख्या = 8

उदाहरण 1 एक घन के प्रत्येक फलक को अलग-अलग रंग से रंगा गया है। सबसे नीचे की ओर लाल रंग तथा सबसे ऊपर की ओर सफेद रंग है। हरा, पीला, नीला और जामुनी रंग घन के क्रमश: चारों फलकों पर दक्षिणावर्त दिशा में रंगा गया है। जब पीले फलक को सबसे नीचे की ओर किया जाता है, तो सबसे ऊपर की ओर कौन-सा रंग होगा?

(a) हरा (b) जामुनी
(c) लाल (d) नीला

हल *(b)*

माना एक घन (ABCDEFGH) को प्रत्येक फलक निम्नवत् रंगों से रंगा गया है

फलक ABCD का रंग = लाल
फलक EFGH का रंग = सफेद (विपरीत)
फलक ABFE का रंग = हरा
फलक ADHE का रंग = पीला
फलक DCGH का रंग = नीला
फलक BCGF का रंग = जामुनी

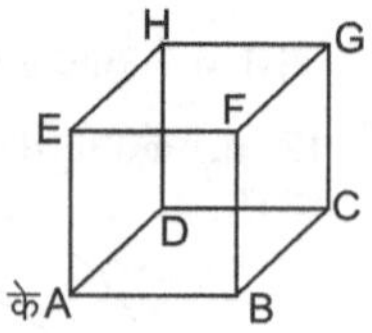

फलक ADHE (पीला) का विपरीत फलक = फलक (BCGF) (जामुनी)

अत: जब पीला फलक सबसे नीचे होगा, तब सबसे ऊपर के फलक का रंग जामुनी होगा।

पासे पर आधारित

सामान्य शब्दों में पासा, घन का ही एक प्रतिरूप है। जिसमें आमने-सामने की सतहें कभी भी एकसाथ नहीं दिखाई देती हैं। सामान्यत: इसकी सतहों पर 1 से 6 तक के अंक या कुछ चिह्न अंकित होते हैं।

अंकों के आधार पर पासे को हम दो भागों में विभाजित कर सकते हैं

(i) सामान्य पासा (ii) मानक पासा

सामान्य पासा

इस तरह के पासे की विपरीत सतहों के अंकों का योग 7 नहीं होता है बल्कि निकटवर्ती सतहों के अंकों का योग 7 होता है।

जैसे

$2+5=7$

अत: दिया गया पासा एक सामान्य पासा है।

अत: इसमें यदि 2 के विपरीत सतह का अंक पूछा जाए, तो 1, 4 एवं 6 में से कोई भी एक हो सकता है।

मानक पासा

इस तरह के पासे की किसी भी दो विपरीत सतहों के अंकों का योग 7 होता है। अत: यदि दो आस-पास की सतहों का योग 7 नहीं हो, तो वह मानक पासा हो होता है।

जैसे

$1+4=5$
$4+5=9$
$1+5=6$

अत: दिया गया पासा एक मानक पासा है।

इस प्रकार के पासे में, यदि किसी भी अंक का विपरीत अंक पूछा जाए, तो उस अंक को 7 में से घटा देंगे,

अर्थात् 1 के विपरीत → 7 − 1 = 6,

2 के विपरीत → 7 − 2 = 5

उदाहरण 2 नीचे एक घन की तीन अवस्थाएँ दर्शाई गई हैं। अंक '1' के विपरीत फलक पर कौन-सा अंक आएगा?

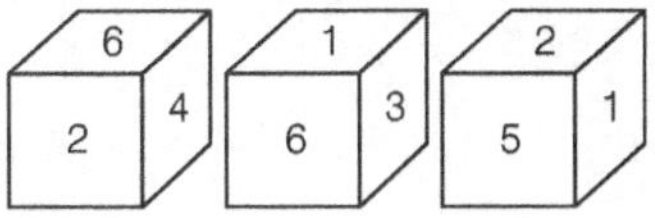

(a) 2 (b) 3 (c) 4 (d) 6

हल *(c)* 1 के संलग्न संख्याएँ = 6, 3, 5 व 2

अतः शेष संख्या 4, 1 के विपरीत होगी।

अभ्यास प्रश्न

घन पर आधारित

1. एक घन को 125 बराबर भागों में विभाजित किया गया है। इस विभाजन से प्राप्त छोटे घनों की भुजा 3 सेमी है। बड़े घन की भुजा क्या रही होगी?

(a) 5 सेमी (b) 10 सेमी
(c) 12 सेमी (d) 15 सेमी

2. एक घन की भुजा 2 सेमी है। इसे 0.5 सेमी भुजा वाले छोटे घनों मे विभाजित किया गया है। इस प्रकार कितने घन प्राप्त होंगे?

(a) 20 (b) 64 (c) 8 (d) 100

3. 1 सेमी भुजा के 64 घनों को सजाकर एक बड़ा घन तैयार किया गया। इस व्यवस्था में कितने ऐसे घन होंगे, जिनकी कोई भी सतह बाहर से नहीं दिखाई देगी?

(a) 27 (b) 1 (c) 9 (d) 8

4. 25 सेमी भुजा के एक रंगीन घन को 5 सेमी भुजा के छोटे घनों में विभाजित किया गया। कितने छोटे घन ऐसे प्राप्त होंगे, जिनकी कम-से-कम दो सतहें अवश्य रंगीन होंगी?

(a) 50 (b) 44 (c) 36 (d) 8

5. एक घन को इस प्रकार से रंगना है कि साथ लगने वाली भुजाओं का रंग एक जैसा न हो, इसके लिए कम-से-कम कितने रंगों की आवश्यकता होगी?

(a) 3 (b) 4 (c) 6 (d) 2

6. एक इंच किनारे वाली लकड़ी के छोटे घनों को एकसाथ रखकर तीन इंच किनारे वाला एक ठोस घन बनाया गया। इस बड़े घन को बाहर की ओर से पूर्ण रूप से लाल रंग से रंगा गया। जब बड़े घन को मूल छोटे घनों में खण्डित किया गया, तो कितने घनों पर कोई रंग नहीं होगा?

(a) 0 (b) 1 (c) 3 (d) 4

7. एक इंच किनारे वाली लकड़ी के छोटे घनों को एकसाथ रखकर तीन इंच किनारे का एक ठोस घन बनाया गया है। फिर उस बड़े घन पर बाहर सब ओर लाल पेन्ट कर दिया गया। जब बड़े घन को मूल छोटे घनों में तोड़ा गया, तो कितने घन होंगे जिनकी दो सतहों पर लाल पेन्ट होगा?

(a) 12 (b) 10 (c) 8 (d) 7

8. नीचे दी गई आकृति में घनों की संख्या है

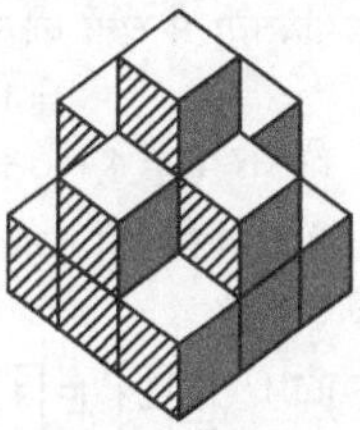

(a) 10 (b) 15 (c) 14 (d) 13

पासे पर आधारित

9.

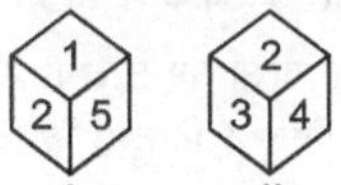

I II

ऊपर दर्शाए गए पासे की स्थिति में बाईं ओर स्थित पासे की निचली सतह पर कौन-सा अंक अंकित है?

(a) 4 (b) 6 (c) 3 (d) 8

10. नीचे एक पासे की दो स्थितियाँ दर्शाई गई हैं। जब 3 बिन्दु नीचे हों, तो ऊपर कितने बिन्दु होंगे?

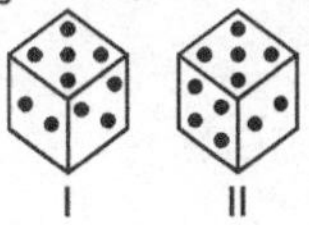

I II

(a) 6 (b) 1 (c) 4 (d) 2

11.

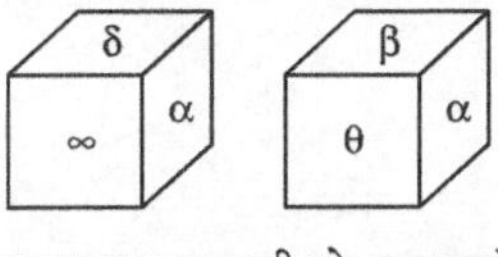

ऊपर एक घन की दो अवस्थाएँ दर्शाई गई हैं। प्रत्येक चिन्ह '∞' विपरीत फलक पर कौन-सा प्रतीक चिह्न आएगा?

(a) δ (b) θ
(c) β या θ (d) β

12.

3 की विपरीत सतह का अंक होगा

(a) 1 (b) 4 (c) 5 (d) 6

13. एक पासे के छः फलकों के नाम क्रमशः Y, R, B, I, P व J हैं, जिन्हें देखकर बताएँ कि R की विपरीत सतह पर कौन-सा अक्षर है?

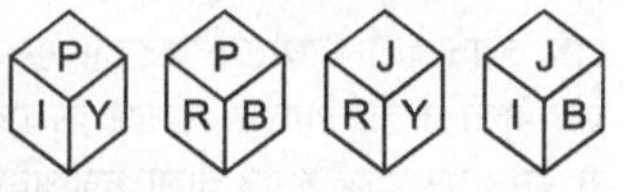

(a) B (b) Y (c) I (d) P

14. नीचे एक प्रसार चित्र दर्शाया गया है, जिसे मोड़कर घन का स्वरूप देने पर, दिए गए विकल्पों के चार घनों में से कौन-सा घन बनाना सम्भव होगा?

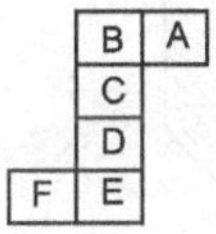

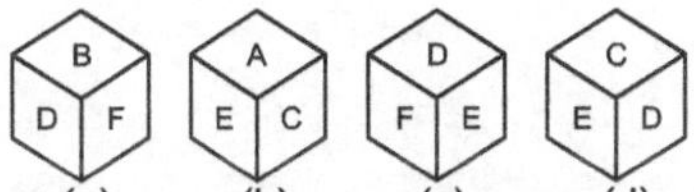

(a) (b) (c) (d)

15. प्रसार चित्र को देखकर बताएँ कि अगर इसे मोड़कर घन का स्वरूप दिया जाए, तो विकल्प के चार घनों मे से कौन-सा घन बनाना सम्भव है?

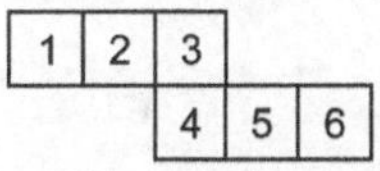

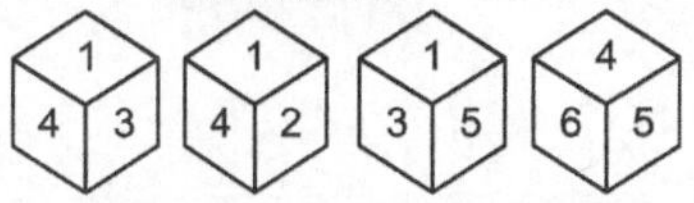

(a) (b) (c) (d)

उत्तरमाला

1 *(d)*	2 *(b)*	3 *(d)*	4 *(b)*	5 *(a)*
6 *(b)*	7 *(a)*	8 *(b)*	9 *(a)*	10 *(c)*
11 *(d)*	12 *(d)*	13 *(c)*	14 *(c)*	15 *(b)*

संकेत एवं हल

1. (d) $n = \sqrt[3]{125} = 5$

∴ बड़े घन की भुजा

$= n \times$ छोटे घन की भुजा $= 5 \times 3 = 15$ सेमी

2. (b) $n = \dfrac{2}{0.5} = 4$

∴ घनों की संख्या $= (n)^3 = (4)^3 = 64$

3. (d) ∵ $n = \sqrt[3]{64} = 4$

∴ ऐसे घन जिनकी कोई भी सतह बाहर से दिखाई नहीं देगी $= (n-2)^3 = (4-2)^3 = 8$

4. (b) $n = \dfrac{25}{5} = 5$ कम-से-कम दो सतह रंगीन वाले घनों की संख्या में तीन रंगीन सतहों वाले घन भी आ जाएँगे।

∴ कम-से-कम दो सतह रंगीन वाले घनों की संख्या = दो सतह रंगीन वाले घनों की संख्या + तीन सतह रंगीन वाले घनों की संख्या

$= (5-2) \times 12 + 8 = 44$

5. (a) प्रश्नानुसार, घन को इस प्रकार से रंगना है कि साथ लगने वाली अर्थात् निकटवर्ती भुजाओं का रंग एक जैसा न हो। विपरीत फलकों को एक जैसे रंग से रंगने पर साथ लगने वाली भुजाओं का रंग एक जैसा नहीं होगा। हम जानते हैं कि, तीन विपरीत फलक होते हैं, इसलिए हमें तीन रंगों की आवश्यकता होगी।

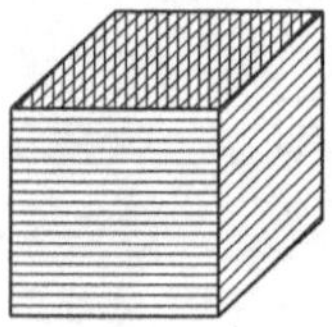

6. (b) हम जानते हैं कि, अन्तःकेन्द्रीय घनों की एक भी सतह रंगीन नहीं होती है। अन्तः केन्द्रीय घनों की संख्या $= (n-2)^3$

$= (3-2)^3$ $\left[\text{यहाँ, } n = \dfrac{3}{1} = 3\right]$

$= (1)^3 = 1$

7. (a) यहाँ $n = \dfrac{3}{1} = 3$

∴ अभीष्ट घनों की संख्या $= (n-2) \times 12$

$= (3-2) \times 12$

$= 1 \times 12 = 12$

8. (b) 1 घन वाली पंक्तियों में घनों की संख्या

$= 4 \times 1 = 4$

2 घन वाली पंक्तियों में घनों की संख्या

$= 4 \times 2 = 8$

3 घन वाली पंक्तियों में घनों की संख्या

$= 1 \times 3 = 3$

∴ कुल घनों की संख्या $= 4 + 8 + 3 = 15$

9. (a) पासे की स्थितियों को उभयनिष्ठ संख्या से दक्षिणावर्त लिखने पर,

	उभयनिष्ठ	विपरित	विपरित
स्थिति I	2	1	5
स्थिति II	2	4	3

अतः स्पष्ट है, कि पहले पासे में ऊपर अंक 1 है, तो नीचे की सतह पर अंक 4 होगा।

10. (c) दोनों ही पासों पर 5 तथा 2 बिन्दु विद्यमान है। अतः तीसरा बिन्दु 4 बिन्दु 3 के विपरीत होगा।

11. (d) पासे की स्थितियों को दक्षिणावर्त लिखने पर,

	उभयनिष्ठ	विपरित	विपरित
स्थिति I	α	∞	δ
स्थिति II	α	θ	β

अतः उपरोक्त से स्पष्ट है, कि δ की विपरीत सतह पर प्रतीक β वाली सतह होगी।

12. (d) 3 के संलग्न संख्या = 1, 5, 2 व 4

अतः शेष संख्या 6, 3 के विपरीत होगी।

13. (c) R के संलग्न अक्षर = P, B, J व Y

अतः शेष अक्षर I, R के विपरीत होगा।

14. (c)

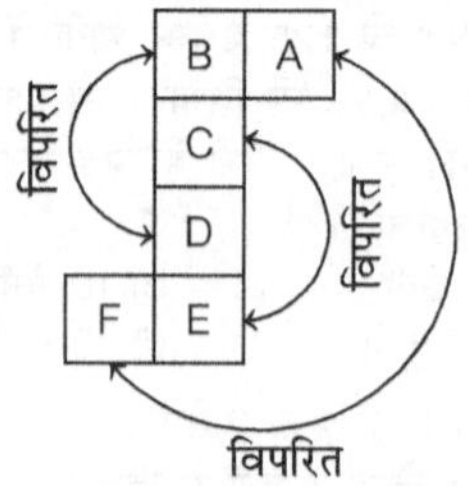

प्रसार चित्र के अनुसार, A के विपरीत F, B के विपरीत D, C के विपरीत E है। अतः विकल्प (a), (b) और (d) में दर्शाया गया पासा सम्भव नहीं है। क्योंकि इनमें विपरीत फलकों को संलग्न दिखाया गया है।

15. (b) इसमें 1 के विपरीत 3,

2 के विपरीत 5,

4 के विपरीत 6,

अतः केवल विकल्प (b) में दिया गया पासा सम्भव है।

15 आकृति सादृश्यता
Figure Analogy

किसी आकृति का किसी अन्य आकृति में किसी भी प्रकार से निहित समानता 'आकृति सादृश्यता' कहलाती है। अन्य शब्दों में आकृति सादृश्यता है हमारा तात्पर्य दो आकृतियों या अवयवों की समानता है।

इस प्रकार के प्रश्नों में प्रश्न के बाईं ओर समस्या या प्रश्न आकृतियों की दो आकृतियाँ दी जाती हैं।

उन दो समस्या आकृतियों में किसी-ने-किसी प्रकार का आपसी सम्बन्ध अवश्य होता है। अभ्यर्थी को इसी सम्बन्ध को पहचान कर समस्या या प्रश्न आकृति के सम्बन्ध में प्रश्नवाचक चिन्ह (?) वाले स्थान के लिए उत्तर-आकृतियों में से उपयुक्त आकृति का चयन करना होता है। आकृतियों के बीच सम्बन्द्धता निम्न प्रकार से हो सकती है

1. आकृति की संख्या में वद्धि/कमी
2. भुजाओं की संख्या में वृद्धि/कमी
3. आकार के आधार पर
4. दर्पण प्रतिबिम्ब के आधार पर जल प्रतिबिम्ब
5. आकृतियों के घूर्णन के आधार पर

प्रकार 1 आकृतियों के बीच आकार का सम्बन्ध

उदाहरण 1 प्रश्न आकृतियाँ

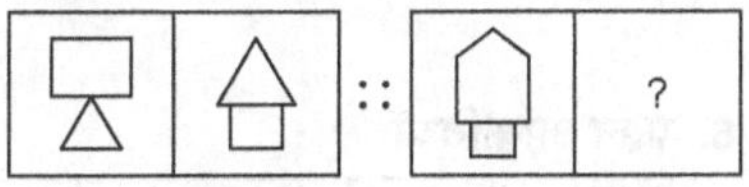

(i) (ii) (iii) (iv)

उत्तर आकृतियाँ

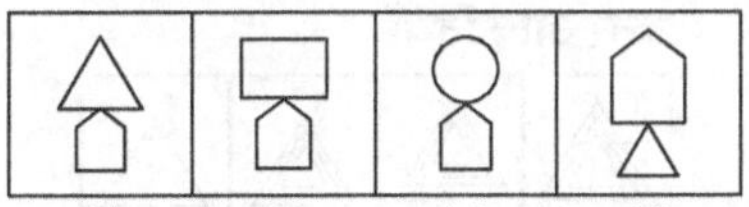

(a) (b) (c) (d)

हल (b) पहली से दूसरी आकृति में बड़ा चतुर्भुज छोटा होकर नीचे जुड़ जाता है और नीचे का छोटा त्रिभुज आकृति दो में ऊपर बड़ा हो रहा है। इसी प्रकार आकृति तीन से चौथी में पंचभुज छोटा होकर नीचे जाएगा तथा चतुर्भुज ऊपर बड़ा होगा, जैसा कि विकल्प (b) में प्रदर्शित है।

प्रकार 2 आकृतियों के बीच भुजाओं के घटने व बढ़ने का सम्बन्ध

उदाहरण 2 प्रश्न आकृतियाँ

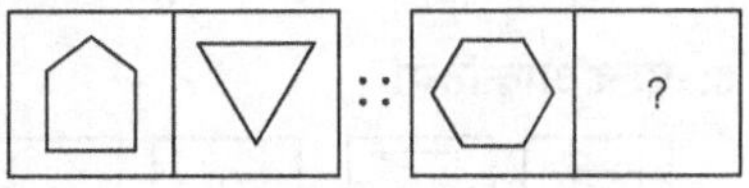

(i) (ii) (iii) (iv)

उत्तर आकृतियाँ

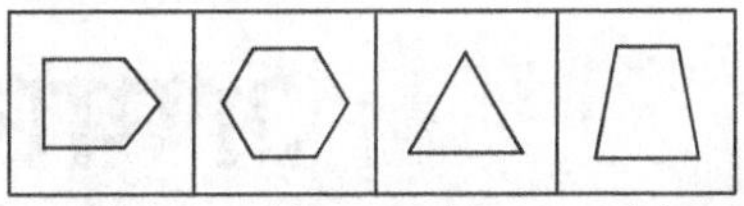

(a) (b) (c) (d)

हल (d) प्रश्न आकृति के पहले भाग की पहली आकृति में पाँच भुजाएँ हैं, जबकि दूसरी आकृति में तीन। स्पष्ट है कि दो भुजाओं की कमी हो रही है। इसी प्रकार दूसरे भाग की पहली आकृति में छः भुजाएँ हैं। अतः प्रश्नवाचक चिन्ह (?) के स्थान पर उत्तर आकृति (d) आएगी।

प्रकार 3 दर्पण अथवा जल प्रतिबिम्ब के अनुसार परिवर्तन

उदाहरण 3 प्रश्न आकृतियाँ

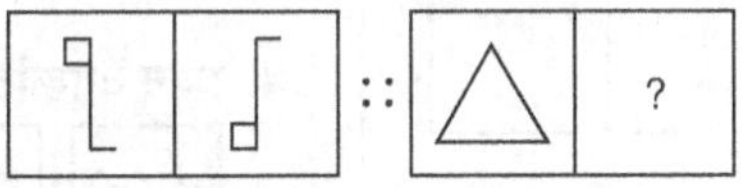

(i) (ii) (iii) (iv)

उत्तर आकृतियाँ

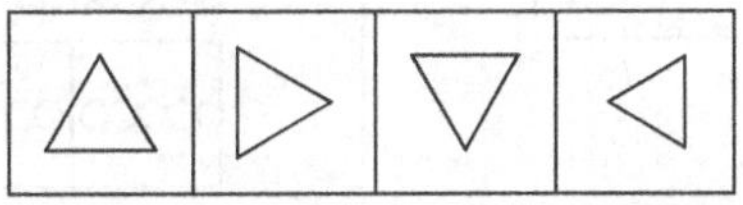

(a) (b) (c) (d)

हल (c) पहले भाग की पहली आकृति का जल प्रतिबिम्ब दूसरी आकृति है। इसी प्रकार, दूसरे भाग की पहली आकृति का जल प्रतिबिम्ब विकल्प (c) में स्थित है।

प्रकार 4 आकृतियों के बीच कटाव एवं जुड़ाव का सम्बन्ध

उदाहरण 4 प्रश्न आकृतियाँ

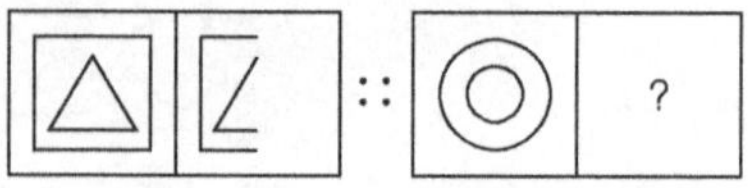

(i) (ii) (iii) (iv)

उत्तर आकृतियाँ

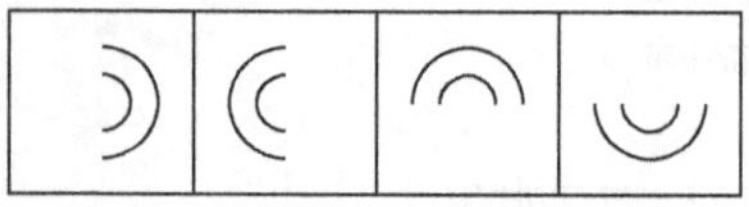

(a) (b) (c) (d)

हल (b) पहले भाग की पहली आकृति दाईं ओर से आधी कटकर नया रूप लेती है। इसी प्रकार दूसरी भाग की पहली आकृति दाईं ओर से आधी कटने के पश्चात् विकल्प (b) में स्थित आकृति के समान हो जाएगी।

प्रकार 5 आकृतियों में दोगुनी आकृति का सम्बन्ध

उदाहरण 5 प्रश्न आकृतियाँ

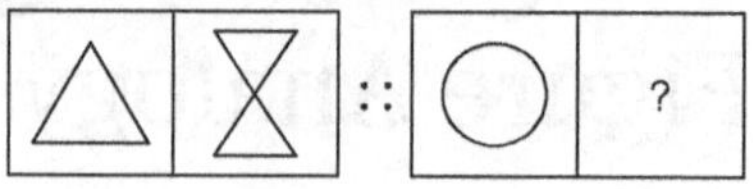

(i) (ii) (iii) (iv)

उत्तर आकृतियाँ

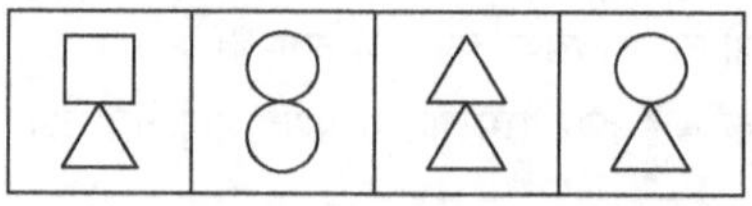

(a) (b) (c) (d)

हल (b) पहले भाग की पहली आकृति का त्रिभुज दूसरी आकृति में दोगुना हो जाता है। इसी प्रकार दूसरे भाग की पहली आकृति का वृत्त दूसरी आकृति में दोगुना हो जाएगा।

अभ्यास प्रश्न

सादृश्यता

निर्देश (प्र.सं. 1-10) *निम्नलिखित प्रश्न में प्रत्येक की दो प्रश्न आकृतियों में एक विशेष सम्बन्ध है। उत्तर आकृतियों में से एक आकृति को प्रश्नवाचक चिह्न (?) के स्थान पर चुनिए जिसका तीसरी प्रश्न आकृति के साथ वही सम्बन्ध रहे।*

1. प्रश्न आकृतियाँ

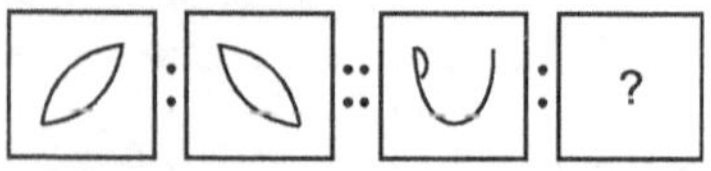

उत्तर आकृतियाँ

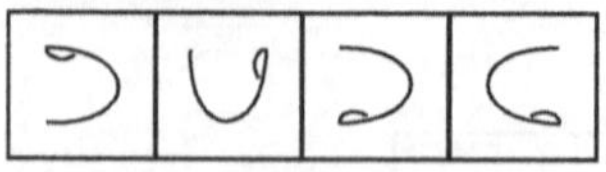

(a) (b) (c) (d)

2. प्रश्न आकृतियाँ

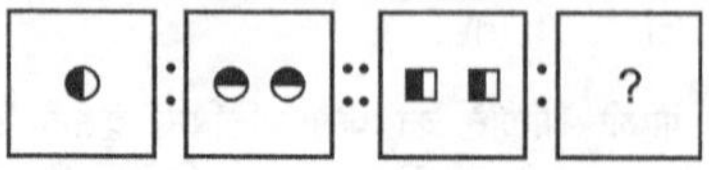

उत्तर आकृतियाँ

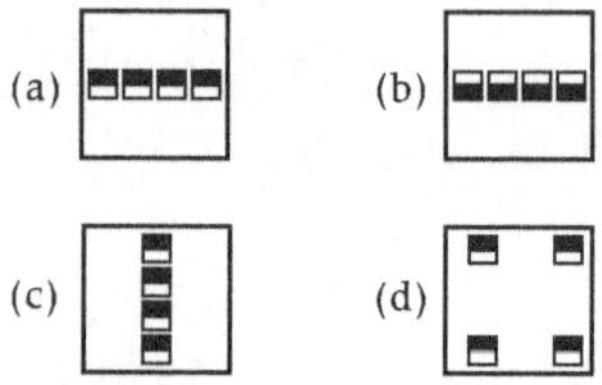

3. प्रश्न आकृतियाँ

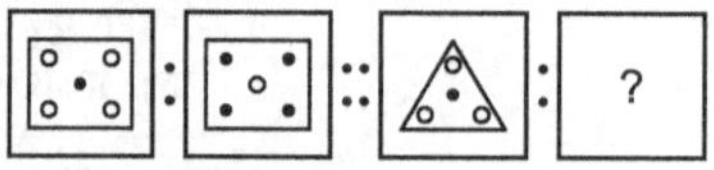

उत्तर आकृतियाँ

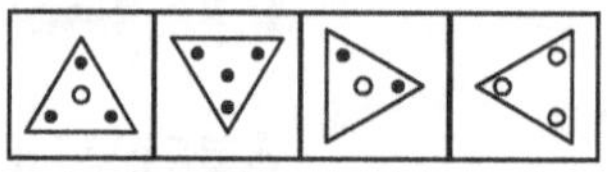

(a) (b) (c) (d)

4. प्रश्न आकृतियाँ

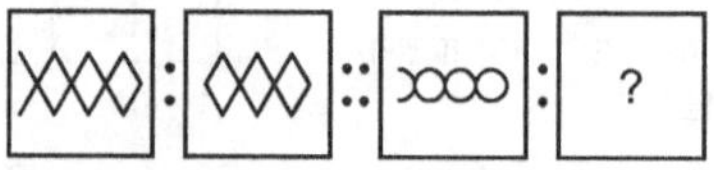

उत्तर आकृतियाँ

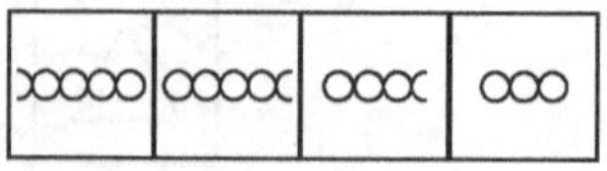

(a) (b) (c) (d)

5. प्रश्न आकृतियाँ

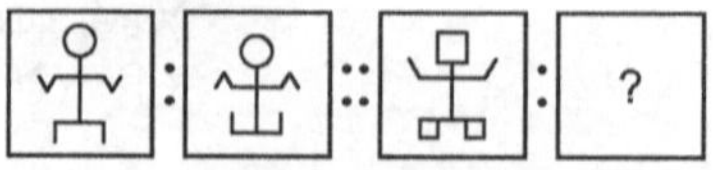

उत्तर आकृतियाँ

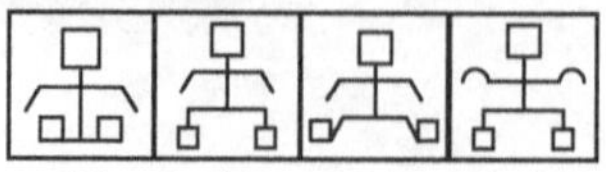

(a) (b) (c) (d)

6. प्रश्न आकृतियाँ

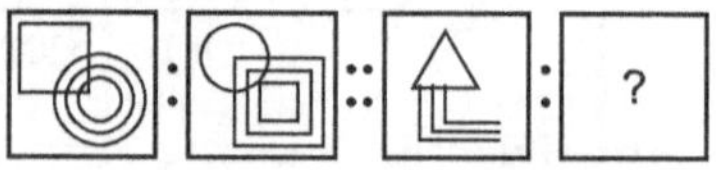

उत्तर आकृतियाँ

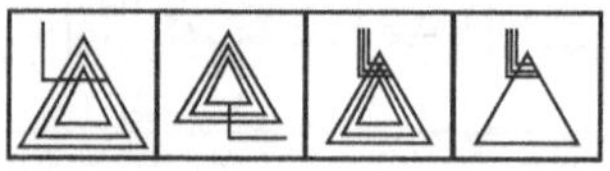

(a) (b) (c) (d)

7. प्रश्न आकृतियाँ

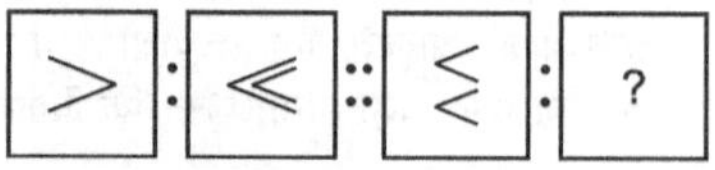

उत्तर आकृतियाँ

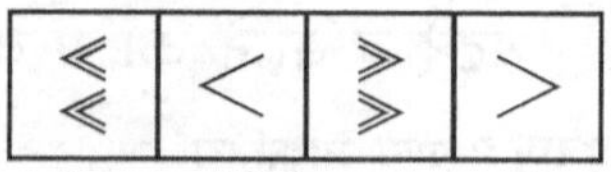

(a) (b) (c) (d)

8. प्रश्न आकृतियाँ

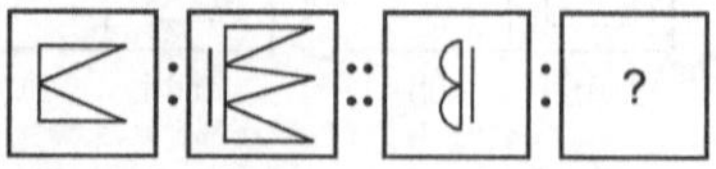

उत्तर आकृतियाँ

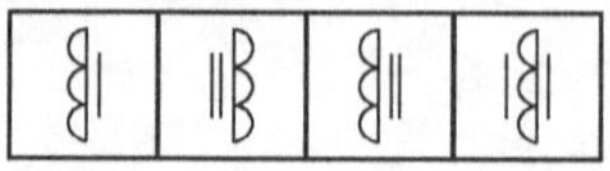

(a) (b) (c) (d)

9. प्रश्न आकृतियाँ

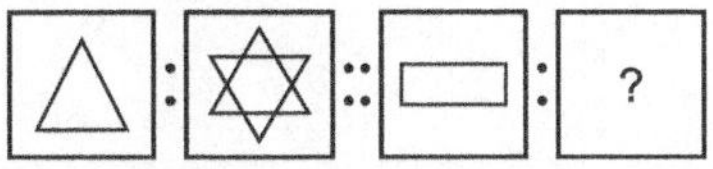

उत्तर आकृतियाँ

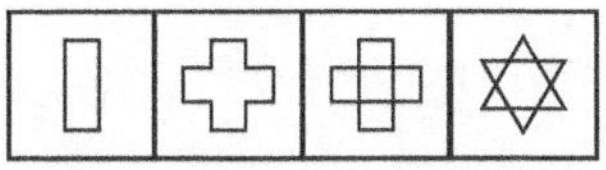

(a) (b) (c) (d)

10. प्रश्न आकृतियाँ

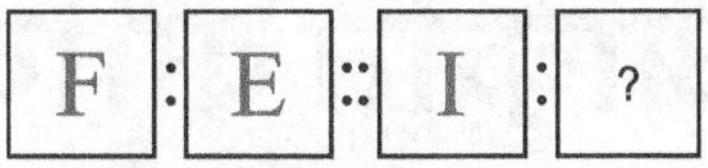

उत्तर आकृतियाँ

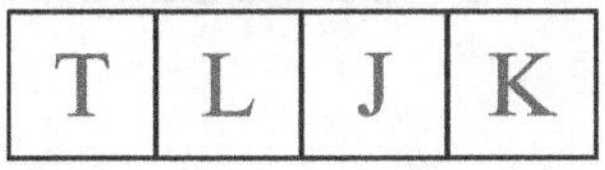

(a) (b) (c) (d)

उत्तरमाला

1	(b)	2	(a)	3	(a)	4	(d)	5	(a)
6	(d)	7	(c)	8	(c)	9	(c)	10	(b)

संकेत एवं हल

1. (b) दूसरी आकृति पहली आकृति की दर्पण आकृति है।

2.(a) आकृति 90° दक्षिणावर्त घूम जाती है और आकृति का दोगुना हो जाता है।

3. (a) मुख्य आकृति के अन्दर दिए गए काले बिन्दु सफेद में तथा सफेद बिन्दु काले में बदल जाते हैं।

4. (d) मूल आकृति में बने समान रूप वाली डिजाइनों में एक छोर पर जुड़ी आधी डिजाइन लुप्त हो जाती है।

5. (a) मुख्य आकृति के साथ जुड़े हाथ और पैर ऊपर के नीचे तथा नीचे के ऊपर की ओर हो जाते हैं।

6. (a) प्रश्न आकृति का ध्यानपूर्वक अवलोकन करने पर स्पष्ट होता है कि दोनों आकृतियाँ आपस में अपना स्थान बदल लेती है। एक डिजाइन वाली आकृति तीन डिजाइन में बदल जाती है और तीन डिजाइन वाली आकृति एक डिजाइन वाली आकृति में बदल जाती है।

7. (c) प्रश्न आकृति के प्रथम युग्म की पहली आकृति को उल्टा कर दोगुना कर देने से दूसरी आकृति प्राप्त होती है। ठीक यही सम्बन्ध दूसरे युग्म की पहली आकृति के साथ लागू करने पर विकल्प (c) की आकृति प्राप्त होती है।

8. (c) प्रथम युग्म की पहली आकृति से दूसरी आकृति में डिजाइनों की संख्या में एक की वृद्धि हो जाती है और एक रेखाखण्ड आधार की ओर जुड़ जाता है। इसी प्रकार, द्वितीय युग्म की पहली से दूसरी आकृति में अर्द्धवृत्तों की संख्या तीन हो जाएगी और आधार की ओर दो रेखाखण्ड हो जाएँगे।

9. (c) जिस प्रकार प्रथम युग्म की पहली आकृति का डिजाइन 90° घूमकर पहले वाले डिजाइन के ऊपर आकर दूसरी आकृति बनाता है। उसी प्रकार यही सम्बन्ध दूसरे युग्म में लगाने पर उत्तर आकृति (c) प्राप्त होगी।

10. (b) जिस प्रकार F में नीचे एक रेखा की वृद्धि होने पर E प्राप्त होता है, उसी प्रकार I में नीचे एक रेखा की वृद्धि होने पर L प्राप्त होगा।

16 आकृति वर्गीकरण
Figure Classification

आकृति वर्गीकरण से हमारा तात्पर्य आकृतियों के एक समूह में से किसी विशेष गुण के आधार पर भिन्न आकृति छाँटना वर्गीकरण कहलाता है।

इस अध्याय के अन्तर्गत आने वाले प्रश्नों में अभ्यर्थी को चार-चार आकृतियाँ दी गई होती हैं, जिनमें से तीन आकृतियाँ किसी-न-किसी प्रकार से एक-दूसरे से सम्बन्धित होतो हैं तथा एक आकृति उन तीनों से भिन्न है। अभ्यर्थी को इसी भिन्न आकृति का पता लगाना होता है, यही भिन्न आकृति आपके प्रश्न का उत्तर होती है। अभ्यर्थी की सुविधा हेतु कुछ उदाहरण अभ्यास हेतु दिए जा रहे हैं। इनका ध्यानपूर्वक अध्ययन कीजिए, तत्पश्चात प्रश्नों के उत्तर दीजिए।

उदाहरण 1 विषम चुनें

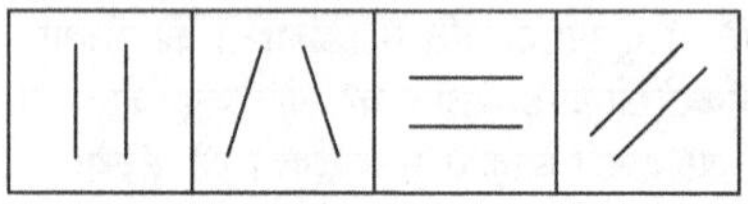

(a) (b) (c) (d)

हल (b) चारों आकृतियों में से विकल्प (b) के अतिरिक्त शेष आकृतियों में दोनों रेखाएँ समान्तर हैं जबकि आकृति (b) इससे सम्बन्धित नहीं है।

उदाहरण 2 भिन्न को छाँटिए

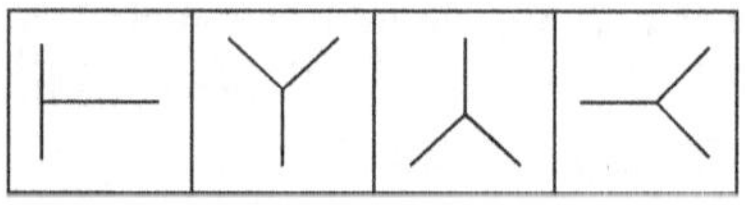

(a) (b) (c) (d)

हल (a) शेष आकृतियों में शिरे की रेखाएँ समान कोण बनाती हैं जबकि आकृति (a) में ऐसा नहीं है।

आकृतियों के बीच वर्गीकरण निम्न आधार पर होते हैं

1. रेखाओं या भुजाओं के आधार पर
2. आकृतियों की संख्या के आधार पर
3. आकृतियों के घूर्णन के आधार पर
4. बन्द एवं खुली आकृति के आधार पर
5. आकृतियों के विभाजन के आधार पर

उदाहरण 3 उस आकृति को चुनिए जो अन्य तीन से भिन्न है

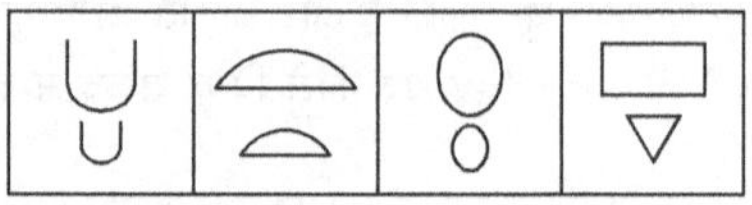

(a) (b) (c) (d)

हल (d) शेष अन्य तीन आकृतियों में दोनों अवयव (छोटा और बड़ा) समान रूप में स्थित है जबकि आकृति (d) में अवयव भिन्न हैं।

उदाहरण 4 उस आकृति को चुनिए जो अन्य तीन से भिन्न है

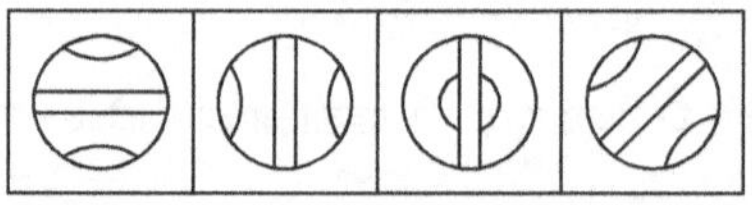

(a) (b) (c) (d)

हल (c) आकृति a, b और d में अर्द्धवृत्त रेखाओं के विपरीत बनते हैं जबकि आकृति (c) में समान दिशा में बनते हैं।

अभ्यास प्रश्न

दिशा पर आधारित

निर्देश (प्र.सं. 1-10) *निम्नलिखित प्रश्नों में दी गई आकृतियों में से उस एक आकृति को चुनिए जो अन्य से भिन्न है।*

1.

M	O	A	W

(a) (b) (c) (d)

2. 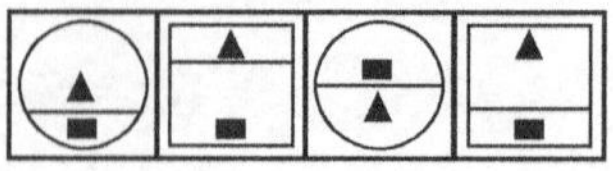

(a) (b) (c) (d)

3. 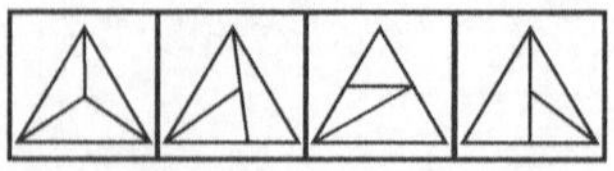

(a) (b) (c) (d)

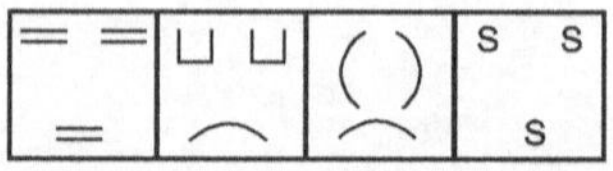

(a) (b) (c) (d)

4.
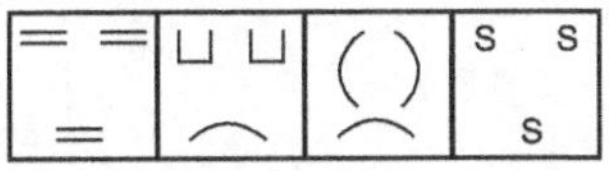
(a) (b) (c) (d)

5.
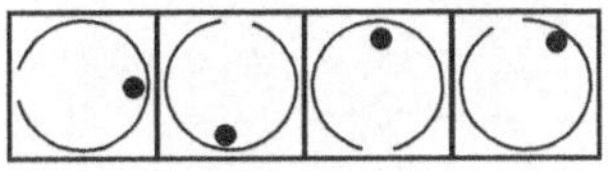
(a) (b) (c) (d)

6.
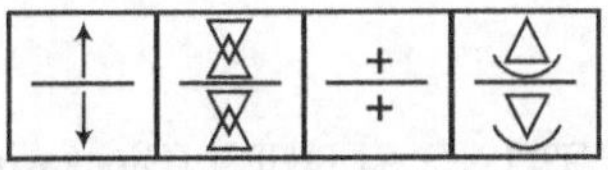
(a) (b) (c) (d)

7.
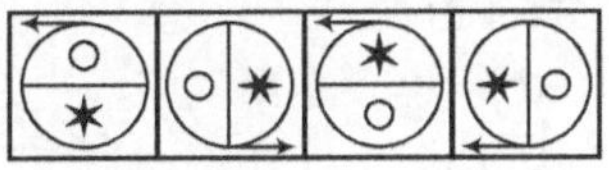
(a) (b) (c) (d)

8.
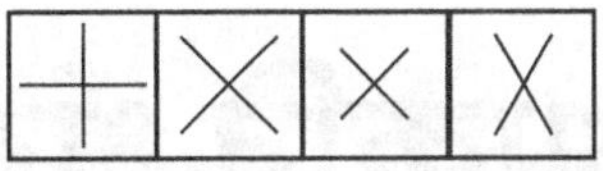
(a) (b) (c) (d)

9.
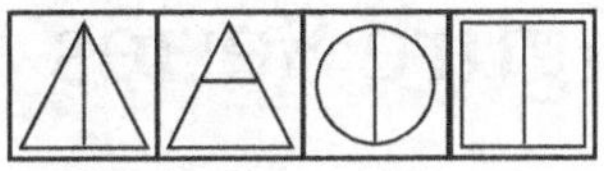
(a) (b) (c) (d)

10.
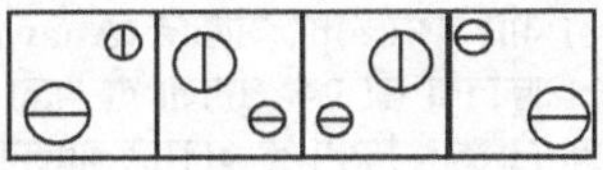
(a) (b) (c) (d)

उत्तरमाला

1	*(b)*	2	*(c)*	3	*(a)*	4	*(b)*	5	*(d)*
6	*(d)*	7	*(d)*	8	*(d)*	9	*(b)*	10	*(d)*

संकेत एवं हल

1. विकल्प (b) के अतिरिक्त सभी अक्षर सरल रेखाओं से निर्मित हैं।

2. केवल विकल्प (c) की आकृति बराबर भागों में विभाजित है।

3. केवल विकल्प (a) की आकृति में त्रिभुज बराबर तीन भागों में विभाजित है।

4. विकल्प (b) के अतिरिक्त अन्य सभी में तीनों चिह्न संरचना में एकसमान हैं।

5. केवल (d) के अतिरिक्त अन्य सभी में काला बिन्दु खुले हुए भाग के ठीक सामने है।

6. आकृति (d) के अतिरिक्त अन्य सभी आकृतियों में रेखा के ऊपर तथा नीचे की आकृति एक-दूसरे की जल प्रतिबिम्ब हैं।

7. आकृति (d) के अतिरिक्त अन्य सभी आकृतियों में तीर का निशान वामावर्त दिशा की ओर है, जबकि आकृति (d) में यह दक्षिणावर्त दिशा की ओर है।

8. आकृति (a), (b) तथा (c) की रेखाएँ परस्पर एक-दूसरे पर लम्बवत् हैं परन्तु आकृति (d) की रेखाएँ एक-दूसरे पर लम्बवत् नहीं हैं। अतः आकृति (d) अन्य आकृतियों से भिन्न है।

9. आकृति (b) के अतिरिक्त अन्य सभी आकृतियों को दो बराबर भागों में बाँटा गया है।

10. सभी आकृतियाँ दो विभिन्न आकार वाले वृत्तों से बनी हैं। प्रत्येक वृत्त के भीतर रेखा भी है। इनमें से एक रेखा लम्बवत् है, जबकि दूसरी रेखा क्षैतिज है लेकिन विकल्प (d) की आकृति में दोनों ही रेखाएँ क्षैतिज हैं।

17 आकृति श्रृंखला
Figure Series

इस अध्याय में पूछे गए प्रश्नों में दो प्रकार की आकृतियाँ दी गई रहती है। एक प्रश्न आकृति (Problem Figure) और दूसरी उत्तर आकृति (Answer Figure)। इस प्रकार के प्रश्नों में आकृतियों की एक श्रृंखला दी जाती है। इस श्रृंखला में आकृतियों का स्वरूप एक निश्चित नियम के अनुसार बदलता है। अभ्यर्थियों को परिवर्तन के इसी नियम का पता लगाना होता है। इस नियम के अनुरूप ही आकृतियों में वांछित परिवर्तन करके श्रृंखला की आकृति का पता लगाना होता है। श्रृंखला में पूछे गये प्रश्न कई प्रकार के हो सकते हैं जिनमें से कुछ प्रमुख निम्नलिखित हैं

प्रकार 1
संख्या के आधार पर

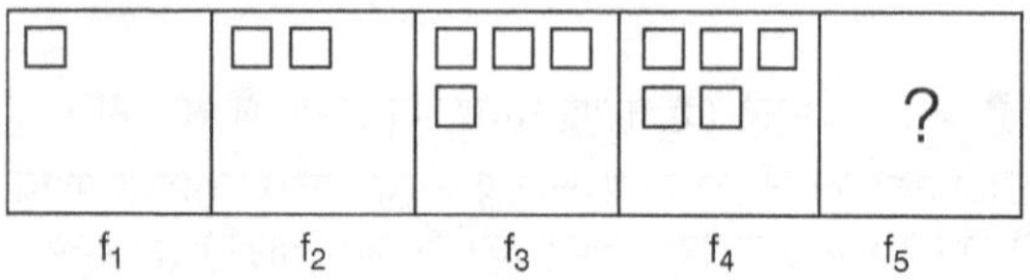

उपरोक्त श्रृंखला में,

f_1 से f_2 में आकृतियों की संख्या में वृद्धि – 1

f_2 से f_3 में आकृतियों की संख्या में वृद्धि – 2

f_3 से f_4 में आकृतियों की संख्या में वृद्धि – 1

$\therefore f_4$ से f_5 में आकृतियों की संख्या में वृद्धि – 2 →

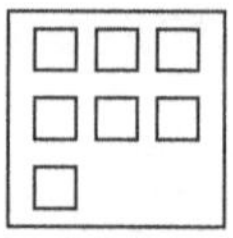

प्रकार 2
आकृतियों के रूप एवं आकार के आधार पर

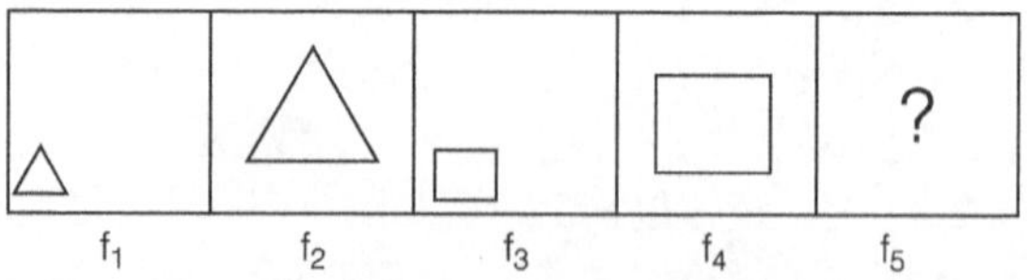

उपरोक्त श्रृंखला में f_1 से f_2 में छोटी आकृति बड़ी हो जाती है। इसी प्रकार f_3 से f_4 में छोटी से बड़ी हो रही है। तथा एक भुजा की वृद्धि हो जाती है। अब इसी प्रकार f_5 में आने वाली आकृति छोटे आकार की होगी तथा इसमें एक भुजा की वृद्धि भी हो जाएगी। अर्थात् $\longrightarrow f_5 \longrightarrow R$

$f_5 \rightarrow$ 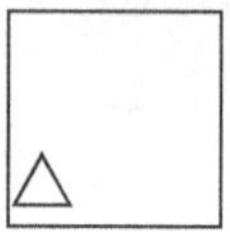

प्रकार 3
घूर्णन के आधार पर

श्रृंखला पर आधारित आकृतियों मे घूर्णन घड़ी की दिशा में (Clockwise Direction) अथवा घड़ी की विपरीत दिशा में (Anti–Clockwise Direction) दोनों दिशाओं में हो सकता है।

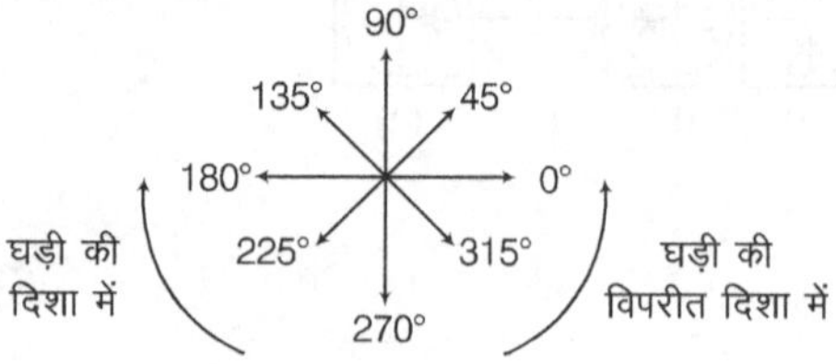

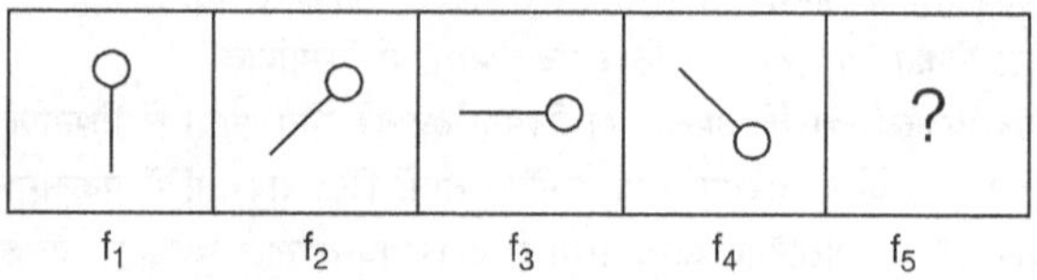

उपरोक्त श्रृंखला में आकृति घड़ी की दिशा में 45° से बढ़ रही है।

अत:

$f_5 \rightarrow$ 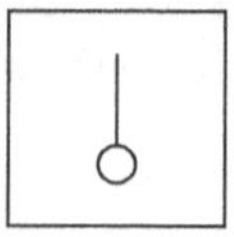

प्रकार 4
श्रृंखला की आकृतियों के जुड़ाव या विखण्डन के आधार पर

इस प्रकार की श्रृंखला की आकृतियों में अवयवों में वृद्धि अथवा कमी होती है, कभी-कभी ऐसा एक साथ भी हो सकता है।

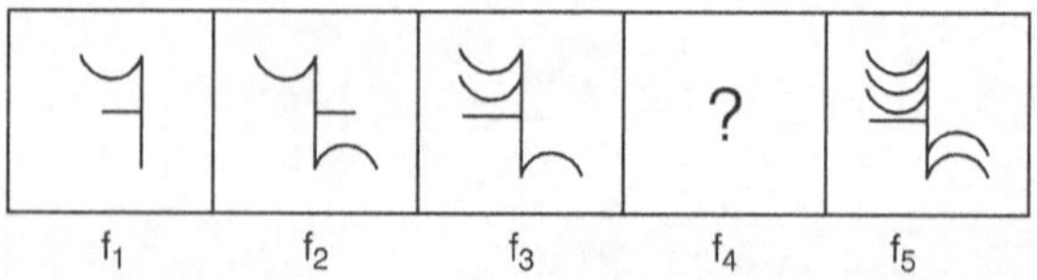

उपरोक्त श्रृंखला में आकृतियों की पंखुड़ियों में एक-एक की वृद्धि हो रही है और '–' रेखा बाएँ-दाएँ, बाएँ-दाएँ खिसकती रहती है। अत:

$f_4 =$ 

अभ्यास प्रश्न

निर्देश (प्र.सं. 1-10) *नीचे दिए गए प्रश्नों में एक समूह प्रश्न आकृतियों का है तथा दूसरा समूह उत्तर आकृतियों का है। प्रश्नाकृतियाँ एक श्रृंखला में हैं, प्रश्नांकित स्थान पर या आगे आने वाली आकृति बताइए।*

1. प्रश्न आकृतियाँ

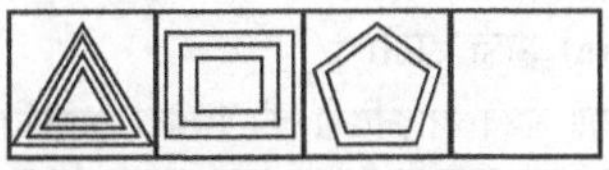

उत्तर आकृतियाँ

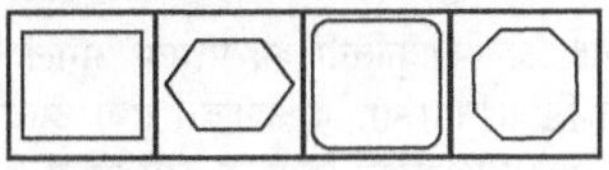

(a) (b) (c) (d)

2. प्रश्न आकृतियाँ

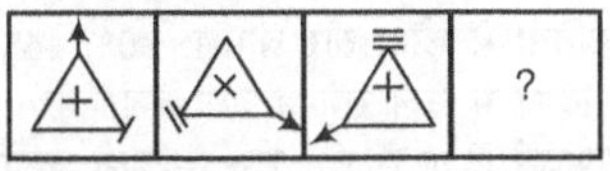

उत्तर आकृतियाँ

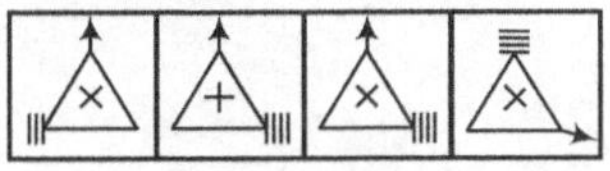

(a) (b) (c) (d)

3. प्रश्न आकृतियाँ

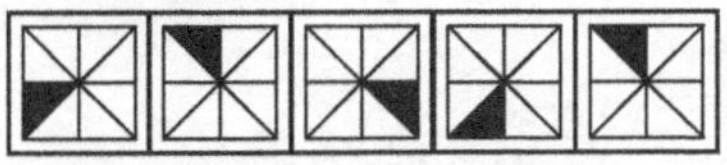

उत्तर आकृतियाँ

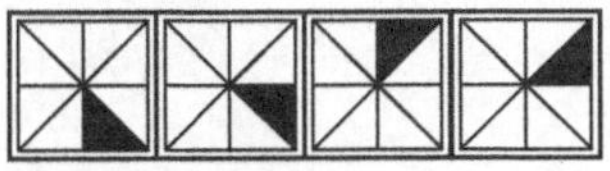

(a) (b) (c) (d)

4. प्रश्न आकृतियाँ

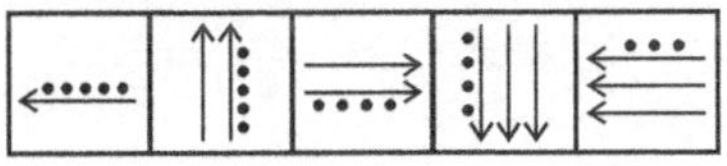

उत्तर आकृतियाँ

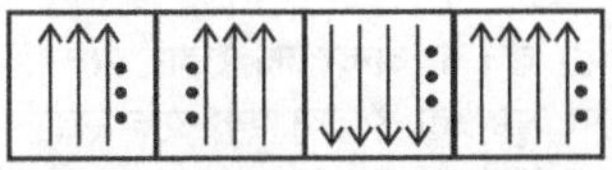

(a) (b) (c) (d)

5. प्रश्न आकृतियाँ

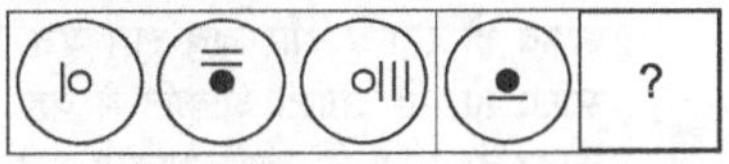

उत्तर आकृतियाँ

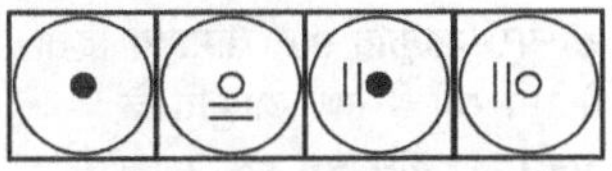

(a) (b) (c) (d)

6. प्रश्न आकृतियाँ

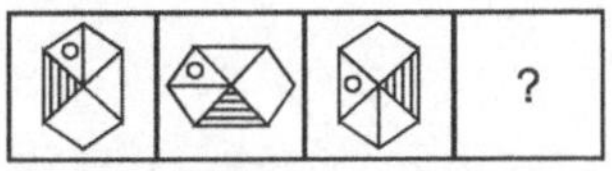

उत्तर आकृतियाँ

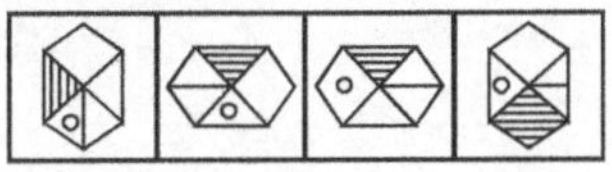

(a) (b) (c) (d)

7. प्रश्न आकृतियाँ

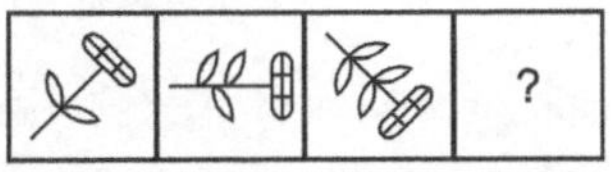

उत्तर आकृतियाँ

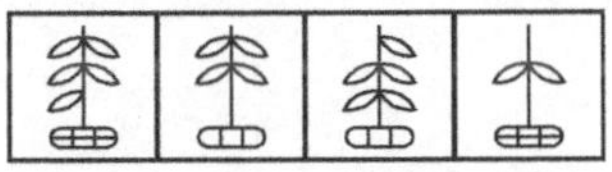

(a) (b) (c) (d)

8. प्रश्न आकृतियाँ

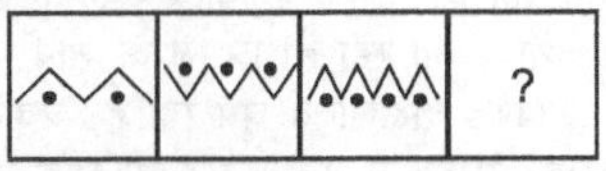

उत्तर आकृतियाँ

(a) (b) (c) (d)

9. प्रश्न आकृतियाँ

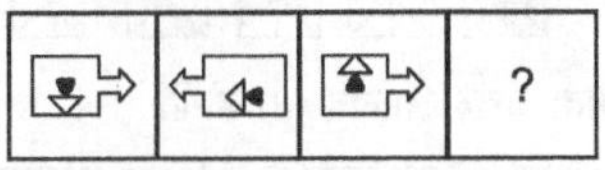

उत्तर आकृतियाँ

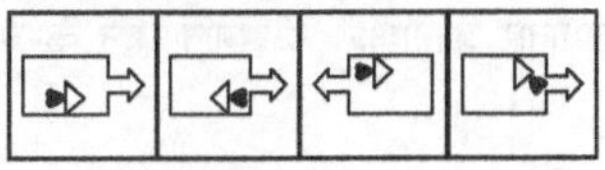

(a) (b) (c) (d)

10. प्रश्न आकृतियाँ

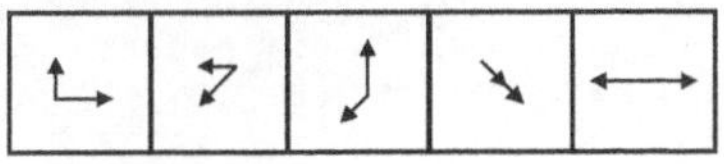

उत्तर आकृतियाँ

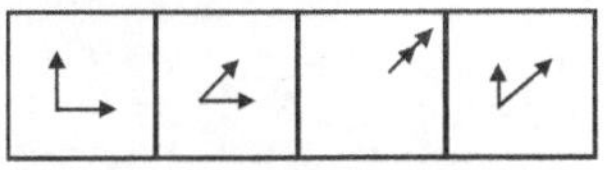

(a) (b) (c) (d)

उत्तरमाला

1 (b)	2 (c)	3 (d)	4 (d)	5 (d)
6 (c)	7 (a)	8 (b)	9 (c)	10 (d)

संकेत एवं हल

1. (b) पिछले चित्र की तुलना में, अगले चित्र में भुजाओं की संख्या एक अधिक है, जबकि आकृति की संख्या एक कम है।

2. (c) प्रश्नाकृति में तीर वाला निशान दक्षिणावर्त घूम रहा है। त्रिभुज के भीतर एकान्तर क्रम में + तथा × आ रहा है। त्रिभुज के शीर्ष पर रेखाखण्ड दक्षिणावर्त घूम रहा है, जबकि इसकी संख्या में प्रत्येक प्रश्नाकृति के बाद एक रेखाखण्ड की वृद्धि हो रही है।

3. (d) आकृतियों का रंगा भाग दक्षिणावर्त दिशा में क्रमश: एक और दो स्थान छोड़कर घूम रहा है। यही प्रक्रिया बार-बार दोहराई जाती है। इसी क्रमानुसार,

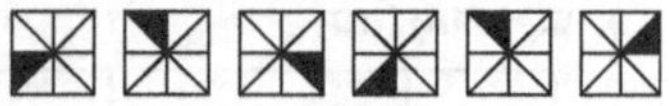

अत: उत्तर आकृति (d) होगी।

4. (d) सभी आकृतियों में तीर 90° दक्षिणावर्त घूम जाता है। काले छोटे वृत्तों की संख्या दो लगातार प्रश्नाकृति में समान रहने के बाद एक कम हो जाती है, तीरों की संख्या दो प्रश्नाकृतियों में समान रहने के बाद एक बढ़ जाती है।

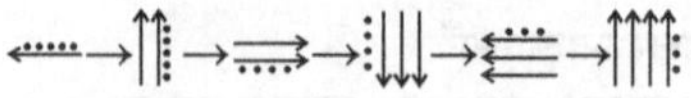

5. (d) वृत्त के अन्दर की रेखाएँ 90° पर घूम रही हैं तथा एक-एक रेखा बढ़ रही है। साथ-ही-साथ लघु वृत्त में परिवर्तन हो रहा है अर्थात् जब वृत्त काला है, तो अगली आकृति में सफेद हो रहा है और जब लघु वृत्त सफेद हो, तो अगली आकृति में वह काला हो जाता है। चौथी आकृति यही प्रक्रिया फिर दोहराती है।

6. (c) पूरी आकृति 90° वामावर्त दिशा में घूम रही है तथा आकृति के अन्दर का लघु वृत्त एक स्थान दक्षिणावर्त दिशा में घूम रहा है। यदि यही क्रम जारी रहता है, तो उत्तर आकृति (c) प्राप्त होगी।

7. (a) प्रश्न आकृति में फूल दक्षिणावर्त दिशा में 45° घूम रहा है तथा प्रत्येक अगली आकृति में एक पत्ती बढ़ जाती है। यदि यही क्रम जारी रहता है, तो उत्तर आकृति (a) प्राप्त होगी।

8. (b) दी गई प्रश्न आकृतियों की प्रत्येक आकृति में दो सिरों पर एक-एक रेखा एवं एक काला बिन्दु बढ़ जाता है तथा बिन्दु ऊपर-नीचे खिसक रहे है।

9. (c) दी गई प्रश्न आकृतियों की प्रत्येक अगली आकृति में बाहरी डिजाइन 180° दक्षिणावर्त तथा अन्दर का डिजाइन 90° दक्षिणावर्त दिशा में घूम जाता है। इस प्रकार प्रश्नचिह्न (?) के स्थान पर उत्तर आकृति (c) आएगी।

10. (d) आकृतियों में छोटा तीर क्रमश: 90°, 45° वामावर्त दिशा में चल रहा है तथा बड़ा तीर 135° पर दक्षिणावर्त दिशा में घूम रहा है। इसी क्रमानुसार,

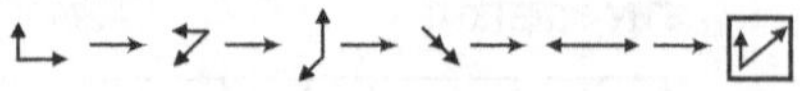

18 आकृति पूर्ति
Completion of Figure

जब दी गई प्रश्नाकृति का एक-चौथाई भाग लुप्त रहता है, तब किसी विशेष नियमानुसार उस लुप्त भाग को ज्ञात करके दी गई आकृति को पूर्ण करने की प्रक्रिया आकृति पूर्ति (Figure Completion) कहलाती हैं।

इस अध्याय के अन्तर्गत आने वाले प्रश्न प्रायः दो भागों प्रश्न आकृति तथा उत्तर आकृति में विभक्त रहते हैं। प्रश्न आकृति में एक आकृति दी गई होती है जिसका सामान्यतः एक-चौथाई भाग नहीं दिया गया होता है अर्थात् वह भाग लुप्त रहता है। इस रिक्त एक-चौथाई भाग में प्रश्नवाचक चिन्ह (?) दिया गया होता है।

दी गई आकृति को पूर्ण करने के लिए उत्तर विकल्पों के रूप में चार आकृतियाँ दी गई होती हैं। इन्हीं चार आकृतियों में से एक आकृति रिक्त एक-चौथाई भाग के लिए उपयुक्त होती है। अभ्यर्थी को यह ज्ञात करना होता है, कि उत्तर आकृतियों में दिए गए चारों विकल्पों में से किस विकल्प की आकृति को रिक्त स्थान पर रखने से प्रश्न आकृति में दी गई आकृति पूरी हो जाएगी।

रिक्त स्थान की आकृति ज्ञात करने के लिए अभ्यर्थियों को रिक्त स्थान की विपरीत दिशा के अनुरूप उत्तर आकृति को दिए गए विकल्पों में से ज्ञात करना चाहिए।

निर्देश (उदाहरण 1 और 2) *निम्नलिखित प्रश्नों में कौन-सी उत्तर आकृति प्रश्न आकृति के प्रतिरूप को पूरा करेगी?*

उदाहरण 1 प्रश्न आकृति

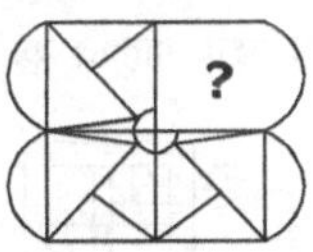

उत्तर आकृतियाँ

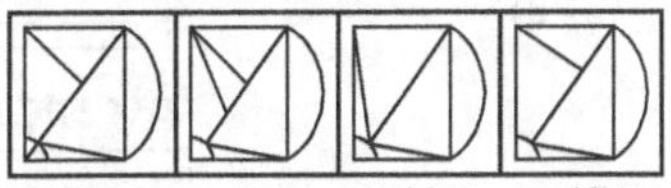

(a) (b) (c) (d)

हल (d) विकल्प (d) की आकृति को प्रश्नवाचक चिह्न (?) के स्थान पर रखने पर, आकृति पूरी हो जाती है।

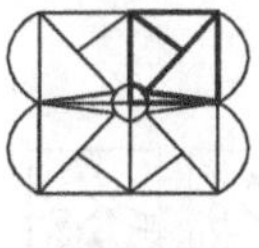

उदाहरण 2 प्रश्न आकृति

उत्तर आकृतियाँ

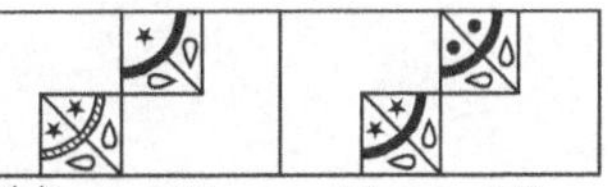

(a) (b) (c) (d)

हल (c) विकल्प (c) की आकृति को प्रश्नवाचक चिह्न (?) के स्थान पर रखने पर, आकृति पूरी हो जाती है।

अभ्यास प्रश्न

निर्देश (प्र. सं. 1-10) *निम्न प्रश्नों में कौन-सी उत्तर आकृति प्रश्न आकृति के प्रतिरूप को पूरा करेगी?*

1. प्रश्न आकृति

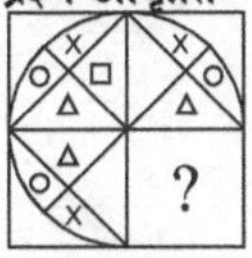

उत्तर आकृतियाँ

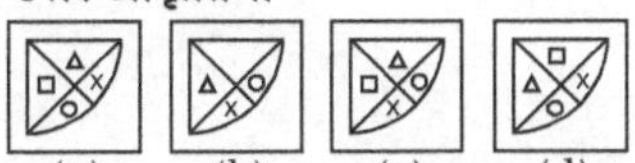

(a) (b) (c) (d)

2. प्रश्न आकृति

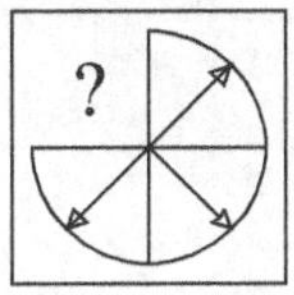

उत्तर आकृतियाँ

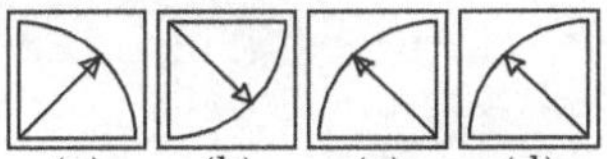

(a) (b) (c) (d)

3. प्रश्न आकृति

उत्तर आकृतियाँ

(a) (b) (c) (d)

4. प्रश्न आकृति

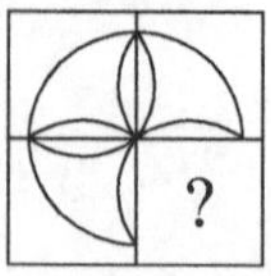

उत्तर आकृतियाँ

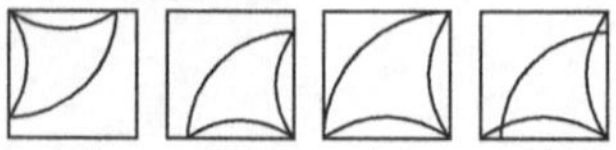

(a) (b) (c) (d)

5. प्रश्न आकृति

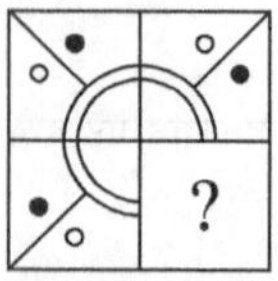

उत्तर आकृतियाँ

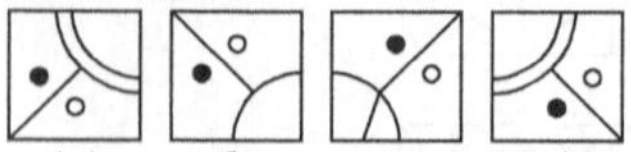

(a) (b) (c) (d)

6. प्रश्न आकृति

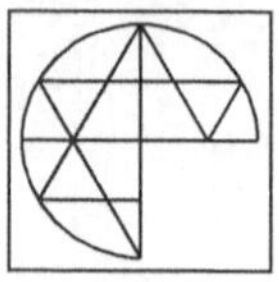

उत्तर आकृतियाँ

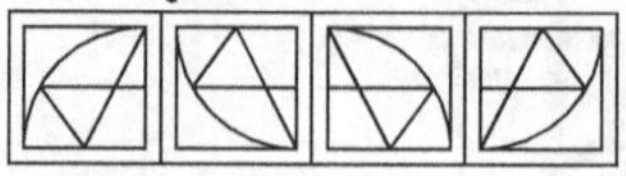

(a) (b) (c) (d)

7. प्रश्न आकृति

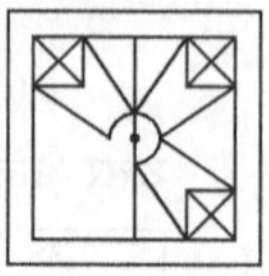

उत्तर आकृतियाँ

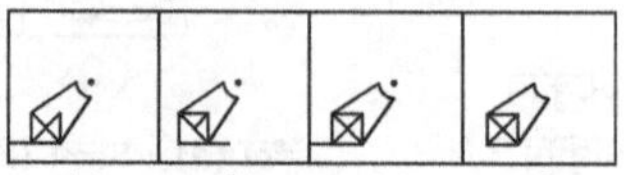

(a) (b) (c) (d)

8. प्रश्न आकृति

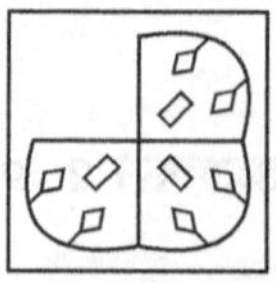

उत्तर आकृतियाँ

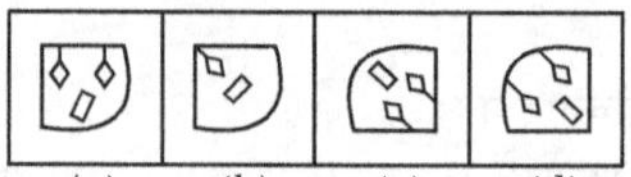

(a) (b) (c) (d)

9. प्रश्न आकृति

उत्तर आकृतियाँ

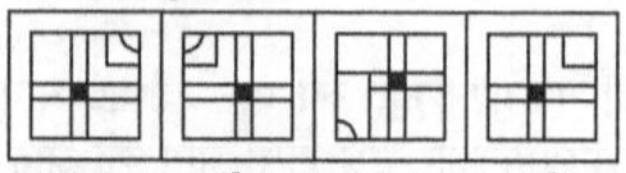

(a) (b) (c) (d)

10. प्रश्न आकृति

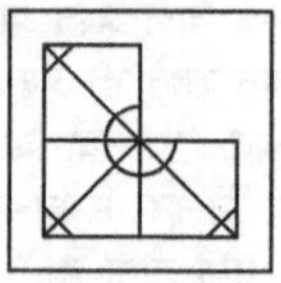

उत्तर आकृतियाँ

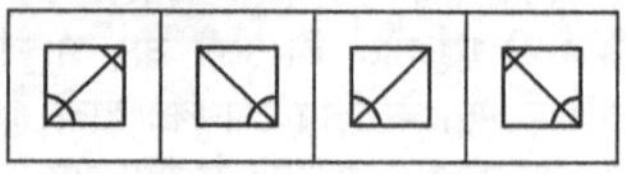

(a) (b) (c) (d)

उत्तरमाला

1 *(c)*	2 *(c)*	3 *(c)*	4 *(a)*	5 *(d)*
6 *(d)*	7 *(d)*	8 *(d)*	9 *(b)*	10 *(a)*

संकेत एवं हल

6. (d) रिक्त स्थान में विकल्प (d) की आकृति को रखने पर, आकृति पूर्ण हो जाती है। अतः उत्तर (d) होगा।

7. (d) रिक्त स्थान में विकल्प (d) की आकृति को रखने पर, आकृति पूर्ण हो जाती है। अतः उत्तर (d) होगा।

8. (d) रिक्त स्थान में विकल्प (d) की आकृति को रखने पर, आकृति पूर्ण हो जाती है। अतः उत्तर (d) होगा।

9. (b) दी गई प्रश्न आकृति को उत्तर आकृति (b) पूरा करेगी।

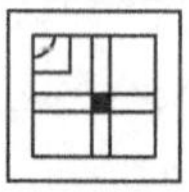

10. (a) रिक्त स्थान में विकल्प (a) की आकृति को रखने पर, आकृति पूर्ण हो जाती है। अतः उत्तर (a) होगा।

19 सन्निहित आकृति
Embedded Figure

सन्निहित आकृति से हमारा तात्पर्य उस सरल आकृति से है जो अपने से किसी जटिल आकृति में छिपी हो। इनके अन्तर्गत एक प्रश्न आकृति दी गयी होती है तथा उसके नीचे चार उत्तर आकृतियाँ दी गयी होती हैं। प्रश्न आकृति में दी गयी आकृति चारों उत्तर आकृतियों में से किसी एक में छिपी या सन्निहित रहती है। परीक्षार्थियों को सामान्यतयः यह ज्ञात करना होता है कि उत्तर आकृतियों में से उस उत्तर आकृति जो प्रश्न आकृति में पूरी तरह से छिपी या सन्निहित है।

उदाहरण 1 नीचे दी गयी उत्तर आकृतियों में से किस उत्तर आकृति में प्रश्न आकृति निहित है ?

प्रश्न आकृति **उत्तर आकृतियाँ**

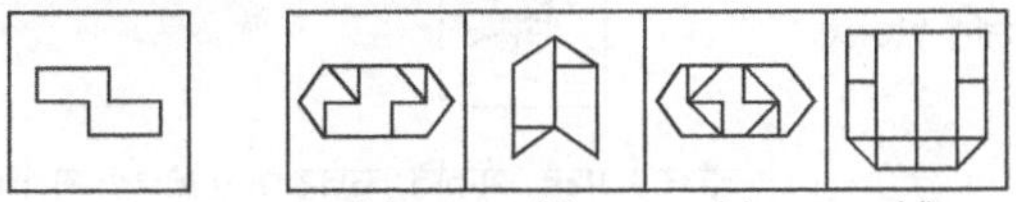

(a) (b) (c) (d)

हल (c)

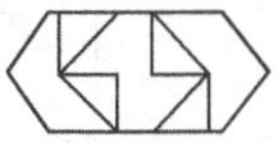

अतः आकृति (c) में प्रश्न आकृति सन्निहित है।

अभ्यास प्रश्न

1. उस उत्तर आकृति को चुनिए जिसमें प्रश्न आकृतियाँ निहित हैं।

प्रश्न आकृतियाँ

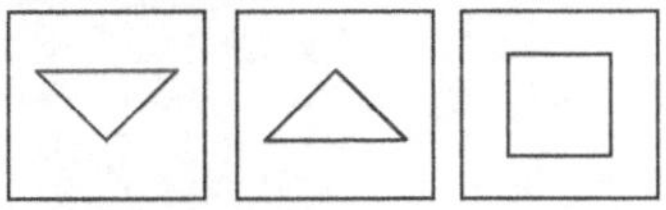

उत्तर आकृतियाँ

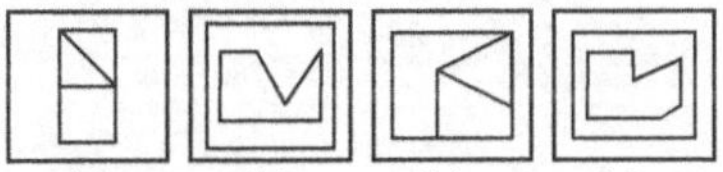

(a) (b) (c) (d)

2. दी गई उत्तर आकृतियों में से उस उत्तर आकृति को चुनिए जिसमें प्रश्न आकृति निहित है।

प्रश्न आकृति

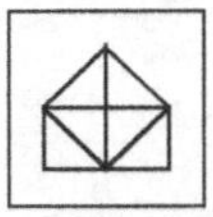

उत्तर आकृतियाँ

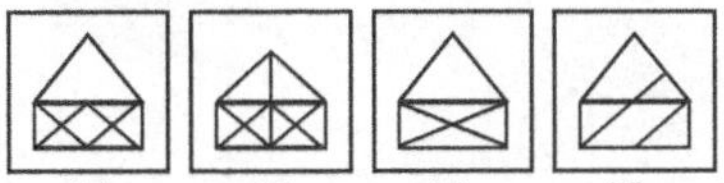

(a) (b) (c) (d)

निर्देश (प्र.सं. 3 और 4) *निम्न प्रश्नों में से उस उत्तर आकृति को चुनिए, जिसमें प्रश्न आकृति निहित है।*

3. प्रश्न आकृति

उत्तर आकृतियाँ

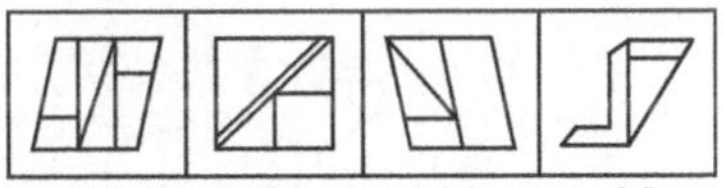

(a) (b) (c) (d)

4. प्रश्न आकृति

उत्तर आकृतियाँ

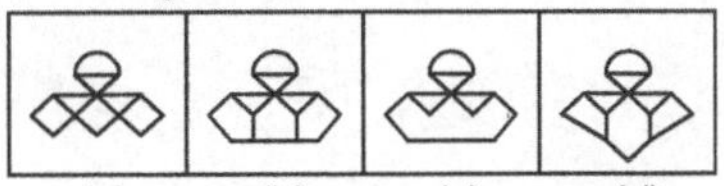

(a) (b) (c) (d)

निर्देश (प्र. सं. 5-14) *निम्नलिखित प्रत्येक प्रश्न में बाईं ओर एक प्रश्न आकृति तथा दाईं ओर चार उत्तर आकृतियाँ दी गई हैं, उस उत्तर आकृति को चुनिए जिसमें प्रश्न आकृति सन्निहित है।*

5. प्रश्न आकृति **उत्तर आकृतियाँ**

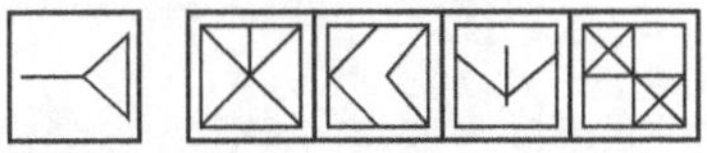

(a) (b) (c) (d)

6.

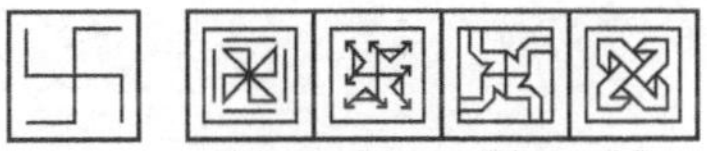

(a) (b) (c) (d)

7.

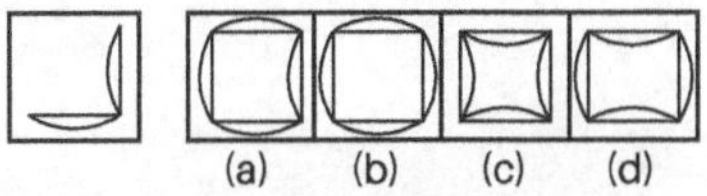

(a) (b) (c) (d)

8.

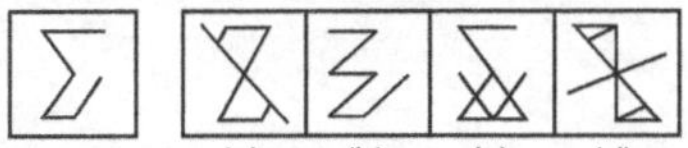

(a) (b) (c) (d)

9.

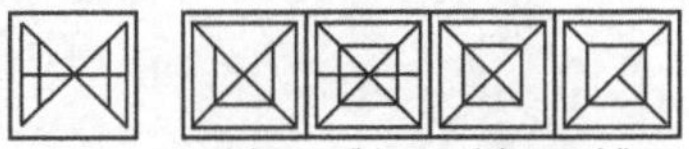

(a) (b) (c) (d)

10.
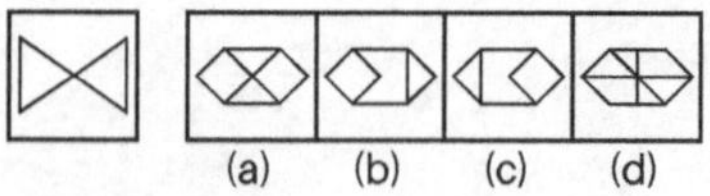

11.
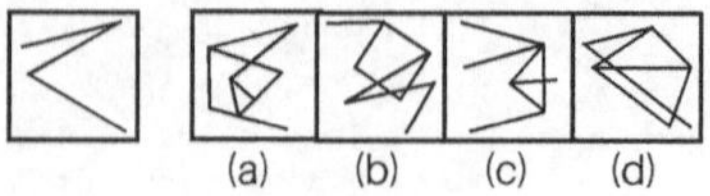

12.
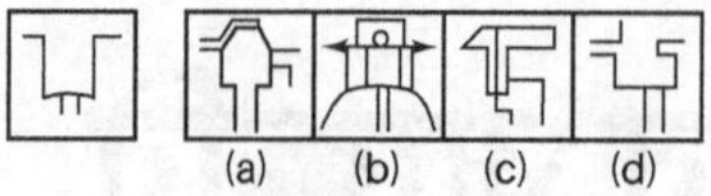

13.
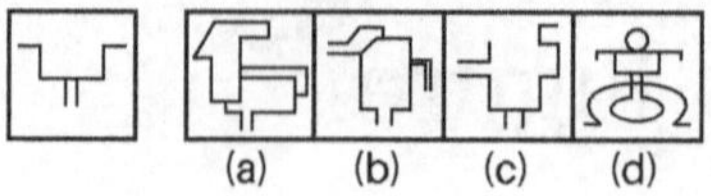

14.
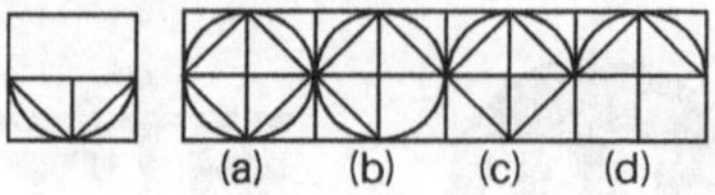

उत्तरमाला

1 *(a)*	2 *(b)*	3 *(d)*	4 *(b)*	5 *(d)*
6 *(b)*	7 *(a)*	8 *(c)*	9 *(b)*	10 *(a)*
11 *(d)*	12 *(b)*	13 *(d)*	14 *(a)*	

संकेत एवं हल

1. (a) प्रश्न आकृतियाँ, उत्तर आकृति (a) में निहित हैं।

3. (d) विकल्प (d) से,

अतः उपरोक्त से स्पष्ट है कि प्रश्न आकृति, उत्तर आकृति (d) में निहित है।

4. (b) विकल्प (b) से,

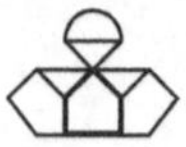

अतः उपरोक्त से स्पष्ट है कि प्रश्न आकृति उत्तर आकृति (b) में निहित है।

10.(a)

अतः उपरोक्त से स्पष्ट है कि प्रश्न आकृति विकल्प (a) में निहित है।

11.(d)

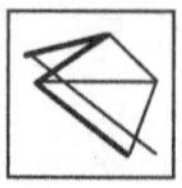

अतः उपरोक्त से स्पष्ट है कि प्रश्न आकृति विकल्प (d) में निहित है।

12. (b)

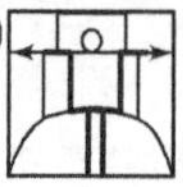

अतः उपरोक्त से स्पष्ट है कि प्रश्न आकृति विकल्प (b) में निहित है।

13.(d)

दी गई प्रश्न आकृति, उत्तर आकृति (d) में निहित है।

14. (a)

अतः उपरोक्त से स्पष्ट है कि प्रश्न आकृति विकल्प (a) में निहित है।

20 विभेद करना (आकृतियों की गिनती)
Discrimination (Counting of Figures)

जब दी गई प्रश्नाकृति में कई ज्यामितीय आकृतियाँ दी गई होती हैं, तब अभ्यर्थियों को प्रश्न में पूछी गई ज्यामितीय आकृतियों को गिनकर उनकी संख्या ज्ञात करनी होती है। अर्थात् एक मिश्रित आकृति में विभेद करते हुए, प्रश्न में पूछी गई अपेक्षाकृत छोटी आकृति की संख्या ज्ञात करना 'विभेद करना' अथवा आकृतियों को गिनना (Counting of figures) कहलाता है।

इस अध्याय के अन्तर्गत आने वाले प्रश्नों में एक आकृति दी गई होती है दी गई आकृति में से पूछी गई ज्यामितीय आकृतियों को (यथा—वृत्त, त्रिभुज, वर्ग, सरल रेखाएँ, आयत, समान्तर चतुर्भुज इत्यादि) पहचानकर उनकी कुल संख्या को ज्ञात करना होता है।

यदि दी गई प्रश्न आकृति में सरल रेखाओं को गिनने के लिए कहा जाए, तो इन रेखाओं को गिनने के लिए इन्हें तीन भागों में बाँटकर अर्थात् तीनों को अलग-अलग गिनकर उनका योग करने पर प्राप्त संख्या ही कुल सरल रेखाओं की संख्या होगी। सरल रेखाओं को तीन भागों—क्षैतिज रेखा, लम्बवत् रेखा तथा तिरछी रेखा में बाँटकर गिना जाना चाहिए। त्रिभुजों की कुल संख्या को गिनने के लिए सबसे पहले छोटे त्रिभुजों की संख्या की गिनती उसके बाद दो, तीन, चार, ... इकाइयों से बनी त्रिभुजों की संख्या ज्ञात कर इनका योगफल ज्ञात करना चाहिए। यथासम्भव अन्य आकृतियों की गिनती के लिए भी यही तरीका अपनाना चाहिए।

उदाहरण 1. निम्नलिखित आकृति में कितने त्रिभुज हैं?

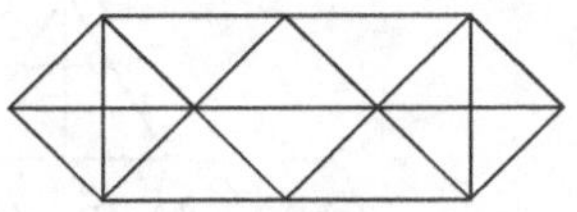

(a) 24
(b) 14
(c) 28
(d) 20

हल *(c)* दी गई आकृति में बिन्दुओं के नाम देने पर,

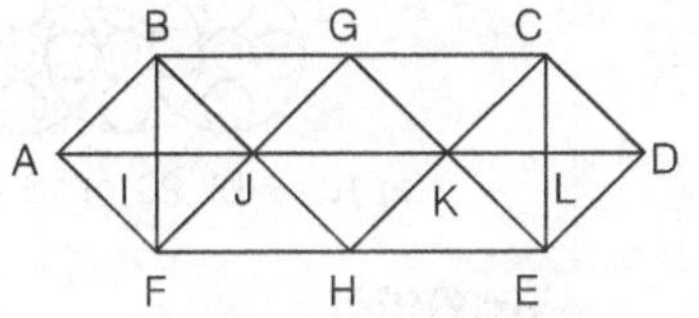

त्रिभुज = ΔABI, ΔBIJ, ΔIJF, ΔAIF, ΔBJG, ΔFJH, ΔGCK, ΔHKE, ΔKCL, ΔCLD, ΔLDE, ΔKLE, ΔGJK, ΔJKH, ΔABF, ΔABJ, ΔBJF, ΔAJF, ΔKCD, ΔCDE, ΔDEK, ΔEKC, ΔBGF, ΔBFH, ΔCEH, ΔGCE, ΔFGE, ΔBHC = 28

अत: आकृति में कुल 28 त्रिभुज हैं।

उदाहरण 2. नीचे दी गई आकृति में कितने आयत हैं?

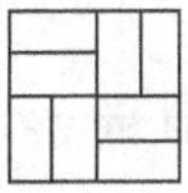

(a) 15 (b) 16 (c) 12 (d) 14

हल *(b)* दी गई आकृति में बिन्दुओं के नाम देने पर,

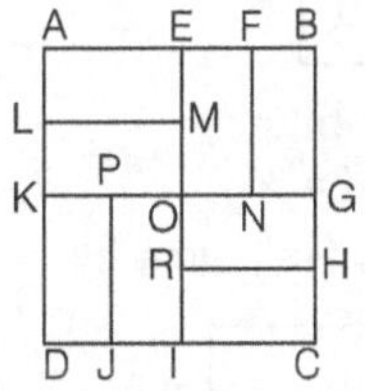

आयत = □ AEID, □ BEIC, □ ABGK, □ KGCD, □ AEML, □ LMOK, □ KPJD, □ POIJ, □ EFNO, □ BGNF, □ ORHG, □ HCIR, □ AFNK, □ BERH, □ PGCJ, □ LMID = 16

अत: आकृति में कुल 16 आयत हैं।

अभ्यास प्रश्न

1. नीचे दी गई आकृति में कितनी सरल रेखाएँ हैं?

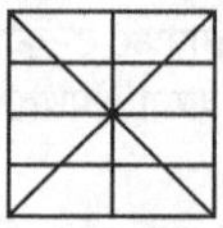

(a) 5 (b) 10
(c) 9 (d) 8

2. नीचे दी गई आकृति में कितने वृत्त हैं?

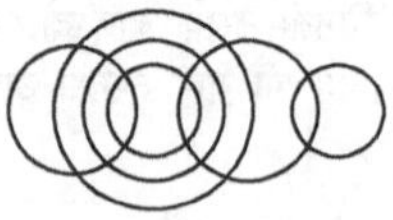

(a) 6 (b) 7
(c) 10 (d) 8

3. नीचे दी गई आकृति में कितने वर्ग हैं?

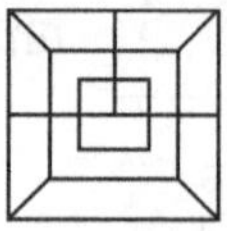

(a) 5 (b) 9
(c) 7 (d) 8

4. नीचे दी गई आकृति में कितने आयत हैं?

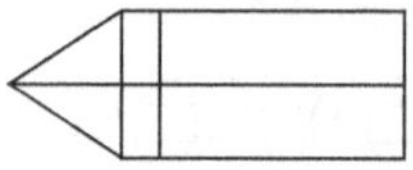

(a) 7 (b) 8
(c) 9 (d) 12

5. नीचे दी गई आकृति में त्रिभुजों की संख्या ज्ञात कीजिए।

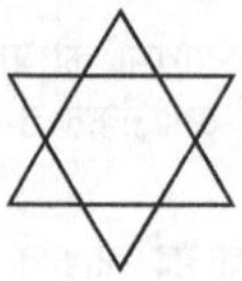

(a) 6 (b) 7 (c) 8 (d) 9

6. नीचे दी गई आकृति में कितने त्रिभुज हैं?

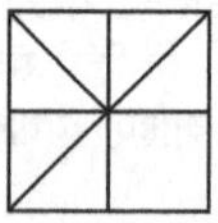

(a) 8 (b) 10
(c) 12 (d) 11

7. नीचे दी गई आकृति में कितने त्रिभुज हैं?

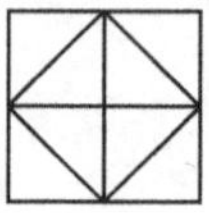

(a) 4 (b) 12
(c) 16 (d) 10

8. निम्नलिखित आकृति में कितने वृत्त हैं?

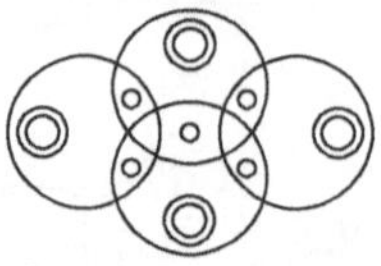

(a) 13 (b) 16
(c) 17 (d) 22

9. नीचे दी गई आकृति में कुल कितने त्रिभुज हैं?

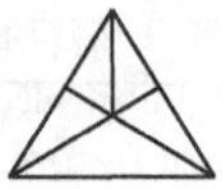

(a) 9 (b) 10 (c) 12 (d) 7

10. नीचे दिए गए चित्र में कितने त्रिभुज हैं?

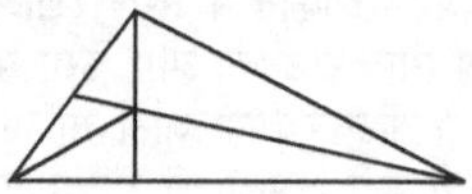

(a) 6 (b) 10 (c) 11 (d) 12

11. निम्नलिखित आकृति में कितने त्रिभुज हैं?

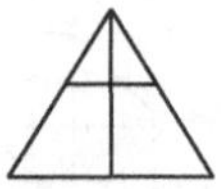

(a) 6 (b) 12 (c) 8 (d) 9

12. निम्न आकृति में वृत्तों की संख्या ज्ञात कीजिए।

(a) 18 (b) 20 (c) 16 (d) 19

उत्तरमाला

1 *(b)*	2 *(a)*	3 *(b)*	4 *(c)*	5 *(c)*
6 *(b)*	7 *(b)*	8 *(c)*	9 *(c)*	10 *(d)*
11 *(a)*	12 *(d)*			

संकेत एवं हल

1. (b)

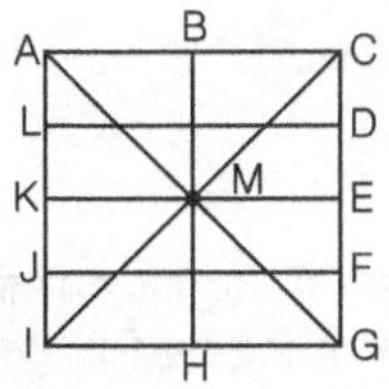

क्षैतिज रेखाएँ = AC, LD, KE, JF, IG = 5
लम्ब रेखाएँ = AI, BH, CG = 3 तथा तिरछी रेखाएँ = AG, IC = 2

∴ कुल सरल रेखाओं की संख्या = 5 + 3 + 2 = 10

2. (a)

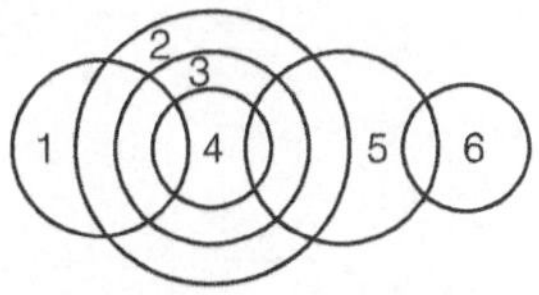

∴ कुल वृत्तों की संख्या = 6

3.(b) दी गई आकृति में बिन्दुओं के नाम लिखने पर,

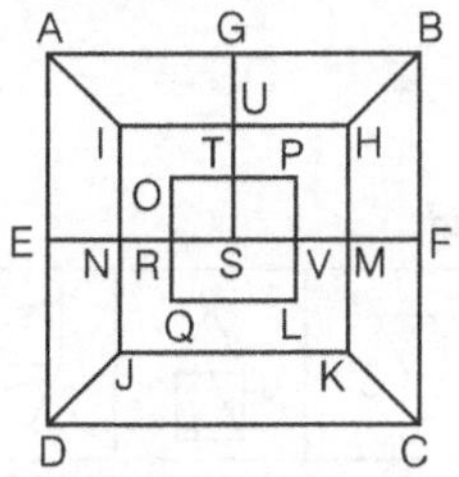

वर्ग = □ABCD, □AGSE, □GBFS, □IUSN, □UHMS, □OTSR, □TPVS, □IHKJ और □OPLQ.

∴ कुल वर्गों की संख्या = 9

4. (c)

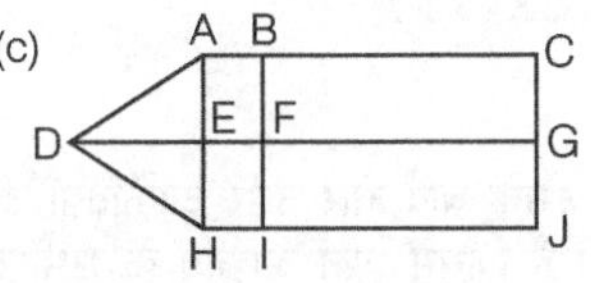

कुल आयत = ABFE, EFIH, BCGF, FGJI, ABIH, AEGC, EGJH, BCJI तथा ACJH

∴ कुल आयतों की संख्या = 9

5. (c) दी गई आकृति में बिन्दुओं के नाम लिखने पर,

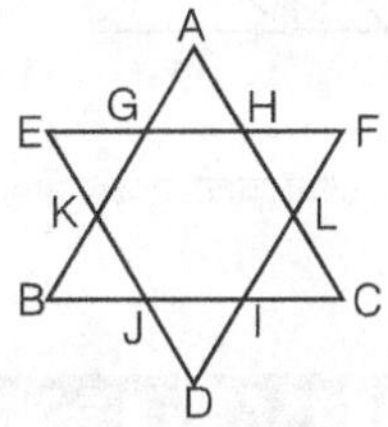

छोटे त्रिभुज = ΔGAH, ΔHFL, ΔLCI, ΔIDJ, ΔJBK, ΔKEG = 6

बड़े त्रिभुज = ΔABC, ΔEFD = 2

∴ कुल त्रिभुजों की संख्या = 6 + 2 = 8

6. (b)

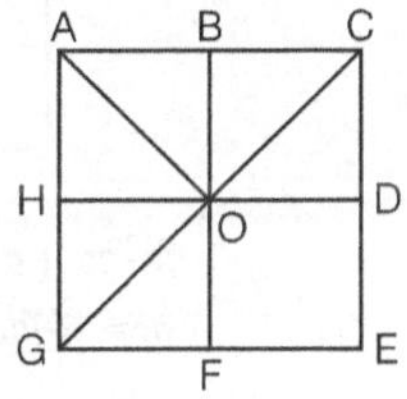

छोटे त्रिभुज = ΔBOC, ΔCOD, ΔFOG, ΔGOH, ΔHOA, ΔAOB = 6

दो छोटे त्रिभुजों से मिलकर बने त्रिभुज = ΔAOG, ΔAOC = 2

बड़े त्रिभुज = ΔACG, ΔEGC = 2

∴ कुल त्रिभुजों की संख्या = 6 + 2 + 2 = 10

7. (b)

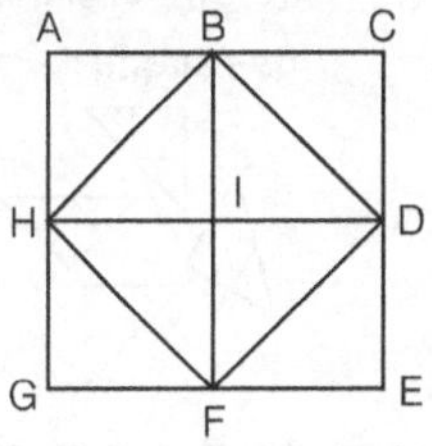

छोटे त्रिभुज = ΔABH, ΔBHI, ΔBID, ΔBDC,
ΔDIF, ΔDEF, ΔFGH, ΔHIF = 8

दो छोटे त्रिभुजों से मिलकर बने त्रिभुज = ΔFHB, ΔFBD, ΔBDH, ΔDFH = 4

∴ कुल त्रिभुजों की संख्या = 8 + 4 = 12

21 आकृति निर्माण
Figure Formation

इस अध्याय से पूछे जाने वाले प्रश्नों में एक प्रश्न आकृति तथा उसके बाद चार उत्तर आकृतियाँ दी गई होती हैं। प्रश्न आकृति में दिए गए संघटकों (तत्त्वों) का अवलोकन करते हुए उस उत्तर आकृति को ज्ञात करना होता है जिसमें प्रश्न आकृति के सभी तत्व मौजूद हों। कुछ प्रश्नों में दिए गए चित्र टुकड़ों में रहते हैं। इस स्थिति में विकल्पों में यह देखना होता है कि किस विकल्प में चित्र के सभी टुकड़े सम्मिलित हैं। अभ्यर्थियों को उसी विकल्प के उत्तर के रूप में चुनना होता है।

उदाहरण 1 चार उत्तर आकृतियों में से कौन-सी आकृति नीचे दिए गए टुकड़ों से बनाई जा सकती है?

प्रश्न आकृति **उत्तर आकृतियाँ**

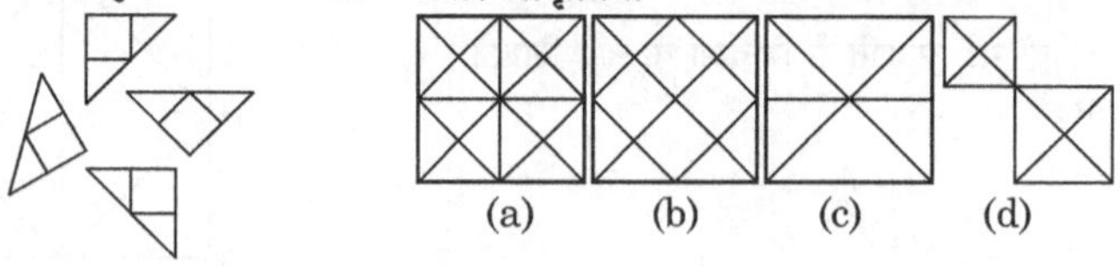

(a) (b) (c) (d)

हल *(b)* आकृति (b) को चारों टुकड़ों से बनाया जा सकता है क्योंकि इसमें चारों टुकड़े मौजूद हैं।

अभ्यास प्रश्न

निर्देश (प्र.सं. 1-5) *नीचे दिये गए टुकड़ों से निम्नलिखित चार उत्तर आकृतियों में से कौन-सी उत्तर आकृति बन सकती है?*

1. **प्रश्न आकृति** **उत्तर आकृतियाँ**

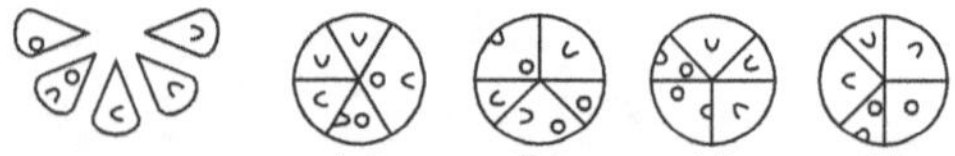

(a) (b) (c) (d)

2. **प्रश्न आकृति** **उत्तर आकृतियाँ**

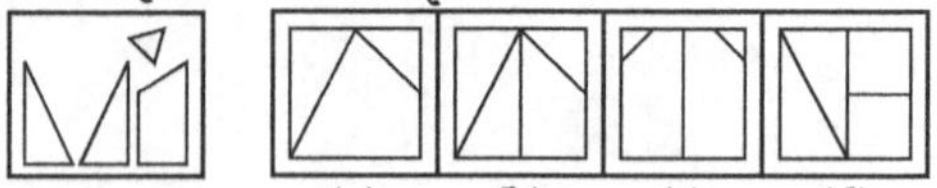

(a) (b) (c) (d)

3. **प्रश्न आकृति** **उत्तर आकृतियाँ**

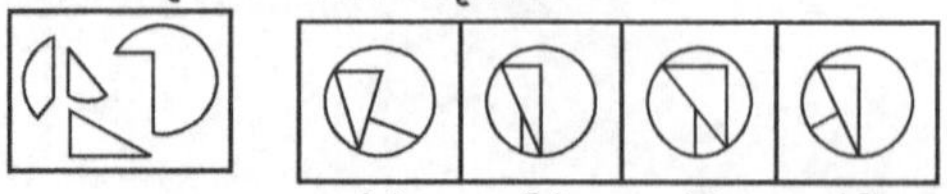

(a) (b) (c) (d)

4. **प्रश्न आकृति** **उत्तर आकृतियाँ**

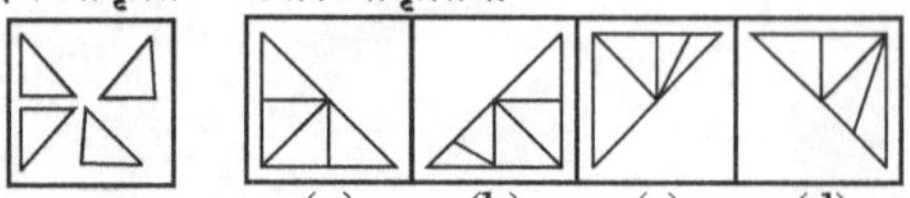

(a) (b) (c) (d)

5. **प्रश्न आकृति** **उत्तर आकृतियाँ**

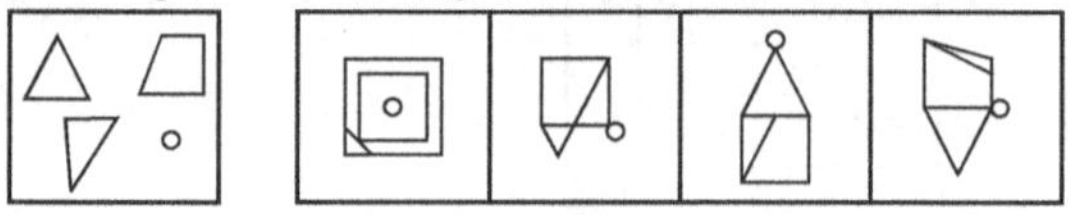

(a) (b) (c) (d)

निर्देश (प्र.सं. 6-11) *किस विकल्प आकृति में दी गई आकृति के संघटक तत्व समाहित हैं?*

6. **प्रश्न आकृति** **उत्तर आकृतियाँ**

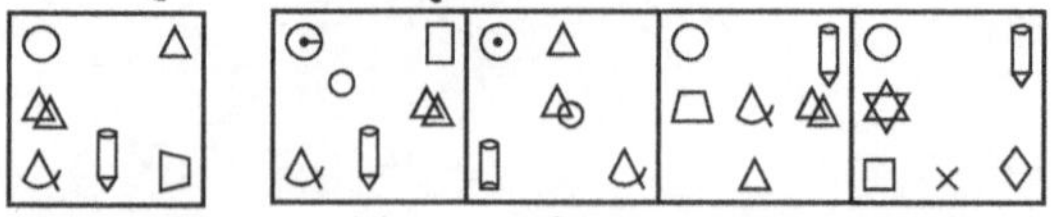

(a) (b) (c) (d)

7. **प्रश्न आकृति** **उत्तर आकृतियाँ**

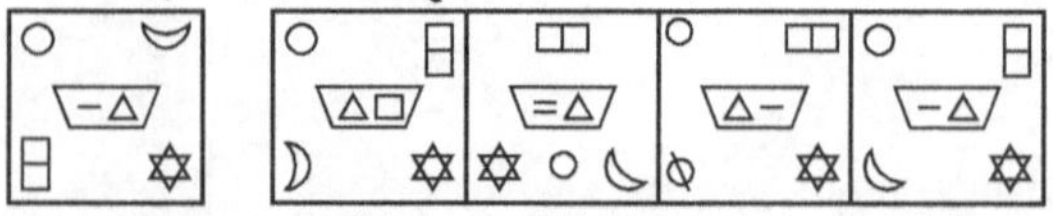

(a) (b) (c) (d)

8. **प्रश्न आकृति** **उत्तर आकृतियाँ**

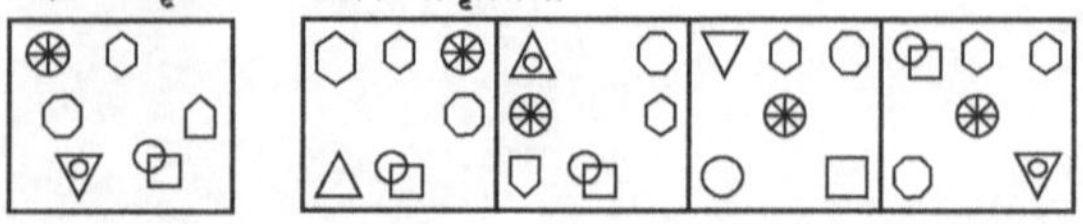

(a) (b) (c) (d)

9. **प्रश्न आकृति** **उत्तर आकृतियाँ**

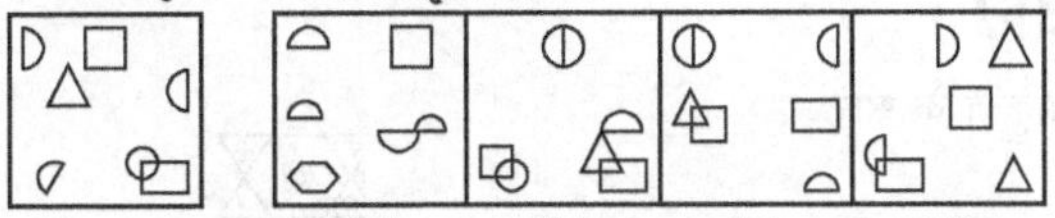

(a) (b) (c) (d)

10. **प्रश्न आकृति** **उत्तर आकृतियाँ**

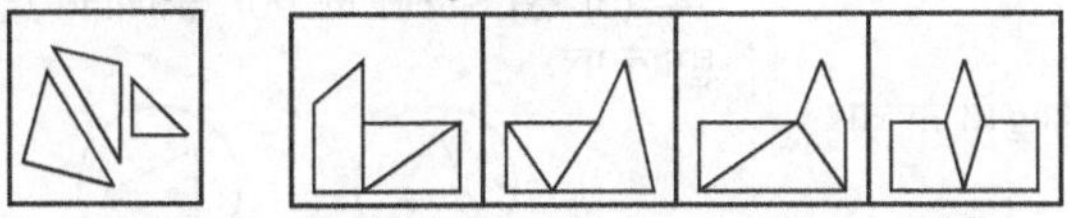

(a) (b) (c) (d)

11. **प्रश्न आकृति** **उत्तर आकृतियाँ**

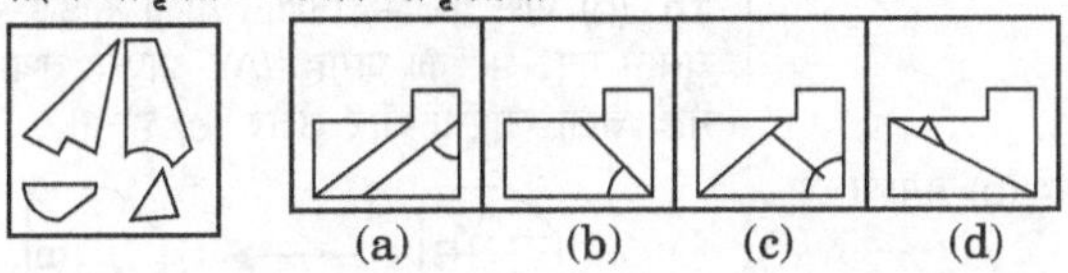

(a) (b) (c) (d)

12. नीचे दी गई विकल्प आकृतियों में से कौन-सी आकृति प्रश्न आकृति को फिर से सजाकर या प्रश्न आकृति से बनी हुई है?

प्रश्न आकृति **उत्तर आकृतियाँ**

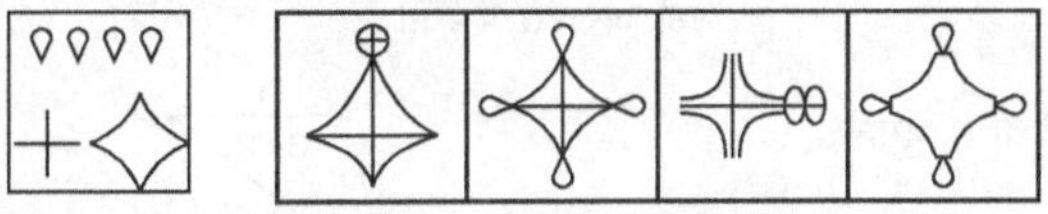

(a) (b) (c) (d)

निर्देश (प्र.सं. 13 और 14) *नीचे दी गई प्रश्न आकृति को 90° (वामावर्त या दक्षिणावर्त) घुमाने पर कौन-सी उत्तर विकल्प की आकृति प्राप्त होगी?*

13. **प्रश्न आकृति** **उत्तर आकृतियाँ**

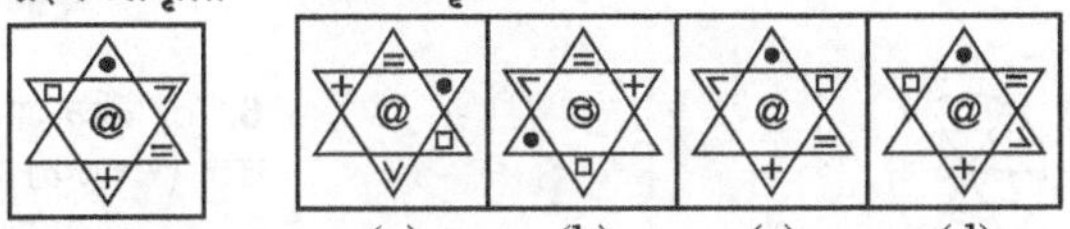

(a) (b) (c) (d)

14. **प्रश्न आकृति** **उत्तर आकृतियाँ**

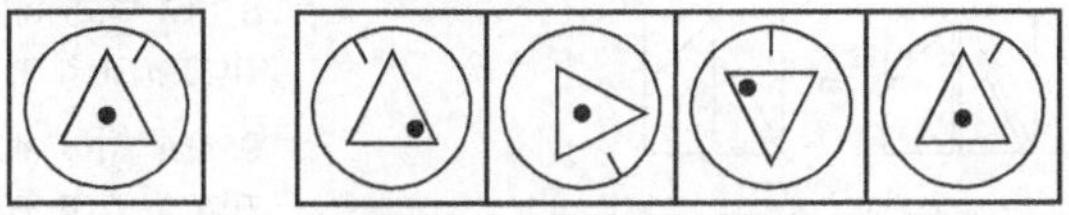

(a) (b) (c) (d)

15. पासे को घुमाने पर वह कौन-सी उत्तर आकृति जैसा दिखाई देगा।

प्रश्न आकृति **उत्तर आकृतियाँ**

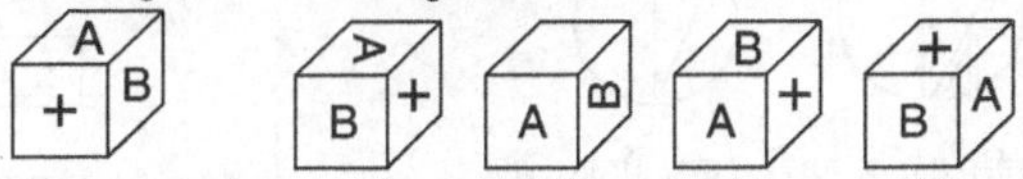

(a) (b) (c) (d)

16. नौ माचिस की तीलियों से आकृतियाँ बनाई गई हैं। इन्हीं आकृतियों में से एक आकृति ऐसी है, जिसमें नौ तीलियों का प्रयोग नहीं किया गया है। उस आकृति को चुनें।

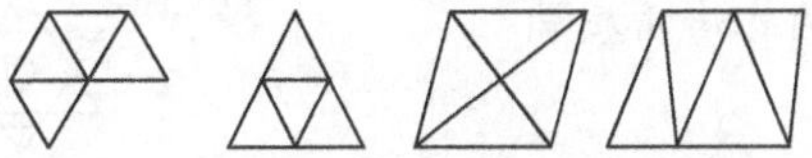

(a) (b) (c) (d)

उत्तरमाला

1	*(a)*	2	*(b)*	3	*(b)*	4	*(a)*	5	*(c)*
6	*(c)*	7	*(d)*	8	*(b)*	9	*(b)*	10	*(b)*
11	*(b)*	12	*(b)*	13	*(b)*	14	*(b)*	15	*(b)*
16	*(c)*								

संकेत एवं हल

1. (a) 

चूँकि उत्तर विकल्प (a) में सभी टुकड़े मौजूद हैं।

2. (b) 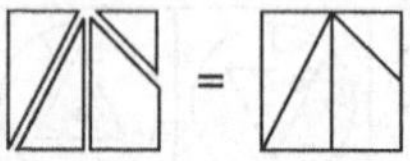

अतः आकृति (b) में प्रश्न आकृति के चारों टुकड़े मौजूद हैं।

3. (b) 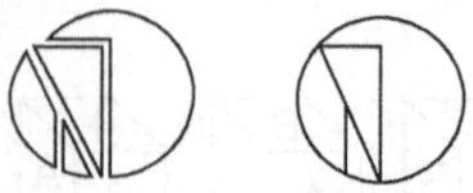

आकृति (b) में चारों टुकड़े मौजूद हैं।

4. (a) 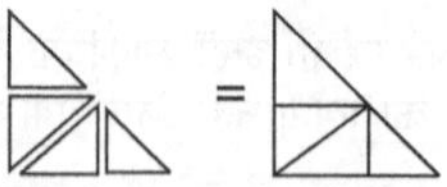

आकृति (a) में चारों टुकड़े मौजूद हैं।

5. (c) 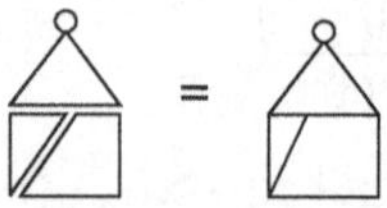

आकृति (c) में चारों टुकड़े मौजूद हैं।

6. (c) चूँकि आकृति (c) में प्रश्न आकृति के सारे तत्त्व (संघटक) मौजूद हैं।

7. (d) चूँकि आकृति (d) में प्रश्न आकृति के सारे संघटक तत्त्व समाहित हैं।

8. (b) चूँकि आकृति (b) में प्रश्न आकृति के सारे संघटक तत्त्व समाहित हैं।

9. (b) चूँकि आकृति (b) में प्रश्न आकृति के सारे संघटक तत्त्व समाहित हैं।

10. (b) दिए गए टुकड़ों में विकल्प (b) में दी गई आकृति बनाई जा सकती है।

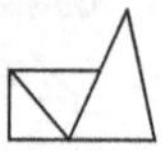

11. (b) दिए गए टुकड़ों से विकल्प (b) बनाया जा सकता है।

12. (b) दिए गए टुकड़ों से विकल्प (b) आकृति बनायी जा सकता है।

13. (b) 

इस आकृति को 90° वामावर्त दिशा में घुमाने पर,

अतः उत्तर (b) होगा।

14. (b) इस आकृति को 90° दक्षिणावर्त दिशा में घुमाने पर,

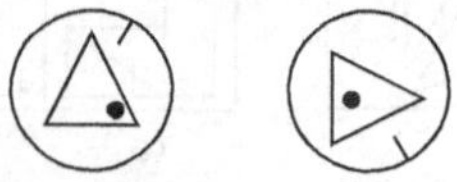

अतः उत्तर (b) होगा।

15. (b) पासे को '+' निशान वाली साइड से नीचे घुमाने पर '+' की जगह '(A)' आएगा तथा '+' नीचे चला जाएगा और उत्तर (b) होगा।

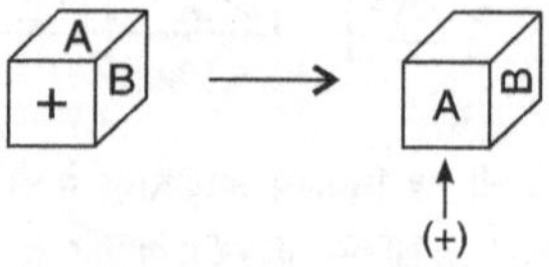

16. (c) आकृति (c) के लिए सिर्फ आठ तीलियों की जरूरत पड़ेगी।

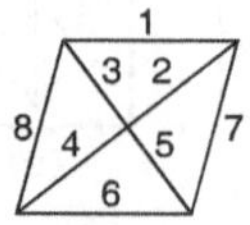

22 दर्पण और जल प्रतिबिम्ब
Mirror and Water Images

दर्पण प्रतिबिम्ब (Mirror Image) किसी वस्तु या व्यक्ति का दर्पण में जो प्रतिबिम्ब दिखाई देता है, वह उसका दर्पण प्रतिबिम्ब कहलाता है। यदि दर्पण को वस्तु के दाएँ या बाएँ रखा जाए, तो वस्तु का दायाँ भाग बाईं ओर दिखाई देता है और वस्तु का बायाँ भाग दाहिनी ओर। इस प्रकार का दर्पण प्रतिबिम्ब पार्श्वीय व्युत्क्रम भी कहलाता है।

जल प्रतिबिम्ब (Water Image) इसी प्रकार किसी वस्तु या व्यक्ति का पानी में जो किसी वस्तु या व्यक्ति का प्रतिबिम्ब दिखाई देता है, उसे हम वस्तु का जल प्रतिबिम्ब कहते हैं। हम किसी वस्तु को शीर्ष से तल तक 180° घुमाने पर भी जल प्रतिबिम्ब प्राप्त कर सकते हैं।

जल प्रतिबिम्ब में वस्तु के दाएँ या बाएँ भाग में कोई परिवर्तन नहीं होता है। यह स्थिर रहता है। इस प्रकार के प्रतिबिम्ब शीर्ष का भाग तल और तल का भाग शीर्ष में बदल जाता है। ऐसा प्रतिबिम्ब लम्बरूप व्युत्क्रम कहलाता है।

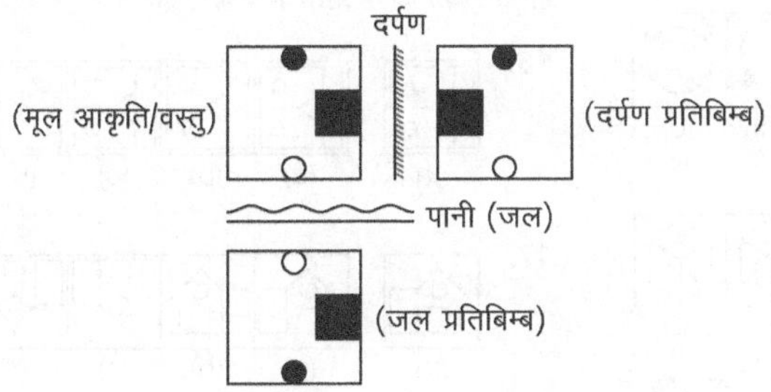

आगे सारणी में दिए गए प्रतिबिम्बों को ध्यानपूर्वक देखें

सारणी 1

संख्या	अंग्रेजी वर्णमाला के छोटे वर्ण	प्रतिबिम्ब की स्थिति	
		दर्पण में	जल में
1.	A	A	∀
2.	B	ᗺ	B
3.	C	Ɔ	C
4.	D	ᗡ	D
5.	E	Ǝ	E
6.	F	ꟻ	Ⅎ
7.	G	Ә	⅁
8.	H	H	H
9.	I	I	I
10.	J	Ⴑ	ᒉ
11.	K	ꓘ	K
12.	L	⅃	Γ
13.	M	M	W
14.	N	И	И
15.	O	O	O
16.	P	ꟼ	b
17.	Q	Ϙ	Ό
18.	R	Я	ᴚ
19.	S	Ƨ	Ƨ
20.	T	T	⊥
21.	U	U	∩
22.	V	V	Λ
23.	W	W	M
24.	X	X	X
25.	Y	Y	⅄
26.	Z	ᘔ	ᘔ

सारणी 2

संख्याएँ	दर्पण	जल प्रतिबिम्ब
0	0	0
1	Ɩ	⇂
2	Ƨ	Z
3	Ɛ	3
4	ᔭ	ㄣ
5	ट	ϛ
6	ә	9
7	٢	ㄥ
8	8	8
9	ę	6

उदाहरण 1 नीचे दी गई आकृति का सही दर्पण प्रतिबिम्ब चुनिए।

प्रश्न आकृति **उत्तर आकृतियाँ**

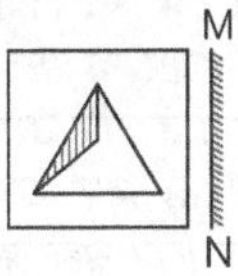

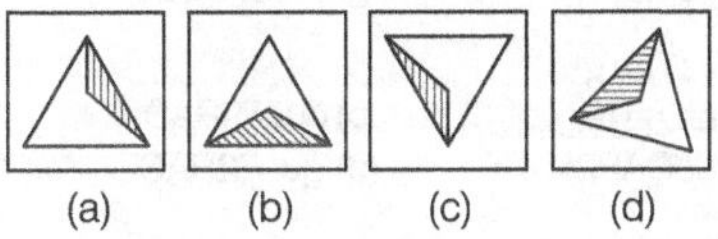

हल (a)

स्पष्ट है कि त्रिभुज का बायाँ रेखांकित भाग विकल्प (a) में दाईं ओर चला जाता है।

उदाहरण 2 नीचे दिए गए अक्षर-संख्या समूह का उचित दर्पण प्रतिबिम्ब चुनिए।

प्रश्न आकृति **उत्तर आकृतियाँ**

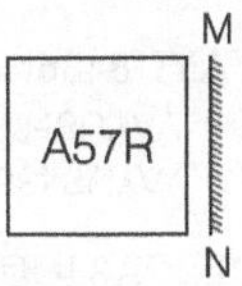

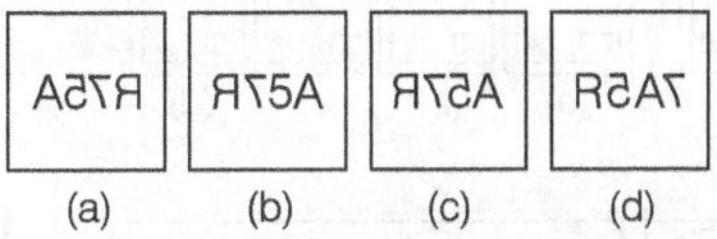

हल (c)

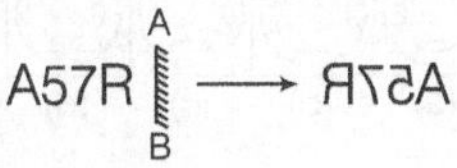

अतः विकल्प (c) अभीष्ट उत्तर होगा।

उदाहरण 3 नीचे दी गई आकृति का सही जल प्रतिबिम्ब चुनिए।

प्रश्न आकृति उत्तर आकृतियाँ

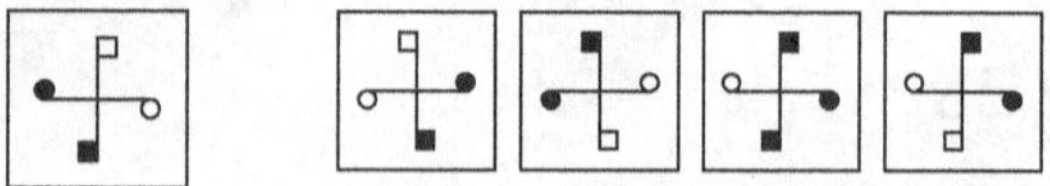

(a) (b) (c) (d)

हल *(b)* उत्तर आकृति (b) प्रश्न आकृति का सही जल प्रतिबिम्ब है

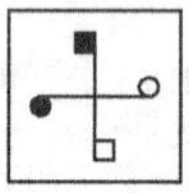

उदाहरण 4 नीचे दिए गए अक्षर-संख्या समूह सही जल प्रतिबिम्ब लिखिए।

प्रश्न आकृति उत्तर आकृतियाँ

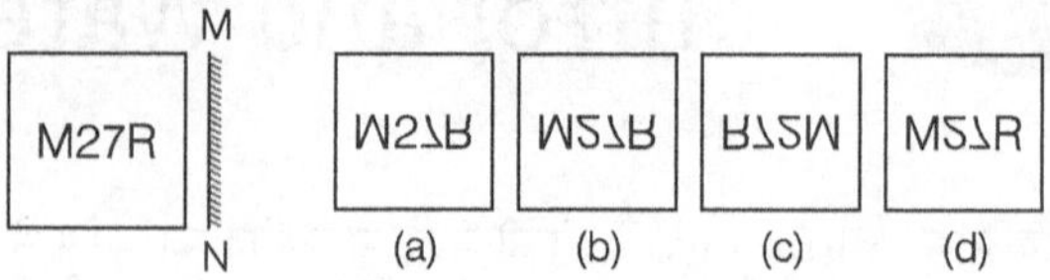

(a) (b) (c) (d)

हल *(b)* M27R

अभ्यास प्रश्न

निर्देश (प्र सं. 1-5) *नीचे दिए गए प्रत्येक प्रश्न में एक शब्द/संख्या/अक्षर और संख्या तथा उसके पश्चात् चार विकल्प दिए गए हैं। दिए गए शब्द/संख्या/अक्षर और संख्या का दर्पण प्रतिबिम्ब विकल्पों में से खोजिए।*

1. VERBAL
(a) LABREV (b) LRVERA
(c) REVBAL (d) ⅃ABЯƎV

2. 247593
(a) 395742 (b) ƐᘓƼ7ᔭS
(c) 392457 (d) 247593

3. DL3N469F
(a) ᗡ⅃ƐИᔭ96ꟻ (b) F964N3LD
(c) ꟻ69ИƐLD (d) ꟻ964N3LD

4. CAR27aug
(a) ƃnɐ72ЯAƆ (b) CAR27ɒug
(c) guaCAR27 (d) gua72RAC

5. test5auto
(a) otuɒ5tɘƨt (b) otua5tset
(c) tset5uato (d) oʇnɐ5ʇsǝʇ

निर्देश (प्र.सं. 6-10) *नीचे दिए गए प्रत्येक प्रश्न में यदि एक दर्पण को MN रेखा पर रखा जाए तो दी गई उत्तर आकृतियों में से कौन-सी आकृति, प्रश्न आकृति का सही दर्पण प्रतिबिम्ब होगी?*

प्रश्न आकृति उत्तर आकृतियाँ

6.

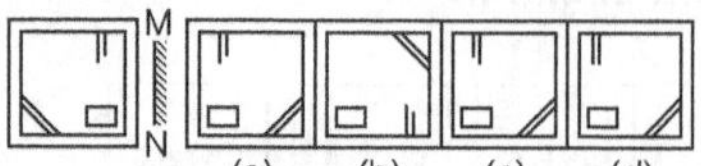

(a) (b) (c) (d)

7.

(a) (b) (c) (d)

8.

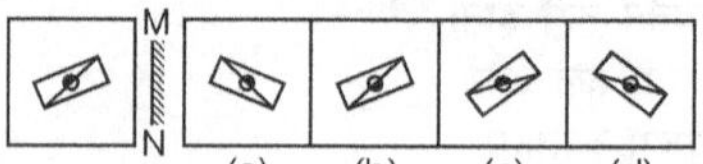

(a) (b) (c) (d)

9.

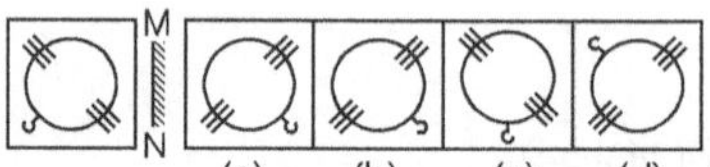

(a) (b) (c) (d)

10.

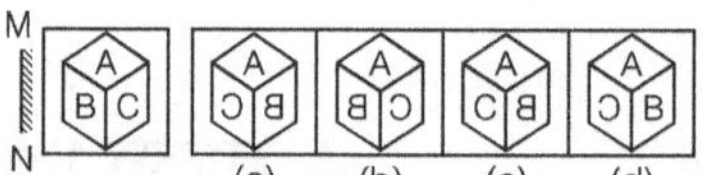

(a) (b) (c) (d)

निर्देश (प्र. सं. 11-15) *निम्नलिखित प्रत्येक प्रश्न में संख्या, अक्षर या संख्या तथा अक्षरों का एक समूह दिया गया है और उसके बाद चार विकल्प* (a), (b), (c) *तथा* (d) *दिए गए हैं। दिए गए विकल्पों में से उस समूह के लिए सही जल प्रतिबिम्ब का चयन कीजिए।*

11. 3713
(a) 3ƖꓶƐ (b) ƐƖꓶƐ (c) 3173 (d) ƐƖㄥƐ

12. wrote
(a) wɿote (b) ʍɹoʇǝ
(c) ʍɹoʇǝ (d) ʍɹoʇǝ

13. FRUIT
(a) ꟻЯUIT (b) ᖷᴚᑎIꓕ
(c) TIUЯF (d) ᖷᴚᑎIT

14. VAYU8436bx
(a) ΛⱯ⅄Ո8ᔭƐ9PX (b) ΛⱯ⅄Ո8ᔭƐ6 Px
(c) ΛⱯ⅄Ո8ᔭƐ9dX (d) ΛⱯ⅄Ո8ᔭƐ9bX

15. DL2CA34OO
(a) DꓶᘔCⱯƐᔭOO (b) DꓶᘔCⱯƐᔭOO
(c) DꓶᘔCⱯƐᔭOO (d) DꓶᘔCⱯƐᔭOO

निर्देश (प्र. सं. 16-20) *निम्नलिखित प्रत्येक प्रश्न में बाईं ओर एक प्रश्न आकृति* (X) *तथा दाईं ओर चार उत्तर आकृतियाँ दी गईं हैं। उत्तर आकृतियों में से ऐसी आकृति का चयन कीजिए, जिसमें प्रश्न आकृति का जल प्रतिबिम्ब बना हो।*

16.

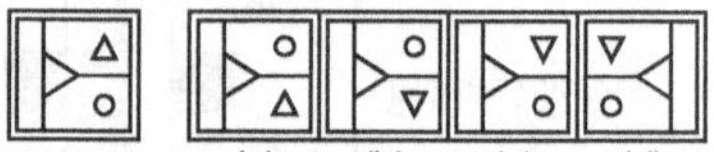

(X) (a) (b) (c) (d)

17.

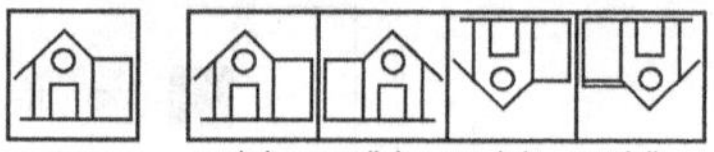

(X) (a) (b) (c) (d)

18.

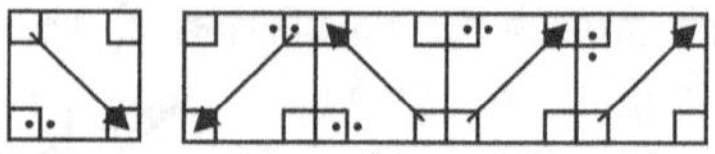

(X) (a) (b) (c) (d)

19.

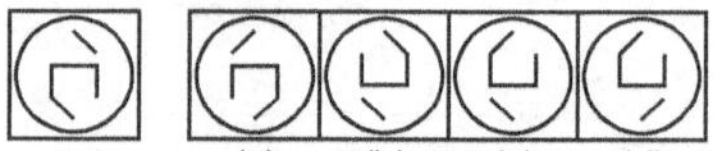

(X) (a) (b) (c) (d)

20.

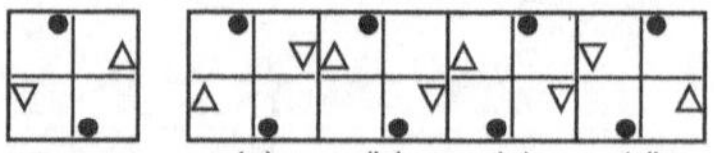

(X) (a) (b) (c) (d)

उत्तरमाला

1 *(d)*	12 *(b)*	3 *(b)*	4 *(b)*	5 *(a)*
6 *(c)*	7 *(c)*	8 *(a)*	9 *(a)*	10 *(a)*
11 *(b)*	12 *(c)*	13 *(b)*	14 *(b)*	15 *(a)*
16 *(b)*	17 *(c)*	18 *(c)*	19 *(d)*	20 *(c)*

दिल्ली पुलिस

कांस्टेबल

सामान्य ज्ञान

01 भारत का इतिहास एवं संस्कृति

प्राचीन भारत

सिन्धु घाटी सभ्यता

- सिन्धु घाटी सभ्यता आद्य-ऐतिहासिक काल की कांस्ययुगीन सभ्यता है। इसे भारतीय उपमहाद्वीप में प्रथम नगरीय सभ्यता का गौरव प्राप्त है।
- कार्बन डेटिंग पद्धति के अनुसार, इसका कालक्रम 2350 ई. पू. से 1750 ई. पू. माना जाता है।
- सिन्धु घाटी सभ्यता का विस्तार उत्तर में मांडा (जम्मू-कश्मीर, चिनाव नदी), दक्षिण में दैमाबाद (महाराष्ट्र, प्रवरा नदी), पूरब में आलमगीरपुर (मेरठ, हिण्डन नदी) तथा पश्चिम में सुत्कागेंडोर (बलूचिस्तान, दाश्क नदी) तक है।

नगर नियोजन

- मोहनजोदड़ो से प्राप्त वृहत स्नानागार एक प्रमुख स्मारक है, जिसके मध्य में एक स्नान कुण्ड है, जो 11.88 मीटर लम्बा, 7.01 मीटर चौड़ा एवं 2.43 मीटर गहरा है।
- यहाँ घरों के दरवाजे और खिड़कियाँ मुख्य सड़क की ओर न खुलकर पीछे की ओर खुलते थे। अपवाद-लोथल नगर के घरों के दरवाजे मुख्य सड़क की ओर खुलते थे।
- हड़प्पा सभ्यता में प्रयोग की जाने वाली ईटों की लम्बाई, चौड़ाई तथा ऊँचाई का अनुपात 4:2:1 था।

समाज

- सिन्धु सभ्यता का समाज मातृसत्तात्मक था। समाज चार वर्गों विद्वान्, योद्धा, व्यापारी और शिल्पकार में बँटा था। जुआ खेलना, शिकार, नृत्य-संगीत आदि मनोरंजन के मुख्य साधन थे।
- समाज में शवों को जलाने एवं दफनाने की प्रथा प्रचलित थी। यहाँ पर्दा-प्रथा एवं वेश्यावृत्ति प्रचलित थी।

धर्म

- सिन्धु सभ्यता के लोग प्रकृति पूजक थे एवं मातृशक्ति में विश्वास करते थे। मातृदेवी एवं पशुपति शिव की पूजा की प्रधानता थी।
- लिंग-योनि पूजा प्रचलित थी। लोग अन्ध-विश्वास तथा जादू-टोना में विश्वास करते थे। एकश्रृंगी पशु पवित्र था।
- अग्नि कुण्ड का साक्ष्य कालीबंगा से प्राप्त हुआ है। 'स्वास्तिक' चिह्न हड़प्पा सभ्यता की देन है।

अर्थव्यवस्था

- इस सभ्यता में कृषि अर्थव्यवस्था का मुख्य आधार थी। गेहूँ, जौ, मटर, कपास प्रमुख फसल थी। कपास को सिण्डॉन कहा जाता था।
- माप-तौल के मानकीकरण को स्थापित किया था। फुट तथा क्यूबिक की जानकारी लोगों को थी। माप के लिए दशमलव प्रणाली का प्रयोग किया जाता था। सिन्धु सभ्यता में वस्तु-विनियम प्रणाली प्रचलित थी। तौल की इकाई सम्भवत: 16 के अनुपात में थी।
- मेसोपोटामिया के साक्ष्यों में हड़प्पा स्थलों के लिए 'मेलूहा' शब्द का प्रयोग किया गया है। आन्तरिक तथा विदेशी व्यापार प्रचलन में था।
- आन्तरिक व्यापार के अन्तर्गत सोना कर्नाटक से, ताँबा खेतड़ी (राजस्थान) से, सीसा राजस्थान से गोमेद सौराष्ट्र (गुजरात) से मंगाया जाता था।
- इस सभ्यता से सेलखड़ी की आयाताकार मुहरे सर्वाधिक प्राप्त हुई हैं। जिन पर लेख लिखा गया है। इसकी लिपि को अभी तक पढ़ा नहीं जा सका है।

सिन्धु घाटी सभ्यता का पतन

सिन्धु घाटी सभ्यता के पतन के लिए मार्टियर ह्वीलर ने आर्य आक्रमण, मार्शल ने बाढ़, आरेल स्टाइन ने जलवायु परिवर्तन, एस. आर. साहनी ने जल प्लावन को जिम्मेदार माना है।

सिन्धु घाटी सभ्यता के प्रमुख स्थल

स्थल	खोजकर्ता/वर्ष	भौगोलिक स्थिति	प्राप्त साक्ष्य
हड़प्पा	दयाराम साहनी, 1921	रावी नदी मोण्टगोमरी (पाकिस्तान)	कब्रिस्तान R-37 श्रमिक निवास, सोलह भट्ठियाँ कांसे की इक्का गाड़ी, दर्पण, मन्जूषा, धोती पहने मूर्ति
मोहनजोदड़ो	राखालदास बनर्जी, 1922	सिन्धु नदी, लरकाना (पाकिस्तान)	कांसे की नग्न मूर्ति, स्नानागर, अन्नागार, कुम्हार, के छः भट्ठे, सूती कपड़ा, दाढ़ी वाला साधु, हाथी का कपाल खण्ड, शतरंज की गोलियाँ
सुत्कागेण्डोर	आर. एल. स्टाइन और जॉर्ज डेल्स, 1927	दाश्क नदी, बलूचिस्तान (पाकिस्तान)	मिट्टी से बनी चूड़ियाँ, ताँबे की कुल्हाड़ी, राख से भरा बर्तन, व्यापारिक चौकी
चन्हूदड़ो	एन. जी मजूमदार, 1931	सिन्धु नदी, सिन्ध (पाकिस्तान)	मनके का कारखाना, लिपिस्टिक, मुहर निर्माण केन्द्र, मिट्टी की बनी बैलगाड़ी का प्रतिरूप, कांसे की खिलौना गाड़ी
कालीबंगा	अमलानन्द घोष, 1953/60 ई.	घग्घर, राजस्थान	हल द्वारा जुते खेत, अग्निकुण्ड, अलंकृत ईंट, बेलनाकार मुहर, मिट्टी का हल, भूकम्प का साक्ष्य
लोथल	रंगनाथ राव, 1957	भोगवा नदी, गुजरात	सोने का मनका, मनका बनाने का कारखाना, गोदीवाड़ा (बन्दरगाह), युग्म शवाधान, धान की खेती
धौलावीरा	पी. बी. लाल, 1959 आर एस विष्ट 1930-31	खदिर वेत नदी, कच्छ गुजरात	खेल का मैदान, सबसे बड़ा अभिलेख पत्थर की बनी नेवले की मूर्ति, तीन भागों में विभाजित एकमात्र शहर
राखीगढ़ी	सूरजभान, 1963	घग्घर नदी, हरियाणा	प्राक्-हड़प्पा एवं परिपक्व हड़प्पा के साक्ष्य भारत में सभ्यता का सबसे बडा स्थल, चबूतरे पर बनी अग्निवेदिका।
बनावली	आर. एस. विष्ट, 1973 ई.	रंगोई नदी, हरियाणा	मिट्टी से बने हल का प्रतिरूप, मिट्टी के मनके, मछली पकड़ने की बंशी

वैदिक काल

- सिन्धु घाटी सभ्यता के पतन के पश्चात् भारतीय उपमहाद्वीप में वैदिक काल का आगमन हुआ। इसका कालक्रम 1500 ई. पू. से 600 ई. पू. माना जाता है।
- वैदिक काल को ऋग्वैदिक काल (1500-1000 ई. पू.) तथा उत्तर वैदिक काल (1000-600 ई. पू.) में विभाजित किया जाता है।
- वैदिक संस्कृति के संस्थापक आर्यों को माना जाता है। आर्य शब्द का अर्थ होता है- श्रेष्ठ, उत्तम, अभिजात्य, कुलीन आदि।
- ईरानी पुस्तक जेन्दावेस्ता तथा बोगजकोई अभिलेख में आर्यों को ईरान का बताया गया। मैक्स मूलर ने आर्यों को मध्य एशिया का निवासी कहा है।

ऋग्वैदिक काल

- इस काल की जानकारी का मुख्य स्रोत ऋग्वेद है। आर्यों ने जिस विस्तृत क्षेत्र का निर्माण किया, उसे सप्त सैन्धव प्रदेश कहा गया।
- ऋग्वैदिक समाज पितृसत्तात्मक था। परिवार के मुखिया को कुलप कहा जाता था। पिता परिवार का मुखिया होता था।
- महिलाओं को शिक्षा प्राप्त करने का अधिकार था। अपाला, सिक्ता, घोषा, विश्ववारा, लोपामुद्रा इस काल की विदुषी महिलाएँ थीं।
- राजनीतिक व्यवस्था की संरचना कबीलाई थी। सम्पूर्ण कबीला जन कहलाता था तथा कबीले का प्रधान राजन होता था।
- ऋग्वैदिक काल में इन्द्र महत्त्वपूर्ण देवता थे, इन्हें ऋग्वेद में पुरन्दर कहा गया है। इन्द्र के लिए ऋग्वेद में 250 सूक्त हैं। वरुण को ऋतस्यगोपा कहा गया है।
- ऋग्वेद में सर्वाधिक पवित्र नदी सरस्वती को 'नदीतमा' कहा गया है। 'सत्यमेव जयते' मुण्डकोपनिषद से तथा 'असतो मा सद्‌गमय' ऋग्वेद से लिया गया है।
- इस काल में मारूत (आँधी-तूफान के देवता) द्यौ (आकाश का देवता) सोम (वनस्पति देवता), पूषन (पशुओं का देवता) प्रमुख देवता थे।
- गाय को मुद्रा के परिचायक के रूप में जाना जाता था। इसे अघन्या (न मारने योग्य) माना जाता था।
- जुते हुए खेत को 'उर्वरा', पशुचारण योग्य भूमि को 'खिल्य', हल को 'सीत' हल रेखा को 'सीता' कहा जाता था।
- वस्तु-विनिमय प्रणाली प्रचलित थी, निष्क तथा शतमान नामक सिक्कों का प्रचलन था।

उत्तर वैदिक काल

- इस काल की जानकारी के मुख्य स्रोत यजुर्वेद, सामवेद तथा अथर्ववेद है। इस काल में आर्य पंजाब से कुरुक्षेत्र अर्थात् गंगा-यमुना दोआब में फैल गए थे।
- इस काल में राजा का पद वंशानुगत होने लगा। ऋग्वैदिक कबीला 'जन' जनपद में बदल गया।
- उत्तर वैदिक काल में इन्द्र के स्थान पर प्रजापति सर्वाधिक प्रिय देवता बन गए। विष्णु को मनुष्य जाति के दुःखों का अन्त करने वाला माना गया।
- इस काल में पूषन शुद्रों के देवता के रूप में प्रचलित हुए। पंच महायज्ञ (ब्रह्म, देव, पितृ, नृयज्ञ, भूत) का प्रचलन आरम्भ हुआ।
- उत्तर वैदिक काल में ही सर्वप्रथम लोहे का साक्ष्य 1000 ई. पू. में उत्तर प्रदेश के अतरंजीखेड़ा से प्राप्त हुआ।

वैदिक साहित्य

- **ऋग्वेद** सबसे प्राचीन वेद है। इसमें 10 मण्डल तथा 1028 सूक्त हैं। इसके सातवें मण्डल में दशरज्ञ युद्ध की चर्चा, 10वें मण्डल के पुरुषसूक्त में चार वर्णों की चर्चा, तीसरे मण्डल में गायत्री मन्त्र का उल्लेख।
- **सामवेद** इसमें संकलित मन्त्रों का उल्लेख देवताओं की स्तुति के लिए किया गया है। इसे भारतीय संगीत का मूल कहा जाता है।
- **यजुर्वेद** इसकी रचना पद्य तथा गद्य दोनों में हुई है। यह कर्मकाण्ड प्रधान ग्रन्थ है।
- **अथर्ववेद** इसमें ब्रह्म ज्ञान, औषिध प्रयोग, रोग-निवारण, तन्त्र-मन्त्र आदि का उल्लेख है।

धार्मिक आन्दोलन

- छठी शताब्दी ई. पू. सम्पूर्ण विश्व में धार्मिक आन्दोलनों की शताब्दी के रूप में जानी जाती है।
- इस समय यूनान में हेराक्लिज, ईरान में जरथ्रुष्ट, चीन में कन्फ्यूशियस तथा भारत में जैन तथा बौद्ध धर्म अस्तित्व में आए।
- जैन तथा बौद्ध धर्म ने वैदिक धर्म की यज्ञ-बलि एवं कर्मकाण्डों का विरोध किया तथा ब्राह्मणवादी श्रेष्ठता को चुनौती दी।

जैन धर्म

- जैन धर्म की स्थापना ऋषभदेव ने की थी। जैन धार्मिक विचार के अनुसार जैनों के 24तीर्थंकर हुए। ऋषभदेव प्रथम तीर्थांकर थे।
- जैन धर्म के 23वें तीर्थंकर पार्श्वनाथ थे। वे काशी नरेश अश्वसेन के पुत्र थे। पार्श्वनाथ का निर्वाण सम्मेद शिखर पर हुआ था।
- जैन धर्म के वास्तविक संस्थापक महावीर स्वामी थे। महावीर स्वामी 24वें व अन्तिम तीर्थंकर थे।

महावीर स्वामी

जन्म	540 ई. पू., कुण्डग्राम (वैशाली)
पिता	सिद्धार्थ (ज्ञातृक क्षत्रिय कुल)
माता	त्रिशला (लिच्छवि शासक चेटक की बहन)
पत्नी	यशोदा
गृह त्याग	30 वर्ष की उम्र में
कैवल्य प्राप्ति	42 वर्ष की उम्र में (ऋजुपालिका नदी के किनारे)
निर्वाण	72 वर्ष की उम्र में 468 ई. पू. (पावापुरी)
अन्य नाम	जिन, निर्ग्रन्थ, अर्हत, कैवलिन
प्रतीक चिह्न	सिंह
प्रथम उपदेश	राजगृह

जैन दर्शन तथा सिद्धान्त

- जैन धर्म के 23वें तीर्थंकर पार्श्वनाथ ने सत्य, अहिंसा, अपरिग्रह तथा अस्तेय (चोरी न करना) के सिद्धान्त का प्रतिपादन किया था। महावीर ने इसमें 5वाँ सिद्धान्त ब्रह्मचर्य जोड़ा।
- जैन धर्म में स्यादवाद का दर्शन है, जिसमें सात सत्य शामिल किए गए हैं। इसे अनेकान्तवाद भी कहा जाता था।
- जैन धर्म के त्रिरत्न दर्शन के अनुसार, मोक्ष के लिए तीन तत्त्वों का होना जरूरी है। ये हैं-सम्यक दर्शन, सम्यक ज्ञान तथा सम्यक आचरण।
- इस धर्म में कर्म तथा पुनर्जन्म पर विश्वास है। ईश्वर की मान्यता नहीं है, पर आत्मा की मान्यता है।

जैन संघ तथा संगीतियाँ

- महावीर ने समस्त अनुयायियों को 11 गणों में विभक्त किया तथा प्रत्येक गण पर एक गणधर की नियुक्ति की।
- जैन संघ दो भागों में विभाजित हुआ-दिगम्बर (भद्रबाहु के समर्थक) तथा श्वेताम्बर (स्थूलभद्र के समर्थक)।
- श्वेताम्बर सफेद वस्त्र धारण करते थे, जबकि दिगम्बर बिना वस्त्रों के जीवन व्यतीत करते थे।

- जैन धर्म में दो संगीतियाँ हुईं—प्रथम संगीति 322 से 298 ई. पू. में पाटलिपुत्र में स्थूल भद्र की अध्यक्षता में आयोजित हुआ तथा दूसरी संगीति 512 ई. में बल्लभी में देवर्यार्या क्षमाश्रवण की अध्यक्षता में आयोजित हुआ।

बौद्ध धर्म

बौद्ध धर्म का विकास छठी शताब्दी ईसा पूर्व के समकालीन धर्मों में हुआ बौद्ध धर्म के संस्थापक गौतम बुद्ध थे।

गौतम बुद्ध

जन्म	563 ई. पू. लुम्बिनी (कपिलवस्तु)
पिता	शुद्धोधन (शाक्य गण के प्रधान)
माता	महामाया (कोलियगण की राजकुमारी)
पत्नी	यशोधरा
गृह त्याग	29 वर्ष की उम्र में (महाभिनिष्क्रमण)
ज्ञान प्राप्ति	35 वर्ष की उम्र में (निरंजना नदी के किनारे, बोधगया)
महा परिनिर्वाण	80 वर्ष की उम्र में, 483 ई. पू. (कुशीनारा)
प्रथम उपदेश	सारनाथ (धर्मचक्रप्रवर्तन)
अनुयायी शासक	बिम्बिसार, प्रसेनजित, अजातशत्रु, अनाथपिण्डक

बौद्ध दर्शन तथा सिद्धान्त

- बौद्ध धर्म मूलत: अनीश्वरवादी है। इसमें आत्मा की परिकल्पना भी नहीं है। यह पुनर्जन्म को मान्यता देता है।
- बुद्ध ने सांसारिक दु:खों के सम्बन्ध में चार आर्य सत्यों का उपदेश दिया है। ये हैं
  1. दु:ख 2. दु:ख समुदाय 3. दु:ख निरोध
  4. दु:ख निरोधगामिनी प्रतिपदा।
- इन सांसारिक दु:खों से मुक्ति हेतु बुद्ध ने **अष्टांगिक मार्ग** का प्रतिपादन किया।
- बुद्ध ने मध्यम मार्ग (मध्यमा-प्रतिपद) का उपदेश दिया तथा नैतिकता पर बल दिया। कर्म के सिद्धान्त के साथ-साथ सत्य एवं अहिंसा को प्रमुखता दी।

बौद्ध संघ

- बौद्ध संघ में भिक्षुओं के प्रवेश को 'उपसम्पदा' कहा जाता था। गृहस्थ जीवन में रहकर बौद्ध धर्म को मानने वाले को 'उपासक' कहा जाता था।
- कालान्तर में बौद्ध सम्प्रदाय हीनयान तथा महायान में विभाजित हो गया।

बौद्ध संगीतियाँ

संगीति	समय	स्थान	शासक	अध्यक्ष
प्रथम बौद्ध संगीति	483 ई. पू.	राजगृह	अजातशत्रु	महाकस्सप
द्वितीय बौद्ध संगीति	383 ई. पू.	वैशाली	कालाशोक	सर्बकामिनी
तृतीय बौद्ध संगीति	250 ई. पू.	पाटलिपुत्र	अशोक	मोग्गलिपुत्र तिस्स
चतुर्थ बौद्ध संगीति	प्रथम सदी ई.	कुण्डलवन (कश्मीर)	कनिष्क	वसुमित्र

महाजनपद काल

- उत्तर वैदिक काल के 'जनपद' छठी शताब्दी ई. पू. में 'महाजनपद' में परिवर्तित हो गए। इनकी संख्या 16 थी।
- बौद्ध ग्रन्थ अंगुत्तर निकाय में पहली बार 16 महाजनपदों की चर्चा मिलती है। जैन ग्रन्थ 'भगवती सूत्र' में भी 16 महाजनपदों की चर्चा है।

सोलह महाजनपद

महाजनपद	राजधानी	वर्तमान क्षेत्र
मगध	गिरिव्रज/राजगृह	पटना, शाहाबाद (बिहार)
अंग	चम्पा	भागलपुर, मुंगेर (बिहार)
काशी	वाराणसी	बनारस के आसपास (उ.प्र.)
वत्स	कौशाम्बी	इलाहाबाद के आस-पास (उ.प्र.)
वज्जि	वैशाली	वैशाली (बिहार)
कोसल	श्रावस्ती	अवध (उ.प्र.)
अवन्ति	उत्तरी अवन्ति–उज्जैन दक्षिण अवन्ति–महिष्मती	दक्षिण पश्चिम (मध्य प्रदेश)
मल्ल	कुशीनारा	देवरिया (उ.प्र.)
पांचाल	अहिच्छत्र/काम्पिल्य	बरेली, बदायूँ, (उ.प्र.)
चेदि	शक्तिमती	बुदेलखण्ड (उ.प्र.)
कुरु	हस्तिनापुर	दिल्ली, मेरठ, हरियाणा के कुछ क्षेत्र
मत्स्य	विराटनगर	जयपुर, भरतपुर, अलवर
कम्बोज	राजपुर	रोजरी, हजारा क्षेत्र (पाकिस्तान)
शूरसेन	मथुरा	ब्रजमण्डल क्षेत्र (उ.प्र.)
अश्मक	पोतन	द. भारत
गान्धार	तक्षशिला	पकिस्तान का उत्तरी क्षेत्र

मगध साम्राज्य का उत्कर्ष

- महाजनपद काल में मगध ने अपनी शक्ति का विस्तार किया तथा उत्तर भारत में मगध साम्राज्य की स्थापना हुई।
- मगध साम्राज्य पर कुल मिलाकर तीन वंशों हर्यंक वंश, शिशुनाग वंश तथा नन्द वंश ने शासन किया।

हर्यंक वंश (544-412 ई.पू.)

- बिम्बिसार हर्यंक वंश (544-492 ई. पू.) का संस्थापक था। उसका उपनाम श्रेणिक था तथा इसकी राजधानी गिरिव्रज (राजगृह) थी।
- बिम्बिसार ने मद्र, कोसल, लिच्छवि तथा गान्धार से वैवाहिक सम्बन्ध स्थापित किए। वह महात्मा बुद्ध का समकालीन था। जीवक इसका राजवैद्य था।
- अजातशत्रु (492-460 ई. पू.) ने अपने पिता बिम्बिसार की हत्या कर सिंहासन प्राप्त किया था। इसे पितृहंता भी कहा जाता था।
- अजातशत्रु ने रथमूसल तथा महाशिलाकण्टक जैसे हथियारों का प्रयोग युद्ध में किया। उदायिन (460-44 ई.पू.) अजातशत्रु का पुत्र था, इसने पाटलिपुत्र नगर की स्थापना की थी।

शिशुनाग वंश (412-344 ई.पू.)

- शिशुनाग (412-394 ई.पू.) ने हर्यंक वंश के अन्तिम शासक नागदशक की हत्या कर शिशुनाग वंश की स्थापना की थी।
- शिशुनाग का उत्तराधिकारी कालाशोक हुआ। इसके समय में द्वितीय बौद्ध संगीति का आयोजन वैशाली में हुआ था।

नन्द वंश (321 ई.पू.)

- नन्द वंश की स्थापना महापद्मनन्द ने की थी। इसे 'एकराट भी कहा जाता है। पुराणों में महापद्मनन्द को 'सर्वक्षत्रान्तक' क्षत्रियों को नाश करने वाला कहा गया है।
- धनानन्द नन्द वंश का अन्तिम शासक था। ग्रीक लेखकों ने इसे अग्रमीज एवं जैन्द्रमीज कहा है।
- धनानन्द के शासन काल में ही मकदूनिया के शासक सिकन्दर ने 326 ई. पू. में भारत पर आक्रमण किया था।

मौर्य साम्राज्य

नन्द वंश के अन्तिम शासक धनानन्द को पराजित कर चन्द्रगुप्त मौर्य ने मौर्य साम्राज्य की स्थापना 322 ई. पू. में की थी।

चन्द्रगुप्त मौर्य (321-298 ई. पू.)

- चन्द्रगुप्त को स्ट्रोबो तथा जस्टिन ने सैण्ड्रोकोटस और एरियन तथा प्लूटार्क ने 'एण्ड्रोकोटस' नाम से सम्बोधित किया है।
- चन्द्रगुप्त ने 305 ई. पू. में सिकन्दर के सेनापति सेल्यूकस निकेटर को पराजित कर एरिया, अराकोसिया, जेड्रोसिया एवं पेरीपेनिसदाई का क्षेत्र प्राप्त किया था।
- सेल्यूकस ने अपनी पुत्री का विवाह चन्द्रगुप्त मौर्य से किया तथा अपने राजदूत मेगस्थनीज को उसके दरबार में भेजा।
- मेगस्थनीज 5 वर्ष तक पाटलिपुत्र में रहा तथा 'इण्डिका' नामक पुस्तक की रचना की।
- चन्द्रगुप्त मौर्य जैन धर्म का अनुयायी था। 298 ई. पू. में इसकी मृत्यु श्रावणबेलगोला (कर्नाटक) में उपवास द्वारा हो गई।
- दक्षिण भारत में प्रसिद्ध जैन केन्द्र श्रवणबेलगोला में स्थित है।

बिन्दुसार (298-273 ई.पू.)

- बिन्दुसार चन्द्रगुप्त का पुत्र तथा उत्तराधिकारी था। वह आजीवक सम्प्रदाय का अनुयायी तथा अमित्रघात के नाम से जाना जाता था।
- स्ट्रेबों के अनुसार सीरियन नरेश एन्टियोकस ने बिन्दुसार के दरबार में डाइमेकस नामक राजदूत भेजा।
- एथोनियस के अनुसार, बिन्दुसार ने सीरिया के शासक एण्टियोकस-I से मदिरा, सूखे अंजीर एवं एक दार्शनिक भेजने की प्रार्थना की थी।

अशोक (273-236 ई.पू.)

- अशोक बिन्दुसार का उत्तराधिकारी था। चार पर्षों तक उत्तराधिकार के संघर्ष के पश्चात् 269 ई. पू. में वास्तविक रूप से राजगद्दी पर बैठा।
- शासक बनने के पूर्व अशोक अवन्ति का राज्यपाल था। मास्की तथा गुर्जरा अभिलेख में इसका वास्तविक नाम 'अशोक' मिलता है।
- राज्याभिषेक के 9वें वर्ष अर्थात् 261 ई. पू. में अशोक ने कलिंग पर आक्रमण किया। कलिंग युद्ध के पश्चात् उसने युद्ध विजय की जगह धम्म विजय को अपनाया तथा उपगुप्त नामक बौद्ध भिक्षु से बौद्ध धर्म की दीक्षा ली।
- अशोक ने शासन के 10वें वर्ष में बोधगया तथा 20 वें वर्ष में लुम्बिनी की यात्रा की। 13वें वर्ष में उसने धम्ममहामात्र नामक अधिकारियों की नियुक्ति की।
- अशोक के अभिलेख ब्रह्मी, ग्रीक, अरमाइक तथा खरोष्ठी लिपि में उत्कीर्ण हैं। 1837 ई. में जेम्स प्रिंसेप ने अशोक के अभिलेखों को पढ़ने में सफलता प्राप्त की।
- 14 शिलालेखों के अतिरिक्त अशोक ने 13 लघु शिलालेख, 7 लघु शिलालेख, 7 स्तम्भ अभिलेख उत्कीर्ण करवाया।
- धार्मिक स्तूप का निर्माण अशोक ने कराया था।
- शिला राजादेश XIII में अशोक ने कलिंग युद्ध के हताहतों का उल्लेख किया और युद्ध त्याग की घोषणा की।

मौर्य प्रशासन

- कौटिल्य ने अर्थशास्त्र में राज्य के सप्तांग सिद्धान्त के अन्तर्गत राज्य, राजा, मन्त्री, मित्र, कोष, सेना तथा दुर्ग को राज्य के लिए आवश्यक अंग माना।
- मौर्य प्रशासन में राजा सर्वोच्च अधिकारी होता था, मन्त्री, सभा तथा मन्त्रिपरिषद् राजा को सहायता देते थे।
- मौर्य प्रशासन में शीर्षस्थ अधिकारियों को तीर्थ कहा जाता था, इनकी संख्या 18 थी।
- 'संस्था' तथा 'संचरा' गुप्त चर व्यवस्था के अंग थे।
- राज्य की आय का मुख्य स्रोत भू-राजस्व था। यह कुल उपज का 2/6 होता था।
- राजकीय टकसाल के अधिकारी को 'लक्षणाध्यक्ष' कहा जाता था। मुद्राओं के परीक्षण का अधिकारी रूपदर्शक था।

मौर्योत्तर काल

मौर्य साम्राज्य के पतन के पश्चात् सत्ता के केन्द्रीकरण का ह्रास हुआ। इसके परिणाम स्वरूप इस काल में अनेक छोटे-छोटे देशी एवं विदेशी राज्य स्थापित हुए। इनका वर्णन निम्नलिखित है—

देशी शासक वंश	विदेशी शासक वंश
शुंग वंश	**शक वंश**
• इस वंश की स्थापना पुष्यमित्र शुंग ने 185 ई. पू. में अन्तिम मौर्य शासक बृहद्रथ की हत्या कर दी थी।	• शक मूलतः सीरदरया के उत्तर में निवास करने वाली एक खानाबदोश तथा बर्बर जाति थी। इन्होंने लगभग 165 ई. पू. में भारत में प्रवेश किया।
• पुष्यमित्र शुंग ने भरहुत स्तूप का निर्माण करवाया तथा विदिशा को अपनी राजधानी बनाया। अयोध्या शिलालेख के अनुसार इसने पतंजलि के नेतृत्व में दो अश्वमेध यज्ञ करवाए।	• शकों की कुल पाँच शाखाएँ थीं-पहली शाखा ने अफगानिस्तान, दूसरी शाखा ने पंजाब, तीसरी शाखा ने मथुरा, चौथी शाखा ने पश्चिमी भारत एवं पाँचवीं शाखा ने उत्तर दक्कन पर प्रभुत्व स्थापित किया।
• शुंग वंश के 9वें शासक भागवत (भागभद्र) के शासनकाल में भवन राजदूत हेलियोडोरस ने भागवत धर्म ग्रहण कर विदिशा (बेसनगर) में गरुड़-स्तम्भ की स्थापना की।	• रूद्र दामन इस वंश का सबसे प्रतापी शासक था। इसने सुदर्शन सील का जीर्णोद्वार करवाया तथा संस्कृत भाषा का सबसे लम्बा अभिलेख 'गिरनाट अभिलेख' बनवाया।
कण्व वंश	**पहलव वंश**
• शुगवंश के अन्तिम शासक देवभूति की हत्या कर वासुदेव ने 75 ई. पू. में कण्व वंश की स्थापना की।	• पहलव/पार्कियन मुख्यतः सीस्तान तथा आरकोसिया के निवासी थे। इस वंश का वास्तविक संस्थापक मिथेडेट्स प्रथम था।
• पुराणों के अनुसार, कण्व वंश का शासन 45 वर्षों तक रहा। सुशर्मा इसका अन्तिम शासक था।	• भारत में इस वंश का पहला शासक माउस था। गोण्डो, फर्नीज इसका सबसे महान् शासक था, जिसका उल्लेख 'तख्ते वही' अभिलेख में मिलता है।
सातवाहन वंश	**कुषाण वंश**
• इस वंश की स्थापना सिमुक ने अन्तिम कण्व शासक सुशर्मा की हत्या कर की थी। सातवाहन शासकों ने अपनी राजधानी प्रतिष्ठान (महाराष्ट्र) में स्थापित की।	• पल्लव के बाद कुषाण भारत आए जो यू-ची कबीले से सम्बन्धित थे। कुजुल कडफिसेस ने 15 ई. में कुषाण वंश की स्थापना की। उसका उत्तराधिकारी विम कडफिसेस था।
• इस काल में हाल ने गाथा सप्तशतकी तथा गुणाढ्य के वृहतकथा नामक पुस्तक की रचना की।	• भारत में सर्वप्रथम सोने के सिक्के विम कडफिसस द्वारा ही चलाए गए थे।
• सातवाहन शासकों ने चाँदी, ताँबे, सीसा, पोटीन और कांस्य की मुद्राओं का प्रचलन किया।	• कनिष्क (78 ई.) सर्वाधिक शक्तिशाली शासक था, इसकी राजधानी पुरूषपुर (पेशावर) थी। इसने शक-संवत् चलाया।
• इनका समाज मातृसत्तात्मक था।	• गांधार तथा मथुरा शैली का विकास कनिष्क के काल में ही हुआ। वासुदेव इस वंश का अन्तिम शासक था।

संगम काल

- संगम से तात्पर्य दक्षिण भारत में आयोजित होने वाले तमिल कवियों के संघ या मण्डल से है। इसका आयोजन पाण्ड्य राजाओं के संरक्षण में हुआ।
- संगम काल में तीन तमिल संगमों का आयोजन किया गया था। पहला संगम अगस्त ऋषि की अध्यक्षता में मदुरै में, दूसरा तोलकाप्पियर की अध्यक्षता में अवलैव/कपाट पुरम में तथा तीसरा नक्कीटर की अध्यक्षता में मदुरै में आयोजित हुआ था।

चेर

- उदायिन-चेर (130 ई.) इस वंश का प्रथम शासक था। चेर वंश का प्रतीक चिह्न धनुष था।
- उदायिन चेर को लाल चेर के नाम से जाना जाता है। इसने 'पत्तिनी' या 'कण्णगी' पूजा को प्रारम्भ कराया।

चोल

- यह प्राचीनतम संगमकालीन राज्य था। इसका प्रथम उल्लेख कात्यायन ने किया है। चोलों का प्रतीक चिह्न बाघ था।
- उत्तरामेरूर शिलालेख से चोल प्रशासन से सम्बन्धित जानकारी मिलती है।
- कारिकाल (190 ई.) इस वंश का सबसे महान् शासक था। इसने वेष्णि का युद्ध जीता था। कारिकाल की चर्चा शिलप्पादिकारम् तथा पट्टिनप्पालै जैसे ग्रन्थों में मिलती है।
- वेल्लनवगाई गैर ब्राह्मण किसान स्वामी की भूमि थी तथा ब्रह्मदेव ब्राह्मणों को उपहार में दी गई भूमि थी।
- चोल अभिलेखों में उल्लेखित भूमि की विभिन्न कोटियों के अनुसार शालाभोग को किसी विद्यालय के रखरखाव की भूमि कहा जाता था।

पाण्ड्य

- पाण्ड्य राजवंश की प्रथम चर्चा मेगस्थनीज ने अपनी पुस्तक इण्डिका में किया है। इसका राज्य चिह्न मछली तथा राजधानी मदुरै थी।
- इस वंश के महानतम शासक नेण्डुगेलियन ने रोमन सम्राट आगस्टस के दरबार में अपना दूत भेजा था।

गुप्त साम्राज्य

- मौर्योत्तर काल के पश्चात् गुप्त साम्राज्य के रूप में एक केन्द्रीयकृत सत्ता अस्तित्व में आई। प्राचीन भारतीय इतिहास में गुप्तकाल को स्वर्णकाल कहा जाता है।
- गुप्त वंश की स्थापना श्रीगुप्त ने 275 ई. में की थी, किन्तु इस वंश का वास्तविक संस्थापक चन्द्रगुप्त प्रथम था।

चन्द्रगुप्त प्रथम

- चन्द्रगुप्त प्रथम (319-336 ई.) 'महाराजाधिराज' की उपाधि धारण करने वाला प्रथम गुप्त शासक था।
- चन्द्रगुप्त प्रथम ने 319 ई. में गुप्त सम्वत् की स्थापना की थी। इसने लिच्छवि राजकुमारी कुमार देवी से विवाह किया था।

समुद्रगुप्त

- समुद्रगुप्त (335-375 ई.) चन्द्रगुप्त का उत्तराधिकारी था, इसको लिच्छवि दौहित्र भी कहा जाता है।
- वी. ए. स्मिथ ने समुद्रगुप्त को 'भारतीय नेपोलियन' कहा। इसका दरबारी कवि हरिषेण था, जिसने इलाहाबाद के प्रयाग-प्रशस्ति लेख में समुद्रगुप्त के विषयों का वर्णन किया।
- समुद्रगुप्त के सिक्कों पर व्यघ्रपराक्रम, अप्रप्तिरथ, पराक्रमांक आदि उपाधियाँ मिलती हैं। एक सिक्के पर उसे वीणा बजाते हुए दिखाया गया है।

चन्द्रगुप्त विक्रमादित्य

- चन्द्रगुप्त विक्रमादित्य (380-412 ई.) के शासनकाल में गुप्तों की प्रथम राजधानी पाटलिपुत्र तथा द्वितीय राजधानी उज्जयिनी थी।
- चीनी यात्री, फाह्यान इसके शासनकाल में भारत आया था। इसने विक्रमांक, परमभागवत उपाधि धारण की थी।
- इसके दरबार के नवरत्नों में कालिदास, धनवन्तरि, क्षपणक, अमरसिंह, शंकु, बेतालभट्ट घटकर्पर वाराहमिहिर, वारुचि शामिल थे।

कुमारगुप्त

- कुमारगुप्त (412-454 ई.) गुप्त शासकों में सर्वाधिक अभिलेख बनाने वाला शासक था। इसके काल में हूणों का आक्रमण हुआ था।
- इसके शासन काल में नालन्दा विश्वविद्यालय (बिहार) की स्थापना हुई थी।

स्कन्द गुप्त

- स्कन्द गुप्त (454-467 ई.) गुप्त वंश का अन्तिम प्रतापी शासक था। इसने मौर्यों द्वारा निर्मित सुदर्शन झील का जीर्णोध्दार करवाया था।
- 455 ई. में स्कन्दगुप्त ने हूणों को पराजित किया। हुणों के आक्रमण से भारत की सुरक्षा करने का श्रेय स्कन्दगुप्त को है।

पुष्यभूति वंश

- इस वंश की स्थापना 'पुष्यभूति' नामक व्यक्ति ने की थी। इसकी राजधानी थानेश्वर थी। प्रभाकर वर्धन इसका प्रथम, प्रभावशाली शासक हुआ। इसने परमभट्टारक और महाराजाधिराज जैसे उपाधियों को धारण किया।
- हर्षवर्द्धन इस वंश का सबसे महान् शासक था। 16 वर्ष की अवस्था में वह 606 ई. में शासक बना था।
- हर्षवर्द्धन ने गौड़ शासक शशांक को पराजित करके कन्नौज पर अधिकार कर लिया था तथा उसे अपनी राजधानी बनाया।
- हर्ष तथा चालुक्य शासक पुलकेशिन द्वितीय (बदौरी का चालुक्य) के बीच नर्मदा नदी के तट पर युद्ध हुआ, जिसमें संभवत: हर्ष की पराजय हुई थी।
- हर्ष एक महान् लेखक भी था। उसने प्रियदर्शिका, नागानन्द एवं रत्नावली नामक तीन पुस्तकों की रचना की थी।
- चीनी यात्री ह्वेनसांग हर्षवर्द्धन के शासनकाल में भारत आया। ह्वेनसांग को यात्रियों का राजकुमार, नीति का पण्डित तथा शाक्यमुनि भी कहा जाता है।

मध्यकालीन भारत

भारत पर अरब आक्रमण

- भारत पर मुहम्मद-बिन-कासिम ने 712 ई. में पहला अरब आक्रमण किया था। यह आक्रमण दाहिर (सिन्ध का राजा) के शासन काल में हुआ था।
- भारत पर अरब आक्रमण का मुख्य उद्देश्य धन लूटना था। इस आक्रमण की जानकारी 'चचनामा' नामक पुस्तक में मिलती है।

भारत पर तुर्कों का आक्रमण

- अलप्तगीन (गजनवी वंश का संस्थापक) का दामाद सुबुक्तगीन प्रथम तुर्क था, जिसने हिन्दूशाही शासक जयपाल को पराजित किया था।
- सुबुक्तगीन के पुत्र महमूद गजनवी ने भारत पर 17 बार (1000 से 1027 ई. के बीच) आक्रमण किया था।
- गुजरात के सोमनाथ मन्दिर पर (1025 ई.) किया गया आक्रमण गजनवी का सबसे महत्त्वपूर्ण आक्रमण था। भीम-I उस समय गुजरात का शासक था।

मुहम्मद गौरी का आक्रमण

- मुहम्मद गौरी ने 1175 ई. में प्रथम आक्रमण मुल्तान पर किया और भारत पर तुर्क राज्य की स्थापना की।
- मुहम्मद गौरी 1191 ई. में तराइन के प्रथम युद्ध में पृथ्वीराज चौहान से पराजित हो गया तथा 1192 ई. के तराइन के द्वितीय युद्ध में पृथ्वीराज चौहान को पराजित कर दिया।
- 1194 ई. के चन्दावर के युद्ध में उसने जयचन्द को पराजित किया। गौरी के सिक्कों पर एक ओर कलमा तथा दूसरी ओर लक्ष्मी की आकृति अंकित थी।

सल्तनत काल

गुलामवंश (1206-1210 ई.)

- गुलाम वंश की स्थापना 1206 ई. में कुतुबुद्दीन ऐबक ने की थी। उसने लाहौर को अपनी राजधानी बनाया था।
- ऐबक ने मलिक व सिपहसलाह की उपाधि धारण की थी। उसे 'लाख बख्श' भी कहा जाता है।
- ऐबक ने कुतुबमीनार की नींव रखवायी थी। 1210 ई. में चौगान (पोलो) खेलते हुए उसकी मृत्यु हो गई थी।
- दिल्ली सल्तनत का वास्तविक संस्थापक इल्तमिश था। उसने 1229 ई. में बगदाद के अब्बासी खलीफा से मान्यता प्राप्त की थी।
- इसने अपनी राजधानी लाहौर की जगह दिल्ली को बनाया तथा तुर्क-ए-चहलगानी नामक संगठन की स्थापना की।
- इल्तुतमिश ने चाँदी का 'टंका' तथा ताँबे का 'जीतल' नामक सिक्का चलवाया तथा 'न्याय का घण्टा' लगवाया था। साथ ही कुतुबमीनार का निर्माण पूरा करवाया।
- ख्वारिज्म के शासक जलालुद्दीन मंगबरनी को अपने यहाँ शरण न देकर इल्तुतमिश ने अपने साम्राज्य को चंगेज खाँ (मंगोल आक्रमण) के आक्रमण से बचाया था।
- रजिया सुल्तान 1240 ई. में प्रथम मुस्लिम शासिका बन गई।
- रजिया ने पर्दा प्रथा का त्यागकर पुरुषों की तरह चोगा (काबा) एवं कुलाह (टोपी) पहनाना शुरू कर दिया।
- रजिया ने अल्तुनिया से विवाह किया तथा जलालुद्दीन याकूत को अमीर-ए-आखूर (अस्तबल का प्रमुख) नियुक्त किया था।
- 13 अक्टूबर, 1240 को रजिया की हत्या डाकुओं ने कैथल (हरियाणा) के पास कर दी थी।
- रजिया के बाद बहरामशाह शासक हुआ। उसने नायब-ए-मामलिकात का पद सृजन किया तथा एख्तियारुद्दीन ऐतगीन को इस पद पर नियुक्त किया।
- नासिरुद्दीन महमूद ऐसा सुल्तान था, जो टोपी सीकर अपना जीवन-निर्वाह करता था। बलबन 1266 ई. में ग्यिासुद्दीन बलबन के नाम से सुल्तान बना। यह तुर्क-ए-चहलगानी का सदस्य रहा था।
- बलबन ने जिल्ले-इलाही एवं नियावते-खुदाई की उपाधि धारण की तथा राजदरबार में सजदा एवं पैबोस की प्रथा की शुरुआत की।
- बलबन ने 'लौह एवं रक्त' की नीति का पालन किया। इसने पारसी त्योहार 'नवरोज' को मनाना आरम्भ किया।
- बलबन 'दीवान-ए-अर्ज' की स्थापना की थी। इसके दरबार में अमीर खुसरो तथा अमीर हसन रहते थे।
- गुलाम वंश का अन्तिम शासक शम्सुद्दीन कैमुर्स था।

खिलजी वंश (1290-1320 ई.)

- जलालुद्दीन फिरोज खिलजी ने 1290 ई. में खिलजी वंश की स्थापना की तथा किलोखरी को अपनी राजधानी बनाया।
- अलाउद्दीन खिलजी ने अपने चाचा जलालुद्दीन खिलजी की हत्या कर 1296 ई. में सुल्तान बना। इसके बचपन का नाम अली तथा गुरशाप्य था।
- इसने 1303 ई. में चित्तौड़ के शासक राणा रतनसिंह को पराजित किया। रानी पद्मावती के जौहर की कथा यहीं से जुड़ी हुई है।
- अलाउद्दीन खिलजी ने सैन्य क्षेत्र में स्थायी सेना का गठन, नकद वेतन तथा दाग एवं हुलिया प्रणाली लागू किया।
- इसने भू-राजस्व की दर को बढ़ाकर उपज का $\frac{1}{2}$ भाग (50%) कर दिया, साथ ही खम्स (लूट का धन) में सुल्तान का हिस्सा $\frac{1}{5}$ भाग के स्थान पर $\frac{4}{5}$ भाग कर दिया।
- अलाउद्दीन खिलजी के शासनकाल में मंगोलों का सर्वाधिक आक्रमण हुआ था। इसने सिकन्दर-ए-सानी की उपाधि धारण की थी।
- मलिक काफूर को अलाउद्दीन ने दक्षिण के अभियान पर भेजा था।
- मुबारक खिलजी (1316-1320 ई.) अलाउद्दीन खिलजी का उत्तराधिकारी हुआ। इसने स्वयं को खलीफा घोषित किया।
- मुबारक खिलजी कभी-कभी दरबार में स्त्रियों के वस्त्र पहनकर आ जाता था। इसे नग्न स्त्री-पुरुष की संगत पसन्द थी।

तुगलक वंश (1320-1398 ई.)

- ग्यासुद्दीन तुगलक (1320-25 ई.) ने तुगलक वंश की स्थापना 1320 ई. में किया। वह प्रथम सुल्तान था, जिसने डाक-व्यवस्था शुरू की थी।
- बंगाल अभियान से लौटते समय 1325 ई. में ग्यासुद्दीन तुगलक की मृत्यु जूना खाँ द्वारा निर्मित लकड़ी के महल में दबकर हो गई।
- निजामुद्दीन औलिया ने इससे कहा था—"हनुज दिल्ली दूर अस्त" (दिल्ली अभी दूर है)।
- जूना खाँ मुहम्मद-बिन-तुगलक (1325-51 ई.) के नाम से सुल्तान बना। दिल्ली के सुल्तानों में वह सर्वाधिक शिक्षित, विद्वान् एवं योग्य था।
- बरनी के अनुसार, मुहम्मद-बिन-तुगलक की पाँच योजनाओं का उल्लेख किया है- (i) दोआब में कर वृद्धि (ii) राजधानी परिवर्तन (iii) सांकेतिक मुद्रा का प्रचलन (iv) खुरासान अभियान (v) कराचिल अभियान।
- इब्नबतूता (मोरक्को यात्री) ने **रेहला** नामक पुस्तक में मुहम्मद-बिन-तुगलक के समय को घटनाओं का वर्णन किया है।
- मुहम्मद-बिन-तुगलक की मृत्यु 20 मार्च, 1351 को सिन्ध जाते समय थट्टा के निकट गोडाल में हो गई।
- इसने दोआब में भूमिकर के रूप में 50% कर वसूला।
- इसकी मृत्यु पर बदाँयूनी ने लिखा कि "अन्तत: प्रजा को राजा से और राजा को प्रजा से मुक्ति मिल गई।"
- मुहम्मद-बिन-तुगलक की मृत्यु के बाद फिरोज तुगलक (1351-88 ई.) सुल्तान बना। इसने दो बार (पहला थट्टा, दूसरा दिल्ली) अपना राज्याभिषेक करवाया था।
- फिरोज तुगलक ने राजस्व व्यवस्था के अन्तर्गत 24 कष्टदायक करों को समाप्त-खराज (लगान), खुम्स (युद्ध में लूट का माल), जजिया तथा जकात नामक कर को लागू किया।
- फिरोज ने 5 बड़ी नहरों का निर्माण करवाया था तथा ब्राह्मणों से जजिया कर वसूल किया।
- इसके शासनकाल में दासों की संख्या सर्वाधिक (लगभग-1,80,000) थी। दासों की देखभाल के लिए दीवान-ए-बन्दगान की स्थापना की गई।
- फिरोज तुगलक ने चाँदी एवं ताँबे के मिश्रण से निर्मित अद्धा एवं विख नामक भारी सिक्का चलाया।
- तुगलक वंश का अन्तिम शासक नासिरुद्दीन महमूद तुगलक था। इसके शासनकाल में तैमूरलंग ने 1398 ई. में दिल्ली पर आक्रमण किया था।

सैय्यद वंश (1414-1451 ई.)

- खिज्र खाँ ने 1414 ई. में सैय्यद वंश की स्थापना की। उसने रैयत-ए-आला की उपाधि धारण की। यह तैमूर का सेनापति था।
- खिज्र खाँ की मृत्यु (1421 ई.) के बाद उसका पुत्र मुबारक खाँ 'शाह' की उपाधि के साथ सुल्तान बना।
- मुबारक शाह ने मुबारकाबाद (यमुना के किनारे) नामक नगर की स्थापना की। इस वंश का अन्तिम शासक अलाउद्दीन आलम शाह था।

लोदी वंश (1451-1526 ई.)

- बहलोल लोदी (1451-89 ई.) के द्वारा लोदी वंश की स्थापना के साथ ही दिल्ली में प्रथम अफगान राज्य की शुरुआत हुई।

- बहलोल लोदी ने 'बहलोल' नामक सिक्का चलवाया तथा 'मयनद-ए-अली' की उपाधि धारण की।
- सिकन्दर लोदी (1489-1517 ई.) सुल्तान सिकन्दरशाह लोदी के लाभ से सुल्तान बना।
- 1504 ई. में उसने आगरा शहर की स्थापना की तथा इसे अपनी दूसरी राजधानी बनाया।
- सिकन्दर लोदी 'गुलरुखी' के उपनाम से कविताएँ लिखता था। उसने मापन का नया पैमाना 'गजे-सिकन्दरी' की शुरुआत की थी।
- इसके शासनकाल में फरहंगे सिकन्दरी (आयुर्वेद ग्रन्थ) तथा लज्जत-ए-सिकन्दरी (गान विद्या से सम्बन्धित) नामक पुस्तक की रचना हुई।
- सिकन्दर लोदी की मृत्यु (1517 ई.) के पश्चात् उसका पुत्र इब्राहिम लोदी (1517-1526 ई.) दिल्ली के सिंहासन पर बैठा।
- इब्राहिम लोदी एवं राणा सांगा के मध्य 1517-18 ई. में घटोली का युद्ध हुआ। इस युद्ध में इब्राहिम पराजित हो गया।
- पानीपत के प्रथम युद्ध (1526 ई.) में बाबर ने इब्राहिम लोदी को पराजित कर मुगल वंश की नींव रखी।

भक्ति आन्दोलन

- भक्ति आन्दोलन हिन्दुओं का सुधारवादी आन्दोलन था। इसमें ईश्वर के प्रति असीम भक्ति, ईश्वर की एकता तथा सभी धर्मों की समानता की बात कही गई।
- इसकी शुरुआत मुख्यरूप से दक्षिण भारत में हुई। इस आन्दोलन के प्रथम प्रचारक शंकराचार्य माने जाते हैं।
- भक्ति आन्दोलन के विभिन्न प्रणेता को निम्नलिखित रूप में देखा जा सकता है

दक्षिण भारत	उत्तर भारत
शंकराचार्य इन्होंने अद्वैतवाद नामक दर्शन का प्रतिपादन किया। इन्होंने मण्डनमिश्र की पत्नी 'भारती' से शास्त्रार्थ किया तथा चार पीठों की स्थापना की।	**रामानन्द** ये रामानुज के शिष्य थे। ये पहले सन्त थे, जिन्होंने हिन्दी में सन्देश दिया। कबीर, धन्ना, रैदास, सेन, आदि इनके प्रमुख शिष्य थे।
रामानुजाचार्य इन्होंने 'विशिष्टताद्वैत' नामक दर्शन का प्रतिपादन किया था। इन्हें दक्षिण में विष्णु का अवतार माना जाता है।	**कबीर** ये सिकन्दर लोदी के समकालीन थे। बीजक, साखी, सबद, रेखताल इनकी प्रमुख रचनाएँ हैं। इन्होंने ईश्वर के निराकार एवं निर्गुण रूप की आराधना की।
निम्बाकाचार्य इन्होंने 'द्वैताद्वैतवाद' नामक दर्शन का प्रतिपादन किया था। इनका सम्बन्ध सनक सम्प्रदाय से था।	**गुरुनानक** इनका जन्म तलवण्डी में हुआ था। ये बाबर तथा इब्राहिम लोदी के समकालीन थे। इन्होंने सिख धर्म की स्थापना की।
माध्वाचार्य इन्होंने 'द्वैतवाद' नामक दर्शन का प्रतिपादन किया। ये ब्रह्म सम्प्रदाय से सम्बन्धित थे।	**दादूदयाल** इन्होंने ब्रह्म या परमब्रह्म की स्थापना की। इन्होंने षड्दर्शन को अस्वीकार कर निपख मार्ग का अनुमोदन किया।
वल्लभाचार्य इन्होंने 'शुद्धाद्वैतवाद' नामक दर्शन का प्रतिपादन किया था। इनका मूल नाम विष्णु स्वामी था। ये रूद्र सम्प्रदाय से सम्बन्धित थे।	**नरसिंह मेहता** इन्होंने गाँधीजी के प्रिय भजन 'वैष्णव जण ....' की रचना की थी। इनका कार्यक्षेत्र गुजरात था।

सूफी आन्दोलन

- मुस्लिम रहस्यवादी आन्दोलन सूफीवाद या सूफी मत के रूप में जाना जाता है। इसके आध्यात्मिक प्रवर्तक को 'पीर' तथा शिष्य को मुरीद कहते हैं।
- सूफी मत में प्रत्येक 'पीर' अपना एक अनुचर नामांकित करता था, जिसे वली कहा जाता था। सूफियों के आश्रम को खानकाह कहलाते थे।
- सूफी मत से सम्बन्धित प्रमुख सिलसिलों का वर्णन निम्नलिखित है

सूफी सिलसिले/ सम्प्रदाय	प्रवर्तक	मुख्य बातें
चिश्ती सम्प्रदाय	मुईनुद्दीन चिश्ती	इसका मुख्य केन्द्र अजमेर था। ख्वाजा कुतुबुद्दीन बख्तियार काकी तथा बाबा फरीद प्रमुख सन्त थे। निजामुद्दीन औलिया (1238-1325 ई.) को महबूब-ए-इलाही कहा गया।
सुहरावर्दी	शिहाबुद्दीन सुहरावर्दी	इसका मुख्यालय मुल्तान था। बहाउद्दीन जकारिया, जलालुद्दीन तबरीजी, हमीहुद्दीन नागौरी प्रमुख सन्त थे। बहाउद्दीन जकारिया को इल्तुतमिश ने शेल-उल-इस्लाम की उपाधि दी थी।
फिरदौसी	बद्रुद्दीन	मुख्य केन्द्र बिहार था। इसे शरीफुद्दीन चाहया ने लाकेप्रिय बनाया।
नक्शबन्दी	ख्वाजा बाकी बिल्लाह	शेख अहमद सरहिन्दी सिलसिले के प्रमुख सन्त थे। ये अकबर एवं जहाँगीर के समकालीन थे।

विजयनगर साम्राज्य

विजयनगर साम्राज्य की स्थापना हरिहर एवं बुक्का नामक दो भाइयों ने अपने गुरु विद्यारण्य की सहायता से 1336 ई. में की थी। इस शहर को हम्पी नाम से जाना जाता है। इस साम्राज्य के अन्तर्गत निम्नलिखित राजवंशों ने शासन किया।

विजयनगर साम्राज्य के वंश

संगम वंश (1336-1485 ई.)	सालुव वंश (1485-1505 ई.)	तुलुव वंश (1505-1550 ई.)	अरविडु वंश (1570-17वीं शताब्दी)
हरिहर तथा बुक्का ने अपने पिता संगम के नाम पर इस वंश का नाम संगम वंश रखा।	सालुव वंश की स्थापना नरसिंह सालुव ने की थी।	तुलुव वंश की स्थापना वीर नरसिंह ने की थी।	1570 ई. में तिरुमल ने तुलुव वंश के अन्तिम शासक सदाशिव को अपदस्थ करके अरविडु वंश की स्थापना की।
बुक्का प्रथम से वेदमार्ग प्रतिष्ठापक की उपाधि धारण की।	नरसिंह सालुव चन्द्रगिरि का जागीरदार था।	कृष्णदेव राय (1509-1529 ई.) इस वंश का सबसे महान् शासक था।	वेंकट द्वितीय को विजयनगर साम्राज्य का अन्तिम महान् शासक माना जाता है।
हरिहर-II ने महाराजाधिराज की उपाधि धारण की।	कुछ इतिहासकारों ने उसे सिंहासन का अपहर्ता कहा है।	बाबर ने अपने आत्मकथा तुजुक-ए-बाबरी में कृष्णदेव राय को भारत का सर्वाधिक शक्तिशाली शासक बताया था।	वेंकट द्वितीय का स्पेन के फिलिप तृतीय से सीधा पत्र व्यवहार था। 1598 ई. में उसने ईसाई पादरियों का अपने दरबार में स्वागत किया था।
निकोलो काण्टी (इटली) देवराय प्रथम के दरबार में आया था।	1490 ई. में नरसिंह सालुव की मृत्यु हो गई।	डॉमिंगो पायस (पुर्तगाल) इसके शासनकाल में आया था।	अरविडु वंश यद्यपि सत्रहवीं शताब्दी के मध्य तक जीवित रही, लेकिन विजयनगर के अधिकतर नायकों ने अपनी स्वतन्त्रता घोषित कर दी थी।

बहमनी साम्राज्य

- अलाउद्दीन बहमानशाह ने 1347 ई. में बहमनी साम्राज्य की स्थापना की तथ गुलबर्गा को अपनी राजधानी बनाया।
- शिहाबुद्दीन अहमद (1422-1446 ई.) न्याय एवं धर्मनिष्ठा के कारण सन्त या 'वली' कहलाता था।

- अलाउद्दीन हुमायूँ शाह को अपनी क्रूरता के कारण 'जालिम' तथा आलस्य के कारण 'दक्कन का नीरो' कहा जाता है।
- शम्सुद्दीन मुहम्मद तृतीय (1463-83 ई.) के शासनकाल में रूसी यात्री निकितिन ने बहमनी साम्राज्य की यात्रा की थी।

1538 ई. में बहमनी शासक कलीमुल्ला की मृत्यु के बाद बहमनी साम्राज्य पाँच मुस्लिम राज्यों में विभक्त हो गया, जो निम्नलिखित हैं—

राज्य	राजधानी	संस्थापक
अहमदनगर	अहमदनगर	मलिक अहमद
बरार	एलिचपुर	फतेहउल्लाह इमादशाह
बीजापुर	नौरसपुर	युसूफ आदिल शाह
गोलगुण्डा	गोलकुण्डा	कुलीकुतुबशाह
बीदर	वीदर	अमीर अली बरीद

मुगल साम्राज्य

बाबर (1526-1530 ई.)

- बाबर का जन्म फरगना के शासक उमरशेख मिर्जा के घर 14 फरवरी, 1483 को हुआ था। वह पिता की ओर से तैमूर का पाँचवाँ तथा माता की ओर से चंगेज खाँ का 14वाँ वंशज था।
- 8 जून, 1494 में बाबर शासक बना। उसने 1507 ई. में 'पादशाह' की उपाधि धारण की।
- बाबर ने जब 1494 में फरगना राज्य का उत्तराधिकार प्राप्त किया तब उसकी आयु 12 वर्ष थी।
- पंजाब के गवर्नर दौलत खाँ लोदी ने बाबर को भारत पर आक्रमण करने के लिए आमन्त्रित किया था। बाबर द्वारा भारत पर किया गया प्रथम अभियान 1519 ई. में युसुफ जाई जाति के बिसय था।
- बाबर ने पानीपत के प्रथम युद्ध (1526 ई.) में इब्राहिम लोदी को पराजित कर भारत में मुगल वंश की स्थापना की। इस युद्ध में बाबर ने तुलगामा पद्धति का प्रयोग किया था।
- खानवा के युद्ध (1526 ई.) में बाबर ने राणा सांगा को पराजित कर गाजी की उपाधि ली। इस युद्ध को उसने जेहाद कहा था। चन्देरी के युद्ध (1528 ई.) में बाबर ने मेदिनीराय को पराजित किया।
- घाघरा के युद्ध (1529 ई.) में बाबर ने अफगान शासक महमूद लोदी को पराजित किया।
- बाबर ने तुर्की भाषा में अपनी आत्मकथा 'तुजुक-ए-बाबरी' की रचना की। इसको 'मुबईयान' नामक पद्य शैली का जन्मदाता माना जाता है।
- बाबर की मृत्यु 26 दिसम्बर, 1530 को आगरा में हुई थी। इसके शव को आरामबाग में दफनाया गया बाद में उसे काबुल में दफनाया गया।

हुमायूँ (1530-40 ई. 1555-56 ई.)

- हुमायूँ (बाबर का पुत्र) 29 दिसम्बर, 1530 को 23 वर्ष की आयु में आगरा में बादशाह बना।
- हुमायूँ ने राज्याभिषेक के बाद अपना राज्य अपने तीन भाइयों (कामरान, अस्करी, हिन्दाल) में बाँट दिया, जो राजनीतिक दृष्टि से उसकी सबसे बड़ी भूल थी।
- हुमायूँ ने 1533 ई. में दिल्ली में दीन पनाह नगर की स्थापना की थी। वह ज्योतिष में विश्वास करता था। सप्ताह के सात दिनों में सात विभिन्न रंग के कपड़े पहनता था।
- हुमायूँ के शासनकाल को दो चरणों में प्रथम (1530-1540 ई.) तथा द्वितीय (1555-1556 ई.) बाँटा जाता है।
- चौसा के युद्ध (1539 ई.) में शेर खाँ ने हुमायूँ को पराजित कर दिया था। बिलग्राम का युद्ध (कन्नौज का युद्ध) में हुमायू शेर खाँ द्वारा पराजित हुआ तथा शेर खाँ ने आगरा एवं दिल्ली पर कब्जा कर लिया।
- अपने निर्वासन काल के दौरान हुमायूँ राणा वीरसाल के महल में शरण ली थी।
- 1555 ई. में हुमायूँ ने सरहिन्द के युद्ध में सिकन्दर शाह सूरी को पराजित कर पुनः दिल्ली की गद्दी पर बैठा था।
- हुमायूँ की बहन गुलबदन वेगम ने हुमायूँनामा की रचना की थी।
- 1 जनवरी, 1556 को दीनपनाह भवन में स्थित पुस्तकालय की सीढ़ियों से गिरने के कारण हुमायूँ की मृत्यु हो गई।
- इसका मकबरा दिल्ली में स्थित है, जिसका निर्माण हाजी बेगम ने करवाया था। इसके वास्तुकार मिरक मिर्जा गियास थे।
- लेनपूल ने हुमायूँ की मृत्यु पर कहा था कि "हुमायूँ जीवन भर लड़खड़ाता रहा और लड़खड़ाते हुए अपने जान दे दी।"।

सूर वंश (1540-1555 ई.)

- सूर वंश की स्थापना शेरशाह सूरी ने 1540 ई. में की थी। इसके बचपन का नाम फरीद खाँ था।
- शेरशाह का जन्म 1472 ई. में बजवाड़ा (होशियारपुर) में हुआ था। इसके पिता जौनपुर राज्य के अन्तर्गत सासाराम के जमींदार थे।
- शेरशाह की बहादुरी से प्रसन्न होकर बिहार के अफगान सुल्तान मुहम्मद बहार खाँ लोहानी ने उसे शेर खाँ की उपाधि प्रदान की थी।
- शेरशाह की मृत्यु कालिंजर के किले को जीतने के क्रम में 22 मई, 1545 को 'उक्का' नामक एक आग्नेयास्त्र को चलाने के दौरान हो गई।
- शेरशाह का मकबरा सासाराम में स्थित है। शेरशाह ने ग्रैंड ट्रंक रोड, रोहताशगढ़ का किला, किला-ए-कुहना (दिल्ली) का निर्माण करवाया था।
- शेरशाह ने भूमि की माप के लिए 32 अंकवाला सिकन्दरी गज एवं सन की डण्डी का प्रयोग किया था।
- उसने 178 ग्रेन चाँदी का रूपया एवं 380 ग्रेन ताँबे के दाम चलवाया। वह $\frac{1}{3}$ भाग लगान के रूप में वसूल करता था।

अकबर (1556-1605 ई.)

- अकबर का जन्म 15 अक्टूबर, 1542 को अमरकोट के शासक राणा वीरसाल के महल में हुआ था। इसकी माता का नाम हमीदा बानू बेगम था।
- अकबर का राज्याभिषेक 14 फरवरी, 1556 को पंजाब के कलानौर नामक स्थान पर बैरम खाँ (1556-1560 ई.) के संरक्षण में 13 वर्ष की आयु में हुआ था।
- बैरम खाँ की सहायता से अकबर ने पानीपत के द्वितीय युद्ध (1556 ई.) में हेमू विक्रमादित्य को पराजित किया। बैरम खाँ की हत्या मुबारक खाँ व्यक्ति ने कर दी थी।
- अकबर ने अपने पहले स्वतन्त्र सैन्य अभियान में मालवा के शासक बाजबहादुर को पराजित किया था।
- 18 जून, 1576 में हल्दीघाटी का युद्ध अकबर और मेवाड़ के शासक महाराणा प्रताप के बीच हुआ था। इसमें अकबर विजयी हुआ।
- गुजरात-विजय के दौरान अकबर सर्वप्रथम पुर्तगालियों से मिला और यहीं उसने सर्वप्रथम समुद्र को देखा।
- अकबर 1560 से 1562 ई. तक माहम अनगा के प्रभाव में रहा। इस समय के शासन को पर्दा शासन कहा जाता है।
- 1571 ई. में अकबर ने आगरा से 36 किमी दूर फतेहपुर सीकरी नामक नगर की स्थापना की तथा गुजरात विजय के उपलक्ष्य में बुलन्द दरवाजा (उत्तर प्रदेश) का निर्माण करवाया।
- 1582 ई. में अकबर ने सभी धर्मों के उत्तर सिद्धान्तों को लेकर तौहीद-ए-इलाही या दीन-ए-इलाही (1582 ई.) नामक नए धर्म की स्थापना की।
- अकबर के दरबार में नवरत्न के नाम से प्रसिद्ध नौ व्यक्तियों में मानसिंह, फैजी, टोडरमल, अब्दुर्रहीम खानखाना, अबुल फजल (अकबरनामा के लेखक शेख

मुबारक के पुत्र), बीरबल तानसेन, हकील मुकाम, मुल्ला दो प्याजा शामिल थे। (दीन-ए-इलाही को स्वीकार करने वाला प्रथम हिन्दू बीरवल था।

- अकबर के महत्त्वपूर्ण कार्यों में दास प्रथा का अन्त (1562 ई.), तीर्थयात्रा कर समाप्त (1563 ई.), जजिया कर समाप्त (1564 ई.), इबादतखाने की स्थापना (1575 ई.) मजहर की घोषणा (1579 ई.), इलाही संवत् की शुरुआत (1583 ई.) आदि प्रमुख रूप से शामिल हैं।
- अकबर अपना धार्मिक विचार-विमर्श इबादतखाना में करता था।
- विंसेट स्मिथ ने अकबर के दीन-ए-इलाही में उनकी मुर्खता का, न कि बुद्धिमत्ता का स्मारक कहा है।
- अकबर की मृत्यु 16 अक्टूबर, 1605 में हुई। इसे आगरा के निकट सिकन्दरा में दफनाया गया।

जहाँगीर (1605-1627 ई.)

- अकबर का उत्तराधिकारी जहाँगीर हुआ। उसके बचपन का नाम सलीम था, जो 3 नवम्बर, 1605 को नुरूद्दीन मुहम्मद जहाँगीर बादशाही गाजी की उपाधि धारण कर बादशाह बना।
- जहाँगीर को **न्याय की जंजीर** के लिए याद किया जाता है। यह जंजीर सोने की बनी थी। फरियादी इस जंजीर को खींचकर न्याय की गुहार लगाते थे।
- मलिक अम्बर (अहमदनगर का वजीर) के विरुद्ध सफलता से खुश होकर जहाँगीर ने खुर्रम को शाहजहाँ की उपाधि प्रदान की थी।
- जहाँगीर के काल में ही कन्धार (1622 ई.) मुगलों के हाथ से निकल कर शाह अब्बास के हाथों में चला गया।
- जहाँगीर ने फारसी भाषा में अपनी आत्मकथा 'तुजुक-ए-जहाँगीरी' की रचना की थी।
- इसके शासनकाल में कैप्टन हॉकिन्स, सर टॉमस रॉ, विलियम फिंच एवं एडवर्ड टैरी (यूरोपीय सभी) भारत आए थे। जहाँगीर ने हॉकिन्स को 400 का मनसब दिया था।
- 1627 ई. में जहाँगीर की मृत्यु हो गई। इसके मकबरे का निर्माण नूरजहाँ ने लाहौर के निकट शाहदरा में करवाया था।

शाहजहाँ (1627-1658 ई.)

- शाहजहाँ का जन्म 5 जनवरी, 1592 को जोधपुर के शासक उदयसिंह की पुत्री जगत गोसाईं के गर्भ से हुआ था। इसके बचपन का नाम खुर्रम था।
- इसका विवाह नूरजहाँ के भाई आसफ खाँ की पुत्र अर्जुमन्दबानो बेगम से हुआ, जो मुमताज महल के नाम से प्रसिद्ध हुई।
- शाहजहाँ ने मुमताज को मलिका-ए-जमानी की उपाधि प्रदान की तथा उसकी याद में आगरा में ताजमहल का निर्माण करवाया। ताजमहल का मुख्य वास्तुकार उस्ताद अहमद लाहौरी था।
- शाहजहाँ ने 1638 ई. में अपनी राजधानी को आगरा से दिल्ली लाने के लिए यमुना नदी के दाहिने तट पर शाहजहाँनाबाद को नींव रखी थी।
- मयूर सिंहासन का निर्माण शाहजहाँ ने करवाया था। इसका मुख्य कलाकार बादल खाँ था।
- शाहजहाँ के पुत्र दारा शिकोह ने सर्र-ए-अकबर के नाम से उपनिषदों का फारसी में अनुवाद करवाया था।
- शाहजहाँ के पुत्रों के बीच उत्तराधिकार का युद्ध 1657 ई. में शुरू हुआ। इस युद्ध में औरंगजेब की जीत हुई।
- औरंगजेब ने 18 जून, 1658 में अपने पिता शाहजहाँ को बन्दी बना कर आगरे के किले में कैद किया।
- 1666 ई. में शाहजहाँ की मृत्यु 8 वर्ष कैद में रहने के बाद हो गई।

औरंगजेब (1658-1707 ई.)

- औरंगजेब का जन्म 3 नवम्बर, 1618 को उज्जैन के दोहद नामक स्थान पर हुआ था। बादशाह बनने से पहले वह दक्कन का गवर्नर था।
- औरंगजेब वर्ष 1658 में आलमगीर के नाम से सिंहासन पर बैठा उसने दो बार अपना राज्याभिषेक करवाया था। इसे **जिन्दा पीर** भी कहा जाता है।
- औरंगजेब ने झरोखा-दर्शन और नौरोज मनाने पर रोक लगा दी। इसने 1679 ई. में जजिया कर पुनः लागू करवाया। तम्बाकू के प्रयोग का निषेध किया।
- औरंगजेब ने दिल्ली में सिखों के नौवें गुरु, गुरू तेगबहादुर की हत्या करवा दी थी।
- जय सिंह (औरंगजेब का सेनापति) एवं शिवाजी के बीच 22 जून, 1665 को पुरन्दर की सन्धि हुई थी।
- औरंगजेब ने 1679 ई. को बीवी का मकबरा का निर्माण औरंगाबाद (महाराष्ट्र) में करवाया।
- 1686 ई. में बीजापुर एवं 1697 ई. में गोलकुण्डा को औरंगजेब ने मुगल साम्राज्य में मिला लिया। इसके समय सूबों की संख्या 20 थी।
- औरंगजेब के समय में जाट विद्रोह (गोकुल एवं राजराम के नेतृत्व में 1669 ई.), सतनामी विद्रोह (1672 ई.), सिख विद्रोह (1675 ई.) एवं राजपूत विद्रोह (1678 ई.) हुए।
- औरंगजेब की मृत्यु 1707 ई. में हुई। इसे दौलताबाद में स्थित फकीर बुरहानुद्दीन की कब्र के अहाते में दफनाया गया।

उत्तरकालीन मुगल सम्राट

शासक	कार्यकाल	विशेष तथ्य
बहादुरशाह प्रथम	1707-1712 ई.	इसे 'शाहे बेखबर' भी कहा जाता है। यह गुरु गोविन्द सिंह का समकालीन था।
जहाँदार शाह	1712-1713 ई.	इसे 'लम्पट मूर्ख' भी कहा जाता है। इसने सवाई राजा मानसिंह को 'मिर्जा' को उपाधि दी थी।
फर्रुखशियर	1713-1719 ई.	इसे 'घृणित कायर' भी कहा जाता है। इसने जजिया तथा तीर्थयात्रा कर समाप्त कर दिया था।
मुहम्मदशाह	1717-1748 ई.	इसे 'रंगीला बादशाह' भी कहा जाता है। इसके काल में नादिरशाह (1739 ई.) का भारत पर आक्रमण हुआ था।
अहमदशाह	1748-1754 ई.	इसके शासनकाल में अहमदशाह अब्दाली (1748 ई.) ने भारत पर आक्रमण किया। इसने 'विला-ए-आलम' की उपाधि धारण की थी।
आलमगीर द्वितीय	1754-1759 ई.	यह अपने वजीर इमादुलमुस्क का कठपुतली शासक था।
शाहआलम द्वितीय	1759-1806 ई.	इसके शासनकाल में बक्सर का युद्ध (1764 ई.) तक इलाहाबाद की सन्धि (1765 ई.) हुआ था।
अकबर द्वितीय	1806-1837 ई.	यह अंग्रेजों के संरक्षण में बनने वाला प्रथम मुगल बादशाह था।
बहादुरशाह जफर	1837-1858 ई.	1857 का सिपाही विद्रोह इसी के शासनकाल में हुआ था।

मुगल कालीन प्रशासन

- मुगल प्रशासन एक केन्द्रीकृत प्रशासन था, जिसके शीर्ष पर बादशाह होता था। औरंगजेब के समय सूबों की संख्या 20 थी। सूबे के प्रमुख को निजाम या सिपहसालार कहा जाता था।
- सेना के प्रधान को मीरबख्शी कहा जाता था। मीरबख्शी द्वारा सरखत नाम के पत्र पर हस्ताक्षर के बाद ही सेना को हर महीने वेतन मिल जाता था।
- अकबर ने 'मनसबदारी प्रथा' का आरम्भ किया, जो मंगोलों की सैन्य प्रणाली से लिया गया था।
- 1570-71 ई. में टोडरमल ने खालसा भूमि पर भू-राजस्व की नवीन प्रणाली जब्ती प्रारम्भ की। इसके अन्तर्गत तखशीस और तहसील कर निर्धारण को दो श्रेणियाँ थीं।

मराठों का उत्कर्ष

मुगल साम्राज्य के विघटन के दौरान भारत के अनेक स्वतन्त्र राज्यों की स्थापना प्रारम्भ हो गई। समकालीन स्वतन्त्र राज्यों में मराठा राज्य सर्वाधिक शक्तिशाली बनकर उभरा।

शिवाजी

- शिवाजी के नेतृत्व में 17वीं शताब्दी के उत्तरार्द्ध में भारत में मराठा शक्ति का उदय हुआ। इनका जन्म 1627 ई. में पूना के शिवनेर किले के शाहजी भोंसले (पिता) तथा जीजाबाई (माता) के यहाँ हुआ था।
- शिवाजी का विवाह सालबाई निम्बालकर से हुआ था। दादा कोण्डदेव उनके संरक्षक तथा समर्थ रामदास आध्यात्मिक गुरु थे।
- 1644 ई. में शिवाजी ने सर्वप्रथम तोरण नामक किले पर अधिकार किया तथा 1656 ई. में रायगढ़ को अपनी राजधानी बनाया।
- राजा जयसिंह ने शिवाजी को पुरन्दर की सन्धि (1665 ई.) करने पर विवश किया, जिसमें शिवाजी के काली दुर्ग मुगलों के पास चले गए।
- 1674 ई. में शिवाजी ने रायगढ़ के दुर्ग में महाराष्ट्र के स्वतन्त्र शासक के रूप में अपना राज्याभिषेक करवाया तथा **छत्रपति** को उपाधि ग्रहण की।
- शिवाजी के प्रशासन में आठ मन्त्रियों की एक परिषद् थी, जिसे 'अष्ट-प्रधान' कहते थे। इसमें पेशवा (प्रधानमन्त्री), अमात्य/मजूमदार (वित मन्त्री), सुमन्त (विदेश मन्त्री), चिटनिस (पत्र व्यवहार), वाकियानवीस (गुप्तचर विभाग), सर-ए-नौबत (सैन्य प्रबन्धक), पण्डित राव (धार्मिक मामले) तथा न्यायाधीश (न्याय) शामिल थे।
- शिवाजी की आय का मुख्य स्रोत चौथ एवं सरदेशमुखी था। चौथ $\frac{1}{4}$ तथा सरदेश मुखी $\frac{1}{10}$ वसूल किया जाता था।
- शिवाजी के नियमित घुड़सवार सैनिक को पागा या बरगीर एवं अस्थायी घुड़सवार सैनिक को सिलहदार कहा जाता था।
- शिवाजी की मृत्यु 12 अप्रैल, 1680 को हो गई।

शिवाजी के उत्तराधिकारी

- शिवाजी की मृत्यु के पश्चात् निम्नलिखित शासकों ने मराठा साम्राज्य की बागडोर सम्भाली।
- शम्भाजी (1680-1689 ई.) शम्भाजी ने हिन्दी एवं संस्कृत के विद्वान् कलश को अपना सलाहकार बनाया था।
- राजाराम (1689-1700 ई.) राजाराम ने अपने को शाहू का प्रतिनिधि माना तथा कभी गद्दी पर नहीं बैठा।
- शाहू (1707-1748 ई.) शाहू ने खेड़ा के युद्ध (1707 ई.) में भाग लिया था।

पेशवा के अन्तर्गत मराठा साम्राज्य

- बालाजी विश्वनाथ (1720 ई.) इसने मराठों और मुगलों के बीच स्थायी समझौते की व्यवस्था की। इन्हें मराठा साम्राज्य का दूसरा संस्थापक माना जाता है।
- बाजीराव प्रथम (1720-1740 ई.) यह उत्तर की ओर आक्रमण करने वाला प्रथम पेशवा था।
- बालाजी बाजीराव (1740-1761 ई.) संगोली की सन्धि (1750 ई.) इसी के काल में हुई थी।
- माधवराव (1761-1772 ई.) इसने पानीपत के तृतीय युद्ध में भाग लिया था।
- पेशवा प्रथा ब्रिटिश द्वारा बाजीराव II के काल में समाप्त कर दी गई।

सिख शक्ति का उदय

मुगल कालीन भारत में सिख शक्ति के उदय का श्रेय गुरुनानक को जाता था। इस धर्म के अनुयायियों को सिख कहा जाता है। इस धर्म के अन्तर्गत निम्नलिखित 10 गुरु हुए

गुरु	कार्यकाल	विशेष तथ्य
गुरुनानक	(1469-1539 ई.)	सिख धर्म के संस्थापक, लंगर व्यवस्था की शुरुआत, संगत सभा की स्थापना
गुरु अंगद	(1539-1552 ई.)	गुरुमुखी लिपि के जनक, नानक के उत्तराधिकारी
गुरु रामदास	(1574-1581 ई.)	अमृतसर नामक जलाशय की स्थापना, अमृतसर शहर की स्थापना (1577 ई.)
गुरु अर्जुनदेव	(1581-1606 ई.)	श्री हरमन्दिर साहिब स्वर्ण मन्दिर की नींव रखी, गुरु ग्रन्थ साहब का संकलन
गुरु हरगोविन्द	(1606-1644 ई.)	अकाल तख्त की स्थापना, सिखों को सैनिक जाति में बदला।
गुरु तेगबहादुर	(1664-1675 ई.)	औरंगजेब (मुगल बादशाह) द्वारा रविशगंज (दिल्ली) में हत्या।
गुरु गोविन्द सिंह	(1675-1708 ई.)	अन्तिम गुरु (जन्म स्थान पटना), खालसा पन्थ की स्थापना, पाहुल प्रणाली की शुरुआत, पंच ककार (केश, कंघा, कृपाण, कच्छ, कड़ा) की अनिवार्य, कृष्णावतार तथा 'जफरनामा' की रचना।

आधुनिक भारत

यूरोपीय कम्पनियों का आगमन

अपना औपनिवेशिक हित साधने के लिए विभिन्न यूरोपीय देशों की विभिन्न कम्पनियों का भारत आगमन आधुनिक भारत की एक महत्त्वपूर्ण घटना है। भारत में यूरोपीय कम्पनियों के आगमन का क्रम इस प्रकार है— पुर्तगाली-डच-अंग्रेज-डेन-फ्रांसीसी।

पुर्तगाली

- वास्को-डि-गामा पहला यूरोपीय व्यापारी था, जो समुद्री मार्ग से 1498 ई. में भारत के बन्दरगाह पर पहुँचा था।
- पुर्तगालियों ने 1503 ई. में कोचीन में अपनी प्रथम व्यापारिक कोठी स्थापित की। पुर्तगाली कम्पनी का नाम 'एस्तादों-द-इण्डिया' था।
- फ्रासिस्को-डी-अल्मेडा (1505-1509 ई.) भारत में प्रथम पुर्तगाली गवर्नर था। इसने भारत में 'ब्लू वाटर पॉलिसी' की शुरुआत की थी।
- आल्फांसो-डी-अल्बुकर्क (1509 ई.) को भारत में पुर्तगाली साम्राज्य का वास्तविक संस्थापक माना जाता है।
- पुर्तगाली वायसराय नान्हू-डी-कुन्हा (1529-38 ई.) ने 1530 ई. में कोचीन की जगह गोवा को अपनी राजधानी बनाया।
- पुर्तगाली भारत में सबसे पहले आए और सबसे अन्त में भारत से गए। 1961 ई. में भारत ने गोवा को पुर्तगालियों से आजाद करवाया।

डच

- भारत आने वाला प्रथम डच नागरिक कार्नेलियस हाउसमैन था, जो 1596 ई. में भारत आया था।
- डच ईस्ट इण्डिया कम्पनी की स्थापना 1602 ई. में हुई थी। भारत में डचों की पहली फैक्ट्री 1605 ई. में मसूलीपट्टनम में स्थापित हुई।
- डचों ने पुलीकट (1610 ई.), चिनसुरा (1653 ई.), कोचीन (1663 ई.) सूरत (1616 ई.), नागपट्टनम (1658 ई.), बालासोर (1658 ई.) में भी फैक्ट्री स्थापित की।
- 1639 ई. में डचों ने गोवा पर आक्रमण किया। 1641 ई. में मलक्का पर नियन्त्रण के बाद 1658 ई. में लंका पर अधिकार किया।
- डचों ने पुलीकट में अपने स्वर्ण निर्मित 'पैगोडा' सिक्के का प्रचलन कराया।

अंग्रेज

- जॉन मिल्डेनहाल थल मार्ग से भारत आने वाला प्रथम ब्रिटिश यात्री था। यह 1599 ई. में भारत आया था।
- ब्रिटिश ईस्ट इण्डिया कम्पनी की स्थापना 1600 ई. में हुई थी। 1609 ई. में अंग्रेज यात्री कैप्टन हॉकिन्स जेम्स प्रथम का राजदूत बनकर जहाँगीर के दरबार में आया था।
- 1615 ई. में ब्रिटिश ईस्ट इण्डिया कम्पनी ने सर टॉमस रो को जहाँगीर के दरबार में व्यापारिक केन्द्र स्थापित करने को स्वीकृति लेने भेजा।
- भारत में अंग्रेजों ने अपनी पहली फैक्ट्री सूरत में 1608 ई. में खोली। दक्षिण भारत में अंग्रेजों की पहली फैक्ट्री 1611 ई. में मसूलीपट्टनम में खोली।
- बंगाल के नवाब सिराजुद्दौला को प्लासी के युद्ध 23 जून, 1757 में पराजित कर अंग्रेजों ने राजनीतिक शक्ति के रूप में अपना वर्चस्व स्थापित किया।
- बक्सर के युद्ध (1764 ई.) तथा इलाहाबाद की सन्धि (1765 ई.) के बाद ईस्ट इण्डिया कम्पनी का भारतीय साम्राज्य पर प्रभुत्व स्थापित हो गया।

डेनिस

- डेनमार्क की व्यापारिक कम्पनी का गठन 1616 ई. में हुआ था। इस कम्पनी ने ट्रेंकोबार (तमिलनाडु) तथा सेरामपर(बंगाल) में अपनी फैक्ट्रियाँ स्थापित कीं।
- 1868 ई. में डेनिस कम्पनी ने निकोबार द्वीप पर अपने अधिकार अंग्रेजों को बेच दिए तथा भारतीय क्षेत्र से उनका नियन्त्रण समाप्त हो गया।

फ्रांसीसी

- फ्रांसीसी सम्राट लुई चौदहवें के शासनकाल में (1664 ई.) फ्रेंच ईस्ट इण्डिया कम्पनी की स्थापना हुई।
- भारत में फ्रांसीसियों की प्रथम फैक्ट्री फ्रेंको कैशे द्वारा वर्ष 1668 ई. में **सूरत** में स्थापित की गई थी।
- 1674 ई. में फ्रांसिस मार्टिन ने पण्डिचेरी की स्थापना की थी। 1731 ई. में डुप्ले भारत में फ्रेंच गवर्नर बनकर आया।
- प्रथम कर्नाटक युद्ध (1746-48 ई.) अंग्रेजों व फ्रांसीसियों के बीच ऑस्ट्रिया के उत्तराधिकार के सम्बन्ध में लड़ा गया था।
- 1748 ई. में यूरोप में हुए 'एक्स-ला-शापिल' की सन्धि के साथ ही इंग्लैण्ड और फ्रांस के बीच प्रथम कर्नाटक युद्ध का अन्त हो गया।
- दूसरा कर्नाटक युद्ध (1749-1754 ई.) में हुआ पाण्डिचेरी की सन्धि से इस युद्ध का विराम हुआ।
- तृतीय कर्नाटक युद्ध (1756-1763 ई.) पेरिस की सन्धि के साथ समाप्त हुआ था।
- 1760 ई. में सर आयरकूट के नेतृत्व में अंग्रेजों ने वाण्डीवाश के युद्ध में फ्रांसीसियों को पराजित कर दिया।

भारत पर अंग्रेजी शासन की स्थापना और विस्तार

अंग्रेजों ने ईस्ट इण्डिया कम्पनी के माध्यम से आर्थिक विस्तार के साथ-साथ राजनीतिक विस्तार करने में सफल हुए। इसकी शुरुआत सर्वप्रथम बंगाल से हुई, जो धीरे-धीरे सम्पूर्ण भारत में बदल गया।

बंगाल

- बंगाल मुगलकाल के दौरान सबसे पहले स्वतन्त्र हुआ और सबसे पहले ब्रिटिश शासन के अधीन हो गया।
- प्लासी के युद्ध (23 जून, 1757) में राबर्ट क्लाइन ने बंगाल के नवाब सिराजुददौला को पराजित किया।
- इसके बाद मीर जाफर को नबाव बनाया गया।
- इस युद्ध के पश्चात् अंग्रेजों ने बंगाल में 'दस्तक' का दुरुपयोग प्रारम्भ कर दिया। इस कारण मीर-कासिम को अपनी राजधानी मुर्शिदाबाद के स्थान पर मुंगेर स्थानान्तरित करनी पड़ी।
- बक्सर के युद्ध (22 अक्टूबर, 1764) में अंग्रेजों ने मीर कासिम शुजाउद्दौला (अवध का नवाब) और शाह आलम द्वितीय (मुगल बादशाह) संयुक्त सेना को पराजित किया।
- इलाहाबाद की सन्धि (1765 ई.) के पश्चात् अंग्रेजों में दीवानी और फौजदारी दोनों का अधिकार प्राप्त हो गया।
- बंगाल में 'द्वैधशासन' (1765-1772 ई.) को शुरुआत हुई, जिसे वारेन हेस्टिंग्स ने 1772 ई. में समाप्त कर दिया।

अंग्रेजों की भू-राजस्व नीतियाँ

अंग्रेजों ने भारत में अपने साम्राज्य की स्थापना के क्रम में अनेक भू-राज्य नीतियों का अनुपालन किया। इनका वर्णन निम्नलिखित है

स्थाई/इस्तमरारी/जमींदारी बन्दोबस्त

- लार्ड कार्नवालिस के द्वारा इसकी शुरुआत 1793 ई. में की गई। यह व्यवस्था बंगाल, बिहार, मद्रास, उडीसा, बनारस आदि में लागू थी।
- स्थाई बन्दोबस्त ब्रिटिश भारत के कुल क्षेत्र के 19% भू-भाग पर लागू था। इसके अन्तर्गत जमींदारों की कुल राजस्व का 10/11 भाग राज्य को तथा 1/11 भाग स्वयं रखना पड़ता था।

रैयतवाड़ी बन्दोबस्त

- इस बन्दोबस्त की शुरुआत सर्वप्रथम तमिलनाडु के बारामहल (1792) ई. में की गई थी। थॉमस मुनरो और कैप्टन रीड को इसका जनक माना जाता है।
- यह व्यवस्था तमिलनाडु, मद्रास, बम्बई, प्रेसीडेंसी, असम सहित कुल ब्रिटिश भारत के 51% भाग पर लागू थे।

महालवाडी बन्दोबस्त

- यह व्यवस्था 1822 ई. में गंगा की घाटी, उत्तरी-पश्चिमी प्रान्तों, मध्य भारत के कुछ भागों तथा पंजाब में लागू की गई।
- इसके अन्तर्गत सामूहिक रूप से गाँव के स्वामी (महाल) से बन्दोबस्त किया जाता था। यह व्यवस्था ब्रिटिश भारत के 30% भू-भाग पर लागू थी।

1857 का विद्रोह

- 1857 का विद्रोह भारतीय इतिहास में प्रथम स्वतन्त्रता संग्राम के रूप में जाना जाता है। इस विद्रोह का तात्कालिक कारण चर्बी युक्त कारतूसों का प्रयोग था।
- 29 मार्च, 1857 को मंगल पाण्डे ने 34 वीं नेटिव इन्फेण्ट्री बैरकपुर छावनी में चर्बी लगे कारतूस के मुद्दे पर विद्रोह कर दिया।
- 10 मई, 1857 ई. को मेरठ के सिपाहियों ने विद्रोह कर दिया और पैदल मार्च करते हुए 11 मई, 1857 में दिल्ली पहुँचे। उन्होंने बहादुर शाह जफर को बादशाह घोषित किया।
- अंग्रेजों द्वारा इस विद्रोह को क्रूरतापूर्वक दबा दिया गया। बहादुरशाह जफर को गिरफ्तार कर रंगून (बर्मा) भेजा दिया गया।
- **बी.डी. सावरकर** ने इस विद्रोह को 'प्रथम स्वतन्त्रता संग्राम' डिजटाइली ने 'राष्ट्रीय विद्रोह', लॉरेन्स एवं सीले ने 'सिपाही विद्रोह' तथा टी.आर.होम्स ने 'बर्बरता तथा सभ्यता के बीच युद्ध' कहा है।
- 1857 ई. के विद्रोह पर एस. एन. सेन ने 1857 ई. बी.डी. सावरकर ने 'फर्स्ट वार ऑफ इण्डियन इण्डिपेण्डेन्स' तथा अशोक मेहता ने 'द ग्रेट रिवेलियन' नामक पुस्तक लिखी है।
- 1857 ई. के विद्रोह में ब्रिटिश सेना के भारतीय सिपाहियों से अवध के सिपाहियों ने सर्वाधिक संख्या में भाग लिया था।
- 1857 ई. के विद्रोह के दमन के पश्चात् 1 नवम्बर, 1858 को इलाहाबाद में लार्ड केनिंग (तत्कालिक वायसराय) ने महारानी की उद्घोषणा को पढ़ा।

- महारानी की उद्घोषणा के आधार पर 1858 ई. के एक्ट के अन्तर्गत भारत के शासन को ईस्ट इण्डिया कम्पनी के स्थान पर ब्रिटिश सम्राट को दे दिया गया।

ब्रिटिश काल में हुए प्रमुख विद्रोह

विद्रोह/आयोजन	समय	विशेष तथ्य
संयासी विद्रोह	(1736-1800 ई.)	यह विद्रोह बिहार और बंगाल के क्षेत्र में हुआ था। केना सरकार इसके प्रमुख नेता थे। बंकिम चन्द्र चटर्जी के उपन्यास 'आनन्द मत' में इस विद्रोह का उल्लेख है।
फकीर विद्रोह	(1776-77 ई.)	इस विद्रोह का नेतृत्वकर्ता मजनूशाह था। इसका क्षेत्र बंगाल था।
चुआर विद्रोह	(1766-1816 ई.)	इस विद्रोह का नेतृत्वकर्ता जगन्नाथ था। इसका क्षेत्र बंगाल और बिहार था। भू-राजस्व में वृद्धि इसका प्रमुख कारण था।
रामोसी विद्रोह	(1822-1829 ई.)	इस विद्रोह का नेता चितर सिंह तथा क्षेत्र पश्चिमी घाट था।
पागलपंथी विद्रोह	(1825-1827 ई.)	इस विद्रोह का नेता टीपूशाह तथा क्षेत्र असम था।
कोल विद्रोह	(1831-1832 ई.)	इस विद्रोह का नेता बुधु भगत तथा क्षेत्र राँची, सिंहभूम, हजारीबाग, पलामू था।
संथाल विद्रोह	(1855-1856 ई.)	इस विद्रोह के प्रमुख नेता सिद्धू तथा कान्हू थे। इसका क्षेत्र भागलपुर से राजमहल पहाड़ियों के बीच था।
नील विद्रोह	(1859-60 ई.)	दीनबन्धु मित्र के उपन्यास 'नील दर्पण' में इस विद्रोह का वर्णन है। इसके प्रमुख नेता तिरुत सिंह तथा क्षेत्र बंगाल एवं बिहार था।
पावना विद्रोह	(1873-76 ई.)	इस विद्रोह के प्रमुख नेता ईशानचन्द्र राय एवं शंभूपाल तथा इसका क्षेत्र पावना (बंगाल) था।
मुंडा विद्रोह	(1893-1900 ई.)	इस विद्रोह के प्रमुख नेता बिरसा मुंडा थे। यह खुँटकट्टी प्रथा के विरोध में झारखण्ड में प्रारम्भ हुआ था।
ताना भगत आन्दोलन	(1914-15 ई.)	इस आन्दोलन के प्रमुख नेता जतरा भगत तथा बलराम भगत थे। इसका क्षेत्र छोटानागपुर क्षेत्र था।
मोपला विद्रोह	(1920-22 ई.)	इस विद्रोह के प्रमुख नेता अली मुसलियार तथा क्षेत्र मालावार था।
तेभागा आन्दोलन	(1946 ई.)	इस आन्दोलन के प्रमुख नेता कम्पाराम तथा भवन सिंह थे। इसका क्षेत्र बंगाल था।

भारत में गवर्नर/ गवर्नर-जनरल/ वायसराय

नाम	कार्यकाल	विशेष तथ्य
क्लाइव	1757-1760 1765-1767 ई.	बंगाल का प्रथम गवर्नर, इलाहाबाद की सन्धि सोसाइटी फार ट्रेड' की स्थापना
वारेन हेस्टिंग्स	1772-1785 ई.	बंगाल में द्वैघ शासन प्रणाली की समाप्ति (1772) नन्दकुमार की फाँसी, दस्तक पर प्रतिबन्ध।
लॉर्ड कार्नवालिस	1786-1793 ई.	स्थायी भूमि बन्दोबस्त प्रणाली की शुरुआत, भारतीय नागरिक सेवा का जनक, रेवन्यू बोर्ड की स्थापना
लॉर्ड वेलेजली	1788-1805 ई.	सहायक संधि प्रणाली की शुरुआत, बेसिन को सन्धि
लॉर्ड मिण्टो प्रथम	1807-1813 ई.	अमृतसर की सन्धि
लॉर्ड हेस्टिंग्स	1813-1823 ई.	पिण्डारियों का दमन, प्रथम आंग्ल-नेपाल युद्ध
लॉर्ड एमहर्स्ट	1823-1020 ई.	प्रथग आंगल वर्गा युद्ध, बैरकपुर छावनी में विद्रोह
लॉर्ड-विलियम बैंटिक	1828-1833 ई.	सती प्रथा का अन्त (1829 ई.) ठगी प्रथा की समाप्ति (1830 ई.) नरबली प्रथा का अन्त (1833 ई.)
चार्ल्स मेटकॉफ	1835-1836 ई.	समाचार-पत्रों पर से प्रतिबन्ध हटा, इसे समाचार-पत्रों का मुक्तिदाता कहा गया।
लॉर्ड ऑकलैण्ड	1836-1842 ई.	प्रथम आंग्ल-अफगान युद्ध (1838-42 ई.)
लॉर्ड एलेनबरो	1842-1844 ई.	'कुशल अकर्मण्यता की नीति'
लॉर्ड हार्डिंग	1844-1848 ई.	प्रथम आंग्ल-सिख युद्ध (1845-46 ई.) लाहौर पर अंग्रेजी कब्जा
लॉर्ड डलहौजी	1848-1850 ई.	व्यपगत के सिद्धान्त की शुरुआत, प्रथम विद्युत तार की शुरुआत, डाक-टिकटों का प्रचलन, सार्वजनिक निर्माण विभाग तथा लोक सेवा विभाग की स्थापना।
लॉर्ड कैनिंग (अन्तिम गवर्नर- जनरल प्रथम वायसराय)	1856-62 ई.	1857 ई. का विद्रोह, बंगाल काश्तकारी अधिनियम, भारतीय दण्ड संहिता एवं उच्च न्यायालय अधिनियम अस्तित्व में आए।
सर जॉन लॉरेन्स	1864-69 ई.	भूटान से युद्ध, भारत एवं यूरोप के मध्य प्रथम समुद्री टेलीग्राफ सेवा का प्रारम्भ (1865 ई.) अफगानिस्तान में अहस्तक्षेप नीति।
लॉर्ड मेयो	1869-92 ई.	वित्तीय विकेन्द्रीकरण, कृषि एवं वाणिज्य विभाग की स्थापना, पहली अनियमित जनगणना (1871)
लॉर्ड नॉर्थब्रुक	1872-76 ई.	कूका आन्दोलन का दमन, आयात कर कम किया एवं निर्यात कर समाप्त किया।
लॉर्ड लिटन (साहित्यिक नाम-ओवन मैरिडिथ)	1876-80 ई.	दिल्ली दरबार (1877 ई. विक्टोरिया भारत की महारानी घोषित), सिविल सेवा में अधिकतम आयु 21 वर्ष से घटाकर 19 वर्ष रिचर्ड स्ट्रेची की अध्यक्षता में अकाल आयोग का गठन, वर्नाकुलर प्रेस एक्ट (1878 ई.)
लॉर्ड रिपन	1880-84 ई.	नियमित जनगणना की शुरुआत (1881 ई.) इल्बर्ट बिल, 1883 (जातीय भेदभाव के आधार पर न्यायिक अयोग्यता को दूर करने का प्रस्ताव)
लॉर्ड डफरिन	1884-88 ई.	भारतीय राष्ट्रीय कांग्रेस की स्थापना (1885 ई.) तृतीय आंग्ल-बर्मा युद्ध (1885-88 ई.)
लॉर्ड लैन्सडाउन	1888-94 ई.	भारत परिषद् अधिनियम (1892 ई.) डूरण्ड आयोग का गठन (उद्देश्य-भारत-अफगानिस्तान सीमा निर्धारण)
लॉर्ड एल्गिन द्वितीय	1894-99 ई.	आंग्ल-रूस सन्धि, 1895 ई. (ऑक्सस नदी, ब्रिटिश साम्राज्य की उत्तरी सीमा निर्धारित) उत्तर प्रदेश, बिहार, पंजाब एवं मध्य प्रदेश में भयंकर अकाल
लॉर्ड कर्जन	1899-1905 ई.	एण्ड्रयू फ्रेजर की अध्यक्षता में पुलिस आयोग का गठन (1902 ई.), पुरातत्व विभाग की स्थापना (1904 ई.) बंगाल विभाजन (1905 ई.)
लॉर्ड मिण्टो द्वितीय	1905-1910 ई.	जर्मनी के खतरे से बचाव हेतु आंग्ल-रूस सन्धि 1907 ई. मुस्लिम लीग का गठन, मार्ले मिण्टो एक्ट
लार्ड हॉर्डिंग द्वितीय	1910-16 ई.	दिल्ली दरबार 1911 ई. राजधानी दिल्ली स्थानान्तरित, बंगाल विभाजन रद्द
लॉर्ड चेम्सफोर्ड	1916-21 ई.	महिला विश्वविद्यालय की स्थापना (पूना 1917 ई.) माण्टेग्यू-चेम्सफोर्ड सुधार, 1919 जलियाँवाला बाग काण्ड, रौलेक्ट एक्ट
लॉर्ड रीडिंग	1921-26 ई.	प्रिन्स वेल्स की भारत यात्रा (1921 ई.), स्वराज पार्टी का गठन (1923 ई.)

नाम	कार्यकाल	विशेष तथ्य
लॉर्ड इरविन	1926-31 ई.	साइमन कमीशन का भारत आगमन, कांग्रेस का लाहौर अधिवेशन (1929 ई.), सविनय अवज्ञा आन्दोलन का प्रारम्भ (1930 ई.), प्रथम गोलमेज सम्मेलन, गाँधी-इरविन समझौता (1931 ई.)
लॉर्ड लिनलिथगो	1936-44 ई.	प्रान्तीय चुनाव (1937 ई.) की शुरुआत द्वितीय विश्वयुद्ध विरोध में कांग्रेसी मन्त्रिमण्डल का इस्तीफा।
लॉर्ड वेवेल	1944-47 ई.	शिमला सम्मेलन (1945 ई.) कैबिनेट मिशन का भारत आगमन
लॉर्ड माउण्टबेटन (अन्तिम 1947 ई. ब्रिटिश वायसराय)	1947 ई.	माउण्टबेटन योजना (3 जून, 1947) भारतीय स्वतन्त्रता अधिनियम, 1947

भारतीय राष्ट्रीय आन्दोलन

भारतीय राष्ट्रीय आन्दोलन की शुरुआत कांग्रेस की स्थापना (1885 ई.) से माना जाता है। यह आन्दोलन 1947 ई. में भारत की आजादी के साथ समाप्त हुआ।

भारतीय राष्ट्रीय कांग्रेस

- इसकी स्थापना 1885 ई. में सेवानिवत ब्रिटिश अधिकारी ए.ओ.ह्यूम के द्वारा की गई थी। पहले इसका नाम 'इण्डियन नेशनल यूनियन' था। दादा भाई नौरोजी ने इस संस्था का नाम 'इण्डियन नेशनल कांग्रेस' कर दिया।
- भारतीय राष्ट्रीय कांग्रेस का पहला अधिवेशन दिसम्बर, 1885 में बम्बई के गोकुलधाम तेजपाल संस्कृत महाविद्यालय में हुआ।
- प्रथम सम्मेलन की अध्यक्षता व्योमेश चन्द्र बनर्जी ने की थी। इनमें कुल 72 प्रतिनिधियों ने भाग लिया था।
- लार्ड डफरिन ने कांग्रेस को 'सूक्ष्मदर्शी संस्था' कहा था, जबकि कर्जन ने कहा था—"कांग्रेस अपने पतन की ओर लड़खड़ाती हुई जा रही है।"
- लैण्ड होल्डर्स सोसायटी (1838 ई.), ब्रिटिश इण्डियन एसोसिएशन (1851 ई.) ईस्ट इण्डियन एसोसिएशन (1866 ई.) , इण्डिया एसोसिएशन (1876 ई.) कांग्रेस से पूर्व की संस्थाएँ थी।

बंगाल का विभाजन तथा स्वदेशी आन्दोलन

- लॉर्ड कर्जन द्वारा 20 जुलाई, 1905 को बंगाल विभाजन को घोषणा की गई जो 16 अक्टूबर, 1905 से प्रभावी हो गया।
- बंगाल विभाजन के विरोध में स्वदेशी आन्दोलन 7 अगस्त, 1905 से प्रारम्भ हुआ। 16 अक्टूबर, 1905 को शोक दिवस एवं रक्षाबन्धन दिवस के रूप में मनाया गया।
- कांग्रेस के 1906 के कलकत्ता अधिवेशन की अध्यक्षता करते हुए दादाभाई नौरोजी ने पहली बार स्वराज्य की माँग प्रस्तुत की।
- स्वदेशी आन्दोलन के दौरान रविन्द्रनाथ टैगोर ने 'आमार सोनार बांगला' नामक गीत लिखा था, जो बाद में बांग्लादेश का राष्ट्रीय गीत बनना।

मुस्लिम लीग का गठन तथा कांग्रेस का विभाजन

- सलीमुल्ला खाँ एवं आगा खाँ के नेतृत्व में 1906 ई. में मुस्लिम लीग (ढाका) की स्थापना हुई।
- मुस्लिम लीग के प्रथम अध्यक्ष 'वकार-उल-मुल्क मुश्ताक हुसैन' थे। नवाब सलीमुल्ला खाँ इसके संस्थापक अध्यक्ष थे।
- स्वदेशी आन्दोलन चलाने के तरीके को लेकर कांग्रेस 1907 में सूरत अधिवेशन में उग्रवादी (गरम दल) एवं उदारवादी (नरम दल) में विभाजित हो गई।
- कांग्रेस के सूरत अधिवेशन (1907 ई.) को अध्यक्षता रासबिहारी बोस ने की थी।

राजधानी परिवर्तन

- ब्रिटेन के सम्राट जॉर्ज पंचम का 1911 ई. में दिल्ली आगमन हुआ, जिसके स्वागत में भव्य दिल्ली दरबार का आयोजन किया गया।
- इस आयोजन में बंगाल विभाजन रद्द करके राजधानी को कलकत्ता से दिल्ली स्थानान्तरित करने की घोषणा हुई। 1 अप्रैल, 1912 को दिल्ली राजधानी बन गई।

कामागाटामारू प्रकारण

- यह 1914 ई. में कनाऊ में भारतीयों के प्रवेश से सम्बन्धित विवाद था।
- भारत में गुरुदीप सिंह ने कामागाटामारू जहाज पर 376 यात्रियों को लेकर कनाडा की ओर प्रस्थान किया, परन्तु कनाडा सरकार ने उतरने से मना कर दिया।

लखनऊ समझौता

- 1916 ई. में मुस्लिम लीग तथा कांग्रेस का संयुक्त अधिकवेशन लखनऊ में हुआ। इसकी अध्यक्षता अम्बिका चरण मजूमदार ने की।
- इस अधिवेशन में उग्रवादियों (गरम दल के नेता) को पुन: कांग्रेस में शामिल किया गया तथा मुस्लिम लीग एवं कांग्रेस के मध्य लखनऊ समझौता हुआ।

होमरूल लीग आन्दोलन

- भारत में सबसे पहले होमरूल लीग की स्थापना 28 अप्रैल, 1916 में बाल गंगाधर तिलक ने बेलगाँव (पूना) में की। इसके अध्यक्ष जोसेफ बेपरिस्टा थे।
- स्वराज मेरा जन्मसिद्ध अधिकार है और में इसे लेकर रहूँगा नारा तिलक ने दिया था।
- सितम्बर, 1916 में ऐनी बेसेण्ट ने अखिल भारतीय होमरूल लीग का गठन (मद्रास में) किया। जॉर्ज अरूण्डेल इसके सचिव थे।

चम्पारण, खेड़ा और अहमदाबाद सत्याग्रह

- 1915 में महात्मा गाँधी भारत वापस लौटे तथा उन्होंने चम्पारण से अपनी राजनैतिक गतिविधियों का प्रारम्भ किया।
- चम्पारण सत्याग्रह (1917 ई.) भारत में गाँधी जी का प्रथम सत्याग्रह था, जो बिहार के चम्पारण नामक स्थान में प्रारम्भ हुआ था।
- चम्पारण में नील के किसानों की स्थिति तिनकठिया दिया प्रथा के कारण खराब थी। जिसके अन्तर्गत 3/20 के हिस्से पर नील को खेती करना अनिवार्य थी।
- खेड़ा सत्याग्रह (1918 ई.) की शुरुआत गाँधी जी ने किसानों को उनकी समस्याओं (कर वृद्धि) से निजात के लिए किया था।
- अहमदाबाद सत्याग्रह (1918 ई.) मिल-मजदूरों और मिल मालिकों के बीच बोनस के मुद्दे को लेकर गाँधी जी द्वारा प्रारम्भ किया गया था।

रौलेट एक्ट तथा जलियाँवाला बाग हत्याकाण्ड

- 1919 ई. में ब्रिटिश सरकार ने रौलेट एक्ट पारित किया, जिसके प्रावधान था कि बिना किसी प्रमाण के संदिग्ध के खिलाफ कार्यवाही की जा सकती थी।
- भारतीय नेताओं ने इसे काला कानून माना तथा 6 अप्रैल, 1919 को इसके विरोध में देश में काफी हड़ताल किया गया।
- रौलेट एक्ट के विरोध के कारण पंजाब के लोकप्रिय नेता सैफद्दीन किचलू तथा सत्यापाल को गिरफ्तार किया गया था।
- इस गिरफ्तारी के विरोध में 13 अप्रैल, 1919 को अमृतसर के जलियाँवाला में एक जनसभा आयोजित की गई। जिस पर जनरल डायर ने गोलियाँ चलवा दी। इसमें सैकड़ों लोग मारे गए। इसे जालियाँवाला बाग हत्याकाण्ड के नाम से जाना जाता है।
- जलियाँवाला बाग हत्याकाण्ड की जाँच हेतु सरकार ने हण्टर समिति नियुक्ति की, जिसके सदस्य थे- लॉर्ड हण्टर, जास्टिस रेस्किन, मिस्टर राइस, जॉर्ज वैरो टॉमस स्मिथ, चिमन शीतलवाड, साहवजादा सुल्तान अहमद तथा जगतनारायण।

खिलाफत आन्दोलन

- खिलाफत आन्दोलन (1920 ई.) की शुरुआत तुर्की के खलीफा पद की समाप्ति के विरोध में हुई थी।
- 17 अक्टूबर, 1919 को अखिल भारतीय स्तर पर खिलाफत कमेटी का गठन किया गया। 1919 ई. में मोहम्मद अली तथा शौकत अली ने अखिल भारतीय खिलाफत कमेटी का गठन किया।

असहयोग आन्दोलन

- 1920 ई. में लाला लाजपत राज्य की अध्यक्षता में हुए कलकत्ता अधिवेशन में असहयोग आन्दोलन का प्रस्ताव पारित किया गया और कांग्रेस के नागपुर अधिवेशन में इसकी पुष्टि कर दी।
- 5 फरवरी, 1922 की चौरी-चौरा में आन्दोलनकारियों द्वारा पुलिस स्टेशन को जलाए जाने के बाद गाँधा जी ने असहयोग आन्दोलन को स्थागित कर दिया।

स्वराज पार्टी

- असहयोग आन्दोलन के स्थगन के बाद मोतीलाल नेहरू, सी.आर. दास तथा एन.सी.केलकर को इलाहाबाद में स्वराज पार्टी (1923 ई.) का गठन किया।
- 1925 ई. में विट्ठल भाई पटेल का सेण्ट्रल लेजिस्लेटिव असेम्बली का अध्यक्ष चुना जाना स्वराजियों को एक महत्त्वपूर्ण उपलब्धि थी।

साइमन कमीशन

- 8 नवम्बर, 1927 को साइमन कमीशन का गठन किया गया। इस कमीशन के सभी 7 सदस्य ब्रिटिश थे।
- एक भी भारतीय सदस्य न होने के कारण इसका विरोध किया गया।
- लाहौर में इस कमीशन का विरोध करते हुए लाठी से घायल हो जाने के कारण 1928 ई. में लाला लाजपत राय का निधन हो गया।

नेहरू रिपोर्ट तथा जिन्ना रिपोर्ट

- मोतीलाल नेहरू की अध्यक्षता में गठित समिति ने 28 अगस्त, 1928 को रिपोर्ट प्रस्तुत की। इस रिपोर्ट को नेहरू रिपोर्ट कहा जाता है।
- नेहरू रिपोर्ट में डोमिनियन स्टेट्स केन्द्र में द्विसदनात्मक व्यवस्था तथा प्रान्तीय स्वायत्तता को स्वीकृति दी गई।
- नेहरू रिपोर्ट के समानान्तर जिन्ना ने एक 14-सूत्री फॉर्मूला तैयार किया, जिसे **जिन्ना रिपोर्ट** (1928 ई.) कहा जाता है।
- परिसंघ बनाने का विचार सर्वप्रथम नेहरू रिपोर्ट (1928) ने प्रस्तावित किया।

बारदोली सत्याग्रह (1928 ई.)

- गुजरात के बारदोली में किसानों पर 30% अतिरिक्त लगान वृद्धि की गई थी। बल्लभ भाई पटेल के नेतृत्व में किसानों ने इसका विरोध किया।
- सरकार ने 30% लगान वृद्धि को वापस लिया तथा इस वृद्धि को 6.03% रहने दिया।

लाहौर अधिवेशन

- 1929 ई. में लाहौर में कांग्रेस के वार्षिक अधिवेशन में, जिसकी अध्यक्षता जवाहरलाल नेहरू ने की, पूर्ण स्वराज की माँग की गई।
- 31 दिसम्बर, 1929 को रावी नदी के तट पर तिरंगा झण्डा फहराया गया तथा 26 जनवरी, 1930 को स्वतन्त्रता दिवस मनाने का प्रस्ताव पारित किया गया।

दाण्डी मार्च तथा सविनय अवज्ञा आन्दोलन

- 12 मार्च, 1930 को गाँधी जी ने 78 अनुयायियों के साथ जिसमे बेव मिलर (अमेरिकी पत्रकार) भी था, साबरमती आश्रम से दाण्डी तट का यात्रा की।
- 6 अप्रैल, 1930 को दाण्डी पहुँच कर गाँधी जी ने नमक कानून तोड़कर सविनय अवज्ञा आन्दोलन का आरम्भ किया।
- सविनय अवज्ञा आन्दोलन के दौरान गढ़वाल रेजीमेण्ट की टुकड़ी ने पेशावर में निहत्थी भीड़ पर गोली चलाने से इनकार कर दिया था।
- नमक सत्याग्रह में महात्मा गाँधी की टोली 24 दिनों तक पैदल चली।

गाँधी-इरविन समझौता

- 5 मार्च, 1931 को गाँधी जी तथा तत्कालीन वायसराय लार्ड इर्विन के बीच यह समझौता हुआ था। इसको दिल्ली समझौता भी कहा जाता है।
- इस समझौते के सम्बन्ध में कराई अधिवेशन (29 मार्च, 1931 अध्यक्ष बल्लभ भाई पटेल) में काँग्रेस ने मौलिक अधिकारों एवं राष्ट्रीय आर्थिक कार्यक्रम से सम्बन्धित एक प्रस्ताव पारित किया।

गोलमेज सम्मेलन

- प्रथम गोलमेज सम्मेलन (1930 ई.) का उद्घाटन ब्रिटिश सम्राट जार्ज पंचम तथा अध्यक्षता ब्रिटिश प्रधानमन्त्री रैम्जे मैंक डोनाल्ड ने की थी। इसमें कांग्रेस ने भाग नहीं लिया था।
- द्वितीय गोलमेज सम्मेलन (1931 ई.) में गाँधी जी ने कांग्रेस के प्रतिनिधि के रूप में भाग लिया था। साम्प्रदायिक मतभेद के कारण यह सम्मेलन असफल हुआ।
- तृतीय गोलमेज सम्मेलन (1932 ई.) में 1935 ई. के भारत शासन अधिनियम 1935 की रूप प्रस्तुत की गई। कांग्रेस ने इसका बहिष्कार किया।

साम्प्रदायिक पंचाट एवं पूना समझौता

- 16 अगस्त, 1932 को तत्कालीन ब्रिटिश प्रधानमन्त्री रैम्जे मैक्डोनाल्ड ने साम्प्रदायिक पंचाट की घोषणा की थी।
- इसमें मुसलमानों, सिखों, भारतीय ईसाइयों के साथ दलित वर्गो के लिए पृथक् निर्वाचन की बात कही गई।
- पूना पैक्ट (26 सितम्बर, 1932) गाँधी जी बी. आर. अम्बेडकर के बीच हुआ था। इसमें दलितों के लिए 71 स्थान की जगह सुरक्षित स्थानों की संख्या 148 कर दिया गया।

क्रान्तिकारी राष्ट्रवादी आन्दोलन

भारत में क्रान्तिकारी राष्ट्रवादी आन्दोलन को दो चरणों में बाँटा जाता है, जिनका वर्णन निम्नलिखित है

क्रान्तिकारी गतिविधियों का पहला चरण

- 1857 ई. में महाराष्ट्र के पूना में दामोदर चापेकर तथा बालकृष्ण चापेकर द्वारा प्लेग कमिश्नर रैंड एवं एमहर्स्ट की हत्या को प्रथम क्रान्तिकारी घटना माना जाता है।
- वर्ष 1912 ने रासबिहारी बोस ने लॉर्ड हार्डिंग पर बम फेंका। इस घटना को दिल्ली षड्यन्त्र कहा जाता है।
- दूसर चरण में विदेशों में भी अनेक क्रान्तिकारी घटनाएँ हुईं। 1907 ई. में जर्मनी के स्टूअर्टगार्ड में मैडम भीकाजी कामा ने भारतीय तिरंगा फहराया।
- मदन लाल ढींगरा ने 1909 ई. में लन्दन में कर्जन वाइली की हत्या की दी।
- 1 नवम्बर, 1913 में लाला हरदयाल के नेतृत्व में सैन-फ्रांसिस्को (अमेरिका) में 'गदर पार्टी' की स्थापना हुई।

क्रान्तिकारी गतिविधियों का दूसरा चरण

- अक्टूबर, 1924 में चन्द्रशेखर आजाद की अध्यक्षता में 'हिन्दुस्तान रिपब्लिक एसोसिएशन' की स्थापना हुई।
- इस संस्था के सदस्यों ने 3 अगस्त, 1925 को लखनऊ के निकट काकोरी स्टेशन पर सरकारी खजाने को लूट लिया।
- चन्द्रशेखर आजाद तथा भगत सिंह के नेतृत्व में 1928 ई. में हिन्दुस्तान सोशलिस्ट रिपब्लिकन एसोसिएशन की स्थापना दिल्ली में की गई।

- 23 मार्च, 1931 को भगत सिंह, सुखदेव और राजगुरु को लाहौर जेल में फाँसी दे दी गई।
- बंगाल में सूर्यसेन ने 1930 ई. में इण्डियन रिपब्लिकन आर्मी का गठन किया। यह संस्था चटगाँव में क्रियाशील थी।

अगस्त प्रस्ताव तथा व्यक्तिगत सत्याग्रह

- 8 अगस्त, 1940 को तत्कालीन वायसराय लॉर्ड लिनलिथगो ने अगस्त प्रस्ताव की घोषणा की।
- जिसे अस्वीकार करते हुए अक्टूबर, 1940 में महात्मा गाँधी द्वारा पवनार (महाराष्ट्र) में व्यक्तिगत सत्याग्रह प्रारम्भ किया गया।

पाकिस्तान की माँग

- 23 मार्च, 1940 में मुस्लिम लीग के लाहौर अधिवेशन की अध्यक्षता करते हुए मुहम्मद अली जिन्ना ने द्विराष्ट्र सिद्धान्त प्रस्तुत किया, साथ ही पाकिस्तान राज्य की माँग से सम्बन्धित प्रस्ताव पारित किया।
- 'पाकिस्तान' शब्द का जनक कैम्ब्रिज विश्वविद्यालय में पढ़ने वाला छात्र रहमत अली चौधरी था।

क्रिप्स मिशन

- क्रिप्स मिशन 1942 में भारत आया। इसका उद्देश्य भारत को ब्रिटेन के पक्ष में द्वितीय विश्वयुद्ध में शामिल करना था।
- युद्ध के उपरान्त भारत को डोमिनियन स्टेट्स देने की बात स्वीकार की गई। गाँधी जी ने इसे 'पोस्टडेहेड चेक' कहा था।

भारत छोड़ो आन्दोलन

- अगस्त प्रस्ताव तथा क्रिप्स मिशन की असफलता के बाद 1942 में भारत छोड़ो आन्दोलन प्रारम्भ हुआ।
- 8 अगस्त, 1942 को बम्बई के ग्वालिया टैंक में कांग्रेस का अधिवेशन आयोजित किया गया। इसमें भारत छोड़ो प्रस्ताव पारित किया गया।
- इस आन्दोलन में गांधी जी ने 'करो या मरो' का नारा दिया। गांधी जी को 'ऑपरेशन जीरो आवर के तहत्' गिरफ्तार कर पूना के आगा खाँ महल में रखा गया।
- भारत छोड़ो आन्दोलन के दौरान बंगाल में जातीय सरकार (1942 ई.) सतारा (महाराष्ट्र) तथा बलिया (उत्तर प्रदेश) में समानान्तर सरकारों की स्थापना हुई।
- लार्ड लिनलिथगो इस समय भारत का वायसराय था।

आजाद हिन्द फौज

- आजाद हिन्द फौज की प्रथम डिविजन का गठन मोहन सिंह द्वारा 1 सितम्बर, 1942 को किया गया।
- आजाद हिन्द फौज की सफलतापूर्वक स्थापना का श्रेय रासबिहारी बोस को है। सुभाष चन्द्र बोस 1943 ई. में सर्वोच्च सेनापति बने।
- जापान 8 नवम्बर, 1943 को अण्डमान तथा निकोबार द्वीप सुभाष चन्द्र बोस को सौंप दिए। सुभाष चन्द्र बोस ने अण्डमान का नाम 'शहीद द्वीप' तथा निकोबार का 'स्वराज द्वीप' रखा।
- आजाद हिन्द फौज के अधिकारियों पी.के. सहगल, गुरुदयाल ढिल्लन तथा शाहनवाज खाँ पर राजद्रोह का मामला दिल्ली के लाल किले में चला।
- स्वतंत्रता संघर्ष के दौरान सुभाष चन्द्र बोस ने नाजी जर्मनी में 'फ्री इण्डियन लीजन' नामक सेना का गठन किया था।

वेवेल योजना तथा शिमला सम्मेलन

- जून, 1945 में वेवेल योजना प्रस्तुत की गई। इस प्रस्ताव में वायसराय की कार्यकारिणी परिषद् को पुनर्गठित किया गया, जिसमें सभी दलों को प्रतिनिधित्व देने की बात कही गई।
- वेवेल योजना पर विचार-विमर्श करने के लिए शिमला में 25 जून, 1945 ई. शिमला सम्मेलन का आयोजन किया गया।

नौसेना विद्रोह

- नौसेना विद्रोह बम्बई में आई.एन.एस. तलवार नामक जहाज के सैनिकों के द्वारा 19 फरवरी, 1946 को किया गया।
- 25 फरवरी, 1946 को सरदार बल्लभभाई पटेल के दबाव में नौसैनिकों ने आत्म समर्पण कर दिया।

कैबिनेट मिशन

- 15 फरवरी, 1946 को भारतीय संविधान सभा की स्थापना के लिए कैबिनेट मिशन भारत भेजा गया।
- कैबिनेट मिशन 24 मार्च, 1946 को दिल्ली पहुँचा इसके तीन सदस्य स्टेनफोर्ड क्रिप्स, पैथिक लारेन्स तथा ए.वी. अलेक्जेण्डर थे।
- मुस्लिम लीग ने कैबिनेट मिशन योजना को अस्वीकृति दी तथा 16 अगस्त, 1946 को प्रत्यक्ष कार्यवाही दिवस मनाया।

अन्तरिम सरकार का गठन

- जवाहरलाल नेहरू के नेतृत्व में 2 सितम्बर, 1946 को अन्तरिम सरकार के अन्तर्गत 11 सदस्यों ने मन्त्रीपद की शपथ ली।
- 9 दिसम्बर, 1946 को दिल्ली में डॉ. राजेन्द्र प्रसाद की अध्यक्षता में संविधान सभा की पहली बैठक का आयोजन किया गया।
- 20 फरवरी, 1947 को ब्रिटिश प्रधानमन्त्री एटली ने घोषणा की जून, 1948 से पहले भारतीयों को सत्ता हस्तान्तरित कर दी जाएगी।

माउण्टबेटन योजना

- 22 मार्च, 1947 को लॉर्ड माउण्टबेटन को भारत का वायसराय बनाया गया।
- 3 जून, 1947 को उसने भारत विभाजन सम्बन्धी प्रस्ताव रखा, जिसे माउण्टबेटन प्लान कहा जाता है।
- 4 जुलाई, 1947 को माउण्टबेटन प्लान पर आधारित 'भारतीय स्वतन्त्रता विधेयक' ब्रिटिश संसद में पेश किया गया, जो 18 जुलाई, 1947 को पारित हुआ।
- 'भारतीय स्वतन्त्रता विधेयक के अनुसार, 15 अगस्त, 1947 को हिन्दुस्तान के विभाजन पर 'भारत' तथा 'पाकिस्तान' नामक दो स्वतन्त्र देशों का गठन किया गया।

प्रमुख समाचार-पत्र/पत्रिकाएँ

समाचार-पत्र/पत्रिका	वर्ष	प्रकाशक/ सम्पादक/ विशेष तथ्य
द बंगाल गजट	1780 ई.	जेम्स ऑगस्टस हिक्की (भारत का प्रथम समाचार-पत्र)
बॉम्बे हेराल्ड	1789 ई.	बम्बई से प्रकाशित होने वाला प्रथम समाचार-पत्र
समाचार दर्पण	1818 ई.	विलियम कैरी, प्रथम बांग्ला साप्ताहिक समाचार-पत्र
हिन्दू पैट्रियट	1853 ई.	गिरीश चन्द्र घोष, बाद में हरिश्चन्द्र मुखर्जी इसके सम्पादक बने।
सोम प्रकाश	1858 ई.	द्वारकानाथ विद्याभूषण, प्रथम बंगला राजनीतिक समाचार-पत्र
मद्रास मेल	1868 ई.	भारत में प्रथम सांध्य समाचार-पत्र
अमृत बाजार पत्रिका	1868 ई.	शिशिर कुमार घोष, बंगला समाचार-पत्र
हिन्दू	1878 ई.	जी. एस. अय्यर एवं वीर राधवाचारी, अंग्रेजी समाचार-पत्र
केसरी एवं मराठा	1881 ई.	'बाल गंगाधर तिलक, केसरी-मराठी भाषा, मराठा, अंग्रेज भाषा
न्यू इण्डिया	1914 ई.	ऐनी बेसेण्ट
यंग इण्डिया	1919 ई.	महात्मा गाँधी
हरिजन	1933 ई.	महात्मा गाँधी

कांग्रेस के प्रमुख अधिवेशन

अधिवेशन/स्थान	अध्यक्ष	विशेष तथ्य
पहला (1885) बम्बई	व्योमेश चन्द्र बनर्जी	गोकुलदास तेजपाल महाविद्यालय में आयोजित सम्मेलन में 72 प्रतिनिधियों ने भाग लिया था।
दूसरा (1886) कलकत्ता	दादाभाई नौरोजी	नेशनल कॉन्फ्रेन्स और भारतीय राष्ट्रीय कांग्रेस का विलय
तीसरा (1887) मद्रास	बदरुद्दीन तैय्यब	प्रथम मुस्लिम अध्यक्ष
6वाँ (1890) कलकत्ता	फिरोजशाह मेहता	कादम्बिनी गांगुली (प्रथम जातक) ने संबोधित किया।
12वाँ (1896) कलकत्ता	रहमतुल्ला सयानी	'वन्देमातरम्' का गान हुआ
21वाँ (1905) बनारस	गोपाल कृष्ण गोखले	'बंगाल विभाजन की आलोचना, स्वदेशी आन्दोलन का समर्थन
22वाँ (1906) कलकत्ता	दादा भाई नौरोजी	'स्वराज' की घोषणा
23वाँ (1907) सूरत	रास बिहारी बोस	कांग्रेस का विभाजन
32वाँ (1916) लखनऊ	अम्बिकाचरण मजूमदार	कांग्रेस और मुस्लिम लीग में समझौता। नरमदल और गरमदल का एकीकरण
33वाँ (1917) कलकत्ता	एनीबेसेण्ट	प्रथम महिला अध्यक्ष
40वाँ (1924) बेलगाँव	महात्मा गांधी	एकमात्र अधिवेशन जिसकी अध्यक्षता गांधी जी ने की थी।
41वाँ (1925) कानपुर	सरोजिनी नायडू	प्रथम भारतीय महिला अध्यक्ष
52वाँ (1939) त्रिपुरी	सुभाष चन्द्र बोस	सुभाष चन्द्र बोस के इस्तीफा देने के बाद राजेन्द्र प्रसाद अध्यक्ष बने।
55वाँ (1946) मेरठ	आचार्य जे.बी. कृपलानी	आजादी के समय जे. वी. कृपलानी ही कांग्रेस के अध्यक्ष थे।

प्रमुख सामाजिक-धार्मिक सुधार आन्दोलन/संगठन

संस्था	वर्ष	संस्थापक	विशेष तथ्य
ब्रह्म समाज	1828 ई.	राजा राममोहन राय	राजा राममोहन राय को आधुनिक भारत का जन्मदाता कहा जाता है। ब्रह्म समाज जाति प्रथा, सती प्रथा तथा मूर्तिपूजा का विरोध करता है।
देवबन्द आन्दोलन	1867 ई.	मुहम्मद कासिम ननौतबी, रशीद अहमद गंगोही	यह आन्दोलन पाश्चात्य शिक्षा तथा पाश्चात्य संस्कृतिका पूर्णतः विरोधी था।
प्रार्थना समाज	1867 ई.	महादेव गोविन्द रानाडे, आत्माराम पाण्डुरंग	इसकी स्थापना मुम्बई में हुई थी। दलित जाति मण्डल तथा दक्कन शिक्षा सभा इसके प्रमुख अंग थे।
आर्य समाज	1875 ई.	स्वामी दयानन्द सरस्वती	• दयानन्द सरस्वती ने 'वेदों की ओर लौटो' का नारा दिया। • आर्य समाज ने मूर्तिपूजा, बहुदेववाद, पशुबलि, कर्मकाण्ड, अन्धविश्वासों का विरोध किया। दयानन्द ने 'सत्यार्थ प्रकाश' नामक पुस्तक लिखी।
रामकृष्ण मिशन	1896 ई.	स्वामी विवेकानन्द	विवेकानन्द ने 1893 ई. में शिकागो के धर्म सम्मेलन में हिन्दू धर्म तथा दर्शन पर भाषण दिया।
थियोसोफिकल सोसायटी	1875 ई.	मैडम ब्लावट्स्की तथा कर्नल आल्काट	भारत में ऐनी बेसेण्ट ने इसकी लोकप्रियता बढ़ाई। इसका मुख्य उद्देश्य प्राचीन हिन्दुवाद को पुनः स्थापित करना था।
सर्वेंट्स ऑफ इण्डियन सोसायटी	1905 ई.	गोपाल कृष्ण गोखले	इसकी स्थापना पुणे में हुई थी। यह समाज सुधार से जुडी संस्था थी।
सत्यशोधक समाज	1873 ई.	ज्योतिबा फुले	फुले 1872 ई. में 'गुलामगिरी' की रचना की। यह समाज दलित मुक्ति से सम्बन्धित था।

कला एवं संस्कृति

धर्म

धर्म भारतीय संस्कृति का एक अभिन्न अंग है। भारत में विभिन्न धर्मों के अनुयायी निवास करते हैं। प्रमुख रूप से भारत में निम्नलिखित धर्म प्रचलित हैं

धर्म	संस्थापक	सम्बन्धित ग्रन्थ
हिन्दू	एकमात्र धर्म जिसका कोई संस्थापक नहीं है। इसे सनातन धर्म भी कहा जाता है।	वेद, उपनिषद्, पुराण, रामायण, महाभारत, भगवद् गीता
बौद्ध	गौतम बुद्ध	सुत्तपिटक, अभिधम्मपिटक, विनयपिटक
जैन	ऋषभदेव (प्रथम तीर्थंकर) 24वें तीर्थंकर महावीर को वास्तविक संस्थापक माना जाता है।	आगम (जैन साहित्य) कल्पसूत्र, परिशिष्ट पर्वन, न्यायावतार
इस्लाम	हजरत मुहम्मद साहब	कुरान शरीफ, हदीस
सिख	गुरुनानक	गुरुग्रन्थ साहिब, जपुजी, सोदरू महला
ईसाई	ईसामसीह	बाइबिल

भारत के प्रमुख लोकनृत्य

राज्य	प्रमुख लोकनृत्य
असम	बिहू, खेलगोपाल, कलिगोपाल, बोई साजू, नटपूजा मीट्टू
पंजाब	कीकली, भाँगड़ा, गिद्दा
हिमाचल प्रदेश	जद्दा, नाटी, चम्बा, छपेली
हरियाणा	धमाल, खोरिया, फाग, डाहीकल
जम्मू-कश्मीर	दमाली, हिकात, दण्डी नाच, राऊ, लडाखी
राजस्थान	गणगौर, झूमर, घूमर, झूलन लीला
गुजरात	गरबा, डाण्डिया रास, पणिहारी, रासलीला
बिहार	जट-जाटिन, घुमकड़िया, सोहराई, सामा, चकेवा
उत्तर प्रदेश	छाऊ, लुझरी, कजरी, नौटंकी, थाली, जट्टा
केरल	भद्रकली, पायदानी, कुड़ीअट्टम, कालीअट्टम, मोहिनीअट्टम
झारखण्ड	सुआ, पंथी, राउत, कर्मा, सरहुल, पाइका, नटुआ, छऊ
ओडिशा	अग्नि, डंडानट, पैका, जदूर, मुदारी, आया, सवारी, छाऊ
उत्तराखण्ड	चांचरी/झोड़ा, छपेली, छोलिया, झुमैलो, जागर, कुमायूँ नृत्य
कर्नाटक	यक्षगान, भूतकोला, वीरगास्से, कोडावा
आन्ध्र प्रदेश	घण्टामर्दाला, बतकम्मा, कुम्मी, छड़ी, सिद्धि माधुरी
छत्तीसगढ़	सुआ करमा, रहस, राउत, सरहुल, बार, नाचा, घसिया बाजा, पंथी

राज्य	प्रमुख लोकनृत्य
तमिलनाडु	कोलट्टम, कुम्मी कारागम
उत्तराखण्ड	जागर, चौफला, छपेली, छोलिया

भारतीय पर्व त्यौहार

पर्व/त्यौहार	विशेष तथ्य
दीपावली	यह कार्तिक मास की अमावस्या को मनाया जाता है। इसे प्रकाश के त्यौहार के रूप में भी जाना जाता है।
होली	यह फाल्गुन मास की पूर्णिमा को मनाया जाता है। इसे रंगों का त्यौहार भी कहा जाता है।
दशहरा	यह त्यौहार बुराई पर अच्छाई की जीत का प्रतीक है। इसे आश्विन मास में दस दिनों तक मनाया जाता है।
ईद-उल-फितर	यह पवित्र रमजान माह की समाप्ति के बाद प्रथम बार चाँद दिखाई देने पर उससे दूसरे दिन मनाया जाता है। रमजान के पूरे महीने मुस्लिम सम्प्रदाय के लोग उपवास (रोजा) रखते हैं।
क्रिसमस	यह ईसाइयों का प्रमुख त्यौहार है। इसे 25 दिसम्बर को ईसा मसीह के जन्मोत्सव के रूप में बड़े हर्षोल्लास के साथ मनाया जाता है।
रक्षा बंधन	यह भाई और बहन के बीच प्रेम एवं विश्वास का त्यौहार है। इसे श्रावण मास की पूर्णिमा के दिन मनाया जाता है।
महाशिवरात्रि	यह भगवान शिव तथा माँ पार्वती के विवाहोत्सव के उपलक्ष्य में हर्षोल्लास के साथ फाल्गुन मास के कृष्ण पक्ष की चतुर्दशी को मनाया जाता है।
भैयादूज	भैयादूज दीपावली के दो दिन बाद मनाया जाता है। इसे यम द्वितीया भी कहा जाता है। यह भाई के प्रति बहन के स्नेह को अभिव्यक्त करता है। इसमें बहनें अपने भाई की खुशहाली की कामना करती हैं।
गुरुपर्व	इसे सिखों के प्रथम गुरु गुरुनानक देव के जन्मोत्सव (प्रकाश पर्व) के रूप में मनाया जाता है।
लोहरी	इसे जनवरी माह की 13वीं तारीख को फसल कटाई त्यौहार के रूप में मनाया जाता है।
पोंगल	यह भी एक फसल त्यौहार है जिसे जनवरी माह में मनाया जाता है।
ओणम	इसे केरल के लोग अपने राजा महाबली के स्वागत के रूप में मनाते हैं। यह त्यौहार भी फसल कटाई से जुड़ा हुआ है।

नृत्य

संगीत नाटक अकादमी द्वारा 8 नृत्यों को शास्त्रीय नृत्य के रूप में मान्यता प्रदान की गई है, जिनका वर्णन निम्नलिखित है

नृत्य/क्षेत्र	नर्तक/नर्तकी	विशेष तथ्य
भरतनाट्यम (तमिलनाडु)	अरुण्डेल, यामिनी कृष्णमूर्ति, रुक्मिणी, देवी, मृणालिनी साराभाई	• भरतमुनि के 'नाट्यशास्त्र' में इसकी चर्चा है। • इस नृत्य में 'भाव', 'राग' तथा 'ताल' का समायोजन होता है। • इसकी उत्पत्ति देवसासियों द्वारा किए जाने वाले नृत्य 'सादिर' से है।
मणिपुरी (मणिपुर)	रीता देवी, सविता मेहता, निर्मला मेहता	• यह नृत्य वैष्णव धर्म से प्रभावित है। • इस नृत्य शैली में राधा-कृष्ण की रासलीलाओं का आयोजन किया जाता है।
कथक (उत्तर प्रदेश)	लच्छू महाराज, शम्भू महाराज, नारायण प्रसाद, जयलाल दमयन्ती, भारती गुप्ता।	• वाजिद अली शाह (लखनऊ के नवाब) ने इसे लोकप्रिय बनाया। • ताण्डव और लास्य इस नृत्य के प्रमुख अंग हैं। • इसमें लय पर ध्यान दिया जाता है।
कथकली (केरल)	रामगोपाल, नारायन मेनन, मृणालिनी साराभाई, शान्ताराव	• यह नृत्य एवं नाटक का संयोजन है। • कथकली के थिएटर शैली को 'कुट्टीअट्टम' कहा जाता है।
ओडिसी (ओडिशा)	इन्द्राणी रहमान, कालीचन्द्र, कालीचरण पटनायक	• यह भरतमुनि के नाट्यशास्त्र पर आधारित है। • कलिंग नरेश खारवेल इसका संरक्षक था। • इसमें त्रिभंग पर ध्यानकेन्द्रित किया जाता है।
कुचिपुड़ि (आन्ध्र प्रदेश)	वेम्पति सत्यनारायण, यामिनी कृष्णमूर्ति, राधा रेड्डी	• यह मुख्यतः पुरुषों का नृत्य है। इसमें लय एवं ताण्डव को समाहित किया जाता है। • इसमें मृदंगम, मंजीरा का प्रयोग होता है।
मोहिनीअट्टम (केरल)	तारा निडुगाडी, तंकमणि, के. कलाणि अम्मा, रागिनी देवी	• यह एकल नृत्य शैली है। यह मुख्य रूप से महिलाओं द्वारा किया जाता है। • इसका प्रथम उल्लेख व्यवहारमाला से मिलता है।
सुत्रिया (असम)	गहन चन्द्रा स्वामी, प्रदीप चालीहा, अनन्दा मोहन भगतवी, प्रभात शर्मा	• यह नृत्य तथा अभिनय का मिश्रण है। • यह स्त्री एवं पुरुष दोनों द्वारा किया जाता है। • अप्सरा, बेहर, दशावतार आदि इसके प्रमुख रूप हैं।

अभ्यास प्रश्न

प्राचीन भारत

1. पश्चिमोत्तर भारत के किस नदी घाटी क्षेत्र में पुरा पाषाण के साक्ष्य प्राप्त हुए हैं?
(a) सिन्धु (b) झेलम (c) रावी (d) सोहना

2. ज्ञानी मानव (होमोसैपियन्स) का आविर्भाव इस धरती पर कब हुआ?
(a) 10 से 20 हजार वर्ष पूर्व
(b) 20 से 30 हजार वर्ष पूर्व
(c) 30 से 40 हजार वर्ष पूर्व
(d) 40 से 50 हजार वर्ष पूर्व

3. कृषि का प्राचीनतम साक्ष्य कहाँ से प्राप्त हुआ है?
(a) कोल्डिहवा (b) मेहरगढ़
(c) कालीबंगा (d) देवपाड़ा

4. मनुष्य ने सर्वप्रथम किस धातु का प्रयोग प्रारम्भ किया?
(a) चाँदी (b) ताँबा
(c) लोहा (d) स्वर्ण

5. भारत में पुरापाषाण कालीन औजारों की खोज किसने की थी?
(a) रॉबर्ट क्लाइव (b) आर. डी. साहनी
(c) रार्बट ब्रुस फुट (d) रिजले

6. प्राचीनतम आहत सिक्के को साहित्य में क्या कहा जाता था?
(a) काषार्पण (b) पण्य
(c) दीनार (d) स्वार्षण

7. स्वतन्त्रता प्राप्ति के बाद भारत के किस राज्य में हड़प्पा संस्कृति के सर्वाधिक स्थल खोजे गए?
(a) हरियाणा (b) राजस्थान
(c) गुजरात (d) महाराष्ट्र

8. सिन्धु घाटी सभ्यता के किस स्थान पर वृहत स्नानागार के अवशेष मिले हैं?
(a) लोथल (b) कालीबंगा
(c) सुरकोतड़ा (d) मोहनजोदड़ो

9. सिन्धु घाटी सभ्यता काल में कौन-सी लिपि सर्वाधिक प्रचलित थी?
(a) कीलाक्षर लिपि
(b) भावचित्रात्मक लिपि
(c) देवनागरी लिपि
(d) आरमाइक लिपि

10. सिन्धु घाटी सभ्यता के किस स्थान पर सर्वप्रथम चावल के साक्ष्य प्राप्त हुए हैं?
(a) सुरकोतड़ा (b) कालीबंगा
(c) लोथल (d) चन्हूदड़ो

11. मेसोपोटामिया के साक्ष्यों में हड़प्पा स्थलों के लिए किस शब्द का प्रयोग किया गया है?
(a) दृसद्धति (b) सुवस्तु
(c) मेलूहा (d) परूषणी

12. हड़प्पा संस्कृति में आग में पकी हुई मिट्टी को क्या कहा जाता था?
(a) लेमलेटा (b) टेराकोटा
(c) लैटेराइट (d) रायोलाइट

13. हड़प्पाकालीन किस स्थल पर पूर्णत: किलेबन्दी का प्रमाण मिला है?
(a) चन्हूदड़ो (b) लोथल
(c) धौलावीरा (d) कालीबंगा

14. सर्वप्रथम किस ग्रन्थ में भारत का प्राचीन नाम 'भारतवर्ष' का उल्लेख मिलता है?
(a) अंगुत्तर निकाय (b) अर्थशास्त्र
(c) अष्टाध्यायी (d) इण्डिका

15. किस पुराण में मौर्य वंश के सम्बन्ध में अधिक ऐतिहासिक जानकारी प्राप्त होती है?
(a) मत्स्यपुराण (b) वायुपुराण
(c) भागवतपुराण (d) विष्णुपुराण

16. ऋग्वैदिक काल में 'अधिकारियों' के समूह को क्या कहा जाता था?
(a) क्षत्रप समूह (b) ईशान
(c) रत्निन (d) विशिष्ट जन

17. राजा को सलाह देने वाली प्रमुख संस्था क्या कहलाती थी?
(a) सभा एवं समुदाय
(b) जनसमूह एवं समुदाय
(c) सभा एवं समिति
(d) समिति एवं समुदाय

18. ऋग्वैदिक काल में पशुचारण योग्य भूमि को कहा जाता था
(a) उर्वरा (b) चारागाह (c) खिल्य (d) स्रोता

19. ऋग्वेद के किस मण्डल में दसराज्ञ युद्ध का उल्लेख मिलता है?
(a) 7वें मण्डल में (b) 8वें मण्डल में
(c) 9वें मण्डल में (d) 10वें मण्डल में

20. सत्यमेव जयते किस उपनिषद् से लिया गया है?
(a) बृहदारण्यक उपनिषद्
(b) छान्दोग्य उपनिषद्
(c) श्वेताश्वर उपनिषद्
(d) मुण्डको उपनिषद्

21. उत्तर वैदिक काल में लोहे के साक्ष्य का उल्लेख सर्वप्रथम कहाँ से प्राप्त होता है?
(a) आलमगीरपुर (b) बहावलपुर
(c) अतरंजीखेड़ा (d) कौशाम्बी

22. बौद्ध ग्रन्थ त्रिपिटक के किस भाग में बुद्ध के धर्मोपदेशक का उल्लेख मिलता है?
(a) सुत्तपिटक
(b) विनयपिटक
(c) अभिधम्म पिटक
(d) 'a' और 'b' दोनों में

23. जैन धर्म के अन्तिम तीर्थंकर महावीर ने अपना पहला उपदेश कहाँ दिया था?
(a) पाटलिपुत्र (b) पावापुरी
(c) वल्लभी (d) राजगृह

24. प्रथम बौद्ध संहिता का आयोजन किसके शासनकाल में हुआ था?
(a) कालाशोक (b) अजातशत्रु
(c) अशोक (d) कनिष्क

25. किस बौद्ध संगीति आयोजन के बाद बौद्ध धर्म हीनयान एवं महायान दो भागों में विभाजित हो गया?
(a) प्रथम बौद्ध संगीति (b) द्वितीय बौद्ध संगीति
(c) तृतीय बौद्ध संगीति (d) चतुर्थ बौद्ध संगीति

26. लिंगायत किस सम्प्रदाय का अंग माना जाता है?
(a) वैष्णव सम्प्रदाय (b) रूद्र सम्प्रदाय
(c) सनक सम्प्रदाय (d) शैव सम्प्रदाय

27. धर्मनिरपेक्ष साहित्य राजतरंगिणी की रचना किसने की थी?
(a) कौटिल्य (b) विल्हण (c) कल्हण (d) शुद्रक

28. पुराणों में मगध साम्राज्य के किस शासक को 'सर्वक्षत्रान्तक' क्षत्रियों का नाश करने वाला कहा गया है?
(a) बिम्बिसार (b) अजातशत्रु
(c) महापद्मनन्द (d) धनानन्द

29. मौर्य साम्राज्य के राजा जिन्होंने 322 ई. पू. में पंजाब से यूनानियों और गंगा के मैदान से नंदो को हटा दिया था?
(a) चन्द्रगुप्त (b) बिन्दुसार
(c) अशोक (d) महापद्मनन्द

30. सिकन्दर के आक्रमण के समय मगध साम्राज्य का शासक कौन था?
(a) पद्मनन्द (b) घनानन्द
(c) कालाशोक (d) चन्द्रगुप्त मौर्य

31. किस अभिलेख में सर्वप्रथम सती प्रथा होने का उल्लेख मिलता है?
(a) जूनागढ़ अभिलेख (b) नासिक अभिलेख
(c) हाथी गुफा अभिलेख (d) एरण अभिलेख

32. मेगस्थनीज किसके शासनकाल में भारत आया था?
(a) चन्द्रगुप्त मौर्य (b) बिन्दुसार
(c) धनानन्द (d) अशोक

33. अशोक के अभिलेख किन लिपियों में उत्कीर्ण हैं?
(a) ब्राहक्णी (b) अरामाइक
(c) खरोष्ठी (d) ये सभी

34. मौर्य प्रशासन में शीर्ष अधिकारियों को क्या कहा जाता था?
(a) तीर्थ (b) मन्त्रिमण्डल
(c) विषयक (d) संस्था

35. कलिंग युद्ध के बाद अशोक ने किस बौद्ध भिक्षु से बौद्ध धर्म की दीक्षा ली थी?
(a) नागसेन (b) भानुगुप्त
(c) पुरुगुप्त (d) उपगुप्त

36. शासन के कितने वर्षों के बाद अशोक ने बोधगया की यात्रा की थी?
(a) 10वें वर्ष (b) 12वें वर्ष
(c) 13वें वर्ष (d) 15वें वर्ष

37. मौर्य शासनकाल के दौरान भूराजस्व की दर निर्धारित थी
(a) $\frac{1}{2}$ भाग (b) $\frac{1}{4}$ भाग
(c) $\frac{1}{6}$ भाग (d) $\frac{1}{8}$ भाग

38. राजकीय टकसाल के अधिकारी को क्या कहा जाता था?
(a) टकसाल अध्यक्ष (b) मुद्राणय अध्यक्ष
(c) लक्षणाध्यक्ष (d) कर्षणाध्यक्ष

39. सुदर्शन झील का जीर्णोद्धार किस शक शासक ने करवाया था?
(a) मियाण्डर (b) रुद्रदामन
(c) मिथेडेट्स (d) कुजुलकडफिसेस

40. गान्धार एवं मथुरा शैली का विकास किसके शासनकाल में सर्वाधिक हुआ?
(a) रुद्रदामन (b) वाशिष्ठीपुत्र पुलुमावी
(c) कनिष्क (d) मियान्डर

41. दक्षिण के चेर वंश का प्रतीक था
(a) मछली (b) मण्डप
(c) धनुष (d) तलवार

42. प्राचीन चाले वंश के संस्थापक किसे माना जाता है?
(a) कारिकाल (b) विजयालय
(c) राजेन्द्र प्रथम (d) कुलोतुंग

43. किस पाण्ड्य शासन ने रोमन सम्राट आगस्टस के दरबार में अपना दूत भेजा था?
(a) जेमजेलियन (b) नेण्डुजेलियन
(c) तोलकाप्तिचट (d) नक्कीरर

44. पाण्ड्य राजवंश की राजधानी कहाँ थी?
(a) कावेरीपट्टनम् (b) कपाटपुरम्
(c) मदुरै (d) तन्जौर

45. चानी लेखक फाह्यान ने किसके शासनकाल में भारत की यात्रा की थी?
(a) चन्द्रगुप्त प्रथम (b) चन्द्रगुप्त द्वितीय
(c) समुन्द्रगुप्त (d) भानुगुप्त

46. किस गुप्त शासक को भारत का नेपोलियन कहाँ जाता है?
(a) चन्द्रगुप्त प्रथम (b) समुद्रगुप्त
(c) चन्द्रगुप्त द्वितीय (d) कुमारगुप्त

47. किस गुप्त शासन ने गुप्त साम्राज्य की राजधानी पाटलिपुत्र से उज्जयिनी बनाई थी?
(a) समुद्रगुप्त
(b) चन्द्रगुप्त द्वितीय
(c) कुमारगुप्त
(d) स्कन्दगुप्त

48. इलाहाबाद स्थित "प्रयाग प्रशस्ति लेख" की रचना किसने की?
(a) फाह्यान (b) जगनिक
(c) हरिषेण (d) अमर सिंह

49. हूणों के आक्रमण से भारत की सुरक्षा करने का श्रेय किस गुप्त शासन को जाता है?
(a) समुद्रगुप्त (b) चन्द्रगुप्त द्वितीय
(c) कुमार गुप्त (d) स्कन्दगुप्त

50. "सूर्य सिद्धान्त" नामक ग्रन्थ की रचना किसने की?
(a) भारवि (b) वराहमिहिर
(c) आर्यभट्ट (d) ब्रह्मगुप्त

51. निम्नलिखित में से कौन-एक स्थापत्य कला गुप्तकाल में निर्मित नहीं है?
(a) तिगवा का विष्णु मन्दिर
(b) दशावतार मन्दिर, देवगढ़
(c) खजुराहो का मन्दिर
(d) बाघ एवं अजन्ता गुफा चित्रण

52. गुप्तकाल के किस अभिलेख में सती प्रथा का उल्लेख मिलता है?
(a) जूनागढ़ अभिलेख
(b) हाथीगुफा अभिलेख
(c) मन्दसौर अभिलेख
(d) ऐरण अभिलेख

53. हर्षवर्द्धन ने किस शासक को पराजित कर कन्नौज पर अधिकार किया था?
(a) पुष्यमित्रशुंग (b) नरसिंहवर्मन द्वितीय
(c) शशांक (d) उपेन्द्रराज

54. कश्मीर के मार्तण्ड सूर्य मन्दिर का निर्माण किसने करवाया था?
(a) जैनुल आबादीन
(b) ललितादित्य मुक्तापिण्ड
(c) अशोक
(d) रानी दीद्दा

55. महाबलीपुरम स्थित एकाश्म मन्दिर (रथ मन्दिर) का निर्माण किसने करवाया था?
(a) सिंहविष्णु
(b) नरसिंहवर्मन प्रथम
(c) महेन्द्रवर्मन प्रथम
(d) नरसिंहवर्मन द्वितीय

मध्यकालीन भारत

56. भारत पर अरब आक्रमण की जानकारी किस पुस्तक से प्राप्त होती है?
(a) चचनामा
(b) रिहला
(c) तारीखे-फिरोजशाही
(d) फुतुहस्सलाती-नइसामी

57. गुजरात के सोमनाथ मन्दिर पर गजनवी के आक्रमण के समय वहाँ का शासक कौन था?
(a) पृथ्वीराज चौहान (b) भीम-II
(c) भीम-I (d) जयपाल

58. निम्न में से किसके शासन काल में तैमूर लंग ने कश्मीर पर आक्रमण किया था?
(a) मलिक अहमद
(b) सिकन्दर (वुत शिकन)
(c) कलीमुल्ला (d) कनिष्क

59. 1194 ई. में चन्दावर के युद्ध में मुहम्मद गौरी ने किसे पराजित किया था?
(a) पृथ्वीराज चौहान (b) भीम-I
(c) जयचन्द (d) दाहिर

60. निम्न में से किस सुल्तान ने डाक-व्यवस्था शुरू की थी?
(a) ग्यासुद्दीन तुगलक
(b) मुहम्मद बिन तुगलक
(c) अलाउद्दीन खिलजी
(d) फिरोजशाह तुगलक

61. निम्न में से किस सुल्तान ने दीवान-ए-बन्दगान की स्थापना की थी?
(a) इल्तुतमिश
(b) अलाउद्दीन खिलजी
(c) सिकन्दर लोदी
(d) फिरोजशाह तुगलक

62. निम्न में से किस सुल्तान ने इक्तेदारी को वंशानुगत बना दिया था?
(a) इल्तुतमिश (b) बलबन
(c) फिरोजशाह तुगलक
(d) अलाउद्दीन खिलजी

63. दीवान-ए-विजारत नामक संस्था का कार्य किससे सम्बन्धित था?
(a) कृषि विभाग (b) वित्त विभाग
(c) अश्वशाला विभाग (d) अंगरक्षक विभाग

64. अलाउद्दीन बहमान शाह ने बहमनी साम्राज्य की राजधानी किसे बनाया था?
(a) नौरसपुर (b) वीदर
(c) गोलकुण्डा (d) गुलबर्गा

65. बंगाल के किस शासक ने पाण्डुआ में अदीना मस्जिद का निर्माण करवाया था?
(a) सिकन्दरशाह
(b) अलाउद्दीन हुसैनशाह
(c) शमसुद्दीन इलियास
(d) उपरोक्त में से कोई नहीं

66. बंगाल में सत्यपीर नामक आन्दोलन किसने चलाया था?
(a) शमसुद्दीन इलियास
(b) सिकन्दर शाह
(c) अलाउद्दीन हुसैनशाह
(d) उपरोक्त में से कोई नहीं

67. निम्न में से कौन-सा शासक 'गुलरुखी' के उपनाम से कविताएँ लिखता था?
(a) इब्राहिम लोदी (b) अकबर
(c) सिकन्दर लोदी (d) बहलोल लोदी

68. भक्ति आन्दोलन का प्रथम प्रचारक कौन था?
(a) शंकराचार्य (b) रामानुजाचार्य
(c) निम्बकाचार्य (d) बल्लभाचार्य

69. विशिष्टता द्वैतवाद नामक दर्शन का प्रतिपादन किसने किया था?
(a) कबीर (b) शंकराचार्य
(c) रामानुजाचार्य (d) ज्ञानदेव

70. द्वैतवाद नामक दर्शन का प्रतिपादन किसने किया था?
(a) रामानुजाचार्य (b) निम्बकाचार्य
(c) माध्वाचार्य (d) ज्ञानदेव

71. गुरुनानक निम्न में से किस सुल्तान के समकालीन थे?
(a) सिकन्दर लोदी (b) इब्राहिम लोदी
(c) बहलोल लोदी (d) ऐबक

72. चिश्ती सम्प्रदाय का प्रवर्तक कौन था?
(a) अब्दुल कादिर जिलानी
(b) बदरुददीन
(c) मुईनुद्दीन चिश्ती
(d) ख्वाजा बाही विल्लाह

73. बाबर ने किस भाषा में अपनी आत्मकथा 'तुजुक-ए-बाबरी' की रचना की?
(a) फारसी (b) प्राकृत
(c) तुर्की (d) इनमें से कोई नहीं

74. चौसा का युद्ध किसके मध्य हुआ था?
(a) शेरखाँ-हुमायूँ (b) शेरखाँ-बाबर
(c) हुमायूँ-मेदिनीराय (d) बाबर-राणा सांगा

75. शेरशाह का मकबरा कहाँ स्थित है?
(a) दिल्ली (b) पटना
(c) सासाराम (d) औरंगाबाद

76. निम्न में से किस शासक ने सिकन्दरी गज का प्रयोग किया था?
(a) सिकन्दर लोदी (b) शेरशाह
(c) अकबर (d) बाबर

77. निम्न में से किस शासक ने रुपया एवं दाम चलाया था?
(a) शेरशाह
(b) अकबर
(c) अलाउद्दीन खिलजी
(d) जहाँगीर

78. निम्न में से किस मुगल शासक के शासनकाल में मेवाड़ को मुगल साम्राज्य में मिला लिया था?
(a) हुमायूँ (b) अकबर
(c) जहाँगीर (d) शाहजहाँ

79. पानीपत का द्वितीय युद्ध किसके मध्य हुआ था?
(a) बाबर-इब्राहिम लोदी
(b) अकबर-हेमू
(c) हुमायूँ-शेरशाह
(d) अकबर-इब्राहिम लोदी

80. पंचतन्त्र का फारसी भाषा में अनुवाद यार-ए-दानिश नाम से किसने किया था?
(a) अबुल फजल
(b) मौलाना हुसैन फैज
(c) हसन निजामी
(d) अमीर खुसरो

81. जहाँगीर ने किस भाषा में अपनी आत्मकथा तुजुक-ए-जहाँगीर की रचना की थी?
(a) तुर्की (b) अरबी (c) फारसी (d) उर्दू

82. मुहम्मद फकीर एवं मीर कासिम किसके दरबार में प्रमुख चित्रकार थे?
(a) बाबर (b) हुमायूँ
(c) शाहजहाँ (d) अकबर

83. निम्न में से किसने शेर-ए-अकबर के नाम से उपनिषदों का फारसी में अनुवाद करवाया था?
(a) बाबर (b) दारा शिकोह
(c) शाहजहाँ (d) अकबर

84. निम्न में से किस शासक ने मयूर सिंहासन का निर्माण करवाया था?
(a) अकबर (b) शाहजहाँ
(c) जहाँगीर (d) हुमायूँ

85. सद्र-उस-सुदूर नामक अधिकारी किससे सम्बन्धित है?
(a) पत्राचार से (b) सैन्य मामलों से
(c) धार्मिक मामलों से (d) इनमें से कोई नहीं

86. निम्न में से किसके मध्य पुरन्दर की सन्धि हुई थी?
(a) जयसिंह-शिवाजी
(b) जयसिंह-शम्भाजी
(c) बालाजी विश्वनाथ-जहाँगीर
(d) उपरोक्त में से कोई नहीं

87. विजयनगर की स्थापना किसने की थी?
(a) हरिहर एवं बुक्का (b) नरसिंह
(c) देवराय II (d) अब्दुल रज्जाक

88. सालुव वंश की स्थापना किसने की थी?
(a) नरसिंह सालुव (b) वीर नरसिंह
(c) कृष्णदेव राय (d) देवराय I

89. तुलुव वंश की स्थापना किसने की थी?
(a) वीर नरसिंह
(b) कृष्णदेव राय
(c) देवराय I
(d) उपरोक्त में से कोई नहीं

90. डोमिगो पायस किसके शासन काल में भारत आया था?
(a) वीर नरसिंह (b) देवराय I
(c) कृष्ण देवराय (d) नरसिंह सालुव

91. अमुक्तमाल्याद नामक पुस्तक की रचना किसने की थी?
(a) हरिहर प्रथम (b) कृष्णदेव राय
(c) देवराय I (d) वीर नरसिंह

92. अरविडु वंश की स्थापना किसने की थी?
(a) तिरुमल (b) सदाशिव
(c) वेंकट द्वितीय (d) वीर नरसिंह

93. निम्न में से किस शासक को ''दक्कन का नीरो'' कहा जाता था?
(a) अलाउददीन बहमन शाह
(b) शहाबुददीन अहमद
(c) अलाउद्दीन हुमायूँ शाह
(d) मुहम्मद तृतीय

94. सिखों के 9वें गुरु, गुरु तेगबहादुर की हत्या किस मुगल शासक ने करवा दी थी?
(a) दारा शिकोह (b) औरंगजेब
(c) जहाँदार शाह (d) फर्रूखशियर

95. गुरुमुखी लिपि का जनक किसे कहा जाता है?
(a) गुरु नानक (b) गुरु अंगद
(c) गुरु रामदास (d) गुरु अर्जुनदेव

96. निम्न में से किस मराठा शासक ने हिन्दी एवं संस्कृत के विद्वान् कलश को अपना सलाहकार बनाया था?
(a) राजाराम (b) शाहू
(c) शम्भाजी (d) शिवाजी

आधुनिक भारत

97. किस यूरोपीय कम्पनी का आगमन भारत में सबसे पहले हुआ था?
(a) ब्रिटिश (b) फ्रेंच
(c) डच (d) पुर्तगाली

98. वर्ष 1498 ई. में वास्को डि गामा भारत में कहाँ उतरा था?
(a) बम्बई (b) गोवा
(c) कालीकट (d) कोचीन

99. पुर्तगालियों ने 1503 ई. में भारत के किस स्थान पर अपनी प्रथम व्यापारी कोठी स्थापित की थी?
(a) कालीकट (b) कोचीन
(c) सूरत (d) बम्बई

100. ब्रिटिश उपनिवेश का भारत में पहली राजधानी थी?
(a) दिल्ली (b) मुम्बई
(c) कोलकाता (d) मद्रास

101. 1759 ई. में बेदारा की लड़ाई किसके मध्य हुई थी?
(a) पुर्तगाली-डच (b) डच-फ्रांसीसी
(c) डच-अंग्रेज (d) अंग्रेज-पुर्तगाली

102. थल मार्ग से भारत आने वाला प्रथम ब्रिटिश यात्री कौन था?
(a) हॉकिन्स (b) जेम्स प्रथम
(c) टामस रो (d) जॉन मिल्डेनहाल

103. भारत में अंग्रेजों ने अपनी पहली फैक्ट्री कहाँ पर खोली थी?
(a) कालीकट (b) सूरत
(c) कलक्ता (d) नागपुर

104. निम्न में से किस सन्धि के बाद प्रथम कर्नाटक युद्ध का अन्त हुआ था?
(a) एक्स-ला-शैपाल की सन्धि
(b) पाण्डिचेरी की सन्धि
(c) पेरिस की सन्धि
(d) उपरोक्त से कोई नहीं

105. वाण्डीवाश का युद्ध किसके मध्य हुआ था?
(a) पुर्तगाली-अंग्रेज (b) फ्रांसीसी-अंग्रेज
(c) अंग्रेज-डच (d) फ्रांसीसी-पुर्तगाली

106. बंगाल में द्वैध शासन की समाप्ति किसने की थी?
(a) वारेन हेस्टिंग (b) क्लाइव
(c) बैण्टिक (d) डलहौजी

107. द्वितीय आंग्ल-मैसूर युद्ध में हैदरअली को किसने पराजित किया था?
(a) क्लाइव (b) बैण्टिक
(c) कार्नवालिस (d) सर आयर कूट

108. सुमेलित कीजिए

	सूची I		सूची II
A.	सूरत की सन्धि	1.	1775 ई.
B.	पुरन्दर की सन्धि	2.	1776 ई.
C.	बड़गाँव की सन्धि	3.	1779 ई.
D.	देवगाँव की सन्धि	4.	1803 ई.

कूट

	A	B	C	D		A	B	C	D
(a)	1	2	3	4	(b)	2	3	1	4
(c)	4	2	1	3	(d)	1	4	3	2

109. इस्तमरारी जमींदारी बन्दोबस्त की शुरुआत किसने की थी?
(a) क्लाइव (b) मुनरो
(c) रीड (d) कार्नवालिस

110. स्थायी बन्दोबस्त भारत में किन भागों में लागू किया गया था?
(a) बंगाल (b) बिहार
(c) मद्रास (d) ये सभी

111. भारत में रैयतवाड़ी बन्दोबस्त की शुरुआत सर्वप्रथम कहाँ की गई थी?
(a) तमिलनाडु
(b) बम्बई
(c) असम
(d) बिहार

112. निम्नलिखित में से कौन-सा सही सुमेलित नहीं है?
(a) मोपला विद्रोह-केरल
(b) तेभागा आन्दोलन-बंगाल
(c) संथाल विद्रोह-भागलपुर
(d) चुआर विद्रोह-मध्य प्रदेश

113. निम्न में से किसने कांग्रेस को 'सूक्ष्मदर्शी संस्था' कहा था?
(a) कर्जन (b) डलहौजी
(c) कैनिंग (d) डफरिन

114. लैण्ड होल्डर्स सोसायटी की स्थापना कब हुई थी?
(a) 1838 ई. (b) 1851 ई.
(c) 1866 ई. (d) 1876 ई.

115. इण्डिया एसोसिएशन की स्थापना कब हुई थी?
(a) 1851 ई.
(b) 1866 ई.
(c) 1876 ई.
(d) 1886 ई.

116. बंगाल विभाजन विरोधी आन्दोलन का प्रारम्भ किस तिथि से हुआ था?
(a) 20 जुलाई, 1905
(b) 7 अगस्त, 1905
(c) 16 अक्टूबर, 1905
(d) ७ नवम्बर, 1905

117. बंगाल विभाजन के विरोध में निम्न में से कब शोक दिवस मनाया गया था?
(a) 16 अक्टूबर, 1905
(b) 16 अगस्त, 1905
(c) 16 नवम्बर, 1905
(d) 16 दिसम्बर, 1905

118. संजीवनी नामक पत्र की रचना किसने की थी?
(a) कृष्ण कुमार मित्र (b) तिलक
(c) लाजपत राय (d) महात्मा गाँधी

119. पहली बार स्वराज की माँग किसने की थी?
(a) महात्मा गाँधी
(b) गोपालकृष्ण गोखले
(c) भगत सिंह
(d) दादाभाई नौरोजी

120. कांग्रेस के 1906 के कलकत्ता अधिवेशन की अध्यक्षता किसने की थी?
(a) अरबिन्द घोष (b) मोतीलाल नेहरू
(c) दादाभाई नौरोजी (d) इनमें से कोई नहीं

121. निम्न में से किसके नेतृत्व में 1906 ई. में मुस्लिम लीग की स्थापना हुई थी?
(a) सलीमुल्ला खाँ
(b) आगा खाँ
(c) 'a' और 'b' दोनों
(d) उपरोक्त में से कोई नहीं

122. भारतीय राष्ट्रीय कांग्रेस की स्थापना किसने थी?
(a) एलन ऑक्टोवियन ह्यूम
(b) व्योमेश चन्द्र बनर्जी
(c) गोपाल कृष्ण गोखले
(d) रास बिहारी बोस

123. कांग्रेस के 1916 के लखनऊ अधिवेशन में कौन-सा मुख्य दूरगामी परिणाम वाला निर्णय लिया गया था?
(a) मुस्लिम लीग की पृथक् निर्वाचन क्षेत्र की माँग स्वीकार की
(b) कांग्रेस और मुस्लिम लीग का अस्थायी विलय हो गया।
(c) कांग्रेस का अध्यक्ष एक मुस्लिम व्यक्ति चुना गया।
(d) उपरोक्त में से कोई नहीं

124. निम्नलिखित में से कौन 1916 के लखनऊ के कांगेस अधिवेशन के विषय में असत्य है?
(a) अंबिका चरण मजूमदार ने इसकी अध्यक्षता नहीं की थी
(b) इस अधिवेशन में उदारवादियों और उग्रवादियों के बीच पुनः मेल स्थापित हुआ था
(c) महात्मा गाँधी पहली बार चम्पारण के किसानों की समस्याओं से अवगत कराए गए
(d) उपरोक्त में से कोई नहीं

125. भारत में सबसे पहले होमरूल लीग की स्थापना किसने की थी?
(a) बाल गंगाधर तिलक
(b) ऐनी बेसेण्ट
(c) गोपालकृष्ण गोखले
(d) रामास्वामी अय्यर

126. निम्नलिखित में से कौन होमरूल आन्दोलन से नहीं जुड़ा था?
(a) सी.आर.दास
(b) रामास्वामी अय्यर
(c) वी.पी. वाडिया
(d) बी.जी. तिलक

127. खेड़ा सत्याग्रह (1918 ई.) में गाँधी जी के प्रमुख सहयोगी कौन था?
(a) सरदार वल्लभ भाई पटेल
(b) इन्दुलाल याज्ञनिक
(c) 'a' और 'b' दोनों
(d) उपरोक्त में से कोई नहीं

128. महात्मा गाँधी के राजनीतिक जीवन की निम्नलिखित घटनाओं का कालक्रम क्या है?
1. चम्पारन
2. अहमदाबाद मिल हड़ताल
3. खेड़ा
4. असहयोग आन्दोलन
नीचे दिए हुए कूटों से उत्तर का चयन कीजिए
(a) 2, 4, 3, 1 (b) 1, 2, 3, 4
(c) 4, 3, 2, 1 (d) 3, 4, 2, 1

129. निम्नलिखित सत्याग्रहों में से किसका नेतृत्व महात्मा गाँधी ने नहीं किया था?
(a) चम्पारन
(b) खेड़ा
(c) अहमदाबाद सत्याग्रह
(d) बारदोली

130. रौलेक्ट एक्ट का लक्ष्य था
(a) युद्ध प्रयासों को अनिवार्य आर्थिक समर्थन
(b) बिना मुकदमा चलाए बन्दी बनाना और मुकदमों की सुनवाई संक्षिप्त प्रक्रिया द्वारा
(c) खिलाफत आन्दोलन का दमन
(d) प्रेस स्वतन्त्रता पर प्रतिबन्ध लगाना

131. 1919 ई. में अखिल भारतीय खिलाफत सम्मेलन का अध्यक्ष किसे चुना गया?
(a) महात्मा गाँधी
(b) मुहम्मद अली जिन्ना
(c) मौलाना शौकत अली
(d) मोतीलाल नेहरू

132. निम्नलिखित में से किसने खिलाफत आन्दोलन को प्रारम्भ किया था? नीचे दिए गए कूट से सही उत्तर का चयन कीजिए।
1. शकिल अली 2. मुहम्मद अली
3. शरीयतुल्ला 4. अबुल कलाम आजाद
कूट
(a) 1 और 2 (b) 1, 3 और 4
(c) 1, 2 और 3 (d) 1, 2, 3, 4

133. 1920 ई. में किसकी अध्यक्षता में हुए कलकत्ता अधिवेशन में असहयोग आन्दोलन का प्रस्ताव पारित किया गया था?
(a) महात्मा गाँधी (b) लाला लाजपत राय
(c) मुहम्मद अली (d) शौकत अली

134. निम्नलिखित में से कौन चौरी-चौरा काण्ड की वास्तविक तिथि है?
(a) 5 फरवरी, 1922 (b) 4 फरवरी, 1922
(c) 2 फरवरी, 1922 (d) 6 फरवरी, 1922

135. किस घटना के कारण गाँधी जी ने असहयोग आन्दोलन वापस लिया था?
(a) काकोरी काण्ड
(b) चौरी-चौरा काण्ड
(c) जलियाँवाला बाग काण्ड
(d) मुजफ्फरनगर काण्ड

136. स्वराज दल की स्थापना किसने की?
(a) तिलक एवं चितरंजन दास
(b) गाँधी एवं मोतीलाल नेहरू
(c) गाँधी एवं तिलक
(d) चितरंजन दास एवं मोतीलाल नेहरू

137. निम्नलिखित में से किस एक ने भारतीय राष्ट्रीय कांग्रेस के उस अधिवेशन की अध्यक्षता की थी जिसमें पूर्ण स्वराज का प्रस्ताव पारित हुआ था?
(a) दादाभाई नौरोजी (b) जवाहरलाल नेहरू
(c) लाला लाजपत राय (d) सुरेन्द्रनाथ बनर्जी

138. गाँधी जी के दाण्डी मार्च के सन्दर्भ में निम्नलिखित में से कौन-सा कथन असत्य है?
(a) यह साबरमती आश्रम से दाण्डी ग्राम तक मार्च था
(b) नमक कर का विरोध करना इसका विशेष प्रयोजन था
(c) समुद्र के किनारे पहुँचकर गाँधी ने नमक बनाया था
(d) यह पूरी तरह से पैदल मार्च था

139. गाँधी इरविन समझौते पर हस्ताक्षर हुए
(a) 1931 ई. में (b) 1935 ई. में
(c) 1942 ई. में (d) 1919 ई. में

140. निम्नलिखित में से किसने साम्प्रदायिक अधिनिर्णय
(a) रैम्जे मैकडोनाल्ड (b) स्टेनले बॉल्डविन
(c) नेविल चैम्बरलेन (d) विंस्टन चर्चिल

141. 1907 ई. में जर्मनी के स्टुटगार्ड में निम्न में से किसने भारतीय तिरंगा फहराया था?
(a) महात्मा गाँधी (b) भीकाजी कामा
(c) हरदयाल (d) महेन्द्र प्रताप

142. निम्न में से किसने इण्डियन रिपब्लिकन आर्मी का गठन किया था?
(a) सूर्यसेन (b) भगत सिंह
(c) चन्द्रशेखर (d) बटुकेश्वर दत्त

143. अगस्त प्रस्ताव के समय भारत का वायसराय कौन था?
(a) वेवेल (b) माण्उटबेटन
(c) लिनलिथगो (d) इनमें से कोई नहीं

144. फरवरी, 1946 में नौसेना विद्रोह को शान्त कराने में किसकी भूमिका थी?
(a) सरदार पटेल
(b) मुहम्मद अली जिन्ना
(c) 'a' और 'b' दोनों
(d) उपरोक्त में से कोई नहीं

145. भारत छोड़ो आन्दोलन के सन्दर्भ में निम्न में से कौन-सा कथन असत्य है?
(a) क्रिप्स मिशन की असफलता के बाद 1942 में भारत छोड़ो आन्दोलन प्रारम्भ हुआ
(b) भारत छोड़ो प्रस्ताव 1942 के लखनऊ अधिवेशन में पारित किया गया
(c) इस आन्दोलन में गाँधी जी ने 'करो या मरो' का नारा दिया था
(d) गांधी जी को ऑपरेशन जीरो आवर के तहत गिरफ्तार किया गया था

146. निम्न में से कौन कैबिनेट मिशन में शामिल थे?
(a) स्टेफोर्ड क्रिप्स
(b) पैट्रिक लॉरेन्स
(c) ए. बी. अलेक्जेंडर
(d) ये सभी

147. निम्नलिखित को सुमेलित कीजिए।

A.	मिरात डल अखबार	1.	राजा राममोहन राय
B.	रस्त गोफ्तार	2.	दादाभाई नौरोजी
C.	हिन्दू पैट्रियट	3.	गिरीशचन्द्र घोष
D.	स्टेट्स मैन	4.	रॉबर्ट नाइट

कूट

	A	B	C	D		A	B	C	D
(a)	1	2	3	4	(b)	2	3	4	1
(c)	3	2	1	4	(d)	4	1	2	3

148. मंगल पाण्डे कहाँ के विप्लव से जुड़े हैं?
(a) बैरकपुर
(b) मेरठ
(c) दिल्ली
(d) उपरोक्त में से कोई नहीं

149. निम्न में से किसने 1857 ई. के विद्रोह को 'प्रथम स्वतन्त्रता संग्राम' कहाँ था?
(a) बी.डी. सावरकर
(b) डिजराइली
(c) लॉरेन्स
(d) सीले

150. 'द ग्रेट रिवेलियन' नामक पुस्तक का लेखक कौन है?
(a) एस.एन. से
(b) बी.डी. सावरकर
(c) विपिन चन्द्र
(d) अशोक मेहता

151. 'फर्स्ट वार ऑफ इण्डियन इण्डिपेंडेन्स' नामक पुस्तक का लेखक कौन है?
(a) बी.डी. सावरकर
(b) बी.जी. तिलक
(c) महात्मा गाँधी
(d) जवाहरलाल नेहरू

152. दिल्ली में 1857 ई. के विद्रोह का नेतृत्व किसने किया था?
(a) नाना साहब
(b) लियाकत अली
(c) कुँवरसिंह
(d) बहादुर शाह जफर

153. रानी लक्ष्मीबाई को अन्तिम युद्ध में सामना करना पड़ा।
(a) गछ
(b) ह्यूरोज
(c) नील
(d) हैवलॉक

154. निम्न में से कौन इलाहाबाद में 1857 ई. के संग्राम का नेता था?
(a) नाना साहेब
(b) अजीयुल्ला
(c) तात्याँ टोपे
(d) लियाकत अली

155. 1857 ई. के संघर्ष में भाग लेने वाले सिपाहियों की सर्वाधिक संख्या थी
(a) बंगाल से (b) अवध से
(c) बिहार से (d) राजस्थान से

उत्तरमाला

1	*(d)*	2	*(c)*	3	*(b)*	4	*(b)*	5	*(c)*
6	*(a)*	7	*(c)*	8	*(d)*	9	*(b)*	10	*(c)*
11	*(c)*	12	*(b)*	13	*(d)*	14	*(c)*	15	*(d)*
16	*(c)*	17	*(c)*	18	*(c)*	19	*(a)*	20	*(d)*
21	*(c)*	22	*(a)*	23	*(d)*	24	*(b)*	25	*(d)*
26	*(d)*	27	*(c)*	28	*(c)*	29	*(a)*	30	*(b)*
31	*(d)*	32	*(a)*	33	*(d)*	34	*(a)*	35	*(d)*
36	*(a)*	37	*(c)*	38	*(c)*	39	*(b)*	40	*(c)*
41	*(c)*	42	*(a)*	43	*(b)*	44	*(c)*	45	*(b)*
46	*(b)*	47	*(b)*	48	*(c)*	49	*(d)*	50	*(c)*
51	*(c)*	52	*(d)*	53	*(c)*	54	*(b)*	55	*(b)*
56	*(a)*	57	*(c)*	58	*(b)*	59	*(c)*	60	*(a)*
61	*(d)*	62	*(c)*	63	*(b)*	64	*(d)*	65	*(a)*
66	*(c)*	67	*(c)*	68	*(a)*	69	*(c)*	70	*(c)*
71	*(b)*	72	*(c)*	73	*(c)*	74	*(a)*	75	*(c)*
76	*(b)*	77	*(a)*	78	*(c)*	79	*(b)*	80	*(b)*
81	*(c)*	82	*(c)*	83	*(b)*	84	*(b)*	85	*(c)*
86	*(a)*	87	*(a)*	88	*(a)*	89	*(a)*	90	*(c)*
91	*(b)*	92	*(a)*	93	*(c)*	94	*(b)*	95	*(b)*
96	*(c)*	97	*(d)*	98	*(c)*	99	*(b)*	100	*(c)*
101	*(c)*	102	*(d)*	103	*(b)*	104	*(a)*	105	*(b)*
106	*(a)*	107	*(d)*	108	*(a)*	109	*(d)*	110	*(d)*
111	*(a)*	112	*(d)*	113	*(d)*	114	*(a)*	115	*(c)*
116	*(b)*	117	*(a)*	118	*(a)*	119	*(d)*	120	*(c)*
121	*(c)*	122	*(a)*	123	*(a)*	124	*(a)*	125	*(a)*
126	*(a)*	127	*(c)*	128	*(b)*	129	*(d)*	130	*(b)*
131	*(a)*	132	*(a)*	133	*(b)*	134	*(a)*	135	*(b)*
136	*(d)*	137	*(b)*	138	*(d)*	139	*(a)*	140	*(a)*
141	*(b)*	142	*(a)*	143	*(c)*	144	*(c)*	145	*(b)*
146	*(b)*	147	*(a)*	148	*(a)*	149	*(a)*	150	*(d)*
151	*(a)*	152	*(d)*	153	*(b)*	154	*(d)*	155	*(b)*

02 विश्व एवं भारत का भूगोल

विश्व का भूगोल

ब्रह्माण्ड

- सामान्य रूप से पृथ्वी ग्रहों, उपग्रहों, सौरमण्डल, तारों एवं आकाशगंगाओं के सम्मिलित पुंज को ब्रह्माण्ड कहा जाता है। ब्रह्माण्ड वस्तुत: सूक्ष्मतम अणुओं से लेकर महाकाय आकाशगंगाओं का सम्मिलित रूप होता है।
- ब्रह्माण्ड की उत्पत्ति के सम्बन्ध में तीन सिद्धान्त प्रचलित हैं, पहला महाविस्फोट सिद्धान्त, दूसरा साम्यावस्था या सतत संविष्ट सिद्धान्त तथा तीसरा दोलन सिद्धान्त प्रचलित है।
- इन सभी सिद्धान्तों में महाविस्फोट सिद्धान्त सर्वाधिक मान्य सिद्धान्त है, जिसे विस्तारित ब्रह्माण्ड परिकल्पना कहा जाता है। इस सिद्धान्त के अनुसार, ब्रह्माण्ड की उत्पत्ति एक बड़े विस्फोट से हुई है, जो 15 अरब वर्ष पहले घटित हुई थी।
- महाविस्फोट सिद्धान्त जिसे बिग बैंग थ्योरी भी कहा जाता है, का प्रतिपादन **एन जॉर्ज लैमेन्टेयर** ने किया था।
- वर्ष 1929 में **एडविन हब्बल** ने डॉप्लर सिद्धान्त के आधार पर यह प्रमाण दिया कि ब्रह्माण्ड का विस्तार हो रहा है तथा इसके प्रमाण के लिए उन्होंने रेड शिफ्ट की घटना को प्रतिपादित किया।
- ब्रह्माण्ड के रहस्यों को जानने के लिए वर्ष 2010 में यूरोपियन सेण्टर फॉर न्यूक्लियर रिसर्च (CERN) ने जेनेवा में लॉर्ज हैड्न कोलाइडर (LHG) नामक महाप्रयोग किया। हिग्स बोसॉन जिसे गॉड पार्टिकल के नाम से जाना जाता है, उसमें ब्रह्माण्ड की उत्पत्ति के रहस्य घिरे होने का अनुमान लगाया गया है।
- वैज्ञानिकों के अनुसार, ब्रह्माण्ड में ऐसे पदार्थों की मौजूदगी है, जो अदृश्य है और ब्रह्माण्ड का 90–95% द्रव्यमान इसी अदृश्य पदार्थ के कारण है, जिसे वैज्ञानिकों ने डार्क मैटर का नाम दिया है।
- आकाश में दिखाई पड़ने वाले अनेक पिण्ड जैसे-तारे, आकाशगंगा, ग्रह, उपग्रह, क्षुद्रग्रह, धूमकेतु इत्यादि **खगोलीय पिण्ड** कहलाते हैं।
- तारों का ऐसा समूह जो धुँधला दिखाई पड़ता है तथा जो तारे के निर्माण प्रक्रिया की शुरूआत का गैसपुंज है, मंदाकिनी कहलाता है। हमारी पृथ्वी की मन्दाकिनी को दुग्धमेखला या **आकाशगंगा** कहते हैं।
- मंगल एवं बृहस्पति ग्रह के मध्य पाए जाने वाले छोटे आकाशीय पिण्ड जो सूर्य की परिक्रमा करते हैं, **क्षुद्रग्रह** कहलाते हैं। फोर वेस्टा एकमात्र क्षुद्रग्रह है, जिसे नंगी आँखों से देखा जा सकता है।
- **धूमकेतु** सौरमण्डल में विद्यमान गैस एवं धूम का संग्रह युक्त छोटे-छोटे अरबों पिण्ड होते हैं जो चमकदार होते हैं तथा यह तभी दिखाई देते हैं, जब वह सूर्य की ओर अग्रसर होते हैं। धूमकेतु की पूँछ सदैव सूर्य के विपरीत दिशा में होती है। हैली नामक धूमकेतु या पुच्छलतारा का परिक्रमण काल 76 वर्ष का है तथा वह अन्तिम बार वर्ष 1986 में दिखाई दिया था।

सौरमण्डल

- सूर्य की परिक्रमा करने वाले विभिन्न ग्रह, क्षुद्रग्रह, धूमकेतु, उल्काएँ, उपग्रह तथा आकाशीय पिण्डों के परिवार को सौरमण्डल कहते हैं। आकार तथा संरचना की दृष्टि से सौरमण्डल के ग्रहों को दो भागों में विभक्त किया गया है— आन्तरिक ग्रह एवं बाह्य ग्रह। आन्तरिक ग्रहों के अन्तर्गत बुध, शुक्र पृथ्वी एवं मंगल हैं।
- बाह्य ग्रहों के अन्तर्गत बृहस्पति, शनि, अरुण एवं वरुण हैं। सूर्य की उम्र लगभग (4.5) बिलियन वर्ष है एवं इसके प्रकाश को पृथ्वी तक पहुँचने में लगभग 8 मिनट 16.6 सेकण्ड का समय लगता है। सूर्य से निकलने वाली सौर ज्वाला को उत्तरी ध्रुव पर औरोरा बोरियालिस और दक्षिणी ध्रुव पर औरोरा ऑस्ट्रेलिस कहते हैं।
- सूर्य सौरमण्डल का सबसे प्रमुख सदस्य है, जिसकी आयु लगभग 46,000 मिलियन वर्ष है, जो हाइड्रोजन एवं हीलियम गैस से बना है, सूर्य में ऊर्जा की उत्पत्ति नाभिकीय संलयन के द्वारा होती है।

ग्रह

- वे खगोलीय पिण्ड जो सूर्य के चारों ओर एक निश्चित पथ पर एक समान गति से अपनी गुरुत्वाकर्षण बल के अधीन परिक्रमा करते हैं, ग्रह कहलाते है।
- वर्तमान में सूर्य के 8 उपग्रह हैं, क्योंकि प्राग सम्मेलन 2006 में हुए इण्टरनेशनल एस्ट्रोनॉमिकल यूनियन (IAU) के सम्मेलन में यम (pluto) को ग्रह की श्रेणी से निकालकर बौने ग्रह की श्रेणी में रख दिया गया है।
- **बुध**, सूर्य के सबसे नजदीक का ग्रह है एवं इसकी सौरमण्डल में सर्वाधिक कक्षीय गति है, जहाँ दिन अति गर्म व रातें बर्फीली होती हैं। बुध के पास कोई उपग्रह नहीं है।
- **शुक्र** पृथ्वी का निकटतम, सबसे चमकीला एवं सबसे गर्म ग्रह है, जिसे सांझ का तारा या भोर का तारा कहा जाता है। यह दक्षिणावर्त घूर्णन करता है
- शुक्र घनत्व, आकार एवं व्यास में पृथ्वी के समान है, जिसके कारण इसे पृथ्वी की जुड़वा बहन (ग्रह) भी कहा जाता है। बुध के समान इसके पास भी कोई उपग्रह नहीं है।
- **मंगल** ग्रह को लाल ग्रह कहा जाता है, जो आयरन ऑक्साइड के कारण होता है। इसका अक्ष पृथ्वी के समान ही अपने अक्ष पर 25° झुका है, जिसके कारण यहाँ ऋतु परिवर्तन होता है।
- मंगल अपनी धुरी पर 24 घण्टे में एक चक्कर पूरा करता है, इसके दिन का मान एवं अक्ष का झुकाव पृथ्वी के समान है।
- फोबोस एवं डिमोस मंगलग्रह के दो उपग्रह हैं।
- सौरमण्डल का सबसे बड़ा ग्रह **बृहस्पति** है। गैनीमेड इसका सबसे बड़ा उपग्रह है, जो सौरमण्डल का भी सबसे बड़ा उपग्रह है। बृहस्पति के वायुमण्डल में मुख्य रूप से मीथेन, अमोनिया व हाइड्रोजन गैसें पाई जाती हैं।
- **शनि** आकार में दूसरा सबसे बड़ा ग्रह है, इस ग्रह के चारों ओर वलय मौजूद हैं, जिनकी संख्या दस है। इसका सबसे बड़ा उपग्रह टाइटन है, जो सौरमडण्ल का दूसरा सबसे बड़ा उपग्रह है। इसके उपग्रहों की संख्या 116 है।
- **अरुण** आकार में तीसरा सबसे बड़ा ग्रह है, जो अपने अक्ष पर पूर्व से पश्चिम की ओर घूमता है, यहाँ सूर्योदय पश्चिम की ओर एवं सूर्यास्त पूरब की ओर होता है। अरुण को लेटा हुआ ग्रह भी कहते हैं।
- **वरुण** की खोज सन् 1846 में जर्मन खगोलज्ञ जहॉन गाले ने की थी। यह हरे रंग का ग्रह है तथा इसके चारों ओर अति शीतल मीथेन का बादल छाया हुआ रहता है।
- प्लूटो ग्रह को बौना ग्रह कहा जाता है।

पृथ्वी

- यह सौरमण्डल का एकमात्र ग्रह है, जिस पर जीवन का अस्तित्व है। इसका एकमात्र उपग्रह चन्द्रमा है। पृथ्वी का विषुवतीय व्यास 12,756 किमी और ध्रुवीय व्यास 12,714 किमी है।
- पृथ्वी को सूर्य की एक परिक्रमा करने में लगा समय सौर वर्ष कहा जाता है एवं पृथ्वी को सूर्य की एक परिक्रमा पूरी करने में 365 दिन 5 घंटे 48 मिनट 46 सेकण्ड का समय लगता है।
- पृथ्वी पर ऋतु परिवर्तन, इसकी अक्ष पर झुके होने के कारण तथा सूर्य के सापेक्ष इसकी स्थिति में परिवर्तन यानी वार्षिक गति के कारण होता है। वार्षिक गति के कारण ही पृथ्वी पर दिन-रात छोटे बड़े होते हैं।
- पृथ्वी की दैनिक गति (घूर्णन) के कारण दिन-रात होते हैं।
- पृथ्वी की वार्षिक गति या परिक्रमण तथा अपने अक्ष पर झुकाव के कारण दिन-रात बड़े, छोटे होते हैं तथा ऋतु परिवर्तन की घटना होती है।
- पृथ्वी एवं सूर्य के बीच की दूरी 3 जनवरी को सबसे कम होती है, इस घटना को **उपसौर** कहते हैं। इसके विपरीत जब 4 जुलाई को पृथ्वी एवं सूर्य के बीच की दूरी सबसे अधिक होती है, तब उसे **अपसौर** कहते हैं।
- गत शताब्दी में पृथ्वी के तापमान में 0.6°C की वृद्धि हुई है।

चन्द्रमा

- चन्द्रमा पृथ्वी का एकमात्र प्राकृतिक उपग्रह है, जो सौर प्रणाली का पाँचवाँ सबसे बड़ा उपग्रह है, जिसे जीवाश्म ग्रह की उपमा भी दी जाती है।
- चन्द्रमा की सतह और उसकी आन्तरिक स्थिति का अध्ययन करने वाला विज्ञान सेलेनोलॉजी कहलाता है।
- चन्द्रमा की भूपर्पटी पर प्रचुर मात्रा में पाया जाने वाला तत्त्व ऑक्सीजन तथा सिलिकेट है।
- चन्द्रमा का भार पृथ्वी की तुलना में 1/6 होने से चन्द्रमा का पलायन वेग कम है। फलत: चन्द्रमा पर भारी गैसों का अभाव होने से चन्द्रमा पर वायुमण्डल नहीं पाए जाते हैं एवं वायुमण्डल के अभाव के कारण चन्द्रमा पर मौसमी तत्त्व, जैसे— बादल, वर्षा तथा कुहासा आदि का अभाव पाया जाता है।
- चन्द्रमा एवं पृथ्वी के बीच की औसत दूरी 3, 84,365 किमी है तथा इसके प्रकाश को पृथ्वी तक पहुँचने में 1.34 सेकण्ड का समय लगता है।
- चन्द्रमा के परिभ्रमण एवं परिक्रमण काल की अवधि बराबर होने के कारण (27 दिन 8 घण्टे) 'हमें सदैव चन्द्रमा का एक ही भाग दिखाई देता है।'
- जब चन्द्रमा पृथ्वी के सबसे निकट होता है, तो वह स्थिति **सुपर मून** या **पेरिजी फुल मून** कहलाती है एवं जब एक कैलेण्डर माह में दो पूर्णिमाएँ हों, तो दूसरी पूर्णिमा का चाँद **ब्लूमून** कहलाता है।
- जब किसी विशेष वर्ष में दो या अधिक माह ब्लूमून के होते हैं, तो वह **मून ईयर** कहा जाता है।

दिन तथा रात की अवधि

- पृथ्वी पर दिन तथा रात की अवधि सूर्य के चारों ओर पृथ्वी के घूर्णन का परिणाम है। सूर्य के उत्तरायण और दक्षिणायन की सीमा को संक्रान्ति कहते हैं।
- 21 जून को सूर्य कर्क रेखा पर लम्बवत् चमकता है, उसे कर्क संक्रान्ति कहते हैं। इस दिन उत्तरी गोलार्द्ध में सबसे बड़ा दिन होता है। इसके विपरीत 22 दिसम्बर को सूर्य मकर रेखा पर लम्बवत् होता है, उसे मकर संक्रांति कहते हैं तथा इसी दिन दक्षिणी गोलार्द्ध में सबसे बड़ा दिन होता है।
- पृथ्वी की वह स्थिति जब सूर्य की किरणें विषुवत् रेखा पर लम्बवत् पड़ती हैं और सर्वत्र दिन एवं रात बराबर होते हैं, इसी को 'विषुव' कहते हैं। यही कारण है की 23 सितम्बर को शरद् विषुव एवं 21 मार्च को वसंत विषुव कहते हैं।
- समुद्र में वृहत् ज्वार पूर्णिमा तथा अमावस्या के दिन होता है।

सूर्यग्रहण

जब सूर्य व पृथ्वी के बीच चन्द्रमा आ जाता है, तो पृथ्वी के जिन क्षेत्रों में चन्द्रमा सूर्य को ढक लेता है, वहाँ सूर्यग्रहण (Solar Eclipse) होता है। सूर्य ग्रहण अमावस्या के दिन होता है। सूर्यग्रहण के दौरान सूर्य चन्द्रमा तथा पृथ्वी एक सीधी रेखा में आ जाते हैं।

चन्द्रग्रहण

जब सूर्य और चन्द्रमा के बीच पृथ्वी आ जाती है, तो सूर्य की पूरी रोशनी चन्द्रमा पर नहीं पड़ती है, तो उसे चन्द्रग्रहण (Lunar Eclipse) कहते हैं। चन्द्रग्रहण हमेशा पूर्णिमा की रात्रि में होता है।

पृथ्वी पर स्थित रेखाएँ और कटिबन्ध

- पृथ्वी के चारों ओर पूर्व से पश्चिम दिशा में खींची गई काल्पनिक रेखा को अक्षांश रेखा कहते हैं, जो भूमध्य रेखा से एकसमान कोणीय दूरी वाले स्थानों को मिलाती है।
- पृथ्वी के बीचों-बीच 0° आक्षांश को भूमध्य रेखा या विषुवत् रेखा कहते हैं, जिसके उत्तर में स्थित क्षेत्र उत्तरी गोलार्द्ध एवं दक्षिण का क्षेत्र दक्षिणी गोलार्द्ध कहलाता है।
- दो आक्षांशों के बीच की दूरी 111 किमी होती है, जिसकी संख्या 179 है।
- भूमध्य रेखा के उत्तर में स्थित $23\frac{1}{2}°$ अक्षांश को कर्क रेखा एवं $23\frac{1}{2}°$ दक्षिण में स्थित अक्षांश रेखा को मकर रेखा कहते हैं। $66\frac{1}{2}°$ उत्तरी अक्षांश रेखा को आर्कटिक वृत तथा $66\frac{1}{2}°$ दक्षिण को अण्टार्कटिक वृत कहते हैं।
- पृथ्वी पर स्थित उत्तरी तथा दक्षिण ध्रुव को मिलाने वाली काल्पनिक रेखाओं को देशान्तर रेखा कहते हैं, जो ग्रीनविच रेखा से किसी स्थान की कोणात्मक दूरी पर होती है।
- दो देशान्तर रेखाओं के बीच की दूरी 111.32 किमी है तथा एक देशान्तर से दूसरे देशान्तर के बीच जाने में 4 मिनट का समय लगता है।
- पृथ्वी के पश्चिम से पूरब की ओर घूमने के कारण ग्रीनविच से पूरब की ओर बढ़ने पर प्रत्येक देशान्तर पर 4 मिनट का समय बढ़ जाता है तथा पश्चिम जाने पर 4 मिनट घट जाता है।
- 180° देशान्तर को अन्तर्राष्ट्रीय तिथि रेखा (IDL) कहते हैं। इस रेखा के दोनों ओर तिथियों में एक दिन का अन्तर होता है। यह रेखा प्रशान्त महासागर में उत्तर से दक्षिण तक फैली है।
- इस रेखा का निर्धारण 1884 ई. में वाशिंगटन में सम्पन्न इण्टरनेशनल मेरीडियन में किया गया था, यह रेखा बेरिंग जल सन्धि के समानान्तर स्थित है।
- ब्रिटेन के ग्रीनविच से गुजरने वाली देशान्तर रेखा (0°) को प्रधान मध्याह्न रेखा (Greenwich Mean Time, GMT) कहते हैं। इस रेखा के आधार पर विश्व को 24 समय जोनों में बाँटा गया है।
- प्रत्येक देश का मानक समय ग्रीनविच मीन टाइम से आधा घंटे के गुणक के अन्तर पर निर्धारित किया जाता है। भारत का मानक समय निर्धारण इलाहाबाद स्थित नैनी का $82\frac{1}{2}°$ देशान्तर रेखा है, जो ग्रीनविच मीन टाइम से $5\frac{1}{2}$ घंटा आगे है।

पृथ्वी की आन्तरिक संरचना

- पृथ्वी की आन्तरिक संरचना की जानकारी हमें अप्राकृतिक तथा प्राकृतिक स्रोतों से प्राप्त होती है, अप्राकृतिक स्रोतों में घनत्व, दवाब तथा तापमान जैसे तत्त्व शामिल हैं, जबकि प्राकृतिक स्रोतों में मुख्य रूप से गुरुत्वाकर्षण बल ज्वालामुखी उद्‌गार तथा भूकम्पीय तरंगों को शामिल किया जाता है।
- पृथ्वी का घनत्व 5.5 ग्राम सेमी$^{-3}$ है, जिसका संभावित कारण पृथ्वी के आन्तरिक भाग को भारी पदार्थों लोहा एवं निकेल से बना हुआ माना जाता है।

पृथ्वी के अन्दर के हिस्से को तीन भागों में बाँटा जाता है

1. भू-पर्पटी (Crust) 2. आवरण (Mantle) एवं 3. केन्द्रीय भाग (Core)

- पृथ्वी के ऊपरी भाग को भू-पर्पटी (Crust) कहते हैं, जिसकी गहराई 0–30 किमी तक होती है एवं यह ग्रेनाइट तथा बेसाल्ट चट्टानों से बनी होती है। कर्स्ट का औसत घनत्व 2.7 ग्राम/सेमी^{3} है।
- भू-पर्पटी में पाए जाने वाले मुख्य खनिजों में ऑक्सीजन (46.60%), सिलिकन (27.72%) तथा एल्युमीनियम (8.13%) हैं।
- पृथ्वी के अन्दर 30 किमी से 2900 किमी तक का क्षेत्र मैंटल कहलाता है, जो मुख्यत: बेसाल्ट चट्टानों से बना होता है एवं यह पृथ्वी के कुल आयतन का 83% भाग घेरे हुए है, जिसका औसत घनत्व 3.5 ग्राम किमी है।
- क्रोड पृथ्वी का अन्तरतम भाग है, जो आन्तरिक क्रोड तथा बाह्य क्रोड में बँटा होता है, बाह्य क्रोड 2900-5150 किमी तक आन्तरिक क्रोड 5150-6371 किमी तक फैला है। दूसरा घनत्व 13 ग्राम/सेमी^{2} है।

रासायनिक संगठन के आधार पर पृथ्वी की परतों का वर्गीकरण

- रासायनिक संगठनों के आधार पर पृथ्वी को तीन भागों में बाँटा जाता है- **सियाल**, **सीमा** तथा **नीफे**।
- **सियाल**, अवसादी चट्टानों के नीचे पाई जाती है तथा इसकी रचना सिलिका (si) तथा एल्युमीनियम (Al) से हुई है। यह परत अम्लीय प्रकृति की ग्रेनाइट शैलों से बनी होती है। **सीमा**, परत सियाल के नीचे की परत होती है, जो सिलिका (si) एवं मैग्नीशियम (mg) से बनी होती है। बेसाल्ट से बनी यह चट्टानें क्षारीय प्रकृति की होती हैं।
- पृथ्वी के नीचे सबसे आन्तरिक परत को **नीफे** कहते हैं, जिसमें निकिल (Ni) तथा लोहे (Fe) की प्रधानता होती है। पृथ्वी के आन्तरिक भाग में लोहे की उपस्थिति ही पृथ्वी की चुम्बकीय शक्ति को प्रमाणित करती है।
- पृथ्वी की बाह्य सतह को चार मुख्य भागों 1. स्थल मण्डल, 2. जलमण्डल 3. वायुमण्डल तथा 4. जैवमण्डल में बाँटा जाता है।

भूकम्प

- पृथ्वी के भू-पृष्ठ पर होने वाले आकस्मिक कंपन जो प्राकृतिक एवं मानवीय कारणों से उत्पन्न होते हैं, भूकम्प कहलाते हैं।
- प्राकृतिक कारणों में ज्वालामुखी क्रिया, विवर्तनिक अस्थिरता, वलन भ्रंशन को शामिल किया जाता है।
- जिस जगह से भूकम्पीय तरंगें उत्पन्न होती हैं, उसे भूकम्प मूल उद्गम केन्द्र (Focus) कहते हैं तथा जहाँ सबसे पहले भूकम्पीय लहरों का अनुभव किया जाता है, उसे भूकम्प अधिकेन्द्र (Epi-center) कहते हैं।
- गहराई के आधार पर भूकम्पों को तीन वर्गों में बाँटा गया है

सामान्य भूकम्प	0-50 k.m
मध्यवर्ती भूकम्प	50-250 k.m
गहरे या पातालीय भूकम्प	250-700 k.m

- भूकम्प उत्पत्ति के पश्चात् मूलरूप से तीन प्रकार की भूकम्पीय तरंगों की उत्पत्ति होती है।

	भूकम्पीय तरंगें	विशेषता
1.	प्राथमिक तरंगें अथवा लम्बवत् तरंगें (P-waves)	प्रत्येक माध्यम से गुजरती हैं। सभी तरंगों में सर्वाधिक तेज (लगभग 8 km/s), किसी भी जगह पहुँचने वाली तरंगों में सबसे पहले पहुँचती हैं।
2.	द्वितीय तरंगें/S-waves	सिर्फ ठोस माध्यम में गमन करती हैं। इन्हें अनुप्रस्थ तरंग भी कहा जाता है। तरल माध्यम में लुप्त हो जाती हैं।
3.	सतही अथवा L- तरंगें	इन्हें धरातलीय तरंग भी कहा जाता है। इनका संचरण केवल धरातलीय भाग पर होता है। इनकी खोज H. D Love ने की थी। यह सर्वाधिक विनाशकारी तरंगें होती हैं।

- भूकम्पीय तरंगों को मापने के लिए रिक्टर स्केल का प्रयोग किया जाता है एवं भूकम्पीय तरंगों की तीव्रता को मापने वाले यंत्र को सीस्मोग्राफ कहा जाता है। स्केल पर 6 से 10 तक पाठयांक दर्ज होते हैं तथा इसमें प्रत्येक पाठ्यांक पिछले पाठ्यांक से 10 गुना अधिक परिणाम को दर्शाता है।
- विश्व में सर्वाधिक भूकम्प प्रशान्त महासागरीय तटीय पेटी के क्षेत्र में आते हैं।
- भूस्खलन की क्रिया बहिर्जनित बल द्वारा होती है।

ज्वालामुखी

- ज्वालामुखी भू-पटल पर घटने वाली वह प्राकृतिक घटना है, जिसमें प्राकृतिक छिद्र या दरार से होकर पृथ्वी के अन्दर का पिघला लावा, राख, भाप तथा अन्य गैसें बाहर आती हैं। इसमें सर्वाधिक मात्रा में निकलने वाली गैसों में वाष्प का प्रतिशत सर्वाधिक होता है।
- सक्रियता के आधार पर ज्वालामुखी को तीन भागों में बाँटा गया है 1. सक्रिय ज्वालामुखी 2. प्रसुप्त ज्वालामुखी 3. शान्त ज्वालामुखी।

ज्वालामुखी के प्रकार

	ज्वालामुखी के प्रकार	अवस्थिति	परिभाषा
1.	सक्रिय ज्वालामुखी	इटली का एटना, स्ट्राम्बोली (लेपारी द्वीप), कोटोपैक्सी (इक्वाडोर), बैरन द्वीप (अण्डमान ओजसडेल सालाडो (अर्जेण्टीना), किलायू (अमेरिका)	वैसे ज्वालामुखी जिनमें अकसर उद्‌गार होता रहता है।
2.	प्रसुप्त ज्वालामुखी	विसुवियस (इटली), फ्यूजीयामा (जापान), काकाटाओ (इण्डोनेशिया), नारकोंडम (अण्डमान निकोबार)	ऐसे ज्वालामुखी जिसमें निकट अतीत में उद्‌गार नहीं हुआ है।
3.	शान्त ज्वालामुखी	कोह सुल्तान एवं देववंद (ईरान), पोपा (म्यांमार), किलीमंजारो (अफ्रीका), चिम्बाराजो (दक्षिण अमेरिका), एकांकागुआ (एण्डीज)	ऐसा ज्वालामुखी, जिसमें ऐतिहासिक काल से कोई उद्‌गार नहीं हुआ है और भविष्य में भी उद्‌गार की कोई सम्भावना नहीं होती है।

- स्ट्राम्बोली भूमध्य सागर में **लिपारी द्वीप** पर अवस्थित है, जिसमें से सदा गैस निकलती रहती है और आस-पास का भाग प्रकाशित रहता है, इस कारण इसे भूमध्य सागर का **प्रकाश स्तम्भ** कहते हैं।
- कुल सक्रिय ज्वालामुखी का अधिकांश प्रशान्त महासागर के तटीय भाग में पाया जाता है। प्रशान्त महासागर के परिमेखला को **अग्नि वलय** भी कहते हैं।
- ऑस्ट्रेलिया महाद्वीप में एक भी ज्वालामुखी नहीं है, जबकि सबसे अधिक सक्रिय ज्वालामुखी अमेरिका एवं एशिया महाद्वीप के तटों पर स्थित हैं।
- विश्व का सबसे ऊँचा सक्रिय ज्वालामुखी पर्वत **कोटोपैक्सी** इक्वाडोर में है तथा विश्व का सबसे ऊँचा शान्त ज्वालामुखी एकांकागुआ एण्डीज पर्वतमाला पर स्थित है।

चट्टान

- पृथ्वी की सम्पूर्ण बाह्य परत जिस पर महाद्वीप एवं महासागर स्थित हैं स्थलमण्डल कहलाता है तथा पृथ्वी के सम्पूर्ण भू-क्षेत्रफल व जल क्षेत्रफल का अनुपात 3:7 है।
- पृथ्वी की सतह के कठोर भाग को चट्टान कहते हैं, जो पृथ्वी की बाहरी परत की संरचना की मूलभूत इकाई है। चट्टानों के अध्ययन के विज्ञान को पेट्रोलॉजी कहते हैं। गहराई में वृद्धि के अनुसार महाद्वीपीय भूपटल की विभिन्न परतों का सही क्रम हैं—परतदार चट्टान— ग्रेनाइट चट्टान—बेसाल्ट।
- बनावट/उत्पत्ति के आधार पर चट्टानों को तीन भागों में विभाजित किया गया है— आग्नेय, अवसादी और कायान्तरित (रूपान्तरित) चट्टान।

- आग्नेय चट्टानों का निर्माण ज्वालामुखी उद्‌गार के समय निकलने वाले लावा के पृथ्वी के अन्दर या बाहर ठण्डा होकर जमने से होता है; जैसे—ग्रेनाइट, बेसाल्ट, पेग्मेटाइट, कायनाइट, डायोराइट।
- आन्तरिक आग्नेय चट्टानों में डाइक, सिल, लैकोलिथ, बैथोलिथ, लैपोलिथ, फैकोलिथ प्रमुख हैं।
- आग्नेय चट्टानें स्थूल, परतरहित एवं जीवाश्म रहित होती हैं, जिसमें लोहा तथा मैग्नीशियम युक्त सिलिकेट खनिज अधिक मात्रा में पाया जाता है।
- **बेसाल्ट चट्टानों** में लोहे की मात्रा सर्वाधिक होती है तथा इस चट्टान से **काली मिट्टी** का निर्माण होता है।
- **अवसादी या परतदार चट्टान** (Sedimentary rock) आग्नेय और रूपान्तरित चट्टानों में दबाव या रासायनिक प्रतिक्रिया तथा अन्य कारणों के द्वारा होने वाले क्षरण से निर्मित होता है; जैसे— बलुआ पत्थर, चूना पत्थर, स्लेट, कांग्लोमरेट, नमक चट्टान तथा सेलखड़ी आदि। इन चट्टानों में जीवाश्मों के अलावा खनिज तेल तथा लौह-अयस्क, फास्फेट, कोयला सीमेण्ट बनाने वाली चट्टानें पाई जाती हैं।
- अत्यधिक ताप, दाब एवं रासायनिक प्रक्रिया के परिणामस्वरूप कायान्तरित (metamorphic rock) चट्टानों का निर्माण होता है, जिसकी पहचान उनकी कठोरता तथा घनी संरचना होती है।

चट्टानों का प्रमुख कायान्तरण

मूल चट्टान	मूल चट्टानों के नाम	कायान्तरित चट्टान
आग्नेय	ग्रेनाइट, बेसाल्ट ग्रेबो	नीस, एम्फीबोलाइट, सर्पेण्टाइन
परतदार	बालू पत्थर, चूना पत्थर, डोलोमाइट, शैल, कोयला	क्वार्ट्ज संगमरमर, संगमरमर, स्लेट ग्रेफाइट, हीरा
रूपान्तरित	स्लेट शिस्ट	शिस्ट फायलाइट

- मूँगा चट्टान चूना-पत्थर के ढाँचे बनाने वाले छोटे-छोटे समुद्री जीवों को कहते हैं।

स्थलाकृति

अपरदन के दूत	अपरदनात्मक स्थलाकृति	निक्षेपात्मक स्थलाकृति
नदी	V आकार की घाटी, जल प्रपात, क्षिप्रिका, जलगर्तिका, संरचनात्मक सोपान, नदी वेदिका, नदी विसर्प, गोखुर झील, क्वेस्टा तथा शूकर कटक, समप्राय मैदान	जलोढ़ पंख, जलोढ़ शंकु, प्राकृतिक तटबन्ध, बालुका पुलिन या बालुका तट, बाढ़ का मैदान, डेल्टा
भूमिगत जल (कार्स्ट स्थलाकृति)	लैपीज, घोल रन्ध्र, डोलाइन, कार्स्ट खिड़की, कार्स्ट झील, युवाला, जामा, पोलिये धसती निवेशिका, अन्धी घाटी, घोल घाटी, कन्दरा या गुफा, प्राकृतिक पुल	स्टैलेक्टाइट, स्टैलेग्माइट, कन्दरा स्तम्भ
सागरीय जल	तटीय क्लिफ, तटीय कन्दरा, प्राकृतिक चिमनी या वात छिद्र, निवेशिका, स्टैग, तरंगघर्षित वेदी या प्लेटफॉर्म	पुलिन, रोधिका, रोध, स्पिट, हुक, लूप, टोम्बोलो, सबरवा
पवन	अपवाह बेसिन या वातगर्त, इन्सेलबर्ग, छत्रकशिला, भूस्तम्भ, ज्यूजेन, यारडांग ड्राइकान्टर, वेन्टीफैक्ट, जालीदार शिला, पुल, खिड़की	बालुका स्तूप, सीफ, बरखान या बरकान, लोयस
हिमनद	U आकार की घाटी, लटकती घाटी, सर्क या हिमगहवर, टार्न, अरेत या तीक्ष्ण कटक, हार्न या गिरिशृंग, नुनाटक, शृंग पुच्छ, मैड़पीठ शैल या रौश मुटोने, हिमसोपान, फियोर्ड	हिमोढ़, ड्रमलिन, हिमानी-जलोढ़ निक्षेप, स्थलाकृति-एस्कर, केम, केटिल, हिमनद अपक्षेप

पर्वत

उत्पत्ति के आधार पर पर्वत चार प्रकार के होते हैं

1. ब्लॉक पर्वत 2. अवशिष्ट पर्वत 3. संचित पर्वत 4. वलित पर्वत

	ब्लॉक पर्वत	अवशिष्ट पर्वत	संचित पर्वत	वलित पर्वत
निर्माण	जब चट्टानों में स्थित भ्रंश के कारण मध्य भाग नीचे धँस जाए तथा अगल-बगल का भाग ऊँचा उठ जाए, तो ऐसे पर्वत का निर्माण होता है।	चट्टानों के अपरदन के परिणामस्वरूप ऐसे पर्वतों का निर्माण होता है।	भू-पटल पर बालू, मिट्टी कंकर लावा के जमा होने से निर्मित पर्वत	पृथ्वी की आन्तरिक शक्तियों द्वारा चट्टानों पर लगने वाले बल से इन पर्वतों का निर्माण होता है।
प्रमुख पर्वतों के नाम	वास्जेस (फ्रांस), ब्लैक फारेस्ट (जर्मनी), साल्ट रैंज (पाकिस्तान), सियरा नेवदा (कैलिफोर्निया)	गैसा एवं वूटे (अमेरिका), विंध्याचल, सतपुड़ा, नीलगिरी, पारसनाथ, राजमहल (भारत), सीयरा (स्पैन)	रेगिस्तान में बनने वाले बालू स्तूप	हिमालय, आल्पस, यूराल, रॉकीज, एण्डीज, गुरुशिखर (माया सबसे पुराना वलित पर्वत है)।

वायुमण्डल

- वायुमण्डल अनेक गैसों का मिश्रण होता है, जिसमें गैसों के अतिरिक्त जलवाष्प तथा धूल के कण उपस्थित होते हैं और ये पृथ्वी को चारों ओर से घेरने वाले वायु का विस्तृत फैलाव होता है।
- वायुमण्डल में आयतन के अनुसार विभिन्न गैसों का मिश्रण होता है, जिसका संघटन निम्न है

वायुमण्डल का संघटन

गैस	वायु में मौजूद प्रतिशत
नाइट्रोजन	78.8%
ऑक्सीजन	20.95%
ऑर्गन	0.93%
कार्बन डाइ-ऑक्साइड	0.03%
नियॉन	0.0018%
हीलियम	0.0005%
ओजोन	0.0001%

- नाइट्रोजन की उपस्थिति के कारण ही वायुदाब पवनों की शक्ति तथा प्रकाश के परावर्तन का आभास होता है, यह रंगहीन, गंधहीन तथा स्वादहीन गैस है, जो आग पर नियन्त्रण रखने में सहायक होती है।
- ऑक्सीजन गैस के अभाव में ईंधन जलाना सम्भव नहीं हैं। यह वायुमण्डल में 60 किमी ऊँचाई तक पाई जाती है।
- कार्बन डाइ-ऑक्साइड, सबसे भारी गैस है, जो वायुमण्डल की निचली परत में पाई जाती है तथा सूर्य से आने वाली विकिरण (लघु तरंगों) के लिए पारदर्शी तथा पृथ्वी से विकरित दीर्घ तरंगों के लिए अपारदर्शी होती है।
- ओजान गैस सूर्य से आने वाली परागबैंगनी किरणों को सोखती है तथा 15-55 किमी तक पाई जाती है।
- वायुमण्डल में उपस्थित जलवाष्य के संघनन से बादल, वर्षा, कुहरा, ओस, तुषार आदि बनते हैं।

वायुमण्डल की संरचना

वायुमण्डल की परत	ऊँचाई	परतों की विशेषता
क्षोभमण्डल	8-18 किमी	ध्रुवों पर सबसे कम तथा विषुवत् रेखा पर सर्वाधिक ऊँचाई तापमान में प्रति 165 मी पर 1°C की गिरावट तथा सभी वायुमण्डलीय घटनाएँ बादल, आँधी, वर्षा के लिए जिम्मेदार।
समतापमण्डल	18-50 किमी	इसमें ताप समान रहता है तथा सभी मौसमी घटनाएँ नहीं पाई जाती हैं। वायुयान उड़ाने हेतु आदर्श दशा।
ओजोनमण्डल	20-38 किमी	समताप मण्डल में पाई जाती है। पराबैंगनी किरणों से पृथ्वी की सुरक्षा। ओजोन परत नापने की इकाई डाब्सन। ऊँचाई के साथ तापमान बढ़ता है।
मध्यमण्डल	50-80 किमी	यहाँ पराबैंगनी किरणों का अवशोषण होता है।
आयनमण्डल	80-640 किमी	इसकी तीन परतें D.E.F पाई जाती हैं। पृथ्वी से प्रेषित रेडियो तरंगों को परावर्तित करती है। इस मण्डल से पृथ्वी पर रेडियो, टेलीविजन, टेलीफोन, राडार का संचालन सम्भव होता है।
बाह्यमण्डल	640 किमी से ऊपर	हाइड्रोजन और हीलियम की प्रधानता होती है। औरोरा आस्ट्रालिस और औरोरा बोरियालिस इस मण्डल की प्रमुख घटना है। इन्हें उत्तर ध्रुवीय प्रकाश तथा दक्षिण ध्रुवीय प्रकाश कहा जाता है।

वायुमण्डलीय दाब, पवन एवं वायुराशियाँ

- पृथ्वी की एक निश्चित इकाई या क्षेत्रफल पर वायुमण्डल की सभी परतों द्वारा पड़ने वाले दबाव को वायुमण्डलीय दाब कहते हैं, जिसे बैरोमीटर से मापा जाता है तथा इसकी इकाई मिलीबार होती है।
- बैरोमीटर के पठन में तेजी से गिरावट तूफानी मौसम का संकेत होता है, जबकि पठन का धीरे-धीरे गिरना वर्षा तथा धीरे-धीरे ऊपर चढ़ना मौसम साफ होने की स्थिति का द्योतक होता है।

वायुदाब पेटियाँ	विशेषता
भूमध्य रेखीय निम्न दाब पेटी	भूमध्य रेखा से 5° उत्तर से 5° दक्षिण स्थित पेटी। संवहनीय धाराएँ बहती हैं। सूर्य लम्बवत् चमकता है। क्षैतिज पवनों के अभाव के कारण डोलड्रम का क्षेत्र कहलाता है।
उपोष्ण उच्चदाब पेटी	विस्तार 30°-35° अक्षांशों के बीच। यहाँ वर्षभर तापमान ऊँचा रहता है। यह पेटी अश्व अक्षांश कहलाती है।
उपध्रुवीय निम्न वायुदाब पेटी	60 – 65° के बीच का क्षेत्र। पृथ्वी की घूर्णन गति के कारण यहाँ से वायु बाहर की ओर फैलकर स्थानान्तरित हो जाती है। अतः वायुदाब कम हो जाता है।
ध्रुवीय उच्च वायुदाब पेटी	65°-90° के बीच स्थित क्षेत्र।

पवनें

- क्षैतिज दिशा में उच्चदाब से निम्नदाब की ओर चलने वाली वायु पवन कहलाती है।
- पृथ्वी की घूर्णन गति के कारण कोरियोलिस बल के प्रभाव में अपने पथ से विक्षेपित हो जाती है।
- **कोरियोलिस** बल के कारण उत्तरी गोलार्द्ध में पवनें दाईं ओर तथा दक्षिणी गोलार्द्ध में अपने बाईं ओर मुड़ जाती हैं। इस घटना को **फेरेल** का नियम भी कहा जाता है।
- ब्यूफर्ट स्केल से हवा की गति को मापा जाता है।

स्थानीय पवनें

- **गर्म स्थानीय पवन** चिनुक (USA), फॉन (आल्पस पर्वत स्विट्जरलैण्ड), हरमट्टन (सहारा रेगिस्तान), सिरॉको, खमसिन (मिश्र), गिवली (लीबिया), सिरॉको (इटली), सिमूम (अरब रेगिस्तान), ब्रिक फिल्डर (ऑस्ट्रेलिया), नारवेस्टर (न्यूजीलैण्ड), साण्टा आना (द. कैलिफोर्निया), लू (उत्तरी भारत)।
- **ठण्डी स्थानीय पवन** मिस्ट्रल (स्पेन, फ्रांस), बोरा (एडियाट्रिक), पुर्गा (टुण्ड्रा प्रदेश), पोनेण्टी (द. अफ्रीका), वाइज (द. फ्रांस), बुरान (रूस)।

जेट-प्रवाह

- क्षोभमण्डल की ऊपरी परत में बहुत तीव्र गति से चलने वाली विसर्पी पवन प्रवाह को जेट प्रवाह कहते हैं। यह 7.5-15 किमी की ऊँचाई पर पश्चिम से पूर्व की ओर प्रवाहित होती है,
- जेट प्रवाह वायुमण्डलीय विक्षोभों, चक्रवातों, प्रतिचक्रवातों, तूफान और वर्षा को उत्पन्न करने में सहायक होता है।

चक्रवात

- चक्रवात निम्न वायुदाब के केन्द्र होते हैं, जिसमें हवाएँ उच्चदाब के क्षेत्र से निम्नदाब की ओर तेजी से चलती हैं, जिसमें वायु की दिशा उत्तरी गोलार्द्ध में दायीं ओर (clock wise) तथा दक्षिणी गोलार्द्ध में बायीं ओर (Anti clock wise) होती हैं।
- यह उष्णकटिबन्धीय तथा शीतोष्ण कटिबन्धीय प्रकार के होते हैं
- प्रमुख उष्ण कटिबन्धीय चक्रवातों में प्रमुख हैं—
  टायफून (द. चीन सागर), चक्रवात (हिन्द महासागर), विली-विली (ऑस्ट्रेलिया), टौरनेडो (USA), हरिकेन (कैरेबियन द्वीप समूह)
- प्रतिचक्रवात में उच्चदाब के क्षेत्र से यानि केन्द्र से परिधि स्थित निम्न दाब की ओर तेज हवाएँ चलती हैं। इस घटना में मौसम साफ हो जाता है।

महासागरीय जलधाराएँ

- महासागरों की सतह पर एक निश्चित दिशा में बहुत अधिक दूर तक बहने वाले जल को महासागरीय धारा कहते हैं, जो दो प्रकार की होती हैं, गर्म जलधारा और ठण्ठी जलधारा।
- भूमध्य सागर से ध्रुवों की ओर चलने वाली धाराएँ गर्मजल धारा तथा ध्रुवों से विषुवत् रेखा की ओर चलने वाली धाराएँ ठण्डी जलधारा कहलाती हैं, जो कोरियोलिस बल के प्रभाव के कारण उत्तरी गोलार्द्ध में दाहिनी ओर तथा दक्षिणी गोलार्द्ध में बाईं ओर मुड़ जाती हैं।
- महासागरीय धाराओं की उत्पत्ति के प्रमुख कारणों में पृथ्वी की घूर्णन गति, तापमान में भिन्नता, घनत्व में अन्तर, वायुदाब एवं पवनें, सागर की लवणता तथा तट रेखा का आकार प्रमुख भूमिका निभाता है।

	गर्म जल धारा	ठण्डी जलधारा
प्रशान्त महासागर	क्यूरोशिवो, अलास्का, उ. विषुवत्रेखीय, एलनीनो, पूर्वी ऑस्ट्रेलिया	क्यूराइल, कैलीफोर्निया, हम्बोल्ट, पेरूवियन, अण्टार्कटिका
अटलाण्टिक महासागर	गल्फस्ट्रीम, फ्लोरिडा, ब्राजील, उत्तरी विषुवत्रेखीय, गिनी,	लेब्राडोर, बेंगुएला, कनारी, पूर्वी ग्रीनलैण्ड, अण्टार्कटिका, फॉकलैण्ड,
हिन्द महासागर	दक्षिण विषुवत् रेखीय जलधारा, मोजाम्बिक की जलधारा, अगुलहास की जलधारा	पश्चिम ऑस्ट्रेलिया

- ब्राजील धारा के पूर्व की ओर चलते रहने को दक्षिणी अटलाण्टिक अपवाह कहते हैं।
- गर्म एवं ठण्डी जलधारा का मिलन स्थल प्लैंक्टन नामक घास के लिए उपयुक्त जलवायु उत्पन्न करता है तथा प्लैंक्टन घास मछलियों का मुख्य

आहार होता है। इसलिए न्यूफाउण्डलैंड के समीप स्थित ग्रैण्ड बैंक प्रमुख मत्स्य उद्योग का क्षेत्र है।

- गर्म एवं ठण्डी समुद्री धाराएँ तथा हवाएँ, पृथ्वी के घूर्णन तथा समुद्री जल के घनत्व में परिवर्तन के कारण चलती हैं।

विश्व के प्रमुख भौगोलिक उपनाम

उपनाम	स्थान
भारत का बगीचा	बंगलुरु (भारत)
मोतियों का द्वीप	बहरीन
विश्व की जन्नत	पेरिस (फ्रांस)
प्लेग्राउंड ऑफ यूरोप	स्विट्जरलैण्ड
सूर्योदय का देश	जापान
लैण्ड ऑफ थण्डरवोल्ट	भूटान
पर्ल ऑफ दी औरियण्ट	सिंगापुर
शुगर बाउल आर्फ द बर्ल्ड	क्यूबा
सात टापुओं का नगर	मुम्बई
सात पहाड़ियों का नगर	रोम
लैण्ड ऑफ व्हाइट एलीफैण्ट	थाइलैण्ड
लैण्ड ऑफ द गोल्डन फ्लीस	ऑस्ट्रेलिया
होली लैण्ड	जेरूसलम (इजरायल)
पवन चक्कियों की भूमि	नीदरलैण्ड
स्वर्णिम पैगोडा का देश	म्यांमार
कॉकपिट ऑफ यूरोप	बेल्जियम
सिटी ऑफ गोल्डन गेट	सेनफ्रान्सिस्को
अन्ध महाद्वीप	अफ्रीका
पूर्व का मैनचेस्टर	ओसाका (जापान)
एण्टीलीज का मोती	क्यूबा
हिन्द महासागर का मोती	श्रीलंका
चीन का शोक	ह्वांगहो नदी (पीली नदी)
भूमध्य सागर का द्वार	जिब्राल्टर
संसार की छत	पामीर का पठार
लिली का देश	कनाडा
लैंड ऑफ कंगारू	ऑस्ट्रेलिया
लैंड ऑफ थाउलैण्ड लैक्स	फिनलैण्ड
संसार का रोटी का भण्डार	प्रेयरीज ऑफ नॉर्थ अमेरिका

विश्व के प्रमुख रेगिस्तान

रेगिस्तान	देश	रेगिस्तान	देश
सहारा	उत्तरी अफ्रीका चाड़, लीबिया, माली	गोबी	चीन, मंगोलिया
	मिस्र- ट्यूनीशिया	पैटागोनिया	अर्जेण्टीना
		ग्रेट विक्टोरिया	ऑस्ट्रेलिया
अरेबियन	अरब प्रायद्वीप	ग्रेट सैण्डी	ऑस्ट्रेलिया
कालाहारी	बोत्स्वाना	सोनोरन	U.S.A, मैक्सिको
टकला मकान	सीक्यांग (चीन)	नामिन	द. अफ्रीका (नामीबिया)
कराकुम	तुर्कमेनिस्तान	थार	उ. पश्चिमी भारत, पाकिस्तान
आटाकामा	उत्तरी चिली	दस्ते-ए- लुट	पूर्वी ईरान
काजिलकुम	उज्बेकिस्तान, कजाकिस्तान	गिब्सन	ऑस्ट्रेलिया

वनों के प्रकार

	नाम	क्षेत्र	विशेषता	पाए जाने वाले वृक्ष
1	उष्ण कटिबन्धीय सदाबहार वन	अमेजन, मलेशिया, म्यांमार, कम्बोडिया, इण्डोनेशिया आदि	वर्षा 200 सेमी चौड़ी पत्ती वाले वन	महोगनी, आबनूस, शीशम, मैंग्रोव
2	उष्णकटिबन्धीय मानसून वन	म्यांमार, थाइलैण्ड, उत्तरी ऑस्ट्रेलिया, पूर्वी जावा	10°-30° अक्षांशों के बीच साल में एक बार पत्तियाँ गिराती हैं।	टीक, बाँस, साल, चन्दन बबूल, यूकेलिप्टस
3	शीतोष्ण सदाबहार वन	चीन, दक्षिणी जापान, नटाल तट, USA	साल भर वर्षा शीतकाल में तापमान 10^oC से अधिक	वांज, कपूर, चीड़ अखरोट, हिकोरी, आयरन वुड
4	भूमध्यसागरीय वन	द. पश्चिमी ऑस्ट्रेलिया मध्य चिली, कैलिफोर्निया		वांज, यूकेलिप्टस चैपरेल
5	मरुस्थलीय वन	मरुस्थलीय क्षेत्रों में	वृक्ष एवं झाड़ियों का मिश्रण होता है	जैतून, कॉर्क तथा ओक।

घास के मैदान

	घास के मैदान	देश
उष्णकटिबंधीय घास भूमि	सवाना	अफ्रीका
	कम्पोज	ब्राजील
	लानोस	वेनेजुएला
	पार्कलैण्ड	मध्य अफ्रीका
शीतोष्ण कटिबन्धीय घास भूमि	प्रेयरी	संयुक्त राज्य अमेरिका व कनाडा
	पम्पास	अर्जेण्टीना
	वेल्ड	दक्षिण अफ्रीका
	डाउन्स	ऑस्ट्रेलिया
	स्टेपी	मध्य एशिया

विश्व के प्रमुख जलप्रपात

जलप्रताप	देश
एंजिल	वेनेजुएला (दक्षिण अमेरिका)
योसेमाइट	कैलिफोर्निया (उत्तरी अमेरिका)
द मार्डोलाफॉस	नॉर्वे (यूरोप)
टुगेला	दक्षिण अफ्रीका (द. अफ्रीका)
क्यूकेनामा	वेनेजुएला (दक्षिण अमेरिका)
विक्टोरिया	जिम्बाब्वे एवं जाम्बिया की सीमा पर (दक्षिण अफ्रीका)
कुंचिकल	भारत (कर्नाटक)
नियाग्रा	कनाडा एवं अमेरिका की सीमा पर (उ. अमेरिका)

- एंजिल, जलप्रपात कैरो नदी पर एवं नियाग्रा जलप्रपात सेंट लॉरेंस नदी पर स्थित है।
- कुंचिकल जलप्रपात वाराही नदी पर स्थित है।
- दो बड़े समूहों को जोड़ने वाली संकीर्ण भू-पट्टी को जलडमरूमध्य कहते हैं।

विश्व की प्रमुख जनजातियाँ

जनजाति	सम्बन्धित देश	जनजाति	सम्बन्धित देश
रेड इण्डियन	उ. अमेरिका (कनाडा)	पिग्मीज	कांगो बेसिन
एस्कीमो	ग्रीनलैंड कनाडा	खिरगीज	मध्य एशिया
माओरी	न्यूजीलैण्ड	वैदा	श्रीलंका
बुशमैन	कालाहारी, बोत्स्वाना	यूकाधिर	साइबेरिया
सेमांग	मलेशिया	जुलु	नेटाल प्रान्त
नीग्रो	मध्य एशिया	तार्तार	साइबेरिया
मसाई	पूर्वी अफ्रीका	पायुआन्स	न्यू गिनी
बोरो	ब्राजील		
मसाई	केन्या		

विश्व के महासागर

		गहरा स्थान	मीटर
1.	प्रशान्त महासागर	मेरियाना गर्त	11.022
2.	अटलाण्टिक महासागर	ब्यूरिटो रिको गर्त	8.392
3.	हिन्द महासागर	सुण्डा गर्त	8.152
4.	आर्कटिक महासागर	यूरेशियन बेसिन	5.450

विश्व की प्रमुख नहरें

नाम	स्थान	स्थिति
सू नहर	यूएसए	सुपीरियर झील को ह्यूरन से जोड़ती है।
ईरी नहर	यूएसए	ईरी झील और मिशिगन झील को जोड़ती है।
गोटा नहर	स्वीडन	स्टॉकहोम और गोटेनबर्ग के बीच
कील नहर	जर्मनी	उत्तरी सागर और बाल्टिक सागर के बीच
स्वेज नहर	मिस्र	लाल सागर एवं भूमध्य सागर के बीच
पनामा नहर	पनामा	कैरीबियन सागर और प्रशान्त महासागर के बीच
वोल्गा डान नहर	रूस	रोस्टोव व स्टालिनग्राड के बीच

विश्व की प्रमुख नदियाँ

नाम	उद्गम स्थान	गिरने का स्थान
नील	विक्टोरिया झील	भूमध्य सागर
अमेजन	एण्डीज पर्वत	अटलाण्टिक महासागर
यांगटिसी क्यांग	तिब्बत का पठार	चीन सागर
मिसीसिपी-मिसौरी	रेड रौक (मोंटाना)	मैक्सिको की खाड़ी
नाइजर	सियरालियोन	गिनी की खाड़ी
कांगो	लुआलुवा व लुआपुला संगम	अटलाण्टिक महासागर
वोल्गा	ब्लडाई पठार, रूस	कैस्पियन सागर
मैकेंजी	ग्रेट स्लेव झील	व्यफोर्ट सागर
सेंट लॉरेंस	ऑण्टोरियो झील	सेंट लॉरेंस की खाड़ी
ब्रह्मपुत्र	मानसरोवर झील	बंगाल की खाड़ी
डेन्यूब	ब्लैक फॉरेस्ट (जर्मनी)	काला सागर
डार्लिंग-मर्रे	ऑस्ट्रेलिया	दक्षिण महासागर
आमू-दरिया	निकोलस श्रेणी (पामीर)	अरल सागर
इरावती	माली और नामी नदी का संगम	बंगाल की खाड़ी
टिगरिस	टॉरस पर्वत (टर्की)	रात-अल-अरब
सिंधु	मानसरोवर झील के पास	अरब सागर
कोलरैडो	ग्रैड कण्ट्री	कैलिफोर्निया की खाड़ी
यूराल	द. यूराल पर्वत	कैस्पियन सागर

विश्व की प्रमुख झीलें

	झील का नाम	सम्बन्धित क्षेत्र
1.	कैस्पियन सागर	रूस, कजाकिस्तान, तुर्कमेनिस्तान, ईरान
2.	सुपीरियल झील	अमेरिका (यू.एस.ए.) तथा कनाडा
3.	विक्टोरिया झील	केन्या, युगान्डा, तंजानिया
4.	ह्यूरन झील	संयुक्त राज्य अमेरिका एवं कनाडा
5.	बैकाल झील	रूस
6.	ग्रेट स्लैव झील	कनाडा
7.	मिशिगन झील	संयुक्त राज्य अमेरिका
8.	ईरी झील	संयुक्त राज्य अमेरिका तथा कनाडा
9.	टिटिकाका झील	पेरू - बोलिविया
10.	विनीपेग झील	कनाडा

झील से सम्बन्धित महत्त्वपूर्ण तथ्य

- समुद्र की चौड़ी उपखाड़ी आकार में अवतल होने के कारण खाड़ी कहलाती है।
- विश्व की सबसे गहरी झील रूस में स्थित **बैकाल झील** है।
- कैस्पियन सागर विश्व की सबसे बड़ी खारे पानी की झील है।
- मीठे जल वाली सबसे बड़ी झील **सुपीरियर झील** हैं।

विश्व के महाद्वीप

- पृथ्वी के सम्पूर्ण भू-भाग के 71 प्रतिशत भू-भाग पर जलमण्डल तथा 29 प्रतिशत भू-भाग पर स्थलमण्डल का विस्तार है।
- विश्व कुल सात महादेशों में बँटा है—एशिया, यूरोप, उत्तरी अमेरिका दक्षिणी अमेरिका, अफ्रीका, ऑस्ट्रेलिया, अण्टार्कटिका। इन महादेशों में एशिया, यूरोप और उत्तरी अमेरिका उत्तरी गोलार्द्ध में तथा ऑस्ट्रेलिया एवं अण्टार्कटिका दक्षिणी गोलार्द्ध में स्थित हैं।
- क्षेत्रफल के अनुसार, घटते क्रम में महादेशों की स्थिति इस प्रकार हैं — एशिया — अफ्रीका — उत्तरी अमेरिका — दक्षिणी अमेरिका — अण्टार्कटिका — यूरोप — ऑस्ट्रेलिया।
- महाद्वीपों की उत्पत्ति के सम्बन्ध में ए वेगनर ने महाद्वीपीय विस्थापन का सिद्धान्त दिया था, जिसके अनुसार पूर्व में सारे महाद्वीप एक थे, जिसे पैंजिया कहा जाता था, जो बड़े सागर पैन्थालासा से घिरा हुआ था, परन्तु कालान्तर में पैंजिया के दो हिस्से हो गए, जिसमें उत्तरी भाग लॉरेशिया तथा दक्षिणी भाग गोण्डवाना लैण्ड कहलाता है। भारत गोण्डवाना लैण्ड का ही भाग है।
- भूमध्य रेखा पर स्थित अफ्रीका महाद्वीप के देश हैं—गैबोन, कांगो गणतन्त्र, युगाण्डा, कीनिया तथा सोमालिया।
- किलिमंजारों के पूर्वी ढलानों पर कहवा की कृषि छग्गा जनजाति द्वारा की जाती है।

भारत का भूगोल

भौतिक भूगोल

- भारत, उत्तरी गोलार्द्ध में स्थित क्षेत्रफल के हिसाब से विश्व का सातवाँ बड़ा देश है जिसका अक्षांशीय और देशान्तरीय विस्तार क्रमश: 8°4′ से 37°6′ तथा 68° 7′ से 97°25′ तक है।
- भारत का कुल क्षेत्रफल 32 लाख 87 हजार 263 वर्ग किमी है एवं उत्तर से दक्षिण में इसका विस्तार 3,214 किमी है, जबकि पूरब से पश्चिम में भारत 2,933 किमी तक फैला है। क्षेत्रफल के आधार पर राजस्थान सबसे बड़ा राज्य है, जबकि गोवा सबसे छोटा राज्य है।
- भारत विश्व के कुल क्षेत्रफल का 2.43%, जबकि इसकी जनसंख्या सम्पूर्ण विश्व की जनसंख्या की 17.5% है।
- भारत के समुद्र तट की लम्बाई 7516.6 किमी है, जबकि मुख्य भूमि की तटीय लम्बाई 6100 किमी है, भारतीय राज्यों में गुजरात राज्य की तट रेखा सर्वाधिक लम्बी (1600 किमी) है। भारत के कुल 9 राज्य समुद्री तट रेखा से लगे हैं।
- भारत का सबसे दक्षिणी बिन्दु इन्दिरा प्वॉइण्ट है, जो निकोबार द्वीप समूह में स्थित है जिसे पहले पिगमेलियन प्वॉइण्ट के नाम से जाना जाता था।
- भारत का सबसे उत्तरी बिन्दु इन्दिरा कॉल जम्मू-कश्मीर राज्य में है, जबकि पश्चिमी बिन्दु सरक्रीक (गुजरात) व पूर्वी बिन्दु वालांगू (अरुणाचल प्रदेश) में है।
- भारत की सीमाओं से कुल 7 देश लगे हैं—बांग्लादेश, चीन, पाकिस्तान, नेपाल, म्यांमार, भूटान, अफगानिस्तान।
- भारत की स्थलीय सीमा की लम्बाई 15,200 किमी है तथा भारत की सबसे लम्बी स्थलीय सीमा बांग्लादेश के साथ तथा सबसे छोटी सीमा-रेखा अफगानिस्तान के साथ है।
- भारत एवं चीन के बीच 1914 में शिमला में मैकमोहन रेखा का निर्धारण किया गया था।
- भारत और अफगानिस्तान के बीच 1896 ई. में सर डूरण्ड द्वारा सीमा-रेखा का निर्धारण किया गया था, परन्तु वर्तमान में यह रेखा अफगानिस्तान एवं पाकिस्तान के बीच सीमा-रेखा बनाती है तथा भारत एवं पाकिस्तान के बीच रेडक्लिफ रेखा 15 अगस्त, 1947 से मान्य है।
- श्रीलंका तथा भारत पाक जल-सन्धि तथा मन्नार की खाड़ी द्वारा अलग होता है। श्रीलंका भारत का निकटतम समुद्री पड़ोसी देश है तथा इसके पश्चात् इण्डोनेशिया सर्वाधिक निकटतम है।
- भारत का मानक समय इलाहाबाद के निकट नैनी से गुजरने वाली $82\frac{1}{2}°$ पूर्वी देशान्तर रेखा को माना गया है, जो भारत के 5 राज्यों उत्तर प्रदेश, मध्य प्रदेश, छत्तीसगढ़, ओडिशा, आन्ध्र प्रदेश से होकर गुजरती है।
- $23\frac{1}{2}°$ उत्तरी अक्षांश अर्थात् कर्क रेखा भारत के 8 राज्यों जिनमें राजस्थान, गुजरात, मध्य प्रदेश, छत्तीसगढ़, झारखण्ड, पश्चिम बंगाल, त्रिपुरा तथा मिजोरम से गुजरती है। पृथ्वी की चुम्बकीय विषुवत् रेखा दक्षिण भारत में त्रिवेन्द्रम से होकर गुजरती है।

अन्तर्राष्ट्रीय स्थलीय सीमाओं पर स्थित भारतीय राज्य

देश	सीमा पर स्थित भारतीय राज्य
चीन	जम्मू-कश्मीर, उत्तराखण्ड, सिक्किम, अरुणाचल प्रदेश, हिमाचल प्रदेश
पाकिस्तान	गुजरात, पंजाब, जम्मू-कश्मीर, राजस्थान
नेपाल	उत्तर प्रदेश, बिहार, पश्चिम बंगाल, सिक्किम, उत्तराखण्ड
बांग्लादेश	पश्चिम बंगाल, असम, मेघालय, त्रिपुरा, मिजोरम
म्यांमार	अरुणाचल प्रदेश, नागालैण्ड, मणिपुर, मिजोरम
भूटान	सिक्किम, पश्चिम बंगाल, असम, अरुणाचल प्रदेश।

भारत में स्थित प्रमुख विभाजक रेखा

विभाजक	विभाजित क्षेत्र
8° चैनल	मालद्वीव व मिनिकॉय
9° चैनल	कावरत्ती व मिनिकॉय
10° चैनल	अण्डमान व निकोबार
ग्रैण्ड चैनल	इण्डोनेशिया और भारत
पाक खाड़ी	भारत व श्रीलंका
कोको स्ट्रेट	कोको द्वीप व उत्तरी अण्डमान
लक्षद्वीप सागर	लक्षद्वीप व मालाबार

भारतीय भू-आकृति

- भारत के क्षेत्रफल का 11% भाग पर्वतीय, 18% पहाड़ी, 28% पठारी एवं 43% मैदानी है।
- भू-आकृति विज्ञान (Geomorphology) के आधार पर भारत को *निम्न **चार** भागों में विभाजित किया गया है*
  (i) उत्तरी पर्वतीय प्रदेश
  (ii) दक्षिण का पठार
  (iii) उत्तर का विशाल मैदान
  (iv) तटवर्ती मैदान एवं द्वीप समूह।

उत्तरी पर्वतीय प्रदेश

- हिमालय की उत्पत्ति का आधुनिक सिद्धान्त **प्लेट विवर्तनिकी** (Plate Tectonics) है। यह विश्व के नवीनतम् मोड़दार पर्वतों में से एक है।
- भू-वैज्ञानिकों के अनुसार जहाँ आज हिमालय पहाड़ है वहाँ कभी **टेथिस** नामक समुद्र था।
- ट्रांस हिमालय क्षेत्र के अन्तर्गत काराकोरम, लद्दाख, जास्कर आदि पर्वत श्रेणियाँ आती हैं जिनका निर्माण हिमालय से पूर्व हो चुका था। **K^2 या गाडविन ऑस्टिन** (8611 मी) काराकोरम श्रेणी की सबसे ऊँची चोटी है।
- हिमालय पर्वत का विस्तार पश्चिम में सिन्धु नदी के महाखड्ड से पूर्व में नामचाबरवा तक 2400 किमी तक है। हिमालय पर्वत श्रेणी को तीन भागों में बाँटा जाता है

1. वृहद् हिमालय या आन्तरिक हिमालय

- यह हिमालय की सबसे ऊँची श्रेणी है। इसकी औसत ऊँचाई 6000 मी है।
- विश्व की सर्वाधिक ऊँची चोटियाँ इसी श्रेणी में पाई जाती हैं। **माउण्ट एवरेस्ट** या सागरमाथा इसकी सबसे ऊँची चोटी है।
- अन्य चोटियाँ हैं—कंचनजंघा, मकालू, धौलागिरि, नंगा पर्वत, अन्नपूर्णा, नन्दा देवी।

2. लघु हिमालय या हिमाचल श्रेणी

- इसका विस्तार मुख्य हिमालय के दक्षिण में है। इसकी औसत ऊँचाई 3700-4500 मी है।
- पीरपंजाल, धौलाधर, नागटिब्बा, महाभारत आदि श्रेणियाँ इसी लघु हिमालय में हैं।
- कश्मीर, काठमाण्डू, काँगड़ा और कुल्लू घाटियाँ इसी श्रेणी में हैं (अर्थात् मध्य हिमालय और शिवालिक के बीच)।

3. शिवालिक या बाह्य हिमालय

यह हिमालय की सबसे दक्षिणी श्रेणी है। इसकी औसत ऊँचाई 600 से 1500 मी है। इसमें मिट्टी और कंकड़ के बने ऊँचे मैदान मिलते हैं, जिन्हें पश्चिम में **दून** (देहरादून) तथा पूर्व में **द्वार** (हरिद्वार) कहते हैं। इसके पश्चात् भारत के विशाल मैदान की शुरुआत होती है। शिवालिक के निचले भाग को **तराई** कहते हैं।

प्रायद्वीपीय पर्वत

भारत के प्रायद्वीपीय भाग में स्थित पर्वत श्रेणियाँ निम्नलिखित हैं

अरावली पर्वत

- इसकी लम्बाई **1100 किमी** है, जो दिल्ली से अहमदाबाद तक फैली है। यह सबसे प्राचीन पर्वत श्रेणी है जो उत्तर-पश्चिम में है।
- अरावली पर्वत का सर्वोच्च शिखर **गुरु शिखर** है, जो माउण्ट आबू की पहाड़ी पर स्थित है।

पश्चिमी घाट या सह्याद्रि श्रेणी

- पश्चिमी घाट पर्वत का फैलाव ताप्ती नदी घाटी से नीलगिरि पहाड़ी तक है। पश्चिमी घाट एक भ्रंश कगार है।
- उत्तरी सह्याद्रि का सर्वोच्च शिखर **कालसुबाई** (1646 मी) है, जबकि दक्षिणी सह्याद्रि का सर्वोच्च शिखर **कुद्रेमुख** (1892 मी) है।
  इस श्रेणी में चार प्रमुख दर्रे हैं
  1. **थाल घाट** (नासिक को मुम्बई से जोड़ता है)
  2. **भोर घाट** (मुम्बई को पुणे से जोड़ता है)
  3. **पाल घाट** (यह केरल में है, जो दक्षिण भारत के दो शहर कोच्चि और कोयम्बटूर को जोड़ता है।
  4. **सेनकोटा दर्रा** (तिरुअनन्तपुरम एवं मदुरै को जोड़ता है।)

पूर्वी घाट पर्वत

इसका विस्तार ओडिशा से तमिलनाडु तक है और यह श्रेणी लगभग 1300 किमी लम्बी है। पूर्वी घाट का सबसे ऊँचा स्थान **विशाखापत्तनम** (1680 मी) है। इसका सर्वोच्च शिखर **महेन्द्रगिरि** (1501 मी) है।

नीलगिरि पर्वतमाला

- नीलगिरि की पहाड़ियाँ पश्चिमी घाट व पूर्वी घाट की **मिलनस्थली** हैं।
- नीलगिरि का सर्वोच्च शिखर **डोडाबेट्टा** (2623 मी) है, जो दक्षिण भारत का दूसरा सर्वोच्च शिखर है।
- दक्षिण भारत का सर्वोच्च शिखर या चोटी **अनाईमुडी** (2695 मी) है, जो अन्नामलाई की चोटी है।
- अन्नामलाई पर्वत के दक्षिण में **कार्डेमम** (इलायची) की पहाड़ियाँ हैं (केरल में)।

भारत के प्रमुख दर्रे

दर्रे	राज्य
कराकोरम	जम्मू-कश्मीर
बलिहाल	जम्मू-कश्मीर
रोहतांग	हिमाचल प्रदेश
बारालाचाला	हिमाचल प्रदेश
लिपुलेख	उत्तराखण्ड
तुजु	मणिपुर

प्रमुख शिखर

चोटी	अवस्थिति	ऊँचाई (मी)
माउण्ट एवरेस्ट	नेपाल-तिब्बत	8848
माउण्ट K_2	भारत का सर्वोच्च	8611
कंचनजंघा	नेपाल-भारत	8598
धौलागिरि	नेपाल	8172
नंगा पर्वत	भारत	8126
अन्नपूर्णा	नेपाल	8078
नन्दा देवी	भारत	7817
माउण्ट कामेट	भारत	7756

दक्षिण का पठार

- यह भू-भाग उत्तर में गंगा सतलज मैदान से तथा शेष तीन दिशाओं में समुद्र से घिरा है।
- भ्रंश घाटी में बहने वाली नर्मदा इस पठार को मुख्य रूप से दो भागों में बाँटती है—उत्तर में मालवा का पठार तथा दक्षिण में दक्कन का पठार।
- **दक्कन का पठार** क्रिटेशियस-इयोसीन में लावा निकलने से निर्मित है। यह भारत का प्राचीनतम भू-भाग है।
- **मालवा का पठार** मध्य प्रदेश एवं छत्तीसगढ़ राज्य में है। यह लावा निर्मित पठार है।
- **बुन्देलखण्ड पठार** मालवा पठार के उत्तर व उत्तर-पूर्व में स्थित है। इसके पूर्व में छोटा नागपुर का पठार है, जिसका सबसे बड़ा भाग राँची का पठार है। यहाँ खनिजों की भरमार है।
- **छोटानागपुर का पठार** प्रायद्वीपीय पठार (Peninsular Plateau) का ही भाग है, जिसकी संरचना मेघालय के पठार से मिलती है।

उत्तर का विशाल मैदान

- उत्तरी मैदान की अवस्थिति हिमालय पर्वत श्रेणी और प्रायद्वीपीय भारत के बीच है। यह **नवीनतम** भौतिक प्रदेश है, जिसका निर्माण हिमालय के बाद हुआ है।
- हिमालय से निकलने वाली नदियों (जैसे—गंगा, यमुना, सिन्धु, ब्रह्मपुत्र आदि) तथा प्रायद्वीपीय भारत से आने वाली नदियों (जैसे—सोन, चम्बल आदि) के द्वारा बहाकर लाई गई मिट्टी के जमा होने से इस उपजाऊ मैदान का निर्माण हुआ है।
  मिट्टी की विशेषता के आधार पर इस मैदान को मुख्यतः चार भागों—भाबर, तराई, बांगर एवं खादर में बाँटा गया है
- **भाबर प्रदेश** इसका निर्माण हिमालयी नदियों द्वारा लाई गई बजरी (कंकड़-पत्थर) के निक्षेपण के फलस्वरूप हुआ है। इसे **शिवालिक का जलोढ़ पंख** (Alluvial fan) भी कहा जाता है। इसका विस्तार सिन्धु नदी से तिस्ता के बीच है। जहाँ नदियाँ लुप्त हो जाती हैं।
- **तराई प्रदेश** इसका विस्तार भाबर प्रदेश के ठीक दक्षिण में है। यह निम्न समतल मैदान है जहाँ नदियों का पानी बहकर दलदली क्षेत्रों का निर्माण करता है। यहाँ जैव—विविधता का विशाल भण्डार है।
- **बांगर प्रदेश** यह नदियों द्वारा लाई गई पुरानी जलोढ़ मिट्टी से निर्मित है। गंगा-यमुना का दोआब एवं सतलज का मैदान इसका उदाहरण है।
- **खादर प्रदेश** यह नवीन जलोढ़ के जमा होने से बना है। इसकी उर्वरा शक्ति सबसे ज्यादा होती है।

तटवर्ती मैदान

- **तटीय मैदान** का विस्तार प्रायद्वीपीय पर्वत श्रेणी तथा समुद्र तट के मध्य हुआ है।
- **पश्चिम तटीय मैदान** का विस्तार सूरत से कन्याकुमारी तक है। इसे पुनः 4 भागों में बाँटा जा सकता है। इसकी चौड़ाई गुजरात में नर्मदा एवं ताप्ती के मुहाने के समीप (80 किमी) है।
- पश्चिमी तट (मालाबार) पर कुछ पश्चजल (Back water) पाए जाते हैं, जिन्हें **केरल में कयाल** कहते हैं। उदाहरण, बेम्बनाद एवं अष्टमुडी।
- **पूर्वी तटीय मैदान** पूर्वी घाट एवं समुद्री तट के बीच स्वर्णरेखा नदी से कन्याकुमारी तक फैला है।

द्वीप समूह

भारत में द्वीपों की कुल संख्या लगभग 247 है, जिनमें 204 बंगाल की खाड़ी में तथा शेष अरब सागर तथा मन्नार की खाड़ी में स्थित है।

अण्डमान एवं निकोबार द्वीप समूह

- यह द्वीप समूह बंगाल की खाड़ी में स्थित है।
- इस द्वीप समूह की सर्वोच्च चोटी **सैडल पीक** (738 मी) उत्तरी अण्डमान में एवं दूसरी सर्वोच्च चोटी **माउण्ट थूलियर** (642 मी) ग्रेट निकोबार में है।
- भारत का एकमात्र सक्रिय ज्वालामुखी **बैरन** इसी द्वीप समूह में है। **नारकोण्डम** नामक सुषुप्त (Dormant) ज्वालामुखी भी इसी में है।
- भारत का सबसे दक्षिणी बिन्दु 'इन्दिरा-प्वॉइण्ट' ग्रेट निकोबार में स्थित है। यह भूमध्य रेखा के निकट है।
- बंगाल की खाड़ी के द्वीप, अरब सागरीय द्वीपों की तुलना में अधिक बड़े हैं।

लक्षद्वीप समूह

- यह द्वीप समूह अरब सागर में स्थित है। इस समूह में कुल 36 द्वीप हैं। ये सभी प्रवाल भित्ति (Coral Reefs) द्वारा बने द्वीप हैं।
- इसमें तीन द्वीप मुख्य हैं—**लक्षद्वीप** (उत्तर में), **मिनीकॉय** (दक्षिण में), **कावारत्ती** (मध्य में)।
- मिनीकॉय लक्षद्वीप समूह का सबसे बड़ा द्वीप है।

अन्य द्वीप

- **श्रीहरिकोटा द्वीप** प्रवाल निर्मित है, यह द्वीप पुलीकट झील के अग्रभाग में (नेल्लौर के निकट) स्थित है।
- **पम्बन द्वीप** मन्नार की खाड़ी में भारत और श्रीलंका के मध्य स्थित है।
- **न्यू मूर द्वीप** यह द्वीप बंगाल की खाड़ी में बांग्लादेश तथा भारत की सीमा पर अवस्थित है (हुगली के निकट)। यह भारत और बांग्लादेश का विवादित क्षेत्र है।

भारत की नदियाँ

- भारत में नदियों का विभाजन हिमालयी नदी तथा प्रायद्वीपीय अपवाह तन्त्र में बाँटा गया है।
- सिन्धु तन्त्र विश्व के विशालतम नदी तन्त्रों में से है तथा उसकी सहायक नदियों में सतलज, झेलम, चिनाब, रावी, व्यास, जास्कर, गोमल इत्यादि नदी हैं।
- सिन्धु में बायीं ओर से मिलने वाली नदियों में पंजाब की पाँच नदियाँ सतलज, व्यास, रावी, चिनाब और झेलम सबसे प्रमुख हैं।
- सिन्धु नदी का उद्भव तिब्बत के मानसरोवर झील के निकट चेमायंगडुंग ग्लेशियर से होता है। चिनाब, सिन्धु की सहायक नदी हैं जिसे हिमाचल प्रदेश में 'चन्द्रभागा' के नाम से जाना जाता है।

प्रमुख नदियाँ

भारत की प्रमुख नदियाँ

नाम	उद्गम स्थल	सहायक नदी	संगम/मुहाना
सिन्धु	मानसरोवर झील के समीप	झेलम, रावी, व्यास, सतलुज, चेनाब	अरब सागर
गंगा	गंगोत्री के पास गोमुख हिमानी	यमुना, कोसी, गण्डक, सोन, घाघरा	बंगाल की खाड़ी
ब्रह्मपुत्र	मानसरोवर झील के समीप स्थित चीमायुंगदुंग हिमानी	मानस, सुबनसिरी दिहांग, धनसरी	बंगाल की खाड़ी
सतलुज	मानसरोवर झील के समीप स्थित राक्षस ताल	–	चिनाब नदी
रावी	कांगड़ा जिले में रोहतांग दर्रे के समीप	–	चिनाब नदी
व्यास	रोहतांग दर्रे के समीप	–	सतलज नदी
यमुना	बन्दरपूँछ के पश्चिमी ढाल पर स्थित यमुनोत्री हिमानी	चम्बल, बेतवा, हिण्डन, केन	प्रयाग (इलाहाबाद) में गंगा नदी
चम्बल	मध्य प्रदेश में महू के समीप स्थित जनापाव पहाड़ी	–	यमुना नदी
गण्डक	नेपाल	–	गंगा नदी
कोसी	गोसाई धाम चोटी के उत्तर में	अरूण नदी, सप्तकोसी	गंगा नदी
सोन	अमरकण्टक की पहाड़ियाँ	–	गंगा नदी
कृष्णा	महाबलेश्वर के समीप पश्चिमी घाट पहाड़ी	कोयना, तुंगभद्रा, भीमा	बंगाल की खाड़ी
गोदावरी (वृद्ध गंगा)	नासिक जिले (महाराष्ट्र) के दक्षिण-पश्चिम में 30 किमी दूर	पेनगंगा, इन्द्रावती, प्राणहिता, मंजरा	बंगाल की खाड़ी
कावेरी	कर्नाटक के कुर्ग जिले में स्थित ब्रह्मगिरि पहाड़ी	काबीनी, भवानी, अमरावती	बंगाल की खाड़ी
तुंगभद्रा	कर्नाटक में पश्चिम घाट पहाड़ी	–	कृष्णा नदी
महानदी	मध्य प्रदेश के रामपुर जिले में सिंहावा के समीप	–	बंगाल की खाड़ी (कटक के समीप)
नर्मदा	अमरकण्टक की पहाड़ियाँ	–	खम्भात की खाड़ी (अरब सागर)
ताप्ती	बैतूल (म.प्र.) के मुल्ताई के पास	–	खम्भात की खाड़ी
लूनी	अजमेर जिले में स्थित नाग पहाड़ी (अरावली पर्वत)	–	कच्छ के रन में

भारत की प्रमुख झीलें

राज्य	झील	विशेषता
ओडिशा	चिल्का	खारे पानी की लैगून झील
राजस्थान	साम्भर झील	सर्वाधिक खारी झील
जम्मू-कश्मीर	वुलर झील	सबसे बड़ी मीठे पानी की झील
सिक्किम	चोलामू झील	सर्वाधिक ऊँचाई पर स्थित झील
महाराष्ट्र	लोनार झील	ज्वालामुखी उद्गार से निर्मित झील।
मणिपुर	लोकटक झील	पूर्वोत्तर में मीठे पानी की झील केवुललामजाओ नामक तैरता हुआ पार्क है।
केरल	बेम्बनाद झील	पश्चिमी तट पर, लैगून झील
उत्तर प्रदेश	गोविन्द बल्लभ पन्त सागर	रिहन्द नदी पर, भारत की सबसे बड़ी कृत्रिम झील
राजस्थान	राणा प्रताप सागर	चम्बल नदी पर
मध्य प्रदेश	जवाहर सागर	चम्बल नदी पर

भारत की जलवायु

- भारत में मानसूनी जलवायु पाई जाती है जिस पर अक्षांशीय विस्तार, समुद्र से दूरी, उच्चावचन, हिमालय पर्वत का व्यापक प्रभाव पड़ता है।
- भारत में मुख्य रूप से चार ऋतुएँ पाई जाती हैं जो मुख्यत: मानसूनी पवनों द्वारा समय-समय पर अपनी दिशा परिवर्तन के कारण होती हैं।
- जाड़े के दिनों में जनवरी-फरवरी में तमिलनाडु के तटों पर या कोरोमण्डल तट पर वर्षा लौटती हुई मानसून या उत्तर-पूर्वी मानसून के कारण होती है।

- ग्रीष्म ऋतु में चलने वाली तीव्र आर्द्र हवाओं को पूर्वी भारत में नार्वेस्टर एवं बंगाल में काल वैशाखी के नाम से, जबकि कर्नाटक में इसे चेरी ब्लास्म (कॉफी वर्षा) भी कहा जाता हैं।
- आम की फसल के लिए लाभदायक होने के कारण इसे केरल में आम्र-वर्षा कहते हैं।
- भारत में अधिकांश वर्षा दक्षिण-पश्चिम मानसून के द्वारा होती है जो भारत की प्रायद्वीपीय आकृति के कारण दो शाखाओं में विभाजित हो जाती है
  1. अरब सागर की शाखा
  2. बंगाल की खाड़ी की शाखा
- अरब सागर की शाखा सबसे पहले केरल में जून के प्रथम सप्ताह में आती है पश्चिम घाट से टकराकर केरल में भारी वर्षा कराती है।
- गारो खासी एवं जयन्तियाँ पहाड़ियों पर बंगाल की खाड़ी से आने वाली हवाएँ अधिक वर्षा लाती हैं, जिसके कारण यहाँ स्थित मासिनराम (मेघालय) विश्व में सर्वाधिक वर्षा प्राप्त करता है। (लगभग 11872 मिमी)

भारत की मिट्टी

मिट्टी के नाम	क्षेत्र	मुख्य विशेषता
जलोढ़	गंगा, यमुना दोआब क्षेत्र	पोटाश की बहुलता, नाइट्रोजन, फॉस्फोरस, ह्यूमस की कमी बांगर, खादर दो प्रकार की होती है। गेहूँ, धान, मक्का, तिलहन, दलहन का उत्पादन।
काली मिट्टी/ रेगुर मिट्टी	गुजरात, महाराष्ट्र, मध्य प्रदेश के पश्चिमी क्षेत्र, तमिलनाडु	बेसाल्ट चट्टानों से निर्माण, आयरन, चूना एल्युमीनियम की प्रधानता, जीवांश की उपस्थिति काली कपासी मिट्टी कहा जाता है। कपास की खेती के लिए उपयुक्त है।
लाल मिट्टी	आन्ध्र प्रदेश, झारखण्ड का छोटानागपुर का पठारी क्षेत्र, महाराष्ट्र, तमिलनाडु, कर्नाटक	अम्लीय युक्त, नाइट्रोजन फॉस्फोरस की कमी मिट्टी का लाल रंग लौह ऑक्साइड की उपस्थिति के कारण कपास, गेहूँ, दाले तथा मोटे अनाजों की कृषि होती है।
लैटेराइट मिट्टी	केरल, महाराष्ट्र, कर्नाटक	आर्द्रता एवं शुष्कता से चट्टानों में हुआ क्रमिक निक्षालन से निर्माण, आयरन एवं सिलिका की बहुलता इलायची की खेती के लिए उपर्युक्त, काजू तथा बागानी खेती।

भारत की कृषि

भारत के कुल क्षेत्रफल का लगभग 51% भाग पर कृषि की जाती है तथा देश की लगभग 2/3 जनसंख्या का निर्वाह कृषि से होता है।

भारत में कृषि राज्य सूची का विषय है। पशुपालन के साथ खेती को मिश्रित खेती कहते हैं।

भारत की प्रमुख फसलें

खाद्यान्न फसलें चावल, गेहूँ, मक्का, दालें, ज्वार, बाजरा, रागी, जौ

व्यावसायिक फसलें गन्ना, तिलहन, सरसों, मूँगफली, तिल, फल, रबड़, सब्जी

पेय फसल चाय, कहवा, तम्बाकू

रेशेदार फसल कपास, जूट, सन, पटुआ, मेस्टा

फसल और उनके प्रमुख उत्पादक क्षेत्र

फसल	प्रमुख उत्पादक क्षेत्र
सेब	हिमाचल प्रदेश, जम्मू-कश्मीर
केला	महाराष्ट्र, गुजरात, तमिलनाडु, केरल
काली मिर्च	केरल, कर्नाटक, तमिलनाडु, पुदुचेरी
काजू	कर्नाटक, सिक्किम, केरल, तमिलनाडु, महाराष्ट्र
केसर	जम्मू-कश्मीर
इलायची	कर्नाटक, सिक्किम, केरल, तमिलनाडु
लौंग	केरल
सन्तरा	महाराष्ट्र, कर्नाटक, तमिलनाडु, मेघालय, सिक्किम

- भारत विश्व में चावल उत्पादन में विश्व में दूसरा एवं गेहूँ उत्पादन में भी विश्व में दूसरा स्थान रखता है।
- भारत में हरित क्रान्ति की शुरुआत वर्ष 1966-67 में डॉ. स्वामीनाथन के प्रयासों से हुई थी, जिसमें खाद्यान्न उत्पादन बढ़ाना मूल उद्देश्य था।
- हरित क्रान्ति का सबसे अधिक प्रभाव गेहूँ और चावल पर पड़ा।
- प्रथम हरित क्रान्ति के पश्चात् वर्ष 1986-87 में द्वितीय हरित क्रान्ति की शुरुआत की गई जो अधिक अनाज उत्पादन, निवेश एवं कृषकों को दी जाने वाली सेवाओं के विस्तार से सम्बन्धित था। मृदा की उर्वरता को बढ़ाने के लिए फसलों का आवर्तन अनिवार्य होता है।
- ऋतुओं के आधार पर भारत में फसलों को रबी, खरीफ तथा जायद तीन भागों में बाँटा गया है। मध्य प्रदेश में सबसे अधिक दाल का उत्पादन होता है।
- गेहूँ, जौ, चना, मटर, सरसों, आलू, रबी की फसलों में शामिल हैं तथा खरीफ फसलों में धान, गन्ना, तिलहन, ज्वार, बाजरा, मक्का, अरहर शामिल हैं।
- राई, उड़द, मूँग, तरबूज, खरबूजा, ककड़ी, खीरा ये जायद फसले हैं।

भारत में सिंचाई

भारत में सिंचाई परियोजना को तीन भागों में बाँटा गया है

- वृहद् सिंचाई परियोजना—10,000 हेक्टेयर से अधिक कृषि योग्य भूमि
- मध्यम सिंचाई परियोजना—2,000-10,000 हेक्टेयर कृषि योग्य भूमि
- लघु सिंचाई परियोजना—2000 हेक्टेयर से कम कृषि योग्य भूमि
- भारत में नहरों द्वारा 24.54% सिंचाई होती है। पंजाब की नहरों में सतलुज नदी से पानी आता है।
- प्रायद्वीपीय भारत में सिंचाई का प्रमुख साधन तालाब है। तालाब द्वारा सर्वाधिक सिंचाई तमिलनाडु में होती है।

भारत की बहुउद्देशीय परियोजना

परियोजना	नदी	सम्बन्धित राज्य
भाखड़ा नांगल	सतलुज	पंजाब, हरियाणा, हिमाचल प्रदेश, राजस्थान
दामोदर घाटी	दामोदर	झारखण्ड, पश्चिम बंगाल
हीराकुड	महानदी	ओड़िशा
चम्बल	चम्बल	राजस्थान, मध्य प्रदेश
तुंगभद्रा	तुंगभद्रा	तेलंगाना, कर्नाटक
माताटीला	बेतवा	उत्तर प्रदेश, मध्य प्रदेश
सरदार सरोवर	नर्मदा	म. प्र., महाराष्ट्र, गुजरात, राजस्थान
इडुक्की	पेरियार	केरल
दुलहस्ती	चिनाब	जम्मू-कश्मीर
स्वर्ण रेखा	स्वर्ण रेखा	ओडिशा, झारखण्ड
शिव समुद्रम	कावेरी	कर्नाटक
महानदी	महानदी	ओडिशा
भीमा परियोजना	पवना	महाराष्ट्र
जायकवाड़ी	गोदावरी	महाराष्ट्र

नोट भारत के प्रथम प्रधानमन्त्री जवाहर लाल नेहरु ने **बहुउद्देशीय नदी घाटी** परियोजनाओं को **आधुनिक भारत के नए मन्दिर** कहा था।

भारत के उद्योग

लौह इस्पात उद्योग

- देश में पहला लौह इस्पात कारखाना 1874 ई. में बराकर नदी के किनारे कुल्टी नामक स्थान पर स्थापित किया गया था तथा इसके पश्चात् बड़े पैमाने पर वर्ष 1907 में स्वर्ण रेखा नदी घाटी में साकची नामक स्थान पर जमशेद जी टाटा द्वारा स्थापित किया गया था।
- स्वतन्त्रता पूर्व भारतीय लौह इस्पात कम्पनी (1918), मैसूर आयरन एण्ड स्टील वर्क्स (1923) तथा स्टील कॉर्पोरेशन ऑफ बंगाल (1937) की स्थापना की गई थी।

स्वतन्त्रता के पश्चात् स्थापित लौह इस्पात उद्योग

	लौह इस्पात उद्योग	वर्ष	अवस्थिति	सहयोगी देश
1.	भिलाई इस्पात संयन्त्र	1953	छत्तीसगढ़ (भिलाई)	सोवियत संघ
2.	हिन्दुस्तान स्टील लिमिटेड राउरकेला	1959	ओडिशा (राउरकेला)	पश्चिम जर्मनी
3.	हिन्दुस्तान स्टील लिमिटेड दुर्गापुर	1962	पश्चिम बंगाल (दुर्गापुर)	ब्रिटेन
4.	बोकारो स्टील प्लाण्ट	1964	झारखण्ड (बोकारो)	सोवियत संघ
5.	सलेम इस्पात संयन्त्र		सलेम (तमिलनाडु)	

एल्युमीनियम उद्योग

- पहला कारखाना वर्ष 1937 में पं. बंगाल में जे. के. नगर में स्थापित किया गया था। एल्युमीनियम बॉक्साइट अयस्क से प्राप्त किया जाता है।
- वर्ष 1938 में चार कारखाने तत्कालीन बिहार राज्य के मुरी, केरल के अल्वाय, पश्चिम बंगाल के वेलूर तथा ओडिशा के हीराकुड में स्थापित किए गए।
- हिन्दुस्तान एल्युमीनियम कॉर्पोरेशन (हिण्डालको) की स्थापना तत्कालीन मध्य प्रदेश के कोरबा नामक स्थान पर की गई थी, वर्तमान में यह छत्तीसगढ़ में है।

सूती वस्त्र उद्योग

- सन् 1818 में कलकत्ता में फोर्ट ग्लास्टर में सूती वस्त की आधुनिक मिल की स्थापना की थी।
- सन् 1854 में कवास जी डाबर द्वारा पहला सफल कारखाना खोला गया।
- मुम्बई को भारत के सूती वस्त्रों की राजधानी कहा जाता है, जबकि कानपुर को उत्तर-भारत का मैनचेस्टर कहा जाता है।
- कोयम्बटूर को दक्षिण भारत का मैनचेस्टर एवं अहमदाबाद को भारत का **बोस्टन** कहा जाता है।

रेल उपकरण उद्योग

- 26 जनवरी, 1950 को चितरंजन (पं. बंगाल) में चितरंजन लोकोमोटिव वर्क्स के नाम से स्थापित हुआ था।
- वर्ष 1955 में चेन्नई के समीप पेराम्बूर में रेल डिब्बा बनाने का कारखाना स्थापित हुआ।
- पंजाब में कपूरथला में इंटीग्रल कोच फैक्ट्री, रायबरेली (उ. प्र.) कचरापारा (पं. बंगाल) में रेलवे कोच फैक्ट्री की स्थापना की जा रही है।
- बिहार के मढ़ौरा में डीजल इंजन व मधेपुरा में विद्युत इंजन कारखाना लगाया जा रहा है।

कुछ अन्य महत्त्वपूर्ण उद्योग

उद्योग	महत्त्वपूर्ण स्थान
जूट उद्योग	पं. बंगाल-टीटागढ़, रिशरा, शिवपुर, बिहार, पूर्णिया, कटिहार, सहरसा, दरभंगा, उ.प्र- कानपुर, सहजनवाँ
चीनी उद्योग	उ.प्र.- देवरिया, पड़रौना, गोरखपुर, सिसवाँ, बलरामपुर, गौण्डा, बुलन्दशहर बिहार-मोतिहारी, सुगौली, चनपटिया, नटकटियागंज, पदौरा, सासामूसा, मोतीपुर, दरभंगा, चम्पारण
कागज उद्योग	मध्य प्रदेश का नेपानगर अखबारी कागज तथा होशंगाबाद में नोट छापने का कारखाना हैं। पं. बंगाल टीटागढ, रानीगंज, कोलकात्ता गुजरात-पापी, सूरत, बड़ोदरा

जलयान निर्माण उद्योग

जलयान निर्माण का पहला कारखाना वर्ष 1941 में सिन्धिया स्टील नेवीगेशन कम्पनी द्वारा विशाखापत्तनम में स्थापित किया गया था,

सार्वजनिक क्षेत्र की अन्य इकाइयाँ निम्न हैं

- गार्डेनरीच वर्कशॉप लिमिटेड–कोलकात्ता (पं. बंगाल)
- गोवा शिपयार्ड लिमिटेड–गोवा
- मझगाँव डाक लिमिटेड–मुम्बई (महाराष्ट्र)

भारत के खनिज

खनिज पदार्थ	राज्य	राज्यों में उत्पादन क्षेत्र
लौह अयस्क	ओडिशा	सोनाई, क्योंझर, मयूरभंज
	झारखण्ड	सिंहभूम, हजारीबाग, पलामू, धनबाद
	छत्तीसगढ़	बस्तर, दुर्ग, रायगढ़, बिलासपुर
	कर्नाटक	बेलारी, चिकमंगलूर
कोयला	झारखण्ड	घनबाद, सिंहभूम, गिरिडीह
	प. बंगाल	रानीगंज, आसनसोल
	छत्तीसगढ़	रायगढ़
	ओडिशा	देसगढ़, तलचर
	अरुणाचल प्रदेश	नामचिक, नामरूप
ताँबा	झारखण्ड	सिंहभूम, हजारीबाग
	राजस्थान	खेतड़ी, झुंझुनु, भीलवाड़ा, सिरोही
	कर्नाटक	चीतल, दुर्ग, हासन
	म. प्रदेश	बालाघाट
अभ्रक	आन्ध्र प्रदेश	नेल्लोर
	झारखण्ड	पलामू
	गुजरात	खेड़ा
	म. प्र.	कटनी, बालाघाट, जबलपुर
बॉक्साइड	ओडिशा	चन्दगिरि, बफली माली पर्वत, कथकल
	झारखण्ड	कोडरमा, हजारीबाग
	बिहार	गया, मुंगेर
	महाराष्ट्र	नागपुर, भण्डारा, रत्नागिरि
पेट्रोलियम	असम	डिग्बोई, सूरमा घाटी
	गुजरात	खम्भात, अंकलेश्वर
	महाराष्ट्र	बॉम्बे हाई
यूरेनियम	झारखण्ड	राँची, हजारीबाग, सिंहभूम
जस्ता	राजस्थान	उदयपुर, भीलवाड़ा, अजमेर
	जम्मू-कश्मीर	रियासी
चाँदी	राजस्थान	जावर खान

खनिज पदार्थ	राज्य	राज्यों में उत्पादन क्षेत्र
	कर्नाटक	चित्र दुर्ग, बेलारी
	आन्ध्र प्रदेश	कुडघा, गुण्टुर
	झारखण्ड	सन्यालपरगना, सिंहभूम
थोरियम	राजस्थान	पाली, भीलवाड़ा
टिन	छत्तीसगढ़	बस्तर (सम्पूर्ण भण्डार एवं उत्पादन)

भारत में परिवहन

सड़क परिवहन

- भारत की सड़क प्रणाली विश्व की दूसरी बड़ी सड़क प्रणाली है जिसमें राष्ट्रीय राजमार्गों की लम्बाई देश की कुल सड़कों की लम्बाई का मात्र 2% है, परन्तु राष्ट्रीय राजमार्ग कुल सड़क यातायात का 40% भार वहन करता है।
- भारत में सड़क परिवहन को राष्ट्रीय राजमार्ग के राज्यों के राज्यमार्ग तथा अन्य सड़कों में विभाजित किया जाता है।
- भारत का सबसे लम्बा राष्ट्रीय राजमार्ग 44 है जो जम्मू-कश्मीर से तमिलनाडु के कन्याकुमारी तक जाता है। यह 3745 किमी लम्बा है। राष्ट्रीय राजमार्ग संख्या 1 तथा 2 को सम्मिलित रूप से ग्राण्ड ट्रंक रोड कहा जाता है।
- भारत का सबसे छोटा राष्ट्रीय राजमार्ग 327-B (लम्बाई 1.2 किमी है) जो पश्चिम बंगाल में पानी टंकी से नेपाल की सीमा पर स्थित मेजीपुल तक जाता है।
- स्वर्णिम चतुर्भुज योजना 5846 किमी लम्बा है जो चार महानगरों दिल्ली, मुम्बई, चेन्नई तथा कोलकाता को जोड़ता है।
- राष्ट्रीय राजमार्ग विकास कार्यक्रम के अन्तर्गत बनने वाली उत्तर-दक्षिण गलियारा से श्रीनगर को कन्याकुमारी से तथा पूर्व-पश्चिम गलियारा से सिलचर से पोरबन्दर को जोड़ता है।
- यह गलियारा एक-दूसरे का झाँसी में काटता है। इस गलियारा की लम्बाई 7,500 किमी है।
- भारत में सड़कों को सर्वाधिक घनत्व केरल में तथा सबसे कम जम्मू-कश्मीर में है।
- जवाहर सुरंग, राष्ट्रीय राजमार्ग संख्या 1A में जम्मू-कश्मीर में स्थित है।
- विश्व की सबसे ऊँची सड़क उमलिंग-ला सड़क मार्ग (पूर्वी लद्दाख) है।
- भारत में सड़कों की कुल लम्बाई की दृष्टि से महाराष्ट्र, प्रथम स्थान पर है।
- प्रधानमन्त्री ग्राम सड़क योजना के अन्तर्गत 500 आबादी वाले सभी गाँवों को बारहमासी सड़कों से जोड़ने का लक्ष्य बनाया गया है।
- केरल देश का प्रथम राज्य है जहाँ चार इंटरनेशनल एयरपोर्ट है।

रेल परिवहन

- भारतीय रेल परिवहन विश्व की दूसरी तथा एशिया की सबसे बड़ी रेल व्यवस्था है जिसकी शुरुआत 1853 ई. में लॉर्ड डलहौजी के काल में मुम्बई से थाणे के बीच हुई थी।
- भारतीय रेलवे बोर्ड की स्थापना मार्च वर्ष 1905 में की गई थी एवं भारतीय रेल का राष्ट्रीयकरण वर्ष 1950 में हुआ था।
- भारतीय रेल प्रशासन तथा प्रबन्धन की जिम्मेदारी रेलवे बोर्ड पर है तथा भारत में रेलवे को 18 मण्डलों में बाँटा गया है।
- रेल वित्त को वर्ष 1924-25 के बाद एटवर्थ कमेटी की सिफारिश पर सामान्य राजस्व से अलग किया गया, परन्तु 2017 के बजट में दोबारा रेल बजट को सामान्य बजट में मिला लिया गया।
- भारत में पहली मेट्रो रेल सेवा कोलकाता में दमदम से टॉलीगंज तक कुल 16.45 किमी तक चली थी।
- दिल्ली मेट्रो सेवा 25 दिसम्बर, 2002 को तीस हजारी से शाहदरा के बीच जापान व कोरिया की सहायता से शुरू हुई थी।
- बंगलुरु मेट्रो की शुरुआत 20 अक्टूबर, 2011 को नम्मा मेट्रो के नाम से तथा 2014 में मुम्बई मेट्रो की शुरुआत की गई है।
- सर्वाधिक तेज गति से चलने वाली रेलगाड़ी—वन्देभारत एक्सप्रेस 180 किमी/घण्टा (नई दिल्ली से वाराणसी)।
- सर्वाधिक दूरी तय करने वाली रेलगाड़ी—विवेक एक्सप्रेस (4286 किमी) डिब्रूगढ़ से कन्याकुमारी।
- कोंकण रेलवे परियोजना के तहत् रोहा (महाराष्ट्र) से मंगलौर (कर्नाटक) के बीच 760 किमी लम्बे रेलमार्ग का निर्माण किया गया है। यह रेलमार्ग महाराष्ट्र, गोवा, कर्नाटक राज्यों से होकर गुजरता है।

वायु परिवहन

- भारत में वायु परिवहन की शुरुआत वर्ष 1911 में इलाहाबाद से नैनी के बीच डाक सेवा के रूप में की गई।
- वर्ष 1933 में इण्डियन नेशनल एयरवेज कम्पनी की स्थापना हुई तथा वर्ष 1953 में भारतीय विमान निगम तथा एयर इण्डिया की स्थापना हुई।
- वर्ष 1981 में देश में घरेलू उड़ान के लिए मेघदूत नामक निगम की स्थापना की गई थी।
- 31 मार्च, 2007 को इण्डियन एयरलाइन्स व एयर इण्डिया का आपस में विलय कर दिया गया तथा इसका मुख्यालय मुम्बई में स्थापित किया गया।
- ग्रीनफिल्ड हवाई अड्डा ऐसे हवाई अड्डे से दूर नए स्थल पर बिलकुल नवीन हवाई अड्डा स्थापित किया गया।
- इन्दिरा गाँधी राष्ट्रीय उड़ान अकादमी एक स्वात्त संस्था है, जो फुर्सतगंज, रायबरेली, उत्तर प्रदेश में है। यह पायलटों को प्रशिक्षण देती है।
- भारतीय विमानपत्तनम प्राधिकरण का गठन 1 अप्रैल, 1995 को किया गया था।
- केरल देश का प्रथम राज्य है, जहाँ चार इण्टरनेशनल एयरपोर्ट हैं। इसके अतिरिक्त उत्तर प्रदेश में भी 4 इण्टरनेशल एयरपोर्ट हैं।

जल परिवहन

देश के जलमार्गों को दो भागों में बाँटा गया है,

- आन्तरिक अथवा अन्तर्देशीय जल परिवहन एवं जहाजरानी परिवहन, अन्तर्देशीय जलमार्गों के विकास के लिए, वर्ष 1986 में आन्तरिक जल परिवहन प्राधिकरण का गठन किया गया था।
- आन्तरिक जलमार्गों के अन्तर्गत वर्ष 1986 में हल्दिया (कोलकाता) से इलाहाबाद (उत्तर प्रदेश) को राष्ट्रीय जलमार्ग संख्या-1 घोषित किया गया है।
- भारत में 13 बड़े तथा 185 छोटे एवं मंझोले बन्दरगाह हैं।
- भारत में प्रमुख बन्दरगाहों में कोच्चि (केरल), विशाखापत्तनम (आन्ध्र प्रदेश), पारादीप (उड़ीसा), तूतीकोरीन (तमिलनाडु) मार्मागोवा (गोवा), काण्डला (गुजरात), न्यू मंगलुरु (कर्नाटक), न्हावाशोवा (महाराष्ट्र) एन्नौर (तमिलनाडु), पोर्ट ब्लेयर (अण्डमान-निकोबार द्वीप समूह) है।

भारत के राष्ट्रीय जलमार्ग

	राजमार्ग	स्थान	किमी
1.	राष्ट्रीय जलमार्ग सं. 01	इलाहाबाद से हल्दिया (1986)	1620
2.	राष्ट्रीय जलमार्ग सं. 02	सादिया से घुबरी (1988)	891
3.	राष्ट्रीय जलमार्ग सं. 03	कोल्लम से कोहापुरम (1991)	365
4.	राष्ट्रीय जलमार्ग सं. 04	काकीनाड़ा से पुदुचेरी (2008)	2890
5.	राष्ट्रीय जलमार्ग सं. 05	तलचर (उड़ीसा) से गोयनखाली (2008)	588
6.	राष्ट्रीय जलमार्ग सं. 06	लखीमपुर से भाँगा	71

प्रमुख बन्दरगाहों से सम्बन्धित तथ्य

बन्दरगाह	तथ्य
मुम्बई	देश का सबसे बड़ा बन्दरगाह
विशाखापत्तनम	सर्वश्रेष्ठ प्राकृतिक बन्दरगाह (बंगाल की खाड़ी) सबसे गहरा बन्दरगाह
काण्डला	ज्वारीय बन्दरगाह, मुक्त व्यापार क्षेत्र वाला
चेन्नई	कृत्रिम बन्दरगाह, भारत का सबसे प्राचीन बन्दरगाह है।
दाहेज (गुजरात)	रासायनिक बन्दरगाह
कोलकाता	नदीय बन्दरगाह

भारत की प्रमुख जनजातियाँ

- भारत की 15वीं जनगणना 2011 के अनुसार, भारत में अनुसूचित जनजाति की संख्या देश की कुल जनसंख्या का 8.6% है जिसमें सर्वाधिक अनुसूचित जनजाति जनसंख्या मध्य प्रदेश में पाई जाती है।
- प्रतिशत के आधार पर सर्वाधिक अनुसूचित जनजाति मिजोरम 94.4% में पाई जाती है, जबकि हरियाणा एवं पंजाब में कोई भी अनुसूचित जनजाति निवास नहीं करती है।

भारत की प्रमुख जनजातियों का विवरण

राज्य	जनजातियाँ
नागालैण्ड	नागा, नबुई नागा, कोन्यक
मणिपुर	कूकी, मैठी
मेघालय	गारो, खासी, मिकिर एवं जयन्तियाँ
मिजोरम	लाखार, पावी, मीजो
अरुणाचल प्रदेश	मोपा, डाफ्ला, आपातानी, मेजी मिश्मी, मिनयोग
सिक्किम	लेप्चा, लिम्बू
छत्तीसगढ	कवरढ़ा, मुरिया
मध्य प्रदेश	भील लम्बाड़ी, मूरिया, बैगा, मुण्डा, कोल, कमार
झारखण्ड	सन्थाल, हो मुण्डा, बिरहोर, कोरबा, केला असूर
राजस्थान	मीणा, भील गरसिया, बंजारा, कोली, खारी, कलबेला
तमिलनाडु	टोडा
हिमाचल प्रदेश	गद्दी, किन्नौर, जदा, बकरावल, गुज्जर, गद्दी
जम्मू-कश्मीर	बकरावल, गुज्जर
उत्तराखण्ड	थारू, भोटिया, खस, बुक्सा जौनसारी, रानी, शौक
गुजरात	भील, बंजारा, कोली, डबला
आन्ध्र प्रदेश	चैचू, कौढ़स, सवारा, बंजारा, लंबाडा
अण्डमान निकोबार	अडण्मानी, निकोबारी, सैटलीज, जारवा
असोम	गारो, खासी, जयन्तियाँ, लुशाई, मीरी
महाराष्ट्र	वार्ली, बंजारा, भील, कोली।

पर्यावरणीय मुद्दे

- **पर्यावरण** सभी जैविक तथा अजैविक तत्त्वों का सम्मिश्रण है, जिसके मुख्य रूप से तीन घटक होते हैं—भौतिक, जैविक तथा ऊर्जा संघटक
- भौतिक संघटकों के अन्तर्गत स्थल, वायु, जल शामिल है तथा जैविक संघटक में सभी जीवित प्राणी एवं पादपों को शामिल किया जाता है।
- पर्यावरण के जैविक एवं अजैविक तत्त्वों को परस्पर क्रियाशीलता से पारिस्थितिकी तन्त्र की रचना होती है, पारिस्थितिकी शब्द का प्रयोग सर्वप्रथम अर्नेस्ट हेकेल ने 1869 ई. में किया था।
- पारिस्थितिकी तन्त्र का सर्वप्रथम प्रयोग ए जी टांसले ने वर्ष 1935 में किया था।
- पारिस्थितिकी तन्त्र के प्रमुख घटकों में उत्पादक, उपभोक्ता तथा अपघटक शामिल हैं, जो मूल रूप से जैविक घटक होते हैं।
- उत्पादक स्वपोषी हरे पौधे होते हैं जो प्रकाश की उपस्थिति में प्रकाश संश्लेषण द्वारा अपना भोजन स्वयं बनाते हैं, जबकि उपभोक्ता वर्ग में वे जीव शामिल हैं, जो उत्पादकों का प्रत्यक्ष एवं अप्रत्यक्ष रूप से भक्षण करते हैं, जिनमें-प्राथमिक, द्वितीयक एवं तृतीयक उपभोक्ता शामिल हैं।
  प्राथमिक उपभोक्ता शाकाहारी जीव - गाय, हिरण, खरगोश
  द्वितीयक उपभोक्ता मांसाहारी जीव - बिजली, लोमड़ी मेढक
  तृतीयक उपभोक्ता शाकाहारी + मांसाहारी - शेर, बाज, गिद्ध
- प्रजातियों की बढ़ती संख्या के कारण पोषण स्तर जटिल हो जाता है, क्योंकि पोषण के लिए एक जन्तु दूसरे जन्तु से भोजन प्राप्त करते हैं।
- अपघटक या मृतजीवी अन्य परपोषी जीव हैं, जिनमें प्रमुख रूप से बैक्टीरिया तथा कवक शामिल हैं, जो पोषण के लिए मृत कार्बनिक पदार्थ या अपरद पर निर्भर करते हैं। अपघटक मरे हुए उपभोक्ताओं को साधारण भौतिक तत्त्वों में विघटित कर देते हैं।

जैव विविधता

जैव विविधता से तात्पर्य किसी विशेष क्षेत्र के समस्त जीव जातियों एवं पारितन्त्रों के संग्रह से है अर्थात् किसी क्षेत्र में उपस्थित जीवों की विभिन्न प्रजातियों की संख्या उस क्षेत्र की जैव विविधता कहलाती है।

- भारत में जैव विविधता के दो प्रमुख स्थल हैं जो हॉट स्पॉट के रूप में जाने जाते है—1. पूर्वी हिमालय, 2. पश्चिमी घाट
- पश्चिमी घाट अति क्रियाशील स्थल माना जाता है।
- हॉट स्पॉट वैसे क्षेत्र होते हैं जहाँ पर जैव विविधता अत्यधिक होती है तथा घास का खतरा भी अधिक होता है, इसका प्रतिपादन वर्ष 1988 में नार्मन मायर्स ने किया था।
- भारत विश्व के 12 सर्वाधिक जैव विविधता वाले देशों में आता है।
- बायोम (जीवोम) के अन्तर्गत महाद्वीप के सभी भागों के समस्त जीवों एवं पादपों को सम्मिलित करते हैं। इसमें पादपों एवं जन्तुएँ आपस में अन्योन्यक्रिया करते हैं।

जैव विविधता ह्रास के कारण

आवासों का विखण्डन, विदेशी जातियों का आगमन, जलवायु, परिवर्तन, अतिदोहन, प्राकृतिक आपदा, स्थानान्तरित कृषि, इत्यादि।

जैव विविधता संरक्षण

- जैव विविधता संरक्षण के लिए मुख्य रूप से इन सीटू (insitu) या स्व-स्थाने तथा एक्स सीटू (Ex-Sitw) पर-स्थाने पद्धति का उपयोग किया जाता है।
- स्व-स्थाने संरक्षण के अन्तर्गत राष्ट्रीय उद्यान, वन्यजीव अभयारण्य, जैव मण्डलीय आरक्षित क्षेत्र, पवित्र वन, झीलें तथा उपवन हैं।
- भारत सरकार ने वर्ष 1986 में पर्यावरण (संरक्षण) बिल पास किया था।
- पर-स्थाने संरक्षण में वनस्पति उद्यान, चिड़ियाघर, संरक्षण स्थल जीव बैंक, DNA बैंक आदि शामिल हैं।
- यूनियन फॉर कंजरवेशन ऑफ नेचर एण्ड नेचुरल रिसोर्सिस (IUCN) दुर्लभ जातियों के संरक्षण एवं प्रकृति और प्राकृतिक सम्पदाओं को संरक्षण करता है।
- IUCN विश्व संरक्षण संघ भी कहलाता है जिसका मुख्यालय ग्लेण्ड, स्विट्जरलैण्ड में है। यह वर्ष 1978 में पौधों पर व वर्ष 1988 में जन्तुओं पर रेड-डाटा बुक्स का प्रकाशन करता है।

विभिन्न जैव विविधता सम्बन्धी प्रमुख सम्मेलन

सन्धि	वर्ष
विश्व विरासत सन्धि	1972
रामसर समझौता	1971
जैव विविधता सन्धि	1992
कार्टाजेना प्रोटोकॉल	2000
नागोआ प्रोटोकॉल	2010
कोप-11 (हैदराबाद)	2012
कोप-14 (मिस्त्र)	2018
कोप-15 (चीन)	2021

यूनेस्को द्वारा मान्यता प्राप्त 12 जैवमण्डल क्षेत्र

नाम	राज्य	वर्ष
नीलगिरि	तमिलनाडु, केरल, कर्नाटक	2000
मन्नार की खाड़ी	तमिलनाडु	2001
सुन्दरवन	पश्चिम बंगाल	2001
नन्दा देवी	उत्तराखण्ड	2004
नोकरेक	मेघालय	2009
पंचमढ़ी	मध्य प्रदेश	2009
सिमलीपाल	ओडिशा	2009
अचानक कमार अमरकटक	छत्तीसगढ़, मध्य प्रदेश	2012
निकोबार द्वीप	अण्डमान एवं निकोबार द्वीप समूह	2013
अगस्तमलाई	केरल और तमिलनाडु	2016
कंचनजंघा नेशनल पार्क	सिक्किम	2018
पन्ना	मध्य प्रदेश	2020

राष्ट्रीय अभयारण्य तथा उद्यान प्राप्य दुर्लभ प्रजातियाँ/अवस्थिति

राष्ट्रीय उद्यान/अभयारण्य	पाई जाने वाली दुर्लभ प्रजातियाँ
मानस राष्ट्रीय उद्यान (असम)	हाथी, गैण्डा, जंगली भैंसा, गौर, बौना सुअर, गोल्डन लंगूर, सिविट बिल्ली, बांघ, तेन्दुआ, रीछ, घड़ियाल, अजगर एवं बड़ी गिलहरी।
काजीरंगा राष्ट्रीय उद्यान (असम)	एक सींगा वाले भारतीय गैण्डों का आश्रय स्थल।
धृगन्धरा अभयारण्य (गुजरात)	जंगली गधों की लुप्तप्राय प्रजाति 'घुड़खर'।
केबुल-लामजाओ राष्ट्रीय उद्यान (मणिपुर)	भौंह जैसी सींगों वाला हिरण, जल पक्षी।
गिर राष्ट्रीय उद्यान (गुजरात)	एशियाई शेर।
मरु अभयारण्य (राजस्थान)	गोडावन, काला मृग, चिंकारा।
कंचनजंगा राष्ट्रीय उद्यान (सिक्किम)	लाल पाण्डा, हिम तेन्दुआ, बादली तेन्दुआ, थार कस्तूरी, मृग भरल, थाकिन, घूरल, सीरो, जंगली गधे आदि।
वेदानथगल जल पक्षी अभयारण्य (तमिलनाडु)	विविध जल पक्षी।
सिमलीपाल राष्ट्रीय उद्यान (ओडिशा)	बाद्य, गौर, चीतल, तेन्दुआ, मूषक, हिरण, उड़ने वाली गिलहरी एवं मगरमच्छ।
भितरकनिका अभयारण्य (ओडिशा)	खारे पानी का मगरमच्छ मॉनिटर छिपकलियाँ, तेन्दुआ, मछलीमार बिल्ली, जल पक्षी एवं रिडले समुद्री कुछआ।
दाचिग्राम राष्ट्रीय उद्यान (जम्मू-कश्मीर)	तेन्दुआ, काला भालू, भूरा भालू, सेराव, कस्तूरी मृग एवं हंगुल।
दुधवा राष्ट्रीय उद्यान (उत्तर प्रदेश)	बाघ, तेन्दुआ, मधु रीछ, साम्भर, दलदली हिरण, चीतल, जंगली मुर्गी एवं तीतर।
केवलादेव घाना राष्ट्रीय उद्यान (राजस्थान)	साइबेरियाई सारस, पनकौआ, धनेश, दर्वीमुख बटेर, टिकारी, बगुला साम्भर, चीतल, काला मृग एवं सिविट बिल्ली।
पिन वैली नेशनल पार्क (हिमाचल प्रदेश)	हिम चीता, बर्फ का भेड़िया, जंगली बकरी, भूरी लोमड़ी, आई बैक्स एवं छोटा मारमोटर
जिम कार्बेट नेशनल पार्क (उत्तराखण्ड)	पाण्डा, बाघ, हाथी आदि।

प्रदूषण

- वायु जल या भूमि के भौतिक, रासायनिक या जैविक गुणों में होने वाले ऐसे अनचाहे परिवर्तन जो मनुष्य एवं अन्य जीवधारियों एवं उनकी जीवन परिस्थितियों तथा औद्योगिक प्रक्रियाओं एवं सांस्कृतिक उपलब्धियों के लिए हानिकारक हों, प्रदूषण कहलाते हैं।
- अनिम्नीकरण प्रदूषण वैसे प्रदूषक होते हैं जो सूक्ष्म जीवों के द्वारा अपघटित नहीं होते हैं; जैसे—एल्युमीनियम के बर्तन, पारे के यौगिक, डीडीटी, काँच, आर्सेनिक तथा प्लास्टिक।
- निम्नकरणीय प्रदूषक वैसे प्रदूषक होते है जो सूक्ष्म जीवों के द्वारा विघटित हो जाते हैं; जैसे—घरेलू वाहित मल कपड़ा, कागज, कूड़ा-करकट आदि।
- प्रदूषण के तीन मुख्य प्रकार होते हैं—वायु प्रदूषण, जल प्रदूषण, ध्वनि प्रदूषण। इसके अलावा मृदा प्रदूषण, रेडियोंधर्मी प्रदूषण भी प्रमुख रूप हैं।
- वायु प्रदूषण के परिणामस्वरूप स्मोग का निर्माण होता है जिसमें धुआँ और कोहरा होता है।
- झील में ऊष्मा की अत्यधिक मात्रा को संयोजन को ताप प्रदूषण कहते हैं।

प्रदूषण का नाम	कारक	पड़ने वाले प्रभाव
वायु प्रदूषण	जीवाश्म ईंधनों से उत्पन्न गैसें, CO_2, CO, SO_2 NO_2, CH_4 का उत्पादन, कोयला दहन	श्वसन नेत्र, ब्रान्काइटिस, आँखों में जलन, दमा, फेफड़े, का कैंसर
जल प्रदूषण	घरेलू अपशिष्ट, औद्योगिक अपशिष्ट, कीटनाशकों का प्रयोग, तेल रिसाव, पारा कैडमियम	हेपेटाइटिस, मिनीमाता, इटाई-इटाई, ब्लैक फुट (आर्सेनिक) ब्लूबेबी सिण्ड्रोय नाइट्रेट, फ्लोरोसिस (फ्लोरायड), हैजा, दस्त, पेचिस
ध्वनि प्रदूषण	प्राकृतिक तथा मानवीय प्रभावों से उत्पन्न अधिक ध्वनि	उच्च रक्तचाप, माइग्रेन, चिड़चिड़ापन, अनिद्रा, पेट का अल्सर, श्रवण शक्ति कम हो जाना
रेडियो धर्मी प्रदूषण	रेडियोधर्मी विकिरण जैसे यूरेनियम, थेरियम, प्लूटोनियम	ट्यूमर, कैंसर, अस्थि कैंसर

भूमण्डलीय तापन

- वैश्विक तापमान में हुई वृद्धि यानी पृथ्वी के वायुमण्डल के ताप का सामान्य से अधिक हो जाना भूमण्डलीय तापन है। इसका कारण यह है कि सूर्य से आने वाली लघु तरंगें पृथ्वी के वायुमण्डल में प्रवेश तो कर जाती हैं, परन्तु विभिन्न गैसों; जैसे –, CO_2, CH_4 के सान्द्रण के कारण परावर्तित नहीं हो पाती हैं, इसी कारण पृथ्वी का तापमान बढ़ने लगता है। प्रकाश रसायन सूर्य प्रकाश की उपस्थिति में NO_2O_3 तथा परॉक्सी एसिटिल नाइट्रेट का परिणाम है। ग्रीन हाउस प्रभाव के कारण पृथ्वी के तापमान में वृद्धि होती है।

अभ्यास प्रश्न

विश्व का भूगोल

1. ब्रह्माण्ड की उत्पत्ति से सम्बन्धित बिग-बैंग सिद्धान्त का प्रतिपादन किसने किया था?
(a) ऐब जॉर्ज लैमेन्टेर (b) एडविन हब्बल
(c) डॉप्लर (d) अल्बर्ट आइन्सटीन

2. एडिवन हब्बल के किस सिद्धान्त ने यह प्रमाणित किया कि ब्रह्माण्ड का निरन्तर विस्तार हो रहा है?
(a) महाविस्फोट सिद्धान्त
(b) डॉप्लर सिद्धान्त
(c) लॉर्ज हैड्न कोलाइजर सिद्धान्त
(d) साम्यावस्था सिद्धान्त

3. क्षुद्रग्रह किन दो ग्रहों के बीच पाए जाते हैं?
(a) शुक्र एवं पृथ्वी (b) बृहस्पति एवं शनि
(c) बुध एवं शुक्र
(d) मंगल एवं बृहस्पति

4. कौन-सा एकमात्र क्षुद्र ऐसा है, जिसे नंगी आँखों से देखा जा सकता है?
(a) सुमेकर लेवी 9 (b) कैसिनी
(c) हैलियो (d) फोरवेस्टा

5. मन्दाकिनी क्या होता है?
(a) यह तारों का समूह
(b) छोटे क्षुद्र ग्रहों का समूह
(c) गैस और धूमकणों के बादल
(d) आकाशगंगाओं का समूह

6. सौरमण्डल में कौन-कौन शामिल हैं?
(a) सूर्य
(b) विभिन्न ग्रह एवं उपग्रह
(c) क्षुद्रग्रह, धूमकेतु, उल्का
(d) उपरोक्त सभी

7. सूर्य में ऊर्जा की उत्पति का माध्यम क्या है?
(a) नाभिकीय विखण्डन (b) नाभिकीय संलयन
(c) सौर ज्वाला (d) औरोरा ऑस्ट्रेलिस

8. सूर्य की आयु लगभग कितने वर्ष है?
(a) 5 बिलियन (b) 6 बिलियन
(c) 4 बिलियन (d) 7 बिलियन

9. सूर्य के प्रकाश को पृथ्वी तक पहुँचने में कितना समय लगता है?
(a) 6 मिनट 16 सेकण्ड
(b) 7 मिनट 16 सेकण्ड
(c) 8 मिनट 16 सेकण्ड
(d) 9 मिनट 16 सेकण्ड

10. सूर्य से निकलने वाली सौर ज्वाला को उत्तरी ध्रुव पर क्या कहते हैं?
(a) औरोरा बोरियालिस
(b) औरोरा ऑस्ट्रेलिस
(c) सौर कलंक
(d) रेड शिफ्टस

11. हैली नामक धूमकेतु या पुच्छल तारे का परिभ्रमण काल कितने वर्ष का है?
(a) 74 वर्ष (b) 75 वर्ष
(c) 76 वर्ष (d) 77 वर्ष

12. पृथ्वी अपने अक्ष पर कितने डिग्री झुकी हुई है?
(a) $22\frac{1}{2}°$ (b) $23\frac{1}{2}°$
(c) $24\frac{1}{2}°$ (d) $25\frac{1}{2}°$

13. पृथ्वी पर दो अक्षांशों के बीच की दूरी कितनी है?
(a) 111 किमी (b) 121 किमी
(c) 131 किमी (d) 141 किमी

14. कितने डिग्री देशान्तर को अन्तर्राष्ट्रीय तिथि रेखा कहते हैं?
(a) 145° (b) 165° (c) 175° (d) 180°

15. आन्तरिक ग्रह जिन्हें पार्थिव ग्रह कहते हैं, इनमें शामिल नहीं हैं
(a) बुध (b) शुक्र (c) पृथ्वी (d) शनि

16. पृथ्वी का औसत घनत्व कितना है?
(a) 4.5 (b) 5 (c) 5.5 (d) 6

17. निम्नलिखित ज्वालामुखियों में से कौन एक सक्रिय ज्वालामुखी है?
(a) पोपा (म्यांमार)
(b) किलीमंजारो (अफ्रीका)
(c) क्राकाताओं (इण्डोनेशिया)
(d) एटना (इटली)

18. निम्नलिखित ज्वालामुखियों में से कौन भूमध्य सागर में लिपारी द्वीप पर स्थित है?
(a) कोटोपैक्सी (b) स्ट्राम्बोली
(c) विसूवियस (d) किलीमंजारो

19. वह स्थान जहाँ से भू-कम्पीय तरंगों की उत्पत्ति होती है, कहलाती है?
(a) भूकम्प मूल
(b) भूकम्प केन्द्र
(c) अधिकेन्द्र
(d) उपरोक्त में से कोई नही

20. प्लेट विवर्तनिकी क्या है?
(a) महाद्वीप गतिमान प्लेट का हिस्सा है
(b) ज्वालामुखी विस्फोट
(c) हिमालय क्षेत्र में भूमि का कटाव
(d) प्लेटों के टक्कर से पर्वत का निर्माण

21. किस महाद्वीप में एक भी ज्वालामुखी नहीं है?
(a) अफ्रीका (b) यूरोप
(c) द. अमेरिका (d) ऑस्ट्रेलिया

22. विश्व में सर्वाधिक भूकम्प किस पेटी में आते हैं?
(a) अण्टलाटिक पेटी (b) हिन्द महासागर पेटी
(c) प्रशान्त पेटी (d) अण्टार्कटिका पेटी

23. नीदरलैण्ड में समुद्र तल से नीचे स्थित निम्न भूमि क्षेत्र को किस नाम से जाना जाता है?
(a) वेटलैण्ड (b) वाटरलैण्ड
(c) पोल्डर (d) लोअर लैण्ड

24. भूमध्य रेखा से 5° उत्तर एवं 5° दक्षिण में स्थित दाब पेटी क्षेत्र को क्या कहा जाता है?
(a) अश्व अक्षांश क्षेत्र (b) डोलड्रम क्षेत्र
(c) पोल्डर क्षेत्र (d) भूमध्यरेखी चक्षु

25. उपोष्ण उच्च दाब पेटी को अन्य किस प्रचलित नाम से जाना जाता है?
(a) अश्व अक्षांश क्षेत्र (b) डोलड्रम
(c) अयनवर्ती क्षेत्र (d) ट्रेड विण्ड जोन

26. उपध्रुवीय निम्न वायुदाब पेटी के निर्माण के लिए निम्नलिखित में कौन एक कारक जिम्मेदार है?
(a) घूर्णन गति (b) परिक्रमण गति
(c) ज्वारीय शक्ति (d) गुरुत्वाकर्षण बल

27. किस बल के प्रभाव के कारण उत्तरी गोलार्द्ध में पवनें दाईं ओर और दक्षिणी गोलार्द्ध में बाईं ओर मुड़ जाती हैं?
(a) गुरुत्वाकर्षण बल (b) अपकेन्द्रीय बल
(c) कोरियोलिस बल (d) ज्वारीय बल

28. कोरियोलिस बल द्वारा पवनों की दिशा में होने वाले परिवर्तन को किस नियम के रूप में जाना जाता है?
(a) फेरेल का नियम
(b) रोज हव का नियम
(c) हेडली का नियम
(d) कोरियोलिस का नियम

29. वे पवनें जो सालों भर एक ही दिशा में प्रवाहित होती हैं, एवं व्यापक भू-भाग को प्रभावित करती हैं—कहलातीं हैं?
(a) ग्रहीय पवनें (b) महाद्वीपीय पवनें
(c) समग्र पवनें (d) प्रभावशाली पवनें

30. निम्न पवनों में से कौन-एक ग्रहीय या स्थायी पवन नहीं है?
(a) वाणिज्य पवन (b) पछुआ पवन
(c) ध्रुवीय पवन (d) पर्वतीय समीर

31. किन अक्षांशों के मध्य अश्व अक्षांश का विस्तार मिलता है?
(a) 5°–10° (b) 10°–15°
(c) 15°–30° (d) 20°–350°

32. उपोष्ण उच्च वायुदाब कटिबन्धों से उपध्रुवीय निम्न वायुदाब कटिबन्धों की और प्रवाहित होने वाली स्थायी हवाएँ कहलाती हैं
(a) वाणिज्य पवन
(b) पछुआ पवन
(c) ध्रुवीय पवन
(d) जेट स्ट्रीम

33. वायुमण्डलीय दाब का मापन किस यन्त्र के द्वारा किया जाता है?
(a) हाइड्रोमीटर (b) हाइग्रोमीटर
(c) रेडियोमीटर (d) बैरोमीटर

34. क्षोभमण्डल की ऊपरी परत में तीव्र गति से प्रवाहित होने वाली पवन कहलाती है
(a) ध्रुवीय पवन (b) सनमार्गी पवन
(c) जेट स्ट्रीम (d) प्रति चक्रवातीय पवन

35. किन कारणों से भूमध्यरेखीय क्षेत्रों में चक्रवातों की उत्पत्ति नहीं होती है?
(a) निम्न वायुदाब के कारण
(b) उच्च तापमान के कारण
(c) अधिक आर्द्रता के कारण
(d) कोरियोलिस बल अभाव के कारण

36. महासागरीय धाराओं की उत्पत्ति में निम्न में कौन सबसे महत्त्वपूर्ण भूमिका निभाता है?
(a) लवणता की विभिन्नता
(b) वायुदाब में अन्तर
(c) पृथ्वी की घूर्णन गति
(d) घनत्व में अन्तर

37. किस महासागरीय जलधारा को यूरोप का कम्बल की संज्ञा दी जाती है?
(a) ब्राजीलियस जलधारा
(b) उत्तर विषुवतीय जलधारा
(c) दक्षिण विषुवतीय जलधारा
(d) गल्फ स्ट्रीम जलधारा

38. निम्नलिखित में से कौन-एक हिन्द महासागर की ठण्डी जलधारा है?
(a) मोजाम्बिक जलधारा
(b) अगुलहास जलधारा
(c) पश्चिम ऑस्ट्रेलिया जलधारा
(d) दक्षिण विषुवतीय जलधारा

39. निम्नलिखित में से कौन एक गर्म जलधारा का उदाहरण है?
(a) अलास्का जलधारा
(b) क्यूराइल जलधारा
(c) बेंगुएला जलधारा
(d) हम्बोल्ट जलधारा

40. वायुमण्डल में उपस्थित कार्बन डाइ-ऑक्साइड गैस की मात्रा का अन्य गैसों की अपेक्षा कितना अनुपात है?
(a) 0.3% (b) 0.03%
(c) 0.003% (d) 0.0003%

41. कनाडा का कौन-सा नगर 'गेहूँ की मण्डी' के लिए विश्व प्रसिद्ध है?
(a) बैंकुवर (b) मॉन्ट्रियाल
(c) विनिपेग (d) टोरन्टो

42. यूरोप में स्थित कॉकेशस राज्यों की श्रेणी में किसे शामिल नहीं किया जाता है?
(a) आर्मेनिया (b) जॉर्जिया
(c) लाटिविया (d) अजरबैजान

43. निम्नलिखित में से किस देश को दक्षिण का ब्रिटेन कहा जाता है?
(a) तुवालु (b) फिजी
(c) न्यूगिनी (d) न्यूजीलैण्ड

44. यूरोप के किस देश का भौगोलिक उपनाम "ब्लेग्राउण्ड ऑफ यूरोप" है?
(a) बेल्जियम (b) स्पेन
(c) स्विट्जरलैण्ड (d) फ्रांस

45. निम्नलिखित में किसे 'सात पहाड़ियों का नगर' कहा जाता है?
(a) पेरिस (b) मैड्रिड
(c) एमस्टर्डम (d) रोम

46. अमेरिकी नगर डेट्रायट किस उद्योग के लिए प्रसिद्ध है?
(a) जहाज निर्माण
(b) सूती वस्त्र निर्माण
(c) ऑटो मोबाइल
(d) वायुमान निर्माण

47. किस जलसन्धि को 'आँसुओं का प्रवेश द्वार' कहा जाता है?
(a) होर्मुज जलसन्धि
(b) बासफोरस जलसन्धि
(c) बाब-एल मंडेब जलसन्धि
(d) कूक जलसन्धि

48. विश्व की सर्वाधिक व्यस्त नहर की उपमा किसे दी गई है?
(a) सू नहर (b) स्वेज नहर
(c) पनामा नहर (d) कील नहर

49. किस कैरीबियन द्वीपीय देश को एण्टीलीज का मोती कहा जाता है?
(a) जमैका
(b) हैती
(c) क्यूबा
(d) डोमनियन गणराज्य

50. अमेरिका के पश्चिमी तट पर स्थित सिएटल नगर किस उद्योग के लिए प्रसिद्ध है?
(a) जलयान उद्योग
(b) इन्जीनियरिंग उद्योग
(c) वायुयान उद्योग
(d) सूती वस्त्र उद्योग

51. "हिन्द महासागर का मोती" किस देश का भौगोलिक उपनाम है?
(a) श्रीलंका (b) मॉरीशस
(c) मालदीव (d) लकादीव

52. किस खाड़ी देश को 'मोतियों का द्वीप' के नाम से भी जाना जाता है?
(a) कतर (b) बहरीन
(c) कुवैत (d) यू.ए.ई.

53. मध्य अफ्रीका में पाए जाने वाले उष्णकटिबन्धीय घास के मैदानी भाग को क्या कहा जाता है?
(a) पम्पास (b) लानोस
(c) पार्कलैण्ड (d) केम्पोज

54. ऑस्ट्रेलिया के दक्षिण-पूर्वी भाग में स्थित शीतोष्ण युक्त घास के मैदानी भाग को क्या कहा जाता है?
(a) वेल्ड (b) पम्पास
(c) स्टेपी (d) डाउन्स

55. मध्य चिली में किस प्रकार के वनों का विस्तार सबसे अधिक है?
(a) विषुवतीय सदाबहार वन
(b) शीतोष्ण सदाबहार वन
(c) उष्णकटिबन्धीय शुष्क वन
(d) भूमध्यसागरीय वन

56. अमेजन बेसिन में वर्षा वनों को किस स्थानीय नाम से जाना जाता है?
(a) लैनॉस (b) कैपॉस (c) सेल्वास (d) मोंटाना

57. सहारा रेगिस्तान में पाई जाने वाली कौन-सी जनजाति विदेश मूल की मानी जाती है?
(a) हमेटी (b) समेटी
(c) तुआरेग (d) बद्दू

58. अफ्रीका के पूर्वी भाग में स्थित किलिमंजारो पर्वत के पूर्वी ढलानों के सहारे किस जनजाति द्वारा कहवा की खेती की जाती है?
(a) हमेटी (b) छग्गा
(c) मसाई (d) बद्दू

59. ऑस्ट्रेलियाई मूल निवासी एबोर्जिन्स, देश के किस भाग में निवास करते हैं?
(a) उत्तरी ऑस्ट्रेलिया में
(b) पूर्वी ऑस्ट्रेलिया में
(c) दक्षिण-पूर्व मध्य भाग में
(d) पश्चिमी ऑस्ट्रेलिया में

60. माओरी जनजाति के लोग किस देश के मूल निवासी माने जाते हैं?
(a) ऑस्ट्रेलिया (b) न्यूजीलैण्ड
(c) न्यूगिनी (d) मलेशिया

61. अफ्रीका के कालाहारी मरुस्थलीय क्षेत्र में कौन-सी जनजाति मुख्य रूप से निवास करती है?
(a) पिग्मी (b) बन्तु
(c) बुशमैन (d) मसाई

62. सेमांग एवं सेकाई निम्नलिखित में से किस देश के मूल निवासी माने जाते हैं?
(a) थाइलैण्ड (b) मलेशिया
(c) न्यूगिनी (d) इण्डोनेशिया

63. यूरोपीय महाद्वीप की सबसे लम्बी नदी कौन-सी है?
(a) राइन (b) वोल्गा (c) यूराल (d) डेन्यूब

64. स्वेज नहर के दक्षिणी छोर पर स्थित बन्दरगाह नगर निम्नलिखित में कौन है?
(a) पोर्टस्वेज (b) काहिरा
(c) आस्वान (d) पोर्ट सईद

65. स्वेज नहर किन दो सागरों को आपस में जोड़ती है?
(a) लाल सागर एवं अरब सागर
(b) भूमध्य सागर एवं लाल सागर
(c) भूमध्य सागर एवं फारस की खाड़ी
(d) लाल सागर एवं फारस की खाड़ी

66. फ्रांस की राजधानी पेरिस किस नदी के किनारे स्थित है?
(a) विस्चुला (b) सीन (c) राइन (d) डेन्यूब

67. मध्य एशिया की दो प्रमुख नदियाँ आमू दरिया और सिर दरिया अपना जल कहाँ गिराती हैं।
(a) कैस्पियन सागर (b) काला सागर
(c) अरल सागर (d) श्वेत सागर

68. पनामा नहर पर किस देश का आधिपत्य है?
(a) अमेरिका (b) मैक्सिको
(c) पनामा (d) ग्वाटेमाल

69. आर्थिक दृष्टि से विश्व की सर्वाधिक व्यस्तम नदी की संज्ञा किसे दी गई है?
(a) सेन्टलॉरेन्स (b) राइन
(c) डेन्यूब (d) वोल्गा

70. किस दक्षिण एशियाई देश को 'लैण्ड ऑफ थण्डरवोल्ट' के नाम से जाना जाता है?
(a) नेपाल (b) मालदीव
(c) श्रीलंका (d) भूटान

71. संसार का 'रोटी का भण्डार' किस गेहूँ उत्पादन क्षेत्र के लिए प्रयुक्त किया जाता है?
(a) स्टेपीज क्षेत्र (b) डाउन्स क्षेत्र
(c) प्रेयरीज क्षेत्र (d) पम्पास क्षेत्र

72. अफ्रीकी महाद्वीपीय में प्रवाहित होने वाली कौन-एक नदी मकर रेखा को दो बार काटती (क्रास करती) है?
(a) नाइजर नदी (b) जाम्बेजी नदी
(c) ऑरेन्ज नदी (d) लिम्पोपो नदी

73. मिसीसिपी और मिसौरी दो प्रमुख नदियाँ अमेरिका के किस नगर में आपस में मिल जाती हैं?
(a) ह्यूस्टन (b) मिमामी
(c) सेण्ट लुईस (d) बुफैलो

74. यूरोपीय महाद्वीप की सबसे लम्बी नदी वोल्गा अपना जल किसमें समाहित करती है?
(a) काला सागर (b) कैस्पियन सागर
(c) ब्यूफोर्ट सागर (d) अरल सागर

75. सर्वाधिक ऊँचाई पर स्थित ''टिटिकाका झील'' किन दो देशों के मध्य स्थित है?
(a) पेरू – चीली (b) पेरू – बोलीविया
(c) चीली – बोलीविया (d) पेरू – ऊरुग्वे

76. बैकाल झील के बाद विश्व की दूसरी सबसे गहरी झील निम्नलिखित में से कौन है?
(a) टैंगानिका (b) विक्टोरिया
(c) तोबा लेक (d) अथबस्का

77. विश्व की सबसे लम्बी नदी नील का उद्गम केन्द्र किस झील को माना जाता है?
(a) टाना लेक (b) टैंगानिका लेक
(c) विक्टोरिया लेक (d) चाड लेक

78. शिकागो किस झील के किनारे अवस्थित है?
(a) सुपीरियर (b) मिशिगन
(c) ईरी (d) ह्यूरॉन

79. मीठे पानी की सबसे बड़ी झील निम्नलिखित में से कौन है?
(a) अथबस्का (b) सुपीरियर
(c) वूलर (d) विनिपेग

80. कनाडा की प्रमुख नदी मैकेन्जी नदी है, जो उत्तर की ओर प्रवाहित होती है, किस झील से निकलती है?
(a) ग्रेट बीयर (b) ग्रेट स्लेव
(c) विनीपेग (d) अथबस्का

81. किस अफ्रीकी देश की सीमा विक्टोरिया झील से संलग्न नहीं है?
(a) तंजानिया (b) मोजाम्बिक
(c) युगाण्डा (d) केन्या

82. विश्व का सबसे ऊँचा जलप्रपात एन्जिल जलप्रपात किस देश में स्थित है?
(a) पेरू (b) कोलम्बिया
(c) वेनेजुएला (d) सुरीनाम

83. विश्व प्रसिद्ध नियाग्रा जलप्रपात किस नदी पर स्थित है?
(a) मिसीसिपी (b) मैकेंजी
(c) कोलोरैण्डो (d) सेण्ट लॉरेन्स

84. विश्व का सबसे ऊँचा एन्जिल जलप्रपात किस नदी पर स्थित है?
(a) अमेजन
(b) कैरो
(c) ऑरेंज
(d) मडीरा

85. वैश्विक स्तर पर किस देश का जनघनत्व सबसे अधिक है?
(a) बांग्लादेश (b) मॉरीशस
(c) सिंगापुर (d) बेल्जियम

86. क्षेत्रफल की दृष्टि से एशियाई महाद्वीप का सबसे छोटा देश कौन-सा है?
(a) मॉरीशस (b) मालदीव
(c) बहरीन (d) ब्रूनेई

87. एशिया महाद्वीप का सबसे लम्बा रेलमार्ग ट्रांस-साइबेरियन रेलमार्ग किन दो नगरों को जोड़ता है?
(a) स्टालिनग्राड से ब्लाडीवोस्टक
(b) लेनिनग्राड से चिलियाबिंस्क
(c) लेनिनग्राड से ब्लाडीवोस्टक
(d) इर्कुटस्क से ब्लाडीवोस्टक

88. 'लैण्ड ऑफ व्हाइट एलीफैन्ट' किस देश का भौगोलिक उपनाम है?
(a) लाओस (b) कम्बोडिया
(c) थाइलैण्ड (d) म्यांमार

89. यूरोपीय महाद्वीप के किस देश में पवन चक्कियों का निर्माण सर्वाधिक हुआ है?
(a) जर्मनी
(b) डेनमार्क
(c) स्पेन
(d) नीदरलैण्ड

90. क्षेत्रफल के आधार पर विश्व का सबसे बड़ा प्रायद्वीप निम्नलिखित में से कौन है?
(a) भारतीय प्रायद्वीप
(b) सिनाई प्रायद्वीप
(c) कमचटका प्रायद्वीप
(d) अरब प्रायद्वीप

91. खाद्यान्न उत्पादन के मामले में यूरोपीय महाद्वीप का एक देश, जिसे किसानों का देश भी कहा जाता है।
(a) जर्मनी (b) फ्रांस
(c) पोलैण्ड (d) इटली

92. उत्तरी अमेरिका महाद्वीप की खोज सर्वप्रथम किसने की थी?
(a) अमेरिगो वेसपुस्सी
(b) मैगलेन
(c) कोलम्बस
(d) जेम्स कुक

93. सॉफ्टवेयर एवं कम्प्यूटर उद्योग के लिए विख्यात सिलिकन वैली किस नगर में स्थित है?
(a) सिएटल
(b) लॉस एंजेल्स
(c) सेनफ्रांसिस्को
(d) सन डियगो

94. निम्नलिखित में कौन-सा लैटिन अमेरिकी देश भूमध्य रेखा पर स्थित नहीं है?
(a) ब्राजील
(b) इक्वेडोर
(c) कोलम्बिया
(d) पराग्वे

95. हार्न ऑफ अफ्रीका में कौन एक देश शामिल नहीं है?
(a) सोमालिया
(b) जिबूती
(c) इथियोपिया
(d) दक्षिणी सूडान

96. अफ्रीका महाद्वीप में सर्वाधिक जलविद्युत उत्पादित करने वाली परियोजना 'करीबा बाँध परियोजना' किस नदी पर स्थित है?
(a) लिम्पोपो
(b) जाम्बेजी
(c) कांगो
(d) नाइजर

97. दक्षिण अफ्रीका के किस नगर को स्वर्ण नगरी के नाम से जाना जाता है?
(a) केपटाउन (b) जोहान्सबर्ग
(c) ट्रांसवाल (d) किम्बरले

98. ऑस्ट्रेलिया महाद्वीप का सबसे लम्बा रेलमार्ग ट्रांस कॉण्टिनेण्टल किन दो नगरों को जोड़ता है?
(a) पर्थ से एडिलेड
(b) पर्थ से कैनबरा
(c) पर्थ से सिडनी
(d) पर्थ से ब्रिसबेन

99. अण्टार्कटिका महाद्वीप को गतिशील महाद्वीप भी कहा जाता है, क्योंकि
(a) यह महासागर के ऊपर निरन्तर तैरता है
(b) शीत एवं ग्रीष्म ऋतु में इसके आकार बदलते रहते हैं
(c) प्लेट विवर्तनिकी के कारण यह उत्तर पश्चिम की ओर खिसक रहा है
(d) अपने ही स्थान पर ऊपर-नीचे सरकता है

100. अण्टार्कटिका महाद्वीप में भारत ने अपना पहला शोध केन्द्र दक्षिण गंगोत्री कब स्थापित किया?
(a) वर्ष 1979 (b) वर्ष 1981
(c) वर्ष 1983 (d) वर्ष 1985

भारत का भूगोल

1. क्षेत्रफल के हिसाब से भारत का विश्व में कौन-सा स्थान है?
(a) पाँचवा (b) सातवाँ
(c) आठवाँ (d) दसवाँ

2. विश्व के कुल क्षेत्रफल का कितना प्रतिशत भाग भारत का है?
(a) 2.43% (b) 3.43%
(c) 3.73% (d) 4.21%

3. भारत के किस राज्य की तट रेखा सर्वाधिक लम्बी है?
(a) आन्ध्र प्रदेश (b) तमिलनाडु
(c) गुजरात (d) महाराष्ट्र

4. भारत के सबसे उत्तरी बिन्दु का नाम क्या है?
(a) सियाचिन (b) इन्दिरा कौल
(c) कारगिल (d) इन्दिरा प्वॉइन्ट

5. भारत की स्थलीय सीमा की कुल लम्बाई कितनी है?
(a) 14,200 किमी (b) 15,200 किमी
(c) 16,200 किमी (d) 17,200 मिमी

6. भारत के कुल कितने राज्य समुद्र तट से लगे हुए हैं?
(a) 8 राज्य (b) 9 राज्य
(c) 10 राज्य (d) 11 राज्य

7. भारत का उत्तर से दक्षिण विस्तार कुल कितने किलोमीटर है?
(a) 3000 किमी (b) 3100 किमी
(c) 3214 किमी (d) 3300 किमी

8. $82\frac{1}{2}°$ पूर्वी देशान्तर रेखा भारत के किस राज्य से होकर नहीं गुजरती है?
(a) उत्तर प्रदेश (b) मध्य प्रदेश
(c) छत्तीसगढ़ (d) बिहार

9. भारत की सबसे लम्बी स्थलीय सीमा किस देश के साथ है?
(a) पाकिस्तान (b) चीन
(c) म्यांमार (d) बांग्लादेश

10. भारत की स्थलीय सीमा कितने देशों से लगी है?
(a) पाँच (b) छः (c) सात (d) आठ

11. 'डूरण्ड लाइन' किन दो देशों के बीच स्थित है?
(a) भारत-चीन
(b) भारत-पाक
(c) भारत-अफगानिस्तान
(d) भारत-बांग्लादेश

12. कर्क रेखा भारत के कितने राज्यों से होकर गुजरती है?
(a) सात राज्य (b) आठ राज्य
(c) नौ-राज्य (d) दस राज्य

13. पृथ्वी की चुंबकीय रेखा कहाँ से गुजरती है?
(a) कन्याकुमारी (b) विशाखापट्टनम
(c) त्रिवेन्द्रम (d) कोच्चि

14. पाक जल सन्धि किन दो देशों के बीच स्थित हैं?
(a) भारत-श्रीलंका (b) भारत-मालदीव
(c) भारत-बांग्लादेश (d) भारत-इण्डोनेशिया

15. निम्न में से किस राज्य की सीमा चीन से नहीं मिलती?
(a) गुजरात (b) सिक्किम
(c) अरुणाचल प्रदेश (d) उत्तराखण्ड

16. म्यांमार की सीमा किस भारतीय राज्य से मिलती है?
(a) पश्चिम बंगाल (b) आसाम
(c) त्रिपुरा (d) मिजोरम

17. भारत के किस राज्य की सीमा भूटान से नहीं मिलती?
(a) सिक्किम (b) पश्चिम बंग
(c) अरुणाचल प्रदेश (d) मेघालय

18. 10° चैनल निम्न में से किसे अलग करता है?
(a) कावारती व मिनिकॉय
(b) अण्डमान व निकोबार
(c) इण्डोनेशिया और भारत
(d) लक्षद्वीप व मालाबार

19. कोको जलसन्धि किन दो क्षेत्रों को विभाजित करती है?
(a) कोको द्वीप व कार निकोबार को
(b) कोको द्वीप व मध्य अण्डमान को
(c) कोको द्वीप व ग्रेट निकोबार को
(d) कोको द्वीप व उत्तरी अण्डमान को

20. भारत के कुल क्षेत्रफल का कितने प्रतिशत भाग मैदानी है?
(a) 11% भाग (b) 18% भाग
(c) 28% भाग (d) 43% भाग

21. भौतिक रचना तथा धरातल के स्वरूप के आधार पर भारत को कितने भागों में बाँटा गया हैं?
(a) चार भाग (b) पाँच भाग
(c) छः भाग (d) सात भाग

22. भारत की सबसे ऊँची चोटी K-2 (गाडविन आस्टिन) किस पर्वत शृंखला का भाग है?
(a) काराकोरम (b) लद्दाख
(c) जास्कर (d) पीरपंजाल

23. विश्व की सबसे ऊँची चोटी हिमालय किस श्रेणी का भाग है?
(a) ट्रांस हिमालय
(b) हिमाद्री हिमालय
(c) हिमाचल हिमालय
(d) शिवालिक हिमालय

24. भारत में हिमालय की सबसे ऊँची चोटी कौन-सी है?
(a) नन्दादेवी (b) नामचाबरवा
(c) कंचनजंघा (d) ऐवरेस्ट

25. विश्व की सबसे ऊँची पर्वत चोटी एवरेस्ट किस देश में अवस्थित है?
(a) भारत (b) भूटान
(c) चीन (d) नेपाल

26. निम्नलिखित में से कौन-सी पर्वत शृंखला हिमालय का नवीनतम् भाग है?
(a) ट्रांस हिमालय क्षेत्र
(b) वृहद् हिमालय
(c) हिमाचल हिमालय
(d) शिवालिक हिमालय

27. शिवालिक का निचला भाग क्या कहलाता है?
(a) भाबर (b) खादर
(c) तराई (d) बांगर

28. शिमला, कुल्लु, मनाली, मसूरी, दार्जिलिंग आदि प्रसिद्ध पर्यटक स्थल किस हिमालय क्षेत्र के भाग हैं
(a) हिमाचल हिमालय
(b) शिवालिक हिमालय
(c) हिमाद्री हिमालय
(d) ट्रांस हिमालय

29. वृहद् हिमालय की औसत ऊँचाई कितनी है?
(a) 5000 मी (b) 6000 मी
(c) 6500 मी (d) 7000 मी

30. निम्नलिखित में से कौन-सी पर्वत श्रेणी भारत की सबसे पुरानी पर्वत श्रेणी है?
(a) हिमालय (b) पश्चिमी घाट
(c) पूर्वी घाट (d) अरावली श्रेणी

31. अरावली पर्वत श्रेणी की सबसे ऊँची चोटी कौन-सी है?
(a) गुरु शिखर (b) धूपगढ़
(c) कालसूबाई (d) दोदाबेट्टा

32. निम्नलिखित में से कौन-सी पर्वत शृंखला ब्लॉक पर्वत का उदाहरण है?
(a) अरावली (b) सतपुड़ा
(c) हिमालय (d) पश्चिमी घाट

33. सतपुड़ा श्रेणी की सबसे ऊँची चोटी कौन-सी है?
(a) गुरु शिखर (b) दोदाबेट्टा
(c) धूपगढ़ (d) कालसूबाई

34. अमरकंटक किस पहाड़ी की सर्वोच्च शिखर है?
(a) सतपुड़ा (b) मैकाल
(c) नीलगिरि (d) शिवालिक

35. सोन एवं नर्मदा नदी का उद्गम स्थल कहाँ है?
(a) अमरकंटक (b) धूपगढ़
(c) गुरु शिखर (d) कालसूबाई

36. पश्चिमी घाट का विस्तार कहाँ से तक है?
(a) नर्मदा से गोवा तक
(b) ताप्ती नदी से कन्याकुमारी तक
(c) सूरत से कोच्चि तक
(d) नासिक से कन्याकुमारी तक

37. नासिक एवं मुम्बई के बीच कौन-सा दर्रा स्थित है?
(a) थाल घाट (b) भोर घाट
(c) पाल घाट (d) सेनकोट्टा

38. भोर घाट किन दो शहरों को जोड़ता है?
(a) तिरुवन्तपुरम एवं मदुरै
(b) कोयम्बटूर एवं कोचीन
(c) नासिक एवं मुम्बई
(d) मुम्बई एवं पुणे

39. कोयम्बटूर एवं कोचीन के बीच स्थित पाल घाट की ऊँचाई क्या है?
(a) 580 मी (b) 630 मी
(c) 305 मी (d) 280 मी

40. नीलगिरि की पहाड़ी भारत के किस राज्य में स्थित हैं?
(a) आंध्र प्रदेश (b) कर्नाटक
(c) केरल (d) तमिलनाडु

41. नीलगिरि की सबसे ऊँची चोटी दोदाबेट्टा की ऊँचाई कितनी है?
(a) 2435 मी (b) 2565 मी
(c) 2637 मी (d) 2737 मी

42. दक्षिण भारत का सर्वोच्च शिखर कौन-सा हैं?
(a) डोडाबेटा (b) अनाईमुडी
(c) कालसूबाई (d) कुदरेमुख

43. कन्याकुमारी से कृष्णा डेल्टा तक के बीच का क्षेत्र कौन-सा तट कहलाता है?
(a) कोरोमण्डल तट (b) गोलकुण्डा तट
(c) उत्तरी सरकार (d) मालाबार तट

44. पूर्वी तट पर स्थित पाराद्वीप बन्दरगाह किस राज्य में स्थित है?
(a) पश्चिम बंगाल (b) उड़ीसा
(c) आन्ध्र प्रदेश (d) तमिलनाडु

45. भारत के पश्चिमी तट पर स्थित गुजरात से गोवा तक के तट को किस नाम से जाना जाता है?
(a) मालाबार तट (b) कोंकण तट
(c) कन्नड़ तट (d) कोरोमण्डल तट

46. अण्डमान-निकोबार द्वीप समूह की सबसे ऊँची चोटी कौन-सी है?
(a) माउण्ट हैरियट (b) बैरन
(c) माउण्ट मैककिनले (d) सैडल पीक

47. भारत का एक मात्र सक्रिय ज्वालामुखी किस द्वीप पर स्थित है?
(a) नारकोण्डम (b) लिटिल अण्डमान
(c) साऊथ अण्डमान (d) बैरन

48. उत्तरी भारत के विशाल मैदान का कौन-सा भाग कंकर-पत्थरों के निक्षेप से निर्मित हुआ है?
(a) खादर (b) बांगर (c) भाबर (d) तराई

49. नदियों द्वारा बहाकर लाई गई नई जलोढ़ मिट्टी को क्या कहते हैं?
(a) खादर (b) बांगर (c) भाबर (d) तराई

50. "बनिहाल" दर्रा भारत के किस राज्य में स्थित है?
(a) हिमाचल प्रदेश (b) उत्तराखण्ड
(c) सिक्किम (d) जम्मू-कश्मीर

51. मान, नीति, लिपुलेख दर्रे भारत के किस राज्य में अवस्थित हैं?
(a) सिक्किम (b) मणिपुर
(c) उत्तराखण्ड (d) हिमाचल प्रदेश

52. नाथूला और जेलेपला दर्रा भारत के किस राज्य में स्थित है?
(a) मणिपुर (b) उत्तराखण्ड
(c) सिक्किम (d) हिमाचल प्रदेश

53. लक्षद्वीप समूह का निर्माण किससे हुआ है?
(a) बालू अट्टालिकाओं से निर्मित
(b) दरारी उद्भेदन
(c) ज्वालामुखी क्रिया
(d) प्रवाल निर्मित

54. जाड़े के दिनों में तमिलनाडु के तटों पर वर्षा किस कारण से होती है?
(a) मानसून (b) लौटता मानसून
(c) पश्चिमी विक्षोभ (d) चक्रवात

55. ग्रीष्म ऋतु में चलने वाली तीव्र आर्द हवाओं को बंगाल में किस नाम से जाना जाता है?
(a) काल वैशाखी (b) काफी वर्षा
(c) नार्वेस्टर (d) आम्र वर्षा

56. भारत में अधिकांश वर्षा किसके द्वारा होती है?
(a) उत्तरी-पूर्वी मानसून
(b) पश्चिमी विक्षोभ
(c) उष्णकटिबन्धीय चक्रवात
(d) दक्षिण-पश्चिम मानसून

57. मानसून भारत में सबसे पहले किस राज्य में प्रवेश करता है?
(a) तमिलनाडु (b) महाराष्ट्र
(c) केरल (d) उड़ीसा

58. मानसून का प्रत्यावर्तन काल किस ऋतु को कहा जाता है?
(a) शीत ऋतु (b) शरद ऋतु
(c) ग्रीष्म ऋतु (d) बसंत ऋतु

59. चिनाब किसकी सहायक नदी है?
(a) गंगा (b) सिन्धु
(c) ब्रह्मपुत्र (d) कावेरी

60. शरावती नदी पर स्थित जोग जलप्रपात भारत के किस राज्य में स्थित है?
(a) तमिलनाडु (b) केरल
(c) कर्नाटक (d) गोवा

61. झेलम, व्यास, जास्कर, गोमल आदि नदियाँ किस नदी की सहायक नदियाँ हैं?
(a) ब्रह्मपुत्र (b) सिन्धु
(c) गंगा (d) गोदावरी

62. भारत की कौन-सी नदी हिमाचल प्रदेश में "चन्द्रभागा" के नाम से जानी जाती है?
(a) सतलज (b) सिन्धु
(c) व्यास (d) चिनाब

63. गंगा नदी अपने उद्गम स्थल पर किस नाम से जानी जाती है?
(a) भागीरथी (b) पद्मा
(c) अलकनन्दा (d) जमुना

64. गंगा नदी, बांग्लादेश में किस नाम से जानी जाती है?
(a) सांगपो (b) भागीरथी
(c) पद्मा (d) जमुना

65. दामोदर और गण्डक नदियाँ किस नदी की सहायक नदी हैं?
(a) सोन नदी (b) ब्रह्मपुत्र नदी
(c) सिन्धु नदी (d) गंगा नदी

66. निम्नलिखित नदियों में से कौन-सी नदी तिब्बत में "सांगपो" के नाम से जानी जाती है?
(a) सतलज नदी (b) ब्रह्मपुत्र नदी
(c) गंगा नदी (d) चिनाब नदी

67. पासी घाट के निकट किन दो नदियों के मिलने से बह्मपुत्र नदी का उद्गम होता है?
(a) दिबांग तथा लोहित
(b) मानस तथा सुबनसिरी
(c) दिबांग तथा धन श्री
(d) मानस तथा लोहित

68. निम्नलिखित में से कौन-सी नदी अरब सागर में गिरती है?
(a) गोदावरी (b) महानदी
(c) कावेरी (d) नर्मदा

69. प्रायद्वीपीय भारत की सबसे लम्बी नदी कौन-सी है?
(a) गंगा (b) कावेरी
(c) गोदावरी (d) कृष्णा

70. पेनगंगा, वेनगंगा एवं प्राणहिता किस नदी की सहायक नदियाँ हैं?
(a) गोदावरी (b) कृष्णा
(c) ब्रह्मपुत्र (d) कावेरी

71. कावेरी नदी का उद्गम स्थल निम्न में से क्या है?
(a) नासिक का त्रियम्बक पठार
(b) कर्नाटक की ब्रह्मगिरि पहाड़ी
(c) सह्याद्री की महाबलेश्वर पहाडी
(d) विंध्याचल का अमरकंटक

72. अमरकंटक की पहाड़ी से किस नदी का उद्गम होता है?
(a) ताप्ती (b) यमुना
(c) नर्मदा (d) गोदावरी

73. निम्नलिखित में से कौन-सी नदी एश्चुएरी बनाती है?
(a) महानदी (b) सतलज (c) चम्बल (d) ताप्ती

74. चम्बल, सिन्ध, बेतवा, केन किस नदी की सहायक नदी हैं?
(a) सोन (b) गण्डक
(c) यमुना (d) झेलम

75. कौन-सी नदी नेपाल में शालीग्राम के नाम से जानी जाती है?
(a) कोसी (b) सोन
(c) गण्डक (d) ब्रह्मपुत्र

76. भारत की मीठे पानी की झील "वुलर झील" भारत के किस राज्य में स्थित है?
(a) जम्मू-कश्मीर (b) सिक्किम
(c) मणिपुर (d) राजस्थान

77. केबुललामझाओ नामक तैरता हुआ पार्क जो 'लोकटक झील' में अवस्थित है, भारत के किस राज्य में है?
(a) केरल (b) मणिपुर
(c) सिक्किम (d) मिजोरम

78. भारत की सबसे बड़ी कृत्रिम झील कौन-सी है?
(a) राणा प्रताप सागर (b) जवाहर सागर
(c) गोविन्द वल्लभ पन्त सागर
(d) गाँधी सागर

79. 'कोलेरू झील' भारत के किस राज्य में स्थित है?
(a) आंध्र प्रदेश (b) केरल
(c) महाराष्ट्र (d) तेलंगाना

80. ''पोटाश की बहुलता'' किस प्रकार की मिट्टी की विशेषता है?
(a) काली मिट्टी (b) लाल मिट्टी
(c) जलोढ़ मिट्टी (d) लैटराइट मिट्टी

81. कपास की खेती के लिए कौन-सी मिट्टी उपयुक्त होती हैं?
(a) जलोढ़ मिट्टी (b) काली मिट्टी
(c) लाल मिट्टी (d) लैटराइट मिट्टी

82. इलायची तथा काजू की खेती के लिए कौन-सी मिट्टी उपयुक्त होती है?
(a) लाल मिट्टी (b) लैटराइट मिट्टी
(c) काली मिट्टी (d) जलोढ़ मिट्टी

83. कौन-सा राज्य भारत में केसर की खेती हेतु प्रसिद्ध है?
(a) जम्मू एवं कश्मीर (b) केरल
(c) पंजाब (d) हरियाणा

84. भारत में हरित-क्रान्ति की शुरुआत किस वर्ष हुई?
(a) वर्ष 1965-66 (b) वर्ष 1966-67
(c) वर्ष 1967-68 (d) वर्ष 1968-69

85. लौंग के उत्पादन हेतु भारत का कौन-सा राज्य प्रसिद्ध है?
(a) केरल (b) कर्नाटक
(c) गुजरात (d) तमिलनाडु

86. भारत में संविधान से कृषि किस सूची का विषय है?
(a) संघ सूची (b) राज्य सूची
(c) समवर्ती सूची (d) अवशिष्ट सूची

87. निम्नलिखित में से कौन-सी जायद की फसलें हैं?
(a) राई (b) उड़द
(c) मूँग (d) ये सभी

88. निम्नलिखित में से कौन-फसल रेशेदार फसल नहीं हैं?
(a) कपास (b) जूट
(c) पटुआ (d) तम्बाकू

89. द्वितीय हरित क्रान्ति की शुरुआत किस वर्ष की गई थी?
(a) वर्ष 1982-83 (b) वर्ष 1983-84
(c) वर्ष 1985-86 (d) वर्ष 1986-87

90. भारत में हरित क्रान्ति का सर्वाधिक प्रभाव किस फसल पर पड़ा था?
(a) गेहूँ और चावल (b) मोटे अनाज
(c) दलहन (d) पशुपालन

91. भिलाई इस्पात संयन्त्र की स्थापना किस देश के सहयोग से की गई थी?
(a) पश्चिमी जर्मनी
(b) ब्रिटेन
(c) सोवियत संघ
(d) कनाडा

92. भारत में एल्युमीनियम उद्योग का पहला कारखाना कहाँ स्थापित किया गया?
(a) मध्य प्रदेश का कोरबा
(b) ओडिशा का हीराकुड
(c) पश्चिम बंगाल का जे. के. नगर
(d) पश्चिम बंगाल के वेलूर

93. वर्ष 1968 में स्थापित बोकारो स्टील प्लाण्ट की स्थापना किस देश के सहयोग से हुई?
(a) पश्चिमी जर्मनी (b) U.S.A
(c) सोवियत संघ (d) ब्रिटेन

94. ''सलेम इस्पात संयन्त्र'' भारत के किस राज्य में स्थित है?
(a) तमिलनाडु (b) केरल
(c) आन्ध्र प्रदेश (d) उड़ीसा

95. प्रायद्वीपीय भारत में सिंचाई का प्रमुख साधन क्या है?
(a) कुआँ (b) नहर (c) बाँध (d) तालाब

96. भाखड़ा नांगल बाँध किस नदी पर अवस्थित है?
(a) महानदी (b) सतलुज
(c) नर्मदा (d) कावेरी

97. बगलिहार परियोजना किस नदी पर है?
(a) झेलम (b) चिनाब (c) सोन (d) चम्बल

98. तालाब द्वारा सर्वाधिक सिंचाई भारत के किस राज्य में होती है?
(a) केरल (b) आन्ध्र प्रदेश
(c) तमिलनाडु (d) उड़ीसा

99. तुलबुल परियोजना किस नदी पर अवस्थित है?
(a) झेलम (b) चिनाब (c) व्यास (d) सतलज

100. माताटीला परियोजना किस नदी पर अवस्थित है?
(a) चम्बल (b) शरावती
(c) सोन (d) बेतवा

101. नाफता-झाकड़ी परियोजना किस राज्य से सम्बन्धित है?
(a) हिमाचल प्रदेश-सतलज
(b) महाराष्ट्र-गोदावरी
(c) हरियाणा-सतलज (d) केरल-पेरियार

102. सन् 1818 में किस स्थान पर सर्वप्रथम सूती वस्त्र की आधुनिक मिल स्थापित की गई?
(a) कोलकाता (b) बम्बई
(c) अहमदाबाद (d) कानपुर

103. उत्तर-भारत का मैनचेस्टर किस शहर को कहा जाता है?
(a) कानपुर (b) दिल्ली
(c) कोलकाता (d) अमृतसर

104. मध्य प्रदेश का नेपानगर क्यों प्रसिद्ध है?
(a) जूट उद्योग (b) चीनी उद्योग
(c) कागज उद्योग (d) रेल उपकरण

105. वर्ष 1906 में भारत में फास्फेट उर्वरक का पहला कारखाना कहाँ स्थापित किया गया?
(a) हैदराबाद के बेगमपेट
(b) तमिलनाडु के रानीपेट
(c) उत्तर प्रदेश के कानपुर
(d) गुजरात का सूरत

106. जलयान निर्माण का पहला कारखाना वर्ष 1941 में सिन्धिया स्वीम नेवीगेशन कम्पनी द्वारा कहाँ स्थापित किया गया?
(a) सूरत (b) पाराद्वीप
(c) विशाखापट्टनम् (d) गोवा

107. सार्वजनिक क्षेत्र की कम्पनी गार्डनरीच वर्कशाप लिमिटेड कहाँ स्थित है?
(a) कोलकाता (b) मुम्बई
(c) चेन्नई (d) कोच्चि

108. भारत का कौन-सा राज्य कच्चे रेशम का सर्वाधिक उत्पादन करता है?
(a) आन्ध्र प्रदेश (b) कर्नाटक
(c) तमिलनाडु (d) बिहार

109. किस प्रकार के रेशम के उत्पादन में भारत को एकाधिकार प्राप्त है?
(a) मूँगा रेशम (b) टसर रेशम
(c) एरी रेशम (d) इनमें से कोई नहीं

110. विश्व में लौह उत्पादन में भारत का कौन-सा स्थान है?
(a) पहला (b) दूसरा (c) तीसरा (d) चौथा

111. भारत में बॉक्साइड का सर्वाधिक उत्पादन कौन-सा राज्य करता है?
(a) कर्नाटक (b) ओडिशा
(c) राजस्थान (d) तमिलनाडु

112. सर्वाधिक सोने का उत्पादन करने वाला राज्य कौन-सा है?
(a) आन्ध्र प्रदेश (b) मध्य प्रदेश
(c) कर्नाटक (d) तमिलनाडु

113. कोयला उत्पादन में भारत का विश्व में कौन-सा स्थान है?
(a) तीसरा (b) चौथा (c) पाँचवाँ (d) छठा

114. भारत का कौन-सा राज्य चाँदी के उत्पादन में प्रथम स्थान रखता है?
(a) छत्तीसगढ (b) झारखण्ड
(c) राजस्थान (d) कर्नाटक

115. राजस्थान स्थित खेतरी की खान किस धातु के उत्पादन हेतु प्रसिद्ध है?
(a) ताँबा (b) अभ्रक
(c) यूरेनियम (d) जस्ता

116. 'नामचिक' और 'नामरूप' कोयला क्षेत्र भारत के किस राज्य में स्थित है?
(a) अरुणाचल प्रदेश (b) झारखण्ड
(c) पश्चिम बंगाल (d) ओडिशा

117. भारत में राष्ट्रीय राजमार्गों की कुल लम्बाई देश की कुल सड़कों की कितने प्रतिशत हैं?
(a) 2% (b) 4% (c) 6% (d) 8%

118. देश का सबसे लम्बा राष्ट्रीय राजमार्ग जो श्रीनगर से कन्याकुमारी को जोड़ता है, कौन-सा है?
(a) NH 40 (b) NH 42
(c) NH 44 (d) NH 46

119. भारत का सबसे छोटा राष्ट्रीय राजमार्ग कौन-सा है?
(a) 45-A (b) 46-A
(c) 47-A (d) 327-B

120. स्वर्णिम चतुर्भुज योजना जो भारत के चार महानगरों दिल्ली, मुम्बई, चेन्नई और कोलकाता को आपस में जोड़ती है की कुल लम्बाई कितनी है?
(a) 5646 किमी (b) 5760 किमी
(c) 5846 किमी (d) 5860 किमी

121. भारत में सड़कों का सर्वाधिक घनत्व किस राज्य में है?
(a) तमिलनाडु (b) आन्ध्र प्रदेश
(c) महाराष्ट्र (d) केरल

122. भारत में सड़कों की कुल लम्बाई की दृष्टि से कौन-सा राज्य प्रथम स्थान पर है?
(a) उत्तर प्रदेश (b) महाराष्ट्र
(c) आन्ध्र प्रदेश (d) तमिलनाडु

123. भारत में रेल का राष्ट्रीयकरण किस वर्ष हुआ?
(a) वर्ष 1950 (b) वर्ष 1951
(c) वर्ष 1952 (d) वर्ष 1953

124. भारत की सबसे तेज गति से चलने वाली रेलगाड़ी कौन-सी है?
(a) राजधानी एक्सप्रेस (b) तेजस एक्सप्रेस
(c) वन्देभारत एक्सप्रेस (d) विवेक एक्सप्रेस

125. भारत की सबसे लम्बी दूरी तय करने वाली ट्रेन कौन-सी है?
(a) हिमसागर एक्सप्रेस (b) कालका मेल
(c) गतिमान एक्सप्रेस (d) विवेक एक्सप्रेस

पर्यावरण

1. पर्यावरण के तीन घटकों में से किसे एक प्रमुख घटक के रूप में शामिल नहीं किया जाता है?
(a) भौतिक (b) जैविक
(c) अजैविक (d) उर्जा संघटक

2. पर्यावरण के जैविक एवं अजैविक तत्त्वों की परस्पर क्रियाशीलता से किसकी रचना होती है?
(a) पारिस्थितिकी
(b) पारिस्थितिकी तन्त्र
(c) बायोम
(d) पारिस्थितिकी पिरामीड

3. पारिस्थितिकी शब्द का प्रयोग सर्वप्रथम किसने किया था?
(a) बैरोज (b) अर्नेस्ट हैकल
(c) ओडम (d) डटन

4. पारिस्थितिकी तन्त्र का प्रयोग सर्वप्रथम किस पर्यावरणविद् ने किया था?
(a) हैकल (b) ओडम (c) बैरोज (d) टांसले

5. लोमड़ी एवं मेढ़क को किस श्रेणी के उपभोक्ता वर्ग में शामिल किया जाता है?
(a) प्राथमिक उपभोक्ता
(b) द्वितीयक उपभोक्ता
(c) तृतीयक उपभोक्ता
(d) अपघटक या मृतजीवी

6. निम्नलिखित में से कौन-एक अपघटक या मृतजीवी जीव है, जो पोषण हेतु मृत कार्बनिक पदार्थ पर निर्भर रहते हैं?
(a) अमीबा (b) हाइड्रा
(c) कवक (d) सिलेनटरेटा

7. किसी क्षेत्र में उपस्थित जीवों की विभिन्न प्रजातियों की संख्या क्या कहलाती है?
(a) जैव भार (b) जैव विविधता
(c) बायो मास (d) जैवमण्डल

8. वैसे क्षेत्र जहाँ जैव विविधता अधिक होती है एवं ह्रास होने का खतरा भी अधिक होता है, उन क्षेत्र को कहा जाता है
(a) डेंजर जोन (b) फायर रिंग जोन
(c) हॉट स्पॉट (d) हॉट टेम्पर्ड जोन

9. जैव विविधता के सम्बन्ध में हॉट स्पॉट शब्द का प्रयोग सर्वप्रथम किसने किया था?
(a) नार्मन मायर्स (b) हैकल
(c) बकल (d) ओडम

10. निम्नलिखित में से कौन-सा एक कारण जैव विविधता ह्रास के लिए जिम्मेदार नहीं माना जाता है?
(a) जलवायु परिवर्तन (b) कंटूर कृषि
(c) स्थानान्तरित कृषि
(d) प्राकृतिक आपदा

11. जैव विविधता संरक्षण के सन्दर्भ में निम्नलिखित में से कौन एक स्व-स्थाने संरक्षण के अन्तर्गत आता है?
(a) जीव बैंक (b) संरक्षण स्थल
(c) वन्यजीव अभयारण्य (d) चिड़ियाघर

12. जैव विविधता संरक्षण के सम्बन्ध में कौन-एक पर स्थाने संरक्षण उपाय के अन्तर्गत आता है?
(a) वनस्पति उद्यान की स्थापना
(b) राष्ट्रीय उद्यान
(c) वन्यजीव अभयारण्य
(d) उपवन क्षेत्र

13. यूनियन फॉर कंजरवेशन ऑफ नेचर एण्ड नेचुरल रिसोर्सिंग (विश्व संरक्षण संघ) का मुख्यालय कहाँ स्थित है?
(a) जेनेवा (b) गलेण्ड
(c) बर्न (d) पेरिस

14. विश्व संरक्षण संघ द्वारा संकटग्रस्त जीव-जन्तुओं पर रेड डाटा बुक्स सर्वप्रथम कब प्रकाशित किया गया?
(a) वर्ष 1978 (b) वर्ष 1982
(c) वर्ष 1988 (d) वर्ष 1993

15. वर्ष 1972 में प्रथम विश्व पर्यावरण सम्मेलन का आयोजन कहाँ किया गया था?
(a) रियो डि जेनेरियों (b) क्योटो
(c) जोहान्सवर्ग (d) स्टॉकहोम

16. भारत में बाघों के संरक्षण हेतु किस वर्ष "प्रोजेक्ट टाइगर" योजना की शुरुआत की गई?
(a) 1973 (b) 1978
(c) 1981 (d) 1992

17. भारत के किस क्षेत्र में लाल पाण्डा के संरक्षण हेतु "लाल पाण्डा योजना" की शुरुआत की गई है?
(a) पश्चिमी हिमालय क्षेत्र में
(b) मध्य हिमालय क्षेत्र में
(c) पूर्वी हिमालय क्षेत्र में
(d) पश्चिमी घाट पर्वतीय क्षेत्र में

18. निम्नलिखित में से किस वनस्पति को संकट ग्रस्त प्रजातियों की श्रेणी में नहीं रखा जाता है?
(a) रोरोडैण्ड्रोन (b) सउवॉल्फिया
(c) सर्पेण्टाइना (d) रोजोफरोरा

19. किस जानवर को वर्ल्ड वाइल्ड फण्ड फॉर नेचर का आधिकारिक प्रतीक माना जाता है?
(a) बाघ (b) हिरण (c) पाण्डा (d) लंगूर

20. भारतीय उपमहाद्वीप के जल में पाए जाने वाली समुद्री कछुओं की पाँच प्रजातियों में से कौन-सी सबसे अधिक आबादी वाली प्रजाति है?
(a) लोगर हेड (b) केनेटस रिडले
(c) फलैट बेक (d) ओलिव रिडले

21. निम्नलिखित में से किस वन्य जीव अभयारण्य में एक सींग वाले गैण्डों का विशेष संरक्षण किया जाता है?
(a) मानस वन्यजीव अभयारण्य
(b) काजीरंगा वन्य जीव अभयारण्य
(c) कीबुल लाम जाओ वन्य जीव अभयारण्य
(d) परवुई वन्य जीव अभयारण्य

22. किस पर्यावरण सम्मेलन के मौके पर जैव विविधता सन्धि की गई थी?
(a) स्टॉकहोम सम्मेलन
(b) मॉण्ट्रियाल सम्मेलन
(c) रियो सम्मेलन
(d) जोहान्सवर्ग सम्मेलन

23. सिमली पॉल जैव मण्डल क्षेत्र का सम्बन्ध किस राज्य से है?
(a) ओडिशा (b) झारखण्ड
(c) तेलंगाना (d) कर्नाटक

24. वर्तमान समय में भारत में कुल कितने बाघ संरक्षण केन्द्र स्थित हैं?
(a) 42 (b) 47
(c) 50 (d) 57

25. इन्दिरा गांधी वन्य जीव अभयारण्य किस राज्य में स्थित है?
(a) राजस्थान (b) तमिलनाडु
(c) कर्नाटक (d) आन्ध्र प्रदेश

26. नल सरोवर पक्षी उद्यान का सम्बन्ध निम्नलिखित में से किस राज्य से है?
(a) महाराष्ट्र (b) गुजरात
(c) हरियाणा (d) पंजाब

27. तादोवा बाघ संरक्षण स्थल निम्नलिखित में से किस राज्य में स्थित है?
(a) तेलंगाना (b) आन्ध्र प्रदेश
(c) महाराष्ट्र (d) छत्तीसगढ़

28. वर्तमान में किस राज्य में बाघों की संख्या सर्वाधिक है?
(a) मध्य प्रदेश (b) पश्चिम बंगाल
(c) महाराष्ट्र (d) कर्नाटक

29. किस पर्यावरणीय सम्मेलन के पश्चात् विश्व पर्यावरण दिवस मनाने की घोषणा की गई थी?
(a) स्टॉकहोम सम्मेलन
(b) रियो डि जेनेरियो सम्मेलन
(c) क्योटो सम्मेलन
(d) कोपेनहेगेन सम्मेलन

30. वर्ष 1987 का मॉण्ट्रियाल समझौते का सम्बन्ध पर्यावरणीय संकट से सम्बन्धित था?
(a) ग्रीन हाउस गैसों का उत्सर्जन
(b) ओजोन परत रिक्तिकरण
(c) जैव विविधता का ह्रास
(d) जलवायु परिवर्तन

31. किस पर्यावरण सम्मेलन को पृथ्वी सम्मेलन भी कहा गया, जिसमें सतत विकास, संसाधनों के संरक्षण व जल संकट पर व्यापक चर्चा हुई तथा एजेंडा 21 के मसौदे तैयार हुए?
(a) जोहान्सवर्ग सम्मेलन
(b) क्योटो सम्मेलन
(c) पेरिस सम्मेलन
(d) रियो सम्मेलन

32. निम्नलिखित में से किस सम्मेलन कि दौरान पर्यावरण संरक्षण हेतु "ग्रीन क्लाइमेट फंड" बनाया गया था?
(a) जोहान्सवर्ग सम्मेलन
(b) कानकुन सम्मेलन
(c) पेरिस सम्मेलन
(d) बर्लिन सम्मेलन

33. ग्रीन हाउस गैसों के उत्सर्जन को कम करने के सन्दर्भ में तैयार किया गया कौन-सा प्रोटोकॉल प्रभावी माना जाता है?
(a) क्योटो प्रोटोकॉल (b) नागोया प्रोटोकॉल
(c) हेलसिंकी प्रोटोकॉल (d) बॉन प्रोटोकॉल

34. निम्नलिखित में से कौन-एक जल-प्रदूषण से होने वाली बीमारी नहीं है?
(a) ब्लूबेबी सिण्ड्रोम (b) ब्रान्काइटिस
(c) मिनीमाता (d) दस्त

35. मीठे जल में किस रासायन की मात्रा बढ़ने या घुल जाने से मिनीमाता नामक बीमारी होती है?
(a) नाइट्रेट (b) आर्सेनिक
(c) पारा (d) फ्लोरायड

36. जल में घुला कौन-सा रासायनिक पदार्थ ब्लैक फुट बीमारी के लिए जिम्मेदार माना जाता है?
(a) क्लोरीन (b) फ्लोरायड
(c) पारा (d) आर्सेनिक

37. उच्च रक्तचाप के लिए सबसे अधिक जिम्मेदार किसे माना जाता है?
(a) वायु प्रदूषण (b) जल प्रदूषण
(c) ध्वनि प्रदूषण (d) मृदा प्रदूषण

38. निम्नलिखित में से किसे ग्रीन हाउस गैसों की श्रेणी में नहीं रखा जाता है?
(a) जलवाष्प
(b) नाइट्रोजन
(c) सल्फर डाई ऑक्साइड
(d) मिथाइल क्लोरोफार्म

39. निम्नलिखित में से कौन रासायनिक तत्त्व अम्लीय वर्षा के लिए जिम्मेदार नहीं माना जाता है?
(a) नाइट्रोजन ऑक्साइड
(b) सल्फर डाईऑक्साइड
(c) क्लोरो फ्लोरो कार्बन
(d) फ्लोरीन

40. ओजोन परत वायुमण्डल के किस मण्डल में उपस्थित रहती है?
(a) क्षोभ मण्डल (b) समताप मण्डल
(c) मध्यम मण्डल (d) ताप मण्डल

उत्तरमाला

विश्व का भूगोल

1 (a)	2 (b)	3 (d)	4 (d)	5 (a)
6 (d)	7 (b)	8 (a)	9 (c)	10 (a)
11 (c)	12 (b)	13 (a)	14 (d)	15 (d)
16 (c)	17 (d)	18 (b)	19 (a)	20 (a)
21 (d)	22 (c)	23 (c)	24 (b)	25 (a)
26 (a)	27 (c)	28 (a)	29 (a)	30 (d)
31 (d)	32 (b)	33 (d)	34 (c)	35 (d)
36 (c)	37 (d)	38 (c)	39 (a)	40 (b)
41 (c)	42 (c)	43 (d)	44 (c)	45 (d)
46 (c)	47 (c)	48 (d)	49 (c)	50 (c)
51 (a)	52 (b)	53 (c)	54 (d)	55 (d)
56 (c)	57 (c)	58 (b)	59 (d)	60 (b)
61 (c)	62 (b)	63 (b)	64 (a)	65 (b)
66 (b)	67 (c)	68 (c)	69 (b)	70 (d)
71 (c)	72 (d)	73 (c)	74 (b)	75 (b)
76 (a)	77 (c)	78 (b)	79 (b)	80 (b)
81 (b)	82 (c)	83 (d)	84 (b)	85 (c)
86 (b)	87 (c)	88 (c)	89 (d)	90 (d)
91 (b)	92 (a)	93 (c)	94 (d)	95 (d)
96 (b)	97 (b)	98 (c)	99 (b)	100 (b)

भारत का भूगोल

1 (b)	2 (a)	3 (c)	4 (b)	5 (b)
6 (b)	7 (c)	8 (d)	9 (d)	10 (c)
11 (c)	12 (b)	13 (c)	14 (a)	15 (a)
16 (d)	17 (d)	18 (b)	19 (d)	20 (d)
21 (c)	22 (a)	23 (b)	24 (c)	25 (d)
26 (d)	27 (a)	28 (a)	29 (b)	30 (d)
31 (a)	32 (b)	33 (c)	34 (b)	35 (a)
36 (b)	37 (a)	38 (d)	39 (c)	40 (d)
41 (c)	42 (b)	43 (a)	44 (b)	45 (b)
46 (d)	47 (d)	48 (c)	49 (a)	50 (d)
51 (c)	52 (c)	53 (d)	54 (b)	55 (a)
56 (d)	57 (c)	58 (b)	59 (b)	60 (c)
61 (b)	62 (d)	63 (a)	64 (c)	65 (d)
66 (b)	67 (a)	68 (d)	69 (c)	70 (a)
71 (b)	72 (c)	73 (d)	74 (c)	75 (c)
76 (a)	77 (b)	78 (c)	79 (a)	80 (c)
81 (b)	82 (b)	83 (a)	84 (b)	85 (a)
86 (b)	87 (d)	88 (d)	89 (b)	90 (a)
91 (c)	92 (c)	93 (c)	94 (a)	95 (d)
96 (b)	97 (b)	98 (c)	99 (a)	100 (d)
101 (a)	102 (a)	103 (a)	104 (c)	105 (b)
106 (c)	107 (a)	108 (b)	109 (a)	110 (d)
111 (b)	112 (c)	113 (a)	114 (c)	115 (a)
116 (a)	117 (a)	118 (c)	119 (d)	120 (c)
121 (d)	122 (b)	123 (a)	124 (c)	125 (d)

पर्यावरण

1 (a)	2 (b)	3 (b)	4 (d)	5 (b)
6 (c)	7 (b)	8 (c)	9 (a)	10 (b)
11 (c)	12 (a)	13 (b)	14 (c)	15 (d)
16 (a)	17 (c)	18 (d)	19 (c)	20 (d)
21 (b)	22 (c)	23 (a)	24 (d)	25 (b)
26 (b)	27 (c)	28 (d)	29 (a)	30 (b)
31 (d)	32 (b)	33 (a)	34 (b)	35 (c)
36 (d)	37 (c)	38 (b)	39 (c)	40 (b)

03 भारतीय राजव्यवस्था एवं संविधान

संविधान का निर्माण

- भारतीय संविधान का निर्माण करने वाली **संविधान सभा** का गठन जुलाई, 1946 में (कैबिनेट मिशन की संस्तुतियों पर) किया गया।
- संविधान-सभा की पहली बैठक **9 दिसम्बर, 1946** को सम्पन्न हुई।
- **मुस्लिम लीग** ने संविधान सभा की पहली बैठक का बहिष्कार किया था। इस प्रथम बैठक में ही **डॉ. सच्चिदानन्द सिन्हा** को सर्वसम्मति से संविधान सभा का अस्थायी अध्यक्ष चुना गया। 11 दिसम्बर, 1946 की बैठक में **डॉ. राजेन्द्र प्रसाद** को सभा का स्थायी अध्यक्ष चुना गया।
- 13 दिसम्बर, 1946 को पं. जवाहरलाल नेहरू ने **उद्देश्य प्रस्ताव प्रस्तुत** किया जिसे 22 जनवरी, 1947 को संविधान सभा ने अपनी स्वीकृति प्रदान की।
- संघ संविधान समिति के अध्यक्ष जवाहरलाल नेहरू थे।
- डॉ. बी आर अम्बेडकर की अध्यक्षता में संविधान सभा की प्रारूप समिति की स्थापना 29 अगस्त, 1947 को की गई। अध्यक्ष सहित इसके सदस्यों की कुल संख्या सात थी। संविधान निर्माण की प्रक्रिया में कुल **2 वर्ष, 11 महीने** और **18 दिन** लगे।
- प्रारूप समिति में डॉ. अम्बेडकर के अतिरिक्त एन. जी. आयंगर, ए. के. अय्यर, के. एम. मुंशी, मोहम्मद सादुल्लाह एवं डी. पी. कृष्णमाचारी थे।
- 26 नवम्बर, 1949 को संविधान सभा के अध्यक्ष के हस्ताक्षर के बाद इसे पारित घोषित किया गया।
- संविधान सभा की अन्तिम बैठक 24 जनवरी, 1950 को हुई।
- भारत का संविधान 26 नवम्बर, 1949 को अंगीकृत किया गया तथा 26 जनवरी, 1950 (प्रथम गणतंत्र दिवस) को पूर्ण रूप से लागू हो गया। डॉ. भीमराव अम्बेडकर को भारतीय **संविधान के जनक** के रूप में जाना जाता है।
- नवनिर्मित संविधान में **22 भाग, 395 अनुच्छेद** और **8 अनुसूचियाँ** थीं।
- वर्तमान में अनुसूचियों को बढ़ाकर 12 कर दिया गया है।
- संविधान की प्रस्तावना को **संविधान की कुंजी** भी कहा जाता है।
- भारत का संविधान 26 नवम्बर, 1949 को अंगीकृत किया गया तथा 26 जनवरी, 1950 (प्रथम गणतंत्र दिवस) को पूर्ण रूप से लागू हो गया। डॉ. भीमराव अम्बेडकर को भारतीय **संविधान के जनक** के रूप में जाना जाता है।
- संविधान की प्रस्तावना को **संविधान की कुंजी** भी कहा जाता है।

संविधान के स्रोत

देश	स्रोत
ब्रिटेन	संसदीय शासन, विधि निर्माण प्रक्रिया, एकल नागरिकता, द्विसदनीय व्यवस्था
यूएसए	प्रस्तावना, मौलिक अधिकार, न्यायिक पुनरावलोकन, न्यायपालिका की स्वतन्त्रता, सर्वोच्च न्यायालय का गठन एवं शक्तियाँ, राष्ट्रपति पर महाभियोग, उप-राष्ट्रपति का पद
कनाडा	संघात्मक व्यवस्था, अविशिष्ट शक्तियों का केन्द्र के पास होना, केन्द्र द्वारा राज्यपाल की नियुक्ति
आयरलैण्ड	नीति-निदेशक सिद्धान्त, राष्ट्रपति का निर्वाचन, उच्च सदन के सदस्यों को मनोनीत करने सम्बन्धी प्रावधान
जर्मनी	आपात उपबन्ध
ऑस्ट्रेलिया	प्रस्तावना की भाषा, समवर्ती सूची, केन्द्र-राज्य सम्बन्ध
फ्रांस	गणतन्त्र
रूस	मौलिक कर्त्तव्यों का प्रावधान
दक्षिण अफ्रीका	संविधान में संशोधन, राज्यसभा के सदस्यों का निर्वाचन

अनुसूचियाँ

संविधान में 12 अनुसूचियाँ हैं, जबकि मूल संविधान में 8 अनुसूचियाँ थीं।

- पहली अनुसूची संघ तथा राज्य क्षेत्रों के विवरण को प्रस्तुत करता हैं।
- द्वितीय अनुसूची पदाधिकारियों के वेतन भत्तों का वर्णन है।
- तृतीय अनुसूची में शपथ ग्रहण आदि का विवरण दिया गया है।
- चतुर्थ अनुसूची राज्यसभा में सीटों के आवंटन से सम्बन्धित प्रावधान है।
- पाँचवीं अनुसूची में अनुसूचित क्षेत्र का विवरण दिया गया है।
- छठी अनुसूची में असम, मेघालय, त्रिपुरा और पिजोरम राज्यों के प्रशासन से सम्बन्धित है।
- सातवी अनुसूची में तीन अनुसूचियों का विवरण दिया गया है
- आठवीं अनुसूची में 22 भाषाओं का विवरण है।
- नवीं अनुसूची में भूमि अधिनियम दिए गये हैं।
- दसवीं अनुसूची दल-बदल से सम्बन्धित हैं
- ग्यारहवीं अनुसूची पंचायती राज के प्रावधान सन्निहित हैं।
- बारहवीं अनुसूची नगर-निकायों से सम्बन्धित है।

भारतीय संविधान की प्रस्तावना

भारतीय संविधान की प्रस्तावना (उद्देशिका) जवाहरलाल नेहरू द्वारा तैयार किए गए उद्देश्य प्रस्ताव पर आधारित है। भारतीय संविधान में 1976 में 42वें संविधान संशोधन अधिनियम के द्वारा पंथनिरपेक्ष व समाजवादी शब्द जोड़े गए थे।

नागरिकता

- भारत में एकल नागरिकता का प्रावधान है।
- कोई भी व्यक्ति, जिसका जन्म भारत में 26 जनवरी 1950 के बाद हुआ हो, वह जन्म से भारत का नागरिक होगा। अपवाद स्वरूप विदेशी राजनयिकों एवं शत्रु विदेशियों के बच्चे इसमें सम्मिलित नहीं हैं।
- भारतीय नागरिकता का अन्त निम्नलिखित प्रकार से हो सकता है
  - स्वेच्छा नागरिकता का परित्याग करने पर।
  - किसी अन्य देश की नागरिकता स्वीकार कर लेने पर।
  - सरकार द्वारा विधि के अधीन नागरिकता छीनने पर।

मौलिक अधिकार (भारत का मैग्नाकार्टा)

संविधान के भाग-3 में मौलिक अधिकारों का वर्णन किया गया है। मौलिक अधिकार वे अधिकार हैं, जो व्यक्ति के व्यक्तित्व के विकास के लिए अनिवार्य हैं। ये अधिकार न्यायसंगत हैं तथा आवश्यकता पड़ने पर इन्हें न्यायालय द्वारा लागू किया जा सकता है।

मौलिक अधिकार	सम्बन्धित अनुच्छेद
समानता का अधिकार	अनुच्छेद-14 से 18 (अनुच्छेद-17 अस्पृश्यता का अन्त)
स्वतन्त्रता का अधिकार	अनुच्छेद-19 से 22 (अनुच्छेद-21 जीवन का अधिकार)
शोषण के विरुद्ध अधिकार	अनुच्छेद-23 से 24 (अनुच्छेद-24 14 वर्ष से कम आयु वाले किसी बच्चे को जोखिम भरे कामों पर लगाने से रोक)
धर्म की स्वतन्त्रता का अधिकार	अनुच्छेद-25 से 28
संस्कृति और शिक्षण सम्बन्धी अधिकार	अनुच्छेद-29 से 30
संवैधानिक उपचारों का अधिकार	अनुच्छेद-32

मौलिक कर्त्तव्य

- भारतीय संविधान की मूल प्रति में मौलिक कर्त्तव्यों का प्रावधान नहीं था।
- यह प्रावधान पूर्व सोवियत रूस से अभिप्रेरित है।
- भारतीय संविधान में, मौलिक कर्त्तव्यों को सरदार स्वर्ण सिंह समिति की सिफारिश पर **42वें** संविधान संशोधन अधिनियम (1976) के तहत् समाहित किया गया है। संविधान का अनुच्छेद-51 (क) मौलिक कर्त्तव्यों का प्रावधान करता है।
- भारतीय संविधान के भाग (IV) (क) के अनुच्छेद-51 (क) के तहत भारतीय नागरिकों के लिए **11 प्रकार** के मौलिक कर्त्तव्यों का निर्धारण किया गया है।
- पूर्व में इनकी संख्या 10 थी, किन्तु 86वें संविधान संशोधन द्वारा 11वाँ मूल कर्त्तव्य जोड़ा गया।

राज्य के नीति-निदेशक तत्त्व

भारतीय संविधान के भाग-IV के अनुच्छेद-36-51 में राज्य के लिए नीति-निर्देशित करने वाले तत्त्वों का उल्लेख किया जाता है। यह संकल्पना आयरलैंड के संविधान से अभिप्रेरित है। प्रमुख नीति-निदेशक तत्त्व निम्न हैं

- अनुच्छेद-39 में राज्य का यह कर्त्तव्य है कि वह समान कार्य के लिए समान वेतन प्रदान करें।
- अनुच्छेद-40 के अन्तर्गत राज्यों को निर्देश दिया गया है कि वे ग्राम-पंचायत की स्थापना करें।
- अनुच्छेद-44 राज्य में अपेक्षा करता है कि वह सभी नागरिकों के लिए एक समान सिविल संहिता का निर्माण करें।
- अनुच्छेद-45 के अन्तर्गत राज्य को निर्देश दिया गया है कि वह 6 वर्ष तक की आयु के बच्चों को नि:शुल्क एवं अनिवार्य शिक्षा के अवसर उपलब्ध कराए।
- अनुच्छेद-48 के अन्तर्गत राज्य का यह दायित्व है कि कृषि और पशुपालन को प्रोत्साहन दे तथा गो-वध का प्रतिषेध करें।
- अनुच्छेद-48 (क) पर्यावरण का संरक्षण तथा संवर्द्धन और वन तथा वन्य जीवों की रक्षा।
- अनुच्छेद-51 के अन्तर्गत राज्य का यह कर्त्तव्य होगा कि वह अन्तर्राष्ट्रीय शान्ति और सुरक्षा बनाए रखने का प्रयत्न करेगा।

संघीय कार्यपालिका

राष्ट्रपति

- भारतीय संघ की कार्यपालिका शक्तियाँ राष्ट्रपति में (अनुच्छेद-53) निहित हैं। राष्ट्रपति का कार्यकाल पाँच वर्ष का होता है। यह राष्ट्र का प्रथम नागरिक माना जाता है।
- राष्ट्रपति के चुनाव के लिए प्रमुख योग्यताएँ निम्न हैं
  - 35 वर्ष की आयु पूर्ण कर ली हो।
  - उम्मीदवार लोकसभा सदस्य के रूप में चुनाव के योग्य हो।
  - उम्मीदवार भारत सरकार या किसी भी राज्य सरकार या इनमें से किसी भी सरकार द्वारा नियन्त्रित किसी अन्य स्थानीय सत्ता के अधीन किसी भी लाभ के पद पर कार्यरत् न हो।

भारत में आपातकाल की घोषणा

- 1962 पहली आपातकालीन स्थिति की घोषणा अक्टूबर, 1962 में भारत-चीन युद्ध के समय हुई थी।
- 1971 द्वितीय आपातकाल की घोषणा दिसम्बर, 1971 में भारत-पाकिस्तान युद्ध के समय हुई थी।
- 1975 तीसरे आपातकाल की घोषणा जून, 1975 में हुई थी।
- राष्ट्रपति का वर्तमान वेतन प्रतिमाह ₹ 5 लाख है।
- राष्ट्रपति को उसके पद से केवल महाभियोग की प्रक्रिया के तहत् ही हटाया जा सकता है।

कार्य व शक्तियाँ

1. **कार्यपालिका सम्बन्धी शक्तियाँ** महत्त्वपूर्ण अधिकारियों की नियुक्ति व पदच्युति, शासन संचालन सम्बन्धी शक्ति, सैनिक क्षेत्र में शक्ति, इत्यादि।
2. **विधायी शक्तियाँ** विधायी क्षेत्रों का प्रशासन, सदस्यों का मनोनयन, अध्यादेश जारी करने की शक्ति आदि।
3. **संकटकालीन शक्तियाँ** संकट की स्थिति का सामना करने के लिए संविधान द्वारा राष्ट्रपति को विशेष शक्तियाँ प्रदान की गई हैं। संकटकालीन प्रावधान निम्नलिखित हैं;
   - युद्ध, बाहरी आक्रमण या सशस्त्र विद्रोह की स्थिति से सम्बन्धित संकटकालीन व्यवस्था (अनुच्छेद-352)
   - राज्यों में संवैधानिक तन्त्र के विफल होने से उत्पन्न संकटकालीन व्यवस्था (अनुच्छेद-356)
   - वित्तीय संकट (अनुच्छेद-360)

भारत के राष्ट्रपति

नाम	कार्यकाल	प्रमुख तथ्य
डॉ. राजेन्द्र प्रसाद	1950-1962	प्रथम राष्ट्रपति, सर्वाधिक अवधि (12 वर्ष) तक
डॉ. राधाकृष्णन्	1962-1967	भारत रत्न से सम्मानित प्रथम राष्ट्रपति, पूर्व उपराष्ट्रपति
डॉ. जाकिर हुसैन	1967-1969	प्रथम मुस्लिम राष्ट्रपति, सबसे कम अवधि, कार्यकाल के दौरान मृत्यु
वी वी गिरि	1969-1969	प्रथम कार्यवाहक राष्ट्रपति
एम हिदायतुल्ला	1969-1969	राष्ट्रपति पद की शपथ लेने वाले सर्वोच्च न्यायालय के एकमात्र मुख्य न्यायाधीश
वी वी गिरि	1969-1974	एकमात्र राष्ट्रपति, जिनके निर्वाचन में द्वितीय चक्र की मतगणना करनी पड़ी
फखरुद्दीन अली अहमद	1974-1977	कार्यकाल के दौरान मृत्यु
बी डी जत्ती	1977-1977	कार्यवाहक राष्ट्रपति
नीलम संजीव रेड्डी	1977-1982	एकमात्र निर्विरोध निर्वाचित राष्ट्रपति
ज्ञानी जैलसिंह	1982-1987	प्रथम सिख राष्ट्रपति
आर वेंकट रमन	1987-1992	सर्वाधिक कम उम्र के राष्ट्रपति
डॉ. शंकर दयाल शर्मा	1992-1997	पूर्व उपराष्ट्रपति
के आर नारायणन	1997-2002	प्रथम ऐसे राष्ट्रपति, जो दलित वर्ग के थे
डॉ. ए पी जे अब्दुल कलाम	2002-2007	राष्ट्रपति बनने वाले प्रथम वैज्ञानिक
प्रतिभा देवीसिंह पाटिल	2007-2012	प्रथम महिला राष्ट्रपति
प्रणव मुखर्जी	2012-2017	पूर्व वित्त मन्त्री
रामनाथ कोविन्द	2017 से	भारतीय राजनेता और वकील
द्रौपदी मुर्मू	जुलाई, 2022 से अब तक	आदिवासी प्रथम महिला राष्ट्रपति

2 फरवरी, 2025 के अनुसार

उप-राष्ट्रपति

- अनुच्छेद-63 यह व्यवस्था करता है कि भारत का एक उप-राष्ट्रपति होगा।
- उप-राष्ट्रपति के लिए निर्वाचित होने हेतु कम-से-कम 35 वर्ष की आयु होना आवश्यक है।
- उप-राष्ट्रपति को प्रतिमाह ₹ 4 लाख **वेतन** मिलता है।
- उप-राष्ट्रपति **राज्यसभा का पदेन सभापति** होता है लेकिन वह राज्यसभा का सदस्य नहीं होता है।
- **डॉ. एस राधाकृष्णन** भारत के पहले उप-राष्ट्रपति थे।

प्रधानमन्त्री एवं मन्त्रिपरिषद्

- संविधान के अनुच्छेद-74 के अनुसार राष्ट्रपति को उसके कार्यों में सहायता व सलाह देने हेतु एक मन्त्रिपरिषद् होती है, जिसका प्रमुख प्रधानमन्त्री होता है।
- प्रधानमन्त्री की नियुक्ति राष्ट्रपति करता है और अन्य मन्त्रियों की नियुक्ति राष्ट्रपति, प्रधानमन्त्री की सलाह पर करता है।
- प्रधानमन्त्री, **नीति आयोग** (पूर्व में योजना आयोग) **का पदेन अध्यक्ष** भी होता है।

प्रधानमन्त्री एवं उनके कार्यकाल

नाम	कार्यकाल	विशेष
जवाहरलाल नेहरू	15 अगस्त, 1947–27 मई, 1964	सबसे लम्बा कार्यकाल
गुलजारी लाल नन्दा *(कार्यवाहक)*	27 मई, 1964–9 जून, 1964	सबसे वृद्ध प्रधानमन्त्री
लाल बहादुर शास्त्री	9 जून, 1964–11 जनवरी, 1966	–
गुलजारी लाल नन्दा*(कार्यवाहक)*	11 जनवरी, 1966–24 जनवरी, 1966	–
इन्दिरा गाँधी	24 जनवरी, 1966–24 मार्च, 1977	ऐसी प्रथम प्रधानमन्त्री, जो पद ग्रहण के समय राज्यसभा की सदस्या थीं
मोरारजी देसाई	24, मार्च, 1977–28 जुलाई, 1979	प्रथम गैर-कांग्रेसी प्रधानमन्त्री
चरण सिंह	28 जुलाई, 1979–14 जनवरी, 1980	एकमात्र प्रधानमन्त्री, जिन्होंने लोकसभा का सामना नहीं किया
इन्दिरा गाँधी	14 जनवरी, 1980–31 अक्टूबर, 1984	–
राजीव गाँधी	31 अक्टूबर, 1984–1 दिसम्बर, 1989	–
वी पी सिंह	2 दिसम्बर, 1989–10 नवम्बर, 1990	अविश्वास प्रस्ताव द्वारा हटने वाले पहले प्रधानमन्त्री
चन्द्रशेखर	10 नवम्बर, 1990–21 जून, 1991	–
पी वी नरसिम्हाराव	21 जून, 1991–16 मई, 1996	एकमात्र प्रधानमन्त्री जो पद ग्रहण करते समय किसी भी सदन के सदस्य नहीं थे
अटल बिहारी वाजपेयी	16 मई, 1996–1 जून, 1996	सबसे छोटा कार्यकाल
एच डी देवगौड़ा	1 जून, 1996–21 अप्रैल, 1997	एकमात्र प्रधानमन्त्री, जो पद ग्रहण के समय विधानसभा के सदस्य थे
इन्द्र कुमार गुजराल	21 अप्रैल, 1997–18, मार्च 1998	–
अटल बिहारी वाजपेयी	19 मार्च, 1998–22 मई, 2004	प्रथम गैर कांग्रेसी प्रधानमन्त्री जिन्होंने 5 साल का कार्यकाल पूरा किया।
डॉ. मनमोहन सिंह	22 मई, 2004 से 26 मई, 2014	प्रथम सिख प्रधानमन्त्री
नरेन्द्र मोदी	26 मई, 2014 से अब तक	स्वतन्त्र भारत में जन्मे भारत के प्रथम प्रधानमन्त्री

फरवरी, 2025 के अनुसार

विधायिका

संसद

भारत की संसद राष्ट्रपति, राज्यसभा तथा लोकसभा से मिलकर बनी है। राज्यसभा को **उच्च सदन** तथा लोकसभा को **निम्न सदन** कहा जाता है।

राज्यसभा

- राज्यसभा या संसद का उच्च सदन, (अनुच्छेद-80) राज्यों के प्रतिनिधियों से बनता है।
- राज्यसभा के सदस्यों की अधिकतम संख्या **250** है। वर्तमान में यह संख्या 245 है, जिनमें से 233 सदस्यों का चुनाव राज्यों से तथा शेष **12 सदस्य** राष्ट्रपति द्वारा मनोनीत किए जाते हैं।
- कला, साहित्य, विज्ञान और समाज सेवा के क्षेत्र में विशेष योगदान देने वाले व्यक्तियों में से 12 व्यक्ति राज्यसभा के सदस्य के रूप में मनोनीत किए जाते हैं।
- राज्यसभा के सदस्य **6 वर्ष** की अवधि के लिए निर्वाचित किए जाते हैं।
- राज्यसभा एक स्थायी सदन है, लेकिन इसके दो-तिहाई सदस्य हर दो वर्ष बाद सेवानिवृत्त हो जाते हैं।
- राज्यसभा में उत्तर प्रदेश की सबसे अधिक सीटें (31) हैं और महाराष्ट्र की दूसरी सर्वाधिक सीटें (19) हैं।
- राज्यसभा सदस्यों की प्रमुख योग्यताएँ निम्न हैं
  - उम्मीदवार भारत का नागरिक होना चाहिए।
  - उसकी आयु 30 वर्ष होनी चाहिए।
  - वह केन्द्र अथवा राज्य सरकार के द्वारा किसी लाभ के पद पर कार्यरत् न हो आदि।

लोकसभा

- लोकसभा संसद का प्रथम या निम्न सदन (अनुच्छेद-81) है, जिसकी अध्यक्षता करने के लिए एक अध्यक्ष होता है।
- संविधान में लोकसभा की अधिकतम सदस्य-संख्या 552 निर्धारित की गई है।
- वर्तमान में लोकसभा की सदस्य संख्या 545 है। इन सदस्यों में 530 सदस्य राज्यों से तथा 13 सदस्य केन्द्रशासित प्रदेशों से निर्वाचित होते हैं तथा 2 **सदस्य आंग्ल-भारतीय** वर्ग के प्रतिनिधि के रूप में राष्ट्रपति द्वारा मनोनीत होते हैं।
- लोकसभा का अध्यक्ष, सदस्यों में से चुना जाता है, जिसे सदन में अनन्य अधिकार प्राप्त हैं।
- संसद के संयुक्त सत्र की अध्यक्षता स्पीकर द्वारा की जाती है।
- लोकसभा के सदस्यों का चुनाव गुप्त मतदान के द्वारा वयस्क मताधिकार (18 वर्ष) प्रणाली के आधार पर होता है।
- लोकसभा का अधिकतम कार्यकाल सामान्यत: 5 वर्ष का होता है।
- लोकसभा सदस्यों की प्रमुख योग्यताएँ निम्न हैं
  - वह भारत का नागरिक हो।
  - उसकी आयु 25 वर्ष या इससे अधिक हो।
  - वह भारत सरकार अथवा किसी राज्य सरकार के अन्तर्गत वह किसी लाभ के पद पर नहीं हो आदि।
- भारत में संसदीय प्रणाली की सरकार है, क्योंकि मन्त्रिपरिषद् लोकसभा के प्रति उत्तरदायी होती है।

राज्य कार्यपालिका

राज्यपाल

- राज्यपाल राज्य कार्यपालिका का प्रमुख होता है।
- अनुच्छेद-153 में उल्लेख किया गया है कि प्रत्येक राज्य का एक राज्यपाल होगा, परन्तु एक व्यक्ति को दो या दो-से-अधिक राज्यों का भी राज्यपाल नियुक्त किया जा सकता है।
- राज्यपाल को प्रतिमाह ₹ 3.50 लाख वेतन मिलता है।
- राज्यपाल का कार्यकाल 5 वर्ष होता है।
- राज्यपाल की नियुक्ति के लिए प्रमुख योग्यताएँ हैं
  - वह भारत का नागरिक हो।
  - 35 वर्ष की आयु पूरी कर चुका हो।
  - वह किसी प्रकार के लाभ के पद पर न हो आदि।
  - वह राज्य विधानसभा का सदस्य चुने जाने के योग्य हो।
- राज्यपाल राज्य के विश्वविद्यालयों का कुलाधिपति होता है तथा वह राज्य के राज्य विश्वविद्यालयों कुलपति को भी नियुक्त करता है।
- जम्मू-कश्मीर का 'सदर ए रियासत' वर्ष 1965 में राज्यपाल पद का नाम कर दिया।
- राज्यपाल का मुख्य सलाहकार मुख्यमन्त्री होता है।
- स्वतन्त्र भारत में प्रथम महिला राज्यपाल सरोजिनी नायडू को उत्तर प्रदेश की राज्यपाल बनाया गया।
- राज्यपाल की विधायी शक्तियों में, विधानसभा में धन विधेयक सदन में राज्यपाल की अनुमति पर प्रस्तुत किया जाता है।

मुख्यमन्त्री एवं मन्त्रिपरिषद्

- मुख्यमन्त्री की नियुक्ति राज्यपाल करता है तथा अन्य मन्त्रियों की नियुक्ति राज्यपाल मुख्यमन्त्री की सलाह पर करता है।
- राज्यपाल के सभी अधिकारों का प्रयोग मुख्यमन्त्री व मन्त्रिपरिषद् ही करता है।
- मुख्यमन्त्री मन्त्रिपरिषद् के निर्णयों को राज्यपाल तक पहुँचाता है तथा राज्यपाल भी अपना कोई सन्देश/निर्देश मन्त्रिपरिषद् तक मुख्यमन्त्री के माध्यम से ही पहुँचाता है।

राज्य की विधायिका/विधानमण्डल

- राज्य विधानमण्डल का निर्माण राज्यपाल, विधानसभा, विधान परिषद् (जिन राज्यों में अस्तित्व में है) से मिलकर होता है।
- राज्य विधानमण्डल में विधानपरिषद् को उच्च सदन तथा विधानसभा को निम्न सदन कहा जाता है।

विधानपरिषद्

- राज्य विधानमण्डल का उच्च सदन विधानपरिषद् कहलाता है।
- किसी भी राज्य विधानमण्डल में विधानपरिषद् के गठन एवं उत्पादन विधानमण्डल की सहमति से संसद द्वारा किया जाता है।
- विधानपरिषद् की सदस्यों की अधिकतम संख्या सम्बन्धित राज्य विधानसभा के कुल सदस्यों की संख्या की 1/3 (एक-तिहाई) तथा न्यूनतम 40 से कम नहीं होनी चाहिए।
- विधानपरिषद् एक स्थायी सदन है तथा इसका विघटन नहीं होता है।
- विधानपरिषद् वर्तमान में केवल 6 राज्यों-उत्तर प्रदेश, कर्नाटक, महाराष्ट्र, बिहार, आन्ध्र प्रदेश तथा तेलंगाना में है।
- विधानपरिषद् का सदस्य बनने के लिए न्यूनतम आयु-सीमा 30 वर्ष है तथा इनका कार्यकाल 6 वर्ष का होता है, किन्तु प्रति दूसरे वर्ष एक-तिहाई सदस्य अवकाश ग्रहण करते हैं।

विधानसभा

- विधानसभा, विधानमण्डल का **निम्न सदन** होता है।
- इसका कार्यकाल पाँच वर्ष का होता है।
- विधानसभा में निर्वाचित होने के लिए न्यूनतम आयु सीमा 25 वर्ष हो।
- प्रत्येक राज्य की विधानसभा में कम से कम 60 और अधिक से अधिक 500 सदस्य हो सकते हैं।

सर्वोच्च न्यायालय

भारतीय संविधान के अनुच्छेद 124(1) के तहत् 1950 में भारत में सर्वोच्च न्यायालय की स्थापना की गई है, जो देश का शीर्ष न्यायालय है और अन्तिम न्यायालय भी है।

न्यायाधीशों की संख्या

1950 में उच्चतम न्यायालय की स्थापना के समय एक मुख्य न्यायाधीश और 7 अन्य न्यायाधीश थे, किन्तु वर्तमान में एक मुख्य न्यायाधीश तथा 33 अन्य न्यायाधीशों को मिलाकर सर्वोच्च न्यायालय का गठन किया गया है। संसद को अधिकार है कि वह न्यायाधीशों की संख्या को निश्चित करे।

न्यायाधीशों की योग्यताएँ

सर्वोच्च न्यायालय का न्यायाधीश नियुक्त होने के लिए *निम्नलिखित योग्यताएँ आवश्यक हैं*

1. भारत का नागरिक हो।
2. किसी उच्च न्यायालय में अथवा दो या दो-से-अधिक न्यायालयों में लगातार कम-से-कम 5 वर्षों तक न्यायाधीश के पद पर रह चुका हो/या किसी उच्च न्यायालय में कम-से-कम 10 वर्ष तक अधिवक्ता रहा हो/या राष्ट्रपति की दृष्टि में विधि का विद्वान् हो।
3. उच्चतम न्यायालय के न्यायाधीश की नियुक्ति से सम्बन्धित न्यूनतम आयु का कोई उल्लेख संविधान में नहीं है।

न्यायाधीशों की नियुक्ति

सर्वोच्च न्यायालय के न्यायाधीशों को राष्ट्रपति द्वारा नियुक्त किया जाता है। सर्वोच्च न्यायालय के मुख्य न्यायाधीश इस प्रसंग में राष्ट्रपति को परामर्श देने के पूर्व अनिवार्य रूप से 'चार वरिष्ठतम न्यायाधीशों के समूह' से परामर्श प्राप्त करते हैं तथा प्राप्त परामर्श के आधार पर राष्ट्रपति को परामर्श देते हैं।

तदर्थ न्यायाधीशों की नियुक्ति राष्ट्रपति द्वारा की जाती है। यह फ्रांस से प्रेरित है।

शपथ ग्रहण

अनुच्छेद 124 (6) के अनुसार, उच्चतम न्यायालय के न्यायाधीशों को भारत के राष्ट्रपति के समक्ष-भारत के संविधान के प्रति सच्ची श्रद्धा एवं निष्ठा तथा देश की एकता और अखण्डता को अक्षुण बनाए रखने की शपथ ग्रहण करनी होती है।

न्यायाधीशों के वेतन तथा भत्ते

- भारत के मुख्य न्यायाधीश तथा अन्य न्यायाधीश के वेतन एवं भत्ते संविधान की दूसरी अनुसूची व अनुच्छेद 125 में उपबन्धित (Provided) है।
- वर्तमान में सर्वोच्च न्यायालय के मुख्य न्यायाधीश को **₹ 280,000 प्रति माह** तथा अन्य न्यायाधीशों को **₹ 250,000 प्रति माह** वेतन प्राप्त होता है।
- उनके वेतन व भत्ते भारत की संचित निधि से दिए जाते हैं।

कार्यकाल व महाभियोग

- सर्वोच्च न्यायालय के न्यायाधीशों की कार्यावधि उनकी आयु के 65 वर्ष तक की होती है, किन्तु इससे पूर्व वह राष्ट्रपति को सम्बोधित कर अपना इस्तीफा दे सकता है।
- सर्वोच्च न्यायालय के न्यायाधीशों को केवल

1. प्रमाणित कदाचार तथा
2. शारीरिक व मानसिक असमर्थता के आधार पर संसद के प्रत्येक सदन द्वारा विशेष बहुमत प्रक्रिया द्वारा पारित 'महाभियोग प्रस्ताव' (Impeachment) के माध्यम से हटाया जा सकता है [अनुच्छेद 124 (4)]।

- जब राष्ट्रपति एवं उप-राष्ट्रपति का पद खाली हो, तो ऐसी स्थिति में उच्चतम न्यायालय के मुख्य न्यायाधीश को कार्यवाहक राष्ट्रपति पद पर नियुक्त किया जाता है।
- महाभियोग प्रक्रिया (वास्तव में साबित कदाचार एवं अक्षमता के विरुद्ध विशेष प्रयास) प्रथम बार (1991-93 में) उच्चतम न्यायालय के न्यायाधीश बी रामास्वामी के विरुद्ध तथा 2011 में कोलकाता उच्च न्यायालय के मुख्य न्यायाधीश सौमित्र सेन के विरुद्ध महाभियोग लाया गया।
- राज्यसभा में पारित होने के बाद लोकसभा में पारित होने के पहले ही उन्होंने त्याग-पत्र दे दिया तथा सिक्किम उच्च न्यायालय के न्यायाधीश पीडी दिनाकरण ने महाभियोग की कार्यवाही प्रारम्भ होने से पहले ही त्याग-पत्र दे दिया।

कार्य एवं प्रारम्भिक क्षेत्राधिकार

- भारतीय संविधान के अनुच्छेद 131 के अन्तर्गत सर्वोच्च न्यायालय को संघ तथा राज्यों या राज्य तथा राज्यों के बीच विवादों का हल निकालने का प्रारम्भिक क्षेत्राधिकार है।
- इस क्षेत्राधिकार के तहत सर्वोच्च न्यायालय उसी विवाद को निर्णय के लिए स्वीकार करेगा, जिसमें किसी तथ्य या विधि का प्रश्न शामिल है।

अपीलीय क्षेत्राधिकार

सर्वोच्च न्यायालय देश का सर्वोच्च अपीलीय न्यायालय है। संविधान अनुच्छेद 132 के तहत उच्च न्यायालय के अन्तिम आदेश या निर्णय के विरुद्ध सर्वोच्च न्यायालय में अपील की जा सकती है। बशर्ते कि कोई मामला, संविधान की व्याख्या या कानून की व्याख्या से जुड़ा हो।

परामर्शदात्री क्षेत्राधिकार

संविधान अनुच्छेद 143 के तहत राष्ट्रपति सर्वोच्च न्यायालय से सार्वजनिक महत्त्व के किसी मामले पर सुझाव माँग सकता है। सर्वोच्च न्यायालय आवश्यकता अनुसार सुझाव दे भी सकता है और इनकार भी कर सकता है।

न्यायिक पुनर्विलोकन

उच्चतम न्यायालय को संसद या विधानमण्डलों द्वारा पारित किसी अधिनियम तथा कार्यपालिका द्वारा दिए गए किसी आदेश की वैधानिकता का पुनर्विलोकन (Review) करने का अधिकार है।

अन्तरण का क्षेत्राधिकार

उच्चतम न्यायालय, उच्च न्यायालयों में लम्बित मामलों को अपने यहाँ अन्तरित (Transferred) कर सकता है तथा किसी उच्च न्यायालय में लम्बित मामलों को दूसरे उच्च न्यायालय में अन्तरित कर सकता है।

न्यायपालिका भारत

न्यायिक व्यवस्था	इकहरी एवं एकीकृत
न्यायिक शक्तियों का सर्वोच्च आधार	सर्वोच्च न्यायालय
सर्वोच्च न्यायालय का गठन	28 जनवरी, 1950 (अनुच्छेद-124 के अन्तर्गत)
न्यायाधीशों की संख्या	1 मुख्य न्यायाधीश एवं 33 अन्य न्यायाधीश
सर्वोच्च न्यायालय के मुख्य न्यायाधीश एवं अन्य न्यायाधीशों का वेतन	क्रमशः ₹ 2.80 लाख व ₹ 2.5 लाख प्रतिमाह
मुख्य न्यायाधीश की नियुक्ति	राष्ट्रपति द्वारा
न्यायाधीशों की पदावधि	65 वर्ष की आयु तक
सर्वोच्च न्यायालय का क्षेत्राधिकार	मूल अधिकारों का संरक्षक, संविधान का अन्तिम व्याख्याकार
उच्च न्यायालयों की संख्या (राज्य स्तर पर)	25
उच्च न्यायालय के न्यायाधीशों की पदावधि	62 वर्ष
अधीनस्थ न्यायालय	जिला एवं सत्र तथा मुंसिफ (प्रत्येक जिले में एक न्यायालय)
न्याय पंचायत	ग्राम स्तर पर कुछ राज्यों में स्थापित की गई।

- नवसृजित आन्ध्र प्रदेश उच्च न्यायालय को विजयवाड़ा में स्थापित किया गया है, जिसने 1 जनवरी, 2019 से कार्य प्रारम्भ किया है।

संवैधानिक संस्थाएँ

भारत का महान्यायवादी (अनुच्छेद-76)

- महान्यायवादी, सरकार का प्रथम **विधि अधिकारी** होता है। इसकी नियुक्ति राष्ट्रपति करता है तथा वह उसके प्रसादपर्यन्त पद धारण करता है।
- भारत का महान्यायवादी संसद या मन्त्रिमण्डल का सदस्य नहीं होता है, किन्तु वह किसी भी सदन अथवा उनकी समितियों में बोल सकता/बैठक में भाग ले सकता है।
- महान्यायवादी को वेतन प्रतिमाह ₹ 2.5 लाख मिलता है।

नियन्त्रक एवं महालेखा परीक्षक

- भारतीय संविधान के अनुच्छेद 148 में नियन्त्रक एवं महालेखा परीक्षक पद का प्रावधान किया गया है, जो देश की समस्त वित्तीय प्रणाली का लेखा परीक्षण करता है।
- नियन्त्रक महालेखा परीक्षक की नियुक्ति प्रधानमन्त्री की सलाह पर राष्ट्रपति द्वारा की जाती है।
- इसकी पदावधि पद ग्रहण करने की तिथि में 6 वर्ष तक होती है, किन्तु यदि इससे पूर्व 65 वर्ष की आयु प्राप्त कर लेता है तो वह अवकाश ग्रहण कर लेता है।

संघ लोक सेवा आयोग

- भारतीय संविधान के अनुच्छेद 315 के अन्तर्गत संघ के लिए संघ लोक सेवा आयोग तथा राज्यों के लिए एक-एक राज्य लोक सेवा आयोग का प्रावधान किया गया है।
- आयोग कार्मिकों की नियुक्ति के लिए परीक्षाएँ आयोजित करता है।
- संघ लोक सेवा आयोग में एक अध्यक्ष सहित 9 या 11 सदस्य होते हैं।
- 6 वर्ष या 65 वर्ष की आयु से पूर्व जो पहले हो उसे ही उसका कार्यकाल माना जाएगा।

वित्त आयोग

- भारतीय संविधान के अनुच्छेद 280 में वित्त आयोग का प्रावधान किया गया है। इसका गठन एक सदस्य व चार सदस्यों से मिलकर होता है।
- राष्ट्रपति द्वारा वित्त आयोग के अध्यक्ष एवं सदस्यों की नियुक्ति की जाती है।

गैर-संवैधानिक निकाय

नीति आयोग

- योजना आयोग को नया रूप तथा नया नाम देते हुए नेशनल इंस्टीट्यूट फॉर ट्रांसफॉर्मिंग इण्डिया (नीति आयोग) के गठन की घोषणा 1

इस आयोग में राज्य के मुख्यमन्त्रियों तथा निजी क्षेत्र के विशेषज्ञों को अधिक अहम भूमिका दी गई है, जो संघीय ढाँचे को मजबूत करेगी, जबकि योजना आयोग में केन्द्रियता को महत्त्व दिया गया था।

इसकी संरचना निम्नलिखित प्रकार की बनाई गई है

अध्यक्ष	प्रधानमन्त्री
गवर्निंग काउन्सिल	सभी मुख्यमन्त्री, केन्द्र शासित प्रदेशों के राज्यपाल/प्रशासक (जिन संघ राज्यों में विधानसभा है वहाँ के मुख्यमन्त्री)
विशेष आमन्त्रित सदस्य	विभिन्न क्षेत्रों के विशेषज्ञ (प्रधानमन्त्री द्वारा नामित)
उपाध्यक्ष	प्रधानमन्त्री द्वारा नियुक्त किया जाएगा।
पूर्णकालिक सदस्य	इनकी संख्या पाँच होगी।
अंशकालिक सदस्य	दो पदेन सदस्य तथा विश्वविद्यालयों के शिक्षक क्रम के अनुसार
पदेन सदस्य	चार केन्द्रीय मन्त्री
सीईओ	केन्द्र के सचिव स्तर का अधिकारी, जिसे निश्चित कार्यकाल के लिए नियुक्त किया जाएगा।

क्षेत्रीय परिषद्

भारतीय संविधान में क्षेत्रीय परिषदों का उल्लेख नहीं किया गया है। इसकी **स्थापना राज्य पुनर्गठन अधिनियम, 1956** के तहत की गई।

राज्य पुनर्गठन अधिनियम, 1956 के द्वारा भारत के सम्पूर्ण राज्य क्षेत्र को पाँच क्षेत्रों में बाँटा गया है तथा प्रत्येक क्षेत्र के सामान्य हितों के सम्बन्ध में सलाह देने हेतु क्षेत्रीय परिषदें बनाई गई हैं। *ये परिषदें हैं*

परिषद्	मुख्यालय	सम्मिलित राज्य क्षेत्र
उत्तरी क्षेत्रीय परिषद्	नई दिल्ली	पंजाब, हरियाणा, हिमाचल प्रदेश, राजस्थान, दिल्ली, चण्डीगढ़ तथा जम्मू-कश्मीर
दक्षिणी क्षेत्रीय परिषद्	चेन्नई	केरल, तमिलनाडु, कर्नाटक, आन्ध्र प्रदेश तथा पुदुचेरी
पूर्वी क्षेत्रीय परिषद्	कोलकाता	बिहार, ओडिसा, पश्चिम बंगाल तथा झारखण्ड
पश्चिमी क्षेत्रीय परिषद्	मुम्बई	महाराष्ट्र, गोवा, गुजरात, दमन और दीव तथा दादरा एवं नगर हवेली
मध्यवर्ती क्षेत्रीय परिषद्	इलाहाबाद (प्रयागराज)	उत्तर प्रदेश, मध्य प्रदेश, उत्तराखण्ड तथा छत्तीसगढ़
उत्तर-पूर्व क्षेत्रीय परिषद्	शिलाँग	असोम, मणिपुर, मिजोरम, त्रिपुरा, नागालैण्ड, अरुणाचल प्रदेश तथा सिक्किम

स्थानीय स्वशासन

पंचायती राज

- स्थानीय शासन **महात्मा गाँधी** की संकल्पना राम राज्य या ग्राम स्वराज्य का परिष्कृत रूप है।
- **लॉर्ड रिपन** को भारत में स्थानीय स्वशासन का पिता कहा जाता है।
- वर्ष 1957 में गठित **बलवन्त राय मेहता समिति** ने सर्वप्रथम पंचायती राज को स्थापित करने की सिफारिश की जिसे स्वीकार कर लिया गया। साथ ही सभी राज्यों को इसे क्रियान्वित करने के लिए कहा गया।
- सर्वप्रथम राजस्थान के **नागौर** जिले में 2 अक्टूबर, 1959 को पण्डित जवाहरलाल नेहरू ने पंचायती राज की नींव रखी। उसी दिन इसे सम्पूर्ण राज्य (राजस्थान) में लागू कर दिया गया।
- पंचायती राज्य संस्था के प्रत्येक स्तर पर एक-तिहाई स्थानों पर **महिलाओं के लिए आरक्षण** की व्यवस्था की गई है।
- पंचायती राज व्यवस्था के तहत् निर्वाचित होने के सदस्यों की **न्यूनतम आयु 21 वर्ष** होनी आवश्यक है।

नगरपालिका

प्रथम नगरपालिका का गठन वर्ष 1687 में मद्रास में हुआ था। प्रत्येक नगरपालिका को प्रान्तीय निर्वाचन क्षेत्रों में विभाजित किया जाता है, जिन्हें **वार्ड** कहते हैं। नगरपालिका के सदस्य इन वार्डों से जनता द्वारा प्रत्यक्ष रूप से राज्य विधानमण्डल की विधि अनुसार चुने जाते हैं। 74वाँ संविधान संशोधन अधिनियम, (1992) नगरपालिका व्यवस्था को संवैधानिक दर्जा दिया गया। इसके अन्तर्गत नगर पंचायत, नगर परिषद् तथा नगर निगम के गठन का प्रावधान है।

प्रमुख संविधान संशोधन

7 वाँ संविधान संशोधन अधिनियम, (1956)	राज्यों का पुनर्गठन-14 राज्य तथा 6 केन्द्रशासित प्रदेश।
10 वाँ संविधान संशोधन अधिनियम, (1961)	दादरा तथा नगर हवेली को भारत का अंग बनाया गया।
12 वाँ संविधान संशोधन अधिनियम, (1962)	गोवा, दमन एवं दीव को भारत का अंग बनाया गया।
13 वाँ संविधान संशोधन अधिनियम, (1962)	नागालैण्ड को भारत का नया राज्य घोषित किया गया, कुछ विशेष उपबन्ध के साथ।
14 वाँ संविधान संशोधन अधिनियम, (1962)	पुदुचेरी को भारत का अंग बनाया गया।
36 वाँ संविधान संशोधन अधिनियम, (1975)	सिक्किम को पूर्ण राज्य का दर्जा दिया गया और उसे संविधान की प्रथम अनुसूची में शामिल किया गया।
42 वाँ संविधान संशोधन अधिनियम, (1976)	प्रस्तावना में सम्पूर्ण प्रभुत्व सम्पन्न, लोकतन्त्रात्मक गणराज्य के साथ **पन्थनिरपेक्ष, समाजवादी** तथा राष्ट्र की एकता के साथ **अखण्डता** शब्द जोड़ा गया। इसे **लघु संविधान** कहते हैं।
44 वाँ संविधान संशोधन अधिनियम, (1978)	जीवन एवं व्यक्तिगत स्वतन्त्रता तथा प्रेस की स्वतन्त्रता को सुनिश्चित किया गया।
61 वाँ संविधान संशोधन अधिनियम, (1989)	लोकसभा तथा विधानसभा चुनावों के मतदाताओं की आयु 21 वर्ष से 18 वर्ष की गई है।
86 वाँ संविधान संशोधन अधिनियम, (2002)	संविधान में अनुच्छेद-21(क), 45 तथा 51(क) को जोड़ा गया। राज्य द्वारा 6 से 14 वर्ष तक के सभी बच्चों को निःशुल्क तथा अनिवार्य शिक्षा का प्रावधान किया गया।
92 वाँ संविधान संशोधन अधिनियम, (2003)	**डोगरी**, **मैथिली**, **बोडो** और **सन्थाली** भाषाओं को आठवीं अनुसूची में शामिल किया गया।
101 वाँ संविधान संशोधन अधिनियम (2016)	भारत में सकल कर व्यवस्था (जीएसटी) अपनाने हेतु यह संशोधन लाया गया।
102वाँ संविधान संशोधन अधिनियम (2018)	राष्ट्रीय पिछड़ा वर्ग आयोग को संवैधानिक दर्जा प्रदान किया गया।
103वाँ संविधान संशोधन अधिनियम (2019)	समाज में आर्थिक रूप से पिछड़े सामान्य वर्ग को 10% आरक्षण प्रदान किया गया।
104वाँ संविधान संशोधन अधिनियम (2020)	लोकसभा व राज्यों की विधानसभाओं में SC/ST के आरक्षण की अवधि को 10 वर्ष (2021 से 2030 तक) के लिए बढ़ा दिया गया।
105वाँ संविधान संशोधन अधिनियम (2021)	सामाजिक व शैक्षिक रूप से पिछड़े वर्गों की पहचान करने व सूची बनाने हेतु राज्यों की शक्ति को संरक्षित किया गया

भारत के राष्ट्रीय प्रतीक

राष्ट्रीय चिन्ह	भारत का राष्ट्रीय चिन्ह उत्तरप्रदेश के सारनाथ में स्थित अशोक स्तम्भ शीर्ष की अनुकृति है। इसका निर्माण सम्राट अशोक ने करवाया था। भारत सरकार द्वारा 26 जनवरी, 1950 को इसे राष्ट्रीय चिन्ह के रूप में अपनाया गया।
राष्ट्रीय ध्वज	तिरंगा भारत का राष्ट्रीय ध्वज है। भारत की संविधान सभा ने इसे 22 जुलाई, 1947 को अपनाया। ध्वज तीन रंगों (केसरिया, सफेद तथा हरा) क्षैतिज पट्टियों का संयुक्त रूप है। इसके बीच में नीले रंग की 24 तीलियों का चक्र है। ध्वज की लम्बाई एवं चौड़ाई का अनुपात 3 : 2 है।
राष्ट्रगान	जन-गण-मन भारत का राष्ट्रगान है। इसकी रचना रवीन्द्रनाथ टैगोर ने की थी। 24 जनवरी, 1950 को संविधान सभा द्वारा इसे अपनाया गया। मूल रूप से बांग्ला में रचित राष्ट्रगान को 27 दिसम्बर, 1911 को राष्ट्रीय कांग्रेस के कलकत्ता अधिवेशन में सर्वप्रथम गाया गया था। राष्ट्रगान की गायन अवधि 52 सेकण्ड है।
राष्ट्रगीत	बंकिम चन्द्र चटर्जी ने संस्कृत में **वन्देमातरम्** गीत की रचना अपने उपन्यास आनंदमठ में की। यह गीत स्वतन्त्रता संग्राम में जन-जन का प्रेरणा स्रोत था। यह पहली बार 1896 ई. में भारतीय राष्ट्रीय कांग्रेस के अधिवेशन में गाया गया था। इसे राष्ट्रगीत के रूप में 26 जनवरी, 1950 को अपनाया गया।
राष्ट्रीय पंचांग	भारत का राष्ट्रीय पंचांग **शक संवत्** पर आधारित है, जिसे 22 मार्च 1957 को अपनाया गया। शक संवत् का प्रथम मास चैत्र तथा अन्तिम मास फाल्गुन है। यह ग्रेगेरियन कैलेण्डर के समरूप है। शक संवत् की शुरुआत 78 ई. में हुई थी।
राष्ट्रीय पुष्प	भारत का राष्ट्रीय पुष्प **कमल** है। इसका वैज्ञानिक नाम **नेलम्बो-न्यूसिफेरा** है।
राष्ट्रीय फल	भारत का राष्ट्रीय फल आम है। इसका वैज्ञानिक नाम **मैन्जिफैरा इण्डिका** है। इसे **फलों का राजा** भी कहा जाता है।
राष्ट्रीय पशु	भारत का राष्ट्रीय पशु **बाघ** है। इसका वैज्ञानिक नाम **पैंथरा टाइग्रिस लिन्नायस** है। इसकी शालीनता, दृढ़ता, फुर्ती और शक्ति के कारण इसे राष्ट्रीय पशु का दर्जा दिया गया है।
राष्ट्रीय पक्षी	भारत का राष्ट्रीय पक्षी मयूर (मोर) है। इसका वैज्ञानिक नाम **पावो क्रिस्टेट्स** है। इसे वर्ष 1963 में राष्ट्रीय पक्षी का दर्जा दिया गया।
राष्ट्रीय वृक्ष	भारत का राष्ट्रीय वृक्ष, **बरगद** है। इसका वैज्ञानिक नाम **फाइकस बेघालेसिंस** है। इसे धार्मिक रूप से अमर्त्य माना जाता है।
राष्ट्रीय नदी	भारत की सबसे लम्बी नदी **गंगा** को राष्ट्रीय नदी का दर्जा प्राप्त है। इसका उद्गम स्थल उत्तराखण्ड में स्थित गंगोत्री ग्लेशियर है।
राष्ट्रीय जलीय जीव	5 अक्टूबर, 2009 को भारत सरकार द्वारा **डॉल्फिन** (प्लेटेनिस्टा गंगोटिका) को राष्ट्रीय जलीय जीव का दर्जा दिया गया।
राष्ट्रीय विरासत पशु	भारत का राष्ट्रीय विरासत पशु हाथी (एलिफास इण्डिका) है। भारत सरकार ने इसे वर्ष 2010 में **राष्ट्रीय विरासत पशु** घोषित किया।
राष्ट्रीय खेल	भारत का राष्ट्रीय खेल **हॉकी** है।
राष्ट्रीय वाक्य	भारत का राष्ट्रीय वाक्य **सत्यमेव जयते** है। यह मुण्डकोपनिषद् से लिया गया है।
राष्ट्रीय मुद्रा	भारत की राष्ट्रीय मुद्रा **रुपया** है। इसका संकेत **₹** होता है।

अभ्यास प्रश्न

1. संविधान सभा का गठन कब हुआ?
(a) अगस्त, 1946 में (b) जुलाई, 1946 में
(c) जून, 1946 में (d) जुलाई, 1947 में

2. संविधान सभा की प्रथम बैठक कब हुई?
(a) 9 दिसम्बर, 1946 (b) 9 जुलाई, 1946
(c) 9 जून, 1946 (d) 9 अगस्त, 1946

3. संविधान सभा के अस्थायी अध्यक्ष कौन थे?
(a) डॉ. राजेन्द्र प्रसाद
(b) डॉ. सच्चिदानन्द सिन्हा
(c) पण्डित जवाहरलाल नेहरू
(d) डॉ. भीमराव अम्बेडकर

4. संविधान सभा का स्थायी अध्यक्ष किसे चुना गया?
(a) डॉ. सच्चिदानन्द सिन्हा
(b) सरदार वल्लभभाई पटेल
(c) डॉ. राजेन्द्र प्रसाद
(d) महात्मा गाँधी

5. संविधान सभा के प्रारूप समिति का अध्यक्ष किसे नियुक्त किया गया?
(a) डॉ. भीमराव अम्बेडकर
(b) सरदार वल्लभभाई पटेल
(c) पंडित जवाहर लाल नेहरू
(d) बी एम राव

6. भारतीय संविधान सभा के संविधान को कब अंगीकृत किया?
(a) 26 जनवरी, 1950 को
(b) 15 अगस्त, 1947 को
(c) 26 नवम्बर, 1950 को
(d) 26 नवम्बर, 1949 को

7. धर्मनिरपेक्षता से क्या अभिप्राय है?
(a) राज्य मुखिया एक निर्वाचित व्यक्ति
(b) बिना भेदभाव के सभी संस्कृतियों के प्रति समान आचरण
(c) सरकार लोगों की लोगों के द्वारा और लोगों के लिए
(d) किसी धर्म का उपदेश देना, मानना और क्षेत्र करने की स्वतन्त्रता

8. भारतीय संविधान पूर्ण रूप से कब लागू हुआ?
(a) 26 नवम्बर, 1949 को
(b) 26 जनवरी, 1950 को
(c) 15 अगस्त, 1947 को
(d) 26 जनवरी, 1947 को

9. संविधान की कुंजी किसे कहा जाता है?
(a) संविधान की प्रस्तावना को
(b) संवैधानिक उपचारों को
(c) मौलिक अधिकारों को
(d) उपरोक्त में से कोई नहीं

10. शासन की संसदीय प्रणाली किस देश से ली गई है?
(a) यू एस ए से (b) कनाडा से
(c) रूस से (d) ब्रिटेन से

11. भारतीय संविधान द्वारा नागरिकों को स्वतन्त्रता नहीं दी गई है
(a) भारत के किसी भाग में रहने और बसने की
(b) भारत के संघशासित प्रदेशों में स्वतन्त्रता पूर्वक घूमना की
(c) शस्त्र के साथ शान्तिपूर्ण एकत्रित होने की
(d) संगति एवं संघ बनाना

12. भारतीय संविधान में आपात उपबन्ध का प्रावधान किस देश के संविधान से लिया गया है?
(a) जर्मनी (b) ऑस्ट्रेलिया
(c) दक्षिण अफ्रीका (d) अमेरिका

13. मौलिक अधिकार का सिद्धान्त कहाँ से प्रेरित है?
(a) कनाडा (b) ब्रिटेन (c) फ्रांस (d) अमेरिका

14. निम्नलिखित में से संविधान सभा की संघ संविधान समिति के अध्यक्ष थे
(a) की. आर. अम्बेडकर (b) जे. बी. कृपलानी
(c) जवाहर लाल नेहरू
(d) अल्लादि कृष्णास्वामी अय्यर

15. भारतीय संविधान के अन्तर्गत संघ और राज्यों के बीच शक्तियों का विभाजन किसकी प्रेरणा पर आधारित है?
(a) कनाडा (b) अमेरिका
(c) स्विट्ज़रलैण्ड (d) आयरलैण्ड

16. अनुच्छेद 5 से 12 तक का सम्बन्ध किससे है?
(a) नागरिकता (b) मौलिक अधिकार
(c) संघ और राज्य क्षेत्रों से
(d) इनमें से कोई नहीं

17. भारतीय संविधान किस प्रकार की नागरिकता प्रदान करता है?
(a) एकल (b) द्विमात्रिक
(c) 'a' और 'b' दोनों
(d) उपरोक्त में से कोई नहीं

18. सुमेलित कीजिए

	मौलिक अधिकार		अनुच्छेद
A.	समता का अधिकार	1.	अनुच्छेद 14-18
B.	शोषण के विरूद्ध अधिकार	2.	अनुच्छेद 25
C.	धर्म की स्वतन्त्रता का अधिकार	3.	अनुच्छेद 32
D.	संवैधानिक उपचारों का अधिकार	4.	अनुच्छेद 23-24

कूट

	A	B	C	D		A	B	C	D
(a)	1	3	2	4	(b)	2	4	1	3
(c)	1	4	2	3	(d)	2	3	1	4

19. भारतीय संविधान के किस भाग में मौलिक अधिकारों का उल्लेख किया गया है?
(a) भाग-2 (b) भाग-3
(c) भाग-4 (d) भाग-5

20. अनुच्छेद-14 से अनुच्छेद-18 किस मौलिक अधिकार से सम्बन्धित है?
(a) समता का अधिकार
(b) स्वतन्त्रता का अधिकार
(c) धार्मिक स्वतन्त्रता का अधिकार
(d) शोषण के विरुद्ध अधिकार

21. नीति-निदेशक सिद्धान्तों को संविधान के किस भाग में रखा गया है?
(a) भाग-2 (b) भाग-3
(c) भाग-4 (d) भाग-5

22. अनुच्छेद 36-51 तक संविधान में किन बातों का उल्लेख किया गया है?
(a) नीति-निदेशक सिद्धान्तों का
(b) संघीय कार्यपालिका का
(c) मौलिक कर्त्तव्यों का
(d) उपरोक्त में से कोई नहीं

23. पंचायतों के गठन का उल्लेख किस अनुच्छेद में वर्णित है?
(a) अनुच्छेद-35 (b) अनुच्छेद-38
(c) अनुच्छेद-39 (d) अनुच्छेद-40

24. मौलिक कर्त्तव्यों का प्रावधान किस देश के संविधान से अभिप्रेरित है?
(a) पूर्व सोवियत (b) जर्मनी
(c) फ्रांस (d) ब्रिटेन

25. मौलिक कर्त्तव्यों को उल्लेख किस अनुच्छेद में है?
(a) अनुच्छेद-52 (b) अनुच्छेद-51 A
(c) अनुच्छेद-50 (d) अनुच्छेद-45

26. मौलिक कर्त्तव्यों को किस समिति की सिफारिश पर संविधान में समाहित किया गया था?
(a) स्वर्ण सिंह समिति (b) सरकारिया आयोग
(c) दिनेश गोस्वामी समिति
(d) इनमें से कोई नहीं

27. सूची I का सूची II से मेल कीजिए और दिए गए कूट से सही उत्तर को चिन्हित कीजिए

	सूची I (संवैधानिक प्रावधान)		सूची II (स्रोत)
A.	मौलिक अधिकार	1.	ब्रिटिश संविधान
B.	राज्य के नीति-निदेशक तत्त्व	2.	कनाडा का संविधान
C.	मन्त्रिमण्डलीय सरकार	3.	आयरिश संविधान
D.	केन्द्र राज्य सम्बन्ध	4.	अमेरिकी अधिकार पत्र

कूट

	A	B	C	D
(a)	4	1	3	2
(b)	4	3	1	2
(c)	4	3	2	1
(d)	4	2	3	1

28. संघ की कार्यपालिका शक्ति निहित है–
(a) प्रधानमन्त्री में (b) राष्ट्रपति में
(c) मन्त्रिपरिषद् में (d) संसद में

29. राष्ट्रपति पद पर नियुक्ति के लिए न्यूनतम आयु सीमा क्या है?
(a) 35 वर्ष (b) 32 वर्ष (c) 25 वर्ष (d) 30 वर्ष

30. राष्ट्रपति पद की अवधि कितने वर्षों तक होती है?
(a) 5 वर्ष (b) 6 वर्ष
(c) 7 वर्ष (d) निश्चित नहीं है

31. वर्तमान में राष्ट्रपति का वेतन कितना है?
(a) ₹ 5 लाख (b) ₹ 3 लाख
(c) ₹ 2.5 लाख (d) ₹ 1.5 लाख

32. राष्ट्रपति आंग्ल-भारतीय समुदाय के कितने प्रतिनिधियों को लोकसभा में मनोनीत करता है?
(a) 2 (b) 4 (c) 6 (d) 12

33. अनुच्छेद-352 में किस आपात उपबन्ध का उल्लेख है
(a) राष्ट्रीय आपात (b) वित्तीय आपात
(c) राष्ट्रपति शासक (d) ये सभी

34. भारत में अब तक कितनी बार आपातकाल लागू किया गया है?
(a) एक बार (b) दो बार
(c) तीन बार (d) चार बार

35. राष्ट्रीय आपात की उद्घोषणा का आधार क्या है?
(a) युद्ध (b) बाह्य आक्रमण
(c) सशस्त्र विद्रोह (d) ये सभी

36. 'वित्तीय आपात' का उल्लेख किस अनुच्छेद में किया गया है?
(a) अनुच्छेद-352 (b) अनुच्छेद-360
(c) अनुच्छेद-356 (d) अनुच्छेद-355

37. भारत में वित्तीय आपात कितनी बार लगाया गया है?
(a) दो बार (b) तीन बार
(c) एक बार (d) कभी नहीं

38. सुमेलित कीजिए

A	राष्ट्रपति का निर्वाचन	1.	अनुच्छेद 55
B	महाधिवक्ता	2.	अनुच्छेद 76
C	महान्यायवादी	3.	अनुच्छेद 165
D	उप-राष्ट्रपति	4.	अनुच्छेद 63

कूट

	A	B	C	D		A	B	C	D
(a)	4	3	2	1	(b)	1	3	2	4
(c)	3	2	1	4	(d)	2	3	1	4

39. राज्यसभा का पदेन सभापति कौन होता है?
(a) राष्ट्रपति (b) उप-राष्ट्रपति
(c) प्रधानमन्त्री (d) राज्यसभा का कोई सदस्य

40. भारत में मन्त्रिपरिषद् के अधिकतर सदस्य लिए जाते हैं
(a) लोकसभा से
(b) राज्यसभा से
(c) नौकरशाही से
(d) अन्तर्राज्यीय परिषद् समिति से

41. यदि प्रधानमन्त्री राज्यसभा का सदस्य है, तो
(a) अविश्वास प्रस्ताव की स्थिति में वह अपने पक्ष में मत नहीं दे पाएगा
(b) उसे 6 महीनों के अन्दर लोकसभा का सदस्य बनना होगा
(c) वह लोकसभा में बजट पर नहीं बोल सकेगा
(d) वह केवल राज्यसभा में ही वक्तव्य दे सकता है

42. निम्नलिखित में से किस प्रधानमन्त्री ने लोकसभा में विश्वास मत रखने से पहले इस्तीफा दे दिया था
(a) चन्द्रशेखर (b) मोरारजी देसाई
(c) चौ. चरण सिंह (d) वी पी सिंह

43. किस सभा का अध्यक्ष उसका सदस्य नहीं होता है?
(a) राज्यसभा (b) लोकसभा
(c) विधानसभा (d) विधानपरिषद्

44. लोकसभा अध्यक्ष का चुनाव कौन करता है?
(a) लोकसभा के सदस्य
(b) लोकसभा के निर्वाचित सदस्य
(c) संसद के सदस्य
(d) उपरोक्त कोई नहीं

45. भारतीय संसद के संयुक्त अधिवेशन की अध्यक्षता कौन करता है?
(a) राज्यसभा का सभापति
(b) लोकसभा अध्यक्ष
(c) राष्ट्रपति (d) प्रधानमन्त्री

46. राज्यपाल का मुख्य सलाहकार कौन रहता है?
(a) उच्च न्यायालय के मुख्य न्यायमूर्ति
(b) मुख्यमन्त्री
(c) लोकसभा अध्यक्ष
(d) राष्ट्रपति

47. विधानसभा में धन विधेयक किसकी पूर्व अनुमति पर पेश किया जाता है?
(a) राष्ट्रपति (b) राज्यपाल
(c) प्रधानमन्त्री (d) मुख्यमन्त्री

48. राज्यपाल का कार्यकाल होता है
(a) 5 वर्ष तक
(b) 6 वर्ष तक
(c) राष्ट्रपति के प्रसादपर्यन्त
(d) 60 वर्ष की आयु तक

49. स्वतन्त्र भारत में निम्नलिखित में से कौन-सी महिला किसी राज्य की पहली राज्यपाल थी?
(a) श्रीमती सरोजिनी नायडू
(b) श्रीमती सुचेता कृपलानी
(c) श्रीमती इन्दिरा गाँधी
(d) श्रीमती विजयालक्ष्मी पण्डित

50. जम्मू-कश्मीर का सदर-ए-रियासत पदनाम कब बदलकर राज्यपाल कर दिया गया?
(a) वर्ष 1948 में (b) वर्ष 1950 में
(c) वर्ष 1952 में (d) वर्ष 1965 में

51. विधानसभा सदस्य निर्वाचित होने के लिए कितनी न्यूनतम आयु आवश्यक है?
(a) 25 वर्ष (b) 35 वर्ष
(c) 30 वर्ष (d) 21 वर्ष

52. विधानपरिषद् का विघटन कितने वर्षों पर होता है?
(a) 5 वर्ष (b) 6 वर्ष
(c) कभी नहीं (d) प्रत्येक 2 साल पर

53. वर्तमान में कितने राज्यों में विधानपरिषद् अस्तित्व में है?
(a) 6 (b) 7
(c) 8 (d) 9

54. संविधान का व्याख्याकार और संरक्षक कौन है?
(a) राष्ट्रपति
(b) संसद
(c) सर्वोच्च न्यायालय
(d) भारत का महाधिवक्ता

55. निम्नलिखित में से किसके मामलें उच्च न्यायालय व उच्चतम न्यायालय दोनों की आधिकारिता में आते हैं?
(a) केन्द्र एवं राज्यों के बीच विवाद
(b) राज्यों के परस्पर विवाद
(c) मूल अधिकारों का संरक्षण
(d) संविधान के उल्लंघन से संरक्षण

56. निम्नलिखित में किस वाद में उच्चतम न्यायालय ने संविधान के मूल ढाँचें का सिद्धान्त प्रतिपादित किया था?
(a) गोलकनाथ (b) ए. के. गोपालन
(c) केशवानन्द भारती (d) मेनका गाँधी

57. वर्तमान में सर्वोच्च न्यायालय में मुख्य न्यायाधीश के अतिरिक्त कितने न्यायाधीश का प्रावधान किया गया है?
(a) 20 (b) 22 (c) 25 (d) 33

58. भारत में तदर्थ न्यायाधीशों की नियुक्ति किस देश की प्रणाली से प्रेरित है?
(a) ऑस्ट्रेलिया (b) कनाडा
(c) संयुक्त राज्य अमेरिका
(d) फ्रांस

59. उच्चतम न्यायालय के न्यायाधीशों की नियुक्ति कौन करता है?
(a) राष्ट्रपति (b) मुख्य न्यायाधीश
(c) प्रधानमन्त्री (d) मन्त्रिपरिषद्

60. जब राष्ट्रपति और उप-राष्ट्रपति का पद खाली हो, तो भारत के राष्ट्रपति के पद पर कौन होता है?
(a) प्रधानमन्त्री
(b) भारत का मुख्य न्यायाधीश
(c) लोकसभा अध्यक्ष
(d) उपरोक्त में से कोई नहीं

61. सर्वोच्च न्यायालय में न्यायाधीश नियुक्त होने के लिए व्यक्ति को कम-से-कम कितने वर्ष उच्च न्यायालय का एडवोकेट होना चाहिए?
(a) 20 (b) 10 (c) 8 (d) 25

62. उच्च न्यायालय के मुख्य न्यायाधीश की नियुक्ति कौन करता है?
(a) राष्ट्रपति
(b) सर्वोच्च न्यायालय का मुख्य न्यायाधीश
(c) राज्य का राज्यपाल
(d) राज्य का मुख्यमन्त्री

63. उच्च न्यायालय के न्यायाधीशों को शपथ ग्रहण कौन करवाता है?
(a) राष्ट्रपति
(b) राज्यपाल
(c) मुख्यमन्त्री
(d) सेवानिवृत्त मुख्य न्यायाधीश

64. उच्च न्यायालय के क्षेत्राधिकार को कम या अधिक करने का अधिकार किसे है?
(a) राष्ट्रपति (b) संसद
(c) राज्यपाल (d) राज्य विधानमण्डल

65. उच्च न्यायालयों के न्यायाधीशों के आचरण पर बहस की जा सकती है
(a) संसद में (b) विधानसभा में
(c) लोकसभा में (d) इनमें से कहीं नहीं

66. निम्नलिखित में कौन सही सुमेलित नहीं है?
(a) कर्नाटक उच्च न्यायालय – बंगलुरु
(b) म. प्र. उच्च न्यायालय – भोपाल
(c) राजस्थान उच्च न्यायालय – जोधपुर
(d) केरल उच्च न्यायालय – एर्नाकुलम

67. नव सृजित उच्च न्यायालय है
(a) मेघालय (b) तेलंगाना
(c) त्रिपुरा (d) मिजोरम

68. भारत के महान्यायवादी की नियुक्ति कौन करता है?
(a) प्रधानमन्त्री
(b) राष्ट्रपति
(c) उप-राष्ट्रपति
(d) लोकसभा के अध्यक्ष

69. निम्नलिखित को सुमेल कीजिए

	सूची I (संस्थान)		सूची II (अनुच्छेद)
A	भारत का नियन्त्रक एवं महालेखा परीक्षक	1.	अनुच्छेद-315
B	वित्त आयोग	2.	अनुच्छेद-280
C	प्रशासनिक अधिकरण	3.	अनुच्छेद-148
D	संघ लोक सेवा आयोग	4.	अनुच्छेद-323-A

कूट

	A	B	C	D
(a)	3	2	4	1
(b)	3	4	2	1
(c)	1	2	4	3
(d)	4	1	3	2

70. 'पंचायती राज' को संवैधानिक दर्जा किस संविधान संशोधन द्वारा प्रदान किया गया था?
(a) 72वाँ संविधान संशोधन
(b) 73वाँ संविधान संशोधन
(c) 74वाँ संविधान संशोधन
(d) 84वाँ संविधान संशोधन

71. नगरपालिका को संवैधानिक दर्जा किस संविधान संशोधन द्वारा प्रदान किया गया था?
(a) 74वाँ संविधान संशोधन
(b) 73वाँ संविधान संशोधन
(c) 86वाँ संविधान संशोधन
(d) 93वाँ संविधान संशोधन

72. लोकसभा एवं विधानसभा चुनावों में मतदाताओं की आयु 21 वर्ष से घटाकर 18 वर्ष किस संविधान संशोधन द्वारा की गई थी?
(a) 62वाँ संविधान संशोधन
(b) 92वाँ संविधान संशोधन
(c) 93वाँ संविधान संशोधन
(d) 61वाँ संविधान संशोधन

73. मन्त्रिपरिषद् की संख्या का निर्धारण किस संविधान संशोधन द्वारा किया गया है?
(a) 92वाँ संविधान संशोधन
(b) 93वाँ संविधान संशोधन
(c) 91वाँ संविधान संशोधन
(d) 96वाँ संविधान संशोधन

74. 92वाँ संविधान संशोधन द्वारा भारतीय संविधान में किन भाषाओं को शामिल किया गया था?
(a) डोगरी, मैथिली, बोडो तथा सन्थाली
(b) डोगरी, भोजपुरी तथा बोडो
(c) केवल बोडो
(d) संथाली तथा भोजपुरी

75. किस संविधान संशोधन द्वारा 6-14 वर्ष तक के सभी बच्चों को नि;शुल्क तथा अनिवार्य शिक्षा का प्रावधान किया गया था?
(a) 84वाँ संविधान संशोधन
(b) 86वाँ संविधान संशोधन
(c) 92वाँ संविधान संशोधन
(d) 96वाँ संविधान संशोधन

76. पन्थनिरपेक्षता, समाजवादी एवं अखण्डता शब्द को किस संविधान संशोधन द्वारा जोड़ा गया था?
(a) 42वाँ (b) 43वाँ
(c) 44वाँ (d) 45वाँ

77. संविधान में सहकारी समितियाँ, शब्द किस संविधान संशोधन द्वारा जोड़ा गया?
(a) 96वाँ (b) 97वाँ (c) 98वाँ (d) 99वाँ

78. किस संविधान संशोधन को 'लघु संविधान' कहा जाता है?
(a) 44वाँ संविधान संशोधन
(b) 42वाँ संविधान संशोधन
(c) 1935 का भारत शासन अधिनियम
(d) 72वाँ संविधान संशोधन

79. सिक्किम को पूर्ण राज्य का दर्जा किस संविधान संशोधन के द्वारा प्रदान किया गया था?
(a) 36वाँ संविधान संशोधन
(b) 39वाँ संविधान संशोधन
(c) 26वाँ संविधान संशोधन
(d) 14वाँ संविधान संशोधन

80. निम्नलिखित को सुमेल कीजिए

	अनुसूचियाँ		सम्बन्धित विषय
A	चतुर्थ अनुसूची	1.	भूमि सुधार
B	षष्ठ अनुसूची	2.	भाषा
C	अष्टम् अनुसूची	3.	राज्यसभा
D	नवम् अनुसूची	4.	जनजातीय क्षेत्र

कूट

	A	B	C	D
(a)	1	2	3	4
(b)	2	3	4	1
(c)	3	4	2	1
(d)	4	2	1	3

उत्तरमाला

1	(b)	2	(a)	3	(b)	4	(c)	5	(a)
6	(d)	7	(b)	8	(b)	9	(a)	10	(d)
11	(c)	12	(a)	13	(d)	14	(c)	15	(a)
16	(a)	17	(a)	18	(c)	19	(b)	20	(a)
21	(c)	22	(a)	23	(d)	24	(a)	25	(b)
26	(a)	27	(b)	28	(b)	29	(a)	30	(a)
31	(a)	32	(a)	33	(a)	34	(c)	35	(c)
36	(b)	37	(d)	38	(b)	39	(b)	40	(a)
41	(a)	42	(b)	43	(a)	44	(a)	45	(b)
46	(b)	47	(b)	48	(c)	49	(a)	50	(d)
51	(a)	52	(c)	53	(a)	54	(c)	55	(c)
56	(c)	57	(d)	58	(d)	59	(a)	60	(b)
61	(b)	62	(a)	63	(b)	64	(b)	65	(d)
66	(b)	67	(b)	68	(b)	69	(a)	70	(b)
71	(a)	72	(d)	73	(c)	74	(a)	75	(b)
76	(a)	77	(b)	78	(b)	79	(a)	80	(c)

04 भारतीय अर्थव्यवस्था

- अर्थव्यवस्था किसी भी देश की समस्त आर्थिक क्रियाओं से सम्बन्धित होती है, जो उत्पादन, वितरण एवं उपभोग के सिद्धान्तों पर कार्य करती है।
- अर्थशास्त्र शब्द यूनानी भाषा से लिया गया है।
- एडम स्मिथ को अर्थशास्त्र का जनक माना जाता है।
- अर्थव्यवस्था अपने स्वरूप में कई प्रकार की होती है, जिनमें प्रमुख हैं- अल्पविकसित, विकसित, पूँजीवादी, समाजवादी तथा मिश्रित यह कई प्रकार की हो सकती है।
- पूँजीवादी अर्थव्यवस्था में उत्पादन, वितरण तथा उपभोग के तत्त्वों पर बाजार का नियन्त्रण रहता है।
- पूँजीवादी अर्थव्यवस्था का उद्गम 1776 ई. में प्रकाशित **एडम स्मिथ** की पुस्तक 'वेल्थ ऑफ नेशन' से माना जाता है।
- समाजवादी अर्थव्यवस्था में उत्पादन के साधनों पर सामूहिक नियन्त्रण होता है।
- **कार्ल मार्क्स द्वारा रचित दास कैपिटल** पुस्तक को समाजवाद का बाइबिल कहते हैं।
- मिश्रित अर्थव्यवस्था में राज्य तथा पूँजीवादी अर्थव्यवस्था का मिला-जुला रूप (सार्वजनिक तथा निजी) होता है।
- भारतीय अर्थव्यवस्था एक मिश्रित एवं विकासशील अर्थव्यवस्था है तथा यह विकसित अर्थव्यवस्था की ओर अग्रसर है।

अर्थव्यवस्था के क्षेत्र

अर्थव्यवस्था की आर्थिक गतिविधियों को तीन श्रेणियों में बाँटा गया है

1. प्राथमिक क्षेत्र 2. द्वितीयक क्षेत्र 3. तृतीयक क्षेत्र

अर्थव्यवस्था के क्षेत्र	परिभाषा	क्षेत्र में शामिल गतिविधियाँ
प्राथमिक क्षेत्र	वह क्षेत्र जहाँ प्राकृतिक संसाधनों को कच्चे माल के रूप में प्राप्त किया जाता है एवं यह प्रत्यक्ष रूप से पर्यावरण पर निर्भर रहती है।	कृषि, पशुपालन, मत्स्य पालन, खनन एवं उत्पादन
द्वितीयक क्षेत्र	वह क्षेत्र जो प्राथमिक क्षेत्र के उत्पादों को कच्चे माल के रूप में प्रयुक्त करता हो।	लोहा-इस्पात उद्योग, वस्त्र उद्योग, वाहन, इलेक्ट्रॉनिक्स आदि।
तृतीयक क्षेत्र	यह क्षेत्र अर्थव्यवस्था में सेवाओं के उत्पादन से सम्बन्धित होता है, इसे सेवा क्षेत्र के नाम से भी जाना जाता है।	बैंकिंग, बीमा, चिकित्सा, शिक्षा, पर्यटन, संचार, परिवहन, व्यापार रिटेल व विभिन्न प्रकार की सेवाएँ इत्यादि।

नोट भारतीय अर्थव्यवस्था में सबसे कम योगदान कृषि क्षेत्र का तथा सबसे ज्यादा योगदान सेवा क्षेत्र का है।

माँग

किसी वस्तु की माँग उस वस्तु की वह मात्रा है, जिसे दिए गए समय अवधि में उपभोक्ता विभिन्न कीमतों पर खरीदने की इच्छा और क्षमता रखता है। इसलिए किसी एक व्यक्ति के पास माँग होने के लिए यह आवश्यक है कि उपभोक्ता के पास उसको क्रय करने की इच्छा और क्षमता हो। साथ ही यह समय की प्रति इकाई से सम्बन्धित हो; जैसे— प्रतिदिन, प्रति सप्ताह, प्रतिवर्ष आदि।

माँग का नियम

माँग का नियम किसी वस्तु की माँगी गई मात्रा और उसकी कीमतों को व्यक्त करता है। सर्वप्रथम इस नियम की व्याख्या मार्शल ने की थी। उनके अनुसार, 'माँग की मात्रा कीमत गिरने से बढ़ती है और कीमत बढ़ने से घटती है।' इस प्रकार माँग का नियम कीमत और माँग में विपरीत सम्बन्ध को व्यक्त करता है। इससे स्पष्ट है कि माँग का नियम एक गुणात्मक कथन है न कि परिमाणात्मक कथन, अर्थात् प्रस्तुत माँग का नियम केवल दिशा को बताता है। इसका अर्थ है कि यह माँग में परिवर्तन के परिमाण को नहीं बताता है।

माँग की लोच

माँग की लोच की धारणा को सर्वप्रथम मार्शल ने प्रस्तुत किया। माँग की लोच कीमत में होने वाले आनुपातिक परिवर्तन के कारण माँगी गई वस्तु की मात्रा के आनुपातिक परिवर्तन के अनुपात को कहते हैं। माँग की लोच के तीन प्रकार हैं

(i) माँग की कीमत लोच (ii) माँग की आय लोच
(iii) माँग की प्रति लोच

पूर्ति

पूर्ति शब्द का अर्थ किसी वस्तु की उस मात्रा से लगाया जाता है, जिसे कोई विक्रेता 'एक निश्चित समय' तथा 'एक निश्चित कीमत' पर बाजार में बेचने के लिए तैयार रहते हैं। उदाहरण के लिए, यदि यह कहा जाये कि बाजार में गेहूँ की पूर्ति 1000 क्विंटल की है, तो यह कथन उचित नहीं है, क्योंकि इसमें गेहूँ की कीमत एवं समय का उल्लेख नहीं किया गया है, किन्तु यदि इसी बात को इस प्रकार कहा जाए कि आज बाजार में ₹ 250 प्रति क्विंटल की कीमत पर 1000 क्विंटल गेहूँ की पूर्ति हैं, तो यह कथन ठीक है। अत: स्पष्ट है कि पूर्ति के लिए निश्चित समय तथा एक निश्चित मूल्य को बताना आवश्यक है।

राष्ट्रीय आय की अवधारणा और माप

राष्ट्रीय आय एक वर्ष के दौरान एक देश में उत्पादित सभी अन्तिम वस्तुओं एवं सेवाओं का समग्र मौद्रिक मूल्य होता है। भारत में राष्ट्रीय आय की गणना केन्द्रीय सांख्यिकीय संगठन (CSO) द्वारा की जाती है।

राष्ट्रीय आय के आकलन की तीन प्रमुख विधियाँ हैं

1. उत्पादन विधि 2. आय विधि 3. व्यय विधि

- राष्ट्रीय आय की गणना में मध्यवर्ती वस्तुओं का मूल्य शामिल नहीं किया जाता है।
- भारत जैसे देश में राष्ट्रीय आय की गणना में उत्पादन विधि तथा आय विधि के सम्मिश्रण का प्रयोग किया जाता है।

- भारत की राष्ट्रीय आय और प्रति व्यक्ति आय की गणना का प्रथम प्रयास **दादाभाई नौरोजी** ने 1867-68 ई. में अपनी पुस्तक **पावर एण्ड अनब्रिटिश रूल इन इण्डिया** में किया था।
- भारत में राष्ट्रीय आय का अनुमान लगाने के लिए वर्ष 1949 में **प्रो. पी. सी. महालनोबिस** की अध्यक्षता में राष्ट्रीय आय समिति का गठन किया गया था। डॉ. आर. गॉडगिल तथा वी. के आर. वी. राव इस समिति के सदस्य थे।
- प्रो. वी. के. आर.वी. राव ने वर्ष 1931-32 में राष्ट्रीय आय की पहली वैज्ञानिक विधि से गणना की, जिनकी पुस्तक का नाम **नेशनल इनकम इन ब्रिटिश इण्डिया** था।
- राष्ट्रीय आय की गणना के सम्बन्ध में मूलत: दो अवधारणाओं; जैसे—राष्ट्रीय उत्पाद तथा घरेलू उत्पाद को आधारस्वरूप लिया जाता है।

सकल घरेलू उत्पाद

किसी देश की घरेलू सीमा के अन्दर एक वित्तीय वर्ष में उत्पादित सभी अन्तिम वस्तुओं एवं सेवाओं के मौद्रिक मूल्य के योग को सकल घरेलू उत्पाद (GDP) कहते हैं।

सकल राष्ट्रीय उत्पाद

किसी देश के नागरिकों द्वारा एक निश्चित समयावधि सामान्यत: एक वर्ष में उत्पादित सभी अन्तिम वस्तुओं व सेवाओं के मौद्रिक मूल्य को **सकल राष्ट्रीय उत्पाद** कहते हैं।

इसे निम्न सूत्र द्वारा व्यक्त किया जा सकता है

$GNP = GDP + X - I$

यदि $X = I$ तो,

$GNP = GDP$

X = भारतीय नागरिकों द्वारा विदेशों में अर्जित आय

I = भारत में विदेशियों द्वारा अर्जित आय

निवल घरेलू उत्पाद

सकल राष्ट्रीय उत्पाद में से जब उत्पादन की प्रक्रिया में प्रयुक्त मशीन और पूँजी के मूल्य में आई कमी (मूल्य ह्रास) को घटा दिया जाता है, तो इसे **निवल घरेलू उत्पाद** कहते हैं।

अर्थात् NDP = GDP – Depreciation (मूल्य ह्रास)

निवल राष्ट्रीय उत्पाद

सकल राष्ट्रीय उत्पाद में से जब उत्पादन प्रक्रिया में प्रयुक्त मशीन और पूँजी के मूल्य में आई कमी (मूल्य ह्रास) को घटा दिया जाता है तो **निवल राष्ट्रीय उत्पाद** प्राप्त होता है।

अर्थात् NNP = GNP – Depreciation (मूल्य ह्रास)

- किसी देश की सम्पूर्ण राष्ट्रीय आय को देश की कुल जनसंख्या से भाग देने पर प्राप्त आय प्रति व्यक्ति (औसत) आय कहलाती है।
- भारत में राष्ट्रीय आय की गणना अर्थात् वित्तीय वर्ष **1 अप्रैल से 31 मार्च** तक माना जाता है।
- राष्ट्रीय आय के लेखांकन का जन्मदाता **साइमन कुजनेंटस** को माना जाता है।
- **ग्रीन अकाउण्टिंग** का अभिप्राय प्रदूषण और पर्यावरणीय क्षति के आकलन को ध्यान में रखते हुए देश की राष्ट्रीय आय की गणना से है।
- निवेश गुणक, निवेश का प्रभाव आय पर दर्शाता है।

केन्द्रीय सांख्यिकी संगठन

- इसकी स्थापना 2 मई, 1951 को की गई थी।
- इसका मुख्यालय **नई दिल्ली** में है।
- केन्द्रीय सांख्यिकी संगठन द्वारा राष्ट्रीय आय की गणना का आधार वर्ष 2004-05 के स्थान पर वर्ष 2011-12 कर दिया गया है।
- केन्द्रीय सांख्यिकी संगठन द्वारा प्रकाशित राष्ट्रीय लेखा सांख्यिकी को श्वेत-पत्र भी कहा जाता है।

मानव विकास की संकल्पना

- संयुक्त राष्ट्र विकास कार्यक्रम (United Nations Development Programme, UNDP) ने वर्ष 1990 में प्रकाशित अपनी पहली Human Development Report (HDR) में मानव विकास सूचकांक की संकल्पना प्रस्तुत की।
- मानव विकास सूचकांक, (HDI) (Human Development Index) मानव विकास की एक माप है, जिसे तीन आयामों पहला-**लम्बा एवं स्वस्थ जीवन**, दूसरा **ज्ञान की उपलब्धि** तथा तीसरा **एक अच्छा जीवन स्तर** (प्रतिव्यक्ति आय/क्रय शक्ति समता) के आधार पर मापा जाता है।
- मानव विकास सूचकांक स्वास्थ्य, शिक्षा एवं आय आदि के स्तर के आधार पर तैयार किया जाने वाला संयुक्त राष्ट्र विकास कार्यक्रम (UNDP) का सूचकांक है।
- भारत में राज्य स्तर पर मानव विकास रिपोर्ट जारी करने वाला प्रथम राज्य **मध्य प्रदेश** है।

भारत में आर्थिक आयोजन

- भारत में सर्वप्रथम वर्ष 1934 में **विश्वेश्वरैया** द्वारा लिखित पुस्तक Planned Economy for India में आर्थिक नियोजन समिति का उल्लेख मिलता है।
- वर्ष 1938 में पण्डित नेहरू की अध्यक्षता में एक **राष्ट्रीय नियोजन समिति** का गठन किया गया।
- वर्ष 1944 में मुम्बई के 8 उद्योगपतियों द्वारा **बॉम्बे प्लान नाम** से एक 15 वर्षीय योजना को प्रस्तुत किया।
- वर्ष 1944 में श्रीमन्नारायण ने गाँधीवादी योजना के नाम से एक योजना का निर्माण किया एवं एम. एन राय ने वर्ष 1945 में जनयोजना प्रस्तुत की।
- जयप्रकाश नारायण द्वारा वर्ष 1950 में **सर्वोदय योजना** प्रस्तुत की।
- स्वतन्त्रता के पश्चात् योजना निर्माण के लिए 15 मार्च, 1950 को भारत सरकार के एक प्रस्ताव द्वारा योजना आयोग का गठन किया गया था।
- भारत में आर्थिक नियोजन का विधिवत् शुभारम्भ 1 अप्रैल, 1951 को हुआ था।
- भारत में पंचवर्षीय योजनाओं का निर्माण योजना आयोग के द्वारा किया जाता था, परन्तु वर्ष 2015 में योजना आयोग के स्थान पर नीति आयोग की स्थापना के बाद योजना व नीति निर्माण से संबंधित कार्य नीति आयोग करता है।
- अब तक भारत में 12 पंचवर्षीय योजनाओं का निर्माण किया गया है।
- 12वीं पंचवर्षीय योजना अन्तिम पंचवर्षीय योजना थी।

पंचवर्षीय योजनाएँ : एक अवलोकन

योजना अवधि	केन्द्रीय बिन्दु
पहली योजना (1951-56)	कृषि विकास पर बल
दूसरी योजना (1956-61)	आधारभूत एवं भारी उद्योगों का विकास
तीसरी योजना (1961-66)	आत्मनिर्भर व स्वतः स्फूर्ति अर्थव्यवस्था
चौथी योजना (1969-74)	स्थिरता के साथ आत्मनिर्भरता
पाँचवीं योजना (1974-79)	निर्धनता उन्मूलन तथा आत्मनिर्भरता
छठीं योजना (1980-85)	गरीबी निवारण तथा रोजगार सृजन
सातवीं योजना (1985-90)	कृषि, विकास प्रेरित समृद्धि रणनीति
आठवीं योजना (1992-97)	मानव संसाधन विकास, लगभग पूर्व रोजगार, 15 से 35 वर्ष आयु समूह में निरक्षरता का उन्मूलन
नौवीं योजना (1997-2002)	सामाजिक न्याय और समानता के साथ आर्थिक समृद्धि
दसवीं योजना (वास्तविक) (2002-07)	सामाजिक न्याय तथा समता के साथ आर्थिक विकास
11वीं योजना (2007-12)	तीव्रतर और अधिक समावेशी विकास
12वीं योजना (2012-17)	त्वरित, सतत और अधिक समावेशी विकास

नोट पहली पंचवर्षीय योजना हैरॉड-डोमर मॉडल पर तथा द्वितीय पंचवर्षीय योजना महालनोबिस मॉडल पर आधारित थी।

राष्ट्रीय विकास परिषद्

- राष्ट्रीय विकास परिषद् का गठन आर्थिक नियोजन हेतु एक प्रस्ताव द्वारा 6 अगस्त, 1952 को किया गया था।
- इसका प्रमुख कार्य योजना आयोग की सिफारिशों को स्वीकृति (अनुमोदन) देना था।
- यह एक गैर-संवैधानिक संस्था है। इसका अध्यक्ष प्रधानमन्त्री होता है।

नीति आयोग

- 1 जनवरी, 2015 को भारत सरकार द्वारा योजना आयोग के स्थान पर नीति आयोग, जिसे राष्ट्रीय भारत परिवर्तन संस्थान (National Institution for Transforming India-NITI) का गठन किया गया।
- यह प्रधानमन्त्री की अध्यक्षता में कार्य करता है।
- इसके प्रथम उपाध्यक्ष अरविन्द पनगढ़िया थे।
- यह आयोग केन्द्र सरकार के साथ-साथ राज्य सरकारों के लिए भी नीति निर्माण का कार्य करता है।
- योजना आयोग के स्थान पर नियोजन की प्रक्रिया हेतु नीति आयोग द्वारा पन्द्रह वर्षीय विजन, सात वर्षीय रणनीति एवं तीन वर्षीय एक्शन एजेण्डा तैयार करेगा।

गरीबी

गरीबी से तात्पर्य जीवन के लिए न्यूनतम उपभोग आवश्यकताओं को प्राप्त करने की अयोग्यता है।

(i) सापेक्ष गरीबी विभिन्न आय वर्गों के बीच की असमानता को कहते हैं। सापेक्ष गरीबी की माप मुख्यतः **लॉरेंज वक्र एवं गिनी गुणांक के आधार** पर की जाती है। लॉरेंज वक्र एवं गिनी गुणांक आय की विषमता की माप से सम्बन्धित हैं।

(ii) निरपेक्ष गरीबी की स्थिति में मनुष्य की बुनियादी आवश्यकताओं; जैसे—भोजन, सुरक्षित पेयजल, स्वास्थ्य एवं शिक्षा इत्यादि की भी पूर्ति करने में असमर्थ रहता है। इसका मापन हेड काउण्ट रेशियो द्वारा किया जाता है। भारत में निरपेक्ष गरीबी का अनुमान लगाने के लिए गरीबी रेखा की धारणा का प्रयोग किया जाता है।

- गरीबी रेखा वह रेखा है, जो उस प्रति व्यक्ति औसत मासिक व्यय को बताती है, जो लोगों को अपनी न्यूनतम आवश्यकताओं को पूरा करने में सहायक होती है।
- निर्धारित किए गए न्यूनतम उपभोग व्यय को निर्धनता रेखा कहते हैं।
- भारत में गरीबी के निर्धारण हेतु राष्ट्रीय प्रतिदर्श सर्वेक्षण कार्यालय (NSSO) मुख्य संस्था है।
- योजना आयोग ने गरीबी निर्धारण के लिए आहार सम्बन्धी अवधारणा प्रस्तुत की थी, जिसके अनुसार, ग्रामीण श्रेत्रों में प्रतिदिन 2400 कैलोरी तथा शहरी क्षेत्रों में 2100 कैलोरी भोजन प्राप्त करने में असमर्थ लोगों को गरीब माना गया।
- भारत में गरीबी की माप अनेक अर्थशास्त्रियों; जैसे-दाण्डेकर व रथ, वाई. के अलघ, लकड़ावाला, बी. एस. मिनहास., अहलूवालिया, एस. पी. गुप्त, सुरेश तेन्दुलकर तथा रंगराजन द्वारा की गई।
- सुरेश तेन्दुलकर समिति के अनुसार, प्रति व्यक्ति प्रतिदिन खर्च ग्रामीण क्षेत्र में ₹ 27 तथा शहरी क्षेत्रों में ₹ 33 को आधार बनाया गया।

बेरोजगारी

- बेरोजगारी से आशय उस स्थिति से है, जब कोई व्यक्ति प्रचलित मजदूरी की दर पर काम करने को तैयार तथा इच्छुक हो, किन्तु इसके बावजूद रोजगार पाने में असमर्थ होता है।
- सामान्य रूप से **15-59** वर्ष के आयु-वर्ग के व्यक्तियों को आर्थिक रूप से **कार्यशील माना जाता** है। भारत में बेरोजगारी के आँकड़े **राष्ट्रीय प्रतिदर्श सर्वेक्षण कार्यालय** द्वारा जारी किए जाते हैं।
- बेरोजगारी कई प्रकार की होती है, जिनमें मुख्य रूप से **प्रच्छन्न/अदृश्य बेरोजगारी**, **मौसमी बेरोजगारी**, **घर्षणात्मक बेराजगारी** एवं **चक्रीय** (विकसित देशों में)तथा **संरचनात्मक बेरोजगारी** के प्रकार हैं।
- प्रच्छन्न या अदृश्य बेरोजगारी में श्रमिक की **सीमान्त उत्पादकता शून्य** होती है तथा किसी कार्य में आवश्यकता से अधिक श्रमिक कार्य करते हैं; जैसे—कृषि।
- मौसमी बेरोजगारी मुख्य रूप से कृषि क्षेत्रों में पाई जाती है।
- घर्षणात्मक बेरोजगारी उस स्थिति में उत्पन्न होती है, जब बाजार की दशाओं में माँग एवं पूर्ति में परिवर्तन से श्रमिक में रोजगार की सम्भावना कम हो जाती है। **संरचनात्मक बेरोजगारी** उस अवस्था में उत्पन्न होती है, जब बाजार में प्रतियोगिता में वृद्धि से उद्योग बन्द हो जाने से श्रमिकों में बेरोजगारी उत्पन्न हो जाती है।
- भारत में संरचनात्मक बेरोजगारी पाई जाती है।

भारतीय कृषि

- कृषि, भारतीय अर्थव्यवस्था के प्राथमिक क्षेत्र में शामिल है एवं कृषि का देश के कुल GDP में लगभग 17% का योगदान है।
- कृषि क्षेत्र में कुल जनसंख्या का लगभग 58% हिस्सा संलग्न है। प्रथम पंचवर्षीय योजना में कृषि पर सर्वाधिक बल दिया गया था और देश की 12वीं पंचवर्षीय योजना जो पिछले वर्ष समाप्त हुई, में कृषि विकास का लक्ष्य 4% रखा गया है।
- कृषि योग्य भूमि की दृष्टि से विश्व में भारत का स्थान दूसरा है, जबकि पहला स्थान संयुक्त राज्य अमेरिका का है।

- भारत में कृषि में सर्वाधिक **जोतों की संख्या सीमान्त प्रकार** की है।
- 1 हेक्टेयर से कम क्षेत्रफल वाली **जोत सीमान्त जोत** कहलाती है।
- 1 हेक्टेयर से 4 हेक्टेयर वाली जोत **लघु** तथा 4 हेक्टेयर से बड़ी क्षेत्रफल वाली जोत **वृहत जोत** कहलाती है।
- कृषि क्षेत्र में **हरित क्रान्ति** योजना अवकाश में शुरू की गई थी।
- हरित क्रान्ति का प्रभाव सर्वाधिक **गेहूँ की फसल** पर पड़ा था तथा उसके उत्पादन में 500% की वृद्धि हुई।
- **हरित क्रान्ति** की शुरुआत, 1966-67 में देश को खाद्यान्न उत्पादन में आत्मनिर्भर बनाने के उद्देश से की गई थी, जिसके तहत बड़े पैमाने पर अधिक उपज देने वाले उन्नत किस्म के बीजों का उपयोग किया गया था।
- भारत की प्रथम कृषि नीति वर्ष 1992 में तथा द्वितीय कृषि नीति वर्ष 2002 में जारी की गई थी।
- किसानों और कृषि क्षेत्र के लिए कार्य योजना का सुझाव देने के लिए वर्ष 2004 में **डॉ. एम. एस. स्वामीनाथन की अध्यक्षता में राष्ट्रीय कृषि आयोग का गठन किया गया।**
- कृषि उत्पादों का मूल्य निर्धारित करने के लिए वर्ष 1965 में कृषि मूल्य आयोग की स्थापना की गई थी, जिसका नाम वर्ष 1985 में **कृषि लागत एवं कीमत आयोग** (CACP) कर दिया गया।

कृषि क्षेत्र की प्रमुख क्रान्तियाँ

हरित क्रान्ति	खाद्यान्न उत्पादन
श्वेत क्रान्ति	दुग्ध उत्पादन
नीली क्रान्ति	मछली उत्पादन
पीली क्रान्ति	तिलहन उत्पादन
बादामी क्रान्ति	मसाला उत्पादन
सेफ्रॉन क्रान्ति	केसर उत्पादन
गुलाबी क्रान्ति	प्याज/औषधि/ झींगा उत्पादन
लाल क्रान्ति	मांस एवं टमाटर उत्पादन
सदाबहार क्रान्ति	कृषि का समस्त विकास
रजत क्रान्ति	अण्डा/कुक्कुट उत्पादन
गोल क्रान्ति	आलू उत्पादन
सुनहरी क्रान्ति	बागवानी, शहद एवं फल उत्पादन
अमृत क्रान्ति	नदी जोड़ो परियोजना
धूसर क्रान्ति	रासायनिक उर्वरक उत्पादन
सदाबहार क्रान्ति	जैविक खेती को प्रोत्साहन
इन्द्रधनुषी क्रान्ति	सभी क्षेत्रों के उत्पादन में वृद्धि करने से

उद्योग

- किसी भी देश में उद्योगों का विशेष महत्व होता है, वे नई आवश्यकताओं के लिए नए प्रकार के उत्पाद एवं सेवाएँ अर्थव्यवस्था में लाते हैं। उद्योग के कारण गुण वाले पदार्थ सस्ते दामों पर प्राप्त होते हैं, जिससे लोगों के रहन-सहन के स्तर में सुधार होता है।
- स्वतन्त्रता के पश्चात् देश की प्रथम औद्योगिक नीति की घोषणा 6 अप्रैल, 1948 में तत्कालीन उद्योग एवं वाणिज्य मन्त्री **श्यामा प्रसाद मुखर्जी** द्वारा की गई थी। इस नीति में सार्वजनिक और निजी क्षेत्र के सह-अस्तित्व को स्वीकार किया गया। इस नीति में मिश्रित अर्थव्यवस्था कायम करने का सुझाव दिया गया।
- वर्ष 1948 की औद्योगिक नीति में उद्योगों को चार भागों में वर्गीकृत किया गया था।
- देश की दूसरी औद्योगिक नीति की घोषणा 30 अप्रैल, 1956 में की गई थी, इस नीति में उद्योगों को कुल तीन श्रेणियों में वर्गीकृत किया गया। इस नीति के अन्तर्गत सार्वजनिक क्षेत्र का विस्तार, सहकारी क्षेत्र का विकास एवं निजी एकाधिकारों पर नियन्त्रण जैसे उद्देश्य शामिल थे।
- इस नीति को भारत का आर्थिक संविधान कहा जाता है।
- औद्योगिक नीति 1973 में मूलभूत उद्योग (कोर उद्योग) की विचारधारा को अपनाया गया। कोर उद्योग वैसे उद्योग होते हैं, जो अन्य उद्योगों के विकास के लिए मूलरूप से महत्त्वपूर्ण होते हैं; जैसे—लोहा, इस्पात, सीमेन्ट आदि।
- वर्ष 1977 की औद्योगिक नीति में मुख्य रूप से लघु एवं कुटीर उद्योगों की स्थापना पर विशेष बल दिया गया एवं लघु उद्यमकर्ता की सभी सुविधाएँ उपलब्ध कराने के उद्देश्य से जिला उद्योग केन्द्र की स्थापना की गई।
- **औद्योगिक नीति 1980** इस नीति के तीन मौलिक उद्देश्य निर्धारित किए गए थे— आधुनिकीकरण, विस्तार और पिछड़े क्षेत्रों का विकास। इस नीति में सार्वजनिक उद्यमों (Public Enterprises) के कुशल प्रबन्धन पर बल दिया गया।

नई औद्योगिक नीति 1991

- इस औद्योगिक नीति को व्यापक आर्थिक सुधारों के तहत लागू किया गया, जिसके अन्तर्गत औद्योगिक लाइसेंसिंग नीति एकाधिकार तथा प्रतिबन्धात्मक व्यापार, व्यवहार, सार्वजनिक क्षेत्र में व्यापक बदलाव किया गया।
- वर्तमान में केवल 5 उद्योग ऐसे हैं, जिनके लिए लाइसेंस लेना आवश्यक है; जैसे-इलेक्ट्रॉनिक, एयरोस्पेस, बारूद, खतरनाक रसायन, तम्बाकू तथा मादक पेय पदार्थों से सम्बन्धित उद्योग।
- नई आर्थिक नीति के तीन प्रमुख आयाम थे—निजीकरण (Privatization), उदारीकरण (Liberalization) व वैश्वीकरण (Globalization)।

मिनी रत्न योजना

- वर्ष 1997 में इसकी शुरुआत की गई थी
- इसमें दो श्रेणियाँ बनाई गई हैं
  - (i) पहली श्रेणी में किसी एक वर्ष में ₹30 करोड़ से अधिक मुनाफे के साथ लगातार तीन वर्षों तक मुनाफा कमाने वाली कम्पनी शामिल है।
  - (ii) दूसरी श्रेणी में लगातार 3 वर्षों तक मुनाफा कमाने वाली कम्पनियों को रखा जाता है।

नवरत्न कम्पनियाँ

- **नवरत्न** ऐसी कम्पनियाँ हैं, जो विश्वस्तरीय कम्पनियों के रूप में उभर रही हैं तथा जिसे सरकार ने प्रोत्साहित करने के उद्देश्य से पूर्ण स्वायत्तता प्रदान की है। इसे वर्ष 1997 में प्रारम्भ किया गया था।
- वर्तमान में कुल 13 नवरत्न कम्पनियाँ हैं।

महारत्न कम्पनियाँ

- महारत्न योजना की शुरुआत वर्ष 2009 से की गई थी, जिसका उद्देश्य बड़े आकार के नवरत्न उपक्रमों के बोर्ड को अधिक स्वायत्तता सौंपना है, जिससे उपक्रमों का संचालन घरेलू बाजार के साथ ही वैश्विक बाजार में हो सके।
- महारत्न बनने के लिए कम्पनी शेयर बाजार में सूचीबद्ध हो तथा पिछले तीन वर्षों में कम्पनी का औसत कारोबार ₹25,000 करोड़ रहा हो एवं कम्पनी ने ₹5000 करोड़ का औसत शुद्ध लाभ प्राप्त किया हो।
- वर्तमान में 14 महारत्न कम्पनियाँ हैं।
- भारतीय तेल निगम (IOC) • तेल एवं प्राकृतिक गैस निगम (ONGC)
- कोल इण्डिया लिमिटेड (CIL) • भारतीय इस्पात प्राधिकरण (SAIL)
- राष्ट्रीय ताप विद्युत निगम (NTPC)
- हिन्दुस्तान पेट्रोलियम कॉर्पोरेशन लिमिटेड (HPCL)
- पावर ग्रिड कॉर्पोरेशन ऑफ इण्डिया लिमिटेड (PGCIL)
- भारतीय गैस प्राधिकरण लिमिटेड (GAIL)
- भारत हैवी इलेक्ट्रिकल्स लिमिटेड (BHEL)
- भारत पेट्रोलियम कॉर्पोरेशन लिमिटेड (BPCL)
- पावर फाइनेन्स कॉर्पोरेशन (PFC)
- ग्रामीण विद्युतीकरण निगम लिमिटेड (RECL)
- ऑयल इण्डिया लिमिटेड (OIL)
- हिन्दुस्तान एयरोनॉटिक्स लिमिटेड (HAL)

मुद्रा व बैंकिंग

भारतीय बैंकिंग कम्पनी एक्ट के अनुसार बैंकिंग कम्पनी वह है, जो बैंकिंग का कार्य करती है

- **गिल्ट एडज बाजार** इसमें रिजर्व बैंक, सरकारी एवं अर्द्धसरकारी प्रतिभूतियों का क्रय-विक्रय करता है।
- **औद्योगिक प्रतिभूति बाजार** इसमें नए स्थापित औद्योगिक उपक्रमों के शेयरों एवं डिबेंचरों का क्रय-विक्रय किया जाता है।

भारत में मुद्रा का विकास

- भारत में वर्ष 1935 में पत्र मुद्रा का निर्गमन का अधिकार भारतीय रिजर्व बैंक को प्रदान किया गया।
- वर्ष 1947 से भारत में अशोक स्तम्भ चित्र वाले नोट जारी किए जाने लगे।
- वर्ष 1949 में एक रुपये का पहला निर्गमित नोट अशोक स्तम्भ चिह्न के साथ चलन में आया।
- वर्ष 1957 तक भारतीय रुपया 16 आनों में विभाजित था।
- वर्ष 1957 में ही मुद्रा की दशमलव प्रणाली अपनाई गई।
- वर्ष 1987 में सबसे पहले गांधी जी के चित्र के साथ ₹ 500 का नोट प्रचलन में आया था।
- सभी भारतीय नोटों पर गाँधी जी का चित्र वर्ष 1996 से छापे जाने लगा।
- भारत में एक रुपये का नोट वित्त मन्त्रालय जारी करता है तथा एक रुपये के नोट पर वित्त सचिव के हस्ताक्षर होते हैं।
- एक रुपये से अधिक मूल्य के नोटों का निगर्मन RBI द्वारा किया जाता है।
- रिजर्व बैंक द्वारा निर्गमित सभी नोटों पर हिन्दी तथा अंग्रेजी को मिलाकर 17 भाषाओं में लिखा होता है।
- विश्व बाजार में जिस देश की मुद्रा की आपूर्ति की अपेक्षा माँग अधिक होती है, उसे **दुर्लभ मुद्रा** कहते हैं, यथा— डॉलर, ब्रिटिश पौण्ड आदि।
- वित्तीय बाजार में शीघ्र पलायन कर जाने की प्रवृत्ति वाली **मुद्रा गर्म मुद्रा** (hot money) कहलाती है।

भारतीय रुपये का चिह्न

- भारतीय रुपये के लिए चिह्न की रचना IIT मुम्बई के **उदय कुमार** ने की थी। यह चिह्न (₹) **देवनागरी** के 'र' व रोमन अक्षर 'R' से मिलाकर बनाया गया है।

विमुद्रीकरण

- विमुद्रीकरण से तात्पर्य वर्तमान बाजार में प्रचलन में शामिल मुद्रा का वापस लिया जाना या चलन से बाहर कर देना है। 8 नवम्बर, 2016 को मध्य रात्रि से भारत सरकार द्वारा वर्ष 1978 के बाद, विमुद्रीकरण के माध्यम से ₹ 500 और ₹ 1000 के नोटों को चलन से बाहर कर दिया गया है।

मुद्रास्फीति

- मूल्य स्तरों में होने वाली **सतत् वृद्धि** को ही मुद्रास्फीति कहा जाता है। मुद्रा की क्रयशक्ति में कमी आने को ही मुद्रास्फीति कहा जाता है।
- भारत में अब तक तीन बार मुद्रा का अवमूल्यन हुआ है। वर्ष 1949 (पण्डित जवाहरलाल नेहरू), 1966 (लाल बहादुर शास्त्री) तथा वर्ष 1991 (चन्द्रशेखर के कार्यकाल में)।
- **स्टैगफ्लेशन** उस स्थिति को इंगित करता है, जब **मुद्रास्फीति** की दर व **बेरोजगारी** दोनों ही उच्च अवस्था में पहुँच जाती है।

क्रय शक्ति समता

- दो अलग-अलग देशों की मुद्राओं की क्रय-शक्ति के अन्तर को मापने की विधि क्रय शक्ति समता कहलाती है।

भारत में बैंकिंग प्रणाली का विकास

- भारत का पहला बैंक, **बैंक ऑफ हिन्दुस्तान** था, जिसकी स्थापना यूरोपियन पद्धति पर एलेक्जेण्डर एण्ड कम्पनी द्वारा 1770 ई. में की गई थी।
- सीमित देयता पर आधारित भारतीयों द्वारा संचालित पहला **बैंक अवध कमर्शियल बैंक** (1881 ई.) था। पूर्ण रूप से पहला भारतीय बैंक पंजाब नेशनल बैंक था जिसकी स्थापना 1894 में की गई थी।

रिजर्व बैंक ऑफ इण्डिया (RBI)

- रिजर्व बैंक ऑफ इण्डिया अधिनियम 1934 के तहत् रिजर्व बैंक की स्थापना 1 अप्रैल, 1935 में **हिल्टन यंग आयोग** की अनुशंसा पर की गई थी।
- RBI का राष्ट्रीयकरण 1 जनवरी, 1949 को किया गया था, जिसका मुख्यालय मुम्बई में है।
- RBI के प्रथम गर्वनर **सर ओसबोर्न स्मिथ** थे।
- स्वतन्त्रता के समय RBI के गवर्नर सी.डी. देशमुख थे।
- भारतीय रिजर्व बैंक के प्रमुख कार्यों में प्रमुख हैं–मौद्रिक नीति का संचालन, साख का नियन्त्रण, मुद्रा निगर्मन, बैंकों के बैंक के रूप में कार्य करना तथा विदेशी विनिमय पर नियन्त्रण रखना है।
- भारतीय रिजर्व बैंक एक रुपये के सिक्के, नोटों एवं छोटे सिक्कों को छोड़कर सभी नोटों का निगर्मन करता है।
- RBI भारत में नोट निर्गमन हेतु **न्यूनतम कोष प्रणाली की पद्धति** अपनाता है। RBI मात्रात्मक तथा गुणात्मक उपकरणों द्वारा मौद्रिक नीतियों का संचालन करता है।
- मात्रात्मक उपकरणों में बैंक दर, रेपो रेट, रिवर्स रेपो रेट, नकद आरक्षित अनुपात (CRR), वैधानिक तरलता अनुपात (SLR) तथा खुले बाजार की क्रियाएँ शामिल हैं, जबकि गुणात्मक उपकरणों में साख की राशनिंग, साख अधिकृत, नैतिक सलाह व निर्देश आदि शामिल हैं।

- **बैंक दर** रिजर्व बैंक का सामान्य ब्याज दर पर वाणिज्यिक बैंकों को पैसा उधार देता है, वह बैंक दर कहलाता है।
- **रेपो दर** वाणिज्यिक बैंक अल्पकालिक अवधि के लिए RBI से जिस ब्याज दर पर नकदी ऋण प्रदान करते हैं, वह रेपो दर कहलाती है।
- **रिवर्स रेपो** दर अल्पकालिक अवधि के लिए रिजर्व बैंक द्वारा वाणिज्यिक बैंकों से जिस ब्याज दर पर नकदी प्राप्त की जाती है, उसे **रिवर्स रेपो** दर कहते हैं। इस प्रक्रिया द्वारा बाजार से मुद्रा की आपूर्ति में कमी लाई जाती है।
- **नकद आरक्षित अनुपात** (CRR) वाणिज्यिक बैंक द्वारा अपनी कुल जमा राशि का वह भाग, जिसे रिजर्व बैंक के पास अनिवार्य रूप से जमा रखना पड़ता है, उसे CRR कहा जाता है। इसकी दर जितनी ऊँची होती है, बैंकों की साख सृजन क्षमता उतनी ही कम होती है।
- **वैधानिक तरलता अनुपात** (SLR) किसी भी वाणिज्यिक बैंक में कुल जमा राशि का वह भाग जो स्वर्ण व विदेशी मुद्रा में अपने पास अनिवार्यत: रखना होता है, उसे SLR कहा जाता है।
- **आधार दर प्रणाली** (Base Rate) यह वह दर है, जिससे नीचे कोई भी बैंक इससे नीची दर पर किसी को उधार नहीं देगा।

भारतीय स्टेट बैंक (SBI)

- वर्ष 1921 में तीन प्रेसीडेन्सी बैंकों (बैंक ऑफ बंगाल, बैंक ऑफ बम्बई, बैंक ऑफ मद्रास) को मिलाकर **इम्पीरियल बैंक ऑफ इण्डिया** की स्थापना की गई थी।
- स्टेट बैंक ऑफ इण्डिया का राष्ट्रीयकरण 1 जुलाई, 1955 को किया गया था।
- 19 जुलाई, 1969 को **14 बड़े व्यावसायिक बैंकों** तथा 15 अप्रैल, 1980 को छ: अन्य अनुसूचित बैंकों का राष्ट्रीयकरण कर दिया गया।
- जीवन बीमा क्षेत्र में प्रवेश करने वाला देश का पहला वाणिज्यिक बैंक **भारतीय स्टेट बैंक** है।
- विदेशों में **भारतीय स्टेट बैंक** के सर्वाधिक कार्यालय हैं।
- ग्रामीण बैंक की स्थापना **2 अक्टूबर, 1975** को की गई थी। क्षेत्रीय ग्रामीण बैंक में केन्द्र सरकार, राज्य सरकार तथा प्रवर्तक बैंक 50: 15: 35 के अनुपात में पूँजी लगाती है।
- **केलकर समिति** की सिफारिश पर वर्ष 1987 से नए क्षेत्रीय ग्रामीण बैंकों की स्थापना बन्द कर दी गई है।
- **राष्ट्रीय कृषि तथा ग्रामीण विकास बैंक** (नाबार्ड) का मुख्यालय **मुम्बई** में है।
- **भारतीय महिला बैंक** की स्थापना 19 नवम्बर, 2013 को की गई थी।
- भारतीय महिला बैंक की प्रथम प्रबन्ध निदेशक ऊषा अनन्था सुब्रह्मण्यम थी।
- उल्लेखनीय है कि वर्ष 2017 में भारतीय स्टेट बैंक पाँच सहयोगी बैंकों एवं भारतीय महिला बैंक का विलय भारतीय स्टेट बैंक (एसबीआई) में कर दिया गया। भारत में मुद्रा बैंक लघु कारोबार हेतु वित्तीय सहायता उपलब्ध कराने के उद्देश्य से प्रारम्भ किया गया है।

भारत के प्रमुख प्रतिभूति-मुद्रण एवं सिक्का उत्पाद केन्द्र

1. इण्डिया सिक्योरिटी प्रेस—नासिक
2. सिक्योरिटी प्रिण्टिंग प्रेस—हैदराबाद
3. करेंसी नोट प्रेस—देवास (मध्य प्रदेश)
   ₹20, ₹50, ₹100 और उच्च वर्ग के नोटों का मुद्रण
4. सिक्योरिटी पेपर मिल—होशंगाबाद (मध्य प्रदेश)
5. भारत की चार टकसाल—मुम्बई, कोलकाता, हैदराबाद, नोएडा, सिक्कों का उत्पादन तथा सोने, चाँदी की शुद्धता की परख करना।
6. ₹2000 के नोटों की छपाई—प्रिण्टिंग प्रेस, मैसूर

विभिन्न आर्थिक समितियाँ

समिति का नाम	समिति के सुझाव/उद्देश्य
एम. एन. गोइपोरिया समिति	ग्राहक सेवा में सुधार की सिफारिश
ए. घोष समिति	बैंकों में धोखाधड़ी रोकना
पी. आर. नायक समिति	लघु एवं मध्यम उद्योगों को ऋण देने की सिफारिश
एस. एस. तारापोर समिति	विदेशी विनिमय में पूँजी खाते की परिवर्तनीयता सम्बन्धी सिफारिश
आर. पी. गुप्ता समिति	कृषि ऋण के क्षेत्र में सुधार
वाई. वी. रेड्डी समिति	छोटी बचतों से जुड़ी व्यवस्था में सुधार
दीपक पारिख समिति	आधारिक संरचना के वित्तीय मामलों में सुझाव
दामोदरन समिति	बैंकिंग सेवाओं में सुधार

भारतीय शेयर बाजार

- शेयरों एवं अंशपत्रों का क्रय-विक्रय वाले बाजार **शेयर बाजार** कहलाते हैं।
- बॉम्बे स्टॉक एक्सचेंज (BSE) की स्थापना 1875 ई. में हुई थी, जो एशिया का सबसे पुराना **स्टॉक एक्सचेंज** था, जिसे वर्ष 2002 में बदलकर बॉम्बे स्टॉक एक्सचेंज (BSE) कर दिया गया। वर्तमान में करीब 4800 से भी अधिक कम्पनियाँ पंजीकृत हैं।
- राष्ट्रीय शेयर बाजार की स्थापना वर्ष 1992 में **फेरवानी समिति** की सिफारिश पर की गई थी।
- IDBI (भारतीय औद्योगिक विकास बैंक) राष्ट्रीय शेयर बाजार का प्रमुख प्रवर्तक है।
- वर्ष 1992 में मुम्बई में ओवर द काउण्टर एक्सचेंज ऑफ इण्डिया (OTCEI) की स्थापना ऑन लाइन ट्रेडिंग सुविधा सम्पन्न कम्प्यूटराइज्ड एक्सचेंज 'नैस्डेक' के आधार पर की गई है।

भारत के प्रमुख शेयर मूल्य सूचकांक

- **BSE SENSEX** यह मुम्बई स्टॉक एक्सचेंज का संवेदी शेयर सूचकांक है।
- इसका आधारवर्ष 1978-79 है तथा यह 30 प्रमुख शेयरों का प्रतिनिधित्व करता है।
- **NSE-50** राष्ट्रीय स्टॉक एक्सचेंज (NSE) सूचकांक का नाम बदलकर S$P CNX NIFTY रखा गया है।

विश्व के प्रमुख शेयर बाजार सूचकांक

शेयर मूल्य सूचकांक	स्टॉक एक्सचेंज
निक्की	टोकियो
हाँग सेंग	हाँगकाँग
डो जोन्स	न्यूयॉर्क
नैस्डेक	USA
तेन	ताइवान
शंघाई कॉम	चीन
FTSE-100	लन्दन
एस एण्ड पी	कनाडा
सिमेक्स, स्टेट्स टाइम्स	सिंगापुर
वोवेस्या	ब्राजील

भारत की कर संरचना

- कर एक प्रकार का अनिवार्य भुगतान है, जो कर के आधार से सम्बन्धित व्यक्तियों का बिना कोई लाभ प्राप्त किए सरकार को चुकाना पड़ता है
- स्टाम्प शुल्क, केन्द्र सरकार द्वारा केवल लगाया जाता है, लेकिन इसका एकत्रण और खर्च करने का अधिकार राज्य सरकारों के पास है।
- अनिवार्य बचत का सम्बन्ध व्यक्तिगत आय और धन पर कर से होता है।
- केन्द्र सरकार सम्पदा शुल्क, विज्ञापन पर कर आदि लगाकर एवं एकत्र कर राज्यों के बीच बाँट देती है।
- आय में वृद्धि के साथ अगर कर की दर में वृद्धि होती जाए, तो ऐसी कर प्रणाली को 'प्रगतिशील या प्रगामी कर प्रणाली' कहते हैं।
- आय में वृद्धि के साथ अगर कर की दर क्रमश: घटती जाए, तो इसे प्रतिगामी कर प्रणाली कहते हैं।
- आनुपातिक कर प्रणाली में विभिन्न आय वर्गों के करदाताओं के लिए कर की दर एक समान रहती है तथा आय के प्रत्येक स्तर पर कर की दर एक समान होती है।
- भारत में प्रत्यक्ष एवं अप्रत्यक्ष कर प्रणाली लागू है।

केन्द्र सरकार (प्रत्यक्ष कर)	**सरकार** (अप्रत्यक्ष कर)
सम्पत्ति कर, निगम कर, सम्पदा शुल्क, आयकर, उपहार कर, पूँजी लाभ कर।	सीमा शुल्क, सेवा कर, व्यय कर, केन्द्रीय उत्पाद शुल्क, बिक्री कर
राज्य सरकार (प्रत्यक्ष कर)	(अप्रत्यक्ष कर)
भू-राजस्व, व्यवसाय कर, कृषि आय पर कर।	व्यापार कर, राज्य उत्पाद शुल्क, बिक्री कर, विज्ञापन पर कर

- कम्पनियों की आय पर लगने वाले कर को निगम कर कहते हैं।
- वित्तीय परिसम्पत्तियों की खरीद बिक्री पर हुए लाभ पर लगाए गए कर को पूँजी लाभ कर कहा जाता है।
- सेवा कर सर्वप्रथम वर्ष 1994-95 में राज जे. चेलैया समिति की सिफारिश पर लगाया गया था।
- वर्ष 1976 में ए.ल. के झा समिति ने भारत में वैट लगाने की संस्तुति की थी।
- वैट उत्पादन (Value Added Tax) से लेकर उपभोग तक प्रत्येक चरण में होने वाले मूल्यवर्द्धन पर लगाया गया, अप्रत्यक्ष कर होता है।
- बिक्री कर (व्यापार कर) लगाने का अधिकार राज्यों के पास है।
- अन्तर्राज्यीय बिक्री की दशा में केन्द्रीय विक्रय कर अधिनियम 1956 के प्रावधानों के तहत केन्द्र सरकार को भी बिक्री कर लगाने का अधिकार प्राप्त है, जिसे केन्द्रीय बिक्री कर कहा जाता है।

वस्तु एवं सेवा कर प्रणाली (जीएसटी)

- जी एस टी वस्तुओं और सेवाओं के उपभोग पर लगाया जाने वाला गन्तव्य आधारित (अप्रत्यक्ष) कर है।
- भारत में 1 जुलाई, 2017 से जीएसटी लागू कर दिया गया।
- संविधान में **101वाँ संशोधन अधिनियम** वस्तु एवं सेवा कर से सम्बन्धित है। 101वें संविधान संशोधन में एक जीएसटी परिषद् की स्थापना का उल्लेख है।

केन्द्र सरकार के समाप्त होने वाले अप्रत्यक्ष कर

- सीमा शुल्क
- वैट
- केन्द्रीय उत्पादक शुल्क
- केन्द्रीय बिक्री कर
- सेवा कर इत्यादि।

राज्य सरकारों के समाप्त होने वाले अप्रत्यक्ष कर

- बिक्री कर/व्यापार कर
- स्टाम्प एवं पंजीयन शुल्क
- राज्य उत्पाद शुल्क
- वाहनों पर कर
- वस्तुओं एवं यात्रियों पर परिवहन कर
- प्रवेश कर
- विज्ञापन कर
- शिक्षा/उपकर
- सट्टेबाजी पर कर
- कच्चे जूट पर कर आदि।

GST के तहत समाप्त न होने वाले अप्रत्यक्ष कर

- इसके अन्तर्गत पेट्रोलियम, शराब (आबकारी) तथा विद्युत कर शामिल हैं, जिन पर GST (Goods and Service Tax) लागू नहीं हुआ है। इन्हें भविष्य में समाप्त किया जाएगा।

GST के अन्तर्गत लागू करों की दर

- GST के अन्तर्गत मुख्य रूप से करों की दर चार प्रकार की है— 5%, 12%, 18% व 28%।
- ज्यादातर दैनिक उपभोग की वस्तुओं पर कोई कर नहीं लगाया गया है अर्थात् यह 0% है।

अन्तर्राष्ट्रीय (विदेशी) व्यापार

दो राष्ट्रों के मध्य वस्तुओं एवं सेवाओं के आदान-प्रदान को अन्तर्राष्ट्रीय व्यापार कहते हैं। व्यापार का उद्देश्य स्थानीय आवश्यकताओं की पूर्ति करना तथा लाभ कमाना होता है।

व्यापार सन्तुलन वस्तुओं के निर्यात और आयात के सन्तुलन को व्यापार सन्तुलन कहते हैं। व्यापार सन्तुलन में सेवाओं का व्यापार और शुद्ध अन्तरण का योग कर चालू खाता सन्तुलन प्राप्त किया जाता है।

व्यापार सन्तुलन में तीन सम्भावनाएँ बनती हैं

(i) सन्तुलित व्यापार सन्तुलन—निर्यात = आयात

(ii) असन्तुलित व्यापार सन्तुलन—निर्यात $<$ आयात

(iii) अनुकूल व्यापार सन्तुलन—निर्यात $>$ आयात

भुगतान सन्तुलन पूँजी खाते पर भुगतान सन्तुलन के अन्तर्गत ऐसे वित्तीय लेन-देन का विवरण होता है, जिसमें सभी प्रकार के अन्तर्राष्ट्रीय पूँजीगत अन्तरण, स्वर्ण का आदान-प्रदान, निजी भुगतान व राष्ट्रीय संस्थाओं से सम्बन्धित भुगतान व प्राप्तियाँ शामिल होती हैं।

विनिमय दर

विनियम दर से आशय दो अलग-अलग मुद्राओं की सापेक्ष कीमत से है अर्थात् यह एक मुद्रा के पदों में दूसरी मुद्रा के मूल्य की माप है। किन्हीं दो मुद्राओं के मध्य विनिमय की दर उनकी पारस्परिक माँग और पूर्ति के आधार पर निर्धारित होती है। साधारणत: विनिमय दर को हम निम्न दो तरीकों से समझ सकते हैं

(i) **घरेलू मुद्रा के सापेक्ष विदेशी मुद्रा का मूल्य** उदाहरण के लिए; यदि हम कहें कि रुपए-डॉलर की विनिमय दर ₹ 50 है, तो इसका मतलब होगा कि एक डॉलर खरीदने के लिए हमें ₹ 50 चुकाने होंगे।

(iii) **विदेशी मुद्रा के सापेक्ष घरेलू मुद्रा का मूल्य** यह विदेशी मुद्रा द्वारा घरेलू मुद्रा की एक इकाई खरीद को दर्शाती है। इस प्रकार की स्थिति में एक रुपया खरीदने के लिए दो सेण्ट खर्च करने पड़ेंगे।

प्रमुख वित्तीय संस्थान

वित्तीय संस्थान	स्थापना वर्ष	मुख्यालय	लक्ष्य
भारतीय औद्योगिक वित्त निगम लिमिटेड (IFCI)	1948	नई दिल्ली	देश के औद्योगिक प्रतिष्ठानों के लिए मध्यकालीन एवं दीर्घकालीन साख की व्यवस्था करना।
राज्य वित्त निगम (SFC)	1951		राज्य के छोटे एवं मध्यम उद्यमों का उन्नयन
भारत औद्योगिक ऋण तथा निवेश निगम लिमिटेड (ICICI)	1955	मुम्बई	निजी क्षेत्र के लघु एवं मध्यम उद्योगों का विकास।
जीवन बीमा निगम (LIC)	1956	मुम्बई	बीमा सुविधा उपलब्ध कराना
भारतीय औद्योगिक विकास बैंक लिमिटेड (IDBI)	1964	मुम्बई	औद्योगिक उद्यमों को वित्तीय सहायता प्रदान करना।
भारतीय यूनिट ट्रस्ट (UTI)	1964		लघु एवं मध्यम उद्योगों में निवेश
भारतीय आयात निर्यात बैंक (Exim bank)	1982	मुम्बई	आयात-निर्यात की वित्तीय आवश्यकताओं की पूर्ति करना।
राष्ट्रीय कृषि तथा ग्रामीण विकास बैंक (नाबार्ड)	1982	मुम्बई	कृषि एवं ग्रामीण विकास के लिए वित्त उपलब्ध कराना।
राष्ट्रीय आवास बैंक (NHB)	1988	दिल्ली	आवास सम्बन्धी वित्त की व्यवस्था
भारतीय प्रतिभूति एवं विनियम वोर्ड (SEBI) 1992 में वैधानिक दर्जा	1988	मुम्बई	स्टॉक मार्केट पर नियन्त्रण
भारतीय लघु उद्योग विकास बैंक (SIDBI)	1990	लखनऊ	लघु उद्योगों की सुविधा उपलब्ध कराना।

जनसंख्या

भारत की जनगणना 2011

कुल जनसंख्या	1210569573
पुरुष	623121843 (51.47%)
स्त्री	587447730 (48-53%)
दशकीय जनसंख्या वृद्धि प्रतिशत (2001-11)	17.7
औसत वार्षिक वृद्धि दर	1.64
प्रति वर्ग किलोमीटर जन घनत्व	382
लिंगानुपात	943/1000
साक्षरता दर	73.0%
पुरुष	80.9%
स्त्री	64.6
वर्ष में जीवन अपेक्षा	66.1
पुरुष	64.6
स्त्री	67.7
शिशु जनसंख्या (0-6 वर्ष)	164478150
जनसंख्या की दृष्टि से सबसे बड़ा राज्य	उत्तर प्रदेश
क्षेत्रफल की दृष्टि से सबसे बड़ा राज्य	राजस्थान
जनसंख्या की दृष्टि से सबसे छोटा राज्य	सिक्किम
क्षेत्रफल की दृष्टि से सबसे छोटा राज्य	गोवा
जनसंख्या की दृष्टि से सबसे बड़ा केन्द्रशासित प्रदेश	दिल्ली
क्षेत्रफल की दृष्टि से सबसे बड़ा केन्द्रशासित प्रदेश	अण्डमान-निकोबार द्वीप समूह
जनसंख्या की दृष्टि से सबसे छोटा केन्द्रशासित प्रदेश	लक्षद्वीप
क्षेत्रफल की दृष्टि से सबसे छोटा केन्द्रशासित प्रदेश	लक्षद्वीप
जनसंख्या की दृष्टि से सबसे बड़ा जिला	थाणे (महाराष्ट्र)
क्षेत्रफल की दृष्टि से सबसे बड़ा जिला	लद्दाख (जम्मू-कश्मीर)
जनसंख्या की दृष्टि से सबसे छोटा जिला	दियाबंग घाटी (अरुणाचल प्रदेश)
सर्वाधिक जनघनत्व वाला राज्य	बिहार (1106)
सबसे कम जनघनत्व वाला राज्य	अरुणाचल प्रदेश (17)
सर्वाधिक जनघनत्व वाला केन्द्रशासित प्रदेश	दिल्ली (11320)
सबसे कम जनघनत्व वाला केन्द्रशासित प्रदेश	अण्डमान-निकोबार द्वीप समूह (46)
सर्वाधिक लिंगानुपात वाला राज्य	केरल (1084)
सबसे कम लिंगानुपात वाला राज्य	हरियाणा (879)
सर्वाधिक लिंगानुपात वाला केन्द्रशासित प्रदेश	पुदुचेरी (1037)
सबसे कम लिंगानुपात वाला केन्द्रशासित प्रदेश	दमन-दीव (618)
सर्वाधिक साक्षरता दर वाला राज्य	केरल (94%)
सबसे कम साक्षरता दर वाला राज्य	बिहार (61.8%)
सर्वाधिक स्त्री साक्षरता दर वाला राज्य	केरल (92.1%)
सबसे कम स्त्री साक्षरता दर वाला राज्य	राजस्थान (52.1%)
सर्वाधिक साक्षरता दर वाला केन्द्रशासित प्रदेश	लक्षद्वीप (91.8%)
सबसे कम साक्षरता दर वाला केन्द्रशासित प्रदेश	दादरा एवं नगर हवेली (76.2%)
सर्वाधिक स्त्री साक्षरता दर वाला केन्द्रशासित प्रदेश	लक्षद्वीप (88.25%)
सबसे कम स्त्री साक्षरता दर वाला केन्द्रशासित प्रदेश	दादरा एवं नगर हवेली (65.93%)

प्रमुख महत्त्वपूर्ण योजनाएँ

केन्द्र सरकार द्वारा गरीबी, बेरोजगारी आदि से सम्बन्धित कई कल्याणकारी योजनाएँ संचालित की गई हैं, जो इस प्रकार हैं

प्रमुख योजना	वर्ष	उद्देश्य
पीएम धन धान्य कृषि योजना	अप्रैल, 2025	कृषि में चुनौतियों का सामना कर रहे 100 क्षेत्रों के किसानों को कृषि उत्पादकता, सिंचाई सुविधाओं एवं ऋण उपलब्धता में सुधार व मदद करना।
पीएम जनजातीय उन्नत ग्राम अभियान	अक्टूबर, 2024	इस योजना का उद्देश्य देश के जनजातीय बहुल गाँवों व आकांक्षी जिलों में आदिवासी समुदाय हेतु स्वास्थ्य, शिक्षा, आजीविका जैसे सामाजिक बुनियादी ढाँचे का विकास करना है।
प्रधानमन्त्री सूर्योदया योजना	अप्रैल, 2024	इसके अन्तर्गत देश के मध्यमवर्गीय परिवारों के घरों की छतों पर सौलर पैनल स्थापित करके उनके बिजली बिल को कम करना व ग्रीन एनर्जी को बढ़ावा देना है।
पीएम ई-ड्राइव योजना	अक्टूबर, 2024	इसका उद्देश्य देश भर ई वी वाहनों के उपयोग में तेजी लाना तथा आवश्यक चार्जिगं बुनियादी ढाँचे की स्थापना करना है।
प्रधानमन्त्री जनमन योजना	दिसम्बर, 2023	विशेष रूप से कमजोर जनजातीय समूहों (पीवीटीजी) के परिवारो और बस्तियों को बुनियादी सुविधाओं और सेवाओं से परिपूर्ण करके उनकी सामाजिक-आर्थिक स्थितियों में सुधार करना है।
प्रधानमन्त्री विश्वकर्मा योजना	सितम्बर, 2023	इसका उद्देश्य पारम्परिक कारीगरों व हस्तशिल्पकारों को उचित कौशल प्रशिक्षण प्रदान करके उनका आर्थिक कल्याण करना है।
स्माइल योजना	फरवरी, 2022	यह एक अम्ब्रेला योजना है जिसका उद्देश्य ट्रांसजेण्डर समुदाय व भीख माँगने वाले लोगों का आर्थिक कल्याण व उनका व्यापक पुनर्वास करना है।
प्रधानमन्त्री गतिशक्ति योजना	अक्टूबर, 2021	यह एक नेशनल मास्टर प्लान है, जिसका उद्देश्य लॉजिस्टिक लागत को कम करना व बुनियादी अवसंरचनाओं को एकीकृत कर उनका क्रियान्वयन सुनिश्चित करना है।
प्रधानमन्त्री गरीब कल्याण अन्न योजना	मार्च, 2020	गरीब परिवारो को प्रतिमाह 5 किलो खाद्यान्न उपलब्ध कराना।
प्रधानमन्त्री स्वानिधि योजना	जून, 2020	इस तहत् कोविड-19 महामारी में देश में हुए लॉकडाउन के पश्चात् सड़क किनारे ठेले व रेहड़ी वालों को पुनः अपनी आजीविका शुरू करने हेतू सूक्ष्म ऋणा प्रदान करने का प्रावधान किया गया है।
प्रधानमन्त्री श्रमयोगी मानधन योजना	मार्च, 2019	असंगठित क्षेत्र के कामगारों को 60 वर्ष की आयु के पश्चात् ₹ 3 हजार मासिक पेंशन प्रदान करने का प्रावधान किया गया।
प्रधानमन्त्री किसान सम्मान निधि योजना	दिसम्बर, 2018	2 हेक्टेयर से कम जमीन वाले किसानों को प्रतिवर्ष 6000 की राशि का प्रावधान किया गया है।
प्रधानमन्त्री जन आरोग्य योजना	सितम्बर, 2018	यह आयुष्मान योजना का भाग है, इसमें 1350 बीमारियों को शामिल किया गया है।
समग्र शिक्षा योजना	मई, 2018	डिजिटल प्रौद्योगिकी को शामिल कर विद्यालय शिक्षा प्रणाली में कौशल विकास करना।
आयुष्मान भारत योजना	अप्रैल, 2018	10 करोड़ परिवारों को हर साल ₹ 5 लाख तक स्वास्थ्य बीमा प्रदान करना।
राष्ट्रीय पोषण मिशन	मार्च, 2018	0-6 साल के बच्चों, किशोरावस्था की लड़कियों, गर्भवती महिलाओं आदि को उचित पोषण तत्त्व उपलब्ध कराना।
उड़ान योजना	2017	क्षेत्रीय रूप से महत्त्वपूर्ण क्षेत्रों में हवाई यात्रा नागरिकों तक सुलभ व सस्ती (500 किमी तक की दूरी हेतु ₹ 2500) उपलब्ध कराने की योजना।
राष्ट्रीय वयोश्री योजना	2017	गरीबी रेखा से नीचे रहने वाले बुजुर्गों तथा वरिष्ठ नागरिकों को जीवन सहयोगी उपकरण प्रदान करने वाली योजना।
प्रधानमन्त्री मातृत्व वन्दना योजना	2017	महिलाओं को सुरक्षित प्रसव एवं प्रसव के पश्चात् मातृत्व लाभ प्रदान करने वाली योजना।
प्रधानमन्त्री वय वन्दना योजना	2017	वरिष्ठ नागरिकों के लिए (60 वर्ष या उससे ऊपर आयु वर्ग) पेंशन बीमा योजना।
प्रधानमन्त्री फसल बीमा योजना	2016	फसलों के नुकसान की स्थिति में बीमा कवरेज। प्रीमियम की दरें बीमित राशि की 1.5% (रबी) 2% (खरीफ) तथा 5% (बागवानी व वाणिज्यिक) हैं।
प्रधानमन्त्री उज्ज्वला योजना	1 मई, 2016	गरीबी रेखा के नीचे के परिवारों की महिलाओं को मुफ्त एल पी जी कनेक्शन।
स्टैण्ड-अप इण्डिया	5 अप्रैल, 2016	अनुसूचित जाति, अनुसूचित जनजाति एवं महिलाओं के बीच उद्यमशीलता को बढ़ावा देने के लिए।
स्टार्ट-अप इण्डिया	16 अप्रैल, 2016	देश में नवोन्मेष को बढ़ावा देने के लिए उपयुक्त वातावरण बनाना, जिससे आर्थिक वृद्धि को बढ़ावा दिया जा सके तथा बड़े पैमाने पर रोजगार का सृजन हो सके।
प्रधानमन्त्री कृषि सिंचाई योजना	जुलाई, 2015	योजनागत तरीके से खेतों में जल पहुँचाना, कृषि भूमि का विस्तार करना, जल संरक्षण तथा सिंचाई में आधुनिक तकनीक का उपयोग।
दीनदयाल उपाध्याय ग्राम ज्योति योजना	25 जुलाई, 2015	ग्रामीण क्षेत्र में कृषि और गैर-कृषि उपभोक्ताओं को विवेकपूर्ण तरीके से विद्युत आपूर्ति सुनिश्चित करना।
डिजिटल इण्डिया अभियान	1 जुलाई, 2015	भारत को डिजिटल लिहाज से सशक्त समाज और ज्ञान आधारित अर्थव्यवस्था में तब्दील करना।
स्मार्ट शहर योजना	25 जून, 2015	100 उन्नत (स्मार्ट) शहरों का विकास करना।
प्रधानमन्त्री कौशल विकास योजना	15 जुलाई, 2015	रोजगार हेतु कौशल विकास।
प्रधानमन्त्री आवास योजना (शहरी)	जून, 2015	प्रत्येक नागरिक को वर्ष 2022 तक 'पक्का' आवास उपलब्ध करवाना।
मुद्रा योजना	8 अप्रैल, 2015	छोटे और सूक्ष्म व्यवसायों के लिए कम लागत पर वित्तीय सहायता (ऋण) उपलब्ध करवाना।
सुकन्या समृद्धि खाता योजना	22 जनवरी, 2015	बेटी बचाओ, बेटी पढ़ाओ अभियान का हिस्सा। यह लड़कियों के कल्याण को सुनिश्चित करने हेतु चलाई गई योजना है।
बेटी बचाओ, बेटी पढ़ाओ	22 जनवरी, 2015	विषम लैंगिक अनुपात की समस्या को दूर करना।
हृदय योजना	21 जनवरी, 2015	सांस्कृतिक विरासतों का संरक्षण एवं कायाकल्प।
मिशन इन्द्रधनुष	25 दिसम्बर, 2014	टीकाकरण से सम्बन्धित, 7 टीके-डिफ्थीरिया, टिटनेस, पोलियो, काली खाँसी, तपेदिक, खसरा, हेपेटाइटिस-बी।
सांसद आदर्श ग्राम योजना	11 अक्टूबर, 2014	प्रत्येक संसद सदस्य द्वारा वर्ष 2019 तक तीन गाँवों में भौतिक और संस्थागत बुनियादी ढाँचे के विकास की जिम्मेदारी लेना।
स्वच्छ भारत अभियान	2 अक्टूबर, 2014	खुले में शौच से मुक्ति, स्वच्छता।

अभ्यास प्रश्न

1. अर्थशास्त्र का जनक किसे माना जाता है ?
(a) एडम स्मिथ (b) मार्शल
(c) डेविड रिकॉर्डो (d) माल्थस

2. पूँजीवादी अर्थव्यवस्था का जन्मदाता किसे माना जाता है?
(a) एडम स्मिथ (b) जॉन मेनार्ड किन्स
(c) हॉट मेकेन्जी (d) जॉसेफ स्टिगलिज

3. भारतीय अर्थव्यवस्था किस प्रकार की अर्थव्यवस्था का प्रतिनिधित्व करती है?
(a) पूँजीवादी अर्थव्यवस्था
(b) समाजवादी अर्थव्यवस्था
(c) उदारवादी अर्थव्यवस्था
(d) मिश्रित अर्थव्यवस्था

4. कौन-सी अर्थव्यवस्था सार्वजनिक तथा निजी दोनों क्षेत्रों का सम्मिश्रण होता है?
(a) पूँजीवादी अर्थव्यवस्था
(b) समाजवादी अर्थव्यवस्था
(c) मिश्रित अर्थव्यवस्था
(d) खुली अर्थव्यवस्था

5. प्राथमिक क्षेत्र में किन गतिविधियों को शामिल किया जाता है?
(a) मत्स्य पालन (b) खनन
(c) वस्त्र उद्योग (d) a एवं b दोनों

6. अर्थव्यवस्था में तृतीयक क्षेत्र से क्या तात्पर्य है?
(a) कृषि और पशुपालन क्षेत्र
(b) सेवा क्षेत्र
(c) खनिज और खनन क्षेत्र (d) परिवहन

7. भारतीय अर्थव्यवस्था में किस क्षेत्र का योगदान सर्वाधिक है?
(a) प्राथमिक क्षेत्र (b) द्वितीयक क्षेत्र
(c) तृतीयक क्षेत्र (d) चतुर्थक क्षेत्र

8. किसी वस्तु की कीमत में वृद्धि माँग पर क्या प्रभाव पड़ता है?
(a) माँग में वृद्धि (b) माँग में कमी
(c) अपरिवर्तित (d) इनमें से कोई नहीं

9. माँग के नियम की व्याख्या सर्वप्रथम किसने की थी?
(a) एडम स्मिथ (b) डेविड रिकार्डो
(c) मार्शल (d) इनमें से कोई नहीं

10. उत्पादन की किस अवस्था में कुल उत्पादन, औसत उत्पादन तथा सीमान्त उत्पादन तीनों ही बढ़ते हैं?
(a) प्रथम अवस्था में (b) द्वितीय अवस्था में
(c) तृतीय अवस्था में (d) चतुर्थ अवस्था में

11. यदि कॉफी की आपूर्ति ज्यादा होती है तो क्या होता है?
(a) चाय की माँग बढ़ती है
(b) कॉफी का मूल्य नीचे चला जाता है
(c) चाय की माँग में कोई परिवर्तन नहीं
(d) चाय की माँग बढ़ेगी और कॉफी का मूल्य गिरेगा

12. आर्थिक संवृद्धि सम्बन्धित होती है
(a) गुणात्मक वृद्धि से
(b) मात्रात्मक वृद्धि से
(c) गुणात्मक एवं मात्रात्मक दोनों से
(d) उपरोक्त में से कोई नहीं

13. आर्थिक विकास सम्बन्धित होता है
(a) मात्रात्मक वृद्धि से
(b) गुणात्मक वृद्धि से
(c) 'a' एवं 'b' दोनों से
(d) उपरोक्त में से कोई नहीं

14. किसी भी देश की आर्थिक संवृद्धि का सबसे उपयुक्त मानक है
(a) साक्षरता (b) प्रतिव्यक्ति आय
(c) जी.डी.पी (d) क्रयशक्ति

15. आर्थिक विकास के मापन में शामिल हैं
(a) साक्षरता (b) स्वास्थ्य
(c) पोषण-स्तर (d) ये सभी

16. मानव विकास सूचकांक के तीन बुनियादी आयामों में नहीं शामिल होता है
(a) स्वास्थ्य (b) शिक्षा
(c) व्यापार (d) आय-स्तर

17. एक देश का वस्तु एवं परिसम्पत्तियों के भुगतान लेखा-शेष विश्व के साथ कहलाता है?
(a) पूँजी राशि (b) चालू राशि
(c) भुगतान सन्तुलन (d) व्यापार सन्तुलन

18. भारत में राष्ट्रीय आय की गणना करता है
(a) श्रम एवं रोजगार मन्त्रालय
(b) केन्द्रीय सांख्यिकी संगठन
(c) वित्त मन्त्रालय का आर्थिक विभाग
(d) उपरोक्त में से कोई नहीं

19. राष्ट्रीय आय के आकलन की विधि है
(a) उत्पादन विधि (b) आय विधि
(c) व्यय विधि (d) ये सभी

20. विदेशों में उत्पादित वस्तुओं एवं सेवाओं के मूल्य को शामिल किया जाता है
(a) राष्ट्रीय आय में
(b) जी.डी.पी. में
(c) शुद्ध घरेलू उत्पाद में
(d) सरकार की आय में

21. राष्ट्रीय आय लेखांकन का जन्मदाता किसे कहा जाता है?
(a) कुजनेट्स (b) दादाभाई नौरोजी
(c) डॉ. राव (d) हेस्टिंग्स

22. हिन्दू संवृद्धि दर का सम्बन्ध किस संवृद्धि दर से है?
(a) सकल राष्ट्रीय उत्पाद
(b) जनसंख्या
(c) खाद्यान्न
(d) प्रतिव्यक्ति आय

23. किसी राष्ट्र की आर्थिक-सामाजिक लक्ष्यों की प्राप्ति के लिए संसाधनों का अनुकूलतम उपयोग कहलाता है
(a) आर्थिक संवृद्धि (b) आर्थिक विकास
(c) आर्थिक नियोजन (d) एकल घरेलू उत्पाद

24. भारत में आर्थिक नियोजन सम्बन्धी अवधारणा सर्वप्रथम किसने प्रस्तुत की?
(a) एम. विश्वेश्वरैया (b) मोतीलाल नेहरू
(c) दादाभाई नौरोजी (d) राजेन्द्र प्रसाद

25. 'सर्वोदय योजना' किसने प्रस्तुत किया था?
(a) जयप्रकाश नारायण (b) श्री मन्नानारायण
(c) विनोवा भावे (d) एम. एन. रॉय

26. गांधीवादी अर्थव्यवस्था किस पर आधारित है।
(a) प्रतिस्पर्द्धा पर
(b) न्यास पर
(c) राज्य नियन्त्रण पर
(d) उपरोक्त में से किसी पर नहीं

27. योजना आयोग का गठन कब हुआ?
(a) 1 मार्च, 1948
(b) 15 मार्च, 1950
(c) 1 अप्रैल, 1950
(d) 1 नवम्बर, 1956

28. कौन-सी योजना महालनोबिस मॉडल पर आधारित है?
(a) प्रथम पंचवर्षीय योजना
(b) द्वितीय पंचवर्षीय योजना
(c) छठी पंचवर्षीय योजना
(d) सातवीं पंचवर्षीय योजना

29. भारत में पंचवर्षीय योजनाओं के दौरान योजना अवकाश की अवधि क्या थी?
(a) 1966-69 (b) 1964-67
(c) 1960-63 (d) इनमें से कोई नहीं

30. 'गरीबी उन्मूलन' का नारा किस पंचवर्षीय योजना में दिया गया था?
(a) द्वितीय पंचवर्षीय योजना
(b) चतुर्थ पंचवर्षीय योजना
(c) पंचम पंचवर्षीय योजना
(d) छठी पंचवर्षीय योजना

31. योजना आयोग की अन्तिम पंचवर्षीय योजना है
(a) नौवीं योजना (b) ग्यारहवीं योजना
(c) बारहवीं योजना (d) तेरहवीं योजना

32. योजना आयोग द्वारा तैयार की गई योजना को अन्तिम रूप (अनुमोदन) देने का कार्य किसका था?
(a) राष्ट्रीय वित्त निगम
(b) संसद
(c) राष्ट्रीय विकास परिषद्
(d) न्यायालय

33. नीति आयोग से तात्पर्य है
(a) राष्ट्रीय-राज्य परिवर्तन संस्थान
(b) राज्य-राष्ट्र परिवर्तन संस्थान
(c) राष्ट्रीय भारत परिवर्तन संस्थान
(d) भारत परिवर्तन संस्थान

34. भारत में गरीबी को किस आधार पर परिभाषित किया गया है?
(a) लोगों के जीवन स्तर से
(b) परिवार की आय से
(c) कैलोरी प्राप्ति से
(d) परिवार के सदस्यों की संख्या से

35. स्वतन्त्रता प्राप्ति के पश्चात् 1962 में योजना आयोग ने किस संगठन की सहायता से गरीबी का आकलन किया?
(a) विश्व स्वास्थ्य संगठन
(b) राष्ट्रीय विकास परिषद्
(c) राष्ट्रीय नमूना सर्वेक्षण संगठन
(d) क्षेत्रीय परिषद्

36. प्रतिव्यक्ति मासिक उपभोग व्यय के आधार पर गरीबी आकलन करने की सिफारिश किस समिति ने की थी?
(a) दाण्डेकर एंव रथ समिति
(b) तेन्दुलकर समिति
(c) जी. सुब्बाराव समिति
(d) केलकर-I व केलकर-II समिति

37. श्रमिकों द्वारा किया गया वैसा कार्य जिसकी सीमान्त उत्पादकता शून्य अथवा नगण्य होती है, कौन-सी बेरोजगारी की श्रेणी में आता है?
(a) प्रच्छन्न बेरोजगारी
(b) शिक्षित बेरोजगारी
(c) घर्षणात्मक बेरोजगारी
(d) मौसमी बेरोजगारी

38. राष्ट्रीय खाद्य सुरक्षा अधिनियम कब लागू हुई?
(a) वर्ष 2013 में
(b) वर्ष 2012 में
(c) वर्ष 2014 में
(d) वर्ष 2015 में

39. क्रय शक्ति समता (PPP) क्या है?
(a) दो अलग-अलग देशों की मुद्राओं की क्रय, शक्ति में अंतर मापने की विधि
(b) देश के विभिन्न राज्यों में नागरिकों की वस्तुओं की खरीदने की योग्यता
(c) राष्ट्र के सामाजिक, अर्थिक विकास का पैमाना
(d) नागरिकों के पड़ोसी देशों के साथ क्रय शक्ति के सूचकांक

40. सरकारी या विद्यायी आज्ञा पर चलने वाली मुद्रा को कहा जाता है
(a) सांकेतिक मुद्रा (b) वैधानिक मुद्रा
(c) दुर्लभ मुद्रा (d) इनमें से कोई नहीं

41. भारत में मुद्रा की दशमलव प्रणाली कब से अपनाई गई है?
(a) वर्ष 1956 (b) वर्ष 1957
(c) वर्ष 1951 (d) वर्ष 1991

42. एक रुपये के नोट का निर्गमन करता है
(a) भारतीय स्टेट बैंक (b) भारतीय वित्त निगम
(c) वित्त मन्त्रालय (d) राज्य सरकार

43. एक रुपये के नोट पर किस अधिकारी का हस्ताक्षर होता है?
(a) वित्त सचिव (b) RBI के सचिव
(c) RBI के गर्वनर (d) वित्त मन्त्री

44. सिक्कों का मुद्रण कौन करता है?
(a) भारत सरकार (b) रिजर्व बैंक
(c) भारतीय डाक (d) नाबार्ड

45. निम्न में 100% तरलता होती है
(a) नोट की (b) प्रतिभूति की
(c) चेक की (d) हुण्डी की

46. भारत में पूर्ण स्वामित्व वाला प्रथम भारतीय बैंक है?
(a) बैंक ऑफ हिन्दुस्तान
(b) अवध कामर्शियल बैंक
(c) पंजाब नेशनल बैंक
(d) इम्पीरियल बैंक

47. भारतीय रिजर्व बैंक का राष्ट्रीयकरण कब हुआ?
(a) 1 अप्रैल, 1935 (b) 1 जनवरी, 1949
(c) 1 जुलाई, 1955 (d) 5 अगस्त, 1960

48. स्वतन्त्र भारत के प्रथम RBI गवर्नर कौन थे जो भारतीय भी थे?
(a) सी. डी. देशमुख (b) सर ओसबार्न स्मिथ
(c) डी. डी. गाडगिल (d) वी. सुब्बाराव

49. देश के 14 बड़े व्यावसायिक बैंकों का राष्ट्रीयकरण कब किया गया था?
(a) 19 जुलाई, 1969 (b) 15 अप्रैल, 1980
(c) 19 जुलाई, 1978 (d) 1 जनवरी, 1991

50. निम्न में से आर. बी. आई. का कार्य नहीं है
(a) नोटों का निर्गमन
(b) राजकोषीय नीति का संचालन
(c) मुद्रा व ऋण प्रणाली का संचालन
(d) मौद्रिक नीति का संचालन

51. अल्पकाल के लिए रिज़र्व बैंक द्वारा जब वाणिज्य बैंकों से उधार लिया जाता है, तो वह दर कहलाती है
(a) रेपो दर (b) रिवर्स रेपों दर
(c) नकद आरक्षित अनुपात
(d) बेस दर

52. जिस दर पर रिजर्व बैंक वाणिज्यिक बैंकों को उधार देता है
(a) रेपो दर (b) बैंक दर
(c) रिवर्स रेपो दर (d) नकद आरक्षित अनुपात

53. किस बैंक के राष्ट्रीयकरण के पश्चात् उसे भारतीय स्टेट बैंक का दर्जा प्राप्त हुआ?
(a) बैंक ऑफ हिन्दुस्तान
(b) इम्पीरियल बैंक ऑफ इण्डिया
(c) अवध कामर्शियल बैंक
(d) यस बैंक

54. वर्तमान में भारत में राष्ट्रीयकृत बैंकों की संख्या है
(a) 21 (b) 12 (c) 20 (d) 23

55. भारत सार्वजनिक क्षेत्र का सबसे बड़ा व्यापारिक बैंक कौन-सा है?
(a) नाबार्ड
(b) स्टेट बैंक ऑफ इण्डिया
(c) आई.सी.आई.सी.आई
(d) यूनियन बैंक ऑफ इण्डिया

56. भारत का पहला शेयर बाजार है
(a) बॉम्बे स्टॉक एक्सचेंज
(b) नेशनल स्टॉक एक्सचेंज
(c) इन्दौर स्टॉक एक्सचेंज
(d) दिल्ली स्टॉक एक्सचेंज

57. निम्न में से कौन-सा कथन शेयर बाजार के सन्दर्भ में असत्य है
(a) बाम्बे स्टॉक एक्सचेंज भारत का पहला शेयर बाजार है
(b) नेशनल स्टॉक एक्सचेंज की स्थापना फरवानी समिति की सिफारिश से हुई थी
(c) भारत में मान्यता प्राप्त शेयर बाजार मात्र 2 हैं
(d) शेयर बाजार की नियन्त्रक एवं विनियामक संस्था सेबी है

58. नेशनल स्टॉक एक्सचेंज का मुख्यालय है
(a) दिल्ली (b) मुम्बई
(c) अहमदाबाद (d) कलकत्ता

59. शेयर बाजार के कारोबार को नियन्त्रित एवं विनियमित करने के लिए संस्था है
(a) सेबी (b) नाबार्ड
(c) आर.बी.आई. (d) राष्ट्रीय विकास परिषद्

60. निक्की किस देश से सम्बन्धित है
(a) जापान (b) कनाडा
(c) अमेरिका (d) सिंगापुर

61. वित्तीय वर्ष 2024-25 में कृषि एवं सहबद्ध क्षेत्र का जी.डी.पी में योगदान है
(a) 52% (b) 21.5% (c) 30% (d) 70%

62. भारत में हरित क्रान्ति की शुरुआत कब हुई थी?
(a) वर्ष 1966-67 (b) वर्ष 1967-68
(c) वर्ष 1965-66 (d) वर्ष 2004-05

63. हरित क्रान्ति के किस फसल के उत्पादन में सर्वाधिक प्रभाव पड़ा?
(a) चावल (b) गेहूँ (c) चना (d) बाजरा

64. भारत में गेहूँ के प्रति हेक्टेयर उत्पादन में अग्रणी राज्य है
(a) उत्तर प्रदेश (b) पंजाब
(c) मध्य प्रदेश (d) पश्चिम बंगाल

65. राष्ट्रीय कृषक आयोग की स्थापना किसकी अध्यक्षता में हुई?
(a) चौधरी चरण सिंह
(b) अटल बिहारी वाजपेयी
(c) एम. एस. स्वामीनाथन
(d) मनमोहन सिंह

66. विश्व में गेहूँ उत्पादन में भारत का स्थान है?
(a) पहला (b) दूसरा
(c) चौथा (d) छठा

67. 'नीली' क्रान्ति का सम्बन्ध किस क्षेत्र से है?
(a) समुद्री उत्पादों से (b) पेट्रोलियम से
(c) मछली से (d) आलू से

68. भारतीय कृषि भू-क्षेत्र मुख्य रूप से सिंचाई के लिए किस पर निर्भर है?
(a) नहर (b) नदी
(c) मानसून (d) नलकूप

69. कृषि उपजों की प्राप्ति तथा आयात और निर्यात के संचालन के लिए कार्यरत् संस्था है
(a) राष्ट्रीय कृषक आयोग
(b) राष्ट्रीय कृषि सहकारी विपणन संघ
(c) नाबार्ड
(d) कृषि लागत एवं मूल्य आयोग

70. सहकारी एवं क्षेत्रीय ग्रामीण विकास बैंक को अल्पकालीन एवं दीर्घकालीन ऋण प्रदान करने वाली संस्था है?
(a) नाबार्ड (b) सेबी
(c) भारतीय स्टेट बैंक (d) नीति आयोग

71. भारत की पहली औद्योगिक नीति कब बनाई गई थी?
(a) वर्ष 1951 (b) वर्ष 1950
(c) वर्ष 1948 (d) वर्ष 1991

72. नेहरू महालनोबिस मॉडल पर आधारित औद्योगिक नीति है
(a) औद्योगिक नीति, 1948
(b) औद्योगिक नीति, 1956
(c) औद्योगिक नीति, 1977
(d) औद्योगिक नीति, 1991

73. उदारीकरण, निजीकरण और भूमण्डलीकरण की नई आर्थिक नीति की घोषणा किस प्रधानमन्त्री के काल में की गई थी?
(a) राजीव गाँधी
(b) विश्वनाथ प्रताप सिंह द्वारा
(c) नरसिम्हा राव
(d) अटल बिहारी वाजपेयी

74. भारत में नवरत्न योजना का प्रारम्भ कब किया गया?
(a) 1997 में (b) 1998 में
(c) 1999 में (d) 2000 में

75. वर्तमान में लाइसेन्स की अनिवार्यता वाले उद्योगों की संख्या कितनी है?
(a) 3 (b) 5
(c) 2 (d) 1

76. महारत्न कम्पनियों की संख्या है
(a) 14 (b) 9
(c) 11 (d) 15

77. मिनी-रत्न योजना का प्रारम्भ कब किया गया था?
(a) 1997 (b) 1996
(c) 1995 (d) 1991

78. जवाहर रोजगार योजना का आरम्भ कब हुआ?
(a) 1985 (b) 1987
(c) 1989 (d) 1991

79. एशिया का प्रथम निर्यात प्रसंस्करण क्षेत्र की स्थापना कहाँ की गई थी?
(a) काण्डला (b) कोच्चि
(c) विशाखापत्तनम (d) फाल्टा

80. भारत में प्रथम जूट मिल की स्थापना कब और कहाँ की गई थी?
(a) 1818, कलकत्ता (b) 1859, रिशरा
(c) 1900, बिहार (d) 1906, तमिलनाडु

81. मेक इन इण्डिया कार्यक्रम का प्रारम्भ कब हुआ।
(a) सितम्बर 2014 (b) अक्टूबर 2014
(c) दिसम्बर 2014 (d) सितम्बर 2015

82. निम्न में से भारी उद्योग के अन्तर्गत आता है
(a) लौह-इस्पात (b) वस्त्र उद्योग
(c) रसायन उद्योग (d) ये सभी

83. निम्न में से प्रत्यक्ष कर का उदाहरण है
(a) आयकर (b) उत्पाद शुल्क
(c) बिक्री कर (d) सीमा शुल्क

84. निम्न में से कर ढाँचे में सुधार देने हेतु बनी समिति थी
(a) राव-मनमोहन समिति
(b) चलैया समिति
(c) अशोक मेहता समिति
(d) राजाराम समिति

85. भारत सरकार द्वारा 'एक राष्ट्र एक' कर की संकल्पना के आधार पर राष्ट्रीय स्तर पर लागू किया गया कर है
(a) वैट (b) सेनवैट
(c) प्रत्यक्ष कर (d) जी.एस.टी

86. 'वस्तु एवं सेवा कर' कब लागू हुआ?
(a) 1 जनवरी, 2017 (b) 9 नवम्बर, 2016
(c) 1 जुलाई, 2017 (d) 15 अगस्त, 2017

87. देश के औद्योगिक प्रतिष्ठानों के लिए मध्यकालीन एवं दीर्घकालीन साख की व्यवस्था करने वाली वित्तीय संस्थान हैं
(a) राज्य वित्त निगम
(b) जीवन बीमा निगम
(c) भारतीय औद्योगिक वित्त निगम लिमिटेड
(d) भारतीय यूनिट ट्रस्ट

88. भारतीय लघु उद्योग विकास बैंक का मुख्यालय स्थित है
(a) दिल्ली (b) मुम्बई
(c) लखनऊ (d) पुणे

89. सर्वाधिक लिंगानुपात वाला राज्य कौन-सा है?
(a) केरल (b) हरियाणा
(c) पुदुचेरी (d) बिहार

90. जनसंख्या की दृष्टि से सबसे बड़ा जिला कौन-सा है?
(a) थाणे (b) लद्दाख
(c) दमन दीव (d) लक्षद्वीप

उत्तरमाला

1	*(a)*	2	*(a)*	3	*(d)*	4	*(c)*	5	*(d)*
6	*(b)*	7	*(c)*	8	*(b)*	9	*(c)*	10	*(a)*
11	*(b)*	12	*(b)*	13	*(c)*	14	*(b)*	15	*(d)*
16	*(c)*	17	*(c)*	18	*(b)*	19	*(d)*	20	*(a)*
21	*(a)*	22	*(a)*	23	*(c)*	24	*(a)*	25	*(a)*
26	*(b)*	27	*(b)*	28	*(b)*	29	*(a)*	30	*(c)*
31	*(c)*	32	*(c)*	33	*(c)*	34	*(c)*	35	*(c)*
36	*(b)*	37	*(a)*	38	*(a)*	39	*(a)*	40	*(b)*
41	*(b)*	42	*(c)*	43	*(a)*	44	*(a)*	45	*(a)*
46	*(c)*	47	*(b)*	48	*(a)*	49	*(a)*	50	*(b)*
51	*(b)*	52	*(b)*	53	*(b)*	54	*(b)*	55	*(b)*
56	*(a)*	57	*(c)*	58	*(b)*	59	*(a)*	60	*(a)*
61	*(b)*	62	*(a)*	63	*(b)*	64	*(b)*	65	*(c)*
66	*(b)*	67	*(c)*	68	*(c)*	69	*(b)*	70	*(a)*
71	*(c)*	72	*(b)*	73	*(c)*	74	*(a)*	75	*(b)*
76	*(a)*	77	*(a)*	78	*(c)*	79	*(a)*	80	*(b)*
81	*(a)*	82	*(a)*	83	*(a)*	84	*(b)*	85	*(d)*
86	*(c)*	87	*(c)*	88	*(c)*	89	*(a)*	90	*(a)*

05 सामान्य ज्ञान (भारत एवं विश्व)

भारत में प्रथम (पुरुष)

भारत के प्रथम गवर्नर जनरल (ब्रिटिश)	लॉर्ड विलियम बैंटिक
भारत का प्रथम गवर्नर जनरल (भारतीय)	सी. राजगोपालाचारी
भारत का प्रथम वायसराय	लॉर्ड कैनिंग
प्रथम राष्ट्रपति	डॉ. राजेन्द्र प्रसाद
प्रथम उप-राष्ट्रपति	डा. सर्वपल्ली राधाकृष्णन
प्रथम प्रधानमन्त्री	पण्डित जवाहरलाल नेहरू
प्रथम लोकसभा अध्यक्ष	जी. वी. मावलंकर
प्रथम गृह मन्त्री	सरदार वल्लभ भाई पटेल
प्रथम मुख्य चुनाव आयुक्त	सुकुमार सेन
प्रथम मुख्य न्यायाधीश	न्यायमूर्ति हीरा लाल जे कानिया
प्रथम राष्ट्रीय मानवाधिकार आयोग अध्यक्ष	न्यायमूर्ति रंगनाथ मिश्र
प्रथम थल सेना अध्यक्ष	के. एम करियप्पा
प्रथम नौ सेना अध्यक्ष	राम दास कटारी
प्रथम कमाण्डर इन चीफ	के. एम. करियप्पा
प्रथम फील्ड मार्शल	मानिक शॉ
प्रथम भारतीय राष्ट्रीय कांग्रेस का अध्यक्ष	डब्ल्यू. सी. बनर्जी
संविधान सभा के स्थायी अध्यक्ष	डॉ. राजेन्द्र प्रसाद
संविधान सभा के अस्थायी अध्यक्ष	सच्चिदानन्द सिन्हा
प्रथम भारत रत्न पुरस्कार भारतीय	डॉ. सर्वपल्ली राधाकृष्णन
प्रथम ज्ञान पीठ पुरस्कार प्राप्त भारतीय	श्री शंकर कुरूप
प्रथम परमवीर चक्र विजेता	मेजर सोमनाथ शर्मा
प्रथम नोबेल पुरस्कार प्राप्तकर्ता	रवीन्द्रनाथ टैगोर
प्रथम मैग्सेस पुरस्कार प्राप्तकर्ता	आचार्य विनोबाभावे
अन्तरिक्ष में जाने वाला प्रथम व्यक्ति	राकेश शर्मा
इंग्लिश चैनल तैरकर पार करने वाला	मिहिर सेन
एवरेस्ट पर पहुँचने वाला	शेरपा आंग दोरजी
एक दिवसीय क्रिकेट में दोहरा शतक लगाने वाला	सचिन तेन्दुलकर
शतरंज में प्रथम विश्व चैम्पियन	विश्वनाथन आनन्द
ओलम्पिक में व्यक्तिगत स्पर्द्धा में स्वर्ण जीतने वाला	अभिनव बिन्द्रा
ICC के प्लेयर ऑफ ईयर बनने वाले पहले तेज गेंदबाज	जसप्रीत बुमराह (2024)

भारत में प्रथम (महिला)

प्रथम महिला राष्ट्रपति	प्रतिभा पाटिल
प्रथम महिला प्रधानमन्त्री	इन्दिरा गाँधी
प्रथम महिला लोकसभा अध्यक्ष	मीरा कुमार
प्रथम महिला मुख्यमन्त्री	सुचेता कृपलानी
प्रथम महिला राज्यपाल	सरोजिनी नायडू
प्रथम महिला सांसद	राधाबाई सुब्बारायण
प्रथम महिला राजदूत	विजयालक्ष्मी पण्डित
प्रथम महिला आईएएस अधिकारी	अन्ना जॉर्ज
प्रथम महिला आईपीएस अधिकारी	किरण बेदी
प्रथम महिला न्यायाधीश	अन्ना चण्डी
प्रथम महिला मुख्य न्यायाधीश (उच्च न्यायालय)	लीला सेठ
प्रथम महिला मुख्य न्यायाधीश (सर्वोच्च न्यायालय)	मीरा साहिब फातिमा बीबी
राष्ट्रीय महिला आयोग की अध्यक्ष	जयन्ति पटनायक
राष्ट्रीय कांग्रेस की प्रथम अध्यक्ष (विदेशी)	ऐनी बेसेण्ट
राष्ट्रीय कांग्रेस की प्रथम अध्यक्ष (भारतीय)	सरोजिनी नायडू
इंग्लिश चैनल तैरकर पार करने वाली प्रथम महिला	आरती साहा
माउण्ट एवरेस्ट पर पहुँचने वाली प्रथम महिला	बछेन्द्री पाल
नोबेल पुरस्कार प्राप्त करने वाली प्रथम महिला	मदर टेरेसा
ऑस्कर पुरस्कार जीतने वाली प्रथम महिला	भानु अथैय्या
भारत रत्न से सम्मानित प्रथम महिला	इन्दिरा गाँधी
ज्ञानपीठ पुरस्कार प्राप्तकर्ता प्रथम महिला	आशापूर्णा देवी
अन्तरिक्ष में जाने वाली प्रथम महिला	कल्पना चावला
व्यक्तिगत स्पर्द्धा में ओलम्पिक पदक विजेता	कर्णम मल्लेश्वरी
एशियाई खेलों में स्वर्ण पदक पाने वाली महिला	कमलजीत सन्धु
ओलम्पिक महिला कुश्ती में कांस्य पदक पाने वाली महिला	साक्षी मलिक
ओलम्पिक मुक्केबाजी में कांस्य पदक विजेता	मैरीकॉम
ओलम्पिक बैडमिंटन में रजत पदक विजेता	पी. वी. सिन्धु
प्रथम मिस यूनिवर्स	सुष्मिता सेन
प्रथम मिस वर्ल्ड	रीता फारिया
प्रथम मिस इण्डिया	प्रमिला
प्रथम अनुसूचित जनजातीय महिला राष्ट्रपति	द्रौपदी मुर्मू
प्रथम महिला उत्खनन इन्जीनियर	शिवानी मीणा
एक ओलम्पिक में दो पदक जीतने वाली पहली महिला एथलीट	मनु भाकर (2024, पेरिस ओलम्पिक)

भारत में प्रथम (अन्य)

प्रथम अंग्रेजी समाचार-पत्र	बंगाल गजट
प्रथम हिन्दी समाचार-पत्र	उदण्ड मार्तण्ड
प्रथम उर्दू समाचार-पत्र	जाम-ए-जहाननामा
प्रथम यात्री रेलगाड़ी	बम्बई से थाणे
प्रथम हवाई डाक सेवा	इलाहाबाद से नैनी
प्रथम अन्तर्राष्ट्रीय दूरसंचार सेवा	बम्बई से लन्दन
प्रथम मूक फिल्म	राजा हरिश्चन्द्र (1913)
प्रथम वाक् फिल्म	आलमआरा (1931)
प्रथम विश्वविद्यालय	नालन्दा विश्वविद्यालय (बिहार)
प्रथम मुक्त विश्वविद्यालय	आन्ध्र प्रदेश मुक्त विश्वविद्यालय
प्रथम रक्षा विश्वविद्यालय	इण्डियन नेशनल डिफेंस यूनिवर्सिटी
प्रथम नेशनल पार्क	हैली नेशनल पार्क
प्रथम बायोस्फीयर रिजर्व	नीलगिरी
प्रथम प्रोजेक्ट टाइगर रिजर्व	जिम कॉर्बेट
प्रथम उपग्रह	आर्यभट्ट (1975)
प्रथम स्वदेश निर्मित उपग्रह	इन्सेट-2A (1992)
प्रथम चन्द्र अभियान	चन्द्रयान -I (2008)
प्रथम मंगल अभियान	मंगलयान (2013)
प्रथम स्वदेशी विमान वाहक युद्धपोत	INS विक्रान्त
प्रथम स्वदेशी मिसाइल	पृथ्वी (1988)
प्रथम युद्धक विमान	तेजस (2001)
प्रथम युद्धक टैंक	अर्जुन
प्रथम आण्विक टैंक	तारापुर (महाराष्ट्र)
प्रथम परमाणु रिएक्टर	अप्सरा (ट्राम्बे, महाराष्ट्र)
प्रथम ई. कोर्ट	अहमदाबाद
प्रथम महिला न्यायालय	माल्दा (पश्चिम बंगाल)

भारत में सबसे बड़ा, ऊँचा व लम्बा

सबसे बड़ी नदी	माजुली (ब्रह्मपुत्र नदी)
सबसे बड़ा डेल्टा	सुन्दरवन (पं. बंगाल)
सबसे बड़ा प्राकृतिक बन्दरगाह	मुम्बई
सबसे बड़ी खारे पानी की स्थलबद्ध झील	साम्भर झील
सबसे बड़ी खारे पानी की झील	चिल्का झील
सबसे बड़ी मीठे पानी की झील	बुलर झील
सबसे बड़ा गरुद्वारा	स्वर्ण मन्दिर
सबसे बड़ा गिरिजाघर	सेण्ट कैथेडरल
सबसे बड़ी मस्जिद	जामा मस्जिद

सबसे बड़ा गुफा मन्दिर	कैलाश मन्दिर
सबसे बड़ा पशु मेला	सोनपुर (बिहार)
सबसे बड़ा चिड़ियाघर	अरीगनर अन्ना जूलॉजिकल गार्डन (तमिलनाडु)
सबसे बड़ा दरवाजा	बुलन्द दरवाजा (फतेहपुर सीकरी)
सबसे ऊँची चोटी	गॉडविन ऑस्टिन (*K*–2)
सबसे ऊँची बाँध	टिहरी बाँध
सबसे ऊँची मीनार	कुतुबमीनार
सबसे लम्बी नदी	गंगा नदी (2,525 किमी)
दक्षिण भारत की सबसे लम्बी नदी	गोदावरी (1465 किमी)
सबसे लम्बा नदी पुल	भूपेन हजारिका पुल (लोहित नदी, असम)
सबसे लम्बा बाँध	हीराकुड
सबसे लम्बी तटरेखा	गुजरात
सबसे लम्बा प्लेटफार्म	हुबली
सबसे लम्बा राष्ट्रीय राजमार्ग	NH-44 (श्रीनगर से कन्याकुमारी, 3795 किमी)
सर्वाधिक वर्षा वाला स्थान	मासिनराम (मेघालय)
भारत का सर्वोच्च नागरिक सम्मान	भारत रत्न
भारत का सर्वोच्च शौर्य सम्मान	परमवीर चक्र

लोकप्रिय उपनाम

उपनाम	प्रसिद्ध व्यक्तित्व
भारत कोकिला	सरोजिनी नायडू
स्वर कोकिला	लता मंगेशकर
निर्मल हृदय	मदर टेरेसा
भारत का नेपोलियन	समुद्रगुप्त
बाबूजी	जगजीवन राम
विद्यासागर	ईश्वर चन्द्र
ग्रैण्ड ओल्ड मैन ऑफ इण्डिया	दादाभाई नौरोजी
महामना	पं. मदनमोहन मालवीय
राजा जी	चक्रवर्ती राजगोपालाचारी
हरियाणा हरिकेन	कपिलदेव
भारतीय मैकियावेली	चाणक्य
हॉकी के जादूगर	ध्यानचन्द
भारत का शेक्सपियर	महाकवि कालिदास
आन्ध्र केसरी	टी प्रकाशम्
शेर-ए-कश्मीर	शेख अब्दुल्ला
कायदे आजम	मुहम्मद अली जिन्ना
बंगाल केसरी	आशुतोष मुखर्जी

उपनाम	प्रसिद्ध व्यक्तित्व
बिहार केसरी	डॉ. श्रीकृष्ण सिंह
पंजाब का टैगोर	पूरण सिंह
महात्मा	मोहन दास करमचन्द गांधी
नेता जी	सुभाष चन्द्र बोस
गुरुदेव	रवीन्द्र नाथ टैगोर
लोकनायक	जयप्रकाश नारायण
नाइटिंगेल ऑफ इण्डिया	सरोजिनी नायडू
उड़न परी	पी. टी. ऊषा

विविध भारत

भारत में जनसंचार

डाक विभाग की स्थापना	1854
पहला डाक टिकट (कलकत्ता में मुद्रित)	1854
पिन कोड प्रणाली का आरम्भ	1972
प्रथम ऑप्टिकल फाइबर प्रणाली	1976
स्पीड पोस्ट का प्रारम्भ	1986
महानगर टेलीफोन निगम लिमिटेड की स्थापना	1986
भारत संचार निगम लिमिटेड की स्थापना	2000
ई-पोस्ट का आरम्भ	2004
आधार का आरम्भ	2010
तार सेवा की औपचारिक समाप्ति	2013
ई-आईपीओ की शुरुआत	2013
भारतीय डाक को भुगतान बैंक के लाइसेंस की प्राप्ति	2015

भारत के प्रमुख शोध संस्थान

संस्थान	मुख्यालय
केन्द्रीय तम्बाकू अनुसन्धान संस्थान	राजमुन्दरी (आन्ध्र प्रदेश)
केन्द्रीय आलू अनुसन्धान संस्थान	शिमला
भारतीय गन्ना अनुसन्धान संस्थान	लखनऊ
केन्द्रीय चावल अनुसन्धान संस्थान	कटक
केन्द्रीय चमड़ा अनुसन्धान संस्थान	चेन्नई
केन्द्रीय खनन अनुसन्धान संस्थान	धनबाद
केन्द्रीय औषधि अनुसन्धान संस्थान	लखनऊ
भारतीय कृषि अनुसन्धान संस्थान	नई दिल्ली
केन्द्रीय वन अनुसन्धान संस्थान	देहरादून
भारतीय मौसम वेधशाला	पुणे
भारतीय पुरातात्विक सर्वेक्षण विभाग	कोलकाता
भारतीय खगोल संस्थान	बंगलुरु
भाभा परमाणु अनुसन्धान संस्थान	ट्राम्बे
भारतीय समुद्र विज्ञान संस्थान	पणजी
डीजल लोकोमोटिव्स वर्क्स	वाराणसी

संस्थान	मुख्यालय
इण्डियन सिक्योरिटी प्रेस	नासिक रोड, पुणे
केन्द्रीय वनस्पति अनुसन्धान संस्थान	लखनऊ
कोशिकीय तथा आण्विक जीव विज्ञान केन्द्र	हैदराबाद

भारतीय लेखक एवं पुस्तकें

लेखक	पुस्तक
अरविन्द अडिगा	द व्हाइट टाइगर, सलेक्शन डे, लास्ट मैन इन टावर
अमीश त्रिपाठी	इ इमोट्र्ल्स ऑफ मेलुहा
अरुण शौरी	इण्डियन कन्ट्रोवर्सीज : एजेस ऑन रिलीजन
लाल कृष्ण अडवाणी	माई कंट्री माई लाइफ
कपिलदेव	स्ट्रेट फ्रोम द हार्ट
ए. पी. जे. अब्दुल कलाम	इग्नाइटेड माइंड्स विंग्स ऑफ फायर
अरुन्धति राय	द गॉड ऑफ स्मॉल थिंग्स, द कॉस्ट ऑफ लिविंग, द मिनिस्ट्री ऑफ अटमोस्ट हैप्पीनेस
नवीन चावला	मदर टेरेसा
झुम्पा लाहिड़ी	द नेमसेक
खुशवन्त सिंह	बुरियल एट सी
प्रणब मुखर्जी	द कॉलिजन ईयर्स
सत्या नडेला	हिट रिफ्रेश
शशि थरूर	द फाइव डॉलर स्माल
एम. जे. अकबर	नेहरू : द मेकिंग ऑफ इण्डिया
नंदन नीलकेणी	रीबूटिंग इण्डिया
मीरा कुमार	इण्डियन पार्लियामेंट्री : डिप्लोमेसी स्पीकर्स
अरविन्द केजरीवाल	स्वराज
कैलाश सत्यार्थी	आजाद बचपन की ओर
शत्रुघ्न सिन्हा	एनीथिंग बट खामोश
किरण देसाई	द इनहेरिटेंस ऑफ लॉस, एम्बलेंबस ऑफ लॉस
शरद पवार	ऑन माई टर्म्स
अरुणिमा सिन्हा	बॉर्न अगेन ऑन द माउण्टेन।
हामिद अंसारी	सिटिजन एण्ड सोसाइटी
सचिन तेन्दुलकर	प्लेइंग इट माय वे

अन्य पुस्तकें व उनके लेखक

द करेक्शंस	जीनाथन फ्रांजेज
फोर्टी थीव्स	थामस पैरी
ए विजिट फ्राम द गुन स्कवाड	जेनिफर ईगन
द सेल आउट	पाल बेट्टी
टू द प्वॉइण्ट	विलियम स्टोट

भारतीय लेखकों की पुरस्कृत पुस्तकें

लेखक	पुस्तक	पुरस्कार
वी. एस. नायपॉल	इन ए फ्री स्टेट	मान बुकर पुरस्कार, 1971
सलमान रुश्दी	मिडनाइट चिल्ड्रेन	मान बुकर पुरस्कार, 1981
अरुंधती रॉय	द गॉड ऑफ स्मॉल थिंग्स	मान बुकर पुरस्कार, 1997
किरण देसाई	द इन्हेरिटेन्स ऑफ लॉस	मान बुकर पुरस्कार, 2006
अरविन्द अडिगा	व्हाइट टाइगर	मान बुकर पुरस्कार, 2008
रवीन्द्रनाथ टैगोर	गीतांजलि	साहित्य का नोबेल पुरस्कार 1913
कृष्णा सोवती	जिन्दगीनामा (प्रमुख कृति)	ज्ञानपीठ पुरस्कार, 2017
रमेश कंतुल मेघ	विश्वमिथक सरितसागर	साहित्य अकादमी पुरस्कार (हिन्दी) 2017
पद्म सचदेव	पित चेते	सरस्वती सम्मान, 2015
गीतांजलि श्री	टॉम्ब ऑफ सैंड	मान बुकर पुरस्कार, 2022

विश्व में प्रथम (पुरुष)

प्रथम अन्तरिक्ष पर्यटक	डेनिस टीटो
सबसे अधिक उम्र का आन्तरिक्ष यात्री	कार्ल जी हेनिजे
सबसे कम उम्र का अन्तरिक्ष यात्री	गेरेमान स्तेपानोविच तितोब
सर्वाधिक ऊँचाई से छलांग लगाने वाला स्काई ड्राइवर	फेलिक्स बाम गार्टनर
अन्तरिक्ष में जाने वाला प्रथम व्यक्ति	यूरी गागरिन (भूतपूर्व सोवियत संघ 1965)
अन्तरिक्ष में चलने वाला प्रथम व्यक्ति	अलेक्सी लियोनोव (भूतपूर्व सोवियत संघ 1965)
चन्द्रमा पर पैर रखने वाला प्रथम व्यक्ति	नील आर्मस्ट्रांग (1969)
दो बार अन्तरिक्ष यात्रा करने वाला प्रथम अन्तरिक्ष पर्यटक	चार्ल्स सिमोन्यी (2007, 09 अमेरिका)
उत्तरी ध्रुव पर पहुँचने वाला प्रथम व्यक्ति	रॉबर्ट पियरी
दक्षिणी ध्रुव पर पहुँचने वाला प्रथम व्यक्ति	रोआल्ड अमुण्डसेन
दोनों ध्रुवों पर जाने वाला प्रथम व्यक्ति	डॉ. अल्बर्ट पी कैरी
माउण्ट एवरेस्ट पर चढ़ने वाला प्रथम विकलांग व्यक्ति	टॉम ह्विटकर
बिना ऑक्सीजन के माउण्ट एवरेस्ट पर चढ़ने वाला प्रथम व्यक्ति	फू दोरजी
सर्वाधिक उम्र में माउण्ट एवरेस्ट पर चढ़ने वाला व्यक्ति	युईचिरो मियुरा (जापान)
विश्व के चारों ओर परिक्रमा करने वाला प्रथम व्यक्ति	फर्डिनेण्ड मैगेलन
काउण्टी क्रिकेट में एक ओवर में 6 छक्के लगाने वाले प्रथम बल्लेबाज	जॉर्डन क्लार्क
विम्बलडन ट्रॉफी जीतने वाला प्रथम अश्वेत व्यक्ति	ऑर्थर ऐश
अन्तर्राष्ट्रीय क्रिकेट कॉउन्सिल के प्रथम एशियाई अध्यक्ष	जगमोहन डालमिया (1997-2000)
पृथ्वी का मानचित्र बनाने वाला प्रथम व्यक्ति	अनेग्जीमेडर
अन्तर्राष्ट्रीय क्रिकेट में 100 शतक लगाने वाला प्रथम व्यक्ति	सचिन तेन्दुलकर
हृदय प्रत्यारोपण करने वाला प्रथम चिकित्सक	डॉ. क्रिश्चियन
ऑस्कर अवार्ड जीतने वाले विश्व के प्रथम मुस्लिम अभिनेता	महेरशला अली
विश्वकोष संकलन करने वाला प्रथम व्यक्ति	एस्पेओसीप्स
वायुयान से उड़ान भरने वाला व्यक्ति	राइट बन्धु
साहित्य के प्रथम नोबेल पुरस्कार विजेता	पृधो सली
शान्ति के प्रथम नोबेल पुरस्कार विजेता	ज्यां हेनरी दुनान्त एवं फ्रेडरिक पासी
चिकित्सा के प्रथम नोबेल पुरस्कार विजेता	ए. ई. बॉन बेहरिंग
अर्थशास्त्र के प्रथम नोबेल पुरस्कार विजेता	रेगनर फ्रिश एवं जॉन टिनबर्गन
भौतिकी के प्रथम नोबेल पुरस्कार विजेता	डब्ल्यू के रोएंटजन
रसायन के प्रथम नोबेल पुरस्कार विजेता	जे. एच. वैंटहॉफ

विश्व में प्रथम (महिला)

विश्व में प्रथम महिला राष्ट्रपति	मारिया एस्टेला पैरो (अर्जेण्टीना)
विश्व में प्रथम महिला प्रधानमन्त्री	श्रीमाओ भण्डारनायके (श्री लंका)
जर्मनी की प्रथम महिला चांसलर	एंजेला मार्केल
इंग्लैण्ड की प्रथम महिला प्रधानमन्त्री	माग्रेट थैचर
ऑस्ट्रेलिया की प्रथम महिला प्रधानमन्त्री	जूलिया गिलार्ड (2010)
अन्तरिक्ष में विचरण करने वाली प्रथम महिला	स्वेतलाना सेवित्स्काया (सोवियत संघ)
अन्तरिक्ष में जाने वाली प्रथम महिला	वेलेण्टीना तेरेस्कोवा (भूतपूर्व सोवियत संघ 1963)
अण्टार्कटिका महाद्वीप पर पहुँचने वाली प्रथम महिला	मिस कैरोलिन मिकल्सन (डेनमार्क)
सात प्रमुख सागरों को तैरकर पार करने वाली विश्व की प्रथम महिला	बुला चौधरी (2004)
माउण्ट एवरेस्ट पर चढ़ने वाली प्रथम महिला	जुन्को तबेई (जापान 1975)
धूमकेतु की खोज करने वाली प्रथम महिला	कैरोलीन एल दर्शचेल (जर्मनी)
जिब्राल्टर जलसन्धि को पार करने वाली प्रथम महिला (भारतीय)	आरती प्रधान
एवरेस्ट आरोहण करने वाली पाकिस्तान की प्रथम महिला	समीना बेग
साहित्य के नोबेल पुरस्कार से सम्मानित प्रथम अश्वेत लेखिका	टोनी मॉरिसन (1993)
प्रथम अन्तरिक्ष महिला पर्यटक	अनुशेह अंसारी ईरानी (अमेरिकी)

विश्व में प्रथम (अन्य)

मृत्युदण्ड को समाप्त करने वाला प्रथम देश	वेनेजुएला
महिलाओं को मताधिकार देने वाला प्रथम देश	न्यूजीलैण्ड
सूचना का अधिकार लागू करने वाला प्रथम देश	स्वीडन
लोकपाल नियुक्त करने वाला प्रथम देश	स्वीडन
धूम्रपान पर पाबन्दी लगाने वाला प्रथम देश	आयरलैण्ड
कार्बन टैक्स लगाने वाला प्रथम देश	न्यूजीलैण्ड
'इच्छा मृत्यु (Euthanasia) को कानूनी मान्यता देने वाला प्रथम देश	नीदरलैण्ड
समलैंगिक विवाह को कानूनी मान्यता देने वाला प्रथम देश	नीदरलैण्ड
भारत के साथ नागरिक परमाणु समझौता करने वाला प्रथम देश	फ्रांस
राष्ट्रीय गान को प्रारम्भ करने वाला प्रथम देश	जापान
लिखित संविधान निर्माण करने वाला प्रथम देश	अमेरिका
गुटनिरपेक्ष आन्दोलन के प्रथम सम्मेलन का आयोजन स्थल	बेलग्रेड
बुक प्रिण्ट करने वाला प्रथम देश	चीन
प्लास्टिक मुद्रा जारी करने वाला प्रथम देश	ऑस्ट्रेलिया
नक्शा बनाने वाला प्रथम देश (सभ्यता)	सुमेरिया (3800 ईसा पूर्व)
कागज का आविष्कार करने वाला प्रथम देश	चीन (105 ई.)
रेशम का उत्पादन करने वाला प्रथम देश	चीन (50 ईसा पूर्व)
साँपसीढ़ी के खेल को ईजाद करने वाला देश	भारत
विश्व का प्रथम रेडियो उपग्रह प्रक्षेपित करने वाला देश	जापान
अन्तरिक्ष में भेजा जाने वाला प्रथम अन्तरिक्ष शटल	कोलम्बिया
महिलाओं को मताधिकार देने वाला देश	न्यूजीलैण्ड
विश्व का प्रथम विश्वविद्यालय	तक्षशिला विश्वविद्यालय
भूमिगत रेलवे प्रारम्भ करने वाला प्रथम देश	ब्रिटेन
सिविल सेवा प्रारम्भ करने वाला प्रथम देश	चीन
परमाणु बम से विनाश होने वाला प्रथम नगर	हिरोशिमा

विश्व में सबसे बड़ा, छोटा, लम्बा एवं ऊँचा

सबसे बड़ा महासागर	प्रशान्त महासागर
सबसे गहरा महासागर	प्रशान्त महासागर
सबसे बड़ा सागर	दक्षिणी चीन सागर
सबसे विशाल खाड़ी	मैक्सिको की खाड़ी
सबसे बड़ा महाद्वीप	एशिया
सबसे छोटा महाद्वीप	ऑस्ट्रेलिया
सबसे बड़ा द्वीप	ग्रीनलैण्ड
सबसे बड़ा प्रायद्वीप	अरब प्रायद्वीप
सबसे बड़ा द्वीप समूह	इण्डोनेशिया
सबसे ऊँचा जलप्रपात	साल्टो एंजिल (वेनेजुएला)
सबसे बड़ा जलप्रपात	ग्वायरा (एल्टो पराना नदी)
सबसे लम्बी सहायक नदी	मेडिरा (अमेजन की सहायक नदी)
सबसे व्यस्त व्यापारिक नदी	राइन नदी (जर्मनी)
सबसे बड़ी नदी (चौड़ाई एवं बहाव की दृष्टि से)	अमेजन (द. अमेरिका)
सबसे लम्बी नदी	नील नदी (मिस्र)
सबसे बड़ा डेल्टा	सुन्दरवन (भारत)
सबसे बड़ा नदी द्वीप	माजुली (ब्रह्मपुत्र नदी, असम)
सबसे ठण्डा प्रदेश	बर्खोयांस्क (साइबेरिया)
सबसे गर्म स्थान	अजीजिया (लीबिया)
सबसे बड़ा रेगिस्तान	सहारा (अफ्रीका)
सर्वाधिक वर्षा का स्थान	मासिनराम (मेघालय, भारत)
सबसे बड़ी झील	कैस्पियन सागर (रूस)
सबसे बड़ी ताजे पानी की झील	सुपीरियर झील (अमेरिका)
सबसे गहरी झील	बैकाल झील (रूस)
सर्वाधिक ऊँचाई पर स्थित झील (नौकायन)	टिटिकाका (दक्षिण अमेरिका)
सबसे विशाल जलसन्धि	टार्टर जलसन्धि (रूस एवं सखालिन द्वीप के मध्य)
सबसे चौड़ी जलसन्धि	डेविस जलसन्धि (ग्रीनलैण्ड एवं बैफिन द्वीप के मध्य)
सबसे ऊँचा पर्वत शिखर	माउण्ट एवरेस्ट (हिमालय, नेपाल)
सबसे विशाल मन्दिर	अंकोरटवाट का मन्दिर (कम्बोडिया)
सबसे बड़ी मूर्ति	स्टैच्यू ऑफ यूनिटी (भारत)
सबसे बड़ा इनडोर स्टेडियम	सुपरडोम ल्यूसियाना (संयुक्त राज्य अमेरिका)
सबसे बड़ा बन्दरगाह	न्यूयॉर्क
सबसे विशाल ज्वालामुखी	मोना-लोआ (हवाई द्वीप)
सबसे ऊँची पर्वतमाला	हिमालय
सबसे लम्बी पर्वतमाला	एण्डीज
सबसे व्यस्त नहर	स्वेज नहर
सबसे लम्बी नहर	कील नहर
सबसे ऊँचा पशु	जिराफ
सबसे विशालकाय पशु	ब्लू व्हेल
सबसे बड़ा पक्षी	ऑस्ट्रिच (शुतुरमुर्ग)
सबसे छोटा पक्षी	हमिंग बर्ड
सर्वाधिक बुद्धिमान पशु	चिम्पैंजी
सबसे छोटी सीमा वाला देश	जिब्राल्टर
सर्वाधिक सीमाओं वाला देश	चीन (14 देशों के साथ)
सबसे बड़ा देश *(क्षेत्रफल की दृष्टि से)*	रूस
सबसे छोटा देश *(क्षेत्रफल की दृष्टि से)*	वेटिकन सिटी
सर्वाधिक जनसंख्या का देश	चीन
सर्वाधिक निर्वाचक संख्या का देश	भारत
सर्वाधिक जनसंख्या घनत्व वाला देश	सिंगापुर
सबसे लम्बी सीमा वाला देश	कनाडा
सबसे ऊँची राजधानी	लापाज (बोलीविया)
सर्वाधिक आबादी वाला नगर	टोकियो (जापान)
सबसे कम आबादी वाला नगर	वेटिकन सिटी
सबसे लम्बा रेलवे प्लेटफॉर्म	हुगली
सबसे लम्बा रेलमार्ग	ट्रांस साइबेरियन रेलमार्ग
सबसे बड़ी रेल सुरंग	गोटहाई बेस (57.9 किमी स्विट्जरलैण्ड)

प्रमुख देश, राजधानी, मुद्रा एवं भाषाएँ

देश	राजधानी	मुद्रा	भाषाएँ
सं राज्य अमेरिका	वाशिंगटन डीसी	डॉलर	अंग्रेजी
रूस	मास्को	रूबल	रूसी
चीन	बीजिंग	युआन	चीनी मंगोल (मण्डारिन)
जापान	टोक्यो	येन	जैपनीज
जर्मनी	बर्लिन	यूरो	जर्मन
फ्रांस	पेरिस	यूरो	फ्रेंच
यूनाइटेड किंगडम	लंदन	पौंड	अंग्रेजी
भारत	नई दिल्ली	रुपया	हिन्दी
इटली	रोम	यूरो	इटैलियन
दक्षिण कोरिया	सियोल	वॉन	कोरियाई
कनाडा	ओटावा	डॉलर	अंग्रेजी, फ्रांसीसी
ऑस्ट्रेलिया	केनबरा	ऑस्ट्रेलिया डॉलर	अंग्रेजी
न्यूजीलैण्ड	वेलिंग्टन	न्यूजीलैण्ड डॉलर	मओरी, अंग्रेजी
नीदरलैण्ड्स	एम्सटर्डम	यूरों	डच
नॉर्वे	ओस्लो	क्रोन	नार्वेजियन
डेनमार्क	कोपेनहेगन	क्रोन	डेनिश
ब्राजील	ब्राजीलिया	रियाल	पुर्तगाली, अंग्रेजी
अर्जेण्टीना	ब्यूनस आयर्स	पेसो	स्पेनिश
वेनेजुएला	काराकस	बोलिवर	स्पेनिश
कोलम्बिया	बोगोटा	पेसो	स्पेनिश
ईरान	तेहरान	तोमान	फारसी
इराक	बगदाद	इराकी दिनार	अरबी (आधिकारिक)
सऊदी अरब	रियाद	सऊदी रियाल	अरबी

देश	राजधानी	मुद्रा	भाषाएँ
सीरिया	दमिश्क	सीरियन पौण्ड	अरबी
दक्षिणी सूडान	जुबा	पौण्ड	अरबी
मलेशिया	कुआलालाम्पुर	रिंगिट	चीनी, मलय
इण्डोनेशिया	जकार्ता	रुपिया	इण्डोनेशिया, बहासा
फिलिपीन्स	मनीला	पेसो	फिलीपिनों, अंग्रेजी
पाकिस्तान	इस्लामाबाद	रुपया	उर्दू, सिन्धी, पंजाबी
अफगानिस्तान	काबुल	अफगानी	पस्तों, पर्सियन
बांग्लादेश	ढाका	टका	बंगाली चकमामघ
भूटान	थिम्पू	गुलट्रम	डोंगरवा नेपाली
नेपाल	काठमाण्डू	नेपाली रुपया	नेपाली
मालदीव	माले	रुपिया	दिवची
श्रीलंका	कोलम्बो	रुपिया	सिंहल तमिल

विश्व के प्रमुख देशों की संसद के नाम

देश	संसद का नाम
ऑस्ट्रेलिया	फेडरल पार्लियामेण्ट
अफगानिस्तान	शोरा
ब्रिटेन	हाउस ऑफ कॉमन्स व हाउस ऑफ लॉर्ड्स
संयुक्त राज्य अमेरिका	कांग्रेस (सीनेट व हाउस ऑफ रिप्रेजेन्टेटिक्स)
स्पेन	जनरल कोर्ट्स
स्वीडन	रिक्सदाग
मालदीव	मजलिस
मिस्र	पीपुल्स असेम्बली
ईरान	मजलिस
फ्रांस	पार्लियामेण्ट
जर्मनी	बुण्डस्टेग और बुण्डस्ट्राट
जापान	डायट
रूस	ड्यूमा
चीन	नेशनल पीपुल्स कांग्रेस
नेपाल	पार्लियामेण्ट (राष्ट्रीय सभा)
ब्राजील	नेशनल कांग्रेस
बांग्लादेश	जातीय संसद
भारत	संसद

प्रमुख देशों के आधिकारिक दस्तावेज

ब्ल्यू बुक	यूनाइटेड किंगडम सरकार की आधिकारिक रिपोर्ट
ग्रीन बुक	इटली और ईरान सरकार के आधिकारिक प्रकाशन
ग्रे-बुक	जापान और बेल्जियम सरकार की आधिकारिक रिपोर्ट
ओरेंज बुक	नीदरलैण्ड सरकार का आधिकारिक प्रकाशन
रेड बुक	किसी देश द्वारा प्रतिबन्धित पुस्तक
ह्वाइट बुक	जर्मनी, चीन और पुर्तगाल सरकारों के आधिकारिक प्रकाशन
ह्वाइट पेपर	किसी विशेष मुद्दे के तथ्यों का आम लोगों के लिए खुलासा करने वाला भारत सरकार द्वारा जारी किया जाने वाला दस्तावेज
येलो बुक	फ्रांस सरकार का आधिकारिक दस्तावेज

महत्त्वपूर्ण राष्ट्रीय एवं अन्तर्राष्ट्रीय दिवस

जनवरी		फरवरी	
4	लुइस ब्रेल दिवस	4	विश्व कैंसर दिवस
9	प्रवासी भारतीय दिवस	20	विश्व सामाजिक न्याय दिवस
12	राष्ट्रीय युवा दिवस	21	अन्तर्राष्ट्रीय मातृभाषा
26	गणतन्त्र दिवस	24	केन्द्रीय उत्पाद शुल्क दिवस
30	शहीद दिवस	28	राष्ट्रीय विज्ञान दिवस
30	कुष्ठ निवारण दिवस		
मार्च		**अप्रैल**	
3	विश्व वन्यजीव दिवस	7	विश्व स्वास्थ्य दिवस
8	अन्तर्राष्ट्रीय महिला दिवस	14	अम्बेडकर दिवस
15	विश्व उपभोक्ता अधिकारण दिवस	18	विश्व विरासत दिवस
21	विश्व वानिकी दिवस	22	पृथ्वी दिवस
22	विश्व जल संरक्षण दिवस	25	विश्व मलेरिया दिवस
24	विश्व टी. वी. दिवस		
मई		**जून**	
1	विश्व श्रमिक दिवस	5	विश्व पर्यावरण दिवस
3	अन्तर्राष्ट्रीय ऊर्जा दिवस	14	विश्व रक्तदान दिवस
8	विश्व रेडक्रॉस दिवस	20	विश्व शरणार्थी दिवस
17	विश्व दूरसंचार दिवस	21	अन्तर्राष्ट्रीय योग दिवस
13	विश्व तम्बाकू रोधी दिवस	29	राष्ट्रीय सांख्यिकी दिवस
जुलाई		**अगस्त**	
11	विश्व जनसंख्या दिवस	1	विश्व स्तनपान दिवस
18	नेल्सन मंडेला अन्तर्राष्ट्रीय दिवस	9	विश्व आदिवासी दिवस
28	विश्व प्रकृति संरक्षण दिवस	12	विश्व युवा दिवस
26	कारगिल स्मृति दिवस	15	स्वतन्त्रता दिवस
25	अन्तर्राष्ट्रीय वाद्य दिवस	29	राष्ट्रीय खेल दिवस
सितम्बर		**अक्टूबर**	
5	शिक्षक दिवस	1	अन्तर्राष्ट्रीय वृद्धजन दिवस
8	अन्तर्राष्ट्रीय साक्षरता दिवस	2	विश्व अहिंसा दिवस
14	हिन्दी दिवस	5	विश्व शिक्षक दिवस
16	ओजोन परत रक्षण दिवस	8	वायु सेना दिवस
21	विश्व शान्ति दिवस	16	विश्व खाद्य दिवस
27	विश्व पर्यटन दिवस	24	संयुक्त राष्ट्र दिवस
नवम्बर		**दिसम्बर**	
9	विश्व सेना दिवस	1	विश्व एड्स दिवस
14	बाल दिवस	4	नौ सेना दिवस
17	राष्ट्रीय पत्रकारिता दिवस	6	नागरिक सुरक्षा दिवस
19	विश्व नागरिक दिवस	11	विश्व अस्थमा दिवस
21	विश्व टेलीविजन दिवस	24	राष्ट्रीय उपभोक्ता दिवस
26	विश्व पर्यावरण संरक्षण दिवस	25	क्रिसमस

भारतीय रक्षा-प्रतिरक्षा

भारतीय रक्षा सेनाओं का सर्वोच्च कमाण्डर भारतीय राष्ट्रपति होता है। संसद में सुरक्षा सम्बन्धी विषयों का उत्तरदायित्व रक्षामन्त्री का होता है। भारतीय सशस्त्र सेनाओं को तीन भागों-थल सेना, नौसेना तथा वायुसेना में बाँटा गया है। सेना कमानों में संगठित होती है। प्रत्येक कमान का सर्वोच्च अधिकारी कमाण्डिंग-इन चीफ होता है।

भारतीय सेना की कमान एवं मुख्यालय

थल सेना	नौसेना	वायुसेना
कमान मुख्यालय	कमान मुख्यालय	कमान मुख्यालय
1. उत्तरी उधमपुर	1. दक्षिणी कोच्चि	1. दक्षिणी तिरुवनन्तपुरम
2. दक्षिणी पुणे	2. पूर्वी विशाखापत्तनम	2. पश्चिमी सुब्रतो पार्क
3. पूर्वी कोलकाता	3. पश्चिमी मुम्बई	3. पूर्वी शिलांग
4. पश्चिमी चण्डीमन्दिर		4. दक्षिण-पश्चिम गांधीनगर
5. मध्य लखनऊ		5. मध्य इलाहाबाद
6. दक्षिण-पश्चिमी जयपुर		6. मेंटेनेन्स नागपुर
7. ट्रेनिंग कमाण्ड शिमला		7. प्रशिक्षण बंगलुरु

सेना में कमीशण्ड पदों की श्रेणियाँ

थल सेना	नौसेना	वायु सेना
जनरल	एडमिरल	एयर चीफ मार्शल
लेफ्टिनेंट जनरल	वाइस एडमिरल	एयर मार्शल
मेजर जनरल	रियर एडमिरल	एयर वाइस मार्शल
ब्रिगेडियर	कमोडोर	एयर कॉमोडोर
कर्नल	कैप्टन	ग्रुप कैप्टन
लेफ्टिनेंट कर्नल	कमाण्डर	विंग कमाण्डर
मेजर	लेफ्टिनेंट कमाण्डर	स्क्वाड्रन लीडर
कैप्टन	लेफ्टिनेंट	फ्लाइट लेफ्टिनेंट
लेफ्टिनेंट	सब-लेफ्टिनेंट	फ्लाइंग ऑफिसर

भारत की आन्तरिक सुरक्षा व्यवस्था (अर्द्धसैनिक और नागरिक बल)

नाम	मुख्यालय	स्थापना	प्रमुख
असम राइफल्स (AR)	शिलाँग	1835	महानिदेशक
केन्द्रीय रिजर्व पुलिस (CRPF)	नई दिल्ली	1939	महानिदेशक
भारत-तिब्बत सीमा पुलिस (ITBP)	नई दिल्ली	1962	महानिदेशक
सशस्त्र सीमा बल (SSB)	नई दिल्ली	1963	महानिदेशक
सीमा-सुरक्षा बल (BSF)	नई दिल्ली	1965	महानिदेशक
केन्द्रीय औद्योगिक सुरक्षा बल (CISF)	नई दिल्ली	1969	महानिदेशक
भारतीय तटरक्षक दल	नई दिल्ली	1978	महानिदेशक
राष्ट्रीय सुरक्षा गार्ड्स (NSG)	नई दिल्ली	1984	महानिदेशक

भारत के विविध प्रक्षेपास्त्र

प्रक्षेपास्त्र	किस्म
पृथ्वी	सतह-से-सतह कम दूरी का बैलिस्टिक प्रक्षेपास्त्र।
त्रिशूल	सतह से हवा (मारक क्षमता 500 मी से 9 किमी)।
आकाश	सतह से हवा बहुक्षेपीय प्रक्षेपास्त्र (मारक क्षमता 25-30 किमी)।
नाग	टैंकरोधी निर्देशित प्रक्षेपास्त्र (मारक क्षमता 4-9 किमी)।
अग्नि	सतह-से-सतह मध्यम दूरी का बैलिस्टिक प्रक्षेपास्त्र (इसकी अब तक पाँच शृंखला आ चुकी है)।
धनुष	जमीन-से-जमीन पर मार करने वाला प्रक्षेपास्त्र (मारक क्षमता 500 किग्रा आयुध के साथ 350 किमी)।
ब्रह्मोस	जमीन-से-जमीन पर मार करने वाला प्रक्षेपास्त्र (मारक क्षमता 300 किग्रा आयुध के साथ 290 किमी)।
सागरिका	जमीन से जल की गहराई तक मार करने वाला प्रक्षेपास्त्र।
नाग	ठोस ईंधन पर आधारित एंटी टैंक प्रक्षेपास्त्र।
प्रहार	सतह-से-सतह पर मार करने वाला प्रक्षेपास्त्र।
रुद्रम-I	हवा से सतह पर मार करने वाला प्रक्षेपास्त्र (500 मी से 15 किमी)
अग्नि प्राइम	सतह से सतह पर मार करने वाला प्रक्षेपास्त्र (1000-2000 किमी)
FWD-2003	भारत का पहला स्वदेशी बमवर्षक (यू.ए.वी.)

प्रमुख सैन्य विमान

विमान	विशेष तथ्य
सुखोई-30	इसका निर्माण रूस की सुखोई कम्पनी द्वारा किया गया है। यह दो इंजनों वाला मल्टीरोल फाइटर प्लेन है। इससे विभिन्न किस्म की 12 मिसाइलें एक साथ दागी जा सकती हैं।
मिग-29 K	यह दो इंजन वाला फाइटर प्लेन है। इसका उपयोग भारतीय नौ सेना द्वारा किया जाता है।
मिराज -2000	यह एकल इंजन मन्टीरोल लड़ाकू विमान है। इसका निर्माण फ्रांस की कम्पनी डसॉल्ट एविएशन द्वारा किया गया है।
तेजस	यह विश्व का सबसे छोटा, हल्का, बहुउद्देशीय सुपरसैनिक लड़ाकू विमान है।
निशान्त	पायलट रहित प्रशिक्षण विमान स्वदेशी तकनीकी से बना है। यह राडार की पकड़ में नहीं आता है।
राफेल	फ्रेंच कम्पनी द साल्ट एविएशन द्वारा निर्मित चौथी पीढ़ी से आगे का विमान है।
अवाक्स	एयरबार्न वार्निंग एण्ड कण्ट्रोल सिस्टम से लैस एक लड़ाकू विमान है।
पंछी	यह निशान्त का आधुनिक संस्करण है। यह छोटी पट्टी से भी उड़ान भरने में सक्षम है।

प्रमुख पनडुब्बियाँ विमानवाहक एवं युद्धपोत

आई एन एस विराट	विराट अधिक क्षमता वाला पोत है। 28500 टन भार और 27 फुट गहराई वाले विराट को ब्रिटिश रॉयल नेवी में एच एम एस हर्मिज के नाम से वर्ष 1959 में अधिकृत किया गया। विराट के रूप में हर्मिज को मई, 1987 में भारतीय नौसेना में शामिल किया गया।
आई एन एस विभूति	पहली स्वदेशी निर्मित मिसाइल नाव जिसे वर्ष 1991 में मझगाँव बन्दरगाह, मुम्बई में उतारा गया।
आई एन एस विपुल	दूसरी मिसाइल नाव जिसे मझगाँव बन्दरगाह मुम्बई में रूस के सहयोग से निर्मित किया गया। इसमें थल-से-थल और थल से हवा तक की मिसाइल मौजूद हैं।
आई एन एस शाल्की	पहली स्वदेश निर्मित पनडुब्बी जिसे वर्ष 1994 में अधिकार में लिया गया था।
आई एन एस विक्रमादित्य	यह संवर्द्धित कीव-श्रेणी का विमानवाहक पोत है, जिसकी वहन क्षमता 45400 टन एवं गति 32 नॉट (59 किमी/घण्टा) है। 14 जून, 2014 को इसे भारत के प्रधानमन्त्री ने औपचारिक रूप से भारतीय नौसेना में शामिल किया।
आई एन एस प्रबल	स्वदेशी तकनीकी से निर्मित सतह-से-सतह पर मार करने वाले प्रक्षेपास्त्रों से लैस युद्धपोत नौसेना के पश्चिमी कमान में शामिल। इसकी गति 35 समुद्री मील-घण्टा है।
आई एन एस सतपुड़ा	यह दूसरा स्वदेश निर्मित गुप्त युद्धपोत है; P-17 युद्धपोत की श्रेणियों में दूसरा है। इसके अन्तर्गत विकसित थल-से-थल और थल से हवा तक के मिसाइल और उच्च तकनीक वाला राडार और संचार सामग्रियाँ शामिल हैं।
आई एन एस चक्र-2	4 अप्रैल, 2012 को इस परमाणु पनडुब्बी को भारतीय नौ सेना के बेड़े में (रूस से 10 वर्षों के लिए पट्टे पर) शामिल किया गया। समुद्र में इसकी गति 30 नॉट (55 किमी प्रति घण्टा) है।
सी 402	भारतीय तटरक्षक जहाज सी-402 का निर्माण लार्सन एण्ड टूब्रो (सूरत) ने किया, इसका प्रयोग पेट्रोलिंग बचाव एवं समुद्री अभियानों में किया जाएगा।
आई एन एस अरिहन्त	देश में निर्मित पहली परमाणु पनडुब्बी

आई एन एस वैभव	यह 90 मी वर्ग में समुद्र निगरानी जहाज (ओ पी वी) शृंखला का तीसरा संस्करण है। मई, 2013 को तूतीकोरिन में जलावतरण किया गया।
आई एन एस त्रिकन्द	रूस निर्मित तलवार श्रेणी का युद्धपोत है। ब्रह्मोस मिसाइल सिस्टम से लैस होगा।
आई एन एस विक्रान्त	जलावतरण अगस्त, 2013 को कोच्चि में किया गया। देश के प्रथम विमानवाहक पोत विक्रान्त के नाम पर ही इस स्वदेशी विमानवाहक युद्धपोत का नामकरण किया गया।
आई एन एस अस्त्रधारिणी	भारतीय नौसेना ने पहले स्वदेशी निर्मित और डिजाइन किए गए टारपीडो लॉन्च एवं रिकवरी पोत का 6 अक्टूबर, 2015 को विशाखापट्टनम (आन्ध्र प्रदेश) में जलावतरण किया।
आई एन एस कोच्चि	रक्षा मन्त्री मनोहर पर्रिकर ने 30 सितम्बर, 2015 को स्वदेश निर्मित सर्वाधिक बड़े युद्धपोत का मुम्बई में जलावतरण कर राष्ट्र को समर्पित किया।
आई एन एस-कलवारी	यह स्वदेशी तकनीक से निर्मित भारत की स्कॉर्पीन श्रेणी की पहली स्टेल्थ पनडुब्बी है। इस श्रेणी की पनडुब्बियों का विकास 'प्रोजेक्ट 75' के अन्तर्गत किया जा रहा है।
आई एन एस-कदमत्त	स्वदेशी तकनीक से निर्मित युद्धपोत का जलावतरण 7 जनवरी, 2016 को हुआ। यह पोत प्रोजेक्ट- 28 (पी- 28) के अन्तर्गत दूसरा पनडुब्बीरोधी युद्धपोत है।
आई एन एस-सूरत	यह प्रोजेक्ट 15B के तहत् निर्मित प्रमुख डेस्ट्रॉयर है।
आई एन एस-नीलगिरि	यह प्रोजेक्ट 17A के तहत् बनाए जा रहे सात फ्रिगेट में से पहला है। इसमें महत्त्वपूर्ण स्टेल्थ विशेषताएँ हैं जिससे यह दुश्मन की रडार से छिप सकता है।
आई एन एस-वाग्शीर	यह स्कॉर्पीन क्लास 'पनडुब्बियों' का छठा मॉडल है। यह प्रोजेक्ट 75 के तहत् विकसित किया गया है।

प्रमुख टैंक

अर्जुन	इसका विकास डी आर.डी.ओ. ने किया है। 1400 हॉर्स पावर वाला यह टैंक अपने चारों ओर 360° घूमकर अचूक निशाना लगाता है। इस टैंक में एक विशेष प्रकार के फिल्टर के उपयोग के कारण जवानों की जहरीली गैसों एवं विकिरण प्रभाव से रक्षा होती है। इस फिल्टर का निर्माण बार्क (BARC) ने किया है।
T-90 (भीष्म)	मध्यम श्रेणी का युद्धक टैंक है (50 टन से कम वजन का है)। यह टैंक जैविक तथा रासायनिक आक्रमण की स्थिति में भी सक्रिय रह सकता है तथा बारूदी सुरंगों से भी स्वयं का बचाव कर सकता है।
कर्ण	यह टैंक अर्जुन टैंक तथा रूसी टी-72 टैंक की विशेषताओं को मिलाकर बनाया गया है। यह मध्यम श्रेणी का हल्का टैंक है, जिसका वजन 48 टन है।
अर्जुन मार्क-II	भारत के स्वदेश निर्मित युद्धक टैंक का नवीन संस्करण अर्जुन मार्क II का परीक्षण 2011 में हुआ। वजन 66 टन, गति 40-60 किमी/घण्टा। यह मिसाइल दागने में सक्षम है।
भीम	डीआरडीओ द्वारा थल सेना के लिए स्वचालित तोप का विकास किया गया है। भीम की विशिष्टता यह है कि इस पर एक साथ 50 राउण्ड गोले रखे जा सकते हैं और इन्हें तोपों में भरने की स्वचालित व्यवस्था है।
जोरावर लाइट टैंक	भारत का पहला स्वदेशी हल्का टैंक है। इसे पहाड़ी क्षेत्र में तेज गति और उच्च गतिशीलता से तैनात किए जाने हेतु डिजाइन किया गया है। इसे रबर ट्रैक सिस्टम से बनाया है, जिससे इसकी ईंधन खपत कम होती है।

पुरस्कार एवं सम्मान

राष्ट्रीय पुरस्कार

भारत रत्न

- कला, साहित्य, विज्ञान, खेल तथा विविध क्षेत्रों में उत्कृष्ट योगदान के साथ जनसेवा के लिए यह देश का सर्वोच्च सम्मान है। इसकी स्थापना वर्ष 1954 में की गई थी। वर्ष 1977 में जनता पार्टी सरकार द्वारा भारत रत्न तथा पद्म पुरस्कारों को बन्द कर दिया गया था, किन्तु 1980 में कांग्रेस सरकार ने पुनः शुरू किया।
- यह अलंकरण काँस्य निर्मित पीपल के पत्ते के आकार का होता है। यह $2\frac{1}{16}$ इंच लम्बा, $1\frac{7}{8}$ इंच चौड़ा तथा $\frac{1}{8}$ इंच मोटा होता है। इस अलंकरण के मुख्य भाग पर सूर्य की आकृति अंकित होती है, जिसके नीचे **भारत रत्न** शब्द खुदे होते हैं। इसके पिछले भाग पर राष्ट्रीय चिह्न और इसके नीचे **सत्यमेव जयते** लिखा होता है।
- वर्ष 2024 में लाल कृष्ण आडवाणी, कर्पूरी ठाकुर (मरणोपरांत), चौधरी चरण सिंह (मरणोपरांत), पी.वी. नरसिम्हाराव (मरणोपरांत), एम.एस. स्वामीनाथन (मरणोपरांत) को भारत रत्न से सम्मानित किया गया।

पद्म पुरस्कार

- भारत रत्न के बाद पद्म पुरस्कार देश का दूसरा सबसे बड़ा सम्मान है। इसकी स्थापना वर्ष 1954 में हुई थी।
- ये पुरस्कार सरकारी कर्मचारियों द्वारा की गई सेवा सहित किसी भी क्षेत्र में की गई उच्च कोटि की विशिष्ट सेवा के लिए प्रदान किए जाते हैं। *पद्म पुरस्कार तीन प्रकार के होते हैं*—पद्म विभूषण, पद्म भूषण एवं पद्मश्री।

वीरता पुरस्कार

परमवीर चक्र वीरता के लिए दिया जाने वाला सर्वोच्च पुरस्कार जो थल सेना, वायु सेना, जल सेना में दुश्मन के सामने बहादुरी के सर्वोत्कृष्ट प्रदर्शन या आत्मबलिदान के लिए दिया जाता है।

महावीर चक्र देश का यह द्वितीय सर्वोच्च शौर्य पुरस्कार उस बहादुर सैनिक को प्रदान किया जाता है, जिसने शत्रु के दमन में अद्वितीय पराक्रम प्रदर्शित किया हो।

वीर चक्र शौर्य एवं वीरता का तीसरा सर्वोच्च पुरस्कार उसे प्रदान किया जाता है, जिसने शत्रुओं का सामना अदम्य साहस के साथ करके उसे पीछे धकेला हो अथवा मौत के घाट उतार दिया हो।

अशोक चक्र यह पुरस्कार देश का सर्वोच्च शान्तिकालीन शौर्य पुरस्कार है। यह पुरस्कार भी शौर्य प्रदर्शन में उल्लेखनीय भूमिका निभाने वाले बहादुर कर्मी को प्रदान किया जाता है।

कीर्ति चक्र शौर्य का यह पुरस्कार उस वीर को प्रदान किया जाता है, जिसने शत्रु के मुकाबले में अभूतपूर्व साहस का प्रदर्शन किया हो।

शौर्य चक्र युद्ध की परिस्थितियों में अद्भुत शौर्य प्रदर्शित करने वाले शूरवीरों को यह पुरस्कार प्रदान किया जाता है।

राष्ट्रीय वीरता पुरस्कार

प्रत्येक वर्ष गणतन्त्र दिवस पर देश के बहादुर बच्चों को राष्ट्रीय वीरता पुरस्कार से सम्मानित किया जाता है। इसके अन्तर्गत भारत अवार्ड, गीता चोपड़ा अवार्ड, संजय चोपड़ा अवार्ड, बापू गैधानी अवार्ड भी प्रदान किए जाते हैं।

साहित्य पुरस्कार

अकादमी पुरस्कार साहित्य अकादमी पुरस्कार, ललित कला अकादमी पुरस्कार, संगीत नाटक अकादमी पुरस्कार प्रतिवर्ष प्रदान किए जाते हैं। साहित्य अकादमी, उत्कृष्ट साहित्य के लिए तथा अन्य दो कला व संगीत के क्षेत्र में विशिष्ट कार्य के लिए पुरस्कार देती है।

इकबाल सम्मान मध्य प्रदेश सरकार द्वारा प्रदत्त यह सम्मान उर्दू साहित्य के लिए दिया जाता है।

कबीर सम्मान सर्वाधिक सम्मानित यह पुरस्कार मध्य प्रदेश सरकार द्वारा दिया जाता है। यह पुरस्कार भारतीय भाषा में सामाजिक उत्कृष्ट कविता लेखन के लिए दिया जाता है।

ज्ञानपीठ पुरस्कार यह भारत का सबसे प्रतिष्ठित पुरस्कार है। यह पुरस्कार किसी भी भारतीय को किसी भी भारतीय भाषा में उत्कृष्ट साहित्य रचना के लिए दिया जाता है। ज्ञानपीठ पुरस्कार, भारतीय ज्ञानपीठ संस्था द्वारा प्रायोजित होता है।

फिल्म एवं कला-संगीत पुरस्कार

दादासाहेब फाल्के पुरस्कार सूचना एवं प्रसारण मन्त्रालय द्वारा दिया जाने वाला यह पुरस्कार भारतीय सिनेमा के विकास में उल्लेखनीय योगदान के लिए वर्ष 1969 से दिया जा रहा है।

तुलसी सम्मान राष्ट्रीय स्तर पर जनजातीय लोककला के विकास में योगदान के लिए यह सम्मान मध्य प्रदेश सरकार द्वारा दिया जाता है।

कालिदास सम्मान रूपंकर कलाओं व रंगकर्म के क्षेत्र में सृजनात्मक श्रेष्ठता हेतु यह पुरस्कार मध्य प्रदेश सरकार द्वारा दिया जाता है।

लता मंगेशकर सम्मान सुगम संगीत के क्षेत्र में उत्कृष्टता के लिए यह सम्मान मध्य प्रदेश सरकार द्वारा दिया जाता है।

राष्ट्रीय फिल्म पुरस्कार यह पुरस्कार भारत सरकार के सूचना तथा प्रसारण मन्त्रालय द्वारा उत्कृष्ट फिल्मों तथा उनसे सम्बद्ध कलाकारों को प्रदान किया जाता है।

खेलों से सम्बन्धित राष्ट्रीय पुरस्कार

पुरस्कार का नाम	विशेष तथ्य
राजीव गाँधी खेल रत्न पुरस्कार (मेजर ध्यानचन्द खेल रत्न पुरस्कार)	वर्ष 1991-92 में शुरूआत। उत्कृष्ट खिलाड़ी को खेलों में उसकी उपलब्धि हेतु प्रदान किया जाता है। सबसे पहले यह पुरस्कार शतरंज खिलाड़ी विश्वनाथन आनन्द को (वर्ष 1991-92 मे) मिला।
ध्यानचन्द पुरस्कार	वर्ष 2002 में शुरुआत। खेलों में जीवनभर की उपलब्धि के लिए यह पुरस्कार दिया जाता है।
अर्जुन पुरस्कार	वर्ष 1961 में शुरुआत किसी खिलाड़ी को अन्तर्राष्ट्रीय स्तर पर उसके पिछले तीन वर्ष की उपलब्धि पर यह पुरस्कार दिया जाता है।
द्रोणाचार्य पुरस्कार	वर्ष 1985 में शुरुआत। विख्यात खेल प्रशिक्षकों को सम्मानित किया जाता है।

अन्तर्राष्ट्रीय पुरस्कार

नोबेल पुरस्कार

- नोबेल पुरस्कार का प्रारम्भ वर्ष 1901 में डाइनामाइट के आविष्कारक तथा प्रमुख उद्योगपति अल्फ्रेड नोबेल की वसीयत के अनुरूप किया गया।
- 1886 ई. में अल्फ्रेड नोबेल की मृत्यु के बाद उन्होंने अपनी वसीयत में अपने उद्योगों की वार्षिक आय पुरस्कारों के लिए दान कर दी।
- यह पुरस्कार प्रतिवर्ष 10 दिसम्बर को दिए जाते हैं।
- वर्ष 1974 के बाद से यह नियम बना दिया गया है कि मरणोपरान्त किसी को नोबेल पुरस्कार नहीं दिया जाएगा।
- यह पुरस्कार शान्ति, साहित्य, चिकित्सा, भौतिक विज्ञान, रसायन विज्ञान और अर्थशास्त्र के क्षेत्र में उत्कृष्ट योगदान के लिए दिया जाता है।
- वर्ष 2018 में साहित्य का नोबेल पुरस्कार नहीं दिया गया।

भारत के नोबेल पुरस्कार प्राप्तकर्ता

विजेता	क्षेत्र	वर्ष
अभिजीत बनर्जी	अर्थशास्त्र	2019
कैलाश सत्यार्थी	शान्ति	2014
वी. रामाकृष्णन	रसायन	2009
अमर्त्य सेन	अर्थशास्त्र	1998
एस. चन्द्रशेखर.	भौतिकी	1983
मदर टेरेसा	शान्ति	1979
हरगोविन्द खुराना	चिकित्सा	1968
सी वी रमन	भौतिकी	1930
रबीन्द्र नाथ टैगोर	साहित्य	1913

अन्तर्राष्ट्रीय मलाला अवार्ड

मलाला दिवस के अवसर पर 'यूनाइटेड नेशन्स स्पेशल इनवॉय फॉर ग्लोबल एजुकेशन्स यूथ करेज अवार्ड फॉर एजुकेशन' प्रदान किया गया। प्रथम मलाला अवार्ड मेरठ (उत्तर प्रदेश, भारत) की रजिया सुल्ताना को मिला।

ऑस्कर पुरस्कार

- यह पुरस्कार विश्व फिल्म (सिनेमा) जगत का सबसे प्रतिष्ठित पुरस्कार है। इसकी शुरूआत 1929 ई. में हुई थी।
- इस पुरस्कार को नेशनल अकादमी ऑफ मोशन पिक्चर आर्ट्स एण्ड साइंसेज संयुक्त राज्य अमेरिका द्वारा दिया जाता है।

ग्रेमी पुरस्कार

- यह पुरस्कार संगीत के क्षेत्र में अभूतपूर्व उपलब्धियों के लिए प्रदान किया जाता है।
- इस पुरस्कार को प्रतिवर्ष नेशनल एकेडमी ऑफ रिकॉर्डिंग आर्ट्स एण्ड साइंसेज (अमेरिका) द्वारा प्रदान किया जाता है।

पुलित्जर पुरस्कार

- इस पुरस्कार को पत्रकारिता के क्षेत्र में विश्व का सबसे प्रतिष्ठित पुरस्कार माना जाता है।
- वर्ष 1917 में प्रारम्भ इस पुरस्कार को अमेरिकी प्रकाशक जोसेफ पुलित्जर के नाम पर पत्रकारिता के क्षेत्र में असाधारण योगदान के लिया दिया जाता है।

मान बुकर पुरस्कार

- वर्ष 1969 से प्रारम्भ इस पुरस्कार को साहित्य के क्षेत्र में नोबेल पुरस्कारों के बाद सबसे बड़ा पुरस्कार माना जाता है।
- यह पुरस्कार बुकर कम्पनी एवं ब्रिटिश प्रशासक संघ द्वारा संयुक्त रूप से प्रदान किया जाता है।

रेमन मैग्सेसे पुरस्कार

- यह पुरस्कार 1958 ई. में फिलीपीन्स सरकार के द्वारा वहाँ के राष्ट्रपति रेमन मैग्सेसे की स्मृति में प्रदान किया जाता है।
- एशिया का नोबेल कहे जाने वाले इस पुरस्कार को पाँच क्षेत्रों यथा शासकीय सेवा, समुदाय नेतृत्व, जन सेवा, पत्रकारिता साहित्य और रचनात्मक संचार कला तथा अन्तर्राष्ट्रीय समय के क्षेत्र में उल्लेखनीय योगदान के लिए प्रदान किया जाता है।

गाँधी शान्ति पुरस्कार

- यह पुरस्कार भारत सरकार द्वारा वर्ष 1995 से विश्व शान्ति में उल्लेखनीय भूमिका निभाने वाले व्यक्ति को प्रदान किया जाता है।

संयुक्त राष्ट्रसंघ

संयुक्त राष्ट्र संघ की स्थापना 'सैन फ्रांसिस्को सम्मेलन' (26 जून, 1945) के प्रस्ताव के आचरण पर 24 अक्टूबर, 1945 को हुई थी।

संयुक्त राष्ट्र का मुख्यालय न्यूयॉर्क (यू एस ए) में है। वर्तमान में इसकी सदस्य संख्या 193 है। नवीनतम सदस्य दक्षिणी सुडान है।

अंग्रेजी, फ्रेंच, चीनी, रूसी, अरबी तथा स्पेनिश इसकी छः आधिकारिक भाषाएँ हैं। प्रारम्भ में इसकी आधिकारिक भाषा अंग्रेजी और फ्रेंच थी।

संयुक्त राष्ट्र संघ के प्रमुख अंग

अंग	विशेष तथ्य
महासभा	यह संयुक्त राष्ट्र का एकमात्र अंग है, जिसमें संघ के सभी सदस्य देशों को सदस्यता प्राप्त है।
सुरक्षा परिषद्	सुरक्षा परिषद् विश्व शान्ति एवं सुरक्षा से सम्बन्धित है। इसमें 5 स्थायी सदस्य (अमेरिका, ब्रिटेन, चीन, फ्रांस तथा रूस) तथा 10 अस्थायी सदस्य होते हैं।
आर्थिक एवं सामाजिक परिषद्	इसमें 54 सदस्य हैं। इसके कार्यों में युद्ध एवं शस्त्र की राजनीति को छोड़कर अन्तर्राष्ट्रीय महत्त्व के विषय आते हैं।
अन्तर्राष्ट्रीय न्यायालय	इस न्यायालय में 15 सदस्य होते हैं। इसका मुख्यालय हेग (नीदरलैण्ड) में है।
न्यास परिषद्	इस परिषद् के माध्यम से संयुक्त राष्ट्र का उन राष्ट्रों के प्रशासन एवं सुरक्षा से सम्बन्धित दायित्व स्पष्ट होता है, जो द्वितीय विश्वयुद्ध के पश्चात् स्वतन्त्र नहीं हो पाए।
सचिवालय	यह संयुक्त राष्ट्र का प्रशासनिक अंग है। इसमें महासचिव होता है, जिसकी नियुक्ति 5 वर्ष के लिए होती है। एंटोनियो गुटेरेस (पुर्तगाल) इसके महासचिव हैं।

नोट *अन्तर्राष्ट्रीय न्यायालय का मुख्यालय दे हेग (नीदरलैण्ड) में है, जबकि संयुक्त राष्ट्र के अन्य सभी अंगों के मुख्यालय न्यूयॉर्क (USA) में स्थित है।*

संयुक्त राष्ट्र संघ के विभिन्न अभिकरण एवं अन्य संगठन

संगठन	स्थापना वर्ष	मुख्यालय
अन्तर्राष्ट्रीय श्रम संगठन	1919	जेनेवा (स्विट्जरलैण्ड)
अन्तर्राष्ट्रीय नागरिक उड्डयन संगठन	1944	मॉन्ट्रियल (कनाडा)
संयुक्त राष्ट्र खाद्य एवं कृषि संगठन	1945	रोम (इटली)
अन्तर्राष्ट्रीय पुनर्निर्माण एवं विकास बैंक	1946	वाशिंगटन डी. सी (अमेरिका)
यूनेस्को	1946	पेरिस (फ्रांस)
विश्व स्वास्थ्य संगठन	1948	जेनेवा (स्विट्जरलैण्ड)
विश्व मौसम विभाग संगठन	1950	जेनेवा (स्विट्जरलैण्ड)
अन्तर्राष्ट्रीय परमाणु ऊर्जा अभिकरण	1957	वियना (ऑस्ट्रिया)
संयुक्त राष्ट्र औद्योगिक विकास संगठन	1966	वियना (ऑस्ट्रिया)
व्यापक परमाणु परीक्षण प्रतिबन्ध सन्धि संगठन	1996	वियना (ऑस्ट्रिया)
रासायनिक हथियार निषेध संगठन	1997	द हेग (नीदरलैण्ड)

अन्य प्रमुख अन्तर्राष्ट्रीय संगठन

संगठन	स्थापना वर्ष	मुख्यालय
रेडक्रॉस	1863	जेनेवा (स्विट्जरलैण्ड)
इण्टरपोल	1923	लियॉन्स (फ्रांस)
राष्ट्रमण्डल	1949	लंदन (ब्रिटेन)
उत्तरी अटलाण्टिक सन्धि संगठन (NATO)	1949	ब्रुसेल्स (बेल्जियम)
यूरोपियन संघ	1958	ब्रुसेल्स (बेल्जियम)
गुटनिरपेक्ष आन्दोलन	1961	जकार्ता (इण्डोनेशिया)
आसियान	1967	जकार्ता (इण्डोनेशिया)
एशियाई विकास बैंक	1967	मनीला (फिलीपीन्स)
एशिया-प्रशान्त आर्थिक सहयोग संगठन	1989	सिंगापुर
दक्षिण एशियाई क्षेत्रीय सहयोग संगठन (सार्क)	1985	काठमाण्डू (नेपाल)
शंघाई सहयोग संगठन	2001	बीजिंग
ट्रांस पेसिफिक पार्टनरशिप	2015	आकलैण्ड (न्यूजीलैण्ड)

अभ्यास प्रश्न

1. भारत के प्रथम गवर्नर जनरल (ब्रिटिश) है।
(a) लॉर्ड कैनिंग
() सुकुमार सेन
(c) लॉड्र विलियम बैंटिंक
(d) इनमें से कोई नहीं

2. भारत के प्रथम फील्ड मार्शल कौन थे?
(a) जी.वी. मावलंकर (b) मानिक शॉ
(c) मिहिर सेन
(d) श्री शंकर कुरूप

3. भारत के प्रथम राष्ट्रीय मानवाधिकार आयोग के अध्यक्ष थे।
(a) न्यायमूर्ति हीरालाल जे कानिया
(b) न्यायमूर्ति रंगनाथ मिश्र
(c) न्यायमूर्ति सोमनाथ शर्मा
(d) सच्चिदानन्द सिन्हा

4. भारत के प्रथम कमाण्डर इन चीफ कौन थे?
(a) के. एम करिपप्पा (b) डब्ल्यू.सी बनर्जी
(c) सुब्रतो मुखर्जी (d) मिहिर सेन

5. भारत रत्न से सम्मानित प्रथम भारतीय महिला कौन थी?
(a) पी.वी. सिन्धु (b) इन्दिरा गाँधी
(c) ऐनी बेसेण्ट (d) किरण बेदी

6. भारत की प्रथम मिस इण्डिया कौन थी?
(a) प्रमिला (b) रीता कारिया
(c) सुष्मिता सेन (d) प्रियंका चोपड़ा

7. भारत का प्रथम ई. कोर्ट कहाँ पर था?
(a) माल्दा (b) अहमदाबाद
(c) मुम्बई (d) पुणे

8. भारत की प्रथम राष्ट्रीय महिला आयोग की अध्यक्ष कौन थी?
(a) बछेन्द्री पाल (b) जयन्ति पटनायक
(c) भानु अर्थय्या (d) कर्णम मल्लेश्वरी

9. ज्ञानपीठ पुरस्कार प्राप्त करने वाली प्रथम महिला कौन थी?
(a) कमलजीत सिन्धु (b) आशापूर्णा देवी
(c) प्रमिला (d) कल्पना चावला

10. भारत की प्रथम महिला आईपीएस अधिकारी कौन थी?
(a) सुचेता कृपलानी (b) इन्दिरा गाँधी
(c) किरण बेदी (d) मदर टेरेसा

11. भारत का सर्वाधिक वर्षा वाला स्थान है
(a) मासिनराम (b) श्रीनगर
(c) जम्मू (d) इनमें से कोई नहीं

12. भारत का सर्वोच्च शौर्य सम्मान पुरस्कार है
(a) भारत रत्न (b) परमवीर चक्र
(c) मैग्सेस पुरस्कार (d) पद्मश्री

13. भारत के प्रथम नौसेना अध्यक्ष कौन थे?
(a) मानिक शॉ (b) जी.वी. मावलंकर
(c) मिहिर सेन (d) राम दास कटारी

14. भारत के प्रथम मैग्सेस पुरस्कार प्राप्तकर्ता कौन थे?
(a) राकेश शर्मा
(b) आचार्य विनोबा भावे
(c) शेरपा आंन दोराजी
(d) मानिक शॉ

15. भारत के प्रथम वायसराय थे
(a) लॉर्ड कर्जन
(b) लॉर्ड विलियम बैण्टिंक
(c) लॉर्ड कैनिंग
(d) उपरोक्त में से कोई नहीं

16. भारत का प्रथम लोकसभा अध्यक्ष कौन था?
(a) जी. वी मावलंकर (b) बी. आर अम्बेडकर
(c) जे. वी. कृपलानी
(d) श्यामा प्रसाद मुखर्जी

17. प्रथम परमवीर चक्र विजेता कौन था?
(a) श्री शंकर कुरूप (b) सोमनाथ शर्मा
(c) राकेश शर्मा (d) मानिक शॉ

18. सुमेलित कीजिए

A.	प्रथम गृहमन्त्री	1.	हीरा लाल जे कानिया
B.	प्रथम मुख्य चुनाव आयुक्त	2.	के. एम करियप्पा
C.	प्रथम थल सेना अध्यक्ष	3.	सुकुमार सेन
D.	प्रथम मुख्य न्यायाधीश	4.	वल्लभ भाई पटेल

कूट

	A	B	C	D		A	B	C	D
(a)	1	2	3	4	(b)	1	3	2	4
(c)	4	3	2	1	(d)	4	1	2	3

19. प्रथम महिला न्यायाधीश
(a) फातिमा बीबी (b) अन्ना चण्डी
(c) जयन्ती पटनायक (d) आरती साहा

20. देश का दूसरा सर्वोच्च सैन्य पुरस्कार है जो सैनिकों को प्रदान किया जाता है।
(a) परमवीर चक्र (b) महावीर चक्र
(c) वीर चक्र (d) अशोक चक्र

21. भारत की प्रथम महिला आई.ए.एस. अधिकारी कौन थी?
(a) किरण बेदी (b) लीला सेठ
(c) अन्ना जॉर्ज (d) विजयालक्ष्मी पण्डित

22. भारतीय राष्ट्रीय कांग्रेस की प्रथम विदेशी महिला अध्यक्ष कौन थी?
(a) सरोजनी नायडू (b) ऐनी बेसेन्ट
(c) सुचेता कृपलानी (d) मदर टेरेसा

23. ऑस्कर पुरस्कार जीतने वाली प्रथम भारतीय महिला कौन थी?
(a) जयन्ति पटनायक (b) उरसूल पुकुट्टी
(c) कमलजीत सन्धु (d) भानु अथैया

24. सुमेलित कीजिए

1.	राष्ट्रीय महिला आयोग की प्रथम अध्यक्ष	(i)	आशापूर्णा देवी
2.	भारत रत्न से सम्मानित प्रथम महिला	(ii)	जयन्ति पटनायक
3.	ज्ञानपीठ पुरस्कार प्राप्तकर्ता प्रथम महिला	(iii)	इन्दिरा गाँधी
4.	प्रथम भारतीय मिस यूनिवर्स	(iv)	सुष्मिता सेन

कूट

	A	B	C	D		A	B	C	D
(a)	1	2	3	4	(b)	2	3	1	4
(c)	3	1	2	4	(d)	4	3	2	1

25. भारत के प्रथम उपग्रह आर्यभट्ट का प्रक्षेपण कब हुआ था?
(a) वर्ष 1970 (b) वर्ष 1975
(c) वर्ष 1980 (d) वर्ष 1985

26. 2001 में भारतीय सेना में शामिल किया जाने वाला तेजस क्या है?
(a) टैंक (b) मिसाइल
(c) युद्धक विमान (d) राडार

27. भारत में प्रथम परमाणु रिएक्टर की स्थापना कहाँ हुई थी?
(a) तारापुर (b) ट्राम्बे
(c) बॉम्बे हाई (d) नागपुर

28. भारत का प्रथम बायोस्फीयर रिजर्व कौन-सा है?
(a) नीलगिरी (b) जिम कॉर्बेट
(c) चिल्का (d) बुलर

29. भारत के प्रथम महिला न्यायालय की स्थापना कहाँ हुई थी?
(a) मालदा (b) तारापुर
(c) नोआखली (d) सहारनपुर

30. 'भारत का पहला डाक-टिकट कहाँ से मुद्रित हुआ था?
(a) मुम्बई (b) कोलकाता (c) चेन्नई (d) केरल

31. भारत की सबसे बड़ी खारे पानी की स्थलबद्ध झील कौन-सी है?
(a) चिल्का (b) साम्भर (c) वूलर (d) टिहरी

32. भारत का सबसे बड़ा पशु मेला कहाँ लगता है?
(a) पुष्कर (राजस्थान) (b) कुम्भ (उज्जैन)
(c) सोनपुर (बिहार)
(d) पंचमढ़ी (मध्य प्रदेश)

33. 'भूपेन हजारिका पुल' भारत का सबसे लम्बा नदी पुल है। यह किस नदी पर बना है?
(a) गंगा (b) गोदावरी
(c) ऋजरेखा (d) लोहित

34. दक्षिण भारत की गंगा कही जाने वाली 'गोदावरी' नदी की लम्बाई कितनी है?
(a) 2525 किमी (b) 1000 किमी
(c) 1465 किमी (d) 2000 किमी

35. भारत के राज्यों में किस राज्य की तटरेखा सबसे लम्बी है?
(a) गुजरात (b) महाराष्ट्र
(c) केरल (d) आन्ध्र प्रदेश

36. भारत का सबसे लम्बा राष्ट्रीय राजमार्ग कौन-सा है?
(a) NH-8 (b) NH-44
(c) NH-7 (d) NH-108

37. वर्ष 2024 में हिन्दी का साहित्य अकादमी पुरस्कार किसे दिया गया?
(a) पदम सचदेव (b) तसलीमा नसरीन
(c) गगन गिल (d) चित्रा मुदगल

38. सुमेलित कीजिए

A.	यामा	1.	महादेवी वर्मा
B.	मैला आँचल	2.	फणीश्वर नाथ रेणु
C.	काली आँधी	3.	कमलेश्वर
D.	कामायनी	4.	जयशंकर प्रसाद

कूट

	A	B	C	D		A	B	C	D
(a)	4	3	1	2	(b)	1	2	3	4
(c)	1	4	2	3	(d)	4	1	2	3

39. उत्तरी ध्रुव पर पहुँचने वाले प्रथम व्यक्ति थे
(a) रॉबर्ट पियरी (b) चार्ल्स सिमोन्यी
(c) यूरीगागरिन (d) आर्थर ऐश

40. ऑस्कर पुरस्कार जीतने वाला प्रथम मुस्लिम अभिनेता कौन है?
(a) महेरशला अली (b) मोहम्मद अली
(c) एम. रहमान (d) हैदर अली

41. माउन्ट एवरेस्ट पर चढ़ने वाली प्रथम महिला जुन्को तबेई किस देश की है?
(a) चीन (b) थाइलैण्ड
(c) मलेशिया (d) जापान

42. विश्व का वह पहला देश कौन-सा था, जिसने मृत्युदण्ड को समाप्त कर दिया?
(a) न्यूजीलैण्ड (b) वेनेजुएला
(c) स्वीडन (d) आयरलैण्ड

43. 'नक्शा' बनाने वाला विश्व का प्रथम देश कौन था?
(a) मेसोपोटामिया (b) सुमेरिया
(c) सिन्धु (d) बेबीलोन

44. राष्ट्रीय खेल दिवस किस दिन मनाया जाता है?
(a) 29 अगस्त (b) 28 अगस्त
(c) 26 जुलाई (d) 5 जुलाई

45. विश्व पर्यावरण दिवस निम्नलिखित में से किस दिन मनाया जाता है?
(a) 5 जून (b) 2 अक्टूबर
(c) 10 नवम्बर (d) 19 नवम्बर

46. विश्व परिवेश दिवस मनाया जाता है
(a) 21 मार्च को (b) 23 मार्च को
(c) 5 जून को (d) 5 अक्टूबर को

47. 'मानव अधिकार दिवस' मनाया जाता है
(a) 20 अक्टूबर को (b) 4 जुलाई को
(c) 8 अगस्त (d) 10 दिसम्बर को

48. सुमेलित कीजिए

	तिथि		घटना
A.	24 अक्टूबर	1.	मानवाधिकार दिवस
B.	10 दिसम्बर	2.	राष्ट्रकुल दिवस
C.	24 मई	3.	संयुक्त राष्ट्र दिवस
D.	21 सितम्बर	4.	अन्तर्राष्ट्रीय शान्ति दिवस

कूट

	A	B	C	D		A	B	C	D
(a)	4	1	2	3	(b)	3	1	2	4
(c)	3	2	1	4	(d)	4	2	1	3

49. भारत में प्रतिवर्ष शिक्षक दिवस कब मनाया जाता है?
(a) 5 सितम्बर (b) 2 अक्टूबर
(c) 14 अक्टूबर (d) 20 दिसम्बर

50. नौ-सेना की पूर्वी कमान का मुख्यालय कहाँ स्थित है?
(a) दिल्ली (b) चण्डीमन्दिर
(c) इलाहाबाद (d) विशाखापट्टनम

51. थल सेना के ब्रिगेडियर के समकक्ष नौ सेना में कौन-सा पद होता है?
(a) रियर एडमिरल (b) कॉमोडोर
(c) कैप्टन (d) कमाण्डर

52. वायु सेना के शीर्ष पदाधिकारी को क्या कहते हैं?
(a) जनरल (b) एडमिरल
(c) एयर कॉमोडोर (d) एयर चीफ मार्शल

53. 'ब्लेक कैट' के नाम से किस सुरक्षा संगठन के सदस्यों को जाना जाता है?
(a) भारतीय तटरक्षक बल
(b) राष्ट्रीय सुरक्षा गार्ड्स
(c) सशस्त्र सीमा बल
(d) असम राइफल्स

54. सुमेलित कीजिए

	प्रक्षेपास्त्र		किस्म
A.	पृथ्वी	1.	सतह-से-सतह पर मार करने वाली
B.	त्रिशूल	2.	सतह-से-हवा में मार करने वाली
C.	सागरिका	3.	टैंक रोधी निर्देशित प्रक्षेपास्त्र
D.	नाग	4.	सतह से जल में मार करने वाली

कूट

	A	B	C	D		A	B	C	D
(a)	1	2	4	3	(b)	2	3	1	4
(c)	1	2	3	4	(d)	4	3	2	1

55. विश्व के सबसे छोटे, हल्के एवं बहुउद्देशीय सुपरसोनिक लड़ाकू विमान का नाम क्या है?
(a) मराज-29K (b) तेजस
(c) निशान्त (d) राफेल

56. 'सुखोई' विमान का निर्माण करने वाली कम्पनी का सम्बन्ध किस देश से है?
(a) जापान (b) अमेरिका
(c) फ्रांस (d) रूस

57. आई एन. एस. विक्रमादित्य को नौसेना में कब शामिल किया गया?
(a) वर्ष 2013 (b) वर्ष 2014
(c) वर्ष 2015 (d) वर्ष 2017

58. भारतीय टैंक 'कर्ण' किन दो टैंकों का मिश्रण है?
(a) अर्जुन और भीम
(b) अर्जुन मार्क II और भीम
(c) अर्जुन और टी -72
(d) टी- 90 और टी-72

59. भारत रत्न अलंकरण सर्वप्रथम किसे प्रदान किया गया?
(a) एस राधाकृष्णन को (b) सी वी रमन को
(c) सी राजगोपालाचारी को
(d) जवाहरलाल नेहरू को

60. मैग्सेस पुरस्कार विजेता पहले भारतीय कौन थे?
(a) इन्दिरा गाँधी (b) टी एन शेषन
(c) किरन बेदी (d) विनोबा भावे

61. पद्म श्री पुरस्कार पाने वाली पहली भारतीय अभिनेत्री कौन थीं?
(a) स्मिता पाटिल (b) नर्गिस दत्त
(c) मीना कुमारी (d) मधुबाला

62. इन्दिरा गाँधी प्रियदर्शिनी पुरस्कार किस क्षेत्र में योगदान के लिए प्रदान किया जाता है?
(a) पर्यावरण के क्षेत्र में उल्लेखनीय योगदान
(b) राष्ट्रीय एकता, अखण्डता व भाईचारे को बढ़ावा देने के लिए
(c) अत्याचारों के खिलाफ आवाज उठाने एवं संघर्ष करने वाली साहसी महिलाओं को
(d) पत्रकारिता के क्षेत्र में महिलाओं की विशिष्ट उपलब्धि के लिए

63. 'लता मंगेशकर सम्मान' कौन प्रदान करता है?
(a) मध्य प्रदेश सरकार (b) उत्तर प्रदेश सरकार
(c) भारतीय ज्ञानपीठ (d) राजस्थान सरकार

64. 'इकबाल सम्मान' कौन प्रदान करता है?
(a) उत्तर प्रदेश सरकार (b) भारत सरकार
(c) मध्य प्रदेश सरकार (d) साहित्य अकादमी

65. अर्थशास्त्र में नोबेल पुरस्कार कब आरम्भ किए गए?
(a) 1901 (b) 1921 (c) 1959 (d) 1969

66. मैग्सेस पुरस्कार सर्वप्रथम कब दिए गए?
(a) 1957 (b) 1958 (c) 1960 (d) 1956

67. 'राजीव गाँधी सद्भावना पुरस्कार' कौन प्रदान करता है?
(a) के के बिड़ला फाउण्डेशन
(b) भारत सरकार
(c) राजीव गाँधी फाउण्डेशन (कांग्रेस पार्टी)
(d) भारतीय ज्ञानपीठ

68. संयुक्त राष्ट्र संघ की स्थापना का प्रस्ताव कब प्रस्तुत किया गया?
(a) 24 अक्टूबर, 1945
(b) 24 अक्टूबर, 1950
(c) 20 अक्टूबर, 1940
(d) 30 अक्टूबर, 1950

69. वर्तमान में संयुक्त राष्ट्रसंघ में कितने सदस्य हैं?
(a) 190 (b) 191 (c) 192 (d) 193

70. संयुक्त राष्ट्र संघ का एक मात्र अंग कौन-सा है? जिसमें संघ के सभी सदस्य देशों को सदस्यता प्राप्त है?
(a) सचिवालय
(b) न्यास परिषद्
(c) अन्तर्राष्ट्रीय न्यायालय
(d) महासभा

71. सुरक्षा परिषद् (संयुक्त राष्ट्र संघ का अंग) में अस्थायी सदस्यों की संख्या कितनी होती है?
(a) 5 (b) 10
(c) 15 (d) 20

72. सुमेलित कीजिए

	संगठन		स्थापना वर्ष
A.	अन्तर्राष्ट्रीय श्रम संगठन	1.	1945
B.	यूनेस्को	2.	1919
C.	विश्व स्वास्थ्य संगठन	3.	1966
D.	संयुक्त राष्ट्र औद्योगिक विकास संगठन	4.	1948

कूट

	A	B	C	D		A	B	C	D
(a)	1	2	3	4	(b)	2	4	1	3
(c)	2	1	4	3	(d)	1	3	2	4

73. विश्व मौसम विभाग संगठन का मुख्यालय कहाँ स्थित है?
(a) जेनेवा (b) रोम
(c) हेग (d) मान्ट्रियल

74. गुट निरपेक्ष आन्दोलन की शुरुआत कब हुई थी?
(a) 1955 (b) 1961
(c) 1971 (d) 1991

75. यूरोपीयन संघ की स्थापना कब हुई थी?
(a) 1958 (b) 1960 (c) 1965 (d) 1970

76. संयुक्त राष्ट्र के सन्दर्भ में वीटो शक्ति के बारे में निम्नलिखित में से कौन-सा कथन सही है?
(a) सुरक्षा परिषद् संकल्प को एक वीटो रोक सकता है
(b) यह एक प्रकार की सकारात्मक मत शक्ति है
(c) महासचिव इस शक्ति का प्रयोग करता है जब वह परिषद् के किसी निर्णय से सन्तुष्ट नहीं होता
(d) सुरक्षा परिषद् के सभी सदस्यों के पास वीटो शक्ति होती है

उत्तरमाला

1 *(c)*	2 *(b)*	3 *(b)*	4 *(a)*	5 *(b)*
6 *(a)*	7 *(b)*	8 *(b)*	9 *(b)*	10 *(c)*
11 *(a)*	12 *(b)*	13 *(d)*	14 *(b)*	15 *(c)*
16 *(a)*	17 *(b)*	18 *(c)*	19 *(b)*	20 *(b)*
21 *(c)*	22 *(b)*	23 *(d)*	24 *(b)*	25 *(b)*
26 *(c)*	27 *(b)*	28 *(a)*	29 *(a)*	30 *(b)*
31 *(b)*	32 *(c)*	33 *(d)*	34 *(c)*	35 *(a)*
36 *(b)*	37 *(d)*	38 *(b)*	39 *(a)*	40 *(a)*
41 *(d)*	42 *(b)*	43 *(b)*	44 *(a)*	45 *(a)*
46 *(d)*	47 *(d)*	48 *(b)*	49 *(a)*	50 *(d)*
51 *(b)*	52 *(d)*	53 *(b)*	54 *(a)*	55 *(b)*
56 *(d)*	57 *(b)*	58 *(c)*	59 *(a)*	60 *(d)*
61 *(b)*	62 *(b)*	63 *(a)*	64 *(c)*	65 *(d)*
66 *(b)*	67 *(c)*	68 *(a)*	69 *(d)*	70 *(d)*
71 *(b)*	72 *(c)*	73 *(a)*	74 *(b)*	75 *(a)*
76 *(a)*				

06 खेल

ओलम्पिक खेल

- आधुनिक ओलम्पिक खेलों का आयोजन एवं नियन्त्रण **अन्तर्राष्ट्रीय ओलम्पिक समिति** करती है।
- इस प्रतियोगिता के ध्वज में प्रतीक के रूप में **पाँच चक्र** एक-दूसरे से मिले हुए दर्शाए गए हैं, जो विश्व के **पाँच महाद्वीपों** का प्रतिनिधित्व करने के साथ ही विश्वव्यापी खेल भावना के भी सूचक हैं।
- ओलम्पिक ध्वज पहली बार वर्ष 1920 की 'एण्टवर्प' खेल प्रतियोगिता में फहराया गया।
- ओलम्पिक खेलों का आयोजन प्रत्येक चार वर्ष के अन्तराल पर ग्रीष्मकालीन व शीतकालीन (दो वर्षों के अन्तराल पर) किया जाता है।

ओलम्पिक खेलों का आरम्भ	776 ई. पू.
आधुनिक ओलम्पिक खेलों का आरम्भ	1896 ई. एथेन्स (यूनान)
आदर्श वाक्य	साइटियस, अल्टियस, फोरटियस
2008 में ओलम्पिक खेलों का आयोजन	बीजिंग (चीन)
2012 में ओलम्पिक खेलों का आयोजन	लन्दन (इंग्लैण्ड)
2016 में ओलम्पिक खेलों का आयोजन	रियो डि जिनेरियो (ब्राजील)
2020 में ओलम्पिक खेलों का आयोजन	टोक्यो (जापान)
2024 में ओलम्पिक खेलों का आयोजन	पेरिस (फ्रांस)
2028 में ओलम्पिक खेलों का आयोजन	लॉस एंजिल्स (यू.एस.ए. प्रस्तावित)

ओलम्पिक में भारत

- भारत द्वारा वर्ष 1920 के एण्टवर्प ओलम्पिक खेलों में सबसे पहले एक टीम भेजी गई।
- वर्ष 1928-1956 के बीच भारत की पुरुष हॉकी टीम ने 8 स्वर्ण पदक प्राप्त किए।
- वर्ष 1956 में केडी जाधव ने कुश्ती में भारत के लिए पहला व्यक्तिगत पदक (कांस्य) जीता।
- कर्णम मल्लेश्वरी, भारत के लिए ओलम्पिक मेडल जीतने वाली पहली महिला थी। उन्होंने भारोत्तोलन स्पर्द्धा में सिडनी ओलम्पिक 2000 में कांस्य पदक प्राप्त किया।
- टोक्यो ओलम्पिक, 2020 में नीरज चोपड़ा ने एथलेटिक्स में स्वर्ण पदक, मीराबाई चानू ने वेटलिफ्टिंग में रजत पदक, लवलीना बोर्गोहेन ने महिला बॉक्सिंग में कांस्य पदक, पी.वी.सिन्धू ने बैडमिन्टन में कांस्य पदक, रवि कुमार दहिया व बजरंग पूनिया ने रेसलिंग में क्रमशः रजत व कांस्य पदक व भारतीय पुरुष हॉकी टीम ने कांस्य पदक जीता।
- वर्ष 2024 के पेरिस ओलम्पिक में मनु भाकर ने शूटिंग में कांस्य पदक, सरबजोत सिंह ने शूटिंग में कांस्य पदक, स्वप्रनिल कुसाले ने शूटिंग में कांस्य पदक, अमन सहरावत ने कुश्ती में कांस्य पदक, नीरज चोपड़ा ने जैवलिन थ्रो में रजत पदक व भारतीय पुरुष हॉकी टीम ने हॉकी में कांस्य पदक जीता।

राष्ट्रमण्डल खेल

- शुरुआत वर्ष 1930, **हेमिल्टन** (कनाडा) में हुई थी।
- प्रत्येक चार वर्ष बाद इन खेलों का आयोजन होता है। इसमें केवल राष्ट्रमण्डल सदस्य देश ही भाग लेते हैं।
- पहली बार 1934 में भारत ने इस खेल में शिरकत की थी। क्वींस बेटन रिले की शुरुआत 1958 के कार्डिफ राष्ट्रमण्डल खेल से हुई।
- राष्ट्रमण्डल खेलों में पदक जीतने वाले प्रथम भारतीय **राशिद अनवर** (कुश्ती, काँस्य) थे।

पहले राष्ट्रमण्डल खेलों का आयोजन	अगस्त, 1930 हैमिल्टन (कनाडा)
पहली बार टीवी पर प्रसारण	वैंकुवर (1954)
आदर्श वाक्य	ह्यूमनिटी, इक्वलीटि, डेस्टिनी
2022 में आयोजन (22वें राष्ट्रमण्डल खेल)	बर्मिंघम (इंग्लैण्ड) (कुल पदक-61 पदक चौथा स्थान)
2026 में आयोजन (26वें राष्ट्रमण्डल खेल)	ग्लासगो (स्कॉटलैण्ड) प्रस्तावित

एशियाई खेल

- शुभारम्भ 4 मार्च, 1951, नेशनल स्टेडियम, नई दिल्ली (उद्घाटन डॉ. राजेन्द्र प्रसाद, राष्ट्रपति भारत) (कुल 11 देशों के 489 खिलाड़ियों ने भाग लिया)।
- इसका **प्रतीक** 'छल्ले के साथ उभरता हुआ सूरज' है।
- वर्ष 2014 के एशियाई खेल इंचियोन (दक्षिण कोरिया) में आयोजित हुए। इंचियोन में आयोजित 17वें एशियाई खेलों में प्रथम, द्वितीय स्थान क्रमशः चीन और दक्षिण कोरिया को प्राप्त हुआ, जबकि भारत 57 पदकों के साथ 8वें स्थान पर रहा।
- 2018 में एशियाई खेलों का आयोजन इण्डोनेशिया में हुआ। इसमें भारत ने 15 स्वर्ण पदक सहित कुल 69 पदक हासिल किए और आठवाँ स्थान प्राप्त किया।
- 2022 में 19वें एशियाई खेलों का आयोजन हवाग्झू (चीन) में किया गया।
- 2026 में 20वें एशियाई खेलों का आयोजन नागोया (जापान) में प्रस्तावित है।

प्रमुख राष्ट्रीय कप एवं ट्रॉफियाँ

क्रिकेट	विश्वकप, ईरानी ट्रॉफी, देवधर ट्रॉफी, रणजी ट्रॉफी, दिलीप ट्रॉफी, विजय हजारे ट्रॉफी
हॉकी	हॉकी विश्व कप, अजलान शाह कप, ध्यानचन्द ट्रॉफी, आगा खाँ कप
फुटबाल	डूरण्ड कप, रोवर्स कप, सन्तोष ट्रॉफी, मर्डेका कप, फीफा विश्व कप
लॉन टेनिस	डेविस कप, विम्बलडन, आस्ट्रेलियन ओपन, यू.एस. ओपन, फ्रेंच ओपन
टेबल टेनिस	स्वेथलिंग कप, बरला बेलेक कप
बास्केटबॉल	लैटी ओ ब्राइन चैम्पियनशिप ट्रॉफी, फीफा बास्केटबॉल विश्व कप
बैडमिण्टन	मलेशियन कप, थॉमस कप, उबेर कप, यू थॉण्ट कप, नारंग कप

लोकप्रिय खेलों की प्रमुख खेल शब्दावली

टेनिस	ऐस, डबल फॉल्ट, ग्रिप, क्ले कोर्ट, ग्रास कोर्ट, ब्रेक प्वॉइण्ट, मैच प्वॉइण्ट आदि।
हॉकी	सेण्टर फॉरवर्ड, पेनाल्टी स्ट्रोक, फ्लिक, स्कूप, बुली, पुश-इन आदि।
फुटबॉल	सेण्टर, स्ट्राइकर, फ्री किक, ड्रिबल, फाउल, रेफरी, ऑफ साइड, पेनाल्टी शूट आदि।
क्रिकेट	बेल्स, डेडबॉल, गली, मिड ऑफ, एक्स्ट्रा कवर, थर्ड मैन, गुगली, चायना मैन आदि।
बॉक्सिंग	बेल्ट, पंच, हुक, हेंग ऑन, हिल, नॉक आउट, रिंग, बोलो पंच, किडनी पंच आदि।
शतरंज	चेकमेट, स्टेमलेट, कैसेलिंग, विशप, नाइट, रुख पोल, ग्रैण्ड मास्टर आदि।
बैडमिण्टन	शटल, नेट स्मैस, बोर्ड, हाई सर्विस, सर्विस ब्रेक आदि।

प्रमुख देशों के प्रमुख खेल

देश	खेल	देश	खेल
सं. राज्य अमेरिका	बेसबॉल	रूस	फुटबॉल
इंग्लैण्ड	क्रिकेट	मलेशिया	बैडमिण्टन
स्पेन	साँड़-युद्ध	चीन	टेबिल टेनिस
जापान	जूडो	भारत	हॉकी
कनाडा	आइस हॉकी	पाकिस्तान	हॉकी
ऑस्ट्रेलिया	क्रिकेट	ब्राजील	फुटबॉल

खेलों में प्रत्येक पक्ष के खिलाड़ियों की संख्या

खेल	खिलाड़ियों की संख्या	खेल	खिलाड़ियों की संख्या
बास्केटबॉल	5	वॉलीबॉल	6
बैडमिण्टन	1 या 2	वाटरपोलो	7
जिमनास्टिक	8	हॉकी	11
कबड्डी	7	टेबल टेनिस	1 या 2
रग्बी फुटबॉल	15	खो-खो	9
क्रिकेट	11	बेसबॉल	9
लॉन टेनिस	1 या 2	फुटबॉल	11

बिलियर्ड्स

- इस खेल का विकास इंग्लैंड में 16वीं सदी में हुआ।
- यह दो प्रकार का होता है—8 बॉल बिलियर्ड्स व 9 बॉल बिलियर्ड्स

बैडमिंटन

- बैडमिंटन के आधुनिक रूप का जन्म **ब्लूस्टशायर** के बैडमिंटन हाउस में 1873 में हुआ।
- 1934 में सात देशों ने मिलकर अन्तर्राष्ट्रीय बैडमिंटन संघ (आई वी एफ) की स्थापना की, जिसे अब विश्व बैडमिंटन संघ (बीडब्ल्यूएफ) के नाम से जाना जाता है। इसका मुख्यालय **क्वालालंपुर** (मलेशिया) में है।
- भारतीय बैडमिंटन एसोसिएशन की स्थापना 1934 ई. में हुई।

खेल परिसर

परिसर	सम्बन्धित खेल
रिंग	स्केटिंग, मुक्केबाजी
पूल	तैराकी
ऐलि	बाउलिंग
फील्ड	पोलो, फुटबॉल, हॉकी
पिच	क्रिकेट, रग्बी
रिंक	कर्लिंग, आइस हॉकी
डायमण्ड	बेसबॉल
कोर्स	गोल्फ
बोर्ड	टेबल टेनिस
मैट	जूडो-कराटे, ताइक्वाण्डो
वेलोड्रम	ट्रैक साइकिलिंग
ट्रैक	एथलैटिक्स
रेंज	निशानेबाजी, तीरन्दाजी
कोर्ट	टेनिस, बैडमिण्टन, नेटबॉल, खो-खो, स्क्वैश, कबड्डी, हैण्डबॉल, वॉलीबॉल

खेलों में एक पक्ष के खिलाड़ियों की संख्या

बास्केट बॉल	5
बैडमिण्टन	1 या 2
कबड्डी	7
रग्बी फुटबॉल	15
क्रिकेट	11
लॉन टेनिस	1 या 2
वॉलीबॉल	6
वाटरपोलो	7
हॉकी	11
टेबल टेनिस	1 या 2
खो-खो	9
बेसबॉल	9
फुटबॉल	11
पोलो	4

देश एवं उनके राष्ट्रीय खेल

देश	राष्ट्रीय खेल
यू एस ए	बेसबॉल
स्पेन	साँड़-युद्ध
कनाडा	लेकरोसे (ग्रीष्म), आइस हॉकी (शीत)
भारत	हॉकी
रूस	फुटबॉल, शतरंज
चीन	टेबल टेनिस
ब्राजील	कैपोइरा (Capoeira)
फ्रांस	फुटबॉल
इंग्लैण्ड	क्रिकेट
जापान	जूडो
ऑस्ट्रेलिया	क्रिकेट
पाकिस्तान	हॉकी
मलेशिया	बैडमिण्टन
स्कॉटलैण्ड	रग्बी फुटबॉल
इण्डोनेशिया	बैडमिण्टन

अभ्यास प्रश्न

1. आधुनिक ओलम्पिक खेलों का आरम्भ कब हुआ?
(a) 1895 ई. (b) 1898 ई.
(c) 1896 ई. में (d) 1892 ई. में

2. राष्ट्रमण्डल खेलों की शुरूआत कब हुई थी?
(a) वर्ष 1930 (b) वर्ष 1928
(c) वर्ष 1932 (d) वर्ष 1942

3. राष्ट्रमण्डल खेल कितने वर्षों के अन्तराल पर आयोजित किए जाते हैं?
(a) 6 वर्ष (b) 4 वर्ष
(c) 3 वर्ष (d) 2 वर्ष

4. राष्ट्रमण्डल खेल वर्ष 2022 में कहाँ पर आयोजित हुए थे?
(a) गोल्डकोस्ट (b) मेलबॉर्न
(c) टोक्यो (d) बर्मिंघम

5. पहले एशियाई खेल का आयोजन कब हुआ था?
(a) मार्च, 1952 (b) मार्च, 1953
(c) मार्च, 1951 (d) मार्च, 1950

6. वर्ष 2022 के एशियाई खेलों का आयोजन कहाँ हुआ था?
(a) दिल्ली (भारत)
(b) इस्लामाबाद (पाकिस्तान)
(c) जकार्ता (इण्डोनेशिया)
(d) हांगझाऊ (चीन)

7. भारत का राष्ट्रीय खेल कौन-सा माना जाता है?
(a) क्रिकेट (b) हॉकी
(c) कबड्डी (d) बेसबॉल

8. 'विजय हजारे' ट्रॉफी किस खेल से सम्बन्धित है?
(a) बेसबॉल (b) हॉकी
(c) क्रिकेट (d) पोलो

9. 'क्ले कोर्ट' किस खेल से सम्बन्धित है?
(a) टेनिस (b) हॉकी
(c) क्रिकेट (d) भारोत्तोलन

10. 'वॉलीबॉल' खेल में एक पक्ष के खिलाड़ियों की संख्या कितनी होती है?
(a) 10 (b) 8
(c) 7 (d) 6

11. देवधर ट्रॉफी किस खेल से सम्बन्धित है?
(a) फुटबॉल (b) हॉकी
(c) क्रिकेट (d) बैडमिण्टन

12. निम्न में से एक कौन-सा बैडमिण्टन से सम्बन्धित कप ट्रॉफी है?
(a) रामानुज ट्रॉफी
(b) फेडरेशन कप
(c) ईरानी ट्रॉफी
(d) नारंग कप

13. ब्रेक प्वॉइण्ट किस खेल से सम्बन्धित है?
(a) हॉकी (b) टेनिस
(c) बॉक्सिंग (d) शतरंज

14. नॉक आउट शब्द का प्रयोग किया जाता है
(a) शतरंज (b) बॉक्सिंग
(c) बैडमिण्टन (d) क्रिकेट

15. कनाडा का राष्ट्रीय खेल है
(a) आइस हॉकी (b) जूडो
(c) हॉकी (d) फुटबॉल

16. बेसबॉल किस देश का राष्ट्रीय खेल है?
(a) रूस (b) मलेशिया
(c) अमेरिका (d) स्पेन

17. ग्रिप किस खेल से सम्बन्धित है?
(a) टेनिस (b) क्रिकेट (c) हॉकी (d) फुटबॉल

18. जापान का प्रमुख खेल कौन-सा है?
(a) क्रिकेट (b) हॉकी
(c) जूडो (d) बेसबॉल

19. बैडमिण्टन किस देश का प्रमुख खेल है?
(a) चीन (b) मलेशिया
(c) रूस (d) स्पेन

20. खो-खो खेल में खिलाड़ी (एक तरफ) होते हैं
(a) 9 (b) 6
(c) 7 (d) 5

21. वाटरपोलो में एक पक्ष में कितने खिलाड़ी भाग लेते हैं?
(a) 5 (b) 6
(c) 7 (d) 8

22. फुटबॉल में खिलाड़ियों की संख्या कितनी होती है?
(a) 11 (b) 9
(c) 10 (d) 12

उत्तरमाला

1	*(c)*	2	*(a)*	3	*(b)*	4	*(a)*	5	*(c)*
6	*(c)*	7	*(b)*	8	*(c)*	9	*(a)*	10	*(d)*
11	*(c)*	12	*(d)*	13	*(b)*	14	*(b)*	15	*(a)*
16	*(c)*	17	*(a)*	18	*(c)*	19	*(b)*	20	*(a)*
21	*(c)*	22	*(a)*						

07 विज्ञान

भौतिकी

राशि

राशि दो प्रकार की होती हैं (i) सदिश राशि, (ii) अदिश राशि

सदिश राशि विस्थापन, वेग, त्वरण, बल, संवेग, आवेग, बल-आघूर्ण आदि।

अदिश राशि द्रव्यमान, दूरी, क्षेत्रफल, आयतन, घनत्व, समय, ऊर्जा, कार्य, शक्ति, विद्युत आवेश, ताप आदि।

राशि एवं उनके मात्रक

राशि	मात्रक (SI)
लम्बाई	मीटर
द्रव्यमान	किलोग्राम
समय	सेकण्ड
कार्य तथा ऊर्जा	जूल
विद्युतधारा	ऐम्पियर
ऊष्मागतिक ताप	केल्विन
ज्योति तीव्रता	केन्डिला
कोण	रेडियन
त्वरण	मीटर/सेकण्ड^2
बल	न्यूटन
जड़त्व आघूर्ण	किलोग्राम वर्गमीटर
संवेग	किलोग्राम, मीटर प्रति सेकण्ड
आवेग	न्यूटन-सेकण्ड
कोणीय संवेग	किलोग्राम, वर्गमीटर प्रति सेकण्ड
दाब	पास्कल
शक्ति	वाट
पृष्ठ तनाव	न्यूटन प्रति मीटर

राशि	मात्रक (SI)
श्यानता	न्यूटन सेकण्ड प्रति वर्गमीटर
क्षेत्रफल	वर्गमीटर
आयतन	घनमीटर
चाल	मीटर प्रति सेकण्ड
कोणीय वेग	रेडियन प्रति सेकण्ड
आवृत्ति	हर्ट्ज
विशिष्ट ऊष्मा	जूल प्रति किलोग्राम प्रति केल्विन
विद्युत आवेश	कूलॉम
विभवान्तर	वोल्ट
विद्युत प्रतिरोध	ओम
विद्युत धारिता	फैराडे
प्रेरक	हेनरी
चुम्बकीय-फ्लक्स	वेबर
ज्योति फ्लक्स	ल्यूमेन
प्रदीप्ति घनत्व	लक्स
प्रकाश तरंगदैर्ध्य	एंग्स्ट्रॉम
प्रकाशीय दूरी	प्रकाश वर्ष

नोट 1 प्रकाशवर्ष = 9.46×10^{15} मी
1 माइक्रोन = 0.001 मिमी

न्यूटन का गति-नियम

1. प्रथम नियम

- प्रत्येक वस्तु अपनी विरामावस्था अथवा सरल रेखा में एकसमान गति की अवस्था बनाए रखती है जब तक कि उस वस्तु पर कोई बाह्य असन्तुलित बल कार्य न करे।
- प्रथम नियम में जड़त्व का नियम अन्तर्निहित है।
  उदाहरण गतिशील वस्तु पर/में सवार व्यक्ति, वस्तु के अचानक रुक जाने पर आगे की ओर झुक जाता है एवं स्थिर वस्तु के अचानक गतिशील हो जाने पर सवार व्यक्ति पीछे की ओर झुक जाता है; गोली मारने पर काँच में गोल छेद हो जाता है; कम्बल/कोट को डण्डे से प्रहार करने पर धूल-कण झड़ जाते है।

2. द्वितीय नियम

वस्तु में उत्पन्न त्वरण वस्तु पर आरोपित बल के समानुपाती होता है तथा त्वरण की दिशा बल की दिशा में होती है।
द्वितीय नियम से बल का व्यंजक ($F = ma$) प्राप्त होता है।
उदाहरण क्रिकेट बॉल का 'कैच' लेते समय खिलाड़ी अपने हाथ को पीछे की ओर खींचता है; गाड़ियों में स्प्रिंग एवं शॉक एब्जॉर्बर लगाया जाता है ताकि झटका कम लगे; कील को अधिक गहराई तक गाड़ने के लिए भारी हथौड़े का प्रयोग किया जाता है।

3. तृतीय नियम

- प्रत्येक क्रिया के बराबर परन्तु विपरीत दिशा में प्रतिक्रिया होती है।
- तृतीय नियम को 'क्रिया-प्रतिक्रिया का नियम' भी कहा जाता है।
  उदाहरण बन्दूक से गोली निकलने पर पीछे की ओर झटका लगना, रॉकेट का आगे बढ़ना, नाव से जमीन पर कूदने पर नाव का विपरीत दिशा में अथवा पीछे हटना।
- रॉकेट प्रणोदन, न्यूटन के गति का तृतीय नियम अथवा संवेग-संरक्षण नियम को अभिव्यक्त करता है।
- भूस्थिर उपग्रह (geostationary satellite) के भूस्थिर कक्षा (geostationary orbit) की ऊँचाई पृथ्वी की सतह से लगभग 35800 किमी होती है।
- पलायन वेग (escape velocity) वह न्यूनतम वेग है जिसके साथ वस्तु को ऊर्ध्वाधर दिशा में फेंकने पर वह अनन्त तक पहुँच सके।
- किसी वस्तु का पलायन वेग उसके द्रव्यमान पर निर्भर नहीं करता है।
- किसी वस्तु का पृथ्वी पर से पलायन वेग 11.2 km/s तथा चन्द्रमा पर से पलायन वेग 2.37 km/s होता है। पलायन वेग काफी कम होने के कारण चन्द्रमा पर कोई वायुमण्डल नहीं होता है।

ऊष्मा

- यह ऊर्जा का एक रूप है, जिसमें हमें वस्तु की गर्माहट की अनुभूति होती है।
- काले रंग की सतह ऊष्मा की अच्छी अवशोषक होती है, इसलिए खाना पकाने के बर्तनों के नीचे का बाहरी हिस्सा काले रंग से रंगी हुई होती है।
- सफेद रंग ऊष्मा का अच्छा परावर्तक होता है, अत: गर्मियों में सफेद वस्त्रों का उपयोग अधिक किया जाता है।

ध्वनि

- यह ऊर्जा का एक रूप है जो तरंग के रूप में संचरित होती है।
  - ध्वनि की तीव्रता 'डेसीबल' में मापी जाती है।
  - माध्यम का ताप तथा आर्द्रता बढ़ने से ध्वनि की चाल बढ़ जाती है।
  - माध्यम का घनत्व कम होने से, ध्वनि की चाल बढ़ जाती है।
  - ध्वनि की चाल पर दाब का कोई प्रभाव नहीं पड़ता है।

दर्पण

दर्पण दो प्रकार के होते हैं– (i) अवतल दर्पण, (ii) उत्तल दर्पण

- अवतल दर्पण को अभिसारी दर्पण (Converging mirror) भी कहते हैं।
- उत्तल दर्पण को अपसारी दर्पण (Diverging mirror) भी कहते हैं।
- समतल दर्पण का उपयोग आइना, पेरिस्कोप (परिदर्शी), कैलीडोस्कोप (बहुरूपदर्शी) में होता है।
- पेरिस्कोप में दो समतल दर्पण एक-दूसरे से 45° के कोण पर स्थित होते हैं।
- कैलीडोस्कोप में तीन आयताकार समतल दर्पण एक-दूसरे से 60° के कोण पर स्थित होते हैं।
- अवतल दर्पण का उपयोग सोलर कूकर में, हजामती दर्पण में, परावर्तन दूरबीनों में, सर्चलाइट में, मोटरगाड़ी के हेडलाइट में, टॉर्च में, दन्त-चिकित्सक द्वारा तथा कान, नाक अथवा गले के आन्तरिक भागों की जाँच हेतु डॉक्टर द्वारा किया जाता है।
- उत्तल दर्पण का उपयोग वाहन में चालक हेतु साईड मिरर या बैक मिरर में, सड़कों पर बल्व के ऊपर परावर्तक के रूप में तथा प्रदर्शन कक्ष में छोटा प्रतिबिम्ब बनाने के लिए किया जाता है।

प्रकाशीय घटनाओं के व्यावहारिक परिणाम

(i) **अपवर्तन** अपवर्तन के कारण जल में आंशिक तिरछी डूबी छड़ सतह पर मुड़ी हुई नजर आती है। तारों का टिमटिमाना, जल से भरे बीकर में अवस्थित सिक्के का ऊपर उठा दिखाई देना, सूर्योदय के समय सूर्य का चपटा दिखाई देना, जल के अन्दर मछली का वास्तविक गहराई से ऊपर दिखाई पड़ना, पानी से भरी बाल्टी की गहराई कम प्रतीत होना आदि अपवर्तन के उदाहरण हैं।

(ii) **पूर्ण आन्तरिक परावर्तन** पूर्ण आन्तरिक परावर्तन के कारण घटने वाली घटनाएँ हैं-इन्द्रधनुष का बनना, हीरा का अत्याधिक चमकीला दिखाई पड़ना, पानी में बुलबुले का चमकना, मरूस्थल में मरीचिका का दिखाई पड़ना, जल में डूबी खोखली परखनली का चमकीला दिखाई पड़ना, काँच के चटके हुए भाग का चमकीला दिखाई पड़ना आदि। प्रकाशिक तन्तु (ऑप्टिकल फाईबर) में भी पूर्ण आन्तरिक परावर्तन की घटना होती हैं।

(iii) **प्रकीर्णन** प्रकीर्णन के कारण समुद्र तथा आकाश का रंग नीला दिखाई पड़ता है तथा सूर्योदय एवं सूर्यास्त के समय सूर्य का रंग लाल दिखाई पड़ता है।

(iv) **व्यतिकरण** साबुन के बुलबुलों का रंगीन तथा जल की सतह पर फैली हुई कैरोसिन तेल का सूर्य के प्रकाश में रंगीन दिखाई पड़ना, व्यतिकरण के कारण होता है।

मानव नेत्र एवं दृष्टि दोष

- मानव नेत्र एक कैमरे के समान कार्य करती है तथा आँख में प्रतिबिम्ब रेटिना पर बनता है।
- रेटिना में प्रकाश संवेदी कोशिकाएँ होती हैं जिनमें दण्ड और शंकु प्रमुख हैं।
- शंकु (Cones) तीव्र प्रकाश में संवेदी है जबकि मन्द प्रकाश में अक्रिय होती हैं।
- दण्ड (Rods) कोशिका मंद प्रकाश के प्रति संवेदी है तथा प्रकाश में बहुत कम संवेदी है।
- अन्धेरे अथवा काफी कम प्रकाश में वस्तुओं को दण्ड कोशिका द्वारा देखा जाता है।
- निकट दृष्टि दोष से ग्रसित आँख निकट की परन्तु स्पष्ट देख सकती है परन्तु दूर की वस्तु स्पष्ट नहीं देख सकती है।
- दूर दृष्टि दोष से ग्रसित आँख दूर की वस्तु स्पष्ट देख सकती है परन्तु निकट की वस्तु साफ-साफ नहीं देख सकती है।
- निकट दृष्टि दोष को अवतल लेंस द्वारा तथा दूर दृष्टि दोष को उत्तल लेंस द्वारा दूर किया जाता है।
- जरा दृष्टि दोष को बाइफोकल लेंस द्वारा दूर किया जाता है।
- अबिन्दुकता (दृष्टि वैषम्य) को दूर करने हेतु बेलनाकार लेंस का प्रयोग किया जाता है।

प्रमुख आविष्कार एवं उनके आविष्कारक

आविष्कार/खोज/प्रतिपादन	आविष्कारक
ताप का गतिवादी सिद्धान्त	केल्विन
फिल्म तथा फोटोग्राफी का सामान	जॉर्ज ईस्टमैन कोडक
जेनेटिक कोड तथा कृत्रिम जीन	हरगोविन्द खुराना
नेत्रहीनों के लिखने-पढ़ने की लिपि	लुईस ब्रेल
रेडियो तथा वायरलेस टेलीग्राफी	जी. मारकोनी
विद्युत धारा तथा बैटरी	वोल्टा
आनुवंशिकता के नियम	ग्रेगरी मेण्डल
पीरियोडिक टेबिल	मेण्डलीफ
टाइपराइटर	क्रिस्टोफर लैथम शोल्ज
ट्रांजिस्टर	डब्ल्यू. शोकले
बैरोमीटर	टोरीसेली
रडार	ए.एच. टेलर एवं लियो सी. यंग
वायुयान	राइट ब्रदर्स
फाउण्टेन पेन	लेविस ई. वाटरमैन
मोटरकार (निर्माण)	हेनरी फोर्ड
ऑटोमोबाइल	कार्ल बेन्ज
टेलीफोन	ग्राह्म बेल
माइक्रोफोन	ग्राह्म बेल
हैलीकॉप्टर	ए. ओहमिशेन
स्पेक्ट्रोस्कोप	बुन्सेन
लीवर का सिद्धान्त, आपेक्षिक घनत्व	आर्किमिडीज
क्रेस्कोग्राफ	जे.सी. बोस
बुद्धि परीक्षा	विनेट
शार्ट हैंड	पिटमैन
लोकोमोटिव	रिचर्ड ट्रवथिक
गन पाउडर	रोजर बेकन
एक्स-किरणों की खोज	डब्ल्यू.सी. रोण्टजन
परमाणु विखण्डन	रदरफोर्ड
रमन प्रभाव	सी.वी. रमन
टेलिस्कोप	गैलीलियो

आविष्कार/खोज/प्रतिपादन	आविष्कारक
सेफ्टी रेजर	जिलेट
छापने की कला	गुटेनबर्ग
लिफ्ट	एलिसा ग्रेव ओटिस
नाभिकीय रिएक्टर	ए. फर्मी
भाप का इंजन	जेम्स वाट
साइकिल	मैकमिलन
रिवाल्वर	कोल्ट
गैस इंजन	डेमलर
सेफ्टी लैम्प	हम्फ्री डेवी
रेफ्रिजरेटर	जेम्स हेरिसन एवं ए. कैटलीन
इलेक्ट्रिक बल्ब, ग्रामोफोन	थॉमस अल्वा एडीसन
डायनमो	माइकल फैराडे
टेलीविजन	जे.एल. बेयर्ड
लोगेरिथ्म	जॉन नेपियर
तड़ित चालक	बेंजामिन फ्रेंकलिन
कॉस्मिक किरणें	आर.ए. मिलीकन
थर्मस फ्लास्क	डेवर
थ्योरी ऑफ रिलेटिविटी	ए. आइन्स्टीन
रेखागणित की स्थापना	यूक्लिड
फारेनहाइट थर्मामीटर	डेनियस गेब्रिल फारेनहाइट
विद्युत-विच्छेदन के नियम	माइकल फैराडे
क्वाण्टम थ्योरी	मैक्स प्लांक
मानसिक विश्लेषण	फ्रायड
गुरुत्वाकर्षण, गति के नियम	आइजक न्यूटन

आविष्कार/खोज/प्रतिपादन	आविष्कारक
डायनामाइट	एल्फ्रेड नोबेल
यूरेनियम का विखण्डन (एटम बम)	ओटोहान
ऑक्सीजन	जे. प्रीस्टले
प्रोटॉन	गोल्डस्टीन
इलेक्ट्रॉन	जे.जे. थॉमसन
न्यूट्रॉन	जेम्स चैडविक
क्लोरीन	शीले
परमाणु संरचना	बोहर
पोर्टलैण्ट सीमेण्ट	जोसेफ एस्पडीन

उपकरण ऊर्जा-रूपान्तरण

उपकरण का नाम	ऊर्जा का रूपान्तरण
विद्युत बल्ब	विद्युत ऊर्जा को प्रकाश व ऊष्मा ऊर्जा में।
विद्युत हीटर	विद्युत ऊर्जा को ऊष्मा ऊर्जा में।
लाउडस्पीकर	विद्युत ऊर्जा को ध्वनि ऊर्जा में।
विद्युत मोटर	विद्युत ऊर्जा को यान्त्रिक ऊर्जा में।
डायनमो	यान्त्रिक ऊर्जा को विद्युत ऊर्जा में।
मोमबत्ती	रासायनिक ऊर्जा को प्रकाश एवं ऊष्मा ऊर्जा में।
माइक्रोफोन	ध्वनि ऊर्जा को विद्युत ऊर्जा में।
सोलर सेल	सौर ऊर्जा को विद्युत ऊर्जा में।
विद्युत सेल	रासायनिक ऊर्जा को विद्युत ऊर्जा में।
सितार	यान्त्रिक ऊर्जा को ध्वनि ऊर्जा में।
ईंजन	ऊष्मा ऊर्जा को यांत्रिक ऊर्जा में।

अभ्यास प्रश्न

1. निम्नलिखित में से कौन एक सदिश राशि नहीं है?
(a) संवेग (b) वेग
(c) कोणीय वेग (d) द्रव्यमान

2. निम्न में से कौन-सी सदिश राशि है?
(a) वेग (b) द्रव्यमान
(c) समय (d) लम्बाई

3. ऊष्मा का SI मात्रक है
(a) वाट (b) जूल
(c) एम्पियर (d) न्यूटन

4. कार्य का मात्रक है
(a) जूल (b) न्यूटन
(c) वाट (d) डाइन

5. खाद्य ऊर्जा को हम किस इकाई में माप सकते हैं?
(a) केल्विन (b) जूल
(c) कैलोरी (d) अर्ग

6. आवृत्ति का मात्रक है
(a) किलो हर्ट्ज (b) किलो हर्ट्ज/सेकण्ड
(c) हर्ट्ज/सेकण्ड (d) हर्ट्ज

7. चुम्बकीय क्षेत्र का मात्रक होता है
(a) टेस्ला (b) वेबर
(c) हेनरी (d) डोमेन

8. 'क्यूरी' किसकी इकाई है?
(a) तापक्रम (b) ऊर्जा
(c) ऊष्मा (d) रेडियोसक्रियता

9. 'प्रकाश वर्ष' इकाई है
(a) दूरी की (b) समय की
(c) प्रकाश तीव्रता की (d) ये सभी

10. एक प्रकाशवर्ष बराबर होता है
(a) 9.46×10^{15} मी
(b) 9.46×10^{12} मी
(c) 9.46×10^{9} मी
(d) 'a' एवं 'b' दोनों

11. शून्य में स्वतन्त्र रूप से गिरने वाली वस्तु की/का
(a) गति समान होती है
(b) वेग समान होता है
(c) त्वरण समान होता है
(d) बल समान होता है

12. एक समान वृत्तीय गति में
(a) चाल और वेग दोनों अचर रहते हैं
(b) चाल और वेग दोनों चर रहते हैं
(c) चाल चर और वेग अचर रहते हैं
(d) चाल अचर और वेग चर रहते हैं

13. रॉकेट का ऊपर जाना किस सिद्धान्त पर कार्य करता है?
(a) ऊर्जा संरक्षण
(b) संवेग संरक्षण
(c) द्रव्यमान संरक्षण
(d) बरनौली प्रमेय

14. वस्तु की मात्रा बदलने पर अपरिवर्तित रहता है
(a) आयतन (b) भार
(c) द्रव्यमान (d) घनत्व

15. न्यूटन की गति का प्रथम नियम कहलाता है
(a) जड़त्व का नियम
(b) गुरुत्वाकर्षण का नियम
(c) संवेग संरक्षण का नियम
(d) गतिशीलता का नियम

16. जल में तैरना न्यूटन की गति के किस नियम के कारण सम्भव है ?
(a) प्रथम नियम (b) द्वितीय नियम
(c) तृतीय नियम (d) ये सभी

17. पृथ्वी के तल का पलायन वेग है
(a) 11.2 किमी प्रति सेकण्ड
(b) 12.4 किमी प्रति सेकण्ड
(c) 10.8 किमी प्रति सेकण्ड
(d) 13.2 किमी प्रति सेकण्ड

18. चाबी भरी घड़ी में कौन-सी ऊर्जा होती है?
(a) गतिज ऊर्जा (b) स्थितिज ऊर्जा
(c) यान्त्रिक ऊर्जा (d) संचित ऊर्जा

19. झूला झूलती कोई लड़की अगर खड़ी हो जाए तो दोलन का आवर्तकाल
(a) कम हो जाएगा (b) बढ़ जाएगा
(c) अपरिवर्तित रहेगा (d) इनमें से कोई नहीं

20. गहराई बढ़ने पर द्रव का दाब
(a) घटता है
(b) बढ़ता है
(c) अपरिवर्तित रहता है
(d) घनत्व पर निर्भर करता है

21. बर्फ पर स्केटिंग करना प्रदर्शित करता है कि दाब बढ़ाने पर बर्फ का गलनांक
(a) बढ़ता है
(b) घटता है
(c) अपरिवर्तित रहता है
(d) पहले बढ़ता है फिर घटता है

22. ऊँचाई पर चढ़ता हुआ व्यक्ति आगे की ओर क्यों झुक जाता है ?
(a) तेज चलने के लिए
(b) फिसलने से बचने के लिए
(c) स्थायित्व बढ़ाने के लिए
(d) इन सभी के लिए

23. एक गिलास में पानी पर बर्फ तैर रही है। जब बर्फ पूर्णत: पिघल जाए तो पानी का तल
(a) बढ़ेगा
(b) घटेगा
(c) अपरिवर्तित रहेगा
(d) पहले बढ़ेगा बाद में घटेगा

24. पानी का घनत्व अधिकतम होता है
(a) 0°C पर (b) 2°C पर
(c) 4°C पर (d) 5°C पर

25. वर्षा की बूँदें गोलाकार होती हैं
(a) सतही तनाव के कारण
(b) वर्षा जल की श्यानता के कारण
(c) वायु के वातावरणीय घर्षण के कारण
(d) उपरोक्त सभी

26. किसी वस्तु का ताप किसका सूचक है?
(a) उसके अणुओं की कुल ऊर्जा का
(b) उसके अणुओं की औसत ऊर्जा का
(c) उसके अणुओं के कुल वेग का
(d) उसके अणुओं की औसत गतिज ऊर्जा का

27. मानव शरीर का तापमान 98.6°F होता है। सेल्सियस स्केल पर यह कितना होगा?
(a) 32°C (b) 35°C
(c) 37°C (d) 40°C

28. किस तापमान पर सेल्सियस और फारेनहाइट तापमापियों के मान एक समान होंगे?
(a) –40° (b) 212°
(c) 40° (d) 100°

29. जल को 0°C से 10°C तक गर्म किये जाने पर उसका आयतन
(a) लगातार बढ़ता है
(b) लगातार घटता है
(c) पहले घटता है फिर बढ़ता है
(d) पहले बढ़ता है फिर घटता है

30. न्यूनतम सम्भव ताप है
(a) 0° (b) –273°C
(c) –373°C (d) ये सभी

31. किसी झील की सतह का पानी जमा हुआ है। उस झील के अध:स्तल में जल का तापमान क्या होगा?
(a) 0°C (b) 1°C
(c) 2°C (d) 4°C

32. प्रेशर कुकर में खाना जल्दी पकता है क्योंकि
(a) क्वथन अधिक ताप पर होने लगता है
(b) क्वथन कम ताप पर होता है
(c) दाब स्थिर रहता है
(d) उपरोक्त सभी

33. उबलते जल की अपेक्षा भाप के जलने से अधिक कष्ट होता है, क्योंकि उबलते जल की अपेक्षा भाप की गुप्त ऊष्मा
(a) कम होती है
(b) अधिक होती है
(c) एक समान होती है
(d) उपरोक्त में से कोई नहीं

34. निम्नलिखित में से किसकी विशिष्ट ऊष्मा सबसे अधिक है?
(a) बर्फ (b) बालू
(c) पानी (d) लोहा

35. यदि गैस का आयतन स्थिर बनाए रखा जाए तो ताप के बढ़ने पर गैस का दाब
(a) बढ़ेगा
(b) स्थिर रहेगा
(c) घटेगा
(d) गैस की प्रकृति पर निर्भर करेगा

36. थर्मस फ्लास्क में ऊष्मा का क्षय रोका जा सकता है
(a) संवहन से (b) विकिरण से
(c) चालन से (d) इन सभी से

37. निम्नलिखित द्रवों में कौन-सा ऊष्मा का बहुत अच्छा चालक है?
(a) पारा (b) पानी
(c) ईथर (d) बेंजीन

38. ''अच्छे उत्सर्जक अच्छे अवशोषक होते हैं''। यह नियम है
(a) स्टीफन का (b) न्यूटन का
(c) बरनॉली का (d) किरचॉफ का

39. निम्नलिखित में से कौन ऊष्मा का सबसे अच्छा सुचालक है?
(a) ठण्डा पानी (b) गर्म पानी
(c) आस्वित पानी (d) समुद्र का पानी

40. ध्वनि की चाल अधिकतम होती है
(a) वायु में (b) निर्वात् में
(c) जल में (d) ठोस में

41. 'डेसीबल' किसे मापने के लिए प्रयोग में लाया जाता है?
(a) रक्त में हीमोग्लोबिन
(b) वातावरण में ध्वनि
(c) पेशाब में शक्कर
(d) वायु में जलवाष्प

42. वायु में ध्वनि का वेग
(a) ताप के बढ़ने से घटता है
(b) ताप के बढ़ने से बढ़ता है
(c) ताप के घटने से बढ़ता है
(d) उपरोक्त में से कोई नहीं

43. वायु में ध्वनि की चाल है
(a) 220 मी/से (b) 232 मी/से
(c) 332 मी/से (d) 432 मी/से

44. स्त्रियों की आवाज पुरुषों की आवाज से किस कारण से पतली होती है?
(a) स्त्रियों की ध्वनि का तारत्व पुरुषों से अधिक होता है
(b) स्त्रियों की ध्वनि का तारत्व पुरुषों से कम होता है
(c) स्त्रियों की ध्वनि की तीव्रता पुरुषों से अधिक होती है
(d) स्त्रियों की ध्वनि की तीव्रता पुरुषों से कम होती है

45. श्रव्य परिसर में ध्वनि तरंगों की आवृत्ति क्या होती है?
(a) 20 Hz से 20,000 Hz
(b) 1 Hz से 10 Hz
(c) 20,000 Hz से 40000 Hz
(d) उपरोक्त में से कोई नहीं

46. ध्वनि तरंगों की प्रकृति होती है
(a) अनुप्रस्थ
(b) अनुदैर्ध्य
(c) अप्रगामी
(d) विद्युत चुम्बकीय

47. निकट आती किसी रेलगाड़ी की सीटी की आवृत्ति या तीक्ष्णता बढ़ती जाती है, ऐसा किस कारण से होता है?
(a) चार्ल्स नियम
(b) बरनौली प्रमेय
(c) डाप्लर प्रभाव
(d) आर्किमिडीज सिद्धान्त

48. सोनार (SONAR) अधिकांशत: प्रयोग में लाया जाता है
(a) नाविकों द्वारा
(b) अन्तरिक्ष यात्रियों द्वारा
(c) अभियन्ताओं द्वारा
(d) उपरोक्त सभी के द्वारा

49. ध्वनि तरंगें किसके कारण प्रतिध्वनि उत्पन्न करती हैं?
(a) अपवर्तन (b) विवर्तन
(c) परावर्तन
(d) अनुरणन

50. रेडियो का समस्वरण स्टेशन उदाहरण है
(a) परावर्तन (b) अपवर्तन
(c) अनुरणन (d) अनुनाद

51. रडार की कार्यप्रणाली निम्न में से किस सिद्धान्त पर आधारित है ?
(a) रेडियो तरंगों का परावर्तन
(b) रेडियो तरंगों का अपवर्तन
(c) डॉप्लर प्रभाव
(d) रमन प्रभाव

52. दाढ़ी बनाने के लिए काम में लाया जाता है
(a) उत्तल दर्पण (b) समतल दर्पण
(c) अवतल दर्पण (d)अवतलोत्तल दर्पण

53. मोटर कार में पीछे के दृश्य को देखने के लिए कौन-सा दर्पण प्रयुक्त किया जाता है?
(a) समतल दर्पण
(b) अवतल दर्पण
(c) समतलोत्तल दर्पण
(d) उत्तल दर्पण

54. किसी अन्तरिक्ष यात्री को आकाश का रंग कैसा दिखाई देता है?
(a) लाल (b) हरा
(c) काला (d) पीला

55. प्रकाश के विकिरण की प्रकृति कैसी होती है?
(a) तरंग के समान
(b) कण के समान
(c) तरंग एवं कण दोनों के समान
(d) उपरोक्त में से कोई नहीं

56. प्रकाश का वेग अधिकतम होता है
(a) निर्वात् (b) पानी
(c) काँच (d) इनमें से कोई नहीं

57. प्रकाश तरंग किस प्रकार की तरंग है?
(a) अनुप्रस्थ (b) अनुदैर्ध्य
(c) विद्युत चुम्बकीय
(d) (a) एवं (c) दोनों

58. माध्यम में तापमान में वृद्धि के साथ प्रकाश की गति होती है
(a) बढ़ती है (b) घटती है
(c) अपरिवर्तित (d) इनमें से कोई नहीं

59. प्रकाश की गति है
(a) 9×10^2 मी/से (b) 3×10^{11} मी/से
(c) 3×10^8 मी/से (d) 2×10^4 मी/से

60. रेगिस्तान में 'मृग मरीचिका' जैसी घटना का कारण है
(a) प्रकाश का अपवर्तन
(b) प्रकाश का पूर्ण आन्तरिक परावर्तन
(c) प्रकाश का प्रकीर्णन
(d) प्रकाश का वर्ण विक्षेपण

61. आकाश का रंग किस कारण से नीला दिखाई पड़ता है?
(a) विवर्तन के कारण
(b) अपवर्तन के कारण
(c) परावर्तन के कारण
(d) प्रकीर्णन के कारण

62. वायुमण्डल में प्रकाश के विसरण का कारण है
(a) कार्बन डाइ-आक्साइड
(b) जलवाष्प
(c) धूलकण
(d) हीलियम

63. किस रंग के प्रकाश का अपवर्तनांक सबसे कम होता है?
(a) लाल (b) बैंगनी
(c) पीला (d) आसमानी

64. लाल काँच को अधिक गर्म करने पर वह दिखाई देगा
(a) हरा (b) लाल
(c) नीला (d) पीला

65. यदि एक व्यक्ति दो समतल दर्पण जो 60° कोण पर रखे हैं के बीच खड़ा हो तब उसे कितने प्रतिबिम्ब दिखेंगे?
(a) 4 (b) 5
(c) 6 (d) 7

66. इन्द्र धनुष का निर्माण कैसे होता है?
(a) प्रकाश के परावर्तन से
(b) प्रकाश के अपवर्तन से
(c) अपवर्तन तथा प्रकाश के पूर्ण आन्तरिक परावर्तन से
(d) प्रकाश के विसरण से

67. 1.5 मी लम्बे व्यक्ति को अपना पूर्ण प्रतिबिम्ब देखने के लिए आवश्यक दर्पण की न्यूनतम लम्बाई होगी
(a) 1.5 मी (b) 0.75 मी
(c) 3 मी (d) 2 मी

68. दूर की वस्तुओं का निरीक्षण करने के लिए किस प्रकाशिक यन्त्र का उपयोग किया जाता है?
(a) सरल सूक्ष्मदर्शी
(b) संयुक्त सूक्ष्मदर्शी
(c) इलेक्ट्रॉन माइक्रोस्कोप
(d) दूरदर्शी

69. निकट दृष्टि दोष से पीड़ित व्यक्ति के चश्में में प्रयोग किया जाता है
(a) उत्तल लेन्स
(b) अवतल लेन्स
(c) उत्तल दर्पण
(d) बेलनाकार लेन्स

70. तड़ित चालक बनाए जाते हैं
(a) लोहे के (b) ताँबे के
(c) एल्युमीनियम के (d) इस्पात के

71. बिजली के बल्ब का फिलामेन्ट किस तत्त्व का बना होता है?
(a) ताँबा (b) लोहा
(c) सीसा (d) टंग्स्टन

72. निम्नलिखित में से कौन-सा पदार्थ विद्युत का सबसे अच्छा चालक है?
(a) चाँदी (b) ताँबा
(c) सोना (d) अभ्रक

73. फ्यूज तार की विशेषता होती है
(a) उच्च प्रतिरोध तथा उच्च गलनांक
(b) निम्न प्रतिरोध तथा निम्न गलनांक
(c) उच्च प्रतिरोध तथा निम्न गलनांक
(d) निम्न प्रतिरोध तथा उच्च गलनांक

74. बिजली के फ्यूज का तार किससे बना होता है?
(a) टिन से
(b) सीसा से
(c) निकेल से
(d) टिन और सीसे की मिश्र धातु से

75. एक कार बैटरी में प्रयुक्त विद्युत अपघट्य होता है
(a) हाइड्रोक्लोरिक अम्ल
(b) सल्फ्यूरिक अम्ल
(c) नाइट्रिक अम्ल
(d) आसुत जल

76. शुष्क सेल है
(a) प्राथमिक सेल (b) द्वितीयक सेल
(c) तृतीयक सेल (d) चतुर्थक सेल

77. लोहे के ऊपर जिंक की परत चढ़ाने को क्या कहते हैं?
(a) गैल्वेनाइजेशन (b) इलेक्ट्रोप्लेटिंग
(c) आयनन (d) इनमें से कोई नहीं

78. 'इन्वर्टर' एक ऐसा यन्त्र है जो
(a) AC वोल्टेज को DC वोल्टेज में बदलता है
(b) DC वोल्टेज को AC वोल्टेज में बदलता है
(c) सिर्फ DC वोल्टेज में प्रयुक्त होता है
(d) (a) एवं (b) दोनों

79. घरों में पंखा, बल्ब आदि उपकरण किस क्रम में लगे होते हैं?
(a) समान्तर क्रम में
(b) श्रेणी क्रम में
(c) किसी भी क्रम में
(d) किसी क्रम में नहीं

80. एक स्वतन्त्र रूप से लटका हुआ चुम्बक सदैव ठहरता है
(a) पूर्व-पश्चिम दिशा में
(b) उत्तर-दक्षिण दिशा में
(c) उत्तर-पश्चिम दिशा में
(d) दक्षिण-पूर्व दिशा में

81. स्थायी चुम्बक बनाए जाते हैं
(a) नर्म लोहे के (b) ताँबे के
(c) इस्पात के (d) एल्युमीनियम के

82. विद्युत धारा का चुम्बकीय प्रभाव सर्वप्रथम अवलोकित किया गया
(a) हेनरी फोर्ड द्वारा (b) फैराडे द्वारा
(c) वोल्टा द्वारा (d) ऑरस्टेड द्वारा

83. निम्नलिखित में से अनुचुम्बकीय पदार्थ है
(a) सोडियम (b) एल्युमीनियम
(c) ऑक्सीजन (d) ये सभी

84. विद्युत चुम्बकीय सिद्धान्त का प्रतिपादन किसने दिया था?
(a) ओम ने (b) फैराडे ने
(c) वोल्टा ने (d) न्यूटन ने

85. अस्थायी चुम्बक बनाने के लिए प्रयोग किया जाता है
(a) नर्म लोहा (b) इस्पात
(c) चाँदी (d) ताँबा

86. वोल्टता को घटाने व बढ़ाने में प्रयुक्त उपकरण है
(a) रेक्टिफायर (b) डायनमो
(c) ट्रान्सफॉर्मर (d) विद्युत मोटर

87. संधारित्र (capacitor) का मुख्य कार्य है
(a) आवेशों का संचय
(b) अवेशों का वितरण
(c) आवेशों का प्रतिरोध
(d) उपरोक्त में से कोई नहीं

88. किसी चुम्बक की आकर्षण शक्ति सबसे अधिक कहाँ होती है?
(a) दोनों किनारों पर
(b) चुम्बकीय अक्ष पर
(c) सभी जगहों पर
(d) मध्य में

89. 'परमाणु बम' का सिद्धान्त आधारित है
(a) नाभिकीय संलयन पर
(b) नाभिकीय विखण्डन पर
(c) (a) एवं (b) दोनों पर
(d) (a) एवं (b) में किसी पर नहीं

90. 'हाइड्रोजन बम' आधारित है
(a) नाभिकीय संलयन पर
(b) नाभिकीय विखण्डन पर
(c) रेडियो एक्टिव विघटन पर
(d) उपरोक्त सभी पर

91. नाभिकीय परमाणु का आकार होता है
(a) 10^{-10} मी (b) 10^{-9} मी
(c) 10^{-13} मी (d) 10^{-15} मी

92. नाभिकीय रिएक्टरों में ऊर्जा उत्पन्न होती है
(a) नियन्त्रित संलयन द्वारा
(b) अनियन्त्रित संलयन द्वारा
(c) नियन्त्रित विखण्डन द्वारा
(d) अनियन्त्रित विखण्डन द्वारा

93. नाभिकीय रिएक्टर के निर्माण में निम्नलिखित में से कौन-सा एक अनिवार्य है?
(a) कोबाल्ट (b) निकेल
(c) जर्कोनियम (d) टंग्स्टन

94. सूर्य की ऊर्जा उत्पन्न होती है
(a) नाभिकीय संलयन द्वारा
(b) नाभिकीय विखण्डन द्वारा
(c) ऑक्सीकरण द्वारा
(d) आयनन द्वारा

95. नाभिकीय रिएक्टर में नियन्त्रक (controller) के रूप में किसका प्रयोग होता है?
(a) भारी जल (b) कैडमियम छड़
(c) आसुत जल (d) इन सभी का

96. नाभिकीय रिएक्टर में भारी जल का प्रयोग किस रूप में किया जाता है?
(a) मन्दक (b) शीतलक
(c) नियन्त्रक (d) परिरक्षक

97. द्रव्यमान-ऊर्जा सम्बन्ध किसका निष्कर्ष है?
(a) क्वान्टम सिद्धान्त
(b) सापेक्षता का सामान्य सिद्धान्त
(c) ऊर्जा का क्षेत्र सिद्धान्त
(d) सापेक्षता का विशिष्ट सिद्धान्त

98. निम्न में से किसका प्रयोग ट्रांजिस्टर में किया जाता है?
(a) ताँबा
(b) जर्मेनियम
(c) ग्रेफाइट
(d) चाँदी

99. लेसर किरणें होती हैं
(a) केवल एक रंग की (b) दो रंगों की
(c) सात रंगों की (d) इनमें से कोई नहीं

100. 'सौर-सेल' बनाए जाते हैं
(a) सिलिकॉन से (b) गैलियम से
(c) जर्मेनियम से (d) 'a' एवं 'b'

101. सूक्ष्म समय अन्तरालों को सही-सही मापने के लिए निम्नलिखित में से किसका प्रयोग किया जाता है?
(a) पल्सर (b) क्वार्ट्ज घड़ियाँ
(c) परमाणु घड़ियाँ
(d) उपरोक्त में से कोई नहीं

102. स्वत: चालित गाड़ियों के ब्रेक में किस प्रकार की व्यवस्था होती है?
(a) टर्बो (b) गियर
(c) इलेक्ट्रो-मैग्नेटिक (d) हाइड्रोलिक

103. सापेक्षिक आर्द्रता किसमें मापी जाती है?
(a) थर्मामीटर (b) बैरोमीटर
(c) हाइग्रोमीटर (d) लैक्टोमीटर

104. दूध की शुद्धता की पुष्टि किस यन्त्र द्वारा की जाती है?
(a) बैरोमीटर (b) लैक्टोमीटर
(c) आल्टोमीटर (d) हाइग्रोमीटर

105. 'माइक्रोफोन' का आविष्कार किसने किया था?
(a) स्टीफन हाकिंग (b) सी वी रमन
(c) एस चन्द्रशेखर (d) ग्राह्म बेल

106. 'ब्लैक होल सिद्धान्त' की खोज किसके द्वारा की गई?
(a) एस चन्द्रशेखर
(b) सी वी रमन
(c) ऑरस्टेड
(d) पास्कल

107. 'बैलिस्टिक मिसाइल' का जनक कौन था?
(a) एडवर्ड टेलर
(b) जे रॉबर्ट ओपेन हीमर
(c) वर्नर वॉन ब्रीन
(d) सैमुएल कोहेन

108. 'डायनमो' ऊर्जा का रूपान्तरण करता है
(a) विद्युत ऊर्जा का यान्त्रिक ऊर्जा में
(b) यान्त्रिक ऊर्जा का विद्युत ऊर्जा में
(c) ऊष्मा ऊर्जा से यान्त्रिक ऊर्जा में
(d) रासायनिक ऊर्जा से विद्युत ऊर्जा में

109. 'माइक्रोफोन' ऊर्जा का रूपान्तर करता है
(a) विद्युत ऊर्जा का ध्वनि ऊर्जा में
(b) ध्वनि ऊर्जा का यान्त्रिक ऊर्जा में
(c) ध्वनि ऊर्जा का विद्युत ऊर्जा में
(d) यान्त्रिक ऊर्जा का ध्वनि ऊर्जा में

उत्तरमाला

1	(b)	2	(a)	3	(b)	4	(a)	5	(c)
6	(d)	7	(a)	8	(d)	9	(a)	10	(a)
11	(c)	12	(d)	13	(b)	14	(d)	15	(a)
16	(c)	17	(a)	18	(b)	19	(a)	20	(b)
21	(b)	22	(c)	23	(c)	24	(c)	25	(a)
26	(d)	27	(c)	28	(a)	29	(c)	30	(b)
31	(d)	32	(a)	33	(b)	34	(c)	35	(a)
36	(b)	37	(a)	38	(d)	39	(c)	40	(d)
41	(b)	42	(b)	43	(c)	44	(a)	45	(a)
46	(b)	47	(c)	48	(a)	49	(c)	50	(d)
51	(a)	52	(c)	53	(d)	54	(c)	55	(c)
56	(a)	57	(d)	58	(c)	59	(c)	60	(b)
61	(d)	62	(c)	63	(a)	64	(a)	65	(b)
66	(c)	67	(b)	68	(d)	69	(b)	70	(b)
71	(d)	72	(a)	73	(c)	74	(d)	75	(b)
76	(a)	77	(a)	78	(b)	79	(a)	80	(b)
81	(c)	82	(d)	83	(d)	84	(b)	85	(a)
86	(c)	87	(a)	88	(a)	89	(b)	90	(a)
91	(d)	92	(c)	93	(c)	94	(a)	95	(b)
96	(a)	97	(b)	98	(b)	99	(a)	100	(d)
101	(c)	102	(d)	103	(c)	104	(b)	105	(d)
106	(a)	107	(c)	108	(b)	109	(c)		

रसायन विज्ञान

द्रव्य

द्रव्य वह है जो स्थान घेरता है तथा जिसमें आयतन तथा द्रव्यमान होता है। द्रव्य की तीन भौतिक अवस्थाएँ होती हैं—ठोस, द्रव तथा गैस। द्रव तथा गैस अवस्था को तरल अवस्था भी कहते हैं, क्योंकि द्रव तथा गैस दोनों में बहने का गुण विद्यमान होता है।

द्रव्य की मुख्य अवस्थाएँ निम्नलिखित हैं

(i) **गैस** इस अवस्था में द्रव्य के कणों के मध्य आकर्षण बल कम होता है तथा उनकी गतिज ऊर्जा अधिक होती है। अणुओं के मध्य की दूरी अधिक होती है। ये कण एक-दूसरे से स्वतन्त्र रूप में तथा अव्यवस्थित रूप में भ्रमण करते हैं। गैस जिस पात्र में रखी जाती है, उस पात्र का पूरा आयतन गैस द्वारा घेर लिया जाता है। गैस को संपीडित (Compressed) किया जा सकता है।

(ii) **द्रव** जब पदार्थ का ताप कम करते हैं, तो उसके कणों की गतिज ऊर्जा कम हो जाती है। इस कारण अणु पास-पास आ जाते हैं तथा आकर्षण बल बढ़ जाता है। अणुओं की गति एक-दूसरे से प्रभावित होती है। द्रव का आयतन निश्चित होता है। किन्तु आकार निश्चित नहीं होता। द्रव को जिस पात्र में लिया जाता है, वह उसी का आकार ग्रहण कर लेता है। द्रव को एक परिसीमा में संपीडित किया जा सकता है।

(iii) **ठोस** जब पदार्थ के कणों के मध्य का आकर्षण बल बढ़ जाता है तथा गतिज ऊर्जा कम होती है, तो पदार्थ ठोस अवस्था में पाया जाता है। ठोस में कणों के मध्य की दूरी बहुत कम होती है। ठोस का आकार एवं आयतन निश्चित होता है। कणों की व्यवस्था निश्चित होती है। ठोस पर दाब का प्रभाव नगण्य होता है।

द्रव्य का वर्गीकरण

द्रव्य के वर्गीकरण को निम्न प्रवाह आरेख द्वारा स्पष्ट किया जा सकता है

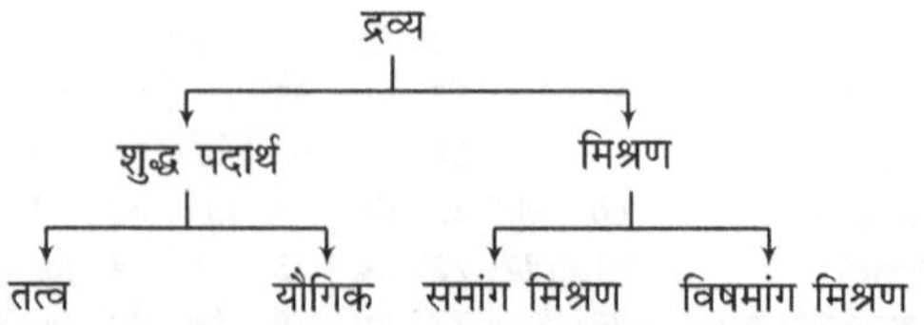

तत्त्व वे शुद्ध पदार्थ जिसमें केवल एक ही प्रकार का द्रव्य पाया जाता है और जिसे रासायनिक विधियों से और अधिक सरल पदार्थों में विभाजित नहीं किया जा सकता। जैसे—हाइड्रोजन, ऑक्सीजन, लोहा, ताँबा, चाँदी, सोना आदि।

यौगिक वे शुद्ध पदार्थ जिन्हें रासायनिक विधियों द्वारा अन्य शुद्ध पदार्थों (यौगिक या तत्त्व) में विभाजित किया जा सकता है।

परमाणु एवं इसकी संरचना

परमाणु तत्त्व का वह छोटे से छोटे कण है जो किसी भी रासायनिक अभिक्रिया में भाग ले सकता है, परन्तु स्वतन्त्र अवस्था में नहीं रह सकता।

परमाणु भार

किसी तत्त्व का परमाणु भार वह संख्या है जो यह प्रदर्शित करती है कि तत्त्व का एक परमाणु, कार्बन—12 के परमाणु के 1/12 भाग द्रव्यमान अथवा हाइड्रोजन के 1.008 भाग द्रव्यमान के कितने गुना भारी है। यह संख्या तत्त्व के एक परमाणु के औसत द्रव्यमान तथा कार्बन—12 के परमाणु के 1/12 भाग द्रव्यमान के अनुपात को प्रकट करती है।

$$\text{परमाणु भार} = \text{तुल्यांकी भार} \times \text{संयोजकता}$$

$$\text{परमाणु भार} = 6.4 \times \text{विशिष्ट ऊष्मा (ड्यूलांग-पेटिट नियम)}$$

अणु

तत्त्व अथवा यौगिक का वह छोटे से छोटा कण जो स्वतन्त्र अवस्था में रह सकता है, अणु कहलाता है। तत्त्वों के अणु एक ही प्रकार के परमाणुओं से मिलकर बनते हैं। ये एक-परमाणुक, द्विपरमाणुक या बहुपरमाणुक होते हैं।

अणु भार

किसी पदार्थ का अणु भार वह संख्या है, जो यह प्रदर्शित करती है कि उस पदार्थ का एक अणु कार्बन–12 के एक परमाणु के 1/12 से कितने गुना भारी है।

$$\text{अणुभार} = 2 \times \text{वाष्प घनत्व}$$

तुल्यांकी भार

किसी तत्त्व का तुल्यांकी भार उसके द्रव्यमान भागों की वह संख्या है जो हाइड्रोजन के 1.008 द्रव्यमान भाग, ऑक्सीजन के 8 द्रव्यमान भाग या क्लोरीन के 35.5 द्रव्यमान भाग से संयुक्त हो सके या उसके किसी यौगिक में से इन द्रव्यमान भागों को विस्थापित कर सके।

ग्राम तुल्यांकी भार

जब किसी पदार्थ का तुल्यांकी भार ग्रामों में प्रदर्शित किया जाये, तब उसे ग्राम तुल्यांकी भार कहते हैं।

$$\text{तुल्यांकी भार} = \frac{\text{परमाणु भार}}{\text{संयोजकता}}$$

$$\text{अम्ल का तुल्यांकी भार} = \frac{\text{अम्ल का अणुभार}}{\text{अम्ल की क्षारकता}}$$

$$\text{क्षार का तुल्यांकी भार} = \frac{\text{क्षार का अणुभार}}{\text{क्षार की अम्लता}}$$

मोल धारणा

एक मोल किसी भी निश्चित सूत्र वाले पदार्थ की वह राशि है जिसमें इस पदार्थ के इकाई सूत्र की संख्या उतनी ही है जितनी शुद्ध कार्बन-12 समस्थानिक के ठीक 12 ग्राम में परमाणुओं की संख्या है।

$\because$ कार्बन के एक परमाणु का द्रव्यमान $= 1.9924 \times 10^{-23}$ ग्राम

$\therefore$ 12 ग्राम कार्बन में परमाणुओं की संख्या $= \dfrac{12}{1.9924 \times 10^{-23}}$

$$= 6.023 \times 10^{23}$$

अतः एक मोल का मान 6.023×10^{23} होता है। कार्बन के 12 ग्राम या एक मोल में 6.023×10^{23} परमाणु हैं। 6.023×10^{23} को **ऐवोगेड्रो संख्या कहते** हैं।

$$1 \text{ मोल} = 6.023 \times 10^{23} \text{ अणु}$$

उदाहरण— 1 मोल जल $= 6.023 \times 10^{23}\ H_2O$ अणु $= 18$ ग्राम जल

1 मोल हाइड्रोजन $= 6.023 \times 10^{23}\ H_2$ अणु $= 2$ ग्राम हाइड्रोजन

ग्राम अणु या मोल = $\frac{\text{पदार्थ का द्रव्यमान (ग्राम में)}}{\text{अणुभार}}$

1 मोल = 1 ग्राम-अणु = N अणु = 6.023×10^{23} अणु = N अणु का द्रव्यमान = ग्राम अणुभार

परमाणु संरचना

20 वीं शताब्दी की आधुनिक खोजों के परिणामस्वरूप जे०जे० थॉमसन, रदरफोर्ड, चैडविक आदि वैज्ञानिकों ने यह सिद्ध कर दिया कि परमाणु विभाज्य है तथा मुख्यत: तीन मूल कणों से मिलकर बना होता है, जिन्हें इलेक्ट्रॉन, प्रोटॉन तथा न्यूट्रॉन कहते हैं।

अत: ''परमाणु तत्त्व का वह छोटे से छोटा कण है जो किसी भी रासायनिक अभिक्रिया में भाग ले सकता है परन्तु स्वतन्त्र अवस्था में नहीं रह सकता।''

परमाणु में उपस्थित आवेशित कण निम्न हैं

(i) इलेक्ट्रॉन

इलेक्ट्रॉन की खोज 1896 में जे०जे० टॉमसन ने कैथोड किरणों के अध्ययन के परिणामस्वरूप की। इलेक्ट्रॉन अत्यन्त सूक्ष्म ऋणावेशित मूल कण हैं। इलेक्ट्रॉन पर एकांक ऋणावेश होता है जिसका मान 1.6×10^{-19} कूलॉम होता है। इसका द्रव्यमान हाइड्रोजन परमाणु के द्रव्यमान का 1/1837 भाग के बराबर होता है इसे e या $-{}_{1}^{0}e$ से प्रदर्शित करते हैं।

(ii) प्रोटॉन

प्रोटॉन की खोज 1919 में रदरफोर्ड नामक वैज्ञानिक ने की थी। प्रोटॉन अत्यन्त सूक्ष्म धनावेशिक कण है। प्रोटॉन पर एकांक धनावेश होता है। प्रोटॉन का द्रव्यमान हाइड्रोजन परमाणु के द्रव्यमान के लगभग बराबर होता है। इसे p या ${}_{1}^{1}p$ से प्रदर्शित करते हैं। *परमाणु में उपस्थित अनावेशित कण न्यूट्रॉन है*

न्यूट्रॉन

न्यूट्रॉन की खोज 1932 में जेम्स चैडविक नामक वैज्ञानिक ने की थी। न्यूट्रॉन विद्युत उदासीन कण है। इसका द्रव्यमान हाइड्रोजन परमाणु के द्रव्यमान के लगभग बराबर होता है। इसे n या ${}_{0}^{1}n$, से प्रदर्शित करते हैं।

$$_{4}Be^{9} + {}_{2}He^{4} \longrightarrow {}_{6}C^{12} + {}_{0}n^{1}$$

परमाणु क्रमांक

किसी तत्त्व के परमाणु नाभिक में उपस्थित प्रोटॉनों की संख्या उस तत्त्व का परमाणु क्रमांक (Z) होता है। प्रत्येक तत्त्व का परमाणु क्रमांक निश्चित तथा स्थिर होता है। भिन्न-भिन्न तत्त्वों के परमाणु क्रमांक भिन्न-भिन्न होते हैं। किसी तत्त्व के सभी परमाणुओं में प्रोटॉनों की संख्या समान होती है।

द्रव्यमान संख्या

किसी परमाणु के नाभिक में उपस्थित प्रोटॉनों तथा न्यूट्रॉनों की संख्याओं का योग उस परमाणु की द्रव्यमान संख्या (A) कहलाती है।

परमाणु की द्रव्यमान संख्या (A) = नाभिक में प्रोटॉनों की संख्या (Z)
+ नाभिक में न्यूट्रॉनों की संख्या (N)

$$A = Z + N$$

उदाहरण—${}_{11}Na^{23}$ परमाणु के नाभिक में 11 प्रोटॉन और 12 न्यूट्रॉन होते हैं। इसलिए इसकी द्रव्यमान संख्या = 11 + 12 = 23 है।

$$\text{परमाणु क्रमांक} \leftarrow {}_{X}A^{Y} \rightarrow \text{द्रव्यमान संख्या}$$

रेडियोऐक्टिवता

कुछ पदार्थ जैसे यूरेनियम, रेडियम आदि स्वत: एक प्रकार की बेधी (Penetrating) किरणें उत्सर्जित करते रहते हैं, ऐसे पदार्थों को **रेडियोऐक्टिव पदार्थ** कहते हैं तथा पदार्थों का स्वत: बेधी किरणें उत्सर्जित करने का गुण रेडियोऐक्टिवता कहलाता है।

रेडियोएक्टिवता परमाणु नाभिक का गुण है। रेडियोऐक्टिव तत्त्वों के नाभिक अस्थायी होते हैं। उनमें स्वत: विघटन (Spontaneous disintegration) का गुण होता है।

परमाणु नाभिक के स्वत: विघटन को रेडियोऐक्टिव विघटन कहते हैं। रेडियोऐक्टिव विघटन में परमाणु नाभिकों से बेधी किरणें (α, β, γ किरणें) उत्सर्जित होती हैं।

ये किरणें रेडियोऐक्टिव किरणें कहलाती हैं। रेडियोऐक्टिवता का गुण प्राय: भारी नाभिकों में पाया जाता है, क्योंकि भारी नाभिक अस्थायी होते हैं।

नाभिकीय विघटन

किसी तत्त्व के परमाणु नाभिक के विघटित होने को नाभिकीय विघटन कहते हैं। रेडियोऐक्टिवता परमाणु विघटन के फलस्वरूप होती है।

यह दो प्रकार का होता है—

(i) **प्राकृतिक विघटन** रेडियोऐक्टिव तत्त्वों के परमाणु नाभिक स्वत: विघटित होकर अन्य तत्त्वों के परमाणु नाभिक में परिवर्तित हो जाते हैं।

$$_{88}Ra^{226} \longrightarrow {}_{86}Rn^{222} + {}_{2}He^{4}$$

$$_{90}Th^{234} \longrightarrow {}_{91}Pa^{234} + {}_{-1}e^{0}$$

(ii) **कृत्रिम विघटन** तीव्रगामी कणों की बौछार करके स्थायी नाभिक को विघटित करके दूसरे नाभिक में परिवर्तित करने की क्रिया को कृत्रिम विघटन कहते हैं।

$$_{7}N^{14} + {}_{2}He^{4} \longrightarrow {}_{8}O^{17} + {}_{1}H^{1}$$

नाभिकीय विखण्डन

भारी परमाणुओं के नाभिकों के मध्य द्रव्यमान वाले परमाणुओं के नाभिकों में विभक्त हो जाने की क्रिया को नाभिकीय विखण्डन कहते हैं।

$$_{92}U^{235} + {}_{0}n^{1} \longrightarrow {}_{56}Ba^{141} + {}_{36}Kr^{92} + 3{}_{0}n^{1} + 200\ \text{MeV}$$

ये अभिक्रियायें दो प्रकार की होती हैं—

(a) नियन्त्रित श्रृंखला अभिक्रिया—उदाहरण—परमाणु भट्टी

(b) अनियन्त्रित श्रृंखला अभिक्रिया—उदाहरण—परमाणु बम

नाभिकीय संलयन

वह नाभिकीय अभिक्रिया जिसमें दो हल्के नाभिक परस्पर संयुक्त होकर एक भारी नाभिक का निर्माण करते हैं, नाभिकीय संलयन अभिक्रिया कहलाती है।

$$_{1}H^{2} + {}_{1}H^{3} \longrightarrow {}_{2}He^{4} + {}_{0}n^{1} + \text{ऊर्जा}$$

उच्च ताप पर होने के कारण नाभिकीय संलयन अभिक्रियाओं को ऊष्माअभिक्रियायें भी कहते हैं।

हाइड्रोजन बम नाभिकीय संलयन क्रिया पर आधारित होता है।

धातु एवं अधातु

धातु

जो तत्व इलेक्ट्रॉनों का त्यागकर अपना अष्टक पूर्ण करते हैं, धातु कहलाते हैं।

उदाहरण— Na (2, 8, 1), Mg (2, 8, 2)

धातुओं के सामान्य लक्षण

(a) धातु आघातवर्धनीय, कठोर (सोडियम व पोटैशियम को छोड़कर) तन्य व चमकदार होती हैं।

(b) धातु ठोस होती हैं। (Hg को छोड़कर)

(c) धातु ऊष्मा व विद्युत की सुचालक होती हैं।

अधातु

जो तत्व इलेक्ट्रॉन ग्रहण कर अपना अष्टक पूर्ण करते हैं, अधातु कहलाते हैं।

उदाहरण— O (2, 6), Cl (2, 8,7)

अधातुओं के सामान्य लक्षण

(a) अधातुएँ आघातवर्धनीय, मुलायम (कार्बन के रूप डायमण्ड को छोड़कर) तथा भंगुर होती हैं।

(b) अधातुएँ ऊष्मा व विद्युत की कुचालक होती हैं। (कार्बन के रूप, ग्रेफाइट को छोड़कर)

(c) अधातुएँ ऑक्सीजन से क्रिया कर अम्लीय या उदासीन ऑक्साइड बनाती हैं।

$$C + O_2 \longrightarrow CO_2$$

अम्लीय ऑक्साइड

$$CO_2 + H_2O \longrightarrow H_2CO_3$$

कार्बोनिक अम्ल

मिश्र धातुएँ

मिश्र धातुएँ दो या अधिक धातुओं या अधातुओं का समांगी मिश्रण होती हैं।

मुख्य मिश्र धातुएँ तथा उनके संघटन

मिश्र धातु	% संघटन
एल्युमीनियम के मिश्र धातु	
मैग्नेलियम	Al 95 तथा Mg 5
ड्यूरेलुमिन	Al 95, Cu 4, Mg 0.5 तथा Mn 0.5
कॉपर के मिश्र धातु	
पीतल (ब्रास)	Cu 70 तथा Zn, 30
जर्मन सिल्वर	Cu 50, Zn 35 तथा Ni, 15
डच मैटल	Cu 80 तथा Zn, 20
कांसा (ब्रांज)	Cu 88 तथा Sn, 12
गन मैटल	Cu 88, Sn 10 तथा Zn, 2
बेल मैटल	Cu 80 तथा Sn, 20
कृत्रिम गोल्ड (रोल्ड गोल्ड)	Cu 90 तथा Al, 10
आयरन के मिश्र धातु	
स्टेनलैस स्टील	Fe 89.4, Cr 10, Mn 0.35 तथा C 0.25
लेड के मिश्र धातु	
सोल्डर	Pb 67 तथा Sn, 33
टाइप मैटल	Pb 82 Sb 15 तथा Sn, 3

कार्बनिक रसायन

कार्बन तत्त्व सभी जीवित वस्तुओं में पाया जाता है। सभी जीवित वस्तुएँ पौधे तथा जानवर कार्बन यौगिकों से बने होते हैं, जिन्हें **कार्बनिक यौगिक** कहते हैं। कार्बन तत्त्व हमारे दैनिक जीवन में महत्त्वपूर्ण भूमिका अदा करता है। कार्बन हमेशा सहसंयोजक बन्ध बनाता है।

कार्बन की संयोजकता 4 होती है। इसका इलेक्ट्रॉनिक विन्यास C[6] : 2,4 होता है। कार्बन तत्त्व के श्रृंखलित होने के गुण तथा संयोजकता 4 होने के कारण कार्बन बहुत अधिक संख्या में कार्बनिक यौगिक बनाता है।

कार्बनिक यौगिकों का वर्गीकरण

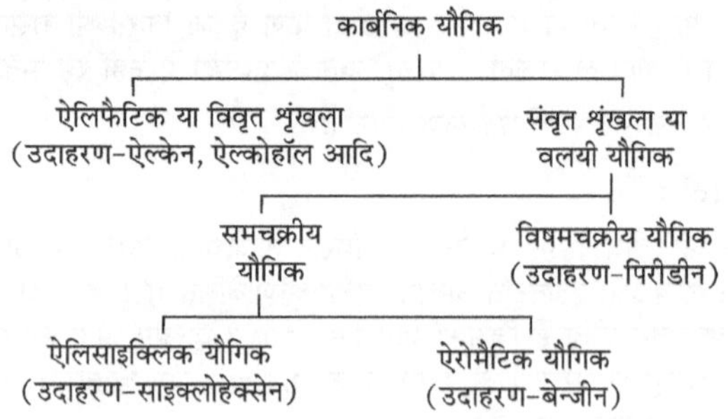

कुछ *सामान्य कार्बनिक यौगिक निम्न है*

ईंधन

कोयला, पेट्रोलियम तथा प्राकृतिक गैस जीवाश्म ईंधन के उदाहरण हैं। ये मृत जानवरों व पेड़-पौधों के अपघटन के फलस्वरूप बने हैं। ये मृत जानवर व पौधे पृथ्वी के नीचे दबे रहे तथा भौगोलिक परिवर्तन उच्च ताप व उच्च दाब के कारण जीवाश्म ईंधन में परिवर्तित हो गये।

कोयला

हजारों सालों से पेड़-पौधे पृथ्वी के नीचे सतह में दबते रहे। उच्च ताप व दाब के कारण ये पेड़-पौधे कोयले में परिवर्तित हो गये। कोयले में कार्बन व हाइड्रोजन होते हैं। *कोयले के तीन मुख्य रूप निम्न हैं—*

(a) लिग्नाइट—28-30% कार्बन (b) बिटुमिनस—78-87% कार्बन

(c) ऐन्थ्रेसाइट—94-98% कार्बन

भारत में कोयले की खानें

(i) झरिया (झारखण्ड) (ii) बोकारो (झारखण्ड)

(iii) रानीगंज (पश्चिम बंगाल)

कोयले के उपयोग

(i) यह ऊर्जा का मुख्य स्रोत है।

(ii) यह कोल गैस, विद्युत, संश्लेषित पेट्रोल आदि के उत्पादन में काम आता है।

(iii) कार्बनिक यौगिकों के उत्पादन में काम आता है।

पेट्रोलियम

यह गहरे रंग का तरल द्रव है। यह जल से हल्का तथा इसमें अविलेय है। यह समुद्री पेड़-पौधों, व जानवरों के, उच्च ताप व दाब पर अपघटन होने के कारण बना है। यह प्रक्रिया हजारों सालों में सम्पन्न हुई है। पेट्रोलियम के प्रभाजी आसवन के फलस्वरूप पेट्रोलियम गैस, पेट्रोल, डीजल, कैरोसिन, मोम, रेजिन, एस्फाल्ट आदि उत्पाद प्राप्त होते हैं। जो विभिन्न प्रकार से प्रयोग में लाये जाते हैं।

प्राकृतिक गैस

प्राकृतिक गैस कोयले को हाइड्रोजन के साथ उत्प्रेरक की उपस्थिति में उच्च दाब पर गर्म करने पर प्राप्त होती है। यह तेल के कुओं से सह-उत्पाद के रूप में प्राप्त होता है। प्राकृतिक गैस का मुख्य अवयव मेथेन (CH_4) है। भारत में प्राकृतिक गैस के कुएँ, त्रिपुरा, जैसलमेर, मुम्बई, कृष्णा गोदावरी डेल्टा में पाये जाते हैं।

यह घर व फैक्ट्रियों में ईंधन के रूप में प्रयुक्त हो सकता है। आजकल प्राकृतिक गैस CNG (Compressed Natural Gas) के रूप में मोटर वाहनों में प्रयुक्त होती है।

द्रवित पेट्रोलियम गैस या एल.पी.जी.

यह ब्यूटेन तथा एथेन हाइड्रोकार्बनों का मिश्रण है एवं रसोई गैस के रूप में प्रयोग की जाती है। यह प्राकृतिक गैस तथा पेट्रोलियम के प्रभाजी आसवन से प्राप्त होती है। एल० पी० जी० के रिसाव की तुरन्त पहचान करने के लिए उसमें दुर्गन्धयुक्त पदार्थ मरकेप्टन मिश्रित कर देते हैं।

अम्ल, क्षार तथा लवण

आर्हीनियस के आयनिक सिद्धान्त के अनुसार, अम्ल वे पदार्थ हैं जो जल में विलेय होकर H^+ आयन देते हैं तथा क्षार वे पदार्थ हैं जो जल में विलेय होकर हाइड्रॉक्साइड आयन (OH^-) देते हैं।

उदाहरण—

$$\underset{\text{अम्ल}}{HCl} \longrightarrow H^+ + Cl^-$$

$$\underset{\text{क्षार}}{NaOH} \longrightarrow Na^+ + OH^-$$

ब्रॉन्सटेड-लोरी सिद्धान्त के अनुसार, वे पदार्थ जो H^+ आयन (प्रोटॉन) देने की प्रवृत्ति रखते हैं, अम्ल तथा वे पदार्थ जो प्रोटॉन ग्रहण करने की प्रवृत्ति रखते हैं, क्षार कहलाते हैं।

उदाहरण—$\underset{\text{अम्ल}}{HCl} + \underset{\text{क्षार}}{NH_3} \longrightarrow NH_4^+ + Cl^-$

लवण

जिन यौगिकों के रासायनिक संघटन में क्षारकीय तथा अम्लीय दोनों प्रकार के मूलक होते हैं, उसे लवण कहते हैं। *लवण तीन वर्गों में विभाजित किये जाते हैं—*

(i) **सरल लवण** (Simple salt), जैसे—$NaCl$, KNO_3 आदि।

(ii) **द्विक लवण** (Double salt),
जैसे—$K_2SO_4.Al_2(SO_4)_3.24H_2O$ आदि।

(iii) **संकर लवण** (Complex salt), जैसे—$K_4[Fe(CN)_6]$ आदि।

किमान

सोरेन्सन ने 1909 में हाइड्रोजन आयन सान्द्रता को pH के रूप में व्यक्त किया। हाइड्रोजन आयन सान्द्रता के ऋण लघुगणक को pH कहा जाता है। अर्थात

$$pH = -\log[H^+]$$

यदि किसी विलयन का $pH = 7$ तो विलयन उदासीन होगा।
यदि किसी विलयन का $pH < 7$ तो विलयन अम्लीय होगा।
यदि किसी विलयन का $pH > 7$ तो विलयन क्षारीय होगा।

कुछ सामान्य यौगिक, उनके रासायनिक नाम एवं उनके सूत्र

यौगिक	सूत्र	उपयोग
सल्फ्यूरिक अम्ल	H_2SO_4	उद्योग
हाइड्रोक्लोरिक अम्ल	HCl	उद्योग
नाइट्रिक अम्ल	HNO_3	उद्योग
ऐसीटिक अम्ल	CH_3COOH	सिरके में
सोडियम हाइड्रॉक्साइड	$NaOH$	क्षार (कॉस्टिक सोडा में)
कॉपर सल्फेट	$CuSO_4$	बॉर्डेक्स पाउडर के रूप में फंगी नाशक
सिल्वर नाइट्रेट	$AgNO_3$	दर्पण बनाने में
सिल्वर ब्रोमाइड	$AgBr$	फोटोग्राफी में
सोडियम थायोसल्फेट (हाइपो)	$Na_2S_2O_3$	फोटोग्राफी में
कार्बन मोनोऑक्साइड	CO	जल गैस बनाने में
कार्बन डाइऑक्साइड	CO_2	अग्निशामक के रूप में
सल्फर डाइऑक्साइड	SO_2	सल्फ्यूरिक अम्ल के निर्माण में
ग्लूकोस	$C_6H_{12}O_6$	दर्पण बनाने में
सुक्रोस	$C_{12}H_{22}O_{11}$	मीठा यौगिक
मेथेन	CH_4	मार्श गैस
एथिलीन	C_2H_4	पॉलीथीन बनाने में, फलों को पकाने में
ऐसिटिलीन	C_2H_2	गैस वैल्डिंग में

यौगिक	सूत्र	उपयोग
कैल्सियम हाइड्रॉक्साइड	$Ca(OH)_2$	CO_2 के परीक्षण में
चूना	CaO	सफेदी में
अमोनिया	NH_3	प्रशीतक के रूप में
अमोनियम नाइट्रेट	NH_4NO_3	उर्वरक
अमोनियम सल्फेट	$(NH_4)_2SO_4$	उर्वरक
यूरिया	NH_2CONH_2	उर्वरक
लाइम का सुपरफॉस्फेट	$Ca_3(PO_4)_2$	उर्वरक
ओजोन	O_3	जल के जीवाणुनाशन में
फेरिक ऑक्साइड	Fe_2O_3	वर्णक

रासायनिक नाम	सूत्र
बोरिक अम्ल	H_3BO_3
बेकिंग पाउडर	$NaHCO_3 + Ca(H_2PO_4)_2 +$ मण्ड
क्रोम ऐलम	$K_2SO_4 \cdot Cr_2(SO_4)_3 \cdot 24H_2O$
कालगन	$Na_2[Na_4(PO_3)_6]$
कॉस्टिक सोडा	$NaOH$
कॉस्टिक पोटाश	KOH
डयूटीरियम	D या ${}_1H^2$

रासायनिक नाम	सूत्र
डी० डी० टी०	*p*-डाइक्लोरो डाइफेनिल ट्राइक्लोरो एथेन
मार्श गैस	CH_4
संगमरमर	$CaCO_3$
ओजोन	O_3
फॉस्जीन	$COCl_2$
फॉस्फीन	PH_3
शुष्क बर्फ ठोस	CO_2
फ्रीऑन	CF_2Cl_2
मैग्नीशिया	$Mg(HCO_3)_2$ का 12% जलीय विलयन
ग्लोबर लवण	$NaSO_4 \cdot 10H_2O$
गन पाउडर	75%KNO_3, 12% S,13% चारकोल
भारी हाइड्रोजन	D_2
भारी जल	D_2O
चूने का जल	$Ca(OH)_2$ का स्वच्छ जलीय विलयन
हास्य गैस	N_2O
लिथार्ज	PbO

प्रमुख वैज्ञानिक एवं उनके आविष्कार

वैज्ञानिक	वर्ष	आविष्कार
जे०जे० थॉमसन	1897	इलेक्ट्रॉन
गोल्डस्टीन	1886	कैनाल किरणें या धन किरणें या ऐनोड किरणें
लॉर्ड रदरफोर्ड	1911	नाभिक की खोज
मोसले	1913-14	परमाणु क्रमांक
जेम्स चैडविक	1932	न्यूट्रॉन
प्लांक	1906	क्वान्टम सिद्धान्त
नील्स बोर	1913	परमाणु संरचना का बोर सिद्धान्त
डब्ल्यू० पॉउली	1925	पॉउली का अपवर्जन नियम
हुण्ड		हुण्ड का अधिकतम बहुलता नियम
डी० ब्रोग्ली	1924	तरंग यांत्रिकी सिद्धान्त
हाइजेनबर्ग		अनिश्चितता का नियम
ऑफबाऊ		क्रमिक रचना नियम या ऑफबाऊ नियम
ए०एच० क्रोम्पटन	1925	फोटॉन
जॉन डाल्टन	1803	परमाणु सिद्धान्त
विलियम प्राउट		पूर्णांक नियम
डिमित्री मेण्डलीफ	1871	आवर्त नियम तथा आवर्त सारणी
कोसेल तथा लुईस	1915-16	संयोजकता का इलेक्ट्रॉनिक सिद्धान्त
बॉर्न हैबर		जालक ऊर्जा हेतु बॉर्न हैबर चक्र

वैज्ञानिक	वर्ष	आविष्कार
हेनरी बेकुरल	1896	रेडियोएक्टिवता
मैडम क्यूरी	1898-1902	रेडियम तथा पोलोनियम रेडियोऐक्टिव तत्त्वों की खोज
सोडी फजान व रसेल	1913	वर्ग विस्थापन नियम
रदरफोर्ड	1999	कृत्रिम नाभिकीय रूपान्तरण
मैटनर तथा फाइस	1936	नाभिकीय विघटन
आइरीन क्यूरी तथा एफ. जोलियो क्यूरी	1934	कृत्रिम रेडियोऐक्टिवता की खोज
ब्रॉन्स्टेड तथा लॉरी	1923	ब्रॉन्स्टेड तथा लॉरी की अम्ल-क्षारक की अवधारणा

कुछ अन्य महत्त्वपूर्ण तथ्य

- सबसे हल्का तत्त्व : हाइड्रोजन (H)
- सबसे भारी तत्त्व (धातु) : ओस्मियम (Os)
- एक मात्र द्रवित धातु : पारा (Mercury - Hg)
- एक मात्र द्रवित अधातु : ब्रोमीन (Br)
- प्रकाश बल्ब के तन्तु में उपस्थित धातु : टंगस्टन (W)
- प्रकाश बल्ब में उपस्थित प्रमुख गैस : आर्गन (Ar)
- सौर सेल में उपयोगी तत्त्व : सिलिकॉन (Si)
- काँच के विभिन्न रंगों के लिए उत्तरदायी यौगिक
  - नीला : कोबाल्ट ऑक्साइड
  - हरा : क्रोमियम ऑक्साइड
  - लाल : आयरन ऑक्साइड
- जीवाश्मों की आयु गणना तकनीक तथा उपयोगी तत्व
  - तत्त्व : कार्बन-14 (C-14)
  - तकनीक : रेडियों कार्बन काल-निर्धारण
- तत्त्व तथा उनके विभिन्न यौगिकों की ऑक्सीकरण स्थितियों का परास
  - नाइट्रोजन (N) : – 3 से + 5
  - फॉस्फोरस (P) : –3 से + 5
  - सल्फर (S) : – 2 से + 6
- सजातीय श्रेणी : ऐसे कार्बनिक यौगिकों की श्रेणी जिनके दो लगातार सदस्यों के अणुसूत्र में केवल CH_2 समूह का अन्तर हो।
  जैसे—C_5H_{12}; C_6H_{14}; C_7H_{16}; C_8H_{18} आदि
- जल का घनत्व 4°C पर सब अधिक (1g/cc) होता है। बर्फ का घनत्व जल से कम होता है।
- खाने का सोडा (सोडियम बाइ-कार्बोनेट $NaHCO_3$) अम्ल (दुर्बल अम्ल जैसे कार्बोनिक अम्ल को छोड़कर) से अभिक्रिया कर कार्बन डाइ-ऑक्साइड (CO_2) उत्पन्न करता है जिसका उपयोग अग्निशामक में होता है।

अभ्यास प्रश्न

1. कौन-सा पदार्थ प्रकृति में 'तीन अवस्थाओं' (ठोस, द्रव एवं गैस) में पाया जाता है?
(a) H_2O (b) H_2O_2
(c) CO_2 (d) NH_3

2. पदार्थ की चौथी अवस्था क्या कही जाती है?
(a) प्लाज्मा (b) मेन्टल
(c) गैस (d) इनमें से कोई नहीं

3. वास्तविक गैस किन परिस्थितियों में आदर्श गैस जैसा व्यवहार करती है?
(a) उच्च दाब एवं निम्न ताप
(b) निम्न दाब एवं उच्च ताप
(c) उच्च दाब एवं उच्च ताप
(d) निम्न दाब एवं निम्न ताप

4. स्थिर ताप पर किसी गैस का आयतन कम करने पर उसका दाब
(a) कम जाता है
(b) स्थिर रहता है
(c) पहले बढ़ता है फिर घटता है
(d) बढ़ जाता

5. वायु है
(a) तत्त्व (b) यौगिक (c) मिश्रण (d) अपररूप

6. 'दूध' उदाहरण है
(a) विलयन का (b) कोलाइडी विलयन का
(c) इमल्शन का (d) वायु-विलय का

7. एक मोल में कुल परमाणुओं की संख्या है
(a) 60.23×10^{23} (b) 6.023×10^{21}
(c) 6.023×10^{23} (d) इनमें से कोई नहीं

8. NTP पर 22 ग्राम CO_2 का आयतन होगा
(a) 22.4 लीटर (b) 11.2 लीटर
(c) 44.8 लीटर (d) 2.24 लीटर

9. निम्नलिखित में से कौन एक मौलिक कण है?
(a) इलेक्ट्रॉन (b) प्रोटॉन
(c) न्यूट्रॉन (d) ये सभी

10. न्यूट्रॉन तथा प्रोटॉन की संख्याओं के योगफल को क्या कहते हैं?
(a) क्वान्टम संख्या (b) परमाणु संख्या
(c) द्रव्यमान संख्या (d) ऐवोगाड्रो संख्या

11. निम्नलिखित में से किसमें ऋणात्मक आवेश होता है?
(a) एल्फा किरणें (b) बीटा किरणें
(c) गामा किरणें (d) एक्स किरणें

12. गामा किरणें हैं
(a) उच्च ऊर्जा वाली विद्युत चुम्बकीय तरंगें
(b) उच्च ऊर्जा वाले इलेक्ट्रॉन
(c) निम्न ऊर्जा वाले इलेक्ट्रॉन
(d) उच्च ऊर्जा वाले पॉजिट्रान

13. ${}_8O^{15}, {}_8O^{16}, {}_8O^{17}$ को क्या कहते हैं?
(a) समदाबी (b) समन्यूट्रॉनिक
(c) अपररूप (d) समस्थानिक

14. निम्नलिखित में से किसके उत्सर्जन से समभारिक उत्पन्न होते हैं?
(a) एल्फा किरण (b) बीटा किरण
(c) गामा किरण (d) एक्स किरण

15. इलेक्ट्रॉन ग्रहण करने की प्रवृत्ति क्या कहलाती है?
(a) उत्प्रेरण (b) अभिप्रेरण
(c) ऑक्सीकरण (d) अवकरण

16. नीले लिटमस पत्र को लाल कर देता है
(a) अम्ल (b) भस्म
(c) क्षार (d) लवण

17. क्षारीय घोल का pH मान होता है
(a) 7 से कम (b) 7 से अधिक
(c) शून्य (d) 7

18. शुद्ध जल का pH होता है
(a) 6.4 (b) 6.6
(c) 6.9 (d) 7.0

19. निम्नलिखित में से किस धातु को वायु में छोड़ देने पर उसका संक्षारण (Corrosion) नहीं होता है?
(a) लोहा (b) ताँबा
(c) सोना (d) चाँदी

20. ऊष्माशोषी प्रतिक्रिया में
(a) ऊष्मा का अवशोषण होता है
(b) ऊष्मा मुक्त होती है
(c) ऊष्मा परिवर्तन नहीं होता है
(d) ताप स्थिर रहता है

21. किसी अभिक्रिया का वेग
(a) अभिक्रिया की प्रगति के साथ बढ़ता है
(b) अभिक्रिया की प्रगति के साथ घटता है
(c) अभिक्रिया की प्रगति के साथ स्थिर रहता है
(d) अभिक्रिया की प्रगति के साथ घट या बढ़ सकता है

22. उत्प्रेरक वह पदार्थ है, जो रासायनिक अभिक्रिया के वेग को
(a) बढ़ाता है
(b)घटाता है
(c) उत्पाद बदल देता है
(d) उपरोक्त में से कोई नहीं

23. मेण्डेलीफ के अनुसार तत्त्वों के गुण आवर्ती फलन होते हैं
(a) परमाणु भार के (b) परमाणु आयतन के
(c) परमाणु संख्या के (d) परमाणु घनत्व के

24. आधुनिक आवर्त नियम का प्रतिपादक कौन है?
(a) मेण्डेलीफ (b) मोस्ले
(c) डाल्टन (d) ऐवोगाड्रो

25. आधुनिक आवर्त सारणी में तत्त्वों के वर्गीकरण का आधार है
(a) परमाणु द्रव्यमान (b) परमाणु घनत्व
(c) परमाणु संख्या (d) परमाणु घनत्व

26. प्रत्येक आवर्त का प्रथम सदस्य होता है
(a) एक क्षार धातु (b) एक हैलोजन
(c) एक अक्रिय गैस (d) एक उपधातु

27. पृथ्वी पर सबसे अधिक मात्रा में पाया जाने वाला तत्त्व है
(a) सिलिकॉन (b) लोहा
(c) ऐलुमीनियम (d) ऑक्सीजन

28. सबसे हल्का तत्त्व है
(a) हीलियम (b) लिथियम
(c) सोडियम (d) हाइड्रोजन

29. सोना का लैटिन नाम है
(a) क्यूप्रम (b) ओरम
(c) अर्जेन्टम (d) केरम

30. वह गुणधर्म क्या कहलाता है जिसके कारण धातुओं को पीटकर पतली पत्तर बनायी जा सकती है?
(a) तन्यता (b) चालकता
(c) आघातवर्ध्यनीयता (d) सघनता

31. अयस्क से चुम्बकीय अशुद्धियों को दूर करने के लिए निम्न में से कौन-सी विधि प्रयुक्त की जाती है?
(a) गुरुत्व पृथक्करण विधि
(b) फेन उत्प्लावन विधि
(c) चुम्बकीय पृथक्करण विधि
(d) निक्षालन विधि

32. अयस्कों में उपस्थित अशुद्धियों को क्या कहा जाता है?
(a) गैंग (b) फ्लक्स
(c) स्लैग (d) इनमें से कोई नहीं

33. पारे का प्रमुख अयस्क है
(a) पाइराइट (b) बॉक्साइट
(c) हेमेटाइट (d) सिनेबार

34. रेडियम किससे प्राप्त होता है?
(a) गैलेना (b) पिच ब्लैण्ड
(c) बॉक्साइट (d) हेमेटाइट

35. मोनाजाइट किसका अयस्क है?
(a) यूरेनियम (b) थोरियम
(c) टाइटेनियम (d) मॉलिब्डेनम

36. हेमेटाइट किसका अयस्क है?
(a) ऐलुमीनियम
(b) सोडियम
(c) लोहा
(d) ताँबा

37. 'जर्मन सिल्वर' किसका मिश्रण है?
(a) जस्ता एवं ताँबा
(b) पीतल, ताँबा एवं निकिल
(c) ताँबा, जस्ता एवं ऐलुमीनियम
(d) ताँबा, जस्ता एवं निकिल

38. पीतल मिश्रण है
(a) ताँबा + निकिल का (b) ताँबा + जस्ता का
(c) काँसा + ताँबा का (d) काँसा + जस्ता का

39. 'लोहे पर जंग लगना' उदाहरण है
(a) ऑक्सीकरण का (b) अवकरण का
(c) बहुलीकरण का (d) जस्तीकरण का

40. वायु में थोड़ी देर रखने पर किस धातु के ऊपर हरे रंग की परत जम जाती है?
(a) ताँबा (b) चाँदी
(c) निकिल (d) जस्ता

41. धोने के सोडा का रासायनिक सूत्र है
(a) NaOH (b) $Na_2CO_3 \cdot 10H_2O$
(c) $NaHCO_3$ (d) $Ca(OH)_2$

42. डबल रोटी बनाने में प्रयुक्त किये जाने वाला बेकिंग सोडा क्या होता है?
(a) सोडियम कार्बोनेट
(b) सोडियम बाइकार्बोनेट
(c) सोडियम सल्फेट
(d) सोडियम क्लोराइट

43. निम्नलिखित में से किन तत्त्वों के लवणों द्वारा आतिशबाजी में रंग प्राप्त होते हैं?
(a) Zn व S (b) K व Hg
(c) Sr व Ba (d) Cr व Hz

44. नीले थोथे का रासायनिक सूत्र है
(a) $Na_2S_2O_3 \cdot 5H_2O$
(b) $Na_2SO_4 \cdot 10H_2O$
(c) $Na_2SO_4 \cdot 10H_2O$
(d) $CuSO_4 \cdot 5H_2O$

45. जल की स्थायी कठोरता का कारण है
(a) कैल्शियम एवं मैग्नीशियम के सल्फेट्स
(b) कैल्शियम एवं मैग्नीशियम के बाइकार्बोनेट्स
(c) कैल्शियम एवं मैग्नीशियम के क्लोराइड्स
(d) उपरोक्त सभी

46. जल की कठोरता किस प्रकार दूर की जाती है?
(a) जल में ब्लीचिंग पाउडर डालकर
(b) जल में क्लोरीन डालकर
(c) जल में सोडियम कार्बोनेट डालकर
(d) उपरोक्त सभी विधियों से

47. साधारण काँच किसका मिश्रण होता है?
(a) सोडियम सिलिकेट (b) कैल्शियम सिलिकेट
(c) सिलिका (d) ये सभी

48. पोर्टलैण्ड सीमेण्ट का प्रयोग सर्वप्रथम किसने किया था?
(a) लोकियर (b) मार्टिन गूच
(c) ग्राहम बेल (d) जोसेप एस्पडिन

49. प्रकृति में सबसे अधिक मात्रा में पाया जाने वाला कार्बनिक यौगिक है
(a) ग्लूकोज (b) फ्रक्टोज
(c) सुक्रोज (d) सेलुलोज

50. प्रयोगशाला में संश्लेषित किया जाने वाला प्रथम कार्बनिक यौगिक था
(a) फार्मिक अम्ल (b) एथिलीन
(c) यूरिया (d) ऐसीटिलीन

51. कार्बनिक यौगिकों के सूक्ष्म जीवों द्वारा धीरे-धीरे अपघटित होने की क्रिया को कहते हैं
(a) क्लोरोनीकरण (b) किण्वन
(c) बहुलीकरण (d) पाश्चुरीकरण

52. समावयवी यौगिक भिन्नता प्रदर्शित करते हैं
(a) भौतिक गुण में
(b) रासायनिक गुण में
(c) (a) एवं (b) दोनों में
(d) उपरोक्त में से कोई नहीं

53. पेन्सिल बनाने में प्रयुक्त होता है
(a) सीसा (b) लेड (c) ग्रेफाइट (d) हीरा

54. प्राकृतिक गैस में मुख्यत: रहता है
(a) मेथेन (b) एथेन (c) प्रोपेन (d) ब्यूटेन

55. गोबर गैस में मुख्यत: होता है
(a) एथीलीन (b) ऐसीटिलीन
(c) मेथेन (d) कार्बन मोनोक्साइड

56. कार के इंजन में नॉकिंग से बचने के लिए प्रयुक्त होता है
(a) इथाइल एल्कोहॉल (b) ब्यूटेन
(c) लेड टेट्राइथाइल (d) श्वेत पेट्रोल

57. पेट्रोल किसका मिश्रण है?
(a) एल्कोहॉल का
(b) कार्बोहाइड्रेट्स का
(c) हाइड्रोकार्बन का
(d) हाइड्रोकार्बन एवं ऐल्कोहॉल का

उत्तरमाला

1 *(a)*	2 *(a)*	3 *(b)*	4 *(d)*	5 *(c)*
6 *(c)*	7 *(c)*	8 *(b)*	9 *(d)*	10 *(c)*
11 *(b)*	12 *(a)*	13 *(d)*	14 *(b)*	15 *(d)*
16 *(a)*	17 *(b)*	18 *(d)*	19 *(c)*	20 *(a)*
21 *(b)*	22 *(a)*	23 *(a)*	24 *(b)*	25 *(c)*
26 *(a)*	27 *(d)*	28 *(d)*	29 *(b)*	30 *(c)*
31 *(c)*	32 *(a)*	33 *(d)*	34 *(b)*	35 *(b)*
36 *(c)*	37 *(d)*	38 *(b)*	39 *(a)*	40 *(a)*
41 *(b)*	42 *(b)*	43 *(c)*	44 *(d)*	45 *(c)*
46 *(c)*	47 *(d)*	48 *(d)*	49 *(d)*	50 *(c)*
51 *(b)*	52 *(a)*	53 *(c)*	54 *(a)*	55 *(c)*
56 *(c)*	57 *(c)*			

जीव विज्ञान

विज्ञान की वह शाखा जिसके अन्तर्गत जीवों की आकारिकी एवं कार्यिकी का अध्ययन किया जाता है, जीव विज्ञान कहलाती है।

जन्तु विज्ञान से सम्बन्धित महत्त्वपूर्ण तथ्य

सबसे बड़ा तथा भारी स्तनी	नीली ह्वेल
सबसे बड़ा स्थली स्तनी	अफ्रीकन हाथी
सबसे बड़ा जीवित सरीसृप	टरटिल (समुद्री कछुआ)
सबसे बड़ा जीवित पक्षी	शुतुरमुर्ग
सबसे बड़ा सर्प	पाइथन
सबसे बड़ा कपि	गोरिल्ला
सबसे छोटा पक्षी	हमिंग बर्ड
सबसे छोटा स्तनी	छछुँदर
सबसे बड़ा अण्डा	शुतुरमुर्ग
सबसे तेज दौड़ने वाला जन्तु	चीता
सबसे तेज उड़ने वाला पक्षी	कटिपुञ्ज पक्षी (स्थाइनी टेल्ड स्वीफ्ट)
अण्डप्रजक स्तनी	एकिडना तथा डकबिल प्लेटीपस
अण्ड जरायुज स्तनी	कंगारू
सबसे ऊँचा स्तनी	जिराफ (अफ्रीका)
विषैली मछली	शेफ स्टोन फिश या लॉयल फिश
भारत में सबसे बड़ा म्यूजियम	चेन्नई
भारत में सबसे बड़ा चिड़ियाघर	कोलकाता
भारत में सबसे बड़ा एक्वेरियम	मुम्बई
विश्व में सबसे बड़ा चिड़ियाघर	क्रुगर नेशनल पार्क (दक्षिण अफ्रीका)

मानव शरीर से सम्बन्धित महत्त्वपूर्ण तथ्य

अस्थियों की कुल संख्या	206
सबसे छोटी अस्थि	स्टेपीज (मध्य कर्ण में)
सबसे लम्बी अस्थि	फीमर (जंघा में)
कशेरुकाओं की कुल संख्या	33
सबसे लम्बी पेशी	सारटोरियस
बड़ी आँत की लम्बाई	1.5 मीटर
छोटी आँत की लम्बाई	6.25 मीटर
यकृत का भार (पुरुष में)	1.4-1.8 किग्रा
यकृत का भार (महिला में)	1.2-1.4 किग्रा
सबसे व्यस्त मानव अंग	हृदय
शरीर की सबसे बड़ी ग्रन्थि	यकृत
सर्वाधिक पुनरुद्भवन की क्षमता	यकृत
सबसे कम पुनरुद्भवन की क्षमता	मस्तिष्क
शरीर का सबसे कठोर भाग	दाँत का इनेमल
सबसे बड़ी लार ग्रन्थि	पैरोटिड ग्रन्थि
शरीर का सामान्य तापमान	98.4°F (37°C)
शरीर में रुधिर की मात्रा	5.5 लीटर
RBCs का जीवन काल	120 दिन
WBC का जीवन काल	2-5 दिन
रुधिर का थक्का बनने का समय	3-6 मिनट
सर्वग्राही रुधिर वर्ग	3-6
सर्वदाता रुधिर वर्ग	O
सामान्य रुधिर दाब	120/80 Hg
हृदय गति	72 बार एक मिनट में
वृक्क का भार	150 ग्राम
मस्तिष्क का भार	1220 से 1400 ग्राम
क्रेनियल तन्त्रिकाओं की संख्या	12 जोड़ी
स्पाइनल तन्त्रिकाओं की संख्या	31 जोड़ी
सबसे बड़ी कोशिका	तन्त्रिका कोशिका
सबसे बड़ी अन्तःस्रावी ग्रन्थि	थायरॉइड
सबसे छोटी अन्तःस्रावी ग्रन्थि	पिट्यूटरी ग्रन्थि

विटामिन

- ये विशिष्ट प्रकार के जटिल कार्बनिक यौगिक हैं, जो शरीर की सामान्य वृद्धि तथा रोगों से रक्षा के लिए आवश्यक होते हैं।
- विटामिन की खोज **हॉपकिन्स** ने की थी तथा इस शब्द का प्रतिपादन **कैसिमिर फंक** ने किया।
- विटामिन A, D, E तथा K वसा में तथा विटामिन B एवं C जल में घुलनशील होते हैं।

विटामिनों के रासायनिक नाम, उनकी कमी से उत्पन्न होने वाले रोग तथा स्रोत

विटामिन	रासायनिक नाम	कमी से होने वाला रोग	स्रोत
विटामिन–A	रेटिनॉल	रतौंधी, संक्रमणों का खतरा	दूध, अण्डा, पनीर, हरी साग-सब्जी, मछली का तेल
विटामिन–B_1	थायमिन	बेरी-बेरी	मूँगफली, तिल, सूखी मिर्चें, बिना धुली दाल, यकृत, अण्डा एवं सब्जियाँ
विटामिन–B_2	राइबोफ्लेविन	क्लोसिस (मुख के कोनों का फट जाना)	खमीर, यकृत, मांस, हरी सब्जियाँ, दूध
विटामिन–B_5	निकोटिनैमाइड	पेलाग्रा (त्वचा दाद)	मांस, मूँगफली, आलू, टमाटर, पत्ती वाली सब्जियाँ
विटामिन–B_{12}	साइनोकोबा-लिन	प्रणाशी अरक्तता	मांस, यकृत, दूध
विटामिन–C	एस्कॉर्बिक एसिड	स्कर्वी, मसूड़े का फूलना	नींबू, सन्तरा, नारंगी, टमाटर, खट्टे पदार्थ, मिर्च, अंकुरित अनाज

विटामिन	रासायनिक नाम	कमी से होने वाला रोग	स्रोत
विटामिन–D	कैल्सीफेरॉल	रिकेट्स (बच्चों में) ऑस्टियोमलेशिया (वयस्क में)	मछली का तेल, दूध, अण्डे
विटामिन–E	टोकोफेरॉल	जनन शक्ति का कम होना	पत्ती वाली सब्जियाँ, दूध, मक्खन, अंकुरित गेहूँ, वनस्पति तेल
विटामिन–K	फिल्लोक्विनोन	रक्त का थक्का न बनना	टमाटर, हरी सब्जियाँ

खनिज पदार्थ, उनके अभाव में उत्पन्न रोग तथा उनके स्रोत

खनिज पदार्थ	आवश्यकता	अभाव के कारण उत्पन्न रोग	स्रोत
सोडियम यौगिक	रुधिर एवं शरीर के अन्य ऊतकों के निर्माण हेतु	–	हरी सब्जियाँ तथा नमक
लौह यौगिक	लाल रक्त का निर्माण	एनीमिया	हरी पत्तीदार सब्जियाँ, मांस, यकृत, आदि
कैल्शियम	अस्थियों व दाँतों के निर्माण एवं रक्त का थक्का बनने में	अस्थियों एवं दाँतों के रोग, रिकेट्स	दूध, सब्जी, मांस तथा अनाज
आयोडीन यौगिक	थायरॉइड ग्रन्थि में थायरॉक्सिन हॉर्मोन के निर्माण में	घेंघा रोग	समुद्र से प्राप्त होने वाली खाद्य वस्तुएँ, जल एवं आयोडीन युक्त नमक
फॉस्फोरस यौगिक	अस्थियों, दाँतों तथा जीवद्रव्य के निर्माण में	कमजोर अस्थि वृद्धि	दूध, मांस, सब्जियाँ, आदि

वसा, प्रोटीन एवं एन्जाइम

- कोलेस्ट्रॉल एक जटिल वसा है। बटर ऑयल, बटर मिल्क एवं आइसक्रीम में पाया जाता है। ग्राउण्डनट ऑयल में ये उपस्थित नहीं होता है।
- प्रोटीन को पचाने के लिए जन्तुओं के पाचन तन्त्र में प्रोटीएज एन्जाइम उपस्थित होता है।
- हीमोग्लोबिन एक प्रोटीन वर्णक है जोकि स्तनधारियों के रक्त में उपस्थित लौहित कोशिका में पायी जाती है। इसके अन्दर लौह धातु समाविष्ट होती है।
- खमीरीकरण (खमीर उठाना) दूध से दही बनाने की प्रक्रिया है।
- नील–हरित शैवाल (काई) साइनोबैक्टीरिया समूह का जीव है। यह एक प्राकृतिक उर्वरक है जोकि वायु की नाइट्रोजन को स्थिरीकृत करके पादपों को उपलब्ध कराता है। ये स्वपोषी पादप होते हैं।

मानव रोग

विषाणुओं द्वारा होने वाले प्रमुख रोग, प्रभावित अंग

रोग	प्रभावित अंग	विषाणुओं के नाम
एड्स (AIDS)	प्रतिरक्षा प्रणाली	HIV
डेंगू ज्वर	सम्पूर्ण शरीर (सिर एवं जोड़)	ऑर्बो विषाणु
पोलियो	गला, रीढ़, नाड़ी संस्थान	एन्टरो विषाणु
चेचक	सम्पूर्ण शरीर	वैरिओला विषाणु
छोटी माता	सम्पूर्ण शरीर	वैरिसेला विषाणु
खसरा	सम्पूर्ण शरीर	पैराम्क्सिो विषाणु
हेपेटाइटिस या पीलिया	यकृत	हिपेटाइटिस –A, B, C, D या E विषाणु
रेबीज	तन्त्रिका तन्त्र	रैब्डो विषाणु
हर्पीस	त्वचा	हर्पीस विषाणु

जीवाणुओं के द्वारा होने वाले प्रमुख रोग, प्रभावित अंग

रोग	प्रभावित अंग	जीवाणुओं के नाम
टिटनेस	तन्त्रिका तन्त्र	*क्लॉस्ट्रीडियम टिटैनी*
हैजा	आँत	*विब्रिओ कॉलेरी*
टायफॉइड	आँत	*सालमोनेला टायफी*
क्षय रोग (T.B.)	फेफड़ा	*माइक्रोबैक्टीरियम ट्यूबरकुलोसिस*
डिप्थीरिया	श्वास नली	*कोरीनीबैक्टीरियम डिप्थीरी*
प्लेग	फेफड़ा	*पाश्चुरेला पेस्टिस या अर्सीनिया*
काली खाँसी	श्वसन तन्त्र	*बोर्डिटेंला पेस्टिस*
निमोनिया	फेफड़ा	*स्ट्रेप्टोकोकस न्यूमोनी*
कुष्ठ रोग	तन्त्रिका तन्त्र त्वचा	*माइकोबैक्टीरिया लेप्री*
गोनोरिया	मूत्र मार्ग	*निसेरिया गोनोरी*
सिफलिस	जननांग	*ट्रिपोनिमा पैलिडस*

परजीवियों द्वारा होने वाले रोग, प्रभावित अंग

रोग	प्रभावित अंग	परजीवी का नाम	वाहक
मलेरिया	प्लीहा, यकृत एवं RBC	*प्लाज्मोडियम*	मादा एनाफिलीज
पायरिया	मसूड़े	*एण्टअमीबा जिन्जिवेलिस*	—
निद्रा रोग	मस्तिष्क	*ट्रिपेनोसोमा*	सी-सी मक्खी (Tse-Tse)
पेचिस	आँत	*एण्ट अमीबा हिस्टोलिटिका*	—
कालाअजार	अस्थि-मज्जा	*लीशमैनिया डोनावानी*	बालू-मक्खी

रोग फैलाने वाले कीट

कीट	रोग
घरेलू मक्खी	हैजा, अतिसार, सूजाक, कुष्ठ रोग, टी.बी., टायफॉइड, दस्त
मच्छर	मलेरिया, फीलपाँव, डेंगू
चूहा	प्लेग
सी-सी-मक्खी	निद्रा रोग
सैण्ड फ्लाई (बालू मक्खी)	कालाअजार
खटमल	टाइफस रिलैप्सिंग ज्वर, कुष्ठरोग
जूँ	ट्रेन्च ज्वर, टाइफस रिलैप्सिंग ज्वर

- इटाई–इटाई रोग मानव में कैडमियम की जल में विषाक्तता के कारण होता है।
- BCG के टीके में 'C' का अर्थ कैल्मेट (Calmett) होता है।
- सल्फर डाइऑक्साइड वातावरण में प्रदूषण उत्पन्न करती है। वर्षा होने पर यह जल में घुलकर सल्फ्यूरिक अम्ल बनाती है तथा मृदा के pH को बढ़ा देती है।

विज्ञान की प्रमुख शाखाएँ

- **एकोस्टिक्स** (Acoustics) यह ध्वनि से सम्बन्धित विज्ञान है।
- **एस्ट्रोनॉमी** (Astronomy) इसे 'खगोलशास्त्र' कहा जाता है। इसके अन्तर्गत ग्रह, उपग्रह तथा अन्य आकाशीय पिण्डों का अध्ययन किया जाता है।
- **एस्ट्रोनॉटिक्स** (Astronautics) यह अन्तरिक्ष में यात्रा करने से सम्बन्धित विज्ञान की शाखा है।
- **एयरोनॉटिक्स** (Aeronautics) इसमें वायुयान सम्बन्धी प्रक्रियाओं का अध्ययन किया जाता है।
- **कॉस्मोलॉजी** (Cosmology) यह ब्रह्माण्ड का अध्ययन करने वाली विज्ञान की शाखा है।
- **क्रायोजेनिक्स** (Cryogenics) यह निम्न ताप के विभिन्न प्रयोगों तथा नियन्त्रणों का अध्ययन करने वाली विज्ञान की शाखा है।
- **होलोग्राफी** (Holography) इसमें लेसर पुंज की सहायता से त्रि-विमीय चित्र बनाने वाली विधि का अध्ययन किया जाता है।
- **मेट्रोलॉजी** (Metrology) यह माप विज्ञान की शाखा से सम्बन्धित है।

अभ्यास प्रश्न

1. निम्नलिखित में से किस जन्तु में 'अमरत्व' का गुण पाया जाता है?
(a) *अमीबा* (b) *हाइड्रा*
(c) *ऐस्कैरिस* (d) जोंक

2. पौधों और जन्तुओं के बीच की योजक कड़ी के रूप में जाना जाता है
(a) *अमीबा*
(b) *यूग्लीना*
(c) *प्लाज्मोडियम*
(d) *पैरामीशियम*

3. निम्नलिखित में से कौन एक वास्तविक मछली है
(a) क्रे फिश
(b) कटल फिश
(c) फ्लाइंग फिश
(d) सिल्वर फिश

4. शीत रक्त वाला प्राणी है
(a) सर्प (b) मेढ़क
(c) छिपकली (d) ये सभी

5. विश्व में जन्तुओं का सबसे बड़ा संघ कौन-सा है?
(a) प्रोटोजोआ (b) हेमीकार्डेटा
(c) इकाइनोडर्मेटा (d) आर्थोपोडा

6. एम्फीबिया वर्ग के जन्तु
(a) सिर्फ जल में पाए जाते हैं
(b) जल एवं थल में पाए जाते हैं
(c) सिर्फ पेड़ पर पाए जाते हैं
(d) सिर्फ थल पर पाए जाते हैं

7. निम्नलिखित में से नियततापी प्राणी कौन-सा है?
(a) शार्क (b) साँप
(c) छिपकली (d) चमगादड़

8. डायनोसोर थे
(a) सीनोजोइक सरीसृप
(b) मेसोजोइक पक्षी
(c) पैलियोजोइक एम्फीबिया
(d) मेसोजोइक सरीसृप

9. विषैले सर्पों में विष ग्रन्थियाँ परिवर्तित रहती हैं
(a) यकृत ग्रन्थि में (b) लार ग्रन्थि में
(c) पीयूष ग्रन्थि में (d) इन सभी में

10. पक्षियों की हड्डी होती है
(a) खोखली (b) ठोस
(c) लचीली (d) इनमें से कोई नहीं

11. सबसे बड़ा उड़ने में असमर्थ पक्षी जो तेज गति से दौड़ सकता है, वह है
(a) पेंग्विन (b) किवी
(c) ऑस्ट्रिच (d) एमू

12. सबसे विशाल जीवित स्तनधारी जीव है
(a) हाथी (b) ऊँट
(c) नीली ह्वेल (d) मनुष्य

13. स्तनियों के हृदय में कितने कक्ष होते हैं?
(a) 2 (b) 3
(c) 4 (d) 6

14. स्तनधारी वर्ग के किस जन्तु में रक्त का तापमान सर्वाधिक पाया जाता है?
(a) गाय (b) मनुष्य
(c) चमगादड़ (d) बकरी

15. डॉल्फिन किस वर्ग का उदाहरण है?
(a) एम्फीबिया (b) पक्षी
(c) स्तनधारी (d) मत्स्य

16. जीवन का भौतिक आधार है
(a) जीन (b) कोशिका
(c) जीवद्रव्य (d) माइटोकॉण्ड्रिया

17. कोशिका का 'ऊर्जा गृह' किसे कहा जाता है?
(a) गॉल्जीकाय (b) न्यूक्लिओलस
(c) राइबोसोम (d) माइटोकॉण्ड्रिया

18. कोशिका में प्रोटीन निर्माण का सक्रिय स्थल है
(a) लाइसोसोम (b) राइबोसोम
(c) माइटोकाण्ड्रिया
(d) गॉल्जीकाय

19. निम्न में से कौन-सा कोशिकांग सिर्फ पादप कोशिका में पाया जाता है?
(a) कोशिका भित्ति (b) लवक
(c) रिक्तिका (d) ये सभी

20. कोशिका की 'आत्महत्या की थैली' कहलाता है
(a) लाइसोसोम
(b) राइबोसोम
(c) न्यूक्लियोसोम
(d) गॉल्जीकाय

21. किसी कोशिका में 80% से अधिक पाया जाने वाला पदार्थ है
(a) प्रोटीन (b) जल
(c) वसा (d) खनिज

22. निम्नलिखित में से किसे कोशिका का 'यातायात प्रबन्धक' कहा जाता है?
(a) राइबोसोम (b) गाल्जीकॉय
(c) माइटोकाण्ड्रिया (d) लाइसोसोम

23. 'जीन' शब्द का सर्वप्रथम प्रयोग किसने किया?
(a) वाल्डेयर (b) वाटसन
(c) क्रिक (d) जोहान्सन

24. आनुवंशिकी उत्परिवर्तन होता है
(a) डी.एन.ए. (b) आर.एन.ए.
(c) क्रोमोसोम (d) राइबोसोम

25. समसूत्री विभाजन के फलस्वरूप कितनी सन्तति कोशिका का निर्माण होता है?
(a) 2 (b) 4
(c) 6 (d) 8

26. ग्रेगर मेण्डल निम्न में से किसके प्रतिपादन के लिए प्रसिद्ध हैं?
(a) कोशिका सिद्धान्त
(b) उत्परिवर्तन सिद्धान्त
(c) आनुवंशिकता के नियम
(d) उपार्जित लक्षणों की वंशागति

27. जीन उपस्थित होते हैं
(a) राइबोसोम में (b) गुणसूत्रों में
(c) हरित लवकों में (d) माइटोकॉण्ड्रिया में

28. कोशिका में पाया जाने वाला आनुवंशिक पदार्थ है
(a) डी.एन.ए.
(b) आर.एन.ए.
(c) प्रोटीन
(d) कार्बोहाइड्रेट

29. डी.एन.ए. का 'द्विकुण्डल प्रारूप' किसने दिया?
(a) रॉबर्ट हुक
(b) जोन्स साल्क
(c) वाटसन एवं क्रिक
(d) श्लाइडेन एवं श्वास

30. मनुष्य में कौन-से क्रोमोसोम के मिलने से पुत्र का जन्म होगा?
(a) पुरुष का X एवं स्त्री का X
(b) पुरुष का X एवं स्त्री का Y
(c) पुरुष का Y एवं स्त्री का Y
(d) पुरुष का Y एवं स्त्री का X

31. शिशु का पितृत्व सिद्ध करने के लिए निम्नलिखित में से किस एक तकनीक का प्रयोग किया जाता है?
(a) प्रोटीन विश्लेषण
(b) डी.एन.ए. फिंगर प्रिंटिंग
(c) गुणसूत्र गणन
(d) डी.एन.ए. का मात्रात्मक विश्लेषण

32. जीन का सर्वप्रथम कृत्रिम संश्लेषण किसने किया?
(a) जे.सी. बोस (b) रॉबर्ट हुक
(c) एच.जी. खुराना (d) वाटसन

33. 'उत्परिवर्तन के सिद्धान्त' का प्रतिपादक कौन था?
(a) लैमार्क
(b) चार्ल्स डार्विन
(c) हक्सले
(d) ह्यूगो डी. व्रीज

34. 'प्राकृतिक चयन का सिद्धान्त' किसने दिया?
(a) ह्यूगो डी. व्रीज
(b) लैमार्क
(c) अरस्तू
(d) चार्ल्स डार्विन

35. निम्नलिखित में से कौन-सा मनुष्य का अवशेषी अंग नहीं है?
(a) निमेषिक झिल्ली
(b) कर्णाभ मांसपेशियाँ
(c) सामने वाले चपटे दाँत
(d) वर्मीफार्म एपेण्डिक्स

36. डी.एन.ए. का प्रमुख कार्य है
(a) प्रोटीन संश्लेषण
(b) कोशिकीय परिवहन
(c) कोशिकीय श्वसन
(d) आनुवंशिक क्रियाओं का संचालन

37. एक पीढ़ी से दूसरी पीढ़ी में परिवहन हेतु आनुवंशिक गुणों के उत्तरदायी होते हैं
(a) जीन
(b) क्रोमोसोम
(c) केन्द्रक
(d) उपरोक्त में से कोई नहीं

38. निम्नलिखित में से मनुष्यों में होने वाले आनुवंशिक रोग कौन-कौन से हैं?
(a) वर्णान्धता (b) हीमोफीलिया
(c) टर्नर सिण्ड्रोम (d) ये सभी

39. हीमोफीलिया रोग से ग्रस्त व्यक्ति में
(a) खून की कमी हो जाती है
(b) खून का बहना बन्द नहीं होता है
(c) रक्त बनता ही नहीं है
(d) उपरोक्त सभी

40. किस प्रकार के ऊतक शरीर की सुरक्षा कवच का कार्य करते हैं?
(a) एपिथीलियमी (b) पेशीय
(c) संयोजी (d) तन्त्रिकीय

41. निम्नलिखित में से कौन-सा ऊतक घाव भरने में सहायक होता है?
(a) एपिथीलियमी (b) पेशीय
(c) तन्त्रिकीय (d) ये सभी

42. 'तन्त्रिका ऊतक' की इकाई है
(a) एक्सॉन (b) न्यूरॉन
(c) बोमेन कैप्सूल (d) गुच्छिका

43. ऊँट का कूबड़ किस ऊतक का बना होता है?
(a) कंकालीय (b) पेशीय
(c) वसीय (d) उपास्थि

44. निम्नलिखित में से कौन ऊतक का उदाहरण है?
(a) मस्तिष्क (b) किडनी
(c) लीवर (d) रक्त

45. निम्नलिखित में संयोजी ऊतक के उदाहरण हैं
(a) लिम्फ (b) हड्डियाँ
(c) रक्त (d) ये सभी

46. रक्त किस प्रकार का ऊतक है?
(a) पेशी (b) संयोजी
(c) उपकला (d) तन्त्रिका

47. मानव शरीर में इच्छानुसार गति करने वाले अंगों में किस प्रकार के ऊतक पाए जाते हैं?
(a) अरेखित ऊतक (b) हृदय ऊतक
(c) रेखित ऊतक (d) ये सभी

48. 'संकुचनशील ऊतक' के नाम से जाना जाता है
(a) संयोजी (b) पेशी
(c) तन्त्रिका (d) ये सभी

49. 'चेतना ऊतक' के नाम से जाने वाला ऊतक कौन है?
(a) तन्त्रिका (b) उपकला
(c) पेशी (d) ये सभी

50. मानव शरीर में पाचन का अधिकांश भाग किस अंग में सम्पन्न होता है?
(a) अग्न्याशय (b) बड़ी आँत
(c) छोटी आँत (d) आमाशय

उत्तरमाला

1 (a)	2 (b)	3 (c)	4 (d)	5 (d)
6 (b)	7 (d)	8 (d)	9 (b)	10 (a)
11 (c)	12 (c)	13 (c)	14 (d)	15 (c)
16 (c)	17 (d)	18 (b)	19 (d)	20 (a)
21 (b)	22 (b)	23 (d)	24 (c)	25 (a)
26 (c)	27 (b)	28 (a)	29 (c)	30 (d)
31 (b)	32 (c)	33 (d)	34 (d)	35 (c)
36 (d)	37 (b)	38 (d)	39 (b)	40 (a)
41 (a)	42 (b)	43 (c)	44 (d)	45 (d)
46 (b)	47 (c)	48 (b)	49 (a)	50 (c)

दिल्ली पुलिस

कांस्टेबल

आंकिक योग्यता

01 संख्या पद्धति
Number System

संख्याएँ (Numbers)
प्रत्येक संख्या में किसी-न-किसी रूप में अंकों का प्रयोग होता है। ये अंक हैं—0, 1, 2, 3, 4, 5, 6, 7, 8 तथा 9। इनमें शून्य (0) एक असार्थक (insignificant) तथा शेष सार्थक अंक (significant) कहलाते हैं। इन अंकों से बनी भिन्न-भिन्न संख्याओं के बारे में अध्ययन करते हैं।

संख्यांक (Numeral)
किसी संख्या को दर्शाने अथवा व्यक्त करने वाला 'अंकों का समूह' संख्यांक (numeral) कहलाता है। *संख्या पद्धति के अन्तर्गत हम निम्नलिखित संख्याओं का अध्ययन करते हैं*

प्राकृतिक संख्याएँ (Natural Numbers)
वे संख्याएँ जो गणना करने में प्रयुक्त की जाती हैं, प्राकृतिक संख्याएँ कहलाती हैं।

$$N = \{1, 2, 3, 4, ...\}$$

पूर्ण संख्याएँ (Whole Numbers)
यदि प्राकृतिक संख्याओं के साथ शून्य को भी सम्मिलित कर लिया जाए, तो वे संख्याएँ पूर्ण संख्याएँ कहलाती हैं।

$$W = \{0, 1, 2, 3, ...\}$$

सभी पूर्ण संख्याओं को पूर्णांक (Integer) भी कहते हैं।

शून्य को छोडकर सभी पूर्ण संख्याओं (पूर्णांक) की प्रकृति दो प्रकार की होती है

(i) **धन पूर्णांक** (Positive Integers)
सभी प्राकृतिक संख्याएँ, धन पूर्णांक कहलाती हैं।

$$I^+ = \{1, 2, 3, ...\}$$

(ii) **ऋण पूर्णांक** (Negative Integers)
सभी प्राकृतिक संख्याओं की ऋणात्मक संख्याएँ, ऋण पूर्णांक कहलाती हैं।

$$I^- = \{-1, -2, -3, ...\}$$

वास्तविक संख्याएँ (Real Numbers)
वे सभी संख्याएँ जो या तो परिमेय हों अथवा अपरिमेय हों, वास्तविक संख्याएँ कहलाती हैं।

परिमेय संख्याएँ (Rational Numbers)
वे सभी संख्याएँ जिन्हें $\frac{p}{q}, q \neq 0$ के रूप में व्यक्त किया जा सके, परिमेय संख्याएँ कहलाती हैं। जबकि p तथा q में कोई भी उभयनिष्ठ गुणनखण्ड न हो।

$$Q = \left\{\frac{p}{q} : p \text{ तथा } q \text{ पूर्णांक हैं और } q \neq 0\right\}$$

उदाहरण 5, −2, 7/5, 0 इत्यादि परिमेय संख्याएँ हैं।

अपरिमेय संख्याएँ (Irrational Numbers)
वे सभी संख्याएँ जिन्हें $\frac{p}{q}$ के रूप में व्यक्त नहीं किया जा सकता, अपरिमेय संख्याएँ कहलाती हैं। $\sqrt{2}, \sqrt{3}, \sqrt{5}$ इत्यादि अपरिमेय संख्याएँ हैं।

π एक अपरिमेय संख्या है, क्योंकि 22/7 तथा 3.14, π के लगभग बराबर है।

सम संख्याएँ (Even Numbers)
वे सभी संख्याएँ जो 2 से पूर्णतः विभाजित हो जाती है, सम संख्याएँ कहलाती हैं।

उदाहरण 2, 4, 6, 8, ... सम संख्याएँ हैं।

विषम संख्याएँ (Odd Numbers)
वे सभी संख्याएँ जो 2 से पूर्णतः विभाजित नहीं होती हैं, विषम संख्याएँ कहलाती हैं।

उदाहरण 1, 3, 5, 7, ... विषम संख्याएँ हैं।

अभाज्य संख्याएँ (Prime Numbers)
वे सभी प्राकृतिक संख्याएँ जो 1 तथा स्वयं के अतिरिक्त किसी अन्य प्राकृतिक संख्या से पूर्णतः विभाजित न हों, अभाज्य संख्याएँ कहलाती हैं।

उदाहरण 2, 3, 5, 7, 11, ... सभी अभाज्य संख्याएँ हैं।

भाज्य संख्याएँ (Composite Numbers)
वे सभी प्राकृतिक संख्याएँ जो 1 और स्वयं के अतिरिक्त कम से कम एक अन्य प्राकृतिक संख्या से पूर्णतः विभाजित हो सके, भाज्य संख्याएँ कहलाती हैं।

उदाहरण 4, 8, 9, 15, ... आदि भाज्य संख्याएँ हैं।

अभाज्य संख्या की जाँच

(To Find Out of Prime Numbers)

यदि किसी दी गई संख्या के बारे में ज्ञात करना है कि वह अभाज्य संख्या है अथवा नहीं इसके लिए दी गई संख्या का वर्गमूल निकालते हैं। यदि वह संख्या वर्गमूल के मान से छोटी सभी अभाज्य संख्या से पूर्णतः विभाजित नहीं होती है, तो दी गई संख्या अभाज्य संख्या होगी अन्यथा नहीं।

भाग संक्रिया (Division Operation)

माना किसी संख्या m को दूसरी संख्या n से भाग देने पर भागफल q तथा शेषफल r प्राप्त होता है। तब, $m = nq + r$ (जहाँ, $0 \le r < n$)

या भाज्य = भाजक × भागफल + शेषफल

उदाहरण भाग के एक प्रश्न में भाजक, भागफल का दस गुना है तथा शेषफल का पाँच गुना। यदि शेषफल 46 हो, तो भाज्य का मान क्या होगा?

हल माना भागफल $= q$, भाजक $= 10\,q$ तथा $5 \times$ शेषफल $= 10\,q$

$$\therefore \quad (5 \times 46) = 10\,q \Rightarrow q = \frac{5 \times 46}{10} = 23$$

भागफल $= 23$, भाजक $= 10 \times 23 = 230$ तथा शेषफल $= 2\,q = 46$

भाज्य = (भाजक × भागफल) + शेषफल $= 230 \times 23 + 46 = 5336$

भाज्यता की जाँच (Test of Divisibility)

2 से भाज्य यदि दी गई संख्या के इकाई के स्थान पर शून्य या कोई सम संख्या हो, तो वह संख्या 2 से भाज्य होगी।

उदाहरण 10, 30, 12, 16... इत्यादि।

3 से भाज्य यदि दी गई संख्या के सभी अंकों का योग 3 से विभाजित हो जाता है, तो वह संख्या 3 से भाज्य होगी।

उदाहरण 18, 21, 117, 372,... इत्यादि।

4 से भाज्य यदि दी गई संख्या के इकाई व दहाई के अंकों द्वारा बनी संख्या 4 से विभाजित है, तो वह संख्या 4 से विभाजित होगी।

उदाहरण 32, 564, 6532, 7684,... इत्यादि।

5 से भाज्य यदि दी गई संख्या के इकाई के स्थान पर शून्य या 5 हो, तो वह संख्या 5 से भाज्य होगी।

उदाहरण 40, 120, 625, 735,... इत्यादि।

6 से भाज्य यदि दी गई संख्या 2 तथा 3 दोनों से पूर्णतः विभाजित हो जाती है, तो वह संख्या 6 से भाज्य होगी।

उदाहरण 18, 36, 348, 372,... इत्यादि।

8 से भाज्य यदि दी गई संख्या के अन्तिम तीन अंकों द्वारा बनी संख्या 8 से विभाजित हो जाती है, तो वह संख्या 8 से भाज्य होगी।

उदाहरण 3272, 7328,... इत्यादि।

9 से भाज्य यदि दी गई संख्या के सभी अंकों का योग 9 से विभाजित हो जाता है, तो वह संख्या 9 से भाज्य होगी।

उदाहरण 18, 81, 243,... इत्यादि।

11 से भाज्य यदि दी गई संख्या के विषम स्थानों के अंकों तथा सम स्थानों के अंकों के योग का अन्तर या तो शून्य है या 11 से विभाजित हो जाता है, तो वह संख्या 11 से भाज्य होगी।

उदाहरण संख्या 274153, 11 से विभाज्य है

हल विषम स्थानों के अंको का योग – सम स्थानों के अंको का योग

$$= (2+4+5) - (7+1+3) = 11 - 11 = 0$$

संख्याओं के गुणनफल में इकाई का अंक ज्ञात करना

संख्याओं के गुणनफल में इकाई का अंक ज्ञात करने के लिए प्रत्येक संख्या का इकाई का अंक लेते हैं। इकाई के अंकों की गुणा करते हैं। यदि गुणनफल में कोई दहाई का अंक आ जाए, तो उसका इकाई का अंक लेकर गुणा जारी रखते हैं।

उदाहरण $569 \times 367 \times 479 \times 444$ में इकाई का अंक
$= 9 \times 7 \times 9 \times 4$ में इकाई का अंक $= 8$

घातीय रूप की संख्या में इकाई का अंक ज्ञात करना

(i) यदि संख्या का इकाई का अंक 0, 1, 5, 6 हो, तो उसके इकाई का अंक अपरिवर्तित रहता है।

उदाहरण $(576)^{1151}$ का इकाई का अंक $= 6$

(ii) यदि संख्या का इकाई का अंक 2 हो, तो उसकी घात को 4 से भाग देकर 2^4 के रूप में लिखते हैं तथा सरल करते हैं।
2^4 में इकाई का अंक $= 6$

उदाहरण $(572)^{443}$ में इकाई का अंक $= (2^4)^{443/4}$ में इकाई का अंक
$= (16)^{110} \cdot 2^3$ में इकाई का अंक
$= 6 \cdot 2^3$ में इकाई का अंक $= 48$ में इकाई का अंक $= 8$

$\therefore$ $(572)^{443}$ में इकाई का अंक $= 8$

(iii) इसी प्रकार 4 तथा 8 इकाई अंक वाली संख्याओं में इकाई का अंक ज्ञात करते हैं। 4^4 में इकाई का अंक $= 8^4$ में इकाई का अंक $= 6$

(iv) यदि संख्या में इकाई का अंक 3 या 7 हो, तो उपरोक्त के अनुसार ही सरल करते हैं, परन्तु 3^4 में इकाई का अंक $= 1$ तथा 7^4 में इकाई का अंक $= 1$

(v) यदि संख्या में इकाई का अंक 9 है, तो घात विषम होने पर इकाई का अंक 9 तथा घात सम होने पर इकाई का अंक 1 होगा।

उदाहरण $(539)^{140}$ में इकाई का अंक $= 1$
तथा $(539)^{141}$ में इकाई का अंक $= 9$

अति महत्त्वपूर्ण प्वॉइंट्स एवं फॉर्मूले

- परिमेय तथा अपरिमेय संख्याओं का गुणनफल अपरिमेय संख्या होता है। उदाहरण $3\sqrt{5}$ एक अपरिमेय संख्या है।
- परिमेय तथा अपरिमेय संख्याओं का योग तथा अन्तर अपरिमेय होता है।
- दो अपरिमेय संख्याओं का गुणनफल परिमेय या अपरिमेय होता है। **उदाहरण** $\sqrt{2} \times \sqrt{2} = 2$ परिमेय संख्या है तथा $\sqrt{2} \times \sqrt{3} = \sqrt{6}$ अपरिमेय संख्या है।
- दो क्रमागत संख्याओं के वर्गों का अन्तर एक विषम संख्या होती है, जो दोनों संख्याओं के योग के बराबर होती है।
- 1 न तो अभाज्य संख्या है और न ही भाज्य।
- केवल 2 सम अभाज्य संख्या है।
- 2 सबसे छोटी अभाज्य संख्या है।
- 1 से 100 के मध्य केवल 25 अभाज्य संख्याएँ हैं।
- $a^p \cdot b^q \cdot c^r \cdot d^s$ के अभाज्य गुणनखण्डों की संख्या $p + q + r + s$ होती है।
- शून्य न तो धन पूर्णांक है और न ही ऋण पूर्णांक।
- सभी प्राकृतिक संख्याएँ पूर्ण संख्याएँ होती हैं।
- सभी प्राकृतिक संख्याएँ, सभी पूर्ण संख्याएँ तथा सभी पूर्णांक वास्तविक संख्याएँ होती हैं।
- प्रथम n प्राकृतिक संख्याओं का योग $= \frac{n(n+1)}{2}$
- प्रथम n सम प्राकृतिक संख्याओं का योग $= n(n+1)$
- प्रथम n तक की सम प्राकृतिक संख्याओं का योग $= \frac{n}{2}\left(\frac{n}{2}+1\right)$
- प्रथम n विषम प्राकृतिक संख्याओं का योग $= n^2$
- प्रथम n प्राकृतिक संख्याओं के वर्गों का योग $= \frac{n(n+1)(2n+1)}{6}$
- प्रथम n प्राकृतिक संख्याओं के घनों का योग $= \left\{\frac{n(n+1)}{2}\right\}^2$
- $a, a+d, a+2d, a+3d, \ldots\ldots$ का nवाँ पद $= a + (n-1)d$
- $a, a+d, a+2d, a+3d, \ldots..$ के n पदों का योग $= \frac{n}{2}[2a + (n-1)d]$

अभ्यास प्रश्न

1 निम्न में से कौन-सी संख्या अपरिमेय है?
(a) 22/7 (b) π
(c) 1.333 ... (d) 3.14

2 निम्नलिखित में से अभाज्य संख्या कौन-सी है?
(a) 161 (b) 221
(c) 373 (d) 437

3 पाँच अंकों की छोटी-से-छोटी संख्या कौन-सी है जो 476 से पूर्णतया विभक्त हो?
(a) 10476 (b) 47600
(c) 10004 (d) 10472

4 6 से विभक्त होने वाली तीन अंकों की कुल कितनी संख्याएँ हैं?
(a) 149 (b) 151
(c) 166 (d) 150

5 1000 में कौन-सी सबसे छोटी संख्या जोड़ी जाए, ताकि वह योग 45 से पूरी तरह विभाजित हो जाए?
(a) 35 (b) 80 (c) 20 (d) 10

6 1 से 200 के बीच कितने पूर्णांक हैं जो 2 तथा 3 दोनों से विभक्त हों?
(a) 25 (b) 27 (c) 29 (d) 33

7 किसी संख्या को जब 221 से विभाजित किया जाता है, तो शेषफल 43 मिलता है। यदि उसी संख्या को 17 से विभाजित किया जाए, तो शेषफल क्या होगा?
(a) 11 (b) 8
(c) 9 (d) 13

8 भाजक, भागफल का 25 गुना है तथा शेषफल का 5 गुना है। यदि भागफल 16 हो, तो भाज्य है
(a) 6400 (b) 6480
(c) 400 (d) 480

9 यदि किसी संख्या को 899 से विभाजित करते हैं, तो शेषफल 63 बचता है। उसी संख्या को 29 से विभाजित करने पर शेष क्या बचेगा?
(a) 4 (b) 5
(c) 6 (d) 7

10 $(2153)^{167}$ का इकाई का अंक क्या होगा?
(a) 1 (b) 3 (c) 7 (d) 9

11 प्रथम 20 विषम प्राकृतिक संख्याओं का योग क्या होगा?
(a) 210 (b) 300
(c) 400 (d) 420

12 3 से गुणा करके बनी 100 तथा 200 के बीच की सभी प्राकृतिक संख्याओं का योग क्या होगा?
(a) 5000 (b) 4950
(c) 4980 (d) 4900

13 $9 + 16 + 25 + 36 + \cdots + 100$ का मान है
(a) 350 (b) 380 (c) 400 (d) 420

14 यदि $1^2 + 2^2 + 3^2 + \ldots\ldots + x^2 = \frac{x(x+1)(2x+1)}{6}$ हो, तो $1^2 + 3^2 + 5^2 + \ldots\ldots\ldots + 19^2$ बराबर है
(a) 1330 (b) 2100
(c) 2485 (d) 2500

15 यदि $1^3 + 2^3 + 3^3 + \ldots\ldots + 10^3 = 3025$ हो, तो $2^3 + 4^3 + 6^3 + \ldots\ldots + 20^3$ का मान है
(a) 6050 (b) 9075
(c) 12100 (d) 24200

16 $(101 + 102 + 103 + \ldots\ldots + 200)$ का योग क्या होगा?
(a) 15000 (b) 15025
(c) 15050 (d) 25000

17 $87-42+97-52+.....$ का 90 पदों तक योग क्या है?
(a) 2025
(b) 3075
(c) 1575
(d) 1975

18 50 से 90 के बीच सभी अभाज्य संख्याओं का योग कितना है?
(a) 485 (b) 572
(c) 722 (d) 635

19 1 से 361 तक की समस्त सम संख्याओं का योगफल क्या होगा?
(a) 32850
(b) 38250
(c) 35280
(d) 32580

20 तीन क्रमागत संख्याओं का योग 87 है। दूसरी संख्या कौन-सी है?
(a) 27 (b) 28
(c) 29 (d) 3

21 a और b के न्यूनतम मान ज्ञात कीजिए, ताकि संख्या $5\,a\,4\,2\,3\,b$ को 88 से विभाजित किया जा सके।
(a) 8, 2 (b) 7, 3
(c) 9, 4 (d) 6, 5

उत्तरमाला

1 *(b)*	2 *(c)*	3 *(d)*	4 *(d)*	5 *(a)*
6 *(d)*	7 *(c)*	8 *(b)*	9 *(b)*	10 *(c)*
11 *(c)*	12 *(b)*	13 *(b)*	14 *(a)*	15 *(d)*
16 *(c)*	17 *(a)*	18 *(d)*	19 *(d)*	20 *(c)*
21 *(a)*				

संकेत एवं हल

1. (b) π, एक अपरिमेय संख्या है।

2. (c) दी गई संख्याओं में से 373 एक अभाज्य संख्या है।

3. (d) 5 अंकों की छोटी-से-छोटी संख्या $= 10000$

10000 को 476 से भाग देने पर शेष = 4

अभीष्ट संख्या $= (10000 - 4 + 476)$
$= 10472$

4. (d) 6 से विभक्त होने वाली तीन अंकों की सबसे छोटी संख्या 102 है तथा तीन अंकों की सबसे बड़ी संख्या 996 है।

$\therefore$ श्रेणी 102, 108, ..., 996 होगी।

यहाँ $a = 102,\ d = 6,\ T_n = 996, n = ?$

$T_n = a + (n-1)\cdot d$ से,

$\Rightarrow 996 = 102 + (n-1)\cdot 6$

$\Rightarrow 894 = (n-1)\cdot 6$

$\Rightarrow (n-1) = 149$

$\Rightarrow n = 150$

5. (a) 45)1000(22
90
100
90
10 शेषफल

अत: 45 से 1000 को पूर्णत: विभाजित करने के लिए (भाजक – शेषफल $= 45-10 = 35$) जोड़ना आवश्यक है।

6. (d) 2 और 3 से विभाजित होने वाली संख्याएँ (जो 6 से विभाज्य है) की श्रेणी 6, 12, 18, ... 198

यह एक समान्तर श्रेणी है जिसमें

$a = 6, d = 6, l = 198$

माना $t_n = 198$,

तब $a + (n-1)\,d = 198$

$\therefore 6 + (n-1)\cdot 6 = 198$

$\Rightarrow (n-1)\,6 = 198 - 6$

$\Rightarrow (n-1)\cdot 6 = 192$

$\Rightarrow n - 1 = \frac{192}{6} = 32$

$\Rightarrow n = 32 + 1 = 33$

7. (c) संख्या $= 221k + 43$
$= 17\,(13k) + 17 \times 2 + 9$

अत: उस संख्या को 17 से भाग देने पर 9 शेष बचेगा।

8. (b) दिया है, भागफल = 16

भाजक $= 25\times$ भागफल
$= 25 \times 16 = 400$

$\because$ भाजक $= 5\times$ शेषफल

$\therefore$ शेषफल $= \frac{400}{5} = 80$

हमें ज्ञात है कि,

भाज्य = भाजक $\times$ भागफल + शेषफल

भाज्य $= 400 \times 16 + 80$
$= 6400 + 80$
$= 6480$

9. (b) संख्या $= 899 \times$ भागफल $+ 63$
$= 29 \times 31 \times$ भागफल $+ 2 \times 29 + 5$
$= 29\,(31 \times$ भागफल $+2) + 5$
$= 29 \times$ भागफल $+ 5$

$\therefore$ 29 से विभाजित करने पर शेषफल 5 बचेगा।

10. (c) $(2153)^{167}$ में इकाई का अंक
$= 3^{167}$ में इकाई का अंक
$= 3^{4\times 41+3}$ में इकाई का अंक
$= 3^3$ में इकाई का अंक
$= 27$ में इकाई का अंक
$= 7$

11. (c) प्रथम n विषम प्राकृतिक संख्याओं का योग $= n^2 = (20)^2 = 400$

12. (b) 100 से 200 के मध्य, 3 की गुणज न्यूनतम संख्या $= 3 \times 34 = 102$

100 से 200 के मध्य, 3 की गुणज अधिकतम संख्या $= 3 \times 66 = 198$

तब, संख्याएँ = 102, 105, 108 198

यहाँ, $a = 102,\ T_n = 198,\ d = 3$

$\because T_n = a + (n-1)d$

$198 = 102 + (n-1)3$

$\frac{96}{3} = n - 1 \Rightarrow n = 32 + 1 = 33$

$\therefore$ अभीष्ट योग $= \frac{n}{2}[2a + (n-1)d]$

$= \frac{33}{2}[2 \times 102 + (33-1)3]$

$= \frac{33}{2}[204 + 96]$

$= \frac{33 \times 300}{2} = 4950$

13. (b) $9 + 16 + 25 + 36 + \cdots\cdots + 100$

$= 3^2 + 4^2 + 5^2 + \cdots\cdots + 10^2$

$= (1^2 + 2^2 + 3^2 + \cdots\cdots + 10^2) - (1^2 + 2^2)$

$= \frac{10(10+1)\,(20+1)}{6} - (1+4)$

[$\because$ 1 से n तक की सभी संख्याओं के वर्गों का योग $= \frac{n\,(n+1)\,(2n+1)}{6}$]

$= \frac{10 \times 11 \times 21}{6} - 5 = 385 - 5 = 380$

14. (a) दिया है, $1^2 + 2^2 + 3^2 + \ldots\ldots + x^2$
$= \frac{x(x+1)(2x+1)}{6}$

$1^2 + 3^2 + 5^2 + \ldots\ldots + 19^2$
$= (1^2 + 2^2 + 3^2 + 4^2 + 5^2 + \ldots\ldots + 19^2 + 20^2) - (2^2 + 4^2 + \ldots. + 20^2)$

$= \frac{(20)(20+1)(2\times 20+1)}{6}$

$-2^2(1^2+2^2+3^2+....+10^2)$

$= \frac{20\times 21\times 41}{6} - 4\left(\frac{10\times 11\times 21}{6}\right)$

$= 2870 - 1540 = 1330$

15. (d) दिया है, $1^3 + 2^3 + 3^3 + ... + 10^3 = 3025$

$2^3 + 4^3 + 6^3 + ... + 20^3$

$= (1\times 2)^3 + (2\times 2)^3 + (3\times 2)^3 + ... + (10\times 2)^3$

$= 2^3[1^3 + 2^3 + 3^3 + ... + 10^3]$

$= 8\times 3025$

$= 24200$

16. (c) $(101 + 102 + 103 + ... + 200)$

$= (1 + 2 + 3 + ... + 200) - (1 + 2 + 3 + ... + 100)$

$= \frac{200\times 201}{2} - \frac{100\times 101}{2}$

$\left[\because 1 + 2 + 3 + ... + n = \frac{(n)(n+1)}{2}\right]$

$= 20100 - 5050 = 15050$

17. (a) 87 − 42 + 97 − 52 + ... का 90 पदों तक योग

= (87 − 42) + (97 − 52) + ... का 45 पदों तक योग

= 45 + 45 + ... (45 बार)

$= 45 \times 45 = 2025$

18. (d) 50 तथा 90 के बीच अभाज्य संख्याएँ 53, 59, 61, 67, 71, 73, 79, 83 व 89 हैं।

∴ अभीष्ट योग

$= 53 + 59 + 61 + 67 + 71 + 73 + 79 + 83 + 89 = 635$

19. (d) 1 से 361 तक की समस्त सम संख्याओं की कुल संख्या

$= \frac{361-1}{2} = \frac{360}{2}$

$= 180$

∴ सम संख्याओं का योगफल

$= 180\,(180+1)$

$= 32580$ [सूत्र $n\,(n+1)$ से]

20. (c) माना प्रथम संख्या x है तथा अन्य संख्याएँ $x+1$ व $x+2$

तब, $x + (x+1) + (x+2) = 87$

$\Rightarrow 3x + 3 = 87$

$\Rightarrow x = \frac{84}{3} = 28$

दूसरी संख्या = 28 + 1 = 29

21. (a) संख्या, $88 = 2^3 \times 11 = 8 \times 11$

अर्थात् संख्या 88 से विभाजित होगी यदि वह 8 तथा 11 दोनों से विभाजित होगी।

संख्या 8 से विभाज्य होगी, यदि $23b$, 8 से विभाजित होगी।

संख्या $23b$, 8 से विभाज्य होगी, यदि $b = 2$

∴ संख्या = 5 a 4 2 3 2

अब, 11 से विभाज्यता के लिए

$|(5+4+3)-(a+2+2)| = 11$ का गुणज या शून्य

$\Rightarrow |12 - a - 4| = 11$ का गुणज या शून्य

$\Rightarrow |8 - a| = 11$ का गुणज या शून्य

अत: $a = 8$ और $b = 2$

02 दशमलव एवं भिन्न
Decimal and Fractions

दशमलव भिन्न (Decimal Fraction)

यदि किसी भिन्न के हर 10, 100 या 1000 आदि हो, तो उस भिन्न को दशमलव भिन्न कहते हैं।

उदाहरण $\frac{5}{10}, \frac{3}{100}, \frac{9}{1000}$ दशमलव भिन्नें हैं।

भिन्न (Fraction)

ऐसी संख्या, जिसे $\frac{p}{q}$ के रूप में व्यक्त किया जा सके, जहाँ $q \neq 0$, भिन्न कहलाती है। p को भिन्न का अंश तथा q को भिन्न का हर कहते हैं।

उदाहरण $\frac{3}{5}$ एक भिन्न है, जिसमें 3 भिन्न का अंश तथा 5 भिन्न का हर है।

भिन्नों के प्रकार (Types of Fractions)

भिन्नों के मुख्य प्रकार निम्नलिखित हैं

उचित भिन्न (Proper fraction) यदि किसी भिन्न का अंश, हर से कम हो, तो ऐसी भिन्न उचित भिन्न कहलाती है।

उदाहरण $\frac{2}{7}$ में अंश 2, हर 7 से कम है। अत: $\frac{2}{7}$ एक उचित भिन्न है।

अनुचित भिन्न (Improper fraction) यदि किसी भिन्न का अंश, हर से अधिक हो, तो ऐसी भिन्न को अनुचित भिन्न कहते हैं।

उदाहरण $\frac{13}{4}$ में अंश 13, हर 4 से अधिक है। अत: $\frac{13}{4}$ एक अनुचित भिन्न है।

मिश्र भिन्न (Mixed fraction) ऐसी भिन्नें जो पूर्णांकों तथा भिन्नों से मिलकर बनाई जाती हैं, मिश्र भिन्न कहलाती हैं।

उदाहरण $3\frac{1}{4}$ एक मिश्र भिन्न है।

मिश्र भिन्नों को अनुचित भिन्नों के रूप में परिवर्तित किया जा सकता है। इसी प्रकार अनुचित भिन्नों को मिश्र भिन्नों के रूप में परिवर्तित किया जा सकता है।

उदाहरण $3\frac{1}{4} = \frac{13}{4}$

सतत् भिन्न (Continuous fraction) वह भिन्न जिसका हर कुछ पदों या अपरिमित पदों तक लगातार श्रेणी के रूप में हो, सतत् भिन्न कहलाती है।

उदाहरण $3 + \cfrac{2}{4 + \cfrac{1}{1 + \cfrac{5}{6}}}$

भिन्नात्मक रूप में संख्याओं पर सम्बन्ध और संक्रियाए

भिन्नों की तुलना (Comparison of Fractions)

भिन्नों की तुलना करने में निम्न विधियों का प्रयोग करते हैं

(i) **भिन्नों को दशमलव रूप में परिवर्तित करके** जब दो या दो से अधिक भिन्नों की तुलना करनी हो, तो उन्हें दशमलव रूप में परिवर्तित करके उनकी तुलना की जा सकती है।

उदाहरण $\frac{1}{7}, \frac{2}{9}$ में बड़ी भिन्न कौन-सी है?

हल $\frac{1}{7} = 0.14$ तथा $\frac{2}{9} = 0.22$

इससे स्पष्ट है कि 0.22, 0.14 से बड़ा है।

अत: $\frac{2}{9} > \frac{1}{7}$

(ii) **भिन्नों का हर समान करके** दिए गए भिन्नों में सभी भिन्नों के हरों का ल.स. लेकर उनके हर समान कर लिए जाते हैं फिर उनके अंशों की तुलना की जाती है। बड़े अंश वाली भिन्न बड़ी होती है।

उदाहरण $\frac{3}{5}, \frac{7}{9}$ तथा $\frac{11}{13}$ में बड़ी भिन्न ज्ञात कीजिए।

हल यहाँ, $\frac{3}{5} = \frac{3}{5} \times \frac{117}{117} = \frac{351}{585}$

[$\because$ 5, 9 व 13 का ल.स. = 585]

$\Rightarrow \frac{7}{9} = \frac{7}{9} \times \frac{65}{65} = \frac{455}{585}$

तथा $\frac{11}{13} = \frac{11}{13} \times \frac{45}{45} = \frac{495}{585}$

$\therefore$ हर समान है अत: बड़ी भिन्न $= \frac{11}{13}$

(1) भिन्नों का योग (Addition of fractions)

(i) **जब हर समान हो** यदि भिन्नों के हर समान हो, तो भिन्नों के अंशों का योग ज्ञात करके हर से भाग देते हैं।

उदाहरण $\frac{1}{7} + \frac{2}{7} = \frac{1+2}{7} = \frac{3}{7}$

नोट $a\frac{b}{c} + d\frac{e}{c} = (a+d) + \frac{(b+e)}{c}$

(ii) **जब हर असमान हो** यदि दी गई भिन्नों के हर असमान हो, तो भिन्नों के हर समान करके भिन्नों का योग ज्ञात किया जाता है।

उदाहरण $\frac{1}{5}+\frac{3}{4}=\frac{4}{20}+\frac{15}{20}=\frac{19}{20}$

नोट $a\frac{b}{c}+d\frac{e}{f}=(a+d)+\left(\frac{b\times f+c\times e}{c\times f}\right)$

(2) **भिन्नों का अन्तर** (Subtraction of fractions)

(i) **जब हर समान हो** यदि भिन्नों के हर समान हो, तो भिन्नों के अंशों का अन्तर ज्ञात करके हर से भाग देते हैं।

उदाहरण $\frac{3}{4}-\frac{1}{4}=\frac{3-1}{4}=\frac{2}{4}=\frac{1}{2}$

नोट $a\frac{b}{c}-d\frac{e}{c}=(a-d)+\left(\frac{b-e}{c}\right)$

(ii) **जब हर असमान हो** यदि भिन्नों के हर असमान हो, तो भिन्नों के हरों को समान करके भिन्नों का अन्तर ज्ञात कर लेते हैं।

उदाहरण $\frac{3}{5}-\frac{1}{10}=\frac{6}{10}-\frac{1}{10}=\frac{6-1}{10}$

$=\frac{5}{10}=\frac{1}{2}$

नोट (i) $\frac{a}{b}-\frac{c}{d}=\frac{(a\times d)-(b\times c)}{bd}$

(ii) $a\frac{b}{c}-d\frac{e}{f}=(a-d)+\left(\frac{b\times f-c\times e}{c\times f}\right)$

(iii) **भिन्नों की गुणा** (Multiplication of fractions) भिन्नों की गुणा करते समय भिन्नों के अंशों की गुणा अंशों में तथा हरों की गुणा हरों में करते हैं। यदि भिन्न मिश्र रूप में हो, तो भिन्न को अनुचित भिन्न के रूप में परिवर्तित करके भिन्नों की गुणा ज्ञात की जाती है।

उदाहरण $\frac{3}{7}\times\frac{5}{4}=\frac{3\times5}{7\times4}=\frac{15}{28}$

तथा $3\frac{1}{2}\times4\frac{1}{3}=\frac{7}{2}\times\frac{13}{3}=\frac{91}{6}=15\frac{1}{6}$

(iv) **भिन्नों का भाग** (Division of fractions) भिन्नों का भागफल ज्ञात करने के लिए पहली भिन्न की गुणा दूसरी भिन्न के व्युत्क्रम से करते हैं। प्राप्त गुणनफल ही अभीष्ट भिन्न है।

उदाहरण $\frac{5}{4}\div\frac{5}{3}=\frac{5}{4}\times\frac{3}{5}=\frac{3}{4}$

अति महत्त्वपूर्ण प्वॉइंट्स एवं फॉर्मूले

- किसी भिन्न के अंश तथा हर में एक ही संख्या से गुणा या भाग करने पर भिन्न का मान अपरिवर्तित रहता है।
- किसी भिन्न को लघुत्तम रूप में कहा जा सकता है, यदि उनके हर तथा अंश का म.स. 1 हो।
- यदि $\frac{a}{b}$ तथा $\frac{c}{d}$ दो भिन्न है तथा $ad > bc$, तब $\frac{a}{b}>\frac{c}{d}$
- सतत् भिन्न को सरल करने के लिए सदैव नीचे से हल करना प्रारम्भ करते हैं

  उदाहरण $\frac{1}{3-\frac{1}{2-\frac{1}{7}}}=\frac{1}{3-\frac{7}{13}}=\frac{13}{32}$

अभ्यास प्रश्न

1 $3\frac{2}{5}+1\frac{3}{7}+1\frac{6}{35}$ का मान है

(a) 5 (b) $7\frac{2}{7}$

(c) $5\frac{11}{35}$ (d) 6

2 $6\frac{3}{4}$ तथा $3\frac{2}{3}$ का अन्तर है

(a) $1\frac{1}{12}$ (b) $3\frac{1}{12}$

(c) $2\frac{1}{12}$ (d) इनमें से कोई नहीं

3 $3\frac{1}{4}$ तथा $2\frac{2}{5}$ का गुणनफल है

(a) $\frac{4}{5}$ (b) 7

(c) $7\frac{4}{5}$ (d) इनमें से कोई नहीं

4 $14-\left(1\frac{3}{4}+6\frac{2}{3}\right)$ का मान है

(a) $5\frac{7}{12}$ (b) $5\frac{3}{5}$

(c) 3 (d) $3\frac{13}{5}$

5 $\left(3\frac{2}{3}-3\frac{1}{6}\right)+\frac{7}{9}$ का मान है

(a) $\frac{20}{13}$ (b) $\frac{20}{3}$

(c) $1\frac{5}{18}$ (d) $1\frac{5}{9}$

6 $\frac{5}{24}$ में से क्या घटाया जाए कि प्राप्त भिन्न $\frac{7}{48}$ हो ?

(a) $\frac{21}{16}$ (b) $\frac{1}{16}$ (c) $\frac{1}{48}$ (d) $\frac{5}{24}$

7 भिन्न $\frac{4}{7}$ का कौन-सा भाग उसी में जोड़ा जाए कि योग $1\frac{1}{14}$ प्राप्त हो?

(a) 7/8 (b) 1/2

(c) 4/7 (d) 15/15

8 निम्न भिन्नों में कौन-सी भिन्न सबसे बड़ी है?

$\frac{7}{12},\frac{11}{16},\frac{12}{17},\frac{13}{18},\frac{31}{36}$

(a) $\frac{31}{36}$ (b) $\frac{7}{12}$ (c) $\frac{12}{17}$ (d) $\frac{11}{16}$

9 निम्नलिखित भिन्नों में से कौन-सी भिन्न सबसे छोटी है?

$\frac{9}{13},\frac{17}{26},\frac{28}{39},\frac{33}{52}$

(a) $\frac{33}{52}$ (b) $\frac{17}{26}$ (c) $\frac{9}{13}$ (d) $\frac{28}{39}$

10 $\frac{7}{11}, \frac{9}{11}$ व $\frac{8}{11}$ का आरोही क्रम है

(a) $\frac{9}{11} < \frac{8}{11} < \frac{7}{11}$

(b) $\frac{7}{11} < \frac{8}{11} < \frac{9}{11}$

(c) $\frac{8}{11} < \frac{9}{11} < \frac{7}{11}$

(d) उपरोक्त में से कोई नहीं

11 $\dfrac{1\frac{1}{4} \div 1\frac{1}{2}}{\frac{1}{15} + 1\frac{9}{10}}$ का मान है

(a) 2/5 (b) 25/59
(c) 9/2 (d) 3

12 यदि $x + \frac{5}{6} + \frac{5}{7} + \frac{4}{9} = 2\frac{125}{126}$ हो, तो x का मान है

(a) 1 (b) 3 (c) 1/9 (d) 3/7

13 $\dfrac{1}{1 + \dfrac{1}{2 + \frac{1}{3}}}$ का मान है

(a) $\frac{3}{7}$ (b) $\frac{10}{7}$ (c) $\frac{7}{10}$ (d) $\frac{7}{9}$

14 $\dfrac{1}{3 + \dfrac{1}{2 - \dfrac{1}{7/9}}} + \dfrac{17}{22}$ का मान है

(a) $\frac{12}{22}$ (b) $\frac{22}{5}$ (c) $\frac{5}{22}$ (d) 1

15 यदि $2 = x + \dfrac{1}{1 + \dfrac{1}{3 + \frac{1}{4}}}$ हो, तब x का मान है

(a) $\frac{16}{17}$ (b) $\frac{21}{17}$ (c) $\frac{13}{17}$ (d) $\frac{12}{17}$

16 दो भिन्नों का गुणनफल 14/15 है तथा उनका भागफल 35/24 है। इनमें से बड़ी भिन्न है

(a) 7/4 (b) 7/6
(c) 7/3 (d) 4/5

17 किसी संख्या के $\frac{3}{4}$ का $\frac{1}{2}$, $\left(10 \text{ का } 2\frac{1}{2}\right)$ के बराबर है। वह कौन-सी संख्या है?

(a) 50 (b) 60
(c) $66\frac{2}{3}$ (d) 56

18 जब किसी लड़के से किसी भिन्न का 6/7 बताने को कहा गया, तो उसने गलती से उस भिन्न को 6/7 से भाग दे दिया और सही उत्तर से 13/70 अधिक उत्तर प्राप्त किया। वह भिन्न है

(a) 2/3 (b) 3/5 (c) 4/5 (d) 7/9

19 एक खेत का आधा भाग सब्जी उगाने के काम में आता है। इसका $\frac{1}{5}$ भाग आलू उगाने के काम में आता है। खेत का कौन-सा भाग आलू उगाने के काम में आता है?

(a) $\frac{1}{8}$ भाग (b) $\frac{1}{10}$ भाग

(c) $\frac{1}{2}$ भाग (d) $\frac{3}{4}$ भाग

उत्तरमाला

1 (d)	2 (b)	3 (c)	4 (a)	5 (c)
6 (b)	7 (a)	8 (a)	9 (a)	10 (b)
11 (b)	12 (a)	13 (c)	14 (d)	15 (b)
16 (b)	17 (c)	18 (b)	19 (b)	

संकेत एवं हल

1. (d) $3\frac{2}{5} + 1\frac{3}{7} + 1\frac{6}{35} = \frac{17}{5} + \frac{10}{7} + \frac{41}{35}$

$= \frac{119 + 50 + 41}{35} = \frac{210}{35} = 6$

2. (b) $6\frac{3}{4} - 3\frac{2}{3} = \frac{27}{4} - \frac{11}{3} = \frac{81 - 44}{12}$

$= \frac{37}{12} = 3\frac{1}{12}$

3. (c) $3\frac{1}{4} \times 2\frac{2}{5} = \frac{13}{4} \times \frac{12}{5} = \frac{39}{5} = 7\frac{4}{5}$

4. (a) $14 - \left(1\frac{3}{4} + 6\frac{2}{3}\right) = 14 - \left(\frac{7}{4} + \frac{20}{3}\right)$

$= 14 - \left(\frac{21 + 80}{12}\right)$

$= 14 - \frac{101}{12} = \frac{168 - 101}{12} = \frac{67}{12} = 5\frac{7}{12}$

5. (c) $\left(3\frac{2}{3} - 3\frac{1}{6}\right) + \frac{7}{9} = \frac{11}{3} - \frac{19}{6} + \frac{7}{9}$

$= \frac{66 - 57 + 14}{18}$

$= \frac{80 - 57}{18}$

$= \frac{23}{18} = 1\frac{5}{18}$

6. (b) माना घटाई गई संख्या $= x$

प्रश्नानुसार, $\frac{5}{24} - x = \frac{7}{48}$

$x = \frac{5}{24} - \frac{7}{48} = \frac{10 - 7}{48}$

$= \frac{3}{48} = \frac{1}{16}$

7. (a) माना भिन्न का x भाग जोड़ना है।

$\therefore$ प्रश्नानुसार, $\frac{4}{7} + \frac{4}{7} \times x = 1\frac{1}{14}$

$\Rightarrow \frac{4}{7}(1 + x) = \frac{15}{14}$

$\Rightarrow 1 + x = \frac{15 \times 7}{14 \times 4} = \frac{15}{8}$

$\Rightarrow x = \frac{15}{8} - 1$

$\Rightarrow x = \frac{15 - 8}{8} = \frac{7}{8}$

8. (a) $\because$ $12 - 7 = 5$

$16 - 11 = 5$

$17 - 12 = 5$

$18 - 13 = 5$

$36 - 31 = 5$

उपरोक्त से स्पष्ट है, कि भिन्नों के अंश व हर का अन्तर समान है। अत: बड़े अंश वाली भिन्न बड़ी होगी।

$\therefore$ भिन्न $\frac{31}{36}$ सबसे बड़ी भिन्न है।

9. (a) $\frac{9}{13} = 0.68, \frac{17}{26} = 0.65, \frac{28}{39} = 0.71$

और $\frac{33}{52} = 0.63$

अत: सबसे छोटी भिन्न $= \frac{33}{52}$

10. (b) हम जानते हैं, कि समान हर वाली भिन्नों में छोटे अंश वाली भिन्न छोटी तथा बड़े अंश वाली भिन्न बड़ी होती है।

$\therefore$ $\frac{7}{11}, \frac{9}{11}$ तथा $\frac{8}{11}$ का आरोही क्रम निम्न है

$\frac{7}{11} < \frac{8}{11} < \frac{9}{11}$

11. (b) $\dfrac{1\frac{1}{4} + 1\frac{1}{2}}{\frac{1}{15} + 1\frac{9}{10}} = \dfrac{\frac{5}{4} + \frac{3}{2}}{\frac{1}{15} + \frac{19}{10}} = \dfrac{\frac{5}{4} \times \frac{2}{3}}{\frac{2 + 57}{30}}$

$= \frac{5/6}{59/30} = \frac{25}{59}$

12. (a) $x+\frac{5}{6}+\frac{5}{7}+\frac{4}{9}=2\frac{125}{126}$;

$$x=\frac{377}{126}-\frac{5}{6}-\frac{5}{7}-\frac{4}{9}$$

$$x=\frac{377-105-90-56}{126}$$

$$=\frac{377-251}{126}=\frac{126}{126}=1$$

13. (c) $\frac{1}{1+\frac{1}{2+\frac{1}{3}}}=\frac{1}{1+\frac{1}{7/3}}$

$$=\frac{1}{1+\frac{3}{7}}=\frac{1}{\frac{7+3}{7}}=\frac{7}{10}$$

14. (d) $\frac{1}{3+\frac{1}{2-\frac{1}{7/9}}}+\frac{17}{22}=\frac{1}{3+\frac{1}{2-\frac{9}{7}}}+\frac{17}{22}$

$$=\frac{1}{3+\frac{1}{5/7}}+\frac{17}{22}$$

$$=\frac{1}{3+\frac{7}{5}}+\frac{17}{22}=\frac{5}{22}+\frac{17}{22}$$

$$=\frac{5+17}{22}=\frac{22}{22}=1$$

15. (b) $2=x+\frac{1}{1+\frac{1}{3+\frac{1}{4}}}$

$$2=x+\frac{1}{1+\frac{4}{13}}\Rightarrow 2=x+\frac{13}{17}$$

$$x=2-\frac{13}{17}=\frac{34-13}{17}\Rightarrow x=\frac{21}{17}$$

16. (b) माना दो भिन्न क्रमश: x और y हैं, तब

प्रश्नानुसार, $x\times y=\frac{14}{15}$ ...(i)

$\frac{x}{y}=\frac{35}{24}$ ...(ii)

समी (i) और (ii) को हल करने पर,

$x=\frac{7}{6}$ तथा $y=\frac{4}{5}$

या $x=\frac{35}{30}$ तथा $y=\frac{24}{30}$

अत: बड़ी भिन्न $=\frac{7}{6}$

17. (c) माना संख्या $=x$

प्रश्नानुसार,

$x\times\frac{3}{4}$ का $\frac{1}{2}=10$ का $2\frac{1}{2}$

$$\Rightarrow x\times\frac{3}{4}\times\frac{1}{2}=10\times\frac{5}{2}$$

$$\Rightarrow x=\frac{10\times5\times4}{3}$$

$$=\frac{200}{3}=66\frac{2}{3}$$

18. (b) माना अभीष्ट भिन्न x है।

प्रश्नानुसार, $\frac{x}{6/7}-\frac{6}{7}x=\frac{13}{70}$

$$\Rightarrow \frac{7x}{6}-\frac{6x}{7}=\frac{13}{70}$$

$$\Rightarrow \frac{49x-36x}{42}=\frac{13}{70}$$

$$\Rightarrow \frac{13x}{42}=\frac{13}{70}$$

$$\Rightarrow x=\frac{42}{70}=\frac{3}{5}$$

19. (b) माना खेत का कुल भाग $=x$

सब्जी उगाने के लिए खेत का भाग $=\frac{x}{2}$

आलू उगाने के लिए खेत का भाग

$$=\frac{x}{2}\times\frac{1}{5}=\frac{x}{10}$$

अत: खेत का $\frac{1}{10}$ भाग आलू उगाने में काम आता है।

03 मूलभूत अंकगणितीय संक्रियाएँ
Fundamental Arithmetical Operations

सरलीकरण (Simplification) जब किसी व्यंजक के सरल करने की क्रिया जटिल होती है तब उसे सरल करने के लिए विशेष नियमों का पालन किया जाता है, यह संक्रिया सरलीकरण कहलाती है।

BODMAS नियम

जब किसी व्यंजक में एकसाथ एक से अधिक संक्रियाएँ (कोष्ठक, योग, अन्तर, गुणा, भाग, या का) हों, तो उन्हें सरल करने के लिए BODMAS क्रम का पालन करते हैं।

B → कोष्ठक (Bracket)
O → का (Of)
D → भाग (Division)
M → गुणा (Multiplication)
A → योग (Addition)
S → अन्तर (Subtraction)

कोष्ठकों को भी सरल करते हुए उनके क्रम का ध्यान रखते हैं। उनका क्रम Vi Ci Cu Sq के अनुरूप होता है।

Vi → रेखा कोष्ठक (Vinculum or Bar) '—'
Ci → छोटा कोष्ठक (Circular Bracket) '( )'
Cu → मझला कोष्ठक (Curly Bracket) '{ }'
Sq → बड़ा कोष्ठक (Square Bracket) '[ ]'

नोट *किसी संक्रिया या कोष्ठक की अनुपस्थिति में उनके क्रम में परिवर्तन नहीं होता।*

महत्त्वपूर्ण प्वॉइंट्स एवं फॉर्मूले

व्यंजकों के सरलीकरण में निम्न बीजगणितीय सूत्र उपयोगी होते हैं

- $a^2 - b^2 = (a+b)(a-b)$
- $(a+b)^2 = a^2 + 2ab + b^2$
- $(a-b)^2 = a^2 - 2ab + b^2$
- $(a+b)^3 = a^3 + b^3 + 3ab(a+b)$
- $(a-b)^3 = a^3 - b^3 - 3ab(a-b)$
- $a^3 + b^3 = (a+b)(a^2 - ab + b^2)$
- $a^3 - b^3 = (a-b)(a^2 + ab + b^2)$
- $(a+b+c)^2 = a^2 + b^2 + c^2 + 2ab + 2bc + 2ca$
- $a^3 + b^3 + c^3 - 3abc = (a+b+c)(a^2 + b^2 + c^2 - ab - bc - ca)$
- यदि $a + b + c = 0$ हो, तो $a^3 + b^3 + c^3 = 3abc$
- $(a+b)^2 = (a-b)^2 + 4ab$
- $x^2 + \frac{1}{x^2} = \left(x + \frac{1}{x}\right)^2 - 2 = \left(x - \frac{1}{x}\right)^2 + 2$
- $\left(x + \frac{1}{x}\right)^2 = \left(x - \frac{1}{x}\right)^2 + 4$
- $x^3 + \frac{1}{x^3} = \left(x + \frac{1}{x}\right)^3 - 3\left(x + \frac{1}{x}\right)$
- $x^3 - \frac{1}{x^3} = \left(x - \frac{1}{x}\right)^3 + 3\left(x - \frac{1}{x}\right)$

वर्गमूल

किसी दी गई संख्या का वर्गमूल वह संख्या है, जिसका वर्ग करने पर दी गई संख्या प्राप्त होती है। इसे चिन्ह ($\sqrt{\ }$) द्वारा प्रदर्शित करते हैं।

उदाहरण 4 का वर्गमूल $= \sqrt{4} = 2$

वर्गमूल ज्ञात करने की विधियाँ
(Methods to Find Out Square Root)

वर्गमूल ज्ञात करने की निम्न दो विधियाँ हैं

1. गुणनखण्ड विधि

(i) दी गई संख्या के अभाज्य गुणनखण्ड ज्ञात करते हैं।
(ii) समान गुणनखण्डों के जोड़े बनाते हैं।
(iii) प्रत्येक जोड़े में से एक गुणनखण्ड लेते हैं तथा लिए गए गुणनखण्डों की गुणा करते हैं।
(iv) प्राप्त गुणनफल ही दी गई संख्या का वर्गमूल है।

उदाहरण 1 19600 का वर्गमूल ज्ञात कीजिए।
(a) 132 (b) 138 (c) 140 (d) 180

हल (c) $\sqrt{19600} = \sqrt{\overline{2\times2}\times\overline{2\times2}\times\overline{5\times5}\times\overline{7\times7}}$

$\therefore \quad = 2\times2\times5\times7 = 140$

2. भाग विधि

(i) दी गई संख्या के इकाई के अंक की ओर से दो-दो अंकों के जोड़े बनाए जाते हैं।
(ii) बाईं ओर के सबसे पहले जोड़े या अंक में किसी ऐसी संख्या से भाग देते हैं जिसका वर्ग उस जोड़े या अंक के बराबर हो या उससे कम हो। इसी संख्या को भाजक तथा भागफल के स्थान पर लिख देते हैं।
(iii) शेषफल ज्ञात करके अगले जोड़े को शेषफल के दाईं ओर लिखते हैं।
(iv) भागफल का दोगुना करके प्राप्त संख्या को भाजक के स्थान पर रखते हैं। भाजक में रखी गई संख्या के दाईं ओर एक ऐसा अंक लिखते हैं जिससे प्राप्त भाजक में गुणा करने पर प्राप्त गुणनफल भाज्य के बराबर या उससे कम हो।
(v) प्राप्त गुणनफल को भाज्य के नीचे लिखकर शेषफल ज्ञात करते हैं तथा भाजक में रखे गए अंक को भागफल में लिख देते हैं।
(vi) यह क्रिया तब तक करते हैं जब तक कि सब जोड़े समाप्त नहीं हो जाते। प्राप्त भागफल ही दी गई संख्या का अभीष्ट वर्गमूल है।

उदाहरण 2 917764 का वर्गमूल ज्ञात कीजिए।

(a) 311 (b) 467 (c) 958 (d) 1058

हल (c)

	958
9	917764
	81
185	1077
	925
1908	15264
	15264
	0

$\therefore \quad \sqrt{917764} = 958$

घनमूल

किसी दी गई संख्या का घनमूल वह संख्या है जिससे उसी संख्या को तीन बार गुणा करने पर पुनः दी गई संख्या प्राप्त होती है। किसी संख्या का घनमूल दी गई संख्या की तीसरी घात के बराबर होता है।

किसी संख्या r के घनमूल को $\sqrt[3]{r}$ द्वारा निरूपित किया जाता है।

यदि $q = p^3$ हो, तो $p = q^{1/3}$ होता है, अर्थात् p, q का घनमूल है।

घनमूल ज्ञात करने की विधि

दी गई संख्या के अभाज्य गुणनखण्ड ज्ञात करते हैं। समान गुणनखण्डों में से तीन-तीन के जोड़े बनाते हैं। प्रत्येक जोड़े में से एक गुणनखण्ड लेते हैं तथा लिए गए गुणनखण्डों की गुणा करते हैं। प्राप्त गुणनफल ही दी गई संख्या का घनमूल होता है।

उदाहरण 3 $\sqrt[3]{17576}$ का मान निकालिए।

(a) 26 (b) 126 (c) 25 (d) 24

हल (a)

2	17576
2	8788
2	4394
13	2197
13	169
13	13
	1

$\therefore \quad \sqrt[3]{17576} = \sqrt[3]{\overline{2 \times 2 \times 2} \times \overline{13 \times 13 \times 13}} = 2 \times 13 = 26$

- यदि किसी पूर्ण वर्ग संख्या के इकाई के स्थान पर 1 हो, तो वर्गमूल में इकाई के स्थान पर 1 या 9; 4 हो, तो 2 या 8; 5 हो, तो 5; 6 हो, तो 4 या 6 तथा 9 हो, तो 3 या 7 होगा।
- एक से छोटी संख्या का वर्गमूल संख्या से बड़ा होता है।

(i) $\sqrt{x\sqrt{x\sqrt{x\sqrt{x \ldots\ldots\ldots n \text{ बार}}}}} = x^{(2^n-1)/2^n}$

(ii) $\sqrt{x\sqrt{x\sqrt{x\sqrt{x \ldots\ldots\ldots \infty}}}} = x$

जिस संख्या के अन्त में इकाई का अंक 2, 3 या 7 हो, तो वह संख्या पूर्ण वर्ग नहीं होगी।

अपवर्तक तथा अपवर्त्य

यदि संख्या a, संख्या b को पूर्णतया विभाजित कर दे, तो संख्या a को संख्या b का अपवर्तक कहते हैं तथा संख्या b को संख्या a का अपवर्त्य कहते हैं। **जैसे** 2 तथा 5 को 10 का अपवर्तक कहते हैं तथा 10 को 2 तथा 5 का अपवर्त्य कहते हैं।

महत्तम समापवर्तक

ऐसी संख्याएँ, जो दी गई दो या दो से अधिक संख्याओं को पूर्णतया विभाजित करें, उन संख्याओं के समापवर्तक कहलाती हैं।

ऐसी बड़ी से बड़ी संख्या, जो दी गई दो या दो से अधिक संख्याओं को पूर्णतया विभाजित करे, उन संख्याओं का महत्तम समापवर्तक (म.स.) कहलाती है। **जैसे** 15, 30, 45 के समापवर्तक 3, 5, 15 हैं, परन्तु 15, 30, 45 का महत्तम समापवर्तक 15 है।

महत्तम समापवर्तक ज्ञात करने की विधियाँ

महत्तम समापवर्तक ज्ञात करने की दो विधियाँ हैं

1. **गुणनखण्ड विधि** (Factorisation Method) प्रत्येक दी गई संख्या को अभाज्य गुणनखण्डों के रूप में लिख लेते हैं तथा सभी संख्याओं में उभयनिष्ठ गुणनखण्डों का गुणनफल ही दी गई संख्याओं का म.स. होता है।

उदाहरण 4 24, 30, 42 का म.स. ज्ञात कीजिए।

(a) 6 (b) 7 (c) 8 (d) 9

हल (a) $\because 24 = 2 \times 2 \times 2 \times 3$

$30 = 2 \times 3 \times 5$

$42 = 2 \times 3 \times 7$

$\therefore$ 24, 30 तथा 42 का म.स. $= 2 \times 3 = 6$

2. **भाग विधि** (Division Method) दी गई दो संख्याओं में से बड़ी संख्या को छोटी संख्या से विभाजित किया जाता है तथा पुनः शेषफल द्वारा भाजक में भाग दिया जाता है। यह क्रिया तब तक दोहराई जाती है, जब तक शेषफल शून्य न प्राप्त हो जाए। अन्तिम भाजक ही दी गई दो संख्याओं का म.स. होता है।
   दो से अधिक संख्याओं का म.स. निकालने में पहले दो संख्याओं का म.स. ज्ञात किया जाता है तथा इस म.स. का तीसरी संख्या के साथ म.स. निकालते हैं। यही म.स. तीनों संख्याओं का अभीष्ट म.स. होता है।

यह विधि निम्न उदाहरण द्वारा समझी जा सकती है

उदाहरण 5 36, 54, 63 का म.स. ज्ञात कीजिए।

(a) 8 (b) 9 (c) 10 (d) 18

हल (b) सर्वप्रथम 36 तथा 54 का म.स. इस विधि से निकालते हैं।

36) 54 (1
 36
 18) 36 (2
 36
 ×

अतः 36 तथा 54 का म.स. = 18

अब, 18 तथा 63 का म.स. निकालते हैं।

```
18 ) 63 ( 3
     54
      9 ) 18 ( 2
          18
           ×
```

अत: 36, 54 तथा 63 का म.स. 9 है।

लघुत्तम समापवर्त्य

ऐसी संख्याएँ, जो दी गई दो या दो से अधिक संख्याओं में से प्रत्येक से पूर्णतया विभाजित हो, उन संख्याओं के समापवर्त्य कहलाती हैं।

ऐसी छोटी से छोटी संख्या, जो दी गई दो या दो से अधिक संख्याओं में प्रत्येक से पूर्णतया विभाजित हो, उन संख्याओं का लघुत्तम समापवर्त्य (ल.स.) कहलाती है।

जैसे 3, 5 के समापवर्त्य 15, 30, 45, ... हैं, परन्तु 3, 5 का लघुत्तम समापवर्त्य 15 है।

लघुत्तम समापवर्त्य ज्ञात करने की विधियाँ

लघुत्तम समापवर्त्य ज्ञात करने की भी दो विधियाँ हैं

1. **गुणनखण्ड विधि** (Factorisation Method) दी गई संख्याओं के अभाज्य गुणनखण्ड ज्ञात करते हैं। संख्याओं के अभाज्य गुणनखण्डों के सबसे बड़े घातांकों वाली संख्याओं का गुणनफल ही अभीष्ट ल.स. होता है।

उदाहरण 6 40, 36 व 126 का ल.स. ज्ञात कीजिए।

(a) 2520 (b) 2620
(c) 2530 (d) 2430

हल *(a)* $40 = 2 \times 2 \times 2 \times 5 = 2^3 \times 5$

$36 = 2 \times 2 \times 3 \times 3 = 3^2 \times 2^2$

तथा $126 = 2 \times 3 \times 3 \times 7 = 2 \times 3^2 \times 7$

$\therefore$ 40, 36 व 126 का ल.स. $= 2^3 \times 3^2 \times 5 \times 7 = 8 \times 9 \times 35 = 2520$

2. **भाग विधि** (Division Method) इस विधि को निम्न उदाहरण द्वारा समझा जा सकता है

उदाहरण 7 18, 24, 36 का ल.स. ज्ञात कीजिए।

(a) 360 (b) 45
(c) 72 (d) 108

हल *(c)*

2	18, 24, 36
2	9, 12, 18
2	9, 6, 9
3	9, 3, 9
3	3, 1, 3
	1, 1, 1

18, 24 तथा 36 का ल.स. $= 2 \times 2 \times 2 \times 3 \times 3 = 72$

उदाहरण 8 चार घण्टियाँ 6, 8, 12 तथा 18 सेकण्ड के अन्तर पर बजती हैं। यदि वे 12 बजे एक साथ बजती हैं, तो बताएँ कि वे पुन: कितने सेकण्ड के बाद एक साथ बजेंगी?

(a) 40 सेकण्ड (b) 15 सेकण्ड (c) 72 सेकण्ड (d) 108 सेकण्ड

हल *(c)* इस प्रकार के प्रश्नों में हम ल.स. निकालते हैं

2	6, 8, 12, 18
2	3, 4, 6, 9
2	3, 2, 3, 9
3	3, 1, 3, 9
3	1, 1, 1, 3
	1, 1, 1, 1

$= 2 \times 2 \times 2 \times 3 \times 3 = 72$

अर्थात् घण्टियाँ 72 सेकण्ड बाद पुन: एक साथ बजेंगी।

महत्त्वपूर्ण प्वॉइंट्स एवं फॉर्मूले

- भिन्नों का ल.स. $= \dfrac{\text{अंशों का ल.स.}}{\text{हरों का म.स.}}$
- भिन्नों का म.स. $= \dfrac{\text{अंशों का म.स.}}{\text{हरों का ल.स.}}$
- पहली संख्या × दूसरी संख्या = ल.स. × म.स.
- दशमलव संख्याओं का म.स. तथा ल.स. निकालने के लिए सर्वप्रथम सभी दी गई संख्याओं को समान दशमलव रूप में लिखते हैं। इन संख्याओं को प्राकृतिक संख्या मानकर इनका म.स. या ल.स. निकालते हैं। इसके बाद प्राप्त म.स. या ल.स. में दशमलव समान दशमलव रूप के अनुसार लगाया जाता है।

अभ्यास प्रश्न

सरलीकरण

निर्देश (प्र.सं. 1-6) *निम्नलिखित में प्रश्नचिह्न (?) का मान क्या होगा?*

1 $45 - [28 - \{37 - (15 - ?)\}] = 58$
(a) 19 (b) − 19
(c) 29 (d) − 29

2 $? - 2936248 = 635773$
(a) 2300475 (b) 3572021
(c) 3536021 (d) 3562121

3 $? + 3699 + 1985 - 2047 = 31111$
(a) 34748 (b) 27474
(c) 30154 (d) 27574

4 $75219 \times 9999 = ?$
(a) 752114718 (b) 752114781
(c) 752114871 (d) इनमें से कोई नहीं

5 $19587 \times 637 + 19587 \times 363 = ?$
(a) 16573500 (b) 23561400
(c) 19587000 (d) 14865608

6 $287 \times 287 - 2 \times 287 \times 269 + 269 \times 269 = ?$
(a) 556 (b) 446
(c) 354 (d) 324

7 $\left(5.75 - \frac{3}{7} \times 15\frac{3}{4} + 2\frac{2}{35} \div 1.44\right)$ का सरलतम मान क्या होगा?
(a) $\frac{7}{3}$ (b) $\frac{3}{8}$ (c) $\frac{8}{3}$ (d) $\frac{3}{7}$

8 $5 - \left[\frac{3}{4} + \left\{2\frac{1}{2} - \left(0.5 + \overline{\frac{1}{6} - \frac{1}{7}}\right)\right\}\right]$ का मान है
(a) $\frac{191}{84}$ (b) $\frac{84}{191}$ (c) 0 (d) 1

9 $\frac{(598 + 178)^2 - (598 - 178)^2}{598 \times 178}$ का मान है
(a) $\frac{1}{2}$ (b) 4 (c) 402 (d) $\frac{209}{388}$

10 $\frac{0.8 \times 0.8 \times 0.8 - 0.5 \times 0.5 \times 0.5}{0.8 \times 0.8 + 0.8 \times 0.5 + 0.5 \times 0.5}$ का मान है
(a) 1 (b) 1.2
(c) 0.3 (d) इनमें से कोई नहीं

11 $\frac{0.2 \times 0.2 + 0.02 \times 0.02 - 0.4 \times 0.02}{0.36}$ का मान है
(a) 0.09 (b) 0.9
(c) 0.009 (d) 9

12 यदि $\frac{x}{y} + \frac{y}{x} = 8$, तो $\frac{x^4}{y^4} + \frac{y^4}{x^4}$ का मान क्या होगा?
(a) 3844 (b) 3842
(c) 3700 (d) 3742

13 $\frac{1\frac{1}{4} \div 1\frac{1}{2}}{\frac{1}{15} + 1\frac{9}{10}}$ का मान है
(a) 2/5 (b) 25/59
(c) 9/2 (d) 3

14 यदि $x + \frac{5}{6} + \frac{5}{7} + \frac{4}{9} = 2\frac{125}{126}$ हो, तो x का मान है
(a) 1 (b) 3 (c) 1/9 (d) 3/7

15 यदि $a^2 + b^2 = 45$ और $ab = 18$ हो, तो $\frac{1}{a} + \frac{1}{b}$ ज्ञात कीजिए।
(a) $\frac{1}{3}$ (b) $\frac{2}{3}$ (c) $\frac{1}{2}$ (d) $\frac{1}{4}$

16 एक चिड़ियाघर में खरगोश और कबूतर हैं। यदि सिरों को गिना जाए, तो वे 200 हैं और यदि पैरों को गिना जाए, तो वे 580 हैं। वहाँ कितने कबूतर हैं?
(a) 120 (b) 130 (c) 110 (d) 140

17 $8\frac{1}{2} - \left[3\frac{1}{4} \div \left\{1\frac{1}{4} - \frac{1}{2}\left(1\frac{1}{2} - \overline{\frac{1}{3} - \frac{1}{6}}\right)\right\}\right]$ का सरलीकृत मान है
(a) $4\frac{1}{2}$ (b) $4\frac{1}{6}$ (c) $9\frac{1}{2}$ (d) $\frac{2}{9}$

18 $\sqrt{15612 + \sqrt{154 + \sqrt{225}}}$ बराबर है
(a) 135 (b) 155 (c) 105 (d) 125

19 यदि $\sqrt{1 + \frac{25}{144}} = 1 + \frac{x}{12}$ हो, तो x का मान बराबर है
(a) 1 (b) 2 (c) 5 (d) 9

20 यदि $\sqrt{x} + 238 = 360$ का $\frac{4}{5}$ हो, तो x का मान क्या होगा?
(a) 2500 (b) 3025
(c) 3600 (d) 6400

21 यदि $\frac{\sqrt{32.4}}{\sqrt{x}} = 2$ हो, तो x का मान क्या होगा?
(a) 9 (b) 0.9
(c) 0.09 (d) इनमें से कोई नहीं

22 $\sqrt{\frac{36.1}{102.4}}$ बराबर है
(a) $\frac{29}{32}$ (b) $\frac{19}{72}$ (c) $\frac{19}{32}$ (d) $\frac{29}{62}$

23 $\sqrt{\frac{0.289}{0.00121}}$ बराबर है
(a) $\frac{170}{11}$ (b) $\frac{17}{110}$ (c) $\frac{17}{11}$ (d) $\frac{0.17}{11}$

24 $\sqrt{\frac{0.081 \times 0.484}{0.0064 \times 6.25}}$ बराबर है
(a) 9 (b) 0.9 (c) 99 (d) 0.99

25 यदि $\sqrt{7.24 + x} = 8.71$ हो, तो x का मान क्या होगा?
(a) 0.6241 (b) 6.241
(c) 62.41 (d) इनमें से कोई नहीं

26 $\sqrt{5\sqrt{5\sqrt{5\sqrt{5\sqrt{5\sqrt{5}}}}}}$ का मान क्या होगा?
(a) $2^{63/64}$ (b) 5
(c) $5^{63/64}$ (d) $5^{64/63}$

27 $\sqrt{10 + \sqrt{25 + \sqrt{108 + \sqrt{154 + \sqrt{225}}}}}$ का मान है
(a) 10 (b) 8 (c) 6 (d) 4

28 294 को किस छोटी-से-छोटी संख्या से गुणा किया जाए कि इस प्रकार प्राप्त संख्या एक पूर्ण वर्ग हो?
(a) 2 (b) 3 (c) 6 (d) 24

29 1470 को किस छोटी-से-छोटी संख्या से भाग दिया जाए कि प्राप्त भागफल एक पूर्ण वर्ग हो?
(a) 6 (b) 5 (c) 15 (d) 30

30 छात्रों के एक समूह में प्रत्येक छात्र से उतने ही पैसे लिए गए जितने इस समूह में छात्र थे। यदि कुल धन ₹ 59.29 एकत्र हुआ हो, तो समूह में कितने छात्र थे?
(a) 67 (b) 77
(c) 87 (d) 57

31 675 को किस छोटी-से-छोटी संख्या से गुणा किया जाए कि गुणनफल पूर्ण घन हो?
(a) 5 (b) 6
(c) 7 (d) 8

32 4 अंकों की बड़ी-से-बड़ी संख्या जो पूर्ण घन हो, होगी
(a) 9999
(b) 9261
(c) 8000
(d) उपरोक्त में से कोई नहीं

33 $\sqrt[3]{\sqrt{0.000064}}$ का मान है
(a) 0.02 (b) 0.2
(c) 2 (d) इनमें से कोई नहीं

34 0.000001 का घनमूल होगा
(a) 0.1 (b) 0.01
(c) 0.001 (d) 0.0001

35 एक धनात्मक संख्या तथा उसके घन का योग 30 है। संख्या का मान क्या है?
(a) 1 (b) 2
(c) 3 (d) 4

म.स. एवं ल.स.

36 $2^3 \times 3^2 \times 5^4$ तथा $2^2 \times 3^2 \times 5 \times 7$ का म.स. होगा
(a) 180 (b) 360
(c) 540 (d) 35

37 3556 तथा 3444 का म.स. होगा
(a) 25 (b) 28
(c) 3 (d) 26

38 14, 42 तथा 84 का महत्तम समापवर्तक क्या है?
(a) 2 (b) 7
(c) 14 (d) 1

39 $\frac{5}{6}, \frac{10}{18}, \frac{25}{36}$ का म.स. है
(a) 5/36 (b) 25/6
(c) 25/36 (d) 5/18

40 $\frac{1}{2}, \frac{2}{3}, \frac{3}{4}, \frac{4}{5}$ का ल.स. है
(a) 42 (b) 24
(c) 12 (d) 4/5

41 तीन लोहे की छड़े 64 सेमी, 80 सेमी और 96 सेमी लम्बाइयों की हैं। किसी एक छड़ के द्वारा कम-से-कम कितनी लम्बाई का कपड़ा पूरा-पूरा नापा जा सकता है?
(a) 0.96 मी (b) 19.20 मी
(c) 9.60 मी (d) 96.00 मी

42. एक माली को पंक्तियों में बराबर संख्या में पौधे लगाने को कहा गया। उसने प्रत्येक पंक्ति में 6, 8, 10 और 12 पौधे लगाने की कोशिश की लेकिन प्रत्येक बार पाँच पौधे शेष रह गए। जब उसने एक पंक्ति में 13 पौधे लगाए, तो कोई पौधा शेष नहीं बचा। पौधों की न्यूनतम संख्या होगी
(a) 245 (b) 125 (c) 485 (d) 845

43 5 अंको की सबसे छोटी संख्या क्या होगी जिसके 12, 16, 21, 36 और 40 द्वारा विभाजित होने पर प्रत्येक बार 8 शेषफल बचता हो?
(a) 10088 (b) 10072
(c) 10080 (d) 10070

44 एक व्यापारी के पास तीन प्रकार के तेल तीन मात्राओं कमशः 435 लीटर, 493 लीटर और 551 लीटर में हैं। भरने के लिए एक ही माप के कम-से-कम कितने बर्तन चाहिए?
(a) 51 (b) 61 (c) 47 (d) 45

45 दो संख्याओं का ल.स. 495 तथा म.स. 5 हैं। यदि उन संख्याओं का योग 100 है, तो उनका अन्तर है
(a) 10 (b) 46 (c) 70 (d) 90

46 दो संख्याओं का ल.स. 225 है तथा उनका म.स. 5 है। यदि एक संख्या 25 हो, तो दूसरी संख्या होगी
(a) 5 (b) 25 (c) 45 (d) 225

47 वह छोटी-से-छोटी संख्या, जिसे 12, 15, 20 या 54 से भाग करने पर प्रत्येक दशा में शेष 4 बचे, है
(a) 450 (b) 454
(c) 540 (d) 544

48 चार घण्टियाँ 4, 6, 8 और 14 सेकण्ड के अन्तराल में बजती हैं। वे चारों इकट्ठी 12 बजे बजना प्रारम्भ करती हैं। किस समय वे फिर इकट्ठी बजेंगी?
(a) 12 बजकर 2 मिनट 48 सेकण्ड
(b) 12 बजकर 3 मिनट
(c) 12 बजकर 3 मिनट 20 सेकण्ड
(d) 12 बजकर 3 मिनट 44 सेकण्ड

49 दो संख्याओं का अनुपात 15 : 11 है। यदि उनका महत्तम समापवर्तक 12 हो, तो वे संख्याएँ हैं
(a) 180, 132 (b) 132, 180
(c) 180, 232 (d) 180, 135

50 दो संख्याओं का अनुपात 3 : 4 है और उनका म.स. 4 है। उनका ल.स. है
(a) 12 (b) 16 (c) 24 (d) 48

51 23 का ऐसा सबसे छोटा गुणज जिसे 18, 21 और 24 से भाग देने पर क्रमशः 7, 10 और 13 शेष बचे, है
(a) 3013 (b) 3024
(c) 3002 (d) 3036

52 कुछ अमरूद 16 या 40 या 70 लड़कों में इस प्रकार बाँटें कि प्रत्येक को बराबर-बराबर अमरूद मिले। यदि कोई अमरूद शेष न बचे, तो अमरूद की कम-से-कम संख्या क्या होनी चाहिए?
(a) 560 (b) 280
(c) 140 (d) इनमें से कोई नहीं

उत्तरमाला

1	(a)	2	(b)	3	(b)	4	(b)	5	(c)
6	(d)	7	(d)	8	(a)	9	(b)	10	(c)
11	(a)	12	(b)	13	(b)	14	(a)	15	(c)
16	(c)	17	(b)	18	(d)	19	(a)	20	(a)
21	(d)	22	(c)	23	(a)	24	(d)	25	(a)
26	(c)	27	(d)	28	(c)	29	(d)	30	(b)
31	(a)	32	(b)	33	(b)	34	(b)	35	(c)
36	(a)	37	(b)	38	(c)	39	(a)	40	(c)
41	(c)	42	(d)	43	(a)	44	(a)	45	(a)
46	(c)	47	(d)	48	(a)	49	(a)	50	(d)
51	(a)	52	(a)						

संकेत एवं हल

1. (a) $45 - [28 - \{37 - (15 - ?)\}] = 58$

$- [28 - \{37 - (15 - ?)\}] = 58 - 45$

$\Rightarrow \quad - [28 - \{37 - (15 - ?)\}] = 13$

$\Rightarrow \quad 28 - \{37 - (15 - ?)\} = -13$

$\Rightarrow \quad 28 + 13 = 37 - (15 - ?)$

$\Rightarrow \quad 41 = 37 - (15 - ?)$

$\Rightarrow \quad (15 - ?) = 37 - 41$

$\Rightarrow \quad (15 - ?) = -4$

$\Rightarrow \quad (15 + 4) = ? \Rightarrow ? = 19$

2. (b) $? - 2936248 = 635773$

$? = 635773 + 2936248 = 3572021$

3. (b) $? + 3699 + 1985 - 2047 = 31111$

$? + 5684 = 31111 + 2047$

$? = 33158 - 5684$

$? = 27474$

4. (b) $75219 \times 9999 = 75219 \times (10000 - 1)$

$= 752190000 - 75219$

$= 752114781$

5. (c) $19587 \times 637 + 19587 \times 363$

$= 19587 \times (637 + 363)$

$= 19587 \times 1000$

$= 19587000$

6. (d) $287 \times 287 - 2 \times 287 \times 269 + 269 \times 269$

$= (287 - 269)^2$

$[\because a^2 - 2ab + b^2 = (a - b)^2]$

$= (18)^2 = 324$

7. (d) $\left(5.75 - \frac{3}{7} \times 15\frac{3}{4} + 2\frac{2}{35} \div 144\right)$

$= \left(\frac{575}{100} - \frac{3}{7} \times \frac{63}{4} + \frac{72}{35} \times \frac{100}{144}\right)$

$= \left(\frac{23}{4} - \frac{27}{4} + \frac{10}{7}\right) = \left(-1 + \frac{10}{7}\right)$

$= \frac{-7 + 10}{7} = \frac{3}{7}$

8. (a) $5 - \left[\frac{3}{4} + \left\{2\frac{1}{2} - \left(0.5 + \overline{\frac{1}{6} - \frac{1}{7}}\right)\right\}\right]$

$= 5 - \left[\frac{3}{4} + \left\{\frac{5}{2} - \left(\frac{5}{10} + \frac{1}{42}\right)\right\}\right]$

$= 5 - \left[\frac{3}{4} + \left\{\frac{5}{2} - \left(\frac{1}{2} + \frac{1}{42}\right)\right\}\right]$

$= 5 - \left[\frac{3}{4} + \left\{\frac{5}{2} - \left(\frac{21 + 1}{42}\right)\right\}\right]$

$= 5 - \left[\frac{3}{4} + \left\{\frac{5}{2} - \frac{22}{42}\right\}\right]$

$= 5 - \left[\frac{3}{4} + \left\{\frac{105 - 22}{42}\right\}\right]$

$= 5 - \left[\frac{3}{4} + \frac{83}{42}\right] = 5 - \left[\frac{63 + 166}{84}\right]$

$= 5 - \frac{229}{84} = \frac{420 - 229}{84}$

$= \frac{191}{84}$

9. (b) $\frac{(598 + 178)^2 - (598 - 178)^2}{598 \times 178}$

$= \frac{(a + b)^2 - (a - b)^2}{a \times b}$

$= \frac{a^2 + b^2 + 2ab - a^2 - b^2 + 2ab}{a \times b}$

$[\because a = 598, b = 178]$

$= \frac{4ab}{ab} = 4$

10. (c) माना $a = 0.8$ तथा $b = 0.5$

$\therefore \frac{0.8 \times 0.8 \times 0.8 - 0.5 \times 0.5 \times 0.5}{0.8 \times 0.8 + 0.8 \times 0.5 + 0.5 \times 0.5}$

$= \frac{a^3 - b^3}{a^2 + ab + b^2}$

$= \frac{(a - b)(a^2 + ab + b^2)}{(a^2 + ab + b^2)} = a - b$

$= 0.8 - 0.5 = 0.3$

11. (a) $\frac{0.2 \times 0.2 + 0.02 \times 0.02 - 0.4 \times 0.02}{0.36}$

$= \frac{(0.2)^2 + (0.02)^2 - 2 \times 0.2 \times 0.02}{0.36}$

$= \frac{(0.2 - 0.02)^2}{0.36} = \frac{(0.18)^2}{0.36} = \frac{0.18 \times 0.18}{0.36}$

$= 0.09$

12. (b) $\frac{x}{y} + \frac{y}{x} = 8$

दोनों पक्षों का वर्ग करने पर,

$\left(\frac{x}{y} + \frac{y}{x}\right)^2 = (8)^2$

$\frac{x^2}{y^2} + \frac{y^2}{x^2} + 2 \times \frac{x}{y} \times \frac{y}{x} = 64$

$\frac{x^2}{y^2} + \frac{y^2}{x^2} = 62$

पुन: दोनों पक्षों का वर्ग करने पर,

$\left(\frac{x^2}{y^2} + \frac{y^2}{x^2}\right)^2 = (62)^2$

$\frac{x^4}{y^4} + \frac{y^4}{x^4} + 2 \times \frac{x^2}{y^2} \times \frac{y^2}{x^2} = 3844$

$\frac{x^4}{y^4} + \frac{y^4}{x^4} = 3842$

13. (b) $\frac{1\frac{1}{4} \div 1\frac{1}{2}}{\frac{1}{15} + 1\frac{9}{10}} = \frac{\frac{5}{4} \div \frac{3}{2}}{\frac{1}{15} + \frac{19}{10}} = \frac{\frac{5}{4} \times \frac{2}{3}}{\frac{2 + 57}{30}}$

$= \frac{5/6}{59/30} = \frac{25}{59}$

14. (a) $x + \frac{5}{6} + \frac{5}{7} + \frac{4}{9} = 2\frac{125}{126}$

$x = \frac{377}{126} - \frac{5}{6} - \frac{5}{7} - \frac{4}{9}$

$x = \frac{377 - 105 - 90 - 56}{126}$

$= \frac{377 - 251}{126}$

$= \frac{126}{126} = 1$

15. (c) दिया है, $a^2 + b^2 = 45$ और $ab = 18$

$\because (a + b)^2 = a^2 + b^2 + 2ab$

$= 45 + 2 \times 18 = 45 + 36$

$\therefore \quad (a + b) = \sqrt{81} = 9$

प्रश्नानुसार, $\frac{1}{a} + \frac{1}{b} = \frac{a + b}{ab} = \frac{9}{18} = \frac{1}{2}$

16. (c) माना खरगोश तथा कबूतरों की संख्या क्रमश: x तथा y है।

तब $\quad x + y = 200 \quad$ ...(i)

तथा $\quad 4x + 2y = 580 \quad$ ...(ii)

समी (i) तथा (ii) को हल करने पर,

$x = 90, \ y = 110$

अत: कबूतरों की संख्या = 110

17. (b) $8\frac{1}{2} - \left[3\frac{1}{4} \div \left\{1\frac{1}{4} - \frac{1}{2}\left(1\frac{1}{2} - \frac{1}{3} - \frac{1}{6}\right)\right\}\right]$

$= \frac{17}{2} - \left[\frac{13}{4} \div \left\{\frac{5}{4} - \frac{1}{2}\left(\frac{3}{2} - \frac{1}{3} - \frac{1}{6}\right)\right\}\right]$

$= \frac{17}{2} - \left[\frac{13}{4} \div \left\{\frac{5}{4} - \frac{1}{2}\left(\frac{9 - 2 - 1}{6}\right)\right\}\right]$

$= \frac{17}{2} - \left[\frac{13}{4} \div \left\{\frac{5}{4} - \frac{1}{2} \times 1\right\}\right]$

$= \frac{17}{2} - \left[\frac{13}{4} \div \left\{\frac{5 - 2}{4}\right\}\right] = \frac{17}{2} - \left[\frac{13}{4} \div \frac{3}{4}\right]$

$= \frac{17}{2} - \left[\frac{13}{4} \times \frac{4}{3}\right]$

$= \frac{17}{2} - \frac{13}{3} = \frac{51 - 26}{6} = \frac{25}{6} = 4\frac{1}{6}$

18. (d) $\sqrt{15612 + \sqrt{154 + \sqrt{225}}}$

$= \sqrt{15612 + \sqrt{154 + 15}}$

$= \sqrt{15612 + \sqrt{169}}$

$= \sqrt{15612 + 13} = \sqrt{15625} = 125$

19. (a) $\sqrt{1+\frac{25}{144}} = 1+\frac{x}{12}$

$\Rightarrow \sqrt{\frac{144+25}{144}} = 1+\frac{x}{12}$

$\Rightarrow \sqrt{\frac{169}{144}} = 1+\frac{x}{12}$

$\Rightarrow \frac{13}{12} - 1 = \frac{x}{12} \Rightarrow \frac{x}{12} = \frac{1}{12}$

$\Rightarrow x = 1$

20. (a) $\sqrt{x} + 238 = 360$ का $\frac{4}{5}$

$\sqrt{x} + 238 = 360 \times \frac{4}{5}$

$\sqrt{x} = 288 - 238$

$x = (50)^2 = 2500$

21. (d) $\frac{\sqrt{32.4}}{\sqrt{x}} = 2 \Rightarrow \frac{32.4}{x} = 4$

$\Rightarrow x = \frac{32.4}{4} = 8.1$

22. (c) $\sqrt{\frac{36.1}{102.4}} = \sqrt{\frac{361}{1024}} = \frac{19}{32}$

23. (a) $\sqrt{\frac{0.289}{0.00121}} = \sqrt{\frac{289 \times 100}{121}}$

$= \frac{17 \times 10}{11} = \frac{170}{11}$

24. (d) $\sqrt{\frac{0.081 \times 0.484}{0.0064 \times 6.25}} = \sqrt{\frac{81 \times 484}{64 \times 625}}$

$= \frac{9 \times 22}{8 \times 25} = \frac{198}{200} = 0.99$

25. (a) $\sqrt{75.24 + x} = 8.71$

$75.24 + x = (8.71)^2$

$x = 75.8641 - 75.24$

$x = 0.6241$

26. (c) $\sqrt{5\sqrt{5\sqrt{5\sqrt{5\sqrt{5\sqrt{5}}}}}} = 5^{(2^6-1)/2^6}$

$\left[\because \sqrt{a\sqrt{a\sqrt{a \ldots\ldots\ldots n \text{ बार}}}} = (a)^{\frac{2^n-1}{2^n}}\right]$

$= 5^{64-1/64} = 5^{63/64}$

27. (d) $\sqrt{10+\sqrt{25+\sqrt{108+\sqrt{154+\sqrt{225}}}}}$

$= \sqrt{10+\sqrt{25+\sqrt{108+\sqrt{154+15}}}}$

$= \sqrt{10+\sqrt{25+\sqrt{108+\sqrt{169}}}}$

$= \sqrt{10+\sqrt{25+\sqrt{108+13}}}$

$= \sqrt{10+\sqrt{25+\sqrt{121}}}$

$= \sqrt{10+\sqrt{25+11}}$

$= \sqrt{10+\sqrt{36}}$

$= \sqrt{10+6}$

$= \sqrt{16} = 4$

28. (c) $\because 294 = 7 \times 7 \times 3 \times 2$

उपरोक्त से स्पष्ट है कि 294 में $(3 \times 2) = 6$ से गुणा करने पर गुणनफल पूर्ण वर्ग बन जाएगा।

29. (d) $\because 1470 = 2 \times 3 \times 5 \times 7 \times 7$

उपरोक्त से स्पष्ट है कि 1470 में $(2 \times 3 \times 5 =) 30$ से भाग करने पर भागफल पूर्ण वर्ग बन जाएगा।

30. (b) माना कुल छात्र = x

1 छात्र द्वारा दिया गया धन = ₹ x

x छात्र द्वारा दिया गया धन = ₹ x^2

प्रश्नानुसार, x^2 = ₹ 59.29

$x^2 = 5929$ पैसे

$x = \sqrt{5929}$

$x = 77$

अत: छात्रों की कुल संख्या = 77

31. (a) $\because 675 = 5 \times 5 \times 3 \times 3 \times 3$

उपरोक्त से स्पष्ट है कि यदि 675 को 5 से गुणा किया जाए, तो गुणनफल पूर्ण घन होगा।

32. (b) हम जानते हैं, कि $21^3 = 9261$ तथा

$22^3 = 10648$

अत: 4 अंकों की सबसे बड़ी घन संख्या 9261 है, जो पूर्ण घन है।

33. (b) $\sqrt[3]{\sqrt{0.000064}} = \sqrt[3]{0.008} = 0.2$

34. (b) $\sqrt[3]{0.000001} = \sqrt[3]{\frac{1}{1000000}}$

$= \sqrt[3]{\frac{1}{100 \times 100 \times 100}}$

$= \frac{1}{100} = 0.01$

35. (c) विकल्प (c) से, $3 + (3)^3 = 3 + 27 = 30$

अत: अभीष्ट संख्या 3 है।

36. (a) प्रथम संख्या = $2^3 \times 3^2 \times 5^4$

द्वितीय संख्या = $2^2 \times 3^2 \times 5 \times 7$

$\therefore$ अभीष्ट म. स. = $2^2 \times 3^2 \times 5$

$= 2 \times 2 \times 3 \times 3 \times 5 = 180$

37. (b)

```
3444) 3556 (1
      3444
       112) 3444 (3
            336
             84)112(1
                84
                28)84(3
                   84
                    ×
```

अभीष्ट म. स. = 28

38. (c) $14 = 2 \times 7$

$42 = 2 \times 3 \times 7$

$84 = 2 \times 2 \times 3 \times 7$

$\therefore$ 14, 42, तथा 84 का म.स. = $2 \times 7 = 14$

39. (a) $\frac{5}{6}, \frac{10}{18}, \frac{25}{36}$ का म.स.

$= \frac{5, 10, 25 \text{ का म.स.}}{6, 18, 36 \text{ का ल.स.}}$

$= \frac{5}{36}$

40. (c) $\frac{1}{2}, \frac{2}{3}, \frac{3}{4}, \frac{4}{5}$ का ल.स.

$= \frac{1, 2, 3, 4 \text{ का ल.स.}}{2, 3, 4, 5 \text{ का म.स.}} = \frac{12}{1} = 12$

41. (c)

2	64, 80, 96
2	32, 40, 48
2	16, 20, 24
2	8, 10, 12
2	4, 5, 6
2	2, 5, 3
3	1, 5, 3
5	1, 5, 1
	1, 1, 1

अत: 64, 80 और 96 का ल. स.

$= 2 \times 2 \times 2 \times 2 \times 2 \times 2 \times 3 \times 5$

$= 64 \times 15$

$= 960$

अभीष्ट कपड़े की नाप = 960 सेमी

या 9.60 मी $\left[\because 1 \text{ सेमी} = \frac{1}{100} \text{ मी}\right]$

42. (d)

2	6, 8, 10, 12
2	3, 4, 5, 6
2	3, 2, 5, 3
3	3, 1, 5, 3
5	1, 1, 5, 1
	1, 1, 1, 1

$\therefore$ 6, 8, 10 और 12 का ल. स.

$= 2 \times 2 \times 2 \times 3 \times 5$

$= 120$

$\therefore$ पौधों की न्यूनतम संख्या = $120 \times k + 5$

$= 120 \times 7 + 5$ $[\because k = 7]$

$= 840 + 5$

$= 845$

43. (a)

2	12, 16, 21, 36, 40
2	6, 8, 21, 18, 20
2	3, 4, 21, 9, 10
2	3, 2, 21, 9, 5
3	3, 1, 21, 9, 5
3	1, 1, 7, 3, 5
5	1, 1, 7, 1, 5
7	1, 1, 7, 1, 1
	1, 1, 1, 1, 1

12, 16, 21, 36 और 40 का ल. स.
$= 2 \times 2 \times 2 \times 2 \times 3 \times 3 \times 5 \times 7$
= 5040

$\therefore$ अभीष्ट संख्या $= 5040 \times 2 + 8$
$= 10080 + 8$
$= 10088$

44. (a) पहले 435 लीटर और 493 लीटर का म.स. ज्ञात करते हैं।

```
435)493(1
    435
    ---
     58)435(7
        406
        ---
         29)58(2
            58
            --
             ×
```

अब, 29 लीटर और 551 लीटर का म.स. लेने पर,

```
29)551(19
   29
   ---
   261
   261
   ---
    ×
```

अत: 435 लीटर, 493 लीटर और 551 लीटर का म.स. =29 लीटर

$\therefore$ अभीष्ट बर्तनों की संख्या

$$= \frac{435}{29} + \frac{493}{29} + \frac{551}{29}$$
$= 15 + 17 + 19$
$= 51$

45. (a) माना संख्याएँ क्रमश: $5a$ और $5b$ हैं,

तब $5a + 5b = 100$

$a + b = 20$ ...(i)

$\because$ $5a \times 5b = 495 \times 5$

$a \times b = 99$ ...(ii)

समी (i) और (ii) से, $a = 11$ और $b = 9$

$\therefore$ अभीष्ट अन्तर $= 5 \times 11 - 5 \times 9$
$= 55 - 45 = 10$

46. (c) $\text{दूसरी संख्या} = \frac{\text{म.स.} \times \text{ल.स.}}{\text{पहली संख्या}}$
$= \frac{5 \times 225}{25} = 45$

47. (d)

2	12, 15, 20, 54
2	6, 15, 10, 27
3	3, 15, 5, 27
9	1, 5, 5, 9
5	1, 5, 5, 1
	1, 1, 1, 1

12, 15, 20 और 54 का ल. स.
$= 2 \times 2 \times 3 \times 9 \times 5 = 540$

$\therefore$ अभीष्ट संख्या $= 540 + 4 = 544$

48. (a)

2	4, 6, 8, 14
2	2, 3, 4, 7
	1, 3, 2, 7

$\therefore$ 4, 6, 8, 14 का ल.स.
$= 2 \times 2 \times 3 \times 2 \times 7$
$= 168$

यदि वे घण्टियाँ 12 बजे एक साथ बजती हैं, तो वे 168 सेकण्ड अर्थात् 2 मिनट 48 सेकण्ड पश्चात् एक साथ बजेंगी। अत: पुन: वे एक साथ 12 बजकर 2 मिनट 48 सेकण्ड पर बजेंगी।

49. (a) माना संख्याएँ $15x$ तथा $11x$ हैं। तब उनका म.स. $= x$ परन्तु $x = 12$

अत: वे संख्याएँ 15×12 तथा 11×12 हैं।

अत: संख्याएँ 180 तथा 132 हैं।

50. (d) संख्याओं का अनुपात = 3 : 4

तथा संख्याओं का म.स. = 4

माना संख्याएँ $3x$ तथा $4x$ हैं।

$\therefore$ $3x$ व $4x$ का म.स. $= x$

परन्तु म.स. = 4

$\therefore$ $x = 4$

अत: पहली संख्या $= 3 \times 4 = 12$

तथा दूसरी संख्या $= 4 \times 4 = 16$

12 व 16 का ल.स. $= 4 \times 4 \times 3 = 48$

51. (a) $18 - 7 = 21 - 10 = 24 - 13 = 11$

2	18, 21, 24
2	9, 21, 12
2	9, 21, 6
3	9, 21, 3
3	3, 7, 1
7	1, 7, 1
	1, 1, 1

18, 21 और 24 का ल. स.
$= 2 \times 2 \times 2 \times 3 \times 3 \times 7 = 504$

$\therefore$ अभीष्ट संख्या $= 504 \times 6 - 11$
$= 3024 - 11 = 3013$

52. (a) इस प्रकार के प्रश्नों में ल.स. निकालते हैं।

2	16, 40, 70
2	8, 20, 35
2	4, 10, 35
2	2, 5, 35
5	1, 5, 35
7	1, 1, 7
	1, 1, 1

$= 2 \times 2 \times 2 \times 2 \times 5 \times 7 = 560$ अमरूद

अत: कम-से-कम अमरूदों की संख्या = 560

04 औसत
Average

औसत (Average)

किन्हीं दिए गए परिणामों का औसत वह राशि है, जो परिणामों के योग को कुल परिणामों की संख्या से भाग देने पर प्राप्त होती है, अर्थात्

$$\text{औसत} = \frac{\text{परिणामों का योग}}{\text{कुल परिणामों की संख्या}}, \quad \text{कुल परिणामों की संख्या} = \frac{\text{परिणामों का योग}}{\text{औसत}}$$

नोट औसत को **मध्यमान** भी कहते हैं।

अति महत्त्वपूर्ण प्वॉइंट्स एवं फॉर्मूले

- यदि n_1 परिणामों का औसत x_1 तथा n_2 परिणामों का औसत x_2 हो, तो कुल परिणामों $(n_1 + n_2)$ का औसत $(\bar{x}) = \frac{n_1x_1 + n_2x_2}{n_1 + n_2}$ होगा।
- x के प्रथम n गुणजों का औसत $\frac{x(n+1)}{2}$ होता है।
- n तक की प्राकृतिक संख्याओं का औसत $\left(\frac{n+1}{2}\right)$ होता है।
- प्रथम n प्राकृतिक सम संख्याओं का औसत $(n + 1)$ होता है।
- n तक की प्राकृतिक सम संख्याओं का औसत $\left(\frac{n}{2} + 1\right)$ होता है, जहाँ n सम है।
- प्रथम n विषम संख्याओं का औसत n होता है।
- n तक की विषम संख्याओं का औसत $\left(\frac{n+1}{2}\right)$ होता है, जहाँ n विषम है।

अभ्यास प्रश्न

1 5 के प्रथम 21 गुणजों का औसत है
(a) 45 (b) 55 (c) 22 (d) 5

2 प्रथम 6 अभाज्य संख्याओं का औसत क्या है?
(a) 4.5 (b) 5 (c) 5.6 (d) 6.8

3 प्रथम 177 प्राकृतिक सम संख्याओं का औसत है
(a) 178 (b) 89
(c) 79 (d) 88.5

4 30 विद्यार्थियों की एक कक्षा में लड़कों की औसत आयु 15.2 वर्ष है। यदि कक्षा में 15 लड़के और आ जाते हैं, तो पूरी कक्षा का औसत आधा वर्ष घट जाता है। नए आने वाले लड़कों की आयु का औसत है
(a) 12.5 (b) 14.7
(c) 13.5 (d) 13.7

5 25 छात्रों की औसत आयु 17 वर्ष है। यदि इसमें अध्यापक की आयु भी शामिल कर ली जाए, तो औसत में एक वर्ष की वृद्धि हो जाती है। अध्यापक की आयु है
(a) 35 वर्ष (b) 43 वर्ष
(c) 48 वर्ष (d) 53 वर्ष

6 एक क्रिकेट खिलाड़ी की 10 पारियों के रनों का औसत 32 था। खिलाड़ी अगली पारी में कितने रन बनाए ताकि उसके रनों का औसत 4 अधिक हो जाए?
(a) 76 (b) 70 (c) 4 (d) 2

7 11 व्यक्तियों के पास औसतन ₹50 है। यदि एक व्यक्ति ₹62 के साथ उनसे जुड जाता है, तो नया औसत क्या होगा?
(a) ₹49.5 (b) ₹50
(c) ₹50.5 (d) ₹51

8 A, B, C का औसत भार 45 किग्रा है। यदि A तथा B का औसत भार 40 किग्रा तथा B और C का 43 किग्रा हो, तो B का भार होगा
(a) 17 किग्रा
(b) 20 किग्रा
(c) 26 किग्रा
(d) 31 किग्रा

9 आठ प्रौढ़ तथा कुछ नाबालिगों के परिवार में प्रति व्यक्ति प्रति मास चावल की औसत खपत 10.8 किग्रा है, जबकि प्रौढ़ों के लिए प्रति व्यक्ति औसत खपत 15 किग्रा तथा नाबालिगों के लिए यह प्रति व्यक्ति 6 किग्रा है। परिवार में नाबालिगों की संख्या होगी
(a) 8 (b) 6
(c) 7 (d) 9

10 14 विद्यार्थियों के औसत अंक 71 परिकलित किए गए। लेकिन बाद में, पता चला कि गलती से एक विद्यार्थी के अंक 56 के स्थान पर 42 लिखे गए और दूसरे विद्यार्थी के 32 के स्थान पर 74 लिखे गए। सही औसत क्या होगा?
(a) 67 (b) 68 (c) 69 (d) 71

11 एक क्रिकेट खिलाड़ी, जिसका गेंदबाजी औसत 24.85 रन प्रति विकेट था। उसने अगले मैच में 52 रन देकर 5 विकेट लिए। उसके बाद उसका औसत 0.85 कम हो गया। तब अन्तिम मैच खेलने तक उसके द्वारा लिए गए विकटों की संख्या क्या थी?
(a) 64 (b) 72 (c) 80 (d) 96

12 यदि 7 क्रमिक संख्याओं का औसत 20 हो, तो उन संख्याओं में सबसे बड़ी संख्या होगी
(a) 24 (b) 23 (c) 22 (d) 20

13 14 छात्राओं और उनकी एक शिक्षिका की औसत आयु 15 वर्ष है। यदि शिक्षिका की आयु हटा दी जाए, तो औसत में एक वर्ष की कमी हो जाती है। शिक्षिका की आयु है
(a) 35 वर्ष (b) 32 वर्ष
(c) 30 वर्ष (d) 29 वर्ष

14 किसी परिवार के 6 पुत्रों की औसत आयु 8 वर्ष है। पुत्रों व उनके माता-पिता को मिलाकर उनकी औसत आयु 22 वर्ष है। यदि पिता उनकी माता से 8 वर्ष बड़े है, तो माता की आयु है
(a) 44 वर्ष (b) 48 वर्ष
(c) 60 वर्ष (d) 50 वर्ष

15 तीन संख्याओं में से, पहली और दूसरी संख्याओं का औसत दूसरी और तीसरी संख्याओं के औसत से 15 अधिक है। पहली और तीसरी संख्या का अन्तर क्या होगा?
(a) 30 (b) 45 (c) 47 (d) 50

16 50 प्रेक्षणों का माध्य 36 था। बाद में यह पता चला कि एक प्रेक्षण 48 को गलती से 23 ले लिया गया है। संशोधित (नया) माध्य है
(a) 35.2 (b) 36.1
(c) 36.5 (d) 39.1

17 तीन व्यक्तियों A, B तथा C का औसत भार 84 किग्रा है। D के सम्मिलित होने पर इन चारों का औसत भार 80 किग्रा हो जाता है। यदि E, जिसका भार D के भार से 3 किग्रा अधिक है, A को प्रतिस्थापित कर दे, तो B, C, D और E का औसत भार 79 किग्रा हो जाता है। A का भार है
(a) 65 किग्रा (b) 70 किग्रा
(c) 75 किग्रा (d) 80 किग्रा

18 किसी कक्षा के 15 विद्यार्थियों की औसत आयु 15 वर्ष है। इनमें से 5 विद्यार्थियों की औसत आयु 14 वर्ष है तथा अन्य 9 विद्यार्थियों की औसत आयु 16 वर्ष है। 15वें विद्यार्थी की आयु है
(a) 11 वर्ष (b) 15 वर्ष
(c) $15\frac{2}{7}$ वर्ष (d) 14 वर्ष

19 किसी स्कूल के 10 शिक्षकों में से एक शिक्षक सेवानिवृत्त हो जाता है और उनके स्थान पर 25 वर्ष की आयु का एक नया शिक्षक नियुक्त हो जाता है। इसके परिणामस्वरूप, शिक्षकों की औसत आयु 3 वर्ष कम हो जाती है। सेवानिवृत्त होने वाले शिक्षक की आयु है
(a) 50 वर्ष (b) 55 वर्ष
(c) 58 वर्ष (d) 60 वर्ष

उत्तरमाला

1 (b)	2 (d)	3 (a)	4 (d)	5 (b)
6 (a)	7 (d)	8 (d)	9 (c)	10 (c)
11 (c)	12 (b)	13 (d)	14 (c)	15 (a)
16 (c)	17 (c)	18 (a)	19 (b)	

संकेत एवं हल

1. (b) 5 के प्रथम 21 गुणजों का औसत
$$= \frac{5 \times (21+1)}{2} = 5 \times 11 = 55$$
$\left[\because x \text{ के प्रथम } n \text{ गुणजों का औसत} = \frac{x(n+1)}{2}\right]$

2. (d) प्रथम 6 अभाज्य संख्याएँ 2, 3, 5, 7, 11, 13 हैं।
$$\therefore \text{ अभीष्ट औसत} = \frac{\text{पदों का योग}}{\text{पदों की संख्या}}$$
$$= \frac{2+3+5+7+11+13}{6}$$
$$= \frac{41}{6} = 6.8 \text{ (लगभग)}$$

3. (a) प्रथम 177 प्राकृतिक सम संख्याओं का औसत = (177 + 1) = 178
[∵ प्रथम n प्राकृतिक संख्याओं का औसत = $(n+1)$]

4. (d) $n_1 = 30, x_1 = 15.2$ वर्ष, $n_2 = 15$
$n_1 + n_2 = 45,\ \bar{x} = 15.2 - 0.5 = 14.7$ वर्ष
$$\therefore \quad \bar{x} = \frac{n_1x_1 + n_2x_2}{n_1 + n_2}$$
$$\Rightarrow \quad 14.7 = \frac{30 \times 15.2 + 15 \times x_2}{45}$$
$$\Rightarrow \quad 14.7 \times 45 = 30 \times 15.2 + 15 \times x_2$$
$$\Rightarrow \quad x_2 = \frac{6615 - 456.0}{15}$$
$$= 13.7$$

5. (b) 25 छात्रों की कुल आयु
= 25× औसत आयु = 25 × 17 = 425
अध्यापक के शामिल होने पर कुल आयु
= 26 × 18 = 468
∴ अध्यापक की आयु = 468 − 425
= 43 वर्ष

6. (a) 10 पारियों के रनों का औसत = 32
10 पारियों के रनों का योग = 320
माना 11वीं पारी में x रन बनाए गए।
$$\text{तब} \quad \frac{320 + x}{11} = 36$$
$$\Rightarrow \quad 320 + x = 396$$
$$\Rightarrow \quad x = 76$$

7. (d) 11 व्यक्तियों के पास कुल धन
= 11 × 50 = ₹ 550
12 वें व्यक्ति के सम्मिलित होने पर कुल धन
= ₹ (550 + 62) = ₹ 612
$$\therefore \text{ नया औसत} = \frac{\text{कुल धन}}{\text{व्यक्तियों की संख्या}}$$
$$= \frac{612}{12} = ₹ 51$$

8. (d) A, B तथा C का औसत भार = 45 किग्रा

$\therefore \quad \frac{A+B+C}{3} = 45$

$A + B + C = 135 \quad ...(i)$

इसी प्रकार, $A + B = 80 \quad ...(ii)$

$B + C = 86 \quad ...(iii)$

$\therefore$ B का भार

$= (A + B + B + C) - (A + B + C)$

$= (80 + 86) - (135)$

$= 166 - 135 = 31$ किग्रा

9. (c) माना परिवार में नाबालिगों की संख्या = x

प्रौढ़ों के लिए प्रति व्यक्ति औसत खपत = 15 किग्रा

प्रौढ़ों के लिए कुल खपत = $15 \times 8 = 120$ किग्रा

नाबालिगों के लिए प्रति व्यक्ति औसत खपत = 6 किग्रा

नाबालिगों के लिए कुल खपत = $6 \times x = 6x$ किग्रा

प्रश्नानुसार, $120 + 6x = 10.8\,(8 + x)$

$120 + 6x = 86.4 + 10.8x$

$33.6 = 4.8x$

$x = 7$

अत: नाबालिगों की संख्या = 7

10. (c) 14 विद्यार्थियों के औसत अंक = 71

14 विद्यार्थियों के कुल अंक = $71 \times 14 = 994$

$\therefore$ सही औसत

$= \frac{994 + (56 - 42) - (74 - 32)}{14}$

$= \frac{994 + 14 - 42}{14} = \frac{966}{14} = 69$

11. (c) माना क्रिकेट खिलाड़ी के कुल विकेट = x

1 विकेट प्राप्त करने के लिए क्रिकेट खिलाड़ी द्वारा खर्च रन = 24.85

माना खिलाड़ी ने कुल x विकेट लिए।

x विकेट प्राप्त करने के लिए क्रिकेट खिलाड़ी द्वारा खर्च रन = $24.85x$

प्रश्नानुसार, $\frac{24.85x + 52}{x + 5} = 24.85 - 0.85$

$24.85x + 52 = 24(x + 5)$

$24.85x + 52 = 24x + 120$

$0.85x = 68$

$x = \frac{68}{0.85}$

$x = 80$

अत: अन्तिम मैच खेलने तक कुल विकेटों की संख्या = 80

12. (b) माना पहली संख्या n है। तब

$\frac{n + (n+1) + (n+2) + (n+3) + (n+4) + (n+5) + (n+6)}{7} = 20$

$\Rightarrow \quad \frac{7n + 21}{7} = 20$

$\Rightarrow \quad n + 3 = 20$

$\Rightarrow \quad n = 17$

$\therefore$ सबसे बड़ी संख्या $= n + 6$

$= 17 + 6 = 23$

13. (d) 14 छात्राओं व 1 शिक्षिका की औसत आयु = 15 वर्ष

$\therefore$ 14 छात्राओं व 1 शिक्षिका की आयु का योग = 225 वर्ष

14 छात्राओं की औसत आयु = 14 वर्ष

14 छात्राओं की आयु का योग = 196 वर्ष

$\therefore$ शिक्षिका की आयु = 225 − 196 = 29 वर्ष

14. (c) परिवार के 6 पुत्रों की औसत आयु = 8 वर्ष

परिवार के 6 पुत्रों की कुल आयु = 48 वर्ष

6 पुत्रों और माता-पिता की औसत आयु = 22 वर्ष

6 पुत्रों और माता-पिता की कुल आयु = $22 \times 8 = 176$ वर्ष

माना माता की आयु = x

तब, पिता की आयु = $x + 8$

प्रश्नानुसार, $48 + x + 8 + x = 176$

$2x = 176 - 56$

$2x = 120$

$x = 60$

अत: माता की आयु = 60 वर्ष

15. (a) प्रश्नानुसार, $\frac{\text{I} + \text{II}}{2} = \frac{\text{II} + \text{III}}{2} + 15$

$\left[\because \text{औसत} = \frac{\text{पदों का योग}}{\text{पदों की संख्या}}\right]$

$\text{I} + \text{II} = \text{II} + \text{III} + 30$

$\therefore \quad \text{I} - \text{III} = 30$

16. (c) नया माध्य = $\frac{\text{पदों का ठीक योग}}{\text{पदों की संख्या}}$

$= \frac{50 \times 36 - 23 + 48}{50}$

$= 36.5$

17. (c) $\because \frac{A+B+C}{3} = 84$

$\left[\because \text{औसत} = \frac{\text{पदों का योग}}{\text{पदों की संख्या}}\right]$

$\therefore \quad A + B + C = 252 \quad ...(i)$

$\because \quad \frac{A+B+C+D}{4} = 80$

$\therefore \quad A + B + C + D = 320 \quad ...(ii)$

पुन: $\frac{B + C + D + E}{4} = 79$

$B + C + D + E = 316 \quad ...(iii)$

समी (ii) और (iii) से,

$320 - 316$

$= A + B + C + D - (B + C + D + D + 3)$

$[\because E = D + 3]$

$\Rightarrow \quad 4 = A - D - 3$

$\therefore \quad A - D = 7 \quad ...(iv)$

समी (ii) और (i) से,

$(A + B + C + D) - (A + B + C)$

$= 320 - 252$

$D = 68$

समी (iv) से,

$A - 68 = 7$

$A = 75$ किग्रा

18. (a) 15 विद्यार्थियों की औसत आयु = 15 वर्ष

15 विद्यार्थियों की कुल आयु = 15×15 = 225 वर्ष

5 विद्यार्थियों की कुल आयु = $5 \times 14 = 70$ वर्ष

9 विद्यार्थियों की कुल आयु = 9×16 = 144 वर्ष

[$\because$ कुल आयु = सदस्यों की संख्या $\times$ औसत आयु]

15वें विद्यार्थी की आयु

= 225 − 70 − 144 = 11 वर्ष

19. (b) माना प्रारम्भिक औसत x है।

$\therefore$ 10 शिक्षकों की कुल आयु = $10x$

पुन: माना सेवानिवृत्त होने वाले शिक्षक की आयु = y वर्ष तब,

प्रश्नानुसार, $\frac{10x - y + 25}{10} = x - 2$

$10x - y + 25 = 10x - 30$

$30 + 25 = y$

$y = 55$

अत: सेवानिवृत्त होने वाले शिक्षक की आयु = 55 वर्ष

05 अनुपात एवं समानुपात
Ratio and Proportion

अनुपात (Ratio)

दो सजातीय राशियों में वह सम्बन्ध जो यह प्रकट करता है कि एक राशि दूसरी राशि की कितनी गुनी है, अनुपात कहलाता है।

दो सजातीय राशियों का अनुपात एक ऐसी संख्या या भिन्न है, जो उन दो राशियों के सम्बन्ध को भागफल द्वारा प्रदर्शित करती है।

यदि a तथा b दो अशून्य संख्याएँ हैं, तो a तथा b के अनुपात को $a:b$ द्वारा निरूपित करते हैं तथा a अनुपात b पढ़ते हैं।

मिश्रित अनुपात (Compound Ratio)

दो या दो से अधिक अनुपातों के अगले पद तथा पिछले पद के गुणनफल के अनुपात को मिश्रित अनुपात कहते हैं।

जैसे 2 : 3, 4 : 5 तथा 7 : 8 का मिश्रित अनुपात

$$= (2 \times 4 \times 7) : (3 \times 5 \times 8) = 7 : 15$$

वर्गानुपात (Duplicate Ratio)

a तथा b के बीच के अनुपात $(a:b)$ का वर्गानुपात $a^2 : b^2$ है। 5:4 का वर्गानुपात 25:16 है।

घनानुपात (Triplicate Ratio)

a तथा b के बीच के अनुपात $(a:b)$ का घनानुपात $a^3 : b^3$ है। 6:7 का घनानुपात $(6)^3 : (7)^3 = 216 : 343$ है।

विलोमानुपात (Inverse Ratio)

a तथा b के बीच के अनुपात $a:b$ का विलोमानुपात $b:a$ है। 8:6 का विलोमानुपात 6:8 है।

समानुपात (Proportion)

दो अनुपातों के तुलनात्मक अध्ययन को समानुपात कहते हैं।

यदि चार अशून्य संख्याएँ a, b, c और d इस प्रकार हैं कि $a : b = c : d$, तो a, b, c और d समानुपात में है तथा इन्हे $a : b :: c : d$ से निरूपित करते है।

अति महत्त्वपूर्ण प्वॉइंट्स एवं फॉर्मूले

- यदि दो संख्याओं a तथा b के बीच मध्य समानुपाती x हो, तो $a : x :: x : b$ या $x^2 = ab$ या $x = \sqrt{ab}$
- यदि a तथा b का तृतीय समानुपाती संख्या x हो, तो $a : b :: b : x$ या $x = \dfrac{b^2}{a}$
- यदि किसी राशि ₹ M को $a : b$ के अनुपात में बाँटे, तो
  पहला भाग $= \dfrac{a}{a+b} \times M$
  दूसरा भाग $= \dfrac{b}{a+b} \times M$
- यदि किसी राशि ₹ M को $a : b : c$ अनुपात में बाँटना हो, तो
  पहला भाग $= \dfrac{a}{a+b+c} \times M$
  दूसरा भाग $= \dfrac{b}{a+b+c} \times M$
  तीसरा भाग $= \dfrac{c}{a+b+c} \times M$
- यदि $\dfrac{a}{b} = \dfrac{c}{d}$ हो, तो $\dfrac{a+b}{a-b} = \dfrac{c+d}{c-d}$ होता है। इसे Componendo तथा Dividendo नियम कहते हैं।

अभ्यास प्रश्न

1 0.12, 0.21, 8 का चतुर्थानुपाती क्या है?
(a) 8.9
(b) 56
(c) 14
(d) 17

2 10 और 40 का चतुर्थानुपाती क्या है?
(a) 15 (b) 30
(c) 20 (d) 25

3 यदि $a : 5 = b : 7 = c : 8$ हो, तो $\dfrac{a+b+c}{a}$ का मान है
(a) 4 (b) 2 (c) 7 (d) 1/4

4 यदि $x : y = 3 : 1$ हो, तो $(x^3 - y^3) : (x^3 + y^3)$ का मान है
(a) 13 : 14 (b) 14 : 13
(c) 10 : 11 (d) 11 : 10

5 यदि $a : b = \dfrac{2}{9} : \dfrac{1}{3}$, $b : c = \dfrac{2}{7} : \dfrac{5}{14}$, $d : c = \dfrac{7}{10} : \dfrac{3}{5}$ हो, तो $a : b : c : d$ बराबर है
(a) 4 : 6 : 7 : 9
(b) 16 : 24 : 30 : 35
(c) 8 : 12 : 15 : 7
(d) 30 : 35 : 24 : 16

6 12 तथा 30 के तृतीयानुपाती तथा 9 व 25 के मध्यानुपाती का अनुपात है
(a) 2 : 1 (b) 5 : 1
(c) 7 : 15 (d) 9 : 14

7 15 : 19 के प्रत्येक पद में से क्या घटाया जाए कि नई संख्याएँ 3 : 4 के अनुपात में बन जाएँ?
(a) 3 (b) 5 (c) 6 (d) 9

8 A और B की मासिक आय का अनुपात 5 : 6 है और उनके खर्च का अनुपात 3 : 4 है। यदि वे क्रमश: ₹ 1800 और ₹ 1600 मासिक की बचत करते हों, तो B की मासिक आय है
(a) ₹ 3400 (b) ₹ 2700
(c) ₹ 1720 (d) ₹ 7200

9 ₹ 750 को A, B तथा C में इस प्रकार बाँटा गया है कि $A : B = 5 : 2$ तथा $B : C = 7 : 13$ हो, तो A का भाग कितना होगा?
(a) ₹ 350 (b) ₹ 260
(c) ₹ 140 (d) ₹ 250

10 तीन कक्षाओं में छात्रों का अनुपात 2 : 3 : 5 है। यदि प्रत्येक कक्षा में 40 छात्र बढ़ा दिए जाते हैं, तो अनुपात बदलकर 4 : 5 : 7 हो जाता है। प्रारम्भ में कितने छात्र थे?
(a) 100 (b) 180
(c) 200 (d) 400

11 A और B के वेतनों का अनुपात 9 : 4 है। यदि A के वेतन को 15% बढ़ा दिया जाए, तो उसका कुल वेतन ₹ 5175 हो जाता है। B का वेतन कितना होगा?
(a) ₹ 2000 (b) ₹ 4000
(c) ₹ 4500 (d) ₹ 2500

12 सम्पूर्ण पृथ्वी पर भूमि का पानी से अनुपात 1 : 2 है तथा उत्तरी गोलार्द्ध का यह अनुपात 2 : 3 है। दक्षिणी गोलार्द्ध पर भूमि का पानी से अनुपात होगा
(a) 11 : 4 (b) 4 : 11
(c) 15 : 4 (d) 4 : 15

13 यदि $p : q = 3 : 4$ तथा $q : r = 8 : 9$ हो, तो $p : r$ है
(a) 1 : 3 (b) 3 : 2
(c) 2 : 3 (d) 1 : 2

14 यदि $(a + b) : (b + c) : (c + a) = 6 : 7 : 8$ तथा $a + b + c = 14$ हो, तो c का मान है
(a) 6 (b) 7 (c) 8 (d) 14

15 यदि $(4x^2 - 3y^2) : (2x^2 + 5y^2) = 12 : 19$ हो, तो $x : y$ बराबर है
(a) 2 : 3 (b) 1 : 2
(c) 3 : 2 (d) 2 : 1

16 यदि $2A = 3B$ तथा $4B = 5C$ हो, तो $A : C$ बराबर है
(a) 4 : 3 (b) 8 : 15
(c) 3 : 4 (d) 15 : 8

17 A, B और C की आय 7 : 9 : 12 के अनुपात में है तथा उनके व्यय 8 : 9 : 15 के अनुपात में है। यदि A अपनी आय का 1/4 भाग बचाता है, तो A, B तथा C की बचत का अनुपात है
(a) 56 : 99 : 69 (b) 69 : 56 : 99
(c) 99 : 56 : 69 (d) 99 : 69 : 56

18 किसी मिश्रित धातु में ताँबे और जस्ते का अनुपात 5 : 2 है। यदि इस मिश्रित धातु के 13 किग्रा 300 ग्राम में 950 ग्राम जस्ता मिला दिया जाए, तो ताँबे और जस्ते का अनुपात होगा
(a) 2 : 1 (b) 2 : 3
(c) 3 : 2 (d) 1 : 2

19 यदि 378 सिक्के ₹ 1, 50 पैसे तथा 25 पैसे के सिक्कों के रूप में हैं तथा इनके मान 13 : 11 : 7 के अनुपात में हैं, तो 50 पैसे के सिक्कों की संख्या होगी
(a) 132 (b) 128
(c) 136 (d) 133

20 P और Q की आय का अनुपात 3 : 4 है तथा उनके व्ययों का अनुपात 2 : 3 है। यदि इनमें से प्रत्येक ₹ 6000 की बचत करता है, तो P की आय है
(a) ₹ 20000 (b) ₹ 12000
(c) ₹ 18000 (d) ₹ 24000

21 ₹ 3400 को A, B, C, D में इस प्रकार विभाजित किया जाता है कि A और B के भागों, B और C के भागों, C और D के भागों के क्रमश: 2 : 3, 4 : 3 तथा 2 : 3 के अनुपात रहे। B और C के भागों का योग है
(a) ₹ 2040 (b) ₹ 1680
(c) ₹ 2000 (d) ₹ 1720

22 किसी थैले में ₹ 90 की राशि 50 पैसे, 25 पैसे और 10 पैसे के सिक्कों के रूप में हैं। यदि 50 पैसे, 25 पैसे और 10 पैसे के सिक्कों का अनुपात 2 : 3 : 5 है, तो थैले में 25 पैसे के सिक्कों की संख्या है
(a) 80 (b) 120
(c) 100 (d) 135

उत्तरमाला

1 (c)	2 (c)	3 (a)	4 (a)	5 (b)
6 (b)	7 (a)	8 (d)	9 (a)	10 (c)
11 (a)	12 (b)	13 (c)	14 (a)	15 (c)
16 (d)	17 (a)	18 (a)	19 (a)	20 (c)
21 (b)	22 (b)			

संकेत एवं हल

1. (c) माना 0.12, 0.21, 8 का चतुर्थानुपाती x है।
$\therefore \frac{0.12}{0.21} = \frac{8}{x} \Rightarrow x = \frac{8 \times 21}{12} = 14$

2. (c) a और b का मध्यानुपाती $= \sqrt{ab}$
10 और 40 का मध्यानुपाती
$= \sqrt{10 \times 40} = \sqrt{400} = 20$

3. (a) $\frac{a}{5} = \frac{b}{7} = \frac{c}{8} = k$
तब, $a = 5k, b = 7k, c = 8k$
$\therefore \frac{a + b + c}{a} = \frac{5k + 7k + 8k}{5k} = \frac{20k}{5k}$
$= 4$

4. (a) $\frac{x}{y} = \frac{3}{1}$ दिए गए व्यंजक में $x = 3$ और $y = 1$ रखने पर,
$\therefore \frac{(x^3 - y^3)}{(x^3 + y^3)} = \frac{((3)^3 - (1)^3)}{((3)^3 + (1)^3)} = \frac{27 - 1}{27 + 1}$
$= \frac{26}{28} = 13 : 14$

5. (b) $a : b = \frac{2}{9} : \frac{1}{3} = \frac{2}{9} \times 9 : \frac{1}{3} \times 9 = 2 : 3$
$b : c = \frac{2}{7} : \frac{5}{14} = \frac{2}{7} \times 14 : \frac{5}{14} \times 14 = 4 : 5$
$c : d = \frac{3}{5} : \frac{7}{10} = \frac{3}{5} \times 10 : \frac{7}{10} \times 10 = 6 : 7$
$a : b : c = 8 : 12 : 15$
$c : d = 6 : 7$
$a : b : c : d = 16 : 24 : 30 : 35$

6. (b) 12 तथा 30 का तृतीयानुपाती

$$(x) = \frac{30 \times 30}{12} = 75$$

9 तथा 25 का मध्यानुपाती

$$y = \sqrt{9 \times 25} = 15$$

$\therefore$ अभीष्ट अनुपात $= \frac{75}{15} = 5:1$

7. (a) प्रश्नानुसार, $\frac{15 - x}{19 - x} = \frac{3}{4}$

$\Rightarrow \quad 60 - 4x = 57 - 3x \Rightarrow x = 3$

8. (d) प्रश्नानुसार, $\frac{5x - 1800}{6x - 1600} = \frac{3}{4}$

$$20x - 7200 = 18x - 4800$$
$$2x = 2400$$
$$x = 1200$$

$\therefore$ B की मासिक आय $= 6 \times 1200$

$= ₹\ 7200$

9. (a) दिया है, $A : B = 5 : 2$

$B : C = 7 : 13$

$A : B : C = 35 : 14 : 26$

$\therefore$ A का मान $= 750 \times \frac{35}{35 + 14 + 26}$

$= 750 \times \frac{35}{75} = ₹\ 350$

10. (c) प्रश्नानुसार,

$2x + 40 + 3x + 40 + 5x + 40$

$= 4x + 5x + 7x$

$10x + 120 = 16x$

$6x = 120$

$x = 20$

प्रारम्भ में छात्रों की संख्या $= 10\,x = 10 \times 20$

$= 200$

11. (a) माना A और B का वेतन क्रमशः $9x$ और $4x$ है,

तब $\frac{9x \times (100 + 15)}{100} = 5175$

$\frac{9x \times 115}{100} = 5175$

$9x = \frac{5175 \times 20}{23}$

$x = \frac{225 \times 20}{9} = 500$

अतः B का वेतन $= 4 \times 500 = ₹\ 2000$

12. (b) माना सम्पूर्ण पृथ्वी पर भूमि $= x$

तथा सम्पूर्ण पृथ्वी पर पानी $= 2x$

कुल भाग $= 3x$

उत्तरी गोलार्द्ध का भाग $= \frac{3x}{2}$

$\therefore$ दक्षिणी गोलार्द्ध पर पानी तथा भूमि का

अनुपात $= \dfrac{x - \frac{3x}{2} \times \frac{2}{5}}{2x - \frac{3x}{2} \times \frac{3}{5}} = \dfrac{\frac{5x - 2x}{5}}{\frac{20x - 9x}{10}}$

$= \dfrac{\frac{2x}{5}}{\frac{11x}{10}} = \frac{4}{11}$

$\therefore$ अभीष्ट अनुपात $= 4:11$

13. (c) $\frac{p}{q} = \frac{3}{4}$ और $\frac{q}{r} = \frac{8}{9}$

$\therefore \quad \frac{p}{q} \times \frac{q}{r} = \frac{3}{4} \times \frac{8}{9} = 2:3$

14. (a) $(a + b) : (b + c) : (c + a) = 6 : 7 : 8$

माना $a + b = 6k, b + c = 7k$

तथा $c + a = 8k$

$\therefore \quad 2(a + b + c) = 6k + 7k + 8k$

$\Rightarrow \quad (a + b + c) = \frac{21}{2} k$

$\Rightarrow \quad 14 = \frac{21}{2} k \Rightarrow k = \frac{4}{3}$

अतः $\quad c = (a + b + c) - (a + b)$

$= \frac{21k}{2} - 6k = \left(\frac{21 - 12}{2}\right) k$

$= \frac{9}{2} \times \frac{4}{3} = 6$

15. (c) $\frac{4x^2 - 3y^2}{2x^2 + 5y^2} = \frac{12}{19}$

$76\,x^2 - 57y^2 = 24x^2 + 60y^2$

$\Rightarrow \quad 52x^2 = 117\,y^2$

$\Rightarrow \quad \frac{x^2}{y^2} = \frac{117}{52} = \frac{9}{4}$

$\Rightarrow \quad \frac{x}{y} = \sqrt{\frac{9}{4}} = \frac{3}{2}$

16. (d) $2A = 3B \Rightarrow \frac{A}{B} = \frac{3}{2}$

तथा $4B = 5\,C \Rightarrow \frac{B}{C} = \frac{5}{4}$

$\therefore \quad \frac{A}{C} = \frac{A}{B} \times \frac{B}{C} = \frac{3}{2} \times \frac{5}{4} = \frac{15}{8}$

17. (a) माना A, B तथा C की आय क्रमशः $7x, 9x$ तथा $12x$ हैं तथा उनके व्यय क्रमशः $8y, 9y$ तथा $15y$ हैं।

तब A की बचत $= 7x - 8y$

B की बचत $= 9x - 9y$

तथा C की बचत $= 12x - 15y$

परन्तु प्रश्नानुसार, A की बचत $= \frac{7x}{4}$

$\Rightarrow \quad 7x - 8y = \frac{7x}{4} \Rightarrow 21x = 32y$

$\Rightarrow \quad x = \frac{32}{21} y \quad \ldots(i)$

A, B तथा C की बचत का अनुपात

$= (7x - 8y) : (9x - 9y) : (12x - 15y)$

$= \frac{8}{3} : \frac{33}{7} : \frac{23}{7}$

[समी (i) से x का मान रखने पर]

$= 56 : 99 : 69$

18. (a) मिश्रित धातु में ताँबे की मात्रा

$= 13.300 \times \frac{5}{7} = 9.5$ किग्रा

जस्ते की मात्रा $= 13.300 \times \frac{2}{7} = 3.8$ किग्रा

$\therefore$ ताँबे और जस्ते का अनुपात

$= \frac{9.5}{3.8 + 0.950} = \frac{9.5}{4.750} = 2:1$

19. (a) ₹ 1, 50 पैसे तथा 25 पैसे के सिक्कों के मान का अनुपात $= 13:11:7$

माना ₹ 1 के सिक्कों का मान $= 13x$

50 पैसे के सिक्कों का मान $= 11x$

तथा 25 पैसे के सिक्कों का मान $= 7x$

अतः ₹ 1 के सिक्कों की संख्या $= 13x$

50 पैसे के सिक्कों की संख्या $= 22x$

तथा 25 पैसे के सिक्कों की संख्या $= 28x$

प्रश्नानुसार, $\quad 13x + 22x + 28x = 378$

$\Rightarrow \quad 63x = 378$

$\Rightarrow \quad x = 6$

$\therefore$ 50 पैसे के सिक्कों की संख्या

$= 22 \times 6 = 132$

20. (c) माना P और Q की आय क्रमशः ₹ $3x$ तथा ₹ $4x$ हैं तथा उनके व्यय क्रमशः ₹ $2y$ तथा ₹ $3y$ हैं।

$\therefore$ P की बचत $= 3x - 2y = ₹6000$

Q की बचत $= 4x - 3y = ₹6000$

$\therefore \quad x = ₹6000, y = ₹6000$

P की आय $= 3 \times 6000 = ₹18000$

21. (b) $A : B = 2 : 3, B : C = 4 : 3$

तथा $C : D = 2 : 3$

$\therefore$ $A : B : C : D = 16 : 24 : 18 : 27$

अतः B का भाग

$= \frac{24}{16 + 24 + 18 + 27} \times 3400$

$= \frac{24}{85} \times 3400 = ₹960$

तथा C का भाग $= \frac{18}{85} \times 3400 = ₹720$

$\therefore$ B तथा C के भाग का योग

$= 960 + 720 = ₹1680$

22. (b) माना 50 पैसे, 25 पैसे और 10 पैसे के सिक्कों की संख्या क्रमशः $2x, 3x,$ और $5x$ है, तब

प्रश्नानुसार, $\frac{2x}{2} + \frac{3x}{4} + \frac{5x}{10} = 90$

$\Rightarrow \quad \frac{20x + 15x + 10x}{20} = 90$

$\Rightarrow \quad 45x = 1800$

$\therefore \quad x = 40$

अतः 25 पैसे के सिक्कों की संख्या

$= 3 \times 40 = 120$

06 प्रतिशतता
Percentage

प्रतिशत की अवधारणा

प्रतिशत, 'प्रति' और 'शत' शब्दों से मिलकर बना है। प्रति का अर्थ 'एक' तथा 'शत' का अर्थ 'सौ' होता है। इस प्रकार प्रतिशत का अर्थ है—'प्रत्येक 100 पर' की गई गणना।

प्रतिशत को चिह्न % से दर्शाते हैं। जैसे—x प्रतिशत = $x\%$

भिन्न के रूप में $x\%$ एक ऐसी संख्या है जिसका हर 100 तथा अंश x है अर्थात् $\frac{x}{100}$, x को 'दर' कहते हैं जिसका मान (संख्यात्मक रूप से) कुछ भी हो सकता है।

जैसे—पचास प्रतिशत = $50\% = \frac{50}{100} = \frac{1}{2}$

प्रतिशत के सामान्य नियम

1. (a) किसी प्रतिशत को भिन्न में बदलने के लिए, 100 से भाग देते हैं।

   जैसे—$75\% = \frac{75}{100} = \frac{3}{4}$

   (b) किसी भिन्न को प्रतिशत में बदलने के लिए, 100 की गुणा करते हैं।

   जैसे— $\frac{9}{20} = \left(\frac{9}{20} \times 100\right)\% = (9 \times 5)\% = 45\%$

2. किसी संख्या (x) का $y\% = x \times \frac{y}{100}$

   जैसे— 90 का $50\% = 90 \times \frac{50}{100} = 90 \times \frac{1}{2} = 45$

उदाहरण 1 2% को भिन्न में बदलिए।

(a) $\frac{1}{50}$ (b) $\frac{1}{2}$ (c) $\frac{2}{3}$ (d) $\frac{1}{100}$

हल (a) $2\% = \frac{2}{100} = \frac{1}{50}$

[∵ भिन्न में बदलने के लिए 100 से भाग करते हैं]

उदाहरण 2 $\frac{3}{5}$ को प्रतिशत में बदलिए।

(a) 40% (b) 50% (c) 60% (d) 70%

हल (c) $\frac{3}{5} = \left(\frac{3}{5} \times 100\right)\% = (3 \times 20)\% = 60\%$

उदाहरण 3 300 के $\frac{1}{5}$ का 10% कितना होगा?

(a) 4 (b) 50 (c) 6 (d) 60

हल (c) 300 के $\frac{1}{5}$ का $10\% = 300 \times \frac{1}{5} \times \frac{10}{100} = 6$

प्रतिशत के विशिष्ट नियम

1. (a) **प्रतिशत वृद्धि का नियम**

   यदि किसी राशि में 10% की वृद्धि की जाए, तो उसका नया मान पहले का $(100 + 10)\% = 110\%$ हो जाएगा।

   जैसे—किसी वस्तु का मूल्य ₹ 500 है। यदि मूल्य में 20% की वृद्धि कर दी जाए, तो

   नया मूल्य = पुराने मूल्य का $(100 + 20)\%$

   $= 500$ का $120\% = 500 \times \frac{120}{100} = 5 \times 120 =$ ₹ 600

   (b) **प्रतिशत वृद्धि ज्ञात करना**

   $$\text{प्रतिशत वृद्धि} = \left(\frac{\text{नया मान} - \text{प्रारम्भिक मान}}{\text{प्रारम्भिक मान}} \times 100\right)\%$$

   या $$\text{प्रतिशत वृद्धि} = \left(\frac{\text{कुल वृद्धि}}{\text{प्रारम्भिक मान}} \times 100\right)\%$$

   जैसे—किसी वस्तु की कीमत ₹ 500 है। एक माह बाद उसकी कीमत ₹ 600 हो गई, तो कितने प्रतिशत वृद्धि हो गई?

   ⇒ प्रारम्भिक मूल्य = ₹ 500, नया मूल्य = ₹ 600

   $$\therefore \text{प्रतिशत वृद्धि} = \left[\frac{\text{नया मूल्य} - \text{प्रारम्भिक मूल्य}}{\text{प्रारम्भिक मूल्य}} \times 100\right]\%$$

   $$= \left(\frac{600 - 500}{500} \times 100\right)\% = \left(\frac{100}{500} \times 100\right)\% = 20\%$$

   अत: वृद्धि = 20%

2. (a) **प्रतिशत कमी का नियम**

   यदि किसी राशि में 10% की कमी की जाए, तो उसका नया मान पहले का $(100 - 10)\% = 90\%$ हो जाएगा।

   जैसे—किसी वस्तु का मूल्य ₹ 600 है। यदि मूल्य में 20% की कमी कर दी जाए, तो नया मूल्य = पुराने मूल्य का $(100 - 20)\%$

   $= 600 \times \frac{80}{100} =$ ₹ 480

   (b) **प्रतिशत कमी ज्ञात करना**

   $$\text{प्रतिशत कमी} = \left(\frac{\text{प्रारम्भिक मान} - \text{नया मान}}{\text{प्रारम्भिक मान}} \times 100\right)\%$$

   या $$\text{प्रतिशत कमी} = \left(\frac{\text{कुल कमी}}{\text{प्रारम्भिक मान}} \times 100\right)\%$$

   जैसे—एक बस में 200 यात्री हैं। अन्तिम स्टेशन पर यह संख्या 50 रह गई। बस में यात्रियों की संख्या में कितने प्रतिशत की कमी हो गई?

   ⇒ प्रारम्भिक मान (पूर्व में यात्री) = 200, नया मान = 50

$\therefore$ प्रतिशत कमी $= \left(\dfrac{\text{प्रारम्भिक मान – नया मान}}{\text{प्रारम्भिक मान}} \times 100\right)\%$

$$= \left(\frac{200-50}{200} \times 100\right)\% = \frac{150 \times 100}{200}\% = 75\%$$

अत: अन्तिम स्टॉप तक यात्रियों की संख्या में 75% की कमी हो गई।

3. **प्रतिशत वृद्धि एवं कमी दोनों होने पर कुल प्रतिशत वृद्धि/कमी ज्ञात करना**

(i) यदि किसी राशि में पहले x% की वृद्धि और फिर y% की कमी की जाए तो,

$$\text{कुल वृद्धि/कमी (\%)} = \left(x - y - \frac{xy}{100}\right)\%$$

उदाहरण 4 एक पुस्तक के मूल्य में पहले 10% की वृद्धि की गई फिर 5% की कमी की गई। उसके मूल्य में अब कुल कितने प्रतिशत वृद्धि या कमी हो गई?

(a) $4\frac{1}{2}$% वृद्धि (b) $3\frac{1}{2}$% कमी

(c) $3\frac{1}{2}$% वृद्धि (d) $4\frac{1}{2}$% कमी

हल (*d*) वृद्धि = 10%, कमी = 5%

कुल प्रतिशत परिणाम $= \left(10 - 5 - \dfrac{10 \times 5}{100}\right)\%$

$$= \left(5 - \frac{1}{2}\right)\% = 4\frac{1}{2}\% \text{ की वृद्धि}$$

(ii) यदि किसी वस्तु के मूल्य में पहले x% की कमी, फिर y% की वृद्धि की जाए, तो

$$\text{कुल वृद्धि/कमी} = \left(-x + y - \frac{xy}{100}\right)\%$$

उदाहरण 5 एक व्यक्ति की आय में पहले 20% की कमी कर दी गई फिर 30% की वृद्धि कर दी गई। अब कुल आय में कितने प्रतिशत वृद्धि या कमी हो गई?

(a) 4% वृद्धि (b) 14% कमी

(c) 10% वृद्धि (d) 10% कमी

हल (*a*) $x = 20, y = 30$

$\therefore$ कुल प्रतिशत वृद्धि या कमी $= \left(-20 + 30 - \dfrac{20 \times 30}{100}\right)\%$

$$= \left(10 - \frac{600}{100}\right)\%$$

$$= (10 - 6)\% = 4\% \text{ वृद्धि}$$

(iii) यदि किसी वस्तु के मूल्य में पहले x% की वृद्धि फिर पुन: y% की वृद्धि कर दी जाए, तो

$$\text{कुल प्रतिशत वृद्धि} = \left(x + y + \frac{xy}{100}\right)\%$$

उदाहरण 6 एक व्यक्ति की मासिक आय में पहले 20% की वृद्धि फिर कुछ माह बाद 10% की वृद्धि और कर दी गई। इस प्रकार उसकी आय में कुल कितने प्रतिशत की वृद्धि हो गई?

(a) 32% (b) 30% (c) 28% (d) 35%

हल (*a*) यहाँ, $x = 20\%, y = 10\%$

$\therefore$ कुल प्रतिशत वृद्धि $= \left(x + y + \dfrac{xy}{100}\right)\%$

$$= \left(20 + 10 + \frac{20 \times 10}{100}\right)\% = \left(30 + \frac{200}{100}\right)\%$$

$$= (30 + 2)\% = 32\% \text{ वृद्धि}$$

(iv) यदि किसी वस्तु के मूल्य में क्रमश: दो बार इस प्रकार कमी की गई कि पहले x% फिर दोबारा y%, तो कुल प्रतिशत कमी

$$= \left(-x - y + \frac{xy}{100}\right)\%$$

उदाहरण 6 एक वस्तु के दाम दो बार घटाए गए, पहले 25% फिर 10%, तो कुल कितने प्रतिशत दाम कम हो गए?

(a) 32.5% (b) 33% (c) 30% (d) 35%

हल (*a*) यहाँ, $x = 25\%, y = 10\%$

$\therefore$ कुल कमी $= \left(-25 - 10 + \dfrac{25 \times 10}{100}\right)\%$

$$= (-35 + 2.5)\% = -32.5\%$$

प्रतिशत सम्बन्धी अन्य महत्त्वपूर्ण सूत्र/नियम

1. (a) यदि A, B से x% अधिक है, तो B, A से $\left(\dfrac{x}{100 + x} \times 100\right)\%$ कम होगा।

जैसे—A, B से 20% अधिक है, तो B, A से $\left(\dfrac{20}{100 + 20} \times 100\right)\%$ $= 16\frac{2}{3}\%$ कम होगा।

(b) यदि A, B से x% कम है, तो B, A से $\left(\dfrac{x}{100 - x} \times 100\right)\%$ अधिक होगा।

जैसे—A, B से 25% कम है, तो B, A से $\left(\dfrac{25}{100 - 25} \times 100\right)\%$ $= 33\frac{1}{3}\%$ अधिक होगा।

विशेष नोट

(i) उपरोक्त सूत्र 1(a) को उस स्थिति में भी लागू किया जा सकता है जब प्रश्न इस प्रकार हो

चीनी के मूल्य में 20% वृद्धि होने पर खपत में कितने प्रतिशत की कमी कर दी जाए, कि होने वाला व्यय अपरिवर्तित रहे।

$\Rightarrow$ प्रतिशत कमी $= \left(\dfrac{20}{100 + 20} \times 100\right) = 16\dfrac{2}{3}\%$

(ii) उपरोक्त सूत्र 1(b) को उस स्थिति में भी लागू किया जा सकता है जब प्रश्न निम्न प्रकार हो

चीनी के मूल्य में 25% की कमी होने पर खपत में कितने प्रतिशत वृद्धि की जा सकती है कि व्यय अपरिवर्तित रहे।

$\Rightarrow$ प्रतिशत वृद्धि $= \left(\dfrac{25}{100 - 25} \times 100\right) = 33\dfrac{1}{3}\%$

2. यदि किसी नगर की आबादी P है जो r% की वार्षिक वृद्धि दर हो तो,

(i) n वर्ष बाद जनसंख्या $A = P\left(1+\frac{r}{100}\right)^n$

(ii) n वर्ष पूर्व जनसंख्या $A = \frac{P}{\left(1+\frac{r}{100}\right)^n}$

***नोट** जनसंख्या में कमी के लिए + r के स्थान पर − r का प्रयोग करें।*

जैसे—एक नगर की वर्तमान आबादी 176400 है। 5% की दर से 2 वर्ष बाद उसकी आबादी

$$= 176400 \times \left(1+\frac{5}{100}\right)^2$$
$$= 176400 \times \frac{21}{20} \times \frac{21}{20}$$
$$= 194481 \text{ होगी।}$$

(iii) यदि किसी नगर की आबादी क्रमशः प्रथम वर्ष r_1%, दूसरे वर्ष r_2%, तीसरे वर्ष r_3% की दर से बढ़े तो, t वर्ष बाद जनसंख्या

$$= A = P \times \left(\frac{100+r_1}{100} \times \frac{100+r_2}{100} \times .....\right) \text{ होगी}$$

***नोट** यदि आबादी r_1%, r_2%, r_3% की दर से घटे, तो*

$100 - r_1, 100 - r_2, 100 - r_3$ का प्रयोग करेंगे।

जैसे—एक नगर की आबादी प्रथम वर्ष 5% की दर से बढ़े, दूसरे वर्ष 10% की दर से घटे, तीसरे वर्ष 10% की दर से बढ़े तब,

तीन वर्ष बाद आबादी $A = P \times \frac{(100+5)}{100} \times \frac{(100-10)}{100} \times \frac{(100+10)}{100}$

$$= P \times \left(\frac{105 \times 90 \times 110}{1000000}\right) \text{ होगी।}$$

अभ्यास प्रश्न

1. 9000 का 25% कितना होगा?
(a) 2350 (b) 2250
(c) 24250 (d) 2550

2. 75% राशि का 75% कितना होगा?
(a) 0.5625 (b) 0.7215
(c) 0.7325 (d) इनमें से कोई नहीं

3. 36 का 8% किस संख्या का 72% है?
(a) 3 (b) 4 (c) 5 (d) 6

4. एक संख्या का 35%, 63 है, तो संख्या क्या होगी?
(a) 180 (b) 170 (c) 160 (d) 150

5. एक संख्या 50 से 20% अधिक है, वह संख्या है
(a) 70 (b) 50 (c) 60 (d) 40

6. 2 घण्टे, 1 दिन का कितने प्रतिशत है?
(a) 12% (b) 24%
(c) $7\frac{1}{4}$% (d) $8\frac{1}{3}$%

7. यदि P का 80% = Q का 2/5 है, तो $P:Q$ क्या है?
(a) 1:2 (b) 2:1
(c) 1:4 (d) 4:1

8. y का x% + x का y% किसके बराबर है?
(a) y का x% (b) x का y%
(c) x का xy% (d) xy का 2%

9. यदि x का 40% का 40%, 40 हो, तो x का मान है
(a) 100 (b) 250
(c) 400 (d) इनमें से कोई नहीं

10. यदि $(x - y)$ का 50% = $(x + y)$ का 30% हो, तो x का कितने प्रतिशत y है?
(a) 25% (b) $33\frac{1}{3}$%
(c) 40% (d) 400%

11. 75 पैसे, ₹ 2 का कितने प्रतिशत है?
(a) 36% (b) $34\frac{1}{2}$%
(c) $37\frac{1}{2}$% (d) 35%

12. किसी संख्या में $16\frac{2}{3}$% की कमी करने पर 40 प्राप्त होता है। संख्या क्या है?
(a) 49 (b) 40 (c) 48 (d) 42

13. एक विद्यालय में 72% लड़की है। यदि इसमें 980 लड़के हों, तो लड़कियों की संख्या कितनी होगी?
(a) 2100 (b) 2400
(c) 2520 (d) 750

14. यदि P की आय Q से 30% अधिक है, तो Q की आय P से कितने प्रतिशत कम है?
(a) $23\frac{1}{13}$% (b) $25\frac{1}{2}$%
(c) $20\frac{3}{5}$% (d) $24\frac{2}{3}$%

15. राहुल को एक परीक्षा में उत्तीर्ण होने के लिए 36% अंक प्राप्त करने थे। उसने 24% अंक प्राप्त किए तथा वह 9 अंकों से असफल हो गया। पूर्णांक कितना है?
(a) 50 (b) 65
(c) 70 (d) 75

16. मनोज ने अपनी कुल धनराशि में से 25% मकान निर्माण में, 40% मशीनों पर, 15% प्लाईवुड पर तथा 5% अन्य पर व्यय किया। इसके बाद भी उसने ₹ 261000 की बचत कर ली, उसके पास आरम्भ में कुल कितनी राशि थी?
(a) ₹ 166000 (b) ₹ 1740000
(c) ₹ 185000 (d) इनमें से कोई नहीं

17. एक चुनाव में दो उम्मीदवार थे। इसमें से 75% मतदाताओं ने अपने मताधिकार का प्रयोग किया। 2% वोट अवैध घोषित किए गए। एक उम्मीदवार ने 9261 मत प्राप्त किए, जो वैध मतों के 75% थे। मतदाता सूची में कुल कितने मतदाता थे?
(a) 14800 (b) 16800
(c) 16900 (d) 17200

18. दो संख्याएँ, तीसरी संख्या से क्रमशः 20% और 50% अधिक हैं। पहली संख्या तीसरी संख्या का कितने प्रतिशत है?
(a) 120 (b) 100
(c) 80 (d) इनमें से कोई नहीं

19. किसी परीक्षा में 65% छात्र पास हुए। यदि फेल छात्र 420 थे तो कुल छात्र कितने थे?
(a) 1000 (b) 1200 (c) 1500 (d) 1600

20. रीतेश अपने वेतन का 30% घरेलू समानों पर, 25% शिक्षा पर तथा 15% अन्य मदों पर खर्च करता है। शेष राशि ₹ 5250 को वह बैंक खाते में जमा करा देता है, तो घरेलू सामानों पर उसका खर्च कितना था?
(a) ₹ 3250 (b) ₹ 4250
(c) ₹ 5250 (d) ₹ 2550

21. एक फ्लैट का बाजार मूल्य प्रतिवर्ष 10% बढ़ता है। उसका वर्तमान बाजार मूल्य ₹ 1996500 है। तीन वर्ष पूर्व उसका मूल्य क्या था?

(a) ₹ 1500000 (b) ₹ 1600000
(c) ₹ 1800000 (d) ₹ 1400000

22. किसी आयत की लम्बाई 20% बढ़ाई जाती है तथा उसकी चौड़ाई 20% कम की जाती है। उसके क्षेत्रफल में कितने प्रतिशत का बदलाव आएगा?

(a) 0.8% वृद्धि
(b) 1.2% कमी
(c) 4% कमी
(d) उपरोक्त में से कोई नहीं

23. एक शहर की आबादी 10% प्रतिवर्ष बढ़ रही है। उसकी वर्तमान आबादी 121000 है। 2 वर्ष बाद शहर की आबादी कितनी हो जाएगी?

(a) 125000 (b) 146410
(c) 135000 (d) 145000

24. दो संख्याओं का अन्तर, उन दोनों में बड़ी संख्या के 20% के बराबर है। यदि छोटी संख्या 20 हो, तो बड़ी संख्या है

(a) 25 (b) 45
(c) 50 (d) 80

25. किसी परीक्षा में 60% छात्र अंग्रेजी में उत्तीर्ण हुए। 70% हिन्दी में और 40% दोनों में उत्तीर्ण हुए। अंग्रेजी और हिन्दी में अनुत्तीर्ण छात्रों की संख्या थी

(a) 10% (b) 20%
(c) 25% (d) 30%

26. किसी छात्र को परीक्षा में उत्तीर्ण होने के लिए 48% अंक चाहिए उसे केवल 48 अंक मिले और वह 48 अंक से अनुत्तीर्ण हो गया, तो कुल अंक क्या है?

(a) 100 (b) 200
(c) 300 (d) 400

27. एक TV सेट की कीमत में 10% की कमी आ जाने से इसकी कीमत ₹ 1650 कम हो गयी। TV सेट का आरम्भिक मूल्य क्या था?

(a) ₹ 16500 (b) ₹ 16000
(c) ₹ 15000 (d) ₹ 16550

28. एक व्यक्ति अपनी आय के 10% की बचत करता है, किन्तु 2 वर्ष बाद जब उसकी आय 20% बढ़ गई, तब भी वह पहले जितनी ही राशि की बचत कर सका। उसका व्यय कितने प्रतिशत बढ़ गया?

(a) $22\frac{2}{9}\%$ (b) $23\frac{1}{3}\%$
(c) $24\frac{2}{9}\%$ (d) $25\frac{2}{9}\%$

उत्तरमाला

1 (b)	2 (a)	3 (b)	4 (a)	5 (c)
6 (d)	7 (a)	8 (d)	9 (b)	10 (a)
11 (c)	12 (c)	13 (c)	14 (a)	15 (d)
16 (b)	17 (b)	18 (a)	19 (b)	20 (c)
21 (a)	22 (c)	23 (b)	24 (a)	25 (a)
26 (b)	27 (a)	28 (a)		

संकेत एवं हल

1. (b) 9000 का 25% $= 9000 \times \frac{25}{100}$

[x का y% $= x \times \frac{y}{100}$]

$= 90 \times 25 = 2250$

2. (a) 75% का 75% $= \frac{75}{100} \times \frac{75}{100}$

[x% का y% $= \frac{x}{100} \times \frac{y}{100}$]

$= \frac{3}{4} \times \frac{3}{4} = \frac{9}{16} = 0.5625$

3. (b) 36 का 8% माना x का 72% है।

$36 \times \frac{8}{100} = x \times \frac{72}{100}$

$\Rightarrow x \times 72 = 36 \times 8$

$\Rightarrow x = \frac{36 \times 8}{72} \Rightarrow x = 4$

4. (a) माना संख्या x है।

प्रश्नानुसार, संख्या का 35% = 63

$x \times \frac{35}{100} = 63$

$x = \frac{6300}{35} = \frac{900}{5} = 180$

5. (c) माना संख्या x है।

$x = 50 +$ 50 का 20%

$= 50 + 50 \times \frac{20}{100} = 50\left(1 + \frac{1}{5}\right)$

$= 50 \times \frac{6}{5} = 60$

6. (d) ∵ 1 दिन = 24 घण्टे

माना 2 घण्टे, 24 घण्टे का x% है

$2 = 24 \times \frac{x}{100}$

$200 = 24 \times x$

$x = \frac{200}{24} = \frac{25}{3} = 8\frac{1}{3}$

∴ 2 घण्टे 1 दिन का $8\frac{1}{3}\%$ है।

7. (a) P का 80% = Q का 2 / 5

$\Rightarrow P \times \frac{80}{100} = Q \times \frac{2}{5}$

$\Rightarrow \frac{P}{Q} = \frac{2}{5} \times \frac{100}{80}$

$\Rightarrow \frac{P}{Q} = \frac{1}{2} \Rightarrow P:Q = 1:2$

8. (d) y का x% + x का y%

$= \frac{y \times x}{100} + \frac{x \times y}{100} = \frac{2xy}{100}$

= xy का $\frac{2}{100}$ = xy का 2%

9. (b) प्रश्नानुसार, x का 40% का 40% = 40

$x \times \frac{40}{100} \times \frac{40}{100} = 40$

$x = \frac{100 \times 100}{40} = 250$

10. (a) (x − y) का 50% = (x + y) का 30%

$\frac{x-y}{x+y} = \frac{30}{50}$ [पक्षान्तर]

$5x - 5y = 3x + 3y \Rightarrow 2x = 8y$

$x = 4y \Rightarrow y = \frac{x}{4}$

$\Rightarrow y = x \times \frac{1}{4} =$ x का $\frac{25}{100}$

= x का 25%

अतः x का 25%, y है।

11. (c) माना 75 पैसे = ₹2 का x% है

75 पैसे = 200 पैसे $\times \frac{x}{100}$

$\Rightarrow 75 = 200 \times \frac{x}{100}$

$x = \frac{7500}{200} = 37\frac{1}{2}\%$

12. (c) माना संख्या x है।

x का $\left(100 - 16\frac{2}{3}\right)\% = 40$

$\Rightarrow$ x का $\left(100 - \frac{50}{3}\right)\% = 40$

$\Rightarrow x \times \frac{300 - 50}{300} = 40$

$\Rightarrow x \times \frac{250}{300} = 40$

$\Rightarrow x = \frac{40 \times 300}{250} \Rightarrow x = 4 \times 12 = 48$

13. (c) लड़कियाँ = 72%

∴ लड़के = (100 − 72) % = 28%

माना कुल संख्या x है।

प्रश्नानुसार, x का 28% = 980

$\Rightarrow x \times \frac{28}{100} = 980 \Rightarrow x = \frac{980 \times 100}{28} = 3500$

$\therefore$ लड़कियाँ $= 3500 - 980 = 2520$

14. (a) अभीष्ट आय में कमी प्रतिशत

$= \left(\frac{30}{100 + 30} \times 100\right)\%$

[$\because$ यदि A, B से $x\%$ अधिक है, तो B, A से $\left(\frac{x}{100 + x} \times 100\%\right)$ कम होगा]

$= \frac{3000}{130}$

$= \frac{300}{13} = 23\frac{1}{13}\%$

15. (d) माना पूर्णांक x है।

प्रश्नानुसार, x का 36% = x का 24% + 9

$\Rightarrow \frac{36x}{100} = \frac{24x}{100} + 9$

$\Rightarrow \frac{12x}{100} = 9$

$\Rightarrow x = \frac{9 \times 100}{12} = 75$

अतः पूर्णांक 75 है।

16. (b) माना कुल धनराशि = ₹ x

कुल व्यय = (25 + 40 + 15 + 5)% = 85%

शेष राशि = x का (100 − 85)% = x का 15%

प्रश्नानुसार, x का 15% = 261000

$\therefore x = \frac{261000 \times 100}{15} =$ ₹1740000

17. (b) माना कुल मतदाता = x

वैध वोट $= x \times \frac{75}{100}$ का 98% $= \frac{75 \times 98}{10000} x$

प्रश्नानुसार, $\frac{75 \times 98x}{10000}$ का 75% = 9261

$\Rightarrow \frac{75 \times 98x}{10000} \times \frac{75}{100} = 9261$

$\therefore x = \frac{9261 \times 1000000}{75 \times 75 \times 98} = 16800$

18. (a) माना x, y, z तीन संख्याओं में से तीसरी संख्या = 100

तब सभी संख्याएँ = x y z

120 150 100

माना $x = z$ का $K\%$

120 = 100 का $K\%$

$K\% = \frac{120}{100} = 120\%$

अतः पहली संख्या, तीसरी संख्या का 120% है।

19. (b) माना पास हुए छात्र + फेल छात्र = 100%

फेल छात्र = (100 − पास छात्र)%

= (100 − 65)% = 35%

माना कुल छात्र = x

प्रश्नानुसार, x का 35% = 420

$\Rightarrow x \times \frac{35}{100} = 420$

$\Rightarrow x = \frac{420 \times 100}{35} = 1200$

20. (c) माना कुल वेतन = ₹ x

कुल व्यय = (30 + 25 + 15)% = 70%

शेष वेतन = (100 − 70)% = 30%

प्रश्नानुसार, x का 35% = 5250

$\Rightarrow x \times \frac{35}{100} = 5250$

$\Rightarrow x = \frac{5250 \times 100}{35} = 17500$

$\therefore$ घरेलू सामान पर खर्च = 17500 का 30% = ₹ 5250

21. (a) $r = 10\%$, $A =$ ₹1996500, $P = ?$, $n = 3$

सूत्र, $A = P\left(1 + \frac{r}{100}\right)^n$

$1996500 = P\left(1 + \frac{10}{100}\right)^3 = P \times \frac{1331}{1000}$

$P = \frac{1996500 \times 1000}{1331} =$ ₹1500000

22. (c) आयत के क्षेत्रफल में अभीष्ट बदलाव

$= \left(x + y + \frac{xy}{100}\right)\%$

[यहाँ $= x = 20, y = -20$]

$\therefore$ अभीष्ट क्षेत्रफल परिवर्तन

$= \left(20 - 20 - \frac{400}{100}\right)\% = (0 - 4)\%$

अर्थात् 4% की कमी हो जाएगी।

23. (b) $r = 10\%$, $P = 121000$, $n = 2$ वर्ष, $A = ?$

$A = P\left(1 + \frac{r}{100}\right)^n$ [सूत्र]

$= 121000\left(1 + \frac{10}{100}\right)^2$

$= 121000 \times \frac{11 \times 11}{100}$

$= 1210 \times 121 = 146410$

24. (a) माना बड़ी संख्या = x,

दिया है, एक संख्या = 20

प्रश्नानुसार, $x - 20 = x \times \frac{20}{100}$

$x - 20 = \frac{x}{5}$

$5x - 100 = x$

$4x = 100 \Rightarrow x = 25$

अतः बड़ी संख्या = 25

25. (a) दोनों विषयों में अनुत्तीर्ण छात्रों का प्रतिशत

= [100 − (60 + 70 − 40)]%

= (100 − 90)% = 10%

26. (b) उत्तीर्ण होने के लिए आवश्यक अंक = 48%

प्राप्त अंक = 48

अनुत्तीर्ण का अन्तर = 48

माना कुल अंक = x

x का 48% = 48 + 48

x का 48% = 96

$x = \frac{96}{48} \times 100 = 200$

अतः परीक्षा के कुल अंक = 200

27. (a) माना TV सेट का आरम्भिक मूल्य = ₹x

प्रश्नानुसार, $x - x$ का 10% $= x - 1650$

$\Rightarrow x \times \frac{10}{100} = 1650$

$\Rightarrow x = \frac{1650 \times 100}{10} =$ ₹16500

28. (a) माना मूल आय = ₹ x

बचत = x का 10% $= \frac{x}{10}$

आरम्भिक खर्च $= x - \frac{x}{10} = \frac{9x}{10}$

$\because$ आय 2 वर्ष बाद बढ़ जाती है।

तब, नई आय $= x \times 120\%$

= ₹ $\frac{12x}{10}$ तथा बचत $= \frac{x}{10}$

नया व्यय = नई आय − बचत

$= \frac{12x}{10} - \frac{x}{10} = \frac{11x}{10}$

$\therefore$ व्यय में प्रतिशत वृद्धि $= \frac{\left(\frac{11}{10}x - \frac{9x}{10}\right) \times 100}{\frac{9x}{10}}$

$= \frac{2}{10}x \times \frac{100 \times 10}{9x} = \frac{2}{9} \times 100$

$= \frac{200}{9} = 22\frac{2}{9}\%$

07 लाभ, हानि एवं बट्टा
Profit, Loss and Discount

यदि कोई वस्तु उसके लागत मूल्य से अधिक या कम मूल्य पर बेची जाती है, तो लागत मूल्य और बेचने पर प्राप्त मूल्य के अन्तर को लाभ या हानि कहा जाता है। लाभ-हानि से सम्बन्धित कुछ पद निम्नलिखित है

- **क्रय मूल्य या लागत मूल्य** (Cost Price) जिस मूल्य पर कोई वस्तु खरीदी या निर्मित की जाए।
- **विक्रय मूल्य** (Selling Price) जिस मूल्य पर कोई वस्तु बेची जाए।
- **अंकित मूल्य या सूची मूल्य** (Print Rate) वह मूल्य जो वस्तु पर छपा होता है।
- **अतिरिक्त मूल्य या सूची मूल्य** (Overhead Charges) वस्तु को खरीदने के बाद उसके किराये-भाड़े अथवा रख-रखाव आदि पर जो अलग से व्यय हो उसे अतिरिक्त मूल्य कहते हैं और यह व्यय खरीदने अथवा लागत के मूल्य में जुड़ जाता है। इसे उपरिव्यय भी कहते हैं।
- **लाभ** (Profit) जब विक्रय मूल्य का मान, क्रय मूल्य से अधिक हो तब लाभ होगा, लाभ = विक्रय मूल्य − क्रय मूल्य
- **हानि** (Loss) जब क्रय मूल्य, विक्रय मूल्य से अधिक हो, तब वह स्थिति हानि कहलाती है।

हानि = क्रय मूल्य − विक्रय मूल्य

छूट (या बट्टा) (Discount)

जब कोई वस्तु अंकित मूल्य से कम पर बेची जाती है, तो अंकित मूल्य तथा विक्रय मूल्य के अन्तर को छूट या बट्टा कहते है।

छूट (बट्टा) = अंकित मूल्य − छूट

उदाहरण 1 कृतिका ने एक फ्लैट ₹ 1100000 में खरीदा और उसे ₹ 2500000 में बेच दिया तो उसे कितना लाभ हुआ?

(a) ₹ 1400000 (b) ₹ 1500000
(c) ₹ 1300000 (d) ₹ 1700000

हल (a) फ्लैट का क्रय मूल्य = ₹ 1100000

फ्लैट का विक्रय मूल्य = ₹ 2500000

[∵ विक्रय मूल्य > क्रय मूल्य, अतः लाभ होगा]

लाभ = विक्रय मूल्य − क्रय मूल्य

= 2500000 − 1100000 = ₹ 1400000

उदाहरण 2 एक वॉशिंग मशीन को ₹ 9600 में खरीदकर ₹ 8800 में बेच दिया गया। मशीन पर कितना लाभ या हानि हुई?

(a) ₹ 600 हानि (b) ₹ 800 लाभ
(c) ₹ 800 हानि (d) ₹ 600 लाभ

हल (c) यहाँ क्रय मूल्य = ₹ 9600

विक्रय मूल्य = ₹ 8800 [∵ विक्रय मूल्य < क्रय मूल्य, अतः हानि होगी]

हानि = क्रय मूल्य − विक्रय मूल्य

= 9600 − 8800 = 800 = ₹ 800 (हानि)

उदाहरण 3 एक पुस्तक का सूची मूल्य ₹ 250 है। विक्रेता इस पर ग्राहक को ₹ 50 की छूट देकर बेचता है। पुस्तक का विक्रय मूल्य क्या होगा?

(a) ₹ 100 (b) ₹ 200 (c) ₹ 220 (d) ₹ 150

हल (b) पुस्तक का सूची (अंकित) मूल्य = ₹ 250

छूट = ₹ 50

∴ विक्रय मूल्य = अंकित मूल्य − छूट

∴ विक्रय मूल्य = 250 − 50 = ₹ 200

लाभ और हानि से सम्बन्धित सूत्र

(i) $\text{प्रतिशत लाभ} = \dfrac{\text{कुल लाभ}}{\text{क्रय मूल्य}} \times 100$

(ii) $\text{प्रतिशत हानि} = \dfrac{\text{कुल हानि}}{\text{क्रय मूल्य}} \times 100$

(iii) $\text{विक्रय मूल्य} = \text{क्रय मूल्य} \times \left(\dfrac{100 + \text{लाभ \%}}{100}\right)$

(iv) $\text{क्रय मूल्य} = \text{विक्रय मूल्य} \times \left(\dfrac{100}{100 + \text{लाभ \%}}\right)$

(v) $\text{विक्रय मूल्य} = \text{क्रय मूल्य} \times \left(\dfrac{100 - \text{हानि \%}}{100}\right)$

(vi) $\text{क्रय मूल्य} = \text{विक्रय मूल्य} \times \left(\dfrac{100}{100 - \text{हानि \%}}\right)$

नोट *लाभ/हानि के प्रतिशत की गणना जब तक अन्यथा न कहा जाए क्रय मूल्य पर की जाती है।*

उदाहरण 4 किसी वस्तु को A ने ₹ 6000 में खरीदा और उसे B को ₹ 9000 में बेच दिया। A को कितने प्रतिशत का लाभ हुआ?

(a) 25% (b) 50% (c) 75% (d) 20%

हल (b) वस्तु का क्रय मूल्य = ₹ 6000

वस्तु का विक्रय मूल्य = ₹ 9000

लाभ = विक्रय मूल्य − क्रय मूल्य = 9000 − 6000

[∵ क्रय मूल्य < विक्रय मूल्य]

= ₹ 3000

$\text{प्रतिशत लाभ} = \dfrac{\text{कुल लाभ}}{\text{क्रय मूल्य}} \times 100 = \dfrac{3000}{6000} \times 100 = 50\%$ [सूत्र से]

उदाहरण 5 वर्णिका ने एक कार ₹ 1050000 में खरीदकर उसे 10% लाभ पर हर्षिता को बेच दी। वर्णिका को कार का कितना विक्रय मूल्य मिला?

(a) ₹ 1155000 (b) ₹ 1255000
(c) ₹ 1055000 (d) ₹ 1950000

हल (a) क्रय मूल्य = ₹1050000, प्रतिशत लाभ = 10%

$\therefore$ विक्रय मूल्य = क्रय मूल्य $\times\left(\frac{100+\text{लाभ \%}}{100}\right)=\frac{1050000\times110}{100}$

= ₹ 1155000

उदाहरण 6 भुवी ने एक साइकिल 20% हानि पर ₹ 1200 में बेची। वह उसे कितने रुपये में बेचे कि 25% का लाभ हो?

(a) ₹ 1875 (b) ₹ 1575 (c) ₹ 1675 (d) ₹ 1600

हल (a) माना साइकिल का क्रय मूल्य ₹ x है।

यहाँ 20% हानि का अर्थ है क्रय मूल्य के 80% में बेचना

$\therefore$ x का 80% = 1200

$$x=\frac{100\times1200}{80}=\frac{120000}{80}=\frac{12000}{8}=₹1500$$

इस प्रकार साइकिल का क्रय मूल्य ₹ 1500 है।

अब, उसे वह 25% लाभ पर बेचना है।

तब, विक्रय मूल्य = क्रय मूल्य $\times\left(\frac{100+\text{लाभ \%}}{100}\right)=1500\times\frac{125}{100}$

= 15 × 125 = ₹ 1875

जब एक ही वस्तु को अनेक बार खरीदा– बेचा जाए

प्राय: एक वस्तु किसी एक व्यक्ति के द्वारा खरीदी जाने पर जब वह दूसरे को अलग कीमत पर बेचता है, तो दूसरा खरीदार लाभ लेने के लिए उसे किसी तीसरे व्यक्ति को कुछ लाभ पर बेचेगा, इसी प्रकार तीसरा भी.....और आगे यही क्रम जारी रहे तो—

$$\text{अन्तिम मूल्य } (Z)=A\times(100\pm\overset{\text{I}}{\text{लाभ या हानि}})\%\times(100\pm\overset{\text{II}}{\text{लाभ या हानि}})\%\times\ldots\ldots$$

यहाँ अन्तिम मूल्य = ₹ Z

तथा प्रथम मूल्य = ₹ A है

उदाहरण 7 दया ने ₹ 50000 में एक स्कूटी खरीदकर उसे कुछ प्रतिशत लाभ पर रवेन्द्र को बेच दिया। रवेन्द्र ने 15% के लाभ पर उसे सतीश को बेच दिया। सतीश ने 10% लाभ पर उसे सतेन्द्र को बेच दिया। सतेन्द्र ने 10% लाभ पर उसे अमित को बेच दिया। अमित ने उसे 10% लाभ पर विजय को बेच दिया। यदि विजय ने वह स्कूटी ₹ 80000 में खरीदी, तो दया ने रवेन्द्र को वह स्कूटी कितने प्रतिशत लाभ पर और कितने में बेची?

(a) 4.53%, ₹ 52265 (b) 5.5%, ₹ 55250
(c) 6.5%, ₹ 55000 (d) 10%, ₹ 70000

हल (a) इस प्रश्न में प्रथम विक्रेता दया तथा अन्तिम विक्रेता विजय है।

प्रथम मूल्य = ₹ 50000, अन्तिम मूल्य = ₹80000

माना दया से रवेन्द्र → x% लाभ

रवेन्द्र से सतीश → 15% लाभ, इसी प्रकार आगे भी........

$$\text{सूत्र } Z=A\times(100\pm\overset{\text{I}}{\text{लाभ या हानि}})\times(100\pm\overset{\text{II}}{\text{लाभ/हानि}})\times\ldots\ldots$$

$$\Rightarrow 80000=50000\times(100+x)\%\times(100+15)\%\times(100+10)\%\times(100+10)\%\times(100+10)\%$$

$$\Rightarrow 80000=50000\times\left(\frac{100+x}{100}\right)\times\frac{115}{100}\times\frac{110}{100}\times\frac{110}{100}\times\frac{110}{100}$$

$$\Rightarrow\left(\frac{80000}{50000}\right)\times\frac{100\times100\times100\times100\times100}{115\times110\times110\times110}=100+x$$

$$\Rightarrow 100+x=104.53\Rightarrow x=104.53-100\Rightarrow x=4.53\%$$

$\therefore$ 50000 का 104.53% = ₹ 52265

जब ₹ a में b की दर से वस्तु खरीदी जाए तथा ₹ b में a की दर से बेची जाए

इस प्रकार के प्रश्नों में, किसी वस्तु का क्रय मूल्य ₹ a में b वस्तु की दर होती है तथा ₹ b में a वस्तु की दर से विक्रय किया जाता है।

तब प्रतिशत लाभ या हानि $=\frac{b^2-a^2}{a^2}\times100\%$

नोट यदि $a<b$ से तो लाभ तथा यदि $a>b$ से तो हानि होती है।

उदाहरण 8 स्वाति ने ₹ 5 में 6 की दर से पेन खरीदे और उन्हें ₹ 6 में 5 की दर से बेच दिया। इस प्रकार इस लेन-देन में कितने प्रतिशत लाभ या हानि हुई?

(a) लाभ 44% (b) हानि 35% (c) लाभ 27% (d) हानि 27%

हल (a) 6 पेन का क्रय मूल्य = ₹ 5

$\therefore$ 1 पेन का क्रय मूल्य = ₹ $\frac{5}{6}$

$\because$ 5 पेन बेचे जाते हैं = ₹ 6 के

$\therefore$ 1 पेन बेचा जाएगा = ₹ $\frac{6}{5}$ का

विक्रय मूल्य > क्रय मूल्य

$$\text{लाभ}=\frac{6}{5}-\frac{5}{6}=\frac{36-25}{30}=₹\,\frac{11}{30}\quad[SP>CP]$$

$$\therefore\ \text{प्रतिशत लाभ}=\frac{\frac{11}{30}\times100}{5/6}\quad\left[\text{प्रतिशत लाभ}=\text{लाभ}\times\frac{100}{\text{क्रय मूल्य}}\right]$$

$$=\frac{1100}{30}\times\frac{6}{5}=44\%$$

वैकल्पिक विधि प्रतिशत लाभ $=\frac{b^2-a^2}{a^2}\times100\%$

$$=\frac{36-25}{25}\times100=\frac{11}{25}\times100=44\%$$

जब x वस्तुओं का क्रय मूल्य y वस्तुओं के विक्रय मूल्य के बराबर हो

इस प्रकार के प्रश्नों में वस्तुओं की संख्या जोकि खरीदी व बेची गई है, एक-दूसरे के निकट संख्या में होती है (*जैसे* —18 वस्तुओं का क्रय मूल्य 20 वस्तुओं के विक्रय मूल्य के बराबर है)

प्रतिशत लाभ या हानि $=\frac{y-x}{y}\times100\%$ [यदि $x>y$ तो लाभ अन्यथा हानि]

उदाहरण 9 यदि 10 वस्तुओं का क्रय मूल्य 12 वस्तुओं के विक्रय मूल्य के बराबर है, तो हानि प्रतिशत क्या होगी?

(a) $33\frac{1}{3}\%$ (b) $11\frac{1}{9}\%$
(c) $16\frac{2}{3}\%$ (d) 50%

हल (c) $x = 10, y = 12\%$

हानि $= \frac{12-10}{12} \times 100 = \frac{2}{12} \times 100 = \frac{50}{3}\% = 16\frac{2}{3}\%$

अतः अभीष्ट उत्तर $= 16\frac{2}{3}\%$ हानि

जब दो वस्तुएँ समान मूल्य पर बेची जाएँ

यदि दो वस्तुएँ समान मूल्य पर बेची जाएँ जिसमें एक वस्तु पर $x\%$ लाभ तथा दूसरी पर $x\%$ की हानि हो, तो परिणाम $= \left(\frac{x^2}{100}\right)\%$ की हानि

उदाहरण 10 एक दुकानदार ने दो पुस्तकें ₹ 300 प्रति पुस्तक की दर से बेची। एक पुस्तक पर उसे 5% लाभ तथा दूसरी पुस्तक पर 5% की हानि हुई। दुकानदार को कुल कितने प्रतिशत लाभ या हानि हुई?

(a) 0.25% हानि (b) 0.25% लाभ
(c) 5% लाभ (d) 5% हानि

हल (a) यहाँ $x = 5\%$

चूँकि यहाँ दोनों का विक्रय मूल्य समान है

अतः परिणाम $= \left(\frac{x^2}{100}\right)\%$ हानि $= \left(\frac{5^2}{100}\right)\%$ हानि $= \left(\frac{25}{100}\right)\%$ हानि

$= 0.25\%$ हानि

साझेदारी

साझेदारी वह निकाय है जिसमे दो या अधिक व्यक्ति मिलकर व्यापार करते हैं तथा एक निश्चित समयावधि के उपरान्त व्यापार में हुए लाभ या हानि को अपनी निवेशित पूँजी के अनुपात में बाँट लेते है। अतः साझेदारों के लाभों का अनुपात = निवेश की गई राशियों का अनुपात

उदाहरण 11 A ने ₹ 5000 के निवेश से एक व्यापार आरम्भ किया तथा 2 माह बाद B भी ₹ 6000 का निवेश करके उसमें शामिल हो गया। व्यापार आरम्भ होने के चार माह पश्चात् C भी ₹12000 के निवेश के साथ उसमें शामिल हो गया। व्यापार आरम्भ होने के 10 माह पश्चात्, A ने ₹3000 निकाल लिए । यदि वार्षिक लाभ में A का हिस्सा ₹1260 था, तो कुल वार्षिक लाभ कितना था?

(a) ₹5250 (b) ₹4375 (c) ₹5600 (d) ₹4900

हल (d) A का कुल निवेश $= 5000 \times 10 + 2000 \times 2$

$= 50000 + 4000 = 54000$

B का कुल निवेश $= 6000 \times 10 = 60000$

तथा C का कुल निवेश $= 12000 \times 8 = 96000$

$\therefore A, B$ तथा C के लाभों का अनुपात

$= 54000 : 60000 : 96000$

$= 54 : 60 : 96 = 9 : 10 : 16$

माना कुल वार्षिक लाभ = ₹ x

तब, A का हिस्सा $= \frac{9}{(9+10+16)} \times x$

परन्तु $1260 = \frac{9}{35} \times x \Rightarrow x = \frac{1260 \times 35}{9} \Rightarrow x = 4900$

अतः कुल वार्षिक लाभ ₹ 4900 है।

बट्टा सम्बन्धी प्रमुख सूत्र

(i) बट्टा = अंकित मूल्य − विक्रय मूल्य

(ii) बट्टा $= \frac{\text{अंकित मूल्य} \times \text{बट्टे की दर}}{100}$

(iii) % बट्टा $= \frac{\text{वास्तविक बट्टा}}{\text{अंकित मूल्य}} \times 100\%$

(iv) विक्रय मूल्य = अंकित मूल्य $\times \left(100 - \frac{\text{बट्टा प्रतिशत}}{100}\right)$

(v) यदि वस्तु पर $r\%$ छूट देने के बाद भी $R\%$ का लाभ हो, तो

अंकित मूल्य = क्रय मूल्य $\left(\frac{100+R}{100-r}\right)$

(vi) यदि अंकित मूल्य क्रय मूल्य से $x\%$ अधिक रखा जाए और $d\%$ छूट पर बेचा जाए, तो लाभ/हानि % $= \left(x - d - \frac{xd}{100}\right)\%$

नोट $+ve$ लाभ को तथा $-ve$ हानि को दर्शाता है।

उदाहरण 12 10% छूट पर उपलब्ध एक वस्तु का अंकित मूल्य ₹ 500 है। उसका विक्रय मूल्य कितना होगा?

(a) ₹ 500 (b) ₹ 450 (c) ₹ 425 (d) ₹ 400

हल (b) विक्रय मूल्य = अंकित मूल्य × (100 − बट्टा)%

$= 500 \times (100 - 10)\% = 500$ का 90% = ₹ 450

उदाहरण 13 किसी मोबाइल के अंकित मूल्य ₹ 12000 पर 20% छूट देने के बाद दुकानदार को ₹ 500 का लाभ होता है। प्रतिशत लाभ क्या है?

(a) $10\frac{1}{2}\%$ लगभग (b) $5\frac{1}{2}\%$ लगभग (c) 8% लगभग (d) 11% लगभग

हल (b) विक्रय मूल्य = अंकित मूल्य $\times \left(\frac{100 - \text{बट्टा \%}}{100}\right)$

= ₹12000 का 80% = ₹ 9600

माना मोबाइल का लागत (क्रय) मूल्य = ₹ x

प्रश्नानुसार, क्रय मूल्य + लाभ = विक्रय मूल्य

क्रय मूल्य + 500 = 9600 ⇒ क्रय मूल्य = 9100

प्रतिशत लाभ $= \frac{\text{लाभ}}{\text{क्रय मूल्य}} \times 100 = \frac{500}{9100} \times 100 = 5\frac{1}{2}$ (लगभग)

क्रमिक एवं समतुल्य बट्टा

क्रमिक का अर्थ है 'क्रम से' क्रमिक बट्टा, समतुल्य (एकल) बट्टा या किसी राशि पर दिए गए दो या दो से अधिक बट्टे के लिए निम्नलिखित सूत्रों का प्रयोग करते हैं

(i) $x\%$ व $y\%$ क्रमिक बट्टे का एकल समतुल्य बट्टा $= \left(x + y - \frac{xy}{100}\right)\%$

(ii) $x\%$, $y\%$ व $z\%$ क्रमिक बट्टे का एकल समतुल्य बट्टा

$= \left[1 - \left(\frac{100-x}{100}\right) \times \left(\frac{100-y}{100}\right)\left(\frac{100-z}{100}\right) \times 100\%\right]$

तथा विक्रय मूल्य = अंकित मूल्य $\times \left(\frac{100-x}{100}\right)\left(\frac{100-y}{100}\right)\left(\frac{100-z}{100}\right)$

उदाहरण 14 20% एवं 10% के समतुल्य एकल बट्टा कितना होगा?

(a) 32% (b) 28% (c) 20% (d) 30%

हल *(b)* अभीष्ट एकल (समतुल्य) बट्टा

$$= \left(x + y - \frac{xy}{100}\right)\% = \left(20 + 10 - \frac{20 \times 10}{100}\right)\% \quad \text{[सूत्र से]}$$

$$= \left(30 - \frac{200}{100}\right)\% = 28\%$$

उदाहरण 15 एक वस्तु का अंकित मूल्य ₹ 500 है। दुकानदार 5% की छूट देता है और फिर भी 25% का लाभ कमाता है। वस्तु का क्रय मूल्य क्या है?

(a) ₹ 380 (b) ₹ 370 (c) ₹ 320 (d) ₹ 390

हल *(a)* 5% छूट देने के बाद विक्रय मूल्य

$$= \text{अंकित मूल्य} \times \frac{100 - \text{छूट \%}}{100}$$

$$= 500 \times \frac{100-5}{100}$$

= विक्रय मूल्य = ₹ 475

माना वस्तु का क्रय मूल्य = ₹ x

$$\text{क्रय मूल्य} \times \frac{100 + \text{लाभ\%}}{100} = \text{विक्रय मूल्य}$$

$$x \times \frac{125}{100} = 475$$

$$x = \frac{475 \times 100}{125} = ₹\ 380$$

अभ्यास प्रश्न

1. ₹ 5000 की वस्तु को ₹ 5500 में बेचने पर कितना लाभ प्राप्त होगा?

(a) ₹ 300 (b) ₹ 500
(c) ₹ 200 (d) ₹ 700

2. एक वस्तु को ₹ 3500 में बेचने पर 12% का लाभ होता है, तो वस्तु का क्रय मूल्य होगा

(a) ₹ 2350 (b) ₹ 2500
(c) ₹ 3125 (d) ₹ 2600

3. किसी वस्तु के क्रय मूल्य और विक्रय मूल्य में 8 : 13 का अनुपात है। लाभ प्रतिशत में कितना है?

(a) $62\frac{1}{2}\%$ (b) $42\frac{1}{3}\%$
(c) 42% (d) $53\frac{1}{2}\%$

4. एक पुस्तक को ₹ 9549 में बेचने पर 55% की हानि हुई। इस वस्तु की लागत कीमत कितनी है?

(a) ₹ 20850 (b) ₹ 21220
(c) ₹ 2350 (d) ₹ 22530

5. मुझे 800 पैसे पर 80 पैसे का लाभ प्राप्त होता है। मेरा लाभ प्रतिशत है

(a) 10% (b) 15%
(c) 9% (d) 12%

6. एक वस्तु को ₹ 450 में बेचने पर 20% की हानि होती है। 20% लाभ के लिए वह कितने रुपए में बेची जाए?

(a) ₹ 675 (b) ₹ 575
(c) ₹ 600 (d) ₹ 500

7. ₹ 1 में चार टॉफियाँ खरीदी गई। 60% लाभ प्राप्त करने के लिए टॉफियों को बेचना पड़ेगा

(a) ₹ 1 में 2.5 (b) ₹ 1 में 5
(c) ₹ 1 में 6 (d) ₹ 1 में 8

8. कोई व्यक्ति ₹ 8 में 10 वस्तु खरीदता है और उन्हें ₹ 1.25 प्रति वस्तु की दर से बेचता है। उसका प्रतिशत लाभ क्या है?

(a) $56\frac{1}{4}\%$ (b) 20%
(c) $19\frac{1}{2}\%$ (d) 50%

9. एक टेपरिकॉर्डर को ₹ 1040 में बेचने पर एक व्यक्ति को 4% का लाभ होता है। यदि यह ₹ 950 में बेची जाए, तो प्रतिशत हानि कितनी होगी?

(a) 4% (b) 5%
(c) 6% (d) 10%

10. एक व्यक्ति ने 250 मेजें बेची और उन पर 50 मेजों के विक्रय मूल्य के बराबर लाभ प्राप्त हुआ। तद्नुसार उसके प्रतिशत लाभ का मान है

(a) 20% (b) 25%
(c) 50% (d) 15%

11. *A* किसी वस्तु को *B* के लिए 15% लाभ पर, *B* इसे *C* को 20% लाभ पर बेचता है। यदि *C* इसके लिए ₹ 690 देता है, तो *A* द्वारा वस्तु को कितने में खरीदा गया?

(a) ₹ 580 (b) ₹ 630
(c) ₹ 500 (d) ₹ 600

12. अंकित मूल्य ₹ 1200 वाली एक कुर्सी किसी ग्राहक को ₹ 1100 में बेची गई। कुर्सी पर दी गई छूट की दर क्या है?

(a) 10% (b) 9%
(c) $8\frac{1}{3}\%$ (d) $9\frac{1}{3}\%$

13. किसी दुकान में एक ऑफर के तहत् 4 वस्तु खरीदने पर एक मुफ्त है। छूट का प्रतिशत है

(a) 10% (b) 15%
(c) 20% (d) 23%

14. यदि 20% की छूट पर किसी वस्तु का विक्रय मूल्य ₹ 596 है, तो वस्तु की सूची कीमत कितनी थी?

(a) ₹ 720 (b) ₹ 735
(c) ₹ 745 (d) ₹ 725

15. एक वस्तु का अंकित मूल्य ₹ 500 है। दुकानदार 5% की छूट देता है फिर भी वह 25% लाभ कमाता है। वस्तु का लागत मूल्य है

(a) ₹ 360 (b) ₹ 350
(c) ₹ 380 (d) ₹ 370

16. 15% और 20% के क्रमिक बट्टों के समतुल्य एक अकेला बट्टा है

(a) 32% (b) 33%
(c) 37% (d) 38%

17. एक मशीन की बिक्री के लिए ₹ 7500 अंकित किए गए। दुकानदार उस पर 8%, 5% व 2% की क्रमिक छूट देता है। निवल बिक्री मूल्य कितना है?

(a) ₹ 6427.50
(b) ₹ 6415.40
(c) ₹ 6400.30
(d) ₹ 6423.90

18. विक्रय मूल्य पर 30% का लाभ, क्रय मूल्य पर कितने प्रतिशत लाभ के समान है?

(a) $16\frac{2}{3}\%$ (b) $42\frac{6}{7}\%$
(d) 30% (d) 48%

19. क्रय मूल्य पर 20% लाभ, विक्रय मूल्य पर कितने प्रतिशत लाभ के समान होगा?

(a) 25%
(b) $16\frac{2}{3}\%$
(c) 40%
(d) उपरोक्त में से कोई नहीं

20. सचिन ने 30 दर्जन कलम ₹ 48 प्रति दर्जन की दर से खरीदे। उसने 10 दर्जन 20% के लाभ पर तथा शेष 20 दर्जन, 10% के लाभ पर बेचे। उसका लाभ प्रतिशत क्या हैं?

(a) 13.33% (b) 15.17%
(c) 25% (d) 20%

21. एक वस्तु का क्रय मूल्य, अंकित मूल्य का 64% है। अंकित मूल्य पर 12% की छूट देने के पश्चात् लाभ प्रतिशत क्या होगा?

(a) 25% (b) 37.5%
(c) 33.33% (d) 40%

22. एक वस्तु को ₹ 270 में बेचने पर उतनी ही हानि हुई जितनी कि 90% लाभ पर बेचने से लाभ प्राप्त होता है। वस्तु का लागत मूल्य है

(a) ₹ 300 (b) ₹ 363 (c) ₹ 110 (d) ₹ 90

23. यदि 16 पुस्तकों का विक्रय मूल्य 20 पुस्तकों के क्रय मूल्य के बराबर है, तो लाभ प्रतिशत है

(a) 30% (b) 20% (c) 32% (d) 25%

24. यदि 110 आम बेचने पर 120 आमों का क्रय मूल्य प्राप्त हो जाता है, लाभ प्रतिशत है

(a) $11\frac{1}{9}\%$ (b) $9\frac{1}{9}\%$
(c) $10\frac{10}{11}\%$ (d) $9\frac{1}{11}\%$

25. ₹ 10 में 11 वस्तुएँ खरीदी जाती है, लेकिन ₹ 11 में 10 के भाव से बेची जाती है, तो पूरे सौदे में लाभ/हानि है

(a) $12\frac{1}{2}\%$ लाभ (b) $12\frac{1}{2}\%$ हानि
(c) हानि 18% (d) लाभ 21%

26. कृतिका ने एक वस्तु 25% लाभ पर बेची। यदि उसने उसे 20% अधिक पर खरीदी होती तथा ₹ 10 अधिक में बेची होती, तो उसे $7\frac{1}{2}\%$ लाभ होगा। वस्तु का क्रय मूल्य है

(a) ₹ 100 (b) ₹ 125
(c) ₹ 175 (d) ₹ 250

27. एक व्यापारी अंकित मूल्य पर 10% छूट देता है। 17% का लाभ कमाने हेतु वह वस्तुओं पर क्रय मूल्य से कितना अधिक मूल्य अंकित करे?

(a) 30% (b) 20%
(c) 27% (d) 18%

28. एक व्यक्ति अपने सामान को 5% लाभ पर बेचता है तथा 20% कम वजन का प्रयोग करता है। उसका कुल प्रतिशत लाभ है

(a) 31.25% (b) 32.27%
(c) 33.25% (d) 31.50%

29. एक व्यक्ति दो घड़ियाँ प्रत्येक का विक्रय मूल्य ₹ 1275 है, को बेचता है। एक घड़ी को वह 10% लाभ पर तथा दूसरी को वह 10% हानि पर बेचता है। पूरे सौदे का परिणाम है

(a) 1% लाभ (b) 1% हानि
(c) 2% हानि (d) 2% लाभ

30. A ने ₹ 60000 निवेश करके एक व्यापार आरम्भ किया। 4 माह पश्चात् B, ₹ 80000 के निवेश के साथ व्यापार से जुड़ गया। 4 माह के पश्चात् C, ₹ 100000 के निवेश के साथ व्यापार से जुड़ गया। 2 वर्ष के अन्त में A, B तथा C के लाभ का अनुपात क्या होगा?

(a) 9:11:10 (b) 9:12:10
(c) 12:14:15 (d) 9:10:10

उत्तरमाला

1 (b)	2 (c)	3 (a)	4 (b)	5 (a)
6 (a)	7 (a)	8 (a)	9 (b)	10 (b)
11 (c)	12 (c)	13 (c)	14 (c)	15 (c)
16 (a)	17 (d)	18 (b)	19 (b)	20 (a)
21 (b)	22 (a)	23 (d)	24 (d)	25 (d)
26 (d)	27 (a)	28 (a)	29 (b)	30 (d)

संकेत एवं हल

1. (b) वस्तु का क्रय मूल्य = ₹ 5000

वस्तु का विक्रय मूल्य = ₹ 5500

$\therefore$ लाभ = विक्रय मूल्य − क्रय मूल्य [सूत्र]

= ₹ (5500 − 5000) = ₹ 500

2. (c) माना वस्तु का क्रय मूल्य = ₹ x

$\because$ क्रय मूल्य $\times \frac{100 + \text{लाभ }\%}{100}$ = विक्रय मूल्य

$\Rightarrow x \times \frac{112}{100} = 3500 \Rightarrow x = \frac{350000}{112}$

$\therefore x =$ ₹ 3125

3. (a) माना वस्तु का क्रय मूल्य = $8x$ तथा

विक्रय मूल्य = $13x$

लाभ = विक्रय मूल्य − क्रय मूल्य

$= 13x - 8x = 5x$

$\therefore$ प्रतिशत लाभ $= \frac{\text{लाभ} \times 100\%}{\text{क्रय मूल्य}}$

$= \frac{5x \times 100}{8x} = 62\frac{1}{2}\%$

4. (b) माना पुस्तक का लागत मूल्य = ₹ x

क्रय मूल्य $\times \frac{100 - \text{हानि }\%}{100}$ = विक्रय मूल्य

$x \times \frac{100 - 55}{100} = 9549 \Rightarrow x = \frac{9549 \times 100}{45}$

$x = \frac{954900}{45} =$ ₹ 21220

5. (a) प्रतिशत लाभ $= \frac{\text{लाभ}}{\text{क्रय मूल्य}} \times 100$

$= \frac{80}{800} \times 100 = 10\%$

6. (a) क्रय मूल्य = विक्रय मूल्य $\times \frac{100}{100 - \text{हानि }\%}$

$= 450 \times \frac{100}{100 - 20} = \frac{450 \times 100}{80} =$ ₹562.5

20% लाभ पर विक्रय मूल्य

= क्रय मूल्य $\times \frac{100 + \text{लाभ }\%}{100}$

$= 562.5 \times \frac{100 + 20}{100} = 562.5 \times \frac{120}{100} =$ ₹ 675

7. (a) ₹ 1 में खरीदी जाती हैं = 4 टॉफियाँ

$\therefore$ 1 टॉफी का क्रय मूल्य = ₹ $\frac{1}{4}$

₹ 60% लाभ के लिए,

1 टॉफी का विक्रय मूल्य

= क्रय मूल्य $\times \frac{100 + \text{लाभ}\%}{100}$

$= \frac{1}{4} \times \frac{100 + 60}{100} = \frac{1}{4} \times \frac{160}{100} = \frac{2}{5}$

अब ₹ 1 में बेची जाने वाली टॉफियाँ

$= \frac{1}{\frac{2}{5}} = \frac{5}{2} = 2.5$ टॉफी

8. (a) 1 वस्तु का क्रय मूल्य = ₹ $\frac{8}{10}$ = ₹ $\frac{4}{5}$

1 वस्तु का विक्रय मूल्य = ₹ $125 = 1\frac{1}{4}$ = ₹ $\frac{5}{4}$

लाभ $= \frac{5}{4} - \frac{4}{5} = \frac{25 - 16}{20} =$ ₹ $\frac{9}{20}$

$\therefore$ प्रतिशत लाभ $= \frac{\frac{9}{20}}{\frac{4}{5}} \times 100 = \frac{9}{20} \times \frac{5}{4} \times 100$

$= \frac{225}{4} = 56\frac{1}{4}\%$

9. (b) विक्रय मूल्य = 1040, लाभ = 4%

$\therefore$ क्रय मूल्य = विक्रय मूल्य $\times \frac{100}{100 + \text{लाभ }\%}$

$= 1040 \times \frac{100}{100 + 4} = 1040 \times \frac{100}{104}$

= ₹1000

नया विक्रय मूल्य = ₹ 950

$\therefore$ हानि = क्रय मूल्य − विक्रय मूल्य

= 1000 − 950 = ₹ 50

$\therefore$ प्रतिशत हानि $= \frac{\text{हानि}}{\text{क्रय मूल्य}} \times 100$

$= \frac{50}{1000} \times 100 = 5\%$

10. (b) चूँकि 250 मेज बेचने पर 50 मेज के विक्रय मूल्य के बराबर लाभ होता है।

∴ लाभ = 50 मेज

क्रय मूल्य = 250 − 50 = 200 मेजों का मूल्य

$$\therefore \text{ प्रतिशत लाभ} = \frac{\text{लाभ}}{\text{क्रय मूल्य}} \times 100 = \frac{50}{200} \times 100 = 25\%$$

11. (c) यहाँ अन्तिम मूल्य = ₹ 690

माना वस्तु को A ने ₹ x में खरीदा,

$$\text{सूत्र} \quad Z = A \times \left(\frac{100 \pm \text{लाभ या हानि}}{100}\right) \times \left(\frac{100 \pm \text{लाभ हानि}}{100}\right) \text{ से}$$

$$690 = x \times \left(\frac{100+15}{100}\right) \times \left(\frac{100+20}{100}\right)$$

$$690 = \frac{115x}{100} \times \frac{120}{100}$$

$$115x = \frac{690 \times 100 \times 100}{120}$$

$$x = \frac{69 \times 10000}{12 \times 115} = ₹\ 500$$

अतः A ने उस वस्तु को ₹ 500 में खरीदा।

12. (c) वस्तु का अंकित मूल्य = ₹ 1200

विक्रय मूल्य = ₹ 1100

∵ 1200 मूल्य पर छूट = 1200 − 1100 = ₹ 100

$$\therefore \text{ प्रतिशत छूट} = \frac{\text{छूट}}{\text{अंकित मूल्य}} \times 100 = \frac{100}{1200} \times 100\% = \frac{100}{12} = \frac{50}{6} = \frac{25}{3} = 8\frac{1}{3}\%$$

13. (c) चूँकि 4 वस्तुओं को खरीदने पर 5 वस्तुएँ मिलती हैं।

अतः प्रतिशत छूट

$$= \frac{\text{छूट की वस्तु}}{\text{कुल वस्तु}} \times 100 = \frac{1}{5} \times 100 = 20\%$$

14. (c) सूची मूल्य = विक्रय मूल्य × $\frac{100}{100 - \text{छूट }\%}$

$$= 596 \times \frac{100}{100-20} = 596 \times \frac{100}{80}$$

$$\Rightarrow \quad x = \frac{59600}{80}$$

$$\Rightarrow \quad x = ₹\ 745$$

15. (c) वस्तु का अंकित मूल्य = ₹ 500

5% की छूट देने के बाद मूल्य = 500 का 95% = ₹ 475

$$\text{लागत मूल्य} = \text{विक्रय मूल्य} \times \frac{100}{100 + \text{लाभ }\%}$$

$$= 475 \times \frac{100}{100+25} = \frac{475 \times 100}{125} = ₹\ 380$$

16. (a) समतुल्य बट्टा = $x + y - \frac{xy}{100}$ [सूत्र]

$$= \left(15 + 20 - \frac{15 \times 20}{100}\right)\% \quad [x = 15, y = 20]$$

$$= \left(35 - \frac{300}{100}\right)\% = 35 - 3 = 32\%$$

17. (d) ∴ अभीष्ट बिक्री मूल्य = अंकित मूल्य $\times \frac{100-x}{100} \times \frac{100-y}{100} \times \frac{100-z}{100}$

$$= 7500 \times \frac{(100-8)}{100} \times \frac{(100-5)}{100} \times \frac{(100-2)}{100} \quad [\because x = 8, y = 5, z = 2]$$

$$= 7500 \times \frac{92}{100} \times \frac{95}{100} \times \frac{98}{100} = ₹\ 6423.90$$

18. (b) विक्रय मूल्य पर 30% लाभ का आशय है क्रय मूल्य = ₹ 70

$$\therefore \text{ प्रतिशत लाभ} = \frac{\text{लाभ}}{\text{क्रय मूल्य}} \times 100 = \frac{30}{70} \times 100 = 42\frac{6}{7}\%$$

19. (b) विक्रय मूल्य पर प्रतिशत लाभ

$$= \frac{20}{120} \times 100\% = 16\frac{2}{3}\%$$

20. (a) 30 दर्जन कलम का कुल क्रय मूल्य = 30 × 48 = ₹ 1440

10 दर्जन का विक्रय मूल्य

$$= 10 \times 48 \times \frac{120}{100} = ₹\ 576$$

$$\left[\because \text{ विक्रय मूल्य} = \text{क्रय मूल्य} \times \left(\frac{100 + \text{लाभ}\%}{100}\right)\right]$$

20 दर्जन का विक्रय मूल्य

$$= 20 \times 48 \times \frac{110}{100} = ₹\ 1056$$

कुल 30 दर्जन का कुल विक्रय मूल्य = 576 + 1056 = ₹1632

∴ लाभ प्रतिशतता

$$= \frac{\text{विक्रय मूल्य} - \text{क्रय मूल्य}}{\text{क्रय मूल्य}} \times 100 = \frac{1632 - 1440}{1440} \times 100 = \frac{192}{1440} \times 100 = 13.33\%$$

21. (b) माना वस्तु का अंकित मूल्य = ₹ x

तब वस्तु का क्रय मूल्य = $x \times \frac{64}{100} = ₹\ \frac{64}{100}x$

12% छूट पर विक्रय मूल्य

$$= \text{अंकित मूल्य} \times \frac{100 - \text{छूट}\%}{100} = x \times \frac{88}{100} = \frac{88}{100}x$$

∴ लाभ प्रतिशतता

$$= \frac{\text{विक्रय मूल्य} - \text{क्रय मूल्य}}{\text{क्रय मूल्य}} \times 100 = \frac{\frac{88x}{100} - \frac{64x}{100}}{64x/100} = \frac{24}{64} \times 100 = 37.5\%$$

22. (a) माना वस्तु का क्रय मूल्य = ₹ x

वस्तु का विक्रय मूल्य = ₹ 270

∴ हानि = $(x - 270)$

तब, x का 10% = $x - 270$

$$x - \frac{x}{10} = 270$$

$$\frac{9x}{10} = 270$$

$$x = \frac{270 \times 10}{9}$$

$$x = 300$$

अतः वस्तु का क्रय (लागत) मूल्य = ₹ 300

23. (d) प्रतिशत लाभ = $\left(\frac{y-x}{x} \times 100\right)\%$

$$= \left(\frac{20-16}{16} \times 100\right)\% = \left(\frac{4}{16} \times 100\right)\% = 25\%$$

24. (d) अभीष्ट प्रतिशत लाभ = $\left(\frac{y-x}{x} \times 100\right)\%$

$$= \frac{120 - 110}{110} \times 100 = \frac{10}{110} \times 100 = 9\frac{1}{11}\%$$

25. (d) 11 वस्तुओं का क्रय मूल्य = ₹ 10

और 10 वस्तुओं का विक्रय मूल्य = ₹ 11

∴ 11 वस्तुओं का विक्रय मूल्य

$$= \frac{11 \times 11}{10} = 12.10$$

लाभ = 12.10 − 10 = 2.10

∴ प्रतिशत लाभ $= \frac{\text{लाभ}}{\text{क्रय मूल्य}} \times 100$

$= \frac{2.10 \times 100}{10} = 21\%$

26. (d) माना वस्तु का क्रय मूल्य = ₹ 100

∴ वस्तु का विक्रय मूल्य

= 100 + 25 = ₹ 125

वस्तु का दूसरा क्रय मूल्य

= 100 + 20 = ₹ 120

दूसरा विक्रय मूल्य $= 120 \times \frac{100 + 7\frac{1}{2}}{100}$

$= \frac{120 \times 215}{200}$

= ₹ 129

दोनों विक्रय मूल्य में अन्तर = 129 − 125

= ₹ 4

यदि अन्तर ₹ 4 है तो क्रय मूल्य = 100

यदि अन्तर ₹ 10 है तो क्रय मूल्य

$= \frac{100}{4} \times 100 =$ ₹ 250

27. (a) माना वस्तु का अंकित मूल्य = ₹ x तब,

विक्रय मूल्य = अंकित मूल्य $\times \frac{100 - \text{छूट}\%}{100}$

$= \frac{x(100-10)}{100} = \frac{9x}{10}$

क्रय मूल्य $= \frac{\text{विक्रय मूल्य} \times 100}{100 + \text{लाभ प्रतिशत}}$

$= \frac{9x}{10} \times \frac{100}{100+17} = \frac{90x}{117}$

अभीष्ट प्रतिशत $= \frac{x - \frac{90}{117}}{\frac{90x}{117}} \times 100\%$

$= \frac{27}{90} \times 100 = 30\%$

28. (a) माना 1 ग्राम सामान का क्रय मूल्य = ₹ 1

1000 ग्राम सामान का क्रय मूल्य = ₹ 1000

∴ 1000 ग्राम के स्थान पर प्रयोग करता है 800 ग्राम,

∴ $\frac{1000 \times (100-20)}{100} = 800$ ग्राम

सामान का क्रय मूल्य = ₹ 800

विक्रय मूल्य

$= \frac{1000 \times (100+5)}{100} =$ ₹ 1050

अभीष्ट प्रतिशत लाभ

$= \frac{1050 - 800}{800} \times 100 = 31.25\%$

29. (b) अभीष्ट हानि $= \frac{x^2}{100} = \frac{100}{100} = 1\%$

30. (d) A, B तथा C के लाभों का अनुपात

= A का निवेश : B का निवेश : C का निवेश

$= 60000 \times 24 : 80000 \times 20 : 100000 \times 16$

$= 144 : 160 : 160 = 9 : 10 : 10$

08 साधारण एवं चक्रवृद्धि ब्याज
Simple and Compound Interest

ब्याज

किसी एक व्यक्ति द्वारा, दूसरे व्यक्ति या बैंक आदि से उधार ली गई धनराशि को वापस करते समय जो अतिरिक्त राशि दी जाती है, उसे ब्याज (Interest) कहते हैं।

सामान्यत: ब्याज दो प्रकार का होता है

1.साधारण ब्याज   2. चक्रवृद्धि ब्याज

उपरोक्त दोनों प्रकार के ब्याजों के लेन-देन के लिए कुछ महत्त्वपूर्ण पदों का ज्ञान होना आवश्यक है, जो इस प्रकार हैं

मूलधन (Principal) उधार ली गई या दी गई धनराशि मूलधन (P) कहलाती है।

दर (Rate) ब्याज की गणना जिस वार्षिक दर से दी जाती है, वह ब्याज की प्रतिशत/वार्षिक दर कहलाती है। इसे $r\%$ या $R\%$ से दर्शाते हैं।

समय (Time) जितने समय के लिए धनराशि उधार दी जाती है, वह ब्याज की समयावधि कहलाती है। इसे n या t या T से दर्शाते हैं।

मिश्रधन (Amount) मूलधन और ब्याज का योगफल, मिश्रधन कहलाता है। मिश्रधन को (A) से दर्शाते हैं।

साधारण ब्याज

उधार के रूप में किसी व्यक्ति द्वारा ली गई या दी गई धनराशि पर जब ब्याज केवल मूलधन पर जोड़ा जाता है, तो वह साधारण ब्याज कहलाती है। इसे SI से दर्शाते हैं।

साधारण ब्याज से सम्बन्धित प्रमुख सूत्र

(i) $\text{साधारण ब्याज (SI)} = \frac{\text{मूलधन} \times \text{दर} \times \text{समय}}{100} = \frac{PRT}{100}$

(ii) मिश्रधन (A) = मूलधन + ब्याज $= P + \text{SI}$

(iii) $\text{ब्याज की दर } (R) = \frac{\text{ब्याज} \times 100}{\text{मूलधन} \times \text{समय}} = \frac{\text{SI} \times 100}{P \times T}$

(iv) $\text{समय } (T) = \frac{\text{ब्याज} \times 100}{\text{मूलधन} \times \text{दर}} = \frac{\text{SI} \times 100}{P \times R}$

(v) $\text{मूलधन } (P) = \frac{\text{ब्याज} \times 100}{\text{दर} \times \text{समय}} = \frac{\text{SI} \times 100}{R \times T}$

उदाहरण 1 ₹ 5000 का 4% वार्षिक दर से 2 वर्ष का साधारण ब्याज क्या होगा?

(a) ₹ 400 (b) ₹ 500 (c) ₹ 600 (d) ₹ 900

हल (*a*) यहाँ मूलधन (P) = ₹ 5000, दर (R) = 4% वार्षिक

समय (T) = 2 वर्ष, साधारण ब्याज = SI

$\because \quad \text{SI} = \frac{PRT}{100} = \frac{5000 \times 2 \times 4}{100} = 50 \times 8 = ₹\ 400$

उदाहरण 2 किसी धनराशि का साधारण ब्याज की किसी दर से 3 वर्ष का मिश्रधन ₹ 8000 तथा 5 वर्ष का मिश्रधन ₹ 10000 हो जाता है। ब्याज दर कितनी है?

(a) 10% (b) 15% (c) 20% (d) 5%

हल (*c*) 2 वर्ष का ब्याज = 10000 − 8000 = ₹ 2000

1 वर्ष का ब्याज = ₹ 1000

3 वर्ष का ब्याज = ₹ 3000

3 वर्ष उपरान्त मिश्रधन = ₹ 8000

तब, मूलधन = 8000 − 3000 = ₹ 5000

$\therefore \text{ दर} = \frac{\text{साधारण ब्याज} \times 100}{\text{मूलधन} \times \text{समय}} = \frac{3000 \times 100}{5000 \times 3} = 20\%$

साधारण ब्याज से सम्बन्धित विशिष्ट सूत्र

जब ब्याजों का योग या अन्तर दिया हो

$$\text{मूलधन} = \frac{\text{ब्याजों का योग} \times 100}{\text{दर} \times \text{ समयों का योग}} \text{ या } \frac{\text{ब्याजों का अन्तर} \times 100}{\text{दर} \times \text{ समयों का अन्तर}}$$

उदाहरण 3 एक धनराशि के 5% वार्षिक दर से 2 वर्ष के ब्याज और 4 वर्ष के ब्याज का योगफल ₹ 500 है। मूलधन क्या होगा?

(a) ₹ 166666 (b) ₹ 177777 (c) ₹ 188888 (d) ₹ 199999

हल (*a*) ब्याजों का योग = ₹ 500, दर = 5%,

समयों का योग = 2 + 4 = 6 वर्ष

$\therefore \quad \text{मूलधन } (P) = \frac{500 \times 100}{5 \times 6}$ [सूत्र से]

$= \frac{100 \times 100}{6} = \frac{5000}{3} = ₹\ 166666$

जब कोई धनराशि स्वयं की n गुनी हो जाए

(i) $\text{दर} = \frac{(\text{गुना} - 1) \times 100}{\text{समय}}$ (ii) $\text{समय} = \frac{(\text{गुना} - 1) \times 100}{\text{दर}}$

उदाहरण 4 एक धनराशि 10% वार्षिक साधारण ब्याज की दर से कितने वर्षों में 4 गुनी हो जाएगी?

(a) 25 वर्ष (b) 30 वर्ष
(c) 40 वर्ष (d) 35 वर्ष

हल (*b*) $\text{समय} = \frac{(\text{गुना} - 1) \times 100}{\text{दर}}$

$= \frac{(4-1) \times 100}{10} = 3 \times 10 = 30 \text{ वर्ष}$

जब धनराशि t_1 वर्ष में अपने का n_1 गुना; t_2 वर्ष में अपने का n_2 गुना हो जाए, जब ब्याज की दरें अलग-अलग हों

यदि कोई धनराशि t_1 समय के लिए r_1 दर पर, t_2 समय के लिए r_2 दर पर तथा t_3 समय के लिए r_3 दर पर उधार दी जाए तो,

$$\text{कुल साधारण ब्याज} = \frac{P \times (r_1t_1 + r_2t_2 + r_3t_3)}{100}$$

उदाहरण 5 किसी धनराशि पर पहले 2 वर्ष के लिए दर 3%, अगले 5 वर्ष के लिए दर 6% तथा इससे अधिक समय के लिए 10% वार्षिक ब्याज जोड़ा गया। यदि 10 वर्ष के लिए कुल साधारण ब्याज ₹ 6600 हो, तो धनराशि क्या है?

(a) ₹ 20000 (b) ₹ 25000 (c) ₹ 10000 (d) ₹ 8000

हल (c) ∵ साधारण ब्याज $= \frac{P(r_1t_1 + r_2t_2 + r_3t_3)}{100}$

[यहाँ, SI = 6600, $P = ?$, $r_1 = 3\%$, $r_2 = 6\%$, $t_1 = 2$ वर्ष, $t_2 = 5$ वर्ष, $t_3 = 10 - 7 = 3$, $r_3 = 10\%$]

$$6600 = \frac{P \times (3 \times 2 + 6 \times 5 + 3 \times 10)}{100}$$

$$6600 = \frac{P \times (66)}{100} \Rightarrow P = \frac{6600 \times 100}{66} = ₹\ 10000$$

यदि कोई धनराशि t_1 समय में n_1 गुनी, t_2 समय में n_2 गुनी हो, तो

$$\frac{t_1}{t_2} = \frac{n_1 - 1}{n_2 - 1}$$

उदाहरण 6 एक धनराशि अपने से तीन गुनी 20 वर्ष में हो जाती है, तो अपने से पाँच गुनी होने में कितना समय लेगी?

(a) 30 वर्ष (b) 40 वर्ष (c) 50 वर्ष (d) 35 वर्ष

हल (b) यहाँ $t_1 = 20, t_2 = ?, n_1 = 3, n_2 = 5$

सूत्र, $\frac{t_1}{t_2} = \frac{n_1 - 1}{n_2 - 1} \Rightarrow \frac{20}{t_2} = \frac{3-1}{5-1} \Rightarrow t_2 = \frac{4 \times 20}{2} = 40$ वर्ष

जब अलग-अलग दो धनराशियाँ अलग-अलग समय व अलग-अलग दर के साथ हों,

यदि एक व्यक्ति ₹ P_1, t_1 समय के लिए r_1 दर से तथा दूसरा व्यक्ति, ₹ P_2, t_2 समय के लिए r_2 दर से उधार ले और दोनों अपनी अवधि के अन्त में समान ब्याज के रूप में हों, तो

$$\text{पहले व्यक्ति का ब्याज} = \frac{P_1R_1T_1}{100}$$

$$\text{दूसरे का ब्याज} = \frac{P_2R_2T_2}{100} \Rightarrow P_1R_1T_1 = P_2R_2T_2$$

उदाहरण 7 एक धनराशि का 5% वार्षिक दर से 8 वर्ष का ब्याज उतना ही है, जितना ₹ 10000 का 15 वर्ष में 1% की दर से है। वह धन क्या है?

(a) ₹ 3250 (b) ₹ 3750 (c) ₹ 3050 (d) ₹ 8050

हल (b) यहाँ $P_1 = P, R_1 = 5\%, T_1 = 8, P_2 = 10000, R_2 = 1, T_2 = 15$

∴ $P_1R_1T_1 = P_2R_2T_2$ से,

$$P \times 5 \times 8 = 10000 \times 1 \times 15$$

$$P = \frac{10000 \times 15}{40} = ₹\ 3750$$

चक्रवृद्धि ब्याज

उधार के रूप में किसी व्यक्ति द्वारा ली गई अथवा दी गई धनराशि पर जब ब्याज की गणना, मूलधन के साथ-साथ पुराने ब्याज पर भी की जाती है अर्थात् जब ब्याज पर ब्याज की गणना की जाती है, तो उसे चक्रवृद्धि ब्याज कहते हैं।

चक्रवृद्धि ब्याज से सम्बन्धित प्रमुख सूत्र

(i) चक्रवृद्धि ब्याज $= CI = P\left[\left(1 + \frac{r}{100}\right)^n - 1\right]$

(ii) चक्रवृद्धि मिश्रधन $= A = P\left(1 + \frac{r}{100}\right)^n$

(iii) चक्रवृद्धि ब्याज (CI) = मिश्रधन − मूलधन $= A - P$

(iv) प्रति छमाही देय के लिए; मिश्रधन, $A = P\left(1 + \frac{r}{200}\right)^{2n}$

(v) प्रति तिमाही देय के लिए; मिश्रधन, $A = P\left(1 + \frac{r}{400}\right)^{4n}$

उदाहरण 8 ₹ 80000 का 3 वर्ष का चक्रवृद्धि ब्याज क्या होगा यदि प्रति वार्षिक दर 15% हो?

(a) ₹ 61270 (b) ₹ 31270 (c) ₹ 41670 (d) ₹ 51270

हल (c) यहाँ $P = ₹80000, n = 3$ वर्ष, $r = 15\%$

सूत्र $CI = P\left[\left(1 + \frac{r}{100}\right)^n - 1\right]$ से,

$$= 80000\left[\left(1 + \frac{15}{100}\right)^3 - 1\right] = 80000\left[\left(\frac{23}{20}\right)^3 - 1\right]$$

$$= 80000 \times \left[\frac{23 \times 23 \times 23 - 20 \times 20 \times 20}{20 \times 20 \times 20}\right]$$

$$= \frac{80000}{8000}[12167 - 8000] = 10 \times 4{,}167 = ₹\ 41670$$

उदाहरण 9 छमाही रूप से संयोजित 10% वार्षिक चक्रवृद्धि ब्याज की दर से कितने समय में ₹ 160000 की धनराशि ₹ 168000 हो जाएगी?

(a) 2 वर्ष (b) 1 वर्ष (c) 3 वर्ष (d) 6 माह

हल (d) यहाँ ब्याज की गणना छमाही देय के अनुसार है अतः

वर्ष $= 2n$, दर $= \frac{10}{2} = 5\%, P = ₹160000$

सूत्र $A = P\left(1 + \frac{r}{200}\right)^{2n}$ से,

$$168000 = 160000\left(1 + \frac{10}{200}\right)^{2n}$$

$$\frac{168000}{160000} = \left(\frac{21}{20}\right)^{2n} \Rightarrow \left(\frac{21}{20}\right)^1 = \left(\frac{21}{20}\right)^{2n}$$

$$\Rightarrow \quad 2n = 1 \Rightarrow n = \frac{1}{2}$$

अतः 6 माह बाद 160000 की राशि 168000 हो जाएगी।

चक्रवृद्धि ब्याज से सम्बन्धित विशिष्ट सूत्र

जब साधारण एवं चक्रवृद्धि ब्याज में 2 या 3 वर्ष का अन्तर ज्ञात हो

(i) 2 वर्ष के अन्तर पर,

मूलधन (P), अन्तर (d) तथा दर (r) के लिए,

$$d = P\left(\frac{r}{100}\right)^2 \text{ या } P = d\left(\frac{100}{r}\right)^2$$

(ii) 3 वर्ष के अन्तर पर, $d = \frac{P \times (300 + r) \times r^2}{(100)^3}$

या $$P = \frac{d\ (100)^3}{r^2\ (300 + r)}$$

उदाहरण 10 किसी धनराशि का 3 वर्षों में 10% वार्षिक ब्याज की दर से साधारण एवं चक्रवृद्धि ब्याज में अन्तर ₹ 93 है, तो मूलधन कितना होगा?

(a) 2000 (b) 3000
(c) 4000 (d) 5000

हल (b) 3 वर्ष के अन्तर के लिए,

$$P = \frac{d\ (100)^3}{r^2\ (300 + r)}$$

$$= \frac{93 \times 100 \times 100 \times 100}{10 \times 10 \times 310}$$

$$= 3 \times 100 \times 10$$

$$= ₹\ 3000$$

जब दो समयावधि के चक्रवृद्धि मिश्रधन ज्ञात हो

यदि किसी धनराशि का लगातार दो वर्षों (जैसे 2 वर्ष और 3 वर्ष, अथवा 3 वर्ष और 4 वर्ष अथवा 4 वर्ष और 5 वर्ष इत्यादि) का चक्रवृद्धि मिश्रधन A_1 व A_2 ज्ञात हो, तो

$$\text{ब्याज की दर } (r) = \frac{\text{दोनों मिश्रधनों का अन्तर} \times 100}{A_1}$$

$$\text{धनराशि } (P) = A_1 \times \left(\frac{A_1}{A_2}\right)^n$$

नोट *यहाँ n न्यूनतम समय (पहले वाला) है।*

या $$\left(1 + \frac{r}{100}\right)^{t_2 - t_1} = \frac{A_2}{A_1}$$

उदाहरण 11 एक धनराशि चक्रवृद्धि ब्याज की दर से 3 वर्ष में ₹ 5500 तथा 4 वर्ष में ₹ 7260 हो जाती है, तो ब्याज की वार्षिक दर क्या होगी?

(a) 30% (b) 32% (c) 35% (d) 36%

हल (b) $r = \frac{A_2 \sim A_1}{A_1} \times 100$

$$= \frac{7260 - 5500}{5500} \times 100 = \frac{176000}{5500} = 32\%$$

जब कोई धनराशि t_1 वर्ष में n_1 गुनी तथा t_2 वर्ष में n_2 गुनी हो

तब, $$n_1^{\frac{1}{t_1}} = n_2^{\frac{1}{t_2}}$$

उदाहरण 12 एक धनराशि चक्रवृद्धि ब्याज की दर से 5 वर्षों में दो गुनी हो जाती है, तो ब्याज की समान दर पर कितने वर्षों में 8 गुनी हो जाएगी?

(a) 10 वर्ष (b) 12 वर्ष (c) 15 वर्ष (d) 20 वर्ष

हल (c) यहाँ $t_1 = 5, n_1 = 2, t_2 = ?, n_2 = 8$

$\therefore\ n_1^{\frac{1}{t_1}} = n_2^{\frac{1}{t_2}}$ से,

$\Rightarrow\ 2^{\frac{1}{5}} = 8^{\frac{1}{t_2}} \Rightarrow (2)^{\frac{1}{5}} = (2)^{3 \times \frac{1}{t_2}}$

$\Rightarrow\ \frac{1}{5} = \frac{3}{t_2}$ [$\because a^x = a^y$ में $x = y$ से]

$\therefore\ t_2 = 15$ वर्ष

किसी राशि का दो समयावधि में m गुना व n गुना हो

यदि कोई धनराशि t_1 वर्ष में m गुना व t_2 वर्ष में n गुना (माना $n = m^a$) हो जाती है, तो $$t_2 = t_1 \times a$$

उदाहरण 13 एक धनराशि चक्रवृद्धि ब्याज पर 4 वर्ष में दो गुनी हो जाती है, तो उसी दर से कितने वर्षों में वह 16 गुनी हो जाएगी?

(a) 10 वर्ष (b) 12 वर्ष (c) 16 वर्ष (d) 20 वर्ष

हल (c) $m = 2, n = 16$

$\therefore\ 16 = 2^4$

$\Rightarrow\ n = m^a$ से,

$a = 4$

अतः $t_2 = 4 \times 4 = 16$ वर्ष

अभ्यास प्रश्न

1. ₹ 1500 साधारण ब्याज की 5% वार्षिक दर से 5 वर्ष के लिए उधार दिया गया। 5 वर्ष के अन्त में वह धन कितना हो जाएगा?
(a) ₹ 1875 (b) ₹ 1575
(c) ₹ 1675 (d) ₹ 1975

2. ₹ 2000 की एक धनराशि 10% वार्षिक साधारण ब्याज की दर से 5 वर्ष के लिए उधार दी जाती है। साधारण ब्याज कितनी होगी?
(a) ₹ 1100 (b) ₹ 1000
(c) ₹ 900 (d) ₹ 1200

3. एक धनराशि साधारण ब्याज की वार्षिक दर पर उधार दी गई। 3 वर्ष में वह अपने की $\frac{5}{4}$ गुनी हो जाती है, तो ब्याज की वार्षिक दर कितनी होगी?
(a) $6\frac{2}{3}\%$ (b) 5%
(c) $8\frac{1}{3}\%$ (d) $9\frac{1}{11}\%$

4. कोई धन साधारण ब्याज की वार्षिक दर पर दिया गया। 5 वर्ष बाद उसका साधारण ब्याज उसके $\frac{1}{4}$ के बराबर हो जाता है। ब्याज की वार्षिक दर क्या होगी?
(a) 8%
(b) 6%
(c) 4%
(d) 5%

5. एक धनराशि का 4% वार्षिक ब्याज (साधारण) की दर से 3 वर्ष का ब्याज उसके 5 वर्ष के ब्याज से ₹ 1000 कम है। वह धन है
(a) ₹ 12500 (b) ₹ 10500
(c) ₹ 11500 (d) ₹ 13500

6. कोई धन साधारण ब्याज की दर पर 3 वर्ष में ₹ 500 तथा 5 वर्ष में ₹ 600 हो जाता है। ब्याज की दर क्या है?
(a) $13\frac{1}{7}\%$ (b) $14\frac{2}{7}\%$
(c) $12\frac{1}{3}\%$ (d) $9\frac{1}{4}\%$

7. एक धन 7% वार्षिक ब्याज की साधारण दर से 3 वर्ष में ₹ 1500 हो जाता है, तो कितने वर्षों में ₹ 1800 हो जाएगा?
(a) $2\frac{1}{5}$ वर्ष (b) $4\frac{1}{5}$ वर्ष
(c) $3\frac{3}{5}$ वर्ष (d) $5\frac{3}{5}$ वर्ष

8. एक धनराशि पर पहले 2 वर्षों के लिए 4% अगले 4 वर्षों के लिए 6% और इससे अधिक समय के लिए 8% वार्षिक ब्याज जोड़ा जाता है। कुल 15 वर्षों में साधारण ब्याज ₹ 1500 हो, तो वह धन कितना होगा?
(a) ₹ 1332.50 (b) ₹ 1150.30
(c) ₹ 1300 (d) ₹ 1442.30

9. साधारण ब्याज की किस दर से कोई धन 5 वर्ष में अपने का दो गुना हो जाएगा?
(a) 7% (b) 10% (c) 20% (d) 15%

10. एक धनराशि 20 वर्षों में 7 गुनी हो जाती है वह 13 गुनी होने में कितना समय लेगी?
(a) 25 वर्ष (b) 40 वर्ष
(c) 30 वर्ष (d) 50 वर्ष

11. राधेश्याम ने ₹ 10000, 12% वार्षिक ब्याज की दर से 5 वर्ष के लिए उधार लिया और नगेश ने ₹ 5000, 20 वर्ष के लिए उधार लिया। यदि दोनों अपनी-अपनी समयावधि के अन्त में समान साधारण ब्याज अदा करें, तो नगेश ने किस दर पर राशि उधार ली थी?
(a) 5% (b) 3% (c) 2% (d) 6%

12. रवेन्द्र ने एक निश्चित अवधि के लिए 6% वार्षिक ब्याज की दर से ₹ 19845 की राशि का निवेश किया। कितने वर्ष बाद उसे दी गई ब्याज दर पर ₹ 9525.6 का साधारण ब्याज मिलेगा?
(a) 5 वर्ष (b) 8 वर्ष
(c) 6 वर्ष (d) 9 वर्ष

13. सतेन्द्र ₹ 5000, 2 वर्ष के लिए 4% वार्षिक साधारण ब्याज की दर पर उधार लेता है। वह तत्काल इसे किसी दूसरे व्यक्ति को $6\frac{1}{4}\%$ वार्षिक साधारण की दर पर 2 वर्ष के लिए उधार दे देता है। इस पूरे सौदे में सतेन्द्र को कितना लाभ मिलेगा?
(a) ₹ 150 (b) ₹ 250
(c) ₹ 450 (d) ₹ 112.50

14. किसी राशि का साधारण ब्याज मूलधन का 4/9 है। यदि ब्याज पर दिए जाने वाले मूलधन की अवधि के वर्ष, ब्याज की वार्षिक दर के बराबर हो, तो ब्याज की दर क्या होगी?
(a) $7\frac{1}{5}\%$ (b) 6%
(c) $6\frac{2}{3}\%$ (d) 5%

15. साधारण ब्याज की वार्षिक दर 10% से $12\frac{1}{2}\%$ हो जाने पर दया की आय ₹ 1250 बढ़ जाती है। उसका मूलधन है
(a) ₹ 65000 (b) ₹ 60000
(c) ₹ 45000 (d) ₹ 50000

16. एक धनराशि साधारण ब्याज से 2 वर्षों में ₹ 2240 बनती है और 5 वर्षों में ₹ 2600, यह धनराशि कितनी है?
(a) ₹ 2120 (b) ₹ 2000
(c) ₹ 1880 (d) ₹ 3000

17. वर्णिका के पास ₹ 16000 थे। उसने इसमें से कुछ धनराशि 4% और शेष 5% वार्षिक की साधारण ब्याज की दर से स्वाति को उधार दी। यदि एक वर्ष में उसे कुल ₹ 700 ब्याज के रूप में मिले, तो 4% पर उधार दी गई धनराशि थी
(a) ₹ 12000 (b) ₹ 6000
(c) ₹ 10000 (d) ₹ 8000

18. ₹ 10000 का 3 वर्ष का चक्रवृद्धि ब्याज क्या होगा, यदि वार्षिक दर 10% हो?
(a) ₹ 3250 (b) ₹ 3310
(c) ₹ 3550 (d) ₹ 3160

19. ₹ 16000 का 5% वार्षिक दर से 1 वर्ष का चक्रवृद्धि ब्याज कितना होगा, यदि ब्याज छमाही देय हो?
(a) ₹ 550 (b) ₹ 810
(c) ₹ 450 (d) ₹ 350

20. ₹ 9000 का 10% वार्षिक दर पर 2 वर्ष 4 माह का चक्रवृद्धि ब्याज कितना होगा? यदि ब्याज वार्षिक देय हो।
(a) ₹ 2253 (b) ₹ 1530
(c) ₹ 1825 (d) ₹ 2530

21. किसी धन पर एक निश्चित दर से 2 वर्ष का साधारण ब्याज ₹ 160 तथा चक्रवृद्धि ब्याज ₹ 170 है। ब्याज की दर है
(a) 10% (b) $12\frac{1}{2}\%$
(c) 5% (d) 13%

22. ₹ 8000 की धनराशि 10% वार्षिक चक्रवृद्धि ब्याज की दर से कितने समय में ₹ 9261 हो जाएगी, जबकि ब्याज छमाही देय है?
(a) $3\frac{1}{2}$ (b) $1\frac{1}{2}$
(c) $2\frac{1}{2}$ (d) 2

23. 10% वार्षिक दर से 3 वर्ष के लिए किसी धनराशि के चक्रवृद्धि ब्याज तथा साधारण ब्याज का अन्तर ₹ 620 है। वह धनराशि है
(a) ₹ 20000 (b) ₹ 30000
(c) ₹ 40000 (d) ₹ 25000

24. कोई धन चक्रवृद्धि ब्याज की दर से 15 वर्ष में दोगुना हो जाता है। कितने वर्षों में यह स्वयं का 8 गुना हो जाएगा?
(a) 45 वर्ष (b) 40 वर्ष
(c) 30 वर्ष (d) 20 वर्ष

25. किसी धन पर 5% की वार्षिक दर से 2 वर्ष का साधारण एवं चक्रवृद्धि ब्याज का अन्तर ₹ 9 है। वह धन है
(a) ₹ 3600 (b) ₹ 2700
(c) ₹ 3800 (d) ₹ 4000

26. ₹ 1025 का ऋण दो बराबर वार्षिक किस्तों में चुकाना है। यदि चक्रवृद्धि ब्याज की दर 5% वार्षिक हो, तो प्रत्येक किस्त का मान है
(a) ₹ 551.25 (b) ₹ 560.75
(c) ₹ 560 (d) ₹ 550

27. एक वृक्ष की ऊँचाई में प्रतिवर्ष $\frac{1}{8}$ गुना वृद्धि होती है। यदि वृक्ष की वर्तमान ऊँचाई 64 सेमी हो, तो 2 वर्ष बाद ऊँचाई होगी
(a) 84 सेमी (b) 81 सेमी
(c) 80 सेमी (d) 70 सेमी

28. किसी धन पर एक निश्चित दर से 3 वर्ष का साधारण ब्याज ₹ 225 तथा इसी धन पर इसी दर से 2 वर्ष का चक्रवृद्धि ब्याज ₹ 153 है, तो मूलधन कितना होगा?
(a) ₹ 1875 (b) ₹ 1575
(c) ₹ 1975 (d) ₹ 2175

29. A और B में ₹ 66300 को इस प्रकार बाँटा कि 10 वर्ष बाद B के भाग का चक्रवृद्धि मिश्रधन 8 वर्ष बाद A के भाग के चक्रवृद्धि मिश्रधन के बराबर था, जबकि ब्याज दर 10% वार्षिक है A का भाग है
(a) ₹ 32500
(b) ₹ 36300
(c) ₹ 34900
(d) ₹ 30500

30. ₹ 15000 की धनराशि पर 2 वर्ष में उपार्जित वार्षिक रूप से संयोजित चक्रवृद्धि ब्याज तथा साधारण ब्याज का अन्तर ₹ 96 है। ब्याज की वार्षिक दर है
(a) 8% (b) 9% (c) 5% (d) 10%

उत्तरमाला

1 (a)	2 (b)	3 (c)	4 (d)	5 (a)
6 (b)	7 (c)	8 (d)	9 (c)	10 (b)
11 (d)	12 (b)	13 (b)	14 (c)	15 (d)
16 (b)	17 (c)	18 (b)	19 (b)	20 (a)
21 (b)	22 (b)	23 (a)	24 (a)	25 (a)
26 (a)	27 (b)	28 (a)	29 (b)	30 (a)

संकेत एवं हल

1. (a) मूलधन $P = ₹\ 1500, R = 5\%,$
$T = 5$ वर्ष, $A = ?$

$A = P + SI$ (सूत्र)

$$SI = \frac{PRT}{100} = \frac{1500 \times 5 \times 5}{100} = ₹\ 375$$

$\therefore \quad A = 1500 + 375 = ₹1875$

2. (b) $P = ₹\ 2000, R = 10\%, T = 5$ वर्ष,
$SI = ?$

$$SI = \frac{PRT}{100} = \frac{2000 \times 10 \times 5}{100} = 1000$$

$\therefore \quad SI = ₹\ 1000$

3. (c) माना धनराशि $= P, T = 3$ वर्ष, $A = \frac{5}{4}P,$

दर $= R\%$

$A = P + SI$

$$\frac{5P}{4} = P + \frac{P \times R \times 3}{100}$$

$$\frac{5P}{4} = P\left[1 + \frac{3R}{100}\right] \Rightarrow \frac{5}{4} = \frac{100 + 3R}{100}$$

$$400 + 12R = 500 \Rightarrow 12R = 100$$

$$R = \frac{100}{12}\% = 8\frac{1}{3}\%$$

4. (d) माना धन $= P$, दर $= R\%$ वार्षिक,
$T = 5$ वर्ष

$$SI = \frac{P}{4}$$

$$\because \quad SI = \frac{PRT}{100} \Rightarrow \frac{P}{4} = \frac{P \times R \times 5}{100}$$

$$20R = 100$$

$\Rightarrow \quad R = 5\%$

5. (a) माना धनराशि $= P, R = 4\%, T_1 = 3$ वर्ष

3 वर्ष का ब्याज $SI_1 = \frac{P \times 4 \times 3}{100}$

प्रश्नानुसार, $SI_2 = SI_1 + 1000$

5 वर्ष का ब्याज $SI_2 = \frac{P \times 4 \times 5}{100}$

$$\frac{P \times 20}{100} - \frac{P \times 12}{100} = 1000$$

$$\frac{8P}{100} = 1000 \Rightarrow 8P = 100000$$

$$P = \frac{100000}{8} = ₹\ 12500$$

अतः अभीष्ट धन $= ₹\ 12500$

6. (b) माना धन $= P$, दर $= R\%, T_1 = 3$ वर्ष,
$A_1 = 500$
$T_2 = 5$ वर्ष, $A_2 = 600$
$A_1 = P + SI_1$

$$500 = P + \frac{P \times R \times 3}{100}$$

$$\Rightarrow \quad 500 = P\left(1 + \frac{3R}{100}\right) \quad \ldots(i)$$

पुनः $$600 = P + \frac{P \times R \times 5}{100}$$

$$\Rightarrow 600 = P\left(1 + \frac{5R}{100}\right) \quad \ldots(ii)$$

समी (ii) में (i) से भाग करने पर,

$$\frac{6}{5} = \frac{100 + 5R}{100 + 3R}$$

$$\Rightarrow 600 + 18R = 500 + 25R$$

$$\Rightarrow \quad 7R = 100$$

$$R = \frac{100}{7}\% = 14\frac{2}{7}\%$$

7. (c) माना धन $= P, R = 7\%, T_1 = 3$ वर्ष,
$A_1 = ₹1500, T_2 = ?, A_2 = ₹1800$

$$\frac{A_2}{A_1} = \frac{PRT_2}{PRT_1}$$

$$\Rightarrow \quad \frac{1800}{1500} = \frac{P \times 7 \times T_2}{P \times 7 \times 3}$$

$$\Rightarrow \quad \frac{6}{5} = \frac{T_2}{3}$$

$$\Rightarrow \quad T_2 = \frac{18}{5} = 3\frac{3}{5} \text{ वर्ष}$$

8. (d) कुल ब्याज

$$= \frac{P \times (R_1T_1 + R_2T_2 + R_3T_3)}{100} \text{ से,}$$

[यहाँ $T_1 = 2, R_1 = 4, T_2 = 4, R_2 = 6,$
$T_3 = 15 - (2 + 4) = 9, R_3 = 8,$
$SI = ₹1500$]

$$\text{कुल ब्याज} = \frac{P \times (4 \times 2 + 6 \times 4 + 8 \times 9)}{100}$$

$$1500 = \frac{P \times (8 + 24 + 72)}{100}$$

$$P = \frac{1500 \times 100}{104} = ₹\ 1442.30$$

9. (c) माना दर $= R\%$, धन $= P, T = 5$ वर्ष,
$A = 2P$

$\because \quad A = P + SI$

$$2P = P + \frac{P \times R \times 5}{100}$$

$$2P = P\left(1 + \frac{R}{20}\right) \Rightarrow 2 = 1 + \frac{R}{20}$$

$$1 = \frac{R}{20}$$

$\Rightarrow \quad R = 20\%$

10. (b) $T_1 = 20, n_1 = 7, n_2 = 13, T_2 = ?$

सूत्र $\frac{T_1}{T_2} = \frac{n_1 - 1}{n_2 - 1}$ से,

$\Rightarrow \frac{20}{T_2} = \frac{7-1}{13-1}$

$12 \times 20 = 6 \times T_2$

$T_2 = 40$ वर्ष

11. (d) सूत्र $P_1R_1T_1 = P_2R_2T_2$ से,

$10000 \times 12 \times 5 = 5000 \times 20 \times R_2$

$R_2 = \frac{10000 \times 12 \times 5}{5000 \times 20} = 6\%$

12. (b) समय $= \frac{\text{साधारण ब्याज} \times 100}{\text{दर} \times \text{मूलधन}}$

$= \frac{9525.6 \times 100}{6 \times 19845} = 8$ वर्ष

13. (b) ब्याज दरों में अन्तर

$= 6\frac{1}{2}\% - 4\% = 2\frac{1}{2}\% = \frac{5}{2}\%$

$\therefore$ सौदे में लाभ $= \frac{5000 \times \frac{5}{2} \times 2}{100} = ₹\ 250$

14. (c) ब्याज = मूलधन $\times \frac{4}{9} \Rightarrow \frac{\text{ब्याज}}{\text{मूलधन}} = \frac{4}{9}$

$\therefore$ मूलधन = ₹ 9 और ब्याज = ₹ 4

माना ब्याज की दर = $R\%$

तथा समय = R वर्ष

दर $= \frac{\text{ब्याज} \times 100}{\text{मूलधन} \times \text{समय}} = \frac{4 \times 100}{9 \times R}$

$R = \frac{4 \times 100}{9 \times R} \Rightarrow R^2 = \left(\frac{2 \times 10}{3}\right)^2$

$\Rightarrow R = 6\frac{2}{3}\%$

15. (d) प्रश्नानुसार,

$\frac{x \times 25 \times 1}{2 \times 100} - \frac{x \times 10 \times 1}{100} = 1250$

$25x - 20x = 1250 \times 200$

$x = ₹\ 50000$

16. (b) 2 वर्ष का मिश्रधन = ₹ 2240

3 वर्ष का मिश्रधन = ₹ 2600

$\therefore$ 3 वर्ष का ब्याज = 2600 − 2240 = 360

$\therefore$ 1 वर्ष का ब्याज $= \frac{360}{3} = ₹\ 120$

2 वर्ष का ब्याज = 120 × 2 = ₹ 240

$\therefore$ मूल धनराशि = 2240 − 240 = ₹ 2000

17. (c) माना 4% पर ₹ x दिए।

$\therefore$ 5% पर दिया धन = $16000 - x$

प्रश्नानुसार,

$\frac{x \times 4 \times 1}{100} + \frac{(16000 - x) \times 5 \times 1}{100} = 700$

$\Rightarrow 4x + 80000 - 5x = 70000$

$\Rightarrow x = 80000 - 70000 = ₹\ 10000$

18. (b) मूलधन = ₹ 10000, समय = 3 वर्ष, दर = 10%

$\therefore$ चक्रवृद्धि ब्याज = मूलधन $\times \left[\left(1 + \frac{\text{दर}}{100}\right)^{\text{समय}} - 1\right]$

$= 10000 \times \left[\left(1 + \frac{10}{100}\right)^3 - 1\right]$

$= 10000 \times \left(\frac{11 \times 11 \times 11 - 10 \times 10 \times 10}{10 \times 10 \times 10}\right)$

$= \frac{10000}{1000} \times (1331 - 1000)$

$= 10 \times 331 = ₹\ 3310$

19. (b) मूलधन = 16000, दर = 5%,

समय = 1 वर्ष, ब्याज = छमाही देय

$\because$ ब्याज छमाही देय है अतः दर $= \frac{5}{2}\%$,

समय = 1 × 2 = 2 वर्ष

$\therefore$ ब्याज $= P\left[\left(1 + \frac{r}{100}\right)^n - 1\right]$

$= 16000 \times \left[\left(1 + \frac{5}{200}\right)^2 - 1\right]$

$= 16000 \times \left[\left(\frac{41}{40}\right)^2 - 1\right]$

$= \frac{16000}{1600} \times (1681 - 1600)$

$= 10 \times 81 = ₹\ 810$

20. (a) समय = 2 वर्ष 4 माह $= 2\frac{1}{3}$ वर्ष,

मूलधन = ₹ 9000, दर = 10%

चक्रवृद्धि मिश्रधन

$= \left\{9000 \times \left(1 + \frac{10}{100}\right)^2 \times \left(1 + \frac{10 \times \frac{1}{3}}{100}\right)\right\}$

$= 9000 \times \frac{121}{100} \times \frac{31}{30} = ₹\ 11253$

चक्रवृद्धि ब्याज = 11253 − 9000 = ₹ 2253

21. (b) 1 वर्ष का साधारण ब्याज = ₹ 80

2 वर्ष के चक्रवृद्धि ब्याज तथा साधारण ब्याज का अन्तर = 170 − 160 = ₹ 10

₹ 80 का 1 वर्ष का ब्याज = ₹10

$\therefore$ दर $= \left(\frac{10}{80} \times 100\right)\% = 12\frac{1}{2}\%$

22. (b) मूलधन = ₹ 8000, मिश्रधन = ₹ 9261, दर = 5% छमाही।

माना, समय = t छमाही

$\therefore \quad A = P\left(1 + \frac{R}{100}\right)^t$

तब, $8000\left(1 + \frac{5}{100}\right)^t = 9261$

$\left(\frac{21}{20}\right)^t = \frac{9261}{8000} \Rightarrow \left(\frac{21}{20}\right)^t = \left(\frac{21}{20}\right)^3$

$\therefore \quad t = 3$

अतः समय = 3 छमाही $= 1\frac{1}{2}$ वर्ष

23. (a) माना वह धनराशि = ₹ 100

$\therefore$ साधारण ब्याज $= \frac{100 \times 10 \times 3}{100} = ₹\ 30$

चक्रवृद्धि मिश्रधन $= ₹\left\{100 \times \left(1 + \frac{10}{100}\right)^3\right\}$

$= 100 \times \frac{11}{10} \times \frac{11}{10} \times \frac{11}{10} = ₹\frac{1331}{10}$

$\therefore$ चक्रवृद्धि ब्याज $= ₹\left(\frac{1331}{10} - 100\right) = ₹\ \frac{331}{10}$

चक्रवृद्धि ब्याज − साधारण ब्याज

$= \left(\frac{331}{10} - 30\right) = ₹\frac{31}{10}$

यदि दोनों ब्याजों का अन्तर = ₹ $\frac{31}{10}$ है, तो

मूलधन = ₹ 100

यदि दोनों ब्याजों का अन्तर = ₹ 620 है, तो

मूलधन $= 100 \times \frac{10}{31} \times 620 = ₹\ 20000$

24. (a) माना मूलधन = ₹ P, तब 15 वर्ष में मिश्रधन = ₹ $2P$

$P\left(1 + \frac{r}{100}\right)^{15} = 2P$

$\Rightarrow \left(1 + \frac{r}{100}\right)^{15} = 2$ ...(i)

माना t समय पश्चात् मूलधन 8 गुना हो जाएगा, तब

$P\left(1 + \frac{r}{100}\right)^t = 8P$

$\Rightarrow \left(1 + \frac{r}{100}\right)^t = (2)^3$

$\Rightarrow \left(1 + \frac{r}{100}\right)^{t \times 15} = (2)^{3 \times 15}$

$\Rightarrow \left\{\left(1 + \frac{r}{100}\right)^{15}\right\}^t = (2)^{45} \Rightarrow 2^t = 2^{45}$

[$\because$ समी (i) से]

$\Rightarrow t = 45$ वर्ष

25. (a) माना धन = ₹ $P, r = 5\%, t = 2$ वर्ष, $d = 9$

सूत्र, $d = P\left(\frac{r}{100}\right)^2$ से, $9 = P\left(\frac{5}{100}\right)^2$

$\Rightarrow 9 = P \times \frac{25}{10000}$

$\Rightarrow P = \frac{90000}{25} = ₹\ 3600$

26. (a) माना प्रत्येक किस्त ₹ x है।

(1 वर्ष बाद देय ₹ x का वर्तमान मूल्य)

+ (2 वर्ष बाद देय ₹ x का वर्तमान मूल्य) = 1025

$\Rightarrow \frac{x}{\left(1 + \frac{5}{100}\right)} + \frac{x}{\left(1 + \frac{5}{100}\right)^2} = 1025$

$\Rightarrow \dfrac{20x}{21} + \dfrac{400x}{441} = 1025$

$\Rightarrow (420x + 400x) = (1025 \times 441)$

$820x = 1025 \times 441$

$\Rightarrow x = 551.25$

अतः प्रत्येक किस्त ₹ 551.25 है।

27. (b) वृक्ष की वार्षिक वृद्धि दर

$= \left(\dfrac{1}{8} \times 100\right)\% = \dfrac{25}{2}\%$

$\therefore$ 2 वर्ष बाद वृक्ष की ऊँचाई

$= 64 \times \left(1 + \dfrac{25}{100}\right)^2 \times 2$

$= 64 \times \dfrac{9}{8} \times \dfrac{9}{8}$ सेमी = 81 सेमी

28. (a) 1 वर्ष का साधारण ब्याज

$= ₹\left(\dfrac{225}{3}\right) = ₹\ 75$

2 वर्ष का साधारण ब्याज = ₹ (75 × 2)

= ₹ 150

2 वर्ष का चक्रवृद्धि ब्याज = ₹7153

2 वर्ष का चक्रवृद्धि एवं साधारण ब्याज का अन्तर

= ₹ (153 − 150) = ₹ 3

₹ 75 पर 1 वर्ष का ब्याज = ₹ 3

$\therefore$ दर $= \left(\dfrac{100 \times 3}{75 \times 1}\right)\% = 4\%$

तब, मूलधन $= \dfrac{100 \times 225}{3 \times 4} = ₹1875$

29. (b) माना A का भाग = A तथा B का ₹ $(66300 - A)$ है

$A \times \left(1 + \dfrac{10}{100}\right)^8 = (66300 - A)\left(1 + \dfrac{10}{100}\right)^{10}$

$\Rightarrow A\left(\dfrac{11}{10}\right)^8 = (66300 - A)\left(\dfrac{11}{10}\right)^{10}$

$\Rightarrow A = (66300 - A) \times \dfrac{121}{100}$

$\Rightarrow 100A = (66300 - A) \times 121$

$\Rightarrow 100A = 121 \times 66300 - 121A$

$221A = 8022300$

$A = \dfrac{8022300}{221} = ₹\ 36300$

अतः A का भाग ₹ 36300 है।

30. (a) $P =$ ₹ 15000, $n = 2$ वर्ष, अन्तर = ₹ 96

माना दर = $r\%$

सूत्र $d = P\left(\dfrac{r}{100}\right)^2$ से,

$96 = 15000 \times \left(\dfrac{r}{100}\right)^2$

$\Rightarrow \dfrac{96}{15000} = \dfrac{r^2}{10000}$

$r^2 = \dfrac{960000}{15000}$

$\Rightarrow r^2 = 64$

$\Rightarrow r = 8\%$

09 कार्य और समय
Time and Work

अवधारणा

कोई भी कार्य, किसी-न-किसी रूप में समय से सम्बद्ध होता है। यदि प्रत्येक व्यक्ति की कार्यक्षमता को एक समान मान लिया जाए तो

- कम कार्य, कम समय में पूरा होगा।
- अधिक कार्य, अधिक समय में पूरा होगा।
- कम व्यक्तियों द्वारा एक निश्चित कार्य अधिक समय में पूरा होगा।
- अधिक व्यक्तियों द्वारा वही कार्य कम समय में पूरा होगा।
- किसी भी पूरे कार्य को 1 इकाई माना जाता है।

कार्य और समय का 'एकक' नियम

- यदि कोई व्यक्ति किसी कार्य को x दिन में पूरा (1 इकाई) करता है, तो उस व्यक्ति का 1 दिन का कार्य $= \frac{1}{x}$ भाग होगा।

  जैसे-राम किसी कार्य को 5 दिन में पूरा करता है, तो राम का 1 दिन का कार्य $= \frac{1}{5}$ भाग होगा।

- यदि कोई अन्य व्यक्ति उसी कार्य को y दिन में पूरा करता है, तो उस व्यक्ति का 1 दिन का कार्य (ऊपर की भाँति) $= \frac{1}{y}$ भाग होगा। **जैसे**- श्याम किसी कार्य को 15 दिन में पूरा करता है, तो श्याम का 1 दिन का कार्य $= \frac{1}{15}$ भाग
- यदि राम और श्याम दोनों मिलकर, उस कार्य को करें तो,

  दोनों का 1 दिन का कार्य $= \frac{1}{5} + \frac{1}{15} = \frac{3+1}{15} = \frac{4}{15}$ भाग होगा।

ध्यान दें!

$\because$ $\frac{4}{15}$ भाग कार्य हुआ (राम + श्याम के द्वारा) = 1 दिन में

$\therefore$ 1 भाग (या पूरा कार्य) कार्य हुआ $= \frac{1 \times 1}{\frac{4}{15}}$ दिन में

$$= \frac{15 \times 1}{4} = \frac{15}{4} \text{ दिन में } = 3\frac{3}{4} \text{ दिन में}$$

***नोट** यही अवधारणा और एकक नियम समय और कार्य के समस्त प्रश्नों पर पूर्णतः लागू होता है।*

कार्य-समय से सम्बन्धित महत्त्वपूर्ण तथ्य एवं सूत्र

ऐकिक नियम पर आधारित सूत्र

- यदि M_1 व्यक्ति, D_1 दिनों में, H_1 घण्टे प्रतिदिन कार्य करते हुए W_1 कार्य करते हैं, तो M_2 व्यक्ति, D_2 दिनों में, H_2 घण्टे प्रतिदिन कार्य करते हुए W_2 कार्य करेंगे, इसके लिए निम्नलिखित सूत्र का प्रयोग करते हैं

$$\frac{M_1 D_1 H_1}{W_1} = \frac{M_2 D_2 H_2}{W_2}$$

जैसे- 5 व्यक्ति किसी कार्य को 6 घण्टे प्रतिदिन करते हुए 8 दिन में पूरा कर सकते हैं, तो 8 व्यक्ति 4 घण्टे प्रतिदिन कार्य करके वह कार्य कितने दिन में पूरा करेंगे?

यहाँ $M_1 = 5, H_1 = 6, D_1 = 8, M_2 = 8,$

$H_2 = 4, D_2 = ?, W_1 = 1, W_2 = 1$

सूत्र से, $\frac{5 \times 8 \times 6}{1} = \frac{8 \times D_2 \times 4}{1}$

$$D_2 = \frac{5 \times 8 \times 6}{8 \times 4} = \frac{15}{2} = 7\frac{1}{2} \text{ दिन में}$$

- किसी व्यक्ति का 1 दिन का वेतन उसके द्वारा 1 दिन में किए गए कार्य के समानुपाती होता है।

  कुल वेतन = व्यक्ति का 1 दिन का वेतन × दिनों की संख्या

  या व्यक्तियों के वेतन का अनुपात = एक दिन

जैसे—A किसी कार्य को 5 दिन में करता है, B, 10 दिन में तथा C, 20 दिन में करता है। तीनों इस कार्य के ₹ 1400 लेते हैं। तब A, B तथा C तीनों को प्राप्त अलग-अलग राशि क्या है?

कुल वेतन = A का 1 दिन का वेतन ×दिन + B का 1 दिन का वेतन × दिन + C का 1 दिन का वेतन × दिन

$$1400 = \frac{1}{5} : \frac{1}{10} : \frac{1}{20} = 4:2:1$$

$$1400 = A : B : C = 4x : 2x : x$$

$\because$ $1400 = 7x \Rightarrow x = 200$

$\therefore$ A का भाग $= 4 \times 200 =$ ₹ 800

B का भाग $= 2 \times 200 =$ ₹ 400

C का भाग $= 1 \times 200 =$ ₹ 200

- यदि कोई व्यक्ति किसी कार्य को x दिनों में पूरा करता है। दूसरा व्यक्ति जो पहले से y% अधिक कुशल (दक्ष) है, तो

  उसके द्वारा पूरा कार्य करने में लगा समय $= \left(\frac{100}{100+y} \times x\right)$

  दोनों के द्वारा पूरा कार्य करने में लगा समय $= \left(\frac{100}{200+y} \times x\right)$

जैसे—हरीश किसी कार्य को 25 दिन में पूरा कर सकता है। श्याम जोकि हरीश से 25% अधिक कुशल है। उस कार्य को वह कितने दिन में पूरा करेगा तथा यदि दोनों मिलकर कार्य करें, तब वे कितने दिनों में कार्य पूरा कर लेंगे?

श्याम के द्वारा पूरा कार्य करने में लगा समय

$$= \left(\frac{100}{100+25} \times 25\right) \text{ दिन}$$

$$= \frac{(100 \times 25)}{125} \text{ दिन} = \frac{100}{5} \text{ दिन} = 20 \text{ दिन}$$

$\therefore$ दोनों मिलकर उस कार्य को $\left(\frac{100}{200+25} \times 25\right)$ दिन

$$= \frac{100 \times 25}{225} = \frac{100}{9} = 11\frac{1}{9} \text{ दिन}$$

नल तथा हौज से सम्बन्धित बिन्दु

- यदि एक नल किसी हौज को x घण्टे में भरता है, तो नल द्वारा 1 घण्टे में भरा गया हौज का भाग $= \frac{1}{x}$
- यदि एक नल किसी हौज को x घण्टे में खाली करता है, तो नल द्वारा 1 घण्टे में खाली किया गया हौज का भाग $= \frac{1}{y}$
- यदि उपरोक्त दोनों नल एक साथ खोल दिए जाएँ, तो पूरे भरे हौज को ये दोनों नल $\frac{xy}{x-y}$ घण्टे में खाली कर देंगे।
- यदि नल A, हौज को x घण्टे में भरता है तथा नल B, y घण्टे में भरता है, तो दोनों नल एक साथ खोल देने पर, हौज को पूरा भरने में $\frac{xy}{x+y}$ घण्टे लेंगे।

उदाहरण 1 नल A तथा B किसी हौज को क्रमशः 30 मिनट व 45 मिनट में भर सकते हैं, तो दोनों नलों को एक साथ खोलने पर हौज कितने समय में भर जाएगा?

(a) 15 मिनट (b) 25 मिनट
(c) 18 मिनट (d) 20 मिनट

हल (c) नल A द्वारा 1 घण्टे में भरा गया भाग $= \frac{1}{30}$

नल B द्वारा 1 घण्टे में भरा गया भाग $= \frac{1}{45}$

नल $(A + B)$ द्वारा 1 घण्टे में भरा गया हौज का भाग

$$= \frac{1}{30} + \frac{1}{45} = \frac{3+2}{90} = \frac{5}{90}$$

$\therefore$ दोनों नल हौज को भरेंगे $= \frac{1}{5/90} = \frac{90}{5}$ मिनट $= 18$ मिनट

वैकल्पिक विधि

दोनों नलों द्वारा हौज को भरने मे लगा समय $= \frac{30 \times 45}{30 + 45} = \frac{30 \times 45}{75} = 18$

पुरुष या स्त्री या लड़के पर आधारित प्रश्न

इस प्रकार के प्रश्नों में मुख्यत: अलग-अलग कार्य क्षमताओं वाले पुरुष, स्त्री और लड़के मिलकर कार्य करते हैं। इस प्रकार के प्रश्नों को निम्न उदाहरण द्वारा भली-भाँति समझा जा सकता है।

उदाहरण 2 2 पुरुष और 1 लड़का एक कार्य 5 दिनों में कर सकते हैं। जबकि 1 पुरुष व 2 लड़के उसे 6 दिन में कर सकते हैं। यदि 1 पुरुष का पारिश्रमिक ₹ 28 हो, तो 1 लड़के का पारिश्रमिक कितना होगा?

(a) ₹ 8 (b) ₹ 12 (c) ₹ 16 (d) ₹ 9

हल (c) 2 पुरुष व 1 लड़का, 1 कार्य करते हैं = 5 दिन में

$\Rightarrow$ 10 पुरुष व 5 लड़के, 1 कार्य करेंगे = 1 दिन में

इसी प्रकार, चूँकि 1 पुरुष व 2 लड़के, 1 कार्य करते हैं = 6 दिन में

$\Rightarrow$ 6 पुरुष व 12 लड़के, 1 कार्य को करेंगे = 1 दिन में

अतः 10 पुरुष + 5 लड़के = 6 पुरुष + 12 लड़के

4 पुरुष = 7 लड़के

$\Rightarrow$ 1 लड़का $= \frac{4}{7}$ पुरुष

$\because$ 1 पुरुष का पारिश्रमिक = ₹ 28

$\therefore$ $\frac{4}{7}$ पुरुष का पारिश्रमिक $= 28 \times \frac{4}{7} =$ ₹ 16

अतः 1 लड़के का पारिश्रमिक = ₹16

अभ्यास प्रश्न

1. x तथा y एक काम को 8 घण्टे में कर सकते हैं। यदि x अकेला 12 घण्टे में कर सकता है, तो y अकेला उस काम को कितने घण्टे में करेगा?

(a) 24 घण्टे में (b) 16 घण्टे में
(c) 12 घण्टे में
(d) 8 घण्टे में

2. सोहन प्रतिदिन 1/10 काम करता है तथा दीपक के साथ मिलकर वह काम को 6 दिन में पूरा करता है। कितने दिनों में दीपक अकेला उस काम को पूरा कर लेगा?

(a) 10 दिन (b) 15 दिन
(c) 12 दिन (d) 30 दिन

3. राम और रतन किसी काम को 12 दिनों में करते हैं। रतन और सुधीर 8 दिनों में तथा सुधीर और राम 15 दिनों में करते हैं। राम अकेला उस काम को कितने दिन में करेगा।

(a) 40 दिन (b) 80 दिन
(c) 120 दिन (d) 160 दिन

4. A तथा B एक कार्य को 12 दिन में कर सकते हैं। B तथा C उसी कार्य को 16 दिन में कर सकते हैं। C और A उसी कार्य को 24 दिन में कर सकते हैं। A, B तथा C मिलकर उसी कार्य को कितने दिन में कर सकते हैं?

(a) 32/3 (b) 10
(c) 16/3 (d) 11

5. A एक काम को 18 दिन में पूरा कर सकता है और B उसी काम को A से आधे समय में कर सकता है। वे दोनों एक साथ मिलकर एक दिन में काम का कितना भाग पूरा कर सकते हैं?

(a) $\frac{1}{6}$ (b) $\frac{2}{5}$ (c) $\frac{1}{9}$ (d) $\frac{2}{7}$

6. जितनी देर में B जो काम करता है A उतनी ही देर में उसका आधा काम करता है। B अकेला उस काम को 12 दिन में करता है। A और B मिलकर उस काम को करेंगे

(a) 4 दिन (b) 8 दिन
(c) 7 दिन (d) 3 दिन

7. A द्वारा किया गया काम B द्वारा किए गए काम का आधा है तथा C द्वारा किए गए काम का तीन-चौथाई है। यदि A अकेला उस काम को 12 दिन में पूरा कर सकता है, तो A, B व C तीनों द्वारा उस काम को पूरा किए जाने में कितने दिन लगेंगे?
(a) $2\frac{10}{13}$ (b) $2\frac{9}{13}$
(c) $3\frac{10}{13}$ (d) $3\frac{9}{13}$

8. A किसी काम के $\frac{3}{4}$ भाग को 12 दिनों में पूरा कर सकता है, तो उसी काम के $\frac{1}{2}$ भाग को वह कितने दिनों में पूरा करेगा?
(a) 4 (b) 8
(c) 12 (d) 16

9. दो व्यक्ति A और B एक काम को क्रमश: 8 और 16 घण्टे में पूरा कर सकते हैं। यदि वे उस काम पर बारी-बारी से एक-एक घण्टे काम करें और शुरूआत A करें, तो काम कितने घण्टे में पूरा होगा?
(a) 8 घण्टे (b) 10 घण्टे
(c) $10\frac{1}{2}$ घण्टे (d) 11 घण्टे

10. A एक काम को 20 दिन में B, 30 दिन में तथा C, 60 दिन में कर सकता है। यदि A को प्रत्येक तीसरे दिन B और C से मदद मिले, तो काम कितनी जल्दी समाप्त हो जाएगा?
(a) 18 दिन (b) 15 दिन
(c) 9 दिन (d) 12 दिन

11. A किसी काम को 15 दिनों में और B, 10 दिनों में कर सकता है। A व B ने साथ मिलकर कार्य किया। B ने उस काम को 5 दिनों तक किया और वह काम छोड़कर चला गया। इस प्रकार कार्य कितने दिनों में पूरा होगा?
(a) $7\frac{1}{2}$ दिन (b) 8 दिन
(c) $6\frac{1}{2}$ दिन (d) 9 दिन

12. A किसी कार्य को 60 दिन में कर सकता है। वह 15 दिन कार्य करता है और फिर B ने अकेले शेष कार्य को 30 दिन में पूरा किया। दोनों कार्य को निम्न समय में पूरा कर सकते हैं
(a) 24 दिन (b) 25 दिन
(c) 30 दिन (d) 32 दिन

13. A और B मिलकर एक गड्ढे को 12 दिन में भर सकते हैं। A अकेला इसको 20 दिन में भर सकता है। यदि प्रतिदिन B केवल आधा दिन काम करे, तब A और B को मिलकर उस गड्ढे को भरने में कितना समय लगेगा?
(a) 11 दिन (b) 15 दिन
(c) 20 दिन (d) 10 दिन

14. A एक काम को 25 दिन में कर सकता है और B उसी काम को 30 दिन में कर सकता है। ये दोनों मिलकर 5 दिन काम करते हैं और फिर A चला जाता है। B शेष काम को कितने दिन में करेगा?
(a) 10 (b) 19 (c) 20 (d) 21

15. A एक काम को 14 दिनों में और B उसी काम को 21 दिनों में कर सकता है। वे एक साथ मिलकर काम करना शुरू करते हैं, परन्तु कार्य समाप्त होने से 3 दिन पहले A काम छोड़ देता है, तो काम कब समाप्त हुआ था?
(a) 12 दिनों में (b) $5\frac{1}{5}$ दिनों में
(c) 10 दिनों में (d) $10\frac{1}{5}$ दिनों में

16. A एक काम को 9 दिन में कर सकता है। B, A से 50% अधिक दक्ष है, तो B उस काम को करने में कितना समय लेगा?
(a) 4 दिन (b) $4\frac{1}{2}$ दिन
(c) 6 दिन (d) 7 दिन

17. आतिफ एक काम को 15 दिनों में पूरा कर सकता है। अफनान काम करने में आतिफ से 50% अधिक कुशल है। उस काम को अफनान को करने में कितने दिन लगेंगे?
(a) 14 दिन (b) 12 दिन
(c) 10 दिन (d) $10\frac{1}{2}$ दिन

18. A एक दिन में B से दोगुना काम करता है और इसलिए एक काम को B से 60 दिन कम में करता है। उसी काम को A और B मिलकर कितने दिनों में पूरा कर सकेंगे?
(a) 20 दिन (b) 25 दिन
(c) 30 दिन (d) 40 दिन

19. A की कार्य-क्षमता B की कार्य-क्षमता की दोगुनी हो तथा वह किसी कार्य को B से 2 घण्टे कम समय में पूरा करता हो, तो दोनों मिलकर उस कार्य को कितने घण्टे में पूरा करेंगे?
(a) 5 घण्टे (b) 7 घण्टे
(c) 3 घण्टे (d) इनमें से कोई नहीं

20. यदि 5 पुरुष तथा 2 लड़के मिलकर चार गुना कार्य करते हैं जितना कि एक पुरुष तथा 1 लड़का मिलकर करते हैं। एक पुरुष तथा एक लड़के की कार्य-क्षमता का अनुपात है
(a) 1 : 2 (b) 2 : 1
(c) 3 : 1 (d) 3 : 2

21. यदि 4 पुरुष या 6 लड़के एक काम को 20 दिन में पूरा करते हों, तो 6 पुरुष और 11 लड़के उसी काम को कितने दिनों में पूरा करेंगे?
(a) 10 दिन (b) 6 दिन
(c) 4 दिन (d) 3 दिन

22. यदि 10 आदमी अथवा 18 लड़के किसी काम को 15 दिनों में कर सकते हैं, तो 25 आदमी और 15 लड़के उस काम का दोगुना कितने दिनों में कर सकते हैं?
(a) $\frac{9}{2}$ दिन (b) 9 दिन
(c) 18 दिन (d) 36 दिन

23. 12 पुरुष किसी काम को 8 दिन में पूरा कर सकते हैं तथा 8 महिलाएँ उसी काम को 16 दिन में पूरा कर सकती हैं। यदि 9 पुरुष और 12 महिलाएँ एक साथ काम करें, तो उसे कितने दिन में पूरा किया जा सकता है?
(a) $5\frac{2}{3}$ (b) $5\frac{1}{3}$
(c) $4\frac{1}{3}$ (d) $4\frac{2}{3}$

24. यदि 5 पुरुष अथवा 8 महिलाएँ किसी कार्य को 12 दिन में कर सकते हैं, तो उसी कार्य को 2 पुरुष और 4 महिलाएँ कितने दिन में कर पाएँगे?
(a) 15 दिन (b) $13\frac{1}{2}$ दिन
(c) $13\frac{1}{3}$ दिन (d) 10 दिन

25. 15 मजदूर 6 घण्टे प्रतिदिन काम करके एक काम को 10 दिन में पूरा कर सकते हैं। यदि उस काम पर 18 मजदूर लगाए जाएँ तथा उसे 5 दिन में पूरा करवाना हो, तो मजदूरों को प्रतिदिन कितने घण्टे काम करना चाहिए?
(a) 8 घण्टे (b) 10 घण्टे
(c) 12 घण्टे (d) 9 घण्टे

26. यदि 24 व्यक्ति 8 घण्टे प्रतिदिन काम करके एक काम को 18 दिनों में पूरा करते हैं, तो 36 व्यक्ति 12 घण्टे प्रतिदिन काम करके उस काम को कितने दिनों में पूरा करेंगे?
(a) 6 दिन
(b) 8 दिन
(c) 10 दिन
(d) 12 दिन

27. यदि x आदमी किसी काम को 8 दिनों में पूरा कर सकते हैं और $x + 4$ आदमी उसी काम को 6 दिनों में पूरा कर सकते हैं, तो x का मान होगा
(a) 10 (b) 6
(c) 12 (d) 24

28. A और B ने किसी कार्य को करने का ₹ 4500 में ठेका लिया। A अकेला इस कार्य को 8 दिन में तथा B अकेला इस कार्य को 12 दिन में कर सकता है। C की सहायता से उन्होंने यह कार्य 4 दिन में पूरा कर लिया। तब ठेके की धनराशि में C का भाग है
(a) ₹ 2250 (b) ₹ 1500
(c) ₹ 750 (d) ₹ 375

29. एक नल एक टंकी को 25 मिनट में भर सकता है, एक दूसरा नल उसे 50 मिनट में खाली कर सकता है। यदि दोनों नल एक साथ खोल दिए जाएँ, तो टंकी कितनी देर में भरेगी?
(a) 23 मिनट (b) $22\frac{1}{2}$ मिनट
(c) 50 मिनट (d) नहीं भरी जा सकती

30. एक टंकी एक नल के द्वारा 12 घण्टों में एवं दूसरे नल के द्वारा 8 घण्टों में भरी जा सकती है। उन्हें $2\frac{1}{2}$ घण्टों तक खुला रखा जाता है, टंकी का भरा हुआ भाग है
(a) $\frac{25}{48}$ (b) $\frac{5}{6}$
(c) $\frac{25}{36}$ (d) $\frac{12}{25}$

31. किसी टंकी को दो नालियाँ क्रमश: 10 घण्टे तथा 12 घण्टे में भरती हैं जबकि एक तीसरी नाली उसे 20 घण्टे में खाली करती है। यदि तीनों नालियाँ साथ-साथ खोल दी जाए, तो टंकी कितनी देर में भरेगी?
(a) 7 घण्टे (b) 8 घण्टे
(c) 7 घण्टे 30 मिनट (d) 8 घण्टे 30 मिनट

32. नल A तथा नल B एक बाल्टी को क्रमश: 12 मिनट तथा 15 मिनट में भर सकते हैं। यदि दोनों नल इकट्ठे खोल दिए जाएँ और फिर A नल को 3 मिनट बाद बन्द कर दिया जाए, तो B नल को बाल्टी को भरने में और कितना समय लगेगा?
(a) 7 मिनट 45 से (b) 7 मिनट 15 से
(c) 8 मिनट 3 से (d) 8 मिनट 15 से

33. दो नल एक टंकी को क्रमश: 12 तथा 15 घण्टे में भर सकते हैं। एक अन्य नल भरी टंकी को 6 घण्टे में खाली कर सकता है। यदि पहले दोनों नलों को खोल दिया जाए और तीसरे नल को 5 घण्टे बाद खोला जाए, तो टंकी कितने घण्टे में खाली हो जाएगी?
(a) 24 घण्टे में (b) 48 घण्टे में
(c) 45 घण्टे में (d) 36 घण्टे में

34. A, B, C तीन पाइप मिलकर एक टैंक को 5 घण्टों में भर देते हैं। पाइप C के भरने की क्षमता पाइप B की दोगुनी है तथा पाइप B की क्षमता पाइप A की दोगुनी है। अत: A अकेला टैंक को कितने समय में भरेगा?
(a) 35 घण्टा
(b) 25 घण्टा
(c) 20 घण्टा
(d) ज्ञात नहीं किया जा सकता

उत्तरमाला

1 (a)	2 (b)	3 (b)	4 (a)	5 (a)
6 (b)	7 (a)	8 (b)	9 (c)	10 (b)
11 (a)	12 (a)	13 (b)	14 (b)	15 (d)
16 (c)	17 (c)	18 (d)	19 (d)	20 (b)
21 (b)	22 (a)	23 (b)	24 (c)	25 (b)
26 (b)	27 (c)	28 (c)	29 (c)	30 (a)
31 (c)	32 (d)	33 (c)	34 (a)	

संकेत एवं हल

1. (a) x का 1 घण्टे का काम $= \frac{1}{12}$

$x + y$ का 1 घण्टे का काम $= \frac{1}{8}$

$\therefore$ y का 1 घण्टे का कार्य $= \frac{1}{8} - \frac{1}{12}$

$= \frac{3-2}{24} = \frac{1}{24}$

$\therefore$ y उसे $\frac{1}{\frac{1}{24}} = 24$ घण्टे में कर लेगा।

2. (b) सोहन का 1 दिन का कार्य $= \frac{1}{10}$

सोहन + दीपक का 1 दिन का कार्य $= \frac{1}{6}$

दीपक का 1 दिन का कार्य $= \frac{1}{6} - \frac{1}{10}$

$= \frac{5-3}{30} = \frac{2}{30} = \frac{1}{15}$

अतः दीपक उसे $\frac{1}{\frac{1}{15}} = 15$ दिन में पूरा कर लेगा।

3. (b) राम और रतन का 1 दिन का कार्य $= \frac{1}{12}$

रतन और सुधीर का 1 दिन का कार्य $= \frac{1}{8}$

सुधीर और राम का 1 दिन का कार्य $= \frac{1}{15}$

2 ×(राम + रतन + सुधीर) का 1 दिन का कार्य

$= \frac{1}{12} + \frac{1}{8} + \frac{1}{15}$

$= \frac{10+15+8}{120} = \frac{33}{120} = \frac{11}{40}$

राम + रतन + सुधीर का 1 दिन का कार्य

$= \frac{11}{2 \times 40} = \frac{11}{80}$

$\because$ रतन + सुधीर का 1 दिन का कार्य $= \frac{1}{8}$

$\therefore$ राम का 1 दिन का कार्य $= \frac{11}{80} - \frac{1}{8}$

$= \frac{11-10}{80} = \frac{1}{80}$

अतः राम उसे $\frac{1}{\frac{1}{80}} = 80$ दिन में करेगा

4. (a) $A + B$ का 1 दिन का कार्य $= \frac{1}{12}$

$B + C$ का 1 दिन का कार्य $= \frac{1}{16}$

$C + A$ का 1 दिन का कार्य $= \frac{1}{24}$

A, B और C तीनों का 1 दिन का कार्य

$= \frac{1}{2}\left(\frac{1}{12} + \frac{1}{16} + \frac{1}{24}\right)$

$= \frac{1}{2} \times \left(\frac{4+3+2}{48}\right)$

$= \frac{9}{2 \times 48} = \frac{3}{32}$

$\therefore$ A, B और C तीनों मिलकर कार्य पूरा करेगें

$= \frac{1}{3/32} = \frac{32}{3}$ दिन में

5. (a) A का 1 दिन का कार्य $= \frac{1}{18}$ दिन

B का 1 दिन का कार्य $= \frac{1}{9}$ दिन

$A + B$ (दोनों) का 1 दिन का कार्य

$= \frac{1}{18} + \frac{1}{9} = \frac{1+2}{18}$

$= \frac{3}{18} = \frac{1}{6}$ भाग

6. (b) यदि B किसी कार्य को 12 दिन में करता है, तब A उसी कार्य को 24 दिन में करेगा

A का एक दिन का कार्य $= \frac{1}{24}$

B का एक दिन का कार्य $= \frac{1}{12}$

$(A + B)$ का 1 दिन का कार्य

$= \frac{1}{24} + \frac{1}{12} = \frac{1+2}{24} = \frac{3}{24} = \frac{1}{8}$

अतः A और B मिलकर उस कार्य को 8 दिन में करेंगे।

7. (a) प्रश्नानुसार,

A अकेला एक कार्य को 12 दिन में पूरा करता है

$\therefore$ A का 1 दिन का कार्य $= \frac{1}{12}$ भाग

B का 1 दिन का कार्य $= \frac{1}{6}$ भाग

C का 1 दिन का कार्य $= \frac{1}{12} \times \frac{4}{3} = \frac{1}{9}$

$\therefore$ $A + B + C$ का 1 दिन का कार्य

$= \frac{1}{12} + \frac{1}{6} + \frac{1}{9}$

$= \frac{3+6+4}{36} = \frac{13}{36}$

$\therefore$ तीनों उस कार्य को

$= \frac{1}{\frac{13}{36}} = \frac{36}{13} = 2\frac{10}{13}$ दिन में पूरा कर लेंगे।

8. (b) प्रश्नानुसार,

$\frac{3}{4}$ भाग करता है = 12 दिनों में

1 भाग करेगा $= 12 \times \frac{4}{3}$ दिनों में

$\frac{1}{2}$ भाग करेगा $= 12 \times \frac{4}{3} \times \frac{1}{2} = 8$ दिनों में

9. (c) ∵ A और B बारी-बारी से कार्य करते हैं

अतः (A + B) का 2 घण्टे का कार्य

$$= \frac{1}{8} + \frac{1}{16} = \frac{2+1}{16} = \frac{3}{16}$$

∴ A + B 2 घण्टे में $= \frac{3}{16}$ भाग कार्य करेंगे

A + B द्वारा 10 घण्टे में किया गया कार्य

$$= 5 \times \frac{3}{16} = \frac{15}{16}$$

10 घण्टे बाद शेष कार्य $= 1 - \frac{15}{16} = \frac{1}{16}$ भाग

अब, A की बारी है

∵ A, $\frac{1}{8}$ भाग करता है = 1 घण्टे में

∴ A, $\frac{1}{16}$ भाग करेगा $= \frac{1}{2}$ घण्टे में

कुल समय $= 10 + \frac{1}{2} = 10\frac{1}{2}$ घण्टे

10. (b) A का 1 दिन का कार्य $= \frac{1}{20}$ भाग

A का 3 दिन का कार्य $= \frac{3}{20}$ भाग

B का 1 दिन का कार्य $= \frac{1}{30}$

C का 1दिन का कार्य $= \frac{1}{60}$

अब, चूँकि तीसरे दिन A + B + C सम्मिलित रूप से कार्य करते हैं

∴ A, B तथा C का 3 दिन का काम

$$= \frac{3}{20} + \frac{1}{30} + \frac{1}{60} = \frac{9+2+1}{60}$$

$$= \frac{12}{60} = \frac{1}{5} \text{ भाग}$$

अतः कार्य (3 × 5 =) 15 दिन में पूरा हो जाएगा।

11. (a) A का 1 दिन का कार्य $= \frac{1}{15}$

B का 1 दिन का कार्य $= \frac{1}{10}$

(A + B) का 5 दिन का कार्य

$$= 5 \times \left(\frac{1}{15} + \frac{1}{10}\right)$$

$$= 5 \times \left(\frac{2+3}{30}\right) = \frac{5}{6} \text{ भाग}$$

5 दिन बाद B कार्य छोड़कर चला जाता है।

अतः 5 दिन बाद शेष कार्य

$$= 1 - \frac{5}{6} = \frac{1}{6} \text{ भाग}$$

अब A, $\frac{1}{6}$ कार्य को करेगा।

∵ A, $\frac{1}{15}$ भाग कार्य करता है = 1 दिन में

∴ A, $\frac{1}{6}$ भाग कार्य करेगा $= \frac{\frac{1}{6}}{\frac{1}{15}}$ दिन में

$$= \frac{1}{6} \times \frac{15}{1} = \frac{5}{2}$$

$$= 2\frac{1}{2} \text{ दिन}$$

शेष कार्य को A, $2\frac{1}{2}$ दिन में करेगा, जबकि पूरा कार्य

$= 5 + 2\frac{1}{2} = 7\frac{1}{2}$ दिन में होगा।

अतः कार्य $7\frac{1}{2}$ दिनों में पूरा होगा।

12. (a) A, 1 दिन में करता है $= \frac{1}{60}$ भाग

A का 15 दिन का कार्य $= 15 \times \frac{1}{60} = \frac{1}{4}$ भाग

शेष कार्य $= 1 - \frac{1}{4} = \frac{3}{4}$ भाग

∵ B, $\frac{3}{4}$ भाग करता है = 30 दिन में

∴ B, 1 भाग करता है = 40 दिन में

अब (A + B) का 1 दिन का कार्य

$$= \frac{1}{60} + \frac{1}{40} = \frac{2+3}{120} = \frac{5}{120}$$

∴ (A + B) पूरे कार्य को $\frac{1}{\frac{5}{120}} = \frac{120}{5}$

= 24 दिन में करेंगे।

13. (b) A अकेला गड्ढे को 20 दिन में भर सकता है

A का 1 दिन का कार्य $= \frac{1}{20}$ भाग

A + B का 1 दिन का कार्य $= \frac{1}{12}$ भाग

∴ B का 1 दिन का कार्य

$$= \frac{1}{12} - \frac{1}{20} = \frac{5-3}{60} = \frac{2}{60} = \frac{1}{30} \text{ भाग}$$

प्रश्नानुसार, B, A के साथ प्रतिदिन आधा कार्य करता है अर्थात् B, $\frac{1}{60}$ भाग कार्य 1 दिन में करता है।

तब, A + B का 1 दिन का कार्य

$$= \frac{1}{20} + \frac{1}{60} = \frac{3+1}{60} = \frac{4}{60} = \frac{1}{15} \text{ भाग}$$

अतः A व B पूरे कार्य को $\frac{1}{\frac{1}{15}} = 15$ दिन में पूरा कर लेंगे।

14. (b) A का 1 दिन का कार्य $= \frac{1}{25}$

B का 1 दिन का कार्य $= \frac{1}{30}$

A + B का 1 दिन का कार्य

$$= \frac{1}{25} + \frac{1}{30} = \frac{6+5}{150} = \frac{11}{150} \text{ भाग}$$

दोनों का 5 दिन का कार्य $= 5 \times \frac{11}{150} = \frac{11}{30}$

5 दिन बाद शेष कार्य $= 1 - \frac{11}{30} = \frac{30-11}{30} = \frac{19}{30}$

अब A के कार्य छोड़ देने पर शेष कार्य B करेगा।

∵ B, $\frac{1}{30}$ भाग कार्य करता है 1 दिन में

∴ B, $\frac{19}{30}$ भाग कार्य करेगा

$$= \frac{19}{30} \times \frac{30}{1} = 19 \text{दिन में}$$

15. (d) माना x दिन में कार्य पूरा हुआ

अब चूँकि पूरे कार्य में आंशिक या पूर्णतः A व B शामिल हुए, x दिन से 3 दिन पूर्व A ने कार्य किया तब, A ने कार्य किया (x − 3) दिन, जबकि B ने पूरे x दिन तक कार्य किया

A का (x − 3) दिन का कार्य $= \frac{x-3}{14}$ भाग

B का x दिन का कार्य $= \frac{x}{21}$ भाग

अतः $\frac{x-3}{14} + \frac{x}{21} = 1$ (पूरा कार्य)

$$\frac{3(x-3)+2x}{42} = 1 \Rightarrow \frac{3x-9+2x}{42} = 1$$

$$\Rightarrow \quad 5x = 42 + 9 = 51$$

$$\Rightarrow \quad x = \frac{51}{5} = 10\frac{1}{5} \text{ दिन}$$

16. (c) कार्य क्षमता का अनुपात A : B

= 100 : 150 = 2 : 3

दोनों के समय का अनुपात = 3 : 2

⇒ 3 × 3 : 2 × 3 = 9 : 6

अतः यदि A, 9 दिन में पूरा कार्य करेगा तो B उसे 6 दिन में करेगा।

17. (c) कार्य क्षमता का अनुपात = आतिफ : अफनान

= 100 : 150 = 2 : 3

दोनों के समय का अनुपात = 3 : 2

= (3 × 5) : (2 × 5)

= 15 : 10

अतः यदि आतिफ 15 दिन कार्य करने में लेगा तो अफनान 10 दिन लेगा।

वैकल्पिक विधि अफनान कार्य को करेगा

$$= \frac{100}{100+y} \times x = \frac{100}{100+50} \times 15 = 10 \text{ दिन}$$

18. (d) A की कार्यक्षमता : B की कार्यक्षमता

⇒ 2 : 1

[∵ A, दोगुना कार्य करता है B से]

समय का अनुपात = 1 : 2

2 − 1 = 1 = 60 दिन

$$A + B = \frac{60 \times 120}{60 + 120} = 40 \text{ दिन}$$

19. (d) A की कार्यक्षमता : B की कार्यक्षमता

= 2 : 1

समय = 1 : 2

[$\because$ कार्य क्षमता समय का विपरीत होता है]

माना A, x दिन तथा B, $2x$ दिन का समय लेते हैं

प्रश्न से, $2x - x = 2$ घण्टे

$x = 2$

$\therefore A$, 2 दिन तथा B, 4 दिन में कार्य पूरा करती हैं।

$A + B$ का 1 दिन का कार्य $= \frac{1}{2} + \frac{1}{4} = \frac{2+1}{4} = \frac{3}{4}$

$\therefore$ $A + B$, $\frac{4}{3}$ दिन में पूरा कार्य करेंगे

अर्थात् $1\frac{1}{3}$ दिन में।

20. (b) 5 पुरुष + 2 लड़के $= 4 \times$ (1 पुरुष + 1 लड़का)

$\Rightarrow 5M + 2B = 4M + 4B$

$1M = 2B$

अतः अभीष्ट अनुपात $= \frac{M}{B} = \frac{2}{1} = 2 : 1$

21. (b) 4 पुरुष = 6 लड़के

$\Rightarrow$ 2 पुरुष = 3 लड़के

$\Rightarrow$ (2×3) पुरुष $= (3 \times 3)$ लड़के

6 पुरुष = 9 लड़के

$\therefore$ 6 पुरुष + 11 लड़के = 9 लड़के + 11 लड़के = 20 लड़के

$\because$ 6 लड़के किसी कार्य को 20 दिन में करते हैं

$\therefore$ 20 लड़के उसी कार्य को D_2 दिन में करेंगे

$M_1D_1 = M_2D_2$

$6 \times 20 = 20 \times D_2$

$D_2 = \frac{6 \times 20}{20} = 6$ दिन

22. (a) 10 आदमी = 18 लड़के

5 आदमी = 9 लड़के

$\Rightarrow$ (5×5) आदमी $= (9 \times 5)$ लड़के

25 आदमी = 45 लड़के

$\therefore$ 25 आदमी + 15 लड़के = 45 लड़के + 15 लड़के = 60 लड़के

$\because$ 18 लड़के किसी कार्य को करते हैं 15 दिन में

$\therefore$ 60 लड़के उसी कार्य को करेंगे D_2 दिनों में

$M_1D_1 = M_2D_2$ से,

$18 \times 15 = 60 \times D_2$

$D_2 = \frac{18 \times 15}{60} = \frac{18}{4} = \frac{9}{2}$ दिन

23. (b) $\because$ 8 महिला किसी कार्य को 16 दिन में करती हैं

$\therefore$ 16 महिला किसी कार्य को 8 दिन में करेंगी

12 पुरुष उसी कार्य को करते हैं = 8 दिन में

तब, 12 पुरुष = 16 महिला

9 पुरुष $= \frac{16}{12} \times 9 = 12$ महिला

$\because$ 12 पुरुष एक कार्य करते हैं = 8 दिन में

$\therefore$ 1 पुरुष 1 कार्य करता है $= 8 \times 12$ दिन में

$\therefore$ 18 पुरुष (9 पुरुष + 12 महिला = 18 पुरुष)

करेंगे $= \frac{8 \times 12}{18} = 5\frac{1}{3}$ दिन

24. (c) $\because$ 8 महिला = 5 पुरुष

4 महिला $= \frac{5}{2}$ पुरुष

$\therefore$ 2 पुरुष + 4 महिला $= \left(2 + \frac{5}{2}\right)$ पुरुष $= \frac{9}{2}$ पुरुष

$\therefore$ अभीष्ट दिन $= \frac{12 \times 2 \times 5}{9} = \frac{40}{3} = 13\frac{1}{3}$ दिन

25. (b) $\because$ 15 मजदूर 10 दिन में 1 कार्य करते हैं = 6 घण्टे प्रतिदिन

$\therefore$ 1 मजदूर 1 दिन में 1 कार्य करता है $= 6 \times 15 \times 10$

$\therefore$ 18 मजदूर 5 दिन में 1 कार्य करते हैं

$= \frac{6 \times 15 \times 10}{18 \times 5} = 10$ घण्टे प्रतिदिन

26. (b) $M_1 = 24, H_1 = 8, D_1 = 18$

तथा $M_2 = 36, H_2 = 12, D_2 = ?$

$\because M_1H_1D_1 = M_2H_2D_2$

$\Rightarrow 24 \times 8 \times 18 = 36 \times 12 \times D_2$

$\Rightarrow D_2 = \frac{24 \times 8 \times 18}{36 \times 12} = 8$ दिनों में

27. (c) $8 \times x = 6 \times (x + 4)$ $[\because M_1D_1 = M_2D_2]$

$8x = 6x + 24$

$2x = 24$

$x = 12$

28. (c) C अकेला 1 दिन में कार्य करेगा

$= \frac{1}{4} - \left(\frac{1}{8} + \frac{1}{12}\right) = \frac{12 - 6 - 4}{48} = \frac{1}{24}$ भाग

$A : B : C = \frac{1}{8} : \frac{1}{12} : \frac{1}{24} = 3 : 2 : 1$

C का भाग $= \frac{1}{6} \times 4500 =$ ₹ 750

29. (c) दोनों नलों द्वारा लगा समय

$= \frac{xy}{y - x} = \frac{25 \times 50}{50 - 25}$

= 50 मिनट

30. (a) दोनों नलों द्वारा 1 घण्टे में भरा भाग $= \frac{1}{8} + \frac{1}{12}$

दोनों नलों द्वारा $2\frac{1}{2}$ घण्टे में भरा गया भाग

$= \frac{5}{2}\left(\frac{1}{8} + \frac{1}{12}\right) = \frac{25}{48}$

31. (c) पहले नल द्वारा 1 घण्टे में भरा भाग $= \frac{1}{10}$

दूसरे नल द्वारा 1 घण्टे में भरा भाग $= \frac{1}{12}$

तीसरे नल द्वारा 1 घण्टे में खाली किया गया भाग $= \frac{1}{20}$

($A + B + C$ माना तीनों नलों के नाम है)

$A + B + C = \frac{1}{10} + \frac{1}{12} - \frac{1}{20} = \frac{6 + 5 - 3}{60} = \frac{2}{15}$

$\therefore$ पूरी टंकी को भरने में लगा समय

$= \frac{15}{2} = 7\frac{1}{2}$ घण्टे या 7 घण्टे 30 मिनट

32. (d) A नल द्वारा 1 मिनट में भरा भाग $= \frac{1}{12}$

B नल द्वारा 1 मिनट में भरा भाग $= \frac{1}{15}$

$(A + B)$ नल द्वारा 1 मिनट में भरा गया भाग

$= \frac{1}{12} + \frac{1}{15} = \frac{9}{60}$

3 मिनट में $(A + B)$ द्वारा भरा गया भाग

$= \frac{3 \times 9}{60} = \frac{9}{20}$

शेष भाग $= 1 - \frac{9}{20} = \frac{11}{20}$

B द्वारा $\frac{11}{20}$ भाग भरने में लगा समय

$= \frac{11}{20} \times 15 = \frac{33}{4} = 8$ मिनट 15 सेकण्ड

33. (c) 5 घण्टे में टंकी का भरा गया भाग

$= 5 \times \left(\frac{1}{15} + \frac{1}{12}\right)$

$= 5 \times \frac{4 + 5}{60} = 5 \times \frac{9}{60} = \frac{3}{4}$

तीनों नलों के खोलने पर 1 घण्टे में खाली किया गया भाग

$= \frac{1}{6} - \left(\frac{1}{15} + \frac{1}{12}\right) = \frac{1}{60}$

$\frac{1}{60}$ भाग खाली होने में लगा समय = 1 घण्टा

$\frac{3}{4}$ भाग खाली होने में लगा समय

$= 60 \times \frac{3}{4} = 45$ घण्टे

34. (a) $B = 2A$

$C = 2B = 4A$

$\therefore A + B + C = A + 2A + 4A = 7A$

$\because$ 7 पाइप A टैंक भरते हैं = 5 घण्टे में

$\therefore$ 1 पाइप A टैंक भरेगा $= 5 \times 7 = 35$ घण्टों में

10 चाल, समय और दूरी
Speed, Time and Distance

चाल

किसी वस्तु द्वारा इकाई समय में चली गई दूरी, उस वस्तु की चाल कहलाती है। इसे s अक्षर से दर्शाया जाता है।

$$\text{चाल } (s) = \frac{\text{दूरी}}{\text{समय}} \rightarrow \text{मात्रक = किमी/घण्टा या मी/से}$$

समय

किसी वस्तु द्वारा एक निश्चित दूरी को तय करने में जितनी अवधि लगती है वह उस वस्तु द्वारा लिया गया समय कहलाता है। इसे t से दर्शाते हैं।

$$\text{समय } (t) = \frac{\text{दूरी}}{\text{चाल}} \rightarrow \text{मात्रक = सेकण्ड या घण्टा या मिनट}$$

चाल तथा दूरी के सापेक्ष समय का अनुपात

(i) **चाल के सापेक्ष** समय, चाल के व्युत्क्रमानुपाती होता है अर्थात् किसी वस्तु की चाल जितना अधिक/कम होगी, उसे एक निश्चित दूरी तय करने में समय उतना ही कम/अधिक लगेगा। यदि दो वस्तुओं की चाल v_1 और v_2 हो, तो s दूरी तय करने में उनके द्वारा लिए गए समयों का अनुपात $v_2 : v_1$ होगा।

जैसे– दो वस्तुएँ 40 और 50 किमी/घण्टा की चाल से किसी निश्चित दूरी को तय करती है तब उनके द्वारा दूरी को तय करने में लिए गए समयों का अनुपात 50:40 या 5:4 होगा।

(ii) **दूरी के सापेक्ष** समय, दूरी के समानुपाती होता है अर्थात् कोई वस्तु जितना कम/अधिक दूरी तय करेगी, उसे एक नियत चाल से उस दूरी को तय करने में उतना ही कम/अधिक समय लगेगा। यदि दो वस्तुएँ s_1 और s_2 की दूरियाँ एक नियत चाल से तय करती है, तो उनके द्वारा लिए गए समयों का अनुपात $s_1 : s_2$ होगा।

जैसे– दो वस्तुएँ एक नियत चाल से 36 किमी तथा 48 किमी की दूरियाँ तय करती है। तब उनके द्वारा नियत दूरी को तय करने में लिए गए समयों का अनुपात 36:48 या 3:4 होगा।

दूरी

किसी वस्तु द्वारा चली गई दूरी उसकी चाल और उसके द्वारा लिए गए समय के गुणनफल के बराबर होती है। इसे d से दर्शाते हैं।

$$\text{दूरी = चाल} \times \text{समय} \rightarrow \text{मात्रक = मीटर या किमी}$$

उदाहरण 1 एक व्यक्ति 200 मीटर की दूरी तय करने में 50 सेकण्ड का समय लेता है। इसकी चाल मी/से में क्या होगी?

(a) 2 मी/से (b) 3 मी/से
(c) 4 मी/से (d) 5 मी/से

हल (c) $\therefore$ चाल $(d) = \frac{\text{दूरी}}{\text{समय}} = \frac{200}{50} = 4$ मी/से

उदाहरण 2 कृतिका 10 किमी की दूरी, साइकिल द्वारा तय करती है जिसमें वह साइकिल की चाल 5 किमी प्रति घण्टा रखती है। वह इस दूरी को कितने समय में तय कर लेगी?

(a) 2 घण्टे (b) 3 घण्टे
(c) 4 घण्टे (d) 5 घण्टे

हल (a) $\therefore$ समय $(t) = \frac{\text{दूरी}}{\text{चाल}} = \frac{10}{5} = 2$ घण्टे

उदाहरण 3 एक व्यक्ति 5 किमी/घण्टा की चाल से बाइक चला रहा है। इस प्रकार उसे घर से स्कूल पहुँचने में 15 मिनट लगे। उसके घर से स्कूल कितनी दूरी पर है?

(a) $1\frac{3}{4}$ किमी (b) $2\frac{3}{4}$ किमी
(c) $1\frac{1}{2}$ किमी (d) $1\frac{1}{4}$ किमी

हल (d) दूरी $= d$, चाल $(s) = 5$ किमी/घण्टा,

समय = 15 मिनट $= \frac{15}{60}$ घण्टा

$\therefore$ दूरी (d) = चाल $\times$ समय $= 5 \times \frac{15}{60} = \frac{5}{4} = 1.25$ या $1\frac{1}{4}$ किमी

अतः व्यक्ति का स्कूल, घर से $1\frac{1}{4}$ किमी दूर है।

चाल के मात्रक में परिवर्तन

(i) यदि चाल मी/से में है, तो मी/से को किमी/घण्टा में बदलने के लिए $\frac{18}{5}$ की गुणा करते हैं।

जैसे—25 मी/से $= 25 \times \left(\frac{18}{5}\right) = 90$ किमी/घण्टा

(ii) यदि चाल किमी/घण्टा में है, तो किमी/घण्टा को मी/से में बदलने के लिए $\frac{5}{18}$ की गुणा करते हैं।

जैसे—90 किमी/घण्टा $= 90 \times \left(\frac{5}{18}\right) = 25$ मी/से

उदाहरण 4 250 मी/से को किमी/घण्टा में बदलिए।

(a) 600 किमी/घण्टा (b) 800 किमी/घण्टा
(c) 900 किमी/घण्टा (d) 1000 किमी/घण्टा

हल (c) 250 मी/से $= 250 \times \frac{18}{5}$ किमी/घण्टा

$= 50 \times 18 = 900$ किमी/घण्टा

उदाहरण 5 एक कार सवार अपनी गाड़ी से 750 किमी की दूरी 15 घण्टे में तय करता है। कार की चाल मी/से में क्या है?

(a) 15.75 मी/से (b) 12.88 मी/से
(c) 15 मी/से (d) 13.88 मी/से

हल (*d*) चाल $= \frac{\text{दूरी}}{\text{समय}}$

$= \frac{750}{15} = 50$ किमी/घण्टा

$\therefore$ 50 किमी/घण्टा $\times \left(\frac{5}{18}\right) = \frac{250}{18}$ मी/से $= 13.88$ मी/से

औसत चाल ज्ञात करना

(i) एक व्यक्ति या वस्तु द्वारा दो समान दूरियों को तय करने के लिए यदि चाल क्रमशः x और y हो, तो

औसत चाल $= \frac{2 \times x \times y}{x + y}$

जैसे—एक छात्र अपने घर से स्कूल 25 किमी/घण्टा की चाल से जाता है जबकि दोपहर को वापसी में वह अपनी चाल 55 किमी/घण्टा रखता है, तो उसकी औसत चाल कितनी रही?

औसत चाल $= \frac{2 \times 25 \times 55}{25 + 55} = \frac{2750}{80}$

$= 34.375$ किमी/घण्टा

(ii) यदि तीन चालें क्रमशः x, y व z हों तथा इनसे तीन बराबर दूरियाँ तय की गई हों, तब

औसत चाल $= \frac{3xyz}{xy + yz + zx}$

जैसे—*एक व्यक्ति तीन समान दूरियों को क्रमशः 10 किमी/घण्टा, 12 किमी/घण्टा तथा 5 किमी/घण्टा की चाल से तय करता है। उसकी औसत चाल क्या होगी?*

औसत चाल $= \frac{3 \times 10 \times 12 \times 5}{10 \times 12 + 12 \times 5 + 5 \times 10}$

$= \frac{3 \times 10 \times 12 \times 5}{120 + 60 + 50} = \frac{3 \times 10 \times 12 \times 5}{230}$

$= \frac{1800}{230} = 7.83$ किमी/घण्टा

(iii) यदि अलग चालों से अलग-अलग दूरियाँ तय की गई हों तब

औसत चाल $= \frac{\text{सम्पूर्ण यात्रा की कुल दूरी}}{\text{सम्पूर्ण यात्रा में लगा कुल समय}}$

जैसे—एक बाइक सवार किसी यात्रा की पहली 5 किमी की दूरी 20 किमी/घण्टा की चाल से अगले 40 किमी की दूरी 60 किमी/घण्टा की चाल से तथा अन्तिम 75 किमी की दूरी 80 किमी/घण्टा की चाल से तय करता है। उसकी सम्पूर्ण यात्रा में कितनी औसत चाल रही?

$\Rightarrow$ कुल यात्रा $= 5 + 40 + 75 = 120$ किमी

5 किमी दूरी तय करने में लगा समय $= \frac{\text{दूरी}}{\text{चाल}} = \frac{5}{20} = \frac{1}{4}$ घण्टा

40 किमी दूरी तय करने में लगा समय $= \frac{40}{60} = \frac{2}{3}$ घण्टा

75 किमी दूरी तय करने में लगा समय $= \frac{75}{80} = \frac{15}{16}$ घण्टा

कुल समय $= \frac{1}{4} + \frac{2}{3} + \frac{15}{16} = \frac{12 + 32 + 45}{48} = \frac{89}{48}$ घण्टा

औसत चाल $= \frac{\text{कुल तय की गई दूरी}}{\text{कुल समय}} = \frac{120}{\frac{89}{48}}$

$= \frac{120 \times 48}{89} = \frac{5760}{89} = 64.7$ किमी/घण्टा

सापेक्ष चाल ज्ञात करना

यदि दो व्यक्ति या वस्तु एक ही समय या अलग-अलग समय पर एक ही दिशा में चले तो सापेक्ष चाल = दोनों चालों का अन्तर $= (x - y)$

यदि ये व्यक्ति विपरीत दिशाओं में चलना आरम्भ करते हैं, तो

सापेक्ष चाल = चालों का योग $= (x + y)$

उदाहरण 6 दो कार चालक A और B नई दिल्ली से कानपुर के लिए एक ही समय में क्रमशः 45 किमी/घण्टा तथा 49 किमी/घण्टा की चाल से चलना आरम्भ करते हैं। 3 घण्टे के पश्चात् दोनों कार चालकों के बीच की दूरी कितनी होगी?

(a) 10 किमी (b) 12 किमी (c) 15 किमी (d) 18 किमी

हल (*b*) A की चाल = 45 किमी/घण्टा

B की चाल = 49 किमी/घण्टा

दोनों की सापेक्ष चाल $= 49 - 45 = 4$ किमी/घण्टा ($\because$ एक ही दिशा में है)

समय = 3 घण्टे

$\therefore$ 3 घण्टे के पश्चात् उनके बीच की दूरी = चाल × समय

$= 4 \times 3 = 12$ किमी

अतः 3 घण्टे बाद उनके मध्य 12 किमी की दूरी हो जाएगी।

उदाहरण 7 एक व्यक्ति किसी स्थान पर 30 घण्टे में पहुँचता है। यदि वह अपनी चाल में $\frac{1}{15}$ भाग की कमी कर दे, तो वह उसी समय में 10 किमी कम चल पाता है। उसकी चाल किमी/घण्टा में कितनी होगी?

(a) 3 किमी/घण्टा (b) 5 किमी/घण्टा
(c) 4 किमी/घण्टा (d) 6 किमी/घण्टा

हल (*b*) माना कुल दूरी $= d$ किमी तथा चाल $= x$ किमी/घण्टा

चाल का $\frac{1}{15} = \frac{x}{15}$ किमी/घण्टा,

$\frac{x}{15}$ कम करने के बाद चाल $= x - \frac{x}{15} = \frac{14x}{15}$

सूत्र, चाल $= \frac{\text{दूरी}}{\text{समय}} \Rightarrow x = \frac{d}{30}$ ...(i)

$\frac{14x}{15} = \frac{d - 10}{30} \Rightarrow x = \frac{(d - 10) \times 15}{14 \times 30}$ ...(ii)

समी (i) व (ii) से,

$\frac{(d - 10)15}{14 \times 30} = \frac{d}{30} \Rightarrow 15d - 150 = 14d \Rightarrow d = 150$

चाल $x = \frac{d}{30}$ से, $x = \frac{150}{30} = 5$ किमी/घण्टा

रेलगाड़ी से सम्बन्धित मुख्य तथ्य एवं सूत्र

- यदि कोई रेलगाड़ी किसी खम्भे, व्यक्ति या किसी नगण्य लम्बाई की वस्तु को पार करती है तो रेलगाड़ी द्वारा चली गई दूरी = रेलगाड़ी की कुल लम्बाई
- यदि रेलगाड़ी किसी पुल, प्लेटफार्म, सुरंग आदि को पार करती है तो रेलगाड़ी द्वारा चली गई दूरी = पुल/प्लेटफॉर्म/सुरंग की लम्बाई + रेलगाड़ी की लम्बाई
- यदि रेलगाड़ी किसी अन्य रेलगाड़ी को पार करती है तो प्रत्येक रेलगाड़ी के लिए चली गई दूरी = दोनों रेलगाड़ियों की लम्बाई का योगफल

सूत्र

तेज रेलगाड़ी द्वारा धीमी रेलगाड़ी को पार करने में लगा समय जब वे एक ही दिशा में जा रही हैं $= \dfrac{\text{दोनों की लम्बाइयों का योगफल}}{\text{तेज रेल की चाल} - \text{धीमी रेल की चाल}}$

यदि रेलगाड़ी विपरीत दिशा में जा रही हैं तो तेज रेलगाड़ी द्वारा धीमी रेलगाड़ी को पार करने में लगा समय

$$= \frac{\text{दोनों रेलगाड़ियों की लम्बाइयों का योग}}{\text{उनकी चालों का योगफल}}$$

दो रेलगाड़ियाँ A व B स्टेशन से एक ही समय पर B तथा A की ओर चलना आरम्भ करती हैं। एक-दूसरे को पार करने में क्रमशः T_1 व T_2 घण्टे बाद वे B तथा A पर पहुँचती हैं। यदि A से चलने वाली रेलगाड़ी की चाल x किमी/घण्टा हो, तो B से चलने वाली रेलगाड़ी (दूसरी गाड़ी) की चाल

$$= x\sqrt{\frac{T_1}{T_2}} \text{ किमी/घण्टा}$$

उदाहरण 8 300 मी लम्बी एक रेलगाड़ी 72 किमी/घण्टा की चाल से चल रही है। एक खम्भे को पार करने में रेलगाड़ी को कितना समय लगेगा?

(a) 15 सेकण्ड (b) 20 सेकण्ड (c) 30 सेकण्ड (d) 25 सेकण्ड

हल *(a)* रेलगाड़ी द्वारा चली गई दूरी = 300 मी

चाल $= 72 \times \dfrac{5}{18}$ मी/से = 20 मी/से

$\therefore$ समय $= \dfrac{\text{दूरी}}{\text{चाल}} = \dfrac{300}{20} = 15$ सेकण्ड

उदाहरण 9 54 किमी/घण्टा की गति से चलने वाली 320 मीटर लम्बी रेलगाड़ी को 450 मीटर लम्बे पुल को पार करने में कितना समय लगेगा?

(a) 51.33 मी/से (b) 50 मी/से
(c) 55 मी/से (d) 51.51 मी/से

हल *(a)* रेलगाड़ी की चाल = 54 किमी/घण्टा $= 54 \times \dfrac{5}{18} = 15$ मी/से

चली गई दूरी = 320 + 450 = 770 मी

$\therefore$ समय $= \dfrac{\text{दूरी}}{\text{चाल}} = \dfrac{770}{15} = 51.33$ सेकण्ड

उदाहरण 10 दो रेलगाड़ी जिनकी लम्बाई क्रमशः 100 मीटर व 80 मीटर है, यदि तेज रेलगाड़ी की चाल 72 किमी/घण्टा तथा धीमी रेलगाड़ी की चाल 54 किमी/घण्टा हो तथा ये दोनों एक ही दिशा में जा रही हैं, तो तेज रेलगाड़ी कितने समय में धीमी रेलगाड़ी को पार कर देगी?

(a) 16 सेकण्ड (b) 36 सेकण्ड
(c) 38 सेकण्ड (d) 40 सेकण्ड

हल *(b)* धीमी रेलगाड़ी की चाल = 54 किमी/घण्टा

$$= 54 \times \frac{5}{18} = 15 \text{ मी/से}$$

तेज रेलगाड़ी की चाल = 72 किमी/घण्टा $= 72 \times \dfrac{5}{18} = 20$ मी/से

अभीष्ट समय $= \dfrac{\text{दोनों रेलगाड़ियों की लम्बाई का योग}}{\text{चालों में अन्तर}} = \dfrac{100 + 80}{20 - 15}$

$$= \frac{180}{5} = 36 \text{ सेकण्ड}$$

उदाहरण 11 दो रेलगाड़ियाँ एक ही दिशा में 56 किमी/घण्टा एवं 29 किमी/घण्टा की चाल से चलती हैं। तेज चलने वाली रेलगाड़ी धीमी चलने वाली रेलगाड़ी में बैठे एक व्यक्ति को 16 सेकण्ड में पार कर जाती है। तेज चलने वाली रेलगाड़ी की लम्बाई कितनी है?

(a) 125 मी (b) 120 मी (c) 102 मी (d) 100 मी

हल *(b)* सापेक्षिक चाल = 56 − 29 = 27 किमी/घण्टा

$$= 27 \times \frac{5}{18} = 7.5 \text{ मी/से}$$

अब, चाल $= \dfrac{\text{दूरी}}{\text{समय}} \Rightarrow 7.5 = \dfrac{l}{16}$ (माना रेलगाड़ी की लम्बाई = l मी)

$\Rightarrow$ $l = 7.5 \times 16 = 120$ मी

नाव एवं धारा से सम्बन्धित महत्त्वपूर्ण तथ्य एवं सूत्र

स्थिर/शान्त जल

जब किसी तालाब या झील का जल बिना हलचल या गतिहीन हो, तो उसे शान्त जल कहते हैं। या इसमें धारा का वेग शून्य होता है।

अनुप्रवाह (Downstream) इसके अन्तर्गत जिस दिशा में धारा की चाल होती है उधर ही नाव जाती है। यदि नाव की चाल x तथा धारा की चाल y हो, तो जल में नाव/जहाज की कुल चाल = नाव/जहाज की चाल + धारा की चाल

$$= (x + y)$$

ऊर्ध्वप्रवाह (Upstream) इसके अन्तर्गत जिस दिशा में धारा की चाल होती है, नाव या जहाज उसके विपरीत दिशा में जाती/जाता है।

यदि नाव की चाल x तथा धारा की चाल y हो, तो

नाव/जहाज की कुल चाल $= (x - y)$

सूत्र

(i) नाव की चाल $= \dfrac{\text{अनुप्रवाह} + \text{ऊर्ध्व प्रवाह चाल}}{2}$

(ii) धारा की चाल $= \dfrac{\text{अनुप्रवाह} - \text{ऊर्ध्व प्रवाह चाल}}{2}$

उदाहरण 12 एक नाविक शान्त जल में 4 किमी/घण्टा की चाल से जा सकता है। यदि धारा की चाल 2 किमी/घण्टा हो, तो जल-प्रवाह के साथ नाव ले जाने में 12 किमी दूर जाने में कितना समय लगेगा?

(a) 3 घण्टे (b) 2 घण्टे (c) $3\frac{1}{2}$ घण्टे (d) $2\frac{1}{2}$ घण्टे

हल *(b)* नाव की चाल $x = 4$ किमी/घण्टा,

धारा की चाल $y = 2$ किमी/घण्टा, दूरी = 12 किमी

$\therefore$ समय $= \dfrac{\text{दूरी}}{\text{चाल}} = \dfrac{12}{4+2} = \dfrac{12}{6} = 2$ घण्टे

उदाहरण 13 एक नाविक स्थिर जल में 7 किमी/घण्टा की चाल से नाव चला सकता है। यदि धारा की चाल 3 किमी/घण्टा है, तो नदी के साथ 20 किमी जाने में तथा वहाँ से वापस आने में कितना समय लगेगा?

(a) 5 घण्टे (b) 6 घण्टे
(c) 7 घण्टे (d) 8 घण्टे

हल (c) माना दूरी $= d$ किमी,

नदी के अनुप्रवाह चाल $= 7 + 3 = 10$ किमी/घण्टा

नदी के ऊर्ध्वप्रवाह चाल $= 7 - 3 = 4$ किमी

20 किमी जाने और आने में लगा समय

$$= \frac{20}{10} + \frac{20}{4} \text{ घण्टे}$$

$$= 2 + 5 = 7 \text{ घण्टे}$$

उदाहरण 14 एक नाव प्रवाह के विपरीत P से Q तक और प्रवाह की दिशा में Q से P तक की दूरी 3 घण्टे में तय करती है। यदि स्थिर जल में नाव की चाल 9 किमी/घण्टा हो और धारा का वेग 3 किमी/घण्टा हो तो P और Q के बीच की दूरी कितनी है?

(a) 14 किमी (b) 8 किमी (c) 12 किमी (d) 6 किमी

हल (c) माना P व Q के बीच की दूरी $= d$ किमी

नाव को आने-जाने में लगा समय $t_1 + t_2 = 3$

माना कुल दूरी $= d$ किमी

$$t_1 = \frac{\text{दूरी}}{\text{चाल}} = \frac{d}{9+3}; t_2 = \frac{d}{9-3} \Rightarrow t_1 + t_2 = 3$$

$$d\left(\frac{1}{12} + \frac{1}{6}\right) = 3 \Rightarrow \frac{1+2}{12} = \frac{3}{d} \Rightarrow d = 12 \text{ किमी}$$

अभ्यास प्रश्न

1. यदि एक मोटर 9 सेकण्ड में 100 मीटर चलती है, तो इसकी चाल किमी प्रति घण्टा में क्या होगी?
(a) 45 (b) 40 (c) 32 (d) 36

2. एक कार एक सेकण्ड में 10 मीटर की दूरी तय करती है, उसकी किमी प्रति घण्टा में चाल ज्ञात कीजिए।
(a) 40 (b) 32 (c) 48 (d) 36

3. एक गाड़ी 36 किमी प्रति घण्टा की गति से चलती है, 3 मिनट में वह कितने मीटर चलेगी?
(a) 1800 (b) 1600 (c) 1400 (d) 500

4. यदि अरविन्द 20 किमी/घण्टा की चाल से दौड़े, तो वह 400 मीटर की दूरी कितने समय में तय कर लेगा?
(a) 2 मिनट (b) 3 मिनट
(c) $1\frac{1}{5}$ मिनट (d) $1\frac{1}{2}$ मिनट

5. दो रेलगाड़ियों को दो स्टेशनों के बीच की दूरी को क्रमशः 72 किमी/घण्टा तथा 90 किमी/घण्टा की चाल से तय करने में लिए गए समयों का अनुपात है?
(a) 4 : 5 (b) 2 : 3
(c) 5 : 4 (d) 3 : 2

6. दो कारें समान चाल से एक ही दिशा में क्रमशः 15 घण्टे तथा 25 घण्टे तक चलती हैं। उनके द्वारा तय की गई दूरियों का अनुपात होगा?
(a) 5 : 3 (b) 2 : 3
(c) 4 : 5 (d) 3 : 5

7. 1200 मी लम्बे किसी पुल के दोनों ओर दो व्यक्ति खड़े हुए हैं, यदि वे एक-दूसरे की ओर क्रमशः 5 मी/मिनट और 10 मी/मिनट की चाल से चलें, तो वे कितने समय में एक साथ मिलेंगें?
(a) 60 मिनट (b) 80 मिनट
(c) 85 मिनट (d) 90 मिनट

8. एक पुलिस वाला किसी चोर को 200 मी की दूरी से देखता है चोर भागना शुरू कर देता है और पुलिस वाला उसके पीछे भागता है। चोर की गति 10 किमी प्रति घण्टा और पुलिस वाले की गति 11 किमी प्रति घण्टा है तब 6 मिनट बाद उसके बीच कितनी दूरी रह जाएगी?
(a) 100 मी (b) 190 मी
(c) 200 मी (d) 150 मी

9. एक साइकिल सवार 50 किमी/घण्टा की गति से कुछ दूरी तय करता है तथा 60 किमी/घण्टा की गति से वापस आता है उसकी औसत गति ज्ञात कीजिए।
(a) 45 किमी/घण्टा (b) 56 किमी/घण्टा
(c) 54.5 किमी/घण्टा (d) 48.6 किमी/घण्टा

10. एक कार 3 किलोमीटर की चार क्रमिक दूरी 10 किमी/घण्टा, 20 किमी/घण्टा, 30 किमी/घण्टा व 60 किमी/घण्टा की गति से तय करती है। उसकी औसत गति है
(a) 10 किमी/घण्टा
(b) 20 किमी/घण्टा
(c) 30 किमी/घण्टा
(d) 25 किमी/घण्टा

11. एक आदमी तीन दिन कार से यात्रा करता है। वह प्रतिदिन 10 घण्टे चलता है। पहले दिन 45 किमी/घण्टा की दर से, दूसरे दिन 40 किमी/घण्टा की दर से तथा तीसरे दिन 20 किमी/घण्टा की दर से यात्रा करता है। उसकी औसत गति क्या थी?
(a) 30 किमी/घण्टा (b) 35 किमी/घण्टा
(c) 38 किमी/घण्टा (d) 40 किमी/घण्टा

12. अपनी सामान्य चाल के $\frac{3}{4}$ की चाल से चलकर एक आदमी अपने कार्यालय 20 मिनट विलम्ब से पहुँचता है। सामान्य चाल से चलने पर वह कार्यालय कब पहुँचेगा?
(a) 1 घण्टे में (b) 2 घण्टे में
(c) 3 घण्टे में (d) 4 घण्टे में

13. एक कार नियत चाल से 420 किमी दूरी तय करती है। यदि उसकी चाल 10 किमी/घण्टा अधिक होती, तो वह उसी दूरी को एक घण्टा कम समय में तय करती है। कार की चाल कितनी थी?
(a) 60 किमी/घण्टा (b) 50 किमी/घण्टा
(c) 40 किमी/घण्टा (d) 55 किमी/घण्टा

14. किसी दूरी को तय करने के लिए A और B की चालों में 3 : 4 का अनुपात है। गन्तव्य स्थान पर पहुँचने में A को B से 30 मिनट अधिक लगते हैं। गन्तव्य स्थान पर पहुँचने के लिए A को जितना समय लगा, वह निम्न है
(a) 1 घण्टा (b) $1\frac{1}{2}$ घण्टा
(c) 2 घण्टे (d) $2\frac{1}{2}$ घण्टा

15. '*A*' तथा '*B*' एक वृत्ताकार मार्ग पर, जिसकी परिधि 35 किमी है एक साथ चलते हैं वे एक ही स्थान से 4 किमी/घण्टा और 5 किमी/घण्टा की चाल से चलतें है। वे कितने समय के बाद दोबारा मिलेंगे?
(a) 15 घण्टे
(b) 21 घण्टे
(c) 35 घण्टे
(d) 42 घण्टे

16. एक व्यक्ति किसी स्थान पर 30 घण्टे में पहुँचता है। यदि वह अपनी चाल में $\frac{1}{15}$ भाग की कमी कर दें, तो वह उसी समय में 10 किमी कम चल पाता है। उसकी चाल प्रति घण्टा ज्ञात कीजिए।
(a) 6 किमी/घण्टा (b) $5\frac{1}{2}$ किमी/घण्टा
(c) 4 किमी/घण्टा (d) 5 किमी/घण्टा

17. एक रेलगाड़ी 30 किमी/घण्टा की गति से चलती है। यह 3 मिनट में कितने मी चलेगी?
(a) 1500 (b) 5000
(c) 180 (d) इनमें से कोई नहीं

18. 100 मीटर लम्बी एक रेलगाड़ी 30 किमी/घण्टा की गति से चल रही है, रेलवे लाइन के समीप खड़े एक व्यक्ति को पार करने में इसे निम्नलिखित समय (सेकण्ड में) लगेगा
(a) 10 (b) 11
(c) 12 (d) 15

19. 270 मीटर लम्बी एक रेलगाड़ी 25 किमी प्रति घण्टा की रफ्तार से चल रही है। 2 किमी प्रति घण्टे की रफ्तार में विपरीत दिशा से आते मनुष्य को वह कितने समय में पार कर लेगी?
(a) 36 सेकण्ड (b) 32 सेकण्ड
(c) 28 सेकण्ड (d) 24 सेकण्ड

20. दो रेलगाड़ियाँ समानान्तर लाइन में एक ही दिशा की ओर क्रमश: 50 किमी प्रति घण्टे और 30 किमी प्रति घण्टे की रफ्तार से चल रही हैं। तीव्र गाड़ी मन्द गाड़ी के एक आदमी को 18 सेकण्ड में पार करती है। तेज गाड़ी की लम्बाई है
(a) 170 मीटर
(b) 100 मीटर
(c) 98 मीटर
(d) 85 मीटर

21. उस पुल की लम्बाई ज्ञात कीजिए जिसे 130 मीटर लम्बी एक ट्रेन 45 किमी प्रति घण्टे की गति से 30 सेकण्ड में पार करती है
(a) 115 मीटर (b) 120 मीटर
(c) 245 मीटर (d) 250 मीटर

22. एक रेलगाड़ी प्लेटफॉर्म पर खड़े व्यक्ति को 8 सेकण्ड में पार करती है तथा 264 मीटर लम्बे इस प्लेटफार्म को 20 सेकण्ड में पार कर जाती है। रेलगाड़ी की लम्बाई (मीटर में) है
(a) 188 (b) 176 (c) 175 (d) 96

23. 150 मीटर लम्बी रेलगाड़ी को 120 मीटर लम्बी एक अन्य रेलगाड़ी जो विपरीत दिशा में 60 किमी/घण्टा की चाल से आ रही है, कितने सेकण्ड में पार कर लेगी?
(a) 72
(b) 10
(c) 36
(d) ज्ञात नहीं किया जा सकता

24. 90 किमी प्रति घण्टा की गति से चल रही एक यात्री गाड़ी एक स्टेशन से मालगाड़ी जाने के 6 घण्टे बाद चलती है और 4 घण्टे में उसको पकड़ लेती है, तो मालगाड़ी की गति बताइए।
(a) 36 किमी/घण्टा (b) 38 किमी/घण्टा
(c) 40 किमी/घण्टा (d) 34 किमी/घण्टा

25. *A* और *B* दो स्टेशन 500 किमी की दूरी पर हैं। एक गाड़ी *A* से चलती है और 20 किमी/घण्टा की चाल से *B* की ओर बढ़ती है। एक अन्य गाड़ी उसी समय *B* से चलती है और 30 किमी/घण्टा की चाल से *A* की ओर बढ़ती है। दोनों गाड़ियों के क्रॉस करने के स्थल की *A* से दूरी (किमी में) है
(a) 100 (b) 200
(c) 300 (d) 250

26. एक ट्रेन 90 किमी की दूरी समान गति से तय करती है। यदि चाल 15 किमी/घण्टा बढ़ा दी जाए, तो समय 30 मिनट कम लगता है। ट्रेन की वास्तविक गति थी
(a) 45 किमी/घण्टा
(b) 55 किमी/घण्टा
(c) 30 किमी/घण्टा
(d) 60 किमी/घण्टा

27. एक स्टीमर धारा के विपरीत दिशा में 3 घण्टे में 72 किमी जाता है। यदि धारा की रफ्तार 3 किमी/घण्टा हो, तो शान्त जल में स्टीमर की चाल होगी
(a) 24 किमी/घण्टा (b) 21 किमी/घण्टा
(c) 27 किमी/घण्टा (d) 18 किमी/घण्टा

28. एक व्यक्ति धारा की दिशा में 11 किमी/घण्टा की गति से व धारा के विपरीत दिशा में 8 किमी/घण्टा की गति से नाव चला सकता है। धारा की गति है
(a) 3 किमी/घण्टा (b) 9.5 किमी/घण्टा
(c) 1.5 किमी/घण्टा (d) 6 किमी/घण्टा

29. एक नाव 8 घण्टे में धारा के विपरीत दिशा में 40 किमी चलती है तथा 6 घण्टे में धारा के अनुकूल 36 किमी जाती है। शान्त जल में नाव की चाल है
(a) 6.5 किमी/घण्टा (b) 5.5 किमी/घण्टा
(c) 6 किमी/घण्टा (d) 5 किमी/घण्टा

30. एक व्यक्ति शान्त जल में 5 किमी/घण्टा की चाल से नाव चला सकता है। यदि किसी स्थान पर नाव द्वारा जाने तथा वापस आने में उसे एक घण्टे का समय लगता है जबकि धारा की गति 1 किमी/घण्टा है, तो स्थान कितनी दूरी पर है?
(a) 2.5 किमी (b) 3 किमी
(c) 2.4 किमी (d) 3.6 किमी

31. एक व्यक्ति शान्त जल में $7\frac{1}{2}$ किमी/घण्टा की चाल से नाव चला सकता है, यदि नदी की चाल 1.5 किमी/घण्टा हो, तो वह एक स्थान पर जाकर तथा वापस लौटने में 50 मिनट समय लेता है, तो स्थान कितनी दूर है?
(a) 3 किमी (b) 4 किमी
(c) 1 किमी (d) 2 किमी

उत्तरमाला

1 *(b)*	2 *(d)*	3 *(a)*	4 *(c)*	5 *(c)*
6 *(d)*	7 *(b)*	8 *(a)*	9 *(c)*	10 *(b)*
11 *(b)*	12 *(a)*	13 *(a)*	14 *(c)*	15 *(c)*
16 *(d)*	17 *(a)*	18 *(c)*	19 *(a)*	20 *(b)*
21 *(c)*	22 *(b)*	23 *(d)*	24 *(a)*	25 *(b)*
26 *(a)*	27 *(c)*	28 *(c)*	29 *(b)*	30 *(c)*
31 *(a)*				

संकेत एवं हल

1. (b) चाल $= \frac{\text{दूरी}}{\text{समय}} = \frac{100}{9}$ मी/से

$= \frac{100}{9} \times \frac{18}{5}$ किमी/घण्टा

$= 40$ किमी/घण्टा

2. (d) चाल $= 10$ मी/से

$= 10 \times \frac{18}{5}$ किमी/घण्टा

$= 36$ किमी/घण्टा

3. (a) चाल $= 36$ किमी/घण्टा

$\therefore$ 36 किमी/घण्टा $= 36 \times \frac{5}{18} = 10$ मी/से

$\because$ 1 सेकण्ड में चली दूरी $= 10$ मी

3 मिनट में या 180 सेकण्ड में चली दूरी

$= 180 \times 10 = 1800$ मीटर

4. (c) चाल $= 20$ किमी/घण्टा

$= 20 \times \frac{5}{18} = \frac{50}{9}$ मी/से

$\therefore$ 400 मी दूरी तय करने में लगा समय

$= \frac{\text{दूरी}}{\text{चाल}} = \frac{9 \times 400}{50}$ सेकण्ड में

$= 72$ सेकण्ड में $= 1\frac{1}{5}$ मिनट में

5. (c) दिया है, $v_1 = 72$ किमी/घण्टा,

$v_2 = 90$ किमी/घण्टा

$\therefore$ निश्चित दूरी तय करने में लिए गए समयों का अनुपात $= v_2 : v_1 = 90 : 72 = 5 : 4$

6. (d) दिया है,

$t_1 = 15$ घण्टे, $t_2 = 25$ घण्टे

$\therefore$ कारों द्वारा तय की गई दूरियों का अनुपात

$= t_1 : t_2$ (समयों का अनुपात)

$= 15 : 25 = 3 : 5$

7. (b) सापेक्ष चाल $= (5 + 10) = 15$ मी/मिनट

$\therefore$ अभीष्ट समय $= \frac{\text{दूरी}}{\text{चाल}} = \frac{1200}{15} = 80$ मिनट

8. (a) सापेक्ष चाल $= 11 - 10 = 1$ किमी/घण्टा

6 मिनट में पुलिस द्वारा चली गई दूरी

$= 1.1$ किमी $= 1100$ मी

$\therefore$ 6 मिनट बाद दोनों के बीच दूरी

$= (1000 + 200) - 1100$ मी

$= 1200 - 1100 = 100$ मी

[क्योंकि 6 मिनट में चोर द्वारा 1000 मी की दूरी चली गई]

9. (c) औसत चाल $= \frac{2v_1v_2}{v_1 + v_2} = \frac{2 \times 50 \times 60}{50 + 60}$

$= \frac{6000}{110} = 54.5$ किमी/घण्टा

10. (b) $d_1 = 3$ किमी, $s_1 = 10$ किमी/घण्टा

$\therefore \quad t_1 = \frac{3}{10}$

इसी प्रकार, $t_2 = \frac{3}{20}, t_3 = \frac{3}{30} = \frac{1}{10}$

तथा $\quad t_4 = \frac{3}{60} = \frac{1}{20}$

कुल दूरी $= 3 \times 4 = 12$ किमी

कुल समय $= \frac{3}{10} + \frac{3}{20} + \frac{1}{10} + \frac{1}{20}$

$= \frac{6 + 3 + 2 + 1}{20} = \frac{12}{20}$

$\therefore$ औसत चाल $= \frac{\text{कुल दूरी}}{\text{कुल समय}}$

$= \frac{12}{\frac{12}{20}} = \frac{12 \times 20}{12} = 20$ किमी/घण्टा

11. (b) पहले दिन की दूरी

$= 45 \times 10 = 450$ किमी

दूसरे दिन की दूरी $= 40 \times 10 = 400$ किमी

तीसरे दिन की दूरी $= 20 \times 10 = 200$ किमी

कुल दूरी $= 450 + 400 + 200 = 1050$ किमी

कुल लिया गया समय $= 30$ घण्टे

औसत चाल $= \frac{\text{कुल दूरी}}{\text{कुल समय}}$

$= \frac{1050}{30} = 35$ किमी/घण्टा

12. (a) सामान्य चाल $= \frac{3}{4 - 3} \times 20$ मिनट

$= 60$ मिनट $= 1$ घण्टा

13. (a) माना कार की चाल $= s$ किमी/घण्टा

$\therefore$ 420 किमी जाने में लगा समय

$= \frac{420}{s}$ घण्टे

अब $(s + 10)$ किमी/घण्टा की चाल से लगा समय

$= \frac{420}{(s + 10)}$ घण्टे

$\therefore \quad \frac{420}{s} - \frac{420}{s + 10} = 1$

$\Rightarrow \quad \frac{420\,(s + 10 - s)}{s^2 + 10s} = 1$

$\Rightarrow \quad \frac{420 \times 10}{s^2 + 10s} = 1$

$\Rightarrow \quad s^2 + 10s - 4200 = 0$

$(s + 70)(s - 60) = 0$

$\therefore \quad s = 60$ किमी/घण्टा

14. (c) A व B की चालों में अनुपात $= 3 : 4$

$\therefore A$ व B के समय का अनुपात $= 4 : 3$

माना A का समय $= 4x$, B का समय $= 3x$

$4x - 3x = \frac{30}{60} = \frac{1}{2} \Rightarrow x = \frac{1}{2}$

$\therefore A$ का समय $= 4x = 4 \times \frac{1}{2} = 2$ घण्टे

15. (c) एक चक्कर में A द्वारा लिया गया समय

$= 35/4$ घण्टे $\quad \left[\because \text{समय} = \frac{\text{दूरी}}{\text{चाल}}\right]$

तथा एक चक्कर में B द्वारा लिया गया समय

$= 35/5 = 7$ घण्टे

$\therefore$ पुनः मिलने का समय $= \frac{35}{4}, \frac{7}{1}$ का ल.स.

$= \frac{35, 7 \text{ का ल. स.}}{4, 1 \text{ का म. स.}} = \frac{35}{1} = 35$ घण्टे

16. (d) माना व्यक्ति की चाल $= x$ किमी/घण्टा

$\therefore$ 30 घण्टे में चली दूरी $= 30x$ किमी

$\because \frac{1}{15}$ भाग की कमी करने में नई चाल

$= \frac{14x}{15}$ किमी/घण्टा

$\therefore$ नई चाल से 30 घण्टे में चली गई दूरी

$= \frac{14x}{15} \times 30 = 28x$ किमी

$\therefore \quad 30x - 28x = 10 \quad [\because \text{दूरी} = \text{चाल} \times \text{समय}]$

$\Rightarrow \quad 2x = 10$

$\therefore \quad x = 5$ किमी/घण्टा

17. (a) रेलगाड़ी द्वारा 3 मिनट में चली गई दूरी

$=$ चाल $\times$ समय $= 30 \times \frac{3}{60}$ किमी

$= 30 \times \frac{3}{60} \times 1000$ मी $= 1500$ मी

18. (c) व्यक्ति को रेलगाड़ी द्वारा पार करने में लगा

समय $= \frac{\text{दूरी}}{\text{चाल}}$

$= \frac{100}{30 \times \frac{5}{18}} = \frac{100 \times 18}{30 \times 5} = 12$ सेकण्ड

19. (a) मनुष्य को पार करने में लगा समय

$= \frac{\text{रेलगाड़ी की लम्बाई}}{\text{सापेक्ष चाल (मी/से)}}$

$= \frac{270}{27 \times \frac{5}{18}} = \frac{270 \times 18}{27 \times 5} = 36$ सेकण्ड

20. (b) तेज रेलगाड़ी की लम्बाई

$= (50 - 30) \times \frac{5}{18} \times 18$

$= 20 \times 5 = 100$ मी

21. (c) माना पुल की लम्बाई $= l$ मी

$l + 130 = 45 \times \frac{5}{18} \times 30 = 375$

[$\because$ (पुल + रेलगाड़ी) = रेलगाड़ी की चाल $\times$ समय]

$l = 375 - 130 = 245$ मी

22. (b) माना रेलगाड़ी की लम्बाई = l मी

चाल = $\frac{\text{रेलगाड़ी की लम्बाई}}{\text{व्यक्ति को पार करने में लगा समय}}$

$= \frac{l}{8}$ मी/से

प्रश्न से,

(प्लेटफॉर्म + रेलगाड़ी) = चाल × समय

$\Rightarrow \quad (264 + l) = \frac{l}{8} \times 20 = \frac{5l}{2}$

$\Rightarrow \quad 2(264 + l) = 5l$

$\Rightarrow \quad 528 + 2l = 5l$

$\Rightarrow \quad 3l = 528, l = 176$ मी

23. (d) चूँकि पहली रेलगाड़ी की चाल मालूम नहीं है। अतः समय ज्ञात नहीं किया जा सकता।

24. (a) सवारी गाड़ी जो दूरी 4 घण्टे में चलती है वही दूरी मालगाड़ी 10 घण्टे में चलती है।

$\therefore$ सवारी गाड़ी द्वारा चली गई दूरी

= चाल × समय = 90 × 4 = 360 किमी

$\therefore$ मालगाड़ी की चाल = $\frac{360}{10}$

= 36 किमी/घण्टा

25. (b) दोनों रेलगाड़ी को क्रॉस करने में लगा

समय = $\frac{\text{बीच की दूरी}}{\text{चाल का योग}} = \frac{500}{50} = 10$ घण्टे

$\therefore$ क्रॉस करने के स्थल की A से दूरी

$= 20 \times 10 = 200$ किमी

26. (a) वास्तविक चाल = x किमी/घण्टा (माना)

$\therefore$ 90 किमी की दूरी को तय करने में लगा समय

$= \frac{90}{x}$ घण्टे

नई चाल $(x + 15)$ किमी/घण्टा से समय

$= \frac{90}{x + 15}$ घण्टे।

$\therefore \quad \frac{90}{x} - \frac{90}{x + 15} = \frac{30}{60} = \frac{1}{2}$

$\Rightarrow \quad \frac{90x + 90 \times 15 - 90x}{x(x + 15)} = \frac{1}{2}$

$\Rightarrow \quad \frac{1350}{x^2 + 15x} = \frac{1}{2}$

$\Rightarrow \quad x^2 + 15x - 2700 = 0$

$(x + 60)(x - 45) = 0$

$\therefore \quad x = 45$ किमी/घण्टा

27. (c) माना शान्त जल में स्टीमर की चाल

= x किमी/घण्टा

$\therefore$ धारा की विपरीत दिशा में चली गई दूरी

= प्रतिकूल चाल × समय

$72 = (x - 3) \times 3$

$24 = x - 3$

$\therefore \quad x = 27$ किमी/घण्टा

28. (c) धारा का वेग

$= \frac{\text{अनुकूल चाल} - \text{प्रतिकूल चाल}}{2}$

$= \frac{11 - 8}{2} = \frac{3}{2} = 1.5$ किमी/घण्टा

29. (b) धारा के प्रतिकूल चाल

$= \frac{40}{8} = 5$ किमी/घण्टा

धारा के अनुकूल चाल = $\frac{36}{6} = 6$ किमी/घण्टा

$\therefore$ शान्त जल में नाव की चाल

$= \frac{6 + 5}{2} = \frac{11}{2} = 5\frac{1}{2}$ या 5.5 किमी/घण्टा

30. (c) माना अभीष्ट स्थान x किमी दूरी पर है।

$\therefore \frac{x}{\text{अनुकूल चाल}} + \frac{x}{\text{प्रतिकूल चाल}} =$ कुल समय

$\Rightarrow \quad \frac{x}{6} + \frac{x}{4} = 1 \Rightarrow \frac{2x + 3x}{12} = 1$

$\Rightarrow \quad 5x = 12$

$\Rightarrow \quad x = 2.4$ किमी

31. (a) माना स्थान की दूरी = x किमी

$\frac{x}{7.5 + 1.5} + \frac{x}{7.5 - 1.5} = \frac{50}{60}$

$\Rightarrow \quad \frac{x}{9} + \frac{x}{6} = \frac{5}{6}$

$\Rightarrow \quad \frac{5x}{18} = \frac{5}{6}$

$\therefore \quad x = 3$ किमी

11 ज्यामिति
Geometry

ज्यामिति में हम रेखा, कोण, त्रिभुज, चतुर्भुज एवं वृत्त सम्बन्धी महत्त्वपूर्ण परिणामों एवं गुण-धर्मों का अध्ययन करते हैं।

रेखा एवं कोण

रेखा जिस ज्यामिति आकृति में केवल लम्बाई पायी जाती है, किन्तु न चौड़ाई और न ही मोटाई पायी जाती है, रेखा कहलाती है।

यहाँ $\overleftrightarrow{AB}$ एक रेखा है।

समतल में स्थित किन्हीं दो बिन्दुओं से होकर जाने वाली रेखा सरल रेखा कहलाती है। यहाँ $\overleftrightarrow{AB}$ एक सरल रेखा है।

रेखाओं के भिन्न-भिन्न नाम

समान्तर रेखाएँ	असमान्तर रेखाएँ	संरेख रेखाएँ	तिर्यक रेखाएँ
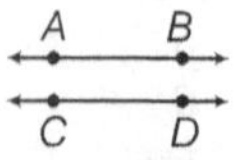 $AB \parallel CD$	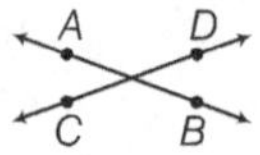 $AB \nparallel CD$	(एक ही बिन्दु पर काटने वाली) 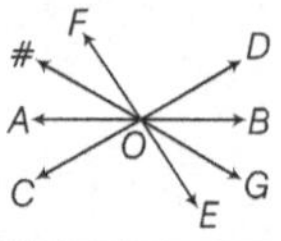	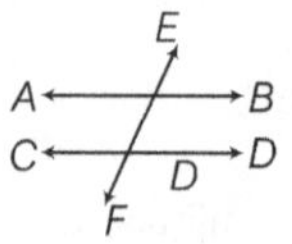 यहाँ EF तिर्यक रेखा तथा $AB \parallel CD$

कोण

जब दो रेखाएँ एक-दूसरे को प्रतिच्छेद करती हैं तो इनके बीच झुकाव को कोण कहते हैं। जैसे दो रेखाओं AB व CD के प्रतिच्छेद बिन्दु O के झुकाव θ को कोण कहा जाता है।

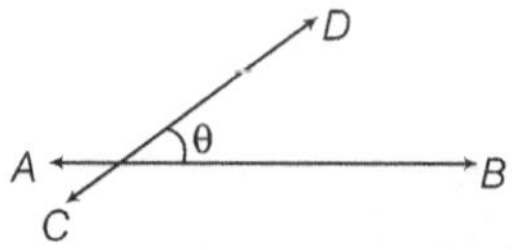

180° या उससे कम के कोणों के नाम

न्यूनकोण	समकोण	अधिककोण	ऋजुकोण/सरलकोण
90° से कम माप वाला कोण न्यून कोण कहलाता है।	90° की माप का कोण समकोण कहलाता है।	90° से अधिक को अधिक कोण कहते हैं, किन्तु यह 180° से कम होता है।	180° की सीधी रेखा को ऋजु या सरल कोण कहते हैं।
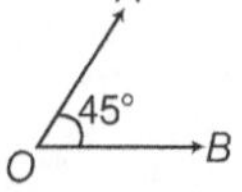	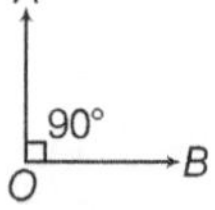	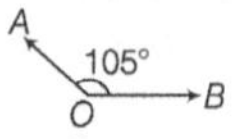	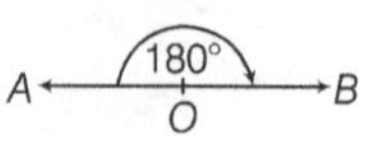
यहाँ, $\angle AOB = 45°$ = न्यून कोण	यहाँ, $AOB = 90°$ = समकोण	यहाँ, $\angle AOB = 105°$ = अधिक कोण	यहाँ, $\angle AOB = 180°$ = ऋजु कोण

180° से अधिक के कोणों के नाम

वृहत् या प्रतिवर्ती कोण	सम्पूर्ण कोण
180° से अधिक तथा 360° से कम का कोण प्रतिवर्ती वृहत् कोण कहलाता है।	360° के कोण को सम्पूर्ण कोण कहते हैं।
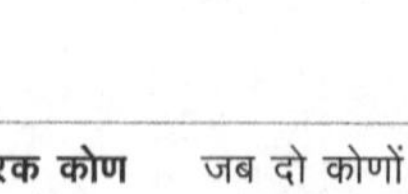	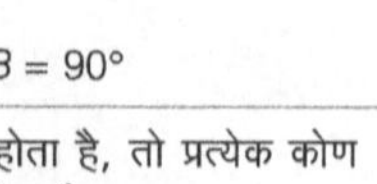

महत्त्वपूर्ण युग्म कोणों के नाम

रैखिक युग्म के कोण	दो विपरीत रेखाओं के मध्य उभयनिष्ठ बिन्दु से निकली तीसरी रेखा के दाएँ-बाएँ के कोण रैखिक युग्म कोण कहलाते हैं। 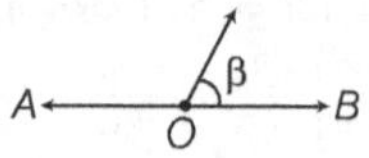
आसन्न कोण	किसी कोण के भाजन से बने α व β कोण एक-दूसरे के आसन्न कोण है 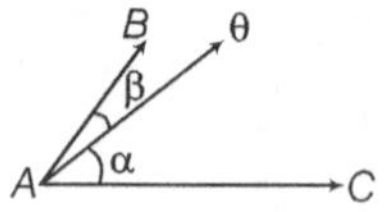 α व β आसन्न कोण हैं।
शीर्षाभिमुख कोण	यहाँ, α व β शीर्षाभिमुख कोण हैं। 
कोटिपूरक कोण	जब दो कोणों का योग 90° होता है, तो प्रत्येक कोण एक-दूसरे का कोटिपूरक कोण होता है। 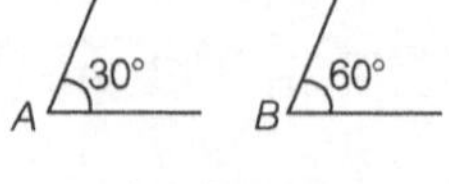 $A + B = 90°$
सम्पूरक कोण	जब दो कोणों का योग 180° होता है, तो प्रत्येक कोण एक-दूसरे का सम्पूरक कोण होता है। $A + B = 180°$ 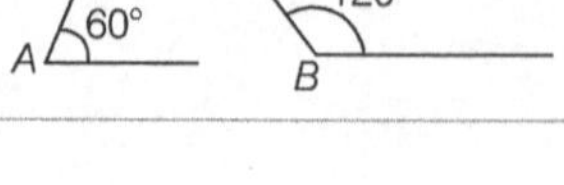

रेखा एवं कोण की तिर्यक प्रमेय

यदि एक तिर्यक रेखा (transverse) दो समान्तर रेखाओं को काटती है, तो

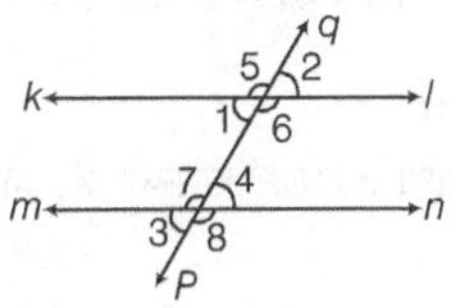

[यहाँ $kl || mn$ तथा तिर्यक रेखा pq है।]

A. **परिणाम : संगत कोण के रूप में**

$\angle 1 = \angle 3$ $\quad$ $\angle 2 = \angle 4$

$\angle 5 = \angle 7$ $\quad$ $\angle 6 = \angle 8$

B. **परिणाम : शीर्षाभिमुख (सम्मुख) कोण के रूप में**

$\angle 1 = \angle 2$ $\quad$ $\angle 3 = \angle 4$

$\angle 5 = \angle 6$ $\quad$ $\angle 7 = \angle 8$

C. **परिणाम : एकान्तर कोण के रूप में**

$\angle 1 = \angle 4$ $\quad$ $\angle 6 = \angle 7$

D. **परिणाम : कोणों का योगफल 180° के रूप में**

$\angle 1 + \angle 7 = 180°$ $\quad$ $\angle 4 + \angle 6 = 180°$

उदाहरण 1 दिए गए चित्र में α, β, γ व θ के मान क्रमशः हैं

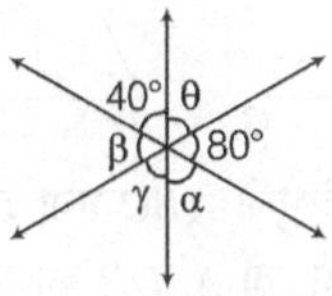

(a) 80°, 60°, 60°, 40° $\quad$ (b) 60°, 80°, 40°, 60°
(c) 40°, 60°, 80°, 60° $\quad$ (d) 40°, 80°, 60°, 60°

हल (d) 80° के सम्मुख कोण $= \beta = 80°$

40° के सम्मुख कोण $= \alpha = 40°$

$\theta = 180 - (40 + 80) = 180° - 120 = 60°$

θ के सम्मुख कोण $= \gamma = 60°$

इस प्रकार, $\alpha = 40°, \beta = 80°, \gamma = 60°, \theta = 60°$

उदाहरण 2 दिए गए चित्र में x का मान बताइए।

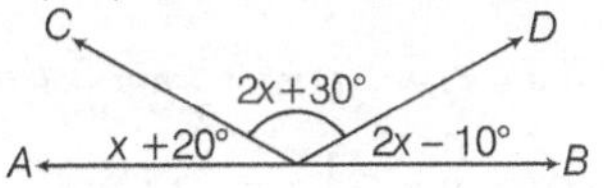

(a) 28° $\quad$ (b) 30° $\quad$ (c) 40° $\quad$ (d) 45°

हल (*a*) हम जानते हैं, कि सरल रेखा पर बने सभी कोणों का योगफल 180° होता है

अतः $x + 20° + 2x + 30° + 2x - 10° = 180°$

$5x + 40° = 180° \Rightarrow 5x = 140°$

अतः $\quad x = 28°$

त्रिभुज

तीन रेखाखण्ड़ो से घिरी आकृति त्रिभुज कहलाती है। त्रिभुज के तीनों कोणों का योगफल 180° होता है।

$\therefore \quad \angle A + \angle B + \angle C = 180°$

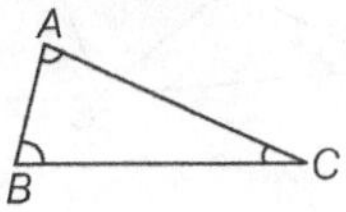

उदाहरण 3 एक त्रिभुज के दो कोण 30° व 40° हैं, तो तीसरा कोण क्या होगा?

(a) 98 $\quad$ (b) 108 $\quad$ (c) 110 $\quad$ (d) 110°

हल (*d*) त्रिभुज के सभी कोणों का योगफल = 180°

माना तीसरा कोण $= x$,

अतः $x + 30° + 40° = 180° \Rightarrow x + 70° = 180°$

$x = 180° - 70° = 110°$

त्रिभुज के प्रकार

भुजा के आधार पर त्रिभुज तीन प्रकार के होते हैं

- **समबाहु त्रिभुज** इसकी प्रत्येक भुजा समान तथा तीनों कोण 60° – 60° के होते हैं। इसमें लम्ब AD, BC को समद्विभाजित करता है।

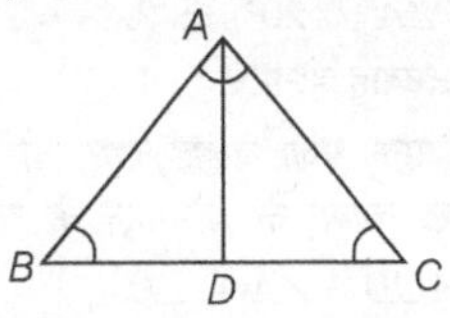

- **समद्विबाहु त्रिभुज** इसकी कोई दो भुजा समान होती हैं तथा समान भुजा के सामने का कोण समान होता है।

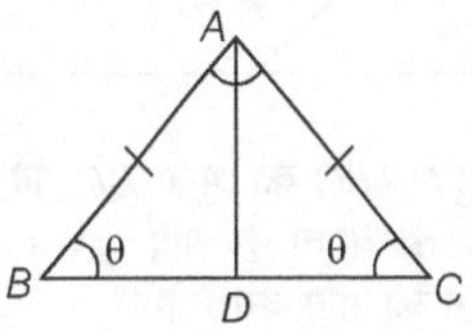

- **विषमबाहु त्रिभुज** इसकी प्रत्येक भुजा अलग-अलग माप की होती है।

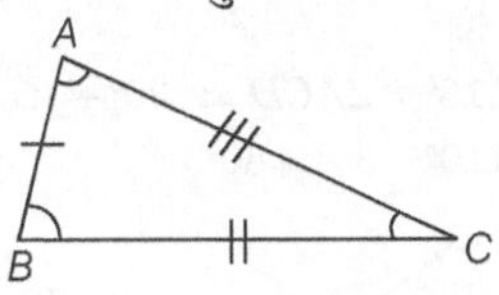

कोण के आधार पर त्रिभुज तीन प्रकार के होते हैं

- **न्यून कोण त्रिभुज** इसका प्रत्येक कोण 90° से कम होता है।

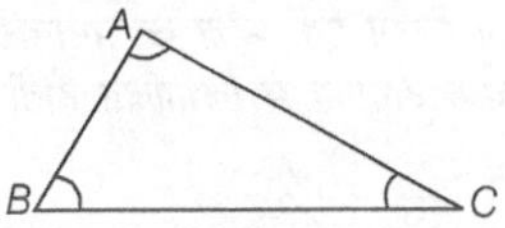

- **समकोण त्रिभुज** इसका एक कोण 90° का होता है। यही कोण समकोण कहलाता है। समकोण के सामने की भुजा कर्ण तथा शेष भुजाएँ लम्ब एवं आधार कहलाती हैं।

पाइथागोरस प्रमेय $\Rightarrow$ (कर्ण)^2 = (लम्ब)^2 + (आधार)^2

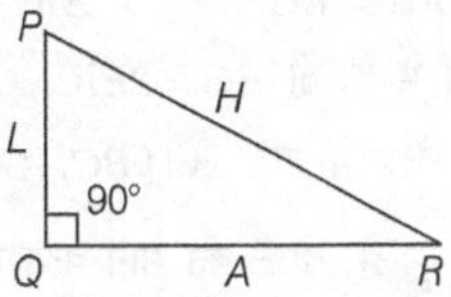

- **अधिक कोण त्रिभुज** इसका एक कोण 90° से अधिक और 180° से कम होता है।

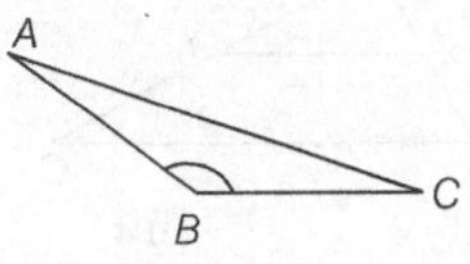

उदाहरण 4 दिए गए त्रिभुज में यदि $AB = BC = 5$ सेमी हो तथा $\angle ABC = 60°$ हो, तो यह कैसा त्रिभुज है?

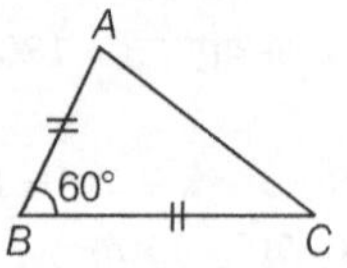

(a) समकोण (b) समबाहु (c) समद्विबाहु (d) अधिक कोण त्रिभुज

हल (b) यहाँ, $AB = BC$

$\therefore \quad \angle A = \angle C$

परन्तु, $\angle A + \angle B + \angle C = 180° \Rightarrow \angle A + 60 + \angle C = 180°$

$\Rightarrow \quad \angle A + \angle C = 120°$

$\angle A + \angle A = 120° \Rightarrow 2\angle A = 120°, \angle A = 60°$

अतः दिया गया त्रिभुज समबाहु होगा।

नोट *यदि किसी त्रिभुज की एक भुजा बढ़ाई जाए, तो बाह्य कोण (बहिष्कोण) अन्तः अभिमुख कोणों के योगफल के बराबर होता है।*

$$\angle ACD = \angle A + \angle B$$

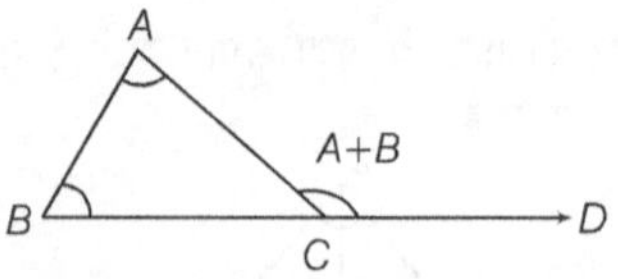

उदाहरण 5 एक त्रिभुज ABC की भुजा BC को आगे इस प्रकार बढ़ाया गया है कि $\angle ACD, \alpha°$ बनता है। यदि $\angle A = 30°$ तथा $\angle ACD = 110°$ हो, तो $\angle B$ का मान क्या होगा?

(a) 60° (b) 70° (c) 80° (d) 90°

हल (c) हम जानते हैं, कि

$\angle A + \angle B = 110° = \angle ACD \Rightarrow 30° + \angle B = 110°$

$\angle B = 110° - 30° = 80°$

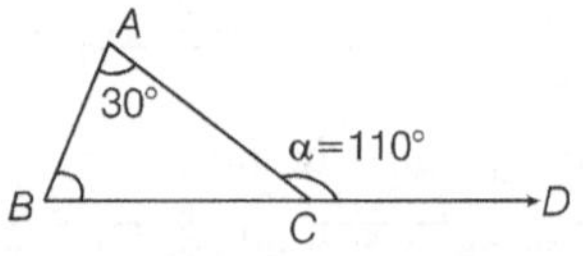

नोट *यदि किसी त्रिभुज की किसी एक भुजा के समान्तर कोई रेखा खींची जाए तो अन्य दो भुजाएँ एक अनुपात में विभाजित होती हैं*

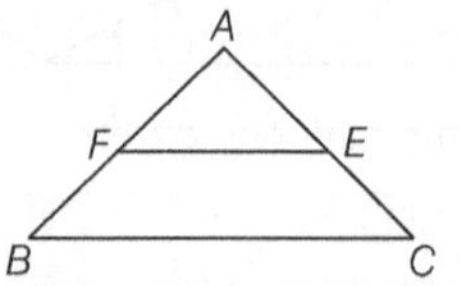

यदि $EF || BC$ है, तो, $\dfrac{AF}{FB} = \dfrac{AE}{EC}$ तथा $\dfrac{AB}{AF} = \dfrac{AC}{AE}$

यदि F व E बिल्कुल मध्य में हैं, तो $BC = 2EF$

उदाहरण 6 दिए गए चित्र में यदि $xy || BC, AX = x - 2$, $BX = 2x - 3$ तथा $\dfrac{AY}{CY} = \dfrac{2}{5}$ हो, तो x का मान क्या होगा?

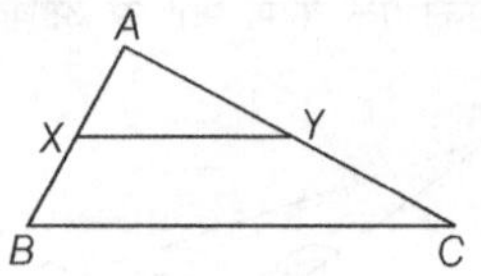

(a) 2 (b) 3 (c) 4 (d) 5

हल (c) $\dfrac{AX}{XB} = \dfrac{AY}{YC} = \dfrac{2}{5} \Rightarrow \dfrac{x-2}{2x-3} = \dfrac{2}{5}$

$\Rightarrow \quad 5x - 10 = 4x - 6 \Rightarrow x = 4$ सेमी

त्रिभुजों की समरूपता

- यदि दो त्रिभुज ΔABC तथा ΔDEF समरूप हैं, तो

(i) $\dfrac{AB}{DE} = \dfrac{BC}{EF} = \dfrac{CA}{FD}$

(ii) $\dfrac{\Delta ABC \text{ का परिमाप}}{\Delta DEF \text{ का परिमाप}} = \dfrac{AB}{DE} = \dfrac{BC}{EF} = \dfrac{CA}{FD}$

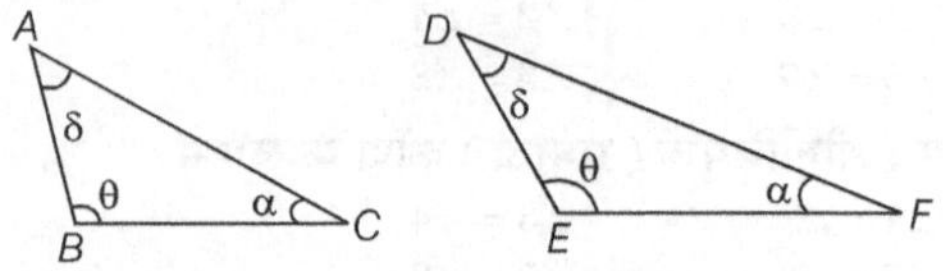

- यदि दो समरूप ΔABC व ΔDEF की संगत ऊँचाइयाँ h_1 व h_2 हों, तो

$$\frac{\Delta ABC \text{ का क्षेत्रफल}}{\Delta DEF \text{ का क्षेत्रफल}} = \frac{h_1^2}{h_2^2} = \frac{AB^2}{DE^2} = \frac{BC^2}{EF^2} = \frac{AC^2}{DF^2}$$

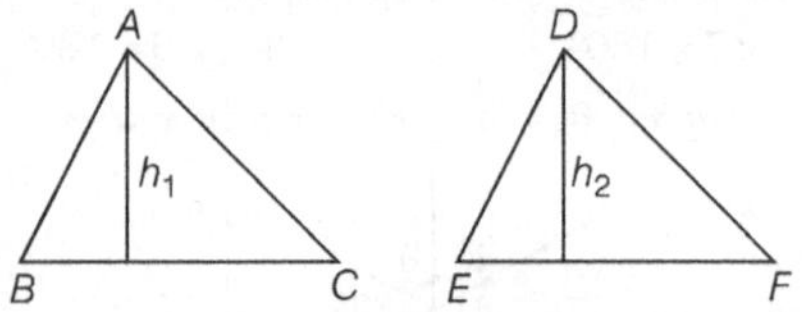

उदाहरण 7 दो समरूप त्रिभुजों ABC तथा PQR में $AB = 6, BC = 8$, $CA = 12$ तथा $PQ = 9$ सेमी हो, तो ΔPQR का परिमाप क्या होगा?

(a) 30 सेमी (b) 25 सेमी (c) 26 सेमी (d) 39 सेमी

हल (d) $\because \Delta ABC \sim \Delta PQR$ अतः संगत भुजाएँ समानुपाती होंगी।

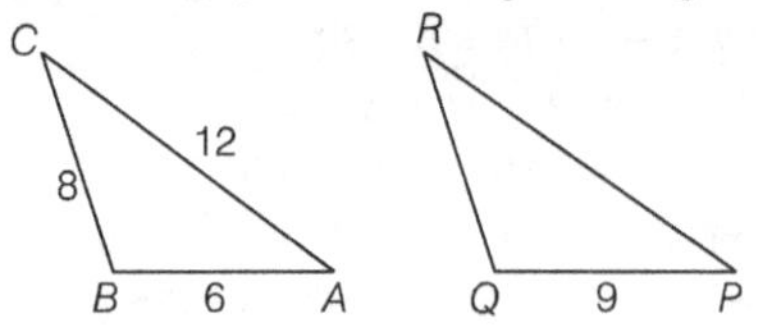

$\because \quad AB$ का $1\frac{1}{2}$ गुना $= PQ$

$\therefore \quad BC$ का $1\frac{1}{2}$ गुना $= QR$, AC का $1\frac{1}{2}$ गुना $= RP$

$\because \quad QR = 8$ का $1\frac{1}{2}$ गुना $= 12$ सेमी

$RP = 12$ का $1\frac{1}{2}$ गुना $= 18$ सेमी

ΔPQR का परिमाप $= 9 + 12 + 18 = 39$ सेमी

चतुर्भुज

चार रेखाखण्डो से घिरी बन्द आकृति चतुर्भुज कहलाती है। चतुर्भुज के चारों कोणों का योगफल 360° होता है। चतुर्भुज $ABCD$ के दो विकर्ण AC व BD होते हैं।

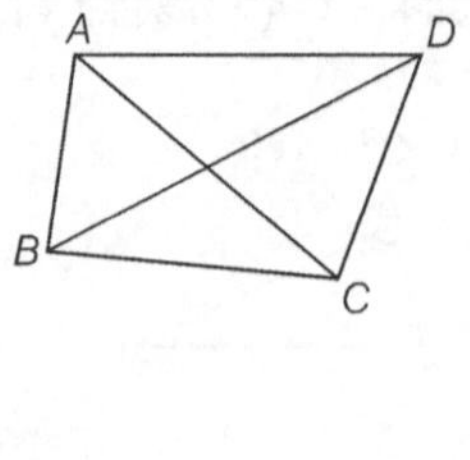

चतुर्भुज के प्रकार

चतुर्भुज मुख्य रूप से पाँच प्रकार के होते हैं

(i) समान्तर चतुर्भुज (ii) आयत (iii) वर्ग
(iv) समचतुर्भुज (v) समलम्ब चतुर्भुज

समान्तर चतुर्भुज

समान्तर चतुर्भुज की आमने-सामने की भुजाएँ बराबर और समान्तर होती हैं। दिए गए चतुर्भुज में $AB \| CD$ तथा $BC \| AD$

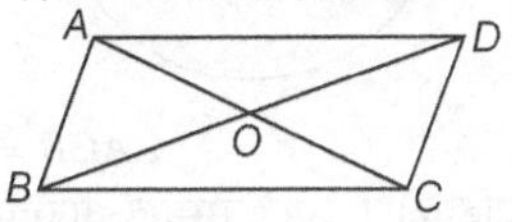

समान्तर चतुर्भुज में, $AB = CD$ तथा $BC = AD$

$$\angle A = \angle C \text{ व } \angle B = \angle D$$

$\angle A + \angle B = \angle B + \angle C = \angle C + \angle D = \angle D + \angle A = 180^\circ$

इसके दोनों विकर्ण एक-दूसरे को समद्विभाजित करते हैं।

$$AB^2 + BD^2 = AB^2 + BC^2 + CD^2 + AD^2 = 2\,(AB^2 + BC^2)$$

आयत

आयत का प्रत्येक कोण 90° का होता है तथा आमने-सामने की भुजाएँ एक-दूसरे के समान्तर तथा बराबर होती हैं।

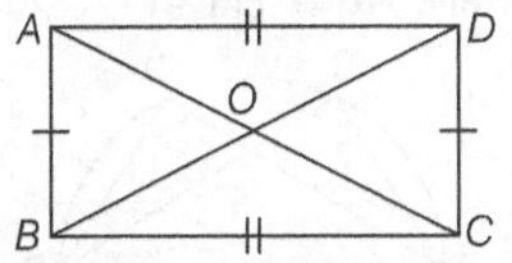

- आयत के दोनों विकर्ण बराबर होते हैं।
- प्रत्येक आयत एक समान्तर चतुर्भुज होता है।
- आयत के विकर्ण एक-दूसरे को समद्विभाजित करते हैं।

वर्ग

वर्ग की प्रत्येक भुजा बराबर होती है। इसका प्रत्येक कोण 90° होता है।

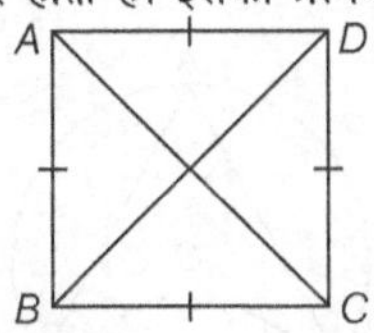

वर्ग के विकर्ण बराबर होते हैं तथा ये एक-दूसरे को लम्बवत् समद्विभाजित करते हैं।

समचतुर्भुज

समचतुर्भुज की प्रत्येक भुजा बराबर होती है। यह पतंगाकार होता है।

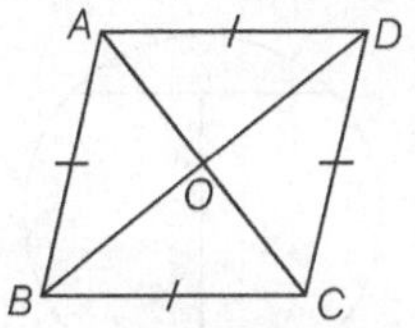

इसके विकर्ण एक-दूसरे को परस्पर लम्बवत् समद्विभाजित करते हैं।

उदाहरण 8 दिए गए चित्र में *ABCD* एक समचतुर्भुज है। इसके कोण x तथा y के मान क्रमश: हैं।

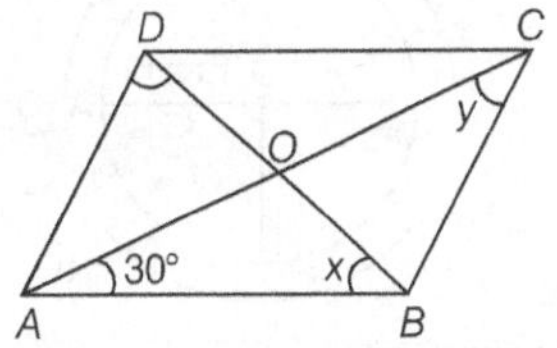

(a) 45, 45 (b) 60, 30
(c) 60, 45 (d) 45, 30

हल (b) यदि *ABCD* एक समचतुर्भुज है तो, $\angle AOB = 90^\circ$

$\therefore$ ΔAOB में $30^\circ + 90^\circ + x = 180^\circ$

$\Rightarrow$ $x = 60^\circ$

अब ΔBAC एक समद्विबाहु है।

$\therefore$ $BA = BC = \angle BAC = \angle BCA$

$\therefore$ $\angle BCA = \angle BAC = 30^\circ \Rightarrow y = 30^\circ$

बहुभुज

तीन या तीन से अधिक रेखाओं से घिरी आकृति बहुभुज कहलाती है। जैसे, पंचभुज, षष्टभुज, अष्टभुज इत्यादि।

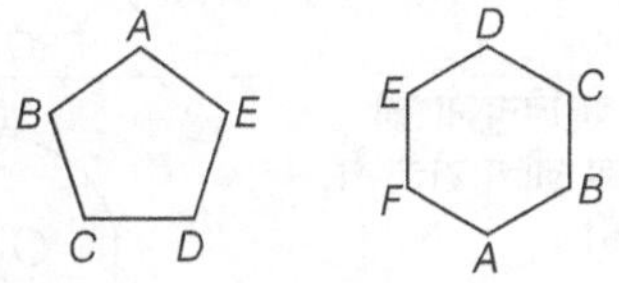

N-भुजाओं वाले समबहुभुज में

- प्रत्येक अन्त:कोण $= \dfrac{(N-2)\times 180^\circ}{N}$ या $\left[\dfrac{2N-4}{N} \text{ समकोण}\right]$
- अन्त:कोणों का योगफल $= (N-2)\times 180^\circ$
- प्रत्येक बाह्य कोण $= \left(\dfrac{360}{N}\right)^\circ$
- सभी बाह्य कोणों का योगफल $= 360^\circ$
- अन्त:कोण + बाह्य कोण $= 180^\circ$
- समबहुभुज के विकर्णों की संख्या $= \left[\dfrac{N\,(N-1)}{2} - N\right]$

उदाहरण 9 किसी समबहुभुज का प्रत्येक अन्त:कोण 150° है। इसकी भुजाएँ कितनी होंगी?

(a) 10 (b) 11
(c) 12 (d) 14

हल (c) प्रत्येक बाह्य कोण $= (180^\circ - 150^\circ) = 30^\circ$

$\because$ सभी बाह्य कोणों का योग $= 360^\circ$

$\therefore$ भुजाओं की संख्या $(N) = \dfrac{\text{बाह्य कोणों का योग}}{\text{बाह्य कोण}} = \dfrac{360^\circ}{30^\circ} = 12$

वृत्त

वृत्त, उन सभी बिन्दुओं का एक बिन्दुपथ (Locus) है, जो किसी समतल में स्थिर बिन्दु से समान दूरी रखते हुए उसके चारों ओर घूम सकते हैं। स्थिर बिन्दु वृत्त का केन्द्र तथा समान दूरी उसकी त्रिज्या होती है।

वृत्त का पूरा घेरा उसकी परिधि होता है।

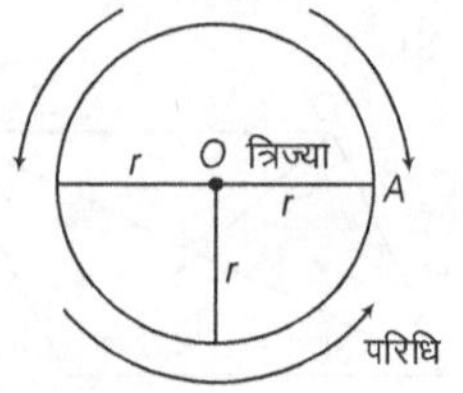

वृत्त से सम्बन्धित प्रमुख अंग

एक O केन्द्र वाले वृत्त से सम्बन्धित प्रमुख अंग निम्नवत् हैं

व्यास (Diameter) वृत्त की त्रिज्या के दो गुने को वृत्त का व्यास कहते हैं। यह वृत्त के केन्द्र से होकर गुजरता है तथा परिधि को दोनों ओर से छूता है। AB वृत्त का व्यास है।

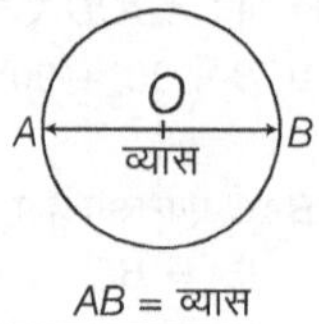

AB = व्यास

वृत्त के वक्रपृष्ठ का अंश (PRQ) चाप कहलाता है। PRQ लघु चाप तथा PSQ दीर्घ चाप है।

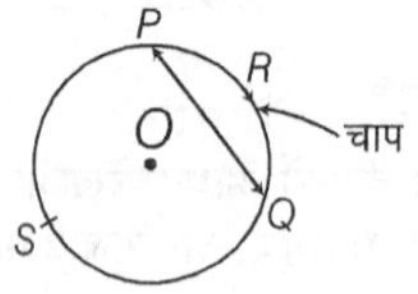

PRQ = चाप

वृत्त की परिधि को दो बिन्दुओं को छूने वाली अन्त: रेखा जीवा होती है। AB व CD जीवाएँ हैं।

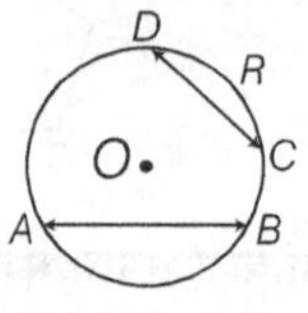

AB एवं CD = जीवा

वृत्त की परिधि को m, n पर काटती हुई AB रेखा वृत्त की छेदक रेखा है।

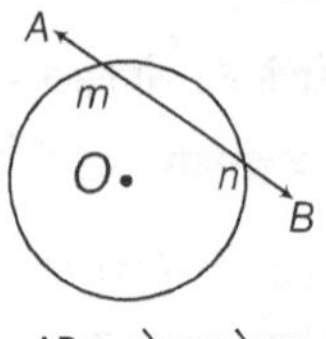

AB = छेदक रेखा

वृत्त की परिधि को m बिन्दु पर स्पर्श करती हुई PQ रेखा स्पर्श रेखा है।

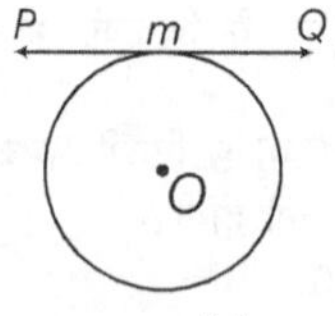

PQ = स्पर्श रेखा

चक्रीय चतुर्भुज जिस चतुर्भुज के चारों शीर्ष किसी वृत्त की परिधि पर स्थित हों उसे चक्रीय चतुर्भुज कहते हैं। चक्रीय चतुर्भुज के आमने-सामने के कोण सम्पूरक होते हैं।

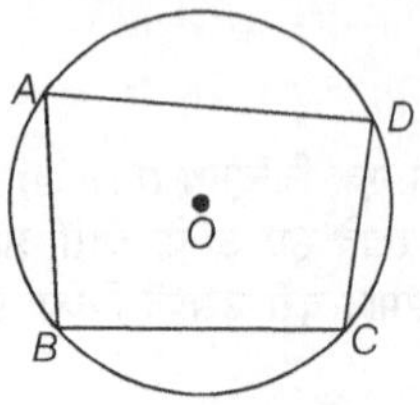

$\angle A + \angle C = 180°$ तथा $\angle B + \angle D = 180°$

वृत्त सम्बन्धी महत्त्वपूर्ण परिणाम

- अर्द्धवृत्त में बना कोण समकोण होता है।

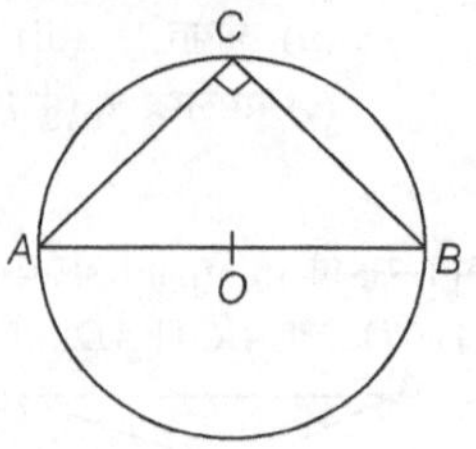

$\angle ACB = 90°$

- चक्रीय चतुर्भुज का बहिष्कोण अपने सम्मुख अन्त:कोण के बराबर होता है।

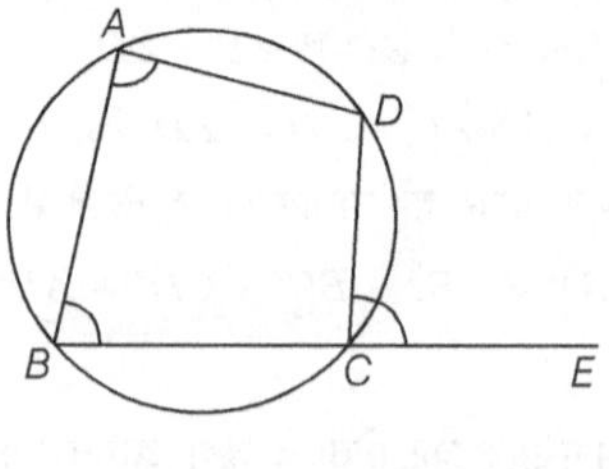

$\angle DCE = \angle A$

- एक ही वृत्तखण्ड के कोण बराबर होते हैं।

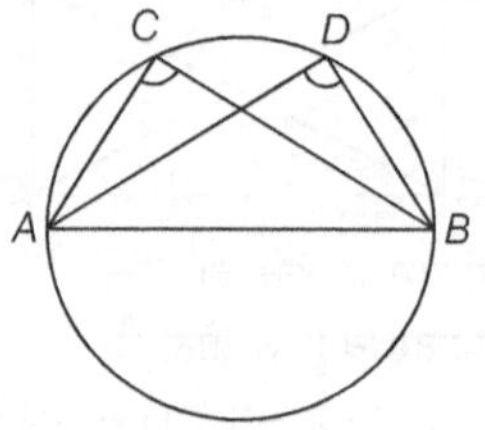

$\angle ACB = \angle ADB$

- किसी चाप द्वारा केन्द्र पर बनाया गया कोण, शेष चाप पर बनाए गए कोण का दोगुना होता है।

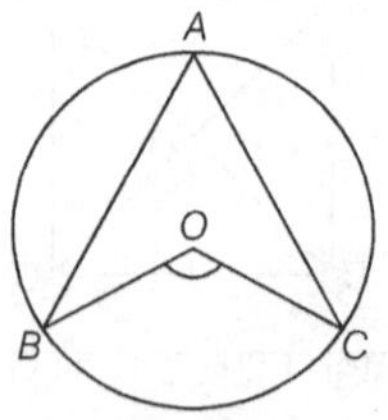

$\angle BOC = 2\angle BAC$

- एक ही वृत्त में बराबर जीवाएँ केन्द्र से बराबर दूरी पर स्थित होती हैं।

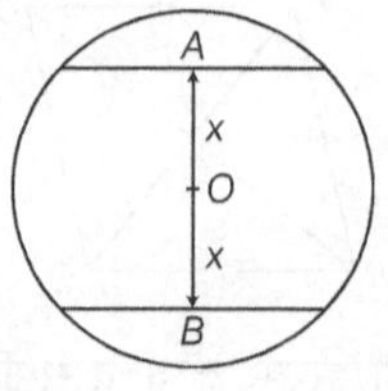

$OA = OB = x$

- यदि वृत्त की दो जीवाएँ एक-दूसरे को अन्त: या बाह्य प्रतिच्छेदित करें, तो उनके खण्डों के गुणनफल बराबर होते हैं।

$$PA \times PB = PC \times PD$$

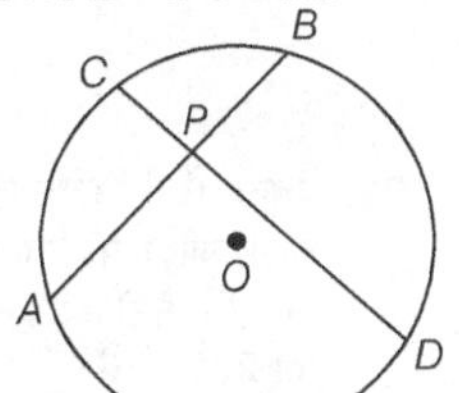

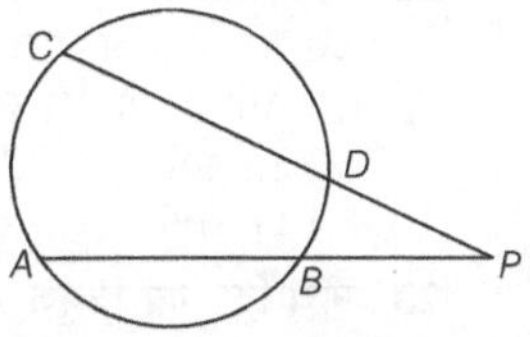

$$PA \times PB = PC \times PD$$

- वृत्त केन्द्र से जीवा पर डाला गया लम्ब जीवा को समद्विभाजित करता है।

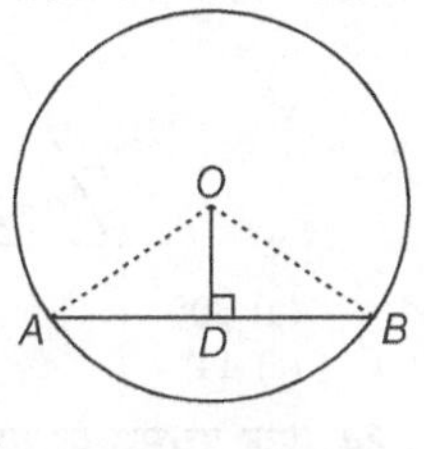

$$OD \perp AB;\ \angle ODB = 90°;\ AD = BD$$

वृत्त की स्पर्श रेखा से सम्बन्धित महत्त्वपूर्ण परिणाम

- यदि PAB वृत्त की एक छेदक रेखा है, जो वृत्त को बिन्दु A व B पर काटती है तथा PT स्पर्श रेखा है, तब

$$PA \times PB = PT^2$$

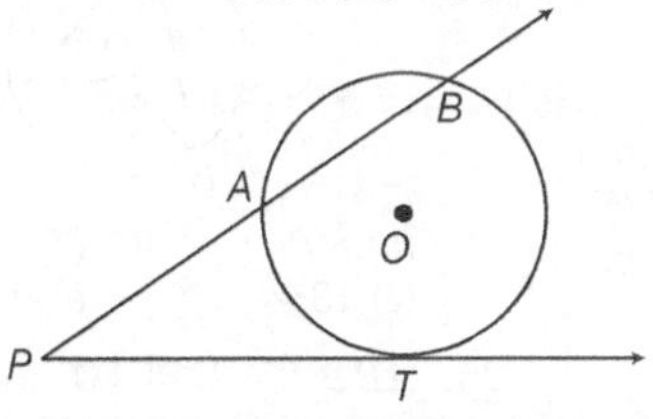

- यदि वृत्त के किसी बाह्य बिन्दु से वृत्त पर दो स्पर्श रेखाएँ खींची जाए, तो वे समान होती हैं तथा केन्द्र पर समान कोण अन्तरित करती हैं तथा वे बिन्दु को केन्द्र से जोड़ने वाली रेखा से समान कोण बनाती हैं।

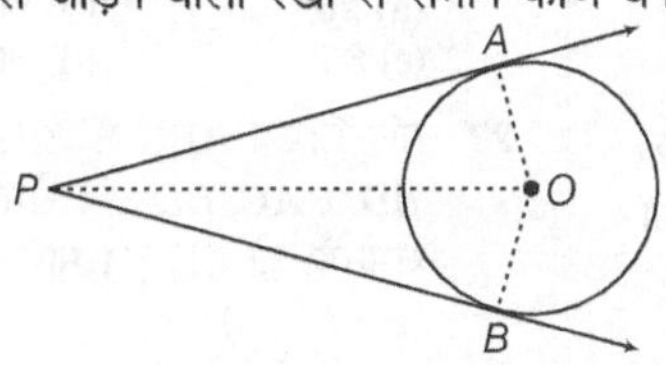

$$PA = PB \Rightarrow \angle APO = \angle BPO$$
$$\angle POA = \angle POB$$

उदाहरण 10 उस वृत्त की त्रिज्या ज्ञात कीजिए जिसमें जीवा $AB = 8$ सेमी और जीवा AB पर केन्द्र से डाले गए लम्ब की लम्बाई $OC = 3$ सेमी है। O वृत्त का केन्द्र है।

(a) 5 सेमी (b) 3 सेमी (c) 4 सेमी (d) 2 सेमी

हल (*a*) $AC = CB = \frac{8}{2} = 4$ सेमी

समकोण ΔOCA में, पाइथागोरस प्रमेय से,

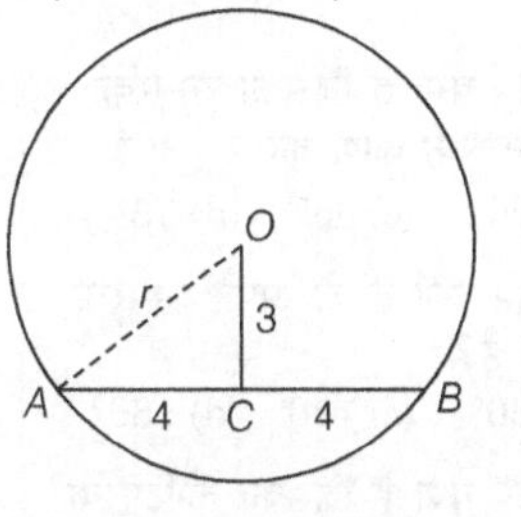

$\therefore \quad r^2 = 4^2 + 3^2 = 16 + 9 = 25 \Rightarrow r = 5$ सेमी

उदाहरण 11 चक्रीय चतुर्भुज $ABCD$ में $\angle A, \angle C$ का तीन गुना और $\angle B, \angle D$ का दो गुना है। $\angle A$ तथा $\angle D$ में कौन-सा बड़ा है और कितना बड़ा है?

(a) $\angle A$, 75° (b) $\angle D$, 75° (c) $\angle A$, 60° (d) $\angle D = 60°$

हल (*a*) माना $\angle C = \alpha$ तथा $\angle A = 3\alpha$ और $\angle D = \theta$, $\angle B = 2\theta$

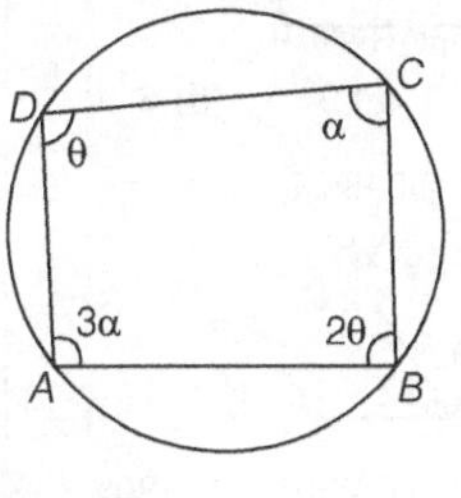

$\therefore \quad \alpha + 3\alpha = 180°$

$\Rightarrow \quad 4\alpha = 180° \Rightarrow \alpha = 45°$

पुनः $\quad \theta + 2\theta = 180° \Rightarrow 3\theta = 180° \Rightarrow \theta = 60°$

अतः $\quad \angle A = 3\alpha = 3 \times 45° = 135°$ (जो बड़ा है)

$\angle A$ व $\angle D$ में अभीष्ट अन्तर $135° - 60° = 75°$

उदाहरण 12 दिए गए चित्र में AB व CD दो जीवाएँ हैं, जो बाहर एक बिन्दु P पर काटती हैं। यदि $AB = 13$ सेमी, $CD = 9$ सेमी, $CP = 6$ सेमी, तो BP की माप क्या होगी?

(a) 5 सेमी (b) 4 सेमी (c) 3 सेमी (d) 6 सेमी

हल (*a*) जीवा AB के खण्ड क्रमशः AP व BP हैं। इसी प्रकार CD के खण्ड क्रमशः DP व CP हैं।

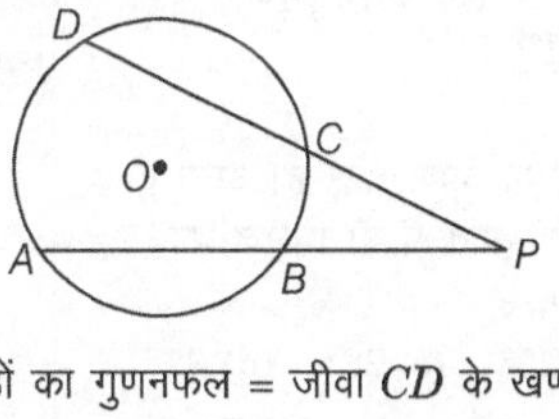

जीवा AB के खण्डों का गुणनफल = जीवा CD के खण्डों का गुणनफल

$$AP \times BP = DP \times CP$$

$\Rightarrow \quad (13 + x) \times x = (9 + 6) \times 6$

$\Rightarrow \quad 13x + x^2 = 90$

$\Rightarrow \quad x^2 + 13x - 90 = 0$

$\Rightarrow \quad (x^2 + 18x) - (5x + 90) = 0$

$\Rightarrow \quad x(x + 18) - 5(x + 18) \Rightarrow (x + 18)(x - 5)$

$\therefore \quad x = 5$

अतः $\quad BP = x = 5$ सेमी

अभ्यास प्रश्न

1. उस कोण की माप क्या है जिसका सम्पूरक कोण उसके कोटिपूरक कोण का 6 गुना है?
(a) 57° (b) 60° (c) 65° (d) 72°

2. उस कोण की माप क्या है जो अपने सम्पूरक कोण का 5 गुना है?
(a) 36° (b) 30° (c) 150° (d) 180°

3. उस कोण की माप क्या है जिसका कोटिपूरक कोण और सम्पूरक कोण का योग 120° है?
(a) 75° (b) 80° (c) 85° (d) 90°

4. एक समबहुभुज के अन्त:कोण की माप 135° है, तो उसकी भुजाओं की संख्या है
(a) 4 (b) 5 (c) 8 (d) 10

5. किसी समबहुभुज का एक बहिष्कोण 72° है, तो उसकी भुजाओं की संख्या है
(a) 7 (b) 5 (c) 9 (d) 6

6. दिए गए चित्र में Z का मान है

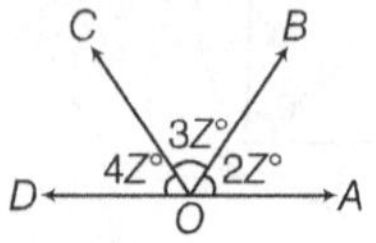

(a) 40° (b) 10° (c) 20° (d) 30°

7. किसी चतुर्भुज के कोणों का योग होता है
(a) 360° (b) 180° (c) 100° (d) 90°

8. इनमें से किसमें कर्ण (विकर्ण) एक-दूसरे को समद्विभाजित नहीं करते हैं?
(a) समलम्ब
(b) समान्तर चतुर्भुज
(c) समचतुर्भुज
(d) आयत

9. निम्नलिखित में से किसमें विकर्ण परस्पर लम्बवत् होते हैं
(a) आयत (b) समचतुर्भुज
(c) समान्तर चतुर्भुज
(d) समलम्ब

10. एक त्रिभुज का एक कोण 82° है। अन्य दो कोण 2 : 5 के अनुपात में हैं। त्रिभुज का सबसे छोटा कोण है
(a) 14° (b) 25° (c) 28° (d) 32°

11. यदि वृत्त की दो जीवाएँ AB व AC केन्द्र पर क्रमश: 90° व 150° के कोण बनाएँ, तो $\angle BAC$ किसके बराबर है
(a) 120° (b) 60° (c) 90° (d) 75°

12. यदि एक वृत्त की जीवा उसकी त्रिज्या के बराबर है, तो जीवा द्वारा वृत्त के एक बिन्दु पर बनने वाला कोण होगा
(a) 90° (b) 30° (c) 45° (d) 60°

13. दिए गए चित्र में $OC = 4$ सेमी तथा वृत्त की त्रिज्या = 5 सेमी है, तो AB की माप होगी

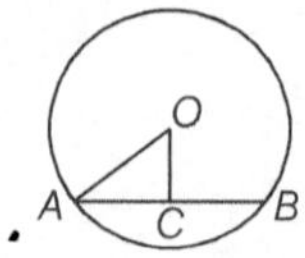

(a) 3 सेमी (b) 4 सेमी
(c) 5 सेमी (d) 6 सेमी

14. यदि एक त्रिभुज ABC में भुजा BC के समान्तर रेखा AB को 1 : 3 के अनुपात में विभाजित करती है, तो AC को किस अनुपात में विभाजित करेगी?
(a) 1 : 1 (b) 1 : 2
(c) 2 : 3 (d) इनमें से कोई नहीं

15. किसी वृत्त में जिसका केन्द्र O है, एक समबाहु त्रिभुज ABC है, तो $\angle BOC$ होगा

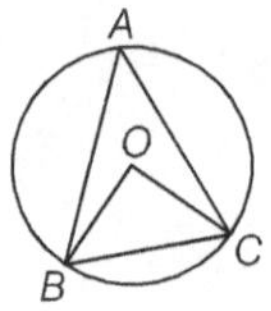

(a) 30° (b) 60°
(c) 90° (d) 120°

16. 6 सेमी त्रिज्या वाले वृत्त पर केन्द्र से 8 सेमी दूरी वाले बिन्दु से स्पर्श रेखा खींची गई, तो स्पर्श रेखा की लम्बाई होगी
(a) $\sqrt{28}$ सेमी (b) 7 सेमी
(c) 10 सेमी (d) 15 सेमी

17. किसी त्रिभुज में एक कोण सबसे छोटा कोण का दो गुना तथा दूसरा कोण सबसे छोटे कोण का तीन गुना है, तो सबसे छोटा कोण होगा
(a) 20° (b) 30°
(c) 35° (d) 45°

18. यदि किसी त्रिभुज के कोणों का अनुपात $2x : 3x : 4x$ है, तो x का मान है
(a) 15° (b) 20°
(c) 35° (d) 45°

19. दो समरूप त्रिभुजों के क्षेत्रफल 81 वर्गमीटर व 49 वर्गमीटर हैं, तो उनकी संगत भुजाओं का अनुपात है
(a) 81 : 49 (b) 9 : 7
(c) 6 : 7 (d) 11 : 13

20. एक समकोण त्रिभुज में, यदि कर्ण का वर्ग बाकी दोनों भुजाओं के गुणनफल का दो गुना है, तो त्रिभुज का एक कोण होगा
(a) 15° (b) 30°
(c) 45° (d) 60°

21. एक 6 सेमी त्रिज्या वाले वृत्त में केन्द्र से 8 सेमी वाली जीवा पर डाले गए लम्ब की माप होगी
(a) $\sqrt{5}$ सेमी (b) $2\sqrt{5}$ सेमी
(c) $2\sqrt{7}$ सेमी (d) $\sqrt{7}$ सेमी

22. किसी वृत्त में जीवा की लम्बाई 16 सेमी और इस पर केन्द्र से डाले गए लम्ब की लम्बाई 15 सेमी है, तो वृत्त की त्रिज्या होगी
(a) 15 सेमी (b) 16 सेमी
(c) 17 सेमी (d) 19 सेमी

23. नीचे दिए गए त्रिभुज ABC में, $AB = BC$, $\angle B = x$ तथा $\angle A = 2x - 20°$ है, तो $\angle B$ का मान है

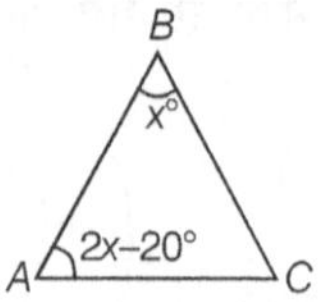

(a) 30° (b) 40°
(c) 44° (d) 64°

24. एक पंचभुज के सभी कोणों का योग होता है
(a) 360° (b) 540°
(c) 720° (d) इनमें से कोई नहीं

25. एक वृत्त (चित्र देखें) जिसका केन्द्र O है, इसमें x का मान कितना होगा?

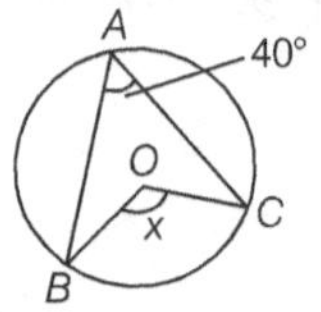

(a) 80° (b) 120°
(c) 135° (d) 27°

26. ABD एक सीधी रेखा है, जो एक वृत्त के केन्द्र 'O' से गुजरती है। DC वृत्त की स्पर्श रेखा है। यदि $\angle CAB = x°$ हो, तो $\angle CDA$ की माप 20° होने पर x का मान है
(a) 20° (b) 40°
(c) 35° (d) 60°

27. यदि त्रिभुज ABC में $\angle ABC = 90°$, $BD \perp AC$, $BD = 4$ सेमी तथा $AD = 2$ सेमी है, तो CD की माप है

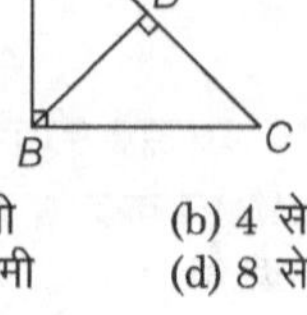

(a) 2 सेमी (b) 4 सेमी
(c) 16 सेमी (d) 8 सेमी

28. एक वृत्त, जिसका O केन्द्र है तथा $\angle PAB = 40°$ है, तो $\angle PCA$ का मान क्या होगा?

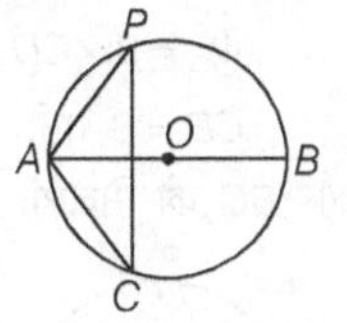

(a) 40° (b) 50° (c) 45° (d) 65°

29. $\angle SPR = 40°$ है। वृत्त की बिन्दु R पर PT को स्पर्श रेखा है, तो $\angle QRP$ का मान होगा

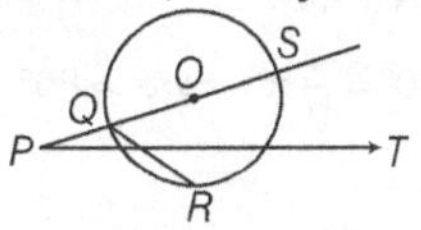

(a) 50°
(b) 45°
(c) 25°
(d) 40°

उत्तरमाला

1 (d)	2 (c)	3 (a)	4 (c)	5 (b)
6 (c)	7 (a)	8 (a)	9 (b)	10 (c)
11 (b)	12 (b)	13 (d)	14 (d)	15 (d)
16 (a)	17 (b)	18 (b)	19 (b)	20 (c)
21 (b)	22 (c)	23 (c)	24 (b)	25 (a)
26 (c)	27 (d)	28 (b)	29 (c)	

संकेत एवं हल

1. (d) माना कोण की माप $= x°$

इसका सम्पूरक कोण $= (180 - x)°$

कोटिपूरक कोण $= (90 - x)°$

$\therefore (180 - x)° = 6 \times (90 - x)°$ [प्रश्न से]

$180° - x = 540° - 6x$

$5x = 360° \Rightarrow x = 72°$

2. (c) माना अभीष्ट कोण $= x°$

प्रश्नानुसार,

$\therefore \quad x° = 5(180 - x)° \Rightarrow x = 150°$

3. (a) माना अभीष्ट कोण $= x°$

इसका कोटिपूरक कोण $= (90° - x)°$

सम्पूरक कोण $= (180° - x)°$

प्रश्नानुसार,

$\therefore 90° - x + 180° - x = 120° \Rightarrow x° = 75°$

4. (c) माना समबहुभुज की भुजा $= N$

सभी अन्तःकोणों का कुल योग $= N \times 135°$

$N \times 135° = 2 \times (N - 2) \times 90$ [सूत्र से]

$N = 8$

5. (b) भुजाओं की संख्या $= \dfrac{360°}{\text{बहिष्कोण}} = \dfrac{360°}{72°} = 5°$

6. (c) प्रश्नानुसार,

$2Z + 3Z + 4Z = 180°$ [$\because$ सरल रेखीय कोण]

$9Z = 180° \Rightarrow Z = 20°$

7. (a) चतुर्भुज के चारों कोणों का योगफल 360° होता है।

8. (a) समलम्ब के विकर्ण एक-दूसरे को समद्विभाजित नहीं करते हैं।

9. (b) समचतुर्भुज के विकर्ण परस्पर लम्बवत् होते हैं।

10. (c) अन्य दो कोणों का योग

$= 180° - 82° = 98°$

$\therefore$ सबसे छोटा कोण $= \dfrac{98 \times 2}{2 + 5} = 28°$

11. (b) यदि वृत्त का केन्द्र O है, तो

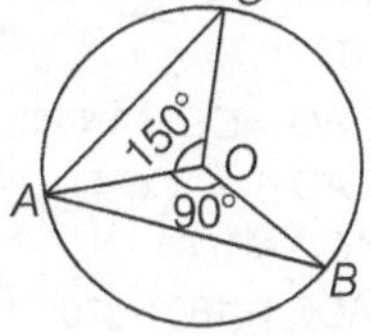

$\angle BOC = 360° - (90° + 150°) = 120°$

परन्तु, $\angle BAC = \dfrac{1}{2} \times \angle BOC$

$= \dfrac{1}{2} \times 120° = 60°$

12. (b) माना वृत्त का केन्द्र O तथा त्रिज्या r है। वृत्त की जीवा AB, बिन्दु P पर $\angle APB$ बनाती है।

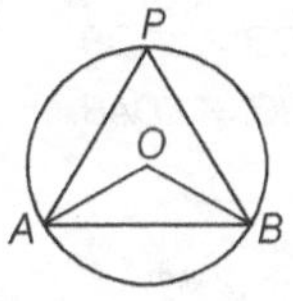

$\Delta AOB =$ समबाहु

$\therefore \quad \angle AOB = 60°$ [$OA = OB = AB$]

$\therefore \quad \angle APB = \dfrac{1}{2} \times 60° = 30°$

13. (d) ΔAOC में, पाइथागोरस प्रमेय से,

$\because AC^2 = OA^2 - OC^2 = 5^2 - 4^2 = 3^2$

$AC = \sqrt{9} = 3$ सेमी

तब $AB = 2 \times AC = 2 \times 3 = 6$ सेमी

14. (d) चूँकि त्रिभुज ABC में BC के समान्तर रेखा AB को 1 : 3 के अनुपात में विभाजित करती है, तो यह समान्तर रेखा AC को भी 1 : 3 के अनुपात में विभाजित करेगी।

15. (d) $\angle A = \angle B = \angle C = 60°$

$\therefore \quad \angle BOC = 2 \times \angle A$

$= 2 \times 60 = 120°$

16. (a) दिया है,

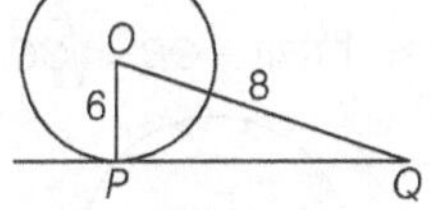

ΔOPQ में, पाइथागोरस प्रमेय से,

स्पर्श रेखा $PQ = \sqrt{OQ^2 - OP^2}$

$= \sqrt{8^2 - 6^2} = \sqrt{64 - 36}$

$= \sqrt{28}$ सेमी

17. (b) माना सबसे छोटा कोण $= x°$

एक कोण $= 2x°$

दूसरा कोण $= 3x°$

$\therefore \quad x° + 2x° + 3x° = 180°$

$x° = 30°$

18. (b) $2x + 3x + 4x = 180°$

[$\because$ त्रिभुज के तीनों कोणों का योग = 180]

$\Rightarrow \quad 9x = 180°$

$\therefore \quad x = 20°$

19. (b) संगत भुजाओं का अनुपात

$= \sqrt{\text{समरूप त्रिभुज के क्षेत्रफलों का अनुपात}}$

$= \sqrt{\dfrac{81}{49}} = 9 : 7$

20. (c) $AC^2 = 2 \times AB \times BC$

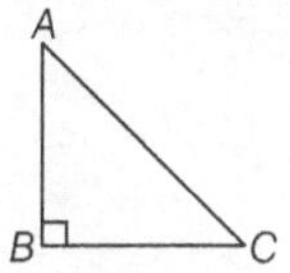

तथा $AC^2 = AB^2 + BC^2$

$\therefore \quad AB^2 + BC^2 = 2AB \cdot BC$

$AB^2 + BC^2 - 2AB \cdot BC = 0$

$(AB - BC)^2 = 0$

$[\because a^2 + b^2 - 2ab = (a-b)^2]$

$AB = BC$

$\therefore$ त्रिभुज समद्विबाहु समकोणीय त्रिभुज होगा।

अतः अन्य कोण = 45°

21. (b) $CM = \sqrt{\text{कर्ण}^2 - \text{आधार}^2}$

$= \sqrt{CQ^2 - MQ^2}$

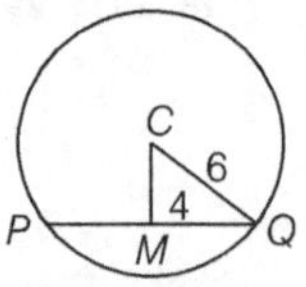

$= \sqrt{6^2 - 4^2}$

$= \sqrt{36-16} = \sqrt{20} = 2\sqrt{5}$ सेमी

22. (c) वृत्त की त्रिज्या $= OB = \sqrt{OC^2 + CB^2}$

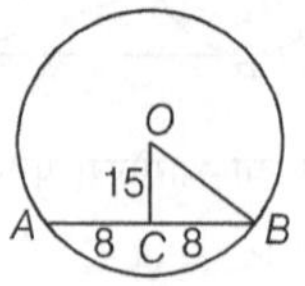

$= \sqrt{15^2 + 8^2}$

$= \sqrt{225 + 64} = \sqrt{289} = 17$ सेमी

23. (c) $\because \quad AB = BC$

$\therefore \quad \angle A = \angle C = (2x - 20°)$

$\angle B = x°$

$\therefore x + 2(2x - 20°) = 180°$

$x + 4x - 40° = 180°$

$5x = 220° \Rightarrow x = 44°$

24. (b) बहुभुज के सभी अन्तःकोणों का योग

$= 2(N-2)$ समकोण

$\therefore$ पंचभुज के कोणों का योग

$= 2(5-2) \times 90° = 540°$

25. (a) शेष चाप पर अन्तरित कोण $= \frac{1}{2} \times$ केन्द्र पर अन्तरित कोण

$40° = \frac{1}{2} \times x \Rightarrow x = 80°$

26. (c)

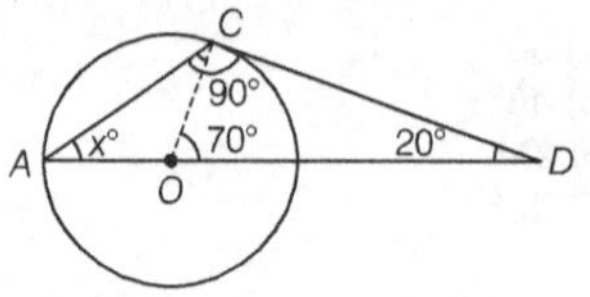

ΔOCD में,

रेखा OC, CD पर लम्ब है

$\angle C = 90°$

$\angle COD = 180° - (90° + 20°) = 70°$

ΔAOC में,

$AO = OC =$ त्रिज्या

$\therefore \quad \angle CAO = \angle ACO = x$

$\because \quad \angle AOD = 180°$

$\therefore \quad \angle AOC = 180° - 70° = 110°$

$\therefore \quad \angle A + \angle C + \angle O = 180°$

$\Rightarrow \quad x + x + 110° = 180°$

$\Rightarrow \quad 2x = 180° - 110°$

$x = \frac{70°}{2}$

$x = 35°$

27. (d) ΔBDA तथा ΔBCD में,

$\angle DCB = \angle DBA$ [पूरक कोण]

$\angle CDB = \angle ADB$ [समकोण]

तथा $\angle DBC = \angle DAB$ [पूरक कोण]

$\Delta BDA \sim \Delta CDB$

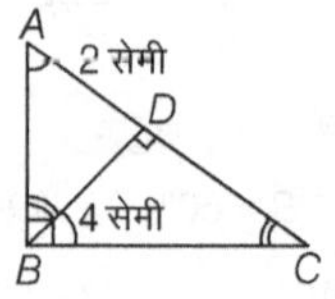

$\Rightarrow \quad \frac{BD}{DA} = \frac{CD}{BD}$

$\Rightarrow \quad BD^2 = DA \times CD$

$(4)^2 = 2 \times CD$

$CD = 8$ सेमी

28. (b) PB और BC को मिलाया

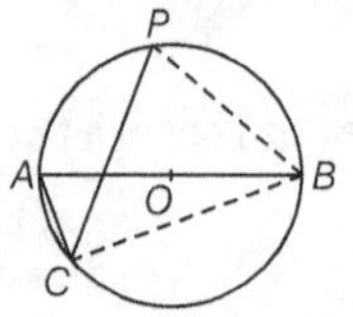

$\angle PAB = \angle PCB = 40°$

[एक ही वृत्तखण्ड के कोण]

$\angle ACB = 90°$

[वृत्त के व्यास से परिधि पर बना कोण]

तब $\quad \angle PCA + \angle PCB = \angle ACB$

$\therefore \quad \angle PCA = 90° - 40° = 50°$

29. (c) OR तथा SR को मिलाया।

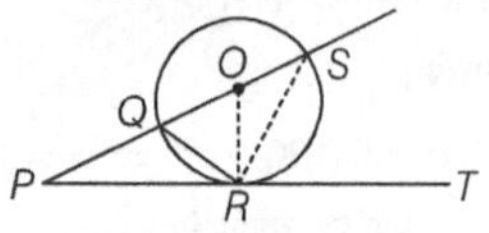

$\angle SPR = 40°, \angle PRO = 90°$

$\therefore \quad \angle POR = 180° - (40° + 90°)$

$= 50°$

तब $\quad \angle SOR = (180° - 50°)$

$= 130°$

$\angle S = \angle R = \frac{180° - 130°}{2} = 25°$

$\therefore \quad \angle QRP = 25°$ [पूरक कोण]

12 क्षेत्रमिति
Mensuration

क्षेत्रफल

किसी आकृति द्वारा सभी तरफ से घिरा हुआ क्षेत्र, क्षेत्रफल कहलाता है। **जैसे** एक समतल आकृति 'वर्ग' का क्षेत्रफल उसकी चारों भुजाओं की सीमा के अन्दर का वह स्थान है, जो उसकी लम्बाई और चौड़ाई के गुणनफल से प्राप्त होता है अर्थात् क्षेत्रफल = $(\text{भुजा})^2$ वर्ग इकाई।

परिमाप

किसी समतल आकृति की समस्त भुजाओं का योगफल उसका परिमाप कहलाता है। **जैसे** वर्ग या आयत का परिमाप, सभी भुजाओं के योगफल के बराबर होता है।

समतल आकृतियों का संक्षिप्त परिचय

क्रमांक	**नाम**	**आकृति**	**क्षेत्रफल** (वर्ग इकाई में)	**परिमाप** (इकाई में)	**नामकरण**
1.	विषमबाहु त्रिभुज	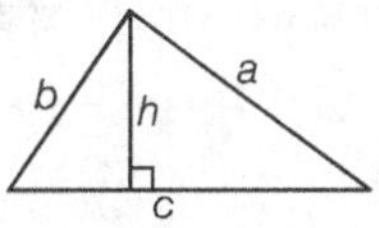	$\sqrt{s(s-a)(s-b)(s-c)}$ या $\frac{1}{2}ch$	$a+b+c$ या $2s$	a, b, c भुजाएँ हैं। h = ऊँचाई, अर्द्ध-परिमाप, $s = \frac{a+b+c}{2}$
2.	समकोण त्रिभुज	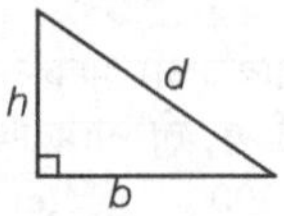	$\frac{1}{2}bh$	$b+h+d$	d (कर्ण) $= \sqrt{b^2+h^2}$
3.	समद्विबाहु समकोण त्रिभुज	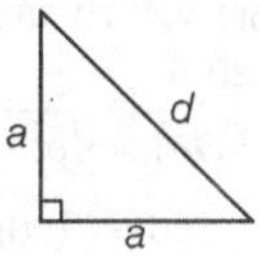	$\frac{1}{2}a^2$	$2a+d$	d (कर्ण) $= a\sqrt{2}$
4.	समबाहु त्रिभुज	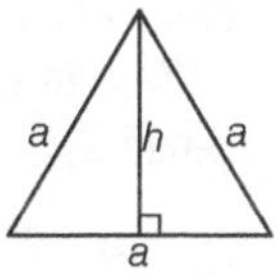	$\frac{1}{2}ah$ या $\frac{\sqrt{3}}{4}a^2$	$3a$	h (ऊँचाई) $= \frac{\sqrt{3}}{2}a$
5.	आयत	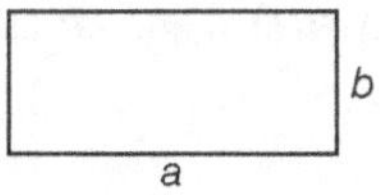	ab	$2(a+b)$	आयत का विकर्ण $= \sqrt{a^2+b^2}$ a = लम्बाई b = चौड़ाई
6.	वर्ग	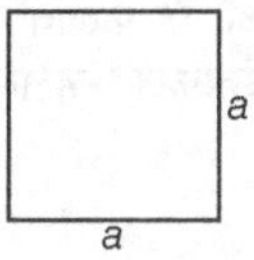	a^2 या $\frac{1}{2}d^2$	$4a$	वर्ग का विकर्ण $(d) = a\sqrt{2}$ a = भुजा
7.	समान्तर चतुर्भुज	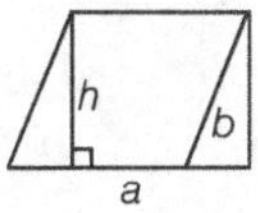	ah	$2(a+b)$	a = भुजा b = भुजा h = समान्तर भुजाओं a और b के बीच की दूरी

क्रमांक	नाम	आकृति	क्षेत्रफल (वर्ग इकाई में)	परिमाप (इकाई में)	नामकरण
8.	समचतुर्भुज	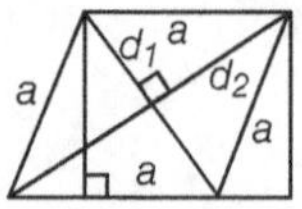	$\frac{1}{2}d_1d_2$	$4a$	$4a^2 = d_1^2 + d_2^2$ a = भुजा d_1, d_2 विकर्ण हैं।
9.	समलम्ब	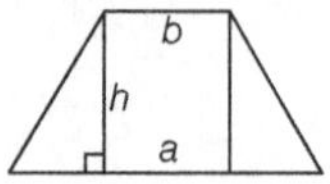	$\frac{1}{2}(a + b)\,h$	—	a, b = समान्तर भुजाएँ h = उनके बीच की दूरी
10.	समपंचभुज और समषट्भुज	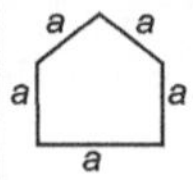 और 	$5\left(\frac{\sqrt{3}}{4}\right)a^2$ और $6\left(\frac{\sqrt{3}}{4}\right)a^2$	$5a$ और $6a$	a = भुजा
11.	वृत्त	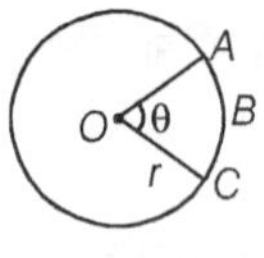	वृत्त का क्षेत्रफल = πr^2 त्रिज्यखण्ड $ABCO$ का क्षेत्रफल = $\frac{\pi r^2\theta}{360°}$	परिधि = $2\pi r$	r = त्रिज्या $2r$ = व्यास θ = त्रिज्यखण्ड का कोण चाप AC की लम्बाई = $\frac{\pi r\theta}{180°}$
12.	वृत्ताकार वलय	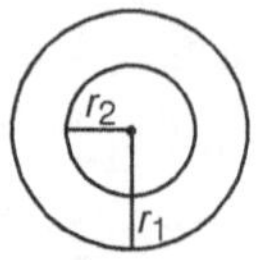	$\pi(r_1^2 - r_2^2)$	परिधियों का अन्तर $= 2\pi(r_1 - r_2)$	r_2 = छोटे वृत्त की त्रिज्या r_1 = बड़े वृत्त की त्रिज्या

अति महत्त्वपूर्ण प्वॉइंट्स एवं फॉर्मूले

- यदि आयत व वर्ग का परिमाप समान हो, तो सदैव वर्ग का क्षेत्रफल आयत के क्षेत्रफल से अधिक होता है।
- यदि दो वर्गों के क्षेत्रफलों में $A_1 : A_2$ का अनुपात हो, तो उनके परिमापों में $\sqrt{A_1} : \sqrt{A_2}$ का अनुपात होता है।
- समान्तर चतुर्भुज का प्रत्येक विकर्ण चतुर्भुज को दो समान क्षेत्रफल के त्रिभुजों में विभाजित करता है।
- समचतुर्भुज के विकर्ण एक-दूसरे को समकोण पर समद्विभाजित करते हैं।

उदाहरण 1 एक समबाहु त्रिभुज की प्रत्येक भुजा 16 सेमी है। इसकी ऊँचाई ज्ञात कीजिए।

(a) $8\sqrt{3}$ सेमी (b) $4\sqrt{3}$ सेमी (c) $16\sqrt{3}$ सेमी (d) 3 सेमी

हल (a) दिया है, $a = 16$

$$\text{समबाहु त्रिभुज की ऊँचाई } (h) = \frac{\sqrt{3}}{2} \times a = \frac{\sqrt{3}}{2} \times 16 = 8\sqrt{3} \text{ सेमी}$$

उदाहरण 2 एक आयताकार पार्क की लम्बाई 20 मी तथा इसके विकर्ण की लम्बाई 25 मी है, तो आयताकार पार्क का क्षेत्रफल है

(a) 225 (b) 300 (c) 320 (d) 169

हल (b) माना आयताकार पार्क की चौड़ाई b मी है

तथा लम्बाई = (a) = 20 मी

$$\text{विकर्ण} = \sqrt{a^2 + b^2}$$
$$25 = \sqrt{(20)^2 + (b)^2}$$
$$625 = 400 + b^2$$
$$b^2 = 225 \Rightarrow b = 15$$

अब, पार्क का क्षेत्रफल = लम्बाई × चौड़ाई = $20 \times 15 = 300$ मी^{2}

आयतन

कोई वस्तु जितना स्थान घेरती है वह उसका आयतन होता है यह घन इकाई में मापा जाता है।

पृष्ठीय क्षेत्रफल

समतल अथवा ठोस वस्तुओं के फैलाव को सतह या पृष्ठ कहते हैं। इसके तल का क्षेत्रफल पृष्ठीय क्षेत्रफल कहलाता है।

त्रिविमीय आकृतियों का संक्षिप्त परिचय

ठोस आकृति का नाम	आकृति	आयतन	पार्श्व/वक्रपृष्ठ	सम्पूर्ण पृष्ठ	नामांकन
घनाभ	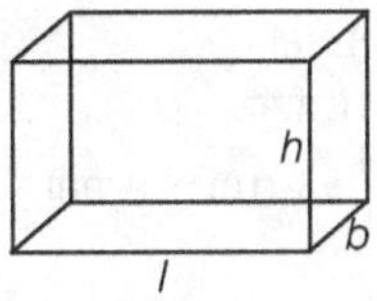	lbh	$2h(l+b)$	$2(lb+bh+hl)$	l = लम्बाई b = चौड़ाई h = ऊँचाई विकर्ण = $\sqrt{l^2+b^2+h^2}$
घन	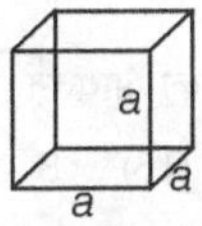	a^3	$4a^2$	$6a^2$	a = घन की भुजा या कोर विकर्ण = $a\sqrt{3}$
लम्ब प्रिज्म	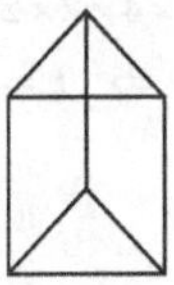	आधार का क्षेत्रफल × ऊँचाई	आधार का परिमाप × ऊँचाई	पार्श्व पृष्ठ + 2 (एक सिरे का क्षेत्रफल)	–
लम्बवृत्तीय बेलन	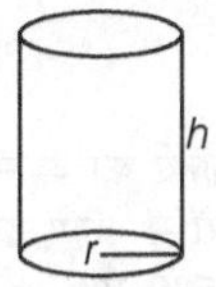	$\pi r^2 h$	$2\pi rh$	$2\pi r(r+h)$	r = आधार की त्रिज्या h = ऊँचाई
लम्ब पिरामिड	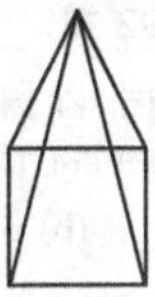	$\frac{1}{3}$ (आधार का क्षेत्रफल) × ऊँचाई	$\frac{1}{2}$ (आधार का परिमाप) × तिर्यक ऊँचाई	पार्श्व पृष्ठ + आधार का क्षेत्रफल	–
लम्बवृत्तीय शंकु	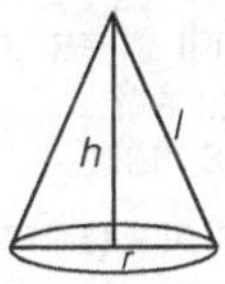	$\frac{1}{3}\pi r^2 h$	πrl	$\pi r(r+l)$	r = आधार की त्रिज्या h = ऊँचाई l = तिर्यक ऊँचाई $l=\sqrt{h^2+r^2}$
गोला	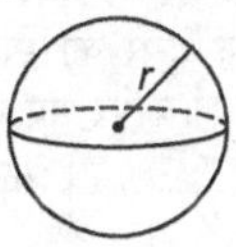	$\frac{4}{3}\pi r^3$	$4\pi r^2$	$4\pi r^2$	r = त्रिज्या
अर्द्धगोला	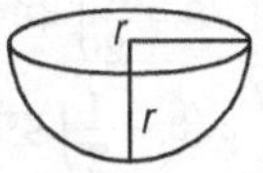	$\frac{2}{3}\pi r^3$	$2\pi r^2$	$3\pi r^2$	r = त्रिज्या

नोट गोलीय कोश का आयतन $= \frac{4\pi}{3}(r_1^3 - r_2^3)$

उदाहरण 3 किसी घनाभ के विकर्ण की लम्बाई 16 सेमी है तथा उसकी चौड़ाई और ऊँचाई 8 सेमी और 12 सेमी हैं; तो उसकी लम्बाई होगी

(a) 5 (b) $3\sqrt{3}$
(c) $4\sqrt{3}$ (d) 4

हल (c) घनाभ के विकर्ण की लम्बाई = 16 सेमी

घनाभ की चौड़ाई = 8 सेमी

घनाभ की ऊँचाई = 12 सेमी

माना घनाभ की लम्बाई l सेमी है।

$$16 = \sqrt{(8)^2 + (12)^2 + l^2}$$
$$16 = \sqrt{64 + 144 + l^2}$$
$$256 = 208 + l^2 \quad \text{(दोनों पक्षों का वर्ग करने पर)}$$
$$l^2 = 256 - 208$$
$$l^2 = 48$$
$$l = 4\sqrt{3}$$

उदाहरण 4 एक शंकु की ऊँचाई 8 सेमी तथा आधार की त्रिज्या 16 सेमी है। यदि इस शंकु का आयतन एक गोले के आयतन के बराबर है, तो गोले की त्रिज्या होगी

(a) 8 सेमी (b) 12 सेमी (c) 10 सेमी (d) 6 सेमी

हल (*a*) शंकु की ऊँचाई (h) = 8 सेमी

शंकु की त्रिज्या (r_1) = 16 सेमी

$$\text{शंकु का आयतन} = \frac{1}{3}\pi r_1^2 h = \frac{1}{3}\pi \times (16)^2 \times 8 \text{ सेमी}$$

माना गोले की त्रिज्या r सेमी है।

प्रश्नानुसार,

गोले का आयतन = शंकु का आयतन

$$\frac{4}{3}\pi \times r^3 = \frac{1}{3}\pi \times (16)^2 \times 8$$
$$r^3 = 4 \times 4 \times 4 \times 2 \times 2 \times 2$$
$$r = 4 \times 2 \Rightarrow r = 8$$

अभ्यास प्रश्न

1. एक त्रिभुज की तीनों भुजाओं की लम्बाई क्रमशः 12 सेमी, 8 सेमी तथा 6 सेमी हैं। सबसे बड़ी भुजा के सामने के शीर्ष से खींची गई माध्यिका की लम्बाई होगी

(a) $\sqrt{14}$ सेमी (b) $\sqrt{10}$ सेमी
(c) $15\sqrt{2}$ सेमी (d) $\sqrt{20}$ सेमी

2. यदि किसी त्रिभुज का क्षेत्रफल 2250 सेमी^{2} है। आधार और सम्बन्धित ऊँचाई का अनुपात 4 : 5 है। त्रिभुज की ऊँचाई होगी

(a) 75 सेमी (b) 52 सेमी
(c) 54 सेमी (d) 56 सेमी

3. एक त्रिभुज का परिमाप 180 सेमी तथा भुजाएँ 2 : 3 : 4 के अनुपात में हैं। त्रिभुज का क्षेत्रफल है

(a) $600\sqrt{6}$ वर्ग सेमी
(b) 1500 वर्ग सेमी
(c) $300\sqrt{15}$ वर्ग सेमी
(d) $5000\sqrt{7}$ वर्ग सेमी

4. एक समकोण त्रिभुज का कर्ण 15 सेमी तथा परिमाप 36 सेमी है, तो त्रिभुज का क्षेत्रफल होगा

(a) 34 वर्ग सेमी
(b) 35 वर्ग सेमी
(c) 54 वर्ग सेमी
(d) 74 वर्ग सेमी

5. एक समबाहु त्रिभुज की प्रत्येक भुजा 6 सेमी है। इसकी ऊँचाई है

(a) 3 सेमी (b) $\sqrt{3}$ सेमी
(c) $\frac{\sqrt{3}}{2}$ सेमी (d) $3\sqrt{3}$ सेमी

6. एक आयताकार बाग की एक भुजा 15 मी तथा इसके विकर्ण की लम्बाई 20 मी है, तो आयताकार बाग का क्षेत्रफल है

(a) $50\sqrt{7}$ वर्ग मी (b) $100\sqrt{7}$ वर्ग मी
(c) $75\sqrt{7}$ वर्ग मी (d) $70\sqrt{5}$ वर्ग मी

7. एक वर्ग व आयत का परिमाप बराबर है। यदि आयत का परिमाप 128 सेमी हो तथा आयत की चौड़ाई उसकी लम्बाई की एक-तिहाई हो, तो वर्ग का क्षेत्रफल है

(a) 1024 वर्ग सेमी (b) 1124 वर्ग सेमी
(c) 1204 वर्ग सेमी (d) 1214 वर्ग सेमी

8. एक आयताकार मैदान 161 मी लम्बा तथा 136 गी चौड़ा है। इस मैदान के चारों ओर एक मार्ग बना है। मार्ग का कुल क्षेत्रफल 1204 वर्ग मी है। मार्ग की चौड़ाई है

(a) 1 मी (b) 5 मी
(c) 2 मी (d) 5.5 मी

9. एक 5.44 मी लम्बे तथा 3.74 मी चौड़े कमरे के फर्श पर वर्गाकार टाइलें लगनी हैं। इसके लिए कम-से-कम आवश्यक टाइलों की संख्या है

(a) 176 (b) 184 (c) 162 (d) 192

10. यदि किसी आयत की लम्बाई 20% बढ़ा दी जाए तथा चौड़ाई 20% घटा दी जाए, तो आयत के क्षेत्रफल पर क्या प्रभाव पड़ेगा?

(a) अपरिवर्तित
(b) 4% घटेगा
(c) 4% बढ़ेगा
(d) 2% बढ़ेगा

11. एक पहिए का व्यास 1.26 मी है। 500 चक्करों में पहिए द्वारा तय की गई दूरी है

(a) 2530 मी (b) 1980 मी
(c) 1492 मी (d) 2880 मी

12. किसी वृत्त की त्रिज्या में 30% कमी करने पर इसके क्षेत्रफल में प्रतिशत कमी होगी

(a) 30 (b) 60 (c) 45 (d) कोई नहीं

13. एक समचतुर्भुज के विकर्ण क्रमशः 32 सेमी और 24 सेमी हैं। इस समचतुर्भुज का परिमाप है

(a) 80 सेमी (b) 72 सेमी
(c) 68 सेमी (d) 64 सेमी

14. एक ही माप (1 सेमी त्रिज्या वाले) के तीन सिक्के एक मेज पर इस प्रकार रखे गए हैं कि वे एक-दूसरे को स्पर्श करते हैं। सिक्कों द्वारा उनके बीच घेरे गए क्षेत्र का क्षेत्रफल होगा

(a) $\left(\frac{\pi}{2} - \sqrt{3}\right)$ वर्ग सेमी
(b) $\left(\sqrt{3} - \frac{\pi}{2}\right)$ वर्ग सेमी
(c) $\left(2\sqrt{3} - \frac{\pi}{2}\right)$ वर्ग सेमी
(d) $\left(3\sqrt{3} - \frac{\pi}{2}\right)$ वर्ग सेमी

15. दो त्रिभुजों के आधारों का अनुपात $x : y$ है तथा उनके क्षेत्रफलों का अनुपात $a : b$ है, तब उनके संगत शीर्ष लम्बों का अनुपात होगा

(a) $\frac{a}{x} : \frac{b}{y}$ (b) $ax : by$
(c) $\frac{a}{y} : bx$ (d) $\frac{x}{a} : \frac{b}{y}$

16. $2\sqrt{3}$ सेमी भुजा वाले समषट्भुज का क्षेत्रफल होगा
(a) $18\sqrt{3}$ वर्ग सेमी (b) $12\sqrt{3}$ वर्ग सेमी
(c) $36\sqrt{3}$ वर्ग सेमी (d) $27\sqrt{3}$ वर्ग सेमी

17. समलम्ब आकार के एक क्षेत्र का क्षेत्रफल 1440 वर्ग मी है। समान्तर भुजाओं के बीच की लम्बवत् दूरी 24 मी है। यदि समान्तर भुजाओं का अनुपात 5 : 3 हो, तो बड़ी समान्तर भुजा की लम्बाई होगी
(a) 75 मी (b) 45 मी
(c) 120 मी (d) 60 मी

18. 28 सेमी की भुजा वाले वर्ग के भीतर बनाए जा सकने वाले सबसे बड़े वृत्त का क्षेत्रफल क्या होगा?
(a) 17248 वर्ग सेमी
(b) 784 वर्ग सेमी
(c) 8624 वर्ग सेमी
(d) 616 वर्ग सेमी

19. यदि एक वृत्त की परिधि 4π से 8π कर दी जाए, तो उसके क्षेत्रफल में कितना परिवर्तन हो जाएगा?
(a) दो गुना (b) तीन गुना
(c) चार गुना (d) आधा

20. किसी आयताकार मेज की ऊपरी सतह का परिमाप 28 मी है और उसका क्षेत्रफल 48 मी^{2} है। उस मेज की कर्णवत् लम्बाई है
(a) 5 मी (b) 10 मी
(c) 12 मी (d) 12.5 मी

21. एक घनाभ का आयतन 48000 घन सेमी तथा उसकी भुजाओं का अनुपात 1 : 2 : 3 है। सबसे बड़ी भुजा की लम्बाई है
(a) 40 सेमी (b) 60 सेमी
(c) 64 सेमी (d) 80 सेमी

22. एक घन का आयतन 8000 घन सेमी है। उसके विकर्ण की लम्बाई है
(a) 20 सेमी (b) $20\sqrt{2}$ सेमी
(c) $20\sqrt{3}$ सेमी (d) $5\sqrt{2}$ सेमी

23. एक तार को पिघलाकर एक-तिहाई त्रिज्या का तार बनाने पर तारों की लम्बाइयों में अनुपात होगा
(a) 1 : 2 (b) $2 : \sqrt{2}$
(c) 9 : 1 (d) 1 : 9

24. तीन घनों की भुजाएँ क्रमशः 3 सेमी, 4 सेमी तथा 5 सेमी हैं। इन्हें पिघलाकर एक नया घन बनाया गया, तो नये घन के विकर्ण की लम्बाई है
(a) $4\sqrt{3}$ सेमी
(b) 6 सेमी
(c) $6\sqrt{3}$ सेमी
(d) $4\sqrt{2}$ सेमी

25. दो शंकुओं की ऊँचाइयों का अनुपात 25 : 64 तथा उनके व्यासों का अनुपात 4 : 5 हो, तो उनके आयतनों का अनुपात है
(a) 1 : 4 (b) 1 : 3 (c) 8 : 1 (d) $3 : \sqrt{5}$

26. किसी घनाभ के विकर्ण की लम्बाई 13 सेमी है तथा यदि उसकी चौड़ाई और ऊँचाई क्रमशः 4 सेमी व 12 सेमी हैं, तो उसकी लम्बाई होगी
(a) 3 सेमी (b) 10 सेमी
(c) 5 सेमी (d) 6 सेमी

27. एक लम्ब प्रिज्म के आधार का क्षेत्रफल 8 वर्ग सेमी है तथा उसका आयतन 64 घन सेमी है, तो उसकी ऊँचाई होगी
(a) 8 सेमी (b) 10 सेमी
(c) 12 सेमी (d) 6 सेमी

28. एक लम्ब प्रिज्म का आधार समचतुर्भुज है। यदि लम्ब प्रिज्म की ऊँचाई 5 सेमी हो तथा पार्श्व पृष्ठ 80 वर्ग सेमी हो, तो आधार की एक भुजा होगी
(a) 4 मी (b) 4 सेमी
(c) 8 सेमी (d) 20 सेमी

29. 6 सेमी त्रिज्या के अर्द्धगोले को पिघलाकर 75 सेमी ऊँचाई के शंकु में बदला जाता है। इस शंकु के आधार की त्रिज्या क्या होगी?
(a) 2.4 सेमी (b) 2.0 सेमी
(c) 4.2 सेमी (d) 1.4 सेमी

30. किसी लम्ब पिरामिड का आधार एक समबाहु त्रिभुज है जिसकी एक भुजा 12 सेमी की है और उसकी ऊँचाई 8 सेमी हो, तो पिरामिड का आयतन होगा
(a) 136 घन सेमी (b) $96\sqrt{3}$ घन सेमी
(c) 135 घन सेमी (d) 100 घन सेमी

31. एक लम्बवृत्तीय बेलन का सम्पूर्ण पृष्ठ 1540 वर्ग सेमी है। यदि उसकी ऊँचाई आधार की त्रिज्या की चार गुनी हो, तो बेलन की ऊँचाई होगी
(a) 5 सेमी (b) 10 सेमी
(c) 20 सेमी (d) 28 सेमी

32. किसी बेलन का आयतन 120 घन सेमी है, तो उसी आधार और उसी ऊँचाई के शंकु का आयतन होगा
(a) 12 घन सेमी
(b) 240 घन सेमी
(c) 60 घन सेमी
(d) 40 घन सेमी

33. 9 सेमी त्रिज्या के ठोस गोले से प्राप्त धातु से 0.15 सेमी व्यास के तार की लम्बाई होगी
(a) 1728 मी (b) 243 मी
(c) 150 मी (d) 132.5 सेमी

34. एक शंकु की ऊँचाई 6 सेमी तथा आधार की त्रिज्या 12 सेमी है। यदि इस शंकु का आयतन एक गोले के आयतन के बराबर हो, तो गोले की त्रिज्या होगी
(a) 6 सेमी (b) 8 सेमी
(c) 7.2 सेमी (d) 2.5 सेमी

35. 4 मी लम्बी, 3 मी ऊँची तथा 13 सेमी चौड़ी दीवार बनाने के लिए 20 सेमी लम्बी, 12 सेमी चौड़ी तथा 6.5 सेमी ऊँची कितनी ईंटों की आवश्यकता होगी?
(a) 500 (b) 1000 (c) 1500 (d) 2000

36. एक कमरे की चौड़ाई इसकी ऊँचाई से दोगुनी तथा इसकी लम्बाई से आधी है। यदि कमरे का आयतन 512 घन मी हो, तो कमरे की लम्बाई है
(a) 12 मी (b) 16 मी
(c) 20 मी (d) 32 मी

37. संगमरमर के एक आयताकार 28 सेमी चौड़े तथा 5 सेमी मोटे टुकड़े का भार 112 किग्रा है। यदि एक घन सेमी संगमरमर का भार 25 ग्राम हो, तो टुकड़े की लम्बाई है
(a) 36 सेमी (b) 37.5 सेमी
(c) 32 सेमी (d) 26.5 सेमी

38. एक घनाभ की लम्बाई, चौड़ाई तथा ऊँचाई का योग 19 सेमी है तथा इसके विकर्ण की लम्बाई $5\sqrt{5}$ सेमी है। इसके सम्पूर्ण पृष्ठ का मान है
(a) 361 वर्ग सेमी
(b) 486 वर्ग सेमी
(c) 236 वर्ग सेमी
(d) 125 वर्ग सेमी

39. 22 सेमी भुजा वाले धातु के बने घन को पिघलाकर 1 सेमी त्रिज्या की कितनी गोलियाँ बनेंगी?
(a) 5324 (b) 2662
(c) 2541 (d) 1347

40. एक खेल के मैदान का क्षेत्रफल 6400 वर्ग मी है। इस पर 2.5 सेमी मोटी मिट्टी की सतह बिछवाने का खर्च ₹ 7.50 प्रति घन मी की दर से होगा
(a) ₹ 960 (b) ₹ 1200
(c) ₹ 19200 (d) कोई नहीं

41. 5 सेमी भुजा वाले एक घन को 1 सेमी भुजा वाले घनों में काटा जाता है। छोटे घन के सम्पूर्ण पृष्ठ का बड़े घन के सम्पूर्ण पृष्ठ से अनुपात होगा
(a) 1 : 125 (b) 1 : 5
(c) 1 : 625 (d) 1 : 25

42. शॉटपुट खेल के लिए प्रयुक्त की जाने वाली लोहे की गेंद का व्यास 14 सेमी है। इसे पिघलाकर $2\frac{1}{3}$ सेमी ऊँचाई का ठोस बेलन बनाया गया है। बेलन के एक आधार का व्यास होगा
(a) 14 सेमी (b) 28 सेमी
(c) $\frac{14}{3}$ सेमी (d) $\frac{28}{3}$ सेमी

43. एक 6 मी लम्बे तथा 4 मी चौड़े हौज में पानी की गहराई 1 मी 25 सेमी है। हौज की गीली धरातल का कुल क्षेत्रफल होगा
(a) 55 वर्ग मी (b) 53.5 वर्ग मी
(c) 50 वर्ग मी (d) 49 वर्ग मी

44. किसी वृत्ताकार बेलन के आधार तल की परिधि 6π सेमी है। उस बेलन की ऊँचाई आधार तल के व्यास के बराबर है। उस बेलन में कितना पानी भरा जा सकता है?
(a) 54π घन सेमी (b) 36π घन सेमी
(c) 0.054π घन सेमी
(d) 0.54π घन सेमी

45. यदि एक लाम्बिक वृत्ताकार बेलन की ऊँचाई 40 सेमी हो तथा आधार की परिधि 66 सेमी हो, तो बेलन का आयतन होगा
(a) 55440 सेमी^{3}
(b) 3465 सेमी^{3}
(c) 7720 सेमी^{3}
(d) 13860 सेमी^{3}

उत्तरमाला

1 (a)	2 (a)	3. (c)	4 (c)	5 (d)
6 (c)	7 (a)	8 (c)	9 (a)	10 (b)
11 (b)	12 (d)	13 (a)	14 (b)	15 (a)
16 (a)	17 (a)	18 (d)	19 (c)	20 (b)
21 (b)	22 (c)	23 (d)	24 (c)	25 (a)
26 (a)	27 (a)	28 (b)	29 (a)	30 (b)
31 (d)	32 (d)	33 (a)	34 (a)	35 (b)
36 (b)	37 (c)	38 (c)	39 (c)	40 (b)
41 (d)	42 (b)	43 (d)	44 (a)	45 (d)

संकेत एवं हल

1. (a) चित्र में, $PQ = 6$ सेमी, $PR = 8$ सेमी तथा $QR = 12$ सेमी तथा PS माध्यिका है।

$$QS = \frac{QR}{2} = 6 \text{ सेमी}$$

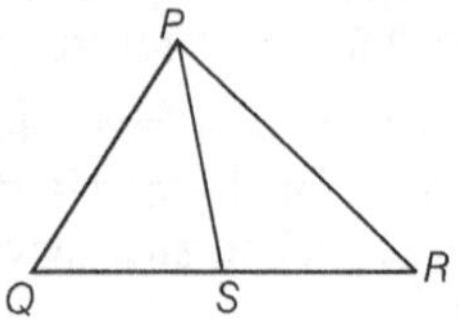

हम जानते हैं, कि

$$PQ^2 + PR^2 = 2(QS^2 + PS^2)$$

$$\Rightarrow \quad 36 + 64 = 2(36 + PS^2)$$

$$\Rightarrow \quad 100 = 72 + 2PS^2$$

$$2PS^2 = 28$$

$$\therefore \quad PS = \sqrt{14} \text{ सेमी}$$

2. (a) माना त्रिभुज का आधार $= 4x$ सेमी
तथा त्रिभुज की ऊँचाई $= 5x$ सेमी

त्रिभुज का क्षेत्रफल $= \frac{1}{2} \times$ आधार $\times$ ऊँचाई

$$2250 = \frac{1}{2} \times 4x \times 5x$$

$$\Rightarrow \quad x^2 = \frac{2250 \times 2}{20} \Rightarrow x = 15 \text{ सेमी}$$

अतः त्रिभुज की ऊँचाई $= 5 \times 15 = 75$ सेमी

3. (c) माना त्रिभुज की भुजाएँ $2x$ सेमी, $3x$ सेमी तथा $4x$ सेमी हैं।

प्रश्नानुसार, $2x + 3x + 4x = 180$

$$\Rightarrow \quad 9x = 180 \Rightarrow x = 20$$

त्रिभुज की भुजाएँ 40 सेमी, 60 सेमी तथा 80 सेमी हैं।

$$S = \frac{40 + 60 + 80}{2} = 90 \text{ सेमी}$$

त्रिभुज का क्षेत्रफल

$$= \sqrt{90 \times (90 - 40)(90 - 60)(90 - 80)}$$

$$= 300\sqrt{15} \text{ सेमी}^2$$

4. (c) दिया है, त्रिभुज का परिमाप $= 36$

$$a + b + 15 = 36$$

$$a + b = 21$$

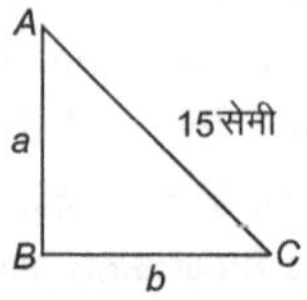

पाइथागोरस प्रमेय से,

$$AC^2 = AB^2 + BC^2$$

$$225 = a^2 + b^2$$

$$(a + b)^2 = a^2 + b^2 + 2ab$$

$$441 = 225 + 2ab$$

$$2ab = 216$$

$$\Rightarrow \quad ab = 108$$

अतः त्रिभुज का क्षेत्रफल $= \frac{1}{2} \times a \times b$

$$= \frac{1}{2} \times 108 = 54 \text{ सेमी}^2$$

5. (d) $a = 6$ सेमी

$\therefore$ समबाहु त्रिभुज की ऊँचाई $(h) = \frac{\sqrt{3}}{2} a$

$$= \frac{\sqrt{3}}{2} \times 6$$

$$= 3\sqrt{3} \text{ सेमी}$$

6. (c) माना आयताकार बाग की लम्बाई $= a = 15$ मी तथा चौड़ाई $= b$ मी

विकर्ण $= \sqrt{a^2 + b^2}$

$$\Rightarrow 20 = \sqrt{(15)^2 + (b)^2}$$

$$\Rightarrow 400 = 225 + b^2$$

$$\therefore \quad b = \sqrt{175} = 5\sqrt{7} \text{ मी}$$

$\therefore$ बाग का क्षेत्रफल $= a \times b = 15 \times 5\sqrt{7}$
$= 75\sqrt{7}$ वर्ग मी

7. (a) माना वर्ग की भुजा $= x$ सेमी

$$4x = 128 \Rightarrow x = 32 \text{ सेमी}$$

$\therefore$ वर्ग का क्षेत्रफल $= x^2 = (32)^2$
$= 1024$ वर्ग सेमी

8. (c)

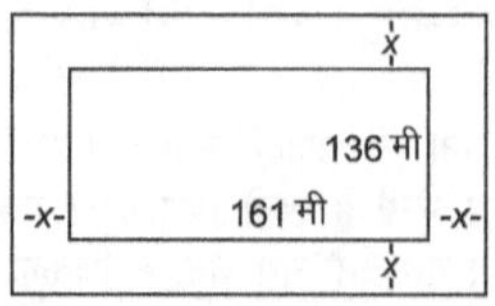

प्रश्नानुसार, $(161 + 2x)(136 + 2x)$

$$-161 \times 136 = 1204$$

$$161 \times 136 + 322x + 272x + 4x^2$$

$$-161 \times 136 = 1204$$
$$4x^2 + 594x - 1204 = 0$$
$$2x^2 + 297x - 602 = 0$$
$$2x^2 + 301x - 4x - 602 = 0$$
$$x(2x + 301) - 2(2x + 301) = 0$$
$$(x-2)(2x+301) = 0 \Rightarrow x = 2,\ x \neq \frac{-301}{2}$$

अतः रास्ते की चौड़ाई = 2 मी

9. (a) कमरे की लम्बाई = 5.44 मी = 544 सेमी

कमरे की चौड़ाई = 3.74 मी = 374 सेमी

वर्गाकार टाइल की भुजा = (544, 374) का म.स. = 34 सेमी

$\therefore$ टाइलों की संख्या $= \frac{544 \times 374}{34 \times 34} = 176$

10. (b) आयत की लम्बाई में वृद्धि = 20%

आयत की चौड़ाई में कमी = 20%

क्षेत्रफल में वृद्धि या कमी

$$= \left[20 - 20 + \frac{20 \times (-20)}{100}\right]$$

[$\because$ किसी राशि में पहले $x\%$ वृद्धि तथा फिर $y\%$ कमी करने पर राशि में प्रतिशत कमी $= \left(x - y - \frac{xy}{100}\right)\%$]

$$= \frac{-400}{100} = -4\%$$

अतः क्षेत्रफल में 4% की कमी होगी।

11. (b) पहिए का व्यास = 1.26 मी

पहिए द्वारा 1 चक्कर में चली गई दूरी

= पहिए की परिधि $= \pi \times 1.26$

$$= \frac{22}{7} \times 1.26 = 3.96 \text{ मी}$$

पहिये द्वारा 500 चक्कर में चली गई दूरी

$= 3.96 \times 500 = 1980$ मी

12. (d) माना वृत्त की त्रिज्या $= r$

$\therefore$ वृत्त का क्षेत्रफल $= \pi r^2$

वृत्त की नई त्रिज्या $= \frac{70r}{100} = \frac{7r}{10}$

वृत्त का नया क्षेत्रफल $= \frac{49\pi r^2}{100}$

वृत्त के क्षेत्रफल में कमी

$$= \pi r^2 - \frac{49\pi r^2}{100} = \frac{51\pi r^2}{100}$$

$\therefore$ प्रतिशत कमी $= \frac{\frac{51\pi r^2}{100}}{\pi r^2} \times 100 = 51\%$

13. (a) समचतुर्भुज के विकर्ण = 32 सेमी और 24 सेमी

समचतुर्भुज की भुजा

$$= \frac{1}{2} \times \sqrt{(32)^2 + (24)^2}$$
$$= \frac{1}{2} \times \sqrt{1024 + 576} = \frac{1}{2} \times \sqrt{1600}$$
$$= \frac{1}{2} \times 40 = 20 \text{ सेमी}$$

$\therefore$ परिमाप $= 4 \times 20 = 80$ सेमी

14. (b) ΔABC का क्षेत्रफल $= \frac{\sqrt{3}}{4} \times 4$

$= \sqrt{3}$ वर्ग सेमी

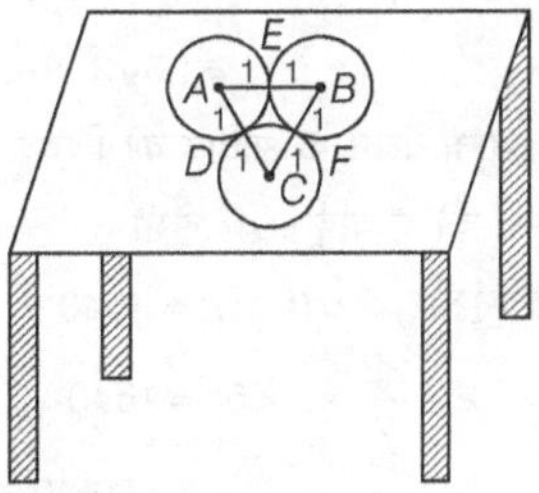

रेखांकित भाग का क्षेत्रफल

$= \Delta ABC$ का क्षेत्रफल

$- 3 \times$ (त्रिज्यखण्ड ADE का क्षेत्रफल)

$$= \sqrt{3} - \frac{3 \times \pi (1)^2 \times 60°}{360°}$$

$= \left(\sqrt{3} - \frac{\pi}{2}\right)$ वर्ग सेमी

15. (a) माना त्रिभुजों के शीर्षलम्ब क्रमशः h_1 व h_2 हैं।

$$\therefore \quad \frac{a}{b} = \left(\frac{x}{y}\right)\left(\frac{h_1}{h_2}\right) \Rightarrow \frac{h_1}{h_2} = \frac{ay}{bx}$$

$$\Rightarrow \quad h_1 : h_2 = ay : bx = \frac{a}{x} : \frac{b}{y}$$

16. (a) समषट्भुज का क्षेत्रफल

$$= 6 \times \frac{\sqrt{3}}{4} \times (2\sqrt{3})^2$$

$= 6 \times \frac{\sqrt{3}}{4} \times 4 \times 3 = 18\sqrt{3}$ वर्ग सेमी

17. (a) माना भुजाएँ $5x$ तथा $3x$ हैं।

$$\therefore \quad 1440 = \frac{1}{2}(5x + 3x) \times 24$$
$$\Rightarrow \quad 8x = \frac{1440 \times 2}{24}$$
$$\Rightarrow \quad x = 15$$

$\therefore$ समलम्ब की बड़ी भुजा की लम्बाई $= 5 \times 15 = 75$ मी

18. (d) अभीष्ट क्षेत्रफल $= \frac{\pi \times (28)^2}{4}$

$$= \frac{22}{7} \times \frac{28 \times 28}{4}$$

= 616 वर्ग सेमी

19. (c) वृत्त की परिधि $= 4\pi$

$$2\pi r = 4\pi$$
$$r = 2$$

$\therefore$ वृत्त का क्षेत्रफल $= \pi \times (r)^2 = 4\pi$

वृत्त की नई परिधि $= 8\pi$

$$2\pi r_1 = 8\pi$$
$$r_1 = 4$$

$\therefore$ वृत्त का नया क्षेत्रफल $= \pi \times (r_1)^2 = 16\pi$

$$\frac{\text{नया क्षेत्रफल}}{\text{पूर्व क्षेत्रफल}} = \frac{16\pi}{4\pi} = 4$$

अतः क्षेत्रफल में चार गुना का परिवर्तन हो जाएगा।

20. (b) दिया है, $l \times b = 48$

[जहाँ l, b आयत की क्रमशः लम्बाई तथा चौड़ाई है, आयत का क्षेत्रफल = लम्बाई × चौड़ाई]

$$2(l + b) = 28$$
$$\therefore \quad l + b = 14$$
$$(l + b)^2 = l^2 + b^2 + 2lb$$
$$(14)^2 = l^2 + b^2 + 2 \times 48$$
$$l^2 + b^2 = 196 - 96$$
$$l^2 + b^2 = 100$$

हमें ज्ञात है कि,

(विकर्ण)$^2 = l^2 + b^2$

विकर्ण $= \sqrt{100}$

$\therefore$ विकर्ण = 10 मी

21. (b) माना घनाभ की भुजाएँ x सेमी, $2x$ सेमी तथा $3x$ सेमी हैं।

$\therefore$ घनाभ का आयतन $= lbh$

$$\Rightarrow \quad 48000 = x \times 2x \times 3x$$
$$\Rightarrow \quad x^3 = \frac{48000}{6}$$

$\Rightarrow \quad x = \sqrt[3]{8000} = 20$ सेमी

$\therefore$ घनाभ की सबसे बड़ी भुजा

$= 3 \times 20 = 60$ सेमी

22. (c) $\because$ घन का आयतन = 8000 घन सेमी

$\therefore$ घन की भुजा $= \sqrt[3]{8000} = 20$ सेमी

अतः घन का विकर्ण $= \sqrt{3} \times$ भुजा

$= 20\sqrt{3}$ सेमी

23. (d) माना तार की त्रिज्या = R

नये तार की त्रिज्या = $\frac{R}{3}$

पहले तार का आयतन $(V_1) = \pi R^2 h_1$

दूसरे तार का आयतन $(V_2) = \pi\left(\frac{R}{3}\right)^2 h_2$

$= \frac{\pi R^2 h_2}{9}$

परन्तु, $V_1 = V_2$

$\Rightarrow \pi R^2 h_1 = \frac{\pi R^2 h_2}{9} \Rightarrow \frac{h_1}{h_2} = \frac{1}{9}$

$\Rightarrow h_1 : h_2 = 1 : 9$

24. (c) नये घन की भुजा = $\sqrt[3]{3^3 + 4^3 + 5^3}$

= 6 सेमी

घन का विकर्ण = भुजा × $\sqrt{3} = 6\sqrt{3}$ सेमी

25. (a) $h_1 : h_2 = 25 : 64, d_1 : d_2 = 4 : 5$

$\Rightarrow r_1 : r_2 = 4 : 5$

$\therefore \frac{V_1}{V_2} = \frac{\frac{1}{3}\pi r_1^2 h_1}{\frac{1}{3}\pi r_2^2 h_2}$

$= \left(\frac{r_1}{r_2}\right)^2 \left(\frac{h_1}{h_2}\right) = \frac{16}{25} \times \frac{25}{64}$

$\Rightarrow \frac{V_1}{V_2} = \frac{1}{4} \Rightarrow V_1 : V_2 = 1 : 4$

26. (a) घनाभ के विकर्ण की लम्बाई = 13 सेमी

घनाभ की चौड़ाई = 4 सेमी

घनाभ की ऊँचाई = 12 सेमी

माना घनाभ की लम्बाई h सेमी है।

$13 = \sqrt{16 + 144 + h^2}$

$\Rightarrow 169 - 160 = h^2$

$\therefore h = 3$ सेमी

27. (a) प्रिज्म के आधार का क्षेत्रफल = 8 वर्ग सेमी

प्रिज्म का आयतन = 64 सेमी^{3}

∵ आधार का क्षेत्रफल × ऊँचाई = 64

$\therefore$ ऊँचाई = $\frac{64}{8}$ = 8 सेमी

28. (b) लम्ब प्रिज्म की ऊँचाई = 5 सेमी

पार्श्व पृष्ठ = 80 सेमी^{2}

आधार का परिमाप × ऊँचाई = 80

आधार का परिमाप = $\frac{80}{5}$ = 16 सेमी

समचतुर्भुज की भुजा की लम्बाई

= $\frac{16}{4}$ = 4 सेमी

29. (a) प्रश्नानुसार,

अर्द्धगोले का आयतन = शंकु का आयतन

$\frac{2}{3}\pi r^3 = \frac{1}{3}\pi r^2 h$

$\frac{2}{3} \times 6 \times 6 \times 6 = \frac{1}{3} \times r^2 \times 75$

$r^2 = \frac{2 \times 216}{75} \Rightarrow r = \sqrt{\frac{144}{25}} = \frac{12}{5} = 2.4$ सेमी

30. (b) समबाहु त्रिभुज की भुजा की लम्बाई

= 12 सेमी

समबाहु त्रिभुज की भुजा की ऊँचाई = 8 सेमी

पिरामिड का आयतन = $\frac{1}{3} \times \frac{\sqrt{3}}{4} \times 144 \times 8$

= $96\sqrt{3}$ सेमी^{3}

31. (d) माना बेलन के आधार की त्रिज्या = r सेमी

बेलन की ऊँचाई = $4r$ सेमी

प्रश्नानुसार, $2\pi r(h + r) = 1540$

$\Rightarrow 2 \times \frac{22}{7} \times r \times 5r = 1540$

$\Rightarrow r^2 = \frac{1540 \times 7}{2 \times 22 \times 5}$

$\therefore r = 7$ सेमी

$\therefore$ बेलन की ऊँचाई = 4 × 7 = 28 सेमी

32. (d) माना बेलन व शंकु की त्रिज्या = r सेमी

बेलन व शंकु की ऊँचाई = h सेमी

बेलन का आयतन = 120 सेमी^{3}

$\pi \times r^2 \times h = 120$ ...(i)

शंकु का आयतन = $\frac{1}{3} \times \pi \times r^2 \times h$

$= \frac{1}{3} \times 120$

= 40 घन सेमी [समी (i) से]

33. (a) गोले की त्रिज्या = 9 सेमी

गोले का आयतन = $\frac{4}{3}\pi \times (9)^3$

= $12 \times 81 \times \pi$ सेमी^{3}

माना तार की लम्बाई = h सेमी

तार की त्रिज्या = $\frac{0.15}{2}$ सेमी

प्रश्नानुसार,

$\pi \times \left[\frac{0.15}{2}\right]^2 \times h = 12 \times 81 \times \pi$

$\therefore h = \frac{12 \times 81 \times 4 \times 10000}{225}$

= 108 × 1600 सेमी = 1728 मी

34. (a) शंकु की ऊँचाई = 6 सेमी

शंकु की त्रिज्या = 12 सेमी

शंकु का आयतन = $\frac{1}{3} \times \pi \times 144 \times 6$ सेमी^{3}

माना गोले की त्रिज्या r सेमी है।

प्रश्नानुसार, $\frac{4}{3} \times \pi \times r^3 = \frac{1}{3} \times \pi \times 144 \times 6$

$\Rightarrow r^3 = 216 \therefore r = 6$ सेमी

35. (b) दीवार का आयतन = 400 × 300 × 13

= 1560000 घन सेमी

1 ईंट का आयतन = 20 × 12 × 6.5

= 1560 घन सेमी

$\therefore$ अभीष्ट ईंटों की संख्या

= $\frac{\text{दीवार का आयतन}}{\text{1 ईंट का आयतन}} = \frac{1560000}{1560} = 1000$

36. (b) माना दीवार की ऊँचाई $(h) = x$ मी

$\therefore$ दीवार की चौड़ाई $(b) = 2x$ मी

तथा दीवार की लम्बाई $(l) = 4x$ मी

दीवार का आयतन = lbh

$512 = x \times 2x \times 4x$

$\Rightarrow x^3 = \frac{512}{8} = 64 \Rightarrow x = 4$

$\Rightarrow$ दीवार की लम्बाई = $4x = 4 \times 4 = 16$ मी

37. (c) 25 ग्राम भार है = 1 घन सेमी का

112000 ग्राम भार है = $\frac{112000}{25}$ घन सेमी

= 4480 घन सेमी

$\therefore$ संगमरमर के टुकड़े का आयतन

= 4480 घन सेमी

$\Rightarrow l \times 28 \times 5 = 4480$

$\Rightarrow l = \frac{4480}{28 \times 5} = 32$ सेमी

38. (c) $l + b + h = 19$

तथा $\sqrt{l^2 + b^2 + h^2} = 5\sqrt{5}$

$\Rightarrow l^2 + b^2 + h^2 = 125$

[दोनों पक्षों का वर्ग करने पर]

∵ $2(lb + bh + hl)$

$= (l + b + h)^2 - (l^2 + b^2 + h^2)$

$\Rightarrow 2(lb + bh + hl) = (19)^2 - 125$

$\therefore$ घनाभ का सम्पूर्ण पृष्ठ = 236 वर्ग सेमी

39. (c) प्रश्नानुसार, (भुजा)$^3 = n \times \frac{4}{3}\pi r^3$

$22 \times 22 \times 22 = n \times \frac{4}{3} \times \frac{22}{7} \times 1 \times 1 \times 1$

$\therefore n = \frac{22 \times 22 \times 3 \times 7}{4} = 2541$

40. (b) मिट्टी का आयतन

= मैदान का क्षेत्रफल × मिट्टी की मोटाई

$= 6400 \times \frac{2.5}{100} = \frac{16000}{100}$ घन मी

= 160 घन मी

1 घन मी मिट्टी बिछवाने का व्यय = ₹ 7.50

160 घन मी मिट्टी बिछवाने का व्यय

$= 160 \times 7.50 =$ ₹ 1200

41. (d) 5 सेमी भुजा वाले बड़े घन का सम्पूर्ण पृष्ठ $S_1 = 6 \times (5)^2$

तथा 1 सेमी भुजा वाले छोटे घन का सम्पूर्ण पृष्ठ $S_2 = 6 \times (1)^2$

$\Rightarrow \frac{S_2}{S_1} = \frac{6 \times (1)^2}{6 \times (5)^2} = \frac{1}{25}$

$\therefore S_2 : S_1 = 1 : 25$

42. (b) $\because$ गेंद को पिघलाकर बेलन बनाया गया है।

$\therefore$ बेलन का आयतन = गेंद का आयतन

$\Rightarrow \pi \times r^2 \times \frac{7}{3} = \frac{4}{3} \times \pi \times (7)^3$

$\Rightarrow r^2 = 7^2 \times 4 \Rightarrow r = 14$ सेमी

$\therefore$ बेलन के आधार का व्यास = 28 सेमी

43. (d) हौज की गीली धरातल का क्षेत्रफल

$= lb + 2 \times bh + 2 \times hl$

$= 6 \times 4 + 2 \times 4 \times 1.25 + 2 \times 1.25 \times 6$

$= 24 + 10 + 15 = 49$ वर्ग मी

44. (a) तल की परिधि = 6π

$2\pi r = 6\pi$

$r = 3$ सेमी

बेलन की ऊँचाई = व्यास (d)

$= 2 \times r = 6$

$\therefore$ अभीष्ट पानी की मात्रा

= बेलन का आयतन $= \pi r^2 h$

$= \pi \times 3 \times 3 \times 6$

$= 54\pi$ घन सेमी

45. (d) आधार की परिधि = 66 सेमी

$2\pi r = 66$

$r = \frac{66 \times 7}{2 \times 22}$

$r = \frac{21}{2} = 10.5$ सेमी

$\therefore$ बेलन का आयतन $= \pi r^2 h$

$= \frac{22}{7} \times 10.5 \times 10.5 \times 40$

$= 13860$ घन सेमी

कम्प्यूटर

01 कम्प्यूटर के मूल आधार

कम्प्यूटर एक इलेक्ट्रॉनिक डिवाइस है, जो डाटा इनपुट करता है और सॉफ्टवेयर या प्रोग्राम के अनुसार किसी परिणाम के लिए डाटा को प्रोसेस, स्टोर तथा डिस्प्ले करता है। कम्प्यूटर, हार्डवेयर और सॉफ्टवेयर का संयोजन है, जो डाटा को सूचना (Information) में परिवर्तित करता है।

कम्प्यूटर हार्डवेयर

कम्प्यूटर के वे सभी भाग जिन्हें हम देख सकते हैं तथा स्पर्श कर सकते हैं उन्हें हार्डवेयर कहा जाता है। यान्त्रिक (Mechanical) इलेक्ट्रॉनिक भाग कम्प्यूटर हार्डवेयर के नाम से ही जाने जाते हैं। आधुनिक कम्प्यूटर के हार्डवेयर इनपुट डिवाइस, आउटपुट डिवाइस, मैमोरी से मिलकर बने हैं।

इनपुट डिवाइस

वे डिवाइस, जिनका प्रयोग उपयोगकर्ता के द्वारा कम्प्यूटर को डाटा और निर्देश प्रदान करने के लिए किया जाता है, इनपुट डिवाइस कहलाती हैं।

कुछ प्रमुख इनपुट डिवाइसें निम्न हैं

कीबोर्ड

यह एक प्रकार की मुख्य इनपुट डिवाइस है। कीबोर्ड (Keyboard) का प्रयोग कम्प्यूटर को अक्षर और अंकीय रूप में डाटा और सूचना देने के लिए करते हैं। कीबोर्ड एक सामान्य टाइपराइटर की तरह दिखता है, किन्तु इसमें टाइपराइटर की अपेक्षा कुछ ज्यादा कुंजियाँ (Keys) होती हैं।

कुछ विभिन्न प्रकार के कीबोर्ड *जैसे* QWERTY, DVORAK और AZERTY मुख्य रूप से प्रयोग किए जाते हैं।

QWERTY की बोर्ड में कुल 104 कुंजियाँ होती हैं।

प्वॉइण्टिंग डिवाइस

इसका प्रयोग मॉनीटर के स्क्रीन पर कर्सर या प्वॉइण्टर को एक स्थान-से-दूसरे स्थान पर ले जाने के लिए किया जाता है। कुछ मुख्य रूप से प्रयोग में आने वाली प्वॉइण्टिंग डिवाइसें, *जैसे* माउस, ट्रैकबॉल, जॉयस्टिक, लाइट पेन और टच स्क्रीन आदि हैं।

इनमें से प्रमुख डिवाइसों का विवरण निम्न प्रकार है

माउस

यह एक प्रकार की प्वॉइण्टिंग डिवाइस है। इसका प्रयोग कर्सर या प्वॉइण्टर को एक स्थान से दूसरे स्थान पर ले जाने के लिए करते हैं। इसके अतिरिक्त माउस (Mouse) का प्रयोग कम्प्यूटर में ग्राफिक्स (Graphics) की सहायता से कम्प्यूटर को निर्देश देने के लिए करते हैं। माउस का आविष्कार मानक अनुसन्धान केन्द्र में डगलस एंजेलबर्ट (Douglas Engelbert) द्वारा 1963 में किया गया था।

ट्रैकबॉल

यह एक प्रकार की प्वॉइण्टिंग डिवाइस है जिसे माउस की तरह प्रयोग किया जाता है। इसका प्रयोग कर्सर के मूवमेण्ट (Movement) को कण्ट्रोल करने के लिए किया जाता है।

ट्रैकबॉल (Trackball) का प्रयोग CAD/CAM, कम्प्यूटरीकृत वर्कस्टेशनों; *जैसे*—एयर-ट्रेफिक कण्ट्रोल रूम (Airtraffic control room), रडार कण्ट्रोल्स (Radar controls) में तथा जहाज अथवा सबमेरिन पर सोनार तन्त्र (Sonar system) में किया जाता है।

जॉयस्टिक

यह एक प्रकार की प्वॉइण्टिंग डिवाइस होती है, जो सभी दिशाओं में मूव करती है और कर्सर के मूवमेण्ट को कण्ट्रोल करती है। जॉयस्टिक (Joystick) का प्रयोग फ्लाइट सिम्युलेटर (Flight simulator), कम्प्यूटर गेमिंग, आदि में किया जाता है।

लाइट पेन

यह एक हाथ से चलाने वाली इलेक्ट्रोऑप्टिकल प्वॉइण्टिंग डिवाइस है जिसका प्रयोग ड्रॉइंग्स (Drawings), ग्राफिक्स बनाने के लिए और मेन्यू चुनाव के लिए करते हैं। इसका प्रयोग मुख्य रूप से पर्सनल डिजिटल असिस्टेण्ट (Personal Digital Assistant-PDA) में करते हैं।

टच स्क्रीन

यह एक प्रकार की इनपुट डिवाइस है जो उपयोगकर्ता से तब इनपुट लेता है जब उपयोगकर्ता अपनी अंगुलियों को कम्प्यूटर स्क्रीन पर रखता है। टच स्क्रीन (Touch screen) का प्रयोग सामान्यत: एटीएम (ATM), एयरलाइन आरक्षण (Airline reservation), बैंक, सुपर मार्केट, मोबाइल में किया जाता है।

बारकोड रीडर

यह एक इनपुट डिवाइस होती है जिसका प्रयोग किसी प्रोडक्ट पर प्रिण्ट हुए बारकोड (यूनिवर्सल प्रोडक्ट कोड) को पढ़ने के लिए किया जाता है। बारकोड रीडर का प्रयोग सुपर मार्केट में किया जाता है, जहाँ पर बारकोड रीडर के द्वारा आसानी से किसी प्रोडक्ट का मूल्य पढ़ा जाता है।

ऑप्टिकल मार्क रीडर

यह एक प्रकार की इनपुट डिवाइस है, जिसका प्रयोग किसी कागज पर बनाए गए चिन्हों को पहचानने के लिए किया जाता है।

OMR (Optical Mark Recognition) की सहायता से किसी वस्तुनिष्ठ प्रकार (Objective type) की प्रयोगात्मक परीक्षा की उत्तर पुस्तिका की जाँच की जाती है। इसकी सहायता से हजारों प्रश्नों का उत्तर बहुत ही कम समय में आसानी से जाँचा जा सकता है।

मैग्नेटिक इंक करैक्टर रिकॉग्निशन

यह सूचनाओं का मैट्रिक्स के रूप में उनके आकार का परीक्षण करता है, उसके बाद उसे रीड करता है और रीड करने के बाद सूचनाओं को कम्प्यूटर में भेजता है।

इसका प्रयोग बैंकों में चेक में नीचे छपे मैग्नेटिक इनकोडिंग संख्याओं को पहचानने और प्रोसेस करने के लिए किया जाता है।

बायोमैट्रिक सेन्सर

यह एक प्रकार की इनपुट डिवाइस है जिसका प्रयोग किसी व्यक्ति की अंगुलियों के निशान को पहचानने के लिए करते हैं।

इसका प्रयोग किसी संगठन में कर्मचारियों या संस्थान में विद्यार्थियों की उपस्थिति दर्ज करने के लिए किया जाता है। इसलिए इसका प्रयोग सुरक्षा के उद्देश्य से ज्यादा होता है।

स्कैनर

इसका प्रयोग पेपर पर लिखे हुए डाटा या प्रिण्ट हुए इमेज (Image) को डिजिटल रूप में परिवर्तित करने के लिए करते हैं। यह एक ऑप्टिकल इनपुट डिवाइस है, जो इमेज को इलेक्ट्रॉनिक रूप में बदलने के लिए प्रकाश को इनपुट की तरह प्रयोग करता है और फिर इमेज को डिजिटल रूप में बदलने के बाद कम्प्यूटर में भेजता है।

वेबकैम या वेबकैमरा

वेबकैम एक प्रकार की वीडियो कैप्चरिंग (Video capturing) डिवाइस है। यह एक डिजिटल कैमरा है जिसे कम्प्यूटर के साथ जोड़ा जाता है। इसका प्रयोग वीडियो कॉन्फ्रेन्सिंग और ऑनलाइन चैटिंग (Chatting) आदि कार्यों के लिए किया जाता है।

आउटपुट डिवाइस

इन डिवाइस का प्रयोग कम्प्यूटर से प्राप्त परिणाम को देखने अथवा प्राप्त करने के लिए किया जाता है। आउटपुट डिवाइस (Output device), आउटपुट को हार्ड कॉपी अथवा सॉफ्ट कॉपी के रूप में प्रस्तुत करते हैं। सॉफ्ट कॉपी वह आउटपुट होता है, जो उपयोगकर्ता को कम्प्यूटर के मॉनीटर पर दिखाई देता है अथवा स्पीकर में सुनाई देता है। जबकि हार्ड कॉपी वह आउटपुट होता है जो उपयोगकर्ता को पेपर पर प्राप्त होता है।

कुछ प्रमुख आउटपुट डिवाइस निम्न हैं

मॉनीटर

मॉनीटर को विजुअल डिस्प्ले यूनिट (Visual Display Unit-VDU) भी कहते हैं। मॉनीटर कम्प्यूटर से प्राप्त परिणाम को सॉफ्ट कॉपी के रूप में दिखाता है। मॉनीटर की रिफ्रेश दर हर्ट्ज (Hertz) में मापी जाती है।

प्रिण्टर्स

यह एक प्रकार का आउटपुट डिवाइस है। जिसका प्रयोग कम्प्यूटर से प्राप्त डाटा और सूचना को किसी कागज पर प्रिण्ट करने के लिए करते हैं। यह ब्लैक और व्हाइट (Black and White) के साथ-साथ कलर डॉक्यूमेण्ट को भी प्रिण्ट कर सकता है।

किसी प्रिण्टर की गति करैक्टर प्रति सेकेण्ड (Character Per Second-CPS) में, लाइन प्रति मिनट (Line Per Minute-LPM) में और पेजेज प्रति मिनट (Pages Per Minute-PPM) में मापी जाती है।

किसी प्रिण्टर की क्वालिटी डॉट्स प्रति इंच (Dots Per Inch-DPI) में मापी जाती है अर्थात् पेपर पर एक इंच में जितने ज्यादा-से-ज्यादा बिन्दु होंगे, प्रिंटिंग उतनी ही अच्छी होगी।

प्रिण्टर दो प्रकार के होते हैं

इम्पैक्ट प्रिण्टर

यह टाइपराइटर की तरह कार्य करता है। इसमें अक्षर प्रिण्ट करने के लिए छोटे-छोटे पिन या हैमर्स होते हैं। इन पिनों पर अक्षर बने होते हैं। इम्पैक्ट प्रिण्टर (Impact Printer) एक बार में एक करैक्टर या एक लाइन प्रिण्ट कर सकता है। इस प्रकार के प्रिण्टर ज्यादा अच्छी क्वालिटी की प्रिंटिंग नहीं करते हैं।

इम्पैक्ट प्रिण्टर चार प्रकार के होते हैं

(1) डॉट मैट्रिक्स प्रिण्टर (2) डेजी व्हील प्रिण्टर
(3) लाइन प्रिण्टर (4) ड्रम प्रिण्टर

नॉन-इम्पैक्ट प्रिण्टर

नॉन-इम्पैक्ट प्रिण्टर (Non-Impact Printer) प्रिंटिंग में इलेक्ट्रोस्टैटिक केमिकल और इंकजेट तकनीकी का प्रयोग करते हैं। इसके द्वारा उच्च क्वालिटी के ग्राफिक्स और अक्षरों को प्रिण्ट किया जाता है। ये प्रिण्टर इम्पैक्ट प्रिण्टर की तुलना में महँगे होते हैं, किन्तु इनकी प्रिंटिंग इम्पैक्ट प्रिण्टर की अपेक्षा ज्यादा अच्छी होती है।

नॉन-इम्पैक्ट प्रिण्टर निम्न प्रकार के होते हैं

(1) इंकजेट प्रिण्टर (2) थर्मल प्रिण्टर
(3) लेजर प्रिण्टर (4) इलेक्ट्रो मैग्नेटिक प्रिण्टर
(5) इलेक्ट्रो स्टैटिक प्रिण्टर

प्लॉटर

यह एक आउटपुट डिवाइस है, जिसका प्रयोग बड़ी ड्राइंग या चित्र जैसे कि कन्स्ट्रक्शन प्लान्स (Construction Plans), मैकेनिकल वस्तुओं की ब्लूप्रिण्ट, AUTOCAD, CAD/CAM आदि के लिए करते हैं। इसमें ड्रॉइंग बनाने के लिए पेन, पेन्सिल, मार्कर आदि राइटिंग टूल का प्रयोग होता है। यह प्रिण्टर की तरह होता है।

स्पीकर

यह एक प्रकार की आउटपुट डिवाइस है जो कम्प्यूटर से प्राप्त आउटपुट को आवाज के रूप में सुनाती है। इसे सीपीयू (CPU) से जोड़ने के लिए साउण्ड कार्ड की जरूरत होती है, जो साउण्ड उत्पन्न करता है। इसका प्रयोग गाने सुनने में, बातचीत आदि में करते हैं। स्पीकर (Speaker) कम्प्यूटर में आन्तरिक या बाह्य रूप से जुड़ा होता है।

हेड फोन्स

यह एक प्रकार की आउटपुट डिवाइस है। जिसमें लाउड स्पीकर का एक जोड़ा होता है। इसकी आवाज सिर्फ इसे पहनने वाला व्यक्ति ही सुन सकता है। किसी-किसी हेड फोन (Head phones) के साथ माइक भी लगा होता है, जिससे सुनने के साथ-साथ बात भी की जा सकती है। इस उपकरण का प्रयोग प्राय: टेलीफोन ऑपरेटरों, कॉल सेण्टर ऑपरेटरों, कमेण्टेटरों आदि द्वारा किया जाता है। इसे स्टेरियो फोन्स, हेड सेट या कैन्स के नाम से भी जाना जाता है।

प्रोजेक्टर

यह एक प्रकार का आउटपुट डिवाइस है जिसका प्रयोग कम्प्यूटर से प्राप्त सूचना या डाटा को एक बड़ी स्क्रीन पर देखने के लिए करते हैं। इसकी सहायता से एक समय में बहुत सारे लोग एक समूह में बैठकर कोई परिणाम देख सकते हैं। इसका प्रयोग क्लास रूम ट्रेनिंग या एक बड़े कॉन्फ्रेन्स हॉल जिसमें ज्यादा संख्या में दर्शक हों, जैसी जगहों पर किया जाता है।

कम्प्यूटर मैमोरी

कम्प्यूटर की मैमोरी किसी कम्प्यूटर के उन अवयवों, साधनों तथा रिकॉर्ड करने वाले माध्यमों को कहा जाता है जिनमें प्रोसेसिंग में उपयोग किए जाने वाले अंकीय डाटा (Digital data) को किसी समय तक रखा जाता है। कम्प्यूटर में मैमोरी का प्रयोग डाटा तथा प्रोग्राम को स्थायी या अस्थायी रूप से स्टोर करने के लिए किया जाता है, जिससे किसी समय आवश्यकतानुसार उनका उपयोग किया जा सके। मैमोरी की क्षमता मेगाबाइट में मापी जाती है।

वास्तव में, मैमोरी कम्प्यूटर का वह भाग है, जिसमें सभी डाटा और प्रोग्राम स्टोर किए जाते हैं। यदि यह भाग न हो, तो कम्प्यूटर को दिया जाने वाला कोई भी डाटा तुरन्त नष्ट हो जाएगा, इसलिए इस भाग का महत्त्व स्पष्ट है।

मैमोरी के प्रकार

मैमोरी को दो भागों में बाँटा गया है

1. **प्राइमरी मैमोरी**

इसे आन्तरिक मैमोरी भी कहा जाता है, क्योंकि यह कम्प्यूटर के सीपीयू का ही भाग होती है। प्राइमरी मैमोरी (Primary memory) में किसी समय चल रहे प्रोग्राम (या प्रोग्रामों) तथा उनके इनपुट डाटा और आउटपुट डाटा को कुछ समय के लिए स्टोर किया जाता है। इस मैमोरी का आकार सीमित होता है, परन्तु इसकी गति बहुत तेज होती है, जिससे जब भी किसी डाटा की जरूरत हो, इसमें से तुरन्त लिया जा सके।

प्राइमरी मैमोरी को दो भागों में बाँटा जा सकता है

(i) **रैण्डम एक्सेस मैमोरी** यह मैमोरी एक चिप की तरह होती है, जो मैटल ऑक्साइड सेमीकण्डक्टर (MOS) से बनी होती है। रैम (RAM-Random Access Memory) में उपस्थित सभी सूचनाएँ अस्थायी होती हैं और जैसे ही कम्प्यूटर की विद्युत सप्लाई बन्द कर दी जाती है, वैसे ही समस्त सूचनाएँ नष्ट हो जाती हैं अर्थात् रैम एक वॉलेटाइल (Volatile) मैमोरी है। रैम का उपयोग डाटा को स्टोर करने तथा उसमें (मैमोरी में) उपस्थित डाटा को पढ़ने के लिए किया जाता है।

रैम दो प्रकार की होती हैं

(1) **डायनैमिक रैम** (Dynamic RAM)

(2) **स्टैटिक रैम** (Static RAM)

(ii) **रीड ओनली मैमोरी** इस मैमोरी में उपस्थित डाटा तथा निर्देश स्थायी होते हैं। जिस कारण इन्हें केवल पढ़ा जा सकता है, परन्तु इन्हें डाटा और निर्देशों में परिवर्तित करना सम्भव नहीं है। रोम में उपस्थित स्थायी प्रोग्रामों को बायोस (BIOS) कहा जाता है। डाटा और निर्देशों के स्थायी होने के कारण कम्प्यूटर की विद्युत सप्लाई बन्द होने पर भी चिप में भरी सूचनाएँ संरक्षित रहती हैं अर्थात् रोम नॉन-वॉलेटाइल (Non-Volatile) मैमोरी है। रोम का उपयोग सभी प्रकार के इलेक्ट्रॉनिक उपकरणों; *जैसे*—कैलकुलेटर, वीडियो गेम, डिजिटल कैमरा आदि में किया जाता है।

रोम निम्न प्रकार के होते हैं

(1) **PROM** प्रोग्रामेबल रीड ओनली मैमोरी (Programmable Read Only Memory)

(2) **EPROM** इरेजेबल प्रोग्रामेबल रीड ओनली मैमोरी (Erasable Programmable Read Only Memory)

(3) **EEPROM** इलेक्ट्रिकली इरेजेबल प्रोग्रामेबल रीड ओनली मैमोरी (Electrically Erasable Programmable Read only Memory)।

कैशे मैमोरी

यह एक विशेष प्रकार की मैमोरी है, जो अत्यधिक तेज स्टैटिक रैम चिपों का उपयोग करती है और प्रोसेसर को किसी विशेष मैमोरी का उपयोग अत्यन्त तेजी से करने की सुविधा प्रदान करती है। सामान्यतः प्रोसेसर को रैम मैमोरी से कोई डाटा पढ़ने में 180 नैनो सेकण्ड का समय लग जाता है। कैशे मैमोरी (Cache Memory) से बार-बार आवश्यक डाटा केवल 45 नैनो सेकण्ड में प्राप्त किया जा सकता है।

फ्लैश मैमोरी

यह एक प्रकार की सेमीकण्डक्टर आधारित नॉन-वॉलेटाइल अर्थात् विद्युत सप्लाई बन्द होने पर भी चिप में भरी सूचनाएँ संरक्षित रखती है तथा एक रीराइटेबल (पुनः लिखने योग्य) मैमोरी है।

वर्चुअल मैमोरी

यह एक काल्पनिक मैमोरी क्षेत्र है। वर्चुअल मैमोरी सीपीयू के निर्देश अस्थायी रूप से स्टोर करती है। यह मेन मैमोरी की स्टोरेज क्षमता को बढ़ाती है, जिससे कम्प्यूटर की कार्यक्षमता (Effectiveness) बढ़ जाती है।

2. **सेकेण्डरी मैमोरी**

इस प्रकार की मैमोरी सीपीयू के बाहर होती है, इसीलिए इसे बाह्य (External) या ऑक्जीलरी (Auxiliary) मैमोरी भी कहा जाता है। कम्प्यूटर की मुख्य मैमोरी बहुत महँगी होने तथा बिजली बन्द कर देने पर उसमें रखी अधिकतर सूचनाएँ नष्ट हो जाने के कारण न तो हम उसे इच्छानुसार बढ़ा सकते हैं और न हम उसमें कोई सूचना स्थायी रूप से स्टोर कर सकते हैं, इसलिए हमें सहायक मैमोरी का उपयोग करना होता है। इसमें एक ही कमी है कि इन माध्यमों में डाटा को लिखने (अर्थात् स्टोर करने) तथा पढ़ने (अर्थात् प्राप्त करने) में समय बहुत लगता है।

कुछ मुख्य सेकेण्डरी मैमोरी डिवाइस निम्न हैं

मैग्नेटिक स्टोरेज

- हार्ड डिस्क ड्राइव
- फ्लॉपी डिस्क
- मैग्नेटिक टेप

ऑप्टिकल स्टोरेज

- सीडी
- डीवीडी
- ब्लू-रे डिस्क

सॉलिड स्टेट स्टोरेज

- पेन/फ्लैश ड्राइव
- मैमोरी कार्ड

हार्ड डिस्क ड्राइव इसे फिक्स्ड डिस्क भी कहा जाता है। इसकी गति 3600 चक्र प्रति मिनट होती है। ये कई आकारों और क्षमताओं में मिलती हैं, लेकिन इनकी बनावट तथा कार्यप्रणाली लगभग एक ही होती है।

इसमें एक स्पिण्डल शामिल होता है, जो नॉन-चुम्बकीय फ्लैट सर्कुलर डिस्क को रखता है, जिसे प्लैटर्स कहा जाता है। प्रत्येक प्लैटर के लिए दो रीड/राइट हैड की आवश्यकता होती है, जो प्लैटर से सूचना को पढ़ने तथा लिखने के लिए उपयोग किए जाते हैं।

सूचना बैण्ड में रिकॉर्ड की जाती है। सूचना के प्रत्येक बैण्ड को ट्रैक कहा जाता है। प्रत्येक प्लैटर के पास समान नम्बर के ट्रैक्स होते हैं तथा ट्रैक स्थान, जो सभी प्लैटर्स को आर-पार काट देता है, सिलेण्डर कहलाता है। ट्रैक 0 सबसे भीतरी ट्रैक होता है। ट्रैक को पाई आकार वाले वर्गों में विभाजित किया जाता है, जिन्हें सेक्टर्स कहा जाता है।

फ्लॉपी डिस्क यह एक वृत्ताकार डिस्क होती है, जिसके दोनों ओर एक चुम्बकीय पदार्थ का लेप चढ़ा होता है। यह एक प्लास्टिक के चौकोर कवर में संरक्षित रहती है, जिसके भीतर फ्लॉपी की सफाई करने वाली मुलायम लाइनें होती हैं। फ्लॉपी डिस्क (Floppy disk) को डिस्कीटी (Diskette), फ्लॉपी या केवल डिस्क के नाम से भी जाना जाता है।

यह तीन आकारों (Sizes) में उपलब्ध होती है

(i) 8 इंच (ii) $5\frac{1}{4}$ इंच (iii) $3\frac{1}{2}$ इंच

फ्लॉपी डिस्क पर कोई सूचना लिखने या उसे पढ़ने के लिए एक विशेष उपकरण की आवश्यकता होती है, जिसे फ्लॉपी डिस्क ड्राइव (Floppy Disk Drive या FDD) कहा जाता है।

मैग्नेटिक टेप ये पुरानी फाइलों का बैकअप लेने के बहुत सुरक्षित और सस्ते साधन माने जाते हैं। चुम्बकीय टेप काफी धीमा होता है, क्योंकि यह एक क्रमिक (Sequential) माध्यम है। इसका अर्थ यह है कि इसमें डाटा लिखने या पढ़ने का कार्य एक सिरे से दूसरे सिरे तक क्रमशः किया जाता है। हम बीच से लिखना/पढ़ना शुरू नहीं कर सकते।

चुम्बकीय टेप पर डाटा पढ़ने व लिखने का कार्य एक उपकरण के माध्यम से किया जाता है, जिसे **टेप ड्राइव** कहते हैं।

कॉम्पैक्ट डिस्क यह एक विशेष प्रकार की डिस्क होती है, जिस पर डाटा प्रायः एक बार ही लिखा जाता है और फिर उसे कितनी बार भी पढ़ सकते हैं। यह एक प्रकार की रीड ओनली मैमोरी ही है। इनमें प्रायः ऐसी सूचनाएँ स्टोर की जाती हैं, जो स्थायी प्रकृति की हों तथा जिनकी आवश्यकता बार-बार पड़ती हो; *जैसे*—टेलीफोन डायरेक्टरी, हवाई जहाजों की उड़ानों की समय-सारणी, पुस्तकालय की पुस्तकों की सूची (Catalogue), कानूनी सूचनाएँ, फिल्म आदि।

डिजिटल वीडियो डिस्क आजकल सीडी का एक अन्य विकसित रूप भी प्रयोग में लाया जाता है, जिसे डीवीडी (DVD-Digital Video Disc) कहा जाता है। इसकी स्टोरेज क्षमता 2 गीगाबाइट या अधिक भी हो सकती है।

इस पर डाटा लिखने या उसे पढ़ने के लिए एक विशेष ड्राइव होती है, जिसे डीवीडी ड्राइव कहा जाता है। इसे डिजिटल वर्सेटाइल डिस्क के रूप में भी जाना जाता है। इसका मुख्य उपयोग वीडियो और डाटा का स्टोरेज करना है। DVD का आकार कॉम्पैक्ट डिस्क (CD) के समान ही होता है, लेकिन ये छह गुना अधिक तक डाटा स्टोर करती हैं।

ब्लू-रे डिस्क यह एक ऑप्टिकल डिस्क स्टोरेज माध्यम है, जिसे मानक DVD प्रारूप का स्थान लेने के लिए बनाया गया है।

ब्लू-रे डिस्क (Blu-ray Disc-BD) का नाम इसे पढ़ने में प्रयुक्त नीली-बैंगनी (Blue-Violet) लेजर से लिया गया है। एक मानक डीवीडी में 650 नैनोमीटर लाल लेजर का प्रयोग किया जाता है, जबकि ब्लू-रे डिस्क कम तरंगदैर्ध्य का प्रयोग करती है। मुख्य रूप से इसका प्रयोग उच्च परिभाषा वाले वीडियो (High Definition Video), प्लेस्टेशन 3 (Playstation 3), वीडियो गेम्स स्टोर करने के लिए किया जाता है।

पेन/थंब/फ्लैश ड्राइव इसे फ्लैश ड्राइव भी कहा जाता है। यह पेन के आकार की इलेक्ट्रॉनिक मैमोरी है, जिसे Plug and Play डिवाइस की तरह USB पोर्ट में लगाकर डाटा स्टोर करने के लिए प्रयोग किया जाता है। यह एक स्थायी या नॉन-वोलेटाइल सेकेण्डरी मैमोरी का उदाहरण है, जिसमें विद्युत सप्लाई ऑफ होने पर भी डाटा स्टोर रहता है। इसका आकार इतना छोटा होता है कि इसे एक स्थान से दूसरे स्थान पर आसानी से ले जाया जाता है। यह एक रीराइटेबल (Rewritable) मैमोरी है, क्योंकि इसमें पुराने डाटा को डिलीट करके नया डाटा स्टोर किया जा सकता है।

मैमोरी कार्ड यह एक चिप आकार में डाटा स्टोरेज डिवाइस है, जिसमें डाटा को स्टोर कर सकते हैं। ये सामान्यतः कई इलेक्ट्रॉनिक उपकरणों में उपयोग किए जाते हैं, जिनमें डिजिटल कैमरा, मोबाइल फोन, लैपटॉप, कम्प्यूटर शामिल हैं। वे छोटे, पुनः रिकॉर्ड करने योग्य पोर्टेबल और बहुत हल्के होते हैं।

मैमोरी की इकाइयाँ

1 बिट	=	बाइनरी डिजिट (0 या 1)
4 बिट्स	=	1 निबल
8 बिट्स	=	1 बाइट
1024 बाइट्स	=	1 किलोबाइट (1 KB)
1024 किलोबाइट	=	1 मेगाबाइट (1 MB)
1024 मेगाबाइट	=	1 गीगाबाइट (1 GB)
1024 गीगाबाइट	=	1 टेराबाइट (1 TB)
1024 टेराबाइट	=	1 पेटाबाइट (1 PB)
1024 पेटाबाइट	=	1 एक्साबाइट (1 EB)
1024 एक्साबाइट	=	1 जेटाबाइट (1 ZB)
1024 जेटाबाइट	=	1 योटाबाइट (1 YB)
1024 योटाबाइट	=	1 ब्रोण्टोबाइट (Bronto Byte)
1024 ब्रोण्टोबाइट	=	1 जीओपबाइट (Geop Byte)

नोट *बिट सबसे छोटी मैमोरी इकाई है। जीओपबाइट सबसे बड़ी मैमोरी इकाई है।*

कम्प्यूटर सॉफ्टवेयर

सॉफ्टवेयर (Software), प्रोग्रामिंग भाषा में लिखे गए कम्प्यूटर प्रोग्रामों और सम्बन्धित डाटा का एक संग्रह है, जो कम्प्यूटर को यह बताने के लिए निर्देश प्रदान करता है कि क्या और कैसे करना है। सॉफ्टवेयर कम्प्यूटर के विभिन्न हार्डवेयरों के बीच समन्वय स्थापित करता है, जिससे किसी विशेष कार्य को पूरा किया जा सके। इसका प्राथमिक उद्देश्य डाटा को सूचना में परिवर्तित करना है। सॉफ्टवेयर के निर्देशों के अनुसार ही हार्डवेयर कार्य करता है। इसे **प्रोग्रामों का समूह** भी कहते हैं।

सॉफ्टवेयर के प्रकार

सॉफ्टवेयर को उसके कार्यों तथा संरचना के आधार पर निम्न भागों में विभाजित किया गया है

सिस्टम सॉफ्टवेयर

जो प्रोग्राम कम्प्यूटर को चलाने, उसको नियन्त्रित करने, उसके विभिन्न भागों की देखभाल करने तथा उसकी सभी क्षमताओं का अच्छे से उपयोग करने के लिए लिखे जाते हैं, उनको सम्मिलित रूप से 'सिस्टम सॉफ्टवेयर' (System software) कहा जाता है। यह कम्प्यूटर तथा उपयोगकर्ता के बीच मध्यस्थ का कार्य करता है। सामान्यतः सिस्टम सॉफ्टवेयर्स कम्प्यूटर के निर्माता द्वारा ही उपलब्ध कराए जाते हैं।

सिस्टम सॉफ्टवेयर को निम्न भागों में बाँटा गया है

(a) ऑपरेटिंग सिस्टम

यह कुछ विशेष प्रोग्रामों का ऐसा व्यवस्थित समूह है, जो किसी कम्प्यूटर के सम्पूर्ण क्रियाकलापों को नियन्त्रित रखता है। यह कम्प्यूटर के साधनों के उपयोग पर नजर रखने और उन्हें व्यवस्थित करने में हमारी सहायता करता है। वास्तव में, यह प्रोग्रामों को कार्य करने के लिए एक आधार उपलब्ध कराता है, *जैसे*—एम एस-डॉस, विण्डोज XP/2000/98, यूनिक्स, लाइनक्स इत्यादि ऑपरेटिंग सिस्टम के कुछ उदाहरण हैं।

बायोस

बायोस, बेसिक इनपुट-आउटपुट सिस्टम (Basic Input- Output System-BIOS) का संक्षिप्त रूप है। यह आईबीएम कम्प्यूटर को दिए जाने वाले निर्देशों का एक समूह होता है। ये निर्देश कम्प्यूटर में एक चिप में संरक्षित (Store) रहते हैं। बायोस का सबसे महत्त्वपूर्ण कार्य कम्प्यूटर को ऑन करते समय स्वपरीक्षण (Self test) निर्देश देना होता है।

(b) **डिवाइस ड्राइवर्स**

ये एक विशेष प्रकार का सॉफ्टवेयर होता है, जो किसी युक्ति (Device) के प्रचालन (Operation) को समझाता है। ये सॉफ्टवेयर किसी भी डिवाइस को सुचारू रूप से चलाने के लिए चाहे वो प्रिण्टर, माउस, मॉनीटर या कीबोर्ड ही हो, उसके साथ एक ड्राइवर प्रोग्राम जुड़ा होता है। यह ऑपरेटिंग सिस्टम के निर्देशों को कम्प्यूटर के विभिन्न भागों के लिए उनकी भाषा में परिवर्तित करता है।

(c) **भाषा अनुवादक**

ये ऐसे प्रोग्राम हैं, जो विभिन्न प्रोगामिंग भाषाओं में लिखे गए प्रोग्रामों का अनुवाद (Translate) कम्प्यूटर की मशीनी भाषा में करते हैं। भाषा अनुवादक (Language translator) तीन प्रकार के होते हैं—असेम्बलर, कम्पाइलर तथा इण्टरप्रेटर।

एप्लीकेशन सॉफ्टवेयर

ये उन प्रोग्रामों को कहा जाता है, जो हमारा वास्तविक कार्य कराने के लिए लिखे जाते हैं। एप्लीकेशन सॉफ्टवेयर (Application software) का कार्य प्रत्येक कम्पनी या उपयोगकर्ता के लिए अलग-अलग प्रकार के होते हैं, इसलिए हमारी आवश्यकता के अनुसार प्रोग्राम हमारे द्वारा नियुक्त प्रोग्रामर द्वारा लिखे जाते हैं।

जैसे—कार्यालय के कर्मचारियों के वेतन की गणना करना, सभी लेन-देन तथा खातों का हिसाब-किताब रखना, पत्र-डॉक्यूमेण्ट तैयार करना इत्यादि।

अत: आजकल ऐसे प्रोग्राम सामान्य तौर पर सबके लिए एक जैसे लिखे हुए भी आते हैं, जिन्हें रेडीमेड सॉफ्टवेयर (Readymade software) या पैकेज (Package) कहा जाता है।

सामान्यत: एप्लीकेशन सॉफ्टवेयर दो प्रकार के होते हैं

सामान्य उद्देशीय सॉफ्टवेयर

प्रोग्रामों का वह समूह, जिन्हें उपयोगकर्ता अपनी आवश्यकतानुसार अपने सामान्य उद्देश्यों की पूर्ति के लिए उपयोग में लाते हैं, सामान्य उद्देश्य के सॉफ्टवेयर कहलाते हैं; *जैसे*—ग्राफिक्स सॉफ्टवेयर।

कुछ सामान्य उद्देश्य के सॉफ्टवेयर निम्न हैं

(1) वर्ड प्रोसेसिंग सॉफ्टवेयर
(2) इलेक्ट्रॉनिक स्प्रैडशीट्स
(3) प्रेजेण्टेशन सॉफ्टवेयर
(4) डाटाबेस मैनेजमेण्ट सिस्टम
(5) डेस्कटॉप पब्लिशिंग सॉफ्टवेयर
(6) ग्राफिक्स सॉफ्टवेयर
(7) मल्टीमीडिया सॉफ्टवेयर

विशिष्ट उद्देशीय सॉफ्टवेयर

ये सॉफ्टवेयर किसी विशेष उद्देश्य की पूर्ति हेतु बनाए जाते हैं। इस प्रकार के सॉफ्टवेयर का अधिकांशत: केवल एक उद्देश्य होता है। *सामान्य रूप से उपयोग किए जाने वाले कुछ विशिष्ट उद्देशीय सॉफ्टवेयर निम्न हैं*

(1) इनवेण्टरी मैनेजमेण्ट सिस्टम एण्ड परचेजिंग सिस्टम
(2) पेरोल मैनेजमेण्ट सिस्टम
(3) होटल मैनेजमेण्ट सिस्टम
(4) रिज़र्वेशन सिस्टम
(5) रिपोर्ट कार्ड जनरेटर
(6) एकाउण्टिंग सॉफ्टवेयर
(7) बिलिंग सिस्टम

सिस्टम यूटिलिटीज

ये प्रोग्राम कम्प्यूटर के रख-रखाव से सम्बन्धित कार्य करते हैं। ये प्रोग्राम्स कम्प्यूटर के कार्यों को सरल बनाने, उसे अशुद्धियों से दूर रखने तथा सिस्टम के विभिन्न सुरक्षा कार्यों के लिए बनाए जाते हैं। ये पैकेज होते हैं, जो सॉफ्टवेयर को इन्स्टॉल करते समय कम्प्यूटर में लोड हो जाते हैं।

कुछ यूटिलिटी सॉफ्टवेयर निम्न हैं

डिस्क कम्प्रेशन

ये हार्ड डिस्क पर उपस्थित सूचना के स्टोरेज को बढ़ाने के लिए उसे संकुचित (Compressed) कर देता है, जिससे हार्ड डिस्क पर अधिक-से-अधिक सूचना स्टोर की जा सके। *जैसे*—डिस्क डबलर, सुपरस्टार प्रो, डबलडिस्क गोल्ड आदि।

डिस्क फ्रेग्मेण्टर

यह कम्प्यूटर की हार्ड डिस्क पर विभिन्न जगहों पर रखी हुई फाइलों को खोजकर उन्हें एक स्थान पर स्टोर करता है; *जैसे*—माईडिफ्रेग, डिस्कीपर, डिफ्रेगलर आदि।

बैकअप यूटिलिटीज

यह कम्प्यूटर की डिस्क पर उपस्थित सभी सूचना की एक कॉपी रखता है तथा जरूरत होने पर कुछ जरूरी फाइलें या पूरी हार्ड डिस्क के कण्टेण्ट को वापस रिस्टोर (Restore) कर देता है।

डिस्क क्लीनर्स

ये उन फाइलों को ढूँढ़कर डिलीट (Delete) करता है, जिनका बहुत समय से उपयोग नहीं हुआ है। इस प्रकार ये कम्प्यूटर की गति को भी तेज करता है; *जैसे*—ब्लीच बीट क्लीनर आदि।

एण्टीवायरस

ये ऐसे यूटिलिटी प्रोग्राम्स हैं, जिनका प्रयोग कम्प्यूटर के वायरस ढूँढने और उन्हें डिलीट करने में होता है; *जैसे*—अवीरा, केस्परस्काई, एवीजी, मैकफी आदि।

टेक्स्ट एडिटर

यह एक ऐसा प्रोग्राम होता है जो टेक्स्ट फाइलों को क्रिएट और उनके सुधार (Correction) की सुविधा देता है। इसका प्रयोग केवल टेक्स्ट टाइप करने में या किसी प्रोग्राम के लिए डाटा तैयार करने में किया जाता है; *जैसे*—एम एस-वर्ड, वर्डपैड, नोटपैड, जिसमें नोटपैड सबसे प्रसिद्ध टेक्स्ट एडिटर है।

अभ्यास प्रश्न

1. निम्नलिखित में से कौन-सा हार्डवेयर नहीं है?
(a) प्रोसेसर चिप (b) प्रिण्टर
(c) माउस (d) जावा

2. हार्डवेयर के अन्तर्गत आती है
(a) सभी डिवाइस जिनका प्रयोग कम्प्यूटर में डाटा इनपुट कराने के लिए किया जाता है
(b) निर्देशों का समूह, जो कम्प्यूटर को रन (Run) करते हैं
(c) कम्प्यूटर और इससे जुड़ी सभी डिवाइसे जिनका प्रयोग डाटा इनपुट और आउटपुट के लिए किया जाता है
(d) CPU, मैमोरी तथा स्टोरेज से जुड़ी सभी डिवाइसे, जो प्रोसेसिंग इन्फॉर्मेशन में शामिल होती है

3. .... डिवाइस एक हार्डवेयर उपकरण है जिसके द्वारा किसी कम्प्यूटर में डाटा तथा सूचनाएँ प्रविष्ट कराई जाती है
(a) इण्टरएक्शन (b) इनपुट
(c) कम्यूनिकेशन्स (d) आउटपुट

4. .... डिवाइस मनुष्य द्वारा समझे जाने वाले डाटा और प्रोग्रामों को ऐसे रूप में बदल देती है जिसे कम्प्यूटर प्रोसेस कर सकता है।
(a) प्रिण्टिंग (b) आउटपुट
(c) सॉलिड स्टेट (d) इनपुट

5. कम्प्यूटर सिस्टम में .... के माध्यम से टेक्स्ट और न्यूमैरिकल डाटा को प्रवेश करने की पद्धति सर्वाधिक सामान्य पद्धति है।
(a) कीबोर्ड (b) स्कैनर
(c) प्रिण्टर (d) प्लॉटर

6. आमतौर पर उपलब्ध अधिकांश कम्प्यूटरों/लैपटॉपों का कीबोर्ड .... के नाम से लोकप्रिय है।
(a) QWERTY (b) QOLTY
(c) ALTER (d) UCLIF

7. QWERTY कीबोर्ड में कुल कितनी कुंजियाँ होती हैं?
(a) 108 (b) 105 (c) 104 (d) 106

8. कम्प्यूटर का माउस किस प्रकार की डिवाइस है?
(a) स्टोरेज (b) आउटपुट
(c) इनपुट (d) इनपुट/आउटपुट

9. माउस का आविष्कार किसने किया था?
(a) IBM
(b) Oracle
(c) डगलस एंजेलबर्ट
(d) Sun Microsystem

10. टेक्स्ट में आपकी पोजिशन दर्शाने वाले ब्लिंकिंग प्वॉइण्ट को .... कहते हैं।
(a) ब्लिंकर (b) कर्सर
(c) कॉजर (d) प्वॉइण्टर

11. इनमें से कौन-सी प्वॉइण्टिंग और ड्रॉप डिवाइस है?
(a) माउस (b) स्कैनर
(c) प्रिण्टर (d) CD-ROM

12. ट्रैकबॉल .... का एक उदाहरण है।
(a) प्रोग्रामिंग डिवाइस (b) प्वॉइण्टिंग डिवाइस
(c) आउटपुट डिवाइस (d) सॉफ्टवेयर डिवाइस

13. ट्रैकबॉल का प्रयोग किया जाता है
(a) गेमिंग में (b) CAM वर्कस्टेशन में
(c) आउटपुट में (d) स्टोरिंग में

14. जॉयस्टिक का प्राथमिक तौर पर प्रयोग .... के लिए होता है।
(a) स्क्रीन पर ध्वनि नियन्त्रण
(b) कम्प्यूटर गेमिंग
(c) टेक्स्ट एण्टर
(d) पिक्चर बनाने

15. 'पीडीए' नामक हैण्डहेल्ड कम्प्यूटर का अर्थ है
(a) पर्सनलाइज्ड डिजिटल एसोसिएट
(b) पर्सनलाइज्ड डिजिटल असिस्टेन्स
(c) पर्सनल डिजिटल असिस्टेण्ट
(d) प्लाण्ट डिजिटल एसोसिएट

16. निम्नलिखित में से कौन-सी प्वॉइण्टिंग डिवाइस नहीं है?
(a) माउस (b) ट्रैकबॉल
(c) बारकोड रीडर (d) टच स्क्रीन

17. अधिकांश प्रोडक्ट्स पर बने प्रिण्टेड लाइनों के पैटर्न को क्या कहते हैं?
(a) मूल्य (b) OCR
(c) स्कैनर्स (d) बार कोड्स

18. एक ऑप्टिकल इनपुट डिवाइस जो पेपर पर पेन्सिल के अंकों की व्याख्या करता है।
(a) OMR (b) पन्च कार्ड रीडर
(c) ऑप्टिकल स्कैनर (d) मैग्नेटिक टेप

19. किस इनपुट डिवाइस की सहायता से किसी वस्तुनिष्ठ प्रकार की प्रयोगात्मक परीक्षा की उत्तर पुस्तिका की जाँच की जाती है?
(a) OMR (b) OCR
(c) MICR (d) बारकोड रीडर

20. MICR में, C निम्न में से किसके लिए उपयुक्त है?
(a) कोड (b) कलर
(c) करैक्टर (d) कम्प्यूटर

21. बैंकों में चेकों को पढ़ने के लिए निम्न में से कौन-सी विधि का प्रयोग होता है
(a) OCR (b) MCR
(c) MICR (d) OMR

22. निम्नलिखित में से किस समूह में केवल इनपुट डिवाइस है?
(a) माउस, कीबोर्ड, मॉनीटर
(b) माउस, कीबोर्ड, प्रिण्टर
(c) माउस, कीबोर्ड, प्लॉटर
(d) माउस, कीबोर्ड, स्कैनर

23. .... ग्रे स्केल और कलर मोड दोनों में चित्र को स्टोर करता है।
(a) प्लॉटर (b) टच पेन
(c) स्कैनर (d) OCR

24. .... का प्रयोग हाथ से लिखे कण्टेण्ट या प्रिण्टिड कण्टेण्ट को पढ़कर डिजिटल इमेज बनाने में किया जाता है।
(a) प्रिण्टर (b) लेजर बीम
(c) स्कैनर (d) टचपैड

25. यह इमेज (ड्राइंग या फोटो) को कैप्चर करने का एक माध्यम है जिससे उसे कम्प्यूटर पर स्टोर किया जा सके।
(a) मॉडम (b) सॉफ्टवेयर
(c) स्कैनर (d) कीबोर्ड

26. आवाज को डिजिटल रूप में परिवर्तित करने के लिए किसका प्रयोग किया जाता है।
(a) बारकोड रीडर (b) माइक्रोफोन
(c) वेब कैम (d) स्कैनर

27. वीडियो कॉन्फ्रेंसिंग में कौन-सी इनपुट डिवाइस का प्रयोग किया जाता है?
(a) वैबकैम (b) माइक्रोफोन
(c) स्कैनर (d) माउस

28. आउटपुट डिवाइस का इस्तेमाल कर सकते हैं
(a) डाटा देखने या प्रिण्ट
(b) डाटा मॉडिफाई
(c) डाटा स्टोर
(d) डाटा दोहराने

29. कम्प्यूटर मॉनिटर किस प्रकार की डिवाइस है?
(a) सॉफ्टवेयर (b) प्रोसेसिंग
(c) इनपुट (d) आउटपुट

30. मॉनीटर की रिफ्रेश रेट .... में मापी जाती है।
(a) हर्ट्ज (b) मेगाहर्ट्ज
(c) किलोहर्ट्ज (d) गीगाहर्ट्ज

31. इसमें कम्प्यूटर का कौन-सा अनिवार्य भाग नहीं है?
(a) मॉनीटर (b) स्कैनर
(c) रैम (d) माउस

32. स्थायी आउटपुट प्राप्त करने हेतु ...... का सर्वाधिक उपयोग होता है।
(a) प्रिण्टर (b) लाइट पेन
(c) स्कैनर (d) कीबोर्ड

33. DPI दर्शाता है
(a) डॉट प्रति इंच
(b) डिजिटल प्रति यूनिट
(c) डॉट्स पिक्सल इंक
(d) डॉट प्रति इंक

34. इम्पैक्ट प्रिण्टर में प्रिण्टिंग के लिए प्रयोग होता है-
(a) रिबन (b) गैस
(c) बिन्दु (d) पिक्सल

35. इलेक्ट्रोस्टैटिक कैमिकल्स और इंकजेट टेक्नोलॉजी का प्रयोग किसमें होता है?
(a) डॉट मैट्रिक्स प्रिण्टर में
(b) लाइन प्रिण्टर में
(c) इम्पैक्ट प्रिण्टर में
(d) नॉन-इम्पैक्ट प्रिण्टर में

36. निम्नलिखित में से कौन-सी एक आउटपुट डिवाइस है?
(a) माउस (b) स्कैनर
(c) वेबकैम (d) प्लॉटर

37. किसी सूचना को एक कम्प्यूटर से पेपर पर चित्र रूप में परिवर्तित करने के लिए किस आउटपुट डिवाइस का प्रयोग किया जाता है?
(a) टच पैनल (b) कार्ड पंच
(c) माउस (d) प्लॉटर

38. निम्नलिखित में अस्थायी आउटपुट डिस्प्ले कौन-सा है?
(a) प्रोजेक्टर (b) प्रिण्टर
(c) स्कैनर (d) वीडियो कैमरा

39. पेरिफेरल इक्विपमेण्ट का एक उदाहरण है।
(a) प्रिण्टर (b) CPU
(c) स्प्रेडशीट (d) माइक्रो कम्प्यूटर

40. मैमोरी (रैम या रोम) की मात्रा मापी जाती है
(a) बाइट्स में (b) बिट्स में
(c) मेगाबाइट में (d) मेगाबिट्स में

41. इण्टर्नल मैमोरी की प्रमुख विशेषता है
(a) सीमित क्षमता
(b) अस्थायी स्टोरेज
(c) फास्ट एक्सेस तथा हाई कोस्ट
(d) उपरोक्त सभी

42. CPU वर्तमान में जिन प्रोग्रामों और डाटा को प्रोसेस कर रहा होता है, उन्हें स्टोर करने के लिए किस कम्प्यूटर मैमोरी का प्रयोग किया जाता है?
(a) मॉस मैमोरी
(b) इण्टर्नल मैमोरी
(c) PROM
(d) नॉन-वॉलेटाइल मैमोरी

43. जब प्रोसेसर सीपीयू का प्रयोग करता है, तब डाटा और प्रोग्राम कहाँ रखे जाते हैं?
(a) मेन मैमोरी (b) सेकेण्डरी मैमोरी
(c) डिस्क मैमोरी (d) प्रोग्राम मैमोरी

44. कम्प्यूटर की मेन मैमोरी का भाग कौन-सा है?
(a) CPU (b) RAM
(c) ROM (d) 'b' और 'c' दोनों

45. कम्प्यूटर की प्रमुख मैमोरी को ……… भी कहा जाता है।
(a) प्राथमिक/प्राइमरी स्टोरेज
(b) आन्तरिक मैमोरी
(c) प्राइमरी मैमोरी
(d) उपरोक्त सभी

46. RAM का पूर्ण रूप क्या है?
(a) Read Access Memory
(b) Read Anywhere Memory
(c) Random Anything Memory
(d) Random Access Memory

47. RAM निम्नलिखित में से किसका उदाहरण है?
(a) नॉन-वॉलेटाइल मैमोरी (b) कैशे मैमोरी
(c) वर्चुअल मैमोरी (d) वॉलेटाइल मैमोरी

48. RAM में स्टोर की गई सूचना वॉलेटाइल मानी जाती है, जिसका अर्थ है कि वह ………
(a) वहाँ स्थायी रूप से स्टोर है।
(b) स्थायी रूप से नहीं, केवल अस्थायी रूप से स्टोर है।
(c) जब बिजली बन्द की जाए, तो स्टोर की जाती है।
(d) CPU डिवाइस में स्थायी रूप से स्टोर की जाती है।

48. 'रैम' के बारे में निम्न में से कौन-सा कथन असत्य है?
(a) रैम, हार्ड डिस्क स्टोरेज के समान होती है।
(b) रैम एक अस्थायी संग्रहण क्षेत्र है।
(c) रैम एक वॉलेटाइल मैमोरी है।
(d) रैम एक प्राथमिक मैमोरी है।

50. प्राइमरी मैमोरी यूनिट किसका एक हिस्सा है?
(a) इनपुट डिवाइस (b) कण्ट्रोल यूनिट
(c) आउटपुट डिवाइस (d) सीपीयू

51. यदि प्रयोक्ता को CPU में तत्काल उपलब्ध सूचना की जरूरत हो यह ……… स्टोर की जानी चाहिए।
(a) CPU में (b) RAM में
(c) सेकेण्डरी स्टोरेज में (d) CD में

52. …… कम्प्यूटर की मैमोरी है, जहाँ सूचना अस्थायी रूप से संगृहीत होती है, जब इसे प्रोसेसर द्वारा एक्सेस या कार्य किया जाता है।
(a) लॉजिकल (b) सेकेण्डरी
(c) रोम (d) रैम

53. कौन-सी मैमोरी टेम्परेरी मैमोरी की तरह प्रयोग की जाती है?
(a) नॉन-वॉलेटाइल मैमोरी
(b) वॉलेटाइल मैमोरी
(c) हार्ड डिस्क मैमोरी
(d) रीड ओनली मैमोरी

54. बिजली बन्द कर दिए जाने के बाद जो स्टोरेज अपना डाटा रखती है, उसे ……… कहते हैं।
(a) वॉलेटाइल मैमोरी
(b) नॉन-वॉलेटाइल मैमोरी
(c) सिक्वेन्शियल स्टोरेज
(d) डायरेक्ट स्टोरेज

55. कम्प्यूटर में स्थित स्थायी मैमोरी को निम्न में से क्या कहते हैं?
(a) RAM (b) ROM
(c) सीपीयू (d) सीडी-रोम

56. रीड ओनली मैमोरी (ROM) की कौन-सी विशेषता उसे उपयोगी बनाती है?
(a) ROM में जानकारी को आसानी से अपडेट किया जा सकता है
(b) ROM में डाटा को खतरा नहीं होता, बिजली न होने पर भी वह उसमें रहता है
(c) ROM सस्ता डाटा स्टोरेज उपलब्ध कराता है
(d) ROM चिपों की अलग-अलग ब्राण्ड के कम्प्यूटरों में आसानी से अदला-बदली की जा सकती है

57. ROM (Read Only Memory) में डाटा
(a) सिर्फ पढ़ा जाता है
(b) Non-Volatile होता है
(c) सिर्फ लिखा जाता है
(d) 'a' और 'c' दोनों

58. आपके कम्प्यूटर में बनी परमानेण्ट मैमोरी को क्या कहते हैं?
(a) RAM (b) ROM
(c) CPU (d) CD-ROM

59. जब आप पहले एक कम्प्यूटर को ऑन करते हैं, तब सीपीयू में संगृहीत निर्देशों को प्रयोग में लाने के लिए पहले से तैयार होता है
(a) रैम (b) फ्लैश मैमोरी
(c) रोम (d) सीडी-रोम

60. जब इसमें बिजली बन्द हो जाती है, तो मैमोरी के कण्टेण्ट्स गुम (नष्ट) नहीं होंगे
(a) रोम (b) EPROM
(c) EEPROM (d) ये सभी

61. कैश मैमोरी ……… के मध्य स्थित होती है।
(a) CPU तथा RAM
(b) RAM तथा ROM
(c) CPU तथा हार्ड डिस्क
(d) उपरोक्त सभी

62. फ्लैश मैमोरी कार्ड्स को ……… समझा जाता है। इसका अर्थ है कि जब आप प्लेयर को बन्द करेंगे, तो आपका डाटा खत्म नहीं होगा।
(a) टेम्परेरी (b) पेरीफेरल्स
(c) एक्सपेन्सिव (d) नॉन वॉलेटाइल

63. वह तकनीक, जो मेन मैमोरी के वास्तविक साइज को बढ़ा देती है, क्या कहलाती है
(a) मल्टीटास्किंग (b) वर्चुअल स्टोरेज
(c) मल्टीप्रोसेसिंग (d) मल्टीप्रोग्रामिंग

64. निम्न में से किसमें भौतिक रूप से विद्यमान एड्रेस से अधिक मैमोरी एड्रेस होते हैं?
(a) वर्चुअल मैमोरी
(b) सिस्टम सॉफ्टवेयर
(c) एप्लिकेशन्स सॉफ्टवेयर
(d) रैण्डम एक्सेस मैमोरी

65. प्राइमरी मैमोरी की तुलना में सेकेण्डरी मैमोरी की गति होती है
(a) धीमी (b) एक जैसी (c) तेज (d) बहुत तेज

66. सेव करके कम्प्यूटर बन्द करने पर आपका डाटा यथावत् होगा
(a) RAM
(b) मदरबोर्ड
(c) सेकेण्डरी स्टोरेज डिवाइस
(d) प्राइमरी स्टोरेज डिवाइस

67. निम्नलिखित में से कौन-सा कथन सेकेण्डरी मैमोरी के बारे में सत्य है?
(a) इसे सतत् विद्युत की आवश्यकता नहीं होती
(b) यह मैग्नेटिक मीडिया का प्रयोग नहीं करती

(c) यह चार मुख्य प्रकार की डिवाइसों से मिलकर बनी होती है
(d) यह बाद में प्राप्त किए गए डाटा को सेव नहीं करती है

68. हार्ड डिस्क ड्राइव्स को ········ स्टोरेज माना जाता है।
(a) फ्लैश (b) नॉन-वॉलेटाइल
(c) टेम्परेरी (d) नॉन-परमानेण्ट

69. कम्प्यूटर किससे सीधे सम्पर्क करता है?
(a) हार्ड ड्राइव (b) डिस्क ड्राइव
(c) मॉडम (d) USB पोर्ट

70. कम्प्यूटर का कौन-सा भाग सूचना को स्टोर करने में सहायक होता है?
(a) मॉनीटर (b) कीबोर्ड
(c) डिस्क ड्राइव (d) प्रिण्टर

71. डिस्क को ट्रैकों और सेक्टरों में विभाजित करने की प्रक्रिया क्या है?
(a) ट्रैकिंग (b) फॉर्मेटिंग
(c) क्रैशिंग (d) एलॉटिंग

72. निम्न में से कौन-सी स्टोरेज डिवाइस/उपकरण ऐसा है, जो कठिन स्थायी रूप से स्थापित मैग्नेटिक डिस्क का प्रयोग डाटा/जानकारी स्टोर करने हेतु करता है?
(a) फ्लॉपी डिस्केट
(b) हार्ड डिस्क
(c) स्थायी/परमानेण्ट डिस्क
(d) ऑप्टिकल डिस्क

73. हार्ड ड्राइव को स्टोर करने के लिए .... उपयोग किया जाता है।
(a) वॉलेटाइल डाटा (b) नॉन-वोलेटाइल डाटा
(c) स्थायी डाटा (d) अस्थायी डाटा

74. हार्ड डिस्क (Hard Disk) की गति कितनी होती है?
(a) 600 चक्र प्रति मिनट
(b) 1200 चक्र प्रति मिनट
(c) 2400 चक्र प्रति मिनट
(d) 3600 चक्र प्रति मिनट

75. कम्प्यूटर में डिस्क कहाँ इन्सर्ट की जाती है?
(a) मॉडम में (b) हार्ड ड्राइव में
(c) CPU में (d) डिस्क ड्राइव में

76. Hard Disk की क्षमता किसमें मापी जाती है?
(a) पेण्टियम में (b) Cyaix में
(c) Gigabyte (GB) में (d) AMB में

77. फ्लॉपी डिस्क पर डाटा को रिंग में रिकॉर्ड करना ··········· कहलाता है।
(a) फिलप (b) रिंग
(c) राउण्डर्स (d) सेगमेण्ट्स

78. फ्लॉपी डिस्क किस प्रकार की मैमोरी है?
(a) इण्टर्नल (b) एक्सटर्नल
(c) वॉलेटाइल (d) 'a' और 'b' दोनों

79. पर्सनल कम्प्यूटर के लिए सबसे प्रचलित स्टोरेज डिवाइस कौन-सी है?
(a) फ्लॉपी डिस्क
(b) USB पर्सनल कम्प्यूटर
(c) मेनफ्रेम
(d) लैपटॉप

80. फ्लॉपी डिस्क में डाटा ········· नामक रिंग्स पर रिकॉर्ड किया जाता है।
(a) सेक्टर्स (b) रिंग्स
(c) ट्रैक्स (d) राउण्डर्स

81. ············ सबसे सामान्य प्रकार की स्टोरेज डिवाइस है।
(a) परसिस्टेण्ट (b) ऑप्टिकल
(c) मैग्नेटिक (d) फ्लैश

82. निम्नलिखित में से किसमें अधिकतम डाटा की मात्रा को स्टोरेज माध्यम में संगृहीत करके रखा जा सकता है?
(a) ऑप्टिकल स्टोरेज (b) मैग्नेटिक स्टोरेज
(c) सॉलिड स्टेट स्टोरेज
(d) स्टोरेज क्षमता

83. CD का शाब्दिक अर्थ क्या है?
(a) Central Disc (b) Common Disc
(c) Compact Disc (d) Control Disc

84. डीवीडी (DVD) क्या है?
(a) डिजिटल वीडियो डिस्क
(b) डायनमिक वर्सेटाइल डिस्क
(c) डिजिटल वर्सेटाइल ड्राइव
(d) डायनमिक वीडियो डिस्क

85. निम्न में से कौन-सा स्टोरेज डिवाइस/उपकरण का उदाहरण है?
(a) चुम्बकीय/मैग्नेटिक डिस्क
(b) टेप्स
(c) डीवीडीज (DVDs)
(d) उपरोक्त सभी

86. एक 'बिट' से अभिप्राय है
(a) संग्रहण का एक प्रकार
(b) एक किलोबाइट के बराबर मान
(c) एक मेगाबाइट के बराबर मान
(d) डिजिटल सूचना की सबसे छोटी इकाई

87. ············ का प्रयोग कम्प्यूटर मैमोरी तथा फ्लॉपी डिस्क, सीडी-रोम ड्राइव तथा हार्ड ड्राइव की संग्रहण क्षमता को मापने के लिए किया जाता है।
(a) बाइट्स (b) बिट्स
(c) ऑक्टल नम्बर्स (d) हेक्साडेसीमल नम्बर्स

88. कितने बिट्स एक बाइट के बराबर होता है?
(a) 8 (b) 24 (c) 16 (d) 32

89. सबसे बड़े से सबसे छोटे के क्रम में निम्नलिखित में से कौन-सा लिस्टेड (listed) है?
(a) TB, MB, GB, KB (b) GB, TB, MB, KB
(c) TB, GB, KB, MB (d) TB, GB, MB, KB

90. निम्नलिखित में से स्टोरेज की सबसे बड़ी यूनिट कौन-सी है?
(a) GB (b) KB (c) MB (d) TB

91. आपके कम्प्यूटर का प्रत्येक घटक या तो ·······
(a) एप्लीकेशन सॉफ्टवेयर होता है या सिस्टम सॉफ्टवेयर
(b) सॉफ्टवेयर होता है या CPU/RAM
(c) हार्डवेयर होता है या सॉफ्टवेयर
(d) इनपुट डिवाइस होता है या आउटपुट डिवाइस

92. सॉफ्टवेयर का प्राथमिक उद्देश्य डाटा को ········ में परिवर्तित करना है।
(a) वेबसाइट्स (b) इन्फॉर्मेशन
(c) प्रोग्राम्स (d) ऑब्जेक्ट्स

93. कम्प्यूटर में तैयार किए गए प्रोग्रामों के समूह को क्या कहते हैं?
(a) हार्डवेयर
(b) कार्डवेयर
(c) सॉफ्टवेयर
(d) 'a' और 'c' दोनों

94. सिस्टम के ········· में प्रोग्राम या इन्स्ट्रक्शन होते हैं।
(a) पेरिफेरल (b) सॉफ्टवेयर
(c) इन्फॉर्मेशन (d) आइकन

95. कम्प्यूटर सिस्टम का वह भाग है जिसे कोई छू नहीं सकता ··········· कहलाता है।
(a) हार्डवेयर (b) प्रिण्टर
(c) माउस (d) सॉफ्टवेयर

96. 'कम्प्यूटरों के सन्दर्भ में सॉफ्टवेयर का क्या अर्थ है?
(a) कम्प्यूटर प्रोग्राम्स (b) कम्प्यूटर सरकिट्री
(c) ह्यूमन ब्रेन (d) फ्लॉपी डिस्क

97. कम्प्यूटर सॉफ्टवेयर की परिभाषा कैसी हो सकती है?
(a) कम्प्यूटर और उसके सहयोगी साधन/उपकरण
(b) ऐसे अनुदेश जो कम्प्यूटर को बताते हैं कि क्या करना है
(c) कम्प्यूटर के घटक जो लक्ष्यपूर्ति का कार्य करते हैं
(d) कम्प्यूटर और नेटवर्क के बीच का इण्टरफेस/चर्चा

98. सॉफ्टवेयर के दो प्रमुख घटक है
(a) वर्ड प्रोसेसिंग तथा स्प्रेडशीट
(b) ट्रान्सजैक्शन तथा स्प्रेडशीट
(c) विण्डोज तथा मैक OS
(d) सिस्टम तथा एप्लीकेशन

99. कौन-सा सॉफ्टवेयर कम्प्यूटर के हार्डवेयर को नियन्त्रित करता है?
(a) एप्लीकेशन (b) सिस्टम
(c) प्रोग्राम (d) मैमोरी

100. प्रोग्रामों का एक सेट है जो आपके कम्प्यूटर हार्डवेयर डिवाइस और एप्लीकेशन सॉफ्टवेयर को एक साथ काम करने में सक्षम बनाता है।
(a) मैनेजमेन्ट
(b) प्रोसेसिंग
(c) यूटिलिटी
(d) सिस्टम सॉफ्टवेयर

101. ऑपरेटिंग सिस्टम और युटिलिटी प्रोग्राम, सॉफ्टवेयर के उस वर्ग के हैं, जिन्हें ··········· कहा जाता है
(a) एप्लीकेशन सॉफ्टवेयर
(b) सिक्वेन्शियल सॉफ्टवेयर
(c) सॉफ्टवेयर स्वीट्स
(d) सिस्टम सॉफ्टवेयर

102. ………… वह प्रोग्राम है, जो कम्प्यूटर को प्रयोग करने में आसान बना देता है।
(a) एप्लीकेशन
(b) यूटिलिटी
(c) नेटवर्क
(d) ऑपरेटिंग सिस्टम

103. ………… प्रोग्रामों का एक सेट है जो कम्प्यूटर के संसाधनों को प्रबन्धित करने के लिए डिजाइन किया गया है और जिसमें कम्प्यूटर शुरू करना, प्रोग्रामों को मैनेज करना, मैमोरी को मैनेज करना और इनपुट तथा आउटपुट डिवाइसों के बीच के कार्यों का समन्वय करना शामिल है
(a) एप्लीकेशन सूट
(b) कम्पाइलर
(c) इनुपुट/आउटपुट सिस्टम
(d) ऑपरेटिंग सिस्टम (OS)

104. डिवाइस ड्राइवर क्या है?
(a) बाहरी स्टोरेज डिवाइसों के लिए पावर कार्ड
(b) विशेषज्ञ, जो डिवाइसों के कार्यनिष्पादन को अधिकतम करना जानते हैं
(c) छोटे, विशेष उद्देश्य वाले प्रोग्राम
(d) ऑपरेटिंग सिस्टम के सबसे भीतरी पुर्जे

105. एक सॉफ्टवेयर प्रोग्राम जो आपके कम्प्यूटर पर कार्यक्षमता को जोड़ता है या आपके कम्प्यूटर को बेहतर प्रदर्शन करने में मद्द करता है, उसे कहा जाता है।
(a) यूटिलिटी प्रोग्राम
(b) फंक्शन प्रोग्राम
(c) विशेष प्रोग्राम
(d) मैन्युफैक्चर प्रोग्राम

106. किस प्रकार का सॉफ्टवेयर छोटी फाइल को बनाता है, जो इण्टरनेट पर तेजी से ट्रांसफर होती है?
(a) कम्प्रेशन (b) फ्रेग्मेण्टेशन
(c) एनकैप्सूलेशन (d) अन्जीपड़

107. ……… एक विण्डोज यूटिलिटी प्रोग्राम है जो अनावश्यक फ्रेग्मेण्ट को लीकेट तथा समाप्त करता है और फाइलों को पुन: व्यवस्थित करता है और ऑप्टीमाइज ऑपरेशन करने के लिए डिस्क के स्थान को अप्रयुक्त करता है।
(a) बैकअप (b) डिस्क क्लीनप
(c) डिस्क फ्रेग्मेण्टर (d) रिस्टोर

108. बैकअप क्या होता है?
(a) आपके नेटवर्क को अधिक कम्पोनेण्ट जोड़ना
(b) ओरिजनल सोर्स से एक भिन्न डेस्टिनेशन में डाटा कॉपी कर सुरक्षित रखना
(c) नए डाटा से पुराने डाटा का फिल्टरिंग
(d) टेप पर डाटा एक्सेस करना

109. डिस्क क्लीनर ………… फ्री करने में मद्द करता है।
(a) डाटा (b) रिसाइकिल बिन
(c) स्पेस (d) इनफॉर्मेशन

110. कौन-सा सॉफ्टवेयर केवल टेक्स्ट टाइप करने की अनुमति देता है?
(a) यूटिलिटी (b) टेक्स्ट एडिटर
(c) कम्प्रेशन (d) ऑपरेटिंग सिस्टम

111. कम्प्यूटर रिसोर्सेज के प्रबन्धन से सम्बन्धित विशिष्ट कार्य करने के लिए डिजाइन किए गए प्रोग्रामों को कहा जाता है।
(a) सिस्टम सॉफ्टवेयर
(b) ऑपरेटिंग सिस्टम
(c) यूटिलिटी सॉफ्टवेयर
(d) एप्लीकेशन सॉफ्टवेयर

112. पत्र लिखने जैसे कार्य करने के लिए प्रयुक्त सॉफ्टवेयर के प्रकार को ………… कहते हैं।
(a) GUI सॉफ्टवेयर
(b) यूटिलिटी सॉफ्टवेयर
(c) एप्लीकेशन सॉफ्टवेयर
(d) यूजर नीड्स सॉफ्टवेयर

113. वर्तमान समय में, एप्लीकेशन सॉफ्टवेयर किस भाषा में तैयार किए जाते हैं?
(a) मशीनी भाषा में
(b) उच्चस्तरीय भाषा में
(c) ऑपरेटिंग सिस्टम में
(d) 'a' और 'b' दोनों

114. ऐसे अनेक प्रोग्रामों के समूह जो एक निश्चित कार्य करते हैं, क्या कहलाते हैं?
(a) यूटिलिटी सॉफ्टवेयर
(b) सामान्य उद्देश्य के सॉफ्टवेयर
(c) सिस्टम सॉफ्टवेयर
(d) एप्लीकेशन सॉफ्टवेयर

115. एम एस-वर्ड (MS-Word) ………… का उदाहरण है।
(a) ऑपरेटिंग सिस्टम
(b) एप्लीकेशन सॉफ्टवेयर
(c) प्रोसेसिंग डिवाइस
(d) इनपुट डिवाइस

116. टेक्स्ट-आधारित डॉक्यूमेण्ट्स बनाने के लिए प्रयोग किए जाने वाले सॉफ्टवेयर्स क्या कहलाते हैं?
(a) DBMS (b) सुइट्स
(c) स्प्रेडशीट्स (d) वर्ड प्रोसेसर्स

117. किसी विशेष उद्देश्य के लिए किस एप्लीकेशन का प्रयोग किया जाता है?
(a) सामान्य उद्देश्य सॉफ्टवेयर
(b) स्प्रेडसीट सॉफ्टवेयर
(c) विशिष्ट उद्देश्य सॉफ्टवेयर
(d) मल्टीमीडिया सॉफ्टवेयर

118. निम्न में से कौन यूटिलिटी सॉफ्टवेयर से सम्बन्धित नहीं है?
(a) टेक्स्ट एडिटर
(b) एण्टीवायरस प्रोग्राम
(c) डिस्क कम्प्रेशन सॉफ्टवेयर
(d) रेलवे रिजर्वेशन सिस्टम

उत्तरमाला

1	d	2	c	3	b	4	d	5	a
6	a	7	c	8	c	9	c	10	b
11	a	12	b	13	b	14	b	15	c
16	c	17	d	18	a	19	a	20	c
21	c	22	d	23	c	24	c	25	c
26	b	27	a	28	a	29	d	30	a
31	b	32	a	33	a	34	a	35	c
36	d	37	d	38	a	39	a	40	c
41	d	42	b	43	a	44	d	45	d
46	d	47	d	48	b	49	a	50	d
51	b	52	d	53	b	54	b	55	b
56	b	57	a	58	b	59	c	60	d
61	a	62	d	63	b	64	a	65	a
66	c	67	a	68	b	69	a	70	c
71	b	72	b	73	c	74	d	75	d
76	c	77	d	78	b	79	a	80	c
81	c	82	b	83	c	84	a	85	d
86	d	87	a	88	a	89	d	90	d
91	c	92	b	93	c	94	b	95	d
96	a	97	b	98	d	99	b	100	d
101	d	102	d	103	d	104	c	105	a
106	a	107	c	108	b	109	c	110	b
111	d	112	c	113	b	114	b	115	b
116	d	117	c	118	d				

02 माइक्रोसॉफ्ट वर्ड

परिचय

माइक्रोसॉफ्ट वर्ड एक प्रकार का वर्ड प्रोसेसिंग सॉफ्टवेयर है जिसका प्रयोग किसी डॉक्यूमेण्ट को बनाने तथा उसमें कुछ बदलाव करने के लिए किया जाता है। यह एक बहुत महत्त्वपूर्ण सॉफ्टवेयर है, जो लगभग सभी कम्प्यूटर में MS-Office पैकेज के अन्दर सम्मिलित होता है। इसमें अनेक प्रकार के टूल्स होते हैं, जो डॉक्यूमेण्ट को बनाने, उसमें बदलाव करने, प्रिण्टिंग करने आदि कार्यों के लिए प्रयोग किए जाते हैं। इस सॉफ्टवेयर के प्रयोग से विभिन्न प्रकार के टैक्स्ट स्टाइल और चित्रों आदि को लगाकर एक आकर्षक डॉक्यूमेण्ट तैयार किया जाता है।

वर्ड प्रोसेसिंग के बेसिक्स

वर्ड प्रोसेसिंग की सहायता से टाइपिंग व डेस्कटॉप पब्लिशिंग इत्यादि के काम किए जाते हैं। इस तकनीक को प्रदान करने वाले अनेक सॉफ्टवेयर उपलब्ध हैं, इनमें MS-Word, WordStar, WordPerfect आदि प्रमुख हैं। इनके द्वारा टाइप किया गया टैक्स्ट स्क्रीन पर प्रदर्शित होता है, जिसे आवश्यकतानुसार सरलता से बदला जा सकता है। इसे पेपर पर प्रिण्ट भी किया जा सकता है और इसे भविष्य के लिए फाइल में सुरक्षित भी किया जा सकता है।

एक वर्ड प्रोसेसर सॉफ्टवेयर में निम्नलिखित गुण होते हैं

- टैक्स्ट एडिटिंग
- ऑटो फॉर्मेटिंग
- फॉर्मेटिंग टैक्स्ट
- OLE (ऑब्जेक्ट लिंकिंग एण्ड एम्बेडिंग)
- GUI इण्टरफेस
- भाषा एवं व्याकरण
- ग्राफिक्स
- मेल मर्ज
- फाइलों को सुरक्षित रखना
- ऑनलाइन हेल्प इत्यादि।

MS-Word 2007 की मुख्य विण्डो निम्न प्रकार है—

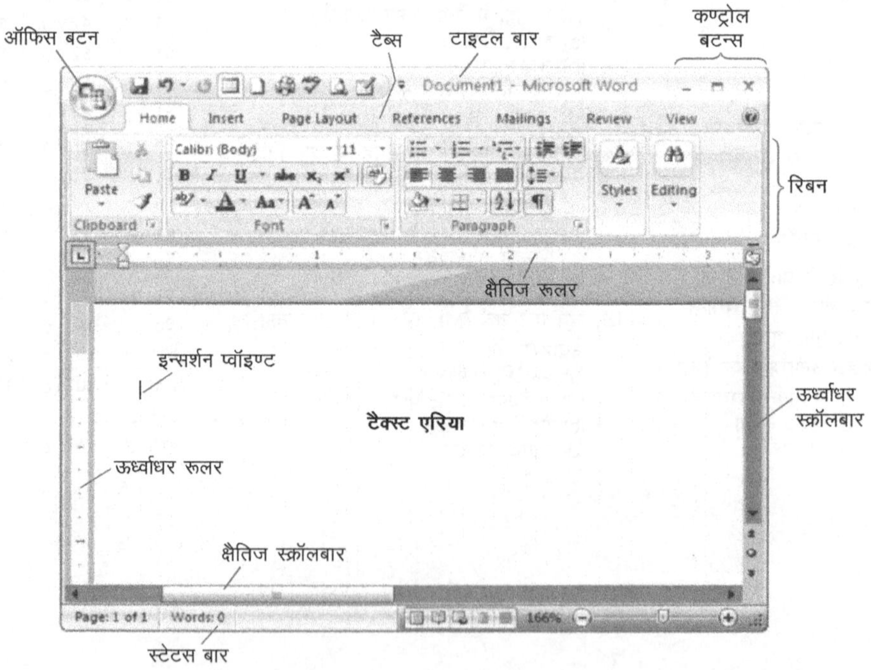

एम एस-वर्ड 2007 की मुख्य विण्डो

इसके मुख्य टूल्स (Tools) का परिचय निम्न प्रकार है

टूल्स नेम (Tools Name)	**विवरण** (Description)
टाइटल बार (Title Bar)	यह खुली हुई विण्डो के सबसे ऊपर होता है। वर्तमान में खुले डॉक्यूमेण्ट का नाम इसमें प्रदर्शित होता है।
ऑफिस बटन (Office Button)	यह विण्डो के सबसे ऊपर बाएँ कोने में स्थित होता है, जिस पर क्लिक करने से एक मेन्यू प्रस्तुत होता है। इस मेन्यू से नई फाइल को बनाना, फाइल को सेव करना इत्यादि कार्य किए जाते हैं।
कण्ट्रोल बटन्स (Control Buttons)	टाइटल बार के दाईं ओर कण्ट्रोल बटन्स होते हैं, जो तीन प्रकार के होते हैं 1. मिनीमाइज बटन (Minimize Button) 2. मैक्सीमाइज बटन (Maximize Button) 3. क्लोज़ बटन (Close Button)
रिबन (Ribbon)	वर्ड में प्रत्येक कमाण्ड रिबन में उपलब्ध होती है। रिबन का प्रयोग कमाण्ड्स देने के लिए होता है।
टैब्स (Tabs)	वर्ड में प्रत्येक कमाण्ड रिबन में उपलब्ध होती है। रिबन के ठीक ऊपर टैब्स होते हैं। किसी भी एक टैब को क्लिक करने पर उससे सम्बन्धित कमाण्ड्स ग्रुप्स रिबन में प्रस्तुत हो जाते हैं।
रूलर्स (Rulers)	ये दो प्रकार के होते हैं–क्षैतिज व ऊर्ध्वाधर व इनके प्रयोग से मार्जिन को सेट किया जाता है।
टैक्स्ट एरिया (Text Area) *या* डॉक्यूमेण्ट विण्डो (Document Window)	यह डॉक्यूमेण्ट विण्डो का आयताकार क्षेत्र होता है, जिसमें टैक्स्ट टाइप करते हैं या कोई चित्र या वस्तु जोड़ते हैं।
इन्सर्शन प्वॉइण्ट (Insertion Point)	इन्सर्शन प्वॉइण्टर को कर्सर के नाम से भी जाना जाता है। यह टैक्स्ट क्षेत्र का कर्सर (Cursor) होता है। यह किसी टैक्स्ट के प्रारम्भिक बिन्दु को दर्शाता है। कर्सर जिस स्थान पर होता है, उसी स्थान पर कोई टैक्स्ट टाइप होता है।
स्क्रॉल बार्स (Scroll Bars)	इनका प्रयोग डॉक्यूमेण्ट को क्षैतिज तथा ऊर्ध्वाधर स्क्रॉल करने के लिए किया जाता है। ये प्राय: दो प्रकार के होते हैं (a) **ऊर्ध्वाधर स्क्रॉल बार** (Vertical Scroll Bar) इससे डॉक्यूमेण्ट के पेजों तथा तत्त्वों को ऊपर या नीचे करके देखा जा सकता है। (b) **क्षैतिज स्क्रॉल बार** (Horizontal Scroll Bar) यदि डॉक्यूमेण्ट का आकार 100% से ज्यादा हो, तो इससे डॉक्यूमेण्ट के पेजों को दाईं या बाईं ओर करके देखा जा सकता है।
स्टेटस बार (Status Bar)	यह ऐक्टिव डॉक्यूमेण्ट के बारे में समस्त जानकारियों को दर्शाने के लिए प्रयोग होता है। यह टैक्स्ट एरिया; जैसे–पृष्ठ संख्या, लाइन व कॉलम संख्या के ठीक नीचे होता है।

डॉक्यूमेण्ट्स को खोलना और बन्द करना

डॉक्यूमेण्ट को खोलना

किसी भी डॉक्यूमेण्ट को खोलने के लिए निम्न स्टेप्स का प्रयोग किया जाता है

1. ऑफिस बटन के Open कमाण्ड पर क्लिक कीजिए।

   या

   Ctrl+O संयोग कुंजी का प्रयोग कीजिए। इससे Open डायलॉग बॉक्स प्रस्तुत होगा।

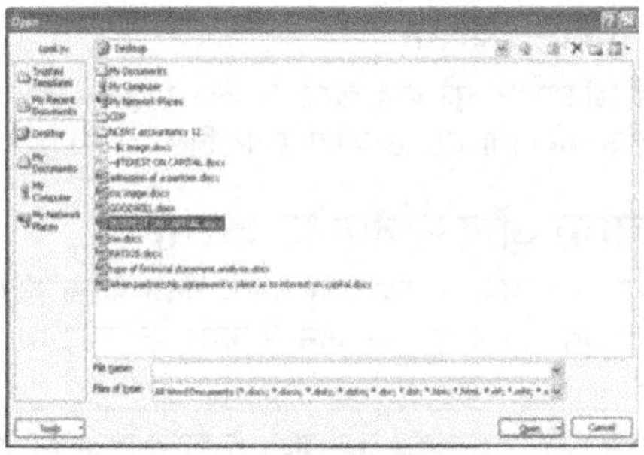

Open डायलॉग बॉक्स

2. इसमें Look in लिस्ट बॉक्स में उस फोल्डर का नाम सिलेक्ट किया जाता है, जिसमें डॉक्यूमेण्ट होने की सम्भावना होती है। यूजर द्वारा बनाई गई फाइलें यूजर अपने उपयोग के अनुसार किसी भी फोल्डर व हार्ड डिस्क में Save कर सकता है।

> वर्ड फाइल का फाइल एक्स्टेंशन .doc या .docx होता है तथा इसका डिफाल्ट नाम Document1. होता है।

3. Look in लिस्ट बॉक्स से लोकेशन सिलेक्ट करने के बाद उस फाइल पर क्लिक करके Open बटन पर क्लिक करें।

सेव और सेव ऐज

जब तक किसी डॉक्यूमेण्ट को किसी डिस्क पर सेव नहीं किया जाता तब तक वह केवल मुख्य मैमोरी में रहता है और किसी कारण से बिजली चले जाने पर हमेशा के लिए नष्ट हो जाता है। इसलिए प्रत्येक डॉक्यूमेण्ट को सेव करना आवश्यक है। किसी भी वर्ड फाइल या डॉक्यूमेण्ट को सेव करने के लिए निम्न स्टेप्स का प्रयोग किया जाता है

1. ऑफिस बटन → Save/Save As पर क्लिक कीजिए

   या

   Ctrl + S संयोग कुंजी को दबाइए। इससे निम्न डायलॉग बॉक्स प्रदर्शित होगा

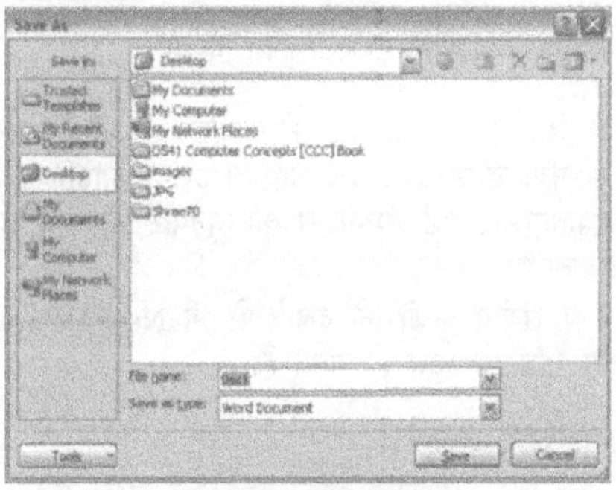

Save As डायलॉग बॉक्स

2. प्राप्त डायलॉग बॉक्स में File name टैक्स्ट बॉक्स में डॉक्यूमेण्ट का नाम तथा Save as type में उसका Type चयनित करके Save बटन पर क्लिक कीजिए। ऐसा करने से वह डॉक्यूमेण्ट उस नाम से डिस्क पर सेव हो जाता है व विण्डो के टाइटल बार पर उसका नाम प्रतिस्थापित (Replace) हो जाता है व प्रत्येक बार वह फाइल खोलने पर टाइटल बार पर Save किया हुआ फाइल नेम प्रदर्शित होता है।

Save और Save As में अन्तर

किसी भी डॉक्यूमेण्ट या फाइल को पहली बार सेव करने के लिए Save या Save As का प्रयोग कर सकते हैं। पहले से सेव की गई फाइल को Save करने से वह फाइल उसी नाम से सेव होती है, जबकि Save As कमाण्ड से हम फाइल को अन्य किसी नाम से भी सेव कर सकते हैं।

डॉक्यूमेण्ट को बन्द करना

किसी भी वर्ड डॉक्यूमेण्ट को बन्द करने के लिए माइक्रोसॉफ्ट ऑफिस बटन पर क्लिक करें तथा Close कमाण्ड पर क्लिक करें।

टैक्स्ट बनाना और मैनिपुलेट करना

वर्ड डॉक्यूमेण्ट खुल जाने के बाद यूजर टैक्स्ट टाइप करना आरम्भ करता है। टाइप किया गया टैक्स्ट कैरेक्टर क्रम में कर्सर के स्थान पर जुड़ता चला जाता है।

Enter का प्रयोग करने से कर्सर नई लाइन में पहुँच जाता है। टाइपिंग में होने वाली गलतियों को या तो उसी समय बैकस्पेस (Backspace) कुंजी के द्वारा या तीर के बटनों के द्वारा सही स्थान पर कर्सर ले जाकर Delete कुंजी द्वारा ठीक किया जा सकता है। डॉक्यूमेण्ट में एडिटिंग करके कभी भी कोई भी परिवर्तन किया जा सकता है।

डॉक्यूमेण्ट बनाना

डॉक्यूमेण्ट बनाने के लिए निम्नलिखित स्टेप्स का प्रयोग किया जाता है

1. ऑफिस बटन से New विकल्प को चुनें। इससे निम्न डायलॉग बॉक्स प्रस्तुत होगा।

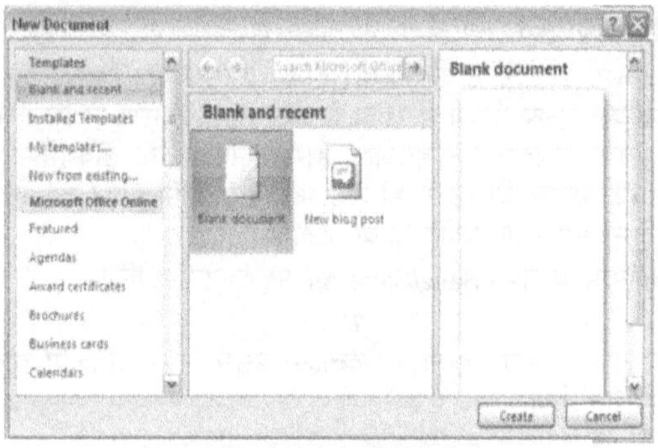

New Document विण्डो

2. इसमें से Blank document को चुनकर Create बटन पर क्लिक करने से नया डॉक्यूमेण्ट बन जाएगा। इसके अतिरिक्त यूजर आवश्यकतानुसार वर्ड टेम्प्लेट्स को चुनकर भी नया डॉक्यूमेण्ट बना सकता है।

या Ctrl + N संयोग कुंजी को दबाने से भी New Document डायलॉग बॉक्स प्रस्तुत हो जाता है।

टैक्स्ट की एडिटिंग करना

उपलब्ध डॉक्यूमेण्ट को परिवर्तित करना डॉक्यूमेण्ट की एडिटिंग कहलाती है। डॉक्यूमेण्ट में कुछ टैक्स्ट टाइप करने के बाद यूजर उसमें आवश्यकतानुसार एडिटिंग कर सकता है। डॉक्यूमेण्ट में कोई टैक्स्ट जोड़ने के लिए प्वॉइण्टर को उचित स्थान पर लाकर क्लिक करें व टाइप करना प्रारम्भ करें। इससे टाइप किया गया टैक्स्ट कर्सर के दाईं ओर शिफ्ट हो जाएगा।

जब कम्प्यूटर प्रयोक्ता किसी डॉक्यूमेण्ट को एडिट करते है, तो वे इसकी एपीयरेन्स को बदल देते हैं।

किसी भी कैरेक्टर को हटाने के लिए Backspace या Delete कुंजी का प्रयोग होता है व इसके साथ टैक्स्ट, पैराग्राफ या शब्द इत्यादि को भी सिलेक्ट करके डिलीट किया जा सकता है।

टैक्स्ट का सिलेक्शन

टैक्स्ट के ऊपर माउस ऐरो को ड्रैग करते हुए शेडिंग द्वारा टैक्स्ट सिलेक्ट करने को **हाईलाइट** कहते हैं। सर्वप्रथम माउस प्वॉइण्टर को उस इच्छित स्थान पर लाएँ जहाँ से यूजर टैक्स्ट को सिलेक्ट करना चाहता है। वहाँ पर माउस बटन को क्लिक करके रखें व उसे दबाए हुए माउस प्वॉइण्टर को दाईं ओर मूव कराएँ जैसे-जैसे यह प्रक्रिया होगी वैसे-वैसे टैक्स्ट हाईलाइट हो जाएगा। इस प्रकार कर्सर के शुरुआती स्थान से अन्तिम स्थान तक का सारा डाटा (लाइनों पैराग्राफ आदि सहित) सिलेक्ट हो जाएगा। जैसा कि निम्न चित्र में दर्शाया गया है

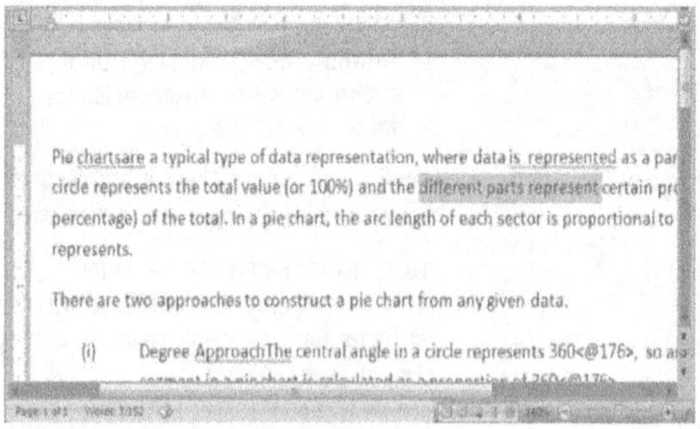

टैक्स्ट को चुनना

इसके अतिरिक्त निम्न स्टेप्स का प्रयोग करने से भी टैक्स्ट को आसानी से सिलेक्ट किया जा सकता है

(i) जिस भी टैक्स्ट, शब्द तथा पैराग्राफ को सिलेक्ट करना है उसके शुरुआत में कर्सर की स्थिति को सुनिश्चित करें।

(ii) Shift कुंजी के साथ निम्न कुंजियों का प्रयोग करने से विभिन्न कार्य होते हैं, जिनका वर्णन इस प्रकार है

कुंजी का नाम (Keys Names)	**कार्य का विवरण** (Description)
→	एक-एक कैरेक्टर दाईं ओर से सिलेक्ट होगा।
←	एक-एक कैरेक्टर बाईं ओर से सिलेक्ट होगा।
↑	पैराग्राफ में एक-एक लाइन ऊपर की ओर सिलेक्ट होगी।
↓	पैराग्राफ में एक-एक लाइन नीचे की ओर सिलेक्ट होगी।
End	लाइन के अन्त तक सिलेक्शन होगा।
Home	लाइन के आरम्भ तक सिलेक्शन होगा।

यदि यूजर को पूरे डॉक्यूमेण्ट के कण्टेण्ट को सिलेक्ट करना है, तो Home टैब → Editing ग्रुप → Select बटन → Select All कमाण्ड को चुनें या Ctrl + A का प्रयोग करना चाहिए। सिलेक्ट हुए टैक्स्ट पर यूजर कई प्रकार की क्रियाएँ कर सकता है; जैसे— कट, कॉपी आदि। यदि कोई कण्टेण्ट सिलेक्ट नहीं है, तो यह कमाण्ड निष्क्रिय (Disable) हो जाती है।

कट, कॉपी और पेस्ट

किसी भी टैक्स्ट को कॉपी/कट करने के लिए निम्न स्टेप्स का प्रयोग किया जाता है

1. जिस टैक्स्ट या कण्टेण्ट को कॉपी करना है, पहले उसे सिलेक्ट करें।
2. Home टैब → Clipboard ग्रुप → Cut/Copy कमाण्ड को आवश्यकतानुसार चुनें

या सिलेक्टेड कण्टेण्ट पर राइट क्लिक करके प्राप्त कॉण्टैक्स्ट मेन्यू (Context Menu) में से Cut/Copy को आवश्यकतानुसार चुनें।

या Ctrl + X संयोग कुंजी को टैक्स्ट कट करने के लिए और Ctrl + C संयोग कुंजी का प्रयोग टैक्स्ट कॉपी करने के लिए करें।

इनमें किसी भी एक निर्देश को प्रयोग करने से कट/कॉपी किया गया कण्टेण्ट क्लिपबोर्ड पर स्वत: ही आ जाएगा।

कट/कॉपी किए गए कण्टेण्ट को पेस्ट करने के लिए निम्न स्टेप्स का प्रयोग किया जाता है

(a) सबसे पहले कर्सर की स्थिति को सुनिश्चित करें, जहाँ उस कण्टेण्ट को पेस्ट करना है।

(b) Home टैब → Clipboard ग्रुप → Paste कमाण्ड को चुनें।

या कर्सर के स्थान पर राइट क्लिक करके Paste कमाण्ड को चुनें।

या Ctrl + V संयोग कुंजी का प्रयोग करें।

या क्लिपबोर्ड डायलॉग बॉक्स में से इच्छित कण्टेण्ट को चुनकर डबल क्लिक करें।

उपरोक्त स्टेप्स के प्रयोग से टैक्स्ट कर्सर के आगे स्वत: ही जुड़ जाएगा।

फॉण्ट और साइज का सिलेक्शन

यूजर किसी भी टैक्स्ट का फॉण्ट तथा आकार भी बदल सकता है। टैक्स्ट के फॉण्ट को बदलने के लिए निम्न स्टेप्स का प्रयोग किया जाता है

1. टैक्स्ट को सिलेक्ट करें।
2. Home टैब के Font ग्रुप के Font बॉक्स के ड्रॉपडाउन ऐरो पर क्लिक करें।

3. प्रस्तुत लिस्ट में से इच्छानुसार Font को चुनें।

टैक्स्ट के साइज का सिलेक्शन करने के लिए निम्न स्टेप्स का प्रयोग किया जाता है

1. टैक्स्ट को सिलेक्ट करें।
2. Home टैब के Font ग्रुप के Size बॉक्स के ड्रॉपडाउन ऐरो पर क्लिक करें।

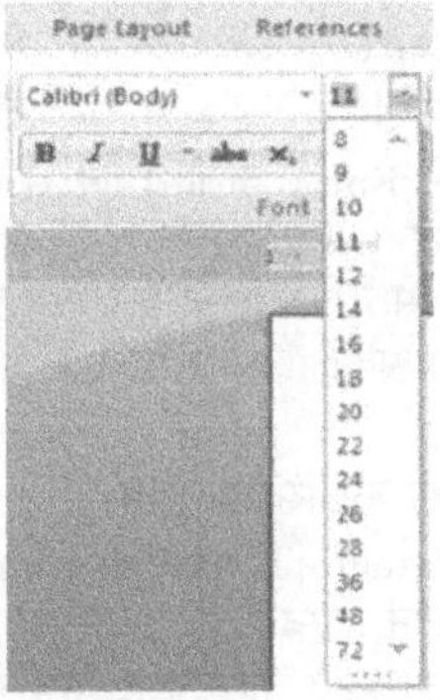

3. प्रस्तुत लिस्ट में से इच्छानुसार size को चुनें।

टैक्स्ट का एलाइनमेण्ट

वर्ड डॉक्यूमेण्ट की उपयोगिता को बढ़ाने के लिए टैक्स्ट एलाइनमेण्ट का प्रयोग किया जाता है। इस कार्य को करने के लिए निम्न स्टेप्स का प्रयोग किया जाता है

1. जिस टैक्स्ट या कण्टेण्ट का एलाइनमेण्ट सेट करना है, उसे सिलेक्ट करें।
2. Home टैब → Paragraph ग्रुप में से उचित एलाइनमेण्ट को क्लिक करें।

Paragraph ग्रुप में इस कार्य को करने के लिए 4 बटन उपलब्ध हैं

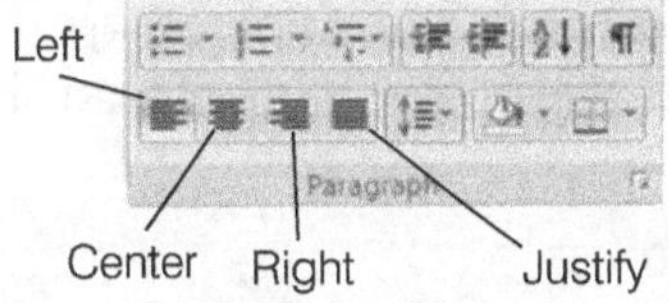

नोट Justify एलाइन मोड डॉक्यूमेण्ट को दोनों ओर से एलाइन कर देता है।

टैक्स्ट की फॉर्मेटिंग व प्रेजेंटेशन करना

MS-Word 2007 में यूजर किसी भी सिलेक्टेड टैक्स्ट पर बहुत आसानी से फॉर्मेटिंग व प्रेजेन्टेशन कर सकता है। यह कार्य Word 2007 में रिबन पर स्थित ग्रुप्स से किया जाता है।

टैक्स्ट को हाईलाइट करना

किसी भी टैक्स्ट को हाईलाइट करने के लिए प्राय: निम्नलिखित स्टेप्स का प्रयोग किया जाता है

1. इच्छित टैक्स्ट को सिलेक्ट करें।
2. Home टैब के Font ग्रुप से Text Highlight Color के ड्रॉपडाउन ऐरो पर क्लिक करें, जिससे एक कलर बॉक्स खुल जाएगा।
3. इस कलर बॉक्स में से इच्छानुसार कोई भी रंग चुन लीजिए। इस प्रकार से किसी भी टैक्स्ट को हाईलाइट किया जा सकता है। हाईलाइट का प्रभाव समाप्त करने के लिए हाईलाइट ऑप्शन को फिर से खोलकर उसमें से No Color विकल्प को सिलेक्ट किया जाता है।

हाईलाइटिंग कलर ड्रॉपडाउन मेन्यू

टैक्स्ट का रंग बदलना

इस कार्य को करने के लिए निम्न स्टेप्स हैं

1. टैक्स्ट को सिलेक्ट करें।
2. Home टैब के Font ग्रुप टूलबार में से Font Color ऑप्शन के ड्रॉपडाउन ऐरो पर क्लिक करें, जिससे एक कलर बॉक्स प्रदर्शित होगा।
3. इस बॉक्स में से कोई भी रंग सिलेक्ट करने से टैक्स्ट का कलर बदल जाता है। टैक्स्ट को फिर से काले रंग में लाने के लिए कलर बॉक्स को फिर से खोलकर उसमें से Automatic विकल्प को सिलेक्ट कीजिए।

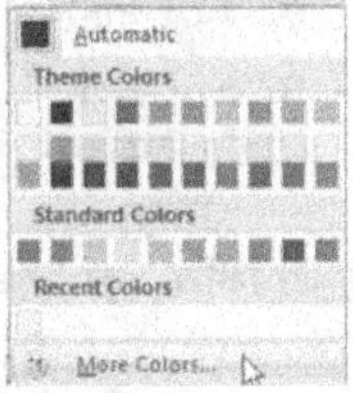

टैक्सट कलर बॉक्स

पैराग्राफ इण्डेन्टिंग

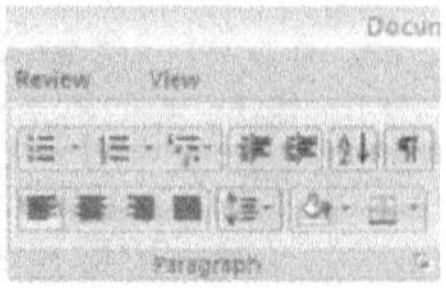

किसी पैराग्राफ की सभी पंक्तियों (Rows) को थोड़ा दाईं ओर हटाकर मार्जिन सेट करने की विधि को पैराग्राफ इण्डेण्टेशन कहते हैं। इस कार्य को करने के लिए निम्न स्टेप्स का प्रयोग किया जाता है

1. पैराग्राफ को सिलेक्ट करें।
2. Home टैब के Paragraph ग्रुप में से Increase Indent तथा Decrease Indent बटनों का आवश्यकतानुसार प्रयोग करें।
   यह Margins को कम-से-कम एक टैब के बराबर क्रमश: अधिक तथा कम करने के लिए प्रयोग किए जाते हैं।
   पैराग्राफ को इण्डेण्ट, क्षैतिज रूलर लाइन द्वारा भी किया जा सकता है।

रूलर लाइन

इसके बाएँ किनारे पर दो छोटे त्रिकोण (Triangle) ऊपर-नीचे बने हुए हैं, उनके नीचे एक छोटा-सा आयत बना हुआ है और दाएँ किनारे पर एक त्रिकोण बना हुआ है। इन्हें **मार्कर** कहा जाता है।

लेफ्ट इण्डेण्ट तथा राइट इण्डेण्ट मार्करों का प्रयोग पूरे पैराग्राफ को अलग मार्जिन देने में अर्थात् किसी पैराग्राफ को अन्य पैराग्राफों से कम या अधिक गैप (Gap) देने में किया जाता है। यूजर इन्हें माउस प्वॉइण्टर से पकड़कर दाएँ या बाएँ मूव करा सकते हैं और पैराग्राफ को उचित स्थान पर सेट कर सकते हैं।

बुलेट्स तथा नम्बरिंग

कभी-कभी MS-Word में प्रत्येक वाक्य को एक अलग लाइन में किसी विशेष चिह्न जैसे—बड़ा बिन्दु या वर्ग के साथ दिखाया जाता है। किसी वाक्य से पहले बुलेट लगाने के लिए *, $, % इत्यादि चिह्न का प्रयोग किया जाता है। इन चिह्नों को बुलेट और ऐसी सूचियों को बुलेट लिस्ट कहा जाता है।

बुलेट लिस्ट बनाना

MS-Word में यूजर दो प्रकार से बुलेट लिस्ट बना सकते हैं। पहली विधि में यूजर वाक्य टाइप करते समय ही बुलेट लिस्ट बना सकते हैं और दूसरी विधि में टाइप करने के बाद उसे बुलेट लिस्ट में बदल सकते हैं।

पहली विधि यूजर वाक्य टाइप करते समय ही निम्न स्टेप्स का प्रयोग करके बुलेट लिस्ट बना सकता है

1. किसी भी वाक्य को टाइप करने से पहले Asterisk (*) को टाइप करें।
2. स्पेस देकर वाक्य को टाइप करें।
3. Enter कुंजी दबाएँ, जब यूजर बुलेट लिस्ट को हटाना चाहें तो अन्तिम वाक्य के बाद नया बुलेट आते ही सिर्फ Enter कुंजी दबाएँ।

दूसरी विधि इस विधि में पहले से ही टाइप वाक्य में बुलेट लगाया जाता है। इसके लिए उस लिस्ट के सभी वाक्य अलग-अलग पंक्तियों या पैराग्राफों में होने चाहिए। पंक्तियों/पैराग्राफ को बुलेट लिस्ट में बदलने के लिए निम्न स्टेप्स का प्रयोग किया जाता है

1. वाक्यों को सिलेक्ट करें।
2. Home टैब → Paragraph ग्रुप बॉक्स में से Bullets पर क्लिक कीजिए।

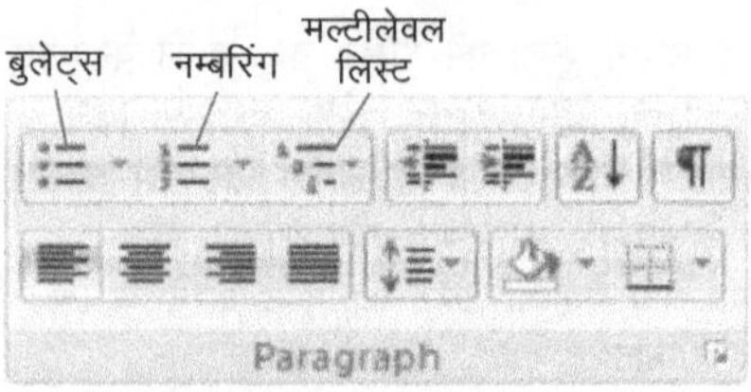

बुलेट्स एण्ड नम्बरिंग

या राइट क्लिक करके प्राप्त कॉण्टैक्स्ट मेन्यू में से Bullets कमाण्ड से उपयुक्त बुलेट को (*, $, % आदि) Bullet Library में से चुनें। ये चिह्न किसी वाक्य से पहले बुलेट लगाने के लिए प्रयोग किए जाते हैं, जोकि निम्न प्रकार हैं

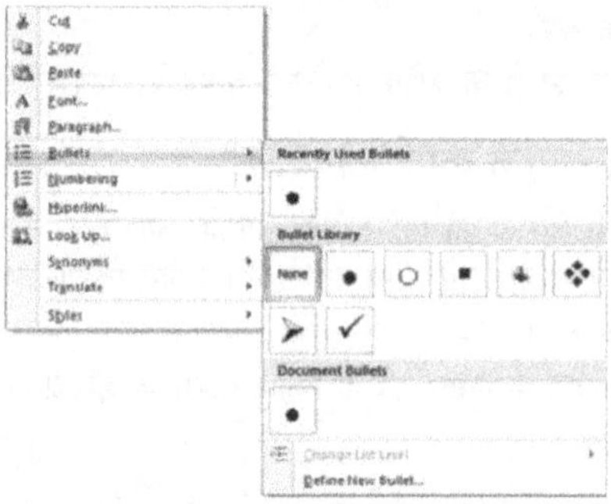

Bullets का पॉप-अप मेन्यू

यदि आप Bullet Library के बुलेट को प्रयोग नहीं करना चाहते हैं, तो Define New Bullet पर क्लिक करें जिससे Define New Bullet डायलॉग बॉक्स प्रदर्शित होगा जिसके Symbol, Picture तथा Font टैब का प्रयोग करके अलग बुलेट भी प्रयोग कर सकते हैं। ऐसा करते ही उन सभी वाक्यों की एक बुलेट लिस्ट बन जाएगी।

नम्बर लिस्ट बनाना

MS-Word में बुलेट लिस्ट की तरह यूजर नम्बर लिस्ट भी बना सकता है। ऐसी लिस्ट संख्याएँ, कैरेक्टर या रोमन नम्बर आदि से प्रदर्शित होती हैं। नम्बर लिस्ट बनाने की प्राय: दो विधियाँ हैं

पहली विधि इस विधि में नम्बर लिस्ट बनाने के लिए वाक्य टाइप करने से पहले निम्न स्टेप्स का प्रयोग करें

1. कोई संख्या (1-9), कैरेक्टर (a या A), रोमन नम्बर (i) व उसके बाद (.) या दायाँ कोष्ठक ')' लगाकर Tab कुंजी दबाएँ।
2. वाक्य को टाइप करें।
3. Enter कुंजी दबाएँ।
   वाक्य के अन्त में Enter कुंजी दबाने से अगला नम्बर स्वत: ही टाइप हो जाएगा।

दूसरी विधि इस विधि से बुलेट लिस्ट की तरह सामान्य पैराग्राफों/वाक्यों को नम्बर लिस्ट में बदल सकते हैं। इस विधि में प्राय: निम्न स्टेप्स का प्रयोग किया जाता है

(i) पैराग्राफ या वाक्यों को सिलेक्ट करें।
(ii) Home टैब → Paragraph ग्रुप में से Numbering बटन पर क्लिक करें। प्राप्त ड्रॉपडाउन लिस्ट में से इच्छानुसार नम्बरिंग स्टाइल को चुनें।

या राइट क्लिक करके प्राप्त कॉण्टैक्स्ट मेन्यू में से Numbering कमाण्ड पर जाकर प्राप्त Numbering Library से उपयुक्त नम्बरिंग स्टाइल को चुनें, जोकि निम्न प्रकार हैं

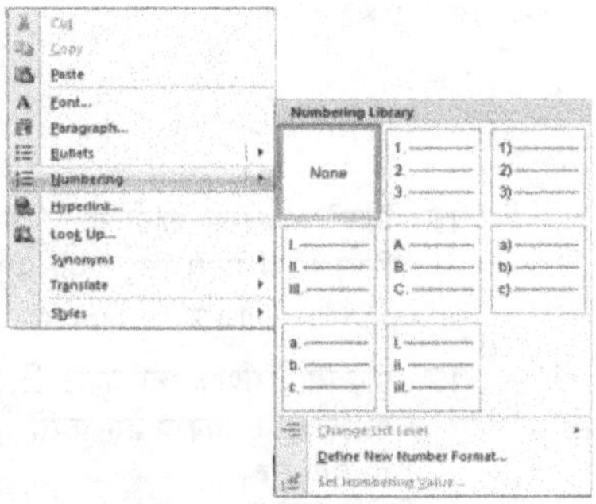

Numburing Library का कॉण्टैक्स्ट मेन्यू

जिस भी नम्बरिंग बुलेट का प्रयोग करना चाहते हैं, उसे सिलेक्ट करें, ऐसा करते ही उन सभी वाक्यों की नम्बरिंग बुलेट लिस्ट बन जाएगी।

मल्टीलेवल लिस्ट

वर्ड में आप सब-लिस्ट या मल्टीलेवल लिस्ट भी बना सकते हैं। इस लिस्ट में विभिन्न लेवलों पर विभिन्न बुलेट, नम्बर आदि प्रदर्शित होते हैं।

चेंज केस कमाण्ड का प्रयोग करना

वर्ड किसी भी टैक्स्ट को कैपिटल लेटर्स से स्मॉल लेटर्स (Small Letters) तथा स्मॉल लेटर्स से कैपिटल लेटर्स में बदलने की सुविधा प्रदान करता है। यह कार्य यूजर चेंज केस (Change Case) कमाण्ड का प्रयोग करके कर सकता है।

टैक्स्ट के case को बदलने के लिए निम्न स्टेप्स का प्रयोग किया जाता है

1. जिस टैक्स्ट के Case को यूजर बदलना चाहते हैं, उसे सिलेक्ट कीजिए।
2. Home टैब → Font ग्रुप में से Change Case बटन पर क्लिक करें जिससे एक ड्रॉपडाउन लिस्ट प्राप्त होगी, जिसमें निम्न ऑप्शन्स होते हैं

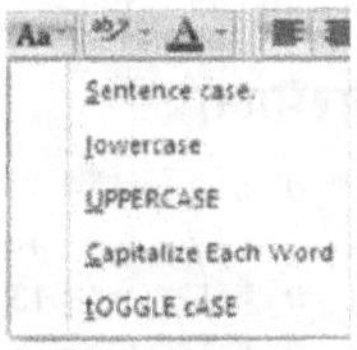

Sentence case इससे सिलेक्ट किए गए टैक्स्ट के पहले शब्द का पहला कैरेक्टर कैपिटलाइज्ड हो जाता है।

lowercase इससे सिलेक्ट किए गए टैक्स्ट के सभी कैरेक्टर्स लोअर केस में हो जाते हैं।

UPPERCASE इससे सिलेक्ट किए गए टैक्स्ट के सभी कैरेक्टर्स अपर केस में हो जाते हैं।

Capitalise Each Word इससे सिलेक्ट किए गए टैक्स्ट के प्रत्येक शब्द का पहला कैरेक्टर कैपिटलाइज्ड हो जाता है।

tOGGLE cASE इससे प्रत्येक सिलेक्टिव टैक्स्ट में जो कैरेक्टर अपर केस में होते हैं, वो लोअर में तथा जो लोअर केस में होते हैं, वो अपर केस में बदल जाते हैं।

3. दिए गए ऑप्शन्स में से यूजर को जो ऑप्शन चुनना हो, उस पर क्लिक करें।

MS-Word की शॉर्टकट कुंजियाँ और उनका विवरण

स्टैण्डर्ड टूलबार

शॉर्टकट (Shortcut)	**विवरण** (Description)
Ctrl + N	एक नया डॉक्यूमेण्ट बनाने के लिए
Ctrl + O या Ctrl + F12	पहले से बने हुए डॉक्यूमेण्ट को खोलने के लिए
Ctrl + S या Shift + F12	एक्टिव डॉक्यूमेण्ट को सेव करने के लिए
F12	किसी सेव डॉक्यूमेण्ट के नाम व लोकेशन को बदलकर सुरक्षित करने के लिए
Ctrl + A	पेज के सभी कण्टेण्ट्स को चुनने के लिए
Ctrl + P or Ctrl+Shift+F12	एक्टिव डॉक्यूमेण्ट को प्रिण्ट करने के लिए
Ctrl+F2	प्रिण्ट करने से पहले पेज का प्रिव्यू देखने के लिए
F7	किसी एक्टिव डॉक्यूमेण्ट में स्पेलिंग चेक करने के लिए
Ctrl + F	Find, replace और go to विण्डो खोलने के लिए
Ctrl + X	चुने हुए टेक्स्ट या इमेज को कट करने के लिए
Ctrl + C	चुने हुए टेक्स्ट की कॉपी करने और उसे क्लिपबोर्ड में रखने के लिए
Ctrl + V या Shift + Insert	क्लिपबोर्ड में कट या कॉपी किए गए कण्टेण्ट को किसी पेज में किसी स्थान पर पेस्ट करने के लिए
Ctrl + Z	पिछले दिए गए आदेशों को डिसिलेक्ट करने के लिए
Ctrl + Y	Undo के द्वारा डिसिलेक्ट किए गए आदेश को प्रभावी बनाने के लिए
Ctrl + ←	बाईं ओर एक शब्द मूव करने के लिए
Ctrl + →	दाईं ओर एक शब्द मूव करने के लिए
Shift + Alt + D	करण्ट डेट इन्सर्ट करने के लिए
Shift + Alt + T	करण्ट टाइम इन्सर्ट करने के लिए
Ctrl + >	फॉण्ट साइज बढ़ाने के लिए
Ctrl + <	फॉण्ट साइज कम करने के लिए

फॉर्मेटिंग टूलबार

शॉर्टकट (Shortcut)	**विवरण** (Description)
Ctrl + Shift + S	किसी चुने हुए टैक्स्ट या फॉण्ट की स्टाइल को बदलने के लिए
Ctrl + Shift + F	चुने हुए पोर्शन के फॉण्ट तथा आकार को बदलने के लिए
Ctrl + Shift+P	चुने हुए पोर्शन (Portion) के फॉण्ट साइज को बदलने के लिए।
Ctrl + B	चुने हुए टैक्स्ट या शब्द को बोल्ड (मोटे अक्षर) में लिखने के लिए।
Ctrl + I	चुने हुए शब्द या अक्षर को तिरछे (Italic) स्टाइल में लिखने के लिए
Ctrl + U	चुने हुए शब्द या अक्षर के नीचे रेखा खींचने के लिए
Ctrl + L	शब्दों को बाईं ओर से एलाइन (Align) में लाने के लिए
Ctrl + E	पैराग्राफ को पेज के बीचों-बीच में लाने के लिए या शब्दों को बीच में लिखने के लिए
Ctrl + R	शब्दों या पैराग्राफ को पेज के दाईं ओर से एलाइन (Align) करने के लिए
Ctrl + J	पैराग्राफ को दाईं तथा बाईं ओर से एलाइन करने के लिए

अभ्यास प्रश्न

1. .... एक प्रकार का वर्ड प्रोसेसिंग सॉफ्टवेयर है।
(a) माइक्रोसॉफ्ट वर्ड
(b) माइक्रो वर्ड
(c) माइक्रोसॉफ्ट ऑफिस
(d) उपरोक्त में से कोई नहीं

2. कण्ट्रोल बटन्स की संख्या कितनी होती है?
(a) 4 (b) 2
(c) 5 (d) 3

3. इन्सर्शन प्वॉइण्टर को निम्न में से अन्य किस नाम से जाना जाता है?
(a) माउस प्वॉइण्टर (b) कर्सर
(c) एण्ट्री प्वॉइण्ट (d) सिलेक्शन टूल

4. डॉक्यूमेण्ट को खोलने के लिए ऑफिस बटन की किस कमाण्ड का प्रयोग किया जाता है?
(a) Open
(b) New
(c) (a) और (b) दोनों
(d) उपरोक्त से कोई नहीं

5. वर्ड डॉक्यूमेण्ट्स का एक्सटेंशन कौन-सा है?
(a) .txt (b) .rtf
(c) .doc (d) .jpg

6. MS-Word में डॉक्यूमेण्ट का बाय डिफाल्ट नाम क्या होता है?
(a) Document1 (b) Document
(c) Doc 1 (d) इनमें से कोई नहीं

7. सेव की गई फाइल को अन्य नाम से सेव करने के लिए किस कमाण्ड का प्रयोग किया जाता है?
(a) Save
(b) Save As
(c) Save Is
(d) उपरोक्त में से कोई नहीं

8. MS-Word में किसी डॉक्यूमेण्ट को बन्द करने के लिए ऑफिस बटन से किस कमाण्ड का प्रयोग किया जाता है?
(a) New (b) Open
(c) Rename (d) Close

9. उपलब्ध डॉक्यूमेण्ट को परिवर्तित करना डॉक्यूमेण्ट की .... कहलाती है।
(a) क्रिएटिंग (b) एडिटिंग
(c) मोडीफाइंग (d) एडजस्टिंग

10. जब कम्प्यूटर प्रयोक्ता किसी डॉक्यूमेण्ट को .... करते हैं, तो वे इसकी एपीयरेन्स को बदल देते हैं।
(a) एडिट (b) क्रिएट
(c) सेव (d) फॉर्मेट

11. टेक्स्ट के ऊपर माउस ऐरो को ड्रैग करते हुए शैडिंग द्वारा टेक्स्ट सिलेक्ट करने को .... कहते हैं।
(a) क्लिपआर्ट
(b) हाईलाइट
(c) फैच
(d) डिकोड

12. किसी डॉक्यूमेण्ट से कट/कॉपी किया गया कण्टेण्ट .... में स्वत: आ जाएगा।
(a) ड्राइवर (b) क्लिपबोर्ड
(c) टर्मिनल (d) प्रॉम्प्ट

13. टैक्स्ट के फॉण्ट को परिवर्तित करने के लिए किस ग्रुप का प्रयोग किया जाता है?
(a) Font
(b) Size
(c) Clipboard
(d) उपरोक्त में में से कोई नहीं

14. कौन-सा एलाइनमेण्ट मोड डॉक्यूमेण्ट को दोनों ओर से एलाइन कर देता है?
(a) Align left (b) Center
(c) Align right (d) Justify

15. किसी पैराग्राफ की सभी रॉ को थोड़ा दाईं ओर हटाकर मार्जिन सेट करने की विधि को कहा जाता है
(a) इण्डेण्टेशन
(b) पैराग्राफ
(c) पैराग्राफ इण्डेण्टेशन
(d) उपरोक्त में से कोई नहीं

16. किसी वाक्य से पहले बुलेट लगाने के लिए निम्न में से किस चिह्न का प्रयोग करते हैं?
(a) * (b) $ (c) % (d) ये सभी

17. पंक्तियों/पैराग्राफ को बुलेट लिस्ट में बदलने के लिए किसका प्रयोग करते हैं?
(a) होम टैब
(b) इन्सर्ट टैब
(c) मेलिंग टैब
(d) पेज लेआउट टैब

18. सिलेक्ट किए गए टैक्स्ट के पहले शब्द का पहला कैरेक्टर कैपिटलाइज्ड करने के लिए किस कमाण्ड का प्रयोग किया जाता है?
(a) Uppercase
(b) toGGLE cASE
(c) Capitalise Each Word
(d) lowercase

19. MS-Word में किसी डॉक्यूमेण्ट को खोलने के लिए निम्न में से किस संयोग कुंजी का प्रयोग करते हैं?
(a) Ctrl + O (b) Ctrl + A
(c) Ctrl + P (d) Ctrl + E

20. MS-Word में किसी डॉक्यूमेण्ट को सेव करने के लिए किस कुंजी का प्रयोग करते हैं?
(a) Ctrl + S (b) Ctrl + F4
(c) Shift + S (d) Alt + Shift + L

21. Print करने के लिए निम्न में से किसका प्रयोग किया जाता है?
(a) Ctrl + N (b) Ctrl + P
(c) Ctrl + O (d) Ctrl + M

उत्तरमाला

1	a	2	d	3	b	4	a	5	c
6	a	7	b	8	d	9	b	10	a
11	b	12	b	13	a	14	d	15	c
16	d	17	a	18	c	19	a	20	a
21	b								

03 माइक्रोसॉफ्ट एक्सेल

परिचय

एम एस-एक्सेल माइक्रोसॉफ्ट द्वारा बनाए गए सॉफ्टवेयर पैकेज एम एस-ऑफिस का स्प्रैडशीट प्रोग्राम है। इसे संक्षेप में एक्सेल भी कहा जाता है। स्प्रैडशीट में फॉर्मेटिंग करने के लिए एम एस-वर्ड की भाँति कई टूलबार उपलब्ध होते हैं।

माइक्रोसॉफ्ट एक्सेल एक पावरफुल स्प्रैडशीट प्रोग्राम है, जो आपके डाटा को व्यवस्थित करने, कैलकुलेशन पूरी करने, निर्णय तक पहुँचने के लिए ग्राफ, डाटा प्रदर्शित करने वाली रिपोर्ट तैयार करने की सुविधा देता है।

एम एस- एक्सेल के अतिरिक्त कुछ अन्य स्प्रैडशीट;
जैसे—Snowball, Multiplan, Lotus 1-2-3, Quattro-Pro, VisiCalc आदि हैं।

नोट सबसे पहला इलेक्ट्रॉनिक वर्कशीट प्रोग्राम VisiCalc है।

इलेक्ट्रॉनिक स्प्रैडशीट के अवयव

- स्प्रैडशीट अथवा वर्कशीट एक इलेक्ट्रॉनिक डॉक्यूमेण्ट है, जिसमें डाटा को रॉ तथा कॉलम के रूप में व्यवस्थित किया जाता है। प्रत्येक वर्कशीट 1048576 रॉ तथा 16384 (XFD) कॉलम को सम्मिलित करती है।
- रॉ तथा कॉलम का कटान बिन्दु सैल (Cell) कहलाता है। यह नम्बर, फॉर्मूला, टैक्स्ट, डेट, टाइम इत्यादि को रखता है।
- **फॉर्मूला** एक समीकरण (Equation) है, जो प्रदर्शित की गई वैल्यू को कैलकुलेट करता है। फॉर्मूला हमेशा = (equal to) चिह्न से प्रारम्भ होता है।
- **सैल प्वॉइण्टर** एक बाउण्ड्री है, जो सक्रिय (Active) सैल की स्थिति को स्पेसीफाई करती है।
- **सैल एड्रेस** रॉ (Row) तथा कॉलम (Column) के नाम के संयोग (Combination) से बना होता है।
  उदाहरण C2 जहाँ, C कॉलम लेबल तथा 2 रॉ नम्बर है।

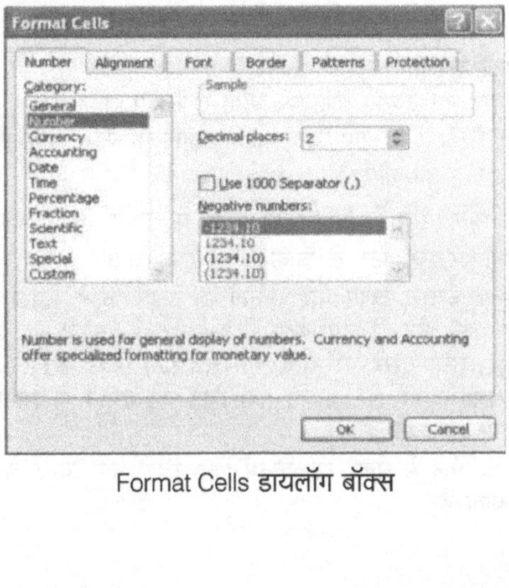

Format Cells डायलॉग बॉक्स

स्प्रैडशीट की मुख्य विण्डो के विभिन्न अवयवों का वर्णन निम्न प्रकार है

ऑफिस बटन

एक्सेल शीट पर बाएँ कोने में बने एक बड़े बटन को ऑफिस बटन कहते हैं। इस बटन में New, Open, Save, Save As, Print आदि विकल्प होते हैं।

टाइटल बार

यह खुली हुई विण्डो के सबसे ऊपर स्थित होता है। टाइटल बार पर वर्कबुक का नाम डिस्प्ले होता है। इसमें दाएँ कोने पर तीन कण्ट्रोल बटन Minimize, Restore तथा Close होते हैं।

फॉर्मूला बार

रिबन के नीचे तथा कॉलम बॉक्स (Column Box) के ऊपर फॉर्मूला बार स्थित होता है। जब किसी सैल में डाटा प्रविष्ट (Enter) किया जाता है, तो वह डाटा उस सैल के साथ फॉर्मूला बार में भी दिखाई देता है।

वर्कशीट

एम-एस एक्सेल वर्कशीट को सम्मिलित करता है। प्रत्येक वर्कशीट रॉ तथा कॉलम को सम्मिलित करती है। फॉर्मूला बार के नीचे का विशाल भाग वर्कशीट एरिया होता है। यह अनेक रॉज एवं कॉलमों में विभाजित होता है। इसके ऊपर एक सीधी पट्टी होती है जिस पर कॉलम नेम (A,B,C,.......) तथा बाईं ओर एक ऊर्ध्वाधर (Vertical) पट्टी होती है जिस पर रॉ (Row) नेम (1,2,3,........) लिखे होते हैं।

वर्कबुक

एक्सेल की फाइल को वर्कबुक भी कहते हैं, इसका एक्सटेंशन (Extension) .xls होता है। प्रत्येक वर्कबुक अनेक वर्कशीटों से मिलकर बनी होती है।

बाय डिफाल्ट एक वर्कबुक में 3 वर्कशीट होती हैं। एक वर्कबुक में अधिकतम 255 वर्कशीटें आ सकती हैं।

शीट टैब

हॉरिजॉण्टल स्क्रॉल बार के बाएँ ओर शीट टैब होती है, जिस पर किसी वर्कबुक की कुल शीट्स डिस्प्ले होती हैं। इस टैब के बाईं ओर चार बॉक्स होते हैं, इन्हें वर्कशीट स्क्रॉल बटन कहते हैं। इनके उपयोग से वर्कशीट टैब को आगे-पीछे मूव किया जा सकता है।

स्टेटस बार

वर्कशीट पर सबसे नीचे स्थित टैब को स्टेटस बार कहते हैं। इस स्टेटस बार पर विभिन्न ऑप्शन प्रदर्शित होते हैं।

मिनी टूलबार Mini Toolbar

इस टूलबार में Home टैब के फॉण्ट ग्रुप, क्लिपआर्ट ग्रुप, एलाइनमेण्ट ग्रुप के अधिक प्रयोग होने वाले ऑप्शन दिए होते हैं।

नई वर्कबुक क्रियेट करना

नई वर्कबुक क्रियेट करने के लिए निम्न स्टेप्स का प्रयोग करें

1. ऑफिस बटन पर क्लिक करें।
2. New कमाण्ड सिलेक्ट करें, जिससे New Workbook डायलॉग बॉक्स प्रदर्शित होगा तथा बाय डिफॉल्ट Blank Workbook हाईलाइट हो जाएगा।

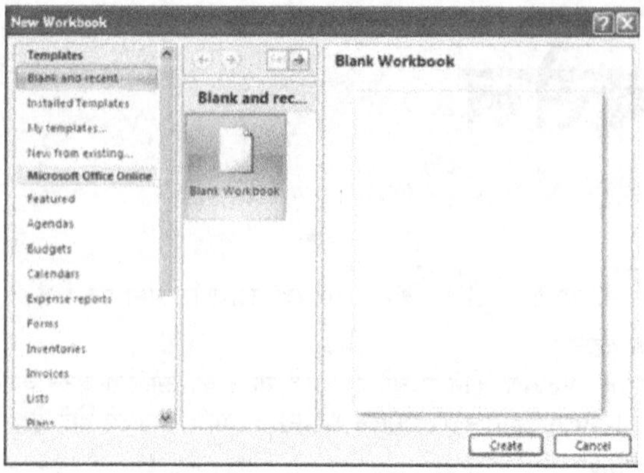

New Workbook डायलॉग बॉक्स

3. Creat बटन पर क्लिक करें।

मौजूद वर्कबुक को खोलना

मौजूद वर्कबुक खोलने के लिए निम्न स्टेप्स का प्रयोग करें

1. ऑफिस बटन पर क्लिक करें।
2. Open कमाण्ड को सिलेक्ट करें, जिससे Open डायलॉग बॉक्स प्रदर्शित हो जाएगा।

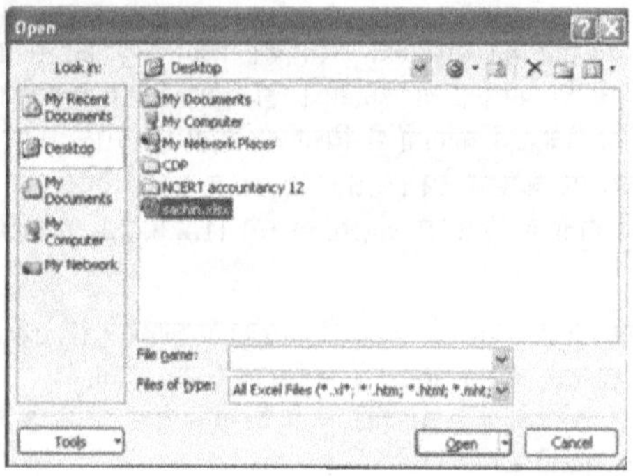

Open डायलॉग बॉक्स

3. जिस फाइल को आप खोलना चाहते हैं, उसकी लोकेशन तथा फाइल को सिलेक्ट करें।
4. Open बटन पर क्लिक करें।

सैल्स की एड्रेसिंग करना

स्प्रैडशीट के वर्कशीट एरिया में कई क्षैतिज (Horizontal) रॉज एवं ऊर्ध्वाधर (Vertical) कॉलम होते हैं। रॉज को उनके बाएँ ओर की संख्याओं 1, 2, 3.... आदि से तथा कॉलमों को उनके ऊपर लिखे हुए अक्षरों A, B, C.... आदि से पहचानते हैं। किसी सैल को उसकी रॉ संख्या और कॉलम नाम के जोड़े से पहचाना जाता है, जिसे सैल का पता (Address) कहा जाता है।

सैल के पते को नेम बॉक्स में दिखाया जाता है, उदाहरण के लिए, B कॉलम तथा 10 रॉ के कटान से बने सैल का एड्रेस B10 होगा। एम एस-एक्सेल में फॉर्मूले लिखते समय अधिकतर एकल सैल्स (Cells) या सैलों की रेंज को संदर्भित किया जाता है।

सैल सन्दर्भ तीन प्रकार के होते हैं

1. निरपेक्ष सैल सन्दर्भ

निरपेक्ष सैल सन्दर्भ (Absolute cell reference) में किसी सैल एड्रेस में रॉ संख्या और कॉलम नाम से पहले एक डॉलर चिह्न लगाया जाता है; जैसे—$B$3 एक निरपेक्ष सैल सन्दर्भ है। ऐसे सन्दर्भ को कहीं कॉपी करते समय वह बदलता नहीं, बल्कि वहीं रहता है।

	A	B	C	D
1				
2				
3			=$A$5*B4	=$A$5*C4
4			=$A$5*B5	=$A$5*C5
5				

निरपेक्ष सैल सन्दर्भ

2. सापेक्ष सैल सन्दर्भ

सापेक्ष सैल सन्दर्भ (Relative cell Reference) में एड्रेस सीधे दिए जाते हैं अर्थात् डॉलर चिह्न का प्रयोग नहीं किया जाता। जैसे-A5 जब ऐसे सैल सन्दर्भों को एक सैल से दूसरे सैल में कॉपी किया जाता है, तो वे सन्दर्भ अपनी नई सापेक्ष स्थिति के अनुसार बदल जाते हैं। जैसा कि निम्न चित्र में दर्शाया गया है

	A	B	C	D
1				
2				
3			=A5*B4	=B5*C4
4			=A6*B5	=B6*C5
5				

सापेक्ष सैल सन्दर्भ

3. मिश्रित सैल सन्दर्भ

मिश्रित सैल सन्दर्भ (Mixed cell reference) में या तो केवल रॉ की संख्या या केवल कॉलम का नाम निरपेक्ष होता है। उदाहरण के लिए, $B2 और B$2 ये दोनों मिश्रित सैल सन्दर्भ हैं, जब ऐसे सन्दर्भों को एक सैल से दूसरे सैल में कॉपी किया जाता है, तो उनका निरपेक्ष भाग तो वही रहता है, केवल सापेक्ष भाग सापेक्ष सन्दर्भों की तरह बदल जाता है।

	A	B	C	D
1				
2				
3			=$A5*B$4	=$A5*C$4
4			=$A6*B$4	=$A6*C$4
5				

मिश्रित सैल सन्दर्भ

सैलों का मैनिपुलेशन

एक्सेल में डाटा को मैनिपुलेट करने से पहले उसे सही प्रकार से एण्टर किया जाना चाहिए। इसके लिए यूजर स्प्रैडशीट में एक साथ एक से अधिक सैल को भी चुन सकता है और सैलों में अनेक प्रकार का डाटा प्रविष्ट करा सकता है।

वर्कशीट में टैक्स्ट, नम्बर्स और डेट्स एण्टर करना

टैक्स्ट को एण्टर करना

किसी सैल में रखे गए टैक्स्ट डाटा को प्राय: लेबल (Label) कहा जाता है। यह प्राय: अन्य सैलों में भरे गए डाटा को पहचानने के काम आता है, जैसे—किसी कॉलम का शीर्षक।

किसी सैल में लेबल भरने के लिए निम्न स्टेप्स का प्रयोग किया जाता है

1. उस सैल पर प्वॉइण्टर ले जाकर क्लिक कीजिए।
2. अब यूजर टैक्स्ट टाइप कर सकता है। टाइप करते समय फॉर्मूला बार में बाईं ओर दो नए बटन दिखाई देते हैं, पहले पर क्रॉस चिह्न (×) तथा दूसरे पर सही का चिह्न (✓) प्रिण्ट होता है। टाइप समाप्ति पर Enter या (✓) चिह्न को दबाने से डाटा सैल में स्थायी हो जाता है।

   किसी भी सैल में यूजर अधिकतम 255 चिह्नों का टैक्स्ट डाटा टाइप कर सकता है।

3. इसके अतिरिक्त यदि यूजर किसी कारणवश उस सैल में टैक्स्ट टाइप करते-करते रुकना चाहता हो अर्थात् उसमें कुछ न भरना चाहता हो, तो एस्केप (Esc) कुंजी दबाने पर या फॉर्मूला बार में Cancel बटन (×) को क्लिक करने पर सैल में टाइप किया गया नया डाटा नष्ट हो जाएगा और उसका पुराना डाटा (यदि कोई हो) बना रहेगा।

टैक्स्ट को फॉर्मेट करना

स्प्रैडशीट के टैक्स्ट में फॉण्ट (Font), आकार (Shape), स्टाइल (Style) और रंग (Color) को एम एस-वर्ड की भाँति ही फॉर्मेट कर सकते हैं। इस कार्य के लिए उस सैल को चुना जाता है, जिसमें परिवर्तन किए जाने हैं इसके लिए फॉर्मेटिंग टूलबार बटनों का उपयोग किया जाता है।

नम्बर्स एण्टर करना

स्प्रैडशीट के सैलों में प्रविष्ट किए गए किसी नम्बर को वैल्यू (Value) कहा जाता है। किसी सैल में कोई वैल्यू एण्टर करने के लिए पहले उस सैल को सक्रिय (Active) किया जाता है और फिर नम्बर टाइप किए जाते हैं। स्प्रैडशीट में किसी भी सैल में नम्बर %, (,) $, E इत्यादि प्रयोग कर सकते हैं।

नम्बर्स को फॉर्मेट करना

स्प्रैडशीट में किसी भी सैल को नम्बर प्रविष्ट करने से पहले या बाद में कभी भी फॉर्मेट कर सकते हैं। जब यूजर किसी नई वर्कशीट को खोलता है, तो उसके सभी सैल सामान्य श्रेणी में फॉर्मेट किए जाते हैं।

किसी सैल या रेंज का फॉर्मेट बदलने के लिए सबसे पहले

1. उसे सिलेक्ट कीजिए
2. Home टैब → Cells ग्रुप → Format ड्रॉपडाउन लिस्ट → Format Cells ऑप्शन पर क्लिक करें, जिससे Format Cells डायलॉग बॉक्स प्रस्तुत होगा।
3. इस डायलॉग बॉक्स की Number टैबशीट से यूजर चुनी हुई रेंज को जिस श्रेणी के लिए फॉर्मेट करना चाहता है, उसे चुनकर Number कैटेगरी के Decimal places स्पिन बॉक्स में दशमलव बिन्दु के बाद के स्थान भी तय करके OK बटन को क्लिक कीजिए।

इसके अतिरिक्त, किसी सैल या रेंज में दिखाई देने वाले दशमलव स्थानों के नम्बर को बढ़ाने तथा घटाने के लिए Home टैब के Number ग्रुप के Increase Decimal तथा Decrease Decimal बटनों का भी प्रयोग किया जा सकता है। हर बार इन बटनों को क्लिक करने पर चुनी हुई रेंज के सभी सैलों में दशमलव या तो एक स्थान बढ़ जाता है या घट जाता है।

डेट तथा टाइम एण्टर करना

वास्तविक डेट या टाइम देखने के लिए यूजर को सैल डेट या टाइम फॉर्मेट में फॉर्मेट करना होता है। इसके लिए निम्न स्टेप्स हैं

1. Format Cells डायलॉग बॉक्स खोलें।
2. प्राप्त डायलॉग बॉक्स में Number टैब से Date या Time कैटेगरी को चुनकर उचित फॉर्मेट को चुना जाता है। इसे एक बार फॉर्मेट करने के बाद यूजर उस सैल में डेट या टाइम को सामान्य रूप से भर सकता है।

   परन्तु यदि डेट/टाइम फॉर्मेट नहीं किया हुआ होता, तो स्प्रैडशीट उसे mm/dd/yy, HH: MM:SS फॉर्मेट से समझ लेता है।

टैक्स्ट, नम्बर और डेट सिरीज बनाना

इस प्रक्रिया को सम्पन्न करने के लिए निम्न स्टेप्स हैं

1. किसी भी सैल को क्लिक करके उसे सक्रिय कीजिए।
2. माउस प्वॉइण्टर को इस सैल के फिल हैण्डल, जोकि उस सैल के दाएँ निचले कोने पर बना हुआ चौकोर बिन्दु + होता है, उस पर लाइए जिससे वह काले रंग में बदल जाएगा।
3. बाएँ माउस बटन को दबाए रखकर फिल हैण्डल को नीचे की ओर इच्छित सैल तक लाइए।
4. इसके बाद माउस बटन को छोड़ दीजिए।

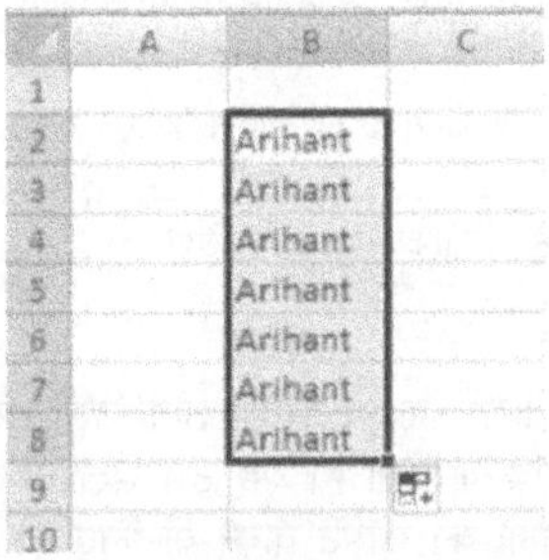

ऐसा करने से सबसे पहले सैल की वैल्यू अन्तिम सैल तक कॉपी हो जाएगी। इसे उपरोक्त चित्र द्वारा अच्छे से समझा जा सकता है। इस प्रक्रिया को ऑटोफिल (Autofill) भी कहते हैं।

इस सुविधा का उपयोग सामान्यतया किसी रेंज में नम्बर्स की सीरीज जैसे बढ़ती हुई क्रम संख्याएँ प्रविष्ट करने या डेट सीरीज जैसे बढ़ती हुई डेट प्रविष्ट करने या टैक्स्ट सीरीज कॉपी करने के लिए किया जाता है। उस स्थिति में फिल हैण्डल को खींचते और माउस बटन को छोड़ते समय कण्ट्रोल कुंजी को दबाए रखा जाता है।

सेल्स में एडिटिंग करना

एक सैल एण्ट्री को एडिट करते समय सैल के टैक्स्ट को, फॉर्मूला को भी एडिट कर सकते हैं।

सैलों को सिलेक्ट करना

आप वर्कशीट में मल्टीपल सैलों या रेन्ज को सिलेक्ट कर सकते हैं। वर्कशीट में मल्टीपल सैलों को सिलेक्ट करने की कई विधियाँ है, जो निम्न प्रकार हैं

1. सम्पूर्ण एकल कॉलम को सिलेक्ट करने के लिए, कॉलम हैडिंग पर क्लिक करें।
2. मल्टीपल कॉलम को सिलेक्ट करने के लिए, माउस द्वारा मल्टीपल कॉलम हैडिंग तक ड्रैग करें।
3. सम्पूर्ण एकल रॉ सिलेक्ट करने के लिए रॉ नम्बर पर क्लिक करें। मल्टीपल रॉ को सिलेक्ट करने के लिए माउस द्वारा मल्टीपल रॉ नम्बर तक ड्रैग करें।
4. सिक्वेंशियल सैल सिलेक्ट करने के लिए, पहले सैल पर क्लिक करें, Shift कुंजी को दबाएँ रखें तथा अन्तिम सैल पर क्लिक करें या आप सिक्वेंशियल एरिया सिलेक्ट करने के लिए माउस द्वारा सैलों को ड्रैग करें।
5. नॉन-सिक्वेंशियल सैल को सिलेक्ट करने के लिए, पहले सैल पर क्लिक करें, Ctrl कुंजी को दबाएँ रखें तथा अतिरिक्त सैल (रॉ या कॉलम) को क्लिक करें।

   निम्नलिखित टेबल में सैल प्वॉइंटर के विभिन्न आकारों को उसके प्रयोग के साथ दर्शाया गया है।

प्वॉइन्टर शेप	प्रयोग
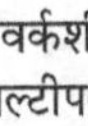	सैल्स को सिलेक्ट करने के लिए।
→	रॉ सिलेक्ट करने के लिए।
↓	कॉलम को सिलेक्ट करने के लिए।

प्वॉइन्टर शेप	प्रयोग
	रॉ की हाइट को बढ़ाने-घटाने के लिए।
	कॉलम की विड्थ को बढ़ाने-घटाने के लिए।
	सिलेक्टेड सेल्स के कण्टेण्ट्स को मूव करने के लिए।
	सैल में ऑटोफिल करने के लिए।

सैलों को फॉर्मेट करना

एक्सेल में कोई डाटा किसी सैल में हमेशा ठीक उसी तरह नहीं दिखाई देता, जिस तरह उसे प्रविष्ट किया जाता है। यह उस सैल के फॉर्मेट पर निर्भर करता है। एक्सेल में सैलों को फॉर्मेट करने के लिए Format Cells ऑप्शन दिया होता है, जिसे कीबोर्ड पर Ctrl +1 कुंजी को एक साथ दबाने पर यह डायलॉग बाक्स प्रदर्शित होता है या Home टैब → Cells ग्रुप → Format ड्रॉपडाउन लिस्ट → Format Cells पर क्लिक करें, जिससे Format Cells डायलॉग बॉक्स प्रदर्शित होता है।

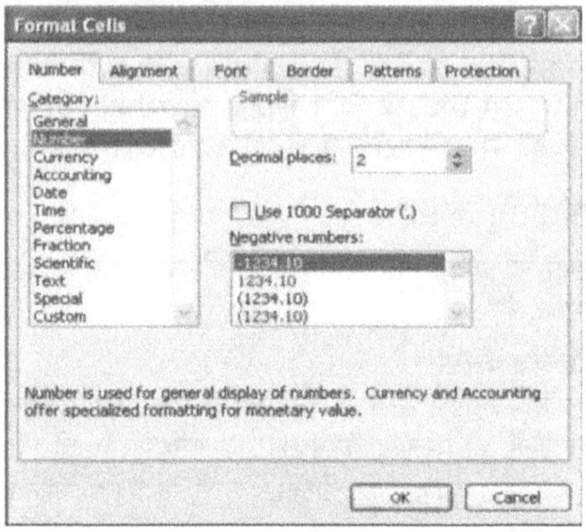

Format Cells डायलॉग बॉक्स

इस डायलॉग बॉक्स में छह टैब्स Number, Alignment, Font, Border, Fill तथा Protection होते हैं।

Format Cells डायलॉग बॉक्स पर टैब्स तथा उनके ग्रुप्स को निम्न टेबल में प्रदर्शित किया गया है

टैब्स	ग्रुप्स
Number	Category
Alignment	Text alignment, Text control, Orientation तथा Right-to-left
Font	Font, font style, Size, Color
Border	Line, Presets, Border and Color
Fill	Background Color, Pattern Color, Pattern Style
Protection	Locking cells or Hiding formulas

रॉज, कॉलम तथा सेल्स को इन्सर्ट तथा डिलीट करना

एक्सेल की वर्कशीटों में बीच-बीच में कई प्रकार के मॉडिफाई करने होते हैं, जैसे—बीच में अतिरिक्त कॉलम या रॉज जोड़ना, सैलों को इधर-उधर ले जाना या हटा देना आदि। ये कार्य यूजर विण्डोज ऑपरेटिंग सिस्टम तथा एम एस-वर्ड की प्रचलित विधियों से ही सरलता से कर सकते हैं। यहाँ कुछ प्रमुख क्रियाओं की विधि बताई जा रही हैं

1. रॉज इन्सर्ट करना

वर्कशीट में किसी स्थान पर एक या अधिक नई रॉज इन्सर्ट करने के लिए निम्नलिखित क्रियाएँ कीजिए

- जहाँ आप रॉज इन्सर्ट कराना चाहते हैं, वहाँ से प्रारम्भ करके उतनी ही रॉज चुन लीजिए। इसके लिए पहली रॉ के बॉक्स को क्लिक कीजिए और फिर उसे ड्रैग करके आवश्यक संख्या में रॉज चुन लीजिए।
- वर्कशीट में रॉज इन्सर्ट करने के लिए Home टैब का प्रयोग किया जाता है। इसके लिए Home टैब से Cells ग्रुप में Insert Sheet Rows पर क्लिक कीजिए। इससे उस स्थान पर उतनी ही खाली रॉज जोड़ दी जाएँगी और उस बिन्दु से आगे की सभी रॉज में भरे डाटा को आगे अर्थात् नीचे की ओर मूव कर दिया जाएगा।

2. कॉलम इन्सर्ट करना

रॉज की तरह खाली कॉलम भी बीच में कहीं भी इन्सर्ट किए जा सकते हैं। इसकी विधि निम्न प्रकार है

- जहाँ कॉलम इन्सर्ट करने हैं, वहाँ से प्रारम्भ करके उतने ही कॉलम चुन लीजिए। इसके लिए पहले कॉलम के लेबल बॉक्स को क्लिक कीजिए और फिर उसे ड्रैग करके आवश्यक संख्या में कॉलम चुन लीजिए।
- Home टैब से Cells ग्रुप में Insert Sheet Colums पर क्लिक कीजिए इससे उस स्थान पर उतने ही खाली कॉलम जोड़ दिए जाएँगे और उस बिन्दु से आगे के सभी कॉलमों में भरे डाटा को आगे अर्थात् दाईं ओर मूव कर दिया जाएगा।

3. सैल इन्सर्ट करना

किसी वर्कशीट के बीच में एक या अधिक खाली सैल इन्सर्ट करने के लिए निम्नलिखित क्रियाएँ कीजिए

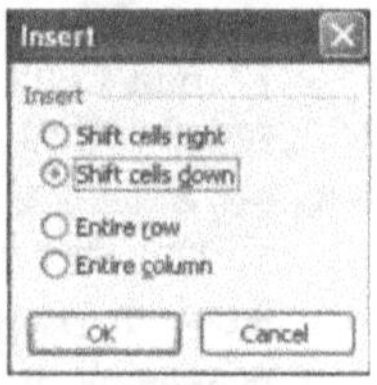

Insert डायलॉग बॉक्स

- एक या अधिक सैलों की उस रेंज को चुनिए जहाँ नए सैल को इन्सर्ट करना है।
- अब Home टैब के Cells ग्रुप से Insert Cells पर क्लिक कीजिए। ऐसा करते ही दिए गए चित्र की तरह Insert डायलॉग बॉक्स प्रदर्शित हो जाएगा।
- इस डायलॉग बॉक्स में चार रेडियो बटन हैं, उनमें से किसी एक बटन को क्लिक करके सेट कीजिए।
- अब OK बटन को क्लिक कीजिए। इससे चुनी हुई रेंज की जगह खाली सैल इन्सर्ट हो जाएगी और उससे प्रभावित होने वाली सैलें सेटिंग के अनुसार वर्कशीट को व्यवस्थित कर देंगी।

रॉज/कॉलम डिलीट करना

रॉज अथवा कॉलमों को निम्न प्रकार डिलीट किया जा सकता है

- जिन रॉज या कॉलमों को यूजर डिलीट करना चाहता है, पहले उन्हें चुन लीजिए।
- अब कण्टैक्स्ट मेन्यू से Clear Contents आदेश दीजिए या Home टैब के Cells ग्रुप में Delete Sheet Rows/Columns को क्लिक करें, इससे चुनी हुई रॉज या कॉलम्स को डिलीट कर दिया जाएगा।

सैल डिलीट करना

सैल डिलीट करने के लिए निम्न स्टेप्स देखें

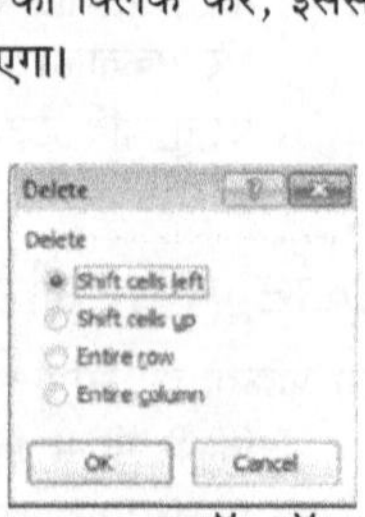

Delete डायलॉग बॉक्स

- एक या अधिक सैलों की उस रेंज को चुनिए, जिन्हें यूजर डिलीट करना चाहता है। अब माउस से राइट क्लिक करके Delete चुनें अथवा Home टैब → Cells ग्रुप → Delete ड्रॉपडाउन लिस्ट → Delete Cells ऑप्शन चुनें। ऐसा करते ही आपको दिए गए चित्र की तरह Delete का डायलॉग बॉक्स प्रदर्शित होगा।

- इस डायलॉग बॉक्स में चार रेडियो बटन हैं, उनमें से किसी एक बटन को क्लिक करके सेट कीजिए।
- OK बटन को क्लिक कीजिए। इससे चुनी हुई रेंज को डिलीट और उससे प्रभावित होने वाले सैलों को आपकी सेटिंग के अनुसार वर्कशीट को व्यवस्थित कर दिया जाएगा।

यदि यूजर ने वर्कशीट के किसी भाग (रॉज, कॉलम या सैल) को गलती से डिलीट कर दिया है, तो तत्काल Undo आदेश देकर उन्हें वापस लाया जा सकता है।

सैल की हाईट तथा विड्थ बदलना

रॉ की हाईट बदलना

रॉ की हाईट को भी पुरानी तकनीकों के माध्यम से बदला जाता है। जैसे ही यूजर माउस प्वॉइण्टर को किसी रॉ संख्या के निचले किनारे पर लाता है, वह एक मोटी बड़ी रेखा में बदल जाता है, जिसके बीच में ऊपर-नीचे की ओर संकेत करता हुआ दोनों ओर के तीर का चिह्न ⇕ दिखाई देता है। इस चिह्न को यूजर माउस से पकड़कर ऊपर-नीचे कहीं भी सेट करके उस रॉ की ऊँचाई (Height) बदल सकता है।

अन्य विधि रॉ की ऊँचाई Row Height डायलॉग बॉक्स द्वारा भी बदली जा सकती है। इसके लिए निम्न स्टेप्स का प्रयोग करें

1. इच्छित रॉ या रॉज को चुनकर Home टैब → Cells ग्रुप → Row Height ऑप्शन को क्लिक करें, इससे निम्न प्रदर्शित डायलॉग बॉक्स प्राप्त होगा।

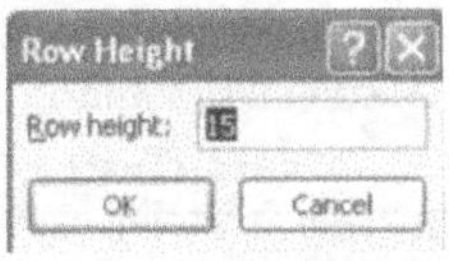

Row Height डायलॉग बॉक्स

2. इस डायलॉग बॉक्स में अंकों में Row height को इन्सर्ट करें व OK बटन को क्लिक करें। इससे चुने हुए सैल की ऊँचाई सेट हो जाएगी।

कॉलम की विड्थ बदलना

वर्कशीट में किसी कॉलम की विड्थ उसके डाटा के अनुसार सेट करनी होती है। यदि सैल में प्रविष्ट किए जाने वाला डाटा सैल की चौड़ाई (Width) से कम या ज्यादा हो तो सैल की विड्थ घटाने या बढ़ाने के लिए निम्न विधि का प्रयोग करते हैं

1. इच्छित कॉलम को चुनकर Home टैब → Cells ग्रुप → Format ड्रॉपडाउन लिस्ट → Column Width को क्लिक कीजिए, इसमें Column Width डायलॉग बॉक्स प्रदर्शित होगा।

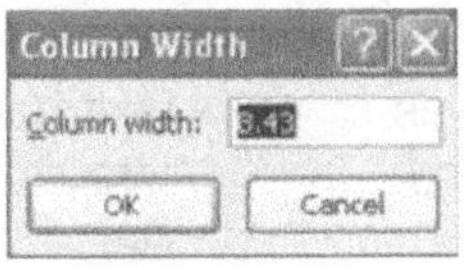

Column Width डायलॉग बॉक्स

2. इसमें Column width को अंकों में प्रविष्ट कराकर OK बटन को क्लिक कीजिए। इससे चुने हुए कॉलमों की विड्थ सेट कर दी जाएगी।

फंक्शन और चार्ट्स

एम एस-एक्सेल में तैयार की गई वर्कशीट के सैल्स में की गई प्रविष्टियों से विभिन्न गणनाओं को करने के लिए इसमें विभिन्न फॉर्मूलों तथा डाटा को ग्राफिकल रूप में दर्शाने के लिए चार्ट का प्रयोग किया जाता है।

फॉर्मूलों का प्रयोग

स्प्रैडशीट में फॉर्मूलों का बहुत महत्त्व है जब भी कोई गणना जैसे — किसी कॉलम के कुछ सैलों को जोड़ना, एक संख्या का दूसरे से गुणा करना, किसी रेंज के डाटा का औसत निकालना आदि होती है, तो फॉर्मूलों का प्रयोग किया जाता है। उदाहरण के लिए, यदि यूजर किसी सैल E5 में सैलों A5, B5, C5 तथा D5 का योग दिखाना चाहता हैं, तो उस सैल में फॉर्मूला = A5+ B5+ C5+ D5 इस रूप में प्रविष्ट किया जाएगा, जैसा कि निम्न चित्र में दिखाया गया है।

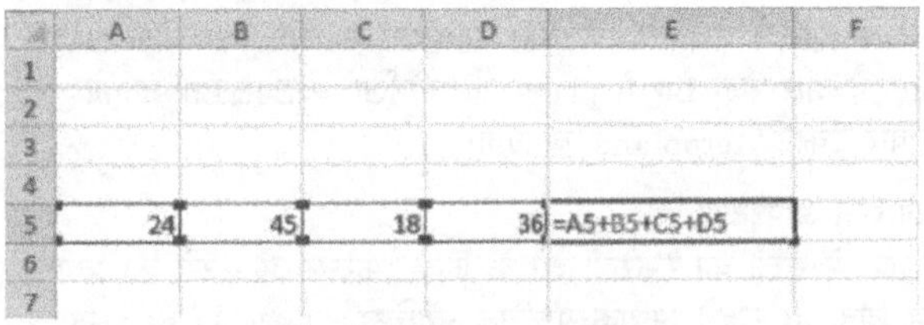

सैल में फॉर्मूला एण्टर करना

फॉर्मूला प्रविष्ट करने के बाद Enter दबाइए। इस विधि में फॉर्मूला टाइप करते समय कोई स्पेस नहीं देना चाहिए। सामान्यतया किसी भी सैल का डाटा यूजर को नहीं दिखाई देता है, केवल उसका परिणाम दिखाई देता है, परन्तु परिणाम वाले सैल को चुनने से सैल का डाटा फॉर्मूला बार में प्रदर्शित हो जाता है, जहाँ से यूजर उसमें आवश्यकतानुसार फॉर्मूला परिवर्तन कर सकता है।

फॉर्मूला ऑपरेटर्स

एक्सेल में कुछ ऑपरेटर्स निम्न प्रकार से है

1. **अंकगणितीय ऑपरेटर्स**

इनका उपयोग गणितीय क्रियाओं के लिए किया जाता है, ये निम्न प्रकार हैं

+	जोड़ना (Addition)
–	घटाना (Subtraction)
*	गुणा करना (Multiplication)
/	भाग देना (Division)
%	प्रतिशत (Percentage)
^	घातांक (Exponentiation)

कोई गणना करने के लिए इनका प्रयोग फॉर्मूलों में सही स्थान पर किया जा सकता है। इनका प्रभाव अंकगणित के नियमों के अनुसार ही होता है। उदाहरण के लिए, फॉर्मूला = 'D4*10%' द्वारा सैल D4 में रखी गई संख्या का 10% ज्ञात किया जाएगा।

इसी तरह फॉर्मूला = 'C4^2' द्वारा सैल C4 की संख्या के वर्ग (Square) की गणना की जाएगी। इन ऑपरेटरों के साथ कोष्ठकों (' ') का प्रयोग करके यूजर अधिक जटिल या मिश्रित फॉर्मूले भी बना सकते हैं, जैसे—

= 'C5*(B4 + B5) – (C2*10%)'

2. **तुलना ऑपरेटर्स**

इनके द्वारा हम दो वैल्यू की आपस में तुलना करते हैं और उसके परिणाम के अनुसार कार्य करते हैं।

ये ऑपरेटर निम्न हैं

=	बराबर (Equal to)
>	बड़ा (Greater than)

\>= बड़ा या बराबर (Greater than or equal to)
< छोटा (Less than)
<= छोटा या बराबर (Less than or equal to)
!= बराबर नहीं (Not equal to)

इन ऑपरेटरों का प्रयोग सामान्यतया स्प्रैडशीट के लॉजिकल फंक्शनों (Logical Functions) के साथ किया जाता है।

3. टैक्स्ट ऑपरेटर

स्प्रैडशीट में केवल एक ऐसा ऑपरेटर '&' (एम्परसेण्ट) है, जिसका प्रयोग टैक्स्ट को जोड़ने में किया जाता है। उदाहरण के लिए, यदि सैल B4 में 'Aero' है और सैल B5 में 'plane' तो फॉर्मूला '= B4&B5' उनको मिलाकर टैक्स्ट 'Aeroplane' बनाएगा।

4. रेफरेन्स ऑपरेटर

स्प्रैडशीट में सैलों का रेफरेन्स देने के लिए रेफरेन्स ऑपरेटरों का प्रयोग किया जाता है। सबसे अधिक प्रचलित ऑपरेटर ':' (कोलन) है। इसका प्रयोग किसी रेंज को बताने के लिए किया जाता है। उदाहरण के लिए, रेंज A4 : C8 का अर्थ है— सैल A4, सेल C8 तथा इनके बीच आने वाले सभी सैल।

फॉर्मूलों का गणना क्रम

फॉर्मूलों से प्राप्त परिणाम, उसमें प्रयोग किए गए ऑपरेटरों की प्राथमिकता (Precedence) पर निर्भर करता है। ऑपरेटरों की प्राथमिकता का क्रम निम्न प्रकार है

:	रेंज रेफरेन्स (Range Reference)
–	ऋणात्मक संख्या (Negative Number)
%	प्रतिशत (Percentage)
^	घातांक (Exponentiation)
*	गुणा (Multiplication)
/	भाग (Division)
+	जोड़ (Addition)
–	घटाव (Subtraction)
&	पाठ्य का जोड़ (Addition of Text)
=	या <> या <= या >= या > या < तुलना (Comparison)

समान प्राथमिकता के ऑपरेटरों की गणना बाईं ओर से दाईं ओर की जाती है। यदि यूजर इस क्रम के अतिरिक्त किसी दूसरे क्रम में गणना करना चाहते हैं तो उसके लिए आपको कोष्ठकों का प्रयोग करना चाहिए, यदि कई कोष्ठक हों तो सबसे भीतर वाले कोष्ठक की गणना पहले की जाएगी। इसमें गणित के साधारण नियमों का पालन किया जाता है।

फॉर्मूले प्रदर्शित करना

इसके लिए निम्न स्टेप्स का प्रयोग कीजिए

1. उस सेल को चुनें जिसमें Formula लगाए गए हैं। इसके बाद Formulas टैब → Formula Auditing ग्रुप → Show Formulas आदेश को क्लिक कीजिए।
2. इससे आउटपुट के स्थान पर Formula दिखाई देंगे।

संख्याओं को फिर से देखने के लिए Show Formulas को क्लिक कीजिए। इसके अतिरिक्त ऑफिस बटन पर क्लिक करके सबसे नीचे दाईं ओर दिए गए Excel Options पर क्लिक करने पर Excel Options विण्डो खुलेगी। इस विण्डो में दिए गए ऑप्शन्स को आवश्यकतानुसार चुनकर OK बटन पर क्लिक करने से कोई भी आदेश प्रभावी हो जाएगा।

फंक्शन्स

एक्सेल में विभिन्न कार्यों के लिए पूर्वनिर्मित प्रोग्राम्स होते हैं, जिन्हें फंक्शन कहा जाता है।

इन फंक्शनों की सहायता से यूजर इंजीनियरिंग गणनाएँ, सांख्यिकीय गणनाएँ, वित्तीय गणनाएँ इत्यादि अनेक प्रकार की गणनाएँ कर सकता है। SQRT( ), UPPER( ), LOWER( ) इत्यादि इनमें से कुछ फंक्शन हैं।

फंक्शन के भाग

किसी फंक्शन के प्राय: दो भाग होते हैं—फंक्शन नाम (Function Name) तथा ऑर्ग्यूमेण्ट (Argument)।

1. **फंक्शन नाम** (Function Name) यह स्प्रैडशीट का कोई विशेष शब्द होता है, जिससे फंक्शन को पहचाना जाता है।
2. **ऑर्ग्यूमेण्ट** (Argument) ये किसी मान या किसी सैल/रेंज को सन्दर्भित करते हैं। उदाहरण = SQRT(25)

फंक्शन्स की श्रेणियाँ

स्प्रैडशीट में वर्कशीट फंक्शनों की संख्या अधिक होने के कारण उन्हें निम्नलिखित श्रेणियों में बाँटा गया है

- डाटाबेस (Database)
- तारीख तथा समय (Date and Time)
- वित्तीय (Financial)
- सूचना (Information)
- लॉजिकल (Logical)
- लुकअप एण्ड रेफरेन्स (Lookup and Reference)
- गणित तथा त्रिकोणमिति (Mathematics and Trigonometry)
- सांख्यिकी (Statistical)
- टैक्स्ट (Text)

इनमें से प्रत्येक श्रेणी में बड़ी संख्या में उपयोगी फंक्शन उपलब्ध हैं। इनमें से कुछ महत्त्वपूर्ण फंक्शनों के नाम और उनके संक्षिप्त परिचय नीचे दिए गए हैं

तारीख तथा समय फंक्शन्स

Date	:	दिन की संख्या
Day	:	किसी तारीख का दिन
Month	:	किसी तारीख में माह
Now	:	वर्तमान समय
Today	:	आज की तारीख
Weekday	:	किसी तारीख का दिन या वार
Year	:	किसी तारीख में वर्ष

गणितीय फंक्शन्स

ABS	:	किसी संख्या का निरपेक्ष मान
EXP	:	एक्सपोनेंशियल (Exponential) भाग
FACT	:	किसी संख्या का फैक्टोरियल (Factorial)
INT	:	किसी संख्या का पूर्णांक भाग
MOD	:	किसी भाग का शेषफल (Remainder)
PI	:	पाई (π) का मान 3.14159265358979
POWER	:	किसी संख्या का घात (Exponent)
RAND	:	0 से 1 के बीच की यादृच्छ संख्या (Random Number)
ROUND	:	दिए हुए दशमलव अंकों का निकटतम मान
SQRT	:	किसी घन संख्या का वर्गमूल (Square Root)
SUM	:	दी हुई संख्याओं का योग
LOG	:	दिए हुए आधार पर लघुगणक

सांख्यिकीय फंक्शन्स

AVERAGE : दी हुई संख्याओं का औसत
MAX : सबसे बड़ी संख्या
MIN : सबसे छोटी संख्या

टैक्स्ट फंक्शन्स

CHAR : किसी दिए हुए कोड का वर्ण (Character)
CODE : किसी वर्ण का कोड
EXACT : दो टैक्स्ट की तुलना करना
LEFT : किसी टैक्स्ट का बायाँ भाग
LEN : किसी टैक्स्ट में वर्णों की संख्या या टैक्स्ट की लम्बाई बदलना
LOWER : किसी टैक्स्ट को छोटे अक्षरों (Small letters) में बदलना
MID : किसी टैक्स्ट के बीच का भाग
RIGHT : किसी टैक्स्ट का दायाँ भाग
TRIM : प्रारम्भ तथा अन्त के सभी खाली स्थान (Spaces) समाप्त करना
TEXT : दी हुई संख्या का टैक्स्ट बनाना
UPPER : टैक्स्टों को बड़े अक्षरों (Capital letters) में बदलना
VALUE : केवल संख्या वाले टैक्स्टों का संख्यात्मक मान

लॉजिकल फंक्शन्स

AND : फंक्शन के सभी ऑर्ग्यूमेण्टस सही हैं तब यह True अन्यथा False वैल्यू दर्शाता है।
IF : यह फंक्शन एक लॉजिकल टेस्ट पूरा करके उसके अनुसार True या False वैल्यू दर्शाता है।
NOT : यह फंक्शन अपने ऑर्ग्यूमेण्ट के लॉजिक सही न होने के लिए प्रयोग किया जाता है।
OR : यह फंक्शन यदि एक ऑर्ग्यूमेण्ट भी सही हो, तो True वैल्यू दर्शाता है।
TRUE : यह फंक्शन लॉजिकल वैल्यू को True दर्शाता है।
FALSE : यह फंक्शन लॉजिकल वैल्यू को False दर्शाता है।

चार्ट्स

एम एस-एक्सेल में किसी वर्कशीट के डाटा के ग्राफिकल (Graphical) एवं पिक्टोरियल (Pictorial) प्रेजेन्टेशन (Presentation) के लिए चार्ट का प्रयोग करते हैं। एक्सेल चार्टों की यह विशेषता होती है कि जब भी यूजर उस डाटा में कोई परिवर्तन करते हैं जिस पर चार्ट आधारित है, तो सम्बन्धित चार्ट में वह परिवर्तन तत्काल कर दिया जाता है या ऐसा करने के लिए पूछा जाता है। चार्ट विभिन्न प्रकार के होते हैं

1. कॉलम चार्ट
2. बार चार्ट
3. लाइन चार्ट
4. एरिया चार्ट
5. पाई चार्ट
6. XY या स्कैटर चार्ट
7. अन्य चार्ट (स्टॉक, सरफेस, डॉनट, बबल, रडार)

MS-Excel 2007 की शॉर्टकट कुंजियाँ

शॉर्टकट कुंजियाँ	वर्णन
F2	चुने हुए सेल को एडिट करने के लिए
F5	किसी विशेष सेल पर जाने के लिए
F7	किसी चुने हुए टेक्स्ट या डॉक्यूमेण्ट में स्पेलिंग चेक करने के लिए
F11	चार्ट बनाना
Ctrl + Shift + ;	करण्ट टाइम एण्टर करने के लिए
Ctrl +;	करण्ट दिनांक एण्टर करने के लिए
Shift + F11	नई वर्कशीट इन्सर्ट करने के लिए
Shift + F3	Insert Function विण्डो खोलने के लिए
Shift + F5	Find and Replace विण्डो खोलने के लिए
Ctrl + F10	करेण्टली चुने हुए वर्कशीट को मैक्सिमाइज करने के लिए
Ctrl + Page Up	एक्सेल डॉक्यूमेण्ट की पहली वर्कशीट पर जाने के लिए
Ctrl + Page Down	एक्सेल डॉक्यूमेण्ट की अगली वर्कशीट पर जाने के लिए
Ctrl + Tab	दो एक्सेल फाइलों के बीच में मूव करने के लिए
Alt + =	चुने हुए सेलों (Cells) के सभी डाटा को जोड़ने के लिए फॉर्मूला बनाना
Ctrl + '	चुने हुए सेल के डाटा को करेण्टली चुने हुए सेल में इन्सर्ट कराने के लिए
Ctrl + Shift + !	कोमा (Comma) फॉर्मेट में नम्बर को फॉर्मेट करने के लिए
Ctrl + Shift + $	करेन्सी (Currency) फॉर्मेट में नम्बर फॉर्मेट करने के लिए
Ctrl + Shift + #	डेट फॉर्मेट में नम्बर को फॉर्मेट करने के लिए
Ctrl + Shift + %	प्रतिशत फॉर्मेट में नम्बर को फॉर्मेट करने के लिए
Ctrl + Shift + @	टाइम फॉर्मेट में संख्याओं को फॉर्मेट करने के लिए
Ctrl + Space	सम्पूर्ण कॉलम चुनने के लिए
Shift + Space	सम्पूर्ण रॉ चुनने के लिए
Ctrl + W	वर्कबुक बन्द करने के लिए
Ctrl + A	समस्त वर्कशीट चुनने के लिए
Ctrl + B	सिलेक्टड टैक्स्ट को बोल्ड करना
Ctrl + I	सिलेक्टड टैक्स्ट को इटैलिक करना
Ctrl + U	सिलेक्टड टैक्स्ट को अण्डरलाइन करना
Ctrl + P	प्रिण्टिंग के लिए Print डायलॉग बाक्स प्रदर्शित करना

अभ्यास प्रश्न

1. एम एस-एक्सेल क्या है?
(a) विण्डो पर आधारित प्रोसेसर पैकेज
(b) माइक्रोसॉफ्ट द्वारा बनाया गया स्प्रैडशीट प्रोग्राम
(c) डॉस पर आधारित स्प्रैडशीट पैकेज
(d) डॉस पर आधारित प्रोसेसर पैकेज

2. निम्न में से कौन-सा एक स्प्रैडशीट सॉफ्टवेयर है?
(a) VisiCalc (b) Multiplan
(c) Lotus 1-2-3 (d) ये सभी

3. सबसे पहला इलेक्ट्रॉनिक वर्कशीट प्रोग्राम ········ है।
(a) माइक्रोसॉफ्ट एक्सेल
(b) Lotus 1-2-3
(c) Libre office calc
(d) VisiCalc

4. स्प्रैडशीट में डाटा कैसे ऑर्गैनाइज होता है?
(a) लाइन्स एण्ड स्पेसेज में
(b) लेयर्स एण्ड प्लेन्स में
(c) रॉज एण्ड कॉलम्स में
(d) हाईट एण्ड विड्थ में

5. कॉलम और रॉज के कटान बिन्दु को कहते हैं
(a) वर्ग (b) सैल
(c) स्प्रैडशीट एलीमेण्ट (d) वर्कशीट

6. एक्सेल में कोई फॉर्मूला किस चिह्न से प्रारम्भ होना अनिवार्य है?
(a) # (b) = (c) $ (d) @

7. एक्सेल के टाइटल बार में कितने कण्ट्रोल बटन होते हैं?
(a) दो (b) तीन (c) चार (d) पाँच

8. एक्सेल वर्कबुक किसका संग्रह है?
(a) चार्ट (b) वर्कबुक
(c) वर्कशीट (d) 'a' तथा 'c' दोनों

9. किसी भी वर्कबुक में खुलते ही मूलत: कितनी वर्कशीट होती हैं?
(a) 3 वर्कशीट (b) 10 वर्कशीट
(c) 12 वर्कशीट (d) 4 वर्कशीट

10. वर्कशीट पर सबसे नीचे स्थित टैब को कहते हैं
(a) टाइटल बार
(b) रिबन
(c) स्टेटस बार
(d) उपरोक्त में से कोई नहीं

11. वर्कबुक को खोलने के लिए ऑफिस बटन की किस कमाण्ड का प्रयोग किया जाता है?
(a) Open
(b) नै
(c) Start
(d) उपरोक्त में से कोई नहीं

12. किस सैल सन्दर्भ में किसी सैल एड्रेस में रॉ संख्या और कॉलम में नाम से पहले डॉलर चिह्न लगाया जाता है?
(a) निरपेक्ष (b) सापेक्ष
(c) मिश्रित (d) इनमें से कोई नहीं

13. किसी फॉर्मूले में A5 सैल एड्रेस निम्न में से किस प्रकार का रेफरेन्सिंग (Referencing) है?
(a) Absolute (b) Mixed
(c) Relative (d) Direct

14. सैल में रखे गए टैक्स्ट को ········ कहा जाता है।
(a) डाटा (b) वैल्यू
(c) लेबल (d) इनमें से कोई नहीं

15. बाएँ माउस बटन को दबाए रखकर हैण्डल को नीचे की ओर खींचने की प्रक्रिया ········ कहलाती है।
(a) ऑटोफिल (b) फिल
(c) ऑटो (d) कॉपी

16. सम्पूर्ण एकल कॉलम को सिलेक्ट करने के लिए ······· पर क्लिक किया जाता है।
(a) रॉ नम्बर (b) कॉलम हैडिंग
(c) कॉलम नम्बर (d) रॉ हैडिंग

17. रॉज की हाईट बदलने के लिए निम्न में से किसका प्रयोग किया जाता है।
(a)  (b) 
(a)  (b) 

18. MS-Excel आन्तरिक रूप से दिनांकों को ········ के रूप में संग्रहीत करके रखता है।
(a) Date (b) Text
(c) Number (d) Date and Time

19. एक्सेल में टेक्स्ट प्रविष्टि के लिए बाय डिफॉल्ट एलाइन होता है
(a) बाएँ (b) दाएँ
(c) सेण्टर (d) इनमें से कोई नहीं

20. Background को किस टैब मे दर्शाया जाता है?
(a) Font (b) Border
(c) Fill (d) Protection

21. वर्कशीट में रॉज इन्सर्ट करने के लिए किस टैब का प्रयोग किया जाता है?
(a) Insert (b) Home
(c) Data
(d) Page Layout

22. & कौन-सा ऑपरेटर है?
(a) तुलना (b) टैक्स्ट
(c) रेफरेन्स (d) अंकगणितीय

23. फॉर्मूला को प्रदर्शित करने के लिए किस टैब का प्रयोग किया जाता है?
(a) Formulas (b) Data
(c) Tools (d) Review

24. वर्तमान समय एण्टर करने के लिए कौन-से फंक्शन का प्रयोग किया जाता है?
(a) Day (b) Now
(c) ABS (d) Date

25. MOD फंक्शन का प्रयोग ········ ज्ञात करने के लिए किया जाता है।
(a) भागफल (b) घात
(c) शेषफल (d) एक्सपोनेंशियल

26. निम्न में से कौन-सा एक्सेल का बिल्ट-इन-फंक्शन नहीं है?
(a) TOTAL (b) SUM
(c) AVERAGE (d) MAX

27. एक्सेल में किसी वर्कशीट के डाटा को ग्राफिकल एवं पिक्टोरियल प्रेजेन्टेशन के लिए ········ का प्रयोग किया जाता है।
(a) फंक्शन
(b) फार्मूला
(c) चार्ट
(d) उपरोक्त में से कोई नहीं

28. किसी भी सैल में वर्तमान दिनांक को प्रविष्ट कराने के लिए निम्न में से किस संयोग कुंजी का प्रयोग किया जाता है?
(a) CTRL +;
(b) ALT +;
(c) SHIFT +;
(d) SHIFT + CTRL +;

29. वर्ककुक में नई वर्कशीट इन्सर्ट करने के लिए किस शॉर्टकट कुंजी का प्रयोग किया जाता है?
(a) Shift + F1 (b) Shift + F11
(c) Ctrl + F11 (d) Ctrl + F1

उत्तरमाला

1	b	2	d	3	d	4	c	5	b
6	b	7	b	8	c	9	a	10	c
11	a	12	a	13	c	14	c	15	a
16	b	17	b	18	c	19	a	20	c
21	b	22	b	23	a	24	b	25	c
26	a	27	c	28	a	29	b		

04 कम्युनिकेशन

परिचय

आज के युग में इण्टरनेट, तीव्र गति से सूचनाएँ भेजने का एक लोकप्रिय साधन है। इण्टरनेट के माध्यम से आप अपने बिजनेस पार्टनर्स के साथ सहकार्यता (Collaborate) कर सकते हैं। प्रभावकारी कम्युनिकेशन के बिना कोलाबोरेशन (Collaboration) सम्भव नहीं है। ई-मेल, इण्टरनेट की एक प्रचलित सुविधा है। यह दुनिया भर के अन्य लोगों के साथ कम्युनिकेट करने का तेज, सरल और सस्ता तरीका है। कम्युनिकेशन, इण्टरनेट का सबसे प्रमुख उपयोग है। इण्टरनेट के माध्यम से सामान्यतया यूजर ई-मेल भेजना, चैटिंग व सूचनाओं का समावेश कर सकता है।

ई-मेल के बेसिक्स

ई-मेल के माध्यम से कोई भी उपयोगकर्ता किसी भी अन्य व्यक्ति को इलेक्ट्रॉनिक रूप में सन्देश, डाटा, वीडियो तथा ग्राफिक्स को इण्टरनेट के द्वारा भेज सकता है तथा प्राप्त भी कर सकता है। ई-मेल भेजना पत्र लिखने के समान है। ई-मेल इण्टरनेट सेवा व सन्देश का इलेक्ट्रॉनिक फॉर्म है।

इलेक्ट्रॉनिक मेल क्या है?

ई-मेल का पूर्ण रूप 'इलेक्ट्रॉनिक मेल' है। ई-मेल के माध्यम से कोई व्यक्ति विशेष या यूजरों का समूह दुनियाभर में किसी से भी सन्देशों का आदान-प्रदान कर सकता है। ई-मेल सन्देश के दो घटक होते हैं—ई-मेल एड्रेस और मैसेज।

किसी भी ई-मेल प्रदाता की वेबसाइट; जैसे—Gmail, hotmail, yahoo mail पर साइन-अप (Sign-up) करके नए ई-मेल एड्रेस को यूजर द्वारा बनाया जा सकता है, जिसका प्रयोग करके ई-मेल को क्रियेट, सेंड (Send), रिसिव, फॉरवर्ड, स्टोर, प्रिण्ट और डिलीट किया जा सकता है। ई-मेल का प्रयोग करके साधारण टैक्स्ट, डॉक्यूमेण्ट, ग्राफिक्स, ऑडियो, वीडियो और चित्र आदि भेजे जा सकते हैं। ई-मेल मैसेज में पाँच Section होते हैं, जो निम्न हैं—(i) E-mail Address (ii) Header (iii) Body (iv) Attachments (Optional) (v) Signature (Optional)

ई-मेल के लाभ

- ई-मेल के माध्यम से सन्देशों के साथ-साथ उनकी दिनांक व समय को भी सुरक्षित करके रख सकते हैं।
- ई-मेल एड्रेस इण्टरनेट पर व्यक्ति की पहचान व वेबसाइटों पर रजिस्ट्रेशन करने में अत्यन्त लाभप्रद है।
- ई-मेल द्वारा सन्देशों को व्यावहारिक पत्राचार की तुलना में काफी तेज गति से सम्प्रेषित (Transmit) किया जाता है।
- ई-मेल द्वारा पत्रों/सन्देशों के खोने की आशंका समाप्त हो जाती है।
- ई-मेल को केवल वही यूजर पढ़, डाउनलोड व जवाब (Reply) दे सकता है, जिसे वह भेजा गया है।
- पारम्परिक डाक सेवा के बदले ई-मेल का प्रयोग करने से कागज की भी बचत होती है व ई-मेल को कागजी दस्तावेजों की तुलना में सँभालना बेहद आसान होता है।
- ई-मेल का प्रयोग वर्तमान में विज्ञापनों, बिजनेस प्रोमोशन इत्यादि में भी किया जाता है।

ई-मेल की हानियाँ

ई-मेल के लाभ होने के साथ-साथ उसकी कुछ हानियाँ भी हैं, जो निम्नलिखित हैं

- ई-मेल के पासवर्ड के चोरी होने पर कोई भी अज्ञात व्यक्ति उसका प्रयोग कर सकता है।
- प्राप्त किए गए ई-मेल में वायरस हो सकते हैं, जो हानिकारक छोटे प्रोग्राम्स होते हैं। वायरस प्रोग्राम ई-मेल से सम्बन्धित सभी जानकारियों को चुराकर, अनुचित ई-मेल को अन्य ई-मेल एड्रेसों पर भेज सकता है।
- कई यूजर्स अन्य ई-मेल यूजरों को अवांछित (Unwanted) ई-मेल भेजते हैं, जिन्हें स्पैम (Spam) कहा जाता है।
- यूजर्स को Mailbox को समय-समय पर मैनेज करना होता है अन्यथा Mailbox फुल हो जाएगा व आगामी (Next) ई-मेल को प्राप्त नहीं किया जा सकेगा।
- ई-मेल का प्रयोग सरकारी व्यापार में नहीं किया जा सकता, क्योंकि यदि ई-मेल क्रिडेंशियल (Credentials) किसी अवैध यूजर (Unauthorized user) को पता चल जाए, तो वह उनका गलत प्रयोग कर सकता है।

ई-मेल एड्रेसिंग

ई-मेल भेजने और प्राप्त करने के लिए यूजर के पास ई-मेल एड्रेस का होना अत्यन्त आवश्यक है। ई-मेल एड्रेस किसी ई-मेल सर्वर पर ऐसा स्थान होता है, जहाँ ई-मेल स्टोर की जाती हैं। ई-मेल, ई-मेल सर्वर द्वारा भेजी जाती है। इस स्थान को मेलबॉक्स (Mailbox) भी कहा जाता है।

जब यूजर किसी इण्टरनेट सर्विस प्रोवाइडर कम्पनी से इण्टरनेट कनेक्शन खरीदता है, तो वह सामान्यतया यूजर के लिए एक मेलबॉक्स भी बना देता है और उस मेलबॉक्स का एड्रेस यूजर को दे देता है, जिसे ई-मेल एड्रेस कहा जाता है।

ई-मेल एड्रेस में सामन्यतया निम्न दो भाग होते हैं, जो @ चिह्न से अलग रहते है।

username@hostname

- यहाँ 'username' मेलबॉक्स का नाम है। यह सामान्यतया यूजर के यूजरनेम के समान होता है, जिसके द्वारा यूजर अपने कम्प्यूटर को इण्टरनेट से जोड़ते हैं।
- 'hostname' or 'domain name' मेल सर्वर का नाम होता है। उदाहरण के लिए, यदि यूजर ने बीएसएनएल से इण्टरनेट कनेक्शन लिया है, तो ई-मेल एड्रेस इस प्रकार का हो सकता है
  'manesh2013@sancharnet.in'

इनमें से किसी भी वेब पोर्टल में मेलबॉक्स बनाने के लिए यूजर को अपने बारे में सूचनाएँ देते हुए एक ऑनलाइन फॉर्म भरना होता है और अपने यूजरनेम तथा पासवर्ड की पसन्द भी बतानी होती है।

विवरण (Description) स्वीकृत होने पर वेब पोर्टल यूजर को वही यूजरनेम तथा पासवर्ड प्रदान कर देता है और यूजर का मेलबॉक्स अपने मेल सर्वर पर बना देता है।

यूजर जो भी ई-मेल प्राप्त करता है, वह मेलबॉक्स में स्टोर कर दी जाती है, भले ही यूजर उसकी प्राप्ति के समय इण्टरनेट से जुड़ा हो या नहीं। यूजर उस वेब पोर्टल के होम पेज पर जाकर और अपने यूजरनेम व पासवर्ड द्वारा साइन इन (Sign in) करके अपने मेलबॉक्स को कभी भी खोल सकते हैं।

ई-मेल क्लाइण्ट को आउटलुक पर कॉन्फिगरिंग करना

ई-मेल अकाउण्ट को आउटलुक पर कॉन्फिगर करने के लिए निम्नलिखित स्टेप्स का प्रयोग किया जाता है

1. Outlook 2007 को खोलें।
2. Tools टैब पर क्लिक करें।
3. Account Settings ऑप्शन पर क्लिक करें।
4. New पर क्लिक करें।
5. अपने अकाउण्ट का विवरण; जैसे—नाम, ई-मेल एड्रेस तथा पासवर्ड आदि प्रविष्ट करें।
6. Next बटन पर क्लिक करें तथा अकाउण्ट की पुष्टि होने की प्रतीक्षा करें।
7. अकाउण्ट के सफलतापूर्वक बनने के बाद, इहग्रे बटन पर क्लिक करें।

ई-मेल का अनुप्रयोग

ई-मेल को इण्टरनेट के माध्यम से किसी को भी भेजा जा सकता है, जिसके पास ई-मेल एड्रेस है। ई-मेल के प्रयोग निम्नलिखित हैं

ई-मेल अकाउण्ट खोलना

ई-मेल अकाण्उट खोलने के लिए बहुत-सी फ्री वेबसाइट/वेब पोर्टल उपलब्ध हैं; जैसे—

www.hotmail.com, www.yahoo.com,
www.gmail.com, www.msn.com,
www.rediffmail.com

आदि इनमें प्रमुख हैं। इनमें से किसी भी वेबसाइट के द्वारा यूजर अपना रजिस्ट्रेशन एक नए यूजर की तरह कराकर अपना ई-मेल अकाउण्ट बना सकता है। यूजर निम्न स्टेप्स का प्रयोग करके अपना वेब आधारित ई-मेल अकाउण्ट खोल सकता है

1. किसी वेब ब्राउजर के एड्रेस बार पर www.gmail.com को टाइप करके Enter कुंजी (Key) को दबाइए, जिससे इस वेबसाइट का होमपेज स्क्रीन पर खुल जाएगा, जोकि कुछ निम्न प्रकार का होगा

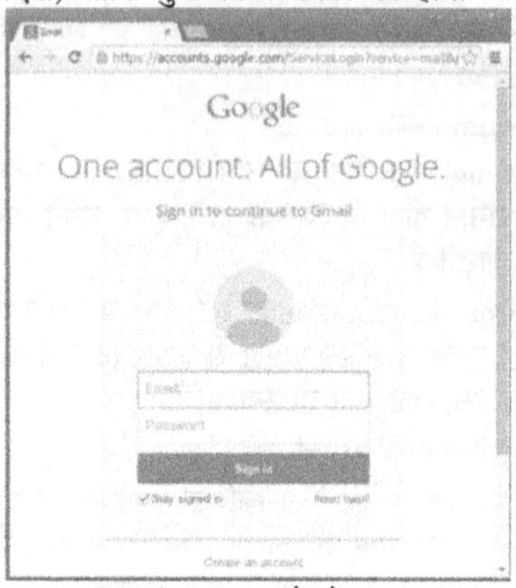

Gmail का होमपेज

2. अकाउण्ट बनाने के लिए Create an account हाइपरलिंक पर क्लिक करें। इसे क्लिक करने से निम्न रजिस्ट्रेशन फॉर्म प्रस्तुत होगा

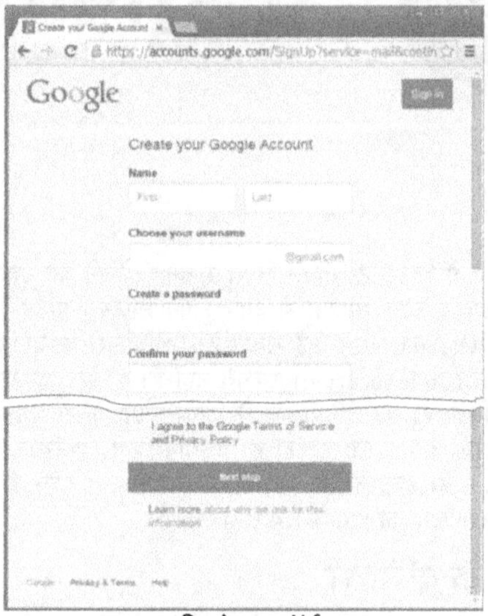

रजिस्ट्रेशन फॉर्म

3. फॉर्म पूरा भरकर Next step बटन को दबाएँ। फॉर्म भरते समय सभी दिशा-निर्देशों का पालन करें, जिससे यह सुनिश्चित हो जाए कि यूजरनेम अद्वितीय (Unique) है। यदि ऐसा नहीं है, तो यूजर को पुन: रजिस्ट्रेशन फॉर्म भरना होगा।
4. Create your public Google + profile पेज खुलेगा, इसमें यदि आप प्रोफाइल बनाना चाहते हैं, तो Create your profile बटन पर क्लिक करें अन्यथा No thanks बटन पर क्लिक करें।
5. यदि आपने Create your profile बटन पर क्लिक किया है, तो Welcome पेज प्रदर्शित होगा, जिसमें Continue to Gmail बटन पर क्लिक करें।
6. ई-मेल अकाउण्ट बनने के बाद उसकी Confirmation Information यूजर को दे दी जाएगी व निम्न वेब पेज ब्राउजर पर प्रस्तुत होगा

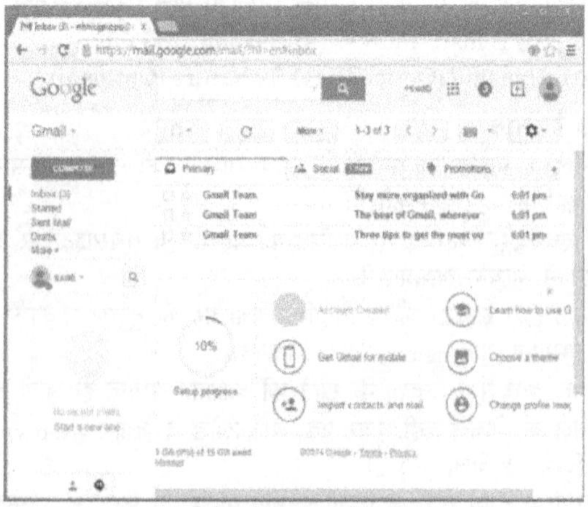

ई-मेल अकाउण्ट विण्डो

ई-मेल को देखना

ई-मेल अकाउण्ट बना लेने के बाद यूजर Sign in कर सकता है अर्थात् ई-मेल अकाउण्ट को खोल सकता है और अपनी ई-मेल को देख सकता है। ई-मेल को ऑफलाइन नहीं पढ़ा जा सकता। इसके लिए यूजर को उस वेबसाइट के होम पेज पर जाना होगा, जिस पर उसका ई-मेल अकाउण्ट है। वहाँ Sign in करने के लिए एक डायलॉग बॉक्स वेब पेज पर प्रदर्शित होगा।

इसमें E-mail टैक्स्ट बॉक्स में अपनी ई-मेल ID तथा Password टैक्स्ट बॉक्स में उस ई-मेल ID का पासवर्ड प्रविष्ट करके Sign in बटन पर क्लिक करें।

यदि ई-मेल-ID तथा पासवर्ड सही है, तो यूजर का Gmail ई-मेल बॉक्स खुल जाएगा।

इसके पश्चात् निम्न विण्डो प्रदर्शित होगी

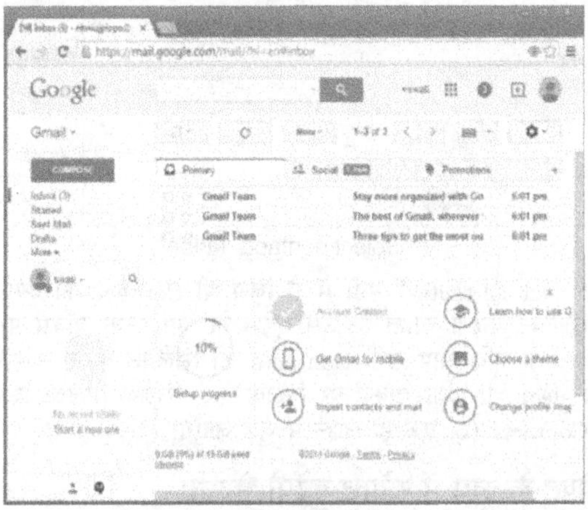

ई-मेल अकाउण्ट विण्डो

इसमें सामान्यतया पहले Inbox फोल्डर के कण्टेण्ट अर्थात् प्राप्त हुए ई-मेल सन्देशों की सूची दिखाई देगी, जिसमें दिनांक, भेजने वाले का नाम, विषय आदि सूचनाएँ होती हैं। किसी सन्देश को पढ़ने के लिए कर्सर को उस सन्देश पर लाकर क्लिक करें, जहाँ माउस प्वॉइण्टर हाथ के चिह्न में बदल जाता है।

मेलबॉक्स : इनबॉक्स तथा आउटबॉक्स

मेलबॉक्स इलेक्ट्रॉनिक मेल सन्देशों का स्टोरेज स्थान है, जो रिमोट सर्वर या यूजर की हार्ड ड्राइव पर डाउनलोड किया जाता है। सॉफ्टवेयर ई-मेल प्रोग्राम आमतौर पर मेलबॉक्स को अलग फोल्डरों में विभाजित करते हैं, जो विशेष रूप से इनबॉक्स तथा आउटबॉक्स हैं।

इनबॉक्स (Inbox) यह वह स्थान है, जहाँ ई-मेल सन्देश प्राप्त होते हैं। इनकमिंग (Incoming) मेल के लिए इनबॉक्स एक डिफॉल्ट स्थान है, जब तक किसी अन्य प्रोग्राम या फोल्डर में सन्देश फॉरवर्ड (Forward) करने के लिए नियम स्थापित नहीं किए जाते हैं।

आउटबॉक्स (Outbox) आउटबॉक्स वह स्थान है, जहाँ आउटगोइंग (Outgoing) ई-मेल सन्देश अस्थायी रूप से संग्रहीत होते हैं। जब आप एक सन्देश Compose कर रहे हों, तो अधिकांश मेल प्रोग्राम स्वचालित रूप से आउटबॉक्स में आपके सन्देश को ड्राफ्ट में सेव करते हैं, आउटबॉक्स में सन्देश को तब तक संग्रहीत किया जा सकता है, जब तक इसे प्राप्तकर्ता को सफलतापूर्वक भेजा न जाए। एक बार सन्देश भेजने के बाद, अधिकांश ई-मेल प्रोग्राम सन्देश को, Sent या Sent Messages फोल्डर में मूव कर देते हैं।

ड्राफ्ट (Draft) आपके द्वारा Compose किए गए सन्देश, जो अभी तक भेजे नहीं गए हैं, ड्राफ्ट फोल्डर में सेव किए जाते हैं।

प्रेषित (Sent) आपके द्वारा भेजे जाने वाले प्रत्येक सन्देश की एक कॉपी Sent फोल्डर में सेव हो जाती है।

ई-मेल को भेजना/प्राप्त करना तथा उसके सम्बन्धित फंक्शन्स

लॉग-इन करने के पश्चात् यदि यूजर अपने मित्रों और सम्बन्धियों को ई-मेल करना चाहता है, तो Compose बटन पर क्लिक करें, जिससे New Message विण्डो प्रदर्शित होगी

New Message विण्डो

इसमें To: टैक्स्ट बॉक्स में रेसीपिएण्ट का ई-मेल एड्रेस व Subject में ई-मेल का विषय तथा Body में टैक्स्ट टाइप करके Send बटन पर क्लिक करने से वह ई-मेल उस रेसीपिएण्ट को तुरन्त भेज दी जाती है। इसके अतिरिक्त यदि यूजर किसी फाइल (.doc, .pdf, .jpg इत्यादि) को भेजना चाहता है, तो Attach files (@) पर क्लिक करके फाइल अटैच कर सकता है। ई-मेल अटैचमेण्ट, ई-मेल सन्देश के साथ भेजा गया दस्तावेज है। ई-मेल में टैक्स्ट फॉर्मेटिंग, Cc (Carbon copy), Bcc (Blind carbon copy) के विकल्प भी उपलब्ध होते हैं।

कुछ महत्त्वपूर्ण विकल्पों का विवरण निम्न प्रकार है

1. **Cc** (Carbon copy) इस फीचर के द्वारा ई-मेल की कॉपी अर्थात् कार्बन कॉपी को अन्य रेसीपिएण्ट को भेजा जाता है तथा To: रेसीपिएण्ट को यह सूचना दे दी जाती है कि इस ई-मेल की कॉपी अन्य किन-किन व्यक्तियों को भेज दी गई है।
2. **Bcc** (Blind carbon copy) इस फीचर में To तथा Cc रेसीपिएण्ट को यह नहीं पता होता कि Bcc किन-किन यूजरों को भेजी गई है। ई-मेल में Cc तथा Bcc दोनों विकल्पों का प्रयोग वैकल्पिक (Optional) होता है।
3. **टैक्स्ट फॉर्मेटिंग** (Text Formatting) इस फीचर के द्वारा हम टैक्स्ट को बोल्ड, इटेलिक, अण्डरलाइन आदि कर सकते हैं। इसके द्वारा हम टैक्स्ट का फॉण्ट साइज, कलर तथा एलाइण्मेण्ट आदि भी बदल सकते हैं।

ई-मेल मैसेज का जवाब देना

किसी ई-मेल का जवाब देने के लिए निम्नलिखित स्टेप्स का प्रयोग किया जाता है

1. जिस ई-मेल का जवाब देना है, उसे ओपन करें।
2. केवल ई-मेल भेजने वाले को जवाब देने के लिए 'Reply' विकल्प पर क्लिक करें।
3. To और Cc बॉक्सों के सभी रेसीपिएण्ट्स को जवाब देने के लिए 'Reply to all' विकल्प पर क्लिक करें।

ई-मेल मैसेज को फॉरवर्ड करना

किसी ई-मेल को फॉरवर्ड करने के लिए निम्नलिखित स्टेप्स का प्रयोग किया जाता है

1. यूजर जिस मेल को भेजना चाहते हैं, उसे ओपन करें।
2. 'Forward' विकल्प पर क्लिक करें।
3. To, Cc और Bcc बॉक्सों में रेसीपिएण्ट्स नाम एण्टर करें।
4. Send बटन पर क्लिक करें।

ई-मेल को सॉर्ट तथा सर्च करना

ई-मेल को सॉर्ट करने के लिए निम्नलिखित स्टेप्स का प्रयोग किया जाता है

1. Settings बटन पर क्लिक करें।
2. Inbox टैब पर क्लिक करें।
3. Inbox type लिस्ट बॉक्स से अपनी इच्छानुसार विकल्प; जैसे– Default, Important first, Unread first, Shared first तथा Priority first का चयन करें।
4. Save changes बटन पर क्लिक करें।
5. इसके पश्चात् आपकी इच्छानुसार Inbox में ई-मेल सॉर्ट हो जाएगी।

ई-मेल को सर्च करने के लिए निम्नलिखित स्टेप्स का प्रयोग किया जाता है

1. सबसे ऊपर स्थित टैक्स्ट बॉक्स में उस ई-मेल की जानकारी; जैसे– भेजने वाले का नाम, विषय आदि प्रविष्ट करें, जिसे आप सर्च करना चाहते हैं।
2. Search बटन पर क्लिक करें।
3. इसके पश्चात् सर्च की गई जानकारी से सम्बन्धित ई-मेल की सूची प्रदर्शित हो जाएगी।

एडवांस्ड ई-मेल फीचर्स

ई-मेल के कुछ एडवांस फीचर्स निम्नलिखित हैं

स्पेल चैकिंग को एक्टिवेट करना

किसी डॉक्यूमेण्ट को भेजने से पहले उसकी स्पेल चैकिंग करना अत्यन्त महत्त्वपूर्ण है। स्पेल चैक को एक्टिवेट करने के लिए निम्नलिखित स्टेप्स का प्रयोग किया जाता है

1. Gmail अकाउण्ट विण्डो पर Compose बटन पर क्लिक करें, जिससे New Message विण्डो प्रदर्शित होगी।
2. New Message विण्डो की Body में Message टाइप करें।
3. More options बटन पर क्लिक करें, जिससे एक मेन्यू खुलेगा। उस मेन्यू में से Check spelling पर क्लिक करें।

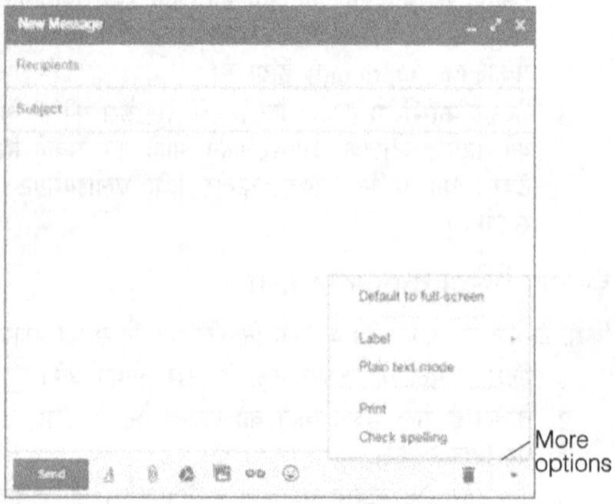

New Message विण्डो

एड्रेस बुक का प्रयोग करना

जिन लोगों को ई-मेल भेजा जाता है, उनके नाम एवं ई-मेल एड्रेसेज को स्टोर करने के लिए एड्रेस बुक का प्रयोग किया जाता है। मैसेज विण्डो में एड्रेस बुक को ओपन करने के लिए निम्न स्टेप्स का प्रयोग किया जाता है

1. Gmail एकाउण्ट विण्डो में Compose बटन पर क्लिक करें, जिससे New Message विण्डो प्रदर्शित होगी।
2. New Message विण्डो के To: पर क्लिक करें, जिससे Select contacts बॉक्स प्रदर्शित होगा।

Select contacts विण्डो

3. Select contacts विण्डो में से जिस भी Contact को आप सिलेक्ट करना चाहते हैं, उस एड्रेस के आगे चैक-बॉक्स पर क्लिक करें या यदि आप सभी Contacts को सिलेक्ट करना चाहते हैं, तो Select All चैक-बॉक्स पर क्लिक करें, जिससे सिलेक्ट किए हुए Contacts To: एक ही लाइन में जुड़ जाएँगे।

अटैचमेण्ट के रूप में सॉफ्ट कॉपी भेजना /डॉक्यूमेण्ट को ई-मेल से भेजना

कम्प्यूटर पर स्टोर की जाने वाली किसी भी फाइल को ई-मेल द्वारा भेजा जा सकता है। ई-मेल भेजते समय Subject लाइन सन्देश को विषय-वस्तु के बारे में बताती है।

अटैचमेण्ट के रूप में एक सॉफ्ट कॉपी भेजने के लिए निम्नलिखित स्टेप्स का प्रयोग किया जाता है

1. Gmail अकाउण्ट विण्डो पर Compose बटन पर क्लिक करें, जिससे एक New Message विण्डो प्रदर्शित होगी।

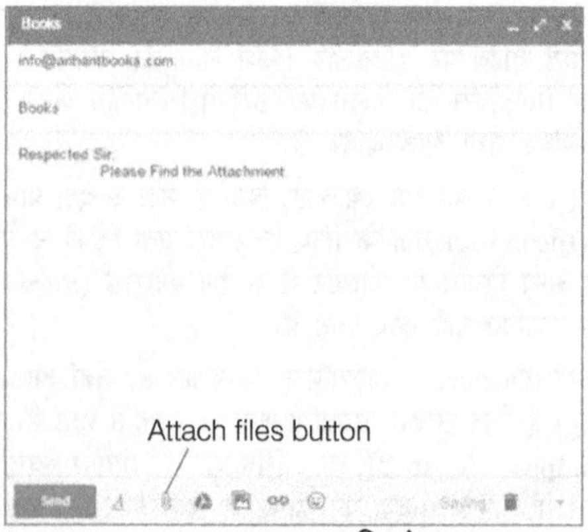

New Message विण्डो

2. रेसीपिएण्ट के ई-मेल एड्रेस को To: लाइन में एड्रेस टाइप करें या अपनी एड्रेस बुक से ई-मेल एड्रेस को सिलेक्ट करें।
3. Subject लाइन में ई-मेल के लिए सब्जेक्ट टाइप करें।

4. किसी भी सॉफ्ट कॉपी को अटैच करने के लिए Attach files बटन (📎) पर क्लिक करें, जिससे Open डायलॉग बॉक्स प्रदर्शित होगा।
5. Open डायलॉग बॉक्स में से उस फाइल को सिलेक्ट करें, जिसे आप अटैच करना चाहते हैं। फाइल को सिलेक्ट करने के बाद Open बटन पर क्लिक करें।
6. जब फाइल ई-मेल Body में अटैच हो जाए, तब Send बटन पर क्लिक करें।

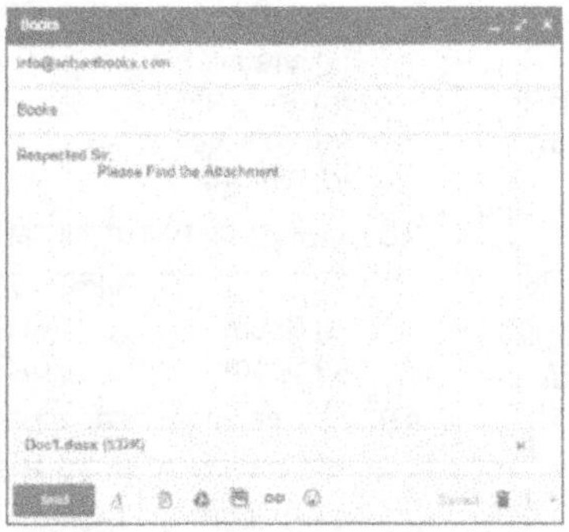

अटैचमेण्ट के साथ ई-मेल मैसेज विण्डो

स्पैम की हैण्डलिंग

स्पैम, अवांछित (Unwanted), अनसॉलिसिटेड, जंक ई-मेल मैसेज होते हैं, जो प्राय: व्यापारिक कण्टेण्ट के साथ बहुत बड़ी संख्या में रेसीपिएण्ट को भेजे जाते हैं। Gmail में स्पैम मैसेजों को हैण्डल करने के लिए एक Spam फोल्डर होता है। Gmail सभी स्पैम मैसेजों को Spam फोल्डर में स्थानान्तरित कर देता है। Spam फोल्डर Gmail विण्डो के बाईं ओर प्रदर्शित होता है। यदि Spam फोल्डर Gmail विण्डो के बाईं ओर प्रदर्शित नहीं होता, तो Gmail अकाउण्ट की Settings में बदलाव करने की आवश्यकता होती है। Settings में बदलाव करने के लिए विण्डो के दाईं ओर से Setting बटन की Settings विकल्प को चुनें तथा Labels टैब पर क्लिक करें। इसके बाद Spam के आगे प्रदर्शित Show विकल्प पर क्लिक करें।

फोल्डर लिस्ट

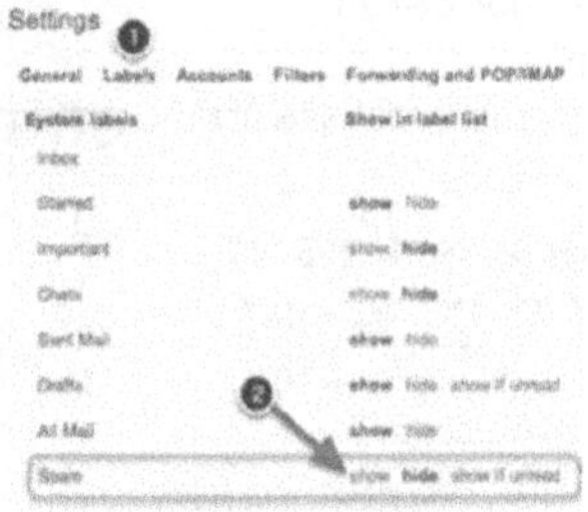

Settings विण्डो

ई-मेल को Spam की तरह अंकित करना

यदि आप अपने Inbox में वो ई-मेल प्राप्त करते हों, जो वास्तव में Spam है, तो आपको 'Report Spam' बटन पर क्लिक करने की आवश्यकता है, जिससे ई-मेल, Spam फोल्डर में स्थानान्तरित हो जाएगी।

Spam फोल्डर को चैक करना

कुछ दिनों के अन्तराल पर आपको अपना Spam फोल्डर चैक करते रहना चाहिए, जिससे यह सुनिश्चित होता है कि कोई जरूरी ई-मेल गलती से Spam की तरह निर्धारित तो नहीं हो गई।

यदि Spam फोल्डर की सभी ई-मेल स्पैम हों, तो आप इन्हें बिना डिलीट करे छोड़ सकते हैं, क्योंकि Gmail स्वत: ही 30 दिनों में Spam को डिलीट कर देता है। फिर भी यदि आप स्वयं ई-मेल को डिलीट करना चाहते हों, तो Delete Forever बटन पर क्लिक करें।

इन्स्टैण्ट मैसेजिंग और कोलाबोरेशन

इन्स्टैण्ट मैसेजिंग (IM) का तात्पर्य है, तात्कालिक सन्देश अर्थात् जैसे ही यूजर किसी को कोई सन्देश देता है, वह सेकण्डों में ही उस तक पहुँच जाता है। चाहे दूरी हजारों मील की ही क्यों न हो और यह इण्टरनेट से ही सम्भव हो पाया है। एक इण्टरनेट कनेक्शन के माध्यम से यूजर अपने दोस्तों एवं पूरे विश्व में बिजनेस पार्टनर्स के साथ कोलाबोरेट कर सकता है। कोलाबोरेशन (सहयोग), प्रभावकारी कम्युनिकेशन के माध्यम से ही सम्भव होता है एवं प्रभावकारी कम्युनिकेशन हमेशा टू-वे (Two-way) में प्रोसेस होता है।

अधिकांश IM प्रोग्राम निम्न सुविधाओं को प्रदान करते हैं

1. **Chat** दोस्तों या सहकर्मियों (Co-workers) के साथ चैट रूम बनाए।
2. **Web Links** अपने पसंदीदा वेबसाइट के लिंक को शेयर करें।
3. **Image** अपने दोस्त के सिस्टम में संग्रहीत इमेज को देखें।
4. **Sound** अपने दोस्तों के लिए साउण्ड को प्ले करें।
5. **File** अपने दोस्तों को सीधे फाइलें भेजकर शेयर करें।

स्माइलीज का प्रयोग करना

टैक्स्ट कम्युनिकेशन के अन्तर्गत स्माइलीज का प्रयोग अक्सर भावनात्मक अभिव्यक्ति के लिए किया जाता है। जिस प्रकार से हम आमने-सामने की बातचीत में चेहरे के हाव-भाव से एवं दूरभाष के माध्यम से होने वाले वार्तालाप में ध्वनि के उतार-चढ़ाव के द्वारा अपनी भावनाओं को व्यक्त करते हैं, ठीक उसी प्रकार से टैक्स्ट मैसेजेज में स्माइलीज का प्रयोग किया जाता है। एक स्माइली बनाने के लिए स्टैण्डर्ड कीबोर्ड के कैरेक्टर्स और पंक्चुएशन मार्क्स का ही प्रयोग किया जाता है। स्माइलीज को इमोटिकॉन (Emoticon) भी कहा जाता है।

अधिकतर प्रयोग होने वाले स्माइलीज एवं उनके संकेत निम्नलिखित हैं

अर्थ	स्माइली
खुश (Happy)	-)
दु:खी (Sad)	:(
निराश (Disappointed)	:-e
हँसना (Laughing)	:- D
पलकें झपकना (Wink)	;)
पागल (Mad)	>:-<
उदासीन (Insensitive)	:-I
गुस्सा (Angry)	: – @
आश्चर्यचकित (Surprised)	:-O

इण्टरनेट एटिकेट्स

एटिकेट्स (Etiquettes) सही व्यवहार के लिए बनाए गए नियमों के समूह होते हैं, जिसके आधार पर लोगों के बीच आपसी व्यवहार की प्रक्रिया का अनुमान लगाया जा सकता है कि कौन व्यावहारिक है और कौन अव्यावहारिक। उसी प्रकार से इण्टरनेट पर किए जाने वाले सही व्यवहार के लिए जो नियम बनाए जाते हैं, उसे **नेटिकेट्स** (Netiquettes) कहते हैं। नेटिकेट्स, इण्टरनेट को संचार के पारम्परिक रूप; जैसे—टेलीफोन कन्वर्सेशन, फेस-टू-फेस मीटिंग्स, पेपर बेस्ड लेटर्स आदि से अलग करते हैं।

इण्टरनेट एटिकेट्स के नियम निम्न प्रकार हैं

- उपयुक्त भाषा का प्रयोग करें
- एक Subject लाइन शामिल करें।
- कोई स्पैम नहीं होना चाहिए।
- दूसरों की गोपनीयता का सम्मान करें।
- कोई स्पैम (जंक मेल) नहीं होनी चाहिए।

अभ्यास प्रश्न

1. ई-मेल भेजना ………… के समान है।
(a) पत्र लिखने (b) चित्र बनाना
(c) फोन पर बात करना (d) उत्पाद भेजना

2. ई-मेल एक ………… है।
(a) इण्टरनेट सेवा
(b) सन्देश की इलेक्ट्रॉनिक फॉर्म
(c) 'a' और 'b' दोनों
(d) उपरोक्त में से कोई नहीं

3. 'ई-मेल' में 'ई' से तात्पर्य है
(a) इन्स्टैण्ट (b) इलेक्ट्रॉनिक
(c) इलेक्ट्रिक (d) इलेक्ट्रॉन

4. ई-मेल किसके माध्यम द्वारा भेजी जाती है?
(a) वेब सर्वर (b) ई-मेल सर्वर
(c) ब्राउजर (d) क्लाइण्ट

5. किसी भी ई-मेल एड्रेस के कितने भाग होते हैं?
(a) 2 (b) 3
(c) 4 (d) इनमें से कोई नहीं

6. manesh2013@yahoo.co.in ई-मेल एड्रेस में यूजर नेम क्या है?
(a) manesh2013 (b) yahoo.co.in
(c) 'a' और 'b' दोनों (d) इनमें से कोई नहीं

7. ई-मेल एड्रेस के दूसरे हिस्से के साथ कौन-सा शब्द जुड़ा है?
(a) डोमेन का नाम (b) प्रभोक्ता का नाम
(c) देश का नाम (d) लोक एड्रेस

8. यूजर जो भी ई-मेल प्राप्त करता है, वह कहाँ स्टोर होती है?
(a) गो-इन (b) मेलबॉक्स
(c) लॉग-स्टार्ट (d) साइन-अप

9. निम्न में से किस वेब पोर्टल में यूजर अपना निःशुल्क ई-मेल अकाउण्ट बना सकते हैं?
(a) www.hotmail.com
(b) www.yahoo.com
(c) www.gmail.com
(d) उपरोक्त सभी

10. ई-मेल अकाउण्ट में स्टोरेज एरिया होता है, जिसे ………… कहते हैं।
(a) अटैचमेण्ट (b) हाइपरलिंक
(c) मेलबॉक्स (d) IP एड्रेस

11. ई-मेल अकाउण्ट में प्राप्त हुई ई-मेल पढ़नी है, तो वह आपको ………… विकल्प पर क्लिक करने से दिखाई देगी।
(a) आउटबॉक्स (b) इनबॉक्स
(c) 'a' और 'b' दोनों (d) इनमें से कोई नहीं

12. वह कौन-सा स्थान है, जहाँ आउटगोइंग सन्देशों को अस्थाई रूप से संग्रहीत किया जाता है?
(a) इनबॉक्स (b) आउटबॉक्स
(c) चेकबॉक्स (d) ड्राफ्टबॉक्स

13. ई-मेल भेजते समय ……… लाइन सन्देश की विषय वस्तु के बारे में बताती है।
(a) Subject (b) To
(c) Contents (d) Cc

14. निम्नलिखित में से कौन-सा विकल्प आपको मेल के साथ किसी भी फाइल को भेजने की सुविधा प्रदान करता है?
(a) Bcc
(b) Cc
(c) अटैचमेण्ट फाइल्स
(d) उपरोक्त मे से कोई नहीं

15. ई-मेल अटैचमेण्ट होता है
(a) प्राप्तकर्ता द्वारा भेजा गया दस्तावेज
(b) प्राप्तकर्ताओं की सूची
(c) ई-मेल सन्देश के साथ भेजा गया दस्तावेज
(d) वायरस

16. यदि आप किसी ई-मेल को अन्य लोगों को भेजना चाहते हो, तो ………… बटन द्वारा भेज सकते हैं।
(a) Send (b) Forward
(c) Reply (d) Exit

17. जिन लोगों को ई-मेल भेजा जाता है, उनके नाम एवं ई-मेल एड्रेस कहाँ स्टोर किया जाता है?
(a) ब्राउजर
(b) सर्च इंजन
(c) एड्रेस बुक
(d) फोन बुक

18. Gmail में स्पैम मैसेज को हैण्डल करने के लिए ………… फोल्डर होता है।
(a) Spom (b) Spem
(c) Spam (d) Spamming

19. जैसे ही आपने किसी को कोई सन्देश दिया वह सेकण्डो में ही उस तक पहुँच गया, इससे तात्पर्य है
(a) फास्ट मैसेजिंग
(b) इन्स्टैण्ट मैसेजिंग
(c) इमीडिएट मैसेजिंग
(d) इन्स्टैण्ट एक्सेसिंग

20. स्माइलीज का प्रयोग होता है
(a) कोडिंग
(b) फाइल ट्रांसलेशन
(c) मैसेज की भावना व्यक्त करने के लिए
(d) वायरस डिटेक्ट करने के लिए

21. इण्टरनेट एटिकेट्स होते हैं
(a) सर्चिंग सूचना
(b) एक प्रकार का जंक डेटा
(c) इण्टरनेट पर सही व्यवहार के लिए
(d) उपरोक्त सभी

उत्तरमाला

1	a	2	c	3	b	4	b	5	a
6	a	7	a	8	b	9	d	10	c
11	b	12	b	13	a	14	c	15	c
16	b	17	c	18	c	19	b	20	c
21	c								

05 इण्टरनेट, WWW तथा वेब ब्राउजर

इण्टरनेट, कम्युनिकेशन का एक महत्त्वपूर्ण व दक्ष (Efficient) माध्यम है, जिसने काफी लोकप्रियता अर्जित की है। इण्टरनेट के माध्यम से लाखों व्यक्ति सूचनाओं, विचारों, ध्वनि, वीडियो क्लिप्स इत्यादि को कम्प्यूटरों के द्वारा पूरी दुनिया में एक-दूसरे के साथ शेयर कर सकते हैं। यह विभिन्न आकारों व प्रकारों के नेटवर्कों से मिलकर बना होता है।

इण्टरनेट

इसका पूरा नाम इण्टरनेशनल नेटवर्क है, जिसे वर्ष 1950s में विण्ट कर्फ ने शुरू किया, जिन्हें इण्टरनेट का पिता कहा जाता है। इण्टरनेट 'नेटवर्कों का नेटवर्क' है, जिसमें लाखों निजी व सार्वजनिक, लोकल से ग्लोबल स्कोप वाले नेटवर्क होते हैं। सामान्यत: "नेटवर्क दो या दो से अधिक कम्प्यूटर सिस्टमों को आपस में जोड़कर बनाया गया एक समूह है।"

इण्टरनेट पर उपलब्ध डाटा, प्रोटोकॉल द्वारा नियन्त्रित किया जाता है। TCP/IP प्रोटोकॉल द्वारा एक फाइल को कई छोटे भागों में फाइल सर्वर द्वारा बाँटा जाता है, जिन्हें **पैकेट्स** कहा जाता है। इण्टरनेट पर सभी कम्प्यूटर आपस में इसी प्रोटोकॉल का प्रयोग करके वार्तालाप (Conversation) करते हैं।

इण्टरनेट का इतिहास

वर्ष 1969 में लॉस एंजिल्स (Los Angeles) में यूनिवर्सिटी ऑफ कैलिफोर्निया (University of California) तथा यूनिवर्सिटी ऑफ यूटा (University of Utah) अरपानेट (ARPANET-Advanced Research Projects Agency Network) की शुरुआत के रूप में जुड़ी। इस परियोजना का मुख्य लक्ष्य विभिन्न विश्वविद्यालयों तथा अमेरिकी रक्षा मन्त्रालय के कम्प्यूटरों को आपस में जोड़ना था। यह दुनिया का पहला पैकेट स्विचिंग नेटवर्क था।

1980 के दशक के मध्य एक और संघीय एजेंसी राष्ट्रीय विज्ञान फाउण्डेशन (National Science Foundation) ने एक नया उच्च क्षमता वाला नेटवर्क NSFnet बनाया, जो ARPANET से अधिक सक्षम था। NSFnet में केवल यही कमी थी कि यह अपने नेटवर्क पर केवल शैक्षिक अनुसन्धान की ही अनुमति देता था, किसी भी प्रकार के निजी व्यापार की अनुमति नहीं देता था। इसी कारण निजी संगठनों (Private organisations) तथा लोगों ने अपने स्वयं के नेटवर्क का निर्माण करना शुरू कर दिया, जिसने बाद में ARPANET तथा NSFnet से जुड़कर इण्टरनेट का निर्माण किया।

इण्टरनेट कनेक्शन्स

बैण्डविड्थ (Bandwidth) व कीमत (Cost) इन दो घटकों के आधार पर ही कौन-से इण्टरनेट कनेक्शन को उपयोग में लाना है, यह सर्वप्रथम निश्चित किया जाता है। इण्टरनेट की गति बैण्डविड्थ पर निर्भर करती है। *इण्टरनेट एक्सेस के लिए कुछ इण्टरनेट कनेक्शन निम्न प्रकार हैं*

डायल-अप कनेक्शन्स

डायल-अप पूर्व उपस्थित टेलीफोन लाइन की सहायता से इण्टरनेट से जुड़ने का एक माध्यम है। जब भी उपयोगकर्ता डायल-अप कनेक्शन को चलाता है, तो पहले मॉडम **इण्टरनेट सर्विस प्रोवाइडर** (ISP) का फोन नम्बर डायल करता है, जिसे डायल-अप कॉल्स को प्राप्त करने के लिए तैयार किया गया है व फिर ISP कनेक्शन स्थापित करता है, जिसमें सामान्य रूप से दस सेकण्ड्स लगते हैं। सामान्यत: ISP शब्द उन कम्पनियों के लिए प्रयोग किया जाता है, जो उपयोगकर्ताओं को इण्टरनेट कनेक्शन प्रदान करती हैं।

ब्रॉडबैण्ड कनेक्शन्स

ब्रॉडबैण्ड का इस्तेमाल हाई स्पीड इण्टरनेट एक्सेस के लिए सामान्य रूप से होता है। यह इण्टरनेट से जुड़ने के लिए टेलीफोन लाइनों को प्रयोग करता है। ब्रॉडबैण्ड उपयोगकर्ता को डायल-अप कनेक्शन से तीव्र गति पर इण्टरनेट से जुड़ने की सुविधा प्रदान करता है। ब्रॉडबैण्ड में विभिन्न प्रकार की हाई स्पीड संचरण (Transmission) तकनीकें भी सम्मिलित हैं, *जो निम्न प्रकार हैं*

1. **डिजिटल सब्सक्राइबर लाइन** (Digital Subscriber Line-DSL) यह एक लोकप्रिय ब्रॉडबैण्ड कनेक्शन है, जिसमें इण्टरनेट एक्सेस डिजिटल डाटा को लोकल टेलीफोन नेटवर्क के तारों (ताँबे के) द्वारा संचरित किया जाता है। यह डायल-अप सेवा की तरह, किन्तु उससे अधिक तेज गति से कार्य करता है। इसके लिए DSL मॉडम की आवश्यकता होती है, जिससे टेलीफोन लाइन तथा कम्प्यूटर को जोड़ा जाता है।
2. **केबल मॉडम** (Cable Modem) इसके अन्तर्गत केबल ऑपरेटर्स कोएक्सियल केबल के माध्यम से इण्टरनेट इत्यादि की सुविधाएँ भी प्रदान कर सकते हैं। इसकी ट्रांसमिशन गति 1.5 Mbps या इससे भी अधिक हो सकती है।
3. **ब्रॉडबैण्ड ओवर पॉवर लाइन** (Broadband over Power Line-BPL) निम्न तथा मध्यम वोल्टेज के इलेक्ट्रिक पॉवर डिस्ट्रिब्यूशन नेटवर्क पर ब्रॉडबैण्ड कनेक्शन की सर्विस को ब्रॉडबैण्ड ओवर पॉवर लाइन कहते हैं। यह उन क्षेत्रों के लिए उपयुक्त है, जहाँ पर पॉवर लाइन के अतिरिक्त कोई और माध्यम उपलब्ध नहीं होता, *जैसे*— ग्रामीण क्षेत्र इत्यादि।

वायरलैस कनेक्शन्स

वायरलैस ब्रॉडबैण्ड ग्राहक के स्थान और सर्विस प्रोवाइडर के बीच रेडियो लिंक का प्रयोग करके घर या व्यापार इत्यादि को इण्टरनेट से जोड़ता है।

वायरलैस ब्रॉडबैण्ड स्थिर या गतिशील होता है। इसे केबल या मॉडम इत्यादि की आवश्यकता नहीं होती व इसका प्रयोग हम किसी भी क्षेत्र में, जहाँ DSL व केबल इत्यादि नहीं पहुँच सकते, कर सकते हैं।

इण्टरनेट को हम निम्न तरीकों से वायरलैस से जोड़ सकते हैं

1. **वायरलैस फिडेलिटी** (Wireless Fidelity- Wi-Fi) यह एक विश्वव्यापी वायरलैस तकनीक है, जिसमें रेडियो आवृत्तियों को डाटा ट्रांसफर करने में प्रयोग किया जाता है। Wi-Fi केबल या तारों के बिना ही उच्च गति से इण्टरनेट सेवा प्रदान करती है। इसका प्रयोग हम रेस्टोरेण्ट, कॉफी शॉप, होटल, एयरपोर्ट्स, और सिटी पार्कों इत्यादि में कर सकते हैं।
2. **वर्ल्डवाइड इण्टरऑपरेबिलिटी फॉर माइक्रोवेव एक्सेस** (Worldwide Interoperability for Microwave Access-WiMax) WiMax सिस्टम आवासीय (Residential) तथा इण्टरप्राइजेज ग्राहकों को इण्टरनेट की सेवाएँ प्रदान करने के लिए

बनाया गया है। यह वायरलैस मैक्स तकनीक पर आधारित है। वाईमैक्स मुख्यत: बड़ी दूरियों व ज्यादा उपयोगकर्ता के लिए Wi-Fi की भाँति, किन्तु उससे भी ज्यादा गति से इण्टरनेट सुविधा प्रदान करने के लिए प्रयुक्त होता है। WiMax को WiMax forum ने बनाया था, जिसकी स्थापना जून, 2001 में हुई थी।

इण्टरकनैक्टिंग प्रोटोकॉल्स

प्रोटोकॉल नियमों का वह सेट है, जो डाटा कम्युनिकेशन्स की देखरेख करता है। *कुछ प्रोटोकॉल्स निम्न प्रकार हैं*

1. **TCP/IP** (Transmission Control Protocol/Internet Protocol) TCP/IP, end to end कनैक्टिविटी (जिसमें डाटा की फॉर्मेटिंग, एड्रेसिंग संचरण के रूट्स और इसे प्राप्त करने की विधि इत्यादि सम्मिलित हैं) प्रदान करता है। *TCP/IP का पूर्ण विवरण निम्न प्रकार है*
   (i) **TCP** यह सन्देश को प्रेषक (Sender) के पास ही पैकेटों के एक सेट में बदल देता है, जिसे प्राप्तकर्ता (Receiver) के पास पुन: इकट्ठा कर सन्देश को वापस प्राप्त कर लिया जाता है। इसे कनेक्शन ऑरिएण्टेड (Connection oriented) प्रोटोकॉल भी कहते हैं।
   (ii) **IP** इण्टरनेट पर प्रत्येक होस्ट कम्प्यूटर का एक अन्य आईपी एड्रेस होता है। यह विभिन्न कम्प्यूटरों को नेटवर्क स्थापित करके आपस में संचार Communication करने की अनुमति प्रदान करता है।
   IP नेटवर्क पर पैकेट भेजने का कार्य सँभालता है। यह अनेक मानकों (Standard) के आधार पर पैकेटों के एड्रेस को बनाए रखता है। प्रत्येक IP पैकेट में स्रोत तथा गन्तव्य (Destination) का एड्रेस होता है।
2. **फाइल ट्रांसफर प्रोटोकॉल** (File Transfer Protocol- FTP) इस प्रोटोकॉल के द्वारा इण्टरनेट उपयोगकर्ता अपने कम्प्यूटरों से फाइलों को विभिन्न वेबसाइटों पर अपलोड कर सकते हैं या वेबसाइट से अपने पीसी में डाउनलोड कर सकते हैं। FTP सॉफ्टवेयर के उदाहरण हैं- FileZilla, Kasablanca, gFTP, Konqueror इत्यादि।
3. **हाइपर टेक्स्ट ट्रांसफर प्रोटोकॉल** (HyperText Transfer Protocol-HTTP) यह इस बात को सुनिश्चित करता है कि सन्देशों को किस प्रकार फॉर्मेट (Format) व संचरित किया जाता है व विभिन्न कमाण्डों के रेस्पॉन्स में वेब सर्वर तथा ब्राउजर क्या कार्य करेंगे। HTTP एक स्टेटलेस प्रोटोकॉल (Stateless protocol) है, क्योंकि इसमें प्रत्येक निर्देश स्वतन्त्र होकर क्रियान्वित होता है।
4. **टेलनेट प्रोटोकॉल** (Telnet Protocol) टेलनेट सेशन वैध (Authorized) यूजरनेम तथा पासवर्ड को प्रविष्ट करने पर शुरू हो जाता है। यह एक नेटवर्क प्रोटोकॉल है, जिसमें वर्चुअल कनेक्शन का इस्तेमाल करके द्विदिशीय टेक्स्ट ऑरिएण्टेड कम्युनिकेशन को लोकल एरिया नेटवर्क पर प्रदान किया जाता है।
5. **यूजनेट प्रोटोकॉल** (Usenet Protocol) इसके अन्तर्गत कोई केन्द्रीय सर्वर या एडमिनिस्ट्रेटर नहीं होता। इस सेवा के अन्तर्गत इण्टरनेट उपयोगकर्ताओं का एक समूह किसी भी विशेष विषय पर अपने विचार/सलाह आदि का आपस में आदान-प्रदान कर सकता है।
6. **प्वॉइण्ट-टू-प्वॉइण्ट प्रोटोकॉल** (Point-to-Point Protocol) यह एक डायल अकाउण्ट है, जिसमें कम्प्यूटर को इण्टरनेट से सीधे जोड़ा जाता है। इस प्रकार के कनेक्शन में एक मॉडम की आवश्यकता होती है, जिसमें डाटा को 9600 बिट्स/सेकण्ड से भेजा जाता है।

इण्टरनेट से सम्बन्धित पद

1. **वर्ल्ड वाइड वेब** (World Wide Web-WWW) वर्ल्ड वाइड वेब एक सिंगल इण्टरफेस पर कई इण्टरनेट प्रोटोकॉल एक्सेस करने के लिए हाइपर टेक्स्ट और मल्टीमीडिया का समर्थन करने वाला एक इण्टरनेट सर्वर है। इसे वेब या www भी कहा जाता है। यह 13 मार्च, 1989 को टिम बर्नर्स ली द्वारा प्रस्तावित किया गया था। उपयोगकर्ता फ्रैण्डली, इण्टरएक्टिव, मल्टीमीडिया डॉक्यूमेण्टों (ग्राफिक्स, ऑडियो, वीडियो, एनिमेशन और टेक्स्ट) इत्यादि इसके विशिष्ट फीचर्स हैं।
2. **वेब पेज** (Web Page) वेब बहुत सारे कम्प्यूटर डॉक्यूमेण्टों या वेब पेजों का संग्रह है। ये डॉक्यूमेण्ट्स HTML में लिखे जाते हैं तथा वेब ब्राउजर द्वारा प्रदर्शित किए जाते हैं। ये दो प्रकार के होते हैं—स्टैटिक (Static) तथा डायनमिक (Dynamic)। स्टैटिक वेब पेज हर बार एक्सेस करने पर एक ही कण्टेण्ट दिखाते हैं तथा डायनमिक वेब पेज के कण्टेण्ट हर बार बदल सकते हैं।
3. **वेबसाइट** (Website) एक वेबसाइट वेब पेजों का संग्रह होता है, जिसमें सभी वेब पेज हाइपरलिंक द्वारा एक-दूसरे से जुड़े होते हैं। किसी भी वेबसाइट का पहला पेज होमपेज कहलाता है; *जैसे*- http://iete.org इत्यादि।
4. **वेब ब्राउजर** (Web Browser) वेब ब्राउजर एक सॉफ्टवेयर एप्लीकेशन है, जिसका प्रयोग वर्ल्ड वाइड वेब के कण्टेण्ट को ढूँढने, प्रदर्शित करने में होता है। *ये प्राय: दो प्रकार के होते हैं*
   (i) **टेक्स्ट वेब ब्राउजर** (Text Web Browser) इस वेब ब्राउजर में टेक्स्ट आधारित सूचना को प्रदर्शित किया जाता है; *जैसे*- Lynx, जो केवल टेक्स्ट मोड में इण्टरनेट को एक्सेस प्रदान करता है।
   (ii) **ग्राफिकल वेब ब्राउजर** (Graphical Web Browser) यह टेक्स्ट तथा ग्राफिक सूचना दोनों को सपोर्ट करता है; *जैसे*- Mozilla Firefox, Google Chrome, Netscape, Internet Explorer इत्यादि। पहला ग्राफिकल वेब ब्राउजर मोजोइक (Mosaic) था।
5. **वेब सर्वर** (Web Server) यह एक कम्प्यूटर प्रोग्राम है, जो HTML पेजों या फाइलों की जरूरतों को पूरा करता है। वेब क्लाइण्ट उपयोगकर्ता से सम्बन्धित Requested प्रोग्राम है। प्रत्येक वेब सर्वर, जो इण्टरनेट से जुड़ा होता है, उसका एक अद्वितीय (Unique) एड्रेस होता है, जिसे IP एड्रेस कहते हैं; *जैसे*- Apache HTTP Server, Internet Information Services इत्यादि।
6. **वेब एड्रेस तथा URL** (Web Address and URL) इण्टरनेट पर वेब एड्रेस किसी विशिष्ट वेब पेज की लोकेशन को पहचानता है। वेब एड्रेस को URL (Uniform Resource Locator) भी कहते हैं। URL इण्टरनेट से जुड़े होस्ट कम्प्यूटर पर फाइलों के इण्टरनेट एड्रेस को दर्शाते हैं। टिम बर्नर्स ली (Tim Berners Lee) ने वर्ष 1991 में पहला URL बनाया, जो वर्ल्ड वाइड वेब पर हाइपरलिंक्स को प्रकाशित करने में इस्तेमाल होता है।
   जैसे- "http://www.google.com/services/index.htm"

http	—	प्रोटोकॉल आइडेण्टिफायर
www	—	वर्ल्ड वाइड वेब
google.com	—	डोमेन नेम
/services/	—	डायरेक्टरी
index.htm	—	वेब पेज

7. **डोमेन नेम** (Domain Name) डोमेन नेटवर्क संसाधनों का एक समूह है, जिसे उपयोगकर्ता के समूह को असाइन (Assign) किया जाता है। डोमेन नेम इण्टरनेट पर जुड़े हुए कम्प्यूटरों को पहचानने व लोकेट करने के काम में आता है। डोमेन नेम सदैव अद्वितीय होना

चाहिए। इसमें हमेशा डॉट (.) द्वारा अलग किए गए दो या दो से अधिक भाग होते हैं; *जैसे*- google.com, yahoo.com इत्यादि।

डोमेन संगठनों तथा देशों के प्रकार द्वारा व्यवस्थित किए जाते हैं। डोमेन नेम में अन्तिम भाग संगठन या देश के प्रकार को अंकित करता है। सामान्यत: यदि डोमेन नेम के अन्तिम भाग में तीन अक्षर है, तो वह संगठन को दर्शाता है तथा दो अक्षर हैं, तो वह देश को दर्शाता है। *संगठन के कुछ प्रमुख डोमेन नेम निम्न हैं*

.info — सूचना संगठन (Informational Organisation)
.com — वाणिज्यिक (Commercial) संस्थान
.gov — सरकारी (Government) संस्थान
.edu — शैक्षणिक (Educational) संस्थान
.mil — सैन्य (Military) संस्थान
.net — नेटवर्क संसाधन (Network Resource)
.org — गैर-लाभकारी संगठन (Non-profit Organisation)

देशों के लिए कुछ प्रमुख डोमेन नेम निम्न हैं

.in — भारत (India)
.au — ऑस्ट्रेलिया (Australia)
.fr — फ्रांस (France)
.nz — न्यूजीलैण्ड (New Zealand)
.uk — यूनाइटेड किंगडम (United Kingdom)

8. **ब्लॉग्स** (Blogs) यह एक वेब पेज या वेबसाइट होती है, जिसमें किसी व्यक्ति विशेष की राय/सलाह, दूसरी साइटों के लिंक नियमित रूप से रिकॉर्ड होते हैं। किसी भी सामान्य ब्लॉग में टेक्स्ट, इमेज व अन्य ब्लॉगों, वेब पेजों या किसी अन्य टॉपिक से सम्बन्धित मीडिया के लिंक होते हैं।
इनमें मुख्य रूप से टेक्सचुअल, कलात्मक (Art) इमेज, फोटोग्राफ, वीडियो, संगीत इत्यादि सम्मिलित हैं।
9. **न्यूज़ग्रुप्स** (Newsgroups) यह एक ऑनलाइन डिस्कशन ग्रुप होता है, जिसके अन्तर्गत इलेक्ट्रॉनिक बुलेटिन बोर्ड सिस्टम तथा चैट सेशन्स के द्वारा बातचीत करने की अनुमति प्रदान की जाती है। यह न्यूजग्रुप विषयों को उनके हाइरारकी में संगठित करने के काम में आता है, जिसमें न्यूजग्रुप का पहला अक्षर प्रमुख विषय की श्रेणी को तथा उपश्रेणियाँ उपविषय द्वारा दर्शाई जाती हैं।
10. **सर्च इंजन** (Search Engine) सर्च इंजन इण्टरनेट पर किसी भी विषय के बारे में सम्बन्धित जानकारियों के लिए प्रयोग होता है। यह एक प्रकार की ऐसी वेबसाइट होती है, जिसके सर्च बार में किसी भी टॉपिक को लिखते हैं, जिससे सम्बन्धित सभी जानकारियाँ प्रदर्शित हो जाती हैं। *इनमें से कुछ निम्नलिखित हैं—*
Google - http:// www.google.com
Yahoo - http:// www.yahoo.com
AltaVista - http://www.altavista.com
Hotbot - http://www.hotbot.com
Lycos - http://www.lycos.com
Excite - http://www.excite.com

इण्टरनेट सेवाएँ

इण्टरनेट से उपयोगकर्ता कई प्रकार की सेवाओं का लाभ उठा सकता है, जैसे कि इलेक्ट्रॉनिक मेल, मल्टीमीडिया डिस्प्ले, शॉपिंग, रियल टाइम ब्रॉडकास्टिंग इत्यादि। *इनमें से कुछ महत्त्वपूर्ण सेवाएँ निम्न प्रकार हैं*

1. **चैटिंग** (Chatting) यह बड़े स्तर पर उपयोग होने वाली टेक्स्ट आधारित संचारण है, जिससे इण्टरनेट के द्वारा आपस में बातचीत कर सकते हैं। इसके माध्यम से उपयोगकर्ता इमेज, वीडियो, ऑडियो इत्यादि भी एक-दूसरे के साथ शेयर कर सकते हैं। *जैसे*— Skype, yahoo, messenger इत्यादि।
3. **वीडियो कॉन्फ्रेन्सिंग** (Video Conferencing) इसके माध्यम से कोई व्यक्ति या व्यक्तियों का समूह किसी अन्य व्यक्ति या समूह के साथ दूर होते हुए भी आमने-सामने रहकर वार्तालाप कर सकते हैं। इस कम्युनिकेशन में उच्च गति के इण्टरनेट कनेक्शन की आवश्यकता होती है व इसके साथ एक कैमरे, एक माइक्रोफोन, एक वीडियो स्क्रीन तथा एक साउण्ड सिस्टम की भी जरूरत होती है। जैसे— ऑनलाइन ट्रेनिंग, वीडियो मीटिंग इत्यादि।
4. **ई-लर्निंग** (E-learning) इसके अन्तर्गत कम्प्यूटर आधारित प्रशिक्षण, इण्टरनेट आधारित प्रशिक्षण, ऑनलाइन शिक्षा इत्यादि सम्मिलित हैं, जिसमें उपयोगकर्ता को किसी विषय पर आधारित जानकारी को इलेक्ट्रॉनिक रूप में प्रदान किया जाता है। इस जानकारी को वह किसी भी आउटपुट माध्यम पर देखकर स्वयं को प्रशिक्षित कर सकता है। जैसे—IT सर्टिफिकिशन ट्रेनिंग, वर्ड गेम इत्यादि।
5. **ई-बैंकिंग** (E-banking) इसके माध्यम से उपयोगकर्ता विश्वभर में कहीं से भी अपने बैंक अकाउण्ट को मैनेज कर सकता है। यह एक स्वचालित प्रणाली का अच्छा उदाहरण है, जिसमें उपयोगकर्ता की गतिविधियों (पूँजी निकालने, ट्रांसफर करने, मोबाइल रिचार्ज करने इत्यादि) के साथ उसका बैंक अकाउण्ट भी मैनेज होता रहता है। ई-बैंकिंग से किसी भी इलेक्ट्रॉनिक डिवाइस (पीसी, मोबाइल आदि) पर इण्टरनेट की सहायता की जा सकती है।
इसके मुख्य व व्यावहारिक उदाहरण *हैं*-बिल पेमेण्ट सेवा, फण्ड ट्रांसफर, रेलवे रिजर्वेशन, शॉपिंग इत्यादि।
6. **ई-शॉपिंग** (E-shopping) इसे ऑनलाइन शॉपिंग भी कहते हैं, जिसके माध्यम से उपयोगकर्ता कोई भी सामान; *जैसे*- किताबें, कपड़े, घरेलू सामान, खिलौने, हार्डवेयर, सॉफ्टवेयर तथा हेल्थ इन्श्योरेन्स इत्यादि को खरीद सकता है। इसमें खरीदे गए सामान की कीमत चुकाने के लिए कैश ऑन डिलीवरी व ई-बैंकिंग का प्रयोग करते हैं। यह विश्वभर में कहीं से भी की जा सकती है। *जैसे*-Naaptol, Flipkart, Yebbi, Homeshop18 इत्यादि।
7. **ई-रिजर्वेशन** (E-reservation) यह किसी भी वेबसाइट पर किसी भी वस्तु या सेवा के लिए स्वयं को या किसी अन्य व्यक्ति को आरक्षित (Reserved) करने के लिए प्रयुक्त होती है; इसकी सहायता से उपयोगकर्ता को टिकट काउण्टर पर खड़े रहकर प्रतीक्षा नहीं करनी होती। *जैसे*- रेलवे रिजर्वेशन में, एयरवेज, टिकट बुकिंग में, होटल रूम्स की बुकिंग इत्यादि में।
8. **सोशल नेटवर्किंग** (Social Networking) यह एक ऐसी वेबसाइट है, जो समान रुचियों (Interest) वाले लोगों को एक साथ सूचना, इमेज और वीडियो साझा करने की अनुमति देती है। यह इण्टरनेट के माध्यम से बना हुआ सोशल नेटवर्क (कुछ विशेष व्यक्ति या अन्य असम्बन्धित व्यक्तियों का समूह) होता है। इसके माध्यम से उस सोशल नेटवर्क के अन्तर्गत आने वाला कोई व्यक्ति किसी अन्य व्यक्ति से सम्पर्क रख सकता है। कुछ सोशल नेटवर्किंग साइट्स इस प्रकार हैं- facebook, Twitter, Myspace इत्यादि।
9. **ई-कॉमर्स** (E-commerce) इसके अन्तर्गत सामानों का लेन-देन, व्यापारिक सम्बन्धों को बनाए रखना व व्यापारिक जानकारियों को शेयर करना इत्यादि सम्मिलित हैं, इसमें धनराशि का लेन-देन इत्यादि भी सम्मिलित हैं। दूसरे शब्दों में, यह इण्टरनेट से सम्बन्धित व्यापार है।

अभ्यास प्रश्न

1. नेटवर्कों के नेटवर्क को क्या कहा जाता है?
(a) कम्प्यूटर नेटवर्क (b) यूजनेट
(c) इण्ट्रानेट (d) इण्टरनेट

2. इण्टरनेट का पिता कहा जाता है
(a) लॉस एंजिल्स
(b) विण्ट कर्फ
(c) नैपियर बोन्स
(d) नेटवर्कों का नेटवर्क

3. एक स्थानीय टेलिफोन नेटवर्क के तारों पर डिजिटल डेटा संचारित करके इण्टरनेट का उपयोग निम्न प्रकार से प्रदान किया जाता है?
(a) लीज्ड लाइन
(b) डिजिटल सब्सक्राइबर लाइन
(c) डिजिटल सिग्नल लाइन
(d) मॉडम

4. कोएक्सियल केबल के माध्यम से इण्टरनेट की सुविधा को उपलब्ध कराने की प्रक्रिया के लिए क्या प्रयोग होता है?
(a) डायल-अप कनेक्शन
(b) मॉडम
(c) सेट-अप बॉक्स
(d) केबल मॉडम

5. इण्टरनेट पर प्रयुक्त होने वाला मानक प्रोटोकॉल है
(a) TCP/IP (b) Java
(c) PHP (d) SMTP

6. प्रत्येक IP पैकेट में होता है
(a) केवल स्रोत एड्रेस
(b) केवल गन्तव्य एड्रेस
(c) स्रोत या गन्तव्य एड्रेस
(d) स्रोत और गन्तव्य एड्रेस दोनों

7. FileZilla निम्न में से किस प्रोटोकॉल का उदाहरण है?
(a) HTTP (b) SMTP
(c) FTP (d) HTML

8. निम्नलिखित में से कौन-सा कम्युनिकेशन प्रोटोकॉल प्रत्येक कम्प्यूटर के लिए मानक सेट करता है, जोकि वेब आधारित सूचनाओं को एक्सेस करता है?
(a) XML (b) DML
(c) HTTP (d) HTML

9. टेलनेट ………… आधारित कम्प्यूटर प्रोटोकॉल है।
(a) ध्वनि (b) टेक्स्ट
(c) इमेज (d) एनिमेशन

10. इण्टरनेट पर बिना किसी सेण्ट्रल सर्वर के किसी विषय पर विचारों के आदान-प्रदान करने के लिए प्रयुक्त प्रोटोकॉल को क्या कहते हैं?
(a) VoIP (b) HTTP
(c) Gopher (d) Usenet

11. …… जिसे वेब भी कहते हैं, में कई बिलियन डॉक्यूमेण्ट होते हैं।
(a) वर्ल्ड वाइड वेब
(b) HTTP
(c) वेब पोर्टल
(d) डोमेन

12. वर्ल्ड वाइड वेब या विश्वव्यापी वेब के आविष्कार के लिए किसे जाना जाता है?
(a) टिम बर्नर्स ली (b) मैक्सवेल
(c) मार्टिन कपूर (d) एस ए फोर्ब्स

13. ……… द्वारा एड्रेसिंग का प्रयोग किया जाता है, जिसे URL के नाम से जाना जाता है, जो यह बताता है कि वेब पर फाइल कहाँ है।
(a) जावास्क्रिप्ट
(b) वर्ल्ड वाइड वेब
(c) SRL
(d) स्ट्रिंग

14. हाइपरलिंक क्या है?
(a) यह एक टेक्स्ट या इमेज है, जिसे आप किसी नए डॉक्यूमेन्ट पेज पर जाने के लिए क्लिक कर सकते है
(b) यह मल्टीमीडिया फाइलों के लिए एक इनपुट प्रकार है
(c) यह वेब पेजों का एक संग्रह है
(d) यह एक साइट का होम पेज है

15. वेब …… में एक से ज्यादा वेब पेज होते हैं, जो वेब सर्वर पर स्थित होते हैं।
(a) हब (b) साइट
(c) स्टोरी (d) टेम्पलेट

16. वेबसाइट एड्रेस एक ऐसा यूनिक नाम है, जो वेब पर किसी विशेष …… को पहचानता है।
(a) वेब ब्राउजर (b) वेबसाइट
(c) PDA (d) लिंक

17. निम्न में से कौन-सा पद ब्राउजर या वेबसाइट का पहला या मुख्य वेब पेज है?
(a) यूआरएल (b) डोमेन
(c) गूगल (d) होमपेज

18. जिस सॉफ्टवेयर से उपयोगकर्ता इण्टरनेट सर्फ कर लेते हैं, उसे …… कहते हैं।
(a) सर्च इंजन
(b) इण्टरनेट सर्विस प्रोवाइडर (ISP)
(c) मल्टीमीडिया एप्लीकेशन
(d) ब्राउजर

19. विशिष्ट प्रोग्राम, जो वेब पर इन्फॉर्मेशन लोकेट करने के लिए यूजर्स की सहायता करता है, उसे …… कहते हैं।
(a) इन्फॉर्मेशन इंजन
(b) सर्च इंजन
(c) वेब ब्राउजर्स
(d) रिसोर्स लोकेटर्स

20. एक वेबसाइट से दूसरी वेबसाइट पर जाना ……… कहलाता है।
(a) डाउनलोडिंग (b) अपलोडिंग
(c) ब्राउजिंग (d) रिफ्रेशिंग

21. यह इण्टरनेट पर उपलब्ध प्रचलित सेवाओं में से एक है, जिसमें अरबों की संख्या में वेब पेज संगृहीत होते हैं
(a) वेब सर्वर (b) टेलनेट
(c) वेब (d) कलेक्शन

22. यूआरएल (URL) क्या है?
(a) एक कम्प्यूटर सॉफ्टवेयर प्रोग्राम
(b) एक प्रकार का प्रोग्रामिंग ऑब्जेक्ट
(c) हार्डवेयर का भाग
(d) किसी भी डॉक्यूमेण्ट या पेज का WWW पर एड्रेस

23. निम्नलिखित में से URL में इस पैरामीटर का होना आवश्यक है
(a) एक प्रोटोकॉल आइडेण्टिफायर
(b) अक्षर WWW
(c) अद्वितीय डोमेन नेम
(d) प्रोटोकॉल आइडेण्टिफायर WWW और अद्वितीय डोमेन नेम

24. निम्न में से कौन-सा पद पेज के वेब एड्रेस को सन्दर्भित करता है?
(a) SMTP (b) IP
(c) HTTP (d) URL

उत्तरमाला

1	*d*	2	*b*	3	*b*	4	*d*	5	*a*
6	*d*	7	*c*	8	*c*	9	*b*	10	*d*
11	*a*	12	*a*	13	*b*	14	*a*	15	*b*
16	*b*	17	*d*	18	*d*	19	*c*	20	*c*
21	*a*	22	*d*	23	*d*	24	*d*		

दिल्ली पुलिस

कांस्टेबल

प्रैक्टिस सेट
(1-3)

प्रैक्टिस सेट 1

कम्प्यूटर बेस्ड टेस्ट पैटर्न

निर्देश

- इस प्रैक्टिस सेट में कुल 100 प्रश्न हैं।
- इस प्रैक्टिस सेट में चार भाग हैं, भाग-I सामान्य बुद्धिमत्ता (25 प्रश्न), भाग-II सामान्य ज्ञान (50 प्रश्न), भाग-III आंकिक योग्यता, (15 प्रश्न), भाग-IV कम्प्यूटर (10 प्रश्न)।
- प्रत्येक प्रश्न 1 अंक का है।

भाग I सामान्य बुद्धिमत्ता

1. यदि P '÷' दर्शाता है, Q '×' दर्शाता है, R '+' दर्शाता है और S '–' दर्शाता है, तो 18 Q 12 P 4 R 5 S 6 का मान ज्ञात कीजिए।
(a) 28 (b) 53
(c) 55 (d) 80

2. निम्न चित्र में त्रिभुजों की कुल संख्या है

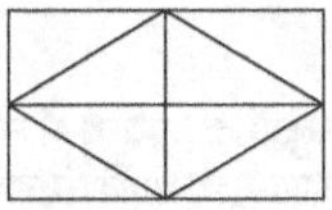

(a) 8 (b) 10 (c) 12 (d) 14

3. दी गई श्रृंखला में अगला अक्षरों का समूह निम्न में से कौन-सा होगा?
LXF, MTJ, NPN, OLR, ...?...
(a) PHV (b) PIU
(c) PJW (d) PKX

4. निम्न में से कौन-सा चित्र डॉक्टर, इन्जीनियर और पुरुष का सम्बन्ध दर्शाता है?

(a) 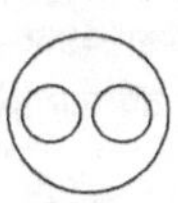

(b) 

(c) 

(d) इनमें से कोई नहीं

निर्देश (प्र. सं. 5 और 6) *निम्नलिखित प्रश्नों में दिए गए विकल्पों में से सम्बन्धित शब्द/संख्या को चुनिए।*

5. महाराष्ट्र : भारत :: टेक्सास : ?
(a) कनाडा (b) मैक्सिको
(c) ब्राजील (d) यू.एस.ए.

6. 72 :90:: 156 :?
(a) 184 (b) 168
(c) 182 (d) 176

निर्देश (प्र. सं. 7 और 8) *निम्नलिखित प्रश्नों में दिए गए विकल्पों में से विषम शब्द/अक्षर युग्म चुनिए।*

7. (a) वर्ग (b) गोलक
(c) आयत (d) वृत्त

8. (a) AE (b) CG
(c) JN (d) MO

9. प्रश्न में दो कथन दिए गए हैं जिसके आगे दो निष्कर्ष I और II निकाले गए हैं। आपको मानना है कि दोनों कथन सत्य हैं चाहे वह सामान्यत: ज्ञात तथ्यों से भिन्न प्रतीत होते हों। आपको निर्णय करना है कि दिए गए निष्कर्षों में से कौन-सा/से निश्चित रूप से कथन द्वारा सही निकाला जा सकता है/सकते हैं, यदि कोई हो?

कथन कोई वर्ग आयत नहीं है।
सभी आयत त्रिभुज हैं।
निष्कर्ष I. कुछ त्रिभुज वर्ग हैं।
II.कुछ त्रिभुज आयत हैं।
(a) केवल निष्कर्ष I सही है
(b) केवल निष्कर्ष II सही है
(c) निष्कर्ष I और II दोनों सही हैं
(d) न तो निष्कर्ष I सही है और न ही निष्कर्ष II

10. निम्नलिखित विकल्पों में से सही उत्तर का चयन करके खाली स्थान भरें।

7	(51)	2
6	(40)	4
5	(28)	?

(a) 1 (b) 3
(c) 2 (d) 0

11. निम्न अनुक्रम 6, 11, 18, 27, 38, ..., 66 में लुप्त संख्या है
(a) 41 (b) 49
(c) 51 (d) 59

12. यदि बादल को सफेद, सफेद को वर्षा, वर्षा को हरा, हरा को हवा, हवा को नीला और नीला को पानी कहते हैं, तो पक्षी किसमें उड़ते हैं?
(a) बादल (b) सफेद
(c) नीला (d) वर्षा

13. यदि मोहन अपने घर से सूर्य को मन्दिर के पीछे से उगता हुआ देखता है और उसे रेलवे स्टेशन के पीछे डूबते हुए देखता है, तो रेलवे स्टेशन से मन्दिर किस दिशा में है?
(a) दक्षिण (b) उत्तर
(c) पूर्व (d) पश्चिम

14. रमेश और सुरेश आपस में भाई हैं तथा राखी और गीता आपस में बहनें हैं। रमेश का लड़का गीता का भाई है। सुरेश और राखी का आपस में क्या सम्बन्ध है?
(a) पिता-पुत्री (b) चाचा-भतीजी
(c) भाई-बहन (d) मामा-भांजी

15. दिए गए शब्द के अक्षरों को अंग्रेजी वर्णमाला के क्रम में क्रमबद्ध किया जाए, तो CHEMISTRY शब्द का बाएँ से दाईं ओर पाँचवाँ अक्षर कौन-सा होगा?
(a) I (b) M (c) R (d) S

16. यदि किसी सांकेतिक भाषा में 31523 को COW लिखा जाए, 31215311 को CLOCK लिखा जाए, तो 1497820 को कैसे लिखा जाएगा?
(a) APPLE (b) NIGHT
(c) LIGHT (d) BEFORE

17. सायंकाल साढ़े आठ बजे घड़ी की घण्टे एवं मिनट की सुइयों के बीच का कोण होगा
(a) 90° (b) 60° (c) 85° (d) 75°

18. नीचे दिए गए पासे में एक ही पासे के दो प्रारूपों को दर्शाया गया है। इन प्रारूपों का ध्यानपूर्वक अवलोकन करके यह ज्ञात करें कि यदि पासे के ऊपरी फलक पर बिन्दुओं (Dots) की संख्या 5 हो, तो इसके निचले फलक पर स्थित बिन्दुओं की संख्या क्या होगी?

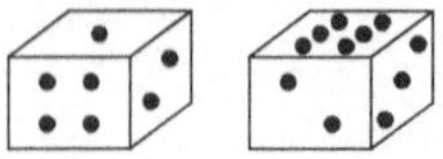

(a) 1 (b) 2
(c) 3 (d) 6

19. गीता, सीता से अधिक सुन्दर है, लेकिन रीता जितनी सुन्दर नहीं है, तो
(a) सीता, रीता से ज्यादा सुन्दर है
(b) रीता, गीता जितनी सुन्दर नहीं है
(c) गीता, रीता से ज्यादा सुन्दर है
(d) सीता, गीता जितनी सुन्दर नहीं है

20. चार बक्सों का वजन 20, 30, 40 और 60 किग्रा है। निम्नलिखित में से बक्सों के किसी भी संयोजन से कुल वजन, किलोग्राम में कौन-सा नहीं हो सकता है और एक संयोजन में एक बक्सा एक ही बार प्रयोग में लाया जा सकता है?
(a) 150 (b) 110 (c) 130 (d) 140

21. यदि एक दर्पण को MN रेखा पर रखा जाए, तो दी गई उत्तर आकृतियों में से कौन-सी आकृति प्रश्न आकृति का सही प्रतिबिम्ब होगी?

प्रश्न आकृति

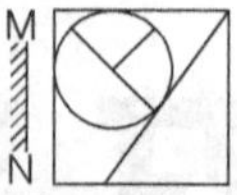

उत्तर आकृतियाँ

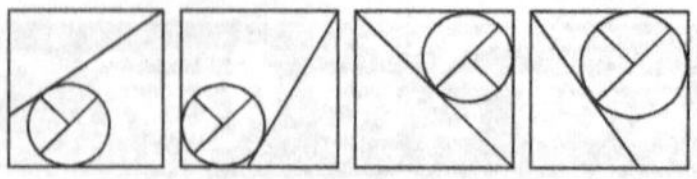

(a) (b) (c) (d)

22. निम्नलिखित में से कौन-सी उत्तर आकृति प्रश्न आकृति के प्रतिरूप को पूरा करेगी?

प्रश्न आकृति

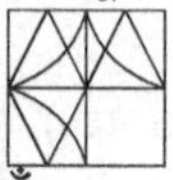

उत्तर आकृतियाँ

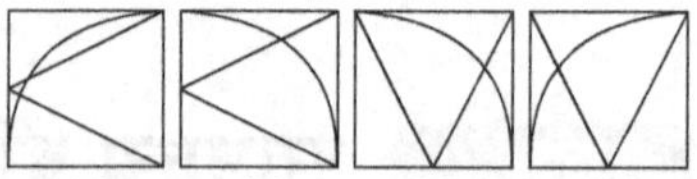

(a) (b) (c) (d)

23. नीचे दिखाई आकृति में, त्रिकोण, आयत और वृत्त द्वारा क्रमशः शहरी, मेहनती और शिक्षित लोगों को दर्शाया गया है। इनमें से कौन-सा हिस्सा ऐसा है, जो ऐसे लोगों का है, जो शहरी व शिक्षित हैं, किन्तु मेहनती नहीं ?

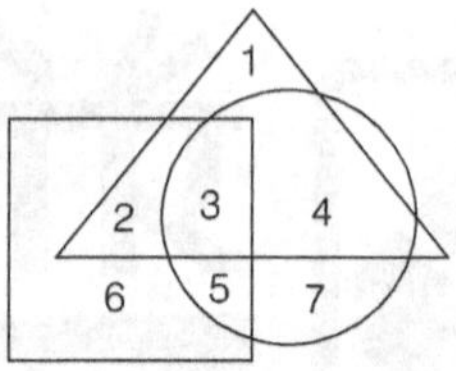

(a) 4 (b) 7 (c) 5 (d) 1

24. दिए गए विकल्पों में से वह शब्द चुनिए, जो दिए गए अक्षरों का प्रयोग करके नहीं बनाया जा सकता है।

Compassionate

(a) Pass (b) Moss
(c) Passion (d) Comply

25. निम्न विकल्पों में से कौन-सा विकल्प नीचे दिए हुए शब्दों का सार्थक क्रम दर्शाता है?

I. कभी नहीं
II. कभी-कभी
III. सामान्यतः
IV. यदा-कदा
V. हमेशा

(a) V, II, I, III, IV
(b) V, III, II, I, IV
(c) V, III, II, IV, I
(d) V, II, IV, III, I

भाग II सामान्य ज्ञान

26. चन्द्रगुप्त द्वितीय को और किस नाम से जाना जाता था?
(a) समुद्रगुप्त (b) स्कन्दगुप्त
(c) विक्रमादित्य (d) राणागुप्त

27. गीतगोविन्द के लेखक कौन थे?
(a) जयदेव (b) कल्हण
(c) कालिदास (d) राजा राव

28. किस लड़ाई में मुहम्मद गौरी के लिए दिल्ली क्षेत्र खोल दिया?
(a) तराइन की पहली लड़ाई में
(b) तराइन की दूसरी लड़ाई में
(c) खानवा की लड़ाई में
(d) पानीपत की पहली लड़ाई में

29. निम्नलिखित में से कौन-सी घटनाएँ कालानुक्रम में सही हैं?
(a) सविनय अवज्ञा आन्दोलन–भारत छोड़ो आन्दोलन–कैबिनेट मिशन प्लान
(b) कैबिनेट मिशन प्लान–सविनय अवज्ञा आन्दोलन–भारत छोड़ो आन्दोलन
(c) भारत छोड़ो आन्दोलन–सविनय अवज्ञा आन्दोलन–कैबिनेट मिशन प्लान
(d) सविनय अवज्ञा आन्दोलन–कैबिनेट मिशन प्लान–भारत छोड़ो आन्दोलन

30. 'कथकली' किस राज्य का प्रमुख नृत्य है?
(a) तमिलनाडु (b) केरल
(c) मणिपुर (d) आन्ध्र प्रदेश

31. गुप्त स्थापत्य कला का सर्वोत्कृष्ट नमूना है
(a) देवगढ़ का दशावतार मन्दिर
(b) तिगवा का विष्णु मन्दिर
(c) भितरगाँव का मन्दिर
(d) भूमरा का शिव मन्दिर

32. सूर्य से बढ़ती दूरी के अनुसार ग्रहों का सही क्रम है
(a) बुध, शुक्र, मंगल, पृथ्वी
(b) बुध, पृथ्वी, शुक्र, मंगल
(c) बुध, मंगल, पृथ्वी, शुक्र
(d) बुध, शुक्र, पृथ्वी, मंगल

33. निम्नलिखित में से कौन-सा युग्म सुमेलित नहीं है?

हवा		स्थान
(a) मिस्ट्रल	–	फ्रांस
(b) यामो	–	जापान
(c) सिरोको	–	ऑस्ट्रेलिया
(d) खमसिन	–	मिस्र

34. प्रतिचक्रवात की विशेषता है
(a) तापमान में वृद्धि
(b) तेज पवन
(c) तीव्र दृष्टि
(d) स्वच्छ आकाश

35. 'लोयस का पठार' है
(a) हिमानीकृत
(b) जलकृत
(c) नदीकृत
(d) पवनकृत

36. भारत में कृषि वस्तुओं के सम्बन्ध में न्यूनतम समर्थन मूल्य, प्रापण मूल्य आदि से सम्बन्धित आयोग है
(a) योजना आयोग
(b) कृषि लागत और मूल्य आयोग
(c) कृषि मूल्य आयोग
(d) राष्ट्रीय विपणन आयोग

37. निम्नलिखित में से कौन-सा सही नहीं है?
(a) पहली पंचवर्षीय योजना–1951-56
(b) दूसरी पंचवर्षीय योजना–1956-61
(c) तीसरी पंचवर्षीय योजना–1961-66
(d) चौथी पंचवर्षीय योजना–1966-71

38. अन्नपूर्णा योजना किस वर्ष कार्यान्वित की गई थी?
(a) 1998 (b) 1996 (c) 1999 (d) 2000

39. राष्ट्रपति को पद एवं गोपनीयता की शपथ कौन दिलवाता है?
(a) उप-राष्ट्रपति
(b) उच्चतम न्यायालय के मुख्य न्यायाधीश
(c) प्रधानमन्त्री
(d) लोकसभा अध्यक्ष

40. वर्तमान में 'सम्पत्ति का अधिकार' है एक प्रकार का
(a) मूल अधिकार
(b) नैसर्गिक अधिकार
(c) विधिक अधिकार
(d) इनमें से कोई नहीं

41. किस अनुच्छेद के द्वारा 6 से 14 वर्ष तक के बच्चों के लिए शिक्षा का अधिकार मूल अधिकार माना गया है?
(a) अनुच्छेद-20 (b) अनुच्छेद-21
(c) अनुच्छेद-22 (d) अनुच्छेद-21 A

42. संविधान सभा द्वारा अन्तिम रूप से पारित संविधान में कुल कितने अनुच्छेद और अनुसूचियाँ थीं?
(a) 395 अनुच्छेद, 8 अनुसूचियाँ
(b) 395 अनुच्छेद, 10 अनुसूचियाँ
(c) 375 अनुच्छेद, 7 अनुसूचियाँ
(d) 444 अनुच्छेद, 12 अनुसूचियाँ

43. बी. आर अम्बेडकर ने अनुच्छेद 32 को भारतीय संविधान का 'हृदय एवं आत्मा' कहा है। यह अनुच्छेद निम्न किस भाग में वर्णित है?
(a) मूल अधिकार
(b) प्रस्तावना
(c) संवैधानिक उपचारों का अधिकार
(d) संशोधन प्रक्रिया

44. 'ऐन एरिया ऑफ डार्कनेस' किसकी रचना है?
(a) वी.एस. नॉयपाल (b) किरण देसाई
(c) अरुन्धती रॉय (d) ऑरहान पामुक

45. मूत्र का पीला रंग किसकी मौजूदगी के कारण होता है?
(a) पित्त (b) लसीका
(c) कोलेस्ट्रोल (d) यूरोक्रोम

46. जंग से बचाने के लिए लोहे पर जस्ते की परत चढ़ाने को क्या कहते हैं?
(a) जस्ते की परत चढ़ाना
(b) मिश्रधातु बनाना
(c) वल्कनीकरण
(d) गैल्वेनाइजेशन

47. रेल की पटरियाँ अपने वक्रों पर किस कारण से बैंक की गई होती हैं?
(a) रेलगाड़ी के भार के क्षैतिज घटक से आवश्यक अपकेन्द्री बल प्राप्त किया जा सकता है
(b) रेलगाड़ी के पहियों और पटरियों के बीच किसी भी प्रकार का घर्षण-बल उत्पन्न नहीं हो सकता
(c) रेलगाड़ी के भार के क्षैतिज घटक से आवश्यक अभिकेन्द्री बल प्राप्त किया जा सकता है
(d) रेलगाड़ी अन्दर की ओर नहीं गिर सकती

48. घड़ियाल प्रोजेक्ट किस नदी में स्थापित है?
(a) गंगा (b) महानदी
(c) चम्बल (d) नर्मदा

49. पारिस्थितिक-तन्त्र के खाद्य-श्रृंखला का सही अनुक्रम क्या है?
(a) पादप-शाकाहारी-मांसाहारी-अपघटक
(b) मांसाहारी-अपघटक-पादप-शाकाहारी
(c) अपघटक-पादप-शाकाहारी-मांसाहारी
(d) शाकाहारी-मांसाहारी-अपघटक-पादप

50. भूटान देश की राजधानी एवं मुद्रा बताइए
(a) थिम्पू, गुलत्रुम (b) टोकियो, येन
(c) मनीला, पेसो (d) इनमें से कोई नहीं

51. प्रवासी भारतीय दिवस कब मानया जाता है?
(a) 10 जनवरी (b) 9 जनवरी
(c) 15 जनवरी (d) 8 जनवरी

52. टेलीफोन की खोज किसने की थी?
(a) ग्राहम बेल (b) हेनरी बेल
(c) वोल्टा (d) इनमें से कोई नहीं

53. दक्षिण एशियाई खेलों में स्वर्ण पदक विजेता भारतीय तैराक का हाल ही में निधन हो गया, वह निम्न में से कौन हैं?
(a) संजीव रेड्डी (b) वेणुगोपाल कृष्णन
(c) एमबी बालाकृष्णन (d) इलियान सेल्वी

54. निम्न में से किस बैंक ने सर्वप्रथम भारत में 'ग्रीन कार लोन' को लॉन्च किया है?
(a) HDFC बैंक (b) भारतीय स्टेट बैंक
(c) पंजाब नेशनल बैंक (d) बैंक ऑफ बड़ौदा

55. रूस द्वारा निर्मित सबसे विध्वंसक परमाणु पनडुब्बी के सम्बन्ध में कौन सा कथन सत्य है?
(a) इस पनडुब्बी का नाम 'बेलगोरोड' रखा गया है।
(b) इस परमाणु पनडुब्बी में 8 मानव रहित अण्डरवाटर यान लगाए गए हैं।
(c) इसे समुद्र के तल की मैपिंग के लिए इस्तेमाल किया जा सकता है।
(d) उपरोक्त सभी

56. भारत द्वारा विकसित 'चाबहार' बन्दरगाह किस देश में स्थित है?
(a) अफगानिस्तान (b) ईरान
(c) इजरायल (d) उज्बेकिस्तान

57. 'गायत्री मन्त्र' का उल्लेख किस वेद में है?
(a) यजुर्वेद (b) अथर्ववेद
(c) ऋग्वेद (d) सामवेद

58. इंग्लैण्ड के हाउस ऑफ कॉमन्स द्वारा भारत के किस गवर्नर-जनरल पर महाभियोग चलाया गया था?
(a) वॉरेन हेस्टिंग्स (b) कार्नवालिस
(c) वेलेजली (d) विलियम बैण्टिंक

59. अंग्रेजों द्वारा कलकत्ता में निर्मित दुर्ग का नाम क्या है?
(a) फोर्ट सेण्ट डेविड (b) फोर्ट सेण्ट एण्ड्रयू
(c) फोर्ट विलियम (d) फोर्ट विक्टोरिया

60. सिखों के अन्तिम गुरु निम्न में से कौन थे?
(a) गुरु अर्जुन देव (b) गुरु तेगबहादुर
(c) गुरु गोविन्द सिंह (d) गुरु अंगद देव

61. भारतीय रिजर्व बैंक द्वारा बफर पूँजी के समुचित आकार के निर्धारण हेतु गठित समिति के सम्बन्ध में कौन-सा कथन सत्य है?
(a) इस समिति का गठन 26 दिसम्बर, 2018 को किया गया था।
(b) इसकी अध्यक्षता विमल जालान को सौंपी गई है।
(c) इस समिति में कुल छह सदस्य हैं।
(d) उपरोक्त सभी

62. 'बैंक नोट ऑफ द इयर 2018 का पुरस्कार किस देश के नोट को प्रदान किया हैं'?
(a) नॉर्वे (b) रूस
(c) कनाडा (d) स्विट्जरलैण्ड

63. तंजौर के 'बृहदेश्वर मन्दिर' का निर्माण किसने कराया था?
(a) राजेन्द्र प्रथम (b) राजराज प्रथम
(c) कुलोत्तुंग (d) नरसिंहवर्मन प्रथम

64. 'चार मीनार' कहाँ स्थित है?
(a) सिकन्दराबाद (b) हैदराबाद
(c) औरंगाबाद (d) गाजियाबाद

65. कौन-सा पर्वत हिमालयी श्रृंखला का अंग नहीं है?
(a) शिवालिक (b) कुनलुन
(c) कराकोरम (d) हिन्दुकुश

66. भारत के पूर्वी तट पर स्थित पत्तन
(a) काण्डला और हल्दिया
(b) हल्दिया और कोचीन
(c) पाराद्वीप और काण्डला
(d) पाराद्वीप और हल्दिया

67. भारत में अधिकतम कृषि योग्य क्षेत्र घेरने वाली फसल है
(a) चावल (b) गेहूँ
(c) चना (d) अलसी

68. यू एस ए की राजधानी किस नदी के किनारे स्थित है?
(a) ओहायो (b) टेनेसी
(c) यूक्रोन (d) पोटोमेक

69. जिस ग्रामीण रोजगार कार्यक्रम द्वारा प्रत्येक वयस्क व्यक्ति को रोजगार देने का लक्ष्य है, वह है
(a) इन्दिरा रोजगार योजना
(b) जवाहर रोजगार योजना
(c) नेहरू रोजगार योजना
(d) महात्मा गाँधी राष्ट्रीय ग्रामीण रोजगार गारण्टी कार्यक्रम

70. प्रथम पंचवर्षीय योजना में सर्वोच्च प्राथमिकता किसे दी गई?
(a) कृषि (b) उद्योग
(c) व्यापार (d) वाणिज्य

71. गरीबी हटाने के लिए पहली बार किस योजना में जोर दिया गया था?
(a) चौथी (b) पाँचवीं
(c) छठी (d) सातवीं

72. वर्ल्ड प्रेस फ्रीडम इण्डेक्स 2019 में भारत की कौन-सी रैंक मिली
(a) 139 वीं (b) 140 वीं
(c) 141 वीं (d) 142 वीं

73. निम्नलिखित में से कौन-से अनुच्छेद में 'समता का अधिकार' का प्रावधान है?
(a) अनुच्छेद-14 (b) अनुच्छेद-19
(c) अनुच्छेद-20 (d) अनुच्छेद-21

74. भारत के महान्यायवादी की नियुक्ति कौन करता है?
(a) उच्चतम न्यायालय का मुख्य न्यायाधीश
(b) संसद
(c) विधि मन्त्री
(d) राष्ट्रपति

75. 'द एन्चेंट्रेस ऑफ फलोरेंसे म्यूजिक' के लेखक हैं
(a) सलमान रुश्दी
(b) विक्रम सेठ
(c) वी एस नायपॉल
(d) टी एस इलियट

भाग III आंकिक योग्यता

76. कमल और आशरा की मासिक आय 4 : 3 के अनुपात में है। उनका मासिक व्यय 3 : 2 के अनुपात में है। दोनों ही ₹ 600 प्रतिमाह की बचत करते हैं। उनकी कुल मासिक आय क्या है?
(a) ₹ 8400
(b) ₹ 4800
(c) ₹ 4200
(d) इनमें से कोई नहीं

77. जितना ब्याज 5 वर्ष में 4% की साधारण ब्याज दर पर ₹ 6000 पर होगा उतना ब्याज ₹ 8000 की राशि पर 3% प्रति वर्ष की दर पर कितने समय में होगा?
(a) 5 वर्ष (b) 6 वर्ष
(c) 3 वर्ष (d) 4 वर्ष

78. वह सबसे छोटी संख्या ज्ञात कीजिए, जिसको 24, 30 तथा 54 से विभाजित करने पर प्रत्येक दशा में 5 शेष बचें।
(a) 1080 (b) 1085
(c) 1885 (d) इनमें से कोई नहीं

79. $\dfrac{(893+786)^2-(893-786)^2}{893\times786}=?$
(a) 0 (b) 4
(c) 2 (d) 1

80. 50 संख्याओं का औसत 38 है। यदि दो संख्याएँ 45 और 55 निकाल दी जाएँ, तो शेष संख्याओं का औसत कितना है?
(a) 37.5 (b) 37.9
(c) 36.5 (d) 37.0

81. (272^2-128^2) का वर्गमूल है
(a) 400 (b) 240
(c) 225 (d) 144

82. $2\times[3+2\times\{3-(6\div2)\}+7]$ का मान है
(a) 14 (b) 20
(c) 24 (d) 34

83. $\frac{2}{3},\frac{3}{5},\frac{5}{8}$ में सबसे बड़ी तथा सबसे छोटी भिन्न का अन्तर है
(a) $\frac{1}{15}$ (b) $\frac{1}{24}$
(c) $\frac{1}{40}$ (d) $\frac{1}{5}$

84. A और B मिलकर किसी कार्य को 5 दिन में पूरा करते हैं। यदि A अपनी गति से दोगुनी तथा B अपनी गति से आधी गति से कार्य करे, तो वह कार्य 4 दिन में पूरा हो जाता है। A को अकेले ही इस कार्य को पूरा करने में कितने दिन लगेंगे?
(a) 18 (b) 15 (c) 12 (d) 10

85. निम्न वृत्त में, $\angle CAD+\angle CBD$ का मान होगा

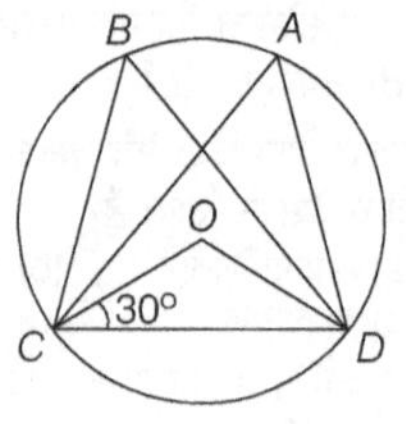

(a) 60°
(b) 30°
(c) 120°
(d) 135°

86. एक घड़ी का अंकित मूल्य ₹ 720 था। एक व्यक्ति ने दो उत्तरोत्तर छूट प्राप्त करके उसे ₹ 550.80 में खरीदा। यदि पहली छूट 10% थी तो दूसरी छूट कितनी है?
(a) 18% (b) 12%
(c) 14% (d) 15%

87. एक साइकिल के पहिए का व्यास 28 मी है। 66 किमी चलने में यह कितने चक्कर लगाएगा?
(a) 15 (b) 150
(c) 75 (d) 750

88. एक दुकानदार 10 किग्रा चावल ₹ 600 में खरीदता है और उसे 2 किग्रा चावल के विक्रय मूल्य के बराबर की हानि पर बेचता है। चावल का विक्रय मूल्य क्या है?
(a) ₹ 45 प्रति किग्रा (b) ₹ 48 प्रति किग्रा
(c) ₹ 50 प्रति किग्रा (d) ₹ 52 प्रति किग्रा

89. एक मोटरबोट, जिसकी शान्त जल में चाल 15 किमी/घण्टा है, धारा के विपरीत 36 किमी जाने और प्रारम्भिक स्थान पर वापस आने में 5 घण्टे का समय लगता है। धारा प्रवाह (चाल) ज्ञात कीजिए।
(a) 5 किमी/घण्टा (b) 10 किमी/घण्टा
(c) 3 किमी/घण्टा (d) ज्ञात नहीं कर सकते

90. पारुल तथा रोहित की वर्तमान आयु का अनुपात 7 : 5 है। पाँच वर्ष बाद उनकी आयु का योग 94 होगा। कितने वर्षों बाद रोहित की आयु पारुल की वर्तमान आयु के बराबर होगी?
(a) 21 वर्ष (b) 7 वर्ष
(c) 14 वर्ष (d) 18 वर्ष

भाग IV कम्प्यूटर

91. कम्प्यूटर का नियन्त्रण केन्द्र किसे कहते हैं?
(a) कीबोर्ड (b) मॉनीटर
(c) प्रिण्टर
(d) सेण्ट्रल प्रोसेसिंग यूनिट

92. C भाषा का विकास किसके द्वारा किया गया था?
(a) पीटर नार्टन (b) डेनिस रिची
(c) केन थॉम्पसन (d) बिल गेट्स

93. मैमोरी सेल क्या है?
(a) एक कोशिका
(b) एक बैटरी
(c) मुख्य मैमोरी में स्टोरेज की आधारभूत इकाई
(d) '1' और '2' दोनों

94. प्राइमरी मैमोरी को .... भी कहते हैं।
(a) कैशे मैमोरी (b) सेल मैमोरी
(c) मेन मैमोरी (d) दोनों (b) और (c)

95. निम्नलिखित में से कौन-सा प्रोग्रामिंग का प्रथम चरण है?
(a) इनपुट डाटा का परीक्षण
(b) समस्या को समझना
(c) आउटपुट की योजना बनाना
(d) प्रोग्राम लिखना

96. डाटा कहाँ भेजना है या कहाँ से लिखा जाता है, इसके लिए कौन-सी बस प्रयुक्त होती है?
(a) डाटा बस (b) कण्ट्रोल बस
(c) एयर बस
(d) एड्रेस बस

97. कीबोर्ड एक प्रमुख इनपुट डिवाइस है, इसकी मदद से क्या करते हैं?
(a) कम्प्यूटर को ऑन करते हैं
(b) समस्त सूचना कम्प्यूटर को भेजते हैं
(c) मनपसन्द धुन बजाते हैं
(d) 'b' और 'c' दोनों

98. माउस को अन्य किस नाम से जाना जाता है?
(a) माइस
(b) कण्ट्रोल डिवाइस
(c) रैट
(d) प्वॉइण्टिंग डिवाइस

99. मैमोरी, इनपुट और आउटपुट डिवाइसेज को कौन नियन्त्रित करता है?
(a) CPU
(b) CU
(c) ALU
(d) Memory

100. CD-ROM निम्नलिखित में से किसका उदाहरण है?
(a) ऑप्टिकल मैमोरी
(b) ऑप्टिकल डिस्क
(c) मैग्नेटिक टेप
(d) मैग्नेटिक डिस्क

उत्तरमाला

1	(b)	2	(c)	3	(a)	4	(c)	5	(d)	6	(c)	7	(b)	8	(d)	9	(b)	10	(b)
11	(c)	12	(c)	13	(c)	14	(b)	15	(b)	16	(b)	17	(d)	18	(b)	19	(d)	20	(d)
21	(d)	22	(d)	23	(a)	24	(d)	25	(c)	26	(c)	27	(a)	28	(b)	29	(a)	30	(b)
31	(a)	32	(d)	33	(c)	34	(d)	35	(d)	36	(b)	37	(d)	38	(d)	39	(b)	40	(c)
41	(d)	42	(a)	43	(c)	44	(c)	45	(d)	46	(d)	47	(c)	48	(c)	49	(a)	50	(a)
51	(b)	52	(a)	53	(c)	54	(b)	55	(d)	56	(b)	57	(c)	58	(a)	59	(c)	60	(c)
61	(d)	62	(c)	63	(b)	64	(b)	65	(b)	66	(d)	67	(a)	68	(d)	69	(d)	70	(a)
71	(b)	72	(b)	73	(a)	74	(d)	75	(a)	76	(c)	77	(a)	78	(b)	79	(b)	80	(a)
81	(b)	82	(b)	83	(a)	84	(d)	85	(c)	86	(d)	87	(d)	88	(c)	89	(c)	90	(c)
91	(d)	92	(b)	93	(c)	94	(c)	95	(b)	96	(d)	97	(b)	98	(d)	99	(a)	100	(b)

संकेत एवं हल

1. (b) प्रश्नानुसार,
P → ÷; Q → ×
R → +; S → −
18 Q 12 P 4 R 5 S 6
= 18×12 ÷ 4 + 5 − 6
अब BODMAS के नियमानुसार हल करने पर,
= 18 × 3 + 5 − 6
= 54 − 1 = 53

2. (c)

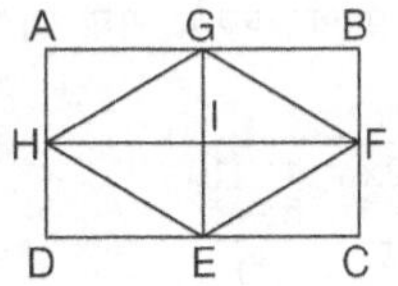

उपर्युक्त चित्र में, सबसे छोटे त्रिभुज = 8 (ΔAGH, ΔHGI, ΔGIF, ΔFGB, ΔFIE, ΔFEC, ΔEDH, ΔHEI)

2 त्रिभुजों से मिलकर बने त्रिभुज

= 4 (ΔGHE, ΔHEF, ΔEFG, ΔFGH)

∴ कुल त्रिभुज = 8 + 4 = 12

3. (a) शृंखला का क्रम निम्नवत् होगा

L →(+1) M →(+1) N →(+1) O →(+1) P
X →(−4) T →(−4) P →(−4) L →(−4) H
F →(+4) J →(+4) N →(+4) R →(+4) V

∴ ? = PHV

4. (c) कुछ पुरुष डॉक्टर होते हैं तथा कुछ पुरुष इंजीनियर होते हैं।

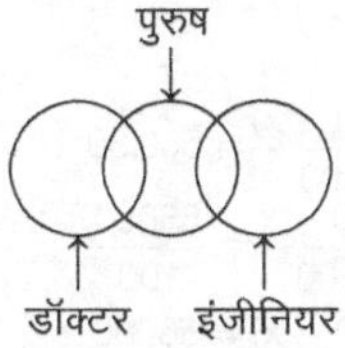

5. (d) जिस प्रकार, महाराष्ट्र, भारत का राज्य है उसी प्रकार, टेक्सास, यू.एस.ए. का एक राज्य है।

6. (c) जिस प्रकार,   उसी प्रकार,

72 : 90   156 : [182]
↓ ↓   ↓ ↓
9×8 9×10   13×12 13×14

7. (b) गोलक के अतिरिक्त अन्य सभी द्विविमीय (2-D) आकृतियाँ हैं। जबकि गोलक एक त्रिविमीय (3-D) आकृति है।

8. (d)

A E ; C G ; J N ; [M O]
+4 +4 +4 +2

अत: MO अन्य तीनों से भिन्न है।

9. (b) कथनानुसार,

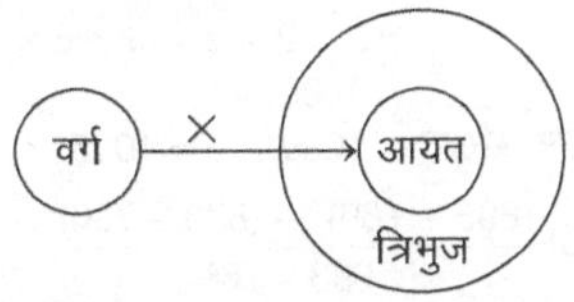

निष्कर्ष I. (✗) II. (✓)

अत: केवल निष्कर्ष II सही है।

10. (b) जिस प्रकार, $(7)^2 + 2 = 49 + 2 = 51$
तथा $(6)^2 + 4 = 36 + 4 = 40$
उसी प्रकार, $5^2 + ? = 28$
⇒ $25 + ? = 28$
∴ $? = 28 - 25 = \boxed{3}$
अत: प्रश्नवाचक चिन्ह (?) के स्थान पर 3 आएगा।

11. (c) दिया गया अनुक्रम निम्नवत् है

6 11 18 27 38 [51] 66
+5 +7 +9 +11 +13 +15
+2 +2 +2 +2 +2

12. (c) चूँकि पक्षी हवा में उड़ते हैं तथा हवा को नीला कहा गया है। अत: पक्षी 'नीला' में उड़ते हैं।

13. (c) प्रश्नानुसार,

उपरोक्त से स्पष्ट है कि रेलवे स्टेशन से मन्दिर पूर्व दिशा में है।

14. (b) प्रश्नानुसार,

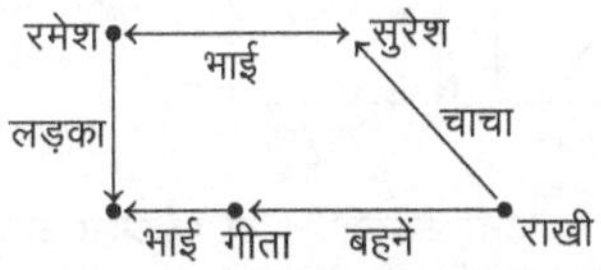

आरेख से स्पष्ट है कि सुरेश और राखी आपस में चाचा-भतीजी हैं।

15. (b) दिए गए शब्द के अक्षरों को अंग्रेजी वर्णमाला के क्रम में क्रमबद्ध करने पर,

CEHIMRSTY →

बाएँ से दाएँ ओर पाँचवाँ अक्षर

∴ अभीष्ट अक्षर = M

16. (b) जिस प्रकार, C O W → 31523 (3 15 23)

तथा C L O C K → 31215311 (3 12 15 3 11)

उसी प्रकार, [N I G H T] → 1497820 (14 9 7 8 20)

17. (d) साढ़े आठ घण्टे में घण्टे की सूई द्वारा बनाया गया कोण

$$= \left(8 + \frac{1}{2}\right) \times 30° = \frac{17}{2} \times 30° = 255°$$

आधा घण्टा अर्थात् 30 मिनट में मिनट की सूई द्वारा बनाया गया कोण = 30 × 6° = 180°

∴ अभीष्ट कोण = 255° − 180° = 75°

18. (b) पासे का विस्तार करने पर,

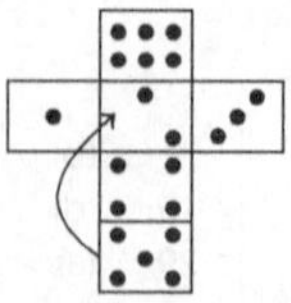

उपरोक्त से स्पष्ट है कि यदि 5 बिन्दुओं वाली फलक ऊपर है, तो नीचे फलक पर 2 बिन्दु होंगे।

वैकल्पिक विधि

पासे की दोनों स्थितियों से, अंक 2 के संलग्न अंक 1, 4, 3 व 6 हैं। अत: शेष अंक 5, अंक 2 के विपरीत फलक पर होगा।

19. (d) प्रश्नानुसार, रीता > गीता > सीता

उपरोक्त से स्पष्ट है कि सीता, गीता जितनी सुन्दर नहीं है।

20. (d) प्रश्नानुसार, दिए गए बक्सों के संयोजन से 150, 110 और 130 बनाए जा सकते हैं जबकि केवल 140 वजन का संयोजन नहीं बनाया जा सकता है अर्थात्

$150 = 60 + 40 + 30 + 20$

$110 = 60 + 30 + 20$

$130 = 60 + 40 + 30$

21. (d) उत्तर आकृति (d) दी गई प्रश्न आकृति का सही प्रतिबिम्ब है।

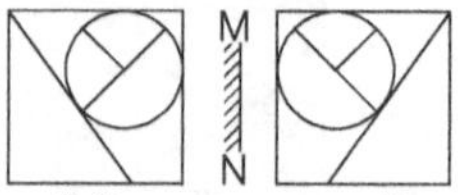

प्रतिबिम्ब आकृति

22. (d) उत्तर आकृति (d) दी गई प्रश्न आकृति को पूरा करेगी।

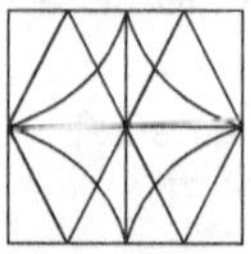

23. (b) (a) दी गई आकृति में संख्या 4 ऐसे लोगों को दर्शाती है जो शहरी व शिक्षित हैं, किन्तु मेहनती नहीं हैं।

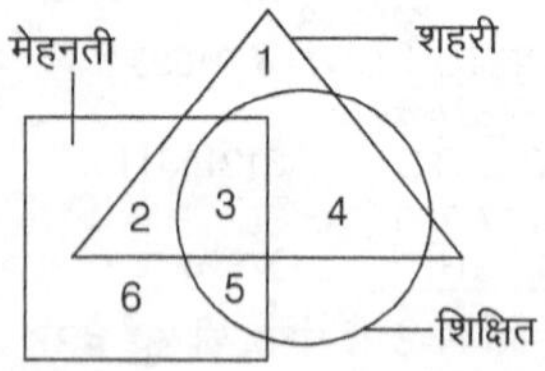

24. (d) दिए गए शब्दों में वर्ण 'y' नहीं है, इसलिए 'Comply' शब्द का निर्माण नहीं किया जा सकता है।

25. (c) शब्दों का सार्थक क्रम निम्नवत् होगा

V. हमेशा → III. सामान्यत: → II. कभी-कभी → IV. यदा-कदा → I. कभी नहीं ⇒ V, III, II, IV, I

76. (c) माना कमल की मासिक आय ₹ $4x$ तथा आशरा की मासिक आय ₹ $3x$ है, तब

प्रश्नानुसार, $\frac{4x-600}{3x-600} = \frac{3}{2}$

$\Rightarrow \quad 8x - 1200 = 9x - 1800$

$\Rightarrow \quad 1800 - 1200 = 9x - 8x$

$\therefore \quad x = 600$

तब दोनों की कुल आय $= 4x + 3x = 7x$

$= 7 \times 600 =$ ₹ 4200

77. (a) प्रश्नानुसार,

$$\frac{6000 \times 5 \times 4}{100} = \frac{8000 \times 3 \times n}{100}$$

$\left[\because \text{साधारण ब्याज} = \frac{\text{मूलधन} \times \text{दर} \times \text{समय}}{100}\right]$

$$n = \frac{6000 \times 5 \times 4}{8000 \times 3}$$

$n = 5$ वर्ष

78. (b) 24, 30 और 54 का ल.स.

2	24, 30, 54
2	12, 15, 27
2	6, 15, 27
3	3, 15, 27
3	1, 5, 9
3	1, 5, 3
5	1, 5, 1
	1, 1, 1

$= 2 \times 2 \times 2 \times 3 \times 3 \times 3 \times 5$

$= 1080$

∴ अभीष्ट संख्या $= 1080 + 5 = 1085$

79. (b) $\frac{(893+786)^2 - (893-786)^2}{893 \times 786}$

$= \frac{4 \times 893 \times 786}{893 \times 786}$

$[\because (a+b)^2 - (a-b)^2 = 4ab]$

$= 4$

80. (a) 50 संख्याओं का औसत = 38

50 संख्याओं का कुल योग $= 38 \times 50 = 1900$

संख्या 45 और 55 निकालने के बाद, कुल योग

$= 1900 - (45 + 55) = 1800$

∴ शेष संख्याओं का औसत

$= \frac{1800}{48}$

$= 37.5$

81. (b) $\sqrt{(272)^2 - (128)^2}$

$[\because a^2 - b^2 = (a+b)(a-b)]$

$= \sqrt{(272+128)(272-128)}$

$= \sqrt{400 \times 144}$

$= 20 \times 12 = 240$

82. (b) $2 \times [3 + 2 \times \{3 - (6 \div 2)\} + 7]$

$= 2 \times [3 + 2\{3 - 3\} + 7]$

[BODMAS के नियम से]

$= 2 \times [3 + 2 \times 0 + 7]$

$= 2 \times [3 + 7]$

$= 2 \times 10 = 20$

83. (a) $\frac{2}{3} = 0.666, \frac{3}{5} = 0.6000, \frac{5}{8} = 0.625$

इस प्रकार, भिन्नों का आरोही क्रम $= \frac{3}{5} < \frac{5}{8} < \frac{2}{3}$

सबसे छोटी भिन्न $= \frac{3}{5}$

सबसे बड़ी भिन्न $= \frac{2}{3}$

अत: अभीष्ट अन्तर $= \frac{2}{3} - \frac{3}{5}$

$= \frac{10-9}{15}$

$= \frac{1}{15}$

84. (d) माना A और B कार्य को क्रमश: x और y दिन में पूरा करते हैं।

प्रश्नानुसार, $\frac{1}{x} + \frac{1}{y} = \frac{1}{5}$ ...(i)

तथा $\frac{2}{x} + \frac{1}{2y} = \frac{1}{4}$ ...(ii)

समी (i) में '2' से भाग करके, समी (ii) से घटाने पर,

$\frac{2}{x} - \frac{1}{2x} = \frac{1}{4} - \frac{1}{10}$

$\Rightarrow \quad \frac{4-1}{2x} = \frac{5-2}{20}$

$\Rightarrow \quad \frac{3}{2x} = \frac{3}{20}$

$\therefore \quad x = 10$ दिन

अत: A अकेले कार्य को 10 दिन में पूरा करेगा।

85. (c) ΔCOD में, $OC = OD =$ वृत्त की त्रिज्या

$\therefore \quad \angle OCD = \angle ODC = 30°$

तब, $\angle COD = 180° - 30° - 30° = 120°$

अब, $\angle CAD = \frac{\angle COD}{2}$

$= \frac{120°}{2} = 60°$

[∵ समान चाप द्वारा परिधि पर बना कोण केन्द्र पर बने कोण का आधा होता है]

और, $\angle CAD = \angle CBD = 60°$

[∵ एक ही वृत्तखण्ड के कोण]

अत: $\angle CAD + \angle CBD = 60° + 60° = 120°$

86. (d) माना दूसरी छूट $= x$

प्रश्नानुसार,

$720 \times \frac{(100-10)}{100} \times \frac{(100-x)}{100} = 550.80$

$720 \times \frac{90}{100} \times \frac{100-x}{100} = \frac{55080}{100}$

$648(100 - x) = 55080$

$648x = 64800 - 55080$

$x = \frac{9720}{648} = 15$

∴ अभीष्ट छूट = 15%

87. (d) अभीष्ट चक्कर

$= \dfrac{\text{दूरी}}{\text{1 चक्कर में चली दूरी (या परिधि)}}$

$= \dfrac{66 \times 1000}{2 \times \dfrac{22}{7} \times 14}$

$= \dfrac{66 \times 1000}{2 \times 22 \times 2}$

$= \dfrac{3000}{4} = 750$

88. (c) 10 किग्रा चावल का क्रय मूल्य = ₹ 600

माना 1 किग्रा चावल का विक्रय मूल्य = ₹ x

$\therefore$ 10 किग्रा चावल का मूल्य = ₹ $10x$

प्रश्नानुसार, हानि = ₹ $2x$

$\because$ विक्रय मूल्य = क्रय मूल्य − हानि

$\Rightarrow \quad 10x = 600 - 2x$

$12x = 600$

$\Rightarrow \quad x = \dfrac{600}{12} =$ ₹ 50

89. (c) माना धारा की चाल = x किमी/घण्टा

शान्त जल में मोटरबोट की चाल = 15 किमी/घण्टा

$\therefore$ ऊर्ध्वप्रवाह में मोटरबोट की चाल = $(15 - x)$ किमी/घण्टा

तथा अनुप्रवाह में मोटरबोट की चाल = $(15 + x)$ किमी/घण्टा

मोटरबोट द्वारा लिया गया कुल समय = 5 घण्टे

ऊर्ध्वप्रवाह में मोटरबोट द्वारा चली गई दूरी = 36 किमी

$\therefore$ अनुप्रवाह में मोटरबोट द्वारा तय की गई दूरी = 36 किमी

$\therefore \quad t = \dfrac{d}{x + y} + \dfrac{d}{x - y}$

$\Rightarrow \quad 5 = \dfrac{36}{15 + x} + \dfrac{36}{15 - x}$

$\Rightarrow$ 5 $(15 + x)(15 - x) = 36$
$[15 - x + 15 + x]$

$\Rightarrow \quad 5[(15)^2 - x^2] = 36(30)$

$[\because (a + b)(a - b) = a^2 - b^2]$

$\Rightarrow \quad (225 - x^2) = 36 \times 6$

$\Rightarrow \quad 225 - 216 = x^2$

$\Rightarrow x^2 = 9 \Rightarrow x = 3$

$\therefore$ धारा की चाल = 3 किमी/घण्टा

90. (c) माना पारुल की वर्तमान आयु = $7x$ वर्ष

तथा रोहित की वर्तमान आयु = $5x$ वर्ष

प्रश्नानुसार,

अब से 5 वर्ष बाद कुल आयु = 94

$(7x + 5) + (5x + 5) = 94$

$12x + 10 = 94$

$12x = 84$

$x = 7$

$\therefore$ पारुल की वर्तमान आयु $= 7x = 7 \times 7 = 49$ वर्ष

तथा रोहित की वर्तमान आयु $5x = 5 \times 7$ = 35 वर्ष

माना y वर्ष बाद रोहित की आयु पारुल की वर्तमान आयु के बराबर हो जाएगी।

$\therefore \quad 35 + y = 49$

$\Rightarrow \quad y = 49 - 35$

$\Rightarrow \quad y = 14$ वर्ष

प्रैक्टिस सेट 2

कम्प्यूटर बेस्ड टेस्ट पैटर्न

निर्देश

- इस प्रैक्टिस सेट में कुल 100 प्रश्न हैं।
- इस प्रैक्टिस सेट में चार भाग हैं, भाग-I सामान्य बुद्धिमत्ता (25 प्रश्न), भाग-II सामान्य ज्ञान (50 प्रश्न), भाग-III आंकिक योग्यता, (15 प्रश्न), भाग-IV कम्प्यूटर (10 प्रश्न)।
- प्रत्येक प्रश्न 1 अंक का है।

भाग I सामान्य बुद्धिमत्ता

निर्देश (प्र. सं. 1 और 2) *निम्नलिखित प्रश्नों में दिए गए विकल्पों में से सम्बन्धित शब्द/अक्षरों को चुनिए।*

1. पक्षी : हवाईजहाज :: मछली : ?
(a) मछुआरा (b) सोफा
(c) नाव (d) चश्मा

2. DCBA : WXYZ :: IJKL : ?
(a) SRQP (b) QPON
(c) RQPO (d) PONM

निर्देश (प्र. सं. 3 और 4) *निम्नलिखित प्रश्नों में दिए गए विकल्पों में से विषम शब्द/संख्या को चुनिए।*

3. (a) बल्ला (b) अम्पायर
(c) स्टम्प (d) गिल्ली

4. (a) 133 (b) 253
(c) 231 (d) 209

5. दिए गए अनुक्रम में एक पद लुप्त है। दिए गए विकल्पों में से वह सही विकल्प चुनिए जो अनुक्रम को पूरा करें।
CL, HQ, MV, ?
(a) RA (b) QZ (c) SB (d) TC

6. शान 55 वर्ष का है, साथियाँ, शान से 5 वर्ष छोटा है और बालन से 6 वर्ष बड़ा है। बालन का सबसे छोटा भाई देवन है, जो उससे 7 वर्ष छोटा है। देवन और शान की आयु के बीच में कितना अन्तर है?
(a) 18 वर्ष (b) 15 वर्ष
(c) 13 वर्ष (d) 7 वर्ष

7. नीचे दिए गए शब्दों में से कौन-सा शब्द शब्दकोष के अनुसार सबसे अन्त में आएगा?
(a) Robber (b) Rocket
(c) Random (d) Restaurant

8. निम्नलिखित श्रेणी में कितने 7 ऐसे हैं, जो सम संख्या से पहले आए हैं, परन्तु विषम संख्या के बाद नहीं आए हैं?
4 3 7 5 2 3 7 2 1 3 6 7 5 4 2 7 1 2 2 7 6 5 7 2
(a) एक (b) दो
(c) तीन (d) चार

9. कौन-सी उत्तर आकृति प्रश्न आकृति के प्रतिरूप को पूरा करेगी ?

प्रश्न आकृति

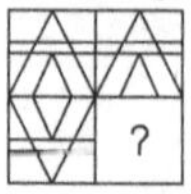

उत्तर आकृतियाँ

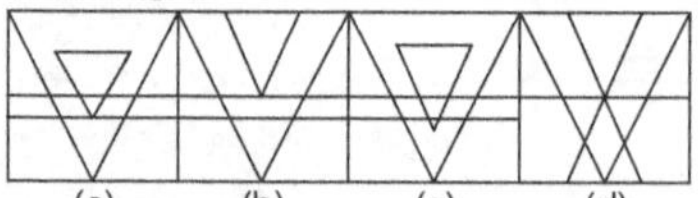

(a) (b) (c) (d)

10. एक परीक्षा में आभा ने रिया से ज्यादा अंक पाए और राहुल ने रिया से कम अंक प्राप्त किए, तो सबसे कम अंक किसने पाए ?
(a) आभा
(b) रिया
(c) राहुल
(d) जानकारी पर्याप्त नहीं

11. यदि एक कूट भाषा में COLUMN को 198327 लिखा जाता है, तो उस कूट भाषा में COMMON को लिखा जाएगा।
(a) 192297
(b) 192298
(c) 192997
(d) 192397

12. यदि किसी सांकेतिक भाषा में CHAIR को EGCHT लिखा जाता है, तो निम्नलिखित में से किसको CTFHV लिखा जाएगा?
(a) ADITT (b) ADULT
(c) AUDTI (d) AUDIT

13. A, B की बहन है। C, B की माँ है। D, C का पिता है। E, D की माँ है। बताइए A का D से क्या रिश्ता है?
(a) दादी (b) दादा
(c) पुत्री (d) पौत्री

14. नीचे दी गई प्रश्न आकृति के टुकड़ों का प्रयोग करके कौन-सी उत्तर आकृति बनाई जा सकती है?

प्रश्न आकृति

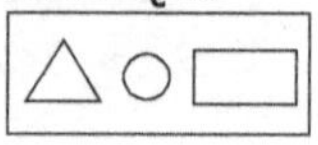

उत्तर आकृतियाँ

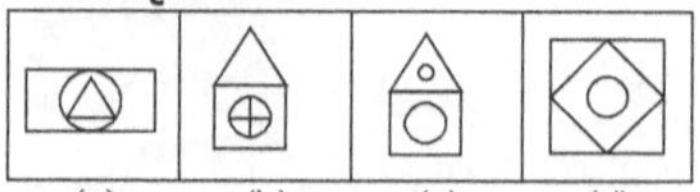

(a) (b) (c) (d)

15. निम्नलिखित कथनों पर विचार कीजिए।
कथन सभी लड़के ईमानदार हैं। सुरिन्दर ईमानदार है।
निष्कर्ष I. सुरिन्दर एक लड़का है।
II. सभी ईमानदार लोग लड़के हैं।
(a) केवल I निर्गत होता है
(b) केवल II निर्गत होता है
(c) या तो I या II निर्गत होता है
(d) न तो I न ही II निर्गत होता है

16. एक डाकिया डाकघर से श्री सिंह के घर पहुँचने के लिए उत्तर दिशा में 7 किमी चला। फिर बाएँ घूमकर 4 किमी चलकर श्री कुमार

के घर पहुँचा। वहाँ से दाईं ओर घूमकर 3 किमी चलकर श्री शर्मा के घर पहुँचा, तो श्री शर्मा और श्री सिंह के घरों की दूरी है
(a) 5 किमी (b) 6 किमी
(c) 4 किमी (d) 7 किमी

17. यदि × का अर्थ है +, + का अर्थ है ÷, − का अर्थ है × और ÷ का अर्थ है −, तब $8 \times 7 - 8 + 40 \div 2$ का मान क्या होगा?
(a) 1 (b) $\frac{37}{5}$ (c) $8\frac{3}{5}$ (d) 44

18. निम्नलिखित प्रश्नों में लुप्त संख्या ज्ञात कीजिए।

10	6	9
18	14	17
28	34	?
20	26	32

(a) 25 (b) 37
(c) 40 (d) 57

19. निम्नलिखित उत्तर आकृतियों में कौन-सा घन दिए गए प्रश्न आकृति में खुले घन से बनाया नहीं जा सकता?

प्रश्न आकृति

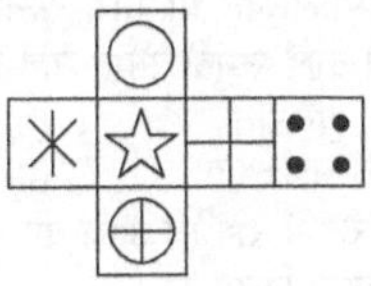

उत्तर आकृतियाँ

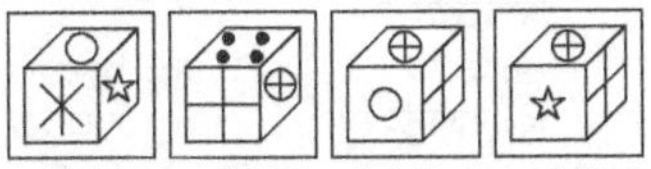

(a) (b) (c) (d)

20. दिए हुए चित्रों में से वह चित्र चुनिए, जिससे निम्नलिखित अवयवों का समूह सही तरीके से चित्रित हो।

घर, ईंटें और पुल

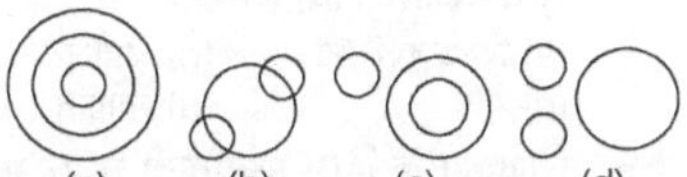

(a) (b) (c) (d)

21. नीचे दिए गए शब्दों को अर्थपूर्ण रूप से सुव्यवस्थित कीजिए।
1. स्थान 2. योजना
3. किराया 4. धन
5. इमारत 6. भवन निर्माण
(a) 1, 2, 3, 6, 5, 4 (b) 2, 3, 6, 5, 1, 4
(c) 3, 4, 2, 6, 5, 1 (d) 4, 1, 2, 6, 5, 3

22. एक परिवार में एक आदमी, उसकी पत्नी, उनके चार बेटे और उनकी पत्नियाँ हैं। परिवार के प्रत्येक बेटे के तीन बेटे और एक बेटी है। परिवार में सभी पुरुषों की संख्या ज्ञात कीजिए।
(a) 5 (b) 10 (c) 16 (d) 17

23. निम्नलिखित विकल्पों में से वह शब्द चुनिए जो दिए गए शब्द के अक्षरों का प्रयोग करके नहीं बनाया जा सकता।
HUMBLING
(a) BLUE
(b) NUMB
(c) LUNG
(d) GLUM

24. यदि एक दर्पण को MN रेखा पर रखा जाए, तो दी गई उत्तर आकृतियों में से कौन-सी आकृति प्रश्न आकृति का सही प्रतिबिम्ब होगी?

प्रश्न आकृति

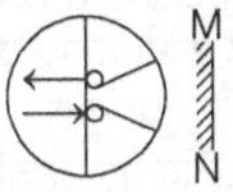

उत्तर आकृतियाँ

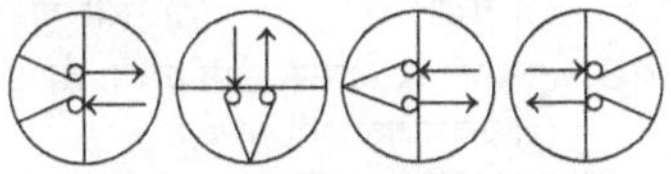

(a) (b) (c) (d)

25. दी गई आकृति में कितने त्रिभुज हैं?

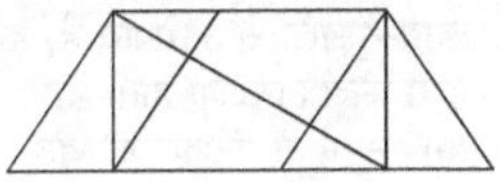

(a) 8 (b) 10
(c) 12 (d) 14

भाग II सामान्य ज्ञान

26. मानव द्वारा सर्वप्रथम किस धातु का प्रयोग किया गया?
(a) काँसा (b) ताँबा (c) लोहा (d) चाँदी

27. 'दीवान-ए-अमीर-कोही' विभाग की स्थापना किस सुल्तान ने की थी?
(a) मोहम्मद बिन तुगलक (b) फिरोज तुगलक
(c) सिकन्दर लोदी (d) बहलोल लोदी

28. किस शासक की मन्त्रिपरिषद् को 'अष्ट प्रधान' की संज्ञा दी गई थी?
(a) शिवाजी (b) कृराय
(c) अकबर (d) चन्द्रगुप्त द्वितीय

29. 'सती प्रथा' का अन्त तथा 'ठगी प्रथा' को समाप्त करने का श्रेय किसे है?
(a) लॉर्ड मेयो (b) लॉर्ड कैनिंग
(c) लॉर्ड डलहौजी (d) लॉर्ड विलियम बैण्टिक

30. हड़प नीति निम्न में से किसके द्वारा लागू किया गया था?
(a) लॉर्ड मेयो (b) लॉर्ड लिटन
(c) लॉर्ड डलहौजी (d) लॉर्ड कैनिंग

31. 'मुद्राराक्षस' नामक पुस्तक का लेखक कौन था?
(a) विशाखदत्त (b) कौटिल्य
(c) बाणभट्ट (d) कल्हण

32. राजस्थानी और पहाड़ी शैलियाँ किस कला के लिए प्रसिद्ध हैं?
(a) संगीत (b) नृत्य
(c) मूर्तिकला (d) चित्रकला

33. यामिनी कृष्णमूर्ति किस नृत्य शैली के लिए विख्यात है?
(a) मणिपुरी (b) गरबा
(c) भरतनाट्यम (d) कत्थक

34. 'लन्दन' किस नदी के किनारे स्थित है?
(a) राइन (b) टेम्स
(c) सीन (d) मोस्कावा

35. भारतीय मानक समय आधारित है
(a) 80° पूर्व देशान्तर पर
(b) 80° पश्चिम देशान्तर पर
(c) 80° 30' पूर्व देशान्तर पर
(d) 82° 30' पूर्वी देशान्तर पर

36. पृथ्वी के अतिरिक्त किस ग्रह पर वायुमण्डल पाया जाता है?
(a) बुध (b) मंगल
(c) बृहस्पति (d) शनि

37. 'नीला ग्रह' के नाम से जाना जाता है
(a) मंगल (b) पृथ्वी
(c) शुक्र (d) यूरेनस

38. भारतीय रिजर्व बैंक का राष्ट्रीयकरण किया गया था
(a) 1947 में (b) 1948 में
(c) 1949 में (d) 1951 में

39. भारतीय विदेश व्यापार संस्थान कहाँ स्थित है?
(a) नई दिल्ली (b) हैदराबाद
(c) मुम्बई (d) अहमदाबाद

40. भारत में कार्यपालिका का अध्यक्ष कौन होता है?
(a) राष्ट्रपति (b) प्रधानमन्त्री
(c) विपक्ष का नेता
(d) भारत सरकार का मुख्य सचिव

41. भारतीय संघ की शक्ति किसमें निहित है?
(a) संसद (b) प्रधानमन्त्री
(c) राष्ट्रपति (d) मन्त्रिमण्डल

42. व्यक्तिगत स्वतन्त्रता के लिए निम्नलिखित में से कौन-सी रिट याचिका दायर की जा सकती है?
(a) मैण्डेमस (परमादेश)
(b) हेबियस कार्पस (बन्दी प्रत्यक्षीकरण)
(c) क्यू-वारण्टो (अधिकार-पृच्छा)
(d) सर्शियोरेरी (उत्प्रेक्षण)

43. भारतीय संविधान की किस अनुसूची में राजभाषा उल्लेख है?
(a) सातवीं (b) आठवीं (c) नौवीं (d) दसवीं

44. निम्नलिखित में से कौन-सी शर्त भारत की नागरिकता प्राप्त करने के लिए नहीं है?
(a) अधिवास (b) पंजीकरण
(c) वंशानुक्रम (d) सम्पत्ति स्वामित्व

45. 'विंग्स ऑफ फायर' किसकी आत्मकथा है?
(a) अटल बिहारी वाजपेयी
(b) नरसिम्हा राव
(c) के. कस्तूरी रंगन
(d) ए.पी.जे. अब्दुल कलाम

46. निम्नलिखित में से किस एक में सर्वोच्च विशिष्ट ऊष्मा मान होता है?
(a) काँच (b) ताँबा (c) सीसा (d) जल

47. निम्नलिखित में जल जनित रोग कौन-सा है?
(a) मधुमेह (b) हैजा
(c) चेचक (d) मलेरिया

48. ट्रान्सफॉर्मर किससे काम करता है?
(a) केवल प्रत्यावर्ती धारा से
(b) केवल दि धारा से
(c) ए.सी. और डी.सी. दोनों से
(d) किसी भी सिग्नल से

49. खाद्य-श्रृंखला से अभिप्राय है, इनमें से किसके द्वारा ऊर्जा अन्तरण होती है?
(a) भू-गर्भ से धरातल की ओर
(b) निम्न अक्षांश से उच्च अक्षांश की ओर
(c) एक जीव से दूसरे जीव की ओर
(d) नदी द्वारा भूमि के जीवों के सागरीय जीवों को

50. ऊर्जा के किस रूप से प्रदूषण की समस्या नहीं होती है?
(a) कोयला (b) परमाणु (c) पेट्रोल (d) सौर

51. बाढ़ को रोका जा सकता है
(a) स्थल को ढालदार बनाकर
(b) जल आवरण को हटाकर
(c) वनों को काटकर
(d) नदियों पर बाँध बनाकर व वृक्षारोपण करके

52. वह संविधान संशोधन जिसके अनुसार GST पारित किया गया।
(a) 101वाँ (b) 102वाँ (c) 97वाँ (d) 95वाँ

53. तीरन्दाजी विश्व कप 2019 का तीसरा चरण कहाँ सम्पन्न हुआ?
(a) मेडलीन (कम्बोडिया)
(b) शंघाई (चीन)
(c) अन्ताल्या (तुर्की)
(d) बर्लिन (जर्मनी)

54. सोशल नेटवर्किंग वेबसाइट फेसबुक के संस्थापक का नाम क्या है?
(a) जूलियन अंसाने (b) मार्क क्रूज
(c) मार्क जुकरबर्ग (d) इनमें से कोई नहीं

55. केन्द्रीय चावल अनुसन्धान संस्थान कहाँ अवस्थित है?
(a) कटक (b) शिमला
(c) राजमुंदरी (d) लखनऊ

56. बैरोमीटर की खोज किसने की थी?
(a) राइट ब्रदर्स (b) ई. टौरसेली
(c) वोल्टा (d) राबर्ट वाटसन

57. अमेरिका वित्त विभाग ने हाल ही में भारत और किस देश को अपनी मुद्रा निगरानी सूची से बाहर कर दिया है?
(a) स्विट्जरलैण्ड (b) नेपाल
(c) चीन (d) जापान

58. सिक्किम के किस मुख्यमन्त्री ने 27 मई, 2019 को शपथ लेने के बाद घोषणा की कि राज्य के सरकारी कर्मचारियों को हर हफ्ते 2 दिन छुट्टी मिलेगी?
(a) प्रेम सिंह तमांग
(b) पवन कुमार चामलिंग
(c) नर बहादुर भण्डारी
(d) संचमान लिम्बू

59. भारत में हाल ही में किस वायु सेना के विमान में स्वदेशी बायो-जेट ईंधन के प्रयोग हेतु मंजूरी दी गई है?
(a) AN-32 (b) QX-45
(c) डोर्नियर-228 (d) ग्लोबल-5000

60. भारतीय लोकसभा चुनाव 2019 में चुनी गई देश की सबसे युवा सांसद का नाम क्या है?
(a) अम्बिका सिंह (b) ललिता कुमारी
(c) चन्द्राणी मुर्मू (d) प्रतिभा आनन्द

61. चीनी यात्री फाह्यान किसके शासनकाल में भारत आया था?
(a) समुद्रगुप्त
(b) चन्द्रगुप्त प्रथम
(c) चन्द्रगुप्त द्वितीय
(d) कुमारगुप्त

62. सोलह महाजनपदों के बारे में किस बौद्ध ग्रन्थ से जानकारी मिलती है?
(a) अंगुत्तरनिकाय (b) महावस्तु
(c) जातक (d) महावंश

63. निम्न में से किस सुल्तान ने बाजार नियन्त्रण व्यवस्था लागू की?
(a) इल्तुतमिश
(b) बलबन
(c) अलाउद्दीन खिलजी
(d) सिकन्दर लोदी

64. प्रसिद्ध हल्दी घाटी का युद्ध (1576 ई.) किनके मध्य लड़ा गया था?
(a) अकबर-हेमू
(b) अकबर-राणा साँगा
(c) अकबर-महाराणा प्रताप
(d) बाबर-मेदिनी राय

65. ललित कला अकादमी की स्थापना किस वर्ष हुई थी?
(a) 1952 (b) 1954
(c) 1958 (d) 1964

66. उस्ताद बिस्मिल्लाह खाँ का सम्बन्ध किस वाद्ययन्त्र से था?
(a) शहनाई (b) सरोद
(c) सन्तूर (d) हारमोनियम

67. मई, 2019 में अपने पहले डायरेक्ट स्पीच-टू-स्पीच ट्रांसलेशन सिस्टम 'ट्रांसलेटोट्रॉन' की घोषणा किसने की?
(a) बिंग (b) गूगल
(c) ट्विटर (d) याण्डेक्स

68. 'अन्धकारमय महाद्वीप' है
(a) अफ्रीका (b) दक्षिण अमेरिका
(c) ऑस्ट्रेलिया (d) एशिया

69. 'रोम' शहर निम्नलिखित में से किस नदी के तट पर बसा है?
(a) डेन्यूब (b) टाइबर
(c) राइन (d) एल्बे

70. भारत में सबसे ऊँचा जल-प्रपात कौन-सा है?
(a) शिमशा प्रपात (b) होगेनक्कल प्रपात
(c) कोर्टल्लम प्रपात (d) कुंचिकल प्रपात

71. निम्नलिखित भारतीय राज्यों में से किस राज्य की कोई समुद्री सीमा नहीं है?
(a) गुजरात (b) गोवा
(c) राजस्थान (d) महाराष्ट्र

72. भारत में राष्ट्रीय आय का आकलन पहली बार किसने किया था?
(a) वी.के.आर.वी.राव ने
(b) दादाभाई नौरोजी ने
(c) आर.सी. दत्त ने
(d) डी.आर. गाडगिल ने

73. महालनोबिस मॉडल का सम्बन्ध किस पंचवर्षीय योजना के साथ जोड़ा गया है?
(a) पहली पंचवर्षीय योजना
(b) दूसरी पंचवर्षीय योजना
(c) तीसरी पंचवर्षीय योजना
(d) चौथी पंचवर्षीय योजना

74. भारतीय अर्थव्यवस्था के किस क्षेत्र में सर्वोच्च उत्पादकता है?
(a) विनिर्माण
(b) परिवहन, संचार एवं वाणिज्य
(c) कृषि
(d) अन्य क्षेत्र

75. निम्न में से कौन-सी रिट ऐसी है, जो केवल किसी सरकारी पदाधिकारी के विरुद्ध लागू की जा सकती है?
(a) बन्दी उपस्थापन (b) परमादेश
(c) निषेध (d) उत्प्रेषण

भाग III आंकिक योग्यता

76. किसी कक्षा में 35 विद्यार्थियों की औसत आयु 18 वर्ष है। यदि शिक्षक की आयु को जोड़ा जाता है, तो कक्षा की औसत आयु 19 हो जाती है, तब शिक्षक की आयु क्या होगी?
(a) 54 वर्ष (b) 56 वर्ष
(c) 48 वर्ष (d) इनमें से कोई नहीं

77. A और B किसी कार्य को मिलकर 6 दिनों में कर सकते हैं। यदि A उस कार्य को अकेले 18 दिनों में पूरा कर सकता है, तो B उस कार्य को कितने दिनों में पूरा कर सकता है?
(a) 10 (b) 12 (c) 9 (d) 15

78. दो शहर A और B, एक-दूसरे से 360 किमी की दूरी पर हैं। एक कार A से B तक 40 किमी/घण्टे की चाल से जाती है और 60 किमी/घण्टे की चाल से A तक लौट आती है। कार की औसत चाल क्या है?
(a) 45 किमी/घण्टा (b) 48 किमी/घण्टा
(c) 50 किमी/घण्टा (d) 55 किमी/घण्टा

79. किसी परीक्षा में पास और फेल हुए विद्यार्थियों की संख्याओं का अनुपात 4 : 1 है। यदि 35 विद्यार्थी कम होते तथा 9 और विद्यार्थी फेल हुए होते, तो यह अनुपात 2 : 1 होता। परीक्षा में बैठे विद्यार्थियों की कुल संख्या थी
(a) 155 (b) 142
(c) 132 (d) 124

80. कितने वर्षों में एक धनराशि $6\frac{1}{4}$% प्रतिवर्ष के साधारण ब्याज पर दुगुनी हो जाएगी?
(a) 16 वर्ष (b) $12\frac{1}{2}$ वर्ष
(c) 8 वर्ष (d) $10\frac{2}{3}$ वर्ष

81. टिन का एक टुकड़ा आयत की आकृति में है जिसकी लम्बाई 12 सेमी तथा चौड़ाई 8 सेमी है। इसका उपयोग कर एक बन्द घन निर्मित किया जाता है। घन की भुजा की लम्बाई क्या है?
(a) 2 सेमी (b) 3 सेमी
(c) 4 सेमी (d) 6 सेमी

82. पाँच व्यक्ति एक लक्ष्य पर क्रमशः 6, 7, 8, 9 और 12 सेकण्ड के अन्तराल पर गोलियाँ दागते हैं। एक घण्टे में वे लक्ष्य पर एकसाथ कितनी बार गोलियाँ दागेंगे?
(a) 6 (b) 7
(c) 8 (d) 9

83. एक धार्मिक आयोजन में स्त्रियों और पुरुषों की संख्याओं का अनुपात 3 : 2 था। 20 और पुरुषों के आने से अनुपात उलट गया। स्त्रियों की संख्या कितनी थी?
(a) 36 (b) 40
(c) 16 (d) 24

84. एक घन की प्रत्येक कोर को 50% बढ़ा दिया जाता है, तो इसके पृष्ठीय क्षेत्रफल में प्रतिशत वृद्धि है
(a) 50% (b) 75%
(c) 100% (d) 125%

85. अधोलिखित भिन्नों $\frac{3}{8}, \frac{3}{5}, \frac{2}{3}, \frac{1}{2}$ का आरोही क्रम होगा
(a) $\frac{3}{8}, \frac{1}{2}, \frac{3}{5}, \frac{2}{3}$ (b) $\frac{3}{8}, \frac{1}{2}, \frac{2}{3}, \frac{3}{5}$
(c) $\frac{1}{2}, \frac{3}{8}, \frac{3}{5}, \frac{2}{3}$ (d) $\frac{1}{2}, \frac{2}{3}, \frac{3}{8}, \frac{3}{5}$

86. $\frac{519 \times 519 - 81 \times 81}{519 \times 519 + 2 \times 519 \times 81 + 81 \times 81}$ बराबर है
(a) $\frac{73}{200}$ (b) $\frac{73}{100}$
(c) $\frac{100}{78}$ (d) $\frac{200}{73}$

87. 2350 का 80% का मान है
(a) 1509.5 (b) 1950.5
(c) 1800.5 (d) 1880

88. किसी धनात्मक संख्या तथा उसके वर्ग का योग 20 है। संख्या का मान क्या है?
(a) 1 (b) 2 (c) 3 (d) 4

89. एक विक्रेता ने 40 दर्जन केले ₹ 250 में खरीदे। उनमें से 30 केले सडे हुए थे और उन्हें बेचा नहीं जा सका। उसे शेष केलों को प्रति दर्जन किस दर पर बेचना चाहिए जिससे 20% का लाभ है?
(a) ₹ 10 (b) ₹ 6
(c) ₹ 12 (d) ₹ 8

90. A और B ने एक साझेदारी में क्रमशः ₹ 16000 और ₹ 12000 का निवेश किया। तीन महीने के बाद A ने ₹ 5000 निकाल लिए और B ने ₹ 5000 और निवेश किए। तीन महीनों के बाद C ₹ 21000 की पूँजी लगाकर कारोबार में शामिल हो गया। एक वर्ष बाद 26400 के लाभ में B का हिस्सा C से कितना अधिक है?
(a) ₹ 1200
(b) ₹ 2400
(c) ₹ 4800
(d) ₹ 3600

भाग IV कम्प्यूटर

91. प्रेजेण्टेशन/स्लाइड शो तैयार करने के लिए सामान्यतः कौन-सी एप्लीकेशन इस्तेमाल की जाती है?
(a) फोटोशॉप
(b) पावरप्वॉइण्ट
(c) आउटलुक एक्सप्रेस
(d) इण्टरनेट एक्सप्लोरर

92. स्लाइड शो व्यू में पिछली स्लाइड पर जाने के लिए कौन-सा बटन दबाया जाता है?
(a) एण्टर कुंजी (b) पेजअप कुंजी
(c) स्पेस बार (d) N कुंजी

93. .... वायरलैस मोबाइल डिवाइसेज को इण्टरनेट और उसकी सर्विसेज; जैसे- वेब और ई-मेल प्राप्त करने की आज्ञा देता है।
(a) TCP/IP (b) इण्टरनेट
(c) WAP (d) टोकेन रिंग

94. 'DOS', फ्लॉपी डिस्क में निम्न में से क्या नहीं होता?
(a) एक बूट रिकॉर्ड
(b) एक रूट डायरेक्टरी
(c) फाइल एलोकेशन टेबल
(d) वर्चुअल मैमोरी

95. लो-पॉवर USB डिवाइस में पॉवर सप्लाई कैसे होती है?
(a) पावर केबल द्वारा
(b) कम्प्यूटर पावर सप्लाई से सीधे
(c) बाहरी पावर सप्लाई से
(d) USB केबल द्वारा

96. नैनो शब्द निम्न में से किससे सम्बन्धित है?
(a) 10^{-6} m (b) 10^{-10} m
(c) 10^{-9} m (d) 10^{-2} m

97. ब्राउजर पर http://doc.org निम्न में से किसे प्रदर्शित करता है?
(a) वेब पेज (b) वेब ब्राउजर
(c) वेबसाइट (d) वेब सर्वर

98. कम्प्यूटर में डाटा किसे कहा जाता है?
(a) संख्या को
(b) चिन्ह को
(c) दी गई सूचनाओं को
(d) चिन्ह व संख्यात्मक सूचना को

99. एक पेण्टियम-4 में .... ट्रांजिस्टर होते हैं।
(a) 10 मिलियन (b) 20 मिलियन
(c) 5 मिलियन (d) 42 मिलियन

100. ग्राहकों को इण्टरनेट की सुविधा प्रदान करने के लिए कौन-सा कनेक्शन अधिक उपयोगी है?
(a) डायल-अप (b) ब्रॉडबैण्ड
(c) केबल मॉडम (d) वायरलैस

उत्तरमाला

1	(c)	2	(c)	3	(b)	4	(a)	5	(a)	6	(a)	7	(b)	8	(a)	9	(b)	10	(c)
11	(a)	12	(d)	13	(d)	14	(a)	15	(d)	16	(a)	17	(b)	18	(c)	19	(c)	20	(b)
21	(d)	22	(d)	23	(a)	24	(a)	25	(d)	26	(b)	27	(a)	28	(a)	29	(d)	30	(c)
31	(a)	32	(d)	33	(c)	34	(b)	35	(d)	36	(b)	37	(b)	38	(c)	39	(a)	40	(a)
41	(a)	42	(b)	43	(b)	44	(d)	45	(d)	46	(d)	47	(b)	48	(a)	49	(c)	50	(d)
51	(d)	52	(a)	53	(d)	54	(c)	55	(a)	56	(b)	57	(a)	58	(a)	59	(a)	60	(c)
61	(c)	62	(a)	63	(c)	64	(c)	65	(b)	66	(a)	67	(b)	68	(a)	69	(b)	70	(d)
71	(c)	72	(b)	73	(b)	74	(b)	75	(b)	76	(a)	77	(c)	78	(b)	79	(a)	80	(a)
81	(c)	82	(b)	83	(d)	84	(d)	85	(a)	86	(b)	87	(d)	88	(d)	89	(d)	90	(d)
91	(b)	92	(b)	93	(c)	94	(d)	95	(d)	96	(c)	97	(c)	98	(d)	99	(d)	100	(d)

संकेत एवं हल

1. (c) जिस प्रकार, पक्षी और हवाईजहाज हवा में उड़ते हैं,
उसी प्रकार, मछली और नाव पानी में तैरती हैं।

2. (c) जिस प्रकार,

D C B A : W X Y Z

विपरीत वर्णानुक्रम

उसी प्रकार,

I J K L : R Q P O

विपरीत वर्णानुक्रम

3. (b) अम्पायर के अतिरिक्त अन्य सभी क्रिकेट से सम्बन्धित वस्तुएँ हैं जबकि 'अम्पायर' क्रिकेट में एक व्यक्ति है जो निर्णय देता है।

4. (a) 133 के अतिरिक्त अन्य सभी संख्याएँ 11 से विभाज्य हैं।
$253 \div 11 = 23; 231 \div 11 = 21$ तथा $209 \div 11 = 19$

5. (a)

C L H Q M V R A

(+5, +5, +5 / +5, +5, +5)

$\therefore ? = RA$

6. (a) साथियाँ की वर्तमान आयु
$= 55 - 5 = 50$ वर्ष
बालन की वर्तमान आयु $= 50 - 6 = 44$ वर्ष
देवन की वर्तमान आयु $= 44 - 7 = 37$ वर्ष
∴ देवन और शान के बीच आयु में अभीष्ट अन्तर
$= 55 - 37 = 18$ वर्ष

7. (b) शब्दकोष के अनुसार दिए गए शब्दों का क्रम
Random → Restaurant → Robber → Rocket
अतः Rocket शब्द सबसे अन्त में आएगा।

8. (a) दी गई श्रेणी में ऐसा एक 7 है, जो सम संख्या से पहले आया है और विषम संख्या के बाद नहीं आया है।
विषम संख्या नहीं → ②7⑥ ← सम संख्या

9. (b) उत्तर आकृति (b) प्रश्न आकृति के डिजाइन को पूरा करेगी।

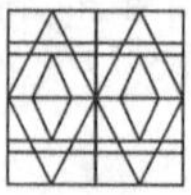

10. (c) प्रश्नानुसार, आभा > रिया > राहुल
उपरोक्त से स्पष्ट है कि सबसे कम अंक राहुल को प्राप्त हुए।

11. (a) दिया है,

C O L U M N
↓ ↓ ↓ ↓ ↓ ↓
1 9 8 3 2 7

तुलना करने पर,

C O M M O N
↓ ↓ ↓ ↓ ↓ ↓
1 9 2 2 9 7

12. (d) जिस प्रकार,

C H A I R
+2 −1 +2 −1 +2
E G C H T

उसी प्रकार,

A U D I T
+2 −1 +2 −1 +2
C T F H V

अतः उसी सांकेतिक भाषा में CTFHV के लिए AUDIT लिखा जाएगा।

13. (d) प्रश्नानुसार,

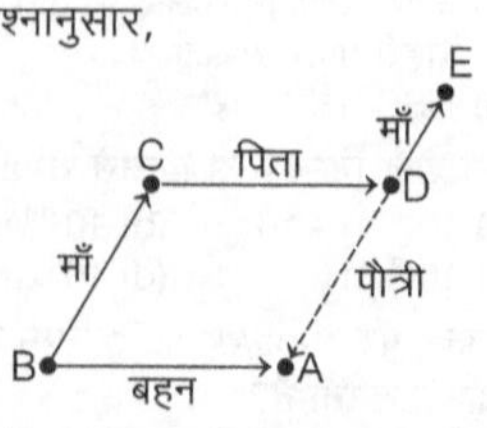

उपरोक्त आरेख से स्पष्ट है कि A, D की पौत्री होगी।

14. (a) उत्तर आकृति (a) प्रश्न आकृति के टुकड़ों का प्रयोग करके बनाई जा सकती है।

15. (d) कथनानुसार,

उपरोक्त से स्पष्ट है कि न तो निष्कर्ष I और न ही II निर्गत होता है।

16. (a) डाकिये के चलने का क्रम निम्नवत् होगा

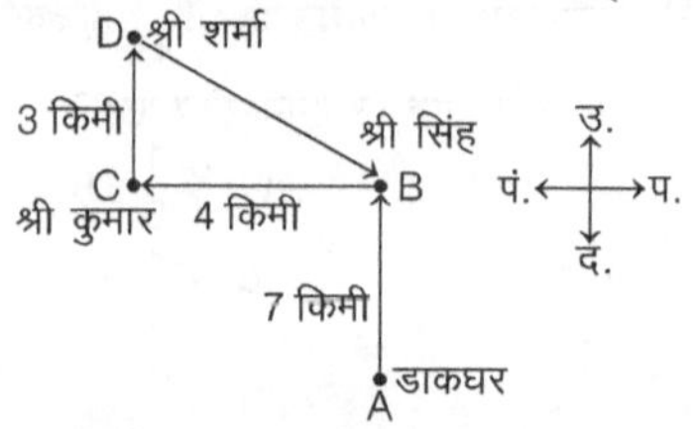

∴ श्री शर्मा और श्री सिंह के घरों के बीच की दूरी
$(DB) = \sqrt{DC^2 + CB^2}$
$= \sqrt{4^2 + 3^2}$
$= \sqrt{16 + 9}$
$= \sqrt{25} = 5$ किमी

17. (b) दिया गया व्यंजक $= 8 \times 7 - 8 + 40 \div 2$
$\Rightarrow \quad 8 + 7 \times 8 \div 40 - 2$
(प्रश्नानुसार, चिन्ह परिवर्तन के बाद)
$\Rightarrow \quad 8 + 7 \times \frac{1}{5} - 2 = \frac{37}{5}$

18. (c) पहले स्तम्भ में,
$10 + 28 = 18 + 20 = 38$
दूसरे स्तम्भ में,
$6 + 34 = 14 + 26 = 40$
तीसरे स्तम्भ में, $9 + ? = 17 + 32$
$\Rightarrow \quad ? = 49 - 9 = \boxed{40}$

19. (c) उत्तर आकृति (c) में ⊕ और ◎ संलग्न फलक पर हैं।

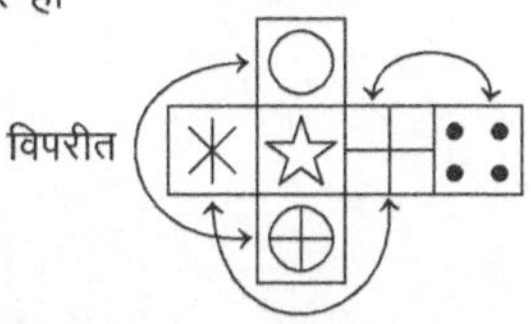

अतः उत्तर आकृति (c) दी गई प्रश्न आकृति से नहीं बनाई जा सकती।

20. (b) पुल और घर दोनों के निर्माण में ईंटों का प्रयोग होता है।

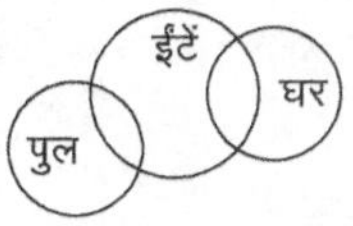

21. (d) शब्दों का सार्थक क्रम निम्नवत् होगा

4. धन → 1. स्थान → 2. योजना → 6. भवन निर्माण → 5. इमारत → 3. किराया

अतः अभीष्ट उत्तर विकल्प (d) अर्थात् 4, 1, 2, 6, 5, 3 होगा।

22. (d) प्रश्नानुसार,

M ⇔ W
|
4M ⇔ 4W
/ \
12M 4W

∴ पुरुषों की संख्या = 1 + 4 + 12 = 17

23. (a) दिए गए शब्द HUMBLING के अक्षरों का प्रयोग करके शब्द BLUE नहीं बनाया जा सकता क्योंकि दिए गए शब्द में अक्षर E नहीं है।

24. (a) विकल्प (a) प्रश्न आकृति का सही प्रतिबिम्ब प्रारूप है।

25. (d) प्रश्नानुसार, बिन्दुओं के नाम रखने पर,

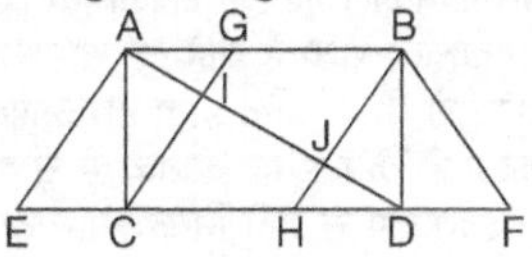

तब, बने त्रिभुजों की कुल संख्या = 14
(ΔAEC, ΔACD, ΔAED, ΔABD, ΔBDF, ΔAIG, ΔDJB, ΔHJD, ΔAJB, ΔCID, ΔAIC, ΔHBD, ΔHFB, ΔACG)

76. (a) 35 छात्रों की कुल आयु
$= 35 \times 18 = 630$ वर्ष

अब अध्यापक की आयु और जोड़ने पर, 36 (छात्र + अध्यापक) की कुल आयु
$= 36 \times 19 = 684$ वर्ष

∴ अध्यापक की आयु = 684 − 630 = 54 वर्ष

77. (c) A और B का 1 दिन का कार्य $= \frac{1}{6}$

अकेले A का 1 दिन का कार्य $= \frac{1}{18}$

B का 1 दिन का कार्य $= \frac{1}{6} - \frac{1}{18}$
$= \frac{3-1}{18} = \frac{2}{18} = \frac{1}{9}$

B द्वारा कार्य करने में लगा समय
$= \frac{1}{\text{1 दिन का कार्य}} = 9$ दिन

78. (b) कार की औसत गति
$= \frac{\text{चली गई कुल दूरी}}{\text{कुल लगा समय}}$
$= \frac{2AB}{\frac{AB}{40} + \frac{AB}{60}} = \frac{2(360)}{\frac{360}{40} + \frac{360}{60}}$ [∵ $AB = 360$ किमी]
$= \frac{720}{9+6} = \frac{720}{15} = 48$ किमी/घण्टा

79. (a) माना परीक्षा में पास और फेल विद्यार्थी क्रमशः $4x$ तथा x हैं।

∴ कुल विद्यार्थी $= 4x + x = 5x$

प्रश्नानुसार,
$\frac{(5x - 35) - (x + 9)}{x + 9} = \frac{2}{1}$
$\Rightarrow 4x - 44 = 2x + 18 \Rightarrow 2x = 62$
∴ $x = 31$
∴ कुल विद्यार्थी $= 5 \times 31 = 155$

80. (a) माना मूलधन $= x$ और मिश्रधन $= 2x$

∴ साधारण ब्याज = मिश्रधन − मूलधन
$= 2x - x = x$

∴ समय $= \frac{\text{साधारण ब्याज} \times 100}{\text{मूलधन} \times \text{दर}}$
$= \frac{x \times 100}{x \times \frac{25}{4}}$ $\left[∵ \text{दर} = 6\frac{1}{4}\%\right]$
$= 16$ वर्ष

81. (c) ∵ घन का पृष्ठीय क्षेत्रफल
= टिन का क्षेत्रफल
$6a^2 = 12 \times 8 \Rightarrow a^2 = 16$
$\Rightarrow a = 4$ सेमी

82. (b) पाँच व्यक्तियों द्वारा गोलियाँ दागने का समय अन्तराल = 6, 7, 8, 9, 12 का ल. स.

अब उपरोक्त संख्याओं का ल.स. लेने पर,

2	6, 7, 8, 9, 12
2	3, 7, 4, 9, 6
2	3, 7, 2, 9, 3
3	3, 7, 1, 9, 3
3	1, 7, 1, 3, 1
7	1, 7, 1, 1, 1
	1, 1, 1, 1, 1

ल.स. $= 2 \times 2 \times 2 \times 3 \times 3 \times 7 = 504$ सेकण्ड

स्पष्ट है कि वे सभी 504 सेकण्ड बाद एकसाथ गोलियाँ दागेंगे।

अतः एक घण्टे (3600 सेकण्ड) में एक साथ गोलियाँ दागने की आवृत्ति $= \frac{3600}{504} = 7.1428 = 7$

अतः वे सभी एक घण्टे में लक्ष्य पर 7 बार एकसाथ गोलियाँ दागेंगे।

83. (d) माना स्त्रियों की संख्या $= 3x$

तथा पुरुषों की संख्या $= 2x$

प्रश्नानुसार, $\frac{3x}{2x + 20} = \frac{2}{3} \Rightarrow 9x = 4x + 40$
$5x = 40 \Rightarrow x = 8$

इस प्रकार, स्त्रियों की संख्या $= 3x = 3 \times 8 = 24$

84. (d) माना कोर $= a$ मी

∴ पृष्ठ क्षेत्रफल $= 6a^2$ मी²

नई कोर $= \frac{a \times (100 + 50)}{100} = \frac{3a}{2}$ मी

∴ नया पृष्ठ क्षेत्रफल $= 6 \times \frac{9a^2}{4} = \frac{27}{2}a^2$

∴ प्रतिशत वृद्धि $= \frac{\frac{27}{2}a^2 - 6a^2}{6a^2} \times 100 = 125\%$

85. (a) $\frac{3}{8} = 0.37, \frac{3}{5} = 0.6, \frac{2}{3} = 0.66, \frac{1}{2} = 0.5$

आरोही क्रम में व्यवस्थित करने पर,

∴ $\frac{3}{8} < \frac{1}{2} < \frac{3}{5} < \frac{2}{3}$

86. (b) $\frac{519 \times 519 - 81 \times 81}{519 \times 519 + 2 \times 519 \times 81 + 81 \times 81}$
$= \frac{(519 + 81)(519 - 81)}{(519 + 81)^2}$
[∵ $a^2 - b^2 = (a + b)(a - b)$
तथा $(a + b)^2 = a^2 + b^2 + 2ab$]
$= \frac{519 - 81}{519 + 81} = \frac{438}{600} = \frac{73}{100}$

87. (d) 2350 का 80% $= 2350 \times \frac{80}{100}$
$= 23.5 \times 8 = 1880$

88. (d) विकल्प (d) से, $4 + (4)^2 = 4 + 16 = 20$

89. (d) 40 दर्जन केलों का क्रय मूल्य = ₹ 250

30 सड़े केलों को छोड़कर शेष केलों की संख्या
$= \frac{40 \times 12 - 30}{12} = \frac{75}{2}$ दर्जन

माना शेष केले ₹ x प्रति दर्जन बेचें।

∴ शेष केलों का विक्रय मूल्य = ₹ $\frac{75}{2}x$

$\Rightarrow$ क्रय मूल्य $\times \frac{100 + \text{लाभ}\%}{100} = \frac{75}{2}x$

$\Rightarrow 250 \times \frac{120}{100} = \frac{75}{2}x$

$\Rightarrow x = \frac{250 \times 120 \times 2}{100 \times 75}$ = ₹ 8

अतः शेष केलों को ₹ 8 प्रति दर्जन बेचें।

90. (d) A का कुल निवेश
$= 16000 \times 3 + 11000 \times 9$ = ₹ 147000

B का कुल निवेश
$= 12000 \times 3 + 17000 \times 9$ = ₹ 189000

C का कुल निवेश $= 21000 \times 6 = 126000$

∴ A, B व C के लाभों का अनुपात
$= 147000 : 189000 : 126000 = 7 : 9 : 6$

∴ लाभ में से B का हिस्सा
$= \frac{9}{22} \times 26400$ = ₹ 10800

तथा लाभ में से C का हिस्सा
$= \frac{6}{22} \times 26400$ = ₹ 7200

∴ अभीष्ट अन्तर = ₹ (10800 − 7200) = ₹ 3600

प्रैक्टिस सेट 3

कम्प्यूटर बेस्ड टेस्ट पैटर्न

निर्देश

- इस प्रैक्टिस सेट में कुल 100 प्रश्न हैं।
- इस प्रैक्टिस सेट में चार भाग हैं, भाग-I सामान्य बुद्धिमत्ता (25 प्रश्न), भाग-II सामान्य ज्ञान (50 प्रश्न), भाग-III आंकिक योग्यता, (15 प्रश्न), भाग-IV कम्प्यूटर (10 प्रश्न)।
- प्रत्येक प्रश्न 1 अंक का है।

भाग I सामान्य बुद्धिमत्ता

1. एक संयुक्त परिवार में निम्नलिखित सदस्य हैं। पिता-माता, तीन विवाहित पुत्र, एक अविवाहित पुत्री। विवाहित पुत्रों में से दो को दो-दो पुत्रियाँ तथा एक को एक पुत्र है। परिवार में कितनी महिला सदस्य हैं?
(a) 2 (b) 3 (c) 6 (d) 9

2. वह आरेख चुनिए जो नीचे दिए गए वर्गों के बीच के सम्बन्ध का सही निरूपण करता है।
वृत्त, वर्ग, त्रिभुज

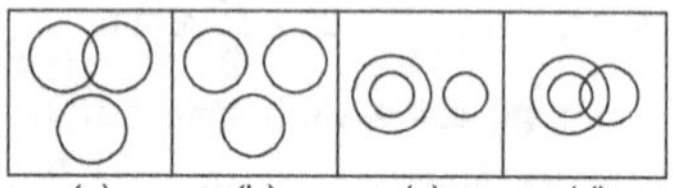

(a) (b) (c) (d)

3. निम्न को तार्किक क्रम में व्यवस्थित कीजिए।
1. कभी नहीं 2. कभी-कभी
3. प्राय: 4. कदाचित्
5. हमेशा
(a) 5, 2, 1, 3, 4 (b) 5, 2, 4, 3, 1
(c) 5, 3, 2, 1, 4 (d) 5, 3, 2, 4, 1

4. यदि एक कूट भाषा में RAMAN को '5', PRASHANT को '8' लिखा जाता है, तो TIMTIM को क्या लिखा जाएगा?
(a) 6 (b) 7 (c) 8 (d) 5

5. पाँच जिलों में रामपुर छोटा है श्यामपुर से, धामपुर बड़ा है हरिपुर से, जयपुर बड़ा है श्यामपुर से परन्तु इतना नहीं जितना हरिपुर है। सबसे बड़ा जिला कौन-सा है?
(a) हरिपुर (b) श्यामपुर
(c) धामपुर (d) जयपुर

6. यदि 17 मार्च, 1980 को सोमवार था, तो 12 जुलाई, 1980 को कौन-सा दिन था?
(a) रविवार (b) शनिवार
(c) सोमवार (d) बृहस्पतिवार

7. प्रश्न में एक अनुक्रम दिया गया है, जिसमें एक पद लुप्त है। दिए गए विकल्पों में से वह सही विकल्प चुनिए, जो अनुक्रम को पूरा करे।
4, 196, 16, 169, ?, 144, 64
(a) 21 (b) 81 (c) 36 (d) 32

8. जिस प्रकार, अनाज का सम्बन्ध भण्डारगृह से है, उसी प्रकार, जल का सम्बन्ध किससे है?
(a) नदी (b) पीना (c) बाँध (d) नहर

9. निम्न में असंगत युग्म को छाँटिए।
(a) जीवन-मृत्यु (b) विष-अमृत
(c) कपड़े-गहने (d) लाभ-हानि

10. देवेश ने नवनीत से कहा कि "वह लड़का जो हॉकी खेल रहा है मेरे पिता की पत्नी की बेटी के दो भाइयों से छोटा है।" हॉकी खेलने वाला लड़का देवेश से किस प्रकार सम्बन्धित है?
(a) भांजा (b) भतीजा (c) भाई (d) साला

11. संख्याओं का एक जोड़ा जो अन्य से भिन्न है
(a) 200-8 (b) 144-6
(c) 1331-11 (d) 121-12

12. निम्नलिखित शब्दों को शब्दकोष में दिए गए क्रम के अनुसार लिखिए।
(A) Stilt (B) Stifle
(C) Stink (D) Stingy
(a) C, D, B, A (b) A, C, D, B
(c) B, A, D, C (d) B, C, D, A

13. कौन-सी संख्या श्रृंखला को पूरा करेगी?
11, 13, 17, 19, 23, 25, ...
(a) 25 (b) 27 (c) 29 (d) 31

14. दिए गए विकल्पों में से सम्बन्धित अक्षर-समूह चुनिए।
JK : QR :: ... ? ... ?
(a) ST : UV (b) WX : ZY
(c) BC : IJ (d) MN : OR

15. सुनीता उत्तर-पूर्व की ओर 6 किमी चलती है फिर वह पश्चिम की ओर 9 किमी चलती है। वहाँ से वह दक्षिण-पश्चिम की ओर 6 किमी चलती है और अन्त में पूर्व की ओर 3 किमी चलती है। वह अपने प्रारम्भिक स्थान से कितनी दूरी पर है?
(a) 3 किमी
(b) 6 किमी
(c) 9 किमी
(d) 12 किमी

16. निम्नलिखित प्रश्न में एक या दो वक्तव्य दिए गए हैं, जिसके आगे दो निष्कर्ष/मान्यताएँ, I और II निकाले गए हैं। आपको विचार करना है कि वक्तव्य सत्य है चाहे वह सामान्यत: शर्त तथ्यों से भिन्न प्रतीत होता हो। आपको निर्णय करना है कि दिए गए वक्तव्य में से कौन-सा निश्चित रूप से सही निष्कर्ष/मान्यता निकाला जा सकता है।

वक्तव्य I. कुछ थैले जेबें हैं।
II. कोई भी जेबें थैली नहीं है।

निष्कर्ष I. कुछ थैले थैलियाँ नहीं हैं।
II. कुछ जेबें थैले हैं।

(a) केवल निष्कर्ष I निकलता है
(b) केवल निष्कर्ष II निकलता है
(c) दोनों निष्कर्ष I और II निकलते हैं
(d) न तो निष्कर्ष I और न ही निष्कर्ष II निकलता है

17. निम्नलिखित श्रेणी में विलुप्त पद के लिए सही विकल्प चुनिए।
3F, 6G, 11I, 18L, ?
(a) 21O (b) 25N
(c) 27P (d) 29P

18. खाली स्थान में कौन-सी संख्या आएगी?

3	4	5	?
5	2	9	19
7	3	3	24
11	1	4	15

(a) 17 (b) 18
(c) 19 (d) 20

19. यदि A = 1, B = 2, C = 3 आदि हों, तो $2\times 3+8\div 4-5$ क्या होगा?
(a) C (b) D (c) E (d) F

20. यदि एक दर्पण को AB रेखा पर रखा जाए, तो दी गई उत्तर आकृतियों में से कौन-सी आकृति, प्रश्न आकृति की सही प्रतिबिम्ब होगी?

प्रश्न आकृति

उत्तर आकृति

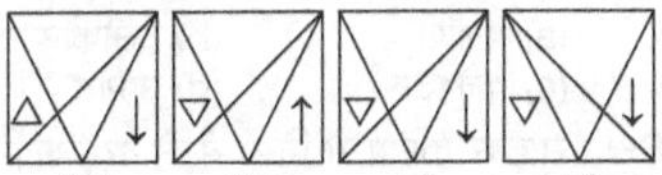

(a) (b) (c) (d)

21. नीचे एक पासे की चार स्थितियों को दर्शाया गया है। बताइए e के विपरीत फलक पर कौन-सा अक्षर होगा?

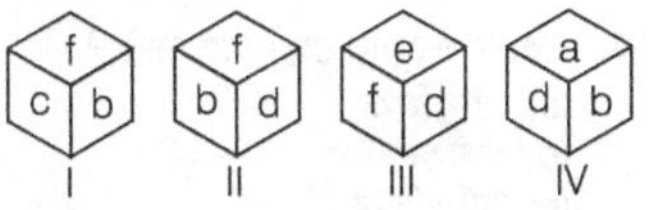

(a) a (b) b
(c) c (d) f

22. निम्न आरेख में छायांकित भाग क्या प्रदर्शित करता है? यदि त्रिभुज गरीब को, वृत्त परिवार को तथा वर्ग अमीर को दर्शाता है।

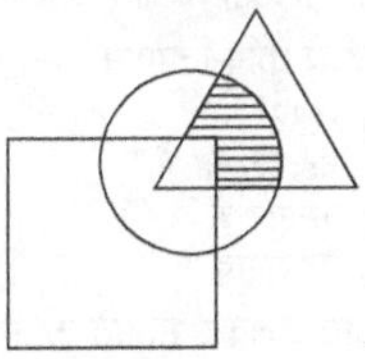

(a) न अमीर न गरीब परिवार
(b) अमीर तथा गरीब परिवार
(c) अमीर परिवार
(d) गरीब परिवार

23. दी गई उत्तर आकृतियों में से उस आकृति को चुनिए जिसमें प्रश्न आकृति निहित है।

प्रश्न आकृति

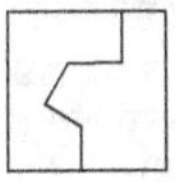

उत्तर आकृतियाँ

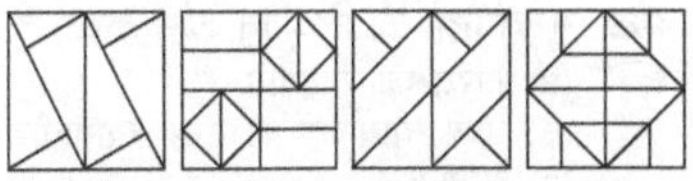

(a) (b) (c) (d)

24. निम्नलिखित चित्र में कितने वर्ग हैं?

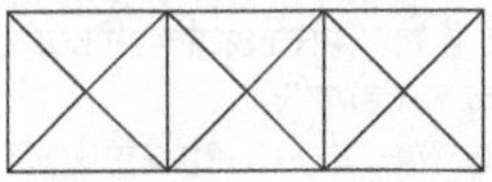

(a) 3 (b) 4 (c) 5 (d) 6

25. नीचे दी गई प्रश्न आकृति में कौन-सी उत्तर आकृति रखने पर प्रश्न आकृति का डिजाइन पूरा होगा?

प्रश्न आकृति

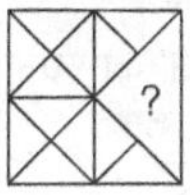

उत्तर आकृतियाँ

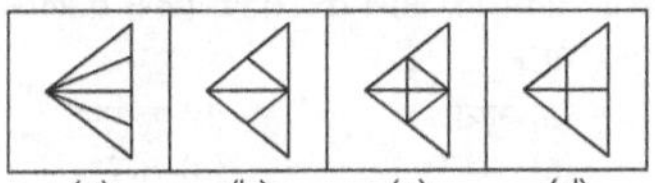

(a) (b) (c) (d)

भाग II सामान्य ज्ञान

26. निम्न में से कौन, भारत का पहला वायसराय था?
(a) लॉर्ड कॉर्नवालिस (b) डलहौजी
(c) लॉर्ड कैनिंग (d) रॉबर्ट क्लाइव

27. यूनानियों को भारत से बाहर किसने निकाला था?
(a) चन्द्रगुप्त मौर्य
(b) चन्द्रगुप्त विक्रमादित्य
(c) अशोक (d) बिन्दुसार

28. सुल्ताना रजिया बेगम किसकी बेटी थी?
(a) बल्बन (b) कुतुबुद्दीन ऐबक
(c) इल्तुतमिश (d) रुक्नुद्दीन

29. निम्न में से किसने गदर पार्टी की स्थापना की थी?
(a) वी.डी. सावरकर (b) भगत सिंह
(c) लाला हरदयाल (d) चन्द्रशेखर आजाद

30. महात्मा गाँधी ने सन् 1930 में सविनय अवज्ञा आन्दोलन कहाँ से आरम्भ किया था?
(a) साबरमती आश्रम (b) अहमदाबाद
(c) पोरबन्दर (d) दाण्डी

31. सिन्धु घाटी सभ्यता का बन्दरगाह वाला नगर कौन-सा था?
(a) लोथल (b) कालीबंगा
(c) रोपर (d) मोहनजोदड़ो

32. निम्नलिखित में से किसे 'सितार' एवं 'तबला' का आविष्कारक माना जाता है?
(a) मियाँ तानसेन (b) अमीर खुसरो
(c) बैजू बावरा (d) रामानन्द

33. भारतीय क्षेत्र में स्थित दो ज्वालामुखी द्वीप हैं
(a) बैरन एवं नारकोण्डम
(b) कवारत्ती एवं न्यूमूर
(c) ग्रेट अण्डमान एवं लिटिल निकोबार
(d) पम्बन एवं बैरन

34. कर्क रेखा निम्नलिखित में से किस राज्य से होकर नहीं गुजरती है?
(a) ओडिशा (b) त्रिपुरा
(c) झारखण्ड (d) मिजोरम

35. विश्व का सर्वाधिक ऊँचा पठार कौन-सा है?
(a) तिब्बत का पठार
(b) कोलम्बिया का पठार
(c) कोलोरेडो का पठार
(d) बोलीविया का पठार

36. 'चन्द्रग्रहण' का कारण है
(a) पृथ्वी एवं सूर्य के बीच चन्द्रमा का आना
(b) पृथ्वी एवं चन्द्रमा के बीच सूर्य का आना
(c) सूर्य एवं चन्द्रमा के बीच पृथ्वी का आना
(d) उपरोक्त में से कोई नहीं

37. 'SEBI' का पूरा रूप है
(a) सेविंग्स एण्ड एक्सचेंज बैंक ऑफ इण्डिया
(b) सेक्यूरिटीज एण्ड एक्सचेंज बैंक ऑफ इण्डिया
(c) सर्वे ऑफ इसेन्शल बिजनेस इन इण्डिया
(d) सेक्यूरिटीज एण्ड एक्सचेंज बोर्ड ऑफ इण्डिया

38. भारत में पूँजी प्रधान उद्योग का सर्वोत्तम उदाहरण कौन-सा है?
(a) वस्त्र उद्योग
(b) इस्पात उद्योग
(c) पर्यटन उद्योग
(d) खेल-कूद के सामान का उद्योग

39. नीति आयोग का पदेन अध्यक्ष कौन है?
(a) योजना और विकास मन्त्री
(b) वित्त मन्त्री
(c) प्रधानमन्त्री
(d) ग्रामीण और सामुदायिक विकास मन्त्री

40. भारतीय संविधान में 'मूल कर्त्तव्यों' का वर्णन किस अनुच्छेद में है?
(a) अनुच्छेद-51 (b) अनुच्छेद-51 (क)
(c) अनुच्छेद-52 (d) अनुच्छेद-53

41. मूल अधिकारों से सम्बन्धित मामला निम्नलिखित में से कौन-सा है?
(a) गोलकनाथ बनाम पंजाब राज्य (1967)
(b) पश्चिमी बंगाल बनाम भारत संघ (1963)
(c) शर्मा बनाम कृष्णा (1959)
(d) बम्बई राज्य बनाम बलसारा (1951)

42. मुख्यमन्त्री की नियुक्ति कौन करता है?
(a) भारत का राष्ट्रपति
(b) उच्च न्यायालय का मुख्य न्यायाधीश
(c) राज्यपाल
(d) दल का अध्यक्ष

43. भारतीय संविधान के किस अनुच्छेद में यह अंकित है कि "भारत अर्थात् इण्डिया राज्यों का एक संघ होगा"?
(a) अनुच्छेद-1 (b) अनुच्छेद-2
(c) अनुच्छेद-3 (d) अनुच्छेद-4

44. सर्वोच्च न्यायालय के न्यायाधीश की सेवानिवृत्ति की आयु कितनी होती है?
(a) 62 वर्ष (b) 65 वर्ष
(c) 68 वर्ष (d) 70 वर्ष

45. 'हितोपदेश' की रचना किसने की?
(a) विष्णु शर्मा (b) नारायण पण्डित
(c) भवभूति (d) पतंजलि

46. सर्वाधिक सोने के सिक्के किस काल में चलाए गए?
(a) गुप्त (b) कुषाण
(c) वर्द्धन (d) मौर्य

47. निम्न में से किस मुगल शासक ने 'न्याय की जंजीर' लगवाई थी?
(a) अकबर (b) जहाँगीर
(c) शाहजहाँ (d) औरंगजेब

48. हर्षवर्धन के राजकवि कौन थे?
(a) पतंजलि (b) रवि कीर्ति
(c) बाण (d) विष्णु शर्मा

49. भारतीय राष्ट्रीय कांग्रेस के कहाँ पर आयोजित वार्षिक सत्र में 'पूर्ण स्वराज' का संकल्प अपनाया गया था?
(a) बम्बई (b) लाहौर
(c) कलकत्ता (d) मद्रास

50. 1857 का विद्रोह निम्नलिखित स्थानों पर हुआ था। उनका सही क्रम बताइए
1. झाँसी 2. मेरठ 3. दिल्ली 4. बैरकपुर
(a) 1, 2, 3, 4
(b) 1, 2, 4, 3
(c) 2, 3, 4, 1
(d) 4, 2, 3, 1

51. 'दोहावली', 'कवितावली', 'विनयपत्रिका' जैसी भक्ति रचनाएँ किस भक्ति सन्त की हैं?
(a) कबीरदास (b) तुलसीदास
(c) सूरदास (d) रैदास

52. 'अद्वैतवाद' मत का प्रवर्तन किसने किया था?
(a) शंकराचार्य (b) कबीर
(c) चैतन्य (d) निम्बार्काचार्य

53. विश्व का सबसे गहरा गर्त्त 'मेरियाना ट्रेंच' किस महासागर में स्थित है?
(a) प्रशान्त (b) हिन्द
(c) आर्कटिक (d) अटलाण्टिक

54. सवाना चरागाह कहाँ पाए जाते हैं?
(a) ऑस्ट्रेलिया
(b) अफ्रीका
(c) पूर्वी एशिया
(d) दक्षिण अमेरिका

55. स्वेज नहर किस-किसको जोड़ती है?
(a) भूमध्य सागर और लाल सागर
(b) बाल्टिक और कैस्पियन सागर
(c) भूमध्य और उत्तरी सागर
(d) लाल सागर और कैस्पियन सागर

56. राष्ट्रीय कृषि विपणन केन्द्र स्थित है
(a) जयपुर में
(b) नई दिल्ली में
(c) नागपुर में
(d) हैदराबाद में

57. विजय केलकर समिति की रिपोर्ट सम्बन्धित थी
(a) व्यापार सुधारों से
(b) केन्द्र-राज्य वित्तीय सम्बन्धों से
(c) सार्वजनिक क्षेत्र के उद्यमों में विनिवेश से
(d) कर सुधारों से

58. 'मिश्रित अर्थव्यवस्था' का आशय है
(a) ग्रामीण तथा शहरी दोनों क्षेत्रों का अस्तित्व
(b) निजी और सार्वजनिक दोनों क्षेत्रों का अस्तित्व
(c) भारी और छोटे दोनों उद्योगों का अस्तित्व
(d) विकसित और अल्प-विकसित दोनों क्षेत्रों का अस्तित्व

59. कोई व्यक्ति राष्ट्रपति पद के लिए अधिकतम कितनी बार निर्वाचित हो सकता है?
(a) एक बार (b) दो बार
(c) तीन बार (d) कोई सीमा नहीं

60. किस भारतीय शान्ति सैनिक को मरणोपरान्त 'डैग हैमरसोल्ड' मेडल दिया गया है?
(a) जितेन्द्र कुमार
(b) अरूण कुमार
(c) विजेन्द्र कुमार
(d) सचिन बंसल

61. राज्यों में राज्यपाल की नियुक्ति कौन करता है?
(a) प्रधानमन्त्री (b) राष्ट्रपति
(c) गृहमन्त्री
(d) भारत के मुख्य न्यायाधीश

62. 'सम्पत्ति के अधिकार' को किस संविधान संशोधन के द्वारा मूल अधिकार से हटा दिया गया?
(a) 42वें (b) 43वें
(c) 44वें (d) 46वें

63. भारतीय संविधान की तीसरी अनुसूची का सम्बन्ध है
(a) राज्यसभा में प्रतिनिधित्व से
(b) शपथ ग्रहण से
(c) भाषाओं से
(d) उपरोक्त में से कोई नहीं

64. 'अन्तर्राष्ट्रीय जैव-विविधता दिवस 2019' की थीम क्या है?
(a) हमारी जैव-विविधता, हमारा खाद्य, हमारा स्वस्थ्य
(b) हमारी जैव-विविधता, हमारा स्वास्थ्य, हमारा भविष्य
(c) जल और जैव-विविधता
(d) निरन्तर विकास के लिए जैव-विविधता

65. निकट दृष्टि दोष से पीड़ित व्यक्ति के चश्मे में प्रयोग किया जाता है
(a) उत्तल लेन्स (b) अवतल लेन्स
(c) उत्तल दर्पण (d) बेलनाकार लेन्स

66. 'डायनमो' ऊर्जा का रूपान्तरण करता है
(a) विद्युत ऊर्जा का यान्त्रिक ऊर्जा में
(b) यान्त्रिक ऊर्जा का विद्युत ऊर्जा में
(c) ऊष्मा से यान्त्रिक ऊर्जा में
(d) रासायनिक ऊर्जा से विद्युत ऊर्जा में

67. 113 वर्षों के बाद भारत में वाइन साँप की एक नई प्रजाति अहेतुल्ला लोडैण्कियाँ, किस राज्य में मिली है?
(a) महाराष्ट्र (b) हिमाचल प्रदेश
(c) ओडिशा (d) तमिलनाडु

68. नेटवर्कों पर दस्तावेजों के आदान-प्रदान के लिए आवश्यक नहीं है
(a) फ्लॉपी (b) टेलीफोन लाइन
(c) कनेक्टर (d) उपग्रह

69. साइबर क्राइम में निम्न में से क्या शामिल है?
(a) कम्प्यूटर और नेटवर्क
(b) टेलीविजन
(c) रेडियों
(d) उपरोक्त में से कोई नहीं

70. विश्व एड्स दिवस कब मनाया जाता है?
(a) 5 दिसम्बर
(b) 8 दिसम्बर
(c) 1 दिसम्बर
(d) इनमें से कोई नहीं

71. 'द न्यू वेल्थ ऑफ नेशन्स' के लेखक हैं
(a) सुरजीत एस भल्ला (b) रमेश भल्ला
(c) विक्टर मैलेट (d) नैपन थैल

72. भारतीय नौसेना ने स्कॉर्पिन वर्ग में किस चौथी पनडुब्बी का हाल ही में उदघाटन किया है?
(a) अरिहन्त (b) वेला
(c) डाली (d) जज्बा

73. थर्मामीटर की खोज किसने की थी?
(a) गैलीलियो
(b) रोमर
(c) न्यूटन
(d) विलियम जॉर्ज

74. भारतीय सर्वेक्षण विभाग कहाँ स्थित है?
(a) देहरादून (b) नई दिल्ली
(c) लखनऊ (d) रूड़की.

75. 11वें ब्रिक्स शिखर सम्मेलन, 2019 का आयोजन कहाँ किया जाएगा
(a) प्रिटोरिया (b) जोहान्सबर्ग
(c) केपटाउन (d) इनमें से कोई नहीं

भाग III आंकिक योग्यता

76. यदि 4^{96} को 5 से विभाजित किया जाए, तो शेषफल क्या है?
(a) 4 (b) 3 (c) 2 (d) 1

77. $\dfrac{5+\sqrt{10}}{5\sqrt{5}-2\sqrt{20}-\sqrt{32}+\sqrt{50}}$ किसके बराबर है?
(a) 5 (b) $5\sqrt{2}$ (c) $5\sqrt{5}$ (d) $\sqrt{5}$

78. ₹ 15000 की राशि पर 2 वर्षों के लिए चक्रवृद्धि ब्याज तथा साधारण ब्याज में, एक ही ब्याज दर R% वार्षिक पर, ₹ 96 का अन्तर है। R का मान क्या है?
(a) 8%
(b) 10%
(c) 12%
(d) निर्धारित नहीं किया जा सकता

79. एक दूध विक्रेता यह दावा करता है कि वह दूध को केवल लागत कीमत पर बेच रहा है, किन्तु उसे 20% लाभ हो रहा है, क्योंकि उसने दूध में कुछ मात्रा में पानी मिलाया है। इस मिश्रण में दूध का कितना प्रतिशत है?
(a) 80% (b) $\frac{250}{3}$%
(c) 75% (d) $\frac{200}{3}$%

80. यदि 6 सेमी, 8 सेमी और 10 सेमी त्रिज्याओं वाले तीन धात्विक गोलों को पिघलाकर एक गोला बनाया जाए, तो नए गोले का व्यास क्या होगा?
(a) 12 सेमी (b) 24 सेमी
(c) 30 सेमी (d) 36 सेमी

81. एक समकोण त्रिभुज का परिमाप 24 सेमी है। यदि इसके कर्ण की माप 10 सेमी हो, तो समकोण त्रिभुज का क्षेत्रफल है।
(a) 20 सेमी^{2} (b) 22 सेमी^{2}
(c) 25 सेमी^{2} (d) 24 सेमी^{2}

82. एक परीक्षा में, 94% छात्र उत्तीर्ण हुए और 33 छात्र विफल हुए। परीक्षा में कितने छात्र सम्मिलित हुए?
(a) 550 (b) 500
(c) 495 (d) 731

83. यदि $A:B=3:4$ तथा $B:C=6:7$ हो, तो $A:B:C$ का मान है
(a) 12 : 9 : 14 (b) 14 : 12 : 9
(c) 9 : 12 : 14 (d) 3 : 2 : 4

84. यदि साधारण ब्याज पर रखा कोई धन 25 वर्षों में स्वयं का दोगुना हो जाता है, तो ब्याज की वार्षिक दर क्या होगी?
(a) 6% (b) 5% (c) 4% (d) 3%

85. यदि 8 पुरुष किसी कार्य को 14 दिन में कर सकते हैं, तो 7 पुरुष उसी कार्य को कितने समय में करेंगे?
(a) 16 दिन (b) 15 दिन
(c) 17 दिन (d) 18 दिन

86. दो बस एक-दूसरे की तरफ क्रमशः 20 किमी/घण्टा तथा 34 किमी/घण्टा की गति से चल रही हैं। टकराने से एक सेकण्ड पहले उनके बीच कितनी दूरी होगी?
(a) 21 मी (b) 18 मी
(c) 12 मी (d) 15 मी

87. पहले 100 धनात्मक प्राकृत संख्याओं का औसत खोजें।
(a) 49.5 (b) 51
(c) 50 (d) 50.5

88. यदि दो संख्याओं का लघुत्तम समापवर्त्य 750 है और उनका गुणनफल 18750 है, तो दोनों संख्याओं का महत्तम समापवर्तक कितना होगा?
(a) 125 (b) 25
(c) 50 (d) 30

89. $1+\cfrac{2}{1+\cfrac{3}{2+\cfrac{1}{2}}}$ का मान क्या है?
(a) $\frac{10}{11}$ (b) $\frac{7}{11}$
(c) $\frac{21}{11}$ (d) $\frac{12}{11}$

90. 21 + 24 + 27+... + 51का मान क्या है?
(a) 324 (b) 396
(c) 416 (d) 288

भाग IV कम्प्यूटर

91. OMR से सम्बन्धित कौन-सा तथ्य सही है?
(a) कम्प्यूटर द्वारा पढ़े जाने योग्य कागज पर लगे निशान को पहचानता है
(b) कागज पहचानता है
(c) चित्र पहचानता है
(d) रंग पहचानता है

92. Dir-2 virus किस वायरस का उदाहरण है?
(a) फाइल सिस्टम (b) वेब स्क्रिप्टिंग
(c) फैट (d) रेजिडेंज

93. कम्प्यूटर के जरिए भेजी गई सूचनाएँ और निर्देश जिस मशीन के द्वारा कागज पर मुद्रित होते हैं, उसे क्या कहते हैं?
(a) टेली प्रॉम्पटर (b) टाइप फेस
(c) टाइपराइटर (d) प्रिन्टर

94. स्टार्ट मेन्यू का कौन-सा विकल्प वर्तमान उपयोगकर्ता का सत्र समाप्त कर देता है?
(a) प्रोग्राम (b) फेवरेट
(c) डॉक्यूमेन्ट (d) लॉग ऑफ

95. माइक्रोसॉफ्ट एक्सेस में क्वैरी के उत्तर में जो सूचनाएँ या रिकॉर्ड प्राप्त होता है उसे क्या कहते हैं?
(a) डायनासेट (b) इवेन्ट्स
(c) फैकलटी (d) फार्म

96. CPU का वह भाग, जो हार्डवेयर की क्रियाओं को नियन्त्रित और संचालित करता है, क्या कहलाता है?
(a) CU (b) ALU
(c) Memory (d) AMU

97. वह भाग, जो कम्प्यूटर की वास्तविक गणनाओं (जोड़, घटाव, गुणा, भाग) और तुलना का कार्य करता है, क्या कहलाता है?
(a) CU
(b) ALU
(c) Memory
(d) CPU

98. एयरक्राफ्ट कण्ट्रोल सिस्टम में कौन-सा ऑपरेटिंग सिस्टम प्रयोग होता है?
(a) हार्ड रियल टाइम
(b) सॉफ्ट रियल टाइम
(c) टाइम शेयरिंग
(d) मल्टी यूजर

99. CPU के माइक्रोप्रोसेसर पर तीन भागों का परिपथ होता है, वे क्या हैं?
(a) CU
(b) ALU
(c) Register
(d) ये सभी

100. ज्ञात सॉफ्टवेयर बग के लिए रिपेयर जो सामान्यतः इण्टरनेट पर बिना चार्ज उपलब्ध होता है उसे .... कहते हैं।
(a) वर्जन
(b) पैच
(c) ट्यूटोरियल
(d) FAQ

उत्तरमाला

1	(d)	2	(b)	3	(d)	4	(a)	5	(c)	6	(b)	7	(c)	8	(c)	9	(c)	10	(c)
11	(d)	12	(c)	13	(c)	14	(c)	15	(b)	16	(c)	17	(c)	18	(a)	19	(a)	20	(c)
21	(b)	22	(d)	23	(d)	24	(c)	25	(b)	26	(c)	27	(a)	28	(c)	29	(c)	30	(a)
31	(a)	32	(b)	33	(a)	34	(a)	35	(a)	36	(c)	37	(d)	38	(b)	39	(c)	40	(b)
41	(a)	42	(c)	43	(a)	44	(b)	45	(b)	46	(a)	47	(b)	48	(c)	49	(b)	50	(d)
51	(b)	52	(a)	53	(a)	54	(b)	55	(a)	56	(a)	57	(d)	58	(b)	59	(d)	60	(d)
61	(b)	62	(c)	63	(b)	64	(d)	65	(b)	66	(b)	67	(b)	68	(a)	69	(a)	70	(c)
71	(a)	72	(a)	73	(a)	74	(a)	75	(d)	76	(d)	77	(d)	78	(a)	79	(b)	80	(b)
81	(d)	82	(a)	83	(c)	84	(c)	85	(a)	86	(d)	87	(d)	88	(b)	89	(c)	90	(b)
91	(a)	92	(a)	93	(d)	94	(d)	95	(a)	96	(a)	97	(b)	98	(a)	99	(d)	100	(a)

संकेत एवं हल

1. (d) परिवार में महिला सदस्यों की संख्या
= 1 (माता) + 3 (विवाहित पुत्रों की पत्नियाँ) + 1 (अविवाहित पुत्री) + 4(विवाहित पुत्रों की पुत्रियाँ) = 9
अत: परिवार में कुल 9 महिलाएँ हैं।

2. (b) वर्ग, वृत्त तथा त्रिभुज तीनों ही अलग-अलग आकृतियाँ हैं। इसलिए, विकल्प (b) की आकृति दिए गए शब्दों के बीच के सम्बन्ध का सही निरूपण करती है।

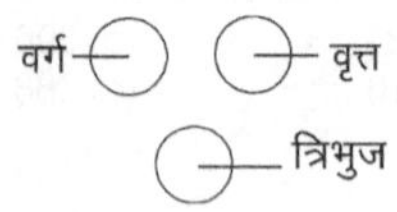

3. (d) दिए गए शब्दों का तार्किक क्रम इस प्रकार है
हमेशा → प्राय: → कभी-कभी → कदाचित् → कभी नहीं
5 3 2 4 1
⇒ 5, 3, 2, 4, 1

4. (a) प्रश्न में प्रत्येक शब्द को उसके अक्षरों की संख्या के रूप में कूट किया गया है अर्थात्
RAMAN के अक्षर = 5
PRASHANT के अक्षर = 8
∵ TIMTIM के अक्षर = 6
∴ अभीष्ट उत्तर '6' होगा।

5. (c) प्रश्नानुसार,धामपुर > हरिपुर > जयपुर > श्यामपुर > रामपुर, स्पष्ट है, कि धामपुर सबसे बड़ा जिला है।

6. (b) 17 मार्च, 1980 से 12 जुलाई, 1980 तक कुल दिनों की संख्या = 14 (मार्च) + 30 (अप्रैल)
+ 31 (मई) + 30 (जून) + 12 (जुलाई) = 117
117 दिनों में विषम दिनों की संख्या
$= \frac{117}{7}$ = 16 सप्ताह 5 दिन
तब, अभीष्ट दिन = सोमवार + 5= शनिवार
अत: 12 जुलाई, 1980 को शनिवार होगा।

7. (c) दिया गया अनुक्रम निम्नवत् है

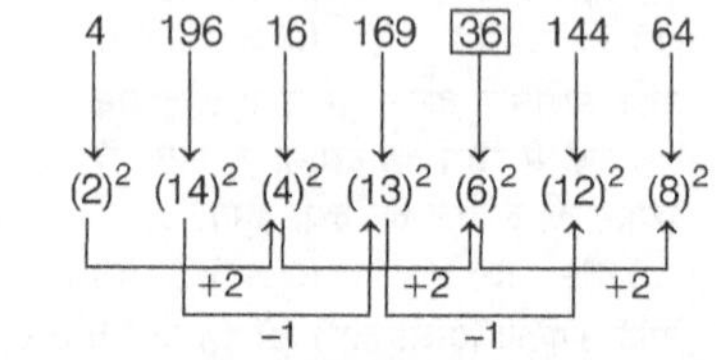

अत: अनुक्रम में प्रश्नवाचक चिन्ह (?) के स्थान पर 36 आएगा।

8. (c) जिस प्रकार, अनाज को भण्डारगृह में सुरक्षित किया जाता है उसी प्रकार, जल को बाँध बनाकर सुरक्षित किया जाता है।

9. (c) 'कपड़े-गहने' को छोड़कर, अन्य सभी युग्म में पहला शब्द दूसरे का विपरीतार्थक है अर्थात्
जीवन का विपरीतार्थक – मृत्यु
विष का विपरीतार्थक – अमृत
लाभ का विपरीतार्थक – हानि

10. (c) प्रश्नानुसार,

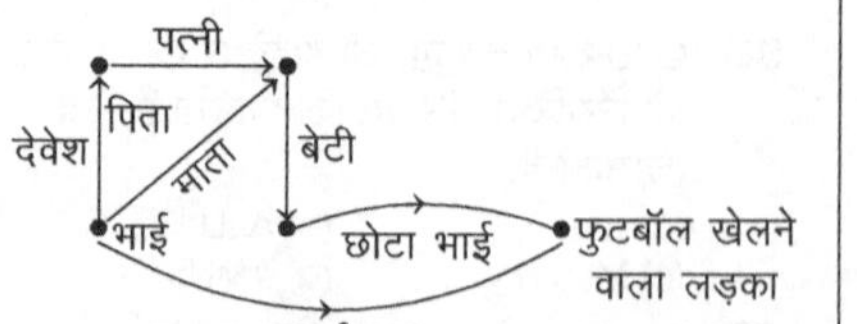

अत: फुटबॉल खेलने वाला लड़का देवेश का भाई है।

11. (d) प्रश्न में दिए गए संख्या-युग्म निम्न प्रकार हैं
200 – 8; 144 – 6; 1331 – 11; 121 – 12
200 ÷ 8 = 25 = 5 का वर्ग
144 ÷ 6 = 36 = 6 का वर्ग
1331 ÷ 11 = 121 = 11 का वर्ग
किन्तु 121÷12 पूर्णत: भाज्य नहीं है।
अत: यह अन्य संख्याओं से भिन्न है।

12. (c) शब्दकोश के अनुसार, शब्दों का क्रम निम्न है
Stifle → Stilt → Stingy → Stink
(B) (A) (D) (C)
⇒ B, A, D, C
अत: विकल्प (c) अभीष्ट उत्तर होगा।

13. (c) शृंखला का क्रम निम्नवत् होगा

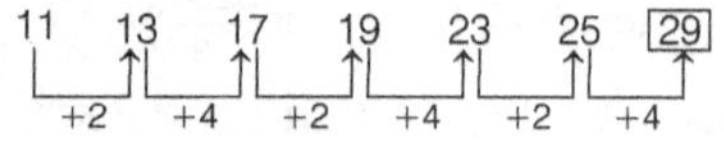

14. (c) उपरोक्त से स्पष्ट है, कि
जिस प्रकार, उसी प्रकार

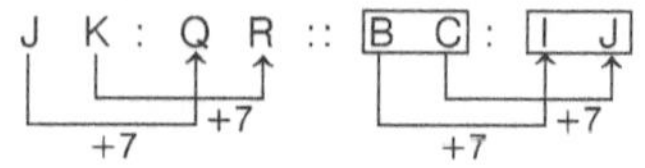

∴ अभीष्ट उत्तर 'BC : IJ' होगा।

15. (b) सुनीता के चलने का क्रम निम्नवत् होगा

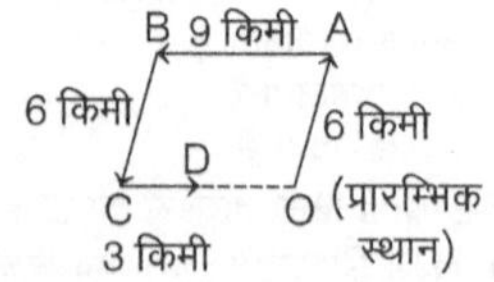

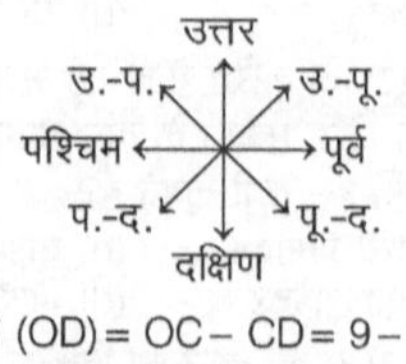

∴ अभीष्ट दूरी (OD) = OC – CD = 9 – 3 = 6 किमी

16. (c) कथनानुसार,

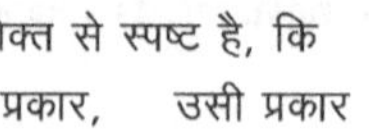

I. (✓) II. (✓)
अत: दोनों निष्कर्ष निकलते हैं।

17. (c) दी गई श्रेणी का क्रम निम्नवत् है

$3 \xrightarrow{+3} 6 \xrightarrow{+5} 11 \xrightarrow{+7} 18 \xrightarrow{+9} \boxed{27}$

$F \xrightarrow{+1} G \xrightarrow{+2} I \xrightarrow{+3} L \xrightarrow{+4} \boxed{P}$

अतः अभीष्ट विलुप्त पद = 27 P

18. (a) जिस प्रकार,

$5 \times 2 + 9 = 10 + 9 = 19$ (दूसरी पंक्ति में)

$7 \times 3 + 3 = 21 + 3 = 24$ (तीसरी पंक्ति में)

$11 \times 1 + 4 = 11 + 4 = 15$ (चौथी पंक्ति में)

उसी प्रकार,

$3 \times 4 + 5 = 12 + 5 = \boxed{17}$ (पहली पंक्ति में)

19. (a) $2 \times 3 + 8 \div 4 - 5 = 2 \times 3 + 2 - 5$

$= 6 + 2 - 5 = 8 - 5 = 3 \equiv C$

20. (c) उत्तर आकृति (c) प्रश्न आकृति का सही दर्पण प्रतिबिम्ब होगी।

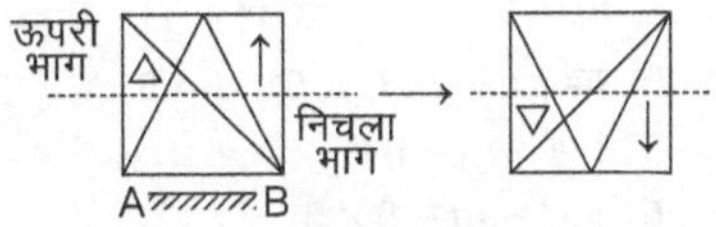

चूँकि यह प्रतिबिम्ब आकृति के नीचे है। अतः आकृति का निचला भाग ऊपर तथा ऊपरी भाग नीचे की ओर चला जाएगा।

21. (b) स्थिति II व III में दो अक्षर 'f' व 'd' उभयनिष्ठ हैं। अतः शेष दो अक्षर b व e एक-दूसरे के विपरित होंगे।

पासा की विस्तार विधि द्वारा हल

पासे का विस्तार निम्नलिखित होगा

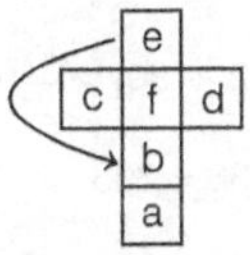

अतः e के विपरीत फलक पर 'b' होगा।

22. (d) आरेख में छायांकित भाग गरीब परिवार को प्रदर्शित करता है। चूँकि छायांकित भाग में त्रिभुज और वृत्त दोनों आते हैं।

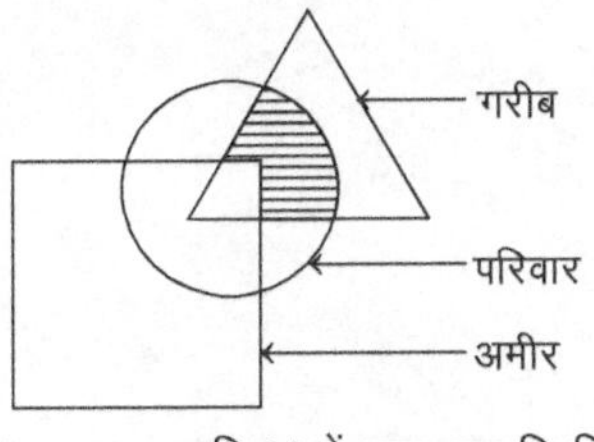

23. (d) उत्तर आकृति (d) में प्रश्न आकृति निहित है।

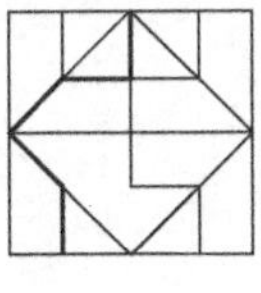

24. (c)

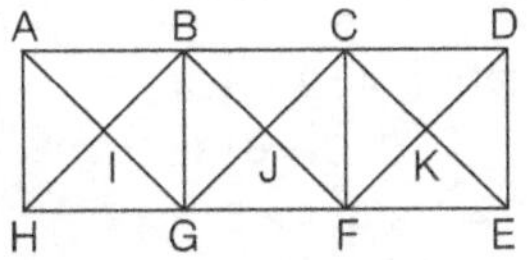

दिए गए चित्रों में कुल 5 वर्ग हैं।

□ABGH, □BCFG, □CDEF, □IBJG, □JCKF

25. (b) उत्तर आकृति (b), प्रश्न आकृति के डिजाइन को पूरा करेगी।

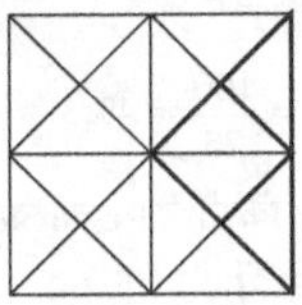

76. (d) हम जानते हैं, कि m के सम मानों के लिए $(x^m - a^m)$, $(x + a)$ से विभाजित होता है।

$\therefore$ $4^{96} - 1, (4 + 1)$ अर्थात् 5 से विभाजित होगा।

$\because$ $4^{96} = 4^{96} - 1 + 1$

$= (4^{96} - 1) + 1$ को 5 से विभाजित करने पर शेष 1 होगा [$\because 4^{96} - 1$, 5 से विभाजित है]

77. (d) $\dfrac{5 + \sqrt{10}}{5\sqrt{5} - 2\sqrt{20} - \sqrt{32} + \sqrt{50}}$

$$= \frac{5 + \sqrt{10}}{5\sqrt{5} - 4\sqrt{5} - 4\sqrt{2} + 5\sqrt{2}}$$

$$= \frac{(5 + \sqrt{10})}{(\sqrt{5} + \sqrt{2})} \times \frac{(\sqrt{5} - \sqrt{2})}{(\sqrt{5} - \sqrt{2})}$$

[परिमेयीकरण करने पर]

$$= \frac{5\sqrt{5} - 5\sqrt{2} + \sqrt{50} - \sqrt{20}}{(\sqrt{5})^2 - (\sqrt{2})^2}$$

[$\because (a - b)(a + b) = a^2 - b^2$]

$$= \frac{5\sqrt{5} - 5\sqrt{2} + 5\sqrt{2} - 2\sqrt{5}}{5 - 2}$$

$$= \frac{3\sqrt{5}}{3} = \sqrt{5}$$

78. (a) दिया है, मूलधन (P) = ₹ 15000, समय $(n) = 2$ वर्ष तथा दर $= R\%$

$\therefore$ साधारण ब्याज $= \dfrac{\text{मूलधन} \times \text{दर} \times \text{समय}}{100}$

$$= \frac{15000 \times R \times 2}{100}$$

$$= 300R \quad \text{...(i)}$$

अब, चक्रवृद्धि ब्याज (CI)

$$= \text{मूलधन}\left[\left(1 + \frac{R}{100}\right)^n - 1\right]$$

$$= 15000\left[\left(1 + \frac{R}{100}\right)^n - 1\right] \quad \text{...(ii)}$$

प्रश्नानुसार, CI – SI = 96

$$\Rightarrow 15000\left[\left(1 + \frac{R}{100}\right)^2 - 1\right] - 300R = 96$$

$$\Rightarrow \frac{15000[100 + R]^2 - 15000 - 300R}{10000} = 96$$

$$\Rightarrow \frac{3}{2}(10000 + R^2 + 200R) - 15000 - 300R = 96$$

$$\Rightarrow 3R^2 + 600R + 30000 - 30000 - 600R = 192$$

$$\Rightarrow 3R^2 = 192 \Rightarrow R^2 = 64 = R = 8\%$$

अतः R का मान 8% है।

वैकल्पिक विधि

दिया है, मूलधन (P) = ₹ 15000, दर (R) = ?

तथा अन्तर (D) = ₹ 96

2 वर्ष के लिए अन्तर, $D = \dfrac{PR^2}{(100)^2}$

$$\Rightarrow 96 = \frac{15000 \times R^2}{100 \times 100}$$

$$\Rightarrow R^2 = 64$$

$$\therefore R = 8\%$$

79. (b) माना 1 लीटर दूध का क्रय मूल्य = ₹ x

$\therefore$ 1 लीटर दूध का विक्रय मूल्य = ₹ x का 120%

= ₹ $1.2x$

अब, ₹ $1.2x$ में, बेचे गए दूध की मात्रा = 1 लीटर

$\therefore$ ₹ x में बेचे गए दूध की मात्रा

$= \dfrac{1}{1.2x} \times x$

$= \dfrac{5}{6}$ लीटर

प्रश्नानुसार, दूध का क्रय मूल्य तथा मिश्रण का विक्रय मूल्य समान हैं, इसलिए मिश्रण में दूध की मात्रा $\dfrac{5}{6}$ लीटर होगी।

$\therefore$ मिश्रण में दूध की प्रतिशत मात्रा $= \dfrac{5}{6} \times 100\%$

$= \dfrac{250}{3}\%$

80. (b) माना नए गोले की त्रिज्या = r सेमी

चूँकि तीन गोलों को पिघलाकर एक बड़ा गोला बनाया जाता है।

$\therefore$ नए ठोस गोले का आयतन = तीनों गोलों के आयतनों का योग

$$\Rightarrow \frac{4}{3}\pi r^3 = \frac{4}{3}\pi(6)^3 + \frac{4}{3}\pi(8)^3 + \frac{4}{3}\pi(10)^3$$

[$\because$ गोले का आयतन $= \frac{4}{3}\pi r^3$]

$$\Rightarrow \frac{4}{3}\pi r^3 = \frac{4}{3}\pi[6^3 + 8^3 + 10^3]$$

$$\Rightarrow r^3 = 6^3 + 8^3 + 10^3$$

$$\Rightarrow r^3 = 216 + 512 + 1000 = 1728$$

$$\Rightarrow r^3 = 12 \times 12 \times 12$$

$\therefore \quad r = 12$ सेमी

अतः नए गोले का व्यास $= 2 \times$ त्रिज्या

$= 2 \times 12 = 24$ सेमी

81. (d) दिया है, समकोण त्रिभुज का कर्ण = 10 सेमी

माना समकोण त्रिभुज की अन्य दो भुजाएँ a और b हैं। प्रश्नानुसार, त्रिभुज का परिमाप = 24

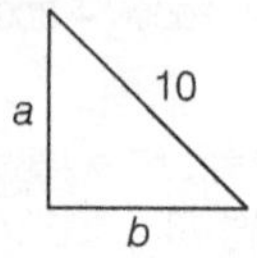

$\therefore a + b + 10 = 24$

$a + b = 14 \quad \text{...(i)}$

अब पाइथागोरस प्रमेय से,

$a^2 + b^2 = (10)^2$

$a^2 + b^2 = 100 \quad \text{...(ii)}$

अब, $(a+b)^2 = a^2 + b^2 + 2ab$ में समी (i) और (ii) से मान रखने पर,

$(14)^2 = 100 + 2ab \Rightarrow 196 = 100 + 2ab$

$2ab = 96 \Rightarrow ab = 48$

समकोण त्रिभुज का क्षेत्रफल

$= \frac{1}{2} \times a \times b$

$= \frac{1}{2} \times 48 = 24$ सेमी^{2}

82. (a) परीक्षा में उत्तीर्ण छात्रों का प्रतिशत = 94%

$\therefore$ फेल छात्रों का प्रतिशत = 100 − 94 = 6%

दिया है, फेल छात्र = 33

अर्थात् कुल छात्र का 6% = 33

व कुल छात्र $= \frac{33 \times 100}{6} = 550$

83. (c) दिया है $A : B = 3 : 4$

तथा $B : C = 6 : 7$

$\therefore A : B : C = 3 \times 6 : 4 \times 6 : 4 \times 7$

$= 18 : 24 : 28 = 9 : 12 : 14$

84. (c) माना मूलधन ₹ P तथा दर r% है।

प्रश्नानुसार मिश्रधन $= 2P$

$\therefore$ साधारण ब्याज $= 2P - P = P$

$\frac{Pr \times 25}{100} = P$

$\Rightarrow \quad r = \frac{100}{25} = 4\%$

85. (a) 8 पुरुष किसी कार्य को करते हैं

= 14 दिन में

1 पुरुष समान कार्य को करता है = 14 × 8 दिन में

7 पुरुष समान कार्य को करते हैं

$= \frac{14 \times 8}{7} = 16$ दिन में

86. (d) दोनों बसों की सापेक्ष चाल = 20 + 34

= 54 किमी/घण्टा

या $\quad = 54 \times \frac{5}{18} = 15$ मी/से

अतः टकराने से 1 सेकण्ड पहले दोनों के बीच की दूरी 15 मी होगी।

87. (d) यहाँ, $n = 100$

हम जानते हैं, कि प्रथम 'n' प्राकृतिक संख्याओं का औसत

$= \frac{n+1}{2} = \frac{100+1}{2}$

$= \frac{101}{2} = 50.5$

88. (b) हम जानते हैं कि,

पहली संख्या × दूसरी संख्या = ल.स. × म.स.

$\Rightarrow$ दोनों संख्याओं का गुणनफल = ल.स. × म.स.

$\Rightarrow \quad 18750 = 750 \times$ म.स.

$\Rightarrow \quad$ म.स. $= \frac{18750}{750} = \frac{1875}{75} = 25$

$\Rightarrow \quad$ म.स. = 25

89. (c) दी गई भिन्न,

$$1 + \cfrac{2}{1 + \cfrac{3}{2 + \cfrac{1}{2}}} = 1 + \cfrac{2}{1 + \cfrac{3}{\cfrac{5}{2}}}$$

$$= 1 + \cfrac{2}{1 + \cfrac{6}{5}}$$

$$= 1 + \cfrac{2}{\cfrac{11}{5}}$$

$$= 1 + \frac{10}{11} = \frac{21}{11}$$

90. (b) यहाँ, $a = 21, T_n = 51, d = 3$

$\therefore \quad T_n = a + (n-1)d$

$\Rightarrow \quad 51 = 21 + (n-1) \times 3$

$\Rightarrow \quad 17 = 7 + n - 1$

[दोनों पक्षों में 3 से भाग देने पर]

$\Rightarrow \quad 17 = n + 6$

$\Rightarrow \quad n = 17 - 6 = 11$

$\Rightarrow \quad n = 11$

अब, $S_n = \frac{n}{2}[2a + (n-1)d]$

$S_n = \frac{11}{2}[2 \times 21 + (11-1) \times 3]$

$= \frac{11}{2}[42 + 30] = \frac{11}{2} \times 72$

$= 11 \times 36 = 396$